杭州年鑑

2017 HANGZHOU ALMANAC
杭州市人民政府地方志办公室 编

方志出版社
Publishing House of Local Records

图书在版编目(CIP)数据

杭州年鉴. 2017 / 杭州市人民政府地方志办公室编.
-- 北京:方志出版社,2017.10
ISBN 978-7-5144-2680-9

Ⅰ.①杭… Ⅱ.①杭… Ⅲ.①杭州市—2017—年鉴
Ⅳ.①Z525.51

中国版本图书馆CIP数据核字(2017)第280617号

杭州年鉴(2017)

编　　者:杭州市人民政府地方志办公室
责任编辑:刘方圆
出 版 人:冀祥德
出 版 者:方志出版社
地址 北京市朝阳区潘家园东里9号(国家方志馆4层)
邮编 100021
网址 http://www.fzph.org
发　　行:方志出版社发行中心
电话 (010)67110500
经　　销:各地新华书店
印　　刷:杭州万星印务有限公司
开　　本:889×1194　1/16
印　　张:38.5
字　　数:1424千字
版　　次:2017年10月第1版　2017年10月第1次印刷
印　　数:0001~1500册

ISBN 978-7-5144-2680-9　定价:300元

杭州市地方志编纂委员会

主　任 徐立毅

副主任 戚哮虎　许　明　戴建平　王　宏　丁狄刚

成　员 何美华　陈　健　阮重晖　高国飞　郭初民　张振丰　徐小林　龚志南　金志强　洪庆华　夏积亮　孔春浩　张鸿斌　沈建平　何凌超　金　翔　叶茂东　刘晓明　王　剑　杜国忠　邵立春　翁文杰　郎健华　董　悦　蒋文欢　褚树青

办公室主任 蒋文欢

办公室副主任 阮关水

杭州年鉴编辑部

主　编 丁狄刚

副主编 蒋文欢　阮关水

执行主编 袁啸马　蔡建明

编　辑（以姓氏笔画为序）

汤　峻　阮关水　吴　铮　余显幕　郦　晶　俞胜男　秦文蔚　袁啸马　章月影　蔡建明

各部门编辑（以姓氏笔画为序）

叶纪勇　冯　建　吕　宏　华雨农　汤浙青　许　新　许莺燕　何炜达　汪萌萌　汪盛华　张　锦　张丽萍　陈江明　周小忠　郑　迪　郑云良　贾敏政　钱建中　倪志华　高　宁　高光荣　郭玉虎　涂仕贵　黄　锐　梁　坤　程建全　戴鹏飞

编　务 金利权　沈宇晨　吴陈英

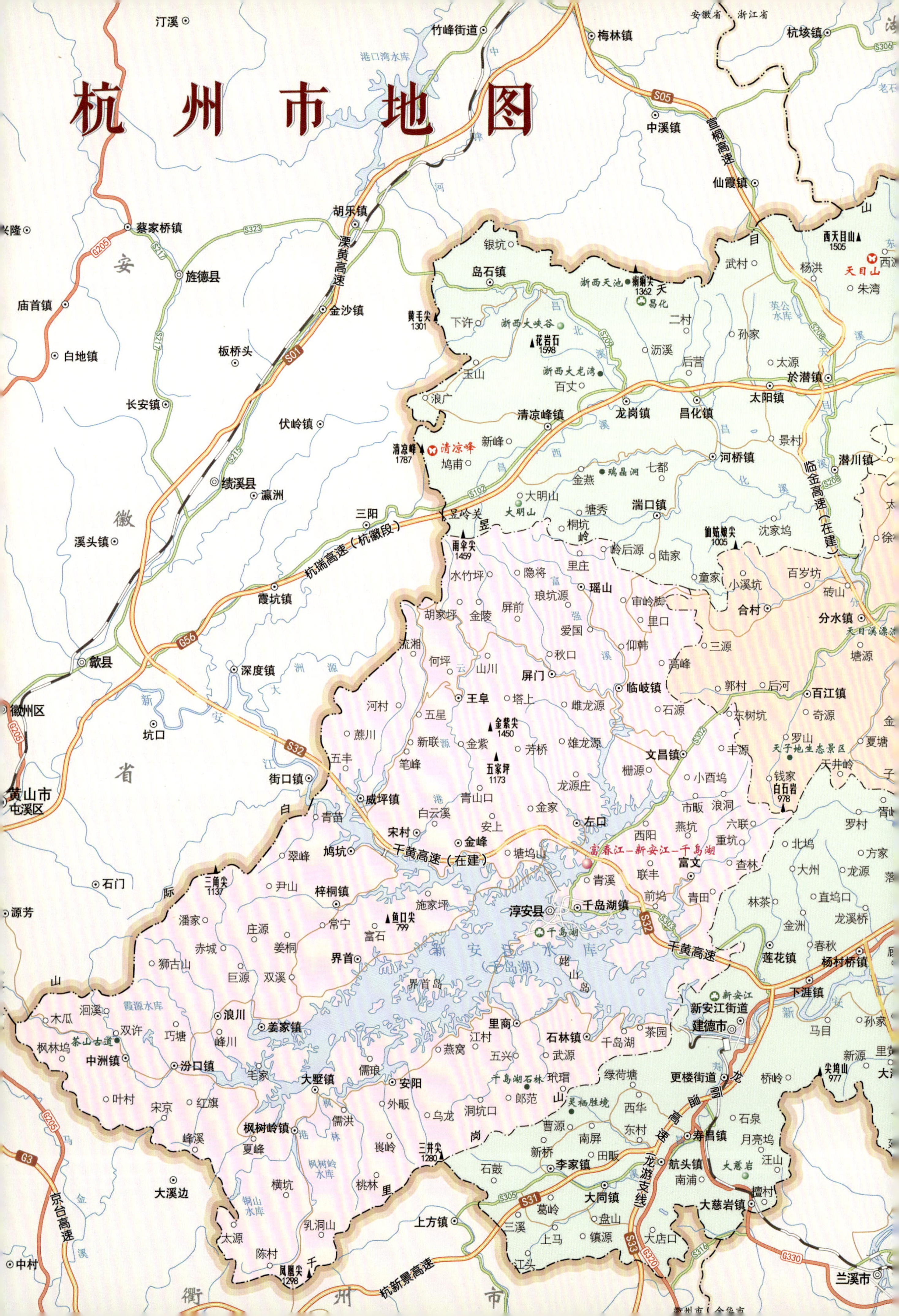

杭州市地图
安徽省
浙江省
淳安县
建德市
千岛湖镇
新安江街道
千岛湖
新安江水库（千岛湖）
旌德县
绩溪县
歙县
徽州区
黄山市屯溪区
兰溪市
杭瑞高速（杭徽段）
千黄高速（在建）
千黄高速
杭新景高速
宣桐高速
临金高速（在建）
龙游支线
京台高速
溧黄高速
清凉峰
天目山
昌化镇
龙岗镇
清凉峰镇
河桥镇
湍口镇
太阳镇
於潜镇
潜川镇
分水镇
百江镇
汾口镇
威坪镇
临岐镇
梓桐镇
大墅镇
姜家镇
枫树岭镇
寿昌镇
大同镇
李家镇
航头镇
大慈岩镇
梅林镇
中溪镇
仙霞镇
杭垓镇

湖州市
嘉兴市
湖州市
嘉兴市
德清
长深高速(杭宁段)
练杭高速
沪昆高速(沪杭段)
海宁市
对河口水库
半山
百丈镇
青山
赐壁
黄湖岭
鸬鸟山 869
鸬鸟镇
径山
黄湖镇
东明山
塘北
塘栖镇
运河街道
东湖街道
超丁
超山
仁和街道
纤石
泰山
崇贤街道
余杭区
窑头山 1095
茅塘
四岭水库
双溪竹海漂流
径山寺
石门
径山镇
良渚文化遗址
良渚街道
瓶窑镇
星桥街道
杭州绕城高速
杭州湾环线高速(杭浦段)
向红
前进街道
新围
萧东
半山
半山街道
丁兰街道
乔司街道
长乐
长溪
高虹镇
杭州城西科创产业集聚区
拱墅区
三墩镇
彭埠街道
河庄街道
杭州大江东产业集聚区(临江国家高新区)
苕溪
仓前街道
下城区
西溪国家湿地公园
江干区
杭甬高速
钱江观潮
新湾街道
临江街道
十二分场
上东
青山水库
临安市
青柯
余杭街道
五常街道
西湖区
上城区
西湖
杭州市
杭州萧山国际机场
协谊
苏绍高速
青山湖
南高峰 257
留下街道
机场高速
瑞高速(杭徽段)
玲珑街道
中泰街道
闲林街道
泰峰
午潮山 494
午潮山
五云山 344
滨江区
萧山区
宁围街道
靖江街道
党湾镇
兴围
如龙
锦南街道
板桥镇
杭州绕城高速
杭州野生动物世界
金竺
西山
宋城
转塘街道
浦沿街道
湘湖
新塘街道
衙前镇
瓜沥镇
益农镇
长巷
杭州湾环线高速(杭甬段)
双峰尖 677
双灵
如意尖 537
黄公望
闻堰街道
东方文化园
万市镇
洞桥镇
昌岭
春建
银湖街道
东洲街道
双浦镇
杭州绕城高速
杨静坞
柯桥区
绍兴市
湘溪
富阳区
渔山
义桥镇
杜家
仙里
永昌镇
灵桥镇
北坞
岩石岭水库
里山镇
临浦镇
春江街道
进化镇
越城区
光明
石牛山
戴村镇
千金尖 376
葛溪
鹿山街道
昌东
胥口镇
新登镇
大源镇
天钟山
浦阳镇
东山
蔡家坞
诸家坞
半山
贤明山
程浦
新关
河上镇
绍诸高速
双庙
富春江—新安江
楼塔镇
新桐
场口镇
环山
白塔湖
平水镇
凤联
渌渚镇
龙门
上官
九岭
双溪
龙门镇
青龙
常安镇
杏梅尖 1068
佳山 455
山下湖镇
绍
平水江水库
横村镇
江南镇
高田坎
常绿镇
景山
湖源
桐庐县
长深高速(杭新景段)
凤川街道
常南
杨家坞
汤浦水库
旧县街道
肖岭水库
三界尖 1015
赵家镇
王坛镇
大庄
大奇山
大源
桃岭
马剑镇
诸暨市
兴
富春江镇
坞岩
瑶古尖 1246
天龙九瀑
东和乡
谷来镇
严子陵钓台
白云源
华家塘
新合
五泄镇
诸永高速
道士坪
石舍
街亭镇
王院乡
田平
泄浦镇
崇仁镇
市
仰天坪
何家居
大畈
陈蔡水库
三都镇
上徐坞
沪昆高速
金华市
绍兴市
甘霖镇
马宅
凤凰
杭坪镇
白马镇
杭金衢(段)
利群
洋程
前吴
浦江县
洋峨
通济桥水库
青源
梅江镇
后宅街道
临金段在建
义乌市
源东
华
市
曹宅镇
傅村镇
甬金高速
图例
设区市行政中心
县(市、区)行政中心
镇(乡)、街道
行政村、社区
省、直辖市界
设区市界
县(市、区)界
高速公路及编号
国道及编号
省道及编号
铁路及火车站
铁路客运专线
县乡道
隧道、桥梁
河流、湖泊、水库
运河
机场
国家重点风景名胜区
国家级自然保护区
森林公园
省级景点(区)
其他旅游景点
山峰
比例尺 1:580 000
杭州市勘测设计研究院 编制
地图审核号:浙S(2017)144号
注:底图资料由浙江省测绘与地理信息局提供
行政界线不作划界依据,规划资料仅供参考

杭州城区图
杭州市区缩略图
放大图
余杭区
拱墅区
上城区
西湖区
滨江区
萧山区
富阳区
西溪国家湿地公园
杭州城西科创产业集聚区
未来科技城
午潮山国家森林公园
西山国家森林公园
杭州野生动物世界
杭州西站（在建）
梦想小镇
汽车北站
汽车西站
杭瑞高速（杭徽段）
杭州绕城高速
紫金港枢纽
浙江大学紫金港校区
杭州师范大学仓前校区
浙江大学之江校区
中国美术学院象山校区
钱塘江大桥
之江大桥
闲林水库
六和塔
灵隐寺
宋城
长安沙
瓶窑镇
三墩镇
双浦镇
祥符街道
康桥街道
半山街道
上塘街道
拱墅区
翠苑街道
蒋村街道
文新街道
北山街道
西湖区
上城区
西湖街道
留下街道
五常街道
仓前街道
余杭街道
闲林街道
转塘街道
浦沿街道
杭州高新

临平
杭州北
乔司枢纽
乔司东
乔司街道
丁兰街道
笕桥街道
德胜
杭州汽车客运中心
九堡街道
杭州东站
彭埠街道
彭埠
凯旋街道
下沙
下沙东
杭州绕城高速
江东大桥
下沙街道
白杨街道
浙江理工大学
杭州师范大学
杭州经济技术开发区
下沙南
下沙大桥
九堡大桥
彭埠大桥
中国水博览园
萧山
钱江世纪城
杭州奥体博览中心
市心路
通惠路
西兴
西兴大桥
杭南高速
机场高速
萧山经济技术开发区桥南区块
红星枢纽
新街
机场
杭州萧山国际机场
南阳街道
宁围街道
萧山经济技术开发区
西兴街道
萧山区
北干街道
新街街道
杭州南站(在建)
萧山东
衙前镇
萧山汽车西站
萧山汽车总站
萧山汽车东站
城厢街道
新塘街道
杭州乐园
湘湖
蜀山街道
所前镇
杨汛桥
萧山南
张家畈枢纽
图例
市政府
区政府
镇、街道
行政村、社区
高速公路及编号
互通及服务区
国道及编号
省道及编号
铁路及火车站
铁路客运专线
城市高架
地铁1号线
地铁2号线
地铁4号线
道路
隧道 桥梁
河流、湖泊、水库
汽车站 机场
旅游景点
山峰
比例尺 1∶115 000
杭州市勘测设计研究院 编制
地图审核号：浙S(2017)144号
注：底图资料由浙江省测绘与地理信息局提供
行政界线不作划界依据，规划资料仅供参考

2016年9月3～4日，二十国集团工商峰会（B20）在杭州举行，来自二十国集团成员和嘉宾国的1000多名工商界人士参加 （市贸促会 供稿）

2016年9月4~5日，二十国集团领导人第十一次峰会在杭州举行。图为国内外新闻工作者在现场报道(王　川　摄)

2016年9月4日晚，G20杭州峰会文艺演出“最忆是杭州”在西湖景区举行。图为演出节目《美丽的爱情传说》(左上)、《采茶舞曲》(下)、《欢乐颂》(右上)剧照　　（杭州图库 供稿）

2017年2月24日，中国共产党杭州市第十二次代表大会开幕。中共浙江省委常委、杭州市委书记赵一德做题为“干在实处 走在前列 勇立潮头 为加快建设独特韵味别样精彩世界名城而奋斗”的报告 （王 毅 摄）

中国共产党杭州市第十二届委员会常务委员会委员合影。左起：戴建平、盛阅春、陈擎苍、佟桂莉、马晓晖、赵一德、徐立毅、张仲灿、叶寒冰、戚哮虎、许明、毛溪浩 （郑承锋 摄）

2016年7月11日，中国共产党杭州市第十一届委员会第十一次全体扩大会议召开，会议审议通过《中共杭州市委关于全面提升杭州城市国际化水平的若干意见》 （郑承锋 摄）

2016年4月22日，杭州国家自主创新示范区建设动员大会召开 （市科委 供稿）

2016年7月30日，省委常委、市委书记赵一德（前左二）慰问服务保障G20杭州峰会的基层劳动者　　（郑承锋 摄）

2016年6月12日，市长张鸿铭（中）在杭州火车东站检查G20杭州峰会环境整治与交通保障工作　　（缪成骏 摄）

2016年5月27日，G20杭州峰会倒计时100天，杭州市举行“决战100天 全力保峰会”誓师大会　（杭州图库 供稿）

2016年9月28日，全市G20杭州峰会总结表彰大会在杭州国际博览中心召开　（杭州图库 供稿）

2016年11月15～16日，联合国教科文组织全球学习型城市网络第一届成员大会在杭州召开　（杭州图库 供稿）

2016年10月19～20日，第二届世界杭商大会在杭州国际博览中心举行　（杭州图库 供稿）

2016年11月3~7日，亚洲设计管理论坛暨生活创新展(ADM)在城市之星工业遗存保护区举行 (杭州图库 供稿)

2016年12月1~4日，首届世界工业设计大会在良渚梦栖小镇举行。图为大会主要活动之一——中国优秀工业设计奖作品展

(杭州图库 供稿)

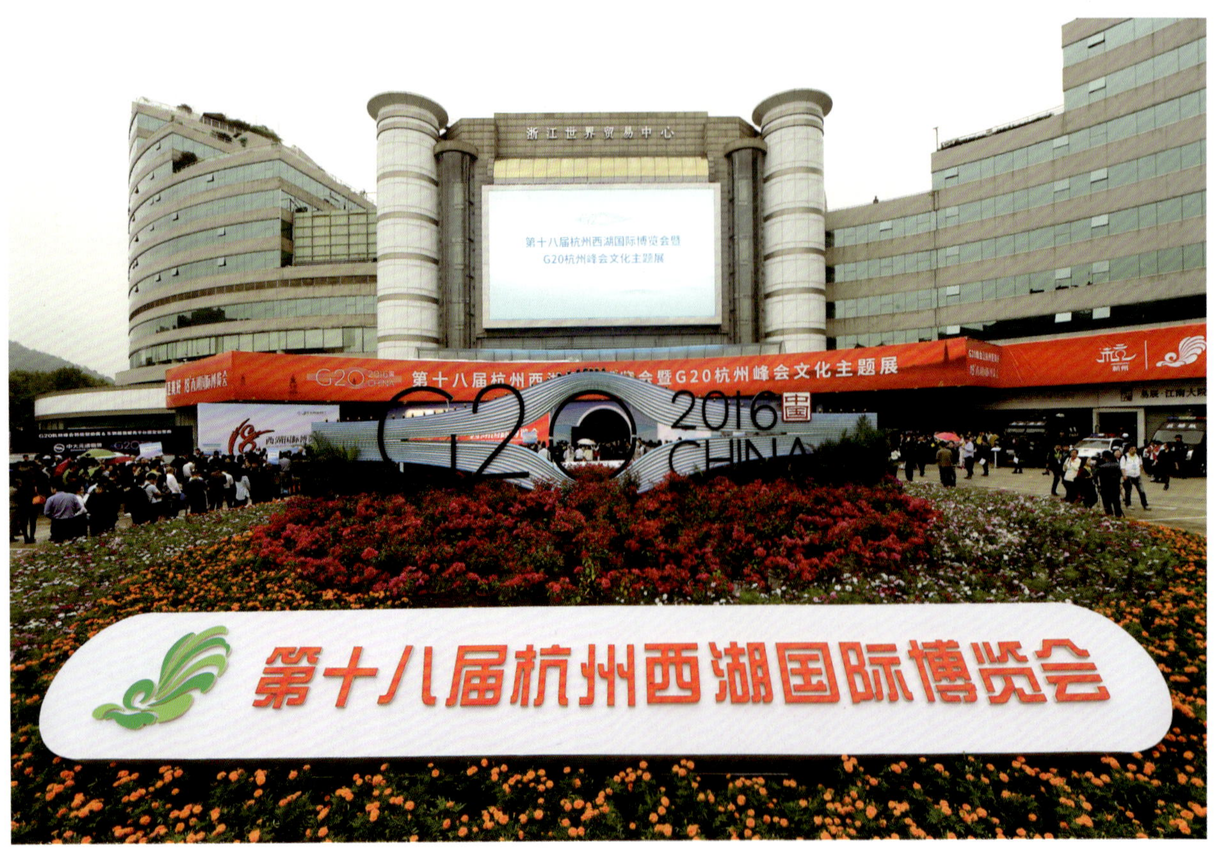

2016年10月14～31日，第十八届西湖国际博览会暨G20杭州峰会文化主题展开馆活动在浙江世贸展览中心举行
（杭州图库 供稿）

2016年10月14日，G20杭州峰会文化主题展开幕，集中展示峰会美食、用品、演出、服务保障等七大板块内容
（杭州图库 供稿）

2016年10月20～24日，以“融——智慧科技、创意生活”为主题的第十届（2016）杭州文化创意产业博览会举行。图为博览会现场 （王 一摄）

第十届（2016）杭州文化创意产业博览会现场 （王 一摄）

第十二届中国国际动漫节产业博览会
cicaf 2016
A馆
杭州白马湖国际会展中心
HANGZHOU BAIMAHU INTERNATIONAL EXHIBITION CENTRE

通往B馆
通往B馆
玄机出品
Welcome

2016年4月27日至5月2日，第十二届中国国际动漫节在杭州举行。动漫节设立1个主会场和12个分会场，围绕会展、论坛、商务、赛事、活动五大板块组织实施了59项活动，80个国家和地区的2531个中外企业机构参展

（杭州图库 供稿）

2016年5月10日，在杭留学生参加拱墅区“学雷锋志愿者活动” （杭州图库 供稿）

2016年11月6日，

2016年5月20日，朗诗杯全球摄影大赛暨G20摄影师“美丽杭州行”活动启动

…行 （杭州图库 供稿）

（杭州图库 供稿）

2016年11月2日，2016年杭州国际体验日活动在南宋皇城小镇启动

（杭州图库 供稿）

2016年6月6日，居住在上城区紫阳街道凤凰社区的俄罗斯和乌克兰友人身着汉服体验端午民俗活动，并加入社区平安志愿者巡防队

（杭州图库 供稿）

2016年6月13日，浙江省高校来华留学生文艺演出在杭州举行

（杭州图库 供稿）

2016年10月13～16日，杭州·云栖大会在云栖小镇举行

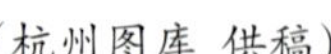

（杭州图库 供稿）

市民在杭州·云栖大会的创新展

虚拟驾驶的乐趣 （杭州图库 供稿）

杭州·云栖大会的创新展览体验区集中展示虚拟漫游领域的成果 （杭州图库 供稿）

2016年10月13日，在杭州·云栖大会开幕式上，“杭州城市数据大脑”正式发布 （杭州图库 供稿）

2016年11月5日，中国(杭州)人工智能博览会现场展示儿童陪护机器人 (杭州图库 提供)

2016年10月28日，中国(杭州)国际电子商务博览会在杭州国际博览中心开幕 (杭州图库 供稿)

2016年11月8日，“创客天下·2016杭州市海外高层次人才创新创业大赛总决赛”在杭州未来科技城举行

（杭州图库 供稿）

2016年11月5～6日，钱塘之星（首届）创新创业大赛总决赛在杭州举行

（市科委 供稿）

西湖全景

（市园文局 供稿）

钱江新城"城·水·光·影"主题灯光秀

（杭州图库 供稿）

长桥夜景 （吴海

西湖夜景 （边佯

璀璨滨江　　　　（楼　颖　摄）

2016年7月1日，武林广场“八少女”音乐喷泉重新开放　　　　（贺勋毅 摄）

美丽双浦　　（杭州图库 供稿）

东梓关村新貌

安县中心城区俯瞰 （吴海平 摄）

（朱啸尘 摄）

土地面积16596平方千米
常住人口918.80万人
户籍人口736.00万人

地区生产总值11313.72亿元，比上年增长9.6%
　第一产业增加值304.21亿元
　第二产业增加值4120.93亿元
　第三产业增加值6888.59亿元
人均生产总值（按户籍）155030元

规模以上工业企业5684个
规模以上工业企业总产值12420.96亿元
固定资产投资5842.42亿元
社会消费品零售总额5176.20亿元
实际利用外资72.09亿美元

财政总收入2558.41亿元
一般公共预算收入1402.38亿元
一般公共预算支出1404.31亿元

全社会货物运输总量3.02亿吨
旅客运输量2.05亿人次
杭州萧山国际机场旅客吞吐量3159万人次
铁路客运量6053万人次
境内公路总里程16306千米
公路客运量12282万人次
公交运营线路总长度13866千米
公交客运总量14.14亿人次
轨道交通运营长度81.50千米
地铁客运量2.67亿人次

房地产业增加值690.11亿元
商品房销售面积2326.69万平方米
金融机构年末本外币存款余额33386.04亿元
金融机构年末本外币贷款余额26169.00亿元
金融业增加值982亿元

接待国内游客1.37亿人次
接待入境旅游363.23万人次
旅游总收入2571.84亿元

进出口总额679.92亿美元
其中杭州跨境电子商务综合试验区进口20.5亿美元、出口60.6亿美元

用电总量679.29亿千瓦小时
城市自来水供水总量65087万吨
建成区绿化覆盖率40.70%
市区空气质量优良天数260天
市区PM2.5年平均浓度48.8微克/立方米

发明专利申请量24951件，发明专利授权量8647件
小学447所，在校学生54.30万人
初中249所，在校学生21.58万人
普通高中77所，在校学生11.04万人
普通高等院校39所，在校学生48.10万人

城镇常住居民年人均可支配收入52185元
城镇常住居民人均消费支出35686元
城镇居民人均住房建筑面积35.8平方米

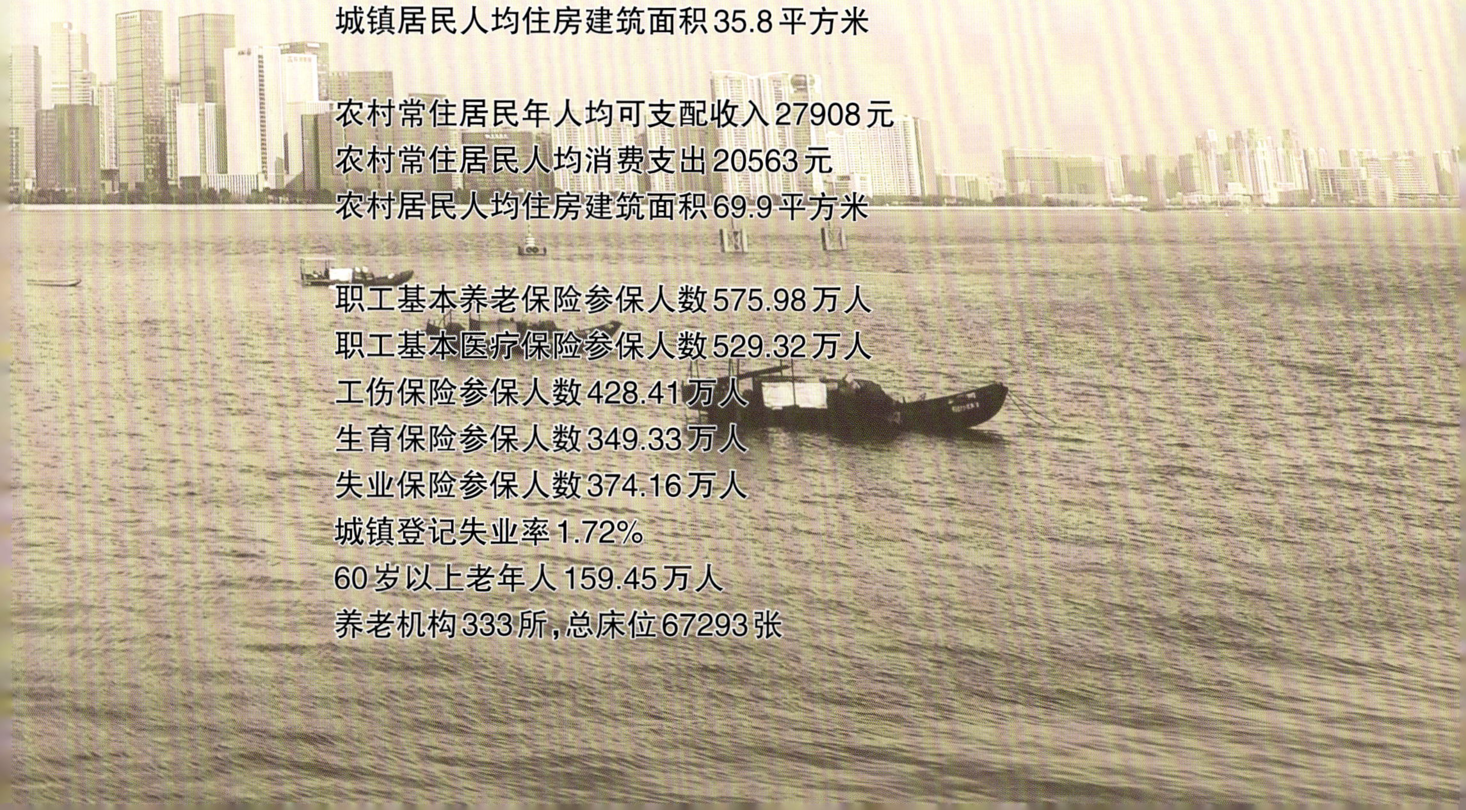

农村常住居民年人均可支配收入27908元
农村常住居民人均消费支出20563元
农村居民人均住房建筑面积69.9平方米

职工基本养老保险参保人数575.98万人
职工基本医疗保险参保人数529.32万人
工伤保险参保人数428.41万人
生育保险参保人数349.33万人
失业保险参保人数374.16万人
城镇登记失业率1.72%
60岁以上老年人159.45万人
养老机构333所，总床位67293张

编辑说明

一、《杭州年鉴》是中国共产党杭州市委员会、杭州市人民政府主办的大型地方综合年鉴，逐年记载杭州自然、政治、经济、文化和社会等方面的基本情况，为各级党政机关、研究机构，以及社会各界人士和中外投资者了解、研究杭州提供丰富、翔实的地情资料。

二、《杭州年鉴(2017)》是1987年创刊以来的第31卷。本卷年鉴以马克思列宁主义、毛泽东思想、邓小平理论、"三个代表"重要思想、科学发展观、习近平新时代中国特色社会主义思想为指导，全面贯彻党的十八大和十八届三中、四中、五中、六中全会精神，深入贯彻习近平总书记系列重要讲话和对杭州工作重要指示批示精神，客观记述杭州市按照"八八战略"，秉持浙江精神，干在实处、走在前列、勇立潮头，全力服务保障G20杭州峰会，促进经济提质增效，全面深化改革创新，推进城市建设和环境治理，全面改善民生和加强社会保障等方面的大事要情，以及发展进程中的新特点、新问题。

三、《杭州年鉴(2017)》按分类法编辑，主体内容分为类目、分目、条目三个层次。全书设类目44个、分目274个，收入条目2572条、随文图照285幅、表格113张。按照常编常新的理念，全书框架在上年的基础上主要有以下调整：新增"建筑业·房地产业""文化创意产业"类目；"人民团体"类目更名为"工会·共青团·妇联"，"国防建设"类目更名为"军事"；"工业"类目取消"轻工业"分目，新增"工艺美术产业"分目；"国家级开发区·产业集聚区"类目取消"之江国家旅游度假区"分目；"文化"类目增加"非物质文化遗产"分目。

四、本卷年鉴主要数据由杭州市统计局提供，其余均由杭州市有关部门、各承编单位提供并经过严格审核。文中数据比较均为2016年与2015年相比，"上年"指2015年，其他年份之间数据的比较均写明年份。为及时反映重大事件，部分内容适当突破年度时限。因统计范围、统计口径的调整，文中部分数据可能与往年不具可比性，此种情况已在文中注明。

五、为更好地发挥年鉴的作用，《杭州年鉴》自2002年起在出版纸质图书的同时推出电子版(光盘)，2003年起载入"中国杭州"政府门户网站(www.hangzhou.gov. cn)。杭州地情网(hzfzw.hz.gov.cn)"数字方志馆"栏目也有本年鉴历年资料。

六、《杭州年鉴》编纂工作得到各区县(市)、市属各部门及有关单位的大力支持，全体编纂人员为年鉴撰稿、编辑付出了辛勤劳动，在此谨致衷心感谢。书中疏漏和差错之处，恳请广大读者批评指正。

目 录
Contents
杭州年鑑 2017

大事记
Chronicles of Events

总　述
General Survey

农 业
Agriculture

工 业
Industry

信息经济
Information Economy

建筑业·房地产业
Construction Industry & Real Estate

交通运输·邮政
Transportation & Postal Service

商　业
Commerce

文化创意产业
Cultural and Creative Industry

会展业
Conference & Exhibition Business

旅游业
Tourism

西湖风景名胜区

The West Lake Historic & Scenic Area

经济合作交流

Domestic Economic Cooperation

金融业

Banking, Affiance & Insurance

财政·税务

Finance & Taxation

经济管理

Economic Management

环境保护
Environmental Protection

城市建设管理
Urban Construction & Management

党政机关

Party and Government Organizations

民主党派·工商联
Democratic Parties, Federation of Industry and Commerce

工会·共青团·妇联

Trade Union & Youth League & Women´s Federation

外事·侨务·港澳台事务

Foreign Affairs, Overseas Chinese Affairs, Hong Kong and Macao Affairs &Taiwan Affairs

法　治
Political and Legislative Affairs

军 事
Military Affairs

文 化
Culture

新闻出版
Press & Publication

科学技术
Science & Technology

社会科学
Social Science

教 育
Education

卫 生
Public Health

体 育
Sports

人力资源和社会保障
Human Resources & Social Security

人　物

People

区县（市）

Districts & Counties(Cities)

统计资料
Statistics

附录
Appendix

索引
Index

G20杭州峰会概览

G20杭州峰会以“构建创新、活力、联动、包容的世界经济”为主题，围绕“加强政策协调、创新增长方式”“更高效的全球经济金融治理”“强劲的国际贸易和投资”“包容和联动式发展”“影响世界经济的其他突出问题”五大重点议题，聚焦“应对经济和国际金融市场的突出风险”与“促进全球经济增长和稳定金融市场的共同行动”展开讨论。G20杭州峰会是2016年中国最重要的主场外交，也是级别最高、规模最大、影响最深远的国际峰会。G20杭州峰会第一次把发展问题置于全球宏观政策框架的突出位置，第一次就落实联合国2030年可持续发展议程制定行动计划，第一次集体支持非洲和最不发达国家工业化。

G20杭州峰会于2016年9月4日下午开幕，5日下午闭幕。峰会前，G20历史上最大规模的工商峰会与领导人峰会背靠背举行，国家主席习近平出席并发表主旨演讲。峰会前还举行金砖国家领导人非正式会晤。峰会结束后，习近平举行中外记者会，介绍峰会成果。

G20杭州峰会安排了协调人渠道、财金渠道、专业部长会议、配套活动、工作组会议等，全年开展66场会议，其中部长级会议23场(包括农业部长会、能源部长会、贸易部长会、就业部长会等4场G20专业部长会议，5场G20协调人会议，4场G20财长和央行行长会议，4场G20财政和央行副手会议，工商峰会、妇女会议、劳动会议、民间社会会议、青年会议和智库会议等6场大型配套活动)，以及43场各类工作组会议(如发展工作组会议、反腐败工作组会议等)，举办地包括杭州、北京、上海、广州、深圳、南京、西安、三亚、厦门、青岛、成都、武汉等国内20个城市。峰会实行开放包容的办会风格，全方位、多层次地开展G20外围对话，对话活动覆盖几乎所有联合国成员，特别是130多个发展中国家。

参加G20杭州峰会的外方领导人和嘉宾

与会的二十国集团成员领导人有：阿根廷总统马克里、巴西总统特梅尔、法国总统奥朗德、印度尼西亚总统佐科、韩国总统朴槿惠、墨西哥总统培尼亚、俄罗斯总统普京、南非总统祖马、土耳其总统埃尔多安、美国总统奥巴马、澳大利亚总理特恩布尔、加拿大总理特鲁多、德国总理默克尔、印度总理莫迪、意大利总理伦齐、日本首相安倍晋三、英国首相特雷莎·梅、欧洲理事会主席图斯克、欧盟委员会主席容克、沙特阿拉伯王储继承人穆罕默德等。

嘉宾国领导人有：乍得总统代比、埃及总统塞西、哈萨克斯坦总统纳扎尔巴耶夫、老挝国家主席本扬、塞内加尔总统萨勒、新加坡总理李显龙、西班牙首相拉霍伊、泰国总理巴育等。

有关国际组织负责人包括：联合国秘书长潘基文、世界银行行长金墉、国际货币基金组织总裁拉加德、世界贸易组织总干事阿泽维多、国际劳工组织总干事莱德、金融稳定理事会主席卡尼、经济合作与发展组织秘书长古里亚等。

G20杭州峰会邀请了历史上最多的发展中国家参与，发达国家和发展中国家作为平等伙伴共同谋划世界经济长远健康发展的大计，体现会议组成更具代表性、更富包容性。发展中国家的声音在G20杭州峰会上得到充分体现，发达国家和发展中国家就国际经济事务平等协商、平等决策，反映了世界经济格局的重大变化，符合时代发展的潮流，是历史的进步。

G20小知识：

二十国集团(G20)由七国集团财长会议于1999年倡议成立，由阿根廷、澳大利亚、巴西、加拿大、中国、法国、德国、印度、印度尼西亚、意大利、日本、韩国、墨西哥、俄罗斯、沙特阿拉伯、南非、土耳其、英国、美国以及欧盟等20方组成。国际金融危机爆发前，G20仅举行财长和央行行长会议，就国际金融货币政策、国际金融体系改革、世界经济发展等问题交换看法。

国际金融危机爆发后，在美国倡议下，G20提升为领导人峰会。2009年9月举行的匹兹堡峰会将G20确定为国际经济合作的主要论坛，标志着全球经济治理改革取得重要进展。目前G20机制已形成以峰会为引领、协调人和财金渠道“双轨机制”为支撑、部长级会议和工作组为辅助的架构。至2015年末，G20已举行10次峰会，第十次峰会于2015年11月15～16日在土耳其安塔利亚举行。

中国积极参与G20活动。2014年11月，习近平主席应邀出席G20布里斯班峰会并发表重要讲话。布里斯班峰会宣布由中国举办2016年G20峰会。

G20杭州峰会周议程

8月31日～9月1日	财政和央行副手会
9月1～2日	第四次协调人会议
9月2日	协调人与财政和央行副手联席会议
9月3～4日	二十国集团工商峰会(B20)
9月4～5日	二十国集团领导人杭州峰会(G20)

G20杭州峰会会标

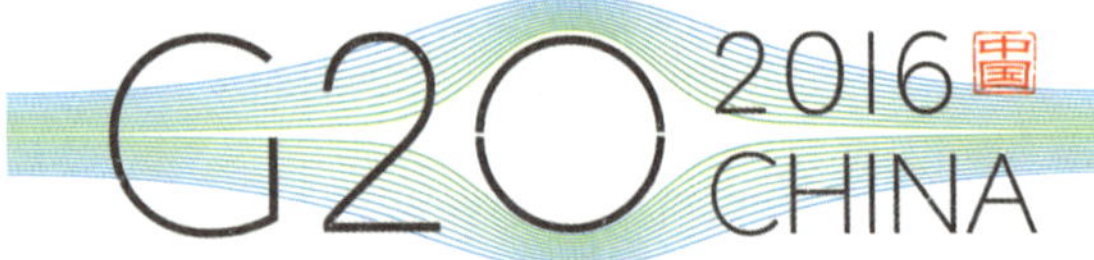

G20杭州峰会会标图案，用20根线条，描绘出一个桥形轮廓，同时辅以“G20 2016CHINA”和篆刻隶书“中国”印章。桥梁寓意着G20已成为全球经济增长之桥、国际社会合作之桥、面向未来的共赢之桥。同时桥梁线条形似光纤，寓意信息时代的互联互通。图案中G20的“0”体现了各国团结协作精神。中文印章彰显了中国传统文化内涵，与英文CHINA相呼应。

G20财政和央行副手会

2016年8月31日至9月1日，G20峰会公报财金渠道磋商在杭州举行，来自二十国集团的财政和央行副手就峰会公报中的经济部分内容进行磋商。

在宏观经济政策方面，G20成员形成共识，要特别突出综合地运用货币政策、财政政策和结构性改革的政策，一致同意反对竞争性货币贬值，反对利用货币贬值来获取贸易好处。

财长和央行行长会主要是就具体经济金融问题进行磋商并提出建议。自2015年12月，中国担任2016年G20峰会主席国到G20杭州峰会举行，共召开3次财长和央行行长会以及4次财政和央行副手会，为峰会达成共识奠定了基础。

G20峰会第四次协调人会议

2016年9月1～2日，二十国集团(G20)峰会第四次协调人会议在杭州举行。这是G20杭州峰会前的最后一次协调人会议，核心任务是为峰会做最后的政治准备，特别是就峰会最重要的政治成果——峰会公报进行磋商。中方G20事务协调人、外交部副部长李保东主持会议，G20成员、各嘉宾国和国际组织的协调人与会。

各方高度肯定G20杭州峰会和本次协调人会议的筹备工作，赞赏中方作为主席国在成果推进、组织安排等各方面体现出的高水准，对杭州峰会取得成功充满信心。

自2015年12月接任G20主席国以来，中方积极协调各方推进杭州峰会成果准备工作，各方已就《G20创新增长蓝图》、《G20落实2030年可持续发展议程行动计划》、G20支持非洲和最不发达国家工业化倡议、G20全球贸易增长战略、全球投资指导原则和反腐败追逃追赃高级原则等一系列重要文件基本达成一致。

二十国集团工商峰会(B20)

2016年二十国集团工商峰会于9月3～4日在杭州举行，来自二十国集团成员和嘉宾国1100余名工商界人士出席3日举行的开幕式。国家主席习近平出席开幕式，并发表题为“中国发展新起点，全球增长新蓝图”的主旨演讲，强调中方希望同各方一道，建设创新、开放、联动、包容型世界经济，推动世界经济走上强劲、可持续、平衡、包容增长之路。

二十国集团工商峰会是国际工商界参与全球经济治理和国际经贸规则制定的重要平台。本届B20峰会设置了六大议题，分别是金融促增长、贸易投资、基础设施、中小企业发展、就业、反腐败，相应成立了由全球533位工商企业、商协会、国际机构和智库代表组成的5个议题工作组，并举行了反腐败论坛。

二十国集团工商峰会发布了《2016年B20政策建议报告》，国际工商界代表就当前全球经济发展中的热点难点焦点问题进行研讨，约1100人云集杭州与二十国集团(G20)成员领导人对话，达成诸多共识，取得丰硕成果。

《2016年B20政策建议报告》共提出20项重要政策建议和76条具体措施。其中首次提出的实施G20智慧创新倡议(SMART)、发展绿色投融资市场、建立世界电子贸易平台(eWTP)等建议，以及在历届B20关注的加快高质量基础设施项目储备、提升政策包容性支持中小企业发展等问题上提出的新解决措施，获得与会代表高度认可。

《B20政策建议报告》具有较多“中国印记”，中国工商界代表参与报告的起草过程，156个中国企业参加各议题工作组，占议题工作组成员总数的30%。宁高宁、马云等15名中国工商界领袖担任议题工作组的主席和联合主席。这份报告，融入了中国理念、体现了中国主张、贡献了中国方案：首次把“创新增长方式”列为G20峰会重点议题，倡议制定G20创新增长蓝图，聚焦全球增长的中长期动力；首次在加强结构性改革“顶层设计”方面取得里程碑式的成果，明确了九大优先领域、48项指导原则和衡量指标体系；首次将绿色金融列入峰会议题，成立绿色金融研究小组，支持全球加快发展绿色低碳经济；首次把联合国2030年可持续发展议程作为G20奋斗目标；首次在G20平台上明确提出货币政策、财政政策、结构改革政策的综合运用，提出加强全球宏观经济政策协调的有关倡议；G20

成员同意通过国际货币基金组织就汇率政策保持密切沟通，这也是G20首次提出如此明确的政策承诺。

峰会期间，阿根廷总统马克里、南非总统祖马、澳大利亚总理特恩布尔、加拿大总理特鲁多，以及国际货币基金组织、世界银行、世界贸易组织、联合国工业发展组织、经济合作与发展组织的负责人参加会议相关专题讨论，并与工商界代表进行了对话交流。各方一致认为，G20应该秉持开放的态度，加强合作、推进改革、促进增长，通过加强政府与企业之间合作、营造良好投资环境、加强教育投入和新技术研发等举措，共同努力构建创新、活力、联动、包容的世界经济。

B20峰会闭幕前，2016年B20主席、中国贸促会会长姜增伟向下届B20主办方代表——德国工业联合会主席乌尔里希·格里洛、德国雇主协会副主席格哈德·布劳恩移交了主办权。2017年B20由德国举办。

二十国集团领导人杭州峰会

2016年9月4日，二十国集团领导人第十一次峰会在杭州国际博览中心举行。国家主席习近平主持会议并致开幕辞。习近平强调，面对当前挑战，二十国集团要与时俱进、知行合一、共建共享、同舟共济，为世界经济繁荣稳定把握好大方向，推动世界经济强劲、可持续、平衡、包容增长。

下午3时，二十国集团成员和嘉宾国领导人、有关国际组织负责人陆续抵达会场。3时30分，习近平敲下木槌，宣布峰会开幕。

习近平在开幕辞中指出，当前，世界经济总体保持复苏态势，但面临增长动力不足、需求不振、金融市场反复动荡、国际贸易和投资持续低迷等多重风险和挑战。国际社会对二十国集团充满期待，对这次峰会寄予厚望。希望杭州峰会能够为世界经济开出一剂标本兼治、综合施策的药方，让世界经济走上强劲、可持续、平衡、包容增长之路。

习近平就应对世界经济当前面临的挑战提出5点主张。

第一，我们应该加强宏观政策协调，合力促进全球经济增长、维护金融稳定。

第二，我们应该创新发展方式，挖掘增长动能。调整政策思路，做到短期政策和中长期政策并重，需求侧管理和供给侧改革并重。

第三，我们应该完善全球经济治理，夯实机制保障。不断完善国际货币金融体系，优化国际金融机构治理结构，完善全球金融安全网，提高世界经济抗风险能力。

第四，我们应该建设开放型世界经济，继续推动贸易投资自由化便利化。恪守不采取新的保护主义措施的承诺，加强投资政策协调合作，采取切实行动促进贸易增长。

第五，我们应该落实2030年可持续发展议程，促进包容性发展。2016年，我们把发展置于二十国集团议程的突出位置，共同承诺积极落实2030年可持续发展议程，并制定了行动计划。我们还将通过支持非洲和最不发达国家工业化等减少全球发展不平等和不平衡，使各国人民共享世界经济增长成果。

习近平强调，二十国集团承载着世界各国期待，使命重大。我们要努力把二十国集团建设好，为世界经济繁荣和稳定把握好大方向。一要与时俱进，发挥引领作用。根据世界经济需要，调整自身发展方向，进一步从危机应对向长效治理机制转型。二要知行合一，采取务实行动。把今年在可持续发展、绿色金融、提高能效、反腐败等领域制定的行动计划落到实处。三要共建共享，打造合作平台。要充分倾听世界各国特别是发展中国家声音，使二十国集团工作更具包容性，更好回应各国人民诉求。四要同舟共济，发扬伙伴精神，克服世界经济的惊涛骇浪，开辟未来增

G20杭州峰会举办地杭州国际博览中心外景 （范方斌 摄）

长的崭新航程。我们期待杭州峰会能够实现促进世界经济增长、加强国际经济合作、推动二十国集团发展的目标。

随后举行第一阶段会议。与会领导人围绕“加强政策协调、创新增长方式”议题深入交换了意见，取得重要共识。与会领导人一致认为，加强宏观经济政策协调至关重要，创新增长方式势在必行，创新增长方式大有可为。

9月5日，二十国集团领导人杭州峰会在杭州国际博览中心继续举行。国家主席习近平主持会议并致闭幕辞。

在第二、三、四、五阶段会议上，各成员、嘉宾国领导人和国际组织负责人就更高效的全球经济金融治理、强劲的国际贸易和投资、包容和联动式发展等议题深入交换意见，共同讨论气候变化、难民、反恐融资、全球公共卫生等影响世界经济的其他突出问题，达成广泛共识。

下午5时许，峰会落下帷幕。习近平在闭幕辞中指出，通过热烈而富有成果的讨论，在各方共同努力下，二十国集团领导人杭州峰会达成许多重要共识。

第一，我们决心为世界经济指明方向，规划路径。面对当前世界经济的风险和挑战，我们要继续加强宏观政策沟通和协调，发扬同舟共济、合作共赢的伙伴精神，凝聚共识，形成合力，促进世界经济强劲、可持续、平衡、包容增长。要标本兼治，综合施策，运用好财政、货币、结构性改革等多种有效政策工具，向国际社会传递二十国集团成员共促全球经济增长的积极信号。

第二，我们决心创新增长方式，为世界经济注入新动力。我们一致通过了《二十国集团创新增长蓝图》，支持以科技创新为核心，带动发展理念、体制机制、商业模式等全方位、多层次、宽领域创新，推动创新成果交流共享。我们决定大力推进结构性改革，为全球增长开辟新路径，全面提升世界经济中长期增长潜力。

第三，我们决心完善全球经济金融治理，提高世界经济抗风险能力。我们同意继续推动国际金融机构份额和治理结构改革，加强落实各项金融改革举措，共同维护国际金融市场稳定。我们就能源可及性、可再生能源、能效共同制定了行动计划，就继续深化反腐败合作达成多项共识。

第四，我们决心重振国际贸易和投资这两大引擎的作用，构建开放型世界经济。我们共同制定《二十国集团全球贸易增长战略》和全球首个多边投资规则框架《二十国集团全球投资指导原则》。继续支持多边贸易体制，重申反对保护主义承诺。期待在强劲的国际贸易和投资推动下，世界经济将重新焕发活力。

第五，我们决心推动包容和联动式发展，让二十国集团合作成果惠及全球。我们第一次把发展问题置于全球宏观政策框架突出位置，第一次就落实联合国2030年可持续发展议程制定行动计划，同意推动《巴黎协定》尽早生效，发起《二十国集团支持非洲和最不发达国家工业化倡议》和《全球基础设施互联互通联盟倡议》，将为发展中国家人民带来实实在在的好处，为全人类共同发展贡献力量。

习近平强调，二十国集团有必要进一步从危机应对机制向长效治理机制转型，从侧重短期政策向短中长期政策并重转型。我们决心合力支持二十国集团继续聚焦世界经济面临的最突出、最重要、最紧迫的挑战，加强政策协调，完善机制建设，扎实落实成果，引领世界经济实现强劲、可持续、平衡、包容增长。

习近平感谢各方为推动世界经济增长和二十国集团发展做出的贡献。2017年二十国集团主席国德国总理默克尔介绍主办汉堡峰会设想和考虑。会议通过了《二十国集团领导人杭州峰会公报》。

G20杭州峰会筹备保障

为迎接G20杭州峰会，杭州积极开展城市环境综合治理，共完成六大类605个整治及改造升级项目。综合治理的重点是对杭州城区高架桥两侧重要道路及重要宾馆四周环境及道路的改造与升级。33个入城口实现全面升级，264条街道完成美化，拆除违章建筑1000万平方米，完成旧住宅区、旧厂房、城中村改造任务900多万平方米。

为保障G20杭州峰会期间的空气质量，杭州市政府大力开展大气环境治理行动，积极推进“五气共治”，对燃煤烟气、工业废气、汽车尾气、扬尘灰气、餐饮排气展开严格监管和治理。此外，倡导绿色环保出行的理念，杭州累计投入2.2万辆新能源汽车，并在全市原有新能源公交车基础上新增500辆纯电动公交。

2015年12月，杭州市启动峰会会场志愿者招募工作，共有26000多人报名，经过两轮面试和三轮志愿者专业素质测试后，最终选拔近4000名峰会会务志愿者，其中翻译员、联络员、工作员1000多人。杭州按照国际一流标准，扎实推进峰会住宿、交通、餐饮、网络通信等各方面的服务保障工作，坚持强化全要素保障，为各方来宾提供温馨舒适的优质服务。

在峰会车辆保障方面，按照国际惯例，杭州采取“官方保障和市场租赁相结合”的模式，为与会各国领导人及代表团提供900辆专门用车，峰会期间其他人员的用车需求通过专门租赁平台得到满足。针对G20峰会期间的其他用车需求，杭州市制定了相应的保障性方案，如组建保障性出租车队伍等。

在餐饮和食品安全保障方面，为确保峰会期间承担接待任务酒店的食材及原辅料的安全，杭州建成一个总面积7450平方米的食品总仓，总储量900吨。大会所有食材实行五个“统一”，即统一采购、统一查验、统一检测、统一保管、统一配送，每个环节都实行严格监控。G20杭州峰会期间为各国代表提供的食物主要以杭帮菜为主，向各国领导人和与会代表推介杭州文化、中国文化。

说明：本栏目资料均摘自新华社、人民网、《浙江日报》、《杭州日报》

责任编辑 蔡建明

干在实处 走在前列 勇立潮头
为加快建设独特韵味别样精彩世界名城而奋斗
——在中国共产党杭州市第十二次代表大会上的报告

（2017年2月24日）

中共浙江省委常委、杭州市委书记 赵一德

现在，我代表中国共产党杭州市第十一届委员会向大会作报告。

这次大会的主题是：高举中国特色社会主义伟大旗帜，深入学习贯彻习近平总书记系列重要讲话精神和治国理政新理念新思想新战略，全面总结市第十一次党代会以来的工作，明确今后五年的目标任务，动员全市各级党组织、广大党员和人民群众，干在实处、走在前列、勇立潮头，为加快建设独特韵味别样精彩世界名城而奋斗。

一、过去五年的工作

过去五年，是杭州发展历史上极不平凡的五年。在以习近平同志为核心的党中央和省委的坚强领导下，市委团结带领全市各级党组织、广大党员和人民群众，深入学习贯彻党的十八大和十八届三中、四中、五中、六中全会精神，深入学习贯彻习近平总书记系列重要讲话精神和治国理政新理念新思想新战略，深入学习贯彻习近平总书记对杭州工作的重要指示精神，牢牢抓住服务保障G20杭州峰会重大机遇，较好完成了市第十一次党代会确定的目标任务。杭州成为全国第十个"万亿元GDP"城市，许多工作走在全国全省前列，改善农村人居环境、纪念"枫桥经验"50周年、农村基层党建等全国性现场会在杭召开，荣获综合创新型生态城市、国家生态市、中国软件名城等多项称号，连续十年入选中国最具幸福感城市。

——**G20杭州峰会服务保障任务圆满完成。**我们认真贯彻习近平总书记重要指示，围绕"四个满意"目标，贯彻"四个最"要求，落实"西湖风光、江南韵味、中国气派、世界大同"的理念，坚持一切行动听指挥，深入开展"办好G20，当好东道主"主题活动，喊响"杭州干部行不行，要看服务G20"，举全市之力高水平高标准做好场馆改造、会务服务、平安护航、环境整治、氛围营造等工作，呈现了历史与现实交汇的独特韵味，展示了"四个全面"战略布局在杭州的生动实践，为这场新中国成立以来我国主办的层级最高、影响最深远、成果最丰硕的多边峰会圆满成功贡献了杭州力量、杭州智慧，镌刻下了深刻的中国印记、杭州印

象，得到了习近平总书记的充分肯定、高度赞扬。

——**城市国际化迈出新步伐**。我们紧紧抓住“后峰会、前亚运”窗口期，不失时机推进新一轮城市国际化，结合补短板工作，制定《关于全面提升杭州城市国际化水平的若干意见》，明确“三步走”建设世界名城的奋斗目标，部署打造“四大个性特色”“四大基础支撑”的重点任务，推动城市国际化取得了新进展。杭州萧山国际机场旅客吞吐量突破3000万人次，国际及地区通航点达41个，144小时过境免签政策全面实施，国际友城增至29个。西博会、电博会、文博会、云栖大会、动漫节等国际影响力不断扩大，世界工业设计大会永久落户，入选全球52个最值得到访的旅游目的地、全球百强国际会议目的地城市，成为全球首个可持续发展试点城市、国内首个全球学习型城市网络城市。

——**综合竞争力实现新跨越**。我们主动适应和引领新常态，坚持创新驱动发展不动摇，坚决打好转型升级系列组合拳，全面推进“一号工程”。2016年全市实现生产总值11050.49亿元，五年年均增长9.0%，三次产业结构由3.4∶46.6∶50.0调整为2.8∶36.0∶61.2，全省首位度持续提升。2016年一般公共预算收入1402.38亿元，税收占比达91.9%、位列全国大中城市第一。境内外上市企业135家，入选中国民营500强企业数连续14年居全国城市首位。杭州国家自主创新示范区获批，城西科创大走廊和钱塘江金融港湾启动建设，杭州高新区列入国家建设世界一流高科技园区计划，临江高新区、余杭和富阳经济技术开发区升格为国家级，未来科技城和阿里巴巴入选国家首批双创示范基地，特色小镇建设走在全国全省前列。R&D支出与地区生产总值之比3.1%左右，有效发明专利拥有量居省会城市第一，国家级孵化器数量居副省级城市第一。出台两轮“人才新政”，浙江西湖高等研究院、浙江工程师学院正式成立，“一会一赛”影响力不断扩大，自主申报“国千”专家数居副省级城市前列，成功创建国家知识产权示范城市、小微企业创业创新基地城市示范，跻身外籍人才眼中最具吸引力的中国城市前三。

——**文化软实力跨上新台阶**。我们加快文化名城强市建设，坚决打好意识形态斗争主动仗，不断增强社会主义核心价值观引领作用。“我们的价值观”主题实践活动经验全国推广，成为全国“最美现象”发源地，蝉联全国文明城市称号。重大主题宣传浓墨重彩，舆论监督有力有效，市属媒体和文化单位综合实力稳步提升。“让网络空间清朗起来”活动不断深化，“杭州发布”影响力全国居前。浙江音乐学院、杭州国博中心建成启用，“五四宪法”历史资料陈列馆、杭州党史馆和方志馆建成开放，“满城书香”工程全面实施，农村文化礼堂、“好家风”经验全国推广。中国大运河(杭州段)列入“世界遗产名录”，国家级非遗项目数量居同类城市第一。哲学社会科学事业加快发展，“文艺杭军”发展壮大，全国“五个一工程”作品数量居同类城市第一。文创产业竞争力位居国内城市第三，加入联合国教科文组织全球创意城市网络。

——**体制机制形成新优势**。我们制定实施“杭改十条”，着力深化改革扩大开放。全面推进供给侧结构性改革，“三去一降一补”取得阶段性成效。获批全国首个跨境电商综试区，“六体系两平台”模式全国推广。在全国率先开展权力清单制度改革试点、商事制度“五证合一”改革并推出服务清单，“四张清单一张网”改革持续深化。成功创建全国首批社会信用体系建设示范城市。大江东产业集聚区管理体制基本理顺，余杭、钱江经济技术开发区合并，西湖区与之江国家旅游度假区合署。资源要素市场化配置改革、国企改革、投融资改革扎实推进。出租车、网约车改革率先完成。养老服务业综合改革试点、户籍制度改革、不动产统一登记制度改革和农村产权制度改革稳步实施。刑事速裁、员额制、人民警察职务序列等司法改革试点进展顺利。五年实际利用外资、实到内资和浙商回归资金年均分别增长8.8%、14.2%、22.5%，出口总额年均增长3.9%，企业“走出去”步伐加快，全国服务贸易创新发展试点城市获批，杭州都市区影响力和辐射力不断增强，对外开放水平不断提升。扎实做好对口支援和帮扶工作，全面完成“山海协作”任务。

——**城乡面貌发生新变化**。我们坚持走“绿水青山就是金山银山”发展道路，修订城市总规，推进“多规合一”，持续深化美丽杭州建设。市政府驻地顺利迁址，萧山、余杭、富阳深度融入主城区，城市建设实现了从“西湖时代”向“钱塘江时代”的大步跨越。建成杭长、萧山机场高速，启用杭州东站枢纽，“四纵五横”快速路网基本形成，地铁运营里程达82公里；“三改一拆”超额完成省下达任务，“城中村”改造五年攻坚战全面打响，一批“老大难”问题得到解决，中心城市功能不断增强。区县(市)协作、“联乡结村”、结对帮扶工作机制不断深化，农业现代化水平持续提升，县(市)主要经济指标增幅高于全市平均水平，“三江两岸”生态景观保护与建设成效明显，最美县城、风情小镇、美丽乡村成为靓丽风景线，城乡一体化发展水平显著提高。“十二五”节能减排目标提前一年完成，生态环境持续改善。“五水共治”“五气共治”“五废共治”取得突破，千岛湖配供水工程加快建设，初步实现城区污水“零直排”和县(市)全域可游泳；杭钢半山生产基地顺利关停，率先成为无钢铁生产企业、无燃煤火电机组、基本无黄标车的城市；九峰环境能源项目扎实推进，第二工业固废处置中心建成投用，成为全国第一批生活垃圾分类示范城市。

——**群众获得感有了新提升**。我们坚持每年把新增财力三分之二以上用于民生，办好民生实事项目，切实加大民生保障力度。五年城乡居民人均可支配收入年均分别增长9.1%、10.3%，倍差由1.98缩小为1.87。家庭年人均收入低于4600元贫困现象全面消除，户籍人口期望寿命达81.85岁。2016年城镇登记失业率控制在1.72%，成为全国创业先进城市，劳动关系和谐指数全省第一。养老和医疗保障体系不断健全，人人享有社会保障基本实现，居家养老15分钟服务圈基本形成。住房保障体系覆盖城乡，社会救助机制不断完善，“春风行动”受益困难家庭累计达104.8万户(次)。教育强市建设深入推进，全国义务教育基本均衡县全覆盖率先实现，市属高校和职业教育发展步伐加快。“双下沉、两提升”、智慧医疗、医养护一体化签约服务工作走在前列，5所市属综合性医院建成投用，蝉联国家卫生城市称号。人口计划生育、妇女儿童、残疾人工作扎实推进。竞技体育连创佳绩，全民健身广泛开展，成为2022年亚运会等重大赛事举办城市。实施小客车

"双限"政策,开展大数据治堵试点,依法加强城市交通管理,交通拥堵状况有所缓解。入选国家食品安全城市试点,市民食品安全满意度持续提升。

——*治理能力建设取得新进展*。我们深入推进法治杭州建设,制定实施"杭法十条",扎实推进依法执政、科学立法、依法行政、公正司法、全民守法。市委总揽全局、协调各方,支持人大、政府、政协、审判和检察机关依法依章程履行职能。加强同各民主党派、工商联、无党派人士的政治协商,推进协商民主广泛多层制度化发展。创新基层社会治理,完善"四问四权"机制,深化"网格化管理、组团式服务",成功创建全国和谐社区建设示范城市。"平安杭州"建设持续深化,社会治安综合治理、信访维稳、公共安全、安全生产、防灾减灾救灾等工作全面加强,获得全国平安综治优秀市、最具安全感城市等称号。坚持党管武装,推进军民深度融合发展,创建全国双拥模范城实现"七连冠"。老干部、民族宗教、对台、侨务、外事、红十字、爱国卫生、关心下一代、老龄、慈善等工作不断加强。

——*党的建设取得新成效*。我们坚持全面从严治党,深入贯彻习近平总书记系列重要讲话精神和治国理政新理念新思想新战略,扎实开展党的群众路线教育实践活动、"三严三实"专题教育、"两学一做"学习教育,严格执行《准则》《条例》,切实增强"四个意识",坚决维护以习近平同志为核心的党中央权威,着力营造风清气正的政治生态。全面落实党风廉政建设、意识形态、基层党建和统战工作主体责任,创新党建责任综合绩效工作模式,实施智慧党建工程,推动全面从严治党落地落实。坚持正确选人用人导向,动真碰硬推进干部"能上能下",县乡领导班子换届顺利完成,领导班子和干部队伍建设全面加强。制定实施"双基十条",扎实做好"整乡推进、整县提升"工作,基层党组织凝聚力、战斗力持续增强,基层政权不断巩固。深化完善党建带群建机制,有序推进群团改革。坚决落实中央八项规定精神和省委有关规定,严格正风肃纪,"会所中的歪风""不担当、不作为、不落实"等专项整治成效明显,党风政风和社风民风持续好转。稳步推进纪检体制改革,实践把握运用监督执纪"四种形态",有效发挥巡视巡察"利剑"和派驻监督"探头"作用。坚持零容忍惩治腐败,严肃"一案双查",反腐败斗争压倒性态势已经形成,"廉洁杭州"建设取得新成效。

成绩来之不易,奋斗饱含艰辛。过去五年,杭州大事要事喜事多,是城市国际化水平显著提升的五年,是城市综合实力大幅跨越的五年,是城乡面貌明显改善的五年,是人民群众获得感幸福感不断增强的五年。成绩的取得,是中央和省委坚强领导的结果,是市委在历届班子打下的良好基础上团结带领全市各级党组织、广大党员干部和人民群众共同奋斗的结果,是市各民主党派、工商联、各界人士、人民团体、驻杭部队和单位、海内外朋友共同支持和积极参与的结果。我代表十一届市委,向所有为杭州改革发展和现代化建设作出贡献的同志们、朋友们,表示衷心的感谢和崇高的敬意!

总结五年工作,我们深刻体会到:**"四个意识"既是政治立场,也是政治纪律,必须始终恪守和遵循**。只要我们始终牢固树立政治意识、大局意识、核心意识、看齐意识,同以习近平同志为核心的党中央保持高度一致,坚持一切行动听指挥、一切工作同轴转,做到一个声音、一以贯之、一贯到底,确保中央和省委重大决策部署落地生根,就一定能沿着正确道路阔步前进。**新发展理念既是发展的指挥棒,也是前进的红绿灯,必须牢固树立和践行**。只要我们始终坚持以五大发展理念为引领,解放思想、实事求是、与时俱进,科学把握发展大势、抓住用好战略机遇,改革创新不停步、先行先试勇探索,就一定能引领经济发展新常态,确保发展稳中有进、稳中向好,不断打开新局面、创造新业绩。**共治共管、共建共享既是发展所向,也是力量源泉,必须时刻牢记和坚持**。只要我们始终坚持以人民为中心的发展思想,坚持共治共管、共建共享,同群众一块过、一块苦、一块干,就一定能不忘初心、继续前进,做到发展为了人民、发展依靠人民、发展成果由人民共享。**实干至上、行动至上既是严实作风,也是成事法宝,必须处处体现和弘扬**。只要我们始终坚持全面从严治党,坚持把纪律和规矩挺在前面,践行实干至上、行动至上的严实作风,弘扬G20服务精神,充分发挥各级党组织战斗堡垒和广大党员先锋模范作用,就一定能团结带领党员干部和人民群众克服前进道路上的艰难险阻,汇聚起高起点上新发展的坚实力量。

在肯定成绩的同时,我们也清醒地看到工作中的不足和发展中的问题:经济发展方式转变任重道远,产业转型升级任务艰巨,科技创新能力有待增强,新旧动能转换还需付出更大努力;城市发展方式转变任重道远,城市国际化水平还不够高,市民文明素质仍需提升,城乡和区域发展还不够平衡,城市治理能力有待提高;改革攻坚任重道远,影响发展的体制机制性障碍尚未根本消除,发展环境仍需优化;保障改善民生任重道远,城乡居民持续增收压力加大,环境保护、公共服务、安全稳定等领域还有不少短板;全面从严治党任重道远,意识形态领域斗争日益尖锐复杂,干部作风、能力素质与发展要求还不够适应,党风廉政建设仍需常抓不懈。我们必须增强忧患意识,坚持问题导向,保持战略定力,加大解决力度。

二、今后五年的奋斗目标

G20杭州峰会的成功举办,推动杭州站在了新的历史起点上。习近平总书记明确提出"秉持浙江精神,干在实处、走在前列、勇立潮头"的新要求,赋予浙江向全世界展示中国方案、中国道路、中国智慧之鲜活样本的崇高使命,为杭州未来发展指明了行动方向、提供了根本遵循。我们必须更加自觉地对照总书记的重要指示,更加清醒地把握杭州当前所处的历史方位,树立争当排头兵的标杆意识,拿出"弄潮儿向涛头立"的胆略勇气,肩负起奋勇前行的责任担当。今后五年,全市工作的指导思想是:**高举中国特色社会主义伟大旗帜,全面贯彻党的十八大、十八届三中、四中、五中、六中全会精神,深入学习贯彻习近平总书记系列重要讲话精神和治国理政新理念新思想新战略,按照"五位一体"总体布局和"四个全面"战略布局,坚持稳中求进工作总基调,深入践行新发展理念,持续深化"八八战略"实践,以改善民生为根本目的,以率先发展为第一要务,以改革创新为第一动力,以城市国际化为主抓手,以筹办重大赛事活动为牵引,不断厚植创新活力之城、历史文化名城、生态文明之都和东方品质之城特色,率先高水平**

全面建成小康社会，当好全省干在实处走在前列勇立潮头的排头兵，为加快城市国际化、建设独特韵味别样精彩世界名城而不懈奋斗。

——加快城市国际化、建设独特韵味别样精彩世界名城，是我们必须自觉扛起的历史使命。G20杭州峰会把杭州推向了世界舞台，创新活力之城、历史文化名城、生态文明之都等城市品牌全面打响。“G20峰会将成为一个崭新起点，让二十国集团从杭州再出发”，这是杭州的荣耀，也是各方的期盼！杭州已不仅是浙江的杭州、中国的杭州，也是亚洲的杭州、世界的杭州。放大后峰会效应，释放前亚运红利，率先高水平全面建成小康社会，朝着建设世界名城目标大步迈进，是我们这一代人的历史使命。我们必须以归零的心态翻开新的篇章、踏上新的征程，培育世界一流的胸襟和气魄，树立世界一流的标准和追求，确保继续在全省发挥龙头领跑示范带动作用，稳居全国大城市发展第一方队，更好地为服务全国全省大局多作贡献。

——加快城市国际化、建设独特韵味别样精彩世界名城，是我们必须主动把握的时代要求。我们身处伟大的时代、变革的时代。当今的中国，从来没有如此接近国际舞台的中央，也从来没有如此接近实现中华民族伟大复兴的目标。21世纪是城市的世纪，城市实力代表国家实力，城市竞争决定国家竞争。随着新一轮科技革命和产业变革孕育兴起，经济全球化、区域一体化深入推进，国家“一带一路”、长江经济带等重大战略深入实施，加快城市国际化已成为一座城市集聚高端要素资源、增强综合竞争力、实现更好更快发展的必由之路。站在时代发展潮头的杭州，有着坚实的基础和广阔的舞台，正面临着极为宝贵的历史机遇，我们对早日建成世界名城充满信心！我们既要树立志在必得的雄心壮志，更要增强不进则退的忧患意识，抢抓机遇、扬长补短，顺势而为、乘势而上，不断厚植特色优势，奋力谱写发展新篇，努力为“浙江的今天”“中国的明天”贡献更多的杭州实践、杭州素材、杭州智慧。

——加快城市国际化、建设独特韵味别样精彩世界名城，是我们必须接续努力的奋斗目标。新世纪以来，杭州一直走在推进城市国际化的征途上，市委“十三五”规划建议吹响了加快建设世界名城的新号角，市委十一届十一次全会明确了建设世界名城的目标、路径和任务。建设世界名城，已经成为全市上下的持续追求，承载了全市人民的共同心愿。现在，历史的“接力棒”交到了我们手中，沉甸甸的责任传到了我们肩上。我们必须以功成不必在我、成功途中必定有我的胸怀和担当，一张蓝图干到底、心无旁骛抓落实，接好这一棒、跑出加速度，努力在杭州改革发展和现代化建设进程中写下浓墨重彩的一笔。

今后五年的主要目标是：全面完成“十三五”规划任务，确保亚运会筹备工作基本就绪，率先高水平全面建成小康社会，努力成为具有较高全球知名度的国际城市。**具体做到“五个显著提升”：**

——国际化水平显著提升。“后峰会、前亚运”效应充分释放，“四大个性特色”“四大基础支撑”不断强化，跻身国家中心城市行列，在杭州都市区建设中的尖兵龙头作用更好发挥，在长三角世界级城市群中的集聚辐射作用更加凸显，在“一带一路”战略中的贡献度更加突出，在全球的知名度美誉度和竞争力影响力持续提升。

——综合实力显著提升。经济增长中高速、质效中高端态势不断巩固，主要指标增幅高于全国全省水平，以创新为引领和支撑的经济体系和发展方式基本形成。社会主义核心价值观更加深入人心，市民文明素质显著提高，文化软实力持续增强。城乡一体化纵深推进，发展的协调性、均衡性和可持续性明显增强。

——治理现代化水平显著提升。重点领域关键环节改革取得重大成果，“法治杭州”“平安杭州”“智慧杭州”“信用杭州”建设全面推进，党委领导、政府主导、社会协同、公众参与、法治保障的社会治理体制更加完善，共治共管、共建共享的城市治理格局基本形成，力争成为城市治理体系和治理能力现代化先行区。

——人民生活品质显著提升。城乡居民收入差距进一步缩小，低收入群众收入持续较快增长。主要污染物排放总量大幅减少，生态环境质量指数稳居全国大中城市前列，建成国家生态文明先行示范区。公共服务体系更加健全，基本公共服务均等化水平稳步提高，人民群众获得感和幸福感不断增强。

——党建科学化水平显著提升。从严治党的主体责任全面压实，党的政治、思想、组织和群众路线深入贯彻，党内政治生活严肃规范，政治文化健康向上，政治生态山清水秀，基层党建全面进步全面过硬，勇立潮头铁军排头兵队伍建设取得成效，全面从严治党的系统性创造性实效性不断增强。

三、坚定不移实施创新驱动发展战略，巩固创新活力之城优势

创新是建设世界名城的不竭动力。必须切实增强“不创新不行、创新慢了也不行”的紧迫感，以科技创新为核心推动全面创新，努力把杭州建设成为具有全球影响力的“互联网+”创新创业中心。

打造全要素配置的最优创新生态。坚持市场导向、企业主体、人才为本，坚持鼓励创新、宽容失败，形成国际领先、国内一流的创新生态。**在创新人才集聚上实现新突破。**践行“聚天下英才而用之”的战略思想，深入实施人才强市战略，突出“高精尖缺”导向，实施更积极、更开放、更有效的人才政策，加快人才生态示范区和人才管理改革试验区建设，深化与名院名校名企的战略合作，大力引进和培养具有重大原始创新能力的引领型人才、重大技术革新能力的领导型人才、战略开拓能力的企业经营人才和“工匠精神”的高技能人才，构筑一流人才高地。**在创新主体培育上实现新突破。**全力争取国家实验室、国家大科学中心和国家重大科技基础设施落地，深入实施创新型企业、高新技术企业和科技型中小企业培育工程，建设一批技术创新联盟，推动跨领域跨行业协同创新，培育更多“顶天立地”的创新型领军企业、“专精特新”的科技型中小企业和“铺天盖地”的“双创”企业。坚持创客创业创新创投并重，大力发展众创众包众扶众筹新模式，建成引领大众创业万众创新的示范重镇。**在创新环境优化上实现新突破。**深化科技金融结合试点城市建设，大力发展风险投资、天使投资、股权投资、投贷联动。争取设立杭州互联网法院（暂定名）、知识产权法院，健全知识产权转化交易和联合执法

机制,建设国家知识产权强市。完善中介服务和科技市场体系,加快科技成果转化和产业化。推进重点产业"军转民""民参军",争创军民融合改革创新示范区。

构建全链条融合的现代产业体系。持续深化"一号工程",打好转型升级系列组合拳,着力振兴实体经济,构建创新驱动、特色鲜明、竞争力强的现代产业体系。坚持以信息经济为引领,探索发展新零售、新制造、新金融、新技术、新能源,深入实施"互联网+"行动计划和"大数据"战略,巩固电子商务、大数据、云计算、数字安防等产业先发优势,加快建设全球电子商务引领区、全球云计算和大数据产业中心、网络信息安全领域的全球产业中心。深化大数据管理体制改革,加快城市"数据大脑"等重大项目建设,打造"云上杭州",加强城建城管、社会治理、民生保障等领域智慧应用,率先建成新型智慧城市。

坚持以高端服务业为主导,抓实国家服务业综合改革试点,建设一批高端服务业集聚区,培育一批竞争力强的服务业企业,推动生产性服务业向专业化高端化延伸、生活性服务业向精细化品质化转变,提升服务经济核心竞争力。大力发展设计、时尚、健康等优势产业。以钱塘江金融港湾为龙头,加快发展总部金融、绿色金融、普惠金融,打响"移动支付之城"品牌,建设一流的财富管理中心和新金融创新中心。

坚持以先进制造业为支撑,以提高质量和核心竞争力为中心,以"两化"深度融合、发展智能制造为主攻方向,全面落实"中国制造2025杭州行动纲要",深入实施质量、标准和品牌战略,发展壮大集成电路、新能源汽车、高端装备制造、物联网、机器人、生物医药、通用航空、新材料等重点产业,培育发展量子通信、人工智能、新型显示、虚拟现实等未来产业,加快传统产业转型升级,实现"杭州制造"向"杭州智造"跨越,争创"中国制造2025"试点示范城市。

坚持把增加绿色农产品供给放在突出位置,深化农业供给侧结构性改革,大力发展现代都市农业,培育农村电商、现代民宿、健康养生等新型业态,推进一二三产业深度融合发展,加快培育农业农村发展新动能;深化农村产权制度、户籍制度、"三位一体"农合联等改革,大力发展村级集体经济,协调推进农业现代化与新型城镇化,实现农业增效、农民增收、农村增绿。

建设全区域协同的一流创新平台。统筹空间布局、产业发展、重大项目和用地保障,完善建设机制,加快整合提升,大力发展平台经济。**更好发挥"两区"的引领作用。**加快"两区"融合发展,落实杭州国家自主创新示范区发展规划和空间布局规划,形成"一区十片、多园多点"总体格局。聚力建设国家级高新区、经济技术开发区和产业集聚区等重点平台,推动杭州高新区争创世界一流高科技园区、临江高新区加快集聚先进制造业、各类开发区向创新型园区转型。**更好发挥"两廊两带"的支撑作用。**城西科创大走廊要以"1+6"产业为特色,建成全球领先的信息经济科创中心;城东智造大走廊要以战略性新兴产业、高新技术产业和"两化"深度融合为特色,建成"中国制造2025"示范区;沿河沿湖高端商务带要以金融服务、高端商务、商贸旅游、文化创意、现代物流等产业为特色,建成高端服务业集聚发展带;钱塘江生态经济带要以现代金融、高新技术、旅游休闲、绿色生态等产业为特色,建成宜业宜居宜游的绿色发展带。**更好发挥特色小镇的示范作用。**坚持定位上突出特色、投入上加大力度、资源上强化整合、推进上注重分类,完善特色小镇培育发展机制,打造生产生活生态人文相融合的特色小镇升级版。

激发全方位保障的创新创业活力。以深化供给侧结构性改革为主线,加快重点领域关键环节改革,深入开展省级全面创新改革试验,积极争创国家全面创新改革试验区。扎实推进"三去一降一补",加速新旧动能转换。坚持"放管服"并举,持续深化"四张清单一张网"、商事制度、服务清单等改革,运用G20杭州峰会项目审批有效做法,加强"双随机一公开"监管,率先实现"最多跑一次"目标。深化投融资体制改革,整合做强国有融资平台和市级做地主体,拓展基金、债券、PPP等新型融资渠道。突出重大基础设施、工业技改、高新技术产业、生态环保等领域,持续扩大有效投资。深化国资国企改革,发展混合所有制经济,推动国有资本向关键领域和优势产业集聚。坚持亩产效益综合评价导向,深化资源要素市场化配置改革。依法加强产权保护,构建"亲""清"新型政商关系,保护和激发企业家创新精神,支持民营企业扩大投资、转型升级,保持民营经济领先优势。

四、坚定不移繁荣发展社会主义先进文化,展示历史文化名城魅力

文化是建设世界名城的"根"与"魂"。必须树立文化自信自觉,坚持传承创新,加快建设东方文化国际交流重要城市。

巩固共同思想基础。加强党对意识形态工作的领导,牢牢掌握意识形态工作的领导权、管理权和话语权,坚持正确舆论导向,营造清朗网络空间,壮大主流思想文化。全面倡导社会主义核心价值观,深化"我们的价值观"主题实践活动,弘扬G20服务精神和"精致和谐、大气开放"的城市人文精神,持续打造"最美现象"品牌,培育开放包容、多元共融的城市文化。深化全国文明城市创建,推进全球学习型城市建设,进一步增强市民的国际开放意识、合作共赢意识、公共道德意识和现代文明意识,提升市民文明素质和社会文明程度。繁荣哲学社会科学,加强新型智库建设。推进文化体制机制改革创新,强化国有文化资产管理。加快传统媒体与新兴媒体融合发展,培育发展新型主流媒体。

促进文化事业产业共发展。坚持把社会效益放在首位、社会效益和经济效益相统一,优化公共文化服务,做强文创产业实力,不断满足市民群众日益增长的精神文化需求。**推进文化事业大繁荣。**以标准化、均等化为目标,健全公共文化服务体系。实施重大文化惠民工程,规划建设G20杭州峰会博物馆、亚运村、之江文化中心等重大文化设施,打造文化新地标。更好发挥城市文化公园、农村文化礼堂等文化阵地作用,做精做优群众文化活动品牌。繁荣发展社会主义文艺,努力培育更多名家、名团、名企、名作、名节,形成文艺精品和文艺人才不断涌现的生动局面。**推进文化产业大发展。**深化国家文化与科技融合示范基地建设,促进文化创意与一二三产融合创新发展,加快文化创意产业园区转型,培育具有国际水准的文化产业集群，建成全国数字内容产业中心，加快建设具有较高国际知名度的文化创意中心。

打响东方文化特色品牌。坚持保护第一、应保尽保，实施城市记忆工程，充分挖掘良渚文化、吴越文化、南宋文化等传统文化资源，加大对物质和非物质历史文化遗存的保护利用力度。深化西湖、运河综保工程，发挥“双世遗”综合带动效应，力争2019年良渚遗址申遗成功，有序做好南宋皇城、跨湖桥、钱塘江古海塘、西溪湿地等遗址申遗工作，打造世界遗产群落。提升丝绸、茶叶、中医药、杭帮菜、金石书画、南宋官窑和刀剪伞扇等东方传统文化的国际知名度。用好峰会城市、国际友城资源和会、展、节、庆、赛、演等载体，在“走出去”和“请进来”中讲好杭州故事，凸显在东方文化国际交流中的重要地位。

五、坚定不移拓展对外开放新优势，建设国际重要商贸中心

开放是建设世界名城的必由之路。必须更加积极地用好国际国内两个市场、两种资源，以更加开放的姿态和更加广阔的胸怀赢得发展的主动、国际竞争的主动，努力把杭州建设成为融合线上线下、联通世界、服务全球的国际重要商贸中心。

提升在全球城市体系中的能级。主动对接国家“一带一路”战略，全面融入长江经济带和长三角城市群发展，加快杭州都市区建设，争创国家中心城市。深化“大交通”管理体制改革，构建水陆空、“铁公机”一体的大交通格局，建成区域性国际物流中心，加快形成亚太地区重要国际门户枢纽。支持杭州萧山国际机场扩容，拓展加密国际航线，完善集疏运体系，争创国家级临空经济示范区。启用杭州火车南站，完成铁路西站枢纽建设，加快杭黄、沪乍杭、商合杭、杭绍台、杭温高铁和杭州都市区城际铁路等重大项目建设，形成“一轴两翼”铁路新格局。加快建设绕城西复线、千黄、临金等高速公路，全面推进京杭运河二通道建设。发挥国家下一代互联网示范城市、5G应用先行区的引领作用，增设互联网国际出口专用通道，推动新一代互联网协议标准（IPv6）规模化应用，争创全国首个千兆用户省会城市和5G商用城市，成为国际大数据重要枢纽城市。

打造“网上丝绸之路”重要战略枢纽城市。持续深化跨境电商综试区建设，在“六体系两平台”建设、跨境电商产业集聚、跨境电商金融和物流服务等方面取得新突破，构建全球最优跨境电商生态圈，努力成为全球跨境电商发展的引领者。全力推进全球电子商务平台（eWTP）建设，探索国际争端解决机制，促进在政府监管、技术标准、知识产权、贸易方式等方面的国际合作，逐步形成一套适应和引领全球跨境电商发展的管理制度和规则，为我国在国际贸易中取得更大主动权和规则制定权作出贡献。改革招商引资体制机制，着力引进“大好高”项目，提升招商引资和“浙商回归”实效；创新“互联网+外贸+制造”方式，大力发展服务贸易，推动外贸发展方式向优质优价、优进优出转变；搭建“海外杭州”经贸科技合作平台，支持企业“走出去”，实现创新链产业链价值链全球化布局，加快构建开放型经济新格局。深化“山海协作”工程，做好对口支援和帮扶工作。

打造国际会展之都赛事之城。**全面推进国际会展之都建设。**深化会展管理体制改革，加快西博会、休博会转型升级，提升电博会、文博会、云栖大会、动漫节等本土会展品牌，积极引进高端国际会议、展览项目和国际组织，力争加入全球最佳会议城市联盟。坚持硬件完善与软件提升并举，加快形成国际化的会议场馆设施体系和会展服务体系，打响“要开会到杭州”品牌。**全面推进国际赛事之城建设。**落实“绿色、智能、节俭、文明”的办赛理念，制定实施“亚运前”行动方案，高标准做好2022年亚运会筹备工作，培育加快城市国际化的新引擎。创新市场化、多元化、专业化办赛模式，办好全国学生运动会、世界短池游泳锦标赛及世界游泳大会，积极引进国际性赛事项目，大力提升本土赛事品牌，促进群众体育和竞技体育全面发展。

加快国际重要的旅游休闲中心建设。围绕创建国家全域旅游示范区，实施新一轮旅游国际化行动计划，持续推进旅游目的地功能、管理和环境国际化，基本形成以国际化为引领的观光游览、休闲度假、文化体验、商务会展“四位一体”全域旅游新格局，建成中国旅游国际化示范城市。积极拓展服务、信息、绿色、时尚和农村消费等新领域新热点，提升一批国际化商业中心和特色街区，打造一批“国际慢城”生活体验区，加快建设国际消费中心城市。完善国际化标志标识，固化“96020”多语种服务平台等做法，营造国际化高品质服务环境。

六、坚定不移推进美丽中国样本建设，打造生态文明之都

生态是建设世界名城的本底。必须顺应生态文明新时代，在统筹上下功夫，在增强城市综合承载能力上求突破，努力把杭州建设成为颜值高、气质好、国际范的生态文明之都。

统筹规划、建设与管理。落实《杭州城市总体规划（2001—2020）（2016年修订）》，全面推广分区规划编制，严格城市开发边界，推进“多规合一”，优化提升“多中心、网络化、生态型、组团式”的市域空间格局。坚持国际视野和一流水准，系统谋划城市空间发展战略、城乡一体化发展布局和主体功能区建设，有序推进行政区划调整，高质量完成新一轮城市总体规划和土地利用规划修编，绘好建设世界名城的美好蓝图。实施钱塘江综合保护与开发利用工程，高起点推进钱塘江两岸规划建设，高水平打造“三江两岸”城市带、产业带、交通带、景观带、生态带和文化带，使之成为迈向钱塘江时代的典范之作、践行“绿水青山就是金山银山”理论的新样板。制定钱塘江两岸、湘湖区块、良渚遗址及相关历史文化遗产区块的保护开发利用条例。

牢固树立“精明增长”“紧凑城市”理念，全方位全领域深化城市有机更新，加强人口和城市功能调控，推进中心城区非核心功能疏散和人口外移，加快副城、组团基础设施和公共服务设施建设，推进萧山、余杭、富阳全面融入主城区。坚决打好以地铁建设为重点的“交通治堵”硬仗，建成464公里城市快速路网和12条446公里城市快速轨道交通网，加快组团环线建设，推动大数据治堵全覆盖，创建“公交都市”，让市民出行更便捷。加快地下空间和地下综合管廊、停车场（库）建设。提高城市设计水平，塑造城市特色风貌，建设更具东方韵味的山水园林城市。坚持以城市国际化带动城乡一体化，深化区县（市）协作、“六大西进”和结对帮扶、“联乡结村”行动,全面提升县(市)城现代化水平,因地制宜建设特色城镇和美丽乡村,不断完善城乡交通网、产业网、生态网和公共服务网,形成美丽、智慧、人文、安全的城乡一体格局。

坚持依法严管、科学善管、科技强管,固化峰会城市管理长效工作机制,持续打造“国内最清洁城市”,提升“洁化、序化、绿化、亮化、美化”综合管理水平。深化城市管理体制和执法体制改革,推进管理重心下移。深度应用大数据等新技术,加快形成“用数据说话、用数据决策、用数据管理、用数据创新”的城市管理新方式,提升城市管理法治化、智慧化、精细化、人性化水平。

统筹环境保护与生态修复。坚决守住资源消耗上限、环境质量底线、耕地和生态保护红线,加大生态修复力度,努力让杭州的水更清、天更蓝、土更净、城乡环境更洁美。**攻坚“三改一拆”,**坚决打赢主城区城中村改造五年攻坚战,全面完成小城镇环境综合整治三年行动计划,基本实现区县(市)无违建,建成一批新型城市社区、小城镇。**攻坚“五水共治”,**巩固“清三河”成果,坚决剿灭地表水劣V类水体,建成千岛湖配供水等重大水利工程,加快海绵城市建设,提升防洪排涝能力,打造节水型示范城市,实现城区污水“零直排”、县(市)全域可游泳。**攻坚“五气共治”,**全面落实大气污染防治计划,巩固“三无”城市建设成果,加大新能源汽车推广应用,全市域建成“清洁排放区”,大气质量明显改善。**攻坚“五废共治”,**以生活固废综合治理为核心,以垃圾处置项目建设和源头分类减量为重点,深入实施“三化四分”,实现垃圾处理减量化资源化无害化。**攻坚土壤综合治理,**强化土壤污染场地监管和修复,加强地质灾害防控、治理和搬迁避让。

统筹制度建设与宣传教育。实施最严格的生态保护制度,落实生态文明建设“党政同责”“一岗双责”,强化环保督察和生态环境监管。健全生态补偿机制,落实空间、总量、项目“三位一体”环境准入制度和污染物排放总量控制制度。提高全民生态文明意识,积极培育生态文化,践行绿色生活方式。

七、坚定不移推进共治共管共建共享,深化东方品质之城建设

共享是建设世界名城的根本目的。必须统筹各项民生社会事业,着力推进城市治理体系和治理能力现代化,努力把杭州建设成为共治共管、共建共享的东方品质之城。

深化公共服务体系建设,加快构建公平持续、优质均衡的社会事业新格局。让全市人民享有更稳定的工作。实施更加积极的就业创业政策,优化公共就业创业服务,提高失业人员、就业困难人员、高校毕业生就业稳定性,构建和谐劳动关系,确保“零就业家庭”实现动态归零。**让全市人民享有更满意的收入。**完善收入分配制度和劳动报酬增长机制,千方百计拓宽居民增收渠道,扩大中等收入群体,绝不允许出现年人均收入低于4600元的新贫困家庭。**让全市人民享有更可靠的社会保障。**实施全民参保计划,健全社会保障待遇正常调整机制,完善全覆盖、保基本、多层次、可持续的社会保障体系。优化城乡救助网络,深化“春风行动”,确保小康路上“一个不少、一户不落”。**让全市人民享有更舒适的居住条件。**坚持“房子是用来住的、不是用来炒的”定位,着力保持房地产平稳健康发展。加快构建以棚户区改造拆迁安置房和公共租赁住房为主体的住房保障体系,稳步推进以货币化安置为主的保障方式,大力推进城乡危旧住宅房屋改造,逐步实现从“住有所居”向“住有宜居”转变。**让全市人民享有更好的教育。**坚持教育优先发展,坚持立德树人,深化教育教学改革,扎实推进教育减负,实施新名校集团化战略,全面推进学前教育普惠发展、义务教育高水平均衡发展和普通高中教育多样化发展,加快发展国际教育。大力发展优质高等教育,支持浙江大学、中国美院、浙江西湖高等研究院等争创世界一流大学,支持杭师大创一流,支持在杭高校更好更快发展,积极引进世界一流大学联合办学。加快构建现代职教体系,稳步发展民办教育、特殊教育和终身教育。**让全市人民享有更健康的生活。**推进医药卫生体制改革,深化“双下沉、两提升”工程,健全分级诊疗体系,推广医养护一体化全科医生签约服务,加快发展智慧医疗,支持社会力量办医和中医药事业发展,构建面向全民、覆盖全生命周期的健康管理体系,建成健康中国示范区。推进医疗卫生领域国际化合作,加快国际医院建设,完善国际医疗服务结算体系。加强人口计划生育工作,推进人口总量、质量和结构均衡协调发展。保障妇女儿童权益,支持残疾人事业发展。**让全市老年人享有更幸福的晚年生活。**抓实国家和省级养老服务业综合改革试点,建成以居家为基础、社区为依托、机构为补充、医养相结合的养老服务体系,让每位老年人老有所养、老有所依、老有所乐。

深化法治杭州建设,加快构建公平正义、充满活力的社会治理新格局。加强党对立法工作的领导,推进科学立法民主立法。全面推进依法行政,强化政府绩效管理,基本建成法治政府。深化司法体制改革,不断提高司法公信力。发挥“五四宪法”历史资料陈列馆作用,深化全民普法教育,加快建设法治社会。发展基层民主,强化基层政权建设。巩固全国社会信用体系建设示范城市成果,深化“信用杭州”建设。推进社区治理和服务创新试验区建设,打造国际化社区品牌。落实“四问四权”,强化社会稳定风险评估,用好峰会社会治理成功经验,固化提升部门联动排查、“武林大妈”巡防、实名制、网格化服务管理、网上网下融合、信访积案化解等有效做法,完善全市“一张网”的基层社会治理网络体系,不断提高基层治理社会化、法治化、智能化、专业化水平。

深化平安杭州建设,加快构建科学高效、安定有序的城市安全新格局。依法严密防范和打击各种敌对势力渗透颠覆、暴力恐怖、民族分裂和极端宗教活动,坚决防止危害国家安全和政治稳定事件的发生。完善立体化、信息化社会治安防控体系,加强“智慧安防”建设,强化大型活动安保统筹协调,积极防范化解涉稳风险,防范和打击危害城市安全的各类违法犯罪活动。坚持和发展“枫桥经验”,完善矛盾纠纷多元化解工作体系,把问题解决在基层和萌芽状态。坚持正面引导与打防管控相结合,确保网络信息安全。以防范遏制重特大生产安全事故为重点,严格落实安全生产责任制,突出重点行业、重点领域、重点场所安全管理,健全防灾减灾救灾体系,强化城市运行安全保障。完善食品药品监管体系,创建国家食品安全示范城市,确保“舌尖上的安全”。

八、坚定不移推进全面从严治党，为加快建设世界名城提供根本保证

实现今后五年的奋斗目标，关键在党。必须坚持严字当头、全面从严、始终从严，推动党建各项要求落地落实，持续提升党建科学化水平，更好发挥党建引领作用。

牢牢把握正确政治方向，始终同以习近平同志为核心的党中央保持高度一致。深入学习贯彻习近平总书记系列重要讲话精神和治国理政新理念新思想新战略，引导和推动全市党员干部不断增强“四个意识”、坚定“四个自信”，在思想上政治上行动上始终同以习近平同志为核心的党中央保持高度一致，坚决向党中央看齐，向习近平总书记看齐，向党的理论和路线方针政策看齐，向党中央决策部署看齐，永葆绝对忠诚的政治本色。巩固拓展党的群众路线教育实践活动、“三严三实”专题教育、“两学一做”学习教育成果。完善党委（党组）理论学习中心组等制度，加强党校工作，创新党内教育常态化方式，大力推进学习型党组织建设。

牢固树立抓好党建是最大政绩理念，全面压实从严治党主体责任。严格落实党建工作责任制，完善大党建工作格局，统筹推进党风廉政建设、意识形态、基层党建和统战工作。严格落实党委（党组）的主体责任、各级书记的第一责任人责任、分管领导的直接责任、班子成员的“一岗双责”，完善党建责任综合绩效工作模式，层层传导、压紧压实全面从严治党主体责任。对全面从严治党不力，管党治党主体责任、监督责任落实不到位的，严肃责任追究，让失责必问、问责必严成为常态。

严格规范党内政治生活，营造山清水秀的政治生态。全面落实新形势下党内政治生活的若干准则，严格执行民主集中制，完善议事制度和决策程序，推进科学决策、民主决策、依法决策。严格党的组织生活，巩固“三会一课”、“两学一做”、党员固定活动日制度，使批评与自我批评、谈心谈话成为常态。严格执行重大问题请示报告制度，完善党内情况通报等制度，发扬党内民主，推进党务公开，推动党内生活制度化常态化规范化。加强党内政治文化建设，加强中华优秀传统文化、革命文化、社会主义先进文化教育，注重家庭、家教、家风建设，引导党员领导干部明大德、守公德、严私德，重品行、正操守、养心性。

强化正确用人导向，从严加强干部队伍建设。坚持德才兼备、以德为先，坚持实干导向，打造一支“信仰最铁、信念最铁、纪律最铁、担当最铁”的铁军排头兵。**要有更高的标准。**把事业需要、人岗相适和调动各方积极性有机结合，严把政治关、品行关、作风关、廉洁关，注重法治思维、开放思维、文化思维、市场思维和互联网思维，真正把顾大局、守纪律、敢担当、善作为的干部选出来用起来。**要有更宽的视野。**坚持五湖四海、任人唯贤，既要用敢闯敢干、动真碰硬的“狮子型”干部，也要用扎根基层、埋头实干的“老黄牛型”干部；既要用善于做群众工作的“领头雁”干部，也要用术业有专攻的“专尖高”干部；既要面向经济发展新常态、城市治理新提升等工作急需选用紧缺型干部，也要着眼建设世界名城目标储才育才，旗帜鲜明倡导实干至上、行动至上。**要有更科学的机制。**巩固提升G20杭州峰会期间有效做法，用好“大比武大督查大考核”等载体，健全“赛场赛马”工作机制，深化年轻干部教育培养和实践锻炼制度，加强干部日常管理监督，落实容错免责实施办法，健全关心关爱机制，不断提升干部选任工作科学化规范化水平。加强年轻干部、女干部和党外干部工作，做好老干部工作。

夯实基层基础，打造坚强有力的战斗堡垒。深化“党建+”工作方式，健全“开放式网格党建、区域化网络服务”机制，高标准深化“整乡推进、整县提升”工作，强化乡镇（街道）党（工）委的领导，坚持“四个人”标准做实村（社区）组织基础，推进城市基层党建，加强和改进国有企业党建，提升系统行业党建，深化“两新”组织党建，全面推进智慧党建，完善区域化党建协同发展格局，推动基层党建全面进步、全面过硬。

坚持把纪律和规矩挺在前面，深入推进廉洁杭州建设。以党章为根本遵循，坚决执行《准则》《条例》，筑牢拒腐防变的思想防线、制度防线。严明政治纪律和政治规矩，强化政治监督，坚决维护党中央权威，确保政令畅通。加强和改进党内监督，健全党内监督体系，发挥巡视巡察“利剑”和派驻监督“探头”作用，主动接受党外监督，扎牢管党治党制度笼子。坚持抓早抓小抓苗头，有效运用“四种形态”，切实增强监督执纪的综合效果。坚持全覆盖、无禁区、零容忍，巩固反腐败斗争压倒性态势，构建不敢腐、不能腐、不想腐的体制机制。加强基层党风廉政建设，深化“五巡五察”机制，坚决查处和纠正群众身边的不正之风和腐败问题。深化纪检体制改革，积极推进监察委员会建设。坚持以密切党同人民群众的血肉联系为核心，大力弘扬“两个务必”，锲而不舍落实中央八项规定精神，驰而不息纠正“四风”问题，深入开展“不担当、不作为、不落实”专项整治，以优良党风促政风带民风。

强化党的领导核心作用，凝聚干事创业强大合力。坚持完善人民代表大会制度，支持人大及其常委会依法履行职能，提升人大代表履职能力。坚持完善中国共产党领导的多党合作和政治协商制度，推进协商民主广泛多层制度化发展，充分发挥人民政协作为协商民主重要渠道和专门协商机构作用。巩固和发展最广泛的爱国统一战线，加强政党协商，支持各民主党派、工商联和无党派人士积极发挥作用，做好新的社会阶层人士统战工作。做好民族、宗教、对台和港澳等工作。深化群团改革，充分发挥工青妇等群团组织作用。加强党管武装和双拥共建工作，加强国防动员和后备力量建设，巩固和发展军政军民团结。坚持党管人才，完善有利于人才辈出、人尽其才、才尽其用的制度环境，让人才的创新创造创业活力竞相迸发。

各位代表、同志们，清风扬正气，奋进正当时。让我们更加紧密地团结在以习近平同志为核心的党中央周围，在省委的坚强领导下，团结带领全市各级党组织、广大党员和人民群众，不忘初心、砥砺前行，勇立潮头、乘风破浪，用忠诚和担当、智慧和汗水奋力谱写出无愧于历史、无愧于时代、无愧于人民的绚丽篇章，为实现“两个一百年”奋斗目标和中华民族伟大复兴的中国梦作出新的更大贡献！

说明：文中部分经济数据为统计快报数

照片由杭报集团提供

政府工作报告

——2017年4月9日在杭州市第十三届人民代表大会第一次会议上

杭州市代市长 徐立毅

各位代表：

现在，我代表市人民政府向大会报告工作，请予审议，并请市政协委员和其他列席人员提出意见。

一、2016年和本届政府工作回顾

2016年，我们全面贯彻党的十八大和十八届三中、四中、五中、六中全会精神，深入贯彻习近平总书记系列重要讲话和对杭州工作重要指示批示精神，在党中央国务院、省委省政府和市委的领导下，以服务保障G20杭州峰会为圆心，推动经济社会持续稳定健康发展，本届政府工作圆满收官，"十三五"发展精彩开局。过去一年，我们主要抓了以下工作：

一是举全市之力服务保障G20杭州峰会。认真贯彻习近平总书记重要指示精神，以"最高标准、最快速度、最实作风、最佳效果"为要求，全力做好场馆改造、会议服务、平安护航、氛围营造以及6大类605个环境整治提升项目等峰会各项服务保障工作，圆满实现了"四个满意"目标，得到习近平总书记的充分肯定、高度赞扬。动员全市广大干部群众积极参与"服务G20，人人都是东道主"主题活动，识大体、顾大局、讲奉献，弘扬"精致和谐、大气开放"的城市人文精神，树立"诚信包容、文明友善"的市民形象，向世界展现了杭州历史与现实交汇的独特韵味，为成功举办峰会贡献了杭州的智慧和力量。抓住"后峰会、前亚运"窗口期，以打造"四大个性特色"、形成"四大基础支撑"为重点，加快城市国际化步伐，入选全球国际会议目的地百强城市、全球52个最值得到访的旅游目的地。

二是持续发力促进经济提质增效。全市生产总值达到11050.49亿元，增长9.5%，增幅居全国副省级城市第一；一般公共预算收入达到1402.38亿元，增长13.2%，总量居省会城市第一。完成固定资产投资5842.42亿元，增长5.1%，货物出口3313.8亿元，增长6.7%；其中跨境电商出口60.6亿美元，增长166.7%。全社会消费品零售总额5176.2亿元，增长10.5%；网络零售额3445.65亿元，增长28.6%。经济结构持续优化，三产增加值占全市生产总值比重首次超过60%。扎实推进"一号工程"，制定出台《中国制造2025杭州行动纲要》，规上高新技术产业、装备制造业、战略性新兴产业增加值分别增长12.5%、14.6%和11.6%；信息经济增加值达到2688亿元，增长22.8%。成功举办西湖国际博览会、中国国际动漫节、中国（杭州）国际电子商务博览会、杭州文化创意产业博览会、杭州云栖大会；成功举办首届世界工业设计大会，会址永久落户杭州。扎实推进"三去一降一补"，淘汰改造落后产能企业（生产线）213家（条），整治低小散企业（作坊）874家；出台"扶持实体经济32条"，为企业减负300亿元以上；做好房地产市场调控，全年商品房销售面积2326.69万平方米。

三是扎实推动改革开放创新举措落地。深化"放管服"改革，"五证合一"商事登记办法向全国推广。稳步推进户籍制度改革、不动产统一登记制度改革，深化国资国企改革、农村产权制度改革、村（社区）集体经济股份制改革，"三位一体"农民合作经济组织较快发展。积极推进人民警察职业序列改革试点工作。出台网络预约出租车和私人小客车合乘管理实施细则。发布全国首个跨境电商发展指数，跨境电商上线企业超过6000家，"六体系两平台"跨境电商模式向全国推广。浙商回归资金、到位内资、实际利用外资分别增长7.5%、11.8%和1.4%；新增上市企业17家、新三板挂牌企业192家；新设各类市场主体16.93万户，增长25.5%。推进国家自主创新示范区建设，实施科技企业"双倍增"行动计划，新增国家重点扶持高新技术企业516家、省科技型中小企业1521家。未来科技城、阿里巴巴集团入选国家首批"双创示范基地"。制定出台城西科创大走廊、钱塘江金融港湾建设规划和支持政策。制定出台"人才意见22条"，新增"国千"人才19名、"省千"人才54名。成立浙江西湖高等研究院、浙江工程师学院，新型高校建设取得突破。杭州都市圈和都市区建设扎实推进。山海协作、对口支援和扶贫协作工作进一步加强。

四是大力推进城市建设和环境治理。城市总体规划（修订）批准实施，市政府驻地顺利迁址，钱江新城、钱江世纪城发展进入新阶段。杭黄铁路加快建设，杭富、杭临城际铁路试验段开工建设，富春江船闸开通运行。地铁二期工程加快建设，三期规划获国家批准。萧山机场路、东湖快速路、紫之快速路等一批城市道路建成通车，主城区新建停车泊位5.1万个。交通综合治堵和公交都市创建工作

持续深化，城市交通拥堵状况有所缓解。入选全国地下综合管廊试点城市，开发利用地下空间723万平方米。湘湖综合保护工程三期全面建成。持续推进“五水共治”，夺得全省治水工作最高奖“大禹鼎”；新增污水管网269公里，完成7座污水处理厂一级A提标改造，完成160个行政村生活污水治理。市控以上断面水质达标率85.1%，钱塘江杭州段干流均达到或优于Ⅲ类水质。千岛湖配供水工程顺利推进，闲林水库下闸蓄水，祥符水厂一期改造提前完成。扎实推进“五气共治”，三区四县（市）中心城区建成“无燃煤区”，主城区节能及新能源公交车占比达95.78%，建筑工地扬尘监管全覆盖；空气优良天数比上年增加18天。积极推进“五废共治”，九峰环境能源项目扎实推进，市第二固废处置中心投用，工业固废、生活垃圾、医疗废物无害化处理工作进一步加强。深入推进“三改一拆”，完成“三改”3349.7万平方米，拆除违法建筑2182.4万平方米，腾出土地2.67万亩，拆后利用2.09万亩；打响城中村改造和小城镇环境综合整治攻坚战，23个村完成全面改造。深化美丽乡村建设，开展杭派民居示范创建村12个。扎实推进节能减排，单位生产总值能耗预计下降6%以上。进一步加大环境执法力度，立案查处环保违法案件1972件。

五是着力加强民生和社会保障。全市一般公共预算中民生支出占比达75%以上，年度10件民生实事项目全面完成。城镇和农村居民年人均可支配收入分别增长8%和8.5%；基本养老、医疗保险参保率分别达95%和98%以上。开工建设保障性住房7.61万套，竣工5.86万套。全市竣工新建中小学校（幼儿园）57所，省义务教育标准化学校覆盖率达93%以上，主城区名校集团化覆盖率超过81%。浙大城市学院怀卡托大学联合学院获准建设。医养护签约服务政策实现城乡全覆盖，5家市属三甲医院托管18家县级医院。首批省级养老服务业综合改革试点正式启动。公共文化服务标准化工作加快推进，群众精神文化生活日益丰富。平安杭州建设深入推进，连续三年实现命案全破，安全生产主要指标继续好转，食品安全的群众满意度有较大提高。国防动员和后备力量建设加强，荣获全国人防工作先进城市，实现全国双拥模范城“七连冠”。外事、港澳台侨事务、民族宗教、双拥优抚、人口计生、妇女儿童、残疾人、老龄、关心下一代、地方志、气象、红十字、慈善、机关事务管理等工作取得新进展。

各位代表！去年全市主要目标任务顺利完成，为本届政府工作划上了圆满句号。本届政府任期的五年，是杭州发展史上极不平凡、印上浓墨重彩、具有重大转折意义的五年。我们经受了重大考验、实现了跨越发展，经济实力大幅增强、城乡面貌日新月异，在全省的龙头地位全面巩固、在全国的战略地位显著提升、在国际上的影响力明显增强。

——这五年，城市地位在落实国家战略中实现大跃升。我们成功举办G20杭州峰会，获得2022年亚运会、2018年世界短池游泳锦标赛和世界游泳大会承办权，成为2017年全国学生运动会举办城市，获得航空口岸144小时过境免签政策，城市知名度和影响力大幅提升；批准设立全国首个跨境电商综试区，批准建设国家自主创新示范区，成功创建和扎实推进国家生态文明先行示范区、杭州都市经济圈转型升级综合改革、国家创新型城市、中国软件名城、知识产权示范城市、服务贸易创新发展、中国快递示范城市等国家试点，对杭州发展起到了重大牵引作用。

——这五年，经济实力在加快转型升级中跨上大台阶。我们主动适应把握新常态，大力推进结构调整，经济实现又好又快发展。全市生产总值从2011年的7037.28亿元提升到2016年的11050.49亿元，居全国经济总量超万亿元城市第十位，年均增长9.0%，占全省经济总量比重上升至23.8%。三次产业结构从3.4:46.6:50.0优化为2.8:36.0:61.2。信息经济引领发展，占全市生产总值比重提高到24.3%，对全市经济增长贡献率超过50%；高新技术产业增加值年均增长11.4%，占全市生产总值比重提高到12.4%；文创、金融、旅游等特色主导产业发展迅速。一般公共预算收入从785.15亿元提升到1402.38亿元，年均增长12.3%；2016年税收占一般公共预算收入比重达到91.9%。在经济总量较快增长的同时，质量效益得到明显提升。

——这五年，创新能力在深化改革开放中得到大增强。我们积极推进区域管理体制创新，大江东管理体制基本理顺，萧山、余杭、富阳与主城区融合发展深度推进，主城区优质公共服务和要素资源加速扩展，一体化效应逐步显现。行政审批、商事登记制度改革成效显著，政府性投资项目和社会投资项目实行以区为主审批管理的制度；市场主体从52.44万户发展到86.17万户，年均增长10.4%。杭州高新区开发进入国家世界一流高科技园区创建计划，未来科技城、青山湖科技城建设取得重大进展。创建培育省市级特色小镇44个、国家级众创空间35家、国家级孵化器30家。境内外上市企业达到135家，数量居全国城市第四位；新三板挂牌企业达到347家；入选中国民营500强企业数连续14年居全国城市首位。全市人才总量达215万人，全社会研发支出与地区生产总值之比提升至3.1%左右，有效发明专利拥有量居省会城市第一，创新发展水平居全国城市前列。

——这五年，城乡面貌在加强统筹协调中得到大提升。我们深入实施城市国际化、城乡一体化战略，交通、电力等基础设施建设全面提速。萧山机场二期完成扩建，杭州东站综合交通枢纽和杭甬、杭宁、杭长铁路客运专线建成投用，高速公路通车里程达到632公里，市区快速路新增通车里程128公里，“四纵五横”快速路网基本形成。地铁运营里程82公里，公交出行分担率达39.8%，成为全国绿色交通城市。大力推进城乡统筹，区县协作累计到位资金20.88亿元、实施协作项目1322个；累计建成美丽乡村精品村249个、风情小镇29个、美丽乡村精品线路28条；建成省级现代农业园区85个、各级粮食生产功能区1476个。深入实施“六大西进”行动，县（市）经济发展速度加快，成为全市发展新增长点。

——这五年，生态环境在强化保护治理中实现大改善。我们以建设美丽中国样本为目标，坚持走“绿水青山就是金山银山”发展道路，成为省会城市中的首个国家生态市。“五水共治”取得突破，全市消灭了垃圾河、黑臭河，初步实现城区污水“零直排”、农村污水处理“全覆盖”。三堡排涝工程等一批综合治水工程建成投用。“五气共治”成效显著，率先成为无钢铁生产企业、无燃煤火电机组、基本无黄标车的“三无”城市。“五废共治”统筹推进，成为全国生活垃圾分类示范城市。累计拆除违法建筑8808.9万平方米，完成“三改”11637.5万平方米；淳安、桐庐成为全省首批基本无违建县，西湖名胜区、建德、临安、富阳成为省级无违建创建先进区县(市)。四边三化、两路两侧等专项行动深入开展，西湖、湘湖、运河、钱塘江、新安江、苕溪、西溪湿地、千岛湖等重点区域保护治理深入推进，“三江两岸”沿线生态廊道基本建成，美丽县城、风情小镇、美丽乡村串珠成为靓丽风景线。

——这五年，民生事业在推进共享共治中取得大成效。我们加大民生投入，办好实事项目，连续10年入选全国最具幸福感城市。城镇居民人均可支配收入从2011年的33766元提高到2016年的52185元、农村居民人均可支配收入从17086元提高到27908元，城乡收入倍差从1.98缩小到1.87；家庭人均年收入低于4600元的贫困现象全面消除，市区最低生活保障标准提高到每月819元。户籍人口期望寿命达81.85岁。累计新增城镇就业128.29万人。文化名城建设向纵深推进，浙江音乐学院、杭州国博中心建成投用，累计建成农村文化礼堂618个。大运河列入世界遗产名录，国家级非遗项目数量居同类城市第一。精神文明建设成果丰硕，“最美现象”品牌打响全国，蝉联全国文明城市称号。全国义务教育基本均衡县实现全覆盖，省基本实现教育现代化区县(市)达到9个；幼儿教育普惠发展，高中教育普及发展，高等教育和职业教育提升发展。健康杭州建设持续深化，公立医院改革、医疗改革、医养护签约服务工作走在全国前列，5所市属综合性医院建成投用。基层社会治理不断加强，获得全国平安综治优秀市、和谐社区建设示范城市称号。

——这五年，政府治理能力在加强自身建设中取得大提高。我们扎实开展党的群众路线教育实践活动、“三严三实”专题教育和“两学一做”学习教育，严格落实中央八项规定精神，狠抓干部能力作风建设。市政府坚持重大问题向市委汇报，主动接受人大和政协的监督，五年累计办理市人大代表建议2981件、政协提案2896件；提请审议地方性法规草案37件，制定修改政府规章61件。建立了政府常务会议学法制度，推行政府法律顾问全覆盖。完成新一轮政府职能转变和机构改革。深入推进“四张清单一张网”改革。启动规范化绩效管理，实行重大民生决策公众咨询监督制度，完善公述民评等问政监督渠道，社会共治进一步强化。预决算公开有序推进，财政透明度显著提升。认真落实全面从严治党要求，坚决开展反腐败斗争，坚决纠正“四风”，严格正风肃纪，营造勤政廉洁、风清气正的政务环境。

各位代表！上述成绩的取得，是党中央国务院亲切关怀、省委省政府和市委坚强领导的结果，是全市广大干部群众凝心聚力、顽强拼搏、团结奋斗的结果。每一个杭州人，都是这段光荣历程的亲历者、见证者、推动者。在此，我代表市人民政府，向全市人民和外来建设者，向人大代表、政协委员，向各民主党派、工商联、无党派人士、各人民团体和各界人士，向离退休老同志，向中央在杭单位、各类驻杭机构和省级各单位，向驻杭人民解放军、武警官兵，向所有参与和关心支持杭州建设发展的港澳台同胞、海外华人华侨、国际友人和各界朋友，表示衷心的感谢和崇高的敬意！

我们也清醒认识到，杭州发展中的问题和挑战。主要有：供给侧结构性改革需要进一步深化，科技创新能力有待增强，新旧发展动能转换还需付出更大努力；城市国际化水平还不够高，市民文明素质仍需提升，城市治理能力有待提高；生态质量有待进一步优化提升，特别是空气、水体、土壤等环境治理任务繁重；改善民生任务较为艰巨，城乡居民持续增收压力加大，公共服务、安全稳定等领域还存在很多短板，离人民群众的要求还有较大差距。同时，一些部门及工作人员的理念、能力、作风与形势发展还不相适应，负责担当意识有待进一步增强，消极腐败问题在一些地方和领域仍然存在。对此，我们一定采取有力措施，努力加以解决。

二、今后五年发展目标任务

各位代表！杭州已站在新的历史起点上，习近平总书记在G20杭州峰会期间提出“秉持浙江精神，干在实处、走在前列、勇立潮头”的新要求，赋予我们新的使命和责任。我们必须认真贯彻落实杭州市第十二次党代会精神，准确把握杭州发展的战略定位、主要目标和总体部署。**杭州未来发展战略定位是：**加快城市国际化，建设独特韵味别样精彩的世界名城。**今后五年主要目标任务是：**全面完成“十三五”规划任务，确保亚运会筹备工作基本就绪，率先高水平全面建成小康社会，实现国际化水平、综合实力、治理现代化水平、人民生活品质显著提升，努力成为具有较高全球知名度的国际城市。

面对杭州发展新方位、新使命、新目标，**今后五年政府工作总体要求是：**高举中国特色社会主义伟大旗帜，深入学习贯彻习近平总书记系列重要讲话精神和治国理政新理念新思想新战略，按照“五位一体”总体布局和“四个全面”战略布局，全面贯彻落实新发展理念，坚持稳中求进工作总基调，以提高发展质量和效益为中心，以城市国际化为主抓手，强化改革创新、扩大开放合作、提升环境品质、保障改善民生，不断厚植创新活力之城、历史文化名城、生态文明之都、东方品质之城的特色和优势，当好全省干在实处走在前列勇立潮头的排头兵，为建设独特韵味别样精彩的世界名城打下坚实基础。

实现今后五年目标任务，必须统筹谋划落实重大举措，尤其要用好“后峰会、前亚运”等战略机遇，在扬长补短、彰显特色上下功夫，进一步把特色优势转化为竞争优势、发展胜势，加快杭州经济社会在高起点上的跨越发展。

第一，着力厚植创新创业的特色和优势。创新创业是杭州发展的活力所在。必须深入实施创新驱动发展战略，加快国家自主创新示范区建设，努力使杭州成为具有全球影响力的“互联网+”创新创业中心。深入实施人才强市战略，构建更具竞争力的人才集聚机制、充满活力的人才使用机制、与时俱进的人才评价机制，进一步补齐居住、教育、医疗等人才保障短板，吸引更多人才来杭创新创业。到2021年人才总量达到275万人以上，高技能人才占技能劳动者比例超过30%。深入构建全要素创新生态系统，大力弘扬创新文化，打通科技和经济转移转化的通道，让各类创新要素释放更大能量。到2021年,全社会研发支出与全市生产总值之比达到3.5%。持续深化商事制度改革,创造更优的营商环境。坚持以科技创新为引领,大力鼓励发展特色小镇、双创基地和众创空间,争取国家实验室、国家大科学中心和重大科技基础设施落地,促进更多的创新主体和创新项目集聚。加快城西科创大走廊、城东智造大走廊、钱塘江生态经济带、运河湖滨高端商务带、钱塘江金融港湾等重大平台建设,拓展发展新空间。深入实施"一号工程",做强战略性新兴产业,提升传统优势产业,振兴实体经济,做大集成电路、高端装备制造、新能源汽车、物联网、机器人、生物医药、新材料等重点产业,培育人工智能、量子通信、新型显示、虚拟现实等未来产业,抢占发展制高点。充分发挥民营经济优势,加快民营经济转型发展。壮大主导和支柱产业规模,形成万亿级信息产业集群和更多千亿规模产业;加强企业梯队建设,着力培育世界级企业、千亿级企业和一大批创新型领军企业。

第二,着力增强文化引领的特色和优势。文化是城市可持续发展的源动力。必须坚定文化自信自觉,加强历史文化传承和现代文化发展,更好发挥文化在引领风尚、教育人民、服务社会、推动发展等方面的作用。大力弘扬中华优秀传统文化,深入挖掘良渚文化、吴越文化、南宋文化等传统文化资源,加大物质和非物质文化遗产保护利用力度,打响丝绸、茶叶、中医药、瓷器、书画等特色品牌,进一步彰显历史文化魅力。发挥大运河、西湖两大世界遗产综合效应,争取良渚古城遗址申遗成功,推动南宋皇城遗址等申遗工作,打造世界遗产群落。扩大对外人文交流,展示东方文化特色,建设东方文化国际交流重要城市。加强城乡建筑、设施、景观设计和色彩管理,增强地域文化特色,提升城乡文化品位和文化价值。顺应文化与科技、经济渗透融合趋势,积极发展演艺等特色产业,建设具有较高国际知名度的文化创意中心。深入开展社会主义精神文明建设,大力弘扬"精致和谐、大气开放"的城市人文精神和G20杭州峰会服务精神,进一步打响"最美现象"品牌,加强市民科学、道德和人文素养教育,持续提升市民文明素质和城市文明程度。

第三,着力增创城乡协调发展的特色和优势。城市国际化与城乡一体化互动融合发展,是杭州城市独特魅力所在。必须加快构建区域协同发展新格局,争创国家中心城市。树立"精明增长、紧凑城市"理念,落实"多规合一"要求,完成新一轮《杭州市城市总体规划》修编,构建多中心、组团式、网络化、生态型、一体化的市域空间布局。实施钱塘江两岸规划优化,充分发挥两岸建设对杭州城市发展的战略支撑作用。优化城市人口和功能布局,控制主城区人口增量,推进主城区非核心功能疏解。加快钱江新城二期、钱江世纪城、大江东新城、未来科技城、青山湖科技城、之江新城以及大城北地区等重点区域开发建设。持续推进城市有机更新,全面完成主城区城中村改造和小城镇环境综合整治任务,加快完成城乡危旧房治理和老旧住宅小区综合整治,实现无违建区县(市)全覆盖。加强城市防洪排涝规划建设、地下空间开发和综合管廊建设,提高城市承载保障能力。深入实施新一轮城乡区域统筹发展政策,加大要素转移和产业帮扶力度,加强农村道路提升改造,加快中心镇、特色镇和美丽乡村建设,促进城乡高质量、均衡性发展。实施萧山国际机场打造长三角核心机场行动计划,争创国家级临空经济示范区,建设亚太地区重要国际门户枢纽。建成杭黄铁路,加快建设沪乍杭、商合杭、杭温、杭绍台铁路,推进杭州"一轴两翼五站"铁路枢纽布局建设,构建全国重要高速铁路枢纽城市。到2022年确保建成10条地铁线和2条城际铁路线,运营里程达到446公里,成为国内一流"地铁城市"。加快城市组团环线和交通廊道建设,基本建成市域800公里高速公路、市区464公里城市快速路网,构建高效交通组织系统。

第四,着力拓展开放合作的特色和优势。按照建设融合线上线下、联通世界、服务全球的国际重要商贸中心要求,积极用好国际国内两个市场、两种资源,扩大开放、深化合作、拓展优势。主动对接"一带一路"战略,更好融入长江经济带和长三角城市群发展,加快杭州都市区建设,提升杭州都市圈协同发展水平。深入实施浙商回归工程,高质量引进外资项目,支持企业"走出去",推动招商引资新发展。深化跨境电商综试区建设,构建全球最优跨境电商生态圈,全力推进全球电子商务平台建设,打造"网上丝绸之路"重要战略枢纽城市。推进国家下一代互联网示范城市和5G应用先行区建设,努力成为大数据开发应用重要示范城市。深化会展管理体制改革,引进高端国际会议展览项目和国际组织,打造国际会议目的地城市和会展之都。实施新一轮旅游国际化和旅游全域化行动计划,大力发展乡村旅游,建设国际重要的旅游休闲中心。积极引进国际性赛事项目,打造国际赛事之城;努力承办好第13届全国学生运动会、第14届世界短池游泳锦标赛及世界游泳大会,推进亚运村和场馆设施配套规划建设、高水平筹办2022年第19届亚运会。

第五,着力彰显生态良好的特色和优势。坚持"绿水青山就是金山银山"的发展思想,强化生态环境保护治理。统筹实施生态保护修复工程,加强城市西部生态保护,加快建设城市组团间的生态廊道,构筑大杭州生态安全屏障。牢固树立生态红线理念,划定城镇开发边界、永久基本农田和生态保护红线,坚决守住开发强度警戒线。深入推进水体、空气、固废、土壤等突出环境问题治理,加强污水和固废处置设施规划建设,增强环境承载能力。加大产业结构和能源结构调整力度,落实节能减排降耗综合措施,全市域建成清洁排放区。加强环保督察,深化区域联防联控,强化生态环保制度建设,零容忍打击各类违法行为,决不允许把污染成本转嫁给社会。确保生态环境质量指数居全国大中城市前列,努力建设颜值高、气质好的生态文明之都。

第六,着力提升宜居宜业的特色和优势。完善就业创业支撑体系,提高全社会就业水平,多途径增加城乡居民收入。实施全民参保计划,完善社会保障和社会救助体系,基本实现人人享有社会保障。全面推进教育现代化,增强教育对经济社会发展的支撑作用。推进十五年基础教育高水平、均衡化发展,提升发展职业教育,加快发展地方高等教育。实施《"健康杭州2030"规划纲要》,扩大优质卫生和健康服务供给。深化国家和省级养老服务业综合改革试点,健全养老服务体系。促进妇女儿童事业健康发展。强化食品药品安全管理。推进社会诚信体系建设，打响“诚信杭州”品牌。推动政府数据开放，拓展智慧应用的深度和广度。加强城市管理，提升标准化、精细化管理水平。优化公交网络布局，完善公共交通体系。深化网格化管理，加强社会治安和生产安全、公共安全、金融安全管理，健全防灾减灾和突发事件应急处置机制。我们要把以人民为中心的发展思想，落实到加快实现公共服务优质均衡、人民生活幸福和谐、社会公平正义的行动上，努力建设共治共管、共建共享的东方品质之城。

各位代表！我们要抓住机遇、增创优势，落实举措、开创未来，一定要让杭州经济更发达、城乡更美丽、生态更良好、生活更舒适、社会更和谐。

三、2017年重点工作安排

2017年是新一届政府的开局之年，也是实施“十三五”规划的重要一年。我们要着眼五年、立足当年，围绕大局、统筹兼顾，突出重点、把握关键，开拓创新、抓实工作，促进经济持续健康发展和社会和谐稳定，努力开创杭州改革发展新局面。

今年发展主要预期目标是：地区生产总值增长8%左右，一般公共预算收入增长7.5%，城镇和农村居民年人均可支配收入分别增长8%左右；全面完成省下达的节能减排任务。

重点抓好七个方面工作：

（一）加快推进重点领域改革，着力增强体制机制活力。推进“最多跑一次”改革。完善“四张清单一张网”，深化“放管服”改革，全面推行“互联网+政务服务”，普及网上办事，确保到年底“最多跑一次”改革覆盖80%的行政权力事项。实现行政许可标准化建设、工程建设项目“多测合一”等全市域覆盖，进一步提升项目审批速度。全面开展“双随机、一公开”监管。**深化行政管理体制改革。**推进综合执法体制改革。深化大交通体制改革。加强出租车行业规范化管理。推行新型居住证制度，实施积分制管理。落实环保机构监测监察执法垂直管理制度改革工作。深化信用杭州建设。设立政府大数据管理机构。扎实推进萧山、余杭、富阳等与主城区公共服务一体化。加强中心镇和小城市培育试点镇改革发展。**深化投融资体制和要素配置方式改革。**深入推进国企分类改革，大力发展混合所有制经济。做优做强国有投资平台，发挥各类政府投资基金引导和放大作用。盘活利用批而未供土地2.5万亩，开发建设供而未用土地4.5万亩，完成低效用地再开发3万亩，垦造水田9750亩以上。完善工业用地弹性出让制度，深化“零地技改”和亩产效益综合评价。大力支持私募金融和创新基金健康发展，推进互联网金融规范化发展，提升金融服务实体经济能力。**深化“三去一降”工作。**淘汰落后产能100家（项）以上，整治提升“低小散”企业300家以上。坚持“房子是用来住的、不是用来炒的”定位，进一步加强和改进房地产调控，确保房地产市场稳定健康发展。争取“债转股”试点，防范金融风险。加大减税清费力度，进一步降低企业特别是小微企业的负担。

（二）加快推进产业转型升级，着力提升实体经济质量。优化投资结构。完成固定资产投资6135亿元，增长5%；确保重大基础设施、重大产业项目、重大技术改造、生态环保投资增长15%以上。力争浙商回归到位资金722亿元，实际利用外资65亿美元，内资到位资金1540亿元。**加快发展新兴产业。**深入推进信息经济“六大中心”建设，加快人工智能、虚拟现实、量子通信、物联网等应用发展。加快集成电路、网络设备、智能终端等信息制造业和高端制造业发展，积极培育航空航天产业，加快军民融合发展。争创“中国制造2025”试点示范城市。**提升改造传统产业。**加大工业技改力度，推进“两化”深度融合，深入实施“互联网+”“标准化+”“品牌+”“机器人+”等行动，启动万企转型升级和企业上云计划，推动优势传统产业转型升级。加强本土跨国公司和大企业培育，加快企业股份制改造。滚动实施小微企业三年成长计划，全市新增“个转企”2500家以上。支持建筑业提升发展。**加快发展服务业。**做强现代物流、科技、会展等生产性服务业，做优养老、健康、体育等生活性服务业。打造旅游休闲百强示范项目，创建国家全域旅游示范区。推动15家省级服务业集聚区提升发展。实施“放心消费在杭州”行动计划，提升一批商业中心和特色街区，确保社会消费品零售总额增长10%。**促进农业农村发展。**推进农业供给侧结构性改革，实施“整洁田园、美丽农业”行动。完善农业服务体系，加大科技兴农力度，发展多种形式农业规模经营，提高农业组织化程度。加快培育新型职业农民和现代农业经营主体，做大农村电商、乡村旅游、民宿等新业态，推进农村一二三产融合发展，促进农民持续增收。深化村（社区）经济合作社股份制改革。采取切实措施，千方百计发展村级集体经济，打赢消除集体经济薄弱村攻坚战。深化美丽乡村建设，推广杭派民居，打造美丽乡村升级版，新增建设7个风情小镇、20个3A级村落景区。

（三）加快推进发展动能转换，着力提升创新驱动能力。深化创新改革试点。落实杭州国家自主创新示范区发展规划和空间布局规划，更好发挥示范区创新引领作用。深入实施“创新创业新天堂行动”，深化小微企业创业创新基地城市示范建设。加快省级全面创新改革试验区建设，争创国家全面创新改革试验区。**加强重点平台建设。**支持大江东产业集聚区创新发展、支持杭州高新区建设世界一流高科技园区、支持杭州经济开发区提升发展，充分发挥国家级和省级开发区的作用。加强城西科创大走廊基础配套建设，进一步优化创新生态体系；加快城东智造大走廊规划建设。坚持以特色小镇建设理念改造传统工业园区，加快提升工业园区（开发区）整体发展水平。聚焦金融特色小镇和金融集聚区发展，筹建钱塘江金融港湾展示服务中心。创建省级高新技术特色小镇，打造一批行业示范和创新标杆特色小镇。建设一批市级双创示范基地，新增市级众创空间20家以上、市级孵化器12家以上、孵化面积12万平方米。**推动创新政策落地。**落实高校院所和科技中介技术交易额补助政策，促进科技成果转化。设立杭州市跨境风险投资引导基金，推进科技金融结合试点城市建设，争创国家投贷联动试点城市。组织重大科技创新项目25项以上，有效发明专利达到3.6万件以上；争取全社会研发支出与地区生产总值之比达到3.2%。**加强创新企业培育。**积极支持中小企业特别是科技型企业发展，新增国家重点扶持高新技术企业340家以上、省科技型中小企业1370家以上、市重点培育科技型初创企业300家以上。新增省级重点企业研究院、省级企业研究院和省级研发中心80家。**加强人才培育和引进。**深入实施国家和省"千人计划"、市"521"全球引才计划、"115"海外引智计划,放大"一会一赛"品牌效应,全年新引进和培育各类人才10万名。加大高技能人才培育力度。加强企业经营管理人才队伍建设,提振企业家信心,进一步激发发展动能。

(四)加大内外开放力度,着力拓展合作发展空间。提升国际服务功能。实施2017年城市国际化行动方案和项目计划。完善国际化标识系统,优化多语种服务综合平台。加快推进教育医疗卫生等重点领域公共服务国际化,加强街区、社区、楼宇等领域的国际标准化建设。推进杭州国家互联网交换中心试点和通信骨干直连点建设。加快城市国际化促进条例立法工作。**推进门户枢纽项目建设。**加快萧山机场集疏运体系建设,完善机场基础设施,开辟更多国际国内客货运航线。优化完善杭州铁路枢纽,推进城西综合交通枢纽规划建设。加快京杭运河"四改三"工程杭州段和二通道工程建设,推进海河联运和"散改集"项目试点。**加快对外经贸转型发展。**积极支持跨境电商、外贸综合服务等外贸新业态发展,大力培育外贸新动能。深化服务贸易创新发展试点建设,推动外贸方式转变。建设跨境电商大数据平台,提升跨境电商产业园区服务能力。支持企业"走出去",实现创新链产业链价值链全球化布局,构建开放型经济新格局。**推进都市区建设和都市圈协同发展。**深化区域合作,加强杭州都市区和都市圈基础设施对接配套、产业融合发展、公共服务共建共享,更好发挥杭州中心城市的集聚辐射作用。切实做好对口支援和扶贫协作等工作。

(五)加大统筹建设力度,着力提升城乡功能品质。加强重大规划编制管理。进一步落实市区规划统一管理制度,编制分区规划,编制钱塘江两岸综合保护、亚运会场馆和亚运村等重大专项规划。研究制定主城区非核心功能疏解规划。**加快交通道路等重大基础设施建设。**加快推进地铁二期工程建设,新增地铁运营里程35公里。全面开工建设地铁三期工程。加快杭富、杭临等城际铁路建设。启用杭州铁路南站。推进杭州绕城高速西复线、千黄高速、杭宁高速改扩建、临金高速、杭甬高速复线杭州段、"杭州中环"(城市组团环线)等重大交通项目建设,建成杭金衢高速公路拓宽工程。加快"四纵五横"和"三连十一延"快速路网建设,开工建设艮山东路提升改造、文一西路快速路西延、江南大道快速路等工程;加快完成天目山路—环城北路快速路、坎红路—红十五线快速路、留祥路西延等工程技术前期,力争早日开工建设。加快望江隧道等过江通道建设。建成地下综合管廊试点30公里,开发利用地下空间500万平方米。**加快推进治危拆违、城中村改造和小城镇环境综合整治。**完成"三改"1200万平方米,拆除违法建筑1400万平方米,力争50%以上区县(市)完成省级基本无违建县(市、区)创建。深化征地拆迁和回迁安置"清零"专项行动。完成地质灾害隐患点综合治理313个以上,新建和改扩建避灾安置点220个。加快城中村改造,确保主城区全面完成改造22个村以上、基本完成改造28个村以上,加强城中村拆后空间的规划利用。全面推进149个小城镇环境综合整治,确保30%的乡镇(街道)通过省级考核。**提高城乡综合管理水平。**以智慧政务为核心,推动各领域智慧应用。深化乡镇(街道)"四个平台"建设,加强农村社会治理,加强撤村建居社区管理,完善城乡社区协商共治机制,提高社区治理水平。加强城市管理,提升洁化序化亮化绿化美化水平。加强共享单车综合管理。切实加强农村建房规范管理,完善村庄环境管理长效机制。

(六)加大环境治理力度,着力提升生态建设水平。打赢劣V类水剿灭战。实施清水入城、截污纳管、雨污分流、大市政管网配套及泵站建设等四个行动计划,确保年底消除劣V类水体;加快建设七格四期、城西、之江等污水处理设施和管网,新增城镇污水配套管网150公里;全面完成规模畜禽养殖场(户)整治,加强建制村生活污水处理设施长效运营维护工作;完成14座病险水库除险加固和80座山塘整治,建设萧围北线标准塘、大江东片外排工程;推进千岛湖配供水工程,开展老旧供水管网改造,深化节水工作;完成70个海绵城市建设项目。**持续深化大气污染治理。**以治霾为中心,全面完成小燃煤锅(窑)炉淘汰和热电锅炉清洁化改造,关停转迁一批废气污染严重的工业污染源,启动清洁排放区建设。持续推进重点行业挥发性有机物专项整治,继续淘汰更新老旧车辆。建设500个公用充电桩(枪),1000个自用和共用充电桩(枪)。**大力提升固废处置能力。**加快临江、七格、天子岭等污泥、建筑固废和生活垃圾处置设施建设,推进城西、之江、城东和萧山等分类减量综合体建设,九峰环境能源项目投入运行。扩大智慧垃圾分类试点,有效实现生活垃圾减量化。进一步加强工业固废、医疗固废处置能力建设。**加快能源资源节约利用。**推进钱江变、机场变、庆隆变等能源基础设施项目建设,完善市域电力设施布局。加大工业节能力度。开展土壤环境治理行动。推进建筑节能改造,提高装配式建筑占比。

(七)加大民生保障力度,着力促进社会共建共享。多渠道促进居民增收。完善鼓励创业政策体系,新增城镇就业21万人。实施精准扶贫,推进低收入群体增收,多途径增加城乡居民收入。深化"春风行动",完善困难帮扶救助政策,健全社会救助体系。**推动教育优质均衡发展。**加快推进新名校集团化战略,加强义务教育配套学校建设,提高基础教育办学水平。实施学前教育、特殊教育、民办教育和终身教育发展新政,深化职业教育质量提升工程,推进民办西湖大学等新型高校建设,支持杭师大等市属高校提升办学水平。**提升卫生和计生服务水平。**推动医养护签约服务提质扩面,加快分级诊疗制度建设。深化智慧医疗惠民服务,加大优质医疗资源"双下沉、两提升"力度。完成全国第三批公立医院综合改革试点任务。推进萧山等4个先行先试地区综合医改工作。全面实行生育登记服务制度。**促进养老健康产业发展。**高度重视老龄化问题,完善相关政策制度,推进养老服务业综合改革试点。推进国家医养结合试点建设、社会保险制度改革工作。推动"智慧社保",实施基层社会保险工作标准化国家试点。加大对失独家庭帮扶力度。加强城乡公共无障碍设施建设，加强对残疾人的关爱。**推进公共文化体育设施建设。**建设良渚文化国家公园（一期）项目。建成G20杭州峰会博物馆，推进城市档案中心、之江文化中心等重大文化项目建设。新建农村文化礼堂100座。社区（村）公共文化场所无线网络覆盖新增1000家。新建城乡公共体育设施20处。推进全民健身实施计划，办好全国学生运动会。**加强城市安全管理。**落实安全生产责任制，健全防灾减灾、应急救援体系，完善食品药品监管体系，推进国家食品安全示范城市创建。全面建设网络维权国家“两中心”。深化“平安杭州”建设，加强社会治安综合治理，强化网络信息安全管理，确保社会平安稳定。

认真办好十个方面民生实事。①**持续深化治水治气。**完成河道清淤综合整治245公里，雨污分流截污纳管项目200个，清洁化改造热电锅炉27台，新增太阳能光伏发电装机容量100兆瓦以上，回收汽油1000吨以上。②**持续改善交通出行。**主城区新建停车泊位4.5万个以上，新增和改建公共自行车服务点120处，更新公共自行车1万辆；新辟和优化公交线路40条。③**提升城乡生活环境。**新增市区绿地400万平方米；新增管道燃气用户5万户；新增垃圾分类清运集置点规范设置100处，分类垃圾房提升改造70座；改造50条城市道路路灯；完成公厕提升改造70座。④**完善社会抚养体系。**新改扩建50个街道（乡镇）级综合性居家养老服务照料中心；全面实施孤儿及困难家庭儿童生活费和补贴发放政策。⑤**强化食品药品安全治理。**新创建“三净四无五可”标准餐饮安全示范店150家，“六有三无”标准诚信示范药店100家。⑥**强化电梯安全监管。**建立电梯维保信息化平台；开展老旧小区电梯安全隐患消除工作和老旧住宅增设电梯试点工作。⑦**加强居民住房保障。**新开工保障性住房4.6万套，竣工4.5万套；农村住房改造1.2万户、危房改造1210户；新推出公共租赁住房（廉租住房）6000套，货币补贴1500户；治理城镇危旧房196幢、18.1万平方米。⑧**优化扶持创新创业。**新增小微创业园5家，资助大学生创业项目200家。⑨**优化医疗保障服务。**县级以上医院及主城区社区卫生服务机构全面推广“医信付”，让群众享受“先诊疗后还款”服务。⑩**保障菜篮子产品供应。**新建菜篮子基地5000亩，蔬菜保险覆盖面积5000亩，向全市直供直销24万吨以上；地产农产品质量抽检合格率达98%以上。

四、切实加强政府自身建设

完成各项目标任务，对新一届政府自身建设提出了更高要求。我们要坚持党的领导，进一步加强法治政府、服务政府和廉洁政府建设，不断提高政府治理现代化水平，努力建设人民满意政府。

（一）忠诚坚定、从严治政，坚持党的领导。牢固树立和切实增强政治意识、大局意识、核心意识、看齐意识，高度自觉地在思想上政治上行动上同以习近平同志为核心的党中央保持一致，坚决维护党中央权威。加强思想政治建设，严守政治纪律和政治规矩，切实做到忠诚干净担当。坚决贯彻落实党中央国务院、省委省政府和市委各项决策部署，在市委的领导下开展工作。坚决把全面从严治党要求落实到从严治政之中，落实到政府公务人员能力和作风建设之中，努力打造勇立潮头浙江铁军的排头兵。

（二）尊崇法治、依法行政，建设法治政府。切实将政府活动全面纳入法治轨道，严格按程序决策、按规矩办事。依法接受市人大及其常委会的工作监督和法律监督，认真落实各项决议决定并定期报告工作。自觉接受市政协的民主监督，认真听取各民主党派、工商联、无党派人士和人民团体的意见。认真办理人大代表议案建议和政协提案，进一步提高办理质量。自觉接受监察监督，主动接受社会和舆论监督。加强重大行政决策、规范性文件合法性审查，全面落实政府法律顾问制度，加强政府参事工作，鼓励公民参与政策制定和社会治理，提高决策科学化、民主化、法治化水平。落实重大行政决策程序，严格执行行政执法责任制，规范行政执法行为，让权力公开透明、阳光运行。

（三）务实创新、高效施政，建设服务政府。“政者，口言之，身必行之”。政府及其工作人员要强化负责担当精神、提升创新实干能力，在落细落小落实中谋大事、干大事、成大事。要坚持实干至上、行动至上，说了就要干、定了就要干，做到重大决策和重点工作立说立行、一抓到底。全面推行政府工作项目化，对企业和群众承诺的事，要马上就办、说到做到，对企业和群众关心的事，要换位思考，当好“店小二”。真正以人民群众满意度作为评判工作的标准，推进行政服务规范化和标准化建设，完善便民服务体系，加强政府信息公开，努力让群众对政府工作过程和结果双满意。加强绩效管理考核，完善常态化督促检查工作机制和约束机制，确保重大决策部署落实到位。

（四）干净自律、勤勉为政，建设廉洁政府。严格执行党内政治生活若干准则、纪律处分条例、党内监督条例、问责条例、廉洁自律准则，认真落实党风廉政建设主体责任和“一岗双责”。严格贯彻落实中央八项规定精神，持之以恒反“四风”，始终保持廉洁本色。强化督查问责，严厉整肃庸政懒政怠政行为。坚持政府过紧日子，集中财力办大事，完善财政预算管理，加强政府债务管理。深入推进审计监督，加大公共资金、国有资产、国有资源监管力度。强化对重点领域和关键岗位的监督，坚决查处不正之风和腐败行为，切实做到政治清明、政府清廉、干部清正。

各位代表！杭州改革发展正处在关键时期，任务艰巨，责任重大。让我们紧密团结在以习近平同志为核心的党中央周围，在省委省政府和市委的领导下，团结拼搏、扎实工作，全力推动杭州率先高水平全面建成小康社会，加快推进杭州世界名城建设，以优异成绩迎接党的十九大胜利召开！

说明：文中部分经济数据为统计快报数

照片由杭报集团提供

《政府工作报告》名词解释

G20杭州峰会：2016年9月4～5日，在中国杭州召开的二十国集团领导人峰会。

四个满意：服务保障G20杭州峰会，做到让党中央和总书记满意，让各国元首和代表满意，让全国人民满意，让全省全市人民满意。

四大个性特色、四大基础支撑：2016年7月，杭州市出台《关于全面提升杭州城市国际化水平的若干意见》，提出杭州要着力打造具有全球影响力的"互联网+"创新创业中心、国际会议目的地城市、国际重要的旅游休闲中心、东方文化国际交流重要城市四大个性特色；加快形成一流生态宜居环境、亚太地区重要国际门户枢纽、现代城市治理体系、区域协同发展新格局四大基础支撑。

一号工程：2014年7月，杭州市委、市政府做出"发展信息经济、推进智慧应用"重大决策部署的简称。旨在推进工业化与信息化深度融合，加快智慧产业化、产业智慧化，打造国际电子商务中心、全国云计算和大数据产业中心、物联网产业中心、互联网金融创新中心、智慧物流中心、数字内容产业中心"六大中心"。

杭州云栖大会：由杭州市政府和阿里巴巴集团在杭州云栖小镇举办的国内最大云计算、大数据领域的会议，前身是阿里云开发者大会。

首届世界工业设计大会：2016年11月30日至12月4日，在杭州良渚召开。工业和信息化部、教育部、科技部、国家发改委、人力资源和社会保障部、国家知识产权局、中国工程院等国家部委和省市代表，以及全球26个国家（地区）和43个国际设计组织1000多位行业领袖参加。

三去一降一补：去产能、去库存、去杠杆、降成本、补短板。

扶持实体经济32条：2016年2月，市政府下发《关于降成本、减负担、去产能全面推进实体经济健康发展的若干意见》，简称"扶持实体经济32条"。

"放管服"改革：简政放权、放管结合、优化服务改革。

五证合一：2015年5月，杭州市在全国率先实行营业执照、组织机构代码证、税务登记证、社会保险登记证和统计登记证"五证合一"登记制度，五本证照合为一本。

六体系两平台：信息共享体系、金融服务体系、智能物流体系、电子商务信用体系、风险防控体系、统计监测体系；线上"单一窗口"平台、线下"综合园区"平台。

科技企业"双倍增"行动计划：省政府下发的《加快推进"一转四创"建设"互联网+"世界科技创新高地行动计划》中明确的高新技术企业、科技型中小企业"双倍增"。

人才意见22条：2016年11月，杭州市出台《关于深化人才发展体制机制改革完善人才新政的若干意见》的简称。

国千、省千：千人计划，海外高层次人才引进计划的简称。"国千"指国家千人计划、"省千"指省千人计划。

五水共治：治污水、防洪水、排涝水、保供水、抓节水。

污水处理厂一级A提标改造：根据《城镇污水处理厂污染物排放标准》，城镇污水处理厂出水排入国家和省确定的重点流域及湖泊、水库等封闭、半封闭水域时，执行一级A标准，是城镇污水处理厂出水作为回用水的基本要求，比一级B标准更严。

五气共治：燃煤烟气、工业废气、车船尾气、扬尘灰气、餐饮排气的综合整治。

五废共治：生活固废、污泥固废、建筑固废、有害固废和再生固废的综合治理。

三改一拆：旧住宅区、旧厂区、城中村改造和违法建筑拆除。

特色小镇：不是行政区划概念，是一个以产业为核心、以项目为载体、生产生活生态相融合的特定区域。特色小镇规划空间范围一般在3平方千米，建设面积在1平方千米左右。

四纵五横：杭州市重点建设的城市交通基础设施主骨架网络。四纵从西到东分别是：吉鸿路—紫金港路—紫之隧道—之浦路，巨州路—上塘高架—中河高架—钱江四桥—时代大道，半山隧道—石桥路—秋涛路—钱江三桥—风情大道，东湖路—九堡大桥及南北接线—通城大道。五横从北到南分别是：留祥路—石祥路—石大线，文一路—德胜路，天目山路—环城北路—艮山西路—艮山东路，江南大道—机场快速路，之江大桥及接线—彩虹大道。

六大西进：围绕科技、现代服务业、文创、旅游、交通、人才六个方面，通过区县协作等机制推进西部县（市）加快发展。

三江两岸：钱塘江、富春江、新安江流域总长约231千米的主干流两岸，包括浦阳江、兰江、大源溪、分水江等主要支流两岸。

三严三实：严以修身、严以用权、严以律己，谋事要实、创业要实、做人要实。

两学一做：学习中国共产党党章党规、学习贯彻习近平总书记系列重要讲话精神，做合格党员。

四张清单一张网：政府权力清单、企业投资负面清单、政府责任清单、部门专项资金管理清单，政务服务网。

四风：形式主义、官僚主义、享乐主义、奢靡之风。

五位一体：中共十八大报告对推进中国特色社会主义事业做出经济建设、政治建设、文化建设、社会建设、生态文明建设"五位一体"总体布局。

四个全面：全面建成小康社会、全面深化改革、全面依法治国、全面从严治党。

高技能人才：在生产、运输和服务等领域岗位一线，熟练掌握专门知识和技术，具备精湛的操作技能，并在工作实践中能够解决关键技术和工艺操作性难题的人员。

多规合一：将国民经济和社会发展规划、城乡规划、土地利用规划、生态环境保护规划等多个规划融合到一个区域上，实现一本规划、一张蓝图。

大城北地区：主要包括运河新城、杭钢新城、勾庄、崇贤等位于城市北部的区域。

一轴两翼五站：在杭州市域范围内形成一个主轴（既

有沪昆、宁杭甬通道）、两条辅助通道（城市东西两翼的杭州西通道和江东通道），包括杭州站、杭州东站、杭州西站、杭州南站、江东站等五客站的铁路新布局。

一带一路：“丝绸之路经济带”和“21世纪海上丝绸之路”的简称。

多测合一：在建设工程项目审批中，为国土、规划、房管、园文等政府部门提供测绘成果的多项测量项目，合并为一个综合性联合测量项目，由建设单位选择一个测量单位承担多项测绘业务。

双随机、一公开：在监管过程中随机抽取检查对象，随机选派执法检查人员，抽查情况及查处结果及时向社会公开。

“放心消费在杭州”行动计划：贯彻落实放心消费在浙江行动计划的具体举措，包括开展放心消费示范单位创建行动、消费品和服务质量提升行动、完善消费者权益保障机制等具体内容。

国家小微企业创业创新基地城市示范：根据国务院关于促进中小企业健康发展的决策部署，财政部、工业和信息化部、科技部、商务部、工商总局决定，从2015年起开展小微企业创业创新基地城市示范工作，中央财政给予奖励资金支持。2015年6月，杭州市入围首批示范名单。

国家全面创新改革试验区：2015年9月，国家《关于在部分区域系统推进全面创新改革试验的总体方案》中明确的创新改革试验的类型。

全球引才“521”计划：到2020年，引进并重点支持200名左右能够突破关键技术、发展高新技术产业、带动新兴产业的海外高层次人才。每年引进10名左右拥有海外学习工作经历，在高等院校、科研机构、科技企业和金融机构从事创新工作的青年人才。

“115”海外引智计划：从2016年开始，用5年时间，力争引进高端国外专家100名、实施引进国（境）外智力项目1000个、聘请各类国（境）外专家5万人次。

一会一赛：浙江·杭州国际人才交流与项目合作大会和杭州市海外高层次人才创新创业大赛。

京杭运河“四改三”工程：原有的四级航道改造成三级航道。完成改造后，千吨级船舶可从山东直达杭州，沿钱塘江可实现出海，浙北、浙东及浙中西部的航道完全贯通成高等级内河水运网，杭州将成为浙江乃至华东地区的物流集散中心。

三连十一延：三连即莫干山路、康良路、秋涛南路。十一延即天目—环北—艮山快速路东延、江南大道—机场快速路东延、彩虹快速路东延、秋石—风情快速路南延、中河—上塘快速路南延、彩虹快速路西延、文一—德胜快速路西延、留祥快速路西延、秋石—风情快速路北延、留石快速路东延、东湖—通城快速路北延。

四个平台：综治工作、市场监管、综合执法、便民服务四个功能性工作平台。

双下沉、两提升：人才下沉、资源下沉；服务能力提升、服务效率提升。

网络维权国家“两中心”：国家工商总局电子商务“12315”投诉维权（杭州）中心和国家工商总局网络商品质量监测（杭州）中心。

三净四无五可：厨房干净、环境干净、餐具干净，无过期食品、无违法添加、无回收食品、无食品安全事故，后厨操作可视、企业管理可量、食材来源可溯、诚信承诺可查、群众感受可评。

六有三无：药店准入有许可、人员有资质、购销有记录、硬件有要求、储存有条件、管理有制度，无假劣药械、无违规经营、无违法广告。

医信付：智慧医疗信用支付服务。

责任编辑　郦　晶

钱江新城夜景　　（潘劲草　摄）

党和国家领导人在杭州

【习近平出席二十国集团领导人杭州峰会】 2016年9月2～5日 国家主席习近平在杭州会见出席二十国集团领导人杭州峰会的各国领导人。3日，气候变化《巴黎协定》批准文书交存仪式在杭州举行，国家主席习近平同美国总统奥巴马、联合国秘书长潘基文在杭州共同出席气候变化《巴黎协定》批准文书交存仪式。3～4日，2016年二十国集团工商峰会在杭州举行，国家主席习近平出席开幕式并发表题为“中国发展新起点，全球增长新蓝图”的主旨演讲。习近平在演讲中指出：“杭州是中国的一个历史文化重镇和商贸中心。千百年来，从白居易到苏东坡，从西湖到大运河，杭州的悠久历史和文化传说引人入胜。杭州是创新活力之城，电子商务蓬勃发展，在杭州点击鼠标，联通的是整个世界。杭州也是生态文明之都，山明水秀，晴好雨奇，浸透着江南韵味，凝结着世代匠心。”

4～5日，二十国集团领导人第十一次峰会在杭州国际博览中心举行，国家主席习近平主持会议并致辞，会议通过《二十国集团领导人杭州峰会公报》。4日，国家主席习近平和夫人彭丽媛在杭州西子宾馆举行宴会，欢迎出席二十国集团领导人杭州峰会的外方代表团团长及所有嘉宾。4日，金砖国家领导人非正式会晤在杭州举行，国家主席习近平出席并致辞。4日，出席二十国集团领导人杭州峰会的G20成员和嘉宾国领导人及有关国际组织负责人，在西湖景区观看G20杭州峰会文艺演出《最忆是杭州》。

【刘云山调研基层党建工作】 2016年11月16～18日，中共中央政治局常委、中央书记处书记刘云山在省委书记夏宝龙陪同下，深入湖州和杭州的农村、社区、企业，就基层学习贯彻十八届六中全会精神和基层党建工作进行调研。在湖州市德清县五四村和地理信息小镇，杭州市外桐坞村、景昙社区和王马社区，刘云山详细了解学习贯彻全会精神和党建工作情况，与干部群众进行交流。刘云山说，党员干部要紧密联系自身思想和工作实际，真正把全会精神学习好、理解透。贯彻全会精神要奔着问题去，找准党员干部队伍存在的突出问题，找准联系服务群众的工作短板，把事关群众生产生活的一个个具体问题解决好。在杭州阿里巴巴西溪园区、玉皇山南基金小镇、梦想小镇和之江文化创意产业园，刘云山认真了解新兴产业发展状况，询问党员教育管理和作用发挥情况。刘云山指出，加强党的建设，是为了更好推动伟大事业发展，要把抓好基层党建与推动改革发展有机结合起来。要大力推进基层党建理念思路、平台载体和方式方法创新，及时总结基层好的经验做法，不断提升党建工作实效。调研期间，刘云山主持召开座谈会，听取对学习贯彻全会精神、加强党的建设的意见建议。刘云山强调，要把学习贯彻全会精神作为“两学一做”学习教育的重要内容，对照全会要求抓好“两学一做”回顾检视工作，开好

G20杭州峰会主会场 （柴东明 摄）

年底专题组织生活会，深化基层党建重点任务落实，推动学习教育常态化长效化。要按照全面从严的要求，使管党治党全方位、全覆盖、全过程严起来，做到真管真严、敢管敢严、长管长严。要注重抓好“关键少数”，推动领导干部带头遵守准则、条例，带头履行好管党治党的主体责任，更好引领党员营造风清气正的政治生态。省市领导葛慧君、廖国勋、赵一德、陈金彪、徐加爱、俞东来、许勤华、翁卫军、张仲灿、徐文光等分别陪同考察或出席座谈会。

【陈竺调研社会力量办医工作】2016年4月9日，全国人大常委会副委员长陈竺到杭州视察树兰医院，并参加树兰医疗产业基金签约仪式。省人大常委会副主任、党组书记茅临生，市人大常委会主任王金财陪同。树兰医疗集团是一家由院士团队发起，医生专家领衔创立的社会力量办医主体，在浙江拥有和管理多个医疗机构。树兰(杭州)医院于2015年12月开业，位于下城区。工银瑞信投资管理有限公司、中国工商银行股份有限公司浙江省分行营业部与树兰医院签订了战略合作协议，三方共同出资组建50亿元规模的医疗产业基金，助力“健康浙江”战略的深化实施。陈竺对树兰医院的快速发展表示肯定，希望树兰医院未来能提供更加高端、人性化和国际化的服务，在优化法律法规、强化监管方面创造更多经验。

【马凯调研工业设计产业发展情况】2016年12月4日，中共中央政治局委员、国务院副总理马凯在浙江杭州调研工业设计产业发展情况，并主持召开工业设计工作座谈会。他强调，工业设计是科学与艺术结合产生的新的生产力，是创新驱动战略的重要内容，是未来产业的核心竞争力，是“中国制造向中国创造转变、中国速度向中国质量转变、中国产品向中国品牌转变”的重要保障，要摆在“中国制造2025”的突出重要位置上加以推动。

马凯强调，要按照实施创新驱动战略和“中国制造2025”总体要求，加强组织领导、做好规划引导、加大政策支持、优化发展环境，下大力气把工业设计产业搞上去。一要完善设计创新体系。建设一批工业设计中心，设立国家工业设计研究院，支持企业、设计机构、科研院校建立工业设计产业联盟，提升工业设计创新能力。二要提升产业发展水平。推动工业设计产业专业化、聚集化、高端化发展，培育形成一批具有核心竞争力的专业设计机构、国际知名的工业设计大师、世界影响力的设计品牌。三要健全公共服务平台。健全工业设计行业数据库，发展设计创新成果交易市场，积极推广“互联网+工业设计”，促进成果推广应用。四要提高人才队伍素质。加快院校工业设计课程创新，完善继续教育机制，广泛引进海外高端人才，健全人才激励机制，建设一支高层次、复合型设计专业人才队伍。五要加强多层次、宽领域国际交流合作。

【万钢调研自主创新和信息经济】2016年4月22日，杭州国家自主创新示范区建设动员大会举行。全国政协副主席、科技部部长万钢，浙江省长李强出席会议并讲话。万钢指出，杭州国家自主创新示范区要打造以互联网为特色的创新创业生态系统，发挥更大的集聚辐射、示范引领作用，深化体制机制和政策创新，加快新产业新业态培育，推进开放与协同创新，为深入实施创新驱动发展战略、加快建设创新型国家做出更大贡献。

4月23日，全国政协副主席、科技部部长万钢到杭州调研，并召开座谈会听取汇报。省、市领导郑继伟、张鸿铭、佟桂莉、马晓晖等陪同。在考察浙江大学紫金港校区、阿里巴巴西溪园区时，万钢指出，要主动适应新常态，加快创新驱动发展，特别是要积极发展信息技术产业，推动创新成果转化，真正实现惠民惠企。在西湖电子集团，万钢详细了解企业新能源汽车产业发展情况和未来规划，对企业在转型创新方面取得的成果给予肯定。在梦想小镇和玉皇山南基金小镇，万钢赞许浙江建设特色小镇的有益探索和成效，希望继续发挥好特色小镇起步早、创客多、融资融智支撑力强等优势，加快构建创业创新生态系统。万钢还听取了杭州城西科创大走廊规划建设情况介绍。

10月23日，全国政协副主席、科技部部长万钢到杭州调研萧山信息港小镇建设。万钢在听取信息港小镇两年来的发展情况后，对信息港小镇“一核二带三区”的发展规划与布局，以及正在着力打造体现“互联网+”特色，并与传统制造业相结合的六个创新“智慧谷”表示赞赏。万钢还先后到微医集团(浙江)有限公司、“数联中国”家具产业平台、户帮户(杭州)科技有限公司及国家级众创空间“魔豆工坊”和“映创空间”调研。

【李海峰调研大运河保护和利用情况】2016年11月2~3日，全国政协副主席李海峰率全国政协文史和学习委员会“大运河申遗成功后的保护和利用”专题调研组到杭州调研。2日下午，调研组考察了“遇见大运河”文化遗产传播行动的开展情况，并与浙江省、杭州市有关部门负责人进行了座谈交流。浙江省副省长郑继伟、杭州市副市长张建庭先后介绍了浙江省和杭州市在大运河申遗成功后的保护和利用情况。3日上午，调研组实地考察了杭州段运河综保成果和遗产保护现状，参观遗产点之一的富义仓。下午，调研组到余杭区塘栖镇考察，参观运河申遗馆，步行过广济桥，沿水北街考察余杭方志馆、懿舍(民宿)、谷仓博物馆及乾隆御碑，了解塘栖古镇综合保护和塘栖新城开发建设情况。 (年鉴编辑部)

《杭州市城市总体规划(2001~2020年)》修订

杭州是浙江省省会和经济、文化、科教中心，长江三角洲中心城市之一，国家历史文化名城和重要的风景旅游城市。改革开放以来，杭州经历过三次大规模的城市总体规划编制，分别在1981年、1996年和2001年。《杭州市城市总体规划(2001~2020年)》2007年经国务院批复同意，有效地发挥了对城市发展的调控和引导作用。2014年开始，杭州对总体规划进行了修编。2016年1月11日，《杭州市城市总体规划(2001~2020年)(2016年修订)》获得国务院正式批复。

《杭州市城市总体规划(2001~

2020年)(2016年修订)》(以下简称《总体规划》)提出杭州以美丽中国先行区为目标,充分发挥历史文化、山水旅游资源优势,发展科教事业,建设高技术产业基地和国际重要的旅游休闲中心、国际电子商务中心、全国文化创意中心、区域性金融服务中心。城市发展策略是增强中心城市辐射带动作用。

《总体规划》明确,2020年规划区常住人口规模745万人,其中中心城区城市人口400万人。2020年规划区城乡建设用地规模1119平方千米,城镇建设用地729平方千米,其中中心城区建设用地430平方千米,人均城市建设用地107.5平方米。

《总体规划》明确划定城市开发边界。严格限制开发边界外的城镇开发建设活动,防止城市无序蔓延。富阳区城市开发边界另行划定。各县(市)的城市开发边界在本县(市)的总体规划中划定。划定空间管制分区,规划区内禁建区用地面积约1834平方千米,占规划区面积的55%。限建区用地面积约333平方千米,占10%。适建区用地面积约1167平方千米,占35%。

杭州将坚持"城市东扩、旅游西进,沿江开发、跨江发展"的空间策略。延续"一主三副六组团六条生态带"的空间结构,按照尊重现有行政区划、实现规划建设管理城乡全覆盖的原则,加强生态用地和乡镇用地管理,对主城、副城、组团的范围和内涵进行了优化调整,撤销塘栖组团、新设瓶窑组团,将组团的范围由原来的集中城市化地区扩展到城乡统筹的行政区域。提升主城创新、高端服务等功能,健全副城、组团生活生产功能,结合创新发展、产业转型提升优化产业、居住等用地布局。"一主三副"即主城和江南城、临平城、下沙城三个副城;"双心"即湖滨、武林广场的旅游商业文化服务中心以及临江地区钱江北岸城市新中心和钱江南岸城市商务中心;"双轴"为东西向以钱塘江为城市生态轴,南北向以主城—江南城为城市发展轴;"六大组团"即余杭组团(未来科技城)、良渚组团、瓶窑组团、义蓬组团(大江东新城)、瓜沥组团和临浦组团;"六条生态带"即西南部生态带、西北部生态带、北部生态带、南部生态带、东南部生态带以及东部生态带。

《总体规划》明确城市交通发展坚持公交优先。构建包括城市轨道、地面公交、出租车、公共自行车和水上巴士的"五位一体"大公交体系,形成以轨道交通和地面快速公共交通为主导,常规公共汽(电)车为基础,其他公共交通工具为辅助,换乘高效便捷的现代化公共交通系统。道路交通以快速路为主骨架,结合主次干路,形成功能明确、级配合理的城市道路网系统。快速路由"四纵五横三连十一延"组成,总长464千米,以杭州绕城高速公路以内为实施重点。轨道交通规划建设10条轨道交通线路,总长406.5千米。

《总体规划》确定杭州将全面、系统地保护古城历史环境风貌和历史文化遗产,形成多层次、全方位的保护、管理、展示和利用体系。保护"三面云山一面城"的历史空间格局,实现景区与城市和谐共融。保护旧城街道、水系等的基本格局和尺度。保护传统街巷、城垣遗迹、护城河、传统民居、优秀近现代建筑。保护京杭运河、上塘河、贴沙河、中河、东河等古老水系。划定27处历史文化街区和历史地段。按《杭州西湖文化景观保护管理规划》,对杭州西湖文化景观遗产区和缓冲区进行严格保护和管理。编制中国大运河(杭州段)保护规划,制定保护管理规定。按照保护世界文化遗产的要求,保护中国大运河(杭州段)及其11处遗产点段。严格保护临安城遗址的城址及其城外的重要遗址的整体性、真实性和完整性,建设前应先进行考古勘探。保护良渚遗址的整体空间格局,保护良渚遗址本体及其历史环境要素的真实性、完整性。按照"保护为主、抢救第一、合理利用、传承发展"的方针,加强对民间文学、传统音乐、传统舞蹈、曲艺、传统技艺、传统医药、民俗等非物质文化遗产的保护。

杭州将保持并延续城湖合璧、灵秀精致、山水城相依的历史风貌,发展并营造拥江而立、疏朗开放、城景文交融的大山水城市特色风貌。重点控制西湖、钱塘江、大运河、西溪湿地、临安城遗址、山体周边等景观风貌区。 (年鉴编辑部)

杭州推进新一轮城市国际化

2016年7月11日中国共产党杭州市第十一届委员会第十一次全体会议审议通过《中共杭州市委关于全面提升杭州城市国际化水平的若干意见》。意见深刻分析了杭州市推进城市国际化的背景,指出:杭州是浙江省省会和经济、文化、科教中心,长江三角洲中心城市之一,国家历史文化名城和重要的风景旅游城市。改革开放以来特别是进入新世纪以后,杭州市坚持以城市化带动国际化、以国际化提升城市化,综合实力显著增强,信息经济竞争力保持领先,城市功能和基础设施加快完善,国际开放合作交流日益加强,城市国际影响力持续扩大。但对照建设世界名城目标和可持续发展要求,在创新驱动能力和经济发展质效、城市功能品质和生态环境质量、对外开放程度和城市特色塑造、社会治理能力和公共服务质量、市民素质和社会文明程度等方面还存在不少差距。面对经济全球化深入发展、改革开放深度推进的新趋势,面对实施"一带一路"建设、长江经济带发展、"长三角"城市群规划等国家战略的新背景,面对人民群众对美好生活的新期盼,特别是面对举办2016年G20杭州峰会和2022年亚运会等重大机遇,杭州城市国际化发展进入了重要"窗口期",全面提升城市国际化水平,加快杭州现代化建设,努力让人民群众共享更好环境、更好发展、更好生活。

意见部署了着力打造具有全球影响力的"互联网+"创新创业中心、国际会议目的地城市、国际重要的旅游休闲中心、东方文化国际交流重要城市,加快形成一流生态宜居环境、亚太地区重要国际门户枢纽、现代城市治理体系、区域协同发展新格局等八大重点任务。目标是到2020年,城市创新创业能力和产业国际竞争力明显增强,城市功能和人居环境更加完善,公共服务水平和社会文明程度显著提高,国际往来和人文交流更加深入,成为具有较高全球知名度的国际城市。到2030年,城市国际化向纵深推进，城市核心竞争力走在全国城市第一方队前列，初步成为特色彰显、具有较大影响力的世界名城。到21世纪中叶，杭州城市的国际性特征进一步完备，经济、文化、社会和生态等领域的自身特色和个性特质充分彰显，成为具有独特东方魅力和全球重大影响力的世界名城。（年鉴编辑部）

跨境电子商务“杭州模式”向全国推广

2016年1月6日，国务院常务会议指出，将先行试点的中国（杭州）跨境电子商务综合试验区初步探索出的相关政策体系和管理制度，向更大范围推广。按照合理布局、注重特色和可操作性的原则，在东中西部选择一批基础条件较好、进出口和电子商务规模较大的城市，新设跨境电子商务综合试验区。会议指出，积极稳妥扩大跨境电子商务综合试验点是深化简政放权、放管结合、优化服务等改革的重要举措，既可吸引大中小企业集聚，促进新业态成长，也能便利有效监管，对推动“大众创业、万众创新”，增加就业，使外贸更好适应新形势、赢得新优势，具有重要意义。1月12日，国务院印发《关于同意在天津等12个城市设立跨境电子商务综合试验区的批复》（国函〔2016〕17号，以下简称《批复》），同意在天津市、上海市、重庆市、合肥市、郑州市、广州市、成都市、大连市、宁波市、青岛市、深圳市、苏州市等12个城市设立跨境电子商务综合试验区，名称分别为“中国（城市名）跨境电子商务综合试验区”，具体实施方案由城市所在地省级人民政府分别负责印发。《批复》指出，跨境电子商务综合试验区建设要全面贯彻党的十八大和十八届二中、三中、四中、五中全会精神，认真落实党中央、国务院决策部署，按照“四个全面”战略布局要求，牢固树立并贯彻落实创新、协调、绿色、开放、共享的发展理念，以深化改革、扩大开放为动力，借鉴中国（杭州）跨境电子商务综合试验区建设“六大体系”、“两个平台”的经验和做法，因地制宜，突出本地特色和优势，着力在跨境电子商务企业对企业（B2B）方式相关环节的技术标准、业务流程、监管模式和信息化建设等方面先行先试，为推动全国跨境电子商务健康发展创造更多可复制推广的经验，以更加便捷高效的新模式释放市场活力，吸引大中小企业集聚，促进新业态成长，推动大众创业万众创新，增加就业，支撑外贸优进优出、升级发展。

2015年3月7日，国务院批复同意设立中国（杭州）跨境电子商务综合试验区。此后，中国（杭州）跨境电子商务综合试验区构建以“六体系两平台”为核心的制度体系，建立以跨境B2B为主导的产业体系，逐步形成线上线下深度融合的跨境电商生态圈，加快建成跨境电商创业创新、大数据和服务中心。“六大体系两大平台”指信息共享、金融服务、智能物流、电商信用、统计监测和风险防控六大体系，以及线上单一窗口和线下综合园区两个平台。“杭州模式”初步实现了制度体系的再造、商业模式的创新、贸易体系的重塑、产业水平的提升。2016年，杭州市跨境电子商务出口总额60.6亿美元，增长166.7%；进口总额20.5亿美元，增长72.3%。

在线上，中国（杭州）跨境电子商务综合试验区已建立覆盖B2C和B2B的“单一窗口”，初步形成“电子围网”，链接金融、物流、第三方综合服务平台等构建出“数据底层”，再加上阿里巴巴一达通等一站式外贸综合服务平台形成“交易底层”，叠加集聚跨境电商发展动能。同时，中国（杭州）跨境电子商务综合试验区还积极完善线下生态圈，采取“一区多园”布局方式，加快产业集聚，推动传统企业转型升级、区域特色优势与跨境电商融合发展。至2016年末，杭州全市已布局9个线下产业园区。

（年鉴编辑部）

“五证合一”登记制度改革经验推向全国

2015年5月15日，杭州核发全国首张“五证合一、一照一码”营业执照，以“一照一码”的形式率先实现“五证合一”。2016年6月30日，国务院办公厅印发《关于加快推进“五证合一、一照一码”登记制度改革的通知》（国办发〔2016〕53号），要求从2016年10月1日起正式实施“五证合一、一照一码”。

国务院要求，全面实行“一套材料、一表登记、一窗受理”的工作模式，申请人办理企业注册登记时只需填写“一张表格”，向“一个窗口”提交“一套材料”。登记部门直接核发加载统一社会信用代码的营业执照，相关信息在全国企业信用信息公示系统公示，并归集至全国信用信息共享平台。已按照“三证合一”登记模式领取加载统一社会信用代码营业执照的企业，不需要重新申请办理“五证合一”登记，由登记机关将相关登记信息发送至社会保险经办机构、统计机构等单位。企业原证照有效期满、申请变更登记或者申请换发营业执照的，登记机关换发加载统一社会信用代码的营业执照。取消社会保险登记证和统计登记证的定期验证和换证制度，改为企业按规定自行向工商部门报送年度报告并向社会公示，年度报告要通过全国企业信用信息公示系统向社会保险经办机构、统计机构等单位开放共享。改革后，原要求企业使用社会保险登记证和统计登记证办理相关业务的，一律改为使用营业执照办理，各级政府部门、企事业单位及中介机构等均要予以认可，不得要求企业提供其他身份证明材料。

2016年7月28日，国家工商总局、国家发改委、人力资源社会保障部、国家统计局、国务院法制办公室联合印发《关于贯彻落实〈国务院办公厅关于加快推进“五证合一”登记制度改革的通知〉的通知》，要求做好“五证合一”改革的过渡衔接工作，进一步完善省（自治区、直辖市）级信用信息共享平台、政务信息平台、国家企业信用信息公示系统、部门间的数据接口，以省为单位，建立完善跨层级、跨区域、跨部门的信息交换传递和数据共享机制；推进“一照一码”营业执照的互通互认，各相关部门要按照国务院要求，及时梳理本部门与“五证合一、一照一码”登记模式相冲突的法律、法规、规章及规范性文件，对有冲突的，尽快在制度框架内依法推动、及时进行修订和完善，确保改革在法治轨道内运行。（年鉴编辑部）

2016年11月15日，联合国教科文组织全球学习型城市网络第一届成员大会在杭州开幕　（杭州图库 供稿）

杭州加入全球学习型城市网络

2016年1月12日，联合国教科文组织终身学习研究所发函中国联合国教科文组织全国委员会和杭州市政府，正式批准杭州加入联合国教科文组织全球学习型城市网络。杭州成为全球首批、全国首个加入该网络的城市。

2月1日，中国联合国教科文组织全国委员会和杭州市政府举行了杭州市加入联合国教科文组织全球学习型城市网络新闻发布会。会上，杭州市副市长、杭州市推进学习型城市建设工作指导委员会副主任陈红英宣读了联合国教科文组织关于杭州加入全球学习型城市网络的信函和中国联合国教科文组织全国委员会的贺信。浙江大学教育学院院长、杭州终身学习研究中心主任徐小洲发布了基于UNESCO指标体系的《杭州市学习型城市评估分析报告》。杭州市委宣传部、浙江大学教育学院与咪咕数字传媒有限公司签署了三方共建杭州在线教育研究基地的战略合作协议等。

所谓学习型城市，是尝试以共同学习来改变未来的城市，学习这一概念涵盖教育、培训以及非正式的以学习为主导的活动。联合国教科文组织全球学习型城市网络是在全球学习型城市建设的热潮中应运而生的，主要目的是搭建一个动员世界各城市参与学习型城市建设的平台，并致力于在促进城市改善学习设施和帮助提高社会各界资源利用率方面做出贡献。2012年，联合国教科文组织终身学习研究所成立了全球学习型城市网络。2013年10月，在北京发起并主办“首届国际学习型城市大会”。2015年9月，在墨西哥举行的第二届全球学习型城市大会上，正式开始招募会员。

多年来，杭州市以社会主义核心价值观为引领，基本建成了以学习时间全覆盖、学习地点全覆盖、学习内容全覆盖为特征的终身教育体系和较为完善的学习体系。

11月15~16日，联合国教科文组织全球学习型城市网络第一届成员大会在杭州举行。会议期间，来自英国斯旺西市、韩国首尔市、丹麦桑讷堡市、芬兰艾斯堡市等会员城市和联合国教科文组织终身学习研究所等国际组织、中国联合国教科文组织全国委员会以及国内会员城市代表等以“均衡城市和农村地区的学习资源”、“优化利用信息通信技术、促进学习型城市发展”、“监测学习型城市发展进程”、“制定学习型城市法律框架”为议题进行交流。选举联合国教科文组织全球学习型城市第一届成员大会主席，发布了《学习型城市建设杭州宣言》，要求保障每位公民获得学习机会的权利，推进全民终身学习。大会由中国联合国教科文组织全国委员会、联合国教科文组织终身学习研究所和杭州市政府联合主办，与会代表来自德国、英国、韩国、巴西等29个全球学习型城市网络会员城市和联合国教科文组织终身学习型研究所、联合国人类住区规划署等国际组织以及中国联合国教科文组织全国委员会和国内10个相关学习型城市。　（年鉴编辑部）

2016年杭州获得的主要荣誉

2016年1月12日，联合国教科文组织终身学习研究所发函中国联合国教科文组织全国委员会和杭州市政府，正式批准杭州加入联合国教科文组织全球学习型城市网络。杭州成为全球首批、全国首个加入该网络的城市。2月1日，国家旅游局印发《关于公布首批创建“国家全域旅游示范区”名单的通知》，杭州市列入“国家全域旅游示范区”首批创建名单。2月22日，国务院印发《关于同意开展服务贸易创新发展试点的批复》(国函〔2016〕40号)，同意商务部提出的《服务贸易创新发展试点方案》，同意在天津、上海、海南、深圳、杭州、武汉、广州、成都、苏州、威海和哈尔滨新区、江北新区、两江新区、贵安新区、西咸新区等省市(区域)开展服务贸易创新发展试点。试点期为2年，自国务院批复之日起算。杭州成为服务贸易创新发展试点城市。7月29日，全国双拥模范城(县)命名暨双拥模范单位和个人表彰大会在北京召开，杭州市连续第七次被授予“全国双拥模范城”称号。10月8日，环境保护部印发《关于授予浙江省杭州市等40个市、县、区“国家生态市、县、区”称号的公告》，杭州被列为国家生态市。12月1日，新华社《瞭望东方周刊》和联合国开发计划署主办的2016中国幸福城市可持续发展国际论坛在北京召开，杭州入选“2016中国最具幸福感城市”榜单，并获“2016中国最具幸福感城市十周年·最高功勋奖”和“中国可持续发展城市”荣誉。　（年鉴编辑部）

责任编辑　蔡建明

2016年杭州市大事记

1月

1日 市长张鸿铭在净慈寺参加以"美丽杭州,拥抱世界"为主题的新年祈福敲钟活动。

△《杭州市绩效管理条例》实施。

△《杭州市居住房屋出租安全管理若干规定》实施。

5日 杭州瑞德设计有限公司被工业和信息化部认定为"国家级工业设计中心"。

6日 国务院常务会议决定将先行试点的中国(杭州)跨境电子商务综合试验区初步探索出的相关政策体系和管理制度向更大范围推广。

△ 国家发改委核准杭州市发行停车场建设专项债券200亿元。

7日 省委书记夏宝龙专题调研杭州市交通工作。

8日 贝达药业股份有限公司的小分子靶向抗癌药项目和青山水库管理处参与的"水库大坝安全保障关键技术研究与应用"成果获国家科学技术进步奖一等奖。

△ 杭州市京都小学与北京通州运河小学在杭州签署《中国大运河少年儿童文化教育促进会》协议。

9日 江苏省首个驻杭地市级商会——杭州市无锡商会成立。

11日 国务院批复同意《杭州市城市总体规划(2001~2020年)(2016年修订)》。

△ 省委书记夏宝龙到江干区凯旋街道金秋花园社区人大代表联络站调研。

12日 联合国巴黎气候大会分享会暨中国绿色碳汇基金会第13个志愿者工作站揭牌仪式在中国杭州低碳科技馆举行。

△ 杭州市2016年"春风行动"动员大会举行。

15日 皋亭山景区通过国家AAAA级旅游景区验收。

△ 杭州市首个"文物守望者"工作站成立。

16日 市委书记赵一德调研馒头山区块综合整治工程。

18日 市委宣传部、市网信办、市文明办、市教育局、团市委发布《"办好G20、当好东道主"倡议书》。

19日 市委、市政府在杭州大剧院举办"2016杭商迎春音乐会"。

20日 在2016年云栖大会上海峰会上,阿里云计算有限公司发布全球首个一站式大数据平台"数加",其中包含针对中国县域经济的数据应用产品"郡县图治"。

22日《中国(杭州)跨境电子商务综合试验区发展规划》发布。

24日 杭州首个女性诗社——"西子诗社"成立。

26日 中国(杭州)跨境电子商务综合试验区富阳园区开园。

△《杭州市人民政府关于促进民办教育持续健康发展的实施意见(试行)》发布。

△ 杭州国际仲裁院挂牌成立。

△ 华东林业产权交易所茶业运营中心在杭州成立。

△《2015年杭州文化创意产业白皮书》发布,这是杭州首次发布文化创意产业白皮书。

28日 市长张鸿铭出席市政府与中国中铁股份有限公司、光大证券股份有限公司战略合作协议签约仪式。

△ 杭州10个小镇入选第二批省级特色小镇。

29日 杭州通过创建全国质量强市示范城市验收。

30日 中国人民政治协商会议第十届杭州市委员会第五次会议在省人民大会堂开幕(2月3日闭幕)。

2月

1日 杭州市第十二届人民代表大会第六次会议在省人民大会堂开幕(5日闭幕)。

△《杭州市人民政府关于支持大众创业促进就业的意见》实施。

4日 拱墅区、桐庐县被中国科协命名为首批"2016~2020年度全国科普示范县(市、区)",示范期5年。

5日 市委书记赵一德到余杭区未来科技城(海创园)和梦想小镇调研。

6日 凌晨,台湾高雄发生6.7级地震,杭州派出民间救援先遣队。

14日 市委书记赵一德到萧山区、杭州大江东产业集聚区调研。

15日 省长李强在杭州调研特色小镇建设。

△ 国家旅游局在武汉举行2016年全国厕所革命工作现场会,杭州市被评为"厕所革命"创新城市。

16日 省委书记夏宝龙调研G20杭州峰会筹备工作。

△ 人民网发布“2015最具体育活力城市排行榜”，杭州市居全国第六位。

17日 市委书记赵一德专题调研杭州市新能源汽车产业发展及推广应用工作。

19日 杭州至富阳城际铁路工程开工。

21~23日 第十二届“运河之春”元宵灯会在拱墅区运河文化广场举行。

22日 市委书记赵一德会见土耳其驻沪总领事欧兹江·沙辛一行。

△ 国务院印发《关于同意开展服务贸易创新发展试点的批复》，同意杭州在内的15个省市（区域）开展服务贸易创新发展试点。

23日 市委书记赵一德、市长张鸿铭分别带队调研G20杭州峰会环境整治工作。

△ 市政府公布第六批市非物质文化遗产代表性项目名录。

26日 杭州市2015年暨“十二五”时期国民经济和社会发展统计公报公布。

29日 全省“五水共治”工作电视电话会议召开，杭州市江干区、拱墅区、富阳区和淳安县被授予2015年度浙江省“五水共治”工作优秀县（市、区）“大禹鼎”，拿鼎总量居全省第一位。

3月

1日 教育部发文批准建立浙江音乐学院。

△《杭州市文明行为促进条例》实施。

△ 新修订的《杭州市城市房屋使用安全管理条例》实施。

△ 杭州海关在中国（杭州）跨境电子商务综合试验区启动跨境电子商务出口货物“清单申报、清单统计”试点。

3日 市委书记赵一德会见马来西亚沙巴州政府代表团拿督张志刚太平局绅一行。

△ 市委书记赵一德调研西湖风景名胜区环境整治提升项目和全市亮灯工程建设工作。

4日 市委宣传部、市文明办、市社科院联合发布2015年度杭州市民公共文明指数。

7日 市委书记赵一德调研中国（杭州）跨境电子商务综合试验区工作。

△ 中国（杭州）跨境电子商务综合试验区设立一周年新闻发布会举行，公布2015年度杭州市跨境电子商务交易规模34.64亿美元。

8日 市委书记赵一德会见美国驻华大使馆使团副团长阮大为一行。

9日 东湖快速路二期高架全面贯通。

10日 浙江首个医药保税仓库——杭州医智捷物流有限公司公用型保税仓库启用。

14日 九沙河两岸慢行道全线贯通。

16日 中国服装协会、中国服装设计师协会与余杭区政府签署战略合作框架协议，合力助推杭州艺尚小镇建设。

18日 国务院办公厅同意成立2022年第十九届亚运会组委会及其组成人员，刘鹏、李强任组委会主席。

△ 萧山信息港小镇开镇。

△ 淳安县启用“千岛湖”茶叶区域公用品牌。

20日 市委、市政府主办的2016年杭州市海外高层次人才创新创业大赛在德国法兰克福启动。

△《2015年杭州市森林资源与生态状况公告》发布，杭州市森林覆盖率65.22%，列副省级城市首位。

21~24日 第九届中国（杭州）国际花园、户外家具及休闲用品展览会在杭州和平国际会展中心举行。

22日 杭州成立全国首个跨行政区划审判研究中心。

23日《培育“杭州工匠”行动计划（2016~2020年）》发布。

△ 2016年杭州西湖国际茶文化博览会富阳分会场暨拔山开茶节启动。

25日 杭州智慧医疗引入“支付宝”网上在线充值功能，市民卡、健康卡可在线充值。

△ 2016年杭州西湖国际茶文化博览会开幕式暨西湖龙井开茶节启动。

26日 中国（杭州）美丽城乡教育培训基地落户桐庐县。

27日 首届越剧电影展在杭州开幕，活动持续到10月。

28日 中国首届跨境电商创业创新大赛总决赛在杭州举行。

30日 市委书记赵一德调研“五水共治”工作。

△“2016中国杭州·西溪花朝节”在西溪国家湿地公园开幕（5月8日闭幕）。

31日 全国政协副主席刘晓峰在杭州调研。

△“中国书法之乡·桐庐授牌仪式”暨“陆维钊奖”第七届浙江省中青年书法篆刻展在桐庐县叶浅予艺术馆举行。

4月

1日 省长李强调研G20杭州峰会筹备工作。

△《杭州市餐厨废弃物管理办法》实施。

△ 2015年度中国药学发展奖在北京揭晓，杭州国家“千人计划”专家丁列明获创新药物奖特别贡献奖。

5日 临安市青山湖环湖绿道样板段建成开放。

6日 省委书记夏宝龙检查G20杭州峰会筹备工作，并考察云栖小镇、玉皇山南基金小镇。

△ 全国电子商务质量管理标准化技术委员会在杭州成立。

△ 中国计量学院更名中国计量大学揭牌仪式举行。

7日 市长张鸿铭会见德国海德堡市市长埃卡特·乌尔茨一行。

9日 全国人大常委会副委员长陈竺到杭州考察，参加树兰医疗产业基金签约仪式。

△ 第十九届亚运会组委会成立大会在省人民大会堂召开。

△ 全国大学生“互联网+”创新大赛总决赛在杭州经济技术开发区举行。

10日 2016年中国车联网应用产业大会在滨江区举行。

11日 市长张鸿铭走访调研联系重点项目，实地察看地铁2号线武林门站、武林广场地下空间项目、地铁4号线甬江路站、海康威视互联网安防产业基地项目现场，听取项目建设进展情况汇报。

△ 以拱宸桥为中心的沿运河红色骑行环道全线贯通开放。

12日 浙江省首个行政审批局——杭州大江东产业集聚区行政审批局挂牌成立。

12~13日 第二届中国数字阅读

大会在杭州举行。

13日 杭州市电子商务专家咨询委员会成立。

14日 “喜迎峰会·品戏杭州”2016年“西湖之春”艺术节暨杭州市新剧(节)目会演在红星剧院开幕(28日闭幕)。

15日 杭州首个以土地公开出让方式建设的公共停车楼——文晖大桥东公共停车楼工程开建。

15~18日 第六届中国(浙江)工艺美术精品博览会在杭州和平国际会展中心举行。

17日 由市政府和中国国际广播电台联合主办的“2016~2017中国国际微电影盛典·‘茶与爱’国际微电影大赛”启动,大赛为期1年。

△ 杭州长江汽车有限公司纯电动新能源汽车生产基地在余杭经济技术开发区启用,具有完全自主知识产权的4款纯电动新能源汽车投产下线。

18日 第十届中小学生文化艺术节开幕(12月9日闭幕)。

20日 浙江吉利控股集团新能源整车项目落户杭州大江东产业集聚区。

21日 浙江省暨杭州市G20杭州峰会“环浙护城河”文化安保工程启动仪式和非法出版物集中销毁活动在浙江工业大学举行。

22日 杭州国家自主创新示范区建设动员大会在省人民大会堂举行,全国政协副主席、科技部部长万钢和省长李强为杭州国家自主创新示范区揭牌。

△ 第十届西湖读书节启动仪式在杭州图书馆举行。

23日 杭州创意设计中心开园。

24日 2016年二十国集团中国峰会志愿者练兵工作部署暨第十二届中国国际动漫节志愿者动员大会在中国计量大学举行。

△ “中国金融论坛·2016钱塘峰会”在杭州举行。

25日 市委书记赵一德和市长张鸿铭带队调研京杭大运河亮灯工程。

△ 经市政府同意,杭州地铁2号线二期工程9座车站名称公布。

26日 杭州石祥路提升完善工程高架桥主线结构全线贯通。

27日 第十二届中国国际动漫节开幕(5月2日闭幕)。

28日 市委书记赵一德会见土耳其伊斯坦布尔市市长卡迪尔·托普巴什一行,杭州与土耳其伊斯坦布尔市签订友好合作备忘录。

△ 第十二届中国国际动漫节声优大赛总决赛在浙江传媒学院举行。

△ “钱塘余韵”——杭州地方戏曲曲艺国家级“非遗”项目展示在杭州艺海楼开幕,杭州滑稽艺术剧院每月举办一次“非遗”节目展演。

29日 市委书记赵一德会见英国驻华大使吴百纳一行。

△ 杭州市庆祝“五一”国际劳动节暨劳动模范表彰大会在省人民大会堂举行。

△ 第六届“中国动漫新锐榜”颁奖典礼在西湖区之江文化创意园凤凰·创意大厦举行。

△ 第十二届中国国际动漫节高峰论坛在白马湖建国饭店举行。

△ 第七届杭州拱墅运河美食节在胜利河美食街中心广场开幕(5月3日闭幕)。

30日 省委书记夏宝龙检查杭州城市环境整治和G20杭州峰会筹备工作情况。

△ 第十二届中国国际动漫节彩车巡游活动在中山北路创意街区举行。

△ 第十一届“天眼杯”中国国际少年儿童漫画大赛颁奖仪式在杭州青少年发展中心举行。

△ XTalents国际动漫人才交流大会在白马湖建国饭店举行。

△ 经市政府同意,第三批杭州市“风情小镇”命名。

5月

1日 杭州市营业税改征增值税试点工作全面推开。

△《杭州市立法条例》施行。

△《杭州市生态文明建设促进条例》施行。

△ 第十二届“中国COSPLAY超级盛典”全球总决赛在滨江区白马湖动漫广场进行。

3日 杭州萧山机场公路改造完工通车。

4日 市委书记赵一德到余杭区调研综合环境专项整治工作。

6~9日 中国(杭州)国际茶产业博览会在浙江世贸国际展览中心举行。

8日 首届中国设计智造大奖颁奖典礼在杭州举行。

10日 第九届杭州市民摄影节在运河文化广场开幕(15日闭幕)。

11日 全LD激光电视在杭州经济技术开发区下线。

12日 市委书记赵一德调研重大项目推进工作。

△ 杭州市出租汽车行业开展“百日自律”专项行动,行动持续到9月底。

13日 市长张鸿铭会见美国西雅图市市长爱德华·穆雷一行。

△ “服务G20、人人做贡献”动员大会在省人民大会堂举行。

△ 杭州市首届“最美杭州人——十佳残疾人”和第二届“最美助残志愿者”颁奖仪式举行。

13~16日 第九届杭州艺术博览会在浙江世贸国际展览中心举行。

△ 中国(杭州)第十六届最佳人居环境展览会暨第三届网上人居展在杭州和平国际会展中心举行。

14日 2016年杭州市科技活动周主场活动在杭州市青少年发展中心启动(21日结束)。

16日 “2015年度全国十大考古新发现”终评新闻发布会在北京举行,“良渚古城外围大型水利工程”入选。

17日 国际大会及会议协会(ICCA)发布2015年度全球会议目的地城市排行榜,杭州居全国第三位,亚洲第二十四位,首次入选全球100强国际会议目的地城市。

△ 首批杭州市餐饮业转型发展示范企业评选揭晓,评出金桂奖10个、银桂奖10个。

20日 全球摄影师“美丽杭州行”活动启动。

24日 市政府与中国出口信用保险公司浙江分公司战略合作协议签约仪式举行。

△ 国际著名刑侦专家李昌钰受聘“美丽杭州海外宣传大使”。

25日 杭州首个公益性社区3D立体世界体验馆在西湖区翠苑四区开馆。

△ 浙江省第一届校园微型马拉松赛系列赛在杭州下沙高教园区举行总决赛。

△ 杭州经济技术开发区被国家发改委列为建设长江经济带国家级转型升级示范开发区。

26日 省委书记夏宝龙在杭州调

研高新技术企业。

△ 市长张鸿铭会见意大利驻华大使谢国谊及驻沪总领事裴思泛一行。

△ 全国全域旅游创建工作现场会在桐庐县召开。

△ 浙江省首个燃气涡轮机械产业技术联盟在杭州汽轮机股份有限公司厂区成立。

26～27日 杭州市文学艺术界联合会第八次代表大会召开。

27日 “决战100天，全力保峰会”誓师大会在杭州举行。

△ 外交部新闻司和杭州市政府新闻办公室联合举办2016年G20杭州峰会倒计时100天中外媒体吹风会。

28日 第十一届杭州市公民爱心日活动在吴山广场启动。

△ 杭州市第十一届“天堂儿歌”演唱和创作大赛决赛暨颁奖典礼在杭州青少年发展中心举行。

△ 杭州市首个24小时图书馆“城市书房”开馆。

29日 凌晨，建德市新安江街道丰产村横路自然村发生山体滑坡自然灾害，3户房屋倒塌，6人失联，相关部门第一时间展开救援工作。至30日，6名受困者全部找到。

30日 省长李强调研杭州城西科创大走廊。

△ 在第十届中国（武汉）国际园林博览会上，杭州园获总分第一名。

△ 首届中国（杭州）工业大数据产业发展高峰论坛在萧山区举行。

30～31日 首届中国（桐庐）国际民宿发展论坛在桐庐县举行，国际民宿联盟成立并永久落户桐庐。

6月

1日 杭州市不动产权证书首发。

△ 杭州市方志馆开馆，《杭州市志（1986～2005）》同时首发，市长张鸿铭出席。

△ 南非（杭州）签证受理中心启用。

2日 市委书记赵一德、市长张鸿铭率党政代表团到上海学习考察自贸区建设、科创中心建设、重大国际会议承办等方面的经验和做法。

△ 2016年“公望富春”文化周活动启动。

△ 杭州市首条跨境O2O体验街——“海彼购”开业。

5日《2015年杭州市环境状况公报》发布。

△《杭州市推进新能源电动汽车充电基础设施建设实施办法》实施。

△ 世界自然银幕影像节暨良渚文化艺术中心开馆。

△ 杭州图书馆环保分馆在天子岭脚下的静脉小镇开馆。

△ 杭州首个生活垃圾“三化四分”创新试点项目“虎哥回收”中转站投入使用。

6日 市长张鸿铭会见以色列驻沪总领事安迈凯一行。

7日 2016年中国杭州大学生旅游节开幕（12月16日闭幕）。

△ 杭州社区大学杭州图书馆分院揭牌。

8～15日 “西湖六月中·最美是杭州——迎接G20杭州民间工艺精品展”在杭州市科技交流馆举行。

9日 富阳经济技术开发区、余杭经济技术开发区被省政府授予2015年度优秀国家级开发区称号。

△ 西湖诗会暨第六届杭州学习节启动，活动持续到10月底。

11日 第五届杭州青年美术新秀选拔赛颁奖典礼暨作品集首发式在杭州画院美术馆举行。

12日 市委书记赵一德考察食品安全工作，并到杭州西湖风景名胜区调研。

13日 市长张鸿铭到杭州大江东产业集聚区和杭州经济技术开发区调研工业企业和G20杭州峰会环境整治工作。

14日 浙江省暨杭州市2016年“全国低碳日”主题宣传活动在中国杭州低碳科技馆举行。

15日 杭州市第三批“杭州老字号”授牌大会举行。

16日 市长张鸿铭会见智利驻沪总领事龚谷泰一行。

17日 市长张鸿铭会见南非驻沪总领事陶博闻一行。

19日 2016年中国（杭州）跨境电商峰会在临平新城举行。

22日 封闭近8年的武林广场重新向社会开放。

24日 市委书记赵一德会见亚奥理事会总干事侯赛因·穆萨拉姆一行。

△ 西湖区“城乡一体的社区网络化治理体系”入选民政部2015年度中国社区治理十大创新成果。

25～27日 2016年西泠印社春季拍卖会举行。

26日 市委书记赵一德会见台湾南投县政界人士林明溱一行。

27日 国际标准化组织/城市可持续发展技术委员会（ISO/TC268）第五次全会及工作组会议在杭州召开。

△ 杭州市庆祝中国共产党成立95周年大会举行。

28日 省委书记夏宝龙检查G20杭州峰会筹备工作。

△ 辉瑞全球生物技术中心开工奠基典礼在杭州经济技术开发区举行。

△ 首届中国家庭服务业创新发展西湖峰会在杭州举行。

28～29日 国际生物医药创新峰会在杭州举行。

29日 杭州市举行庆祝中国共产党成立95周年群众性歌咏活动。

△ 杭州市首届立体书展——“立体书的异想世界”展在浙江西湖美术馆开幕（8月7日闭幕）。

30日 市委书记赵一德参观调研中国共产党杭州历史馆。

△ 杭州市举行庆祝中国共产党成立95周年主题音乐会。

△ 中国（杭州）跨境电子商务综合试验区建德园区开园。

△ 国内首个IVD及精准医疗产业与投资联盟在杭州经济技术开发区成立。

△ 位于新塘路与庆春路交叉口的杭州首座仿生态学原理的异形天桥建成并投入使用。

7月

1日 市委书记赵一德调研养老服务业综合改革试点工作。

△ 杭州五大汽车客运站实行实名制购票乘车。

△ 杭州发布首批企业信用红黑名单，976个企业入围红名单，269个企业进入黑名单。

△ 杭州市实行瓶装液化气销售实名登记。

6日《杭州市危害食品安全行为举报奖励办法》颁布并施行。

7日 市委书记赵一德会见葡萄牙驻华大使若热·托雷斯·佩雷拉及驻沪总领事若奥·佩德罗·芬斯多拉

戈一行。

△ 全国永久基本农田划定工作现场交流会在杭州召开。

△ 历时15个月的石祥路提升改造工程完工，石祥路高架通车。

△ "杭州启程"东站旅游集散中心开业仪式在东站枢纽西广场举行。

8日 22时30分许，杭州地铁4号线南段中医药大学站南基坑堵漏施工时，突发湿土灌涌事故，死亡4人、受伤2人，造成直接经济损失532万元。

9日 市委书记赵一德、市长张鸿铭会见联合国秘书长潘基文率领的联合国代表团一行。

9～10日 由市政府和阿里巴巴集团主办的首届全球XIN公益大会在杭州举行。

12日 市长张鸿铭会见美国奥斯汀市市长斯蒂芬·艾德勒一行。

13日 代省长车俊在杭州调研经济形势，检查G20杭州峰会筹备工作。

14日 科技部党组书记王志刚、代省长车俊到临安市青山湖科技城调研。

△ 杭州跨境电子商务东洲内河国际港开港。

15日 杭州至旧金山直飞航线开通，是杭州首次开通往返美洲的客运航线。

△ 杭州市第六批市级名中医命名大会召开。

16日《杭州"115"引进国(境)外智力计划实施意见(2016～2020)》发布，8月起实施。

18日 杭州市众创空间联盟成立一周年暨在杭高校众创空间联盟成立大会举行。

20日《杭州市统一政务咨询投诉举报平台建设实施方案》发布，要求54条政务热线10月底前完成整合。

△ 21时，封闭2年多的凤起路(延安路—武林路段)恢复通车。

△ 杭州调整公交专用车道使用时间，多数公交专用车道在工作日非高峰时段允许社会车辆通行。

21日 杭州市首个海绵公园——古荡街道古东社区古苑公园调试运行。

22日 G20杭州峰会用书《杭州简史》(中文版)新书发布座谈会在杭州举行。

24日 上城区玉皇山南基金小镇获批杭州金融人才管理改革试验区。

25日 由杭州市水文总站承担的2015年度省水利厅重点科技计划项目"土壤墒情自动测报系统建设与作物干旱墒情预警指标研究"通过验收，杭州建成全省首套土壤墒情自动测报系统。

27日《杭州市养老服务业发展"十三五"规划》发布。

△ 由杭州林东新能源科技股份有限公司开发的世界首台3.4兆瓦模块化大型海洋潮流能发电机组下海发电。

29日《杭州市大气污染防治规定》实施。

△ 2016年学前儿童安全教育大会暨学前儿童安全教育联盟成立仪式在杭州举行。

△ 全国双拥模范城(县)命名暨双拥模范单位和个人表彰大会在北京举行，杭州市再获"全国双拥模范城"称号。

△ 杭州首个边防派出所——临江公安边防派出所成立。

30日 市委书记赵一德检查G20杭州峰会安全保卫和基层社会治理工作，并调研良渚遗址保护工作。

8月

1日《杭州市人民政府关于进一步推进户籍制度改革的实施意见》实施。

△ 杭州实施举报交通违法行为"支付宝"在线奖励制度。

△ 即日起至9月6日，杭州航区通航水域范围实行水上交通管控措施。

2日 杭州通过国家级生态市创建考核验收。

△《杭州市残疾人事业发展"十三五"规划》发布。

3日 浙江省杭州特殊物品出入境集中监管平台落户余杭区生物医学谷。

4日 "中欧互认互保"——西湖龙井茶(龙井茶西湖产区)地理标志产品国际化运用试点启动。

△ 30个众创空间被认定为2016年杭州市第一批众创空间。

5日 市委书记赵一德会见国家"千人计划"联谊会会长施一公一行。

6日 杭州皋亭山文化促进会成立。

8日 动画宣传片《欢迎来G20杭州》在BBC首发。

9日《G20杭州峰会东道主文明公约》发布。

10日 市长张鸿铭会见日本驻沪总领事片山和之一行。

△ G20杭州峰会多语应急服务平台"96020"启用。

△ 杭州最西"一纵"——紫之隧道、紫金港路(紫金港路南隧道、紫金港立交南北跨线桥)、之浦路(枫桦路跨线桥、麦岭沙立交)全线开通。

△ 即日起至9月6日，全省公安机关在环浙入杭陆路、水路通道等地点设置公安检查站(点)，对过往人员、物品和交通工具加强安全检查。

11日 省委书记夏宝龙到余杭区良渚遗址调研。

△ 位于文三西路以北至紫金港路立交段的杭州首条城市主干道上的海绵道路建成。

△ 第七届童画杭州名人获奖名单揭晓。

12～26日 "西湖六月中·最美是杭州"美术作品展在杭州画院美术馆举行。

15日《杭州市地方税务局服务清单》发布，是全省首个地税服务清单。

△ 杭州公交集团宣布推出移动支付方式代替投币服务，率先在506路公交车进行试点。

18日 市委书记赵一德、市长张鸿铭检查G20杭州峰会注册中心、官网、应急指挥中心运行保障工作。

19日 杭州绕城公路(下沙互通—江东大桥段)开通，下沙东收费站和江东大桥收费站启用，撤销杭州绕城高速公路下沙收费站。

△ 杭州公共自行车公司召开新闻发布会，宣布在100处服务点推出扫码租车功能。

19～25日 "喜迎峰会·首届杭州市非遗摄影大赛"作品在杭州市科技交流馆展出。

20日 即日起至9月6日，包括西湖景区大部在内的部分区域实行临时性封闭管理，并对全市行政区域范围内危险物品实施临时性安全管理措施。

22日《杭州市地下空间开发近期建设规划(2016~2020年)》发布。

△市政府发布林区禁火令通告，首次在夏季启动防火禁令。

△位于杭州大江东产业集聚区的“巧客小镇”开镇。

23日 市委宣传部和杭州文广集团共同出品的4分50秒《杭州》城市形象宣传片发布。

△杭州市13所中小学校入选全省首批数字校园示范学校。

24日 外交部发布出席G20杭州峰会外方领导人和国际组织负责人名单。

△《杭州市体育发展“十三五”规划》发布。

△杭州组建杭州水上交通应急救援队。

25日 杭州市50个企业入选“2016中国民营企业500强”名单。

△G20杭州峰会用书《杭州文化地标》《杭州简史(英文版)》出版。

△第二届杭州纤维艺术三年展在浙江美术馆开幕(10月25日闭幕)。

27日《2016年二十国集团杭州峰会》纪念邮票发行。

29日 省委书记夏宝龙到杭州市气象局考察G20杭州峰会气象保障工作。

△“G20杭州峰会金银纪念币”发行。

△零时起，杭州市提升安检等级，按照逢车必查的要求开展查验工作，以确保G20杭州峰会顺利进行。

30日 G20杭州峰会城市指南《韵味杭州》出版，以中英文两个版本展示杭州。

31日 即日起至9月6日，杭州市公安机关交通管理部门对部分道路分时、分段采取临时交通管控措施，禁止车辆通行，以确保G20杭州峰会顺利进行。

9月

1日 二十国集团峰会第四次协调人会议在杭州召开。

△G20杭州峰会新闻中心开放，持续到6日。

△《杭州市人民政府办公厅关于加快推进城市地下综合管廊建设的实施意见》实施。

△零时至6日24时，杭州西湖景区封闭管理区域停止对外开放。

2日 G20杭州峰会两大重要筹备机制——协调人轨和财金轨在杭州黄龙饭店同时召开会议。

2~5日 国家主席习近平在杭州会见出席二十国集团领导人杭州峰会的各国领导人。

3日 国家主席习近平同美国总统奥巴马、联合国秘书长潘基文在杭州共同出席气候变化《巴黎协定》批准文书交存仪式。

△市委书记赵一德会见国际货币基金组织总裁克里斯蒂娜·拉加德一行。

△市长张鸿铭会见二十国集团工商峰会参会代表。

3~4日 2016年二十国集团工商峰会在杭州举行，国家主席习近平出席开幕式并发表题为“中国发展新起点全球增长新蓝图”的主旨演讲。

4日 二十国集团领导人第十一次峰会在杭州国际博览中心开幕(5日闭幕)，国家主席习近平主持会议并致辞，会议通过《二十国集团领导人杭州峰会公报》。

△国家主席习近平和夫人彭丽媛在杭州西子宾馆举行宴会，欢迎出席二十国集团领导人第十一次峰会的外方代表团团长及所有嘉宾。

△金砖国家领导人非正式会晤在杭州举行，国家主席习近平出席并致辞。

△出席二十国集团领导人第十一次峰会的G20成员和嘉宾国领导人及有关国际组织负责人，在西湖景区观看G20杭州峰会文艺演出“最忆是杭州”。

5日 国家主席习近平夫人彭丽媛和出席二十国集团领导人第十一次峰会的外方代表团团长夫人共同出席“艾滋病防治宣传校园行——走进浙江大学”活动，并参观中国美术学院。

△全球首个互联网绿色金融联盟在杭州成立。

6日 阿里巴巴集团与澳大利亚贸易投资委员会签署战略合作协议。

7日 VR微纪录片《西湖》上线。

8日 中国丝绸博物馆经一年多扩建改造升级后向公众试开放。

9日“2016中国服装论坛·杭州峰会、艺尚·中国时装设计希望之星颁奖典礼”在杭州举行，20位国际、国内优秀的时装设计师联袂举办时装作品发布会。

10日 位于余杭区的艺尚小镇开园。

△诸暨至杭州始发通勤式高铁开通。

△杭州13条通道被评为“浙江最美绿化通道”。

11日 湖杭城际通勤列车首开，设杭州东站、德清站、湖州站3个站点。

△运河(国际)跨境电子商务园开园。

△2015~2016年度全国城市污染源监管信息公开指数排行榜在北京发布，杭州居全国第二位。

△桐庐县挂牌成立杭州首个行政复议局。

12~13日 代省长车俊在杭州调研民营企业发展。

14日 市长张鸿铭到拱墅区、余杭区看望慰问干部群众，传达习近平总书记亲切关怀和省委、市委有关部署要求。

15日“最忆是杭州——G20峰会国宴用瓷展”在西溪国家湿地公园河渚街景区内的贵山窑陶瓷艺术馆开幕(10月7日闭幕)。

17~23日 2016年全国科普日暨杭州市第三十届科普宣传周活动举行。

18日《杭州市人民政府关于加快推进残疾人全面小康进程的实施意见》实施。

△第十五届夏季残奥会在里约热内卢闭幕，杭州籍12名参赛运动员取得4块金牌、6块银牌、5块铜牌。

19日 杭州市实施住房限购，暂停向拥有1套及以上住房的非本市户籍者出售住房。

19~20日 中国国民党革命委员会杭州市第十一次代表大会召开。

20日 G20杭州峰会浙江省总结表彰大会在省人民大会堂举行。

△第五届杭州市“侨界十大杰出人物”、第二届杭州市“侨界爱心人士”评选揭晓。

△杭州市第十二届“美德少年”评选揭晓。

△ 杭州当代戏剧节在杭州大剧院开幕(30日闭幕)。

21日 市委书记赵一德会见由世界台商联合总会名誉总会长、德国COMTEC电子公司董事长郑东平率领的台商大陆参访团一行。

△ 杭州市劳动人事争议仲裁委员会市工商联派出庭挂牌成立。

21~22日 中国民主建国会杭州市第十三次代表大会召开。

22日 第三十一届夏季奥运会在里约热内卢闭幕,杭州籍9名参赛运动员取得金、银、铜牌各1块,其中,孙杨获男子200米自由泳金牌。

23日 第二届西溪国际艺术节开幕,活动持续4个月。

△ 公望美术馆开馆仪式暨"山水宣言"展览开幕式在富阳区举行。

△ 中国工农红军北上抗日先遣队纪念馆在淳安县中洲镇厦山村开馆。

23~24日 中国农工民主党杭州市第十次代表大会召开。

23~25日 第四届杭州市老年健康文化博览会在浙江世贸国际展览中心举行。

24日 中央纪委在杭州召开推动实践"四种形态"座谈会。

△ 全国电子商务产品质量大数据应用中心在杭州成立。

25日 G20杭州峰会主场馆——杭州国际博览中心对公众开放。

25~27日 国务院第三次大督查第九督查组到杭州开展督查。

26~27日 中国致公党杭州市第六次代表大会召开。

△ 杭州市工商业联合会第十三次会员代表大会召开。

△ 2016年中国(杭州)智能制造大会在余杭区举行。

27日 全国工商和市场监管部门网络消费维权工作经验交流会在杭州召开,国家工商行政管理总局电子商务"12315"投诉维权(杭州)中心、国家工商行政管理总局网络商品质量监测(杭州)中心揭牌。

△ 杭州市区调整土地公开出让竞价方式,同时提出加大土地供应。

△ 纪念农民运动95周年暨衙前农民运动纪念馆新馆揭牌仪式在萧山区衙前镇举行。

△ 奥克兰大学中国创新研究院项目签约落户杭州经济技术开发区。

27~28日 九三学社杭州市第八次代表大会召开。

28日 全市G20杭州峰会总结表彰大会在杭州国际博览中心举行。

△ 市委书记赵一德会见丹麦驻华大使戴世阁一行。

△ 杭州第二套住房贷款首付比例调整为50%,并首次提出暂停购房入户政策。

28~29日 中国民主促进会杭州市第十三次代表大会召开。

28~30日 2016年杭州全球企业家论坛在杭州国际博览中心举行。

29日 中国(杭州)跨境电子商务综合试验区西湖园区开园。

△《杭州市水污染防治行动计划》发布。

△ 国务院同意淳安县纳入国家重点生态功能区。

29~30日 中国民主同盟杭州市第十三次代表大会召开。

30日 湘湖三期开园暨第七届萧山国际旅游节开幕式在湘湖定山广场举行。

10月

1日 市政府在官方网站发布公告:经国务院批准和浙江省人民政府批复同意,杭州市人民政府驻地由拱墅区环城北路318号迁至江干区解放东路18号(邮编:310026)。

△ 杭州"五证合一"登记改革制度在全国推行。

△ 大型水上情景表演交响音乐会"最忆是杭州"开始公演。

△ 杭州供电公司停止发放纸质电量电费通知单,改为用电子方式告知用户电量电费信息。

△ 杭州邮政公司投放的首个智慧报刊亭在体育场路武林广场东跑道口启用。

3日 国际标准化组织城市可持续发展标准化技术委员会全球工作会议在美国波士顿召开,会议宣布杭州为全球首个城市可持续发展国际标准试点城市。

7日 杭州第一次民间帆船邀请赛在湘湖举行。

△ 首届湘湖国际铁人三项赛在湘湖国家旅游度假区举行。

8日 浙江医学高等专科学校更名杭州医学院揭牌仪式举行。

9日 市港航行政服务中心试运行。

△ 全球首届互联网汽车拉力赛从杭州云栖小镇启动,13日返回杭州云栖大会现场。

9~20日 "最美记忆·与峰会同行——G20峰会杭州国际摄影大赛作品展"在杭州图书馆展览艺术中心举行。

10日 全省首个"医养护"一体化惠老服务特色街区——颐和·乐龄街在江干区江汀社区观音塘路开街。

12日 市长张鸿铭会见印度尼西亚旅游部部长阿里夫·亚赫亚一行。

△ 第二届"华媒杯"青年创新创业(浙江)大赛总决赛在华媒科创园举行,并举行华媒科创园开园仪式暨总决赛颁奖盛典。

△ 国家公共文化服务体系示范区(项目)区域文化联动"乡镇综合文化站服务效能建设"经验交流活动在余杭区举行。

13日 市总工会成立90周年纪念大会在杭州国际博览中心举行。

13~16日 杭州·云栖大会在云栖小镇国际会议中心举行。杭州市政府在会上宣布将为杭州安装一个人工智能中枢——杭州城市"数据大脑"。

13~17日 2016年中国杭州工艺美术精品博览会在杭州和平国际会展中心举行。

14日 市委书记赵一德会见香港青年人士国情班学员。

△ 第十八届西湖国际博览会暨G20杭州峰会文化主题展开馆活动在浙江世贸展览中心举行,博览会持续到31日。

△ 第十八届市民休闲节在吴山广场开幕,活动持续到31日。

△ 第五届大运河文化节在运河文化广场开幕。

14~15日 "西湖论健"国际高峰论坛在杭州举行。

14~16日 第十七届中国(杭州)美食节在吴山广场举行。

16日 第七届童画杭州名人大赛在唐云艺术馆举行颁奖仪式和优秀作品展。

17日 杭州至美国洛杉矶航线开通,这是杭州继旧金山航线后开通的

第二条美洲航线。

18日 首届量子信息产业发展高峰论坛在杭州举行，全球首条量子通信商用干线"沪杭干线"（浙江段）宣告开通。

△ 杭州萧山国际机场口岸启用出入境自助通关设施。

18～20日 第八届"西湖—日月潭"两湖论坛在杭州举行。

19日 第八届杭州网络文化节开幕（12月26日闭幕）。

△《杭州市健康产业发展"十三五"规划》发布。

△ 杭州市在大江东产业集聚区吉利大江东新能源项目现场举办第三批重大项目暨浙商回归重大项目集中开工启动仪式。

19～20日 第二届世界杭商大会在杭州国际博览中心举行。

20日 市委书记赵一德会见台湾南投县政界人士林明溱一行。

△ 杭州经济技术开发区建德园区成立。

△ 杭州市属医院全面推出"智慧医疗"信用支付服务——医信付。

20～24日 第十届杭州文化创意产业博览会在白马湖国际会展中心举行。

21～24日 2016年中国国际休闲产业博览会在杭州和平国际会展中心举行。

21～23日 第三届中国大运河庙会在杭州举行。

22日 第四届中国国际棋文化博览会开幕（11月13日闭幕）。

25日 市委书记赵一德督查千岛湖引配水工程建设工作。

26日 市长张鸿铭率市政府代表团到柬埔寨和以色列访问。

△ 跨境电子商务质量安全风险国家监测中心在杭州上线。

△ 浙江省发改委批复同意杭州至富阳城际铁路工程初步设计方案，杭富城际铁路各站点具体位置确定。

△ 第二届中德创新创业论坛在中国计量大学举行。

27日 中德数字技术领袖杭州峰会在杭州国际博览中心举行。

△ 杭州银行股份有限公司在上海证券交易所挂牌交易。

△ 第十一届中国社区卫生服务发展论坛在海口市举行，江干区凯旋街道社区卫生服务中心被授予首批"全国百强社区卫生服务中心"称号。

27～30日 2016年中国（杭州）国际电子商务博览会在杭州国际博览中心举行。

28日 博鳌亚洲论坛——2016年中国（杭州）全球电商领袖峰会在杭州黄龙饭店举行。

△ 2016年中国跨境电商杭州峰会在余杭区举行。

△ 中美电商杭州高峰论坛在杭州国际博览中心举行。

△ 2016年中国双创发展论坛（杭州峰会）在杭州国际博览中心举行。

△ 杭州十大最美森林古道评选揭晓。

29日 2016年国际（杭州）毅行大会举行。

△ 2016年中国（杭州）快递业高峰论坛在杭州国际博览中心举行。

△ 2016年中国（杭州）国际电子商务博览会女性互联网大会在杭州国际博览中心举行。

△ 2016年中国（杭州）网红高峰经济论坛在杭州国际博览中心举行。

△ 互联网时代的旅游国际化高峰论坛在杭州国际博览中心举行。

△ 第二届杭州市大学生互联网科技创新大赛启动。

△ 第十五届"相约西湖"文化系列活动在唐云艺术馆开幕，活动为期1个月。

△ 2016年中国公共关系发展大会暨第七届西湖公共关系论坛在杭州举行。

30日 2016年中国（杭州）新金融发展高峰论坛在杭州国际博览中心举行。

11月

1日 市委书记赵一德调研城市规划建设和管理工作。

△《杭州市网络预约出租汽车和私人小客车合乘管理实施细则（试行）》实施，试行期1年。

2日 2016年浙江省城市文明程度指数测评结果揭晓，杭州以898.7分的总分居全省第一位。

△《浙江省城市地下空间开发利用"十三五"规划》公布全省30个地下空间重点开发的区域，杭州6个区域入选。

△ 市委、市政府出台《关于深化人才发展体制机制改革完善人才新政的若干意见》。

2～3日 全国政协副主席李海峰率文史和学习委员会调研组到杭州就"大运河申遗成功后的保护和利用"进行监督性调研。

3～7日 第十九届（2016）西湖艺术博览会在杭州和平国际会展中心举行。

5～6日 第三届中华茶奥会在杭州举行。

5～7日 2016年中国（杭州）人工智能产业发展论坛暨2016中国（杭州）人工智能博览会在杭州文化创意中心举行。

6日 2016年杭州马拉松在黄龙体育中心开跑。

8日 创客天下·2016年杭州市海外高层次人才创新创业大赛总决赛在未来科技城国际会议中心举行。

△ 澳门杭州政协之友联谊会在澳门举行第一届理事大会暨成立大会。

9日 市长张鸿铭会见新加坡外交与智慧国事务部部长维文一行。

9～11日 2016年浙江·杭州国际人才交流与项目合作大会在杭州国际博览中心举行。

10日 省委书记夏宝龙到杭州玉皇山南基金小镇和云栖小镇调研。

△ 杭州楼市调控再次升级，实施进一步住房限购政策，上调住房公积金贷款和商业性住房贷款首付比例、暂停发放第三套及以上住房贷款，加强对首付资金来源审核、土地竞买资金来源审查。

11日《杭州市学前教育第二轮三年行动计划（2016～2018年）》实施。

△ "天猫双十一全球狂欢节"单日交易额1207亿元。

12日 2016年"我是动漫王"之"约绘杭州"创意动漫绘画大赛在杭州工艺美术博物馆举行颁奖典礼暨拜师会。

14日 江干区与清华长三角研究院共建军民融合产业园签约暨浙江清华长三角研究院国防科学技术中心揭牌仪式在杭州举行。

15日 市长张鸿铭会见智利驻华大使贺乔治一行。

△《杭州市特殊教育提升计划(2016～2020年)》实施。

△杭州首条飞大洋洲航线——杭州直飞悉尼航线开通。

15～16日 联合国教科文组织全球学习型城市网络第一届成员大会在杭州召开。

16日 市长张鸿铭会见日本镰仓市市长松尾崇一行。

16～18日 中共中央政治局常委、中央书记处书记刘云山在杭州等地调研。

△航天华东先进技术创新中心落户余杭经济技术开发区(钱江经济开发区)。

18日 中国创新创业大赛之国际新能源及智能汽车大赛浙江赛区总决赛在杭州举行。

△中国城市公共自行车工作委员会在杭州成立。

△杭州市发布《关于全面提升社区建设国际化水平的实施意见》。

21日 市长张鸿铭出席在上海举行的第九届全球健康促进大会2016年国际健康城市市长论坛,介绍杭州在健康城市建设领域取得的成果。

△杭州市白马湖生态创意城入围国家文化产业示范园区创建名单。

22日 市长张鸿铭会见捷克前总理伊日·帕劳贝克一行。

23日 2016年杭州农村文化礼堂“十佳特色文化团队”和“十佳特色文化展陈”发布仪式在西湖区转塘何家埠社区举行。

24日 市长张鸿铭会见爱尔兰科克市市长戴斯·卡黑尔一行。

25日 2016年“市长杯”创意中国·杭州工业设计大赛举行颁奖仪式。

△杭州市第十三届邻居节主会场活动在西湖区翠苑街道翠苑二区举行。

△在“消除对妇女的暴力行为国际日”,杭州成为中国首个参与橙色亮灯行动的城市。

29日《杭州市楼宇经济发展“十三五”规划》发布。

30日《杭州市西湖风景名胜区和园林文物事业发展“十三五”规划》发布。

12月

1日 杭州入选“2016中国最具幸福感城市”榜单,并获“2016中国最具幸福感城市十周年·最高功勋奖”。

△2016年杭州美术节开幕,活动持续到月底。

△富春江船闸进入为期一个月的有条件试运行阶段,2017年1月1日正式运行。

2～3日 首届世界工业设计大会在良渚梦栖小镇举行。

4日 中共中央政治局委员、国务院副总理马凯在杭州调研工业设计产业发展情况,并主持召开工业设计工作座谈会。

△“五四宪法”历史资料陈列馆开馆,全国人大常委会副委员长兼秘书长王晨出席。

7～8日 市委书记赵一德、市长张鸿铭陪同长江三角洲地区“三省一市”主要领导人在杭州考察。

9日 市委书记赵一德到萧山区义桥镇河西村人大代表联络站开展联系群众活动。

10日 浙江西湖高等研究院在杭州成立。

14日 市长张鸿铭会见以色列驻沪总领事安迈凯一行。

14～15日 2016年金麦奖颁奖盛典暨中国(杭州·余杭)国际电商营销峰会在余杭区举行。

15日 全市县乡两级人大代表换届选举投票举行。

△杭州市农民合作经济组织联合会成立大会举行。

16～18日 2016年西泠印社秋季拍卖会举行。

17日 第十一届中国全面小康论坛在北京举行,杭州被授予“2016中国全面小康特别贡献城市”奖。

△《杭州市人民政府办公厅关于加强农村留守儿童关爱保护工作的实施意见》实施。

19日 市长张鸿铭到建德市寿昌镇检查“联乡结村”帮扶工作。

△2016年中国影视艺术创新峰会暨第四届中国影视产业推介会在西湖区开幕,并举行浙江传媒学院华策电影学院启动仪式,首届西湖影视艺术周系列活动开幕。

20日 杭州越剧院建院60周年演唱会在杭州剧院举行。

21日 市发改委发布消息,杭州轨道交通三期建设规划获国家发改委批复。

25日 首届在杭高校大学生曲艺展演在浙江理工大学举行颁奖典礼。

26日 浙江省钱塘江金融港湾建设推进大会在杭州举行。

△第十二届杭州市道德模范(平民英雄)评选揭晓。

△《钱塘江金融港湾规划》发布。

△杭州五大汽车客运站开通刷身份证检票乘车服务。

27日 2016年中国“新型智慧城市”峰会在北京举行,发布“互联网+”社会服务指数,杭州市以383.14分成为最智慧的城市。

28日 市委书记赵一德会见联合国环境署可持续城市、生活方式与产业部司长阿拉伯·浩巴拉一行。

△第二届杭州大学生戏剧节开幕(2017年1月7日闭幕)。

30日 2016年杭州市精神文明建设十件大事评选揭晓。

△2017年杭州新年音乐会在杭州大剧院举行。

31日《杭州市“十三五”电子商务发展规划》发布。

(市委办公厅 市政府办公厅 年鉴编辑部)

责任编辑 郦 晶

历史·地理·气候

【历史沿革】杭州是华夏文明发祥地、中国七大古都之一。考古发现，大约10万年前，在杭州市所辖建德市李家镇一带有智人"建德人"活动。1936年在余杭区发现良渚遗址，良渚文化距今约5300年～4200年，被称为"中华文明的曙光"。随着2001年萧山区跨湖桥遗址的发现和2004年12月"跨湖桥文化"被正式命名，杭州乃至浙江文明史推前到距今8000年新石器时代的早期。

秦王政二十五年(公元前222年)置钱唐县、余杭县，属会稽郡。

隋开皇九年(589年)废钱唐郡，置杭州，杭州之名首次在历史上出现。

五代吴越国(907～978年)在杭州建都。

南宋建炎三年(1129年)，高宗赵构南渡至杭州，升杭州为临安府。绍兴八年(1138年)，南宋正式定都临安，历时140多年。

元至元十四年(1277年)，改临安府为杭州。至元二十一年(1284年)，自扬州迁江淮行省治于杭州，次年改称江浙行省。至正二十六年(1366年)，朱元璋攻占杭州，置浙江等处行中书省，治杭州府。

明洪武九年(1376年)，改浙江行中书省为浙江承宣布政使司。

清康熙元年(1662年)，改浙江承宣布政使司为浙江行省。

1912年2月，废杭州府，以钱塘、仁和县并置杭县，直属浙江省，并为省会所在地；1927年5月，划杭县城区等地设杭州市，杭州置市始此。

1949年5月3日，杭州解放。10月1日，中华人民共和国成立，杭州市为浙江省直辖市、浙江省省会。1958年，萧山县、富阳县改属杭州市。1960年，桐庐县、临安县改属杭州市。1963年，建德县、淳安县改属杭州市。杭州市境域和行政区划框架基本确定。

1987年11月，萧山撤县设市。1992年4月，建德撤县设市。1994年1月，富阳撤县设市。1994年4月，余杭撤县设市。1996年10月，临安撤县设市；同年12月，设立滨江区。2001年2月，萧山、余杭撤市设区。2014年12月，富阳撤市设区。至此，杭州市辖上城、下城、江干、拱墅、西湖、滨江、萧山、余杭、富阳九区和桐庐、淳安、建德、临安四县(市)。

【地理位置和面积】杭州市地处东南沿海的长江三角洲南翼。市区地处钱塘江下游，京杭大运河南端，是中国东南部的重要交通枢纽。市域界于北纬29°11′～30°34′和东经118°20′～120°37′之间。全市土地面积16596平方千米，其中市区土地面积4876平方千米。全市土地面积构成中，山地丘陵占65.6%，平原占26.4%，江、河、湖、荡、水库占8%。

【地貌】杭州境域地貌类别多样，大地构造处于扬子准地台钱塘台褶带。近期现代构造运动趋向缓和，地震活动显得微弱，自公元2世纪以来有记载的4级以上地震5次，多为弱震(3级～5级)和微震(1级～3级)。杭州有记载的最强地震为5级(929年)。杭州西北部和西部系浙西中山丘陵区，主要山脉有天目山、白际山、千里岗山等，全市最高点是海拔1787米的清凉峰。市区最高峰是位于余杭区鸬鸟镇的窑头山，海拔1095米。市区丘陵分布在城区西南部向北东—南西向延伸。主城区(指上城区、下城区、江干区、拱墅区、西湖区、滨江区，下同)主要有吴山、紫阳山、玉皇山、北高峰、云居山、三台山、翁家山、将台山、老和山、月轮山、五云山、狮峰、半山、天马山、二龙头、屏风山、凤凰山、青龙山、老焦山、龙门山、玉泉山等。杭州东北部和东南部属浙北平原地区，地势低平，海拔3米～6米，地表江河纵横，湖泊密布。

【湖泊河流】杭州江、河、湖、海、溪"五水共导"。市域内主要河流有钱塘江(境内长256.4千米，新安江大坝下始)、东苕溪(境内主流堤塘长97.5千米)、京杭大运河(境内杭申甲线长49.21千米，杭申乙线长39.78千米)、萧绍运河和上塘河等。钱塘江水系包括新安江、富春江。京杭大运河是世界上最长的人工运河。新安江水库又名千岛湖，正常水位时水域面积573平方千米，蓄水量178亿立方米，湖内大小岛屿1078个，是中国东南部沿海地区最大的水库。西湖水面面积6.38平方千米。杭州湾以钱塘潮著称，是中国沿海潮差最大的海湾。2011年6月24日，杭州西湖文化景观被列入“世界遗产名录”。2014年6月22日,中国大运河被列入“世界遗产名录”。杭州成为“双世遗”城市。

(年鉴编辑部)

【气候特征】杭州市属亚热带季风性气候,四季分明,温暖湿润。2016年,杭州市总体气候特点是:年平均气温偏高,为1951年以来年平均气温排序第三高位;降水量偏多,为1951年以来年降水量排序第五高位,雨日偏多,日照时数略偏少;杭州于6月11日入梅,7月1日出梅,梅汛期20天,比常年偏短5天,梅雨量偏少15%。1月出现1951年来极端低温,为历史第四位“世纪寒潮”。夏季高温特征较为明显,高温日数39天,比常年明显偏多。杭州汛期内发生3次明显的暴雨及强对流过程,主要受“莫兰蒂”“鲶鱼”两个台风影响。

全市年平均气温17.1℃(临安)~18.3℃(淳安),其中杭州主城区年平均气温18.2℃,比常年偏高1.2℃。全市极端最高气温40.3℃,出现在主城区和桐庐,出现日期分别为7月24日和7月27日。极端最低气温-11.3℃,出现在临安,出现日期为1月25日。主城区极端最低气温-8.2℃,出现日期为1月25日。

全市年降水量1741.7毫米(富阳)~2077.3毫米(临安),其中杭州主城区年降水量1797.3毫米,比常年(1438毫米)偏多25%。全年杭州市主城区年雨日数170天,比常年均值偏多22.6天。各站年雨日数在170天(主城区)~186天(临安)之间,与常年相比,各站均偏多,偏多19天(萧山)~32天(临安)。

全市年日照时数1403.4小时(桐庐)~1804.6小时(萧山),其中杭州主城区年日照时数1522.4小时,比常年(1709.4小时)偏少11%。

(蔡佳佳 俞 布)

行政区划

【行政区划概况】2016年,杭州市新建社区19个,撤销社区4个、行政村1个、居民区2个。至年末,在市行政区域范围内,有市辖区9个、县级市2个、县2个,镇75个、乡23个、街道办事处92个,社区1072个、居民区34个、行政村2043个。

【行政区域界线联合检查】2016年,杭州市完成1条省级界线浙江安徽线(杭州黄山段、杭州宣城段)、1条市级界线(杭州衢州线)、6条县级界线(下城拱墅线、江干滨江线、拱墅西湖线、西湖富阳线、桐庐临安线、余杭富阳线)的联合检查任务,处理边界不稳定因素。全市未发生因边界纠纷引发集体上访、群体性械斗和恶性刑事案件,形成边界地区群众共建共享社会经济发展成果的良好氛围,促进了边界地区和谐稳定。

【市政府驻地迁移】2016年9月16日,国务院印发《国务院关于同意浙江省杭州市人民政府驻地迁移的批复》(国函〔2016〕160号)。9月30日,浙江省政府印发《浙江省人民政府关于杭州市人民政府驻地迁移的通知》(浙政发〔2016〕38号),同意杭州市人民政府驻地由拱墅区环城北路318号迁移至江干区解放东路18号。文件要求“严格执行中共中央关于厉行节约的规定和国务院‘约法三章’的要求,强化组织领导,明确工作责任,加强社会稳定风险评估,落实各项工作措施,确保行政区划调整有序稳妥实施”。

(张 刚)

人口变迁

【常住人口】至2016年末,杭州市常住人口918.80万人,比上年(指2015年,下同)末增加17.00万人,其中城镇人口700.13万人,占比76.2%,比上年提高0.9个百分点。人口出生率11.1‰,人口自然增长率6.0‰。全市新增城镇就业人员27.13万人,安置失业人员再就业11.48万人。年末城镇登记失业率1.72%。(年鉴编辑部)

【户籍人口】至2016年末,杭州市总人口(指户籍人口,下同)2295666户、7359994人,比上年减少74052户、增

2016年杭州市行政区划概况

表1 单位:个

地域名称	街 道	乡	镇	社 区	居民区	行政村
上城区	6	—	—	54	—	—
下城区	8	—	—	74	—	—
江干区	10	—	—	178	—	4
拱墅区	10	—	—	108	—	—
西湖区	10	—	2	159	—	45
滨江区	3	—	—	59	—	—
萧山区	14	—	12	176	—	411
余杭区	14	—	6	163	—	183
富阳区	5	6	13	28	3	276
市区小计	**80**	**6**	**33**	**999**	**3**	**919**
桐庐县	4	4	6	18	1	183
淳安县	—	12	11	12	1	425
建德市	3	1	12	27	15	229
临安市	5	—	13	16	14	287
合 计	**92**	**23**	**75**	**1 072**	**34**	**2 043**

说明:1.“市区小计”数为9个区总数,“合计”数为13个区县(市)总数
2.西湖区的西湖街道(下辖6个社区、9个村)委托杭州西湖风景名胜区管委会管理
3.江干区的下沙街道(下辖18个社区)、白杨街道(下辖20个社区)委托杭州经济技术开发区管委会管理
4.萧山区的河庄街道(下辖1个社区、20个村)、义蓬街道(下辖4个社区、22个村)、新湾街道(下辖1个社区、12个村)、临江街道(下辖1个社区、2个村)、前进街道(下辖1个社区、3个村)委托杭州大江东产业集聚区管委会管理

2016年杭州市社区、居民区、行政村调整情况

表2

单　位	新建、撤销、更名社区、行政村
江干区	笕桥街道新建金色黎明社区;白杨街道新建云涛、云滨社区
拱墅区	康桥街道新建康运、康乐社区
西湖区	三墩镇新建墩和、华乐社区
滨江区	长河街道新建江汉、观潮社区
萧山区	新塘街道新建新南郡社区;城厢街道新建天逸社区;前进街道新建前新社区
余杭区	仓前街道新建仓南社区,撤销宋家山村新建宋家山社区;良渚街道新建北宸、聚贤社区;塘栖镇撤销朱家角、漳河、土山坝、港北社区,新建朱家角、望梅社区;南苑街道新建新梅社区
桐庐县	横村镇杜于村、上塘村、塆下畲族村分别更名为杜预村、上塘村、湾下畲族村;富春江镇上四村更名为上泗村,撤销芝厦、渡济居民区

加127056人,人口年增长率1.76%,上升0.68%。总人口中,男性3664712人,占49.79%;女性3695282人,占50.21%;性别比(女=100,下同)99.17,下降0.25。全市城镇人口4693648人,乡村人口2666346人,城镇人口是乡村人口的1.76倍,占全市总人口的63.77%。全市城镇人口比例持续增高的主要原因:一是杭州市撤村建居、征地拆迁等工作加快了城市化进程;二是随着户籍制度改革的推进,打消农民进城落户的顾虑,迁入人口数量较大;三是根据户籍制度改革工作调整统计口径,不再按照户口性质划分,而是按照实际户籍地址的城乡属性进行统计。

全市出生人口90896人,出生率12.46‰,上升2.65个千分点。出生人口中,男性47271人,女性43625人,出生人口性别比108.36。全市死亡人口35614人,比上年增加3797人,死亡率4.88‰,下降0.72个千分点。自然增长55282人,自然增长率7.58‰,上升3.37个千分点。出生率和自然增长率明显上升的原因:一是部分市民因忌讳2015年农历羊年的民俗而避开生育,2016年猴年是民间公认的吉祥属相,导致出生人口比较集中;二是单独两孩政策的全面放开,使出生人口明显上升。

【市区人口】 至2016年末,杭州市区总人口1642184户、5446803人,比上年减少70519户、增加121882人。市区总人口中,男性2703052人,占49.63%;女性2743751人,占50.37%;性别比98.52。年末,市区总人口密度1117人/平方千米。市区城镇人口4081990人,乡村人口1364813人,城镇人口是乡村人口的2.99倍,占市区总人口的74.94%。市区出生人口71427人,出生率13.26‰。出生人口中,男性37241人,女性34186人,性别比108.94。市区死亡人口23544人,死亡率4.37‰。自然增长47883人,自然增长率8.89‰,上升3.45个千分点。

【迁移人口】 至2016年末,杭州市迁移人口129173人,人口机械增长70089人。市区迁移人口113800人,机械增长71000人,比上年增加20194人。杭州市户口迁移态势为持续净迁入。

【流动人口】 至2016年末,杭州市流动人口登记在册总数656.7万人,比上年增加163.2万人,增幅33.08%。其中,男性382.2万人,占58.2%,女性274.4万人,占41.8%,性别比1.39:1。

（蔡　妮）

民族宗教

【民族】 至2016年末,杭州有常住少数民族人口13.46万人,其中,八城区(含萧山区、余杭区)有少数民族8.03万人,富阳区和四县(市)有5.42万人。常住少数民族有54个。流动的外来创业务工少数民族人口30.65万人,1万人以上的少数民族有苗族、土家族、侗族、壮族、布依族、彝族、回族。杭州市有1个少数民族乡(桐庐县莪山畲族乡),19个少数民族村。

【宗教】 杭州市有佛教、道教、伊斯兰教、天主教、基督教五大宗教,至2016年末,杭州市有各级宗教团体35个,另有2个带有基督教性质的社会团体(杭州基督教青年会、杭州基督教女青年会)。全市经登记开放的宗教活动场所有840处(其中佛教277处、道教36处、伊斯兰教1处、天主教12处、基督教514处),纳入登记编号的民间信仰活动场所801处。经认定备案的教职人员1124人(其中佛教702人、道教57人、伊斯兰教4人、天主教15人、基督教346人),可统计信众约30万人。

（洪　亮）

经济建设

【地区生产总值11313.72亿元】 2016年,杭州市实现生产总值11313.72亿元,比上年增长9.6%。其中:第一产业增加值304.21亿元,第二产业增加值4120.93亿元,第三产业增加值6888.59亿元,分别增长1.8%、4.5%和13.5%。常住人口人均生产总值124286元(按国家公布的2016年平均汇率折算,为18718美元),增长7.8%。三次产业结构由上年的2.9:38.9:58.2调整为2.7:36.4:60.9。

【财政总收入2558.41亿元】 2016年,杭州市财政总收入2558.41亿元,一般公共预算收入1402.38亿元,比上年分别增长14.0%和13.2%。一般公共预算支出1404.31亿元,增长16.4%,其中,民生类支出1084.40亿元,增长17.4%,民生支出占比77.2%。

【居民人均可支配收入46116元】 2016年,杭州市全体居民人均可支配收入46116元,比上年增长8.1%,扣除价格因素,实际增长5.4%。其中:城镇常住居民人均可支配收入52185元,增长8.0%;农村常住居民人均可支配收入27908元,增长8.5%;扣除价格因素,实际分别增长5.3%和5.8%。全体居民人均消费支出31905元,增长5.7%。其中:城镇常住居民人均消费支出35686元,农村常住居民人均消费支出20563元,分别增长5.5%和6.4%。

【农林牧渔业增加值309.26亿元】 2016年，杭州市实现农林牧渔业增加值309.26亿元，比上年增长5.8%。其中：农业193.38亿元，林业41.67亿元，牧业41.58亿元，分别增长7.1%、5.9%和5.1%；渔业27.57亿元，下降3.1%；农林牧渔服务业5.05亿元，增长13.5%。全市粮食总产量63.60万吨，增长0.3%；蔬菜产量335.34万吨，增长5.2%；水果产量76.41万吨，肉类产量26.27万吨，水产品产量19.48万吨，分别下降3.2%、5.6%和7.2%。新建市级"菜篮子"基地35个，各级粮食生产功能区152个。

【工业增加值3726.20亿元】 2016年，杭州市实现工业增加值3726.20亿元，比上年增长5.2%，其中规模以上工业企业增加值2990.34亿元，增长5.6%。规模以上工业企业中，战略性新兴产业、装备制造业、高新技术产业分别实现增加值812.07亿元、1249.59亿元和1372.92亿元，增长11.6%、14.6%和12.5%。新产品产值率由上年35.4%提高到37.4%。工业产品产销率99.4%。全市规模以上工业企业实现利税1655.64亿元，增长6.8%，其中利润946.06亿元，增长6.7%。企业亏损面17.0%。

【固定资产投资5842.42亿元】 2016年，杭州市完成固定资产投资5842.42亿元，比上年增长5.1%。非国有投资3561.16亿元，增长0.6%，占固定资产投资的61.0%，其中民间投资3006.78亿元，增长1.0%，占固定资产投资的51.5%。从产业投向看，第一产业39.36亿元，增长25.1%；第二产业886.90亿元，下降4.8%，其中工业883.95亿元，下降5.0%；第三产业4916.16亿元，增长7.0%。全市引进内资项目2733个，到位资金1397.07亿元，增长11.8%。其中，浙商回归项目到位资金709.96亿元，增长7.5%。

【信息经济增加值2688.00亿元】 2016年，杭州市信息经济实现增加值2688.00亿元，比上年增长22.8%，占GDP的24.3%，提高1.3个百分点。其中电子商务产业、移动互联网产业、数字内容产业分别增长45.2%、45.1%和35.0%。

【批发和零售业增加值883.72亿元】 2016年，杭州市实现批发和零售业增加值883.72亿元，比上年增长6.8%；住宿餐饮业增加值175.26亿元，下降1.4%。全市实现社会消费品零售总额5176.20亿元，增长10.5%，扣除价格因素，实际增长8.9%。其中：商品零售额4637.58亿元，增长10.7%；餐饮收入538.62亿元，增长8.7%。城镇消费品零售额4904.61亿元，增长10.4%；乡村消费品零售额271.59亿元，增长10.9%。在限额以上批发零售贸易业零售额中，文化办公用品类、五金电料类商品零售额分别增长40.1%和29.9%，粮油食品类、服装鞋帽针纺织品类商品零售额分别增长16.7%和14.8%，汽车类、通信器材类商品零售额分别增长10.7%和7.4%；金银珠宝类、石油及制品类商品零售额分别下降12.6%和5.4%。全市实现网络零售额3445.65亿元，增长28.6%，居民网络消费额1499.98亿元，增长34.0%。发布全国首个跨境电子商务发展指数，跨境电子商务上线企业超过6000个，"六体系两平台"跨境电子商务模式向全国推广。

【交通运输、仓储和邮政业增加值325.46亿元】 2016年，杭州市实现交通运输、仓储和邮政业增加值325.46亿元，比上年增长9.2%。全社会货物运输总量3.02亿吨，增长2.7%。旅客运输量2.05亿人次，下降11.1%。至年末，萧山国际机场已开通航线240条，其中国际航线38条、港澳台航线7条。内地航线进出港旅客2741.43万人次，增长11.0%；国际及地区航线进出港旅客418.06万人次，增长14.5%。境内公路总里程16306.07千米，其中高速公路632.04千米。全市民用机动车拥有量263.35万辆，下降3.7%。民用汽车拥有量234.15万辆，增长4.3%，其中私人汽车192.27万辆，增长4.0%。全市邮政企业和规模以上快递服务企业实现业务收入215.17亿元，增长34.8%。规模以上快递服务企业业务量18.05亿件，增长43.6%。电信业务收入190.7亿元，增长5.9%。年末，固定电话用户265.70万户，下降9.5%；移动电话用户1734.41万户，宽带用户443.55万户，分别增长0.4%和15.9%。

【旅游产业增加值808.89亿元】 2016年，杭州市实现旅游产业增加值808.89亿元，比上年增长13.3%。全市实现旅游总收入2571.84亿元，增长16.9%，其中旅游外汇收入31.49亿美元，增长7.5%。接待入境旅游者363.23万人次，增长6.3%；接待国内游客1.37亿人次，增长13.8%。至年末，全市有各类旅行社717个，增长4.7%；星级宾馆173个，其中五星级24个、四星级46个；A级景区70个，其中AAAAA级3个、AAAA级34个。

【金融业增加值982.02亿元】 2016年，杭州市实现金融业增加值982.02亿元，比上年增长5.8%。年末全市有金融机构459个，当年新增50个。全市金融机构本外币存款余额33386.04亿元，增长11.8%；贷款余额26169.00亿元，增长12.2%，其中：住户贷款7800.77亿元，增长33.1%；非金融企业及机关团体贷款18124.97亿元，增长5.1%。全年新增上市公司17个，募集资金297.41亿元。至年末，全市有上市公司135个，实现上市融资3806.97亿元，"新三版"挂牌企业347个。

全市保费收入518.40亿元，增长38.5%，其中：财产险保费收入172.49亿元，增长9.9%；人身险保费收入345.91亿元，增长59.1%。支付各类保险赔款158.88亿元，增长13.7%，其中：财产险100.04亿元，增长6.7%；人身险58.85亿元，增长28.1%。

【货物进出口总额4485.97亿元】 2016年，杭州市实现货物进出口总额4485.97亿元，比上年增长8.7%。其中：进口总额1172.17亿元，增长14.6%；出口总额3313.80亿元，增长6.7%。（不含省属企业，出口3019.05亿元，增长9.5%）。出口总额中，机电产品出口1357.20亿元，高新技术产品出口424.23亿元，分别增长8.3%和7.6%。按贸易方式分，一般贸易出口2922.94亿元，增长8.7%；进料加工贸易出口347.38亿元，下降8.1%。出口市场中，亚洲、欧洲市场分别增长8.0%和8.3%。全市服务贸易进出口总额1399.64亿元，增长18.0%。其中，出口总额945.67亿元，增长19.0%。

【境外合同投资52.18亿美元】 至

2016年末，杭州市设立各类境外投资企业(机构)1586个，其中非贸易企业624个。当年境外合同投资52.18亿美元，其中非贸易性投资41.92亿美元，比上年增长185.0%。对外承包工程和劳务合作营业额19.26亿美元，增长8.9%。离岸服务外包合同执行额58.72亿美元，增长13.1%。全市批准外商直接投资462项，实际利用外资72.09亿美元，增长1.4%。新批总投资3000万美元以上项目145个，总投资141.27亿美元，占新批外商项目总投资的94.0%。引进世界500强投资项目10个，至年末，有117个世界500强企业在杭州投资198个项目。全市实现跨境电子商务进出口总额81.12亿美元，增长134.2%。其中：出口60.60亿美元，进口20.52亿美元，分别增长166.7%和72.3%。

【民营经济增加值6586.09亿元】 2016年，杭州市民营经济实现增加值6586.09亿元，占地区生产总值的59.6%。年末，全市有私营企业40.06万个，比上年末增长19.7%；个体工商户42.60万户，增长10.3%。私营企业和个体工商户从业人员分别为281.70万人、84.45万人，增长8.9%和6.3%。 （年鉴编辑部）

政治建设

【全面从严治党】 2016年，市委贯彻全面从严治党要求，营造风清气正的政治生态。发挥领导核心作用，完善“一个中心、三个党组”领导体制，定期听取市人大常委会、市政府、市政协党组工作汇报，支持市人大及其常委会、政府、政协和审判机关、检察机关依照宪法法律和章程独立负责、协调一致开展工作。推进群团改革，发挥群团组织联系群众的桥梁纽带作用，工会、共青团、妇联等群众团体事业全面发展。推进市县乡三级领导班子换届，加强干部队伍建设。把好选人用人导向，坚持把政治标准放在首位，突出担当有为、工作实绩、群众公认、重视基层“四个导向”，大力选拔“狮子型”干部。落实“双基十条”，实施“整乡推进、整县提升”三年行动计划，推动基层党建全面进步、全面过硬。探索建立大党建领导体制和工作机制，落实党风廉政建设、意识形态、基层党建、统战工作4个主体责任，推动党建工作各项目标任务落实。坚持把严明政治纪律和政治规矩摆在首位，围绕服务保障G20杭州峰会这个圆心，加强监督检查，纠正有令不行、有禁不止等问题。组织实施党风廉政建设责任制考核，严格执行书面报告制度，完善专题报告，推动全面从严治党“两个责任”落地。持续发扬“钉钉子”精神，贯彻执行中央八项规定精神和省委、市委有关规定，紧盯“四风”新形式、新动向，紧盯重要节点，加大正风肃纪力度。

【地方立法】 2016年，市人大常委会制定《杭州市跨境电子商务促进条例》《杭州大江东产业集聚区管理条例》《杭州市大运河世界文化遗产保护条例》，修订《杭州市旅游条例》，修改《杭州市法律援助条例》，对《杭州市城市国际化促进条例》等16个立法项目进行调研。围绕服务保障G20杭州峰会的圆心，制定《杭州市大气污染防治规定》《杭州市禁止销售燃放烟花爆竹管理规定》，修订《杭州市精神卫生条例》。

探索完善法规选项、法规起草、意见征集、监督实施四大机制，通过征集立法项目、公布法规草案、公开征求意见、运用立法基层联系点、立法听证、专家论证、立法协商等方式，推进依法立法、科学立法、民主立法。开展“查找不适应全面深化改革要求的法律法规条文”和“查找地方性法规实施中的问题”活动，对现行地方性法规进行全面梳理。对《杭州西溪国家湿地公园保护管理条例》贯彻实施情况进行立法后评估。

【人大监督】 2016年，市人大常委会审议专项工作报告39个，开展执法检查、跟踪监督、视察、专题调研等20次，审查规范性文件73份。为保障G20杭州峰会，组织120个城市环境提升重点项目跟踪督查、交通治堵专项监督、维稳安保工作落实情况督查、“保平安、保民生、迎峰会”专项督查，以及食品安全和“五水共治”“五气共治”“五废共治”等监督工作，并听取审议峰会筹备工作情况、峰会安保工作情况等报告。

【建议提案办结率100%】 2016年，杭州市收到全国及省、市“两会”建议和提案995件，其中：全国政协提案1件，省“两会”建议、提案72件，市“两会”建议、提案922件（人大建议449件、政协委员提案473件）。市政府领导带头领办市政协全会建议案和16件重点建议、提案。市政府办公厅强化督促办理，加强目标管理，着力提高办理质量和实效。全年建议提案办结率100%，面商率100%，满意率99.8%。

【政府信息公开力度加大】 2016年，杭州市持续推进政府信息公开。根据《2016年杭州市政务公开工作要点》的要求，推进决策公开、执行公开、管理公开、服务公开和结果公开，细化公开工作任务，完善公开工作制度体系，加大公开力度，加强政策解读回应。全市全年新增主动公开政府信息46.31万条。全市办理政府信息公开申请8672件。申请公开的内容主要涉及土地征迁、房屋拆迁、规划许可等相关信息。

【纪检监察】 2016年，杭州市各级纪检监察机关开展正风肃纪专项行动6330次，发现问题2862起，问责处理294人；查处违反中央八项规定精神问题92起，处理党员干部133人，市纪委通报典型问题26起。深化“不担当、不作为、不落实”问题专项整治，全市查处“三不”问题206起，处理党员干部342人，对12起典型案例点名道姓通报曝光。加大作风效能投诉查处力度，市“96666”投诉中心受理作风效能问题投诉2300件，问责136人。督促推动实施公款竞争性存放，实现市县两级行政事业单位全覆盖。推进家风建设，挖掘整理传统家规家训文化，培育崇廉向善社会风气。全市纪检监察机关开展G20杭州峰会筹备工作专项督查4254次，发现问题5187个，提出建议1673条，问责90起116人，通报曝光29起87人。开展严肃换届纪律工作监督检查，保障换届工作风气。

加大巡视监督力度，全年开展5轮巡视，对22个市直单位开展巡视，发现问题248个，向被巡视单位提出整改意见97条。抓好巡视整改落实，对18个市属国有企业巡视反馈意见整改落实情况开展集中督查。探索开展专项巡视，创新巡视“一托二”、汇报“二合一”工作方法。出台区县（市）党委开展巡察工作意见，13个区县（市）党委全部建立巡察工作领导小组和工作机构。在县、乡两级全面推开基层巡察，形成具有杭州特色、符合基层实际的“五巡五察”工作机制。（年鉴编辑部）

文化建设

【教育覆盖率提高】 至2016年末，杭州市有小学447所，在校学生54.30万人；初中249所，在校学生21.58万人；普通高中77所，在校学生11.04万人。学前三年幼儿入园率98.8%，初中毕业生升入各类高中比例为99.7%。优质高中招生比例由上年的86.4%提高到86.7%。普通高等院校39所，在校学生48.10万人，其中在校研究生5.30万人，比上年分别增长1.1%和5.6%；毕业生12.84万人，其中毕业研究生1.37万人，分别增长2.7%和3.8%。高等教育毛入学率由上年的60.4%提高到62.2%。全市累计解决义务教育阶段外来务工人员子女入学27.77万人。

【科技创新】 2016年，杭州市发明专利申请量24951件，发明专利授权量8647件，比上年分别增长40.4%和4.2%。新认定国家重点扶持高新技术企业515个，累计3035个。年内新增11个中国驰名商标，累计157个。至年末，培育认定研发中心1765个，其中省级研发中心662个。技术市场吸纳科技成果6597项，实现交易额84.22亿元。有科技企业孵化器105个（其中国家级30个），孵化总面积289.00万平方米。纳入国家科技孵化器体系的众创空间有35个。全市研究和试验发展经费支出相当于地区生产总值的3.1%。推进国家自主创新示范区建设，实施科技企业“双倍增”行动计划。未来科技城、阿里巴巴集团入选国家首批“双创示范基地”。

【文化创意产业增加值2541.68亿元】 2016年，杭州市实现文化创意产业增加值2541.68亿元，比上年增长21.2%。全市有各类专业艺术表演团体20个、文化馆15个、公共图书馆15个，图书馆藏书2137万册（不含省）。全市有线电视接入户332.13万户，其中数字电视320.99万户，分别增长2.8%和3.4%。全年拍摄电视剧30部，共1342集；生产原创动画片7197分钟；摄制完成20部电影。全市拥有非物质文化遗产保护项目368个，比上年增加34个。

【体育场地1658.22万平方米】 至2016年末，杭州市有体育场地面积1658.22万平方米，全市体育锻炼人口占比由上年的40.2%提高到40.5%。在巴西里约奥运会上，杭州入选中国体育代表团的运动员获金牌、银牌、铜牌各1枚。杭州市举办国际（杭州）毅行大会、国际钱塘江冲浪对抗赛、杭州马拉松等体育赛事活动，吸引近50个国家（地区）、1000多人次国际友人参加。（年鉴编辑部）

【现代公共文化服务体系构建】 2016年1月22日，市委办公厅、市政府办公厅印发《关于加快构建现代公共文化服务体系的实施意见》及附件《杭州市基本公共文化服务标准（2016～2020年）》。实施意见作为杭州市“十三五”期间公共文化服务体系建设的纲领性文件和规范性蓝本，在《国家基本公共文化服务指导标准》和《浙江省基本公共文化服务标准》的基础上，拉高标杆，明确2016～2020年杭州市基本公共文化服务内容和政府保障范围，提出构建公共文化服务标准体系，促进公共文化服务均等化、社会化、智慧化；创新公共文化服务管理体制和运行机制等举措，力争到2018年底，完成国家和浙江省基本公共文化服务标准中的各项指标。至年末，全市13个区县（市）均结合实际，出台加快公共文化服务体系建设的相关实施意见或工作方案。

【公共文化服务标准化体系建设】 2016年，杭州市以市级层面的《关于加快构建现代公共文化服务体系的实施意见》和《基本公共文化服务标准（2016～2020年）》为“1”，推动各地各单位总结先行先试经验，完善“1+X”公共文化服务标准化体系。富阳区《政府向社会力量购买公共文化服务规范》，下城区《公共文化从业人员管理规范》《公共文化数字化建设与服务规范》《公共文化类社会组织管理规范》，临安市《文化礼堂管理服务规范》，桐庐县《乡镇（街道）图书分馆服务和评估规范》，西湖区《公共文化跨区域服务规范》先后发布。至年末，全市累计出台在省内乃至国内领先的各类单项标准14个。

【舞台艺术精品创作】 2016年，杭州市艺术生产创作繁荣，G20杭州峰会文艺演出《最忆是杭州》是杭州市学习贯彻习近平总书记在文艺工作座谈会上重要讲话精神的实际行动，也

2016年6月5日，杭州图书馆环保分馆在静脉小镇开馆 （杭州图库 供稿）

是近年来杭州文艺工作中的重要精品。话剧《聆听弘一》、舞剧《遇见大运河》入选国家艺术基金项目，获专项扶持资金550万元；越剧《汉兴未央》入选浙江省文化精品工程扶持项目；越剧《苍生》、现代戏曲《寻孝》、杂技舞台剧《法海也疯狂》等11个剧目入选杭州市文化精品工程扶持项目；婺剧《天下第一疏》代表浙江省参加全国基层院团戏曲会演，并获第十三届中国戏剧节剧目奖等4个奖项；滑稽戏《老来得子》获浙江省第十三届戏剧节优秀剧目大奖。市属各院团全年创排文艺作品76部。

【"韵味峰会"系列文化活动】2016年新春起，围绕"喜迎峰会"主题，杭州市文化部门策划开展"韵味峰会"系列文化活动，举行文艺演出、展览讲座、生活体验等系列文化惠民活动1万多场。包括"最美记忆，与峰会同行"杭州国际摄影大赛、"喜迎峰会，品戏杭州"杭州市新剧（节）目会演、"阅读峰会，书香杭州"第十届西湖读书节、"美丽杭州"群众文化节、影像中的G20、第八届"风雅颂"民间艺术展示、"百场百团迎峰会，城乡联动抒欢情"五地文化走亲、大运河文化节、首届大江东文化节等特色活动。其中，2月1日（农历腊月廿三）至2月23日（农历正月十六），全市组织开展"喜迎峰会，金猴闹春"群众性春节民俗活动和文化活动500多场。

【非物质文化遗产保护发展评估居全省首位】2016年6月，省文化厅公布《浙江省非物质文化遗产保护发展指数评估指标数据（2015年度）》，对全省11个设区市非物质文化遗产保护工作进行评估排位，杭州居第一位，余杭区、西湖区分列各县（市、区）第一位和第十位。指标数据分名录体系、保存保护、传承传播、事业保障、队伍建设五大类，涉及名录管理、抢救性保护、"非遗"馆建设、经费投入、创新工作等11个方面，标志着"非遗"保护进入精细化管理阶段。

【非物质文化遗产代表性项目名录建设】2016年，拱墅区"半山立夏习俗"作为"二十四节气"的子项目入选人类非物质文化遗产代表作名录；严子陵传说等17个项目入选第五批浙江省非物质文化遗产代表性项目名录，入选项目数连续5次居全省首位；组织开展第六批杭州市非物质文化遗产代表性项目名录申报评审工作，施肩吾传说等34项入选。至年末，杭州市累计有人类非物质文化遗产代表作名录项目4个，国家级非物质文化遗产代表性项目名录项目44个，省级非物质文化遗产代表性项目名录项目185个，市级非物质文化遗产代表性项目名录项目368个，产生首批乡镇（街道）级非物质文化遗产代表性项目名录项目14个。（孙立波）

【农村文化礼堂建设】2016年，农村文化礼堂建设被列入市委、市政府年度十件惠民生实事和11项重点领域改革项目，新增农村文化礼堂166个，并通过制定"十三五"详规、开展"星级认定"、推广理事会负责制和培育礼堂文化六大行动等举措，促进452个已建成的文化礼堂长效运行和不断提升。

全年投入专项资金1.15亿元，其中市级1600万元、县级4600万元、镇级2900万元、民间捐助2400万元，用于补助农村文化礼堂建设和促进已建成文化礼堂日常运行。市委宣传部投入200万元，通过政府采购，9个市级文化院团提供，依托"杭州群众文化网"的"你点我送"服务平台，为文化礼堂配送文化演出190场。市、县两级为文化礼堂配送演出2021场、培训2794场、电影9415场、图书15.9万册。上半年，通过制定"十三五"详规，把农村文化礼堂建设纳入社会发展总体规划，确定"十三五"期间各年建设目标。西湖区和淳安县被评为"2016年度浙江省农村文化礼堂建设先进县（市、区）"。2月3日，市委宣传部和余杭区委宣传部承办浙江省第二届"村晚"。4月13日，在全省农村文化礼堂建设工作现场会上，市委常委、宣传部部长翁卫军代表杭州做典型发言，交流"开展六大行动，深入培育礼堂文化"的成功经验。3篇调研文章参加浙江省农村文化礼堂理论研究成果评选，获一等奖1篇、二等奖2篇。杭州市还对符合条件的345个文化礼堂进行"星级认定"，开展"十佳特色文化展陈"和"十佳特色文化团队"评选活动。11月17日，中共中央政治局常委、中央书记处书记刘云山视察西湖区转塘街道外桐坞村文化礼堂，对杭州市农村文化礼堂工作给予肯定。

▲资料：培育礼堂文化六大行动

1.以"红色主题教育"增强理想信念。围绕党委、政府中心工作开展主题文体活动，营造氛围、增强干劲。鼓励各村深入发掘红色资源，强化革命传统教育。建立文化礼堂讲师团，适时开展政策解读和理论宣讲。结合建党节、国庆节等特殊时间节点开展义务劳动、上主题党课、升国旗唱国歌活动。2.以"村规民约家风"孕育文明乡风。在文化长廊内增设善行义举榜和家风家训栏，评选"好家风家庭"，举办"好家风褒奖礼"。发动村民制定村规民约，通过文艺化、通俗化、大众化，不断融入村民日常言行。组织评选"文明家庭""创业明星""好学子"等典型，营造人人宣传"最美"、崇尚"最美"、争做"最美"的良好氛围。3.以"节庆礼仪民俗"弘扬优秀传统。建村史馆、纪念馆、民俗馆等特色展陈，全面呈现村庄发展历程、先贤典故、风俗习惯和民间技艺。培训礼仪司仪、制作礼仪示范片、印发礼仪指导手册，促进礼仪活动形成常态。结合传统节日，开展民俗文化活动，将"非遗"请进文化礼堂，为节庆和乡村游增添文化氛围。4.以"特色文化讲坛"培养新型农民。办"科普知识讲座"，鼓励村民学习科学，激发创新创业热情。市、县、镇三级联动，按需选题、精准配送，办特色文化讲坛，提升村民文化素养。5.以"乡村文化走亲"繁荣村落文化。在构建村村建队、乡镇结亲、市县组网的互动平台基础上，以建有文化礼堂的村为主体、镇村文体团队为骨干，以文化节目（项目）为基本单元开展经常性文化交流，内容包括文艺演出、"非遗"展示、民俗文化交流等。6.以"网络传播平台"构建虚拟礼堂。创建杭州"网上文化礼堂"和"掌上文化礼堂"，不断充实市、县、村三级网页，加强文化礼堂建设宣传。结合政策宣传、最美评选和党员教育等工作，提供"微宣讲""微电影"和"微课堂"等服务。组织第二批网络宣传员培训班，建强文化礼堂自己的"网军"。

2016年11月23日,杭州市在西湖区转塘街道何家埠文化礼堂举办农村文化礼堂“双十佳”发布仪式 (市农村文化礼堂建设工作领导小组办公室 供稿)

【星级文化礼堂认定】 2016年6月,采取市县两级联合和区县(市)交叉认定的办法,由市委宣传部和市农村文化礼堂建设工作领导小组办公室领导带队,抽调区县(市)农村文化礼堂建设工作领导小组办公室主任参加,成立4个工作组,到24个申报“四星级文化礼堂”的村实地查看。7月,杭州市举办“四星级文化礼堂”授牌仪式,参观富阳区“四星级文化礼堂”。至年末,全市对符合条件的345个文化礼堂开展“星级认定”,认定“二星级”176个、“三星级”104个、“四星级”16个,并挂牌接受群众监督。“星级认定”带动已建成文化礼堂不断提升和高效运行,成为杭州市农村文化礼堂长效机制建设的创新“品牌”。

【文化礼堂“双十佳”认定】 2016年7~10月,市委宣传部、市农村文化礼堂建设工作领导小组办公室开展农村文化礼堂“十佳特色文化展陈”和“十佳特色文化团队”认定工作,通过区县(市)推荐、市农村文化礼堂建设工作领导小组办公室初选、网上投票、市评审小组评审,经市委宣传部部务会研究,确定“十佳特色文化展陈”和“十佳特色文化团队”认定结果,西湖区双浦镇双灵村九曲红梅茶文化展示馆等10个特色文化展陈设施被认定为“十佳特色文化展陈”,西湖区转塘街道何家埠春之韵艺术团竹马队等10支文化团队被认定为“十佳特色文化团队”。11月23日,杭州市在西湖区转塘街道何家埠文化礼堂举办“双十佳”发布仪式,10支“十佳特色文化团队”登台表演,通过电视为市民送上一台乡村文艺晚会,展示“礼堂人”的精神面貌和文化生活。 (潘韶京)

社会建设

【社会保障】 至2016年末,杭州市职工基本养老保险、职工基本医疗保险、工伤保险、生育保险、失业保险参保人数分别达575.98万人、529.32万人、428.41万人、349.33万人、374.16万人,比上年末分别增加27.11万人、29.11万人、10.24万人、22.68万人和24.74万人,全市基本养老保障参保率、医疗保险参保率保持在95%、98%以上。推进社保制度改革,开展机关事业单位养老保险制度改革,推进萧山、余杭、富阳三区就业社保纳入市本级统筹,萧山、余杭、富阳与主城区社保权益互查互认信息系统上线运行,四地参保人员实现在医药机构直接刷卡结算。加强罕见病医疗保障,将3种罕见病特殊用药纳入杭州市特殊药品大病保险支付范围。出台医保个人账户扩大使用办法,启动桐庐县长期护理保险试点。全市117.37万名企业退休人员月人均增加基本养老金165.76元。杭州市被列入省级养老服务业综合改革试点城市。

【人才强市】 2016年,杭州市出台《关于深化人才发展体制机制改革完善人才新政的若干意见》(即杭州“人才若干意见22条”),加大市场化改革和创新创业支持力度。编制发布《杭州市2016~2017年度跨境电商产业紧缺人才需求目录》,增强人才引进、培养的针对性和有效性,服务杭州产业发展。实施“131”“115”“杭州工匠”等重大人才工程,全年引进资助国外智力项目226个,选拔“131”第一、二、三层次培养人选709名,选拔享受市政府特殊津贴人员50名,选聘钱江特聘专家30名,培养高技能人才3.57万人;16人入选“国家千人计划”,54人入选“省千人计划”,其中:1人入选“国家外专千人计划”,3人入选“省外专千人计划”,7名外国人才首次入选市“521”全球引才计划。创建全国首个国际人力资源产业园,引进荷兰任仕达等14个外国专家组织和猎头机构。杭州首次进入“外籍人才眼中最具吸引力的中国城市”前三名。设立浙江省杭州科技创新发展院,作为高层次人才服务保障的新平台。浙江音乐学院、浙江西湖高等研究院、浙江工程师学院挂牌成立。

【就业创业】 2016年,杭州市城镇新增就业27.13万人,城镇失业人员再就业11.48万人,年末城镇登记失业率1.72%,就业形势总体保持稳定。全年接收高校毕业生7.57万人,新增大学生创业企业1289个、带动就业6022人。全面实施“杭州就业创业新政27条”,出台《杭州市大学生见习训练实施办法》《市区城镇就业困难人员和高校毕业生灵活就业补助和社保补贴办法》《市区创业场地扶持办法》等配套政策。实施就业创业指数评价,运用立体评价体系引导区县(市)支持创业,提高就业质量。首次发布《2015年度杭州市高校毕业生就业接收情况报告》。在北美、欧洲举办“创客天下·2016杭州市海外高层次人才创新创业大赛”,遴选引进世界各地创新创业人才项目,12个项目落户杭州。市级大学生创业园实现区县(市)全覆盖,失业人员创业园全面调整升级为小微创业园,网尚空间转型升级。

【和谐劳动关系建设】 2016年,杭州市出台实施《市委市政府关于进一步构建和谐劳动关系的实施意见》。建立健全职工工资共决和正常增长的长效机制，全市企业劳动合同签订率98.36%，单独建会企业集体合同签订率96.42%，发布《2016年杭州市劳动力市场工资指导价位》，市区全社会平均工资提高到55908元。启动市管国有企业负责人薪酬制度改革，出台《关于深化市管企业负责人薪酬制度改革的实施意见》。全市劳动保障监察机构监察检查用人单位27.08万个，立案查处各类劳动保障违法案件7289件，行政处罚116件，向公安机关移送涉嫌拒不支付劳动报酬案件76件，为3.35万名劳动者追发工资待遇等4.38亿元。实施杭州市构建和谐劳动关系综合试验区工作，上线运行调解、仲裁、监察"三位一体"一站式基层劳动关系综合协调服务平台试点，推进劳动纠纷化解重心下移。建立以人力社保劳动争议仲裁部门为主，市总工会派出庭、市工商联派出庭为辅的劳动争议仲裁联动办案三方机制，全市劳动人事争议仲裁委员受理争议调解仲裁案件8755件，仲裁结案率92.4%。杭州市劳动关系和谐指数居全省第一位，实现六连冠。

【基层医疗机构服务网】 2016年，杭州市医保定点范围进一步扩大，新增定点医疗机构108个、定点零售药店117个。出台医药机构同城互认实施方案，至年末，省、市医药机构实现互认2348个，市区医药机构实现互认3331个。萧山、余杭、富阳区与主城区医疗保障一体化持续推进，四地医保互认互通定点医疗机构2191个，实现四地参保人员在医药机构直接刷卡结算。（骆椿美）

【医疗保障水平提高】 至2016年末，杭州市有各类医疗卫生机构4691个，其中医院277个，比上年末分别增加263个和33个。有床位6.95万张，其中医院床位6.40万张，分别增长9.1%和9.6%。有各类专业卫生技术人员10.12万人，其中执业（助理）医师3.82万人、注册护士4.20万人，分别增长8.7%、9.8%和9.9%。全市医疗机构完成诊疗人数12170.06万人次，增长3.7%。全市婴儿死亡率和5岁以下儿童死亡率分别为2.10‰和2.99‰。每10万名孕产妇死亡率为1.34人。

【居民生活保障提高】 2016年，杭州市推出公共租赁住房配租房源7492套，新增货币补贴保障家庭1169户。市区城乡居民最低生活保障标准由每人每月744元调整为819元，各县（市）最低生活保障标准同步提高。全市城镇享受最低生活保障人数2.19万人，农村享受最低生活保障9.94万人。城镇居民人均现住房建筑面积35.8平方米，每百户居民家庭拥有家用汽车52.3辆、空调226.6台、家用电脑112台；农村居民人均现住房建筑面积69.9平方米，每百户农村居民家庭拥有家用汽车42.4辆、空调168.2台、家用电脑75台。

【社会福利改善】 至2016年末，杭州市有老年食堂979个，城乡社区居家养老服务照料中心2970个，比上年增加641个。拥有各类福利院、敬老院341个，比上年增加25个，床位6.73万张，增长8.7%，收养人员2.29万人。开展第十六次"春风行动"，募集社会帮扶资金5535万元。

【城市基础设施建设】 2016年，杭州市完成基础设施投资1630.53亿元，比上年增长20.3%。市政府驻地迁址。建成杭长高速公路、萧山机场高速公路。地铁2号线西北段、4号线南段等加快建设，三期建设规划获批。杭富、杭临城际铁路试验段开工。东湖快速路、紫之快速路等建成通车。入选全国地下综合管廊试点城市，开发利用地下空间723万平方米。推进"三改一拆"，深化"无违建县（市、区）"创建，推进主城区城中村改造5年攻坚行动和"两路两侧""四边三化"专项整治。打造钱江新城、西湖、武林广场、运河"四大亮灯"工程为代表的标志性文化景观。

【公用事业建设】 2016年，杭州电网建设投入44.91亿元。新开工110千伏及以上输电工程20项，容量198万千伏安，线路179.76千米。全市用电量678.29亿千瓦小时，比上年增长4.9%，其中城乡居民生活用电107.30亿千瓦小时，增长18.9%。市区自来水日供水能力达384万立方米，最高日供水量338.17万立方米。至年末，市区公共交通运营线路共703条，其中主城区356条。市区新增公共交通运营线路15条，其中主城区12条。全市新增停车泊位64734个，其中公共泊位12667个。全年地铁客运量2.69亿人次，增长20.3%。

【全面深化改革】 2016年，杭州市落实供给侧结构性改革举措，出台"扶持实体经济32条"，"三去一降一补"取得初步成效。"四张清单一张网"改革持续深化，"五证合一"商事制度改革向全国推广。推进不动产统一登记制度改革，深化国资国企改革、农村产权制度改革、村（社区）集体经济股份制改革、供销合作社综合改革，"三位一体"农民合作经济组织较快发展。出台《杭州市网络预约出租汽车和私人小客车合乘管理实施细则（试行）》。刑事速裁、网上法庭、智慧医疗和医养护一体化签约服务、党建责任综合绩效工作模式等得到国家有关部委肯定。户籍制度、群团等改革稳步推进，24项市级年度重点改革任务基本完成，在全省改革满意度评估中名列第一位。（年鉴编辑部）

生态文明建设

【生态环境持续改善】 2016年，杭州市实施美丽杭州、生态文明先行示范区建设"三年行动计划"，推进国家生态文明先行示范区建设。持续推动河道综保、湘湖综保工程和"三江两岸"生态景观保护与建设，三江沿线生态廊道基本成型。至年末，人均公园绿地面积14.3平方米，建成区绿化覆盖率40.7%。全年规模以上工业单位增加值能耗下降6.3%，单位GDP能耗下降6%以上。

按照环境空气质量标准（GB3095—2012）评价，市区环境空气优良天数为260天，比上年增加18天，优良率71.0%，上升4.7个百分点；空气中主要污染物为细颗粒物（PM2.5），年均浓度48.8微克/立方米，下降14.0%。全市降水pH年均值4.92，酸雨率71.6%，下降12.4个百分点，酸雨污染仍处于较重水平。全市

47个市控以上断面，水环境功能区达标率85.1%，达到或优于Ⅲ类标准比例85.1%；饮用水水源地水质状况优。声环境质量状况良好、稳定，环境噪声的主要来源是交通和社会生活噪声；市区区域环境噪声56.4分贝，道路交通噪声68.7分贝。生态环境质量综合指数(EI)继续保持全国前列，6条生态带、西部生态屏障、西溪湿地等重要生态功能区、敏感区得到较好保护。

【主要污染物减排】 2016年，杭州市推进重点减排项目建设，全年实施减排工程项目217个。至年末，化学需氧量、氨氮、二氧化硫、氮氧化物等主要污染物排放量均超额完成省下达的减排目标任务。全年组织6期排污权申购交易，成交84个(次)，成交款1553万元。在市控以上重点污染源安装262套(252个企业)刷卡排污监控端，市控以上重点污染源覆盖率100%。

【五水共治】 2016年，杭州市贯彻落实国家"水十条"，编制水污染防治行动计划和国家13个断面稳定(达标、保持)方案。创建污水"零直排区"，完成排污口整治9200多个。实施"清水入城"工程，提升城市水体综合感官指标。建立沟渠长第一责任制，对1636个沟渠、1933个池塘进行"小微水体"整治。完善全市饮用水源保护区规范化建设，全年新建供水管网77千米，改造供水管网42千米。抓好工农业污染防治及农村生活污水治理，淘汰落后产能企业，建立农村生活污水治理运行维护管理制度。县(市)所有水体基本达到Ⅲ类以上，初步实现城区"污水零直排"和县(市)"全域可游泳"。杭州市、上城区、淳安县、建德市、临安市获2016年浙江省治水"大禹鼎"。

【五气共治】 2016年，杭州市以燃煤烟气、工业废气、车船尾气、扬尘灰气、餐饮排气治理为抓手，推进年度大气污染防治工作。关停或完成治理热电锅炉106台，关停或完成治理10蒸吨/小时以上工业企业燃煤锅炉121台，淘汰改造10蒸吨/小时以下小燃煤锅(窑)炉4295台；整治371个挥发性有机物(VOCs)污染企业，淘汰落后产能企业213个；淘汰黄标车和老旧车3.79万辆，回收汽油1094吨；加大对建设工地的综合整治，完成全市全部106个混凝土搅拌站绿色改造；推进道路扬尘、餐饮排气治理，强化秸秆综合利用。

【五废共治】 2016年，杭州市工业固体废物产生量450.28万吨，无害化处置利用率99.37%。工业危险废物产生量24.74万吨，无害化处置利用率96.28%；医疗废物产生量2.34万吨，无害化集中处置率100%。市区生活垃圾清运量365.47万吨，无害化处置率100%。全市有危险废物经营单位29个，年处置能力125万吨。新增危险废物处置单位3个，新增处置能力9.20万吨。

【环境管理执法】 2016年，杭州市加强环境立法工作。《杭州市生态文明建设促进条例》于3月31日经浙江省第十二届人民代表大会常务委员会第二十八次会议批准，自5月1日起施行。《杭州市大气污染防治规定》于6月24日经杭州市第十二届人大常委会第三十八次会议表决通过，并经浙江省第十二届人民代表大会常务委员会第三十一次会议批准，自8月4日起实施。打造"环境最严监管城市升级版"，全市全年立案查处行政处罚案件1972件、处罚金额9403.7万元，案件数和罚款数比上年分别上升88.2%和90.6%，其中：移送公安案件65件，刑事拘留45人，行政拘留41人。

【杭州被列为国家生态市】 2016年，杭州市以"美丽中国"样本和"两美浙江"示范区为目标，推进"811(11项专项行动，实现8个方面主要目标)生态文明"和"美丽浙江"建设工作。杭州市在"美丽浙江"考核中获优秀，通过国家生态市验收，被环保部授予"国家生态市"称号；萧山区、富阳区获"国家生态区"称号。至年末，杭州市9个涉农县(市、区)中8个获国家生态县(市、区)命名，国家生态县(市、区)创建率88.89%。全市建成119个国家级生态乡镇、135个省级生态乡镇，整体创建比例和进度均位于全省前列。 (陈鸣渊)

文明城市建设

【市民公共文明指数增长】 2016年9月起，市委宣传部、市文明办指导和委托市社科院进行2016年杭州市民公共文明指数调查及市民公共场所文明行为观测工作。调查范围是16岁~69岁的杭州市民(包括城区市民、城郊市民和外来务工人员)及在杭州居住生活半年以上的外籍人士，主要围绕公共卫生、公共秩序、公共交往、公共观赏、公益服务、网络文明和国际礼仪文明7项指标展开。现场观测135个点，涵盖市民出入较频繁的各类公共场所。《2016年杭州市民公共文明指数调查分析报告》显示，2016年杭州市民公共文明综合指数在较高水平上持续增长，达84.63，比上年上升0.57，不文明现象发生率进一步下降。 (年鉴编辑部)

【G20杭州峰会媒体接待】 2016年9月1日，G20杭州峰会新闻中心投入运行。峰会期间，来自76个国家和地区580个媒体机构的4000多名记者齐聚杭州。国家主席习近平在主会场新闻发布厅召开G20杭州峰会成果新闻发布会，各国元首、政要在新闻中心举办发布会、吹风会12场。向国内外提供视频公共信号50多条1000多分钟，卫星传送信号2800分钟。新闻中心累计接待境内外记者2.8万人次。媒体保障组为4000多名境内外记者提供各项服务，设计12条精品采访线。加拿大总理特鲁多、意大利总理伦齐先后在外媒住地举办媒体见面会，对中方提供的服务表示感谢。美国驻上海领事馆、法国总统府新闻官、俄罗斯总统通讯先遣团等专门致电表达谢意。世界各国媒体记者对接待工作高度赞誉，收到各类感谢信141封。

【杭州获"中国最具幸福感城市"十连冠】 2016年12月1日，新华社《瞭望东方周刊》、中国市长协会《中国城市发展报告》联合举办的以"人民获得感"为主题的"2016年中国最具幸福感城市调查推选活动"评选结果在北京揭晓。杭州连续第十年入榜，获"2016中国最具幸福感城市十周年·

最高荣誉功勋奖”。“中国最具幸福感城市”调查采集涵盖居民收入、生活品质、城市向往、旅游向往、就业、生态环境、治安、诉讼咨询、交通、教育等16类50个指标，已连续举办10年，累计9亿人次参与调查。杭州是唯一连续10年入选“最具幸福感城市”榜单的城市。

【省级城市文明程度指数测评居首位】 2016年9月，在省文明委对全省11个设区市进行的省级城市文明程度指数测评中，杭州市取得历史最佳成绩，测评总分898.7，总得分及公益宣传、公共环境与秩序、文明素质3项客观测评项目评分均列全省第一位。杭州市实施市民文明素质提升工程和深化群众性精神文明创建活动，公共环境、社会秩序和基础设施明显改善，公民素质有较大提升，杭州文明城市形象得到彰显。中共十八届六中全会召开当天，《人民日报》、中央电视台《新闻联播》栏目报道杭州市精神文明建设的成果。G20杭州峰会期间，杭州市民的文明素质与城市文明风貌得到中央领导、各国首脑与海外嘉宾、国际媒体的好评。

【公交排队上车常态化】 2016年以来，杭州市开展“为杭州添彩，请排队上车”活动。活动将每月的1日和11日确定为“排队上车宣传日”，形成常态宣传教育工作机制。面向全社会招募“文明乘车劝导员”，146名市民群众成为“排队上车”劝导员，坚持常年开展“有序排队、文明乘车”志愿服务劝导活动。

【“公民爱心日”活动】 2016年5月28日，杭州市第十一届“公民爱心日”活动在吴山广场启动。活动以“喜迎G20，公益满杭城”为主题，营造全社会关心关爱困难家庭未成年人、留守儿童等特殊群体的氛围。活动首次设立“公民爱心公益奖”，表彰一批近年来为杭州公益事业做出突出贡献的公益组织和个人。活动现场设立微心愿认领区，公开向社会征集300个微心愿。此次“爱心日”开辟“线上（支付宝）”爱心捐赠渠道，在腾讯公益平台上进行“捐种梭梭树——拯救沙漠里的民勤”和“微笑行动——让唇腭裂患儿露出笑容”两个项目众筹。活动收到来自社会各界捐款100万多元，捐赠图书3万多册。

【杭州市第十三届邻居节】 2016年11月25日，杭州市第十三届邻居节主会场活动在西湖区举行。此次邻居节以“国际都市，最美邻里”为主题，表彰包括2名在杭外籍人士在内的45位杭州市“好邻居”，这是国际友人首次获杭州市“好邻居”称号。邻居节邀请中外好邻居齐诵《邻居公约》，发布邻里互助地图，为有需要的中外邻居提供志愿服务。全市各地开展“敲门日”“健康日”“互助日”“欢聚日”“寻找老邻居、夸夸好邻居”和邻里圆桌会、美食百家宴、白领运动会等活动。（沈　欢）

2016年12月26日，第十二届杭州市道德模范(平民英雄)评选揭晓
（杭州图库 供稿）

【杭州市“美德少年”评选】 2016年4月，由市委宣传部、市文明办、市教育局、团市委、市关工委、杭报集团、杭州文广集团等部门联合举办的杭州市第十二届“美德少年”评选活动启动。评选项目分成尊师孝亲、自强自立、热心公益、勤学创新、诚信守礼五大类别，经过多轮推选，9月20日，评选结果揭晓，产生徐蕴哲、叶森、许立扬、张格尔、汤越、杨之语、陈露晨、姜润琰、陶怡然、谭奕帆10名“美德少年”和10名“美德少年”提名奖。

【杭州市道德模范（平民英雄）评选】 2016年5月，由市委宣传部、市文明办等单位主办的第十二届杭州市道德模范（平民英雄）评选活动启动。12月26日，评选结果揭晓，评出杨小君、马克·奥斯本、徐元华、毛谦德、田燕儿、杜佳琪、杨全六、楼军炜、礼为奇、曹立云10位道德模范（平民英雄）。（年鉴编辑部）

市和区县（市）机构概况

【市级主要机构及负责人名单】
（2016年1月至12月）

中国共产党杭州市第十一届委员会

书　记：赵一德
副书记：张鸿铭
　杨戌标（至2016年8月）
　俞东来（2016年10月始）
常　委：赵一德　张鸿铭
　杨戌标（至2016年8月）
　俞东来　许勤华
　翁卫军　张仲灿
　佟桂莉（女）潘方敏
　徐文光（至2016年11月）
　马晓晖　叶寒冰
　范　辉（女）（中央挂职干部，至2016年8月）
　陈擎苍
委　员：（按姓氏笔画为序）
　马晓晖　王　宏
　王立华（女）王金财

毛溪浩　　方　毅
叶　明　　叶寒冰
朱　华　　朱建明
朱党其　　许　明
许勤华　　李　玲(女)
杨　军
杨戌标(至2016年8月)
吴才敏　　吴春莲(女)
佟桂莉(女)
张　耕(至2016年1月)
张仲灿　　张如勇
张建庭　　张振丰
张鸿铭　　陈永良
陈红英(女)　陈国妹(女)
陈春雷　　陈新华
陈震山　　陈擎苍
范　辉(女)(中央挂职干部,至2016年8月)
金　翔　　金志强
项永丹　　赵一德
胡征宇　　俞东来
姜　军　　柴宁宁(女)
徐一超
徐文光(至2016年11月)
翁卫军　　翁钢粮
郭禾阳　　黄海峰
戚哮虎　　盛阅春
崔鹏飞　　章舜年
董　悦　　詹　敏
缪承潮　　滕　勇
潘方敏

候补委员:(按得票数为序)
陈卫强　　徐小林
刘　颖　　阳作军
洪庆华　　屠辛庚
赵　晴　　李　虹

秘书长:许勤华

市委工作部门:

办公厅

主　任:何美华

组织部

部　长:张仲灿

宣传部

部　长:翁卫军

统战部

部　长:董建平

政策研究室

主　任:郭东风

政法委员会

书　记:杨戌标(至2016年9月)
俞东来(2016年11月始)

国防动员委员会(人民武装委员会)

第一主任:赵一德
主　任:张鸿铭

保密委员会

主　任:许勤华

党史研究室

主　任:韩　卫

党　校

校　长:张仲灿

杭州日报报业集团

社　长:赵　晴
总编辑:万光政
党委书记:赵　晴

市机构编制委员会办公室

主　任:柴宁宁(女)

老干部局

局　长:施迎利(女)

市直机关党工委

书　记:占仁义(至2016年3月)
何凌超(2016年3月始)

农业和农村工作办公室

主　任:张如勇

市综合考评办公室

主任、党组书记:伍　彬

台湾工作办公室

主　任:梁建华(女)

市委、市政府信访局

局　长:杨　钊

市档案局

局　长:郎健华

市发展研究中心

主　任:胡征宇

中国共产党杭州市纪律检查委员会

书　记:陈擎苍
副书记:陈春雷　　陈建华
郎文荣
常　委:陈擎苍　　陈春雷
陈建华　　郎文荣
邬月培　　温洪亮
吴凤莲(女)　胡绍平
胡飞龙

杭州市第十二届人民代表大会常务委员会

主　任:王金财
副主任:朱金坤　　项　勤
陈振濂　　吴春莲(女)
徐祖尊　　郑荣胜
徐苏宾(女)
秘书长:陈建华(女)
委　员:(按姓氏笔画为序)
王　剑　　王慧中
叶茂东　　阮重晖
李　敏(女)　杨志毅(女)
肖仁东
邱卫星(2016年2月始)
应雪林(2016年2月始)
张邢炜　　张治芬(女)
陈　健(2016年2月始)
陈马多里　陈国妹(女)
邵根松　　林家兴
金永新　　周　扬(女)
郑健波　　钟文静(女)
俞雪坤　　施长友
施水祥
姚　坚(2016年2月始)
袁建进　　奚国强
黄志耀　　崔新明
章　燕(女)(至2016年12月)
章一超(2016年2月始)
章方祥　　章国经
路江通　　解崇明
薛滔菁(女)　魏　颖(女)

党组书记:王金财
党组副书记:朱金坤

市人大专门委员会

法制委员会

主任委员:徐祖尊(兼)

内务司法委员会

主任委员:徐祖尊(兼)(至2016年2月)
吴春莲(女)(兼)(2016年2月始)

财政经济委员会

主任委员:项　勤(兼)

城乡建设环境保护委员会

主任委员:朱金坤(兼)

教育科学文化卫生委员会

主任委员:徐苏宾(女)(兼)

农业和农村委员会

主任委员:郑荣胜(兼)

民族宗教华侨委员会

主任委员:陈振濂(兼)

外事委员会

主任委员:陈振濂(兼)

市人大常委会工作部门:

办公厅

主　任:叶茂东

研究室

主　任:阮重晖

人事代表工作委员会

主　任:章一超

法制工作委员会

主　任:路江通

内务司法工作委员会

主　任:陈马多里

财政经济工作委员会

主　任:王　剑

城乡建设环境保护工作委员会

主　任:施水祥

教育科学文化卫生工作委员会

主　任:姚　坚

农业和农村工作委员会

主　任:邱卫星

民族宗教华侨工作委员会

主　任:袁建进

外事工作委员会

主　任:袁建进

杭州市人民政府

市　长:张鸿铭

副市长:马晓晖
张建庭
戚哮虎
谢双成
陈红英(女)
项永丹
张　耕(至2016年2月)
范　辉(女)(中央挂职干部,至2016年9月)

党组书记:张鸿铭

秘书长:王　宏

市政府工作部门:

办公厅

主　任:高国飞

党组书记:王　宏

研究室

主任、党组书记:何利松

发展和改革委员会

主任、党委书记:李　玲(女)

国有资产监督管理委员会

主任、党委书记:屠辛庚

经济和信息化委员会

主任、党委书记:洪庆华

科学技术委员会(知识产权局、地震局)

主任(局长)、党组书记:阳作军

教育局(市委教育工委)

局长、工委书记:沈建平

财政局

局长、党委书记:金　翔

国家税务局

局长、党组书记:沈　华

地方税务局

局　长:金　翔

监察局

局　长:陈春雷

人力资源和社会保障局

局长、党委书记:郭禾阳

民政局

局长、党委书记:徐小林

公安局

局长、党委书记:叶寒冰

国家安全局

局长、党委书记:赵宪国

司法局

局长、党委书记:吴声华

交通运输局

局长、党委书记:范建军

安全生产监督管理局(安全生产委员会办公室)

局长(主任)、党组书记:王　辉(女)

商务委员会(粮食局)

主任(局长)、党委书记:刘晓明

城乡建设委员会

主任、党委书记:丁狄刚

规划局(测绘与地理信息局)

局　长:张　勤(女)

党组书记:郑书文

住房保障和房产管理局

局长、党委书记:周先木

国土资源局

局长、党委书记:谢建华

环境保护局

局　长:胡　伟

党组书记:张鸿斌

园林文物局

局　长:刘　颖(至2016年12月)

党委书记:刘　颖(至2016年11月)

城市管理委员会(城市管理行政执法局、城市管理行政执法支队)

主任(局长、支队长)、党委书记:翁文杰

旅游委员会

主任、党委书记:李　虹

审计局

局长、党组书记:骆　寅

统计局(社会经济调查局)

局长、党组书记:杜国忠

调查队长、党组书记:沈国良(兼)

市场监督管理局(工商行政管理局、食品药品监督管理局)

局长、党委书记:陈祥荣

物价局

局长、党组书记:郭初民

质量技术监督局

局长、党委书记:邵新华(女)

农业局(水产局)

局长、党委书记:程春建

林业水利局

局长、党委书记:周定炎

文化广电新闻出版局(版权局)

局长、党委书记:钮　俊

体育局

局长、党委书记:金承龙

卫生和计划生育委员会

主任、党委书记:滕建荣

外事办公室(港澳事务办公室)

主任、党组书记:董祖德

侨务办公室

主任、党组书记:林国蛟

法制办公室

主任、党组书记:魏　民

行政审批服务管理办公室(公共资源交易管理委员会办公室)

主任、党组书记:马杭军

金融工作办公室

主任、党组书记:
王越剑(2016年7月始)

民族宗教事务局

局长、党组书记:杨志刚

人民防空办公室(民防局)

主任(局长)、党组书记:林友保

台湾事务办公室

主　任:梁建华(女)

国内经济合作办公室

主任、党组书记:戚建国

市政府驻北京办事处

主　任:刘晓明(至2016年3月)

党组书记:刘晓明(至2016年2月)
贾大清(女)(2016年3月始)

市政府驻上海办事处

主　任:楼杏元

市政府驻深圳办事处

主　任:楼杏元

机关事务管理局

局长、党组书记:江　冰(至2016年1月)

局长、党委书记:江　冰(2016年1月始)

中国人民解放军浙江省杭州警备区

党委第一书记:赵一德(兼)

党委书记:雷　林

司令员:潘方敏

政治委员:雷　林

陆军预备役步兵师高炮团

党委第一书记:王金财(兼)

党委书记:王英军

团　长:关玉良(至2016年6月)

第一政治委员:王金财

政治委员:王英军

政协杭州市第十届委员会
主　席:叶　明
副主席:张鸿建　何关新
董建平　赵光育
朱祖德　张必来
汪小玫(女)　叶鉴铭
常务委员:(按姓氏笔画为序)
丁国才(至2016年1月)
王　坚　王　翔
王世恒　王发明
王利民　毛伟民
方　方　方伟文
石仕元　石连忠
白　莉(女)　包嘉颖(女)
冯仁强　吕芬芳(女)
朱彩凤(女)　刘庆敏(女)
刘政奇　刘秋敏
汤建新　许　红(女)
许　雷　孙　跃
李　虹(女)　李　黎(女)
杨宝庆　杨金南
杨营营(女)(至2016年1月)
肖　锋(2016年2月始)
吴　静(女)
吴持瑛(女)(2016年2月始)
吴洁静(女)
何明俊(2016年2月始)
何建法　何黎明
余　岱　余新平
辛　薇(女)　沈建平
沈墨宁
宋雪娟(女)(至2016年1月)
张　刚　张　明
张　莉(女)　张利群
张炳新　张爱莲(女)
张慧慧(女)　陈　凯
陈　涛　陈伯滔
陈国安　陈建华
陈桂珍(女)　陈清莉(女)
范　渊　林　沛(女)
林　蔚(女)　金志强
金建祥　周　红(女)
周　琪(女)　周智林
郑家茂　单　敏(女)
赵才苗　赵金龙
胡　伟　胡志荣
胡泽之(至2016年1月)
钟玉腾　洪守霞(女)
宦金元
姚　萍(女)(2016年2月始)
姚树列　袁国标
徐土松(至2016年5月)
高德康　郭清晔
桑坚信　崔小平
章鹏飞　释月真
楼玉宇(女)　楼章华
谭勤奋(至2016年5月)
黎青平　戴文昌
秘书长:王叶林(至2016年2月)
陈　晨(2016年2月始)
党组书记:叶　明
党组副书记:张鸿建　何关新

市政协工作部门:
办公厅
主　任:孙　跃
研究室
主　任:王　翔
文史委员会
主　任:王利民
提案委员会
主　任:宋雪娟(女)(至2016年1月)
姚　萍(女)(2016年1月始)
经济和农业农村委员会
主　任:石连忠
港澳台侨和外事委员会
主　任:胡泽之(至2016年1月)
肖　锋(2016年1月始)
社会法制和民族宗教委员会
主　任:辛　薇(女)
城市建设和人口资源环境委员会
主　任:杨营营(女)(至2016年1月)
何明俊(2016年1月始)
委员工作委员会
主　任:丁国才(至2016年1月)
吴持瑛(女)(2016年1月始)
教育科技文化卫生体育委员会
主　任:周　红(女)

市中级人民法院
院长、党组书记:翁钢粮
市人民检察院
检察长、党组书记:顾雪飞

市民主党派和工商联:
中国国民党革命委员会杭州市委员会
主　委:叶鉴铭
中国民主同盟杭州市委员会
主　委:陈振濂(至2016年9月)
宦金元(2016年9月始)
中国民主建国会杭州市委员会
主　委:郭清晔
中国民主促进会杭州市委员会
主　委:赵光育(至2016年9月)
谢双成(2016年9月始)
中国农工民主党杭州市委员会
主　委:周智林
中国致公党杭州市委员会
主　委:王　坚(至2016年9月)
胡　伟(2016年9月始)
九三学社杭州市委员会
主　委:朱祖德(至2016年9月)
罗卫红(女)(2016年9月始)
市工商业联合会
主　席:张必来(至2016年9月)
冯仁强(2016年9月始)
党组书记:邵根松

部分人民团体:
市总工会
主　席:郑荣胜(兼)
党组书记:吴仁财
中国共产主义青年团杭州市委员会
书记、党组书记:
周　扬(女)(至2016年11月)
市青年联合会
主　席:周　扬(女)
市妇女联合会
主席、党组书记:魏　颖(女)
市归国华侨联合会
主席、党组书记:
章　燕(女)(至2016年11月)
市科学技术协会
主席、党组书记:郑健波
市文学艺术界联合会
主席、党组书记:应雪林
市老龄工作委员会
主　任:戚哮虎(兼)
市社会科学界联合会
主席、党组书记:沈　翔
中国国际贸易促进委员会杭州市委员会
会长、党组书记:蒋建安
市残疾人联合会
理事长、党组书记:钟文静(女)
市对外友好协会
名誉会长:龚　正(兼)
会　长:王金财(兼)

其他行政事业机构:
市爱国卫生运动委员会
主　任:陈红英(女)
市地方志编纂委员会
主　任:张鸿铭(兼)
市机构编制委员会
主　任:张鸿铭(兼)
国网浙江省电力公司杭州供电公司

总经理:杨　勇
党委书记:姜启亮
中国电信股份有限公司杭州分公司
总经理、党委书记:章晓钫(女)
浙江省邮政公司杭州市分公司
总经理:严　明
党委书记:陈祖明
杭州市邮政管理局
局长、党组书记:赵　武
浙江移动通信有限公司杭州分公司
总经理:张汉良(至2016年4月)
　　王文生(2016年4月始)
党委书记:刘　璇(至2016年4月)
　　王文生(2016年4月始)
中国联合网络通信有限公司杭州市分公司
总经理、党委书记:聂明岩
中国石化股份有限公司浙江杭州石油分公司
总经理、党委书记:丁成伟
市钱江新城建设管理委员会(钱江新城建设指挥部、杭州铁路及东站枢纽建设指挥部)
主任(总指挥)、党委书记:郑翰献
市城乡区域统筹发展工委办
主　任:张如勇
市气象局
局长、党组书记:苗长明
市供销合作社联合社
主任、党委书记:华德法
市西湖博览会组委会办公室
主任、党组书记:叶　敏
市文化广播电视集团(文化广播电视集团有限公司)(至2016年5月)
管委会主任、党委书记:余新平
公司总经理:余新平
市文化广播电视集团
管委会总裁、党委书记:
　　余新平(2016年5月始)
编委会总编辑:
　　郑桂岚(女)(2016年5月始)
西泠印社社务委员会
主任、西泠印社党委书记:杨志毅(女)
市烟草专卖局(杭州烟草分公司)
局长(经理)、党组书记: 林少华(女)
杭州大江东产业集聚区(杭州临江高新技术产业开发区)管理委员会
主　任:杨　军
党工委书记:俞东来(兼)(至2016年10月)
杭州城西科创产业集聚区管理委员会
主　任:陈永良
党工委书记:佟桂莉(女)(兼)
杭州经济技术开发区(浙江杭州出口加工区)管理委员会
主　任:陈　晨(至2016年3月)
　　邵立春(2016年5月始)
党工委书记:陈　晨(至2016年2月)
　　邵立春(2016年5月始)
杭州余杭经济技术开发区(杭州钱江经济开发区)管理委员会
主任、党工委书记:沈　昱
萧山经济技术开发区管理委员会
主任、党工委书记:
　　叶建宏(2016年11月始)
杭州良渚遗址管理区管理委员会(浙江省杭州良渚遗址管理局)
主任(局长):朱　华(至2016年11月)
　　张俊杰(2016年11月始)
党工委书记:徐文光(至2016年11月)
　　张俊杰(2016年11月始)
杭州高新技术产业开发区管理委员会
主　任:金志鹏
党工委书记:詹　敏
杭州之江国家旅游度假区管理委员会
主任、党工委书记:(空　缺)
杭州西湖风景名胜区管理委员会
主任、党委书记:刘　颖(至2016年11月)
市发展规划研究院(至2016年3月)
院　长:周建华(兼)
市发展规划和体制改革研究院(2016年3月始)
院　长:周建华(兼)(至2016年6月)
　　赵金龙(兼)(2016年7月始)
市农业科学研究院
院长、党委书记:严建立
中国人民银行杭州中心支行
行长、党委书记:殷兴山
中国工商银行股份有限公司浙江省分行营业部
总经理、党委书记:沈　忻
中国建设银行股份有限公司浙江省分行营业部
总经理、党委书记:劳新江
中国农业银行股份有限公司浙江省分行营业部
总经理、党委书记:朱文达
交通银行股份有限公司浙江省分行
行长、党委书记:陆　涛
杭州银行股份有限公司
董事长、党委书记:陈震山
行　长:宋剑斌
中国人民财产保险股份有限公司杭州市分公司
总经理、党委书记:徐　斌
中国人寿保险股份有限公司杭州市分公司
总经理、党委书记:
　　胡国林(至2016年12月)
　　王忠伟(女)(2016年12月始)
中国太平洋财产保险股份有限公司杭州中心支公司
总经理、党委书记:
　　叶咏蓁(至2016年8月)
　　程　伟(2016年8月始)
中国太平洋人寿保险股份有限公司杭州中心支公司
法人渠道总经理、党委书记:姚胜琴(女)
总经理:刘余庆
市社会科学院
院长、党组书记:沈　翔
市实业投资集团有限公司
董事长、党委书记:
　　沈　立(2016年1月始)
总经理:骆旭升
市交通投资集团有限公司
董事长、党委书记:章舜年
总经理:章舜年(至2016年5月)
　　周建华(2016年5月始)
市城市建设投资集团有限公司
董事长、党委书记:冯国明
总经理:章维明
市运河综合保护开发建设集团有限责任公司
董事长、党委书记:高小辉
总经理:倪政刚
市钱江新城投资集团有限公司
董事长、党委书记:朱云夫
杭州奥体博览城建设指挥部
总指挥、党委书记:黄昊明
市地铁集团有限责任公司
董事长、党委书记:邵剑明
总经理:朱少杰
市商贸旅游集团有限公司
董事长、党委书记:赵　敏
总经理:陆晓亮
市金融投资集团有限公司
董事长、党委书记:张锦铭
总经理:虞利明
西泠印社集团有限公司
董事长、总经理:钱伯皓
党委书记:钱伯皓(2016年3月始)
市千岛湖原水股份有限公司
董事长、党委书记:
　　胡洪志(至2016年7月)
　　李红良(2016年7月始)
总经理:陈云龙

市对口支援新疆阿克苏地区阿克苏市指挥部
指挥长、党委书记:楼建忠

【区县(市)主要机构及负责人名单】
(2016年1月至12月)

中共杭州市上城区第九届委员会(至2016年12月)
书　记:缪承潮(至2016年10月)
　　　　陈　瑾(女)(2016年10月始)
中共杭州市上城区第十届委员会(2016年12月始)
书　记:陈　瑾(女)
中共杭州市上城区纪律检查委员会
书　记:金晓东
杭州市上城区第十四届人大常委会
主　任:丁晓芳(女)(至2016年2月)
　　　　袁建祥(2016年2月始)
上城区人民政府
区　长:陈　瑾(女)(至2016年11月)
代区长:金承涛(2016年11月始)
政协杭州市上城区第四届委员会
主　席:余　勇(至2016年2月)
　　　　占仁义(2016年2月始)
上城区人民法院
院　长:施金良(至2016年11月)
代院长:叶　青(女)(2016年11月始)
上城区人民检察院
检察长:李森红(女)(至2016年11月)
代检察长:孙　勇(2016年11月始)

中共杭州市下城区第九届委员会(至2016年12月)
书　记:陈卫强
中共杭州市下城区第十届委员会(2016年12月始)
书　记:陈卫强
中共杭州市下城区纪律检查委员会
书　记:富永伟(至2016年11月)
　　　　沈国祥(2016年11月始)
杭州市下城区第十四届人大常委会
主　任:许岳荣
下城区人民政府
区　长:吴才敏(至2016年11月)
代区长:柴世民(2016年11月始)
政协杭州市下城区第四届委员会
主　席:朱永祥(至2016年1月)
　　　　杨国琴(女)(2016年1月始)
下城区人民法院
院　长:何　敏
下城区人民检察院
检察长:王晓光(2016年1月始)

中共杭州市江干区第九届委员会(至2016年12月)
书　记:盛阅春(至2016年10月)
　　　　滕　勇(2016年10月始)
中共杭州市江干区第十届委员会(2016年12月始)
书　记:滕　勇
中共杭州市江干区纪律检查委员会
书　记:叶　素
杭州市江干区第十四届人大常委会
主　任:蔡仲光
江干区人民政府
区　长:滕　勇(至2016年11月)
代区长:楼建忠(2016年11月始)
政协杭州市江干区第四届委员会
主　席:朱关泉
江干区人民法院
院　长:叶　青(女)(至2016年11月)
代院长:楼军民(2016年11月始)
江干区人民检察院
检察长:余国利(至2016年11月)
代检察长:江波均(女)(2016年11月始)

中共杭州市拱墅区第六届委员会(至2016年12月)
书　记:许　明(至2016年10月)
　　　　朱建明(2016年10月始)
中共杭州市拱墅区第七届委员会(2016年12月始)
书　记:朱建明
中共杭州市拱墅区纪律检查委员会
书　记:洪晓明(至2016年7月)
　　　　王伟平(2016年7月始)
杭州市拱墅区第六届人大常委会
主　任:洪永跃
拱墅区人民政府
区　长:朱建明(至2016年11月)
代区长:章　燕(女)(2016年11月始)
政协杭州市拱墅区第四届委员会
主　席:钟丽萍(女)
拱墅区人民法院
院　长:王美芳(女)
拱墅区人民检察院
检察长:罗有顺

中共杭州市西湖区第八届委员会(至2016年12月)
书　记:王立华(女)(至2016年10月)
　　　　章根明(2016年10月始)
中共杭州市西湖区第九届委员会(2016年12月始)
书　记:章根明
中共杭州市西湖区纪律检查委员会
书　记:陈　忆(至2016年11月)
　　　　胡光伟(2016年11月始)
杭州市西湖区第十四届人大常委会
主　任:施增富
西湖区人民政府
区　长:章根明(至2016年11月)
代区长:刘　颖(2016年11月始)
政协杭州市西湖区第四届委员会
主　席:张　岐
西湖区人民法院
院　长:程建飞
西湖区人民检察院
检察长:张　鸣(至2016年11月)
代检察长:陈平祥(2016年11月始)

中共杭州市滨江区第四届委员会(至2016年12月)
书　记:詹　敏
中共杭州市滨江区第五届委员会(2016年12月始)
书　记:詹　敏
中共杭州市滨江区纪律检查委员会
书　记:王慎非(至2016年12月)
　　　　黄利文(2016年12月始)
杭州市滨江区第四届人大常委会
主　任:韩建中
滨江区人民政府
区　长:金志鹏
政协杭州市滨江区委员会
主　席:沈孔良
滨江区人民法院
院　长:池海江(2016年1月始)
滨江区人民检察院
检察长:陈平祥(至2016年11月)
代检察长:陈云高(2016年11月始)

中共杭州市萧山区第十四届委员会(至2016年12月)
书　记:俞东来(至2016年10月)
　　　　盛阅春(2016年10月始)
中共杭州市萧山区第十五届委员会(2016年12月始)
书　记:盛阅春
中共杭州市萧山区纪律检查委员会
书　记:蒋杭平(至2016年7月)
　　　　蒋金娥(女)(2016年7月始)
杭州市萧山区第十五届人大常委会
主　任:王珠瑛(女)

萧山区人民政府
区　长：卢春强（至2016年11月）
代区长：王　敏（2016年11月始）
政协杭州市萧山区第十三届委员会
主　席：谭勤奋（至2016年1月）
　　　　洪松法（2016年1月始）
萧山区人民法院
院　长：楼军民（至2016年11月）
代院长：施金良（2016年11月始）
萧山区人民检察院
检察长：方顺才

中共杭州市余杭区第十三届委员会（至2016年12月）
书　记：徐文光（至2016年10月）
　　　　戴建平（2016年10月始）
中共杭州市余杭区第十四届委员会（2016年12月始）
书　记：戴建平
中共杭州市余杭区纪律检查委员会
书　记：蒋金娥（女）（至2016年7月）
　　　　邵伟斌（2016年7月始）
杭州市余杭区第十四届人大常委会
主　任：汪宏儿
余杭区人民政府
区　长：朱　华（至2016年11月）
代区长：陈如根（2016年11月始）
政协杭州市余杭区第十届委员会
主　席：阮文静（女）
余杭区人民法院
院　长：罗　鑫
余杭区人民检察院
检察长：孙　勇（至2016年11月）
代检察长：陈　娟（女）（2016年11月始）

中共富阳市第十三届委员会（至2016年12月）
书　记：姜　军（至2016年10月）
　　　　朱党其（2016年10月始）
中共杭州市富阳区第一届委员会（2016年12月始）
书　记：朱党其
中共杭州市富阳区纪律检查委员会
书　记：胡光伟（至2016年11月）
　　　　胡志明（2016年11月始）
杭州市富阳区第十五届人大常委会
主　任：汤金华
富阳区人民政府
区　长：黄海峰（至2016年11月）
代区长：吴玉凤（女）（2016年11月始）
政协杭州市富阳区第八届委员会
主　席：陆洪勤
富阳区人民法院
院　长：赵　平
富阳区人民检察院
检察长：王晓光（至2016年1月）
　　　　任　平（2016年1月始）

中共桐庐县第十三届委员会（至2016年12月）
书　记：毛溪浩（至2016年10月）
　　　　朱　华（2016年10月始）
中共桐庐县第十四届委员会（2016年12月始）
书　记：朱　华
中共桐庐县纪律检查委员会
书　记：黄利文（至2016年11月）
　　　　张启成（2016年11月始）
桐庐县第十五届人大常委会
主　任：游　宏
桐庐县人民政府
县　长：方　毅
政协桐庐县第八届委员会
主　席：王金才
桐庐县人民法院
院　长：陆忠明
桐庐县人民检察院
检察长：夏　涛

中共淳安县第十三届委员会（至2016年12月）
书　记：朱党其（至2016年10月）
　　　　黄海峰（2016年10月始）
中共淳安县第十四届委员会（2016年12月始）
书　记：黄海峰
中共淳安县纪律检查委员会
书　记：赖明诚
淳安县第十五届人大常委会
主　任：余永青
淳安县人民政府
县　长：柴世民（至2016年11月）
代县长：董毓民（2016年11月始）
政协淳安县第八届委员会
主　席：刘小松
淳安县人民法院
院　长：陈奇策
淳安县人民检察院
检察长：钱　铖（至2016年11月）
代检察长：杨　勇（2016年11月始）

中共建德市第十三届委员会（至2016年12月）
书　记：戴建平（至2016年10月）
　　　　童定干（2016年10月始）
中共建德市第十四届委员会（2016年12月始）
书　记：童定干
中共建德市纪律检查委员会
书　记：王伟平（至2016年7月）
　　　　柴国庆（2016年7月始）
建德市第十五届人大常委会
主　任：程茂红（至2016年11月）
建德市人民政府
市　长：童定干（至2016年11月）
代市长：朱　欢（2016年11月始）
政协建德市第十三届委员会
主　席：吴铁民
建德市人民法院
院　长：毛志军（2016年1月始）
建德市人民检察院
检察长：江波均（女）（至2016年11月）
代检察长：高　翔（2016年11月始）

中共临安市第十三届委员会（至2016年12月）
书　记：张振丰（至2016年10月）
　　　　卢春强（2016年10月始）
中共临安市第十四届委员会（2016年12月始）
书　记：卢春强
中共临安市纪律检查委员会
书　记：沈国祥（至2016年11月）
　　　　杨富强（2016年11月始）
临安市第十五届人大常委会
主　任：吴苗强
临安市人民政府
市　长：王　敏（至2016年11月）
代市长：骆安全（2016年11月始）
政协临安市第八届委员会
主　席：张金良
临安市人民法院
院　长：毛煜焕
临安市人民检察院
检察长：陈云高（至2016年11月）
代检察长：沈亚平（女）（2016年11月始）

（市委组织部）

责任编辑　郦　晶

农业综述

【农林牧渔业总产值467.30亿元】 2016年,杭州市农业农村工作以中共十八届五中、六中全会和中央农村工作会议精神为指导,以G20杭州峰会为圆心,以农业供给侧结构性改革为主线,强化农民主体地位,加大工作保障力度,深化农村改革创新。农林牧渔业总产值467.30亿元,比上年(指2015年,下同)增长6.1%。其中农业产值271.53亿元,增长7.6%。全市农民人均可支配收入2.79万元,增长8.5%,连续13年保持高基数上的较快增长。城乡居民收入差距继续缩小,收入之比由上年的1.879:1缩小到1.870:1。

【农业保供能力稳定】 2016年,杭州市粮食播种面积10.80万公顷,总产量63.6万吨,比上年分别增长1.9%和0.3%。全市蔬菜播种面积9.69万公顷,总产量335.34万吨,总产值83.53亿元,分别增长2.9%、5.2%和11.6%。全年肉类总产量26.27万吨,下降5.6%;禽蛋总产量10.38万吨,下降9.0%。全市生猪存栏126.91万头、出栏肉猪280.43万头,分别下降19.1%和6.7%。茶叶、水果、花卉、中药材等经济作物总体发展平稳。水产品量减价涨,效益回升。

【农产品安全保障】 2016年,杭州市聚焦G20杭州峰会圆心,确保地产食用农产品优质安全,提供峰会食材品种25个、总量211.54吨。全年农产品质量安全更加稳定,抽检3070批次,合格率98.6%。实现二维码可追溯的农产品生产基地有574个,抽检农业投入品730批次、转基因作物种子509批次。评定农产品生产信用企业73个。认证无公害农产品318个、绿色食品38个、地理标志产品1个。全市没有发生农产品质量安全事件和不良反应。

【农业基础设施建设】 2016年,杭州市深入实施“两区”(粮食生产功能区和现代农业园区)建设,创建农业产业集聚区2个,特色农业强镇6个。新建市级粮食功能区4420公顷。新建市级“菜篮子”基地35个,累计建成460个,面积9300公顷。节假日、灾期蔬菜供应保障到位,灾期市级叶菜基地日均上市叶菜220吨,价格平稳。新建设施农业面积200公顷,实施改造中低产田项目44个、面积2013.33公顷,提升标准农田地力面积833.33公顷。农业装备不断优化,新增各类农业机械1.18万台(套),全市主要粮食作物生产全程机械化率78%。

【农业主体培育】 2016年,杭州市继续推进农民素质提升工程,累计培训8.78万人次,其中农村实用人才1.77万人。新命名市级农业龙头企业33个,累计682个。创建国家级林业重点龙头企业4个。培育32个市级规范化农民专业合作社。新增杭州市级示范性家庭农场50个,市级示范性家庭农场总数达154个。推进基层农业公共服务体系建设,完善基层农业公共服务中心140个。建立省级科技服务示范推广基地36个。推进科技兴农,实施杭州市农业技术合作和种业发展项目10个。建立农作制度示范基地100个、示范乡镇7个,推广“千斤粮万元钱”等新模式36个。

【农业发展方式转变】 2016年,杭州市开展粮食作物高产示范创建,建设部级粮油高产万亩示范片10个,省级水稻高产千亩示范片38个,实现平均亩产增长10%以上的目标。推广旱粮多元化高效生产模式,新增旱粮面积4160公顷。落实救灾储备种子1291.7吨、蚕种1万张。开展现代生态循环农业发展试点省创建,创建现代生态循环农业整建制推进示范县2个,提升现代生态循环农业示范区11个,建成现代生态循环农业示范主体119个。加快畜牧业转型升级,建成省级美丽生态牧场47个、杭州市标杆美丽牧场13个。推广水产养殖塘生态化改造和生态养殖模式面积1880公顷。实施测土配方施肥面积28.56万公顷(次),推广商品有机肥17.8万吨,病虫害统防统治3.82万公顷;回收农药废弃包装物727.74吨、处置723.11吨。

【农业供给侧改革】 2016年,杭州市开展以“精准施策,产业帮扶”为核心的山区纯农户增收项目,项目实施区农户户均年增收5000元,低收入纯农户年均增幅15%以上。以淳安县鸠坑乡、临安市清凉峰镇为试点,启动有机农业小镇建设。创建国家农产品质量安全示范省和国家食品安全城市,全面开展省级农产品质量安全放心县创建，余杭区、桐庐县和临安市成为全省首批放心县。建成池塘内循环流水生态养殖示范点22个、养殖流水槽104条，并在全省重点推广。杭州市农业现代化在全省现代农业评价成绩连续两年进位。蔬菜、茶叶、蚕桑等产业政策性保险进一步扩大试点面积。"菜篮子"工程建设、永久基本农田划定和保护、农业教育培训工作得到农业部领导肯定。

【"美丽乡村"建设】 2016年，杭州市践行"绿水青山就是金山银山"理念，规划建设中心村、精品村，着力打造精品线路和精品区块。继续实施"一村八项目"，包括垃圾处理、污水处理、卫生改厕、道路硬化、村庄绿化、河道整治、农房改造、庭院整治，全市2044个村完成整治。继续推进中心村建设，新确定"美丽乡村"精品村创建对象62个，第三批"风情小镇"创建对象8个。全市累计创建193个中心村、249个精品村、29个风情小镇。精选并打造28条线路和14个区块作为精品线路、精品区块，全面拆除沿边违章建筑，进行全面整治和绿化。规划建设10条"美丽乡村"精品示范线，68个建设项目全部完成，累计投资1.51亿元。依托山水、民俗、生态、休闲、运动、养老等资源优势，在沿路和节点打造乡村气息的文化小品。大规模建设绿道，用绿道把乡村和景点串联成线，起自钱塘江杭州下沙段，向西沿富春江、新安江一直延伸到上游的淳安千岛湖，与千岛湖环湖绿道接轨，沿途有20个驿站、10多个古村落，规划总长约716千米，已建成340多千米，成为利用"两江一湖"打造的黄金生态旅游线。12月24日，《人民日报》海外版进行专题报道。

【杭派民居建设】 2016年，杭州市实施古建筑加固、修复与改造，对67个历史文化村落进行保护利用。全市有2个村被列入省重点保护村、有23个村被列入一般保护村。在省重点保护村和一般保护村基础上，启动4个市级重点村保护工作，完成投资2526万元。加快杭派民居建设，完成首批10个依托山水脉络、融入自然的杭派民居典范建设。展开第二批示范村创建准备工作。

【农村现代民宿发展】 2016年，市农办修订《杭州市农村现代民宿扶持项目竞争性分配方案》，根据《关于进一步优化服务促进农村民宿产业规范发展的指导意见》，规范经营管理，引导各地民宿（农家乐）经营者申领证照，共办证2200张。与市旅委合作建设"杭州民宿网"，已有250多个民宿点上线。5月，首届中国（桐庐）国际民宿发展论坛在桐庐召开。全市民宿（农家乐）全年接待游客3865万人次、经营收入44亿元。完成572幢农房改造和58个民宿示范村（点）建设，投资额2.01亿元。

【农村"五水共治"推进】 2016年，杭州市继续推进农村生活污水治理工作。在2015年完成省定623个村、19.1万户的年度任务基础上，2016年，全市剩余的160个村的项目建设完工，完成接户4.21万户，完成投资额2.98亿元。完成农村河道综合整治238千米。注重排涝水，珊瑚沙引水入城反向排涝工程、备塘河泵站扩建工程全面建成投运。严防洪水，完成小型水库除险加固20座，1万立方米以上山塘除险加固99座。钱江世纪城安全生态带工程、苕溪清水入湖河道整治工程等11个省重大项目开工，完成投资41亿元。农村饮水安全提升工程完成，受益人口8.06万人。新增或改善灌溉面积2180公顷。千岛湖配水工程有序推进。全市建成高效节水面积1493.33公顷。闲林水库、三堡排涝工程启用。

【农村生活垃圾分类及减量化资源化处理】 2016年，杭州市探索建立"水岸共治"新机制，全年启动实施并完成381个村、616个生态环境修复项目，完成投资2.26亿元。全市55个整乡镇782个行政村实施农村生活垃圾分类及减量化资源化处理，共建设处理站点306个，完成投资额1.03亿元。

【农村电子商务服务站（点）铺开】 2016年，杭州市利用"互联网+"打开农业农村发展新通道，重点建设1000个农村电子商务服务站（点）。全市累计建成县级电子商务公共服务平台15个、电子商务村43个、农村青年电子商务创业点141个，村级电子商务服务站（点）2316个。全年实现农村电子商务销售额75亿元，比上年增长25%。通过"村邮乐购"邮掌柜系统，助推电子商务乡村服务站（点）建设，帮助村民实现购物、销售、生活、金融、创业五大便利"不出村"。在淳安王阜乡实施金紫尖菊花电子商务产业发展试点项目，运用电子商务方式，全乡59户161人低收入农户人均增收904元，29户加入协会的低收入农户人均增收1149元。

【智慧农业发展】 杭州市搭建"杭州智慧农业综合服务平台"，至2016年末，覆盖67个企业、140个乡镇快速检测室、574个农产品生产基地；培育建成市级智慧农业示范园区13个、农业物联网应用示范点27个，以"菜篮子"产品生产基地为重点构建智慧监管服务体系。

【农事节庆展会】 2016年，杭州市举办2016年杭州·都市圈优质农产品迎新春大联展，组织企业参加省农业厅举办的花卉博览会，组团参加北京第七届中国茶博会、2016年上海茶博会等各类农业会展、推介活动10多次，参加企业800多个（次），现场销售农产品3000多万元，签订销售合同金额1.5亿元。

【区县（市）协作机制完善】 2016年，杭州市出台《关于"十三五"期间深化区县（市）协作的实施意见》，调整充实区县（市）协作力量，完善区县（市）协作机制。优化城乡资源配置，推进产业发展、民生事业、生态保护等重点领域244个区县（市）协作项目建设。4个协作组到位协作资金均超过6000万元，合计到位3.4亿元。

【"联乡结村"活动】 2016年，杭州市调整充实帮扶力量，首次在"联乡结村"活动中安排2100万元专项资金用于21个革命老区乡镇和少数民族乡镇帮扶。全年有657个部门、1828个企业、60个学校参与联乡结村活动，结对145个乡镇、1910个村。市本级继续对欠发达的42个乡镇进行重点帮扶，全年筹集帮扶资金1.71亿元，超额完成帮扶资金1.2亿元的目标任务。

【低收入农户增收】 2016年，杭州市对支出性贫困的低收入农户加大保障力度，引导各地帮扶资金向消除5500元以下的低收入农户倾斜，市级财政安排1800万元扶持低收入农户发展产业。在省管县的财政体制下，市本级安排扶贫资金1.22亿元。4月，印发《杭州市农村清洁能源（光伏发电）扶贫项目实施方案》，落实项目推动。从“春风行动”捐助资金中安排1000万元用于支出性贫困低收入农户补助。低收入农户人均收入1.10万元，比上年增长17.2%。继续开展对衢州市衢江区的山海协作工程扶贫结对帮扶工作。

【杭州市异地搬迁工程】 2016年，杭州市将地质灾害威胁点、小流域山洪暴发点、高山、深山、远山作为异地搬迁的重点，于4月印发《杭州市异地搬迁工程项目实施方案》。全年完成异地搬迁1422户、4700人，其中地质灾害点107户、363人，集聚小区数12个，市财政直补到户资金1708.5万元。

【“三位一体”农民合作经济组织体系组建】 2016年10月24日，市委、市政府印发《关于深化供销合作社综合改革构建“三位一体”农民合作经济组织体系的若干意见》。该意见在总结前期农民合作经济组织联合会（简称农合联）组建试点经验的基础上，结合杭州“三农”发展实际，制定生产供销信用协同发力，深化改革撬动农民合作的发展“路线图”。依照“路线图”，杭州市将依托供销合作社系统，整合生产、供销、信用“三位一体”要素资源，将农合联这一聚合多方主体的社会团体，打造成共建共享的有效载体、为农服务的综合平台。同时，确定深化改革的具体时间表。2016年，杭州市完成淳安县和临安市两地的“三位一体”农民合作经济组织体系建设。淳安县成立县级和片区农合联，构建“1+6+23”服务体系；临安市按“1+15”模式，组建16个市、镇（街）农合联，有会员950多个。两地农合联执委会已依托供销社组建，进入实质性运作阶段。两地试点工作创新生产服务、强化供销服务、优化金融服务的做法受到省领导的肯定。至年末，西湖、萧山、余杭、富阳、桐庐、建德6个区县（市）和杭州市本级均按浙江省要求，完成“三位一体”的组建挂牌工作。杭州力争到2017年底，培育一批生产、供销、信用三大服务体系可供复制的示范典型；到2018年底，全市基本建立三大服务体系和有效运转的体制机制，初步形成以农合联为大平台的大合作、大服务、大产业全面发展新格局。

【农村土地承包经营权确权登记颁证】 2016年4月19日，省委、省政府在临安召开全省农村土地确权登记颁证现场推进会。各区县（市）按照省、市要求，出台具体实施意见，成立农村土地确权颁证工作协调小组，建立工作推进、保障机制。全市10个有关区县（市）均在完成测绘单位招投标工作基础上，全面启动确权工作。至年末，全市完成70.3%的承包合同面积（8.65万公顷）调查测绘，超额完成省定50%的目标任务。其中，临安市作为全省整县（市）推进试点，100%的村完成土地指界测绘工作，合同签订率接近100%，各项指标居全省第一位。

【农村股权改革】 至2016年末，杭州市累计完成村级股份经济改革2425个，完成率99.88%。推进集体林权制度改革，发放林地经营权流转证34本，流转面积400多公顷。

【农村集体“三资”监督管理机制完善】 2016年，杭州市组织市级部门及区县（市）近500人参加宣传贯彻《浙江省农村集体资产管理条例》视频会议和业务培训。同时，组织260多名基层农经干部进行审计业务培训，为基层换届审计奠定基础。对2014年以来村级集体经济组织完善和执行农村集体资产和财务管理有关制度情况进行全面清理。至年末，2446个村的专项清理行动基本完成。

【农村产权交易体系建成】 2016年，杭州市完成覆盖全市的农村产权交易体系建设任务，累计建成市级交易平台1个、县级交易平台10个（江干、拱墅、西湖、萧山、余杭、富阳、桐庐、淳安、建德、临安各建成1个）、乡镇级交易市场127个，总计138个。各交易平台累计进行农村集体产权流转交易668宗，交易金额5.60亿元。

【杭州都市圈优质农产品迎新春大联展】 2016年1月16～20日，由市政府主办、市农办承办的“2016年杭州市·都市圈优质农产品迎新春大联展”在杭州和平国际会展中心（浙江农业展览馆）举行。联展的主题是“生态、安全、健康”，在会展中心一楼设置450个展位，展销杭州和杭州都市圈的嘉兴、绍兴、湖州三市名特优新农产品，邀请台湾地区、新疆阿克苏市、贵州黔东南苗族侗族自治州等地区组团参展。还举办“新疆名优特农副产品巡回大巴扎——浙江行”杭州站大型特色展活动。（涂仕贵）

种植业

【种植业概况】 2016年，杭州市农业部门贯彻省、市农业农村工作的决策部署，把握市委、市政府关于加快推进杭州农业现代化的总体要求，建设生态农业、设施农业、效益农业，抓好G20杭州峰会服务保障，全面完成年度目标任务。种植业产值265.27亿元，比上年增长7.4%。全市粮食复种面积107.99千公顷，增长0.3%；平均每公顷产量5889千克，下降1.5%；总产量63.60万吨，增长0.3%。油菜种植面积26.16千公顷，下降8.2%；平均每公顷产油菜籽2199千克，下降5.4%；总产量5.75万吨，下降13.2%。蔬菜种植面积96.90千公顷，增长2.9%；平均每公顷产量34.61吨，增长2.2%；总产量335.34万吨，增长5.2%。茶叶种植面积34.80千公顷，增长0.4%；毛茶总产量2.82万吨，与上年持平；总产值31.77亿元，增长1.1%。果园面积29.39千公顷，下降2.2%；水果总产量39.42万吨（不含果用瓜），下降7.9%。桑园面积11.35千公顷，下降9.7%；饲养蚕种16.98万张，下降20.7%；蚕茧产量0.81万吨，下降21.9%。

【G20杭州峰会蔬果供应】 2016年，为确保G20杭州峰会的蔬果供应，市农业局对全市各果蔬基地的设施设备和生产能力进行调查，梳理并确定全市适季可供果蔬基地。先后制定《峰会供应备选蔬菜基地建设规范》《峰会蔬菜供应备选基地管理制度》

《高温季节蔬菜病虫害绿色防控技术》等规范生产措施，做到"一地一制度、一品一方案"，确保质量安全。发挥市级各有关业务部门的技术优势，进行实地指导生产，与总仓无缝对接，落实果蔬采收规格、采后处理、包装、冷链运输等要求。峰会期间，杭州市蔬菜基地供应优质蔬菜69.1吨，水果基地供应圆黄蜜梨、醉金香葡萄、徐香猕猴桃等13.4吨。

【"两区"建设升级】 2016年，市农业局在深化"两区"建设的基础上，创建农业产业集聚区2个、特色农业强镇6个。新建市级粮食功能区4420公顷，功能区内土地规模流转率41%、统一服务率92%、水稻生产综合机械化率95%。

【旱粮生产拓展】 2016年，杭州市采取3项措施拓展旱粮生产。继续扩大旱粮种植面积，全年建成3.33公顷（50亩）以上的省级旱粮种植基地2068公顷，累计建成各级旱粮功能区2746.67公顷。运用电子商务平台开拓旱粮销售新途径，发挥建德、临安两市电子商务较为成熟的优势，尝试开展旱粮产品粗加工和深加工，探索利用电子商务平台拓展农产品销售渠道，培育出一批以瑞德农业（电子商务平台建设）、飞凤农业（粮牧结合）、临安小番薯（特色品牌）等为代表的高效旱粮发展新型主体。推广旱粮套种模式，在各级旱粮生产功能区和省级旱粮高效示范基地，示范推广"冬季蔬菜——春玉米""幼果茶园套种山稻"等旱粮多元化高效生产模式，新型旱粮种植模式每公顷产值超过5.25万元。

【粮油高产示范片创建】 2016年，为提高粮油生产能力，市农业局组织实施粮油高产优质多抗良种推广计划，开展粮油作物高产创建。全市建设部级粮油高产666.67公顷（万亩）示范片10个，省级水稻高产66.67公顷（千亩）示范片38个。

【"菜篮子"基地建设】 2016年，为增强基地保供、抗灾和应急生产能力，杭州市新建"菜篮子"基地35个，累计建成市级"菜篮子"基地460个，面积9300公顷。新建机耕路5千米、田间生产操作道9千米、渠道12千米、泵站5座、输水管道3千米、大棚13万平方米、蓄水池791立方米。

【蔬菜政策性综合保险补助标准提高】 2016年，杭州市在2015年实施蔬菜政策性综合保险试点的基础上，加大叶菜基地综合保险推进力度，印发《关于做好全市蔬菜政策性综合保险续保工作的通知》，提高补助标准，大棚设施、大棚蔬菜、露地蔬菜和保淡叶菜成本价格险4类险种保费统一由市财政补助90%，农户自缴10%。全市有参保蔬菜基地32个，参保露地蔬菜面积82.50公顷、大棚蔬菜119.31公顷、大棚设施123.29公顷、保淡蔬菜283.00公顷，合计608.10公顷。

【清凉峰镇创建有机蔬菜小镇】 2016年，根据市有机农业小镇建设工作领导小组《关于印发有机农业小镇建设实施方案的通知》精神，杭州市在临安市清凉峰镇开展有机蔬菜小镇创建工作。成立以镇长为组长的创建工作领导小组，明确相关工作职责；聘请浙江农林大学进行科学设计和规划；落实浪源、锦昌、绿源3个基础条件、生产技术、自然环境较好的生产主体作为示范创建基地；聘请南京国环有机产品认证中心对新增3个基地进行认证，面积16公顷；开展蔬菜有机生产技术培训，130多人次参加，覆盖全镇各蔬菜生产主体、种植大户及部分散户；按照实施方案，在浪源基地建造2000平方米的有机蔬菜体验综合展示中心。

2016年杭州市粮食作物生产情况

表3

项　目	播种面积（千公顷）	比上年（%）	总产量（吨）	比上年（%）	平均每公顷产量（千克）	比上年（%）
早　稻	1.78	−21.1	11 059	−25.8	6 202	−6.0
晚稻及迟中稻	42.80	−3.9	353 970	−2.0	8 271	2.0
大　麦	0.56	3.7	2 296	6.9	4 064	1.5
小　麦	11.44	9.9	40 074	−5.6	3 503	-14.2
玉　米	20.35	12.4	105 697	13.0	5 193	0.5
大　豆	16.92	4.3	54 182	3.8	3 203	−0.4
番　薯	8.05	−3.2	46 019	1.4	5 717	4.7
其　他	6.08	7.5	22 678	2.8	3 727	−4.4
总　计	**107.99**	**1.9**	**635 975**	**0.3**	**5 889**	**−1.5**

2016年杭州市棉花、麻类、油菜籽生产情况

表4

项　目	播种面积（千公顷）	比上年（%）	总产量（吨）	比上年（%）	每公顷产量（千克）	比上年（%）
棉　花	0.38	−15.5	599	−15.0	1 572	0.6
麻　类	0.01	0.0	15	−28.6	2 500	−28.6
油菜籽	26.16	−8.2	57 515	−13.2	2 199	−5.4

2016年杭州市蔬菜、茶叶、水果生产情况

表5

项　目	播种面积（千公顷）	比上年（%）	总产量（吨）	比上年（%）	平均每公顷产量（千克）	比上年（%）
蔬　菜	96.90	2.9	3 353 377	5.2	34 607	2.2
茶　叶	34.80	1.1	28 150	0.0	809	−1.1
水　果	29.39	−2.2	394 176	−7.9	13 411	−5.8

说明：水果不含果用瓜

【蔬菜直供直销范围扩大】2016年，杭州市继续以政策引导市级蔬菜基地向主城区(指上城区、下城区、江干区、拱墅区、西湖区、滨江区，下同)开展蔬菜直供直销。全年直供直销蔬菜24万吨，比上年增长6.7%。促进农业供给侧改革，解决了鲜活农产品市场供应区域性、结构性问题。部分蔬菜基地采用淘宝店、微店等新型销售模式，扩展蔬菜直销渠道。

【茶叶保险试点】2016年，杭州市用“以险代补”政策，在部分名优特色茶叶基地开展“茶叶政策性保险”试点。保险期为2月20日至4月20日，试点区域涵盖杭州市的7个区县(市)，涉及18个茶叶种植大户、茶叶专业合作社和茶叶企业，面积268.63公顷，总保险费74.45万元，财政补贴60%，农户自缴40%，共为投保茶园提供风险保障1007.37万元。恰逢早春寒潮周期性发生，触发4次理赔，赔款120.67万元，18个参保户全部涉及，总赔付率162%。此次保险试点降低了茶农灾后损失，为深化农业保险提供借鉴。

【鸠坑有机茶叶小镇建设启动】2016年，市农业局在淳安县鸠坑乡开展有机茶叶小镇建设工作。经多次实地调研、专题研讨，制定出台《淳安鸠坑有机茶叶小镇建设实施方案》《淳安鸠坑有机茶小镇建设三年行动计划》《淳安鸠坑有机茶叶小镇建设生产技术要点》，并逐项明确具体责任人和项目主体。8月，市、县、乡三级联合召开有机茶叶小镇建设工作动员大会，有机茶叶小镇建设工作正式启动。

【水果基地建设】2016年，杭州市新发展果园561.27公顷，其中桃127.1公顷、猕猴桃92.33公顷、柑橘74.00公顷、杨梅55.33公顷。同时，适量发展枇杷、樱桃、葡萄、梨、蓝莓等水果品种。

【西湖龙井茶手工炒制技师评定】为保护和传承西湖龙井茶手工传统炒制工艺，保持其独特的历史原真性和传统特色，2016年3月25日，西湖龙井茶高级炒茶技师评定工作在杭州西湖风景名胜区举行。来自西湖风景名胜区和西湖区的炒茶技师26人参加评定。经中国茶叶研究所和省农业厅专家评审，14人被评定为西湖龙井茶手工炒制技师。

【生态循环农业建设渐成体系】2016年，杭州市开展省现代生态循环农业试点创建。按照“县域大循环、区域中循环和主体小循环”的循环体系构建要求，桐庐和淳安两个现代生态循环农业整建制推进县于7月14日通过省农业厅的中期评估。杭州市11个现代生态循环农业示范区进一步巩固提升，其中桐庐县中埠现代生态循环农业示范区被列入省级区域性现代生态循环农业建设项目。110个现代生态循环农业示范主体计划于2017年全部创建完成，其中63个于2015年验收并通过认定，其他47个于2016年10月底完成市级验收认定，杭州市生态循环农业进入由点及面整体推进的新阶段。

【省级农产品质量安全放心县创建】2014～2015年，余杭区、桐庐县和临安市被列为省级农产品质量安全放心县创建单位；2015～2016年，萧山区和建德市被列为创建单位；2016～2017年，富阳区和淳安县被列为创建单位，实现了主要涉农县(市、区)省级农产品质量安全放心县创建全覆盖。至2016年末，余杭区、桐庐县和临安市通过省农业厅、省林业厅、省海洋与渔业局、省食品药品监督管理局4部门的联合考核，成为全省首批达标的省级农产品质量安全放心县。

【农产品标准化】2016年，杭州市围绕“标准强省、质量强市”建设的总体要求，以农产品标准化推广示范点建设为引领，建立完善农产品全程标准化生产体系和全程标准化质量控制体系。经各有关单位申报及区县(市)农业局初审推荐，杭州千岛湖方盛农业开发有限公司等10个单位被列入2016年度杭州市农产品标准化推广示范建设实施单位，年底各区县(市)均完成项目考核验收。

【品质农业建设】杭州市在品质农业建设上遵循创新、协调、绿色、开放、共享发展理念，推行全程控制和品牌发展战略。2016年，全市建成无公害基地177个，规模1.46万公顷。其中：新认定无公害基地32个，规模1040公顷，复查换证无公害基地145个，规模1.35万公顷。认证无公害企业58个、产品78个。其中：新认证无公害企业22个、产品30个，复查换证无公害企业36个、产品48个。认证绿色食品企业13个、产品15个。其中：新认证绿色食品企业6个、产品7个，续展绿色食品企业7个、产品8个。余杭区的“塘栖枇杷”获农业部农产品地理标志登记。在有机农产品发展上，启动有机农业小镇建设试点。

【农业废气管控】2016年，按照G20峰会环境保障指挥中心的统一部署，由市农业局牵头管控秸秆焚烧等农业废气，以确保G20杭州峰会期间大气质量。杭州市全面落实市、区(县、市)、乡(镇、街道)、村(社区)四级网格化监管体系，8月24日至9月6日，杭州市卫星遥感监测秸秆焚烧火点通报为零，未发生畜禽养殖场污染事件和农业氨污染事件，完成峰会期间各项农业废气管控任务。杭州市全年实际产生秸秆126.16万吨，综合利用116.34万吨，其中肥料化利用87.26万吨、饲料化利用19.97万吨、能源化利用5.89万吨、基料化利用1.61万吨、原料化利用1.95万吨，综合利用率92.2%。

【中低产田改造】2015年冬至2016年春，杭州市44个中低产田改造项目全部竣工并完成县级验收。总改造面积2015.67公顷，总投资4330万元。项目区新扩改建排水沟23.32千米、灌溉渠57.05千米、机耕路72.00千米，配套建设排灌机埠9座，项目实施区90%左右的农田实现“田成方、路成网、沟相连、渠相通”。按项目使用年限10年计算，投入回报比1∶3.61。

【农业环境质量监测】2016年，杭州市组织实施农田土壤环境质量监测。全市设基本农田长期定位监测点30个，生态农业土壤环境监测点52个，“菜篮子”土壤环境监测长期定位点50个，农田土壤污染综合监测点

35个和茶园长期定位监测点30个。结果表明，杭州市监测样点代表性土壤污染状况基本得到控制，但重金属镉仍是杭州市土壤污染的最大威胁。

【新品种引进和示范点展示】 2016年，杭州市种子总站引进晚稻新品种42个、油菜10个、旱粮50个，引试鲜食甜糯玉米、西瓜、甜瓜、菠菜等蔬菜瓜果新品种(组合)180个。建立晚稻6.67公顷(百亩)高产示范方3个、油菜6.67公顷(百亩)示范方3个、“浙鲜9号”毛豆新品种6.67公顷(百亩)高产示范方1个；建立鲜食玉米“金银208”、青梗菜“夏丽”、甜瓜“翠雪5号”和“瑞蜜1号”等新品种展示示范点10个，面积24.63公顷，筛选出一批适合杭州市种植的优良新品种。

【救灾应急种子储备】 2016年，杭州市种子总站落实水稻、玉米、大豆、荞麦等救灾储备种子126万千克(折合数)，落实蔬菜救灾应急储备种子4000千克、救灾应急蚕种1万张。全年动用粮食救灾储备种子655千克、蔬菜救灾种子741千克，动用储备蚕种“薪抗·白云”630张。

【种子经营专项整治】 2016年，杭州市种子总站按照省农业厅《关于开展“绿剑”春季集中执法行动的通知》《关于开展“绿剑”秋季集中执法行动的通知》《浙江省打击侵犯品种权和制售假劣种子行为专项行动实施方案》等文件精神，开展种子专项执法行动。全年出动执法人员94人次，检查种子市场8次，检查种子企业83个(次)。对市场在售农作物种子的标签、经营档案、品种审定、适宜种植区域与授权情况等进行检查，未发现套牌侵权、无证生产经营、未审先推、跨区域经营等违法行为。

【农作物病虫害绿色防控】 2016年，杭州市结合G20杭州峰会农产品质量安全管理，在各保供基地示范应用绿色防控集成技术，以点带面，提高绿色防控技术的普及率和知晓度。全市农作物病虫绿色防控示范面积5666.67公顷，辐射推广面积4.51万公顷，建立市级绿色防控示范区2个，完成植保新农药新技术试验20项，推广应用杀虫灯、性诱剂、色板诱杀技术面积分别为1.35万公顷、0.32万公顷、0.37万公顷；应用防虫网阻隔技术0.34万公顷；应用天敌生物防治333.33公顷；应用诱虫、显花植物种植技术面积0.93万公顷；应用田埂留草技术面积0.45万公顷；生物农药累计应用面积5.12万公顷。全市叶菜功能区绿色防控技术覆盖率100%。

【植物疫情防控】 2016年，杭州市继续完善植物疫情防控保障体系。全面落实植物疫情防控责任，全年各级政府共投入专项防控资金479.9万元，建立政府负责、部门分工协作、区域联防联控的工作机制。完善全市植物疫情应急防控体系，及时修订应急预案，做到组织保障、责任保障、资金保障和措施保障“四到位”。全市成立植物疫情防控指挥部13个，签订防控责任书1884份。全年开展以梨树病害、黄瓜绿斑驳花叶病毒病、甘薯茎腐病、加拿大一枝黄花等重大疫情为主的专项普查8次，普查作物面积9.71万公顷，疫情普查率100%。

【农药安全科学使用】 2016年，杭州市植保部门将科学使用农药与G20杭州峰会食品安全及农业水环境治理结合起来，加强科学用药示范，试验筛选、推广应用高效环保农药，加大对“两高”(高毒、高残留)农药替代力度。全年确定5个市级补贴农药供应商和氯虫苯甲酰胺等10个品种为高效“双低”补贴农药品种，累计为151个蔬菜生产组织、种植大户供应此类农药价值693万元(其中市级补贴金额248万元)，受补蔬菜种植面积4733.33公顷。推广农药减量技术面积9.78万公顷，全市实现农药减量109.6吨。

【测土配方施肥】 2016年，杭州市举办各级测土配方施肥技术培训班150期，培训技术骨干1100人次，培训农民1.33万人次，为提高测土配方施肥技术到位率奠定基础。全年实施测土配方施肥面积28.56万公顷(次)，发放测土配方施肥宣传资料6.5万份，建立各级示范区620个，示范面积2.07万公顷(次)，覆盖1906个村，覆盖率91%。设计配方肥26个，推广配方肥3.08万吨(折纯)，施用面积15.33万公顷(次)。推广新型肥料、水肥一体化和有机肥等技术，肥料投入比常规施肥下降5%。全年示范推广商品有机肥17.8万吨，应用面积3.41万公顷(次)。相比习惯施肥，推广测土配方施肥技术减少不合理施肥量2799.5吨，总节本增效3.42亿元。

【科技为农服务】 2016年，杭州市农业部门进一步搞好科技为农服务。利用农业专家队伍，开展面对面、一加一的农技服务，市、县(市、区)、乡三级农技人员建立结村联户制度。据不完全统计，全市农技人员联系农业企业500多个，联系科技示范基地330多个，涉及种养面积10万多公顷。开展科技下乡活动，全市组织各类科技下乡活动250多场次，1万多人次农技人员参与，服务农民10万多人次，发放资料15万多份，赠送和销售优质农资130多吨，展示农业新品种350个，推介农业新技术147项，展示推广农业新机具233台套。开展市级科技小分队服务活动，依托农业科技项目，全年组织80多位市县级农技专家对150多个农业科技示范基地和示范户开展面对面技术指导与服务，解决生产技术难题200多个。继续开展千社千顾问技术对接，有100多名省、市、县级专家结对全市农业生产合作社100多个，通过专家订单式技术服务指导，加强农业合作社与专家的沟通交流，提高服务的有效性和精准性。

【农业行政执法保障农资安全】 为保障农资安全，2016年初，市农业局制定《2016年杭州市农资监管工作要点》，并结合农时季节，组织全市农业行政部门开展“绿剑”春季、夏季、秋季集中执法行动，保障全年特别是G20杭州峰会期间农产品质量安全。全市全年出动执法检查人员5285人次，检查各类生产经营网点3797个(次)，印发各类宣传资料3.37万份，监督抽检农资2692批次，查处各类违法行为132起，查获假劣农资5332.61千克，货值金额9.31万元，移送公安机关查处2起。

【农药包装废弃物回收处置】 在2015

年余杭区、桐庐县、淳安县等地开展农药废弃包装物回收处置工作试点的基础上，2016年，杭州市贯彻执行《浙江省农药包装废弃物回收和集中处置试行办法》，指导和督促各地因地制宜开展农药包装废弃物回收处置工作。西湖区、萧山区、富阳区、建德市、临安市等均制订实施方案，落实财政专项资金，农药废弃包装物回收处置工作在全市推广实施。全市全年回收农药废弃包装物727.74吨，处置723.1吨。市农业局会同市环保局协调落实农药废弃包装物处置单位，加强处置能力建设，确保全市农药废弃包装物回收率70%、处置率90%的目标完成。

【永久基本农田划定和保护】 2016年7月6～8日，国土资源部、农业部在杭州市联合召开全国永久基本农田划定工作现场交流会，部署永久基本农田划定工作，确保永久基本农田划得准、管得住、建得好、守得牢。杭州市在永久基本农田划定过程中，农业部门和国土部门积极配合，在全国率先完成永久基本农田划定工作，并实行最严格保护，维护了农田综合生产能力，得到农业部部长韩长赋、总农艺师孙中华及与会代表的肯定。

（徐德玉）

林　业

【林业概况】 2016年，杭州市围绕服务保障G20杭州峰会和建设“美丽杭州”目标，实施“生态立市”战略，以林业五大重点工程为主抓手，促进林业增效、林农增收。全市完成造林更新2800公顷、平原绿化800公顷。新增省级以上公益林优质林分1.07万公顷，累计建成39.20万公顷。创建省级森林城市1个、省级森林村庄21个、省级生态文化基地4个。至年末，森林面积109.6万公顷，森林蓄积量5799万立方米，森林覆盖率65.22%。全市林业产值53.19亿元，比上年增长6.8%。开展现代林业经济示范区建设，新建林道850千米，新增临安昌化山核桃和太湖源竹笋、建德三都香榧、余杭径山竹笋、富阳湖源甜柿5个示范点。加强平安林区建设，全面防控森林灾害，持续处于低发生、低受害，森林火灾受害率0.02‰，发生率0.64起/10万公顷；林业有害生物成灾率0.76‰，无公害防治率99%。

（郭新保）

【森林资源年度监测】 2016年，杭州市开展全市森林资源监测工作，市县联动，遥感判读，通过样地调查、补充调查、档案更新、数据更新、实地核查等方法，做好2015年度杭州市森林资源与生态状况公告相关工作，并于2016年3月21日在《杭州日报》刊登，公布2015年森林资源与生态状况监测主要成果，并报省林业厅备案。全市森林覆盖率65.22%（按省统计口径为66.97%），林地保有量117.47万公顷，林木蓄积量5898万立方米，均已完成省定目标，实现持续增长。

【林业改革深化】 2016年，杭州市深化林业改革。淳安、建德、临安3县（市）按要求启动林业股份合作制改革试点工作。全市建立13个股份合作组织，面积1060公顷；创建省级示范性家庭林场5个；所辖区县（市）均制定林地经营权流转证发证管理细则，实际发放林地经营权流转证34本，面积406.8公顷。深化林业金融改革，全市政策性林木保险面积65.24万公顷，占森林面积的59.5%；林木综合保险面积14.76万公顷，占商品林面积15%以上；林权抵押贷款发生额6.8亿元，淳安县新组建1个国有控股林业类担保公司，桐庐、淳安、建德、临安等组建8个林权交易平台。全市调查处理山林纠纷29起。

【湿地保护】 2016年，杭州市划定湿地保护红线10.6万公顷，以划定湿地红线为契机，加快推进杭州市湿地保护工作。申报省重要湿地名录，推进杭州大江东产业集聚区国家湿地公园规划工作，实施运河、西溪、湘湖、白马湖等湿地生态修复工程。做好杭州市城市快速轨道交通建设规划对西溪国家湿地公园环境影响相关工作，继续开展2016年度西溪国家湿地公园生物多样性监测工作，会同市旅委做好西溪国家湿地公园经营管理体制工作。

（汤惠明）

【森林资源保护专项行动】 2016年，杭州市森林公安机关围绕G20杭州峰会林区安保工作，坚持全面管控和重点整治相结合、源头治理和专项打击相结合，先后开展清火、清网、清毒、清案等“利剑”系列专项行动。全市各类森林和野生动物案件受理536起，查处530起，查处率98.9%；刑事案件立案54起，侦破49起，侦破率90.7%；行政案件受理482起，处理481起，查处率99.8%；铲除毒品原植物罂粟种植点81处6144株。打击和处理各类违法犯罪人员572人次，收缴林木树木231立方米，行政罚款210万元。

（徐惠芳）

【林业科研】 2016年，杭州市本级承

杭州大江东产业集聚区湿地　　（市林水局　供稿）

担各类林业科研项目11个,国家发明专利授权1项,获省级科学技术成果1项;发表论文11篇。其中:NATURE短讯1篇,SCI论文2篇,以第一作者在国内中文核心期刊发表论文3篇;参与《天目山动物志》第八、第九卷编纂。成果分别获国家梁希林业科学技术奖二等奖,浙江省科技兴林奖一等奖、二等奖,杭州市科技进步奖二等奖各1项。何奇江被评为浙江省农业科技先进工作者和浙江省有突出贡献的中青年专家。（吴玉红）

【古树名木普查和保护工程】2016年6月,杭州市成立古树名木保护和普查工作领导小组,全面开展古树名木普查工作,按要求保质保量推进古树名木资源普查工作。按照“一树一策”要求开展省下达的450棵古树名木的保护工作,实施市本级40棵古树名木保护工作。（汤惠明）

【珍贵“彩色森林”建设】2016年8月,市政府办公厅印发《杭州市新植珍贵树五年行动计划(2016~2020年)》,以提高森林质量、增加珍贵树种资源战略储备为目标,以发展材质优良、经济价值高、发展前景好的珍贵乡土树种资源为重点,实施珍贵树种赠苗造林、基地建设、补植培育、“四旁”植树、发展示范五大行动,重点推进南方红豆杉、红豆树、花榈木、浙江楠、浙江樟、榉树、金钱松、檫木、柏木、薄壳山核桃、银杏(非嫁接)、榧树(非嫁接)等珍贵树种种植。计划到2020年,全市新植珍贵树1120.7万株。2016年,全市完成珍贵树苗木培育316万株,新植珍贵树230.7万株,建设珍贵彩色森林1.58万公顷,设立发展示范点15个、示范林16片、示范单位16个。（郭新保）

【“寻找杭州最美森林古道”活动】2015年9月至2016年10月,市绿化办、市林水局会同杭州文广集团组织开展“寻找杭州最美森林古道”活动,运用多种新闻媒体的宣传形式,引导人们走进森林古道、追寻文化古韵。活动经各地寻找调查、组织推荐,市级择优初评20条候选古道,以及系列电视片专题拍摄、定期展播,加上摄影比赛、知识竞赛、微信投票、专家评审等多个环节,于2016年10月28日在云栖竹径举行“寻找杭州最美森林古道活动揭晓仪式”,向社会推介10条“杭州最美森林古道”:西湖风景区十里琅珰森林古道、萧山区萧富森林古道、余杭区径山森林古道、余杭区杭宣森林古道、富阳区龙门山森林古道、富阳区九仰坪森林古道、桐庐县和建德市马岭森林古道、建德市遥岭森林古道、临安市昌宁森林古道、淳安县茶山森林古道。同时,汇编形成图文集《杭州森林古道》,公开发行。（裘　靓）

【“绿剑检疫执法年”专项行动】2016年,根据省林业厅对“绿剑检疫执法年”专项行动的部署,杭州市各区县(市)林业(林水)局集中时间、力量开展检疫执法工作。全市查处案件126起,其中:淳安县查处案件105起,桐庐县查处案件9起,建德市查处案件8起。涉案金额33.98万元,没收、烧毁疫木30.39立方米,有效阻截松材线虫病疫情人为的扩散蔓延。在省林业厅2016年“绿剑检疫执法年”专项行动通报表扬中,西湖区和大江东产业集聚区新建森林植物检疫机构、萧山区的政府购买检疫服务、建德的执法案卷被全省示范等均获通报表扬,占全省通报表扬总数的40%。（赵丽涵）

【“爱鸟周”宣传活动】2016年4月,市林水局联合国家林业局濒危物种进出口管理办公室上海办事处、富阳区政府、杭州日报社、杭州野生动物世界、杭州市野生动物保护协会在杭州野生动物世界举行2016年野生动植物保护宣传月和“爱鸟周”宣传活动启动仪式,开展“观鸟征文大赛”以及“杭州疯狂动物世界”绘画大赛两大主题活动。50所学校200多名学生和家长参加。（汤惠明）

【森林消防】2016年,杭州市发生森林火灾7起,过火面积39.10公顷,受害森林面积19.86公顷。森林火灾发生率0.64起/10万公顷,受害率0.02‰,森林火灾控制率2.84公顷/起,森林火灾起火原因查明率100%,在浙江省2016年度森林消防责任考核中被列为优秀等级。（徐惠芳）

畜牧业

【畜牧业概况】2016年,杭州市畜牧部门贯彻省农业厅《关于深入推进畜禽养殖综合整治加快建设美丽生态畜牧业的意见》等文件精神,按照“美丽杭州生态文明建设”和“保供给、保安全、保生态”中心任务的要求,全面开展畜禽养殖场生态治理,强化畜产品质量安全监管,拓展畜牧休闲文化功能,推进美丽生态畜牧业建设,在“五水共治”的大环境下,保障全市畜牧业健康持续发展和畜产品安全。全年生猪饲养量407.34万头,比上年下降10.1%;年末存栏126.91万头,下降19.1%;出栏280.43万头,下降6.7%。牛饲养量2.65万头,下降17.4%,其中奶牛存栏0.64万头,下降14.7%。羊存栏26.21万只,增长9.2%;出栏37.50万只,增长21.4%。兔存栏15.69万只,下降27.6%;出栏73.84万只,下降14.9%。家禽存栏983.76万羽,下降14.0%;出栏2535.87万羽,下降10.4%。肉类产量26.27万吨,下降5.6%;禽蛋产量10.38万吨,下降9.0%;蜂蜜产量3.33万吨,增长13.5%;牛奶产量2.86万吨,下降16.2%。全市畜牧业产值85.74亿元,增长6.2%,畜牧业产值占农林牧渔业总产值的18.3%。

【畜牧业污染治理】2016年,杭州市农业部门会同环保部门、国土部门和区县(市)政府,开展畜牧业污染整治,帮助养殖企业与环保生态治理技术公司对接,对整治达标的生态养殖场及时验收,不达标的养殖场一律关停。全市关停、搬迁畜禽养殖场6691个,完成年存栏生猪50头以上养殖场生态达标验收765个;消纳利用沼液146万吨。萧山、富阳、桐庐、淳安、建德、临安等区县(市)畜禽养殖线上监管平台已建成,全市153个规模养殖场全部纳入平台监管。萧山、富阳、桐庐、淳安、建德、临安等有生猪散养和规模水禽养殖场的区县(市)均制订印发“一县一策”整治方案,全面完成治理。

【动物尸体无害化处理】在前两年建成萧山区、临安市动物尸体无害化集中处理中心并取得明显成效的基础上，本着避免重复建设，提高处理效率，降低环境影响的原则，2016年，杭州市推动其他区县（市）与萧山区无害化处理中心对接，建立动物尸体跨区域无害化处理联动处理机制。要求各地安排专项资金建立符合环保和动物防疫要求的冷库，作为动物尸体的收集转运点，由萧山区动物无害化处理中心统一集中处理。余杭区、富阳区与萧山区对接，开展动物尸体跨区域处理。

【畜牧业金融保险试点】 2016年，为解决畜牧业转型升级中融资难的问题，杭州市探索建立畜牧业金融担保平台，落实安信农业保险有限公司为浙江良牧合作社联合社饲料采购平台提供2000万元的贷款担保。鼓励农业保险公司对湖羊、禽蛋等畜产品生产开展价格指数保险业务。市农业局与保险公司对该项保险业务的相关信息采集、赔付方式等进行调研论证。

【重大动物疫病强制免疫】 2016年，杭州市继续对重大动物疫病实行强制免疫。全市使用禽流感疫苗1914.60万毫升，使用猪口蹄疫疫苗1095.01万毫升，使用牛羊口蹄疫疫苗112.16万毫升，使用猪蓝耳病疫苗739.26万毫升，均超额完成省下达的任务。

【动物疫病风险预警】 2016年，市畜牧兽医局加强动物疫病风险预警。全市采集和监测畜禽样本7.23万份（次），其中：生猪血样1.48万份（次），家禽样本3.06万份（次），牛、羊血样2.69万份（次），超额完成省下达任务。全市监测结核病奶牛场（户）27个（次）、奶牛8645头（次），抽检布病家畜场（户）133个，监测牛血样4859份、羊血样8755份，家畜本地结核病和布病疫情保持清净。监测血吸虫病血清样本182份、狂犬病抗体100份、高致病性猪蓝耳病抗原200份。飞行监测8个区县（市）规模畜禽场110个，检测畜禽血样1649份，对飞行监测发现的问题和28个不达标场点，进行通报并督促整改。开展重点疫病的净化监测，全面开展H7N9流感预警剔除监测，监测农贸市场25个（次）、家禽屠宰场点27个（次）、家禽养殖场（户）305个（次），检测家禽咽肛拭子7510份、环境样本597份，未在养殖、屠宰环节和环境及野禽中检出H7N9流感病毒核酸。实施小反刍兽疫监测，采集156场（户）羊血清4850份、拭子4822份；组织开展农业部要求的2016年重点种禽场主要疫病监测净化的采样抽检，采集白耳黄鸡、萧山鸡等18个品种鸡的1019份血样和299只种蛋，送中国动物疫病预防控制中心进行高致病性禽流感、禽白血病、禽网状内皮组织增殖症和鸡白痢4种疫病的抗体及病原学监测。

淳安山林养鸡　　（市农业局 供稿）

【主城区宠物防疫】 2016年，针对主城区宠物量的增加，市畜牧兽医局加强对主城区宠物的防疫工作。主城区共免疫犬狂犬病4.42万只，下社区免疫26次。主城区5个宠物疫病检测试点医院对356只犬（猫）开展狂犬病、犬瘟热、犬细小病毒病、猫瘟病原的快速检测，其中犬270只、猫86只。全市7个流浪猫绝育定点医院共实施流浪猫绝育手术763例。在主城区开展为期1周的犬类春季集中免疫行动和犬类防疫宣传进社区活动，发放有关狂犬病宣传资料1350多份、文明养犬宣传物品1000多份。

【畜牧业专项整治】 2016年，为保证畜产品安全，杭州市畜牧部门进行一系列畜牧业专项整治。开展畜禽屠宰执法检查75次，出动执法人员250人次，检查畜禽屠宰场（点）、交易市场等单位146个（次），受理投诉举报14起，均按要求及时办理。开展生猪屠宰和检疫专项整治行动、生猪屠宰监管扫雷行动、畜产品水分含量监督抽样行动。G20杭州峰会期间抽取猪肉样品160份、牛肉样品14份，送检的样品经浙江省农科院检测中心检测均合格。

【动物诊疗机构专项整治】 2016年，杭州市开展动物诊疗机构执法检查89次，出动执法人员447人次，检查220个单位，发现部分动物诊疗机构存在未公示从业人员信息，执业兽医未依法注册等问题，责成整改20个，立案查处11起，罚没金额1.19万元。

【动物及畜产品检疫】 2016年，杭州市产地检疫生猪157.11万头、牛871头、羊1.49万头、家禽1042.80万羽。屠宰检疫生猪193.61万头、牛羊6.29万头、家禽1065.06万羽。检出病畜2115头，比上年下降32.9%；检出病禽8.04万羽，增长24.3%。市本级调入动物产品5.24万批次，其中：猪肉及其产品2.82万批次、12.82万吨，牛羊肉及其产品2624批次、8941.46吨，禽肉及其产品2.15万批次、15.72万

2016年杭州市畜牧业生产情况

表6

项目	单位	年内出栏	比上年(%)	年末存栏	比上年(%)
生猪	万头	280.43	-6.7	126.91	-19.1
牛	万头	1.18	-23.9	1.47	-11.4
其中:奶牛	万头	—	—	0.64	-14.7
羊	万只	37.50	21.4	26.21	9.2
兔	万只	73.84	-14.9	15.69	-27.6
禽	万羽	2 535.87	-10.4	983.76	-14.0

2016年杭州市主要畜产品产量

表7

项目	总产量(吨)	比上年(%)	人均拥有量(千克)	比上年(%)
肉类	262 696	-5.6	35.69	-7.2
禽蛋	103 768	-9.0	14.10	-10.5
牛奶	28 648	-16.2	3.89	-17.6
蜂蜜	33 281	13.5	4.52	11.6

2016年杭州市蚕茧生产情况

表8

项目	蚕种张数(万张)	比上年(%)	总产量(吨)	比上年(%)	每张单产(千克)	比上年(%)
春蚕	7.78	-22.0	3 848	-23.5	49.46	-2.0
夏蚕	1.44	-19.6	699	-8.6	48.51	13.6
秋蚕	7.76	-19.1	3 599	-22.2	46.38	-3.9

吨,其他动物产品18批次、39.73吨。开展供杭冷鲜动物产品企业风险信息评估,审核通过并新开通供杭冷鲜禽产品屠宰加工企业11个、冷鲜猪肉屠宰加工企业7个,冷鲜牛肉屠宰加工企业1个。（徐德玉）

水产业

【水产业概况】 2016年,杭州市渔业部门围绕服务保障G20杭州峰会圆心,继续坚持现代渔业发展方向,以保障渔业生态、渔船生产和水产品质量安全为核心,结合杭州市实际,建设"两区一基地"(现代渔业园区、设施渔业示范园区和"菜篮子"基地),推进渔政各项工作的开展,提高渔业安全水平和可持续发展,保持渔业持续、稳定、健康发展。全市水产养殖面积5.87万公顷,比上年下降0.8%,水产品总产量24.70万吨,下降4.5%,渔业总产值43.52亿元,占农林牧渔业总产值的9.3%。

【渔船集中停泊管理】 2016年,为保障G20杭州峰会安全,杭州市渔政部门规划落实全市渔船集中停泊点78个,其中:核心区、严控区16个,管控区62个。督促各地根据当地实际情况,采取江面集中停泊或上岸集中管理等方式,统筹安排渔船集中停泊。8月31日前,核心区88艘、严控区309艘、管控区1339艘渔船全部按规定集中停泊,集中停泊率100%。同时通过人防、物防、技防等手段加强对集中停泊渔船的管控,实行渔船编组、村(社区)、渔政管理部门三级管控,确定各江段、停泊点的管理责任人,落实并细化定人管江、管船、管人等相关工作,确保钱塘江核心区、严控区、管控区江段在管控时间段内无航行作业渔船。

【池塘循环流水生态养殖】 2016年,池塘循环流水生态养殖技术模式在杭州市呈现良好发展态势。至年末,全市建成池塘循环流水生态养殖示范点22个、养殖流水槽105条,养殖品种丰富、基础设施材质多样,发展规模在省内领先。全市累计接待前来考察学习的同行2000多人次。池塘循环流水生态养殖技术是池塘养鱼与流水养鱼的技术集成,杭州市于2015年开始试验与示范,在萧山区、余杭区、富阳区和桐庐县建立4个示范点,取得良好效益。

【现代渔业园区建设及水产品健康养殖】 2016年,杭州市加大资金投入,加强项目管理,继续推进现代渔业园区建设,发挥其示范、带动、辐射作用。全市获批省级主导产业示范区和特色渔业精品园49个、面积3040公顷,通过省级验收园区累计32个。按照"生产条件标准化、生产操作规范化、生产管理制度化、示范辐射规模化"的要求,至年末,杭州市建成农业部水产品健康养殖示范场42个、面积4.15万公顷,产量超过1.56万吨。

【水产新品种新技术推广】 2016年,杭州市建成国家级水产原良种场3个,省级水产良种场7个。开展渔业主推品种、模式与技术示范推广,重点推广南美白对虾、罗氏沼虾、中华鳖、杂交鳢、异育银鲫"中科3号"、黄颡鱼等11个品种;集成推广新型稻(莲)田综合种养、鱼(虾)塘—水稻(水生蔬菜)种养结合、池塘内循环流水生态养殖、池塘多品种混养、南美白对虾设施大棚养殖、水质综合调控技术等七大类12项主推技术。

【水产养殖污染治理】 2016年,杭州市完成水产养殖塘生态化改造和生态养殖模式技术推广面积1882.00公顷,推广稻鱼共生轮作面积716.40公顷。关停整治养殖温室3.70公顷,完成增殖放流1.67亿尾。

【涉渔"三无"船舶及禁用渔具拆解现场会】 2016年5月11日,杭州市在富阳区召开"打击非法捕捞,护航G20峰会"暨涉渔"三无"船舶及禁用渔具拆解现场会,现场集中拆解销毁26艘"三无船舶"和450多套电捕器具。

【远洋渔业管理】 2016年,因船只交易与更新,杭州市远洋渔业企业实际投入生产渔船54艘,比上年减少7

艘，远洋渔业产量7.36万吨，产值11.87亿元。为深化远洋渔业属地管理，保障G20杭州峰会期间涉外安全，市农业局抓好4个远洋渔业企业的制度完善、管理跟进、硬件保障等方面工作，于5月20日召开远洋渔业工作会议，再次强调安全生产。9月12日，组织安全生产检查，现场观摩渔船消防救生演练。4个公司均执行国家有关远洋捕捞的政策规定，没有发生安全生产事故。

【渔业专项执法】 2016年，杭州市渔政管理部门组织开展春雾季渔船安全执法检查和春潮2016年专项执法行动。市本级开展渔政执法检查223次，参加人员1040人次，检查渔船750艘(次)，发现违法行为182起，立案查处2起，移交属地渔政机构处理7起，查扣没收"三无"船只10艘，查获电捕器具、丝网等52件套。及时处置"12345"市长热线交办、"110"社会联动移交、群众举报有关渔业违规违法事项42件。

2016年杭州市水产品产量

表9

项　目	产量(吨)	比上年(%)
(一)总计	**247 025**	**-4.46**
淡水养殖	164 038	-2.93
淡水捕捞	9 409	-4.93
远洋渔业	73 578	-7.66
(二)养殖水域		
池塘	69 562	-0.59
湖泊	1 306	-10.30
河沟	13 480	12.68
水库	17 921	8.28
稻田	52 593	-12.11
其他	9 176	-0.34
(三)主要养殖品种		
青鱼	4 153	-10.55
草鱼	13 187	-2.85
鲢鱼	23 101	0.62
鳙鱼	22 880	6.74
鲫鱼	14 011	3.34
鳊鱼	7 029	0.36
鲤鱼	2 141	1.66
罗非鱼	128	8.47
鲶鱼	551	12.45
鳖	31 006	11.90
蟹	321	-43.98
虾类	24 845	-13.23
加州鲈鱼	241	17.56
乌鳢	8 064	-45.40
鳗	110	-12.70
鳜鱼	136	58.14
黄鳝	60	-30.23

2016年杭州市水产养殖面积

表10

项　目	面　积	比上年(%)
(一)水域养殖(公顷)	**58 729**	**-0.84**
池塘	8 494	-5.39
湖泊	427	0
河沟	3 630	-0.25
水库	44 949	-0.02
稻田	8 417	-10.66
其他	1 229	0.33
(二)网箱养殖(平方米)	**381 866**	**-16.84**

说明：稻田养鱼面积不计入"水域养殖"

【水生野生动物宣传保护】 2016年，杭州市渔政部门在全市范围内组织开展以"关爱水生动物，共建和谐家园"为主题的水生野生动物保护科普宣传月活动，普及《中华人民共和国野生动物保护法》和水生野生动物保护相关知识。制作科普展板和宣传手册，展示常见危害性外来生物标本，引导市民了解科学放生、践行科学放生。处理"12345"市长热线交办及群众举报有关水生野生动物事件17起，开展水生野生动物救护16次，救护水生野生保护动物17尾。

【钱塘江标准化渔船建设】 2016年，为提升渔船安全生产基础能力，杭州市实施钱塘江捕捞渔船标准化推广项目，成立领导小组，明确阶段性工作目标任务。省级财政确定第一期补助资金约500万元，市级财政确定相应的补助金额。杭州市渔政部门组织召开江干、西湖、滨江、萧山等区渔业主管部门和渔民座谈会，听取对标准化渔船设计的建议和意见，开展实船调查和勘验，并组织到江苏、重庆、湖北等地进行标准化渔船建设考察和调研。至年末，完成标准渔船船型设计项目招标工作，初步设计出符合渔船检验规范、渔民受用、体现捕捞文化的标准化渔船船型图纸4套，钱塘江标准化渔船建设稳步推进。

(徐德玉)

水　利

【水利概况】 2016年，杭州市各级党委、政府贯彻落实中央治水新思路，围绕省委、省政府重大决策部署，推进"五水共治"水利建设，全市投入建设资金75.4亿元。一是防洪水。继续实施钱塘江、富春江、浦阳江、兰江治理工程，推进大江东产业集聚区标准海塘建设，加固海塘河堤22.7千米；完成20座水库、99座山塘除险加固，完成8座小水电生态治理。二是保饮水。第二水源千岛湖配水工程完成投资15.0亿元，湘湖应急备用水源工程完成投资5亿元，完成新增改善灌溉面积2266公顷，农村饮水安全提升工程受益人口8.0万人。三是排涝水。建成七堡、四五排涝站，新增入海强排能力58立方米/秒。四是治污水。完成河湖库塘清淤1624万立方米、农村河道综合整治工程275千米。五是抓节水。加快"一高五小"小型农田水利建设，完成高效节水灌溉面积1495公顷，农田灌溉水有效利用测算实际系数值为0.591；完成4个节水型企业和3个节水型灌区建设申报，建成5万立方米以上取水企业实时监控系统。

市林水局编制实施《杭州市G20峰会防潮安全保障工作方案》，制定出台《杭州市钱塘江防潮安全应急预案》和《杭州市钱塘江防潮安全巡防工作细则》。改造后的杭州市防汛抗旱指挥中心投入使用，实现大部分设备的更新换代，实现与省防汛抗旱指挥中心、市应急指挥中心、杭州各区县(市)防汛指挥部、部分防汛指挥部成员单位和主要水管单位视频会商和防汛数据的无缝对接。杭州市视频会商系统已实现会商到乡(镇)、视频到村、预警入户。

(陈剑锋　李朝秀　徐志刚)

【水资源量】2016年，杭州市平均降水量1947.0毫米(折合水量323.13亿立方米)，比多年平均降水量(1553.8毫米)偏多25.3%，比上年偏少8.4%。全市地表水资源量210.82亿立方米，地下水资源量37.0亿立方米，扣除地表水和地下水重复计算量34.72亿立方米，全市水资源总量213.10亿立方米。全市产水系数0.66，产水模数128.4万立方米/平方千米。全市地表水资源量比多年平均偏多47.0%，比上年偏少10.9%。地表水资源量的空间分布与降水量的空间分布大致相似，由西部山区向东部平原递减。

全市总供水量34.24亿立方米，比上年减少0.55亿立方米。其中：地表水源供水量33.93亿立方米，占99.1%；地下水源供水量0.14亿立方米，占0.4%；其他水源供水量0.17亿立方米，占0.5%。市区总供水量25.13亿立方米，占73.4%。提水工程供水为主要供水方式。

全市总用水量34.24亿立方米。其中：生产用水量22.43亿立方米，占65.5%；生活用水量10.97亿立方米，占32.0%；生态用水量0.84亿立方米，占2.5%。市区总用水量25.13亿立方米，占73.4%。

全市总耗水量16.70亿立方米，平均耗水率48.8%。其中：生产耗水量11.77亿立方米，生活耗水量4.16亿立方米，生态耗水量0.77亿立方米。市区耗水量11.87亿立方米，占71.0%。

全市退水量12.60亿立方米。其中：工业退水量6.25亿立方米，占50.4%；城镇居民生活退水量2.79亿立方米，占22.5%；建筑业退水量0.20亿立方米，占1.6%；第三产业退水量3.17亿立方米，占25.5%。市区退水量9.69亿立方米，占78.0%。

【水资源利用】2016年，杭州市人均年综合用水量372.6立方米。城镇居民人均年生活用水量60.4立方米，农村居民人均年生活用水量51.7立方米，城镇公共用水量人均140.5立方米，农田灌溉每公顷用水量6502.5立方米。人均水资源占有量2319.3立方米，水资源利用率16.1%(不包括过境水资源量)。

【水资源日常管理】2016年，杭州市加强水资源日常管理。开展取用水管理的专项检查，联合区县(市)有关人员重点对许可审批、取水计划下达、水资源费征收和实时监控上线率等方面进行专项检查，通过互查互评，有关问题得到暴露和及时整改，促进管理更规范到位，实时监控上线率由65%提高到95%以上。完成2015年水资源公报、质量通报和水务年报的编制。做好用水总量统计工作，对全市155个自备水企业、43个公共制水企业、70个居民用水、63个建筑及三产服务业和19个灌区开展用水总量统计，通过完善样本，提高统计精度，更客观地反映用水实际。完成水资源费征收，全市2016年度实际征收2.25亿元，比上年增长19.6%。市林水局牵头并会同10个市级部门对7个区县(市)政府"十二五"期间实行最严格水资源管理制度工作情况进行考核，考核采取台账检查、实地核查、现场汇报相结合的方式，进一步压实政府主体责任，并督促各地抓好考核整改。(李朝秀)

【大中型水库蓄水动态】至2016年末，杭州市有大型水库4座，中型水库14座。年末总蓄水量146.75亿立方米，比上年末减少5.12亿立方米。其中：大型水库总蓄水量144.48亿立方米，中型水库总蓄水量2.27亿立方米。

【G20杭州峰会水利保障】2016年，市林水局做好G20杭州峰会保障工作。开展峰会防汛防台保障研究，通过长系列分析，编制《G20峰会期间杭州极端天气事件概率分析》和《G20峰会期间钱塘江潮汐和泥沙预测分析》，提出相关应对意见。开展峰会核心区防汛防台专题研究，评估钱江世纪城和萧山机场排涝能力，提出改进措施。实施应急排涝工程，加快沿江骨干排涝工程建设，累计外排能力达592立方米/秒。钱江世纪城新建4座节制闸，实现核心区水系封闭，排涝能力达到50年一遇以上。编制应急保障预案，制定《钱江世纪城与萧山国际机场区域G20峰会防洪应急保障专项预案》。做好抗咸调度和水环境保障，派员参加省钱塘江水环境保障指挥部，配合做好配水、打捞、调度、流量监测等工作。(朱家驹)

【年度水土流失治理任务超额完成】2016年，杭州市完成水土流失治理52.22平方千米，完成率123%。开展服务G20杭州峰会生产建设项目水土保持监督检查活动，对主城区及大江东产业集聚区的部分开发建设项目进行重点检查。对全市615个在建项目开展监督检查，尤其是加大对杭黄高铁、千岛湖配水工程和矿产开发等项目的监督管理，发出整改通知单2份。

【水利改革创新】2016年，杭州市全面启动水利工程标准化管理工作，开展327项市级任务创标，其中204项省级创标任务全部验收完成。萧山、桐庐被列为全省示范县(区)，7个大中型工程被列为省级样板工程。推进水权制度改革试点，完成10座山塘、水库确权登记，临安市出台《东苕溪流域农村水资源使用权确权登记暂行办法》。全面实行最严格的水资源管理制度，完成"十二五"期末考核任务，分解下达2020年控制指标，"三条红线"(建立用水总量控制、用水效率控制和水功能区限制纳污"三项制度"，相应地划定用水总量、用水效率和水功能区限制纳污"三条红线")刚性约束作用凸显。深化农村河道"河长制"工作，强化河道监督巡查和问题整改，全市出动5596人次，开展河道巡查1919次，检查河道1.02万条，下发督办或抄告单569份、巡查检查通报12份。履行好上塘河、杭甬运河"河长制"联系部门职责。深化"千人万项"行动，7735人次参与，合计投入3.3万人(日)，蹲点指导服务水利建设项目399个。针对13个重点工程项目，发现问题64个，解决率100%。

【农村饮用水源保护范围划定】2016年，市林水局贯彻落实《浙江省农村供水管理办法》和《关于加强农村饮用水水源保护工作指导意见》要求，在做好区县(市)人员技术培训的基础上，督促各地做好252个日供水200吨以上的农村饮用水源地的调查摸底，并对照技术要求开展保护范围划界和警示标志设置。至年末，相关工作成果已完成，并上报市政府审批。

【水利工程管理考核】2016年，杭州市开展大中型水利工程管理考核，30个水利工程管理单位被列入考核，实际参加考核单位为24个。经评定，全市考核最高分为临安市水涛庄水库管理处969分、最低分为杭州千岛湖恒信水电开发有限公司(严家水库)837分，平均得分909分。各管理单位考核得分均在700分以上，且各类考核得分均不低于该类总分的70%，考核结果全部合格。

杭州市开展小型水利工程管理评估，在各有关区县(市)自评的基础上，市林水局组织复评。经复评，各区县(市)水利(水电)局在小型水利工程的管理机制体制创新、巡查管护责任落实、维修养护资金保障和社会化物业化服务等方面取得较好绩效，落实了安全管理责任和管护资金长效机制，规范了岗位人员设定，加大水利工程标准化管理。经复评，萧山区、余杭区、富阳区、桐庐县、淳安县、建德市、临安市复评总分均在85分以上，管理机制建设和工程管理实绩单项得分均在80分以上，小型水利工程管理评价为优秀等级。

【水利工程标准化管理】2016年，根据市政府批准的《杭州市全面推进水利工程标准化管理实施方案(2016～2020年)》，全市开展327项工程创标，其中被列入省级创标的204项，涵盖水库、山塘、海塘、堤防、水闸、泵站、农饮水、水电站和水文测站九大类工程类型，实施范围包括市本级、萧山区、余杭区、富阳区、桐庐县、淳安县、建德市、临安市共8个区县(市)。全市域、全类型、大力度推进，萧山区和桐庐县作为全省示范县整体推进。

梳理发布标准化工程名录，落实管理单位或责任主体。14座大中型水库、619座小型水库、289座山塘、17段海塘、99段堤防、12座大中型河道水闸和18座大中型海塘水闸、38座大中型泵站、1个大型灌区、228处农饮水工程、77座电站和91座水文测站共计1503处工程全部公布并落实管理单位(或责任主体)。

落实公益性和准公益性工程管护经费保障政策。杭州市本级出台推行管养分离的政策文件，并对山塘水库除险加固、重要堤防加固、农村灌排河道综合整治等给予财政补助政策。萧山区、余杭区、富阳区、桐庐县、淳安县、建德市、临安市均出台公益性水利工程运行、管理和维修养护相关保障政策，并纳入公共财政支出范围。萧山区、余杭区、富阳区等经济实力较强的区每年维修养护经费预算均在1200万元左右；桐庐县出台小型水利工程维修养护项目管理暂行办法，并在全市率先对小型水库推行市场化管理维护；淳安县出台小型农田水利设施管护方案；建德市出台水利工程维修养护专项资金管理办法；临安市对重点山塘以乡镇为单位推行市场化管理维护。2016年全市投入创标经费和管理经费6962万元。

完成手册编制划界公示平台建设并通过验收。年度计划的38座大中型工程和289座小型工程逐一完成管理手册、操作手册编制，大中型工程完成管理保护范围划定并经省水利厅审核(青山水库已由省政府批复)，289座小型工程均由县级政府批准公布划界方案，大中型工程逐个开发运行管理平台，小型工程以县为单位集中开发县级管理平台，并完成与省级监管平台的数据对接和报送。萧山、桐庐被列为全省示范县(区)，7个大中型工程被列为省级样板工程。青山水库、西险大塘、三堡排涝泵站、下沙海塘、肖岭水库在全省同类工程中率先通过标准化省级验收，2016年204项省级考核项目中，9个通过省水利厅组织验收，54个通过市级组织验收，141个通过县级组织验收。

落实安全管理责任，尤其是小型水利工程，把管理单位明确到乡镇，安全职责明确到人。规范岗位人员设定，按照岗位定责，巡查员的巡查管理养护统包统揽到市场化的专业养护，增加管理力量，通过社会化服务弥补不足。

落实管护资金长效机制，信息化管理水平提升。通过政府出台资金保障文件，长效化落实管理养护资金。提高信息化管理水平，以考核促建设，解决了一些信息化建设的老大难问题。工程的检查巡视、视频监控、远程操作、在线监测等信息化手段逐步完善，信息管理水平提升。

(李朝秀)

【青山水库建设与管理】2016年1月27日，省政府印发《关于杭州市青山水库管理和保护范围划定方案的批复》，批复同意新的《杭州市青山水库管理和保护范围划定方案》。新的划界方案确定管理范围为：水库移民线31.16米(85黄海高程)以下地带，总面积14.2平方千米。为水库库区的保护奠定基础，解决了库区历史遗留违章建筑的拆除和水库界线不清的问题。3月28日，青山水库维修加固工程通过完工验收。

水库管理处新建水库运行管理

综合平台、实时安全调度系统等防汛决策支持系统，先后完成库区划界、管理手册编制等工作，健全管理体系、完善管理基础、强化工程维护、规范调度运行。10月，通过标准化管理省级验收，成为杭州市首座（全省第二座）通过标准化管理省级验收的大型水库。11月7日，通过国家级水行政主管单位的复核验收。（蔡红娟）

【闲林水库工程建设】2016年，闲林水库工程计划完成投资0.5亿元，实际完成投资0.79亿元，完成年度目标任务的158%。至年末，工程累计完成投资26.07亿元。大刀沙泵站新增排涝功能工程建成并投入运行；库区通信设施完成搬迁，水库正式蓄水。G20杭州峰会期间，500万立方米应急供水保障任务完成；坝后管理房建成并通过验收；中型工程土地报批获国土部批复。闲林水库工程计划2017年建成并投入使用。

【三堡排涝工程建设完成】2016年，三堡排涝工程剩余工程基本完成。4月14日，泵站室内装饰工程通过完工验收；4月29日，泵站上部建筑工程完成消防联调联试验收；5月25日，完成泵站上部建筑防雷验收；6月3日，完成单位工程及合同完工验收；6月，水文一期和二期工程通过合同完工验收；11月，室外景观工程、航道防护一期工程通过合同完工验收；12月4日，安防工程通过合同完工验收。全年完成投资2000万元，累计完成总投资10.3亿元。至年末，累计单机运行770小时，排水1.38亿立方米，缓解城区内涝。累计引水3.05亿立方米，有效改善运河水质。7月，杭州三堡排涝工程获浙江省建设工程“钱江杯”奖。11月，三堡排涝工程标准化管理通过专项验收，成为浙江省首个通过省级验收的泵站工程。

【七堡排涝泵站扩建工程投入运行】2016年，七堡排涝泵站扩建工程在2015年完成主体施工的基础上，先后完成增设机组软启动柜的安装调试、站区景观绿化招标及具体施工建设等相关工作任务。1月，通过泵站机组启动验收并投入试运行；4月，完成项目工程完工验收；5月，完成备塘河泵站扩容提升工程建设，并通过完工验收投入运行。七堡排涝泵站扩建工程是杭州市防汛排涝三年计划、市农口系统“五水共治”三年行动计划重点内容之一。该工程于2014年12月8日开工建设，工程的任务是在七堡口门新建36立方米/秒、装机2400千瓦的排涝泵站。建成后七堡口门总强排能力达60立方米/秒，配水规模18立方米/秒，确保上塘河流域杭州范围内130平方千米的防洪排涝安全，提升上塘河流域范围内市民财产、生命安全保障能力，也是改善河网水环境的重要措施。新建排涝泵站属于中型泵站、Ⅲ等水利工程，主要建筑物包括前池、泵站主体、出水池、箱涵等，概算投资3538万元。

【第二水源千岛湖配水工程】2016年，第二水源千岛湖配水工程全面推进工期关键施工点“一点一方案”措施落实，破解建设进度滞后问题，依法依规加强合同履约标后管理。至年末，全线16个标段69个工作面全部打开，日均进度从年初60米/日逐步提高并稳定在230米/日左右。强化质量安全管理措施，安全生产形势逐步趋好。全年完成隧洞掘进45千米（年度计划目标40千米），是年度计划的112.5%，完成投资15.04亿元（年度计划目标15亿元），是年度计划的100.3%。开工以来，累计完成隧洞掘进57.4千米，占全部隧洞的43.8%，完成投资26.32亿元，占总投资的27.4%。

杭州市开展千岛湖配水工程定期质量安全监督活动55次；现场组开展回头看活动42次，检查整改实际效果；开展日常巡查活动141次，提出巡查问题456个。通过不定期抽查、飞检、专家巡查等活动提出专项整改要求8次。

【河湖库塘清淤】2016年，市林水局印发《关于加快推进河湖库塘清污（淤）工作的通知》，明确2016年清淤计划为1030万立方米，并将任务分解到各个区县（市）。全市全年累计实施1343个项目，完成清淤投资9.39亿元，清淤量1624.9万立方米，其中：计划内完成清淤量1135.68万立方米，计划外完成清淤量489.22万立方米，占计划完成量的162.5%。

【农村灌排河道整治】2016年，市林水局全面实施财政支农资金因素法分配工作，联合市财政局制订印发《2016年市级林业水利专项资金分配实施方案》，通过因素法分配，改变一刀切的补助模式，提升农村灌排河道综合整治项目的绩效管理水平。全年农村河道综合整治目标任务210千米，实际完成275千米，改善河道水环境91条段，整治完成率131%。完成2016年度省级河道生态建设示范工程创建工作，余杭区禾丰港、临安市虞溪和桐庐县双溪3条农村河道被评为2016年省河道生态建设示范工程。

【河道配水工作完成】2016年，杭州市加强全市河道引配水的科学精细化管理工作。全市全年引配水量达37亿立方米，超额完成30亿立方米的年度配水目标任务，改善了杭州市区及周边河道水环境。

【水政执法】2016年，杭州市围绕“五水共治”“三改一拆”中心工作规范执法。完成水政巡查4519人次，巡查河道4.24万千米，水域1857平方千米，立案查处水事违法案件68起，调处水事纠纷2起，处理信访285件，拆违9.02万平方米，完成年度各项工作任务。

【水文科技成果】2016年，杭州市“基于数据的钱塘江潮汐分段实时检测及预报技术研究”科技成果获杭州市科技进步三等奖，“一种新型的多节点多参数土壤墒情采集传输装置专利”和“一种新型江河水位采集传输装置”获国家知识产权局授权，“多源异构水雨情数据可配置分发系统”获计算机软件著作权登记证书。10月，在第六届全省水利行业职业技能竞赛中，杭州市参赛者姬战生、杨云、楼厦分别获第一、第四、第九名。姬战生获“浙江省技术能手”和“浙江金蓝领”称号，杨云获“浙江省水利技术能手”和“浙江省青年岗位能手”称号。

（李朝秀）

【水利政务和信息工作】2016年，市林水局参加民情热线、《我们圆桌会》

和“公述民评”电视问政活动，完成问题整改意见17条。推进林水信息化建设，筑牢网络信息安全防线。打造全方位网宣新平台，形成“1123”网宣格局(1个网站、1个头条号、2个微信号、3个微博号)，并在全省水利信息会议上做交流发言。做好电子政务工作，编发政务类信息1883篇。

(徐志刚)

【防汛防台】 2016年，杭州市总体汛情平稳，梅雨总量偏少，台风影响小，高温时间长。受超强厄尔尼诺影响，上半年天气形势反常，入梅前降雨偏多，入梅后梅雨不典型，梅汛期洪涝损失少；台风影响个数多，但影响程度小；高温时间长，旱情有所露头。

【汛期降雨】 2016年4月15日至10月15日，杭州市面平均降雨量1291毫米，各区县(市)累计平均雨量从大到小依次为：临安1449毫米、淳安1443毫米、余杭1370毫米、桐庐1287毫米、富阳1252毫米、建德1195毫米、萧山1107毫米、主城区1097毫米。全市单站最大降雨量为淳安县木瓜村站2172毫米，主城区单站最大降雨量为西湖区龙井山园站1449毫米。降雨量年内分布不均，上半年偏多，下半年偏少。1～5月，全市累计降雨量836毫米，比历史同期偏多37%，其中4月降雨量超过历史同期记录。4～5月，出现连续5天以上降雨天气的有4次，降雨量较常年同期偏多70%。梅雨总量243毫米，比多年平均偏少15%。7月1日出梅后，7～8月持续高温少雨，降雨量比多年同期偏少36%。9～10月，连续受“莫兰蒂”“马勒卡”“鲇鱼”“海马”等台风外围影响，降雨总量不大。

6月11日，杭州市入梅，7月1日出梅，入梅时间正常，出梅时间偏早，梅汛期偏短5天，梅雨量比多年平均值偏少15%。6月11～30日，全市平均梅雨量243毫米，其中淳安314毫米、建德260毫米、桐庐250毫米、临安233毫米、余杭230毫米、富阳206毫米、主城区203毫米、萧山201毫米。梅雨不典型，以局地阵性降雨为主，入梅后有5次较大降雨过程，分别是6月11～12日、6月15～16日、6月19日、6月24～26日、6月28～29日，连续雨日均不超过3天。入梅后，除6月29日受兰江洪水过境建德大洋站超警戒水位外，其余江河干流水位均在警戒水位以下，汛情平稳。

【台风】 2016年，影响杭州的台风个数多，但均为外围影响，降雨总量不大。除201601号“尼伯特”台风在7月影响外，9～10月杭州连续遭受201614号“莫兰蒂”、201616号“马勒卡”、201617号“鲇鱼”、201622号“海马”台风影响。

201601号台风“尼伯特”在福建泉州石狮市登陆，杭州市仅受台风外围环流影响。7月9日8时至11日6时，全市平均雨量9.7毫米，全市单站最大降雨量为余杭区黄湖镇石扶梯水库站91.5毫米。全市江河干流水位均在警戒水位以下，未发生灾情损失。

三堡排涝工程全貌 (市林水局 供稿)

201614号台风“莫兰蒂”在福建厦门登陆，杭州市受台风外围云系和登陆后的低压云系影响。9月14日8时至16日8时，全市面平均雨量104.9毫米，单站最大降雨量为余杭区船村站206.5毫米，主城区单站最大降雨量为西湖区梅家坞站167.5毫米。降雨过程比较平均，临安市天目山区降雨较大。由于7～8月前期降雨偏少，江河水库水位较低，受降雨影响水位有所上涨，但均在警戒水位以下。

201616号台风“马勒卡”于浙江省沿海转向，对杭州市风雨影响很小。

201617号台风“鲇鱼”在福建惠安登陆，杭州市受台风外围雨带影响。9月27日20时至29日7时，全市面雨量67.5毫米，全市单站最大降雨量为临安市徐家头站234.5毫米，主城区单站最大降雨量为梅家坞站100.5毫米。受强降雨影响，全市18座大中型水库中，青山、里畈、四岭、水涛庄、分水江、青山殿、岩石岭7座水库超汛限水位。降雨主要集中在东苕溪上游，29日8时30分，瓶窑站达到警戒水位(5.66米)，余杭区启动东苕溪流域防汛Ⅳ级应急响应，启动西险大塘百米一人巡查工作。全市江河干流除东苕溪瓶窑外，其余均在警戒水位以下，汛情总体平稳。杭州主城区未发生明显道路积水，交通秩序正常。仅临安市6个乡镇受灾，无人员因灾伤亡。

201622号台风“海马”在广东汕尾登陆，杭州市受台风外围云系和冷空气影响。10月21日8时至22日8时，全市面平均雨量27毫米，降雨主要集中在北部的萧山、余杭、主城区，降雨较为均匀，强度不大。全市单站最大降雨量为萧山区党湾站83毫米，主城区最大降雨量为下沙堤园站65毫米。全市江河干流均在警戒水位以下，汛情平稳。

【高温伏旱期】 2016年，台风尼伯特影响结束后，自7月中旬开始，除7月14日、8月2日、8月9日3次较大降雨过程外，杭州市直至9月7日均未出现明显降雨，连续晴好近1个月。尤其是7月20日后，受副热带高压稳定控制，全市出现持续高温，最高气温40.3℃。杭州市气象台连续发布多个高温橙色预警信号。杭州城区35℃以上高温日数11天，比常年同期偏多8天，高温强度及持续时间高于2015年，略低于2013年。7月，全市平均降雨量104.8毫米，比多年平均值（168毫米）偏少38%；8月，全市平均降雨量109.7毫米，比多年平均值（170.5毫米）偏少36%。据8月31日统计，全市大型水库（不含新安江、富春江）平均蓄水率70%，中型水库平均蓄水率50%，小型水库蓄水率仅35%左右。临安、建德局部乡镇出现旱情，临安市岛石镇、龙岗镇、太阳镇山核桃受旱面积8667公顷，其中重旱3667公顷。建德市大同镇、寿昌镇、下涯镇、莲花镇、三都镇受旱农田2533公顷，重旱667公顷，出现饮水困难人数2350人，通过临时供水措施解决。

【洪涝及次生灾害损失】 2016年5月7日凌晨，临安清凉峰、河桥两镇发生山洪并引发泥石流，杭徽高速公路（白果至硖口段）一度中断。5月29日凌晨，建德市新安江街道丰产村受强降雨影响发生山体滑坡，因地质灾害造成3户6人遇难，新蓬村洪家庄山塘出现管涌险情。台汛期，仅临安市因"鲇鱼"台风降雨受灾。2016年，全市有临安、建德、淳安3个县（市）的25个乡镇遭受洪涝灾害，倒塌房屋371间、农作物受灾3466.67公顷、因灾减产粮食0.33万吨、道路中断65条（次）、供电线路中断4条（次）、受损堤防470处24.64千米、受损护岸180处、冲毁堰坝29处，全市直接经济损失3.35亿元（其中水利设施直接经济损失5800万元）。全市无人因洪涝灾害死亡。（朱家驹）

农业机械

【农业机械概况】 2016年，杭州市农机管理部门围绕推进农业领域"机器换人"和农机化"十三五"规划的各项要求，聚焦现代农业转型升级和"增产增收"目标，落实农机购置补贴政策、设施农业推广项目、农机社会化服务体系建设和农机新技术新机具引进推广等工作，完成省、市下达的各项指标，提升全市农机化水平。至年末，杭州市拥有农业机械总动力283.72万千瓦（不含渔船），其中：柴油机动力140.88万千瓦，汽油机动力118.19万千瓦，电动机动力124.64万千瓦。拥有主要农机具63.10万台（套），其中各类拖拉机2.45万台（与其配套的各类农机具1.62万台）、收获机械1457台、植保机械3.24万台、排灌机械15.85万台、农产品初加工机械2.83万台，农业机械原值43.00亿元。农机存量结构不断优化，畜牧养殖机械、无人植保机械等高性能农机装备使用增多，农机应用领域拓宽。

【智慧农业示范点培育】 2016年，市农业局继续发展智慧农业。3月，与团市委联合举办"乡聚青春，喜迎G20，杭州市农村青年创业创新行动暨智慧农业论坛"。5月，制订印发《杭州市智慧农业项目建设实施方案（试行）》，明确扶持方向、目标任务和建设标准。全年建成市级智慧农业示范点培育项目12个，其中智慧农业示范园区5个。基本建成"杭州市叶菜生产功能区可视化预警生产管理系统"，完成系统应用软件开发和全市30个市级重点"菜篮子"生产基地的现场视频监控和环境检测传感器等硬件部署，组建专线网络接入杭州智慧农业综合服务平台，并投入试运行。开发完成农产品质量追溯监管系统，系统覆盖全市13个区县（市）的140多个乡镇快速检测室和531个农产品生产基地，有343个生产主体实现二维码可追溯。基本建成全品类、全区域、全覆盖和全流程的一站式溯源监管体系，并实现与杭州智慧农业综合服务平台的互联互通。依托政务云，率先搭建"杭州智慧农业综合服务平台"，横向兼顾政府、企业、市民的应用需求，纵向贯通到市、县、基地等多级体系。先后整合对接农产品质量安全追溯管理系统、叶菜功能区可视化预警生产管理系统，并接入全市新建的20个农业物联网应用示范点和8个智慧农业示范园区的实时监测数据和管控系统，为政府决策指挥、农业生产经营、农业综合管理、农产品质量安全监管等提供信息服务支撑。

【《关于促进农业领域"机器换人"的实施意见》出台】 2016年7月，为推进农业领域"机器换人"，提高农业机械化发展水平，市政府办公厅出台《关于促进农业领域"机器换人"的实施意见》，进一步完善农业机械化扶持政策体系和财政投入机制，扩大高耗能农业机械报废补偿范围。在该意见的促动下，各类高性能农业机械增速加快。至年末，全市新增各类农业机械1.18万台（套），其中：新增谷物联合收割机31台、插秧机77台、粮食烘干机71台（批次机烘能力5330吨）、育秧流水线14条，报废高耗能拖拉机及收割机860台（套）。在农机装备总量快速增长的同时，装备结构和布局优化，农业机械的应用领域拓展，农机作业水平提高。水稻机械栽植面积1.56万公顷，创历年新高；水稻耕种收综合机械化率超过78%；全年秸秆还田面积3.73万公顷。

【农机安全监管】 2016年，为保证G20杭州峰会期间的安全，杭州市农机管理部门与农机生产经营企业、农机手分别签订安全生产承诺书631份和1.30万份。制订《G20农机安全保障方案》，峰会期间全面实施拖拉机禁限行，农机生产经营企业开展高频度、全覆盖的安全监督检查，组织检查494次、参与检查1813人次、检查农机企业1002个、排查整治安全隐患336起，发送农机安全警示短信34.86万条（次）。峰会期间，杭州市未发生一起农机安全事故。

【农机扶持政策调整优化】 2016年，杭州市继续调整优化购机补贴政策。对购置喷滴灌、秸秆还田机械、病死畜禽无害化处理设备等节能环保机械追加补贴额度，补贴比例最高达购机额的50%；增加"秸秆机械化还田作业补贴试点"，使农机扶持政策体系更加完善。全市全年申请使用各级农机购置补贴资金3623.08万元，其中中央资金2396.31万元、省级资金112.28万元、县级资金214.49万元，购买补贴机具1.19万台，受益农户8611户，促进农业装备向大型化、高性能、配套化方向发展。

【农机购置补贴督查】 为优化农机购

置补贴政策实施环境，确保补贴政策高效规范廉洁实施，提升财政资金使用效益，根据《浙江省农业机械管理局关于开展农机购置补贴工作督查的通知》要求，杭州市农机管理部门于2016年6月下旬至7月下旬，开展全市性农机购置补贴政策落实督查活动。市级共抽查经销商9个，实地核查机具69台(套)，对口电话抽查机具801台(套)。各地自查机具2100台(套)，均没有发现违反相关政策的问题。

【农机综合保险】 2016年，市政府将农机综合保险补贴列入杭州市政策性农业保险范畴。杭州市将农用型拖拉机、履带自走式耕作机、自走式喷杆喷雾机、联合收割机、插秧机、烘干机、捡拾打捆机、单轨运输机、农用无人机等重点机型的"农业机械损失保险""驾驶操作和随机辅助作业人员意外伤害保险""第三者责任保险"3个险种列入政策性保险，保费实行财政补贴。

【新机具新技术引进】 2016年，为使农机适应农业产业结构调整，杭州市农机部门加大新机具、新技术的引进试验力度。在市级层面，组织杭州千岛湖明昊农业开发有限公司引进"韩国XGJ-SIGAR8276分选线(猕猴桃选果机)"、淳安县奎星桥百果园引进"华中农业大学7.5kw电动钢丝绳牵引单轨运输车和宁波利豪机械有限公司产的MF-200M汽油机牵引单轨运输车"两个新机具引进项目，并进行示范推广。区县层面，各地根据实际，开展新机具引进、试验、示范。萧山区、余杭区引进蔬菜移栽机、手推轮式播种器、起垄覆膜一体机等新型农业机械，大江东产业集聚区、余杭区、临安市开展北斗导航实时测亩、秸秆粉碎还田作业等技术演示，富阳区引入全自动茶叶炒干机，临安市对农民自行研制的竹林砻糠吸放机进行现场试验。

【农机社会化服务主体培育】 2016年，杭州市农机部门继续培育农机专业合作社及育秧、烘干、维修等区域性农机服务中心，全年实施农机化促进项目16个，创建示范性农机专业合作社3个，新建农机服务中心15个，推动有机户之间、有机户与无机户之间的对接合作，逐步破解农机规模作业与农户一家一户经营的难题，加快农业生产经营规模化、产业化进程。至年末，全市有农机专业合作社130个，耕、种、收、烘干、植保和秸秆还田等作业面积超过6.37万公顷。萧山区杭州快杰农机专业合作社被农业部评为"2016年全国农机合作社示范社"。

【农机牌证管理】 杭州市农机管理部门按照农机法律法规、业务规范核发农机牌证。从2016年开始，在办理拖拉机登记、驾驶证申领、拖拉机及驾驶人补换证等农机业务之前，农机管理部门及时将信息提供给交警部门，待交警部门核查无违法行为后才予以办理。杭州市全年办理拖拉机登记1468台(次)，办理拖拉机驾驶证3278人次。 (徐德玉)

供销合作

【供销合作概况】 2016年，市供销社以构建"三位一体"农民合作经济组织体系为契机，深化供销社综合改革。至年末，有基层社136个，实现涉农乡镇全覆盖，完成经营收入58.9亿元，增长19.2%。领办创办农民专业合作社596个(其中联合社34个)，全年实现经营收入41.6亿元，入社农户4.1万户。新增村级综合服务社37个，累计849个。新增经营服务综合体14个，累计145个，其中一类37个、二类65个、三类43个。推进"党建带社建"试点活动，启动实施6个"村社共建"项目，助力村集体经济和农民增收。市供销社获中华全国供销合作总社综合业绩考核计划单列市和副省级省会城市第一名及浙江省供销社综合业绩考核特等奖。

打造为农服务综合平台，完善农产品流通体系，发挥社有企业、各类专业市场在水果、茶叶等特色农产品领域的流通主渠道作用，全年完成农副产品收购额130.2亿元，比上年增长17.9%。发展基层连锁门店，经营门店达3540个，实现经营收入58.6亿元。自建、承接运营农产品市场26个，全年实现市场交易额126亿元，增长19.1%。发挥杭州供销电子商务有限公司引领作用，68个基层经营服务站(点)全年实现电子商务销售额5.1亿元，增长89.3%。延伸农业社会化服务领域，继续发挥农资保障供应主渠道作用，全市市场占有率保持在80%以上。依托基层社和农民专业合作社，采取大田托管、统一采摘等多种形式，对山核桃、草莓、水稻、蔬菜等农作物开展托管，提供规模化、专业化、个性化服务，提供土地流转服务2.49万公顷，托管9066.67公顷，测土配方施肥6.13万公顷，统防统治8066.67公顷，农机作业3266.67公顷。

市供销社坚持市场化改革方向和集团化、多元化、品牌化"三化融合"发展战略，全年实现总经营收入465亿元、商品销售总额340亿元、利润6.15亿元、所有者权益65亿元、社会贡献额17.7亿元，分别增长17%、27.6%、4%、7%、6.4%，全系统资产总额153亿元，社有经济整体实力不断壮大。深化社有企业改革，完善本级企业股权流动办法，累计流转股权5786万股，流转金额1.17亿元。把项目建设作为加快发展的主引擎，推进西湖合诚之江商务中心、滨江寰诺科技大厦、萧山万丰大厦等一批重点项目建设，完成有效投资6亿元。加大开放办社力度，杭州果品集团有限公司出资3000万元收购平湖东兴副食品有限公司52%股份，杭州合众工业集团有限公司、杭州市土特产集团有限公司、滨江区供销社等联合组建私募基金1亿元，探索资本运作。

【供销社改革发展文件出台】 2016年10月24日，市委、市政府出台《关于深化供销合作社综合改革构建"三位一体"农民合作经济组织体系的若干意见》，这是新中国成立以来杭州市首次以市委、市政府的名义出台关于供销社改革发展的文件。文件分4部分、16条、4300多字，在组建农合联农民合作基金和资产经营公司、供销社参与公益性农批(农贸)市场运营管护、供销社发展农村电子商务、杭州供销农信担保公司转型为政策性融资担保机构等方面给予政策支持。

【社有企业股权流动推进】 2016年10月28日，市供销社出台《关于推进本级企业股权流动的实施意见（试行）》，完善本级企业股权流动办法，健全"以岗设股""变岗变股""退岗退股"机制，鼓励社会企业法人通过增资扩股、收购股权、股权置换等多种形式，参与社有企业股权流动，探索发展混合所有制经济。

【市县乡三级农民合作经济组织联合会组建】 2016年12月15日，杭州市农民合作经济组织联合会成立大会召开，选举产生理事会、监事会，以供销社为依托组建执委会，标志着杭州市率先在浙江省全面完成市县乡三级农合联组建，其中县级农合联8个、乡镇农合联72个，会员3641名，涵盖全市各层级的涉农部门、行业协会、农业龙头企业和农民合作社、家庭农场等新型农业经营主体。

【系统茶叶企业在"浙茶杯"获佳绩】 2016年5月，由省供销社、省茶叶产业协会、省微茶楼文化发展协会联合举办的2016年"浙茶杯"优质红茶推选活动中，市供销社系统茶叶企业再获佳绩，杭州千岛玉叶茶业有限公司的"千岛湖"牌红茶、杭州余杭王位山茶叶园区有限公司的"径顶红"牌红茶、杭州九曲红梅茶业有限公司的"天香"牌红茶3个品牌获金奖，分列第二位、第三位、第九位。（市供销社）

气象

【气象概况】 2016年，杭州市总体气候特点是：年平均气温偏高，为1951年以来年平均气温排序第三高位；降水量偏多，为1951年以来年降水量排序第五高位，雨日偏多，日照时数略偏少；梅汛期20天，比常年偏短5天，梅雨量偏少15%。1月，出现1951年来极端低温，为历史第四位"世纪寒潮"。夏季高温特征较为明显，高温日数39天，比常年明显偏多。杭州汛期内共发生3次明显的暴雨及强对流过程，主要受"莫兰蒂"和"鲇鱼"两个台风影响。

气温　全市年平均气温17.1℃（临安）~18.3℃（淳安），其中主城区年平均气温18.2℃，比常年偏高1.2℃。杭州1月平均气温4.9℃，比常年偏高0.3℃；2月平均气温8.2℃，比常年偏高1.8℃；春季（3~5月，下同）平均气温17.1℃，比常年偏高1.1℃；夏季（6~8月，下同）平均气温28.6℃，比常年偏高1.3℃；秋季（9~11月，下同）平均气温19.4℃，比常年偏高0.8℃；12月平均气温9.5℃，比常年偏高2.5℃。全市极端最高气温40.3℃，出现在主城区和桐庐，出现日期分别为7月24日和7月27日。极端最低气温-11.3℃，出现在临安，出现日期为1月25日；主城区极端最低气温-8.2℃，出现日期为1月25日。

降水　全市年降水量1741.7毫米（富阳）~2077.3毫米（临安），其中主城区年降水量1797.3毫米，比常年（1438毫米）偏多25%。杭州1月降水量135.5毫米，比常年（80.6毫米）偏多68%；2月降水量30.6毫米，比常年（88.2毫米）偏少65%；春季降水总量564.8毫米，比常年（392.4毫米）偏多44%；夏季降水总量516.8毫米，比常年（554.4毫米）偏少7%；秋季降水总量487.3毫米，比常年（273.5毫米）偏多78%；12月降水量62.3毫米，比常年（48.9毫米）偏多27%。主城区年雨日数170天，比常年均值偏多22.6天。各站年雨日数在170天（主城区）~186天（临安）之间，与常年相比，各站均偏多，偏多19天（萧山）~32天（临安）。

日照　全市年日照时数1403.4小时（桐庐）~1804.6小时（萧山），其中主城区年日照时数1522.4小时，比常年（1709.4小时）偏少11%。杭州1月日照时数67.8小时，比常年（102小时）偏少34%；2月日照时数143.6小时，比常年（97.2小时）偏多48%；春季日照时数361.4小时，比常年（421.7小时）偏少14%；夏季平均日照时数576.9小时，比常年（542.3小时）偏多6%；秋季平均日照时数234.8小时，比常年（417.5小时）偏少44%；12月日照时数137.9小时，比常年（128.7小时）偏多7%。

【主要气候事件】 梅汛期偏短，雨量偏少　2016年，杭州市6月11日入梅，7月1日出梅，梅汛期20天。全市平均雨量247毫米，其中主城区223毫米、建德310毫米、淳安302毫米、临安243毫米、萧山240毫米、桐庐236毫米、富阳197毫米。有210个站点降水超过250毫米，单点最大为淳安木瓜村458.8毫米。与常年比，梅汛期入梅时间正常（平均入梅6月13日），出梅时间偏早（平均出梅7月8日），梅汛期偏短5天，梅雨量偏少15%。

低温寒潮过程　1月下旬，杭州遭遇历史罕见的极寒天气，过程最低气温-8.2℃，为1951年有气象记录以来全年最低气温的历史第四位。1月20~23日，杭州出现中到大雪，其中临安积雪深度24厘米；23日受强寒潮南下影

位于杭州临安的新一代天气雷达在汛期暴雨、强对流天气监测预警，以及G20杭州峰会气象保障服务中得到有效应用　（市气象局 供稿）

响,杭州市区日最低气温降至-3.1℃,25日市区最低气温降至-8.2℃。

高温日数偏多 全年杭州市高温日数39天(其中7月、8月35天),比常年(27天)明显偏多。38℃以上的高温日数14天,比常年(6天)偏多,其中7月21~30日持续出现38℃以上,仅次于2013年(24天)和2003年(15天)。

暴雨和强对流过程 2016年汛期内,杭州市出现3次较大范围的暴雨和强对流天气过程。

5月7~9日,受突发强对流天气影响,临安西南部地区出现局地暴雨,短时强降雨导致清凉峰镇、河桥镇等地区爆发泥石流。此次降雨过程临安市面雨量49.3毫米,有9个站点降水大于等于50毫米,单点最大为学川113.2毫米。

6月11~12日,受西南暖湿气流和切变线的影响,杭州市出现强降水过程,至12日20时全市面雨量34毫米,其中余杭68毫米、主城区53毫米、临安49毫米。有133个站点雨量超过50毫米,单点最大为下城区天子岭96.3毫米。

6月14~15日,杭州市出现暴雨过程,强降水主要集中在杭州市西部和南部。全市面雨量32毫米,其中淳安55毫米、建德50毫米、余杭31毫米和临安31毫米。有98个站点雨量超过50毫米,6个站点超过100毫米,单点最大为淳安红山岙村122毫米。

“莫兰蒂”和“鲇鱼”台风影响 2016年主要有两个台风第14号台风“莫兰蒂”和第17号台风“鲇鱼”影响杭州。受外围环流与冷空气结合影响,杭州出现暴雨、大风。其中,台风“莫兰蒂”与冷空气结合影响,9月15日8时至16日20时,市平均面雨量96.1毫米,有234个站大于100毫米,10个站大于150毫米,最大为临安清凉峰185.9毫米。12个站出现8级以上大风,最大为富阳安顶山27.7米/秒(10级)。受台风“鲇鱼”与冷空气结合影响,9月28日8时至29日8时全市面雨量63.1毫米,其中主城区62.8毫米,最高为余杭94.0毫米。全市有72个测站雨量在100毫米以上,其中8个站点降水150毫米以上,15个测站出现8级以上大风,其中临安天目山顶出现10级大风,市区最大为天竺山9级。

【G20杭州峰会气象保障】2016年,市气象局依托上级产品,实现12小时内1千米网格精细化滚动预报产品,双偏振雷达资料降水相态识别逐10分钟更新、空间分辨率达250米;形成西湖湖面空间分辨率200米、逐小时间隔的12小时预报风场预报产品。研究提炼出杭州“蓝天”和“优质蓝天”指标,为G20杭州峰会环保行动管控提出科学建议措施。开发英文气象网页、英文气象电视节目、“96121”和“12121”英文气象语音信箱和重大活动气象保障决策服务支撑系统。

【气象监测预报预警】2016年,杭州市出现25次较大范围或影响较大的灾害性天气,其中暴雨过程13次、台风2次、极端低温寒潮1次,5月7日建德、临安发生泥石流。面对复杂天气,累计发布大雾、暴雪、霾、雷电、暴雨、寒潮和大风等各类气象灾害预警信号85次;组织实施防雪抗冻手机短信全网发布1次,发送短信520多万条次。

【气象现代化】2016年,杭州市气象现代化试点工作通过验收,经评估14项试点目标实现率全部达100%,评估得分92.25分,气象业务现代化成果通过G20杭州峰会保障服务检验。年内新建6个能见度站和1个六要素奥体城自动气象站,完成7套PM2.5颗粒物监测仪、3套云高仪建设。组织完成2016年区域站设备和大气电场仪的校准,完成3部风廓线雷达资料传输考核和巡检任务。主城区降水、风力、气温、能见度等气象实况要素在杭州天气网实现1小时更新。

【气象服务】2016年,杭州天气网年浏览量3838万次,日均10.5万次;“杭州天气”新浪微博粉丝数45.5万人次,气象微信用户5.7万人次;气象服务App“智慧气象”用户4.1万人次;农业气象智慧服务App“杭州农气”用户3451人(个)次,其中农业合作社、农业大户等涉农重点对象用户340个。城市气候规划基础研究项目完成空间分布特征分析和图集绘制。新建人工影响天气作业指挥系统,人工影响天气弹药市级仓库完成集中存放和配送,组织开展防旱人工增雨等作业17次。

【气象防灾减灾管理】2016年,杭州市除淳安县和临安市外,均出台极端天气停课停工制度,气象与教育联动推进。气象部门与城管部门建立灾害性天气提醒和应急准备机制,研发城市气象服务保障系统,为气象防灾减灾决策部门提供技术支撑平台。组织各城区完成26个单位标准化创建申报及67个单位的应急准备认证。编制完成《杭州市公民防御气象灾害指南》和《杭州市2015年度雷电监测公报》。

【气象科普宣传】2016年,杭州市利用社区、学校和医院等人员密集场所显示屏进行气象信息传播和气象科普知识传播,年受益人群10万多人次。全年面向学校、社区、公共场所发放气象科普资料2.3万多份。气象志愿者全年开展气象科普服务62次,开展气象志愿者培训10次。富阳鸛子山气象科普公园被评为“优秀全国气象科普教育基地”。

(蔡佳佳 俞 布)

责任编辑 郦 晶

工业综述

【工业经济稳中有进】 2016年，杭州市工业经济进行供给侧结构性改革和转型升级，全市工业经济规模与质量、速度与效益、增长与转型均稳中有进。全年实现工业增加值3726.20亿元，比上年（指2015年，下同）增长5.2%，拉动GDP增长1.8个百分点，贡献率19.1%。其中，5684个规模以上工业企业实现增加值2990.34亿元，增长5.6%；实现利润927.94亿元，增长6.7%。时尚产品、高端装备制造业分别实现增加值297.98亿元和379.77亿元，增长11.7%和15.2%；高新技术产业、战略性新兴产业较快发展，分别实现增加值1372.92亿元和812.07亿元，增长12.5%和11.6%。计算机通信和其他电子设备制造业、汽车制造业分别实现产值1386.77亿元和875.02亿元，增长19.9%和29.1%，拉动规模以上工业产值增长1.8个百分点和1.6个百分点；电器机械和器材制造业、医药制造业分别实现产值1157.26亿元和429.49亿元，增长3.8%和18.1%，拉动规模以上工业产值增长0.3和0.5个百分点。规模以上工业新产品产值率37.7%，提高2.3个百分点，创历史新高。全年生产新能源汽车1695辆；生产太阳能电池70.17万千瓦，增长59.1%；生产工业机器人205套，增长38.5%；生产智能手机714.55万部，增长32.2%。信息经济实现增加值2688.00亿元，增长22.8%，占GDP的24.3%，提高1.3个百分点，对GDP增长贡献率超过50%。电子商务、移动互联网、数字内容、软件与信息服务、云计算与大数据五大产业增速超过平均水平，分别为45.2%、45.1%、35.0%、28.8%和28.2%，其中电子商务产业连续6年保持30%以上的高增长，继续位居中国“电商百佳城市”首位。

【工业供给侧结构性改革】 2016年，杭州市工业供给侧结构性改革和企业转型升级加快，去产能稳步推进。全年淘汰落后产能企业231个（项），完成“低小散”企业整治874个，水泥产量下降10.5%。规模以上工业产品产销率99.3%，比上年提高0.9个百分点。规模以上服务企业资产负债率47.0%，下降1.4个百分点。规模以上工业每百元主营业务收入中成本降为79.49元，减少0.97元；利息支出降低10.6%。工业企业基础设施投资增长20.3%，高技术服务业投资增长10.2%，民间投资增速1.0%。

【规模以上服务业实现营业收入5986.02亿元】 2016年，杭州市规模以上服务业实现收入与利润同步增长。全市规模以上服务业（不含批发零售、住宿餐饮、房地产开发和金融业，下同）实现营业收入5986.02亿元，比上年增长27.9%；利润总额1344.05亿元，增长33.7%，提高5.9个百分点。企业亏损面26.6%，降低0.4个百分点。至年末，企业资产18004.09亿元，增长21.4%。年平均从业人员63.15万人，增长6.8%。

以阿里系为代表的大企业实力雄厚，全市有阿里妈妈公司、天猫公司、淘宝公司、网易公司、网易雷火公司、阿里巴巴集团6个企业营业收入超过100亿元，比上年增加1个企业；浙江广电集团、菜鸟公司、阿里云公司、百世网络公司等64个企业营业收入超过10亿元，增加7个企业。营业收入10亿元以上的企业营业收入合计3662.63亿元，增长42.6%，对规模以上服务业增长贡献率为83.8%。

全市规模以上服务业前三大行业中，信息传输、软件和信息技术服务业全年实现营业收入3304.00亿元，占规模以上服务业比重55.2%，比上年提高5.2个百分点；租赁商务业实现营业收入917.46亿元，占比15.3%；交通运输仓储和邮政业实现营业收入635.89亿元，占比10.6%。支撑科技创新的高技术服务业呈现良好发展势头，实现营业收入4040.14亿元，增长35.4%，收入占比67.4%。

营利性服务业对GDP增长贡献突出。全市规模以上营利性服务业（互联网及信息软件、租赁商务、文体娱乐、居民服务）实现营业收入4177.53亿元，增长35.2%。其中，互联网及信息软件实现营业收入3062.43亿元，增长44.9%，拉动营业性服务业增长30.7个百分点。从总量看，全市规模以上服务业营业收入、利润总额、从业人数等主要指标均保持全省各地市首位，占全省份额分别为59.5%、75.8%和38.3%。

【规模以上工业单位增加值能耗下降6.3%】 2016年，杭州市推进产业结构调整，淘汰落后产能，规模以上工业节能降耗呈良好态势。全市规模以上工业消费能源1799.12万吨标准煤，比上年下降1.1%，单位增加值能耗下降6.3%。六大高耗能行业消费能源1191.51万吨标准煤，能耗下降1.7%。分行业看，纺织业、化学原料及化学制品制造业、电力热力生产供应业能耗分别增长2%、1.4%、2.1%，造纸及纸制品业、非金属矿物制品业能耗分别下降1.6%、10.4%，黑色金属冶炼及压延加工业能耗下降4.9%。全市15个区县（市）及产业集聚区中，单位增加值能耗下降的有12个，降幅均在5%及以上。其中，降幅超过10%的有拱墅区、临安市、大江东产业集聚区、滨江区，分别下降19.2%、19.2%、11%和10.7%；降幅介于8%～10%之间的有建德市、桐庐县、西湖区，分别下降9.7%、8.9%和8.7%；富阳区、淳安县、下城区降幅分别为6.9%、6.4%和5.5%；萧山区、余杭区均下降5%。上城区、江干区、经济技术开发区的单位增加值能耗不降反升，增幅分别为11.4%、5.1%和2.5%。

【工业技术改造项目投资648.42亿元】 2016年，杭州市工业和信息经济促投资、稳增长、调结构取得明显成效。至年末，全市工业投资883.95亿元，比上年下降5%。其中，工业技术改造项目投资648.42亿元，增长2.8%；战略性新兴产业投资299.86亿元，增长5.1%；信息传输软件和信息技术服务业、高技术服务业分别投资115.45亿元和205.56亿元，增长8.6%和10.2%。全年完成投资44亿元，累计完成投资107亿元，有16个项目完工。在全市开展扩大有效投资“互看互学”大比武活动和《工业和技改投资百日攻坚与企业服务专项行动》等十大专项行动。实施“零土地”审批改革，开展“零土地”技术改造专项督查。全年完成“零土地”技术改造立项备案1592项。开展“机器换人”重点项目605个，总投资574亿元，其中年内完成计划总投资135亿元。

▲资料：“零土地”技术改造项目

为加快转变政府职能，深化项目审批方式改革，激发企业投资活力，促进工业有效投资，浙江省实现工业企业在不新增建设用地的前提下实施的技术改造类工业建设项目，简称“零土地”技术改造项目。

【智能制造业示范项目试点】 2016年7月，杭州市制定《中国制造2025杭州行动纲要》，颁布《杭州市智能制造产业发展“十三五”规划》，启动《杭州市“中国制造2025”城市试点示范工作方案》申报工作。全市推荐4个智能制造综合标准化与新模式应用项目和10个智能制造试点示范项目，其中浙江中控技术股份有限公司的石化行业制造生产过程优化控制和一体化管控系列标准以及试验验证平台、浙江理工大学的针织装备间互联互通及互操作标准研究与实验验证、老板电器的家用电器智能制造新模式3个项目被列入工业和信息化部年度智能制造综合标准化与新模式应用项目名单，老板电器的厨用电器智能制造试点示范被列入工业和信息化部年度智能制造试点示范项目。全市推荐包装机器人通用技术条件等21项行业标准申报工业和信息化部智能制造领域标准修订项目，有5项被列入工业和信息化部计划。全市推荐21个企业申报“制造业单项冠军示范企业”、23个企业申报“制造业单项冠军培育企业”。东华链条集团有限公司等3个企业被列入第一批制造单项冠军示范企业，杭州杭氧股份有限公司等5个企业被列入第一批制造业单项冠军培育企业。余杭新能源汽车及装备产业智能制造示范区和工业控制装备数字化智能制造应用试点等8个项目方案被列入浙江省智能制造试点示范计划，完成杭州市离散型智能制造模式试点示范建设。至年末，全市智能制造试点有25个项目，累计试点项目55项，完成年度目标185%。

2016年11月25日，市长张鸿铭（左一）为“市长杯”创意中国·杭州工业设计大赛金奖获得者颁奖 （市科委 供稿）

【小微企业转型升级】 2016年，杭州市按照“小微企业三年成长计划”，做好小微企业转型升级工作（简称“小升规”）。至年末，全市有307个小微企业转型升级为规模以上企业。制定出台减负惠企新政，优化小微企业发展环境。全年为小微企业减轻各类负担340亿元。加强企业技术中心建设，提升企业自主创新能力，全年有33个企业被省经信委认定为小升规“成长之星”，180个企业被省经信委认定为成长型中小企业。开展“杭州市中小企业服务日”系列活动。主要内容有减负惠企政策宣讲、小微企业“互联网+”公益培训、“中国质造浙江好产品”行动、创业创新大赛以及服务机构展示交流会等。成立中小企业服务联盟，开展各类服务企业活动139场，累计参加人数6743人。

【企业技术创新】 2016年，杭州市完成工业新产品产值4756亿元，比上年增长7.7%，新产品产值率37.7%，提高2.27个百分点。全年完成省级新产品备案807项，完成新产品鉴定验收347项。有9项优秀新产品新技术项目推荐省级评比，有19项省级重点技术创新专项和重点高新技术产业项目获通过，5个企业被列入2016年省级首批技术创新示范企业公示名单。全年推荐国家级企业技术中心8个，推荐省级企业技术中心30个。组织市级企业技术中心的评价和认定，经专家评审，认定市级企业技术中心42个。组织申报省级首批技术创新示范企业7个，其中2个高技术服务企业。

【经信领域特色小镇建设】2016年，杭州市有6个特色小镇入选浙江省经信委确定的经信领域省级行业标杆小镇（全省共13个）。其中，西湖区云栖小镇、滨江区物联网小镇、萧山区信息港小镇、余杭区梦想小镇包揽信息经济类省级行业标杆小镇；余杭区艺尚小镇、临安市云制造小镇分别入选时尚产业、高端装备制造类省级行业标杆小镇。至年末，杭州市有经信领域特色小镇23个，占全市特色小镇的52.3%，完成固定资产投资的60.9%、特色产业投资的61.2%、规模以上工业企业主营业务收入的92.0%、限额以上服务业营业收入的54.4%、新引进企业的58.3%，大学生及青年创业人才占87.7%。

【节能环保与新能源产业创新能力提升】2016年，杭州市节能环保与新能源产业实现工业销售产值1062.87亿元，比上年增长4.2%；实现增加值227.38亿元，增长1.5%。全市节能环保与新能源产业呈现出企业上市加速、创新能力提升、有效投入多元、产业加速智慧化等特点。全年有杭州微光电子股份有限公司、杭州海兴电力科技股份有限公司、中外合资英飞特电子（杭州）有限公司3个企业在主板上市，累计12个企业在主板上市。全年新增“新三板”挂牌企业20多个，累计50个。全市节能环保与新能源产业有国家认定企业技术中心（国家工程技术中心、国家重点实验室）10个、省级重点企业研究院12个、院士工作站15个以及一批省、市级创新机构，集聚大量创新人才，研制出一批国内外领先的产品、装备。节能环保与新能源产业作为技术密集型产业，有效投入从传统的土地、厂房、设备投资向团队引进、产品研发、企业并购等转变。全年节能环保与新能源产业研发投入超过19亿元，其中11个上市公司研发投入11.92亿元，研发投入占营业收入比例的3.95%。杭州市信息经济的发展推动了节能环保与新能源产业和信息技术的融合。浙江正泰太阳能科技有限公司、杭州桑尼能源科技股份有限公司桑尼能源、杭州鸿雁电器有限公司、杭州华普永明光电有限公司、杭州新湖电子有限公司等企业率先完成工厂物联网改造。杭州海兴电力科技股份有限公司、杭州炬华科技股份有限公司、浙江南都电源动力股份有限公司等企业设立能源互联网重点研究院，运用云计算、大数据技术推动能源产业创新发展。浙江聚光科技有限公司、杭州天创环境科技股份有限公司、杭州绿洁水务科技有限公司等企业在水质监测等领域运用物联网、大数据技术，成功实现“智慧环保”。

【高污染高耗能企业淘汰改造】2016年，杭州市淘汰改造高污染行业基本完成。全年完成772台高污染燃料小锅炉（窑炉、熔炉、煤气发生炉、茶水炉等）淘汰改造，累计完成4295台，成为全省第一个完成淘汰改造高污染行业的城市。至年末，全市22个燃煤热电企业、98台锅炉全部纳入改造计划，完成清洁化改造65台，占66.3%。推进实施94个合同能源管理效益分享型项目，累计投资5.7亿元，节约标准煤17.34万吨。实现对420个用能单位的电力使用情况在线监控。推进企业初始用能权确权和用能量交易试点，全年累计实施交易项目20个，交易用能量11.75万吨标准煤。全年淘汰落后和过剩产能企业213个，整治提升“低小散”企业874个，腾出用能空间36万吨标准煤，盘活存量土地800公顷。处置“僵

2016年杭州市企业工业总产值前二十位排名情况

表11

序号	企业名称	工业总产值（亿元）
1	阿里巴巴集团	1 910.00
2	杭州海康威视数字技术股份有限公司	450.00
3	杭州长福汽车零部件有限公司	372.18
4	浙江中烟工业有限责任公司杭州卷烟厂	308.52
5	中策橡胶集团有限公司	280.00
6	网易（杭州）网络有限公司	230.00
7	杭州娃哈哈集团公司	204.23
8	浙江恒逸集团有限公司	160.00
9	浙江大华技术股份有限公司	154.00
10	浙江航民实业集团有限公司	124.72
11	富通集团有限公司	116.00
12	浙江东南网架集团有限公司	114.00
13	兴惠化纤集团有限公司	114.00
14	新华三技术有限公司	110.00
15	新兴铸管（浙江）铜业有限公司	107.02
16	赛诺菲（杭州）制药有限公司	103.57
17	玫琳凯（中国）化妆品有限公司	85.69
18	浙江江铜富冶和鼎铜业有限公司	81.59
19	万向集团公司	75.46
20	浙江荣盛控股集团有限公司	75.06

户企业”67个，盘活土地289公顷，盘活存量资产25.5亿元，化解银行不良资产42亿元。

【“两化”融合示范区建设】 2016年，杭州市工业化和信息化在工业企业深度融合成效明显，国家“两化”融合示范区建设取得进展。组织国家“两化”融合管理体系贯标、省级“两化”融合示范试点活动和个性化定制试点企业培育，实施信息工程服务能力提升、骨干企业信息化“登高”计划，开展“两化”融合专题培训。深化萧山区、余杭区、高新区(滨江)、富阳区和临安市国家示范区建设，全市“两化”融合综合发展指数为85.71，列全省第一位。工厂物联网和工业互联网推广应用不断强化。全市征集试点项目173个，其中104个项目通过试点验收，全年评审认定示范项目23个。加大推广应用力度，召开工厂物联网示范应用现场会和服装加工、化工等行业应用对接推进会。与园区、众创空间共同组织“企业上云”服务活动，累计组织活动10场，服务企业700多个。实施智能制造试点示范，一批智能制造项目被列入国家、省智能制造试点名单。浙江中控技术股份有限公司等3个公司的智能制造项目被列入工业和信息化部智能制造综合标准化与新模式应用项目名单；杭州老板电器股份有限公司的智能制造项目被列入工业和信息化部智能制造试点示范项目。另有8个智能制造项目被列入浙江省智能制造试点示范计划。召开8场“机器换人”现场会，实施“机器换人”产品对接。推进616个“机器换人”重点项目建设，计划总投资574亿元。申报中国制造2025试点示范城市。车联网试点取得阶段性成果。如期完成三大核心基础设施建设，即YunOS车载操作系统开发部署、四代半移动通信网络覆盖以及车联网大数据平台城市“数据大脑”启用。搭载阿里YunOS的全球首款量产互联网汽车荣威RX5发布。

【服务企业活动】 2016年，杭州市为企业发展营造优良环境，开展一系列服务活动。减负惠企政策落到实处。采取微信推送、召开企业减负工作会议、举办政策宣讲会、企业服务专员上门送政策等多种形式，开展政策宣讲解读。印发3000本政策小册子分送企业，举办各类市级层面的政策宣讲会25场，参会企业6000多个次。全年为企业减负资金323亿元。建立重点工信企业服务专员制度。全市经信系统340多位服务专员分6个走访服务组，对全市1012个营业收入1亿元以上重点企业、106个重点工业投资项目进行逐一走访服务，帮助企业协调(交办)各类问题300多个。为银行和企业搭建平台，解决融资难问题。全年为2208个企业转贷引导基金，转贷2557笔，转贷金额130亿元，为企业节省成本1.2亿元。制定行政审批事中事后监管制度，优化窗口服务，规范办事程序，提高服务质量。加大对规范性文件和合同的审核力度，做好规范性文件的报备和合同的法律审查、登记。为企业开展法律援助，对企业有关人员开展普法教育和法制培训，全年培训300多人次。

【企业综合评价】 2016年，杭州市、各区县(市)、乡镇(街道)三级联动，开展企业综合评价。全市完成5076个规模以上工业企业综合评价，完成3307个占地0.33公顷以上规模以下企业综合评价，对萧山区、余杭区、桐庐县实施资源要素差别化价格和配置政策综合评价。评价结果中，A类企业1220个，占比26.7%；B类企业2593个，占比56.7%；C类企业649个，占比14.2%；D类企业115个，占比2.5%。

▲资料:企业综合评价

企业综合评价主要是实现要素资源差别化配置和管理，是供给侧结构性改革的重要内容。综合评价按照规模以上工业企业和规模以下工业企业分别排序。排序企业按行业各自分为A、B、C、D四类。评价结果实施差别化电价、差别化水价、差别化排污费等措施。

【环保制造业企业年销售产值90亿元】 2016年，杭州市有环保制造业规模以上企业71个，年销售产值90亿元。涵盖大气污染防治技术装备、水污染防治技术装备、固体废弃物处理处置技术装备、环境监测仪器设备等领域。杭州环保制造业企业在国内燃煤电厂脱硫、脱硝、除尘装备和工业锅炉脱硫、除尘装备领域具有一定的竞争力，在挥发性有机化合物(VOCs)处理装备、机动车尾气处理设备等领域也有涉足。主要企业有杭州天明环保工程有限公司、浙江菲达脱硫工程有限公司、浙江天蓝环保技术股份有限公司、浙江广瀚环保科技股份有限公司等。杭州环保制造业企业在国内重金属废水分离、高浓度有机农药废水处理、污水提标改造及尾水再生利用、城市供水水质提标、医用等高纯度供水高效膜分离、农村生活污水处理等装备行业具有较强的竞争力。主要企业有南方泵业股份有限公司、杭州天创环境科技股份有限公司、浙江开创环保科技股份有限公司、杭州回水科技股份有限公司、浙江商达环保有限公司等。杭州环保制造业企业在国内污泥处置利用装备领域处于领先地位，是全国两大压滤机基地之一，主要企业有兴源环境科技股份有限公司、浙江隆源环境科技股份有限公司、浙江埃柯赛环境科技股份有限公司等。杭州环保制造业企业在国内垃圾焚烧发电、污泥干化焚烧集成装置、垃圾飞灰水泥窑协同处置装备、土壤修复等领域具有较强竞争力，主要企业有杭州锦江集团有限公司、浙江富春江环保热电股份有限公司、浙江卓锦环保科技股份有限公司、浙江博世华环保科技有限公司等。杭州环保制造业企业在国内激光在线分析、烟气在线检测、水质在线检测领域处于领先地位，在国内污染源在线监测领域具有一定竞争力。主要企业有聚光科技(杭州)股份有限公司、浙江环茂自控科技有限公司、杭州绿洁水务科技股份有限公司等。

【光伏产业发展和应用】 2016年，杭州市光伏制造企业完成销售产值102.22亿元，比上年增长8.8%；实现利润12.13亿元，增长20.0%；光伏电站开发企业实现工程总承包和电费收入29.8亿元，与上年持平。杭州市在全国、全省较早制定出台光伏产业发展和光伏应用政策，在光伏发电示范区建设、光伏屋顶资源调查、行业协会专业化支持等方面形成了比较鲜明的特色，居于全国同类城市前列。在光伏推广工作中，探索形成了政府、企业、资本机构、协会“四轮”驱动的有效模式。政府开展屋顶资源调查，组织用户与光伏企业对接；光伏企业努力提高电站质量，提供专业运维服务；资本机构积极参与项目管理，有效解决融资难题；协会加强行业自律，全面提供专业化技术支持。全年分布式光伏装机并网容量超过100兆瓦。重点用能工业企业的光伏应用覆盖率逐步提高，大多数项目应用杭产新型电池、高效组件等创新产品。年末，在全国首届分布式光伏创新应用大赛上，杭州企业获50%以上奖项。

杭州老板电器股份有限公司茅山生产基地的智能制造信息指挥中心

（余杭经济技术开发区管委会 供稿）

【电池和风电行业增长分化】 2016年，在国内新能源汽车产业快速增长的带动下，杭州市电池行业延续增长态势。南都电源动力股份有限公司销售产值比上年提高25%，利润提高10%。万向集团A123销售产值提高50%，利润提高180%。杭州天丰电源股份有限公司销售产值降低5%，利润降低30%。杭州金色能源科技有限公司销售产值提高5%，利润降低50%。受弃风限电加剧、标杆电价下降等不利因素影响，杭州市风电行业销量有所下滑。浙江运达风电股份有限公司销售产值降低30%，利润降低70%。东方电气新能源设备杭州有限公司持续亏损，年内停产。

【节能行业增长乏力】 2016年，受钢铁、煤炭、化工等行业去产能的影响，杭州市部分节能装备企业增长乏力，但节能产品企业形势较好。杭州杭氧股份有限公司工业销售产值比上年降低40%，气体营业收入提高7%，利润降低400%（出现亏损）。杭州中泰深冷技术股份有限公司销售产值降低25%，利润降低40%。杭州锅炉集团股份有限公司加强国际市场开拓，销售产值提高5%，利润提高150%。杭州富生电器有限公司销售产值与上年持平，利润提高50%。杭州三花微通道换热器有限公司销售产值提高15%，利润提高50%。

【LED行业规模以上企业增加30个】 2016年，随着LED技术进步及照明领域LED渗透率的提高，杭州市LED行业成长加快。全市有LED行业规模以上企业110个，比上年增加30个。杭州鸿雁电器有限公司销售产值提高15%，利润提高15%。杭州远方光电信息股份有限公司销售产值提高20%，利润提高50%。英飞特电子（杭州）股份有限公司销售产值提高30%，利润降低20%（受新建生产基地影响）。杭州宇中高虹照明电器有限公司销售产值提高5%，利润提高10%。

【优秀中小企业与企业家评选】 2016年12月25日，杭州市中小企业协会授予杭州天丰电源股份有限公司、浙江杭真能源科技股份有限公司等19名本土企业家“杭州优秀中小企业家”称号，32个企业被评为“杭州市最具成长型中小企业”，24个企业被评为“杭州市最具创新活力小微企业”。此次评选是该协会第3次举办优秀中小企业与企业家的评选活动，前两次评选活动有500多个企业参与。

【全球企业家论坛在杭举行】 2016年9月28～30日，“2016杭州全球企业家论坛”在杭州国际博览中心举行。论坛以“融合企业家资源，打造赢天下平台”为主旨，以“新常态、新经济、新金融、新融合”为主题，以“服务十三五、助推中国梦”为主线，围绕聚焦杭州“一带一路”话商机峰会、中国传统企业转型与发展机遇峰会、后G20时代创业投资新机遇及产业互联网峰会等话题，邀请3000位企业家共同探讨，架起全球企业家的合作交流平台。其间，举行4场峰会，分别是中国传统企业转型与发展机遇峰会、中国民族品牌影响力暨产业互联网与品牌经济发展峰会、聚焦杭州“一带一路”话商机峰会、中国产业互联网峰会。围绕联网金融、大健康、大文化三大产业集聚区的建设，来自全国32个省（市）、自治区的3000位企业家对接交流，共同探讨产业集聚区的发展之路。论坛还吸引了来自意大利、加拿大、斯里兰卡的企业家，他们与中国企业家互相学习、加强交流。

【3个企业获评省“隐形冠军”培育企业】 2016年12月30日，省经信委公布2016年浙江省“隐形冠军”培育企业名单，杭州恒星高虹光电科技股份有限公司、杭州亨特电气有限公司、杭州艾力康医药科技有限公司3个企业上榜。此次评比旨在鼓励企业专注于各自专业领域，做精核心产品，坚持创新驱动，建立特色品牌，形成“专精特新”发展特点，逐步成长为细分市场的“隐形冠军”。杭州恒星高虹光电科技股份有限公司是全国规模最大的LED灯丝灯泡生产销售厂家之一。先后与多个科研院所开展产学研合作，并与德国莱茵TüV集团

合作建立实验室基地，累计申报和拥有国家专利120多项。杭州亨特电气有限公司是一个节能灯生产企业，年产量1亿支节能灯，年销售产值2亿余元。杭州艾力康医药科技有限公司主要研发生产血管栓塞材料。公司拥有省级高新技术企业研发中心，其自主研发的“聚乙烯醇颗粒栓塞剂”被科技部评为国家重点新产品，“明胶海绵颗粒栓塞剂”被列入国家火炬计划项目。

【《中国制造2025杭州行动纲要》发布】 2016年7月7日，杭州发布《中国制造2025杭州行动纲要》（简称《杭州行动纲要》）。未来十年，杭州将以新一代信息技术、高端装备制造、汽车与新能源汽车、节能环保与新材料、生物医药和高性能医疗器械、时尚六大产业为重点进行突破。重点凸显杭州的优势和特色产业，将杭州制造的短板补足，明确杭州未来走一条高端、融合、环保、时尚的制造之路。《杭州行动纲要》对六大产业进行一些产业细分。如，新一代信息技术产业包含云计算和大数据、信息通信和网络设备、物联网、集成电路和电子信息设备；高端装备制造产业，包含智能制造装备、能源动力装备、先进轨道交通装备、航空零部件和增材制造装备。《杭州行动纲要》确定六大专项行动。包括云计算和大数据发展专项行动、5G车联网试点和核心网络设备发展专项行动、集成电路发展专项行动、能源动力装备发展专项行动、新能源汽车发展专项行动、节能环保装备发展专项行动。《杭州行动纲要》明确杭州制造大的发展方向和精细的指标体系，分为2020年和2025年两个时间节点，设置要达到的目标。通过十年努力，使杭州制造在全国产业分工和价值链体系中占据领先地位，涌现一批具有极强国际竞争力的企业；制造业自主创新能力达到新的水平，“两化”融合水平进一步提高，柔性制造、网络协同制造模式普遍应用，建成完善的智能制造生态系统；重点行业单位工业增加值能耗、物耗及污染物排放达国内一流水平，资源利用效率走在全国前列。

【培育“杭州工匠”行动计划出台】 2016年4月21日，市政府对外发布《培育“杭州工匠”行动计划（2016～2020年）》，简称“5123”行动计划。具体是，“5”即用时5年，全市新增高技能人才20万人左右，基本构建起一支适应杭州市经济社会发展需要的结构较合理、层次较分明的高技能人才队伍，打响“杭州工匠”品牌；“1”即每年培育以市级以上技能大师工作室领衔人、技师工作站领衔人、首席技师、技术能手为主体的领军层级高端技能人才100名左右；“2”即每年培育面向杭州“1+6”产业集群的骨干层级技师、高级技师和部分紧缺工种高级工2000名左右；“3”即每年培育高级工以上基础层级高技能人才3.5万名左右。培育“杭州工匠”行动计划的目的是营造全社会学习技能、尊重创造的浓厚氛围，构建完善高技能人才培养体系，加大对高技能人才培养的政策支持，健全高技能人才的激励保障机制。（胡传明）

2016年12月6日，杭州金鱼集团工作人员在阿联酋迪拜举办的中国贸易博览会上向中外嘉宾介绍产品（杭实集团 供稿）

【工业设计产业加快发展】 2016年，杭州市有91个市级工业设计中心和17个特色工业设计基地，专职从事工业设计人员近1万人。全市重点特色工业设计基地和工业设计中心完成工业设计服务纯收入16.2亿元，比上年增长20%，工业设计成果转化产值1080亿元。其中，杭州大胜达包装有限公司依托“包印网”完成设计业务收入9000万元，增长120%；杭州博乐工业产品设计有限公司完成设计业务收入1400万元，增长80%；杭州飞鱼工业设计有限公司完成设计业务收入1480万元，增长50%；杭州瑞德设计股份有限公司业务收入1723万元，增长18%；浙江凯喜雅国际股份有限公司完成设计业务收入1905万元，增长12.3%。

年内，杭州瑞德设计股份有限公司、杭州博乐工业设计股份有限公司、杭州飞鱼工业设计有限公司、浙江凯喜雅国际股份有限公司、浙江大胜达包装有限公司5个企业成为首批省级重点企业设计院建设试点（全省共7个），中国联合工程公司等6个企业成为省级第二批重点工业企业设计院建设试点（全省共14个）。参加国内外工业设计大赛，12个企业的14件作品获2016年德国iF设计大奖。组织企业参加中国美术学院主办的首届中国设计智造大奖赛，杭州瑞德设计股份有限公司的“水槽洗碗机”获“金智奖”，杭州哈帝机器人科技有限公司的“汽车后市场服务机器人”等3件作品获“优智奖”，杭州九合行物工业设计有限公司的“达鹏大气监测无人机”等2件作品获“创智奖”，杭州博乐工业设计股份有限公司、杭州海康威视数字技术股份有限公司等多个企业的设计作品被列入

TOP100(100个技术型企业案例)。有2名设计师获高级工业设计师资质。

(胡传明　王明兴)

【金鱼集团产品在海外参展】 2016年,杭州金鱼电器集团有限公司(简称金鱼集团)拓展自主品牌产品,提升线上线下客户体验,依靠市委、市政府搭建的海外贸易平台,拓展对外贸易和投资机会,实现外贸出口的明显增长。6月,金鱼集团参展第五届中东欧(波兰)中国家居品牌博览会,设置12个标准展位的整体展台,该集团的冰箱、洗衣机、空气净化器、净水器、全自动植物生长机、移动音箱保温箱、体感平衡车等40台整机产品进行全方位展示。12月,金鱼集团12类70多款产品亮相中国(阿联酋)贸易博览会。该集团在展会现场大型贸易配对5次以上,有效商贸洽谈100多次,意向客户30多个,会展现场确认订单10多个货柜。通过企业的整体形象展示、丰富的产品阵容展出,提高了金鱼集团产品在海外的知名度,扩大了产品销量。该集团全年自主品牌洗衣机、冰箱出口交货值分别比上年增长31%和24%。

【杭实集团实现主营业务收入260.46亿元】 2016年,杭州市实业投资集团有限公司(简称杭实集团)围绕产融结合和国际化战略,以资本运营和产业投资为抓手,依托资产管理、资本运营、资源运作等平台,通过国有资本的投资、运营,整合国内外的各类资源,全年实现主营业务收入260.46亿元、利税34.19亿元、利润总额22.29亿元、净利润16.53亿元。其中,归属国有净利润11.06亿元,利润总额和净利润分别比上年增长14.13%和9.62%;集团总资产503.37亿元,净资产182.80亿元,研究与开发费占3.84%。

杭实集团根据《中华人民共和国公司法》建立法人治理结构,产业经营和资本运作并举,以制造业、房地产业、资产经营投资为三大核心主业,重点培育文化创意产业。杭实集团拥有控股参股企业65个,其中全资企业12个、控股企业14个、参股企业39个,职工3万余人。生产经营业务范围主要涉及机械装备、化工医药、轻工家电、房产酒店、金融证券、文化创意等多个产业门类。8月31日,由杭实集团出资1亿元组建的全资子公司——杭实股权投资基金管理(杭州)有限公司成立。11月11日,杭州市工业产业股权投资基金有限公司成立。

【新天地集团完成混合所有制改制】 2016年1月8日,杭州新天地集团有限公司(简称新天地集团)完成混合所有制改革,前海人寿保险股份有限公司占82%股份,杭州市实业投资集团有限公司占15%股份,该公司核心管理团队占3%股份。注册资本由5亿元增资到24.79亿元。

新天地集团下属子公司杭州创意投资发展有限公司收购深圳市天乐商置有限公司100%股权,杭州汇庭投资发展有限公司收购北京龙泉宾馆有限公司100%股权,杭州弘庭投资发展有限公司收购深圳仁锐实业有限公司75%股权。设立重庆十八梯文化发展有限公司开发重庆十八梯项目。新天地集团收购杭州利坤投资发展有限公司51%股权。

【新天地城市综合体建设】 2016年是杭州新天地城市综合体项目全面建设的一年,继2015年L地块酒店式公寓和E地块写字楼完成交付后,P2、P3、P4、B等地块也相继完成验收、交付。新天地城市综合体项目销售8.97亿元。1月28日,浙江省发改委公布第二批省级特色小镇创建名单,杭州新天地跨贸小镇入围。依托特色小镇的政策优势,海彼购街区一期5000平方米全部入驻,二期完成2000平方米招商。3月1日,杭州新天地跨贸小镇举行开镇仪式。6月2日,新天地海彼购街区开街,成为全国特色跨境免税购物街区,全国200多个政府及企业考察团前来考察。月客流量约5万人次,销售收入约165万元。

(邓　玲)

食品工业

【食品工业概况】 杭州食品工业涵盖农副食品加工业、食品制造业、酒(饮料)和精制茶制造业以及烟草制品业四大门类,涉及53个自然行业,形成了门类较全的食品产业体系。2016年,杭州市食品工业通过实施名牌发展战略,优化调整产业结构,形成以国家级名牌产品为龙头、省级名牌产品为骨干、市级名牌产品为基础的名牌梯队格局。至年末,全市有获得食品生产许可证企业1822个,列入登记监管小作坊692个,添加剂生产企业84个。全年抽检食品产品(生产环节)7285批次,合格7205批次,合格率98.9%。

全市规模以上食品企业294个,全年实现工业总产值851.03亿元,比上年下降3.7%;工业销售产值878.82亿元,增长2.0%。出口交货值26.4亿元,增长6.9%。杭州娃哈哈集团有限公

祐康食品(杭州)有限公司雪糕全自动包装机生产线　(袁琼芳　供稿)

司、农夫山泉股份有限公司、祖名豆制品股份有限公司等全国知名食品龙头骨干企业发展形势良好。

【4个产品成为"长三角"地区名优食品】2016年,杭州市食品生产企业积极参与"长三角"地区名优食品评选。该评选活动由江苏省食品工业协会、浙江省食品工业协会、上海市食品协会共同举办,旨在构筑"长三角"地区食品品牌战略平台,全面提高产品质量和品牌形象,增强企业的自主创新能力和市场竞争力。经"长三角"名优食品评审委员会对该年度"长三角"地区食品生产企业申报的产品进行评审,85个企业的99个产品成为2016年度"长三角"地区名优食品。其中,杭州下沙酒厂生产的"乔农坊"白酒(原浆)、杭州超达食品有限公司生产的"雪海梅香"杨梅蜜饯、杭州牡丹面粉有限公司生产的"牡丹"面粉和浙江蓝海星盐制品有限公司生产的"浙盐蓝海星"食用盐4个产品,被评为"长三角"地区名优食品。

【娃哈哈集团获全国"质量标杆"荣誉】7月28日,工业和信息化部公布2016年全国"质量标杆"名单,杭州娃哈哈集团有限公司(简称娃哈哈集团)的《实施保障食品安全质量管理链的经验》入选,方向类别为质量管理。该质量链管理创新项目获第二十届国家级企业管理现代化创新成果一等奖。

娃哈哈集团作为食品生产制造企业和饮料行业的龙头企业,一直视质量为企业的生命,自成立之日起即致力于围绕确保产品安全、质量可靠,让消费者"安心选用、安全享用"的质量目标构建自身食品安全质量防控体系,形成了"前道服务后道,后道监督前道"这一具有娃哈哈特色的全员、全过程、全面质量管理理念,全面落实质量责任制,将"监督上工序、控制本工序、服务下工序"的管理要求贯彻到每一员工,实现层层监管、相互服务、相互监督,确保公司产品质量稳定和统一。

【农夫山泉公司新产品开发】2016年,农夫山泉股份有限公司(简称农夫山泉公司)在饮料行业整体增速放缓的大背景下,实现逆势发展,经营业绩保持两位数的增长。农夫山泉公司精准定位年轻消费群体,推出低糖类以茶为主辅以水果味的茶饮料——茶π,该产品上市半年,销售额突破10亿元,成为2016年度最火的明星单品。在果汁产业链上瞄准消费升级的方向,布局NFC高端果汁市场,采用原产地鲜果和冷压榨先进工艺,推出17.5°NFC果汁系列。因其品质优异,17.5°NFC和农夫山泉包装饮用水成为G20杭州峰会的指定饮品。

【祖名豆制品公司在"新三板"上市】2016年3月22日,祖名豆制品股份有限公司(简称祖名豆制品公司,证券简称:祖名股份,证券代码:836494)在"新三板"挂牌上市,成为中国豆制品行业"第一股"。

2016年,祖名豆制品公司实现营业收入8.50亿元,比上年增长6.23%;归属于挂牌公司股东的净利润3784.56万元,增长56.86%;基本每股收益0.42元。"祖名股份"资产总计9.07亿元,下降2.55%;资产负债率64.01%,下降4.98个百分点。经营活动产生的现金流量净额9695.05万元。

祖名豆制品公司是G20杭州峰会豆制品食材的独家供应企业。2016年获"农业产业化国家重点龙头企业"称号。

【贝因美公司推动营销转型】2016年,杭州贝因美集团有限公司(简称贝因美公司)推动营销转型,明确全渠道体系发展方向和业务策略。利用互联网及数字化技术,创新营销方式,进行O2O生态圈建设,以B2C、CRM系统为核心,实现代理商、门店、消费者和贝因美公司信息及利益共享,推进品牌管理与市场营销细化工作。通过推行食品安全生产规范化和配方注册管理办法,强化生产全方位管理。通过安达和母婴MES系统的逐步推行,用信息化工具来优化现有生产管理体系,推进智能化工厂建设。

【百草味公司成为国内顶尖的互联网食品企业】杭州百草味食品有限公司(简称百草味公司)以6年销售额增长117倍的业绩成为国内顶尖的互联网食品企业之一。2016年,百草味公司年销售额约27亿元,有2000多万个客户。百草味公司在全国建成10个仓储基地,斥资4亿元在杭州建立集研发、生产及物流于一体的智能综合基地。年内,百草味公司牵手枣业第一品牌"好想你"在A股上市。

(袁琼芳)

纺织化纤工业

【纺织化纤工业概况】2016年,杭州市被列入国家统计口径规模以上的纺织、化纤、服装服饰企业1129个,其中纺织业708个(含丝绸企业40个)、化纤业108个、服装服饰业313个,占全市工业企业总数的19.9%。全行业从业人员19.96万人,其中纺织业11.52万人(含丝绸企业0.605万人)、化纤业2.37万人、服装服饰业6.07万人,占全市工业企业从业人员总数的18.6%。另有羽绒纺织品加工企业42个,从业人员9488人;编织、刺绣和地毯企业31个,从业人员4134人。

全年实现工业总产值1615.31亿元,占全市工业经济的13.1%,比上年下降10.0%。其中:纺织业862.96亿元(含丝绸43.29亿元),下降6.5%;化纤业486.46亿元,下降16.3%;服装服饰业265.89亿元,下降8.5%。另有羽绒纺织制品86.55亿元,编织、刺绣工艺品和地毯31.18亿元。总产值中新产品产值361.27亿元,新产品产值率22.3%。其中新产品产值中纺织业183.44亿元、化纤业122.33亿元、服装服饰业55.07亿元,新产品产值率分别为21.3%、25.2%、20.7%。

全年实现工业销售产值1587.92亿元,占全市工业经济的12.9%,下降9.5%,产销率98.3%。其中:纺织业849.71亿元(含丝绸42.66亿元),下降6.4%;化纤业472.72亿元,下降15.6%;服装服饰业265.49亿元,下降7.4%。另有羽绒纺织制品86.18亿元,编织、刺绣工艺品和地毯30.88亿元。

全年实现出口交货值316.23亿元,占全市工业品出口的18.8%,下降10.5%。其中:纺织品154.59亿元,下降5.6%;化纤29.62亿元,下降16.1%;服装和服饰132.02亿元,下降

14.4%。另有羽绒纺织制品出口47.29亿元,编织、刺绣工艺品和地毯出口10.60亿元。

全年实现利税总额127.38亿元,占全市工业利税总额的7.7%,下降4.6%。其中:纺织业72.61亿元(含丝绸2.78亿元),下降4.4%;化纤业30.00亿元,下降2.7%;服装和服饰业24.77亿元,下降7.5%。

全年实现利润总额79.44亿元,占全市工业利润的8.4%,下降5.3%。其中:纺织业44.62亿元(含丝绸1.76亿元),下降7.0%;化纤业22.82亿元,下降1.6%;服装和服饰业12.00亿元,下降5.8%。另有羽绒纺织服装制品业实现利税5.35亿元,利润总额2.59亿元;编织、刺绣工艺品和地毯业实现利税1.96亿元,利润总额1.04亿元。

全年实产纱61.4万吨,下降5.7%。其中:棉纱20.33万吨,下降5.9%;棉混纺纱11.42万吨,下降18.1%;化纤纱29.66万吨,增长0.34%。实产布38.10亿米,下降3.0%。其中:棉布2.83亿米,增长8.1%;棉混纺布4.36亿米,下降5.6%;化纤布30.91亿米,下降3.5%;色织布牛仔布5113万米,下降14.4%。印染布加工62.85亿米,增长6.2%。实产各类化纤623.15万吨,下降0.6%。其中:涤纶纤维586.36万吨,增长0.1%;氨纶纤维6.32万吨,下降7.5%;锦纶纤维16.43万吨,下降7.0%;粘胶短纤维12.16万吨,下降16.7%。

全年实产各类服装3.54亿件,下降5.2%。其中:梭织服装2.53亿件,下降4.4%;针织服装1.01亿件,下降7.0%。另有羽绒服装289.84万件,下降4.1%;西服套装250.33万件,下降15.9%;衬衫509.7万件,下降23.1%。实产无纺布18.60万吨,增长3.8%;帘子布3.24万吨,增长11.6%;蚕丝4209.68吨,下降0.12%;丝织和丝交织品1913.42万米,下降14.9%;蚕丝被32.04万条,下降3.5%。

【13个企业入选中国民营企业制造业500强】2016年8月25日,全国工商联在北京发布"2016中国民营企业500强和民营企业制造业500强榜单"。杭州市13个纺织化纤企业入选2016年中国民营企业制造业500强,分别是:浙江荣盛控股集团有限公司(第14位)、浙江恒逸集团有限公司(第16位)、兴惠化纤集团有限公司(第195位)、万事利集团有限公司(第215位)、浙江航民实业集团有限公司(第228位)、柳桥集团有限公司(第244位)、浙江翔盛集团有限公司(第247位)、富丽达集团控股有限公司(第258位)、浙江正凯集团有限公司(第285位)、杭州永盛集团有限公司(第304位)、开氏集团有限公司(第375位)、浙江凯喜雅国际股份公司(第393位)和三元控股集团有限公司(第453位)。其中前9个企业入选2016年中国民营企业500强,分别居中国民营企业500强榜的第26位、第28位、第328位、第367位、第387位、第429位、第434位、第450位和第492位。

【21个企业入选中国纺织服装竞争力500强】2016年11月18日,中国纺织工业联合会发布2015~2016年度中国纺织服装企业竞争力500强测评结果,杭州市有21个纺织化纤企业入选,分别是:恒逸石化股份有限公司、万事利集团有限公司、浙江春江轻纺集团有限责任公司、杭州奥坦斯布艺有限公司、众望控股集团有限公司、浙江航民股份有限公司、杭州诺邦无纺股份有限公司、杭州柯力达家纺有限公司、浙江富丽达股份有限公司、杭州宏峰纺织集团有限公司、杭州华辰植绒有限公司、达利(中国)有限公司、三元控股集团有限公司、金富春集团有限公司、浙江恒强科技股份有限公司、宏扬控股集团有限公司、杭州圣玛特羊绒制品有限公司、杭州艾可家纺有限公司、杭州奥华纺织有限公司、杭州萧山林芬纺织有限公司和浙江天长纺织有限公司。

【10个项目获"纺织之光"科学技术奖】2016年11月23日,"纺织之光"2016年度中国纺织工业联合会科技教育奖励大会在北京人民大会堂举行。大会颁发了2016年度中国纺织工业联合会科学技术奖的授奖项目116项,其中一等奖项目12项、二等奖项目46项、三等奖项目58项。杭州市高校和企业获10个奖项,其中一等奖1项、二等奖4项、三等奖5项。一等奖项目是由浙江理工大学、浙江格尔泰斯环保特材科技股份有限公司、西安工程大学、天津工业大学和浙江宇邦滤材科技有限公司完成的"垃圾焚烧烟气处理过滤袋和高模量含氟纤维制备关键技术"。二等奖项目是由浙江理工大学、杭州织锦故事文化创意有限公司、浙江美嘉标服饰有限公司和浙江巴贝领带有限公司完成的"全真丝独花织锦服装工艺研究与开发",由浙江纺织服装科技有限公司和天津工业大学完成的"高导湿保暖型羊毛仿生结构织物研究及开发",由浙江传化股份有限公司和杭州传化精细化工有限公司完成的"新型冷漂催化精练剂关键技术研发及应用",由杭州爱科科技有限公司完成的"LCP真皮自动化裁剪流水线系统"。三等奖项目是由达利(中国)有限公司和浙江理工大学完成的"新型弹力真丝织物研制开发",由浙江恒逸高新材料有限公司、浙江理工大学和东华大学完成的"聚酯共聚改性及新型化纤关键技术",由浙江理工大学和浙江雀屏纺织化工股份有限公司完成的"常压等离子体处理在纺织品生态染整加工中的应用及基础研究",由杭州万事利丝绸科技有限公司和浙江理工大学完成的"防霉抗菌真丝绸壁纸的研发及产业化",由达利(中国)有限公司和浙江理工大学完成的"环保功能性丝绸产品研究与开发"。

【11种产品被认定为省市名牌产品】2016年,杭州市纺织行业有11种产品被认定为名牌产品,其中浙江省名牌产品5种、杭州市名牌产品6种。被认定为浙江省名牌产品的是:万事利集团有限公司"万事利"牌丝绸服装、杭州喜得宝集团有限公司"喜得宝"牌印染绸(丝绸服装)、汉帛(中国)有限公司"AMADO"牌服装、柳桥集团有限公司"柳桥"牌羽绒制品和浙江美术地毯制造有限公司"图形"牌地毯。被认定为杭州市名牌产品的是:桐庐荣盛针织有限公司"芙美雅"牌针织品、杭州蓝色倾情服饰有限公司"蓝色倾情"牌女装、浙江恒强科技股份有限公司"图形+恒强科技"牌全电脑横机控制系统、浙江美术地毯制造有限公司"图形"牌地毯、杭州

2016年6月23日，"天门—昊昌杯"全国精并粗技术研讨会在杭州召开

（姚　挺　供稿）

富阳博特户外用品有限公司"拼音+图形"牌户外用品销售（皮肤衣）和杭州犸凯奴户外用品有限公司"拼音+图形"牌户外用品销售（防水服）。

【27个商标被认定为省市著名商标】 2016年，杭州市纺织行业27个商标分别被新认定或延续认定为省、市著名商标。其中：省著名商标新认定7个；市著名商标新认定12个，复评后延续认定8个。万事利集团有限公司和江南布衣服饰有限公司获"2016年度浙江省商标品牌示范企业"称号。

被认定为2016年浙江省著名商标的有7个，分别是：杭州邦联氨纶股份有限公司"BANGLIAN+图形"商标（氨纶丝）、浙江佰利源实业有限公司"Y-SING"商标（服装）、浙江伊伊爱家居用品有限公司"伊+伊=爱"商标（装饰纺织品）、浙江恒远化纤集团有限公司"图形"商标（长丝、弹力丝）、杭州星华反光材料股份公司"图形+CNSS"商标（反光布）、柳桥集团有限公司"拼音字母+图形"商标（羽绒被）和杭州舒尔姿氨纶有限公司"舒尔姿"商标（氨纶丝）。

被认定为2016年杭州市著名商标的有20个，其中新认定的市著名商标有12个，分别是：杭州奔马化纤纺丝有限公司"奔马"商标、浙江金洋控股集团有限公司"金巨+图形"商标、杭州双美家纺有限公司"M&M Home Textile+图形"商标、杭州宏海纺织有限公司"宏海+图形"商标、浙江正凯集团有限公司"正凯+图形"商标、浙江胜利羽绒制品有限公司"图形"商标、浙江伊伊爱家居用品有限公司"伊伊爱"商标、杭州维美家用纺织品有限公司"维美家纺+图形"商标、卓尚服饰（杭州）有限公司"ullu"商标、杭州蓝色倾情服饰有限公司"LESIES"商标、余献立（杭州维欧艾丝绸股份有限公司）"VOA"商标和杭州琼楼服饰有限公司"图形"商标。

到期复评后延续确认为市著名商标的有8个，分别是：浙江华银非织造布有限公司"华银+图形"商标、浙江锦盛控股集团有限公司"锦盛+图形"商标、浙江汇丽印染整理有限公司"汇富+图形"商标、应明剑（杭州富宇丝绸有限公司）"富贵锦及字母"商标、爱梦妮亚服饰（杭州）有限公司"图形"商标、杭州东亚织造有限公司"东亚+图形"商标、浙江春风米兰鸥服饰有限公司"图形"商标、桐庐羊绒针织有限责任公司"ZHENZHIXIU+图形"商标。

【全国精并粗技术研讨会在杭召开】 2016年6月23日，"天门—昊昌杯"全国精并粗技术研讨会在萧山区召开。此次会议由中国纺织工程学会、中国纱线网主办，浙江省纺织行业协会、杭州市纺织行业协会、杭州市纺织工程学会协办，全国各地有400多人参加。会议征集了学术论文40多篇，论文结合生产技术实际，有较高的学习、借鉴和应用价值，经专家组评定，评出优秀论文5篇。全国各地的专家在会上做了12篇有关精并粗工序的技术报告，对精并粗的现状进行分析，提出精并粗设备的发展方向。

【2个集体9名个人获全国纺织工业先进称号】 2016年6月28日，全国纺织工业先进集体、劳动模范和先进工作者表彰大会在北京人民大会堂召开，大会表彰了全国纺织工业劳动模范和先进工作者349名、先进集体100个。杭州市金富春集团有限公司、杭州中亚布艺有限公司织造车间2个集体获"全国纺织工业先进集体"称号。李水荣（浙江荣盛控股集团有限公司董事长）、孙伯勇（浙江春江轻纺集团有限责任公司总经理兼党委书记）、马廷方（万事利集团有限公司技术总监）、周建飞（浙江航民股份有限公司车间主任）、徐红生（杭州华盛实业有限公司生技科长）、王成恩（富丽达集团控股有限公司生产技术主管）、王松青（女）（桐庐富春江织造集团有限公司电机工）、沈丽萍（女）（众望控股集团有限公司生产管理员）、高利森（杭州杰丰服装有限公司业务员）9人获"全国纺织工业劳动模范"称号。

【余杭区成立省级家纺布艺质检中心】 2016年7月，由杭州市余杭区质量计量监测中心筹建的浙江省家纺布艺产品质量检验中心通过实验室资质认定，经浙江省质量技术监督局验收合格，正式对外开展工作。它是在余杭区继浙江省电缆科技检验中心之后建成的又一个省级检验中心。

该检验中心建有功能齐全的恒温恒湿、常温物理、化学分析等标准实验室1000多平方米，配有气质联用仪、高效液相色谱仪、原子吸收光谱仪、干洗试验机、万能材料试验机等先进仪器设备，经省级资质认定产品参数150项，具备国家纺织产品基本安全技术规范、装饰用织物、布艺类产品、阻燃织物、亚麻装饰织物等多数布艺类产品的检测能力。中心检测范围涵盖布艺类产品、成人服装、儿童服装、床上用品等领域，可对外开展家纺布艺产品质量检验、科研项目研究、标准制订修订等质量技术服务工作。

【荣盛集团在舟山兴建大型石油炼化企业】2016年7月，浙江荣盛控股集团有限公司(简称荣盛集团)联合桐昆集团股份有限公司、衢化集团公司，在舟山渔山岛兴建大型石油炼化企业，计划总投资1600亿元，其中荣盛集团斥资占60%，总炼油能力4000万吨，并将在附近的金塘岛配套建设原油贮存基地，通过输油管道直抵渔山岛的炼油企业。项目计划在5年内分两期建成，第一期利用3年时间形成2000万吨规模。 (姚 挺)

丝绸和服装产业

【丝绸和服装产业概况】2016年，杭州有规模以上丝绸和服装服饰企业353个，其中丝绸企业(不包括丝绸服装企业，下同)40个，服装服饰企业313个；从业人员6.68万人，其中丝绸0.61万人、服装服饰6.07万人。全年完成工业总产值309.18亿元，其中丝绸43.29亿元、服装服饰265.89亿元；工业销售产值308.15亿元，其中丝绸42.66亿元、服装服饰265.49亿元。主营业务收入301.19亿元，其中丝绸44.47亿元、服装服饰256.72亿元；实现利税总额27.55亿元，其中丝绸2.78亿元、服装服饰24.77亿元；实现利润13.76亿元，其中丝绸1.76亿元、服装服饰11.99亿元。

11月14日，金富春集团有限公司等6个企业获第五届全国纺织行业质量奖。11月18日，中国纺织工业联合会发布2015～2016年度中国纺织服装企业竞争力500强企业名单，万事利集团有限公司、达利(中国)有限公司、金富春集团有限公司3个杭州丝绸企业入榜；万事利集团有限公司入选2015年度中国纺织服装行业主营业务收入百强企业。

【丝绸和女装博览展览会】2016年10月14～16日，由商务部和杭州市政府主办的第十七届中国国际丝绸博览会暨中国国际女装展览会在杭州国际博览中心举行。本届博览会以科技、时尚为先导，以“变革、产业、未来”为主题，以国际化、时尚化、智能化为主要特征，按照“丝绸服装、丝绸面料、丝绸礼品、丝绸家纺、智能设备、设计师与面料SHOWROOM、服务资讯、时尚秀场”设立八大展区。展示面积2万平方米，展位550个。中国、意大利、法国、英国、美国、巴基斯坦、哈萨克斯坦、阿富汗、乌克兰、马其顿、埃及、俄罗斯、韩国、阿联酋、土耳其等15个国家的251个企业260个品牌参展。专业观众8778人，其中国内服装企业500多人、海外丝绸采购商300多人。达成意向成交额2.8亿元。

其间，举办2017年中国丝绸流行趋势发布会、“万事利杯”2016年中国丝绸服装设计大赛、达利服装品牌发布会、NOWFUTURE 2017/2018 AW趋势发布会、海外买家配对会、丝绸面料企业与服装企业对接会、服装企业与经销商对接会、中欧茧丝基地座谈会、丝绸与服装应用研讨会、缫丝企业转型蚕种创新研发高峰论坛、GMIC+时尚科技创新杭州峰会等20多场活动。本届展会推出丝博会专属App，集电商、资讯、社交于一体，实现线上线下相结合。

2016年中国国际丝绸博览会新增海外5个国家巡展，参展企业44个(次)，展位数60个。现场成交额35万美元，意向成交额1238万美元。现场贸易配对90场次。

【中国丝绸流行趋势发布】2016年10月13日，由中国国际丝绸博览会组委会、中国丝绸协会主办的2017年秋冬中国丝绸流行趋势动态发布在杭州国际博览中心举行。此次发布，以“工匠精神”为概念，采用“匠石运金之丝·锻”“匠心独韵之丝·染”“水火相济之丝·淡”“五谷丰登之丝·垠”四个主题，法国、意大利、瑞士、巴西、日本、印度、越南等国际丝绸企业和行业组织，以及国内主要丝绸产地的企业和协会代表观看本次发布。

本次研究与发布首次尝试以2017年秋冬中国丝绸流行趋势为研究对象，突破丝绸面料只适合春夏的固化思维，体现丝绸的多样性，贴近丝绸服饰的流行及市场营销。从流行色彩、纱线、织造纹样、印花图案、成品风格等方面进行研究分析预测，对相应流行趋势下的丝绸制品及衍生品进行设计风格预测。采用成衣化的服装展示国际纺织品流行趋势、国内市场消费需求，完成研究成果并以动、静态发布，同时发布流行趋势成果册。

【中国丝绸服装设计大赛】2016年10月14日，由中国丝绸协会主办、杭州市丝绸行业协会承办的“万事利杯”2016年中国丝绸服装设计大赛总决赛暨颁奖晚会在杭州国际博览中心举行。大赛以“新丝路、新时尚、新格调”为主题，旨在为提高国内丝绸服装设计水平，引领丝绸消费新的潮流时尚，搭建国内专业设计人才交流平台和展示舞台，给世界一个全新的中国丝绸服装概念。全国各地行业协会、丝绸企业等800多人观摩总决赛暨颁奖晚会。

本次大赛评委由中国美术学院设计艺术学院、浙江大学艺术学院、浙江理工大学服装学院、浙江科技学院服装学院和苏州大学艺术学院等高校的资深教授担任。通过对23名入围总决赛选手作品的设计创意、面料创新、服饰搭配、工艺制作、市场潜力5个方面现场考评打分，湖北美术学院陈岩的作品“舞鹤”获金奖；苏州大学艺术学院魏丽叶的作品“岁月如痕”、万事利集团有限公司黄燕飞的作品“红”获银奖；浙江理工大学刘时莹的作品DANCE BOY、西安工程大学服装与艺术设计学院梅茜茜的作

2016年中国国际丝绸博览会海外巡展情况

表12

展会名称	时 间	地 点	企业数(个)
中国(土耳其)丝绸博览会	6月2～4日	伊斯坦布尔	8
中国(波兰)丝绸博览会	6月7～9日	华沙	14
中国(哈萨克斯坦)丝绸博览会	11月30日至12月2日	阿拉木图	2
中国(阿联酋)丝绸博览会	12月5～7日	迪拜	13
中国(印度)丝绸博览会	12月13～15日	孟买	7

2016年8月26日至10月30日，西湖之花——西湖绸伞精品特展在杭州举行
（杭州图库 供稿）

品“丝路”、自由设计师陈杰良的作品MOON-NIGHT BLOOMING获铜奖；其余17名选手获优秀奖。

【2017SS杭州国际时尚周】2016年12月2～5日，2017SS杭州国际时尚周在杭州创意设计中心举行，包含三大板块：2017SS品牌发布、创意时尚生活展和2016年杭州年度时尚颁奖盛典。2017SS品牌发布进行15场，包括韩国花麦地品牌发布和法国TY品牌发布；创意时尚生活展有100个成衣和配饰的设计师品牌参展，现场订货交易额10亿元。在2016年杭州年度时尚颁奖典礼上，对本年度新锐设计师、设计师品牌、影响力人物等37个奖项进行颁奖。时尚周期间有7000人次专业客商和20000人次观众到场。VOGUE、ELLE、BAZAAR等具有国际影响力的时尚媒体及凤凰、网易、新浪、搜狐、腾讯等国内综合门户网站对时尚周进行全面报道，约100个全国媒体参与合作报道，媒体报道300多篇。

【国际丝绸联盟主席扩大会议在杭召开】2016年10月13日，国际丝绸企业促进发展联盟主席扩大会议在浙江理工大学召开，中国、意大利、法国、瑞士、印度、巴西、越南、新加坡等国家以及中国香港地区的联盟主席、副主席单位和相关代表38人参加会议。会议回顾联盟创始成员大会一年来开展的工作，审议部署2017年工作计划和2018～2019年工作规划。

该联盟是以促进丝绸产业健康稳定发展而设立的行业性、国际性、非营利性社会组织，旨在促进各国丝绸行业的沟通交流，推动国际丝绸产业在文化、教育、科研、设计、生产、标准与检测、贸易、消费等方面的进步与发展。

【3个企业和2个品牌入选省时尚及丝绸重点培育名单】2016年5月30日，省经信委公布浙江省时尚及丝绸产业第二批重点培育企业和品牌名单，杭州市有2个服装企业和1个丝绸企业、2个服装品牌上榜。服装企业分别是浙江太子龙实业发展有限公司、卓尚服饰（杭州）有限公司，丝绸企业是达利（中国）有限公司。服装品牌分别是浙江太子龙实业发展有限公司的“太子龙”和坚持我的服饰（杭州）股份有限公司的“JASONWOOD”。

【7个国家茧丝绸发展项目通过验收】2016年1月21日，省经信委组织专家对杭州承担的2015年度国家茧丝绸发展项目进行验收，分别是由浙江理工大学、杭州华丝夏莎纺织科技有限公司承担的“厚重真丝面料的渗透印花技术开发”，浙江凯喜雅国际股份有限公司承担的“引进智能吊挂系统等新型高效设施，实现‘机器换人’”，浙江丝绸科技有限公司承担的“现代织造装备开发生产丝绸经典传统产品”3个项目。1月26日，对万事利集团有限公司承担的“丝绸数码喷墨印花清洁化生产的技术开发及其产业化”，杭州纺织机械有限公司、浙江理工大学、杭州飞宇纺织机械有限公司合作承担的“煮缫一体智能化自动缫丝试样机”，杭州丝绸文化与品牌研究中心承担的“2017春夏中国丝绸流行趋势研究及发布”，浙江米奥兰特商务会展股份有限公司承担的“2015中华杯国际礼服暨丝绸女装设计大赛”等4个项目进行验收。专家组一致认为，同意通过验收。

【3人获全国纺织工业劳动模范称号】2016年6月28日，全国纺织工业先进集体、劳动模范和先进工作者表彰大会在北京人民大会堂召开。大会授予100个单位“全国纺织工业先进集体”称号、330名工作者“全国纺织工业劳动模范”称号、19名工作者“全国纺织工业先进工作者”称号。金富春集团有限公司获“全国纺织工业先进集体”荣誉称号，万事利集团有限公司的马廷方、杭州华盛实业有限公司的徐红生、杭州杰丰服装有限公司的高利森3人获“全国纺织工业劳动模范”称号。

【5个丝绸和服装项目获纺织工业科学技术进步奖】2016年11月23日，中国纺织工业联合会在北京人民大会堂召开科技教育奖励大会。由浙江理工大学、杭州织锦故事文化创意有限公司、浙江美嘉标服饰有限公司、浙江巴贝领带有限公司共同完成的“全真丝独花织锦服装工艺研究与开发”项目和杭州爱科科技有限公司独立完成的“LCP真皮自动化裁剪流水线系统”项目获“纺织之光”2016年度中国纺织工业联合会科学技术二等奖；由达利（中国）有限公司、浙江理工大学联合完成的“新型弹力真丝织物研制开发”和“环保功能性丝绸产品研究与开发”项目以及杭州万事利丝绸科技有限公司、浙江理工大学联合完成的“防霉抗菌真丝绸壁纸的研发及产业化”项目获三等奖。

【8人获全国茧丝绸行业终身成就奖】 2016年12月20日，2016年中国丝绸大会在广州召开。会上，中国丝绸协会授予36位长期从事丝绸行业的丝绸人“全国茧丝绸行业终身成就奖”。万事利集团有限公司总裁李建华，浙江凯喜雅国际股份有限公司董事长李继林、原总设计师高国梁，金富春集团有限公司董事长周文峰，杭州纺织机械有限公司董事长叶文，杭州喜得宝集团有限公司董事长赵之毅，中国丝绸博物馆馆长赵丰，浙江丝绸科技有限公司总经理王海平8人获奖。

【“金富春”品牌被授予省“金牌老字号”】 2016年3月11日，省老字号企业协会在杭州召开第五批“浙江老字号”授牌仪式，金富春集团有限公司的“金富春”品牌被省商务厅授予省第二批“金牌老字号”称号。该公司继2014年1月被认定为第四批“浙江老字号”后，再获新荣誉。

【组织企业参加家用纺织品及辅料博览会】 2016年8月24～27日，市家用纺织品行业协会组织会员企业参加在上海中国国家会展中心举办的2016年中国国际家用纺织品及辅料（秋冬）博览会。杭州组团参展企业200个，参展面积1.6万平方米。展示各类沙发布、真丝窗帘、窗帘饰品及各式装饰布、丝织床上用品、家居装饰用品等差异化、高性能家纺产品。

【鲜茧收购资格认定取消】 2016年2月3日，国务院印发《关于第二批取消152项中央指定地方实施行政审批事项的决定》，决定取消鲜茧收购资格认定行政审批事项。据此，对全市已通过复审的59个企业（茧站）不发证书，停止执行鲜茧收购资格认定。

【市服装行业协会男装分会成立】 2016年10月31日，市服装行业协会在洲际酒店杭州厅召开男装分会成立大会。成立男装分会，旨在推动杭州男装产业发展，繁荣杭州服装市场，提升全市服装产业发展。市民间组织管理局、市经信委、在杭男装生产企业以及邀请的相关单位、媒体300多人参加成立大会。

【纺织行业质量管理小组成果评定】 2016年7月8日，中国纺织工业联合会发文《关于表彰2016年度全国纺织行业优秀质量管理小组的决定》。杭州丝绸企业达利（中国）有限公司办房电脑工艺QC小组的“降低人丝四平款织损率”获2016年全国纺织行业质量管理小组成果一等奖，该公司“暗缝绲边器的研制”工器具研发QC小组的“暗缝绲边器的研制”获二等奖；金富春集团有限公司准备车间QC小组、达利（中国）有限公司办房电脑工艺QC小组和工器具研发QC小组获“2016年全国纺织行业优秀质量管理小组”称号；金富春集团有限公司准备车间丙班、达利（中国）有限公司针织分公司整烫班和污水站班组获“2016年全国纺织行业质量信得过班组”；达利（中国）有限公司陈卫华被授予“2016年全国纺织行业优秀质量管理小组活动优秀推进者”称号；金富春集团有限公司盛建祥、达利（中国）有限公司林典誉被授予“2016年全国纺织行业优秀质量管理小组活动卓越领导者”称号。

【丝绸行业质量管理小组成果评审】 2016年6月1日，省丝绸协会在杭州召开2016年度全省丝绸企业质量管理小组成果发表会。经评审，达利（中国）有限公司工器具研发QC小组、针织中心办房电脑工艺QC小组，杭州万事利丝绸科技有限公司数码印花QC小组，杭州金富春丝绸科技股份有限公司准备车间QC小组，被评为优秀QC小组，各自发表的“暗缝绲边器的研制”“降低人丝四平款织损率”“提高工业级数码印花机每天有效利用率”“人造丝产品成型质量的改进”成果获一等奖；达利（中国）有限公司面辅料TNA控制QC小组和印染中心联合QC小组被评为优秀QC小组，各自发表的“提升辅料TNA准时率”和“提高手工台版印制合格率”成果获二等奖；达利（中国）有限公司、杭州金富春丝绸科技股份有限公司被评为“质量管理小组活动优秀企业”；达利（中国）有限公司林典誉、杭州金富春丝绸科技股份有限公司何会林被授予“质量管理小组活动卓越领导者”称号；达利（中国）有限公司陈卫华被授予“质量管理小组活动优秀推进者”称号；达利（中国）有限公司针织中心整烫组和污水处理站，以及杭州金富春丝绸科技股份有限公司准备车间丙班被评为“质量信得过班组”。（高振纲）

工艺美术产业

【工艺美术产业概况】 2016年，杭州市有规模以上工艺美术品制造企业59个，其中雕塑工艺品制造企业3个、金属工艺品制造企业7个、漆器工艺品制造企业2个、花画工艺品制造和天然植物纤维编织工艺品制造企业各1个、抽纱刺绣工艺品制造企业27个、地毯（挂毯）制造企业3个、珠宝首饰及有关物品制造企业5个、其他工艺企业10个。全市工艺美术产业全年实现工业总产值128.5亿元，其中金属工艺品制造业4.3亿元、雕塑工艺品制造业2.9亿元、抽纱刺绣工艺品制造业24.04亿元、珠宝首饰及有关物品制造业83.73亿元；实现工业销售产值124.32亿元，其中金属工艺品制造业4.3亿元、抽纱刺绣工艺品制造业23.83亿元、珠宝首饰及有关物品制造业80.01亿元。主营业务收入124.58亿元，其中抽纱刺绣工艺品制造业23.43亿元、珠宝首饰及有关物品制造业80.23亿元；实现利税总额4.49亿元，其中抽纱刺绣工艺品制造业1.03亿元、珠宝首饰及有关物品制造业1.17亿元；实现利润2.54亿元，其中抽纱刺绣工艺品制造业0.45亿元、珠宝首饰及有关物品制造业0.77亿元、金属工艺品制造业0.22亿元、天然植物纤维编织工艺品制造业0.39亿元、其他工艺美术品制造业0.5亿元。

杭州市工艺美术产业规模与层次不断提升，规模化与多元化发展趋势明显，形成了门类众多、产品多样、辐射广泛的产业格局。全行业拥有工艺美术大师118名，其中亚太地区手工艺大师3名、国家级工艺美术大师6名（含亚太手工艺大师3名）、省级工艺美术大师44名、市级工艺美术大师68名。10月，王文瑛、嵇锡贵再获“亚太手工艺大师”称号。

【工艺美术精品奖评审】 2016年10月13～17日，中国（杭州）工艺美术精品博览会在杭州和平国际会展中心举行。展会整合工艺美术大师、民间艺人及学院工美艺术等工艺力量，100多位国家级、省级、市级工艺美术大师与众多民间手工艺人携近1万件作品参展。工艺美术产品展示包括陶、瓷、玻璃、首饰、水晶、雕塑工艺（玉、木、金属、石、竹、泥、牙等）、抽纱刺绣、纺织纤维、皮雕、纸工、扇艺、伞艺、民间工艺品、古典家具等，工美文化礼品、工美设计、工美创意手作的创新型展示精彩纷呈。展会面积9000平方米，参观人数5万多人次，现场成交约3000万元。该次展会对参展作品进行“工艺美术精品奖评审”，评出金奖作品110件，银奖作品85件。

【组团参加香港浙江工艺美术精品展】 2016年4月27～29日，由香港浙江同乡会联合会主办的以“美丽浙江·欣赏香港”为主题的浙江文化美食旅游节活动在香港维多利亚公园举行，其中工艺美术板块由杭州市工艺美术行业协会负责。

该次工艺美术精品展设东阳木雕展区、青田石雕展区、龙泉青瓷宝剑展区和综合四大展区，展览面积800平方米，汇集浙江148位工艺美术大师创作的279件（套）作品，向香港市民展示和宣传一批浙江最具特色的工艺美术品。

【组团参加贵州（凯里）民间艺术博览会】 2016年7月21～24日，市工艺美术行业协会组织杭州工艺美术大师参加贵州（凯里）民间艺术博览会。该博览会以“慧聚民族文化、智造民族品牌”为主题，全面展示黔东南州多姿多彩的民族文化和丰富独特的旅游资源，促进文化旅游产业的发展，促进民间工艺技艺交流。

杭州馆展览面积72平方米，展示杭州11位工艺美术大师创作的22件（套）作品。杭州手绣、手艺机绣、王星记扇子、龙泉青瓷、鸡血石雕、印石篆刻、湖笔、萧山花边和西湖绸伞等作品，突出反映杭州“工艺与民间艺术之都”历史悠久、人才济济、品种丰富等特点。其间，市工艺美术大师张小明、宋志明，河坊街民间艺人彭明伟在现场表演印石篆刻、西湖绸伞刷花、龙泉青瓷杯刻字等活动，吸引许多市民观赏。

【组团参加鄂尔多斯文化产业博览交易会】 2016年9月2～6日，首届鄂尔多斯文化产业博览交易会在康巴什新区鄂尔多斯国际会展中心举行。杭州市工艺美术行业协会组织中艺花边集团有限公司、杭州贵埴文化艺术有限公司、陈水琴大师工作室、郑胜宁大师木雕工作室、龙宝堂青瓷艺术馆有限公司、莫干剑——泉季剑铺、杭州现代工艺刻印有限公司、富阳市导岭新新湖笔厂等单位和工艺美术大师参加博览交易会。参展作品涵盖萧山花边、南宋官窑、刺绣、黄杨木雕、宝剑、印石篆刻和湖笔，突出展示杭州中青年工艺美术大师的作品。

2016年10月13～17日，中国（杭州）工艺美术精品博览会在杭州和平国际会展中心举行　（杭州图库　供稿）

【6件工艺美术产品（作品）入选浙江省中高端消费新品】 2016年10月12日，浙江中高端消费品推介会暨“浙江中高端消费新品选录”发布会在杭州召开。会上，发布“浙江中高端消费新品选录”，全省有80多个企业的100多件产品（作品）入选，涉及丝绸礼品、时尚服饰、时尚家居、智能家电、经典黄酒、工艺美术等八大系列。杭州市国家级工艺美术大师陈水琴的手工刺绣、赵建忠的萧山中艺花边、朱炳仁的铜雕，省级工艺美术大师孙亚青的王星记扇子、钱高潮的鸡血石雕，市级工艺美术大师陈小波的吉祥如意尊6件产品（作品）入选“浙江省中高端消费新品选录——G20杭州峰会时尚经典产业产品（作品）选”。

【杭州市工艺美术行业协会第四届理事会】 2016年10月31日，杭州市工艺美术行业协会在杭州华辰国际饭店召开第四届理事会。理事会由47名理事组成（包括一名监事），赵建忠连任当选理事会理事长，杨定玉、孙亚青、丁成红、朱军岷、郦越宁、李加林、钱高潮、刘小平、金家虹、金益荣、张小明、闻星根、陈晓雷、王英翔、庄富泉当选副理事长。

大会根据四届一次理事会决定，宣布聘请中国美术学院原教授高而颐、高级工艺美术师都一兵、中国美术学院教授王其全，亚太手工艺大师、中国工艺美术大师赵锡祥、王文瑛、嵇锡贵，中国工艺美术大师陈水琴、朱炳仁为协会名誉顾问，并颁发聘书。聘任陈顺为该协会秘书长，封芸为副秘书长。同意接收浙江都市艺术文化发展有限公司等6个单位为协会团体会员。　（刘文吉）

【王星记扇被列为G20杭州峰会会议用品】 2016年，杭州王星记扇业有限公司经济持续稳步增长，全年完成生产总值2451万元，比上年增长23.2%；总营业收入2947万元，增长14.7%；主营业务收入2723万元，增长14.8%。年内，该公司集中“杭州雅扇”优势，挖掘“非遗”文化创新产品，成为G20杭州峰会会议用品供应商，入选“‘十二五’浙江省商贸百强企业”榜单。

由该公司提供的G20杭州峰会官方纪念用品分别为G20领导人峰会用品3款、G20工商峰会用品3款、中外媒体记者用品3款和G20杭州峰会文艺演出用扇1款。公司提交的峰会夫人国礼2款团扇，在全国800多个候选礼品中名列前10位，样品由官方作为“国礼”储备。每把扇子都经过26道工序制作完成，扇骨全为手工打磨，牛角扇钉通过热蜡点缀摇磨50次以上至表面光亮圆润而成；真丝扇扇面采用四层复合技艺，正反两方为丝绸，里面两层为宣纸；晚会扇首次在宣纸扇面上运用烫金工艺。

【张小泉集团成为省制造业网络营销示范企业】2016年7月7日，浙江省制造业网络营销现场会在杭州召开。会上，公布首批84个浙江省制造业网络营销示范企业名单，杭州张小泉集团有限公司（简称张小泉集团）名列其中。

张小泉集团的网络营销，从2009年末启动运营，经历从自建网上商城到进驻各大主流电商平台，到形成自营与经销相融合的全网电子商务运营模式。张小泉品牌产品已进驻“天猫商城”“淘宝”“京东”“苏宁易购”“亚马逊”等国内各大主流的电商平台，进驻下厨房、微信店铺、蘑菇街等小众的电商平台。张小泉电子商务实现全网、全平台、多层次的运营模式，经过7年的探索和实践，打造了一支健全、专业的电商人才队伍，建立了一套包括产品质量保证、售前售后服务保障、订单管理、员工激励机制等成熟的网络营销体系。年内，张小泉集团的网络销售额约占企业全年销售额的1/3。

【“毛源昌”成为最具影响力的民族品牌】2016年2月23日，中国眼镜博览会在上海举行，毛源昌眼镜有限公司获“2015～2016年度中国眼镜风云榜最具影响力的民族品牌”大奖。这个奖项由国家轻工业眼镜信息中心、中国眼镜科技杂志社联合评审确定，是中国眼镜行业的最高奖项。该次获奖进一步确立了百年老字号“毛源昌”民族品牌在全国眼镜界的重点地位。毛源昌眼镜始于1862年，是国内知名老字号品牌，至2016年，有直营店与加盟店300多个。

（邓　玲）

化学工业

【化学工业概况】杭州市化学工业主要由石油加工、炼焦和核燃料加工业，化学原料和化学制品制造业，橡胶和塑料制品业三大行业构成，涵盖基础化工、精细化工、生物化工、农用化工、橡胶制品等20大类1000多种产品。2016年，全市规模以上化工企业630个，工业总产值占全市规模以上工业的12.3%。全年实现主营业务收入1554.30亿元，比上年减少4.0%。其中，石油加工、炼焦和核燃料加工业7.61亿元，减少17.5%；化学原料和化学制品制造业945.43亿元，减少3.4%；橡胶和塑料制品业601.26亿元，减少4.7%。

【化工学科“双青”学者学术研讨会在杭召开】2016年3月21～24日，由国家自然科学基金委员会化学科学部主办、浙江大学承办的“首届化工学科优秀青年科学基金和青年千人计划获得者学术研讨会”在杭州召开。清华大学、天津大学、浙江大学、中国科学院过程工程研究所等22所高校和科研院所的47位青年学者参会。他们就自己已取得的研究成果和未来研究规划进行汇报。报告涉及材料化工、化工过程强化、生物化工、能源化工和化工催化等领域。会议邀请中科院过程工程研究所院士张锁江、中科院大连化物所院士刘中民、华东理工大学院士钱锋、北京化工大学院士陈建峰、复旦大学院士陈芬儿、大连理工大学教授彭孝军、华南理工大学教授李忠以及浙江大学教授李伯耿对青年学者的报告进行点评，并与青年学者进行讨论和交流，对青年学者的未来规划提出意见和建议。

【恒逸集团文莱码头项目启动】2016年9月9日，浙江恒逸集团有限公司（简称恒逸集团）文莱码头项目（PMB）在文莱的大摩拉岛启动。恒逸集团文莱码头项目工程包括2个原油泊位、3个化工品泊位、1个重件泊位和1个煤码头。计划在2017年1月底完成大件码头的施工，在2018年年中完成其他码头的施工，为整个项目的物料进出口提供停泊设施。恒逸集团文莱码头项目的启动，标志着中国石化行业走出去的战略迈出了关键一步，标志着中国民营企业进军国际石油炼化产业，为解决恒逸集团石化原料来源瓶颈问题、巩固恒逸集团的国际竞争力打下了基础。

【新安集团马目智能园区一期项目启动】2016年11月30日，浙江新安化工集团股份有限公司（简称新安集团）马目智能园区一期项目启动，该项目由新安集团和浙江中控软件技术有限公司合作建设。马目智能园区一期项目是新安集团管理创新的重大举措，涵盖整个新安集团供应链优化系统，包括马目园区生产指挥系统、计划调度平台、仓储物流系统、HSE管理系统、化工二厂MES系统、支撑整个平台高效运行的大型实时数据库、ESB企业服务总线和硬件配套设施。该项目遵循《中国智能制造2025》标准，基于中控软件国内领先的智能工厂整体解决方案，打造结构扁平、集中管控、资源共享、统筹协调的智能产业园区。（全　炼）

【大桥油漆公司整体搬迁至德清】2016年9月，浙江大桥油漆有限公司（前身系杭州油漆有限公司，简称大桥油漆公司）在湖州德清的新厂基本完成安装并开始设备调试，10月开始联动试车，12月21日，第一批成品油漆出产并包装入仓，标志着大桥油漆公司的新项目建设，在不到两年的时间里基本完成。年末，该公司整体搬迁至德清。

该次搬迁是大桥油漆公司的“提升式”搬迁，公司以打造高端化、智能化、绿色化、服务化为核心，工艺技术实现智能化生产控制，每个车间、仓储物流都设置DCS控制系统，所有关键控制点均实现自动记录、实时控制、故障报警功能，并自动生成相关报表与ERP实现数据共享。该公司加强对安全环保设施投入，所有设备均实现密闭化，投资1000多万元，引进国际领先的德国杜尔公司的RTO废气处置系统，废气统一收集进入焚烧炉处理，实现废气去除率99%以上。

【中策橡胶（安吉）有限公司一期项目投产】2016年9月8日，中策橡胶有限公司安吉项目一期投产。该项目位于安吉县梅溪镇临港经济区，2013年5月开工建设，占地86.47公顷，计划总投资41亿元。项目一期主要生产车胎及内胎系列产品，具备生产电摩和摩托车胎3500万条、电动车外胎4000万条、各类内胎12000万条的生产能力，计划总产值69亿元。中策橡胶有限公司安吉项目的投产，标志着该公司向打造国际一流水准的大型轮胎制造业集团的战略目标迈进了坚实的一步。

【中策橡胶集团通过绿色轮胎等级认证】2016年6月2日，在中国国家认证认可监督管理委员会指导下进行的首批绿色轮胎等级认证(C-GTRA)结果在天津公布，中策橡胶集团有限公司成为首批通过汽车绿色轮胎等级认证的轮胎企业。中策橡胶集团旗下的好运SA-37轮胎通过汽车绿色轮胎等级认证，成为国内首批汽车绿色轮胎。

汽车绿色轮胎等级认证是国内第一个汽车轮胎绿色产品自愿性认证项目，是适应市场发展需求和改善供给侧需求的实际体现。它的推出，有利于促进汽车轮胎绿色低碳循环发展，促进汽车产业的持续健康发展；有利于产品走向国际，规避贸易壁垒，实现企业价值和提升国际影响力。

【新中法公司在“新三板”上市】2016年4月25日，新中法高分子材料股份有限公司(简称新中法公司，证券代码：8369931)在“新三板”挂牌，成为杭州市实业投资集团有限公司控股的首个非上市公众公司。新中法公司成立于1985年2月，占地6.7万平方米，专业从事粉末涂料产品和粉末涂料专用饱和聚酯树脂产品的生产及销售。年产各类聚酯树脂6万多吨、各类粉末涂料5000吨，是国内第一个引进粉末涂料和聚酯树脂生产技术的综合型高新技术企业，拥有先进的粉末涂料和聚酯树脂研发中心以及完善的销售网络，产品销往全球。生产的粉末涂料可广泛应用于家电、家具、轿车、自动控制、道路设施、消防器材、休闲娱乐设施、建材等诸多行业。生产的饱和聚酯树脂的注册商标为“雀丽”牌。全年产量4.64万吨，比上年增长7.7%；营业收入4.40亿元，增长3.3%；净利润1723万元，增长39.2%。（邓　玲）

医药产业

【医药产业概况】2016年，杭州市编制并实施《杭州市生物医药产业发展“十三五”规划》，加快产业结构调整，加强行业经济运行分析和预测，医药产业实现健康持续发展。全市有规模以上医药产业企业88个，全年完成工业总产值429.49亿元，比上年增长18.1%；工业销售产值408.73亿元，增长17.7%；完成出口交货值39.24亿元，增长23.8%；完成新产品产值126.17亿元，增长35.3%；新产品产值率29.4%，增长3.7%。

新型化学制药产业是杭州医药产业的主导领域，著名企业主要有杭州赛诺菲制药有限公司、杭州默沙东制药有限公司、杭州中美华东制药有限公司等。年内，列入行业统计口径的全市106个医药产业企业中，化学制药企业完成主营业务收入328.11亿元，占统计口径医药产业总量的74.7 %。

现代中药产业是杭州医药产业的特色领域，著名企业主要有青春宝集团有限公司、杭州胡庆余堂药业有限公司、浙江康莱特药业有限公司等。年内，列入行业统计口径的全市106个医药产业企业中，中药制药企业完成主营业务收入57.21亿元，占统计口径医药产业总量的13.0%。

生物技术药物产业是杭州医药产业的重点发展领域，著名企业有要有艾博生物医药(杭州)有限公司、杭州九源基因工程有限公司、艾康生物技术(杭州)有限公司等。年内，列入行业统计口径的全市106个医药产业企业中，生物技术药物企业完成主营业务收入24.80亿元，占统计口径医药产业总量的5.6%。

生物医学工程产业是杭州医药产业的新兴领域，著名企业有泰尔茂医疗产品(杭州)有限公司、雅培眼力健(杭州)制药有限公司等。桐庐尖端内窥镜有限公司等企业生产的内窥镜产品达到全国同行业领先水平。年内，列入行业统计口径的全市106个医药产业企业中，生物医学工程企业完成主营业务收入29.07亿元，占统计口径医药产业总量的6.6%。

【医药产业重点扶持】2016年，杭州市推进医药产业发展，促进医药产业结构调整和优化升级，推动企业技术创新，确保医药产业发展资金的科学、合理、有效使用。根据《杭州市工业和科技统筹资金使用管理办法》《关于预拨工业统筹资金重点创新项目资助资金的通知》有关规定，苏泊尔南洋药业有限公司、艾森生物(杭州)有限公司、艾森医药(杭州)有限公司、华东医药(杭州)百令生物科技有限公司、浙江贝达药业股份有限公司、杭州九源基因工程有限公司、杭州中翰盛泰生物技术有限公司7个企业被列入市重点扶持项目，资助医药企业总额超过1亿元。年内，市经信委组织专家及相关部门对艾森生物(杭州)有限公司完成的重点创新项目通过现场验收。

【医药产业重点项目建设】2016年，杭州市医药产业落实《杭州市生物医药产业发展“十三五”规划》，推进一批新建项目和重点技改项目的建设。促进华东医药百令生物有限公司(前进园区)、浙江苏泊尔南洋药业有限公司(前进园区)、浙江贝达药业股份有限公司(余杭)、杭州胡庆余堂药业有限公司(余杭)等企业新建(扩建、搬迁)项目竣工投产。重点关注浙江贝达药业有限公司、杭州艾森医药有限公司、杭州九源基因工程有限公司、杭州龙达新科生物制药有限公司、杭州天龙药业有限公司等企业的新药进展。推进华东制药股份有限公司、浙江海正药业股份有限公司、贝达药业股份有限公司、浙江星月生物科技股份有限公

2016年10月15日，杭州民生药业有限公司成立院士工作站

（杭实集团 供稿）

司、杭州易文赛生物技术有限公司等企业的研究院建设。

【**重点医药产品生产销售**】2016年，杭州市在新型化学制药、现代中药、生物技术药物、生物医学工程等领域保持浙江领先地位，形成一批优势产品。“凯美纳”“波立维”“安博维”“乐沙定”“泰能”“保列治”“舒降之”“科素亚”“百令胶囊”“赛斯平”“卡博平”“泮立苏针”“赛可平口服液”“青春宝抗衰老片”“丹参注射液”“参麦注射液”“21金维他”“民生输液”“医用SF导管”“SP输液器”“TS输液器”“护理液”“血液透析器”“单抗诊断试剂”“胃复春”“铁皮石斛”“康莱特注射液”“吉粒芬”“孕宝口服液”“液体疫苗”“药用片”“食合片”等40多种产品年销售额均超过1亿元，其中“波立维”单种产品销售额56亿元，继续保持国内单品种销售额第一位。这批产品已占全市医药产业总量的60%以上。

【**外资制药企业发展**】2016年，杭州市医药产业加强国际交流，引进国际著名制药公司到杭州投资建厂、合资合作。杭州赛诺菲制药有限公司、杭州默沙东制药有限公司、泰尔茂医疗产品（杭州）有限公司、雅培眼力健（杭州）制药有限公司、艾康生物技术（杭州）有限公司、艾博生物医药（杭州）有限公司、浙江大冢制药有限公司、浙江惠松制药有限公司8个在杭主要外资制药企业所占比重及排名不断靠前，各项指标远高于全市平均水平。全年累计完成主营业务收入186.20亿元，实现利润24.20亿元，分别占统计口径医药产业总量的42.4%和33.4%，成为支撑全市医药产业发展的重要力量。

【**民生药业院士工作站成立**】2016年10月15日，杭州民生医药控股集团有限公司（简称民生药业）院士工作站成立暨揭牌仪式在浙商开元名都大酒店举行。民生药业院士工作站主要借助杨宝峰院士团队在心血管系统疾病的药物靶点研究方面的成果指导，促进民生药业在原创药物研发、靶点和作用机制研究方面突破关键技术制约，对已上市优势品种如肝病良药NAC、解痉良药654-2的二次开发，培育科技创新团队，集聚创新资源，加快成果转化步伐。

【**贝达抗癌新药获“中国工业大奖”**】2016年12月11日，第四届中国工业大奖表彰大会在北京人民大会堂举行。贝达药业股份有限公司自主研发的国家一类新药盐酸埃克替尼（凯美纳）获中国工业领域最高奖项“中国工业大奖”，与中国空间技术研究院的中国探月工程探测器系统、大连船舶重工集团有限公司的航母工程等一起成为新时代“中国引领”和“中国创造”的标杆。

盐酸埃克替尼项目作为该届“中国工业大奖”9个获奖项目之一，是唯一来自医药行业的项目。盐酸埃克替尼是国内第一个具有自主知识产权的小分子靶向抗癌药，也是国内唯一自主研发的EGFR酪氨酸激酶抑制剂，于2011年6月7日获新药证书，它的成功研发填补了国内在该领域的空白，开启了国内肿瘤靶向治疗药物研发的新纪元，被誉为“民生领域的‘两弹一星’”。盐酸埃克替尼上市后得到广泛的临床应用，有10万多名晚期肺癌患者服用，疗效佳，安全性好，治疗费用低，获得专家和病人的高度评价。与中国药促会合作开展的后续免费用药项目，累计赠药181万盒，市场价值超过49亿元，取得了非常好的社会效益。2012年，盐酸埃克替尼被列入美国权威机构发布的新药研发年度报告，成为第一个获得国际机构认可的中国创制新药。2016年1月8日，贝达药业股份有限公司获2015年度国家科技进步奖一等奖，是中国化学制药行业首个获此荣誉的企业。11月7日，贝达药业股份有限公司在“新三板”上市（证券代码：300558）。

【**杭州打造500亿元级生物医药产业集群**】2016年9月14日，杭州经济技术开发区与浙江大学共建的浙江大学（杭州）创新医药研究院正式签约。这是继中国科学院理化技术研究所、浙江清华“长三角”研究院、浙江工业大学协同中心等重大平台在杭州经济技术开发区落地后的又一大成果。一个500亿元级规模的生物医药产业集群在杭州经济技术开发区逐步形成。根据合作协议，浙江大学（杭州）创新医药研究院在杭州经济技术开发区东部医药港小镇挂牌，计划于2017年6月开始试运行。

（徐良峰）

【**民生药业产品获国家实用新型专利**】2016年7月27日，杭州民生药业有限公司发明的“一种软袋输液的包装箱”获国家知识产权局授予的实用新型专利权，有效期为10年。新型软袋输液包装箱变原来的扁平式结构为直立式结构，增大了箱体容量，

1000毫升规格的软袋输液每箱由8袋增加为12袋，在采用质量更好的箱体材质的前提下，可节约纸箱成本50万元/年以上，节约运输成本至少10万元/年，节约4个人工/班，且便于发货。新型包装箱采用WV型箱盖，解决了原来漏袋率高的问题。该实用新型专利自2015年2月开始设计，经过一年多的不断改进，正式投入生产，投入市场后物流过程反映良好。

（邓　玲）

【吉立亚公司医药研发及生产基地项目在杭签约】2016年12月6日，美国吉立亚公司杭州医药研发及生产基地项目在杭州经济技术开发区签约。这意味着排名世界前10名的跨国医药企业中，有6个企业落户杭州。该项目是吉立亚公司在中国投资筹建的，该公司成立于1987年，在艾滋病、肝病、心血管疾病等领域均有多项专利和最新研发技术成果，2015年度位列全球500强第316名，营业收入排名美国药品企业第4位，利润排名美国药品企业第1位，是全球最知名的新药研发企业。该公司在杭州经济技术开发区投资兴建占地1.1万平方米的吉立亚杭州医药研发及生产基地，是吉立亚公司在中国唯一的本土化研发和生产基地，主要研发和生产其在国外进行新药上市申报的丙肝及乙肝治疗的制剂产品。（胡传明）

建材冶金工业

【建材冶金工业概况】2016年，杭州市建材冶金工业企业经济运行有所回暖，经济效益有所改善，在淘汰落后产能、迈向转型和创新的过程中，以浙江东南网架股份有限公司和杭萧钢构股份有限公司为代表的钢结构工业企业顺势作为，拓宽更多的市场空间，产业集中度和集成度有效提升。但有色金属、陶瓷、水泥等部分行业产能过剩局面仍未根本改变，导致全行业工业生产、销售总产值仍处于下行态势，但降幅比上年分别收窄2.89和3.74个百分点。

2016年，全市规模以上建材冶金企业工业总产值1490.60亿元，下降4.5%；工业销售产值1477.01亿元，下降4.7%；实现利税99.58亿元，增长4.9%；利润59.41亿元，增长4.6%。其中，黑色金属矿采选业工业销售产值0.22亿元，下降32.9%；利税、利润基本持平，均减少亏损0.05亿元。有色金属矿采选业、金属制品业工业销售产值分别为5.86亿元和421.28亿元，增长16.0%和2.7%；利税分别为0.7亿元和29.8亿元，增长35.5%和8.5%；利润分别为0.32亿元和18.74亿元，分别增长2.05倍和15.9%。非金属矿采选业工业销售产值19.36亿元，下降15.1%；利税2.96亿元，下降45.7%；利润1.58亿元，下降56.3%。非金属矿物制品业、黑色金属冶炼和压延加工业、有色金属冶炼和压延加工业销售产值分别为409.69亿元、186.73亿元和433.86亿元，下降10.2%、4.3%和5.6%；利税分别为34.12亿元、10.01亿元和21.99亿元，分别增长0.7%、5.4和21.2%；利润分别为20.08亿元、6.49亿元和12.3亿元，分别增长2.2%、4.6%和11.0%。

水泥行业经济效益持续下滑。全年水泥产量1492.1万吨，减少192.77万吨，下降11.4%。全市水泥、熟料销售收入分别为31.17亿元和26.18亿元，下降16.7%和2.7%，实现利税5.64亿元，减少0.18亿元，下降3.1%，其中利润2.3亿元，增加0.3亿元，增长15.7%。

【新墙材和散装水泥应用】2016年，杭州市新型墙体材料产量35.59亿块标准砖，比上年减少3.43亿块标准砖，单位能耗下降4.0%，节约土地169.27公顷，节能22.1万吨标准煤，减少二氧化碳排放55.16万吨，综合利用废物447万吨。全市新墙材生产率保持稳定增长，居全国主要城市先进水平。

全年实现水泥散装率85.5%，提高0.5个百分点。散装水泥供应量1361.27万吨，减少182.86万吨，下降11.8%。预拌砂浆供应量完成239.85万吨，增加23.52万吨。预拌混凝土供应量完成4100万立方米。在散装水泥发展和应用领域，实现节能77.02万吨标准煤，减排水泥粉尘13.68万吨，减排二氧化碳61.26万吨，减排二氧化硫453.30吨，创综合经济效益6.13亿元。

【16个企业项目入选工厂物联网和工业互联网试点】2016年，经企业申报、属地政府推荐、专家评审、上级主管部门审议等程序，浙江华正新材料股份有限公司的覆铜板产品智能车间工厂物联网项目、浙江杭宝集团有限公司的智慧管网远程物联网平台及应用项目、浙江华江科技股份有限公司的车用复合材料物联网项目、杭州新永丰钢业有限公司的物联网技术在质量及生产管理中的应用项目、杭州富阳立远新型材料有限公司的彩钢板生产物联网项目、浙江深蓝新材料科技股份有限公司的合成革用着色剂（自动配色）智能化生产项目、建德南方水泥有限公司的熟料生产中控智能控制系统、杭州聚合顺新材料股份有限公司的基于工业互联网技术的智慧工厂项目等16个企业的项目入选“工厂物联网和工业互联网试点项目”名单。

【功能性膜材料研发基地开工建设】2016年11月17日，浙江省内最大的功能性膜材料研发生产基地在杭州富阳经济技术开发区场口新区开工建设。功能性膜材料是国家战略性新兴产业之一的“新材料产业”的重要组成部分。该项目总投资3亿元，占地5.37公顷，建筑面积3.73万平方米，包括试验大楼、智能仓储物流中心、云工厂数据处理中心和主厂房4幢主体建筑。项目计划于2017年末竣工，全部投产后将创造5.2亿元的年产值，新增年利润7833万元。建成投产后的研发生产基地将拥有4条从法国、日本进口的功能性膜定制生产线，主要研发生产应用于四大类新兴产业领域的功能性膜材料，即以PEN膜为代表的应用于航天、动车、微电机等方面的特种绝缘材料，以LCD膜为代表的应用于移动终端、智能手机、个人电脑等液晶显示方面的光电新材料，以太阳能背板衬膜为代表的应用于太阳能光伏、节能建筑装饰等方面的新能源节能环保类新材料，应用于薄膜开关、柔性印刷电路板等方面的计算机应用新材料。

【东南网架公司入选中国建筑企业500强榜单】2016年8月29日，2016年中国建筑企业500强排行榜发布，浙江东南网架集团有限公司(简称东南网架公司)列“2016年中国建筑企业500强”第81位。东南网架公司连续9年上该榜单,名次逐年上升,展现了该公司作为建筑行业强大的企业规模及强劲的综合实力。年内,该公司被中国科学院国家天文台授予“FAST工程建设突出单位”称号,挂牌首批“国家装配式建筑产业基地”。董事长郭明明获“2016风云浙商”称号。

【杭萧钢构公司完成文昌新航天发射中心主体工程】2016年6月25日20时,中国载人航天工程为发射货运飞船而全新研制的长征七号运载火箭,在全新建设的海南文昌航天发射场成功发射。海南文昌航天发射场的502#、503#塔楼钢结构部分和涂料部分由杭萧钢构股份有限公司(简称杭萧钢构公司)控股子公司江西杭萧钢构有限公司负责施工。江西杭萧钢构公司出色完成了海南文昌新航天发射中心的主体钢结构工程,为长征七号运载火箭成功首飞增光添彩。

【诺贝尔公司推出创新性瓷砖】2016年7月28日,诺贝尔瓷抛砖——中国首发全球新一代瓷砖发布会在北京国家会议中心召开。中国建筑材料联合会等业内权威机构人士以及中央电视台等100多家知名媒体参加发布会。杭州诺贝尔集团有限公司(简称诺贝尔公司)的瓷抛砖是由瓷砖领导品牌——诺贝尔瓷砖强势推出的一款颠覆传统、颠覆行业的创新性产品。瓷抛砖从技术上实现了瓷质装饰面材技术、数码喷墨渗透技术、多维通体布料技术和微米级表面处理工艺四大核心突破,以新型瓷面替代传统釉面,表面更耐磨,以立体渗花替代平面印花,花纹更逼真。

【远大住工公司获中国房地产卓越成就奖】2016年10月19日,以“心@商会,赢@未来”为主题的全国工商联房地产商会第四次会员大会暨2016年会在北京召开。会上,远大住宅工业集团股份有限公司(简称远大住工公司)获“中国房地产卓越成就奖”。该公司成立21来,从中国建筑工业化的探路者,成长为建筑产业现代化的引领者,致力于用工业化的实现手段提供质量更好、建设速度更快、更精益高效的建筑产品,成为集研发设计、工业生产、工程施工、装备制造、运营服务为一体的建筑工业化领军企业。

【永杰新材料公司生产锂电铝箔】浙江永杰新材料有限公司(简称永杰新材料公司)是一个主要从事铝及铝合金新材料的研发、生产与销售的国家重点高新技术企业。2016年,该公司锂电铝箔产能维持700吨/月,具有原材料优质、性能优势、独创工艺、技术积累四大优势。公司在锂电市场的主打产品有正极集流体用铝箔、8021铝塑膜基材、铝壳用铝带、汽车用车身结构用铝板和汽车散热器用复合铝箔等。铝材料(包括铝箔、铝壳用铝带,汽车用铝板等)在公司产品结构中新能源汽车市场占比25%。铝箔以锂电铝箔为主导产品,其中动力铝箔占锂电铝箔的57.1%,应用于电池中的铝壳和轻量化用铝材占公司产量的30%。

【华达新材料公司完善产业链】2016年,浙江华达新型材料股份有限公司(简称华达新材料公司)根据建筑、家电、汽车制造等行业的发展需求,开发年产100万吨精密冷硬薄板功能型彩涂板项目(二期),形成酸洗—冷轧—热镀锌铝—彩涂完整产业链,实现关键生产流程自主化,为生产高质量的功能型有机涂层板提供工艺保障,提高产品的技术含量,满足客户对高性能、功能型彩涂板的需求,进入高端产品市场,提高了企业的盈利能力。

(黎　勇)

装备制造业

【装备制造业概况】2016年,杭州市装备制造业以智能化、高端化为发展方向,以新能源汽车、智能制造、“两化”融合为重点,推进产业转型升级,装备制造业生产、销售保持中高速增长。全市有规模以上装备制造业企业1924个,全年工业总产值4768.1亿元,比上年增长11.0%;工业销售产值4733.4亿元,增长12.0%;产销率99.3%,产销率好;出口交货值819.5亿元,下降0.4%。新产品产值2950.9亿元,增长20.1%,新产品产值率52.4%,增长5.3%。年内,杭州中亚机械股份有限公司、杭州微光电子股份有限公司、杭州集智机电股份有限公司、杭叉集团股份有限公司、杭州海兴电力科技股份有限公司5个装备制造业企业上市。

至年末,杭州市装备制造业有国家级企业技术中心24个、省级企业技术中心74个、市级企业技术中心184个。杭州永创智能设备股份有限公司为第23批国家级企业技术中心,西子优耐德电梯有限公司、杭州福斯达深冷装备股份有限公司、杭州先临三维科技股份有限公司、西尼电梯(杭州)有限公司、杭州海康威视系统技术有限公司5个企业为第23批省级企业技术中心,杭州富特科技有限公司、浙江国自机器人技术有限公司、浙江浩普环保工程有限公司、杭州优迈科技有限公司、杭州沃镭智能科技股份有限公司、杭州娃哈哈精密机械有限公司等17个企业为第17批市级企业技术中心。

【8个企业入选中国机械工业百强榜】2016年,杭州市有8个装备制造业企业入选中国机械工业百强榜,占浙江省入选数的42.0%。分别是:盾安控股集团有限公司、富通集团有限公司、浙江富春江通信集团有限公司、杭州制氧机集团有限公司、杭叉集团股份有限公司、杭州东华链条集团有限公司、天马控股集团有限公司、华立集团股份有限公司。

【26个产品入选国内和省首台(套)产品】2016年,杭州汽轮机股份有限公司、杭州杭锅工业锅炉有限公司的产品入选浙江省装备制造业重点领域国内首台(套)名单,占全省国内首台(套)产品的67.0%;浙江国自机器人技术有限公司、杭州永创智能设备股份有限公司等24个装备制造业企业的产品入选省内首台(套)产品名单,占全省首台(套)产品总数的37.5%。

【43个企业入选省高端装备制造业骨干企业】2016年,浙江省高端装备制造业(智能制造)协调推进小组公布100个经认定的浙江省高端装备制造业骨干企业名单,杭州市有43个装备

制造业企业入选，远超省内其他地市。此次评选省级装备制造骨干主要面向全省制造业企业以及制造业工程服务公司。其衡量的核心标准之一是创新能力，即建有企业技术中心等省级以上研发平台、拥有自主知识产权、专利建设情况好等。入围企业分别是长安福特汽车有限公司杭州分公司、杭州先临三维科技股份有限公司、艾博生物医药(杭州)有限公司、西子奥的斯电梯有限公司、杭州中亚机械股份有限公司、杭州永创智能设备股份有限公司、杭州海康威视数字技术股份有限公司、聚光科技(杭州)股份有限公司、东方通信股份有限公司、杭州华三通信技术有限公司、浙江中控技术股份有限公司、浙江大华技术股份有限公司、三维通信股份有限公司、杭州汽轮机股份有限公司、杭州锅炉集团股份有限公司、杭州新松机器人自动化有限公司、浙江西子航空工业有限公司、杭州中车车辆有限公司、浙江亚太机电股份有限公司、万向钱潮股份有限公司、杭州前进齿轮箱集团股份有限公司、杭申集团有限公司、浙江春风动力股份有限公司、杭州西奥电梯有限公司、南方中金环境股份有限公司、华立科技股份有限公司、杭州炬华科技股份有限公司、浙江金固股份有限公司、杭州富生电器有限公司、杭州中泰深冷技术股份有限公司、杭叉集团股份有限公司、杭州杭氧股份有限公司、浙江万马高分子材料有限公司、杭州和利时自动化有限公司、浙江国自机器人技术有限公司、机械科学研究院浙江分院有限公司、浙江省正泰中自控制工程有限公司、浙江拓峰科技有限公司、杭州凯尔达机器人科技股份有限公司、浙江厚达智能科技股份有限公司、浙江力太科技有限公司、杭州哲达科技股份有限公司、杭州浙大精益机电技术股份有限公司。

【3个公司签署分布式能源发电机战略合作协议】 2016年7月4日，杭州汽轮机股份有限公司(简称杭汽轮公司)与西门子公司、协鑫集团在杭州签署分布式能源发电机战略合作谅解备忘录，首批燃气分布式发电项目正式生效，合同金额7亿元。杭汽轮公司是中国装备制造业的佼佼者，西门子公司是世界先进制造业的老牌巨头，协鑫集团是以新能源、清洁能源及相关产业为主的国际化综合性能源集团，是全球领先的光伏材料制造商及新能源开发、建设、运营商。按三方签署的备忘录，将以协鑫集团一系列分布式能源项目为契机，加强天然气分布式能源的开发利用，并在其他清洁高效能源利用方面进行长期战略合作。首批合作项目是10台(套)燃气及蒸汽轮机联合循环设备，以及燃气轮机发电机组的长期维护服务协议。西门子公司将为每个项目分别提供2台SGT-800型燃气轮机发电机组，杭汽轮公司将提供蒸汽轮机发电机组及其他辅助设备。首套机组计划2017年9月投产运行。

▲资料：分布式能源发电机

分布式能源发电机是指分布在用户端的供能及能源综合利用系统。从世界发达国家发展来看，发展分布式燃气发电系统是实现节能减排和能源供应可持续发展的必由之路。

2016年12月27日，杭叉集团股份有限公司在上海证券交易所挂牌上市

(杭实集团 供稿)

【哲达科技公司为钢铁企业提供专业服务】 2016年2月23日，杭州哲达科技股份有限公司(简称哲达科技公司)分别与浙江三元纺织有限公司、浙江恒逸集团有限公司、杭州电化集团有限公司签订战略合作协议，用具有自主知识产权的“绿色智能制造集成技术”为后三者提供专业服务。哲达科技公司在国内冶金行业高炉余热回收智能控制这一细分领域的市场占有率超过80%，在国内钢铁行业近600个项目中广泛应用，覆盖全国80%的钢铁企业。多年的开发与专注，哲达科技公司形成了具有自主知识产权的八大系统节能技术和十大产品。

【西子航空公司制造水陆两栖飞机舱门】 2016年7月23日，国产三大飞机之一、全球最大水陆两栖飞机蛟龙600(AG600)在广东珠海总装下线，其中9个舱门由浙江西子航空工业有限公司(简称西子航空公司)生产。西子航空承接蛟龙600飞机上9个金属舱门的研制生产，包括8个投水舱门和1个后顶部舱门。这种特种飞机因为要经常接触水面和水浪，对密封性能和耐腐蚀性能的要求很高，对强度要求也比较高。在舱门的研发生产过程，西子航空公司对舱门的设计提出改进意见，邀请专家对舱门的数控机械加工、部件装配和生产运营管理进行优化，产品质量更加稳定。作为浙江高端制造业的代表，西子航空公司不仅是国产大飞机的供应商，还是波音、空客、庞巴迪等国际航空巨头的供应商。近年来，西子航空公司在航空制造业的投入已超过6亿元，制造设备全部进口，境外订单业务占总业务的90%以上。

【大华股份公司为奥运会提供高清摄像机】 2016年，浙江大华技术股份有限公司（简称大华股份公司）为里约奥运会提供373台可以360度旋转的IP网络高清球形摄像机和1400台IP网络高清小型半球形摄像机。球形摄像机运用智能分析等先进技术，具有人脸识别、自动跟踪、物体遗留及丢失报警等功能。以人脸识别为例，摄像机能够智能抓拍人脸，通过服务器与资料库中的人脸图像进行比对，如有可疑人员，系统会自动弹出报警信息并发送给移动端设备，快速实现对嫌疑人员的预控。这是大华股份公司第一次成为奥运会监控摄像机项目主要供应商，占整个项目订单的80%以上。

【众合科技公司为亚吉铁路安装核心控制系统】 2016年10月5日，由"中国制造、中国运营"连接埃塞俄比亚和吉布提两国首都的亚的斯亚贝巴—吉布提铁路在埃塞俄比亚举行通车仪式，浙江众合科技公司（简称众合科技公司）为这条现代化的铁路装上"智慧型大脑"核心控制系统——BiLOCK型计算机联锁系统。这个系统最主要的功能是保证列车运行的安全。众合科技公司的BiLOCK型计算机联锁系统，通过"通用产品"和"通用应用"SIL4级国际安全双认证。杭州地铁1号线、2号线和4号线，都应用了众合科技公司的CBTC信号系统。宁波、成都、大连、沈阳、南京等城市的地铁和有轨电车，都不同程度应用了众合科技公司自主研发的信号系统。（金永玲）

【杭叉集团在上海证券交易所上市】 2016年12月27日，杭叉集团股份有限公司在上海证券交易所挂牌上市，股票简称杭叉集团，股票代码603298，发行价为12.67元/股，市盈率22.97倍。经过60多年的发展，杭叉集团列全球叉车制造商第9位。该次募集资金将主要用于年产5万台电动工业车辆整机及车架项目、年产200台集装箱叉车项目、年产800台智能工业车辆研发制造项目和基于物联网、云计算的管控一体化平台项目。项目建成后将进一步优化产品结构，增强自主创新能力，拓展市场份额，增加企业的核心竞争力。

【杭锅集团获海外H级联合循环电站项目】 2016年3月7日，杭州锅炉集团股份有限公司（简称杭锅集团）与哈尔滨电气国际有限责任公司合作，取得出口巴基斯坦H级联合电站BALLOKI 209HA余热锅炉设备项目。该项目是继BHIKKI项目之后又一个9HA项目。两个9HA项目的相继签订，提升了"杭锅"品牌的影响力，为"杭锅"开拓联合循环电站国际市场打下了坚实的基础。

该电站位于巴基斯坦旁遮普省拉哈尔市南部65千米处，采用9HA.01型燃气—蒸汽联合循环机组，"2+2+1"配置，总机容量为1223兆瓦，热效率超过61%。杭锅集团配套余热锅炉（包括非受压件）执行ASME标准，增加了SCR系统。7月26日，经过7个月时间从产品的设计、制造到调试，世界首台（套）巴基斯坦必凯（BHIKKI）1180兆瓦联合循环电站项目9HA燃机旁路系统下线，这意味着杭锅集团具备设计、制造容量更大、效率更高的H级联合循环电站项目的能力，同时有能力配备9HA机组的旁路系统，走在国内EPC乃至世界EPC的前列。（邓　玲）

汽车产业

【汽车产业概况】 2016年，杭州市汽车产业有规模以上企业203个，其中有7个企业上市。拥有国家级企业技术中心4个、省级企业技术中心13个、市级企业技术中心18个。全年实现工业总产值875.02亿元，比上年增长29.1%；销售产值868.65亿元，增长30.6%；产销率99.3%；新产品产值414.12亿元，增长61.5%，新产品产值率76.4%，增长15.3%。

杭州市有整车、改装车及专用车企业23个，其中拥有整车生产资质的企业10个。长安福特汽车有限公司杭州分公司全年销售汽车15.7万辆，销售产值362亿元；杭州益维汽车工业有限公司销售汽车5.6万辆，销售产值60亿元；东风裕隆汽车有限公司销售汽车4.1万辆，销售产值35亿元；比亚迪股份有限公司杭州分公司销售纯电动大巴车2250辆，销售产值37亿元；杭州长江汽车有限公司销售纯电动大巴车1374辆，销售产值15.7亿元；上汽万向新能源客车有限公司销售纯电动大巴车321辆，销售产值6.2亿元。整车及新能源汽车产业的快速发展，带动了全市汽车产业的快速增长和转型升级的步伐。

杭州市汽车产业汽车零部件制造业主要产品有动力系统、传动系统、制动系统、悬挂系统及转向系统等。杭州市汽车零部件企业进入高端品牌和合资品牌的配套体系，拥有较高的市场占有率。万向集团公司的钱潮牌万向节被评为世界名牌产

2016年2月17日，省委常委、市委书记赵一德（左三）调研新能源汽车产业（方泽民 供稿）

品，万向牌轴承、汽车制动系统和亚太机电的湘湖牌汽车制动系统被评为中国名牌产品。万向集团公司、浙江亚太机电股份有限公司、中国重汽集团杭州发动机有限公司等一批龙头骨干企业发展态势良好。10月26日，浙江省企业联合会、浙江省企业家协会、浙江省工业经济联合会公布2016年浙江省百强企业榜单。浙江吉利控股集团有限公司、万向集团公司分别居第二位和第四位。

年内，杭州长江汽车有限公司、万向集团公司分别获得由国家发展改革委批准的新能源乘用车生产资质。至此，杭州市新能源汽车整车生产企业达10个。

【10个汽车零部件生产企业与长江汽车公司签订合作协议】2016年3月2日，由余杭区政府、余杭经济技术开发区主办的“长江好伙伴”活动启动仪式暨长江纯电动汽车项目战略合作签约大会在杭州长江汽车有限公司(简称长江汽车公司)举行。会上，杭州弹簧有限公司等10个汽车零部件生产企业与长江汽车公司签订战略合作协议，建立整车与零部件企业协同研发、互惠共赢的合作模式，增强本地整零配套能力，提升整车企业的带动作用，为杭州汽车产业链的整体发展营造良好的区域发展环境。

【金固股份公司介入汽车后市场】2016年，浙江金固股份有限公司(简称金固股份公司)作为国内钢制车轮行业龙头企业，以线上轮胎及汽车零配件的销售，线下门店进行安装和服务的O2O电商模式，强势介入汽车后市场行业。通过“互联网+”，从汽车零部件制造业实现生产性服务业的转变。年内，金固股份公司的汽车后市场产值突破10亿元，占企业全年销售收入的50%。

【广汽杭州改造项目在大江东开工】2016年9月28日，广州汽车集团股份有限公司(简称广汽集团)旗下自主品牌项目——广汽杭州改造项目开工仪式在杭州大江东产业集聚区举行，标志着广汽吉奥汽车有限公司的战略重组进入工厂建设阶段。该项目规划产能20万辆/年，一期实现产能10万辆/年，新增投资37.5亿元。该次广汽杭州改造项目是广汽集团作为大自主战略中布局“长三角”的重点项目，广汽集团将导入具有竞争力的传祺系列产品，对于广汽集团优化战略布局，实现新的跨越发展和杭州加快发展汽车产业，推进经济转型升级具有重要意义。

【杭产新能源汽车服务保障G20杭州峰会】2016年，杭州市新增新能源汽车1.18万辆，其中纯电动公交车累计2289辆，主城区基本实现纯电动和清洁能源公交车全覆盖。至年末，杭州市累计推广新能源汽车3.5万辆。G20杭州峰会期间，有535辆新能源汽车参与服务保障，其中杭产新能源汽车占65%。杭州市累计建成集中充换电站135座、充电桩6055个。市域内高速公路服务区全部建有充电设施，主城区高峰限行区域内公用充电桩实现3千米的服务半径，基本构建了充电站网络框架。（金永玲）

【吉利新能源整车项目落户大江东】2016年4月20日，杭州单体最大的产业投资项目——吉利新能源整车项目签约落户大江东，项目计划投资80亿元，首期年产10万辆AMA平台新能源汽车整车。AMA平台新能源汽车是吉利历经3年研发的自主知识产权的高端新能源车，也是吉利首条新能源汽车生产线。项目建设期为2年，内容包括冲压、焊装、涂装、总装四大工艺厂房以及试车跑道、停车场、动力站房、管理办公中心、生活配套区等配套设施，达产后年销售预计150亿元以上。吉利集团将引进高端零部件配套企业，最大限度地实现零部件配套本地化，推动大江东新能源运输装备产业园的建设。（胡传明）

【西湖电子集团参加新能源汽车产业发展和推广应用成果展】2016年1月4日，浙江省新能源汽车产业发展和推广应用工作会议在省人民大会堂举行。西湖电子集团有限公司作为杭州市新能源汽车推广应用的主要企业，参加此次成果展，展示包括纯电动公交车、物流车、洒水车、扫地车等在内的6款新能源汽车，以及V-smart智能车载终端、智能充电桩、充电桩管理系统等汽车电子产品，集中展现近年来企业在新能源汽车、车联网、智慧交通等方面取得的发展成果。

【西湖电子集团自主研发直流充电桩】2016年2月，西湖电子集团有限公司自主研发的S-DCCS500-120-F1智能直流充电桩通过国网电力科学研究院试验验证中心以及国家电网公司自动化设备电磁兼容实验室的各项检测，并取得拥有CNAS和CMA标识的权威检验报告。

CNAS(中国合格评定国家认可委员会)实验室认可和CMA(中国计量认可)都是国际通行的一种实验室认可活动，检验报告具有权威性，可以在世界范围内得到互认。西湖电子集团该型号的智能直流充电桩取得检验报告后，可以参加国家电网公司非车载整车直流充电机(直流充电桩)集中采购。此次检测内容包括充电接口兼容性、充电控制兼容性、充电通信兼容性、电阻、绝缘性能、充电输出、谐波、爬电距离、温升、噪声、盐雾、高低温等21个大项58小项。该产品同时取得包括软件著作权、实用新型专利、外观专利在内的多项自主知识产权，产品性能达到行业先进水平。

【西湖比亚迪新能源专用车项目获批】2016年4月，浙江省发展改革委发文批准余杭区发改局关于西湖比亚迪新能源专用车项目的申请报告。该项目总投资9.15亿元，用地21.75公顷，总建筑面积15.71万平方米，建设制造车间厂房、涂装车间厂房、总装车间厂房、检测中心厂房和办公楼，安装机加工、涂装系统、装配线、检测线等设备。项目建成后，形成新能源专用车3000台的年产能力，主要生产纯电动扫路车、纯电动压缩式垃圾运输车和纯电动多功能洒水车。（方泽民）

电力工业

【电力工业概况】2016年，杭州市供电企业职工总数4931人(其中市本级2216人)，固定资产原值339.24亿元，净值134.63亿元，全年产值

331.31亿元，上缴国家税金6.21亿元。各项经济技术指标良好，完成售电量638.13亿千瓦小时，比上年增长5.26%。全口径劳动生产率129.98万元/人·年。

杭州市有35千伏及以上公用变电所367座，变电容量6490万千伏安；35千伏及以上输电线路（包括电缆）802条，总长度9413千米。有10（20）千伏配电变压器（含用户）10.19万台，总容量5266.21万千伏安；10（20）千伏配电线路（含电缆）4813条，总长度4.17万千米。

按电度表户为计算单位，杭州市有电力用户431.43万户；全社会用电量678.29亿千瓦小时，增长4.94%。供电量660.25亿千瓦小时，增长5.58%。全社会最高用电负荷1362.7万千瓦，增长12.3%。

2016年，国网杭州供电公司主动适应内外部形势变化，有序推进各项重点任务，连续6年蝉联国家电网公司系统大供同业对标标杆单位，并首次实现综合、业绩、管理三个第一，获全国文明单位称号。县公司总体排名进步明显，6个单位获综合标杆。

【G20杭州峰会保供电】2016年，市供电公司统筹一切资源，凝聚全部力量，服务保障G20杭州峰会。在保障项目建设、设备隐患排查、用户侧设备治理等方面完成任务圆满，实现“设备零故障、客户零闪动、工作零差错、服务零投诉”的目标。以超常规的速度和力度，确保主会场四大工程、环西湖配网提升改造如期完工。在电网运维上，整治各类隐患820项、缺陷535项，治理超周期设备2180组，确保设备安全可控、能控、在控。出台10多项用电管理制度，形成内容完备、制度严密的重大活动用电管理体系。按照国际最高标准，研发峰会调度指挥技术支持系统、电力保障应急指挥系统，组建一体化通信保障体系，实现对电网、人员、物资的集中监控、统一调配和科学管理。

【最高用电负荷1362.7万千瓦】7月26日12时59分，杭州地区全社会最高用电负荷1362.7万千瓦，比上年增长12.27%。市供电公司建立全时段负荷动态分析预测机制，提前部署落实负荷管控措施，围绕政府工作部署，提前制定工作方案，为有序用电工作开展提供标准和依据。制定有序用电分层分区管理系统，实现智能化、联动化工作机制，加强电网电力供需分析和调度管理，优化电网运行方式，保障电网安全。运用分层分区需求侧管理系统和负荷监控系统等支撑载体，落实“合署办公、联合执法”工作机制，严格做好用户负荷监控，确保社会生产生活用电秩序的稳定，做好快速处理用户咨询、投诉，24小时值班制度等优质服务工作。

【安全生产保持平稳】2016年，国网杭州供电公司在电网改造建设规模空前、夏季负荷连创历史新高、网架结构相对薄弱的情况下，严格落实安全责任，开展“三查三强化”专项行动，全面加强运行控制和设备运维，保证安全可靠供电，连续安全日达3131天。全面开展输变电设备三年整治提升，依托G20杭州峰会市政环境提升治理契机，破解城区高压主干电缆开挖改造困难和消弧线圈欠补偿等难题，老旧设备改造取得显著成果。开展信息通信安全隐患整治，加强安全监测与风险预警，提升网络与信息系统安全管控水平。加强电网智能化运维，推进六大智能电网支持系统建设，建成从用户侧到特高压全环节覆盖的一体化监控体系和国内领先的智能调度自动化系统。试点实施特高压交流1000千伏等电位带电检查作业，特高压线路运维保障有效加强。智能变电站运维关键技术研究取得重要突破，研究成果获浙江省科技进步二等奖。

【电网建设取得重大进展】2016年，国网杭州供电公司深入分析峰会保电需求和城市发展需要，抓住宝贵机遇，依托政府主导，以超常规的速度和力度开展建设攻坚。年内，110千伏及以上容量开工618万千伏安，线路开工282.37千米，投产容量600万千伏安，线路441.67千米。500千伏项目建设取得突破，开工建设钱江、杭变（升压）、萧东3座变电站。建成投运110千伏广场、时代、红旗3座变电站，打破核心城区10年未建成新变电站的局面。拓展配电自动化成效，在80平方千米城市核心区域打造智能运检示范区，区域内可靠性99.999%。签订“十三五”电网建设战略合作协议，明确杭州电网“十三五”发展方向。落实城乡统筹战略，加快城农网改造升级，全年“两网”改造和中心村电力项目投资9.2亿元，完成71个中心村电网改造，改造10千伏线路1685千米、台区1790个，新增配电变压器1895台，城乡供电质量显著改善。

【供电服务能力提升】2016年，国网杭州供电公司深化原有各营业分部运作效能，落实国家电网“大营销”体制优化意见，进一步组建城北、城南供电营业部，实现各城区营配合一的供电服务机构全覆盖。组建集线上渠道运营、工单派发、抢修指挥、配网调度、带电作业于一体的供电抢修服

2016年全社会电力消费量

表13

项　目	用电量（万千瓦小时）	为上年（%）
城乡居民生活用电	1 072 970.39	118.87
农林牧渔业	47 780.05	101.13
工业	4 015 465.53	98.65
建筑业	131 661.01	94.63
交通运输、仓储、邮政业	141 035.04	120.38
信息传输、计算机服务和软件业	181 098.10	123.63
商业、住宿和餐饮业	396 025.44	111.40
金融、房地产、商务及居民服务业	383 163.14	121.88
公共事业及管理组织	413 741.61	111.52
总　计	**6 782 940.31**	**104.94**

务中心。实施大江东区域及县公司大用户属地化管理,开展未来科技城等重点园区供电所布点,有效缩短服务半径,市场响应和服务能力大幅提升。针对杭州市产业结构调整以及G20杭州峰会期间"限产限电"影响,精准发力,在多个领域推动电能替代,替代电量超过15亿千瓦小时,拉动售电增长2.35个百分点。拓展电动汽车业务优势,加快快充网络布局,建成城市2千米充电服务圈。推进供电业务扩展提质提速,应用供电业务扩展实时管控平台,累计完成新装、增容用户26.44万户,容量758.84万千伏安,供电业务扩展报装流程缩减66.1%。拓展营销新型业务,新装智能电表47.3万个,推进"多表合一"采集建设,完成接入用户1.68万户。强化对服务短板和投诉热点的排查整治,"95598"电力服务热线的全年工单从16.4万件下降至14.3万件。

【政府重点工程项目服务】 2016年,国网杭州供电公司主动对接省市重点工程,支持杭州奥体博览中心、滨江物联网小镇、千岛湖配水工程、杭黄高铁等重大工程,设立专属客户经理,提供"管家式"服务,及时为重要项目通电。配合石祥路提升改造、湘湖三期、机场高速、地铁2号线等重点市政项目建设,实施电力设施迁改78项。

【电能替代和节能】 2016年,国网杭州供电公司落实国家能源战略和节能减排、大气污染防治等措施,推进电能替代和节能工作,全年完成电能替代项目151个,电能替代增售电量15亿千瓦小时。服务无燃煤区建设,引导企业主动开展节能降耗,全面完成自备电厂关停转接通电任务。

【绿色能源加快发展】 2016年,国网杭州供电公司推进新能源汽车公共服务充电设施建设,建成快充站73座,完成机场充电站整体改造,初步形成以主城区为中心、辐射其他区县(市)的充换电服务网络。电动汽车日充电量超过2.4万千瓦小时,占国家电网系统内接入车联网平台充电总量的20%　　(耿强强)

【杭锅集团跻身太阳能光热发电领域】 2016年8月26日,杭州锅炉集团股份有限公司投资参建的10兆瓦塔式熔盐储能光热电站在青海省德令哈市投运。杭锅集团主要负责项目的回热系统,其中光转化成热量储存技术为自主研发。该电站是国内首座规模化储能光热电站,也是继西班牙、美国之后第三座投运的具备规模化储能的塔式光热电站,和传统光伏相比,电力输出更加连续、稳定。电站的成功投运,为光热发电在国内全面推广应用,实现能源革命与能源转型做出重要贡献。　　(邓　玲)

2016年7月15日,国网杭州供电公司举行G20杭州峰会电力保障全面动员誓师大会　　(国网杭州供电公司 供稿)

责任编辑　袁啸马

信息经济综述

【信息经济产业增加值2688亿元】 2016年，杭州市信息经济产业增加值2688.0亿元，比上年（指2015年，下同）增长22.8%，占全市生产总值的24.3%，对全市经济增长贡献率50%以上。信息经济产业主营业务收入6813.9亿元，增长26.8%。在2016年浙江省信息经济综合评价中，杭州以149.8分列第一位。其中，滨江区、西湖区、余杭区、上城区、下城区的评分分别列全省区县（市）前五位。杭州市信息经济核心产业增加值占全市生产总值的18.5%，比浙江省平均水平高出10.6个百分点；劳动生产率为每人48.8万元，是浙江省平均水平的1.7倍；信息制造业新产品产值率63.1%，比浙江省平均水平高10.9个百分点。

余杭区、滨江区和西湖区的增加值总和占全市增加值总量的67.3%。其中：余杭区信息经济产业增加值764.39亿元，增长32.3%；滨江区实现增加值733.73亿元，增长20.3%；西湖区实现增加值310.87亿元，增长21.3%。在主营业务收入增长速度方面，上城区信息经济产业主营收入增长60.1%、桐庐县增长48.2%、余杭区增长41.5%，3个区县分别列前三位。在增加值增速方面，余杭区为32.3%，上城区为28.5%，淳安县为25.4%，桐庐县为24.9%，分别列前四位。

杭州市信息经济产业前20强企业主营业务收入总量，占全市信息经济产业主营收入的49%。前20强企业平均增长速度40%，超过全市增长速度13个百分点。其中，增幅最高的为菜鸟网络科技有限公司，增长速度超过300%。6月25日，杭州市信息经济人才协会成立。

【三次产业融合发展】 2016年，杭州市以“互联网+”发展为主线，以云计算和大数据为支撑，加快三次产业融合发展，积极培育新经济、新模式、新业态。推进“数字内容+虚拟现实”融合，华数传媒网络有限公司、浙江华策影视股份有限公司、杭州映墨科技有限公司等企业推出数字内容与VR（虚拟现实）、AR（增强现实）技术融合的产品。“互联网+阅读”模式打造，以“咪咕数媒”“天翼阅读”为代表的移动数字阅读平台，累计用户7.5亿人次。

杭州市以智能制造为主攻方向，推进“两化融合”。加快“两化融合”示范区建设，组织开展国家融合管理体系贯标、省级“两化融合”示范试点活动，全年开展27期“两化融合”专题培训。10月，临安市和淳安县分别被评为省“两化融合”示范区和省农村“两化融合”示范区。杭州“两化融合”综合发展指数93.07，列浙江省第一位。萧山区获两化深度融合示范区建设绩效评价全省优秀，余杭区获

2016年杭州市各地区信息经济产业增加值及增长情况

表14

地　区	增加值（亿元）	比上年（%）
上城区	47.70	28.5
下城区	76.86	13.5
江干区	30.37	11.2
拱墅区	44.49	18.9
西湖区	310.87	21.3
滨江区	733.73	20.3
萧山区	110.70	16.0
余杭区	764.39	32.3
富阳区	60.07	11.5
桐庐县	22.49	24.9
淳安县	12.29	25.4
建德市	13.27	12.1
临安市	70.74	14.9
杭州经济技术开发区	95.55	14.1
杭州西湖风景名胜区	0.73	9.3
杭州大江东产业集聚区	9.01	5.7

2016年杭州市信息经济各产业增加值及增长情况

表15

产业名称	增加值(亿元)	比上年(%)
电子商务产业	1 026.73	45.2
云计算与大数据产业	960.58	28.2
物联网产业	335.45	8.8
互联网金融产业	230.40	7.0
智慧物流产业	96.45	18.5
数字内容产业	1 499.21	35.0
软件与信息服务产业	1 869.42	28.8
电子信息产品制造产业	620.73	11.0
移动互联网产业	1034.00	45.1
集成电路产业	53.23	21.5
信息安全产业	250.27	14.6
机器人产业	19.98	4.2

批成为浙江省智能制造示范基地。13个企业入围国家“两化融合”管理体系贯标试点,5个企业被列为工业和信息化部智能制造示范试点和重大专项。新增省级“两化融合”示范企业23个,试点企业15个。杭州市召开工厂物联网示范应用现场会和工业信息工程服务机构、化纤纺织、服装加工、机械装备等行业对接推进会,征集试点项目173个,其中104个项目通过验收。

【杭州市政府与阿里巴巴集团战略合作推进】 2016年1月14日,杭州市政府与阿里巴巴集团战略合作第三次联席会议召开,会议明确2016年的27个战略合作重点项目。27个项目涵盖云计算和大数据、跨境电子商务产业集聚区、互联网金融产业集聚区、“智能物流”、“智慧城市”、“信用杭州”诚信体系等9个方面。12月15日,杭州市政府与阿里巴巴集团战略合作第四次联席会议召开,会议明确2017年围绕“新零售、新制造、新金融、新技术、新资源”等方面,开展33个重点合作项目建设。 (包环玉)

【杭州市政府与富士康科技集团战略合作推进】 2016年,杭州市推进与富士康科技集团的战略合作。至年末,“淘富成真”创业孵化平台累计举办57场项目创新见面对接会,416个优质项目参加路演。按照“政府投资建设、富士康科技集团代为运营管理”的方式,12月1日,西湖区政府与富梦网科技(深圳)有限公司签署富士康科技集团杭州云栖工程中心建设框架协议。项目一期投入1亿元,占地面积5万平方米。1月19日,富士康科技集团和阿里巴巴集团联合启动高效能计算设计中心和云端SoC(系统级芯片)设计中心项目,在云栖小镇设立云服务器设计研发实验室,共同开展基于云计算的ARM处理器芯片的设计研发,推进芯片和基于云应用的服务器制造。富士康科技集团研发完成芯片,并与阿里巴巴集团合作开展性能测试。2016年,集团的全资子公司杭州浙誉新能源汽车服务有限公司完成500台新能源汽车的推广,并在杭州大江东产业集聚区和滨江区设立5个分时租赁点。富士康科技集团钱塘科技工业园占地面积26.07公顷。富士康科技集团计划把园区转型升级为基于智能硬件生态链的“智慧小镇”,提供产品技术孵化、加速和生产等服务。 (蔡 荣)

【杭州市政府与清华紫光股份有限公司签署战略合作协议】 2016年9月30日,杭州市政府与清华紫光股份有限公司签署战略合作框架协议,致力于推进杭州市信息经济产业的发展。根据协议,双方进一步加强在信息技术、移动互联网、云计算和云服务等信息产业领域的合作。清华紫光股份有限公司发挥公司业务集群优势和带动作用,加大移动互联网、信息安全、云计算和大数据等技术领域创新和发展力度,参与杭州“智慧城市”、平安城市和重大项目建设,推进“两化融合”发展。

【杭州城市“数据大脑”试运行】 2016年4月,杭州市启动城市“数据大脑”项目的研究和建设。项目的主要内容是推进全市交通数据的融合,以阿里巴巴集团在大数据领域的自主可控技术为底层框架,利用人工智能和科学算法,优化杭州市交通指挥方案,缓解交通拥堵。结合高德地图手机应用软件、道路线圈记录的车辆行驶速度和数量以及公交车、出租车等运行数据,城市“数据大脑”可以在一个虚拟的数字城市中构建算法模型,通过机器学习不断迭代优化,计算出更“聪明”的方案,包括通行效率最高的每个路口红绿灯设置方案、路口禁止左转弯方案等。市经信委开展全市各部门交通相关数据的调研和对接,实现政府资源和企业资源的融合。阿里巴巴集团牵头,联合杭州数梦工场科技有限公司、浙江大华技术股份有限公司和中控集团等13个单位组成城市“数据大脑”产业联盟,具体负责方案实施和算法模型的构建。7月15日,杭州城市“数据大脑”上线运营;9月,投入试点应用。10月13日,杭州城市“数据大脑”在“2016杭州·云栖大会”上正式发布。初步试验数据显示:通过智能调节红绿灯间隔,道路车辆通行速度平均提升3%~5%,在部分路段有11%的提升。 (包环玉)

【《中国制造2025杭州行动纲要》发布】 2016年7月5日,杭州市政府印发《中国制造2025杭州行动纲要》。纲要提出到2020年的发展目标:杭州市制造业创新发展能力大幅提升,产业发展高端化态势初步显现;在重点领域突破一批关键技术,形成一批自主知识产权;新一代信息技术在制造业重点领域应用取得明显进展,“两化融合”发展水平指数保持全省第一、全国领先;制造业数字化、网络化、智能化水平大幅提升,智能制造模式广泛推行,制造业发展质量和效益达到国内先进水平;绿色制造模式广泛应用,工业领域资源集约利用水平进一步提高。

【10个项目入选智能制造试点示范】 2016年,杭州市推荐4个智能制造综合标准化与新模式应用项目和10个智能制造试点示范项目,其中浙江中

控技术股份有限公司的“石化行业制造生产过程优化控制及一体化管控系列标准及试验验证平台”、浙江理工大学的“针织装备间互联互通及互操作标准研究与实验验证”、杭州老板电器股份有限公司的“家用电器智能制造新模式”3个项目入选工业和信息化部2016年智能制造综合标准化与新模式应用项目名单。杭州老板电器股份有限公司的“厨用电器智能制造”项目入选工业和信息化部2016年智能制造试点示范项目。全市共推荐包装机器人通用技术条件等21项行业标准申报工业和信息化部智能制造领域标准制修订项目。“余杭新能源汽车及装备产业智能制造示范区”“工业控制装备数字化智能制造应用试点”等8个项目方案列入浙江省智能制造试点示范计划。6月，市经信委组织开展杭州市智能制造试点工作。各区县(市)推荐申报试点项目51个，通过专家评审及现场审核，确定杭州海兴电力科技股份有限公司承担的“基于工业4.0的自动化生产线及智能化制造平台建设”等25个项目为2016年杭州市智能制造试点项目。

【新认定企业技术中心66个】 2016年，杭州市新认定市级以上企业技术中心66个，其中国家级1个、省级18个、市级工业和信息化企业38个、建设行业企业9个。通过评价考核撤销省级企业技术中心24个、市级企业技术中心37个。至年末，全市有市级以上企业技术中心711个，其中国家级37个、省级185个、市级489个。

【重点企业研究院建设】 2016年，杭州市有96个重点企业研究院获得批准建设，重点支持云计算和大数据、信息工程服务、新材料、3D打印、集成电路等产业发展。其中，网易(杭州)网络有限公司、赞宇科技集团股份有限公司、杭州先临三维科技股份有限公司、杭州士兰微电子股份有限公司等29个企业研究院被列入省重点企业研究院建设名单，占全省新认定总数的56%。（王明兴）

【信息经济类特色小镇培育】 2016年6月，市经信委印发《2016年杭州市经信领域特色小镇创建培育工作要点》。研究起草《杭州市智慧经济特色小镇评价办法(试行)》。按照“谋划一批、培育一批、创建一批”的要求，分类开展系列指导服务。至年末，全市有市级及以上信息经济类特色小镇10个。其中，省级创建对象和培育对象8个，占全省同类小镇数的53.3%。杭州市首批4个信息经济类省级特色小镇通过2015年度考核。余杭梦想小镇、西湖云栖小镇考核结果为优秀，江干丁兰智慧小镇、富阳硅谷小镇考核结果为良好。11月，杭州市西湖云栖小镇、滨江物联网小镇、萧山信息港小镇、余杭梦想小镇被评为省级信息经济类行业标杆小镇。（王　颖）

2016年10月13日，杭州城市“数据大脑”在“2016杭州·云栖大会”上正式发布
（市经信委 供稿）

【杭州被评为“全国最智慧城市”】 2016年12月27日，在北京召开的中国“新型智慧城市”峰会上，中国互联网协会、新华网和蚂蚁金服研究院联合发布中国335个城市的“互联网+”社会服务指数排名。在城市排名方面，杭州以383.14的分数和超过20%的增长速度在335个城市中居总指数和月均增速的第一位。指数的指标体系包含“互联网+益民服务”和“互联网+便捷交通”两个一级指标，以及政府管理和服务新模式、在线医疗新模式、新型教育服务、大数据交通治理等6个分项指数。所依据的数据主要来源于支付宝“城市服务”及口碑等业务的实时大数据。（包环玉）

云计算和大数据产业

【云计算和大数据产业概况】 2016年，杭州市云计算与大数据产业限额以上企业主营业务收入1588.25亿元，比上年增长26.1%；增加值960.58亿元，增长28.2%，占全市生产总值的8.7%。浙江大华技术股份有限公司、浙江图讯科技股份有限公司、杭州宏杉科技有限公司、浙江迪安诊断技术股份有限公司等14个大数据企业研究院入围2016年度新建省级重点企业研究院，涉及视频大数据、安全大数据存储、医疗大数据等领域。阿里巴巴集团、网易公司、杭州边锋网络技术有限公司、杭州卷瓜网络有限公司(蘑菇街)等7个企业入选2016年中国互联网百强企业。杭州海康威视数字技术股份有限公司、浙大网新科技股份有限公司、阿里云计算有限公司、信雅达系统工程股份有限公司等8个企业入选2016年中国软件业务收入百强企业。

骨干企业加速发展。阿里云计算有限公司自主研发“飞天”超大规模通用云计算操作系统，研发移动终端操作系统YunOS，可应用于智能手机、智能家电、互联网汽车、机器人等领域。公司开放一站式大数据平台“数加”，覆盖数据采集、计算引擎、数

据加工、数据分析、机器学习、数据应用等数据生产链。网易公司自主研发的云服务“蜂巢”，整合IaaS、PaaS及容器技术，为客户提供弹性计算、DevOps工具链及微服务基础设施等服务。网易公司推出“网易有数”“网易猛玛”“数据资产”三大产品。杭州海康威视数字技术股份有限公司、新华三集团、网易公司和浙江大华技术股份有限公司的主营业务收入均超过100亿元。小微型企业创新发展。杭州诺霖互动科技股份有限公司、杭州沃趣科技股份有限公司和浙江盘石信息技术股份有限公司在“新三板”挂牌上市。

传统信息技术企业业务向云计算与大数据服务转型。恒生电子股份有限公司、核新同花顺网络信息股份有限公司、蚂蚁金融服务集团、杭州海康威视数字技术股份有限公司、杭州顺网科技股份有限公司、浙江网新恩普软件有限公司等企业分别在金融、互联网娱乐、社会保障等领域为细分行业提供云计算与大数据应用和保障。传统企业开始涉及云计算与大数据产业。7月，正泰集团股份有限公司成立大数据部，打通企业内部数据流，用大数据为集团各产业链的产品创新和服务、经营数据分析和决策提供支持。

【杭州·云栖大会召开】 2016年10月13～16日，杭州市政府与阿里巴巴集团共同主办的“2016杭州·云栖大会”在云栖小镇召开。大会以“飞天·进化 Apsara Evolution”为主题，描绘云计算发展趋势和蓝图，展现计算、大数据、人工智能发展的情况。大会设有主论坛、主题峰会、各个行业分论坛、创新展示等活动。展区2万平方米，展示人工智能、天文科学、“智慧金融”、精确定位、虚拟现实等科技创新成果。58个国家和地区的4万多名科技人员参加，8.5万人次现场参与，在线观看大会直播的人数超过700万人次。

【中小企业服务云平台应用推进】 2016年，市经信委组织开展企业“上云”专项行动。通过组建核心团队，完善服务内容、深入企业调研、收集服务需求、开展培训对接等方式，推进传统企业利用云计算和大数据等技术在研发设计、生产制造、经营管理和销售服务等领域的创新应用。推进杭州市中小企业服务云平台应用。杭州市举办培训活动近30场，服务企业1400多个，征集并汇编成《杭州市云计算与大数据产品和服务目录》。杭州市中小企业服务云平台实现标准化产品在线交易、面对面咨询、实况直播等功能，注册企业用户4965个，收费入驻服务商1520个。平台开通台州、金华、宁波、西安、郑州等20个城市分站，为超过1000个杭州中小微企业提供“上云”和数据服务。

2016年10月13～16日，“2016杭州·云栖大会”在云栖小镇举行

（杭州图库 供稿）

【大数据产业联盟会员单位增至70个】 2016年，杭州大数据产业联盟累计发展会员单位70个，建立联盟微信公众平台和联盟微信群，微信群内每周三定期开展“分享会”交流活动。线上“品牌日”宣传推广活动持续开展。联盟与《杭州科技》杂志达成合作，《杭州科技》杂志向联盟成员单位开放专属投稿渠道。推动与中关村大数据产业联盟和上海大数据产业联盟之间的交流与合作。编制《大数据产业观察》宣传手册，制作“杭州大数据产业生态图谱”。

【工业大数据产业联盟成立】 2016年5月31日，中国（杭州）首届工业大数据产业高峰论坛在杭州举行。论坛期间，钱塘大数据交易中心、中润普达集团、杭州电信公司、浙江清华长三角研究院杭州分院、正泰集团股份有限公司、传化集团股份有限公司等27个单位共同发起成立“钱塘工业大数据产业联盟”。联盟具体工作内容包括整合多方资源打造“政用产学研”协同创新，通过研讨交流、推广应用、标准研制、人才培养、业务合作等方式，服务产业生态建设，协助制订工业大数据领域的发展政策，推进工业大数据的“政用产学研”协同创新。论坛上，工业大数据应用和交易平台——钱塘大数据交易中心正式上线。交易中心以工业大数据交易为核心，激活工业数据资产，完善工业发展生态，以“产业+金融+大数据”协同发展为主要方向，构建大数据资源集成机制、交易机制和服务机制，为工业产业链上的政府单位、工业企业及个人提供工业数据估值、数据预处理、算法模型、数据应用产品等服务。（黄左彦）

物联网产业

【物联网产业概况】 2016年，杭州市围绕“产业智慧化、智慧产业化”两大主题，加快实施“互联网+”战略。全市物联网产业规模以上企业134个，主营业务收入1105.36亿元，比上年增长23.6%，占全市信息经济产业主营业务收入的16%；实现增加值335.45亿元，增长8.8%。从区域看，滨江区完成主营业务收入859.63亿元，占全市总量的77.8%。从类别看，物联网制造类和服务类保持同步增长，制造类企业主营业务收入915.68亿元，增长23%；服务类企业主营业务收入189.68亿元，增长26.5%。在工业媒体a&s《安全自动化》发布的2016年度全球安防50强榜单中，杭州海康威视数字技术股份有限公司、浙江大华技术股份有限公司分别列第一位和第四位。杭州海康威视数字技术股份有限公司、新华三集团（杭州）、浙江大华技术股份有限公司3个企业的主营业务收入总和超过560亿元，占全市物联网产业总收入的50%以上。杭州海康威视数字技术股份有限公司数字安防产业基地（桐庐）完成一期建设，年产视频设备3000万台（套）；产业基地二期项目开工；互联网安防产业基地完成主体建设。

【新华三集团成立】 2016年5月6日，新华三集团在北京成立。新华三集团由杭州华三通信技术有限公司和紫光华山科技有限公司组成，公司总部分别位于北京和杭州。新华三集团以技术及创新为发展战略，实行双品牌营销，有"H3C"品牌全系列网络、服务器、存储、超融合系统和信息技术管理系统等产品，为客户提供"大互联"、云计算、大数据和信息技术咨询等服务。新华三集团是"HPE"品牌服务器、存储产品和技术服务在中国的独家提供商。重组后的新华三集团成为紫光集团有限公司"从芯到云"战略的关键执行主体。2016年，新华三集团主营业务收入超过200亿元，其中杭州总部110亿元。

【工厂物联网和工业互联网专项行动】 2016年1月，市经信委制订《工厂物联网和工业互联网专项行动》，确定100个试点项目和20个示范样板项目的总体目标。2月，杭州市政府出台《关于降成本减负担去产能全面推进实体经济健康发展的若干意见》，明确对认定的工厂物联网和工业互联网试点项目，按照直接投资额的30%给予资助，单个项目最高不超过80万元。对经过认定的示范样板项目，再给予50万元的一次性奖励。

位于滨江区的国家物联网产业示范基地外景　　（市经信委　供稿）

3月，杭州市工厂物联网和工业互联网专项行动启动。173个项目列入试点项目库培育，入库项目实行动态管理和跟踪服务，完成后需验收通过予以认定。经过专家评审104个项目通过验收。其中，研发设计协同化项目4个、生产过程智能化项目71个、能源管控集成化项目5个、服务模式延展化项目13个、协同制造和个性化定制项目11个。5月20日，全市工厂物联网示范样板项目推广工作现场会在浙江大胜达包装有限公司示范项目现场召开，170个企业近300人参加。市经信委分别组织化纤纺织服装加工、化工原材料2场行业应用解决方案服务对接会，举办2期工厂物联网专业培训，参加人员共600人次。

【工厂物联网服务机构发展】 2016年，杭州市工厂物联网和工业互联网领域的技术服务队伍快速扩大，服务能力和服务质量明显提升。浙江力太科技有限公司、杭州集控科技有限公司、杭州腾仁科技有限公司、杭州优海信息系统有限公司、杭州捷芯科技股份有限公司等服务企业快速发展，所占市场份额不断扩大。2016年认定的104个工厂物联网试点项目中，有69个项目由杭州市的服务机构参与承接，占试点项目总数的66.3%。服务的行业涉及新材料、新能源、医疗器械、高端装备制造等16个行业门类。杭州市服务机构参与项目方案论证、项目实施跟踪指导和区县（市）企业信息化巡回服务、项目认定评审等工作。全年杭州市实施"云上"项目81个，占试点项目总数的77.8%。

【物联网产业"十三五"发展规划发布】 2016年6月，《杭州市物联网产业"十三五"发展规划》发布并实施。规划总结分析杭州市物联网产业的发展现状、现有优势及面临形势，提出未来五年的发展目标、发展重点、发展路径和重点任务。明确到2020年的发展目标：全市规模以上物联网企业实现主营业务收入超过1800亿元，产业规模和应用水平全国领先，基本建成全国物联网产业中心，打造全球数字安防产业中心。在构建科技创新体系方面，培育高新技术企业数量超过100个；在提高示范应用水平方面，推进物联网技术在工业、农业、物流、城市管理、惠民服务等领域的应用，"十三五"时期累计实施物联网示范应用500个以上。规划提出做强数字安防和智能仪器仪表两个产业，突出发展工业互联网和车联网产业，培育传感器、智能硬件、智能家居等潜力产业的发展重点，并在增强企业核心竞争力、构建协同创新机制、开展核心标准研制、打造公共服务平台、推动示范应用融合发展5个方面提出任务。（陈　蓉）

信息软件产业

【信息软件产业概况】 2016年，全市软件和信息服务业实现业务收入2994.88亿元，比上年增长17.3%。其

新华三集团创新体验中心　　（市经信委　供稿）

中，软件产品收入924.34亿元，增长11.7%；信息技术服务收入1905.89亿元，增长18.5%；嵌入式系统软件收入164.66亿元，增长40.0%。软件业务出口额25.53亿美元，增长16.9%。在全市信息经济十二大产业中，软件和信息服务业列第一位，实现增加值1869.42亿元，增长28.8%，占全市生产总值16.9%。

【中国软件名城创建深化】杭州市委、市政府把加快发展信息经济、推进智慧应用作为“一号工程”，明确打造“六大中心”（国际电子商务中心、全国云计算和大数据产业中心、物联网产业中心、互联网金融创新中心、智慧物流中心、数字内容产业中心）的目标，确定软件和信息服务业的发展目标和创新发展路线图，重点推进基础软件、工业软件、行业应用软件、网络与信息服务、集成电路设计、信息安全六大领域的发展。2016年，杭州海康威视数字技术股份有限公司、浙江大华技术股份有限公司、浙大网新科技股份有限公司、阿里云计算有限公司等8个企业入选2016年中国软件业务收入百强企业。阿里巴巴集团、杭州边锋网络技术有限公司、杭州卷瓜网络有限公司等7个企业入选2016年中国互联网企业百强。全市以软件和信息服务业为核心的上市企业有37个。

【软件产业集聚效应增强】2016年，杭州市政府推进与阿里巴巴集团、富士康科技集团、中国航天科技集团公司第八研究院、紫光集团有限公司等单位的战略合作项目，落实专门机构做好服务。全市有7个企业主营业务收入超过（含）100亿元，占全市软件和信息服务业主营业务收入的56.6%；主营业务收入10亿元~99亿元的企业有22个，占全市软件和信息服务业主营业务收入的17.4%；主营业务收入5亿元~10亿元企业有26个，占全市软件和信息服务业主营业务收入的6.3%。

【虚拟现实技术发展】2016年，阿里巴巴集团加快搭建VR商业生态，推动硬件厂商发展。“淘宝网”与Magic Leap、上海米影科技有限公司等VR领域公司在硬件众筹、“VR+电商”等方面展开合作。杭州海康威视数字技术股份有限公司推出基于“多维感知、可视物联”的DT1.0技术。网易公司把VR技术运用在游戏领域，并成立感知与智能中心，研究VR/AR技术在“万物互联”“智慧家装”“创意互动”3个方面的应用。杭州顺网科技股份有限公司把虚拟现实带来的“沉浸式”游戏体验与生活娱乐服务场所相结合，打造从硬件到服务、从服务到经营的解决方案。杭州壹晨仟阳科技有限公司开发的Wonderland VR/AR游戏平台，通过扫描识别现实世界中的景物，把线下场景和线上游戏相结合。杭州巨梦科技有限公司推出“虚拟看房”及“积木家居”平台。

（张向荣）

电子信息产品制造产业

【电子信息产品制造产业概况】2016年，杭州市规模以上电子信息产品制造产业实现主营收入2284.45亿元，比上年增长12.7%，增幅高出全市规模以上工业平均水平8个百分点，占全省电子信息产品制造产业主营收入的32.5%。增加值620.73亿元，增长11%；增加值占全市规模以上工业增加值的20.8%，增幅高出全市规模以上工业5.4个百分点。利润总额255亿元，增长7.8%，占全省的47.8%。

产业集聚效应增强，电子信息产业链逐步完善。杭州成为国家电子信息产业基地、国家集成电路设计产业化基地、国家通信产业园（滨江）、国家光纤光缆产业园（富阳）、国家计算机及网络设备产业园（杭州经济技术开发区）、国家数字家庭产业基地等，企业发展形成完整的产业链。

大企业和大集团的优势明显。2016年，万马集团等7个企业入围全国电子百强名单；富生电器股份有限公司等7个企业入围全国电子元件百强名单；杭州华三通信技术有限公司等13个企业入围2016年浙江省电子信息制造业30强名单。杭州海康威视数字技术股份有限公司列全球视频监控企业第二位、DVR（硬盘录像机）第一位。

【8英寸集成电路芯片生产线投产】2016年12月，杭州士兰微电子股份有限公司8英寸集成电路芯片生产线建设项目完成并投产。该项目总投资10亿元，总用地面积5.32万平方米，建设周期24个月，投产后形成每个月加工8英寸圆片5万片的生产能力。2014年11月25日，杭州市政府印发《关于杭州士兰微电子股份有限公司8英寸集成电路芯片生产线建设有关问题的专题会议纪要》。2014年11月17日，该项目作为2014年第二批重大创新项目经专家评审通过。项目于2015年4月完成规划变更批复，并完成项目备案变更。2015年7月，开始土建施工。

【中控(富阳)产业园投产】2016年5月,中控(富阳)产业园项目投产。项目总投资6.5亿元,建设期3年,总建筑面积20万平方米。项目分两期实施,其中一期建筑面积9万平方米、二期建筑面积11万平方米。项目建成后,形成新增年产2.5万台智能调节阀、5万台智能压力变送器、1万台智能电磁流量计、500套重大工程自动化控制系统(DCS系统)、1万套PLC系统的生产能力。预计投产后实现年销售额16亿元,年利税3.5亿元。

(方义务)

【西湖电子集团稳步发展】西湖电子集团有限公司(简称西湖电子集团)总部位于杭州,以新能源汽车产业为主业,形成"智慧交通"、"智慧社区"、通信产品、电子信息、新材料、科技创新园区建设等多种产业的综合性布局。有数源科技股份有限公司、杭州西湖新能源科技有限公司、数源移动通信设备有限公司、杭州西湖数源软件园有限公司、西湖集团(香港)有限公司、杭州东部软件园股份有限公司、杭州华塑实业股份有限公司等20多个全资、控股企业。西湖电子集团有4个国家高新技术企业,创立国家级企业技术中心、国家级博士后科研工作站、新能源汽车电子省重点企业研究院等科研创新平台。

西湖电子集团新能源汽车产业持续发展壮大,全年新增320辆纯电动公交车订单。探索网约车服务,18辆新能源通勤车在云栖小镇运营,18辆纯电动出租车接入"优步"平台。2016年9月,纯电动洒水车和扫地车投入试运营。加快充电场站建设布局,建成云栖小镇智能充电站,加大充电桩产品研发力度,2款交流充电桩和6款直流充电桩通过国家电网公司检测。6月,西湖电子集团获中国充电桩行业"十佳龙头企业"称号。

推进"智慧交通"产业发展。西湖电子集团开拓辅助驾驶和大数据领域,参与工业和信息化部与浙江省合作推进的5G车联网项目和杭州城市"数据大脑"项目。与阿里巴巴集团、中国移动通信集团浙江有限公司、华为技术有限公司等企业合作,创建LTE-V(专门针对车间通讯的协议)车联网示范区,并完成示范区的建设、演示等任务。结合YunOS系统、北斗高精度导航的智能车载终端完成研发。

11月,功能性膜材料研发生产基地在富阳区开工建设,总投资3亿元。11月,西湖电子集团和杭州信息科技公司的改革重组获批复。西湖电子集团推进资产证券化。12月,数源科技股份有限公司的股权定向增发获证监会核准批复。杭州东部软件园股份有限公司启动首次重大资产重组及定向增发。

西湖电子集团技术实力进一步增强。企业组织申报8个创新项目。其中,"新能源汽车双向充电桩充电关键技术研发"被列入杭州市重大科技创新项目,"面向新能源电动车的公交智能车载信息系统""基于无线技术的智能门锁系统"两个项目被认定为2016年度杭州市国内首台重大技术装备及关键部件产品。企业申请各种技术专利40个(其中发明专利13个),软件著作权7个。授权技术专利22个(其中发明专利4个),软件著作权3个。数源久融技术有限公司被浙江华数广电网络股份有限公司确定为G20杭州峰会宾馆机顶盒专用机唯一指定生产商。

【西湖电子集团与杭州信息科技有限公司实施重组】2016年11月21日,市国资委印发《关于西湖电子集团有限公司与杭州信息科技有限公司实施重组的通知》,批复同意西湖电子集团和杭州信息科技有限公司的改革重组。按照通知要求,以2015年12月31日为基准日,杭州信息科技有限公司100%的股权无偿划转至西湖电子集团。至年末,西湖电子集团和杭州信息科技公司在教工路1号实行合署办公,两个公司的领导班子实行交叉任职,内部基本实现资源共享、产业合作、管理融合。

【数源科技公司非公开发行股票获核准】数源科技股份有限公司非公开发行A股股票事项经中国证监会核准。公司非公开发行不超过2544.94万股新股,发行对象包括西湖电子集团在内的不超过10个特定投资者,定价基准日为2016年3月31日。数源科技公司募集资金总额不超过2.72亿元(含发行费用),募集资金净额用于汽车(含新能源汽车)智能终端及城市交通信息化平台项目和智能社区建筑楼宇智能化项目。数源科技公司按照中国证监会批复文件的要求,推进非公开发行股票的后续相关工作。股票发行完成后,西湖电子集团仍拥有对数源科技公司的相对控股权。

(方泽民)

机器人产业

【机器人产业概况】2016年,杭州市纳入统计的规模以上机器人企业完成主营业务收入59.70亿元,比上年增长3.6%。机器人企业数量逐步增加,形成工业机器人、服务机器人、特种机器人的产业分类,覆盖机器人本体、关键零部件、工业控制软件和系统集成应用等产业链主要环节。

2016年,浙江国自机器人技术有限公司主营业务收入1.43亿元,增长54%;利润1606万元,增长28%。新松机器人自动化股份有限公司销售收入1.5亿元,增长40%;利润总额(不含子公司)3326万元,增长47%。杭州凯尔达机器人科技股份有限公司深入研发,增加机器人系统产品种类,扩大应用领域,机器人系统及焊接电源销售增加,焊接电源销量增加30.5%。杭州永创智能设备股份有限公司主营业务收入10.05亿元,增长11.6%;净利润8867万元,增长16.4%。杭州厚达自动化系统有限公司主营业务收入1.01亿元,增长6%。

【中国(杭州)机器人西湖论坛】2016年5月22~24日,第二届中国(杭州)机器人西湖论坛在萧山举行,700名专家、学者和企业家参加。论坛由中国人工智能学会、中国产学研合作促进会、浙江省机器人产业发展协会、全国智能机器人创新联盟和萧山区政府主办,萧山经济技术开发区管委会等单位承办,论坛主题为"机器人创新创业"。在论坛上,萧山经济技术开发区相关负责人介绍萧山机器人小镇的发展规划蓝图及实施计划。萧山机器人小镇总规划面积3.33平方千米,主要发展工业机器人,鼓励发展服务机器人,积极发展机器人关键零部件,打造集机器人研发设计、孵化放大、生产制造、系统集成、终端应用、展示展览、会议论坛、休闲娱乐等功能于一体的机器人全产业链特色小镇。5月24日，由市经信委和机器人西湖论坛组委会联合主办的“机器人与智能制造发展分论坛”召开，论坛由专家主题报告、企业推介、互动沙龙等环节组成，300多人参加。

【机器人产业重点企业发展】 2016年1月，新松机器人自动化股份有限公司为美国天合汽车集团研发制造的安全带卷帘器激光焊装备交付使用。7月，该公司的无人搬运车(AGV)智能生产车间一期投入使用，实现无人搬运车产品在杭州的量产。新生产线采用“机器人生产机器人”的信息化、数字化、智能化生产及管理模式。

浙江国自机器人技术有限公司的廊道智能巡检机器人突破技术难题，实现垂直升降巡检，并在无锡正式投入运作。4月，公司与万科集团合作，万科星空楼盘示范区由机器人介绍楼盘详情，打造机器人全流程售楼服务现场。企业的无人搬运车凭借导航技术和调度管理系统打造化工智能物流系统。

浙江厚达智能科技股份有限公司定位于中高端市场系统集成工程。基于公司自主研发的云智造执行系统(C2MES)、电机智能生产系统、智能仓储及物流系统、无人搬运车(AGV)、电力计量器具智能检测系统等产品，发展多样化高端产品和服务。公司人才结构中65%以上为科研技术人员，并取得各项专利近200件。2016年，公司研究院被认定为浙江省重点企业研究院。

4月，杭州海康威视数字技术股份有限公司成立杭州海康机器人技术有限公司，生产智能仓储机器人、搬运机器人、分拣机器人、泊车机器人等产品。通过机器人群体打造无人仓库的阡陌系列机器人仓储物流解决方案，获“浙江制造精品”认定、机器人全媒体“2015～2016年度十大AGV机器人创新产品奖”。搬运机器人可自动接驳生产线，实现全厂级工位间的精确输送；分拣机器人与工业相机快速读码技术相结合，300台分拣机器人可实现2000平方米中转站内每小时2万单的小件快递包裹称重、读码、快速分拣工作。泊车机器人应用在第三届世界互联网大会·乌镇峰会，实现2分钟停好车，提升空间利用率40%。

【3D打印产业平台建设】 2016年5月25日，浙江3D打印产业园在杭州先临三维科技股份有限公司新厂区开园。产业园位于湘湖新城，规划面积66.67公顷，分为以3D打印产业总部、研发、制造为核心功能的核心区，以电子信息制造等产业为主的拓展区，以社区商业、商贸会展为核心的配套服务区三大区块。园区吸引包括杭州先临三维科技股份有限公司等3D企业的高新项目入驻。杭州市3D打印创新中心公共技术服务平台投入运行。

【中国(杭州)人工智能博览会】 2016年11月5～7日，2016年中国(杭州)人工智能博览会在杭州创意设计中心举行。博览会以“后围棋人机大战时代的人工智能产业发展”为主题，由中国人工智能学会、江干区政府、杭州国际城市学研究中心、中国棋院杭州分院联合主办。博览会旨在搭建人工智能“产、学、研、政、商”的对话机制与展示平台，探索产业发展新方向，集中展示国内最新人工智能成果，普及智能科学知识，聚集人工智能与智能机器人、高端制造与智能装备的核心产业，推广人工智能产业产品。博览会期间，主办方通过设置人工智能、虚拟现实、“智慧娱乐”、“智慧制造”、“智慧应用”五大展区，展示100多个人工智能领域的成果，包括人工智能绘画、3D非接触式头部影院、智能家居产品、人机对弈等产品。 (冯香琴)

信息安全产业

【信息安全产业概况】 2016年，杭州市信息安全产业增加值250.27亿元，比上年增长14.6%。杭州海康威视数字技术股份有限公司列2016年度“全球安防50强”第一位，并入选2016年中国电子信息百强企业前20强名单。杭州海康威视数字技术股份有限公司、浙江大华技术股份有限公司、浙江宇视科技有限公司列2016年全国安防百强企业前10名。杭州安恒信息技术有限公司入选2016年全球网络安全创新500强名单。阿里云计算有限公司的电子政务云平台通过党政部门云计算服务网络安全审查，符合“增强级”的云计算服务安全能力要求。

【信息安全基础保障】 杭州市组织政府数据容灾集中备份、重要网站安全检查与评估等信息安全基础设施建设。市经信委牵头协调网站安全漏洞的整改处置工作，推进网站安全加固。建立省、市、区三级的网络安全风险通报机制和联络员队伍，及时上传下达网络安全隐患排查整改信息，提高信息安全保障水平。开展全市关键信息基础设施系统安全检查。2016年12月1~6日，举办信息安全技能培训班，来自政府、院校和重点企业的39名IT主管参加信息安全管理培训，来自信息安全服务机构的130名专业技术人员参加信息安全服务技术培训。12月7日，信息安全技能大赛举行，有14个单位的20支代表队、58人参加。为53个政府部门和项目的重要信息系统提供数据灾难备份服务。全年对50个政府部门的门户网站进行24小时不间断安全监测，及时发现问题和隐患，促进系统加固和防护水平提升。

【《杭州市信息安全产业“十三五”发展规划》发布】 2016年11月，《杭州市信息安全产业“十三五”发展规划》(简称《规划》)编制完成，并公开发布。《规划》由基础现状、发展目标和原则、主要任务、发展重点、保障措施5个部分组成。《规划》提出杭州市信息安全产业的主要任务是增强自主创新能力、提升安全服务比例、推动企业做精做强和提升安全保障能力。信息安全产业以互联网安全软件与服务、自主可靠芯片、工业互联网安全、数据安全服务、计算机与存储安全设备、信息安全系统产品与应用和安防监控产品为发展重点。《规划》明确目标：“到2020年，主营业务收入858.8亿元；骨干企业核心竞争力及自主品牌市场影响力显著增强，形成2个~3个综合性的大型信息安全骨干企业;把杭州打造成国家信息安全产业基地,建成国内领先的云计算和大数据安全服务产业中心、全球视频监控产业中心、安全芯片产业中心”。(蔡　荣)

信息基础设施建设

【信息基础设施建设概况】 2016年,杭州市成为“全光网城市”。全市电信光纤网络覆盖率近100%,具备“千兆到户”网络能力,建成“高速光纤网+高速无线网”的基础网络。杭州城域网出口带宽扩容,超过7.3太;因特网出口带宽2550吉。至年末,固定电话用户266万户,比上年下降9.5%;移动电话用户1734万户、互联网宽带用户444万户,分别增长0.4%和15.9%。全市4G网络用户986万户。全市4G基站全部实现VOLTE高清语音功能。各通信运营商开展5G新技术的试验,并通过调整频率规划和分阶段清频工作,开始NB-IoT(基于蜂窝的窄带物联网)基础网络建设。通信基础设施共建共享进一步实施,新建移动通信基站2017个,共享率71%。

【杭州成为“宽带中国”示范城市】 2016年7月25日,工业和信息化部公布2016年度“宽带中国”示范城市名单,包括杭州在内的39个城市入选。在2016年度创建工作中,杭州获“基础设施领先”奖。杭州市通过突破宽带核心关键技术研发、重点网络升级改造、创新宽带普及应用、提升城市感知能力等方式打造宽带、融合、安全、泛在的宽带网络体系,支撑基于IPv6(互联网协议第6版)的下一代互联网、云计算和物联网应用示范,加快“智慧杭州”建设进程。

【杭州互联网国际通信专用通道建设】 2016年3月4日,工业和信息化部批复同意杭州互联网国际通信出入口专用通道建设。根据批复,为支持杭州国家级服务外包示范城市的发展,提升杭州国家高新技术产业开发区(滨江)和中国(杭州)跨境电子商务综合试验区等园区的国际互联网通信服务水平,同意建设杭州至上海互联网国际出入口局(国内侧)的互联网国际通信专用通道。8月,杭州市国际通信专用通道建设完成,总容量160Gbps。各电信运营商具备国际通信专用通道服务能力,项目竣工并通过专家评审,进入推广应用阶段。通信专用通道的建成使杭州市连接到上海、北京、广州国家核心节点的国际出口路由器,形成国际网络通路。

【杭州增设国家级互联网骨干直联点】 2016年11月,工业和信息化部批复同意杭州增设国家级互联网骨干直联点,该项目主要包括3个电信运营商负责建设的互联网骨干直联点工程和由省通信管理局配套建设的骨干直联点网间质量监测系统。杭州直联点建设对提高全国网络效率、优化网络结构有重大意义,有效提升浙江省互联网网间通信质量。根据杭州国家级互联网骨干直联点申报方案,浙江省电信有限公司、中国移动通信集团浙江有限公司和中国联合网络通信有限公司浙江分公司3个省级电信企业明确互联网骨干直联点机房位置。项目计划于2017年3月开通杭州直联点试运行,6月完成杭州直联点网间质量监测系统上线调测。

【通信基站新增2017个】 2016年,杭州市与中国铁塔股份有限公司杭州分公司开展专项行动,落实市政府与中国铁塔股份有限公司浙江省分公司的战略合作协议。《杭州地区移动通信基础设施布点建设规划》修编完成,并通过专家评审。新建通信基站2017个,共享率71%。杭州市探索路灯杆一杆多用试点的移动通信基站建设新模式,把城市基础设施的多项功能集中在一个路灯杆上。通过借用路灯杆建设200多个小微基站,实现“多杆合一”应用的规模化推广。(李京海)

【智慧电子政务建设推进】 2016年,杭州市依托云计算大数据等互联网信息技术,以“数字杭州”为引领,推动电子政务智慧化建设,全市大数据管理工作架构初现雏形。“中国杭州”政府门户网站连续3年被杭州中国社会科学院信息化研究中心与国脉互联政府网站评测研究中心评为年度中国最具影响力政务网站,并获中国政务网站领先奖第一名。在中国互联网协会、新华网等单位主办的2016年中国“新型智慧城市”峰会白皮书中,杭州在全国335个城市中列“互联网+”社会服务总指数第一位,便民服务新业态、交通运输服务品质、在线医疗新模式方面均列第一位。

10月,《杭州市智慧政务发展“十三五”规划》发布,明确未来5年杭州市智慧电子政务建设思路、总体目标、基本框架、主要任务和智慧应用领域。杭州市强化智慧电子政务工作的组织领导,市电子政务办配合市编委办筹建大数据管理局,明确部门职能、人员编制和内设机构。优化全市电子政务综合考评和绩效评估指标,开展5次全市业务培训,1000多人次参加。杭州市加强政务数据资源管理,发布政务数据资源目录系统,完成数据交换共享平台和数据仓库建设,推动52个部门实现数据共享交换,全年归集各类政务数据13亿条,交换各类数据4.2亿条。推进浙江政务服务网杭州平台(三期)、杭州城市“数据大脑”、市民中心政务外网等项目建设,为“四张清单”管理、城市智慧治堵等工作提供平台保障。(市电子政务办)

【市民卡累计发卡1014.7万张】 2016年,杭州市民卡新增发卡69.5万张,累计发卡1014.7万张。按地域划分,主城区(指上城区、下城区、江干区、拱墅区、西湖区、滨江区)新增发卡46.1万张,累计发卡479.4万张;区县(市)新增发卡23.4万张,累计发卡535.3万张。按人群划分,成人新增发卡51.4万张,累计发卡848.2万张;学生新增发卡5.9万张,累计发卡93.9万张;儿童新增发卡12.2万张,累计发卡72.6万张。2016年,杭州市民卡服务厅实现申领市民卡“2小时领卡”服务,以及免费无线网络覆盖。新增40多个电子钱包业务柜台。社区金融服务中心代理点增加杭州市民卡老年卡和学生卡的充值服务。扩大杭州城投投资有限公司综合服务厅的电子钱包代理业务范围。至年末,杭州市民卡官方微信关

2016年，杭州市539.6万人的市民卡开通智慧医疗功能

（杭州市民卡有限公司　供稿）

注用户123.56万人，手机App注册用户40.22万人。

【市民卡智慧应用】 市民卡智慧医疗应用。至2016年末，智慧医疗覆盖全市13个市属医院、49个社区卫生服务中心、101个县级医院（含县社区中心及区县民营医院）、10个省级医院、4个民营医院和1个部队医院。539.6万人的市民卡开通智慧医疗功能，累计使用4726.2万人次，市级医院“智慧结算”使用率77.76%。全年医院内应用市民卡账户结算笔数2437万笔，交易金额11.8亿元。11月，杭州金投健康网络科技有限公司成立，杭州医养护项目（智慧医疗健康服务网）上线试运行，并完成手机App开发。10月，在杭州市民卡和杭州智慧医疗手机App中的医疗信用支付产品“医信付”上线运行。至年末，3900多人开通该支付功能，产生信用消费4700多笔。“智慧药房”项目在下城区试点，并逐步向其他城区推广。杭州智慧医疗手机App实现预约、缴费、查询、充值等功能与支付宝的对接。至年末，手机App注册用户93.8万人，充值笔数38.7万笔，充值金额9600多万元。

“智慧交通”应用。新增杭州地铁余杭高铁站、潘水站、西兴站和滨和路站附近的4个“P+R”停车场市民卡（杭州通卡）应用。完成25个停车场改造项目，实现停车场的市民卡（杭州通卡）应用功能。6月，杭州通卡（通用卡）记名挂失服务开始试运行。市民卡手机App的杭州通系列卡手机充值、余额查询及自行车网点信息查询功能上线。至年末，6.6万张市民卡在线充值13万笔，23万张卡在线查询余额141万次。完成2700多个自行车网点的补登功能升级。10月，“杭州通·都市圈诸暨卡”发行，推动省一卡通互联互通平台筹建。

惠民支付应用。全年杭州市民卡互联网支付交易总额101.9亿元，新增网络支付商户103个，其中个人电子支付商户87个、代收商户6个。

惠民理财应用。依托市民卡品牌公信力、便民服务网络以及互联网创新应用，整合优质资源，提供优质、安全的金融理财服务。市民卡惠民理财平台累计注册用户12.8万人，全年理财交易总额125.4亿元。11月，杭州市民卡公司联合交通银行、杭州联合银行发行加载金融功能的新一代市民卡，全年制发卡总量31.7万张。新增24个交通银行和25个杭州联合银行市民卡申领网点。

惠民征信应用。2月，杭州惠民征信有限公司注册成立，完成与38个政府部门政务信用数据实时对接，接入公安、教育等方面的信用数据，以及省电信运营商数据。5月，与市市场监管局签订《杭州市企业信用信息服务战略合作备忘录》，探索开展企业征信业务。全年为19.2万人次提供征信查询服务。

公共服务应用。9月，在下城区潮鸣街道试点居家养老补贴和消费服务，提供社区周边针对老年人的消费商户优惠。完成基层党建的市民卡数据对接，以及市民卡签到和“智慧党建”手机App开发和交付。5月，“浙江省居住证”项目开始实施，计划2017年年初推出“浙江省居住证”。2月和6月，分别推出市民卡手机应用软件和微信端的校园健身登记功能，优化校园健身手机应用服务。与市总工会合作，开发市民卡手机App工会会员服务应用。4月，与市教育局签订《杭州教育信息化战略合作备忘录》，探索以优质教育资源服务为主要内容的教育信息化公共服务平台建设和运营。10月，在市民卡手机App上推出志愿者签到等应用服务，满足各类志愿者活动需求。

【市民卡应用区域拓展】 2016年，萧山、余杭、富阳3个区的市民卡子公司实现与杭州主城区服务同等化、品牌统一化。3个子公司进一步加快惠民理财、智慧医疗、公共交通、消费服务等业务发展。杭州市民卡公司与山西晋中市及省内诸暨市、温州市等地达成合作协议，推进市民卡应用功能延伸。6月，杭州市民卡公司制订大数据平台建设方案及大数据发展规划，完成市民卡大数据的数据仓库构建，初步形成公共交通、消费服务领域的“客户画像”，研发并实现地铁流量感知、公交流量感知以及安全预警等指数输出。（诸　瑛）

【“96345”便民服务中心】 2016年，“96345”便民服务热线全年受理话务217.24万通，日均量5952通，服务满意率99.6%。从服务类型分析，公共行政类服务受理来电占72.9%，公共信息类服务占18.9%，商务类服务占4.1%，社区服务类占2.5%，其他类服务占1.6%。12月14日，“96345”便民服务中心结合市民政局“智慧养老”综合服务项目而开通的“96345100”智慧养老专线投入试运行，为老年人提供养老政策咨询、建议、投诉处理及养老服务回访、满意度调查等服务。

“96345”便民服务中心举办各类公益活动64场，有“杭州下城公益文化节”主题活动2场、“96345年货会”

15场、“金融知识进社区”活动10场、“96345便民服务进社区”活动30场。服务活动覆盖杭州主城区的60多个社区，为市民提供公益服务。5月8日，由上城区清波街道办事处主办、“96345”便民服务中心承办的“杭州公益嘉年华”活动在吴山广场举行。关心社区公益联盟等30多个社会公益组织参与活动，400多名志愿者为市民提供理发、牙齿护理、健康检测、法律咨询等服务。（黄　敏）

电信通信

【电信通信概况】 2016年，中国电信股份有限公司杭州分公司（简称杭州电信公司）设综合支撑部门7个，前后端部门23个；各部门下辖中心22个。主业员工2977人。杭州电信公司完成全业务主营收入60.46亿元，比上年增长5.5%。其中，新兴业务收入增长13.9%，占全业务主营收入的39.4%，提高2.7个百分点。

杭州电信公司聚焦网络智能化、业务生态化、运营智慧化，持续增强网络基础能力、网络运营能力、渠道销售能力、客户服务能力、数据运营能力和人才队伍能力，开创企业转型发展新局面。在建成“全光网城市”的同时，启动“千兆智联”推广，为综合智能信息服务商打下坚实的基础。构建“智能连接、智慧家庭、互联网金融、新兴ICT、物联网”五大业务生态圈。杭州电信公司通过宽带跨越式大提速、点亮“光小区”、老用户免费提速等专项活动，加快光网提速。提升光网改装入户的安装和维修服务质量，解决光纤入户难题。通过“宽带服务五项承诺”、“网格一家人”、社区驻点服务、“五个一键”、宽带延伸服务等措施改善客户体验，增加用户数。至年末，杭州电信公司光网覆盖率100%。超过三分之二的用户使用20兆以上高速带宽，使用100兆宽带的用户数53%，iTV用户83万户。

杭州电信公司加强经营管理人才、专业技术人才、青年员工3支队伍建设，重点打造创新转型人才队伍，加快“2+5”重点业务人才培养。推行价值导向的人员激励机制，规范岗位价值管理，优化绩效评价体系和创新

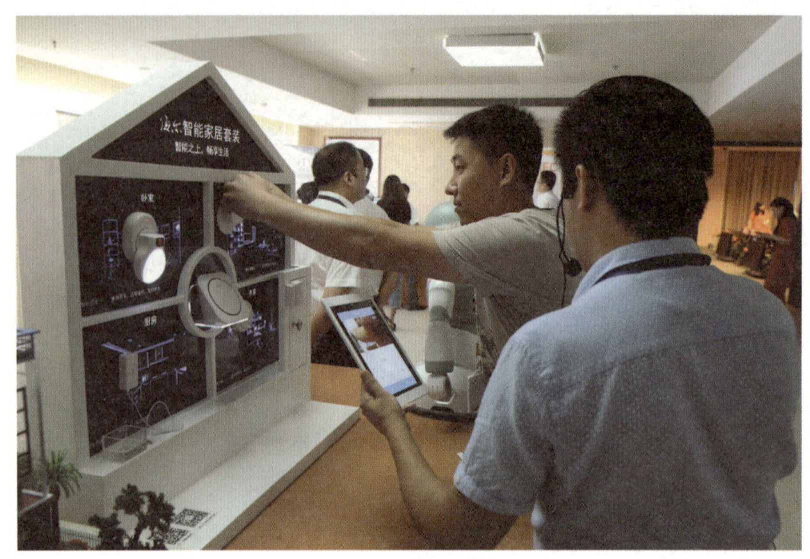

2016年7月25日，杭州电信公司“光网城市”建成仪式举行。图为市民在体验“智慧家庭”应用
（杭州电信公司　供稿）

激励机制。杭州电信公司和杭州市7个区县（市）的政府签订“十三五”期间战略协议，并促进浙江省电信公司与杭州市政府签署“千兆智联”助推城市双创活力合作协议。

【“全光网城市”建设完成】 2016年6月25日，杭州电信公司的“光宽带”用户占总数的95.2%，达到中国电信集团公司的光网城市标准。2009年3月25日，杭州电信公司的第一个“光宽带”用户在上城区青春坊小区安装完成。2010年，中国电信集团公司提出“光进铜退”发展战略。2011年，“宽带中国·光网城市”工程正式启动。杭州电信公司组织光网专业人才制订光网专项规划、编制《标准“光小区”规范》、优化施工工艺、创新光网器材，推进光网建设。开展“百年电信·百兆宽带”、住宅小区和商务楼宇光网改造等专项行动，并打造“全光网小区”和“全光网村”示范建设。至年末，杭州电信公司光网覆盖率100%，“光宽带”用户202.7万户，在宽带用户中占96.8%；使用100兆宽带的用户110.9万户，占宽带用户总数的53%。

【浙西数据中心项目开工】 2016年7月22日，浙西数据中心开工仪式在建德举行。数据中心位于建德市洋溪街道岩口区块，计划总用地面积2.33公顷，项目一期和二期批准用地面积1.85公顷，总建筑面积2.24万平方米，概算投资1.2亿元。预计2017年、2018年分别交付9800平方米机房和1100个机柜。建成运行后向政府、企业、公众客户提供主机托管、资源出租、系统维护等方面的云计算运行与支持服务。该项目基于2016年杭州市政府与杭州电信公司签订的《加快“十三五”信息化建设战略合作框架协议》。

【电信NB-IoT开通】 2016年12月30日，杭州电信公司800兆LTE全网重耕NB-IoT（基于蜂窝的窄带物联网）在景芳电信大楼开通。中国电信集团公司把800兆作为部署NB-IoT的首段频段，低频频谱有利于实现NB-IoT业务应用的大链接及覆盖能力要求。杭州电信公司与华为技术有限公司等企业就NB-IoT领域进行交流，了解业界趋势、路标和NB-IoT可实现的应用。11月，杭州电信公司作为全省试点，开通第一个试验站，并最终选定在景芳电信大楼开通NB-IoT试验站点。为不影响现网业务，新建虚拟核心网及L800兆基站。

【新一代电信综合资源系统割接上线】 2016年1月16日，浙江省内新一代电信综合资源系统在杭州正式割接上线。新一代综合资源系统遵循互联网设计标准，整合现有24套资源系统，搭建“平台+应用”的综合资源

2016年7月22日，浙江省扩大有效投资重大项目集中开工活动(浙西数据中心项目开工仪式)在建德市举行　　(杭州电信公司　供稿)

和企业GIS(地理信息系统)平台。在业务上，实现全业务融合端到端关联的综合资源管理，关注客户体验，运用资源数据为网络和业务运营提供支撑。在技术上，采用"平台+应用"的架构体系，可以快速引入新业务、新网络。新一代系统上线后，杭州电信公司进一步完善系统移动化、智能化支撑功能，发挥网络运营"互联网+"基础设施的主导地位。

【市政府大楼驻地迁移电信通信保障】 为保障杭州市政府大楼驻地迁移的电信通信，杭州电信公司多部门联动，于2016年6月17日至7月12日进行迁移电信通信保障工作。迁移涉及200多条电路、2500多门电话。从6月3日起，杭州电信公司派专人进驻市民中心通信站。6月3～30日，完成装机598件。7月，杭州市政府大楼里的单位相继迁移进市民中心，日装机量上升。杭州电信公司抽调骨干人员成立专项小组，确保杭州市政府批量电话的安装。7月8日，完成市政府大楼的驻地迁移通信保障工作。

【"十三五"信息化建设战略合作协议签署】 2016年3月17日，中国电信股份有限公司浙江省分公司与杭州市政府签订加快"十三五"信息化建设战略合作协议。1～3月，杭州电信公司与富阳区、桐庐县、建德市、淳安县、萧山区、余杭区、临安市7个区县(市)政府先后签订合作协议，标志着杭州电信公司全面完成"十三五"信息化建设战略合作协议签约工作。"十三五"期间，杭州电信公司进一步加大杭州市的通信基础设施建设力度，推动互联网技术和资源在各区县(市)经济社会各领域的应用，并依托政府鼓励创业创新、发展信息经济的政策举措，为全力加快杭州信息经济发展、全面建成小康社会提供强有力的信息化支撑保障。

【程控交换设备退网】 2016年12月30日，武林E8571分局交换机断电，标志着杭州电信公司最后一台程控交换设备退网。杭州本地网73个端局的程控交换机全部退网。1986年9月24日，杭州电信公司从日本引进的1.3万门程控电话交换机和长途1000线自动交换设备开通试运行，杭州市程控交换开始规模发展。1986～2005年，随着程控交换的发展，杭州电信公司快速发展，杭州市内电话号码从6位升到7位、再从7位升到8位。2005～2010年，杭州电信公司实施固定电话网络智能化改造，对运行20年的程控电话网从可行性研究、组网方案设计、设备选型、新业务开发、支撑系统等方面进行智能化改造，全部采用软交换技术。2011～2016年，杭州电信公司开始实施"光进铜退"、PSTN交换机逐步退网的计划，逐年制订退网任务，采用AG设备和PON设备持续推进交换机缩容、归并、改挂、替换改造，并最终完成全部退网任务。　　(江　瀛)

移动通信

【移动通信概况】 中国移动通信集团浙江有限公司杭州分公司(简称杭州移动公司)设有13个区县(市)分公司，有员工2948人。全年实现通信服务收入91.3亿元，比上年增长7.2%；实现利润34.7亿元，增长3.0%。集团信息化产品收入11亿元。通话用户953万户，累计净增通话用户25万户。4G活跃用户690.9万户，手机上网流量增长107.6%。宽带用户累计净增加25.4万户；宽带用户市场份额29.8%，提升4.4个百分点。

2016年，杭州移动公司提升4G网络能力。新增入网4G宏站1763个，室内分布系统1265个，小微站779个。精品网络扩大到所有区县(市)，实现杭州市主城区载波聚合全覆盖。打造"互联网+新社区/农村"的社区型营销渠道。4G活跃用户通信渗透率62.4%。VOLTE用户125万户，"飞享套餐"用户721万户，通信用户渗透率75%。针对校园市场启用网上选号系统，与中国邮政公司杭州市分公司开展品牌合作，实现校园发卡覆盖率75%。手机上网客户平均每户每月上网流量1607兆，其中4G手机客户每户每月上网流量1.9吉。

杭州移动公司优化市场策略，推进光宽带覆盖工程。完成62.6万个驻地网信息点覆盖、571个小区驻地网强化以及258个入户困难小区的改造；完成23所校园的21.8万百兆宽带接入。宽带用户规模113.2万户，净增加25.4万户，净增加份额70.8%。按照"集中化高效管理、属地化规范装维"的思路，以及标准、职责和操作"三统一"要求，实现全地区家庭宽带安装维修后台集中化和作业标准化，新增录入准确率99.2%，存量普查修改准确率98.6%。

公司拓展集团市场，实现集团信息化产品收入11亿元，收入增量贡献率66%。物联网业务转型突破。以"连接驱动发展"为方向，从网络技术

2016年9月6日，杭州移动公司施工维修人员在余杭区五常华联村进行光缆线路工程施工 （杭州移动公司 供稿）

成熟度较高、市场需求潜力较大的“智慧交通”、能源电力和城市管理等行业入手，推进基于NB-IoT、eMTC等新技术的行业应用试点。在余杭区桂花城小区和滨江区时代大道区域开展基于NB-IoT的“智能停车”和“智慧路灯”试点项目。物联网用户数186万个，增长82%；物联网项目15个，合同金额超过560万元。

杭州移动公司探索研究新的技术创新和应用，推进载波聚合、3D-MIMO、C-RAN等通信技术，道路测试速率60.85兆位/秒。参与云栖小镇的车联网(LTE-V)示范区建设。

【Pre5G网络打造】 2016年，杭州移动公司进行5G技术4G化研究，研发双流叠加、窄波聚合、3D-MIMO、D-MIMO、CRAN等5G新技术，打造“高速率、低时延、大带宽、多连接”的Pre5G网络。在滨江区明月江南小区、浙江理工大学(下沙校区)生活三区安排基站建设，通过3D-MIMO工程方案解决高层网络覆盖和用户复用问题。通过CRAN工程方案，安排浙江工商大学(文一校区)基站和富阳新桥区域基站进行组网，解决密集组网带来的边缘感知差等问题。

【宽带用户规模113.2万户】 2016年，杭州移动公司提出“优通路、提规模、保存量、减损耗”的工作导向。开展家庭宽带安装和维修调度集中化管理控制，统一安装和维修后台操作规范。公司开展驻地网“一改二”专项行动，提升一线员工宽带安装和维修技能。组织“宽带下乡”等活动，打造“金牌驻地网”家庭宽带网络；进行小区现场普查，形成小区建设规划数据库。公司宽带用户规模113.2万户，宽带净增加比上年增长16%。家庭宽带用户覆盖规模增加到362.9万户，用户户籍覆盖率提升到122.2%。

【“智慧管理”模式建设】 2016年，杭州移动公司把传统线下工作通过网络与需求方对接，形成“智慧管理”模式，建设新的内部管理平台，全新上线并优化公司办公自动化软件、综合服务平台、微信内部宣传企业号平台和“智慧物业”信息平台。各平台整合公司内部管理各条线模块，提高内部信息安全性，提升内部管理效率。

【杭州移动公司物联网业务发展】 2016年，杭州移动公司推进物联网业务拓展和创新，打造NB-IoT的智能停车和智能路灯示范区。公司与华为技术有限公司、浙大网新易盛网络通讯有限公司签署NB-IoT三方合作协议。8月，在滨江区规划网络测试区域，开通业务测试站点。9月，在余杭区桂花城小区开展“智能停车”和“智能燃气表”试点项目。12月，杭州移动公司联合华为技术有限公司、浙江创泰科技有限公司、杭州网策通信技术有限公司等企业在杭州市委党校试点应用NB-IoT和LTE室内定位技术的“智能停车”管理和导航系统。至年末，杭州移动公司物联网用户数累计超过200万个。

【宽带示范小区项目通过验收】 2016年1月，杭州移动公司的工业和信息化部宽带示范小区项目完工，项目总投入1150万元。4月，该项目通过专家组验收。项目于2014年11月开始，作为项目试点分公司的杭州移动公司武林和拱墅分公司选定近江家园、武林东新园、清水公寓等小区，按照“适度超前、统一规划、因地制宜、抓住重点、分步实施、逐步完善”的策略，探索项目建设方法，引入GPON/FTTH模式，实现光纤到户覆盖。采用小微站规划以及天馈系统排除障碍、优化参数等手段，解决4G深度覆盖不足问题。建成后的宽带示范小区实现光网全覆盖，具备100兆宽带入户能力。杭州移动公司向示范小区发放8865台增强型机顶盒。该机顶盒除具备普通机顶盒网络直播和点播的基础功能外，还增加杭州民生板块。板块包含“智慧交通”、“惠生活”、便民服务、预约挂号、“健康达人”、社区互动等10个应用。 （周宇飞）

联通通信

【联通通信概况】 中国联合网络通信有限公司杭州市分公司(简称杭州联通公司)是中国联通公司在杭州的分支机构，下设上城、下城、西湖、江干、拱墅、滨江、下沙、萧山、大江东、余杭、富阳、临安、桐庐、建德、淳安等15个分公司。有员工1900多人，平均年龄32.9岁，大专及以上学历的专业人员占员工总数的85%。

2016年，杭州联通公司以实施聚焦战略、创新合作发展为主线，加速发展4G业务，服务保障G20杭州峰会，打造优质网络。公司主营业务收入比上年增长1.1%，实现公司经营总体运行平稳，呈现出“稳中趋好、结构优化、质效双升”的局面。4G用户数增长59.8%。杭州联通公司投资3.3亿元，新建4G/3G宏基站497个，室内分布系统新建152个、改造52个，新建45段管道115管千米，铺设光缆

1124皮长千米，优化调整768个重要站点。

【“十三五”信息经济发展战略合作协议签订】 2016年7月1日，杭州联通公司与杭州市政府签署《加快“十三五”信息经济发展战略合作协议》。根据协议，双方共同致力于构建高速、移动、安全、泛在的新一代信息化基础设施，致力于建设特色明显的移动互联网、物联网、云计算、大数据、智能制造，共同促进互联网与社会经济各领域的深度融合，共同开展信息化条件下的社会管理创新建设，为杭州提供信息化支撑保障。杭州联通公司与杭州市11个区县（市）的政府完成“十三五”战略合作签约，推进杭州市信息经济发展。

2016年，杭州联通公司开展“互联网+”行动，着眼于物联网、云计算、大数据等重点应用，从“强政、兴业、惠民”3个方面发展“智慧应用”。3月，杭州联通公司与杭州余杭旅游集团公司就“智慧旅游”应用体系建设开展合作，提升大径山旅游整体服务水平。5月，杭州联通公司与西湖区公安局合作打造社会面、游步道智能监控调度平台，实现人流量实时监控，预防意外事件发生。8月，杭州联通公司中标建德市市场监督管理局“阳光作坊”视频监控项目。9月，杭州联通公司与余杭区政府签署战略合作协议，双方就建设“产业余杭”大数据云平台方面开展战略合作，共同推进余杭区“产业智慧化、智慧产业化”。10月，杭州联通公司与市旅委签署大数据战略合作协议，探索旅游大数据的应用发展。

【联通通信保障】 2016年，杭州联通公司为确保市“两会”期间的通信安全畅通，组建“两会”保障工作组，以片区为单位，派出专业服务保障小组在各个重点保障现场驻守待命，不间断值班、检查网络。对机房、重要设备及系统进行安全检查，对干线光缆、重要通信基站等部位进行隐患排查。保障组提前对浙江省人民大会堂及13个重点保障酒店测试优化，对16个室分站和宏站开展扩容，并在会议现场安排应急通信车，保障信号畅通及容量规模，确保“两会”区域通信质量。会议期间，各热点区域内网络运行稳定，网速稳定流畅，各项网络运行指标正常。

【互联网定制化产品销售】 2016年，杭州联通公司在产品、渠道、营销、服务等方面进行互联网化的创新和尝试。10月，杭州联通公司与北京小桔科技有限公司“滴滴出行”合作，推出“滴滴网卡”产品。该产品采用B2I2C（面向互联网公司用户的业务）模式。在B2I2C模式下，定制化的产品经由线上专属渠道宣传推广，目标用户通过在线下单、物流配送、在线激活及充值完成业务开通。至年末，公司新增用户1.68万户。杭州联通公司推出“腾讯王卡”和“蚂蚁宝卡”等产品，实现电子渠道产能的突破。其中，“腾讯王卡”新用户3.86万户。

【“沃4G+，一起秀”活动】 2016年8月6～11日，杭州联通公司与网络直播平台“一起秀”联合举办“沃4G+，一起秀”首届杭州联通公司“魅力大使”评选活动，邀请10名网络红人和2名营业员在杭州联通公司12个营业厅开展连续5天的直播。直播期间，举行“互动H5”“一起秀App banner”等活动，线上收看人数200万次，突出“看视频就选联通”的主题，在互联网用户群中宣传“沃4G+”网络，加强品牌传播效应。

【联通NB-IoT开通】 2016年9月，NB-IoT技术标准确立。10月16日，杭州联通公司确定在滨江区彩虹城小区周边开通NB-IoT实验网。10月26日，公司完成整套核心网的设备建设、联调测试等工作，实现浙江联通公司NB-IoT首站开通。杭州联通公司联合产业链上下游企业，共同探讨如何利用现网设备和网络为用户提供更多、更优的服务，实现人与物、物与物之间的连接，共同打造物联网应用产业链，实现产业转型升级。

【联通客户日首发仪式】 2016年12月25日，联通客户日首发仪式在杭州城西银泰城举行，每个月的25日被确定为联通客户日。在首发仪式上，公司提出“speed快捷、safety安心、sweet贴心、satisfaction舒畅”的“4S服务”理念，并向通信行业产品、服务“体验师”代表颁发聘书。通过聘请客户为公司的感知体验师来优化产品和服务。在客户日，用户可以享受到“四鲜四先”特权。“鲜业务先体验”是让用户可以优先体验联通的“沃TV”、“蚂蚁宝卡”、电视通话等新产品。“鲜服务先畅享”是让客户在联通营业厅得到更舒心和细致的服务。“鲜潮流先普及”是指在客户日举办“教父母用微信”、“跟Wi-Fi拜拜”等主题沙龙。“鲜福利先获得”是指在联通线上积分商城及线下实体店同时开展“积分翻倍用、1元随机购、扫码抢红包”等客户专属优惠。

（谢晓韵）

责任编辑　秦文蔚

建筑业

【建筑业概况】 2016年，杭州市有建筑施工企业2731个，比上年(指2015年，下同)减少333个。其中，具有施工总承包资质的企业1201个，具有专业承包资质的企业1862个，具有劳务分包资质的企业339个，具有设计与施工一体化资质的企业444个。全年完成建筑业总产值4995.58亿元，增长4.7%，占全省建筑业总产值的16.4%。实现建筑业增加值400.11亿元，占全市生产总值的3.6%。实现工程结算收入3575.34亿元，下降1.2%。实现利润总额95.0亿元，增长6.1%。上缴税收91.25亿元。全市建筑行业从业人员123.74万人，减少7.32万人。

【企业资质管理】 2016年，市建委加强建筑业企业资质审查。全市核准建筑业企业资质(市级)232个、592项，核准省住房城乡建设厅委托核查企业资质138个、153项；核准城市园林绿化企业三级资质155个、工程监理企业丙级资质2个、招标代理企业暂定级资质9个、造价咨询企业暂定级资质2个。推行网上资质审批。自5月1日起，招标代理、造价咨询等中介机构和建筑业企业资质试行网上审批，实现资质审批的公开、公平和效率。推进建筑业企业新版资质证书换发工作，全年换发新版资质证书企业3419个，其中部级资质265个、省级资质1214个、市级资质1940个。 (俞　辉)

【建设工程招投标监管】 2016年，杭州着力做好G20峰会项目招投标管理服务。从峰会项目开始报建起提前介入，主动服务，严格控制招投标各个环节时间节点，加强全过程监管。全年完成83个峰会项目168个标段的中标确认，累计完成峰会项目272个标段的招投标。

严格政府及国有投资项目的日常招投标监管。市本级完成招投标项目451个，建筑面积441.17万平方米，中标总价72.05亿元。其中：施工招标项目258个(公开招标209个，邀请招标46个，直接发包3个)，建筑面积253.71万平方米，中标价68.07亿元；监理招标项目50个(公开招标40个，邀请招标7个，直接发包3个)，中标监理费0.96亿元；材料设备招标项目40个，中标价2.70亿元；招标代理比选37个；项目代建6个；设计招标60个。完成香积寺路西延伸工程等项目招标控制价审查，审查金额30.45亿元；完成招标控制价备案261项，中标价备案211项。受理完成287个项目的合同备案，合同价111.7亿元。

【建筑市场信用体系建设】 2016年，杭州市规范建设市场信用加分审批程序，调整信用加分依据和权限，实现信用加分更加透明、严格、规范。加强信用信息日常管理。全年对442个次企业、3531人次人员进行信用扣分，并对信用扣分累计超过18分的2个企业法定代表人和12名从业人员(6名注册建筑师、6名注册监理师)进行有关法规知识培训；对2860个次企业进行信用加分。做好与浙江省建筑市场监管与诚信信息发布平台数据传输和业务对接，全市有1.05万个项目信息(2015年7月15日之前完工的项目)上传至市场监管与诚信信息发布平台。 (俞　辉　项　慧)

【建筑市场执法检查】 2016年9月26日，市建委修订《建筑市场执法检查工作手册》，按照“两随机一公开”原则，规范建筑市场执法检查，推进建筑市场行为检查全过程标准化管理。开展建筑市场执法检查，着重检查建设工程节后复工市场行为、建设工程现场人员实名制管理、建筑业民工工资支付、建设工程质量、安全文明施工等情况。全年检查建筑业企业1608个次、建筑工地402个次，发出责令限期整改通知书107份；实施简易程序处罚40起、一般程序行政处罚11起，移交辖区建设行政主管部门行政处罚4起。

【新型建筑工业化加快推进】 2016年8月4日，市政府召开全市建筑业发展暨推进新型建筑工业化工作会议，总结部署推进新型建筑工业化工作。出台《2016年杭州市新型建筑工业化项目实施计划》。制定《推进新型建筑工业化项目建设的实施细则》，印发《杭州市新型建筑工业化专家委员会管理办法》，建立部门协作、市区联动、职责明确的新型建筑工业化工作推进机制。开展“示范生产基地、建设项目及创新项目”申报评比，确定2016年杭州市新型建筑工业化示范生产基地6个、建设项目19个、创新项目4个。完成“推进杭州市新型建筑工业化政策研究”和“杭州市新型建筑工业化创新实践研究”课题研究。制作杭州市新型建筑工业化宣传片。全年全市新开工建筑工业化项目78个，建筑面积273.05万平方米。浙江新盛建设集团有限公司承建的金融小镇项目、浙江东南网架股份有限公司承建的转塘单元地块公共租赁房、浙江宝业建设集团有限公司承建的杭州师范大学仓前校区二期C区块生活区工程等19个建设项目被评为市新型建筑工业化示范建设项目。浙江东南网架股份有限公司承建的杭州钱江世纪城人才专项用房一期二标段和浙江杭萧钢构股份有限公司承建的包头万郡大都城住宅小区（三期）、钱江世纪城人才专项用房一期一组团一标段等3项工程被住房城乡建设部评为科学技术项目计划装配式建筑科技示范项目。年内，中民筑友杭州绿色建筑科技园和杭州建工建材有限公司仁和生产基地2个新型建筑工业化生产基地投产。浙江中南建设集团有限公司钢结构工业化生产基地落户萧山，预计年产钢结构构件10万吨。浙江中南建设集团幕墙、门窗生产加工基地等7个生产基地被浙江省建筑业协会评为首批“浙江省建筑装饰业产业化示范基地”。

【绿色文明施工】2016年，市建委先后印发《关于开展建设“两美浙江”打造“美丽杭州”建设工地环境专项整治的通知》《关于进一步加强建设工地环境专项整治的通知》《关于在全市建设工地实施文明施工责任人公示制度的通知》《关于加强建设工地工程渣土处置管理的通知》等文件，进一步明确建设工地文明施工和扬尘污染整治标准。开展建筑工地安全生产标准化和文明施工环境整治行动，检查工地扬尘1.55万个次，发出限期整改通知书1.13万份，实施行政处罚793起。开展绿色施工示范工程创建活动，浙江省建工集团有限责任公司承建的杭州泛海钓鱼台酒店项目获评国家级“AAA级安全文明标准化工地”，该奖项为中国建筑业协会设立的安全文明施工最高奖项。杭州市建筑企业承建的72个工程项目获2016年度浙江省建筑安全文明施工标准化工地，261个工程项目获2016年度杭州市建设工程安全生产、文明施工标准化样板工地。

【企业技术创新能力提升】2016年，杭州市建筑业以企业技术中心建设为抓手，以新技术推广应用、科研项目攻关为突破口，大力推进技术创新。1月，中国联合工程公司和杭州海康威视系统技术有限公司2个企业技术中心入选浙江省第23批省级企业技术中心名单。浙江大成建设集团有限公司等9个企业技术中心获市级建设产业企业技术中心认定。全市施工工艺创新能力居全省首位。8月，杭州水处理技术研究开发中心有限公司等研发的“万吨级膜法海水淡化单机设计与系统集成技术”等2项技术获2016年度浙江省科技进步一等奖，浙江省送变电工程公司等研发的“特大型输电线路关键技术及工程应用”等5项技术获2016年度浙江省科技进步二等奖，浙江省交通工程建设集团有限公司等研发的“树脂沥青组合体系钢桥面铺装技术”等4项技术获2016年度浙江省科技进步三等奖。浙江省第一水电建设集团股份有限公司等完成的“路堤荷载下新型刚性桩成套关键技术研究”等9项技术获2016年浙江省建设科学技术奖。10月，杭州市市政工程集团有限公司的高架桥钢棒牛腿盖梁支模架整体吊装施工工法等51项工法入选浙江省2016年度省级工法名单，杭州入选数占全省的41.8%。积极推广应用新技术。浙江省建工集团有限责任公司承建的浙江大学国际联合学院（海宁国际校区）二期工程项目通过评审，被评为2016年全国建筑业创新技术应用示范工程。浙江省建工集团有限责任公司承建的浙江音乐学院校区建设工程、杭州萧宏建设集团有限公司承建的东湖快速路（德胜路立交南—外翁线）二期工程02标段等53个工程项目被省住房城乡建厅列为浙江省第16、17批建筑业新技术应用示范工程。

2016年11月2日，绿谷·杭州浙商创新发展中心项目一期工程工地被市建委评为G20杭州峰会保障优秀工地。图为工地现场　（市建委 供稿）

【施工作业人员实名制管理】2016年2月2日，市建委印发《关于推进建设工程现场人员实名制管理的通知》，开展现场施工作业人员实名制管理操作培训，建立市、区两级建设部门实名制管理联络员制度。全年杭州市区2689个工程项目实施现场施工作业人员实名制管理，在场施工作业人员16.23万人、管理人员1.83万人，累计进场人员76.83万人次、离场人员57.04万人次。编印《杭州市建设工地民工学校办学台账（2016版）》，强化建设工地示范民工学校管理、层级督查和指导服务，组织编撰《民工学校》专刊，丰富网上民工学校——“新杭州人文化家园”教学内容。组织开展2015年度杭州市建设工地民工学校工作先进集体、先进个人、优秀教师和优秀学员评选；开展第十一届十佳民工学校评选及表彰，评选出十佳民工学校9所、优秀民工学校18所。全年全市新增工地民工学校550所，其中示范民工学校252所，在建工地民工学校达1017所；民工学校注册师资1257人；设立岗前培训自培自考点265个，岗前培训合格人员11.48万人次。强化专项技能培训，开展建筑业特种作业人员培训、考核和继续教育。大力弘扬“工匠精神”，组织焊工、通风工、混凝土工、砌筑工、油漆工和防水工6个工种的职业技能竞赛。开展“服务G20送法进工地”“送清凉、送医疗进工地”等主题活动，把社会各界的关爱带给一线建筑工人。

【9个工程项目获鲁班奖】2016年，杭州市建筑企业承建或参建的9个工程项目获2016~2017年度中国建设工程鲁班奖(第一批)。其中，杭州市2个，分别是浙江音乐学院建筑工程和同花顺数据处理基地。15个工程项目获2016~2017年度国家优质工程奖，其中1个工程项目获国家优质工程金质奖。浙江恒誉建设有限公司参建的紫郡东苑B区商品住宅项目获2016年中国土木工程詹天佑奖优秀住宅小区金奖。41个工程项目获2016年度浙江省建设工程“钱江杯”奖(含表扬工程)，89个工程项目获第十一届杭州市建设工程“西湖杯”奖(建筑工程项目)，11个工程项目获第十一届杭州市建设工程“西湖杯”奖(市政基础设施工程项目)。

▲资料：2016年杭州市受表彰的建筑业优秀企业和企业家

一、全国优秀施工企业

杭州建工集团有限责任公司

杭州市市政工程集团有限公司

浙江东南网架股份有限公司

浙江杭州湾建筑集团有限公司

浙江省第一水电建设集团股份有限公司

浙江省建工集团有限责任公司

浙江省交通工程建设集团有限公司

浙江省送变电工程公司

浙江省长城建设集团有限公司

浙江新盛建设集团有限公司

二、全国优秀施工企业家

浙江省第一水电建设集团股份有限公司董事长 蒋文龙

杭州市市政工程集团有限公司董事长 郑旭晨

杭州建工集团有限责任公司总经理 宋志刚

浙江省三建建设集团有限公司董事长 毛红卫

浙江大华建设集团有限公司总经理 张春跃

浙江省建工集团有限责任公司董事长 吴飞

三、“十二五”期间全国建筑业企业优秀总工程师

浙江省一建建设集团有限公司总工程师 邵凯平

浙江省建工集团有限责任公司总工程师 金睿

四、第八届全国优秀建造师

浙江省建工集团有限责任公司 郑峰和金承良

浙江省武林建筑装饰集团有限公司 成文军

浙江省一建建设集团有限公司 俞宏

浙江大华建设集团有限公司 陈杰

杭州建工集团有限责任公司 应复杭

浙江省交通工程建设集团有限公司 周剑伟

浙江省第一水电建设集团股份有限公司 华建飞

(俞　辉)

勘察设计

【勘察设计概况】2016年，杭州市有勘察设计企业535个，比上年增加64个。从业人员7.66万人，增长5.9%。全行业以“品牌、质量、服务”为主题，以“适应新常态、树立新思维、开创新局面”为抓手，积极调整市场战略，不断拓展市场空间，全年完成营业收入1048.29亿元，增长47.7%。营业收入超过1亿元的企业36个，500万元以上的企业142个。

【市勘察设计企业服务保障G20峰会】2016年，市勘察设计行业协会以办好G20杭州峰会为圆心，发挥自身优势，全力以赴做好服务保障工作。协会组织27名建筑、市政、景观园林、亮灯工程等专业人员，为264个城市道路和街容街貌提升工程提出专业性意见。杭州市建筑设计研究院和中国联合工程公司完成G20杭州峰会和B20杭州峰会主场馆的设计和提升改造。杭州市城市规划设计研究院编制主城区“两美”环境提升导则和城市第五立面整治导则，为全市环境整治提供指导依据。杭州市勘察设计研究院抽调110多名测绘技术人员，组成11个作业组，利用无人机技术，为环境整治提供基础资料；利用实景三维数字城市模型技术，编制G20杭州峰会系列用图。杭州市园林设计院完成西湖景区形象提升和G20杭州峰会主场馆屋顶花园等重点项目的设计。中国美术学院风景建筑设计院完成峰会主场馆景观设计和西湖景区北山街亮化等重点工程。浙江城建园林设计院主导完成钱江两岸亮灯、运河沿线建筑亮化提升、西兴立交桥夜景照明等亮化工程。全年市勘察设计行业参加服务保障专业人员2350多人次，参与环境提升、立面整治、城市亮化、场馆改造等城市优化项目160多个。

【优秀青年建筑结构师选拔培养】2016年3月，继优秀青年建筑师、优秀青年园林景观师选拔培养后，市建委、市勘察设计行业协会共同启动优秀青年建筑结构师选拔培养计划，旨在进一步促进杭州市勘察设计行业发展。经过各单位推荐、专家组评选，产生10名青年建筑结构设计师，参加国内外的培养学习。在国内，邀请中国工程院院士董石麟、陈云敏及国内、省内知名结构设计师授课，实地参观考察典型工程和新型建筑工业化产品生产基地。在国外，辗转日本东京、京都、名古屋、神户和大阪等地，实地参观现代建筑杰作——上野国立西洋美术馆及汐留超高建筑群、代代木体育馆等著名场馆，访问环球设计、日建设计、日本设计等事务所，与日本同行进行研讨和技术交流。12月，10名青

2016年2月，杭州市勘察设计行业协会组织开展优秀勘察设计项目评选。图为获“西湖杯”优秀设计一等奖的梦想小镇多功能中心 （市勘察设计行业协会 供稿）

年建筑结构设计师结束培训学习后，被市建委授予“杭州市优秀青年建筑结构师”称号。

【优秀勘察设计项目评选】 2016年2~4月，市勘察设计行业协会组织开展第十一届杭州市建设工程“西湖杯”奖（优秀勘察设计项目）评选。此次评选增设“BIM技术应用”专项奖。收到申报参评项目近400个，按项目类型分建筑、勘察、市政、风景园林、工程技术、建筑智能化、BIM技术应用七大类。经过47位专家分组评审，评出一等奖41个、二等奖72个、三等奖107个。评奖结束后，市勘察设计行业协会各专业委员会召开获奖项目讲评会，交流分享优秀设计成果。讲评会由获奖项目主创设计师介绍项目特点和创作体会，由资深专家对获奖项目进行点评。

【工程勘察设计质量检查】 2016年，市勘察设计行业协会配合市建委组织2次在建市政工程、房地产开发项目勘察设计质量综合性检查，先后抽调24名专家，检查工程项目36个。其中9月组织12名专家，分4个检查组，对主城区部分在建项目勘察设计质量和企业市场行为进行专项检查，抽查市本级18个项目的勘察设计质量，抽查内容包括建筑结构、建筑节能、给排水等，提出问题和建议20条，要求责任单位限期完成整改。10月，组织12名专家，抽查各区县（市）项目18个，对项目责任单位发出指导意见书、整改通知书、复审意见书75份，5个单位被点名批评。年内，协会勘察专业委员会会同市建委组织4次勘察作业飞行检查和土工试验室专项检查，检查项目13个，发出整改通知单3份。

【房屋建筑施工图审查网上受理】 2016年，杭州市施工图审查网上统一受理摇号系统受理施工图审查项目688个，施工图面积3745万平方米。市勘察设计行业协会全力做好施工图审查工作，加强对各城区受理窗口的指导，确保施工图审查网上统一受理摇号系统的正常运行。根据省住房城乡建设厅关于施工图审查单位转为民办非企业单位的规定，市建委、市勘察设计行业协会加强与省、市社会组织管理局联系，了解注册登记的政策法规和程序，组织在杭13个施工图审查单位如期完成注册登记，全部转为民办非企业单位。

【业务培训和学术交流】 2016年，市勘察设计行业协会围绕新型工业化装配式建筑、BIM技术推广应用、海绵城市建设、建筑防水、绿色建筑等热点问题，组织会员单位业务培训和学术交流。先后邀请浙江大学建工学院教授童根树，浙江大学中国工程院院士陈云敏、董石鳞，浙江省建筑设计研究院讲师杨学林等10多位专家，就“钢结构新技术”“现代大跨空间结构在中国的应用发展、问题与创新”“地下空间结构设计中的相关问题”“土木工程防灾减灾新技术”等近20个专题举行讲座，参加听讲的设计师2100多人次。其中，中国风景名胜区协会副会长王水法做的“西湖文化景观与城市人文精神”主题讲座，运用2016年长兴花木大会“园林植物配置与设计案例分享研讨会”的案例，与设计师们共同分享G20杭州峰会主场馆屋顶花园设计、“花开海上”生态园植物配置、长兴图影高端旅游度假区特色绿化的研究与实践成果。

【建筑工程信息化专业委员会成立】 2016年11月24日，为推动建筑工程信息化技术应用，市勘察设计行业协会成立建筑工程信息化专业委员会（BIM专业委员会），至此协会所属专业委员会增加到6个。BIM专业委员会成立后开展一系列活动。举办BIM技术应用研讨会，邀请广州、上海等BIM技术应用较早的城市专家到杭交流研讨。专业委员会主要成员单位参加省、市住房城乡建设部门组织的课题研究，参与制定《浙江省建筑工程信息模型技术应用导则》，并对相关技术进行推广。

【注册工程师资格考试确认】 2016年6月29日，市勘察设计行业协会组织注册工程师资格考试现场报名确认工作，全市有2850多名专业技术人员报名并到场递交相关材料。报名人员报考专业涉及岩土、供配电、给排水、动力、水土保持、工程地质等10多个门类。行业协会设立审核点，重点审核报名人员的报考条件及材料的真实性，并为考生提供舒适的报名环境和热情的服务。7月1日，协会完成所有报名人员的注册工程师考试资格审核确认。 （顾 全）

【市城市规划设计研究院完成项目编制22个】 2016年，杭州市城市规划设计研究院承接的重大项目有总体规划、产业规划、详细规划、基础设施、实施评估、特色小镇、美丽乡村、交通研究8类。全年完成《杭州城西科创大走廊规划前期研究》《“十三五”城市规划工作研究报告》《杭州市“邻里中心”规划研究——现状调查》《杭州铁路枢纽规划研究》《环西湖地下空间开发利用研究》《杭州市城市综合交通专项规划修编》《面向2022年亚运会的相关规划》《杭州市养老设施专项规划修编》《杭州市主城区3%建成社区的“养老中心”规划》《杭州市特色小镇规划研究及动态跟踪》《杭钢单元控规修编》《杭州市海绵城市专项规划》《杭州市地下综合管廊工程规划》等22个重大项目的编制。大部分项目编制时间紧、创新性强。该院组织骨干力量集中攻关，克服各种困难，如期完成编制任务。加强课题研究，组织“杭州市推行街区制的实施对策研究”“杭州市内涝风险评估体系研究”等课题研究项目10个，年内各研究项目均取得阶段性成果。（王冬艳）

【市勘测设计研究院9个项目获省部级优秀工程奖】2016年，杭州市勘测设计研究院适应经济发展新常态，围绕树品牌、优服务、保安全、促发展的思路，大力拓展市场。全年完成测绘、岩土工程、勘察设计、施工、检测项目1912项。发挥测绘和地理信息的基础性、前期性服务功能，完成杭州市1:500地形图跟踪修测，推进地理空间框架数据整理入库和天地图（杭州数据）建设、常态化的地理国情普查与监测。利用无人机技术，为环境整治提供基础资料，为G20杭州峰会提供技术保障。致力“智慧城市”建设，利用实景三维数字城市模型技术，打造警务信息平台。推进勘测行业转型升级，在CIM（计算机集成制造）技术研发应用、倾斜摄影测量技术运用、轨道交通测量及保护检测等方面取得重要进展。“杭州市真三维数据采集”“德胜东路（沪杭高速—文汇路）改造提升工程岩土勘察及监测、检测”等9个项目获省部级优秀工程奖。（韦欧阳）

房地产业

【房地产业概况】2016年，杭州市有房地产开发企业1657个。其中主城区具有一、二级资质企业44个，三级（含三级）以下资质企业559个。全年完成房地产开发投资2606.4亿元，占全市固定资产投资的44.6%，比上年增长5.4%。房地产入库税收359.51亿元，增长16.1%。房屋施工面积11563万平方米，竣工面积1923万平方米。全年销售商品房面积2081万平方米。其中，销售商品住房17.03万套、面积1941.5万平方米，成交金额3149.8亿元，分别增长39.2%、40.5%和52.0%。非住宅商品房成交面积438.7万平方米，成交金额687.9亿元，分别增长118.8%和128.7%。二手住房成交12.07万套，成交面积1217.6万平方米，成交金额1833.2亿元，分别增长62.7%、61.5%和82.3%。商品住房销售总量中，市区销售14.85万套、面积1664.0万平方米，成交金额2928.9亿元，成交均价17601元/平方米，分别增长35.8%、36.6%、50.0%和9.8%。市区二手住房成交10.68万套，成交面积1060.3万平方米，成交金额1742.1亿元，成交均价16430元/平方米，分别增长71.5%、70.9%、86.8%和9.3%。

杭州市贯彻落实国家和浙江省房地产宏观调控精神，坚持“分类指导，因城施策”基本原则，强化工作统筹，明确区县（市）政府主体责任。根据房地产市场变化趋势，适时出台市场调控措施，抑制市场风险，稳定市场预期，保障房地产市场平稳健康发展。（陆华利 陆云球）

【新建商品房成交量创出新高】2016年，杭州市区新建商品房成交20.5万套、面积2081.4万平方米，成交金额3596.7亿元，分别比上年增长54.2%、48.8%和60.9%，成交量、成交面积、成交金额均创出历史新高。从月度签约情况看，全年有11个月的签约量超过1万套、3个月的签约量超过2万套，其中3月签约量2.5万套，为历史最高水平。非住宅商品房成交量大幅上升，全年非住宅商品房成交量占市区新建商品房成交量28.0%，增长10个百分点。全年外地购房者购买商品房68839套，占市区总成交量的33.6%。其中，上海、北京、深圳、广州4个城市的购房者分别占6.8%、1.9%、0.8%和0.3%。商品住房库存明显下降，至年末，全市可售商品住房库存66123套、面积863.4万平方米，分别下降46.0%、42.6%。其中，市区可售商品住房库存49821套、面积639.1万平方米，分别下降49.1%、45.5%。

【房地产市场调控】2016年，杭州市为促进房地产市场健康有序发展，根据市情及时出台政策措施，引导市场理性投资和消费，防止市场大起大落。9月19日，为抑制房价过快上涨，市政府出台住房限购政策，暂停在市区限购范围内向拥有1套及以上住房的非本市户籍居民家庭出售住房。9月27日，再次出台调控措施，在市区范围内暂停实施购房入户政策，同时上调公积金贷款和住房商业贷款二套房首付比例。11月10日，进一步实施住房限购政策，规定对不能提供自购房之日起前2年内在本市连续缴纳1年以上个人所得税或社会保险证明的非本市户籍居民家庭暂停出售新建商品住房和二手住房，非本市户籍居民家庭不得通过补缴个人所得税或社会保险购买住房；并再次上调公积金贷款和住房商业贷款首付比例；对拥有2套及以上住房或未结清住房公积金贷款的，明确不得申请住房公积金贷款。对拥有2套及以上住房的居民家庭，暂停发放第3套及以上商业性住房贷款。全年杭州市房地产市场运行总体保持平稳，四季度全市商品住房成交均价16335元/平方米，比上年同期上升6.6%。（陆云球）

【住房公积金个人贷款发放】2016年，杭州市住房公积金管理中心积极应对房地产市场发展变化，采取阶段性政策调控，简化个人贷款审批和公积金租房提取手续。从4月1日起，公积金租房提取最高额度由每人每月500元提高到1000元。根据房地产市场去库存要求，调整优化部分信贷政策，下调二手房贷款最低首付比例、放宽二手房贷款年限及放宽异地贷款条件，支持和促进职工住房消费。下半年，按照市政府关于住房信贷政策调控要求，先后两次对公积金贷款政策进行调整。一是职工家庭购买首套普通自住住房或拥有一套住房并已结清购房贷款的，为改善居住条件再次申请住房公积金贷款，首付款比例从不低于20%调整为不低于30%；二是职工家庭拥有一套住房但未结清相应商业性购房贷款的，再次申请住房公积金贷款购买普通自住住房，贷款首付款比例从不低于

40%调整为不低于60%。全年住房贷款最高额度控制在100万元以内，其中双职工家庭最高额度100万元，单职工家庭最高额度50万元。全年发放住房贷款3.1万笔，贷款总额154.4亿元，比上年分别增长19.2%、20.3%。收回个人住房贷款67.6亿元。（韩 燕）

【房地产开发销售中介违规行为整顿】 2016年7月19日，市住保房管局开展房地产经纪市场专项检查，范围覆盖市区及杭州之江国家旅游度假区、杭州经济技术开发区、杭州大江东产业集聚区、桐庐县、淳安县、建德市、临安市的房地产经纪机构及其分支机构。专项整治邀请《钱江晚报》、杭州电视台等媒体参与，分3个检查小组15批次，对近100个房地产经纪公司（门店）进行专项检查。根据检查发现的问题，对杭州鼎家房地产经纪有限公司、杭州蜗居房地产经纪有限公司、杭州集安房地产经纪有限公司、杭州爱家物业服务有限公司等存在违规代理行为或未尽报告义务的房地产经纪公司，给予停止网签或罚款等处罚。9月14日，市住保房管局对望华房地产（杭州）有限公司开发建设的珑玺公寓4幢住宅捂盘惜售问题发出责令整改通知，责令该公司在收到通知书之日起7个工作日内公开销售全部预售许可房源。10月8日，对杭州万科大家房地产开发有限公司开发的钱江之光名城项目3幢、10幢、11幢住宅捂盘惜售问题进行调查处理，责令开发商按整改通知书要求公开销售全部预售许可房源。10月9日，对涉及传播不实消息的杭州宝嘉房地产开发有限公司进行调查处理，做出暂停“宝嘉誉峰”和“宝嘉誉府”项目所有商品住房网上签约和后续预售证审批的处理。11月3日，会同市公安、物价等部门印发《关于贯彻落实〈住房和城乡建设部关于进一步规范房地产开发企业经营行为维护房地产市场秩序的通知〉的通知》，明确对发布虚假房源信息和广告、通过捏造或散布涨价信息恶意炒作、哄抬房价等15类不正当经营行为加大整顿力度，营造公平竞争的房地产市场环境。

【杭州房地产经纪行业管理服务平台上线】 2016年11月1日，杭州房地产经纪行业管理服务平台上线试运行。平台运用互联网技术，整合行业大数据，设置机构人员信息、行政监管、行业管理、服务评价、星级评定、红黑名单六大功能模块，将在杭从事房地产经纪业务的中介机构和人员全部纳入平台管理。年内，纳入该平台备案管理的中介机构163个、门店1040个，从业人员1.8万人，平台记录交易6100多次。中央电视台、新华网、中新网、《中国建设报》、《浙江日报》、《钱江晚报》、《杭州日报》等20多个媒体先后报道杭州加强房地产经纪行业管理的做法。11月25日，住房城乡建设部召开全国规范房地产中介行为持续整顿市场秩序电视电话会议，常务副市长马晓晖代表杭州市做大会交流发言。会议认为该做法是对房地产行业信用体系建设和长效管理机制的创新。（陆云球）

2016年11月1日，杭州房地产经纪行业管理服务平台上线试运行
（市住保房管局 供稿）

【《杭州市房地产业和城镇住房保障“十三五”发展规划》编制完成】 2016年12月，市建委编制完成《杭州市房地产业和城镇住房保障“十三五”发展规划》。规划在全面分析杭州“十二五”时期房地产市场发展现状及存在的问题，重点对“十三五”时期的发展环境、思路目标、房地产需求供给等重大问题进行前瞻性研究的基础上，提出“十三五”时期杭州房地产业发展指导思想、发展目标、主要任务和保障措施。该规划范畴为杭州市行政区，规划确定杭州市2016～2020年商品住房开发总规模为4560万平方米，其中市区3770万平方米；非住宅商品房开发总规模为867万～1000万平方米，其中主城区342万～390万平方米。

【全市房地产项目开工百日攻坚专项行动】 2016年8月，根据杭州市推进重大项目扩大有效投资“互学互看”专项大比武活动暨百日攻坚系列专项行动的总体部署，市建委制定房地产项目开工百日攻坚行动方案，建立攻坚行动机制，逐一落实开工项目，加强进度督促检查，强化与各区县（市）协作。年内，全市开工房地产项目105个，房屋施工面积11563万平方米，总投资2606.4亿元，超额完成原定97个房地产项目开工目标。（陆华利）

【经营性用地出让管理】 2016年6月7日，市政府印发《关于加强经营性用地出让管理工作的通知》，明确经营性用地出让的有关事项。成立杭州市土地出让工作协调小组，负责统筹协调市区经营性用地（不含工业用地，下同）出让工作，审查市区经营性用地年度出让计划方案，协调解决主城区经营性用地土地出让和土地资产处置中的有关问题，研究确定主城区经营性用地评估地价、出让起价。加强经营性用地出让计划管理，市区范围内经营性用地出让计划经协调小组审议通过后执行。严格执行“净地”出让，经营性用地征收拆迁补偿安置不到位的，土地权属不清晰的，地块位置、使用性质、容积率等规划条件不明确的，动工开发的其他条件不具备的，不得安排土地出让。开展商品住房用地出让前配套设施核查约80宗，确保商品住房用地项目同步设计、同步建设、同步交付(使用)。全年全市出让经营性用地233宗，土地面积685公顷，成交总价1647亿元。

【做地质量攻坚年专项行动】 2016年2月24日，杭州市主城区围绕“推进难点拆迁、加快道路建设、督促学校建设、推进土壤治理、实施地块绿化、优化地块规划”等6个方面内容，组织开展做地质量攻坚年专项行动。至年末，主城区用地规划范围内拆迁企业68个、农户1314户，新建和续建道路88条、学校43所，完成做地233.7公顷，为房地产市场土地有效供给奠定坚实基础。（徐驰翔）

【第十六届人居展】 2016年5月13～16日，由市政府、省住房城乡建设厅、市住保房管局共同主办的中国(杭州)第十六届最佳人居环境展览会暨第三届网上人居展在杭州和平国际会展中心举行。人居展以“品质杭州、宜居家园”为主题，设展位880个，参展房地产开发企业57个，参展企业数量、可售楼盘和展示楼盘数量均比上届增加。展会吸引11万多人次观展，预订商品住房549套，建筑面积7.8万平方米；成交商品住房147套，建筑面积2.3万平方米。（陆云球）

2016年5月13～16日，中国(杭州)第十六届最佳人居环境展览会在杭州和平国际会展中心举行（市住保房管局 供稿）

住房保障管理

【住房保障管理概况】 2016年，杭州市加快实施“住有所居”“住有宜居”两大工程，推进城镇危旧住房治理改造，完善房屋安全管理长效机制，促进住房保障方式转型升级，以公共租赁住房为主的城镇住房保障体系基本形成，杭州居民居住品质进一步提升。

加强住房保障管理。放宽公租房收入准入条件，将公租房申请家庭人均可支配收入准入标准由2015年的47691元放宽至48316元。全面实施公租房货币补贴保障，同步启动公租房实物配租和货币补贴两种保障方式的受理工作，推动全市住房保障类型向以公租房为主、保障形式向以货币补贴为主的转变。全年推出公租房(廉租房)配租房源7492套，新增货币补贴保障家庭1169户。规范公租房房源质量和建设进度监管及问题处置、智能化系统配套建设、竣工验收等机制，确保公租房房源质量、数量和交付时间。市本级6个公租房自建项目交付使用，完成品悦府、祥宁人家、普德人家、萍水人家、象山人家等26个公租房项目9113户家庭“一站式”租赁入住手续办理。扩大市区房改对象，明确对户口在富阳区并承租杭州市区公有住房的职工，在其他房改政策保持不变的情况下，允许其按杭州市区的公有住房出售政策参加房改。

推进房屋安全管理长效机制建设。完善危旧住宅房屋“一楼一档一预案一责任人”管理办法，落实日常巡查监控机制和应急处置机制，确保全市城镇危旧住宅房屋使用安全。组织专业人员对主城区尚未治理的450幢C、D级危旧住宅房屋进行现场核查。全年全市完成城镇危旧住宅房屋治理改造1159幢，面积68.59万平方米；完成旧住宅区改造707.7万平方米。完善房屋安全政策法规体系，制定《杭州市建筑幕墙专项维修资金缴存和使用管理办法》。启动全市危旧住房治理改造中长期专项规划编制，年内基本确定危旧住房治理改造近期、远期目标及主要任务。

推进历史建筑保护。创新历史建筑价值评估体系，采用综合价值定性和数据模型定量分析相结合的方式，科学设定历史建筑等级。全年完成浙江省电话局旧址等40处历史建筑价值评估和分类定级，涉及传统民居、独立式住宅、里弄建筑、教育建筑等11个小类。全市实施历史建筑整修25处，完工17处，完成市级目标考核任务。至年末，全市累计完成历史建筑修缮275处，占已公布历史建筑总数的81.8%。26处历史文化街区中，21处基本完成保护整治，进入后续养护和管理阶段；其余5处启动保护整治。

【《杭州市城市房屋使用安全管理条例》施行】 自2016年3月1日起，新修订的《杭州市城市房屋使用安全管理条例》(简称《条例》)正式施行。《条例》新增房屋使用安全责任、建筑幕墙安全维护管理、危险房屋治理和应急抢险三大项内容，安全管理涉及的范围更广泛、内容更全面、处罚力度更大。《条例》明确规定房屋使用安全责任人及具体责任，并规定其告知义务和相关单位、个人配合查询的义务。从保障住宅房屋整体结构安全的角度出发，进一步明确住宅房屋装修报批程序及具体要求。增加和细化应当委托房屋安全鉴定的法定情形。

【直管公房产权划转】 2016年3月9日，为规范国有房产管理，进一步理顺直管公房管理体制，市政府办公厅出台《关于进一步加强直管公房管理的意见》（简称《意见》）。《意见》提出自2016年4月1日起，将直管公房产权划转至房屋所在区政府，房屋所有权登记在各区住房和城市建设局名下。直管公房产权划转后，租金收入、房改售房收入和使用权转让收入由各区政府管理并使用。《意见》进一步扩大市区直管公有住房出售范围，允许出售的直管公有住房包括非成套木结构或砖木结构的直管公有住房、市政府和市住保房管局文件规定暂缓出售的延安路等10个路段内未实行"住改非"（国有或集体所有的土地上的住宅利用其沿街的地理位置优势，改变为商铺进行经营）的临街底层住宅、市政府办公厅转发的有关意见中规定暂缓出售的历史建筑和历史文化街区内确定保护的建筑物。

【高层次人才住房保障】 2016年4月25日，杭州市启动2016年高层次人才住房保障日常受理工作。全年市区通过人才认定进入住房核查的申请人才67人，经核查发放资格证的52人，其中发放购房补贴资格证16人，发放租赁补贴资格证36人。市区通过购房补贴年审30人、租赁补贴续审205件，发放购房补贴706万元、租赁补贴137.04万元，其中市本级发放购房补贴374.2万元、租赁补贴73.44万元。至年末，市区有61人领取购房补贴，118人领取租赁补贴，累计发放购房补贴1421.2万元、租赁补贴195.72万元。

【新增5项公租房便民服务举措】 2016年6月27日，市住保房管局推出5项公租房便民服务举措，提升对公租房家庭全方位、多层面的保障服务水平。实行申请预登记办法，申请家庭可在市住保房管网上进行预登记，按流程办理申请，受理单可在市住保房管局官网上直接打印。完善"杭州市公共租赁住房房屋租赁信息政府服务平台"，市场出租户可在该平台发布房屋出租信息，公租房货币补贴申请家庭除在市场自行租赁房源外，可通过市住保房管网及透明售房网登录"杭州市公共租赁住房房屋租赁信息政府服务平台"栏目发布求租信息及挑选房源，该平台对租赁双方均免费服务。对保障对象撤销原公租房实物配租申请、注销实物保障资格与提交货币补贴申请可在区住建局进行"一站式"办理，缩短住户办理申请手续时间。公租房货币补贴保障对象在家庭人口结构发生变化时，从经审核通过次月起调整公租房货币补贴金额，无须等保障资格届满后调整。

2016年5月7日，市住保房管局组织公租房选房　（市住保房管局 供稿）

【既有住宅房屋现场定位及信息采集】 2016年5月，市住保房管局在上城区、下城区、江干区、西湖区、西湖风景名胜区、杭州之江国家旅游度假区开展既有住宅房屋现场信息采集、地理定位及数据核查工作。此次信息采集涉及房屋1.8万幢，通过现场多点定位的方式获取房屋的地理信息数据，尔后对数据进行比对完善，并建立房屋空间坐标，将定位调查成果转入管理信息化系统，通过GIS系统（地理信息系统）直观显示房屋的状况图像、地理位置、分布信息等内容。该项工作于10月底完成并通过验收。信息采集、地理定位等工作为加强既有住宅房屋安全管理提供可靠的资料依据。　（陆云球）

【住房公积金管理】 2016年，杭州市住房公积金管理中心坚持服务发展、服务民生的宗旨，扎实推进住房公积金扩面工作。全年全市（不含省直单位）新开户缴存公积金单位11225户、新缴存公积金职工38.5万人，净增缴存公积金职工15.8万人，缴存职工比上年增长21.5%。全年缴存公积金271.7亿元，增长19.5%；支持职工购房、租赁提取公积金199.4亿元，增长22.6%。发放个人住房贷款3.1万笔，发放金额154.4亿元，发放金额增长20.3%。职工用公积金贷款购房（不含贴息贷款）337.3万平方米。实现增值收益6.8亿元，下降56.3%。年末，住房公积金建制职工217.4万人，其中实缴职工154.6万人；全市公积金缴存余额607.7亿元；个人住房贷款余额581.9亿元，贷款率95.8%，贷款逾期率0.019‰。

推进富阳区及其他县（市）与主城区公积金一体化管理。制定一体化管理工作方案，明确实施时间及任务。加快一体化信息系统建设，规范公积金一体化管理业务流程、资金统一运行管理办法及会计核算办法，开展相关业务操作培训。10月8日，杭州公积金一体化信息系统上线运行，实现全市范围内公积金跨区域通存、通兑、通贷。

推行信贷集中审批试点，通过优化业务流程，减少贷款受理、审核、审批等环节职工等候时间，提高贷款审批效率。开展同杭州银行的委托服务合作，将公积金缴存、提取服务延伸到杭州银行各个网点。杭州银行在主城区新增3个标准化缴存网点，市区其他网点及杭州公积金铁路分中心按统一标准编制服务清单，提高缴存提取标准化、规范化服务水平。建设行业公积金综合服务平台实现规范的业务管理、便捷的公共服务、有效的风险防控、严格的执法监管。全年住房公积金账户信息查询系统为556万人次职工提供查询服务。建立农民工平等参与住房公积金制度。市本级及8个公积金管理分中心全部实行存款竞争性存放，通过招标方式存放资金26.18亿元。开展公积金资产证券化试点，拓展市住房公积金管理中心融资渠道。3月，在上海证券交易所发行10亿元资产证券化产品，年化综合成本3.58%。 （韩　燕）

2016年11月23日，杭州蒋村西溪人家公租房项目获第七届中国房地产“中国广厦奖” （市住保房管局 供稿）

【房产档案管理】 2016年，杭州市除房产司法查解封业务从市房产档案馆移交至市不动产登记中心外，其他房产查档业务仍保留在市房产档案馆。全年市房产档案馆接收档案入库43.86万卷(件)，其中所有权类档案7.05万卷，抵押类档案9.5万卷，预告类档案3.8万卷，直管公房租赁档案16.9万卷，房改档案5.5万卷。对外接待档案查询13.1万人次、资料核查71.1万人次，出具查档记录47.9万份，打印电子影像12.8万页，出具查档记录数量比上年增长16.4%。受理政府信息公开申请308件，其中，196件通过公开受理窗口提交、66件通过网上申请、46件通过信函申请，分别占总数的63.6%、21.4%、14.9%。

【杭州15处街区入选省历史文化名镇名村街区名录】 2016年7月12日，省政府正式公布第五批省级历史文化名镇名村街区名单，上城区清河坊、小营巷、中山中路、湖边邨、思鑫坊、泗水坊、安家塘、五柳巷、中山南路—十五奎巷，拱墅区小河直街、拱宸桥，西湖风景名胜区北山街，江干区笕桥路，滨江区西兴老街、长河老街等15处历史文化街区入选。此次入选名单由省住房城乡建设厅组织专家，按照标准评选产生。

【蒋村西溪人家公租房获“中国广厦奖”】 2016年11月23日，第七届(2015~2016年度)中国房地产“广厦奖”颁奖大会在北京举行。杭州蒋村西溪人家公租房项目凭借智能化的管理模式、创新的保障形式、高品质的建设及绿色低碳的环保理念获第七届“中国广厦奖”。蒋村西溪人家公租房由市住保房管局开发建设，并通过住房城乡建设部A级住宅性能认定。项目位于西湖区蒋村单元，东至紫金港路绿化带，西至崇信路，北至余杭塘路，南临绿城西溪诚园。总建筑面积9.6万平方米，共7幢15层高层住宅，总房源1215套。该项目于2015年6月交付后，市住保房管局联合团市委，把蒋村西溪人家作为“杭州市公共租赁住房服务创业青年示范区”和“中国梦全国青年创业公租房示范小区”进行打造，为青年人提供“安居+创业”全方位服务。西溪人家公租房先后有杭州啊啦叮网络科技有限公司、杭州中医理疗调理工作室等6个团队入驻。

【物业专项维修资金和保修金归集管理】 2016年，市住保房管局优化便民服务，加强物业专项维修资金和保修金的日常归集和使用管理。全年办理物业专项维修资金缴交确认92件，归集维修资金6.47亿元；办理物业保修金缴交确认76件，归集保修金3.44亿元，两项资金实现应缴尽缴。完成1455个项目物业专项维修资金使用审批，拨付维修资金7036.48万元。市区有370个保障性住房和老旧普通住宅小区符合财政扶持条件，市区两级财政拨付物业服务扶持资金3068.3万元。

【白蚁防治】 2016年，杭州市白蚁防治所应用以监测控制技术为核心的综合防治技术，对房屋建筑的白蚁危害情况进行跟踪监测，并根据危害情况开展综合治理。全年受理新建房屋白蚁预防项目320个，总面积1619.5万平方米，辖区新建房屋白蚁预防覆盖率达100%。完成白蚁预防工程面积1221.1万平方米。白蚁灭治上门服务800多户，面积8万平方米。受理房屋装修白蚁预防项目181个，总面积26.5万平方米。完成历史建筑、危旧房白蚁灭治面积1.03万平方米。 （陆云球）

责任编辑　余显幕

交通运输综述

【交通建设投资165.96亿元】 2016年，公路水路交通建设完成投资165.96亿元，比上年（指2015年，下同）增长32.3%，重点推进56个重大项目建设。其中，杭州萧山机场公路、杭新景高速公路、杭州绕城东线下沙南互通等项目建成通车，富春江船闸扩建改造工程建成试运行；杭金衢高速公路杭州段、104国道、23省道等改建工程以及建德十里埠作业区等工程加快推进；杭州绕城高速公路西复线、京杭运河浙江段三级航道整治工程杭州段等重大项目开工建设；临金高速公路、千黄高速公路、杭宁高速公路改扩建、杭金衢至杭绍台高速公路联络线等项目前期工程取得重大进展。省交通集团全额投资绕城西复线和临金高速省高网段建设；争取建设部、省的资金支持，杭州绕城高速公路西复线和千黄高速公路增补资金61.5亿元；申请农村公路补充抵押贷款项目33个，获得资金58.99亿元。建设美丽乡村公路862千米、农村联网公路164千米，实施农村公路改造提升工程435千米、大中修工程504千米和安保工程312千米，建成330个港湾式停靠站。完成S210桐义线35千米示范路及85千米农村公路安全生命防护工程。205省道入选全省“十大最美公路”。

【G20杭州峰会交通保障】 2016年，杭州市交通部门开展保障任务大推进、行业形象大提升、先锋服务大比拼、文明礼仪大教育、行业宣传大联动、行业安全大排查等“六大专项行动”，完成入城口整治、交通基础设施和机场公路改建工程建设。围绕“一个平台、两项保障、三支队伍”，采取“官方配备+市场租赁”模式保障峰会交通需求，顺利完成车辆调集，驾驶员配备等任务，实现运输服务优质高效。加强公路、水路、客货运输、公共交通、交通工程安全管理以及反恐防范，确保峰会时期全市交通运输行业安全稳定、和谐有序。统筹铁路、民航、公路、水路、城市公共交通运输等服务主体，保障市民的出行需求。紧扣优化空气质量、水体环境、路域环境、场站环境等四大任务，及时启动峰会环境质量保障应急措施，严控车船排放和工地扬尘，强化公路运河保洁，做到水清路洁。

【《杭州市城市轨道交通运营管理办法》实施】 2016年1月1日，《杭州市城市轨道交通运营管理办法》（简称《管理办法》）正式实施。《管理办法》着重解决轨道交通运营期安全管理及运营秩序管理等问题，明确轨道交通安全保护区的监管主体，即由市交通运输局负责城市轨道交通运营期保护区的安全监督管理工作，市公路管理机构受市交通运输行政主管部门的委托具体负责城市轨道交通运营期保护区安全监督管理。针对轨道交通安全保护区的具体管理方面，完善安全保护区内的作业审批内容、程序以及涉及轨道交通安全设施管理和安全保护区内建设和管理要求。

【综合交通运输服务】 2016年，杭州市扎实推进全国综合运输服务示范城市创建工作，打造综合交通枢纽，交通有效供给能力和质量不断提高。全年公路客运量1.23亿人次，比上年下降22.1%；公路货运量2.52亿吨，增长5.9%。港口货物吞吐量7278.7万吨，下降22.3%；集装箱1.68万标准箱，下降11.5%。水路客运量583.7万人次，下降2.2%；水路货运量4672.8万吨，下降11%。杭州萧山国际机场年旅客吞吐量首次超过3000万人次，增长11.4%，航空口岸规模居全国第五。铁路全年发送旅客6053.67万人次，到达旅客6039.97万人次。全市邮政企业和全市规模以上快递服务企业业务收入（不包括邮政储蓄银行直接营业收入）215.17亿元，增长34.8%；业务总量累计完成357.68亿元，增长41.1%。全年4个节假日全市高速公路小客车免费通行车辆1415.8万车次，免收通行费超过3.6亿元，总流量1628.1万车次。新增ETC车道31个，ETC用户总数超过40万个，建成“一站式”服务网点185个。建成普通公路一般服务站和停车休息点42个。

【交通规划编制】 2016年，《杭州市“十三五”综合交通运输发展规划》送审稿和《杭州都市圈综合交通“十三五”规划》初稿完成，《杭州城西科创大走廊综合交通规划方案》获批，启动“杭州城市组团环线”(三环)前期研究并确定线位规划方案,完成杭州市公共交通模型体系(一期)建设并投入使用。

【城市交通治堵】2016年,市交通运输局全面实行公交、地铁服务质量考核。全年新辟和优化公交线路47条,公交线路运营里程增加347.96千米;新增公交车辆194辆,其中新能源车115辆;对10条大客流地面干线实施服务提升系统工程;完成公交接驳支线与地铁换乘支线9条;公交分担率39.8%,比上年提升1.5个百分点。完成公共交通从业人员培训,优化公共交通双语标志,地铁和主城区公交实行双语报站。巩固拓展斑马线前礼让行人活动,公交车和出租车斑马线前礼让率分别为100%和90%以上。全年实施12期小客车增量指标竞价摇号,产生增量指标8.41万个,审核发放其他指标2.86万个;指导调控服务中心和县(市)调控办完成3期县(市)指标摇号,配置指标6221个。

【交通物流业发展】2016年,市交通运输局推出客运联网联程服务,客运站场实现实名售票,县级客运经营许可权下放,市区简易客运站实现规范管理。扶持临江综合物流产业园、青山湖科技城国际物流中心和跨境电子商务空港物流园等重点物流项目发展,完成14个物流试点项目验收,促进物流运输“降本增效”。加快港口优化升级,加强江海联运,推进内河港口与宁波舟山港、乍浦港、上海港等沿海港口合作,推进杭州港“散改集”物流体系建设。创新驾培行业管理服务模式,推行“人脸识别”、“先培训后付费”培训考试制度等改革;开展“智慧维修年”活动,加强车辆维修电子档案和汽车租赁行业规范化建设。 (王 鹏)

【春运发送旅客2766.34万人次】2016年1月24日至3月3日春运期间,全市城际交通(公路、铁路、民航、水路)纳入统计口径的客运发送总量2766.34万人次。其中:公路运输完成旅客发送量1933.36万人次,比上年增长91.1%;铁路发送旅客612.15万人次,增长116.5%;民航完成旅客发送量339.89万人次,增长106.3%;水路杭州航区发送旅客44.05万人次,增长121.4%;市内公共交通旅客运输总量1.49亿人次,增长111.4%。地铁1号线、2号线、4号线成网运行,运输增幅较大,春运期间运送乘客2376.12万人次,增长127.4%,轨道交通成为市民及旅客春运期间市内出行的重要选择,公共交通在春运期间市内接驳运输中发挥重要作用。 (赵立中)

【交通行业安全生产】2016年,交通部门开展“道路运输平安年、安全生产月”、通航秩序整治、“三无”船舶整治、水上“打非治违”、公路桥梁隧道大排查、灌装煤气运输安全整治、道路危险货物运输企业安全生产整治等活动。排查全市5843座桥梁和206座隧道,完成19座普通国道省道病危桥梁和40座农村公路病危桥维修改造,对9座桥梁应急处置,实施省级事故多发点(段)整治4个。引入应急指挥车和无人机等先进设施,做好杭徽高速公路泥石流以及临安、建德、淳安等公路水毁塌方的应急抢险。开展公路、水路、客运站、地铁反恐演练等系列演练活动100多次。 (王 鹏)

【交通领域依法行政】2016年,《杭州市公路条例》立法项目公开征集意见,落实各项整改。上报2017年地方性法规建议项目2件,政府规章建议项目3件,分别为《杭州市客运出租汽车管理条例(修订)》《杭州市小客车总量管理条例》《杭州市船闸管理办法》《杭州市轨道交通管理办法》《杭州市交通枢纽管理办法》。推进“四张清单一张网”,加强网上政务服务。组织执法培训、执法评议考核督查,开展全市“两治一整”、全省“百日治超”行动、出租车服务质量提升“百日整治”行动等。建立联合执法、非现场执法长效管理机制。全年累计查处超限运输车辆3500辆,干线公路平均超限率下降4%以下,建成14个非现场执法点位,查处各类违章1463次。 (罗 燕)

2016年5月,留下入城口整治工程完工 (市交通运输局 供稿)

【交通职业教育与培训】2016年，杭州交通技师学院占地面积35.67公顷，建筑面积11.45万平方米，以汽车、机电和商务三大类专业群为特色，开设13个专业，在校生5113人（校本部3561人）。2016年录取新生1082人，成人高考（799名学生参加）上线率97%；752名实习生进入250多个用人单位实习，毕业生就业率和就业满意度分别为99%和98%，用人单位对学生满意度98%。在编职工264人，其中全国交通中等职业教育专业带头人2名，技工院校省级专业带头人9名，全国技术能手6名，全国交通技术能手8名，浙江省技术能手6名，德国机动车技术服务总监和加拿大高级电工师12名。高级职称教师比例占38.7%，"双师型"教师比例占98.2%。拥有校内实训基地66个，校外实训基地350多个。学院积极参加第44届世界技能大赛，获批汽车喷漆、汽车技术两个项目的中国集训基地，5名选手入围国家集训队（汽车技术2名，汽车喷漆2名，车身技术1名）；85名师生在各类市级以上技能比赛获奖，其中全国一等奖12项。杭州交通技师学院成为人力资源和社会保障部首批建设职业训练院，是浙江省唯一试点单位，荣获浙江省黄炎培职业教育奖——优秀学校奖。全年开展教练员继续教育培训等5类培训84期，共计1.48万人，各种学生技能鉴定2575人。学院获得2016年"高技能人才培训补助培训机构"资质。

杭州汽车高级技工学校新增数控铣工（预备技师）专业，形成汽车和机械两大专业类别。录取新生545人，高级工以上比例占招生总人数的66.6%，向社会输送毕业生445人；2016届360名毕业生持毕业证和技能等级证书"双证率"93.3%，就业率97.8%，抽样满意率92.2%。学校基础设施绿化景观工程竣工验收，北大桥改扩建工程建设全面完成。各项教育教学有序推进，技能人才培养质量提高。新能源汽车项目获得"北汽新能源杯"全国职业院校纯电动汽车服务技能大赛中职组一等奖第一名；汽车检测项目在全国交通运输教育系统院校师生技能竞赛汽车专业决赛中获两项全国一等奖。职业技能培训2万余人次，实现经营收入近240万元。技能等级培训鉴定人数800多人，高级工以上占74%。学校承接G20峰会出租车驾驶员培训和全市网约车驾驶员考试。驾驶培训中心划转归市交投集团，与全日制教学接轨，专职承担在校生驾驶培训考试课程的教学。（陈　莹　唐　毅）

2016年4月6日，杭州市出租车队行业组建G20服务先锋车队

（市交通运输局 供稿）

【杭州获全国"绿色交通城市"称号】2016年4月，杭州市被交通运输部授予首批"绿色交通城市"荣誉称号。自2013年开始，全市启动建设绿色交通低碳交通城市区域性试点，推进绿色交通与"美丽杭州"建设、城市"治气""治水""治堵"以及新能源汽车产业发展，至2015年末，试点项目完成率97.8%，重点支撑项目总完成率94.8%，考评得分为96.3分。试点项目产生年节能量1.35万吨标准煤，替代燃油量3.52万吨，年减少二氧化碳排放5.07万吨。杭州作为全国公共自行车行业龙头，协助全国153个城市应用公共自行车系统，并在全国率先编制完成《城市公共自行车管理服务规范 DB33T 898—2013》，上升为国家标准。"船舶免停靠报港信息系统"等被列入交通运输部节能减排示范项目，"内河船舶能耗动态统计检测系统"列入交通运输部首批绿色循环低碳示范项目，"杭州市低碳公共交通服务系统"等5个项目列入省级交通运输行业绿色循环低碳示范项目。

【绿色交通建设】2016年，推进大气污染整治、"美丽杭州"生态文明建设等工作，推进车船尾气治理、码头工地公路扬尘防治、维修行业挥发性有机物防治。全市新能源汽车推广应用近1万辆，除BRT车辆外，主城区节能和新能源公交车占比100%。抓好"五水共治"，加强船舶污染防治，实现运河杭州段保洁全覆盖。开展公路边"三化"、"三改一拆"、"两路两侧"等集中整治，拆除违法建筑，清理堆积物和各类非公路标牌。加强桥梁桥下空间改造为公益性设施场所。（王　鹏）

【交通科研效益显著】2016年，杭州市交通运输系统依托市交通运输学会开展科技项目推广应用，牵头编制《杭州市交通运输系统"十二五"科技成果汇编》，选取58个重点项目进行推广应用。其中，"中高水头枢纽船闸改扩建工程坝下施工围堰方案研究""泡沫沥青冷再生路面破损机理与防治对策研究""基于红外热成像的沥青混合料温度离析监测及质量控制技术研究""老船闸改造加固关键技术研究"等4个项目成果达到国际先进水平；"路用泡沫混凝土长期耐久性及结构合理性研究""基于BIM的运行枢纽船闸改扩建工程施工组织多维协同模拟及应用研究"

"考虑持续极端高温天气影响的沥青路面设计和养护技术研究"等3个项目成果达到国内领先水平;"交通运输行政执法风险防控体系研究""杭州航区通航环境容量与安全风险关键指标研究""在航船舶实际吃水检测技术研究""液化天然气(LNG)汽车维护技术规范"等4个项目通过验收。淳安县依托"农村公路隧道群隧道照明智能化节能技术研究"课题,全县71座隧道56座采用高科技先进的LED灯,照明能耗一年可节电750万千瓦/小时。（郑　亮）

公路运输

【公路运输概况】至2016年末,杭州市公路总里程1.63万千米;公路桥梁(不含匝道桥梁)5847座41.07万延米;公路隧道208座11.5万延米;公路密度分别为98.25千米/百平方千米和22.54千米/万人。按行政等级分:国道1117.83千米,省道636.21千米,县道3919.17千米,乡道2250.91千米,专用道53.25千米,村道8328.71千米。其中,国道省道干线公路1754.04千米,占公路总里程10.8%;农村公路1.46万千米,占公路总里程89.2%。按技术等级分:高速公路632.04千米(其中国家高速公路489.47千米),一级公路831.95千米,二级公路1614.68千米,三级公路1108.44千米,四级公路7265.64千米,准四级公路4165.79千米,等外公路687.54千米。等级公路1.56万千米,占公路总里程95.8%;二级及以上公路3078.66千米,占公路总里程18.9%;等外公路占公路总里程4.2%。其中,国道二级及以上的公路为95.4%;省道二级及以上的公路为91.5%。高速公路桥梁848座,占全市公路桥梁总数的14.5%;普通国道省道桥梁617座,占全市公路桥梁总数的10.6%;农村公路桥梁4382座,占全市公路桥梁总数的74.9%。高速公路隧道68座,占公路隧道总数的32.7%;普通国道省道隧道62座,占公路隧道总数的29.8%;农村公路隧道78座,占全市公路隧道总数的37.5%。

全市从事道路运输的经营单位(含个体联户)1.19万户,营运客货汽车7.06万辆(其中营运货车6.53万辆、52.51万吨,营运客车5312辆、20.61万座)。从事道路货运相关服务单位2000个。

从事道路旅客运输单位109个。其中,班线客运66户,包车(旅游)客运83户。开行客运线路1083条,其中:省际线路333条,日发班次641.8个;市际线路320条,日发班次2488个;县际线路134条,日发班次969.5个;县境内线路296条,日发班次8219.5万个。主城区(指上城区、下城区、江干区、拱墅区、西湖区、滨江区,下同)开行道路客运线路420条,其中省际线路235条,日发班次498.8个;市际线路144条,日发班次1836个;县际线路37条,日发班次405.5个;主城区内线路4条,日发班次369.5个。全年完成道路旅客运输量1.23亿人次,旅客周转量93.7亿人千米。分别比上年下降26%和13.1%。

公路货物运输的单位(含个体联户)1.18万户,拥有营运货车6.53万辆、52.52万吨,其中主城区2129户拥有营运货车4.40万辆、33.59万吨。全年完成货物运输量2.52亿吨、货物周转量321.8亿吨千米,分别增长5.9%和7.1%。全市有货运交易市场及较大型物流企业56个,年吞吐货物1.07亿吨。

等级客运站83个,其中一级站7个、二级站6个、三级站16个、四级站24个、五级站33个。农村港湾式停靠站3342个。

城市综合客运枢纽4个,公交调度指挥中心16个,从事公共汽电车经营户14户,运营车辆9534辆,额定载客量68.27万人次,运营线路916条,线路总长度1.7万千米,其中BRT总长度150.8千米,无轨电车总长度52.6千米,年完成客运量15.09亿人次。

从事客运出租汽车经营户1322户,经营车辆1.29万辆(其中企业户122户,经营车辆1.14万辆;个体户1200户,经营车辆1552辆)。主城区客运出租汽车经营户930户,经营车辆1.03万辆(其中企业户79户,经营车辆9309辆;个体851户,经营车辆995辆)。主城区出租车均装有市民卡刷卡系统。出租车服务区11个,占地面积4.2万平方米,停车位1795个。

轨道交通站53座,运营线路总长度81.5千米,运营车数78列、534辆,额定载客量12.78万人次。完成客运量2.69亿人次,旅客周转量25.13亿人千米。

机动车驾驶培训机构126个,从业人员1.02万人。其中,一级驾培机构8个,二级驾培机构17个,三级驾培机构101个,理科培训中心1个。道路客货运输驾驶员从业资格培训机构18个,其中6个具备危险货物运输驾驶员培训资格。全市有各类教练车7671辆,教练员8929人,全年培训驾驶员33.24万人。

各类机动车维修企业4941个,从业人员3.4万人。其中,一类机动车维修企业236个,二类机动车维修企业1085个,三类机动车维修业户2813个,摩托车维修业户807个,全年维修各类车辆668.04万辆次。杭州主城区有机动车维修企业924个,全年维修车辆298.61万辆次。全市有汽车综合性能检测站16个,全年检测车辆9.68万辆次。

全市已备案登记机动车配件经销业户4663个,其中分布在七大配件经销专业市场2600个,散户280个(含涉及配件经销维修企业558个),区县(市)1225个。

全市已备案登记汽车租赁企业947个,备案车辆4.07万辆。

（倪国定　陈　冰　陈勇斌　黄　洁）

【干线公路养护管理】2016年,交通部门完成普通国道省道干线公路养护大中修工程31个项目(含追加计划14个),计178.56千米,总投资2.5亿元(含追加投资1.2亿元),其中大修31.08千米、中修66.14千米、预防性养护81.35千米。根据建设"节能减排"试点城市的要求,大中修工程中实施泡沫沥青冷再生路段5.9千米,厂拌热再生路段23.9千米,水稳就地再生路段13.4千米。全年投入3000多万元,完成G320沪瑞线黄泥墩立交桥、G330温寿线河南里桥、S307中樟线常绿1号桥等14座普通国道省道病危桥及S307中樟线石板岭隧道、S210桐义线马岭隧道、S305富衢线渡济隧道等5座隧道照明改造。

【公路路政管理】2016年,深入开展公路边"三化"、"三改一拆"、"两路两侧"等整治,全市拆除违法建筑8000

平方米、彩钢棚320处，清理堆积物10.7万立方米、各类非公路标牌2800多块。其中，高速公路红线内1009块广告牌全部拆除，实现“无视觉污染、无违章建筑”。开展全省“百日治超”和全市“两治一整”行动，联合市交警部门从严治理128千米城市快速路和以绕城核心圈为重点的“双超”行为，加强区域联动，实施专项整治19次。全市查处违法超限运输车辆3415辆，干线公路平均超限率控制在3.5%以下。建成非现场执法点14个，全年非现场执法查处车辆264辆。创新桥下空间长效管理机制，新安装桥下视频监控46处。由建德市政府出资2000万元，将15座大型桥梁桥下空间改造为公益性设施场所，开辟桥下空间长效管控的新路径。（陈勇斌　黄　洁）

2016年5月3日，杭州萧山国际机场公路（高架主线）开通试运营

（市交通运输局 供稿）

【杭州萧山国际机场城市大道通车】杭州萧山国际机场公路作为“省门第一路”，是连接杭州主城区与杭州萧山国际机场的主干道，该机场公路改建工程全长19.55千米，全线设互通立交7处，其中杭甬互通至机场段已先期实施。改建工程路线长16.72千米，其中主线高架桥长14.6千米。于2014年4月15日开工建设，2016年4月19日交工验收，5月3日，杭州萧山国际机场公路（高架主线）开通试运营；机场城市大道即机场公路改建工程地面道路，起于滨江一路，终于经二十一线，全长13.47千米，按城市主干道标准建设。工程于2015年10月开工，2016年6月完成路基工程，8月完成路面工程，8月22日机场城市大道正式通车。（王　鹏）

【杭新景高速公路大二期建德段通车】2016年1月13日，杭新景高速公路大二期建德段通车，建德大同收费站开始收费。杭新景高速公路大二期建德段起于寿昌卜家蓬村，与已有杭新景高速公路相连，终于衢州市衢江区交界的李家镇三溪村，路线全长23.5千米，于2013年2月25日开工，投资15.46亿元，双向四车道，按一级公路标准建设，路基宽26米，设计时速为100千米。在八亩丘、大同各设一处互通，其中八亩丘互通为分道互通，大同互通与23省道建德段相连接。全线有大中小桥31座，隧道3座，长2100米。该项目是连接浙赣两省的一条重要通道，对完善浙江西部交通路网，增强浙赣两地经济交流合作，加快实施“中部崛起”战略与促进省际区域经济协调发展起重要意义。（王　鹏　丁姝婷）

【杭州绕城下沙互通至江东大桥高速公路段通车】2016年8月19日，杭州绕城下沙互通至江东大桥高速公路段通车，杭州绕城下沙互通至江东大桥高速公路工程起点位于杭州绕城下沙互通，终点为江东大桥东桥头，接江东大桥东接线，线路全长6.43千米。下沙东收费站和江东大桥收费站启动，同时撤销杭州绕城高速公路下沙收费站。该路段开通后，德胜快速路、下沙和海宁三个方向上下杭州绕城高速公路的车辆将改走下沙东收费站；大江东区域的车辆将通过杭州绕城下沙互通至江东大桥高速公路主线高架桥直接上下杭州绕城高速公路；其他方向车辆行驶路径不变。对出入杭州绕城高速公路的车辆实施收费，标准不变，对经过江东大桥出入下沙区和大江东区的车辆，暂不实行收费。（丁姝婷　王　鹏）

【钱江三桥非机动车上下桥坡道开通】2016年6月30日，钱江三桥非机动车上下桥坡道开通。钱江三桥非机动车“上下难”问题由来已久，这次改善工程包括桥梁检测、桥梁结构设施维护加固、景观提升（美化与亮化）及非机动车道上下桥改善工程四部分，总投资6600万元。其中，非机动车上下桥改善工程保留原有的三层人行楼梯，北岸利用桥下道路侧分带，南岸利用三桥绿化用地，在原楼梯外侧新建4条3米宽“之”字形非机动车坡道对接三桥桥面，坡度大大降低，坡道出入口为原楼梯外侧。（丁姝婷）

【长深高速（G25）浙江建德至金华段高速公路开工】2016年7月22日，长深高速（G25）浙江建德至金华段高速公路开工。临金高速公路是长春至深圳高速公路（G25）中浙江省境内未开工建设的最后一段，被国务院纳入《2014～2020长江经济带综合立体交通走廊规划》和国家“十三五”战略规划，被交通运输部列入“生态文明示范公路”创建计划。该项目路线起点位于杭新景高速公路杨村桥镇北侧，终点接杭金衢高速公路二仙桥东枢纽。全线长57千米，设互通4处，枢纽2处，服务区和停车区各一处，桥隧结构物占比60%。设计速度100千米/小时，采用双向四车道高速公路设计标准，投资95亿元，建设工期四

年。项目的建设将为浙中西南地区(杭州、金华、丽水、衢州)形成一条快速通道,促进桐庐、建德、兰溪等沿线区域的经济发展,提升区域交通服务。 (王 鹏)

【千黄高速公路淳安段配套工程开工】 2016年12月16日,溧阳至宁德国家高速公路浙江省淳安段(简称"千黄高速公路淳安段")配套工程正式开工。千黄高速公路淳安段项目获国家发改委批复并获得中央专项建设基金补助23.17亿元。该项目起点衔接拟建的溧阳至宁德国家高速公路安徽段,沿线主要经过威坪镇、宋村乡、金峰乡、汪宅、左口乡、青溪新城等6个村镇,终点接杭新景高速公路千岛湖支线,是G4012溧阳至宁德高速公路的组成部分,采用双向四车道高速公路标准建设,全线设收费站6处、停车区1处,全长51.47千米,总投资96.13亿元。建成后千黄高速公路淳安段形成"杭州西湖—千岛湖—黄山"三个AAAAA级国家风景名胜区旅游环线,对落实长江经济带发展战略、促进淳安沿线产业区块形成和经济社会发展等具有重要意义。

(王 鹏 丁姝婷)

【杭州至富阳城际铁路工程开工】 2016年2月19日,杭州至富阳城际铁路工程正式开工。工程总长23.15千米,高架线12.55千米,地下线9.18千米;全线设11座车站,起于中国美院象山站,途经320国道、新320国道、金桥北路,终于富阳区富春街道桂花路站。其中,地下站6座,高架站5座,设车辆段1座(宋家塘车辆段),主变电站1座。中国美院象山站与地铁6号线换乘,方便富阳市民到杭州中心城区。此次开工的是杭州至富阳城际铁路试验段工程,位于科创园站至受降站之间,全长1.01千米,以高架方式沿320国道设置。 (王 鹏)

【ETC货车专用车道开建】 2016年8月,浙江省首条ETC货车专用车道在沪杭甬高速公路杭州段余杭收费所开工改建。货车ETC车道的建设,标志着ETC进入一个新的阶段。已有的货车非现金支付转变成ETC方式,让货车司机享受到ETC带来的安全和便捷。对ETC货车专用车道开展车道软硬件调试、流程检验、数据采集等一系列货车不停车收费方式的验证,提高货车通行效率和收费车道的利用率。 (黄 洁)

【杭州火车站广场改造完成投入使用】 杭州火车站是杭州铁路枢纽的主客站之一,也是重要综合交通枢纽和入城口。2016年,作为杭州市城市门户综合整治十大门户重点项目,项目整治面积26万平方米,投资2960万元。整治期间,杭州交通部门认真履行牵头职能,会同市、区有关部门及建设单位,自2015年5月启动,同年7月完成设计、招标、施工等一系列工作。1月20日,完成杭州站广场地下出站大厅、出租车通道、出租车上客区及南北车库等环境改造提升,并正式投入使用。项目建成后,提升杭州城市的门户形象。 (王 鹏)

2016年10月9日,杭州市举行网约车管理政策新闻发布会,通过媒体向社会公开征求意见 (市交通运输局 供稿)

【"四好农村路"建设】 2016年,交通公路部门完善"四好农村路"的建设、养护管理制度,各区县(市)积极探索现代农村公路创新、建设、管理、养护模式,投入资金22.54亿元,建设美丽乡村公路862千米、农村联网公路164千米,实施农村公路改造提升435千米、大中修517千米、安保工程312千米。 (陈勇斌 黄 洁)

【杭州市成为汽车电子健康档案系统建设试点】 2016年3月8日,杭州市被交通运输部确定为全国汽车电子健康档案系统建设唯一的市级试点城市。交通部门积极开展汽车电子健康档案系统建设,全年完成汽车电子健康档案系统联网企业142个,采集到维修企业上传车辆数信息27万余条,作业量信息48万余条,实现市本级一类维修企业全覆盖,并逐步扩大至二类维修企业试点应用。建立运营车辆综合性能检测机构的动态监管体系,每条检测线安装5个工位摄像头,实现全时段无死角动态监管。 (陈 冰)

【网约车新政实施】 2016年11月1日,《杭州市网络预约出租汽车和私人小客车合乘管理实施细则(试行)》(以下简称《实施细则》)与国家政策同步实施,成为全国第一个正式出台网约车落地政策的省会城市。此前的10月9日,市交通运输局会同市经信委、市法制办、市物价局等部门召开杭州市网约车管理政策座谈会,并通过媒体向社会公开征求意见,过渡期四个月,试行期一年。《实施细则》对网约车数量、运价、车辆标准、人员条件、私人小客车合乘规则等方面做出具体规定。网约车经营、车辆、驾驶员许可实现网上办理,自主开发网约车服务管理系统,开展网约车驾驶员从业资格考试。

【出租车行业改革】2016年，杭州市完成巡游(传统)出租车改革，实行经营权无偿使用，清退有偿使用金；理清出租车产权关系，完成3779辆出租车确权；出台存量出租车交易规则，建立公开交易平台；12个市属国有出租车企业整合为2个出租车集团，出租车承包金下降20%。1月1日，根据市政府《关于深化出租汽车行业改革的指导意见》，萧山区、余杭区、富阳区及杭州经济技术开发区等区域性出租车与主城区经营区域上实行全部打通同城同价；管理上实行同城同待遇的"六统一"管理，即统一运力投放方式、统一营运运价标准、统一财政补助政策、统一车型技术标准、统一行业管理模式、统一服务考核要求；运价上按照公平竞争和同质同价原则执行统一的标准，即按2011年制定的杭州市区出租汽车运价标准执行。实行同城同价后，通过发挥价格杠杆作用，进一步优化出租汽车运力的空间配置，改革后萧山区、余杭区、富阳区及杭州经济技术开发区等区域内出租汽车供给保持总体平稳。

【货运实名制实施】2016年7月1日，杭州市全面实施货运受理环节实名制查验制度。经前期宣传推广、调查摸底和督促检查，全市7个货运站场、184个零担运输企业或货运代理经营企业、2468个受理网点全部纳入管理。交通部门督促相关企业按要求做好货物托运人身份查验及实名登记、托运物品查验、登记相关操作要求及岗位职责；明确货物受理安全检查制度，对托运货物进行抽检抽查，发现托运的货物信息与实际情况不一致或存在可疑物品要开封验视，对发现违禁物品要及时报告所在地公安机关。8月，全市开展货运实名制专项整治行动，交通部门联合公安、工商、城管、交警等部门，对市场内40个经营户经营许可和货运实名制落实情况进行检查，现场发放告知书、宣传单、实名制制度、岗位职责、承托运义务、实名制台账等资料300多份。

【公共交通客运量和公交分担率提升】2016年，杭州市交通部门结合城市交通拥堵治理工作，推进公交优先发展战略实施，公共交通客运量和公交分担率不断提升。至年末，主城区(指上城区、下城区、江干区、拱墅区、西湖区、滨江区，下同)公共交通日均客运量为414.4万人，公交分担率(全方式不含步行)39.8%，提升1.5个百分点；机动化公交分担率53%，公共交通满意度87.5%，提升10个百分点。

公共汽车电车基本形成由快线、干线、支线、特色线构成层次分明、功能清晰的地面公交网络。市区(不含萧山区、余杭区、富阳区)公共汽电车保有量8197辆，主城区4974辆；主城区除BRT外(18米客车尚无新能源车)，节能、新能源车达到100%。营运线路667条(主城区360条)，线路总长1.1万千米，形成6条主线、11条支线、9条接驳专线构成的快速公交(BRT)网络。公交专用道总长289千米，占主城区6车道以上道路里程70%以上。

【"支付宝"扫码乘坐公交车】2016年8月，杭州市公共交通集团有限公司与浙江政务服务网、浙江支付宝网络科技有限公司等单位在全国率先使用"支付宝"扫码乘坐公交车系统的开发和设备研制。该系统在506路的20辆公交车上试点使用，通过智能手机上"支付宝"靠近公交扫码器刷码完成支付。该做法推进移动支付、大数据云平台等互联网技术在公交领域的应用。(王　鹏)

【火车东站枢纽长运公路汽车站启用】2016年1月24日，火车东站枢纽内长运公路汽车站正式营业。该站占地1.7万平方米，候车面积2000平方米，日均发送100多个班次，开通短途换乘为主的桐庐、新安江、临安、慈溪等17条班线，周边辐射区域为200千米以内的都市圈。该站实现网上售票、五大汽车站联网售票和车站自助售票等功能，与枢纽内铁路、民航无缝对接，对地铁、公交、出租车等多种综合交通方式实现"零换乘"；市区内各大汽车站之间开通专门的站际接送车。(康　琦　丁姝婷)

【驾驶培训维修行业节能减排】2016年，驾驶培训维修行业节能减排稳步推进。推广应用驾驶培训场地电动训练仪，新增电动训练仪32台，全市安装电动训练仪158台；实施模拟驾驶培训，新增模拟器129台，全市安装模拟器达969台。维修行业"废机油"定点回收推进，杭州地区维修企业废机油统一定点回收5万桶，合计9414.8吨，比上年增长35.7%，一、二类维修企业与有资质的回收单位合同签订率100%；维修行业水性漆推广使用，主城区有30多个企业使用水性漆进行维修作业，环保效果明显。推进汽车租赁行业新能源车的应用，确定6个汽车租赁企业作为实施主体，完成主城区4500辆的推广应用。(陈　冰)

水路运输

【水路运输概况】至2016年末，杭州市水路运输企业55个，其中货运企业28个，客运企业27个。全航区有营运船舶3077艘(109.7万载重吨、3.1万客位)；运力规模109.7万载重吨，比上年增长9.2%。全年货运量4672.8万吨，下降11%；完成货物周转量157.9亿吨千米，下降2.9%。

杭州港完成货物吞吐量7278.7万吨、集装箱1.68万标准箱，分别下降22.3%、11.5%。三堡船闸过闸量4873.4万吨，下降10.2%。

全市内河航道里程2005.98千米，其中四级到七级航道1158.52千米，准七级航道847.46千米。全年完成航道养护资金5150万元，疏浚航道43.6万立方米、补植绿化16.6万平方米，建成管理码头2座，完成10个专项养护项目。全年完成4121艘船舶、93.4万总吨检验。启动内河船型标准化补贴工作，完成拆解淘汰老旧小吨位船舶549艘，发放补贴5372.6万元。内河船舶平均吨位从265吨达到359吨，提升35.5%。

航区发生一般等级以上事故3起，死亡2人、受伤1人，直接经济损失3万元。全年实施行政处罚5305件，其中非现场执法2671件，占总数的50%。

全年完成科技与信息化项目投资3890万元。智慧交通保障项目(港航部分)竣工，京杭运河长三角船联网改扩建项目交工，浙江省水路安全畅通与应急处置系统改扩建工程完成专项验收。新增及改造监控点49处，建成2套全景追踪定位系统、9个航道截面管理信息系统。

【水上交通安全监管】2016年，杭州市交通港航管理部门开展“打非治违”、AIS整治、内河船舶违规参与海上运输、水上非法运输、“僵尸船”清理等专项整治活动，检查船舶3.19万艘次、码头企业2201个次，查处违法行为4121起，清理钱塘江船舶150多艘、拆解“僵尸船”29艘。修订《杭州市内河水上交通事故应急预案》及操作手册，添置120万元应急物资，组建12支应急处置快速反应机动队，开展应急演练13次。全年累计接处遇险报警205次，成功实施搜救行动66次、抢救遇险船舶78艘次、遇险人员147人次。开展干线航道通航秩序整治，检查船舶2.42万艘次、码头48个次，发现并督促整改各类隐患1147处。借助第三方专业机构开展重点港口企业安全隐患排查，督促38个港口企业整改安全隐患463项。修订完善《杭州市港口危险货物事故应急预案》，有针对性地提升港口突发事件的预防和应对能力。全年骨干航道年通航保证率98%以上，骨干航道护岸、绿化、标志标牌完好率95%以上，航标维护正常率99%以上；新增桥梁信息牌66个、海事引导告示牌及桥梁净高标志30个。骨干航道每月全线巡查不少于2次，巡查里程7409千米；其他等级以上航道每年全线巡查不少于2次，巡查里程2.85万千米。

【水运基础设施建设】2016年，杭州市完成水运基础设施在建项目投资5.34亿元(港口工程完成投资3.05亿元，航道与养护工程完成投资2.29亿元)。其中，富春江船闸扩建改造工程建成并投入试运行；全市历史上规模最大的水运项目——京杭运河浙江段三级航道整治工程杭州段于12月30日开工建设；建德十里埠、萧山义桥综合作业区开工建设，完成投资2.02亿元。钱塘江漂浮物滨江区转运站、西湖区转运站、鸦雀漾锚泊服务区三期等项目交工，浦阳江锚泊区完工，完成王獐线航道养护(一期)、京杭运河和杭申线锚泊区疏浚、青山湖旅游航线疏浚、京杭运河市区段应急停泊锚地等10个专项养护项目。建德姚坞游客接待中心、杭州水陆集散中心两个旅游码头建成，桐庐南方水泥有限公司富春江码头、崇贤益海嘉里码头等企业自备码头项目顺利推进。

【“五水共治”工作有效推进】2016年，市交通局港航管理部门深入推进“五水共治”工作，全年接收船舶生活垃圾320多吨，回收船舶油污水2500多吨。启动船舶生活污水治理工程，推进富阳、桐庐、建德等地接收点建设试点。推广航道标准化养护，实施骨干航道清淤疏浚21.8万立方米。推进运河主城区段水面保洁全覆盖，出动保洁船1255艘次、保洁人员3643人次，打捞水面漂浮物1147吨。强化余杭塘河水环境督查，以鸦雀漾锚泊服务区为试点，推进内河港口锚泊区岸电改造及推广应用研究。千岛湖码头岸电改造、内河船舶能耗统计监测系统等绿色低碳交通区域性试点项目获得交通部补助资金391万元。（万隽媛）

【富春江船闸(改扩建工程)试运行】2016年12月1日，钱塘江中上游航运枢纽富春江船闸(改扩建工程)试运行。该工程于2011年12月22日开工，在老船闸下游新建一个500吨级船闸，兼顾未来1000吨级船舶的通航要求，历时4年完工。项目的建成为全国1300多座碍航闸坝复航提供示范。通航后，船闸每年吞吐量2500万吨，打通钱塘江中上游航运水运瓶颈，成为撬动杭州西部乃至整个浙西地区经济发展新杠杆。

（王　鹏　丁姝婷）

【三堡船闸平稳交接】根据市政府决定，市交投集团与市交通局、市港航局签订《三堡船闸资产交接书》，三堡船闸正式划归市交投集团。2016年1月1日零时，三堡船闸由市交投集团全面负责闸费征收、运行维护等工作，同步实行经营服务性过闸收费标准。至年末，三堡船闸安全运行2.53万闸次，运量4873万吨，征费9811万元。通过各类船舶合计8.57万艘，其中石料28.9%、黄沙27.2%、煤炭17%。

【建德港区十里埠综合作业区工程开工】2016年11月22日，杭州港建德港区十里埠综合作业区在杨村桥镇十里埠村开工。建德港区是杭州港九大港区之一，十里埠综合作业区是建德港区规模最大的作业区，该作业区位于建德市杨村桥镇和梅城镇交界处，新安江北岸，杨梅公路南侧，十里埠以东，规划建设中五马洲大桥以西。占地16.5公顷，岸线长803米，新建13个500吨级泊位(水工结构按靠泊1000吨级船舶设计)。码头设计年吞吐量500万吨，总投资4.73亿元，建

2016年12月1日，富春江船闸试运行　　（市交投集团 供稿）

2016年12月30日，京杭运河浙江段三级航道整治工程开工仪式举行

（市交投集团 供稿）

设工期24个月，计划2018年底建成投入使用。综合作业区的建设将填补建德市无公用综合性作业区的空白，对实现浙江“港航强省”战略目标具有重要推动作用。（丁姝婷）

【京杭运河二通道工程开工】 2016年12月30日，为实现运河文化遗产的永续保护与利用，京杭运河浙江段三级航道整治工程（简称运河二通道工程）开工。该工程主要由“四改三”（原有的四级航道改造成三级航道）段和二通道新开挖段两部分组成。工程全长62千米，总投资167.2亿元，其中“四改三”段全长33.5千米，一段起自塘栖镇北侧邵家村，沿京杭运河往南，经绕城高速公路，终于上塘高架北侧谢村作业区；一段起自塘栖，沿杭申线往东，经五杭终于博陆；二通道新开挖段起自博陆，穿320国道、沪杭铁路、沪杭高速公路，终于八堡，全长26.4千米。计划新建1000吨级双线船闸1座；改建桥梁17座、新建31座；新建服务区6处并实施相应的水利设施和出口海塘加固等工程。

（王 鹏 丁姝婷）

铁路运输

【铁路运输概况】 2016年，杭州市境内营运铁路共有4条高铁、4条干线和1条支线。正线延长共计404.4千米，其中杭州市境内（属杭州工务段管辖）沪杭高铁17.0千米，杭甬高铁5.6千米，宁杭高铁9.3千米，杭长高铁25.0千米；4条干线沪杭线49.9千米，浙赣线132千米，宣杭线93.2千米，萧甬线33.2千米；金千支线39.2千米。沪杭、杭甬、宁杭三条高铁均为全封闭电气化铁路。沪杭、浙赣、宣杭、萧甬4条干线均铺设60千克无缝钢轨，除宣杭线外，其余设施为电力网线、信号自动闭塞双线铁路。车站内通过计算机联网控制。沪杭、浙赣、宣杭线均为全立交。金千支线为铺设50千克普通钢轨、信号半自动闭塞的单线铁路，站内信号为继电集中控制。

杭州市境内铁路原有车站26个，随着新安江南货场开通运营和更楼站撤销，车站仍为26个，分别由杭州直属站、乔司直属站、嘉兴车务段、金华车务段和宁波车务段等分管。杭州站、杭州东站属一等客运站，均由杭州直属站管理。乔司直属站分管艮山门、南星桥、杭州北、临平、笕桥、行宫塘、沈家塘、星桥、仓前等9个车站。其中，乔司站为综合自动化编组站，二级四场配置，承担杭州地区货物列车编解作业任务，为一等编组站。艮山门站原是杭州地区主要货物承运站，8月停止办理货运业务。杭州主城区的铁路货运集散功能将形成杭州北、萧山两大物流基地隔江相望的格局。南星桥站承担零担货物和部分集装箱运输，并负责杭州客车底的整备工作。排塘、寿昌、新安江、新安江南、朱家埠、千岛湖等车站由金华车务段管理。余杭、石濑车站由嘉兴车务段管理。夏家桥站由宁波车务段管理。除上述主要车站外，涉及铁路运营的单位还有：杭州客运段，负责旅客列车乘务；杭州机务段，负责辖内机车乘务、整备和检修；杭州北车辆段，负责货车的整备和检修；杭州工务段，负责线路、桥梁、隧道的维修养护；杭州电务段，负责铁路信号的维修和养护；杭州供电段，负责铁路电网的调配和维修。

杭州地区全年发送旅客6053.67万人，到达旅客6039.97万人；发送货物323.75万吨，到达货物448.92万吨。运输收入76.24亿元。

【杭黄高铁天目山隧道全线贯通】 杭黄高铁总长287.3千米，设计时速250千米，全线共设杭州东、杭州南、富阳、桐庐、建德东、淳安、三阳、黄山北10个站点。由于地形起伏较大，全线桥梁、隧道占比高达87.6%。杭黄高铁先行段于2014年6月30日开工建设，当年9月30日全线开工。杭州至黄山铁路关键控制性工程之一屏门隧道2016年3月安全贯通。屏门隧道位于浙江省淳安县北部的屏门乡，地处天目山山脉深山峡谷，紧邻国家AAAAA级旅游景区千岛湖，全长1389米。12月8日，杭黄铁路控制性工程——全长12.01千米的天目山隧道全线贯通。天目山隧道穿越大量的不良地质带、富水破碎带、极高地应力段等区域，被列为I级高风险隧道。杭黄高铁完成接触网承导架设729千米，新建牵引变电所3个，10千伏配电所4个；安装联锁道岔152组，通信信号专业各种光电缆敷设1316千米。

【金建铁路开工】 2016年12月15日，金（华）建（德）铁路接入杭黄铁路的关键控制性工程外源特大桥率先开工建设，拉开金建铁路建设帷幕。根据建设规划，该铁路计划于2017年全线动工建设，预计2020年建成通车。金建铁路全长65千米，设计时速250千米，是国家快速铁路网中黄山至金华铁路通道的组成部分，同时也是集

众多风景名胜为一体的黄金旅游线路的重要组成部分。金建铁路从金华站引出,途经金华市婺城区、兰溪市,在建德东站接入杭黄铁路,设金华南、兰溪东、大洋、建德东4个车站。金建铁路串起4条高铁,北经杭黄铁路可连接合福高铁,南经沪昆高铁可连接金温铁路。

【杭绍台铁路获国家发改委核准】2016年11月30日,杭绍台铁路建造获得国家发改委审定核准。杭绍台铁路全长269千米,新建正线224千米,总投资449亿元,设计时速350千米;计划2021年底完工,总工期为4年。该铁路北起杭州火车东站,途经杭甬高铁至绍兴北站,再经绍兴市越城、上虞、嵊州、新昌及台州市天台、临海、椒江、路桥,最终抵达新建杭绍台温岭站。杭绍台铁路是浙江省内沟通杭州都市圈与温台沿海城市群的一条快捷通道,是“长三角”城镇化地区综合交通网和城际快速骨干交通网的重要组成部分。

【杭州火车东站新售票处启用】2016年8月27日,杭州火车东站站台层东面换乘大厅新增一层铁路售票处(东)投入使用,售票处占地1500平方米,共设25个人工窗口和28台自助售(取)票机,综合办理售票、取票、退票、改签、重点旅客服务、公安制证等售票业务。在售票大厅正方设有大型LED电子引导屏,用于显示售票票额、自助售票机购票须知及相关公告。售票处投入使用后,杭州火车东站对已有的售票处功能布局进行调整。

【移动支付在“长三角”高铁车站普及】2016年9月,上海铁路局在上海虹桥及杭州东、南京南、合肥南三大省会高铁车站实现移动支付全覆盖。随着“长三角”地区高铁网络进一步完善,上海铁路局管内有14条高铁线路、100多座高铁车站,日均到达、发送旅客近300万人次,其中三分之二为高铁旅客。上海铁路局主动适应移动互联网时代消费新特点,与中国银联、中国建设银行、阿里巴巴集团和深圳市腾讯计算机系统有限公司等密切合作,建成高铁站车商业移动支付集成运营平台,全面提升旅客“吃、住、行、游、购”各环节的服务品质。移动支付平台已覆盖图定开行的620多对动车组列车,旅客可通过刷手机付费的方式购物消费。

【站外自助售取票机落户杭城】2016年9月,上海铁路局在上海、杭州、无锡、常州、徐州、合肥六城市投入39台站外自助售取票机。该机均设在市民生活区及人流量较大区域,如商场、银行、宾馆、社区街道等处。旅客可以在站外自助售取票机上查询、购票,也可以拿着身份证在设备上取此前在网上购买的车票。操作十分便捷,旅客只需要根据屏幕上提示按步骤逐步操作就可购票、取票。

【浙江省公铁物流联盟在杭成立】2016年5月6日,杭州货运中心与浙江省综合交通物流协会共同发起的“长三角”地区首个公铁联盟——浙江省公铁物流联盟在杭州成立。该联盟属于公益性和开放式,非官方、非法人的协同创新组织,以“平等、合作、互助、互惠”为原则,由杭州、金华货运中心,金温铁路公司与社会物流企业共同组成,通过整合资源,按照市场规则结成公铁物流网络,旨在实现公铁联运无缝衔接,促进铁路与社会物流企业携手创新发展、特色发展和联动发展。

【新安江南货场开通运营】2016年4

2016年杭州市铁路客、货运量

表16

单位	站名	旅客		货物		运输收入(万)元
		发送(万人次)	到达(万人次)	发送(万吨)	到达(万吨)	
杭州直属站	杭　州	1 034.60	1 005.50	—	—	160 004.70
	杭州东	4 931.10	4 953.50	—	—	520 842.60
	盈　宁	—	—	—	—	—
	钱塘江	—	—	—	—	—
	杭州南	—	—	—	—	—
	萧山西	—	—	—	2.00	25.00
	萧　山	—	—	40.00	49.00	12 694.00
乔司直属站	乔　司	—	—	—	—	—
	艮山门	—	—	12.00	19.00	7 398.00
	南星桥	—	—	7.00	21.00	2 659.00
	杭州北	—	—	77.00	260.00	21 621.00
	临　平	—	—	13.00	36.00	7 130.00
	笕　桥	—	—	1.00	5.00	305.00
	行宫塘	—	—	—	—	—
	沈家塘	—	—	—	—	—
	星　桥	—	—	—	—	—
	仓　前	—	—	—	34.00	17.00
嘉兴车务段	石　濑	—	—	—	1.00	19.00
	余　杭	87.97	80.97	—	—	7 944.51
金华车务段	排　塘	—	—	—	—	—
	寿　昌	—	—	—	—	—
	新安江南	—	—	55.35	18.50	6 093.70
	新安江	—	—	—	—	—
	朱家埠	—	—	48.72	3.21	7 538.30
	千岛湖	—	—	69.68	0.21	8 130.60
宁波车务段	夏家桥	—	—	—	—	—
合　计		6 053.67	6 039.97	323.75	448.92	762 422.41

说明:各站货物发送、到达量和运输收入数据均由杭州、金华货运中心提供

月8日，农夫山泉班列和红狮集团熟料班列从新安江南货场启程，标志着金（华）千（岛湖）线上设备最先进、功能最完善、规模最大的货场——新安江南货场正式开通运营。位于浙江省建德市千岛湖景区的新安江南货场，毗邻全国最大饮品生产龙头企业——农夫山泉股份有限公司和中国民营企业“500强”——红狮控股集团等知名企业。货场占地面积23.33公顷，于2013年5月开工建设，2016年3月竣工，总投资4.27亿元，设计运输能力为300万吨/年。货场内设到发线5股、货物线3股、专用线2股，可承运成件怕湿货物、集装箱、笨重货物、散堆装货物、危化品等货物，能同时办理批量零散货物快运、整车、集装箱等到发业务。随着新安江南货场开通运营，金千线原更楼、寿昌、新安江3个货运站随之撤销，浙西通往全国铁路物流大通道又一次实现优化整合和扩容扩能。新安江南货场仓库和地面首次同步采用无尘化处理，屋顶首次采用光伏太阳能发电绿色环保供电，“前店”与“后厂”生产调度首次采取集中统一指挥，货场生活后勤保障首次实现“一体化”管理。

【艮山门站停办货运业务】 艮山门站始建于1906年，是浙江第一条铁路——江墅铁路中间站。1909年，江墅铁路和杭嘉铁路（杭州至上海枫泾）联通，杭州纳入全国铁路版图，艮山门站成为沪杭铁路一部分。抗战时期，日军侵占杭州，在艮山门站旁修建一座碉堡。如今这座碉堡还在，成为当年日寇侵华的一个铁证。地处主城区艮山门站虽没有候车室，也没有旅客上下，但它是关系百姓生活的重要纽带，杭州市所需的大部分煤炭、水果、粮食、蔬菜都是从全国各地先运到这里。新中国成立后，艮山门站附近规划杭州市最初的一批新工业区，杭州锅炉厂、杭州制氧气厂等工厂都依托这个货运站而发展。2016年8月1日22时，48718次列车缓缓驶出艮山门站，这个110岁的老站正式停止办理货运业务。这里计划改造成动车组列车检修基地，为杭州枢纽开行更多高铁动车组提供保障。 （叶建明 姚乃峰）

2012~2016年杭州萧山国际机场通航主要生产指标

表17

年份	旅客吞吐量（万人次）	增幅（%）	货邮吞吐量（万吨）	增幅（%）	航班量（万架次）	增幅（%）
2012	1 911.5	9.2	33.84	10.5	16.63	11.3
2013	2 211.4	15.7	36.81	8.8	19.06	14.6
2014	2 552.6	15.4	39.86	8.3	21.33	11.9
2015	2 835.4	11.1	42.49	6.6	23.21	8.8
2016	3 159.5	11.4	48.80	14.8	25.10	8.2

2016年杭州萧山国际机场直达通航流量前十位城市

表18

位次	城市	客流量（万人次）	出港平均客座率（%）
1	北京	247.3	80.8
2	广州	232.1	85.6
3	深圳	144.5	80.8
4	成都	116.9	83.2
5	重庆	90.3	80.7
6	香港	85.9	77.7
7	西安	84.1	87.3
8	昆明	82.2	87.0
9	贵阳	56.9	86.9
10	郑州	51.8	84.3

说明：以上数据不含经停航线

民用航空运输

【民用航空运输概况】 杭州萧山国际机场位于浙江省杭州市东部，距市中心27千米，是国务院确定的国内区域性枢纽机场、国家一类航空口岸和浙江省的门户机场，2000年12月28日建成通航，2006年12月与香港机场管理局合资合作。机场发展成为国内第十大客运机场、第六大货运机场和前五大航空口岸，2009年起跻身全球机场百强。

至2016年末，机场用地总面积10平方千米，拥有3座航站楼，总面积近37万平方米，建有2条跑道（分别为3600米长、45米宽和3400米长、60米宽）和等长的滑行道，停机坪面积约200万平方米、机位175个，飞行区等级为4F级，可以保障世界上最大的民航客机A380全重起降。机场设施能够满足年旅客吞吐量3300万人次、货邮吞吐量80.5万吨、航班起降量26万架次的保障需求。

2016年，杭州萧山国际机场有限公司以G20杭州峰会保障为圆心，统筹推进各项工作，打赢峰会保障攻坚战。全年旅客吞吐量3159.5万人次，货邮吞吐量48.8万吨，保障航班起降25.1万架次，比上年分别增长11.4%、14.8%和8.2%。运输生产实现“四个首次”：旅客吞吐量首次超过3000万人次，跻身世界繁忙机场行列；出入境旅客量首次超越400万人次（418万人次），稳居全国前五大航空口岸；货邮吞吐量排名首次升至全国第6位；首次开辟美洲直达航线。

全年机场航班放行正常率73.8%，提高13个百分点。正常率超过华东地区机场平均水平。机场责任原因不安全事件万架次率为0.12，年度安全指标在可控范围，实现第16个安全年。机场ASQ全年平均得分4.80分，提高1.5%，获2016年全球旅客吞吐量2500万~4000万量级最佳机场第三名。对社会公布的31项服务承诺100%兑现，航空公司满意度得分4.66分，提高3.8%，通过民航局2016年度机场服务质量评价考核。

【G20杭州峰会航空运输保障服务】 2016年8月23日至9月7日，杭州萧

2016年7月15日，杭州萧山国际机场为客运航线“杭州—美国旧金山”首次航班举行水门礼送行 （谭申捷 摄）

山国际机场顺利保障G20杭州峰会、B20峰会及其他相关会议的航班628架次，保障涉会人员1345批次、1.31万人次。特别是9月5日，在63分钟内保障8架次专机，其中21:03分至21:33分保障5架次，专机数量和单位效率刷新中国民航重大运输任务保障新纪录。机场集团荣获浙江省G20杭州峰会工作先进集体荣誉称号，机场公司被民航局评为G20杭州峰会民航运输安全保障工作先进集体。

【杭州萧山国际机场有限公司“十三五”发展规划发布】 2016年8月24日，经机场合资公司董事会批准，杭州萧山国际机场有限公司“十三五”发展规划正式发布。该规划回顾总结“十二五”期间杭州机场各方面所取得发展成果，全面分析“十三五”期间机场发展面临的机遇和挑战，明确未来五年发展的指导思路、发展定位和发展目标，围绕创新、协调、绿色、开放、共享五大发展理念，提出枢纽战略、品质战略、价值战略、智慧机场战略四大核心战略，以及十三项规划举措和保障措施，是引领机场“十三五”发展的纲领性文件。

【航空主业稳步增长】 2016年，杭州萧山国际机场加强各方合作协调，以洲际航线开发为重点，拓展国际国内两个市场，做大航空主业。全年新开旧金山、洛杉矶、温哥华、悉尼等9个国际定期航点，新增10个国内二、三线城市定期新航点。机场定期航点140个（内地99个、地区6个、国际35个），增加9个，通达性和枢纽化水平进一步提升。协调航空公司增加大机型比重，全年机场航班中D、E类机型和C类中A321机型的占比均有提升；停场过夜飞机日均85架左右，比上年增加10架以上。增加全货机运力投入，全年全货机航班量和货运量分别增长21%和37.4%，分别高于上年23.7个百分点和30.5个百分点，全货机货运量占比提升7个百分点，国际货运量增长20.3%。

【杭州萧山国际机场年旅客吞吐量3159.5万人次】 2016年12月13日9:45分，杭州萧山国际机场成为国内第十家年旅客吞吐量超过3000万人次的机场。杭州萧山国际机场全年旅客吞吐量达到3159.5万人次，客货吞吐量分别排名世界第59位和第50位，较上年分别上升6位和4位，创历史新高。

【机场基础建设成效显著】 为保障G20杭州峰会，杭州机场实施新建55万平方米站坪的专用机坪及滑行道工程、新建4200多平方米专用候机楼工程、拓宽2030米道路迎宾专用道路及景观提升工程三大项目，总投资近10亿元。工程于2015年8月起陆续进场施工，2016年5月底前陆续竣工验收。工程建设者勇挑重担、攻坚克难，工期项目建设9个月内完成，工程质量达到优良标准，为峰会圆满举办提供有力保障。

▲资料：2016年杭州萧山国际机场定期航点

1. 内地航点99个：北京首都、广州、深圳、西安、成都、重庆、昆明、贵阳、郑州、青岛、三亚、大连、哈尔滨、海口、沈阳、厦门、太原、南宁、长沙、武汉、天津、石家庄、桂林、乌鲁木齐、长春、丽江、兰州、珠海、呼和浩特、泉州、银川、西双版纳、西宁、揭阳、福州、临沂、烟台、海拉尔、惠州、威海、绵阳、宜昌、赣州、锦州、大理、济南、潍坊、九寨、张家界、宜宾、广元、毕节、拉萨、通辽、泸州、南阳、包头、鄂尔多斯、洛阳、遵义、襄阳、恩施、延吉、阿克苏、铜仁、运城、芒市、连城、万州、赤峰、南充、北海、邯郸、东营、西昌、稻城、阜阳、长白山、柳州、丹东、湛江、黔江、六盘水、甘孜、安顺、梧州、十堰、达州、保山、盐城、景德镇、乌兰察布、梅县、池州、兴义、淮安、凯里、连云港、大庆。

2. 港澳台航点6个：香港、澳门、台北桃园、台北松山、高雄、台中。

3. 国际航点35个：东京、大阪、冲绳、静冈、函馆、茨城、首尔、釜山、济州、清州、新加坡、吉隆坡、沙巴、曼谷（素万那普、廊曼）、清迈、普吉、芭提雅、素叻他尼、胡志明市、岘港、芽庄、暹粒、雅加达、巴厘岛、卡里波、加尔各答、多哈、阿姆斯特丹、巴黎、马德里、旧金山、洛杉矶、温哥华、悉尼。

【机场服务地方能力增强】 2016年，杭州萧山国际机场挖掘非航空业务经营潜力，业务收入达到13.61亿元，比上年增长6%，占总收入的50.3%。全年机场范围内各企业向国家和地方缴纳税金8.4亿元，增长31%。其中，杭州萧山国际机场有限公司及子公司缴纳2.6亿元，机场内运营的各航空公司缴纳3.9亿元，其他驻场经营企业缴纳1.9亿元。相关企业和产业提供众多就业岗位。机场全面推行节能减排，全年单位营业额能耗微增0.9%。作为区域发展的重要支撑平台，机场积极推动空港经济区的成长。协调有关航空公司在机场设立基地或加大运力投入；与各快递航空企业和货运代理加强合作，取得进境食用水生动物指定口岸资质；引进现代服务业项目，促进地区开放型经济发展、产业转型升级和国际化水平提升。（曾宪武）

邮政·快递

【邮政快递概况】 2016年，杭州市邮政企业和规模以上快递服务企业业务收入（不包括邮政储蓄银行直接营业收入）215.17亿元，比上年增长34.8%；业务总量357.68亿元，增长41.1%。其中，规模以上快递服务企业业务量18.05亿件，增长43.6%；业务收入195.69亿元，增长36.1%。

杭州市规模以上快递服务企业中同城业务收入20.2亿元，增长41.2%；异地业务收入106.07亿元，增长34.9%；国际及中国港澳台业务收入18.46亿元，增长25.1%；其他业务收入43.97亿元，增长41.3%。全市同城、异地、国际及中国港澳台快递业务收入和其他快递业务收入分别占全部快递收入的13.9%、54.2%、9.4%和22.5%；同城、异地、国际及中国港澳台快递业务量分别占全部快递业务量的26.5%、72.1%和1.4%。全市邮政行业发展继续保持良好势头。快递业务量和业务收入列全国各大城市第五位、省会城市第二位。

全市邮政函件业务累计完成9634.26万件，下降27.3%；报纸业务累计完成2.41亿份，下降17.9%；杂志业务累计完成1061.29万份，下降19%；汇兑业务累计完成107.83万笔，下降36.3%。

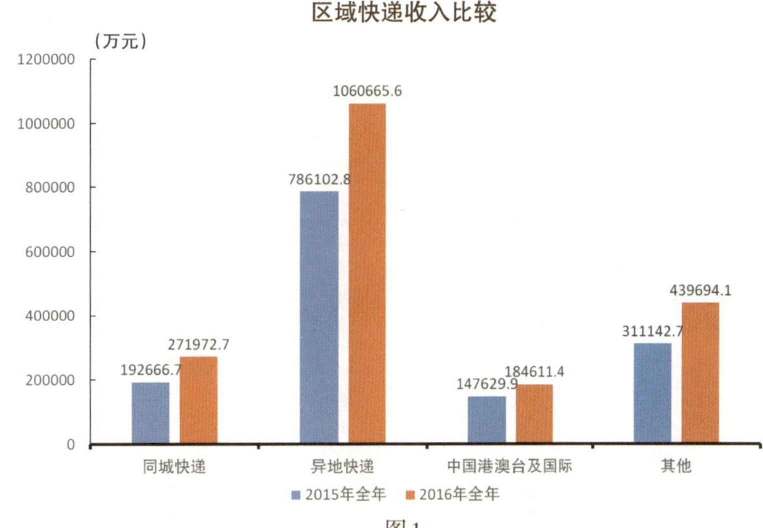

图1

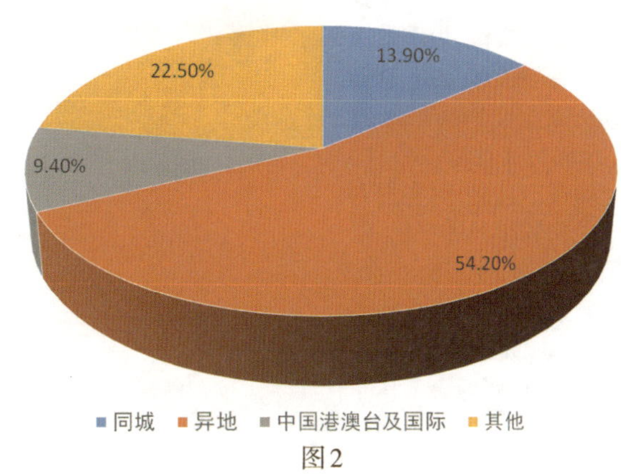

图2

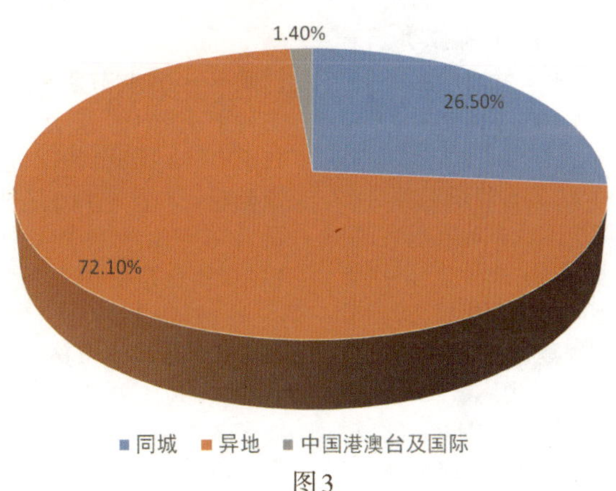

图3

【萧山区邮政管理局成立】 2016年3月28日，萧山区邮政管理局成立暨揭牌仪式举行。浙江省和杭州市邮政管理局、萧山区有关部门负责人以及杭州市快递行业协会、萧山区邮政快递企业代表50多人参加揭牌仪式。萧山区邮政管理局是全省第一家区级邮政管理机构，萧山区是杭州地区快件的重要集散地。该区积极发展信息（智慧）经济，推进“电商换市”、智慧物流，电子商务与邮政业紧密衔接，成为行业发展的高地。萧山区邮政管理局成立，有利于加强区域邮政快递行业监督管理。

【杭州邮政业发展“十三五”规划发布】 2016年12月27日，市发改委与市邮政管理局联合发布《杭州市邮政业发展“十三五”规划》。规划全面总结“十二五”以来杭州邮政业加快发展取得的成绩，系统分析存在的问题和面临的形势，确定“十三五”期间邮政业总体发展思路：推动创新、协调、绿色、开放、共享五大发展理念；以科技推动、创新发展为主线，率先建设普惠邮政、智慧邮政、安全邮政、诚信邮政、绿色邮政等五个方面；建设中国快递示范城市，围绕服务中国（杭州）跨境电子商务综合试验区和国家自主创新示范区建设等国家战略；提升邮政服务能力、服务水平和国际竞争力，服务产业转型升级、服务民生改善，引领全省乃至全国邮政服务发展。规划明确杭州邮政业要继续领跑全国，助推行业实现跨越式发展。

【G20杭州峰会期间寄递安全保障】2016年，杭州市邮政管理局根据“整体防控、全网联动、源头管控、层圈过滤”总体思路，以落实寄递安全“收寄验视、实名收寄、过机安检”为重点保障G20杭州峰会寄递安全。推动安检设备配置和视频监控中心建设；创新监管模式，开展寄递业清理整顿，合力推进登记验视信息化；落实进入杭州邮(快)件二次安检和进会场、住地、临时封闭区邮(快)件三次安检，专项投递等保障措施。11月，杭州市邮政管理局被国家邮政局记集体三等功，获浙江省G20杭州峰会工作先进集体荣誉称号。

【快递行业举办青工技能比武】2016年12月26日，杭州市快递行业青工技能比武在杭州技师学院举办。活动由团市委、市邮政管理局主办，桐庐团县委、杭州市快递行业协会、桐庐邮政管理局协办。来自杭州市15个快递公司共45名青年职工参与技能比武。比赛分多物品收寄包装、快递运单填写规范、快递派送、识别禁限物品并处理四个考题模块，裁判根据选手的动作规范、完成质量及所用时间等进行评分。最终浙江申通快递有限公司获得团体一等奖，该公司全春燕获得“杭州市青年岗位能手”称号。

杭州市邮政行业发展情况

表19

指标名称	单位	2016年	比上年(%)
一、邮政行业业务收入	万元	2 151 732.25	34.75
其中：快递业务收入	万元	1 956 943.82	36.13
二、邮政行业业务总量	万元	3 576 849.98	41.09
其中：函件	万件	9 634.26	-27.32
包裹	万件	49.31	-39.32
快递	万件	180 473.31	43.57
订销报纸累计数	万份	24 067.21	-17.87
订销杂志累计数	万份	1 061.29	-18.96
汇兑	万笔	1 07.83	-36.25

说明：1.2016年邮政行业业务总量以2010年不变单价计算

2.邮政行业业务收入中未包括邮政储蓄银行直接营业收入

2016年区县(市)快递业务情况

表20

区县(市)	业务收入(万元)	业务量(万件)
上城区	91 387.71	8 682.45
下城区	118 834.41	12 540.78
江干区	191 371.29	22 068.90
拱墅区	292 834.13	17 869.68
西湖区	346 661.28	21 363.83
滨江区	410 408.21	35 022.23
萧山区	373 241.78	43 253.81
余杭区	81 263.66	13 069.84
富阳区	11 669.52	1 597.92
桐庐县	15 796.49	1 447.41
淳安县	2 593.84	331.71
建德市	7 086.92	954.56
临安市	13 794.57	2 270.18
合　计	**1 956 943.82**	**180 473.31**

【“双十一”购物节期间处理快件1.05亿件】2016年“双十一”期间(11月11～20日)，杭州市16个主要网络型快递企业处理快件1.05亿件，其中揽件量7176万件，派件量3371万件，接近1～10月全市快递业务量的十分之一。11日业务量突破1500万件，12日快递业务量峰值为1609万件，列全国城市第五位。全市确保“全网运行不瘫痪、重要节点不爆仓”，新增快递从业人员1.5万名，新增运输车辆5000多辆，新增快递分拨场地近25万平方米。

【《2016年二十国集团杭州峰会》纪念邮票发行】2016年8月27日，《2016年二十国集团杭州峰会》纪念邮票发行。纪念邮票1套1枚，面值1.20元，规格为50×30毫米。邮票以淡绿色为主色调，除包含G20杭州峰会LOGO图案外，还融入杭州西湖元素——断桥侧影及保俶塔，使整套邮票更具中国特色和江南韵味。峰会纪念封、纪念邮折、纪念册等系列邮品同步发行。（刘　琴）

责任编辑 章月影

商业综述

【社会零售和消费整体平稳】 2016年,面对国际国内经济下行和消费需求减缓压力,杭州市以"服务G20·消费总动员"为中心,消费市场整体呈现出促销活动多、商品供应足、市场井然有序、消费总体平稳的态势。全市实现社会消费品零售总额5176.2亿元,比上年(指2015年,下同)增长10.5%,社会消费品零售总额规模突破5000亿元。从零售业态来看,全市批发零售行业实现零售额4635.71亿元,增长10.7%,其中住宿餐饮业零售额540.49亿元,占全市社会消费品零售总额10.4%,增长8.6%.从城乡区域分布来看,全市城镇实现零售额4904.61亿元,乡村实现零售额271.59亿元。网络零售快速发展,全市实现网络零售额3445.65亿元,增长28.6%,其中居民网络消费1500亿元,增长34%。个性化消费需求旺盛,限额以上批发零售贸易企业中,汽车类消费稳中有升,零售额846.02亿元,占限额以上贸易企业零售额28.7%,增长10.7%,提高3.6个百分点;文化办公用品类、书报杂志类、体育娱乐用品类实现零售额分别增长40.1%、15.2%和17.9%。

【主题促销系列活动】 2016年,杭州市以"活动促消费"开展各类促销活动215个。主要有"春暖杭城""消费促进月""春季购物节""汽车巡展""欢乐金秋""休闲购物节"等系列主题活动。以"转型促消费"推进电子商务发展,加大商贸企业线上线下融合。全市农村电子商务服务站(点)4000多个,促进"农产品进城"和"工业品下乡"双向流通,拉动农村市场消费。线上"杭州特色馆"入驻商家500多个,提高杭产品市场占有率和品牌影响力。以"餐饮促消费",全市住宿餐饮消费突破500亿元,达到540.49亿元,比上年增长8.6%,增幅1.2个百分点。餐饮消费占整个社会

2016年杭州市社会消费品零售额

表21

社会消费品零售额	2016年(亿元)	比上年(%)
全市总计	5 176.20	10.5
一、分行业		
批零业	4 635.71	10.7
住餐业	540.49	8.6
二、分城乡		
城镇	4 904.61	10.4
乡村	271.59	10.9
三、分地区		
市区	4 658.12	10.4
上城区	379.47	11.0
下城区	1 009.23	10.1
江干区	431.52	11.0
拱墅区	508.01	10.0
西湖区	567.62	10.5
滨江区	118.09	10.7
萧山(区本级)	588.91	10.3
余杭区	433.16	10.7
富阳区	222.45	12.3
杭州经济技术开发区	88.35	6.0
西湖风景名胜区	29.10	10.0
大江东产业集聚区	46.14	15.1
四县(市)	518.08	10.9
桐庐县	147.84	11.7
淳安县	80.90	12.1
建德市	115.26	10.3
临安市	174.08	10.1

零售消费比重为10.4%,提高0.7个百分点。以“峰会促消费”,G20杭州峰会在杭州成功举办效应显现,国庆期间到杭的国内外游客大增,拉动全市消费增长。据统计,第四季度全市实现消费品零售总额1481.2亿元,分别比一、二、三季度增长29.2%、16.9%和15.6%。

【《杭州市商务发展“十三五”规划》发布】 2016年9月23日,《杭州市商务发展“十三五”规划》正式发布。“十三五”期间,杭州计划建成钱江新城—钱江世纪城、运河湖滨高端商务带(运河—武林—湖滨—吴山)等2个市级商业中心,重点培育下沙、江南、临平、大江东、城北、未来科技城等六大市级商业副中心,重点提升城西、滨江、富阳、临安、桐庐、建德、淳安等七大区域商业中心,促进运河新城、之江新城、城东新城、瓜沥新城、临浦新城、义蓬、瓶窑、老余杭、良渚、塘栖十大区域商业副中心建设。另外,杭州鼓励发展社区商业,确保农贸市场、银行、邮政、卫生所、洗衣房、理发店、快餐店、超市、书店、修理铺和社区活动中心11个基本行业和业态业种,为市民提供生活配套服务,满足市民社交娱乐需求。

【商业特色街国际化建设】 2016年,为服务保障G20杭州峰会,市级商业特色街进行国际化建设改造,投入资金4.3亿元,重点改造道路、立面等硬件环境,完善智慧街区、国际支付、外语服务等软件环境,策划一批突出街区“商、旅、文”特点的营销宣传活动,发放四国语言《2016年特色街食宿游购娱手册》2600多份。8月28日至9月6日,各市级商业特色街共接待游客125.6万人,其中外籍游客2.1万人,峰会期间接待领导人夫人等重要嘉宾8批次。11月21日,余杭塘栖老街风情特色街区被命名为市级商业特色街,全市已建成和命名的市级商业特色街18条。此外,余杭径山禅茶文化一条街、桐庐朝霞路美食街等区、县(市)级商业特色街已列入市级商业特色街的培育计划。至年末,18条市级商业特色街共有商户1.4万个,从业人员8.35万人,接待游客共计1.34亿人次,营业额约883.35亿元,上缴税收14.72亿元。 (冯蔷颖)

【市商旅集团实现营业收入330.46亿元】 2016年,市商旅集团全资和控参股企业实现营业收入330.46亿元,比上年增长3.2%;利润总额19.68亿元,增长19.6%。集团合并报表实现营业收入115.54亿元,增长9%;净利润7.56亿元,增长22.7%;国有净利润5.19亿元,增长32.1%。年末,国有净资产总额68.27亿元,增长21.4%;国有净资产收益率8.3%。

集团承担G20杭州峰会文艺演出场地改造和晚会部分节目参演、提供食材总仓建设运行、重要元首个性化食材需求、峰会部分核心区域及B20安全保卫等多项服务保障。

集团多措并举推动企业转型升级。杭州大厦试点儿童亲子、健康运动、现代家庭3个主题商业模块,其中儿童亲子是集场景、服务、商品一体化的创新型模块;知味观和杭州酒家开展互联网营销,营业收入分别增长6.4%、增长8.3%;知味观食品工厂与动漫电影制作企业开展跨界合作,网络直播月饼生产,营业收入增长22.6%,净利润增长33.9%;浙江五丰冷食有限公司推出“酸奶冰淇淋”“手工荠菜春卷”等新品。整合集团酒店资源,组建杭州仁和酒店管理有限公司,实现营业收入增长12.5%、利润增长72.8%;整合集团物业资源,组建杭州商旅资产管理有限公司,推动总部物业从单一的出租功能向具备出租、

2016年杭州市主要商业特色街情况

表22

街区名称	入驻商家(户)	就业总人数(人)	营业额(万元)	年度收入(万元)	客流量(万人次)
清河坊历史文化特色街	480	2 100	220 500.00	16 368.97	2 011.00
南山路艺术休闲特色街	98	3 476	283 707.49	10 814.50	373.14
湖滨路旅游商贸特色街	436	7 695	456 700.69	19 689.19	824.94
杭州中国丝绸城	650	1 500	552 968.00	1 027.39	1 500.00
梅家坞茶文化村	130	560	9 000.00	320.00	330.00
武林路时尚女装街	491	4 000	78 600.00	6 240.00	511.00
四季青服装特色街	8 131	17 980	1 532 022.97	14 161.33	3 000.00
信义坊商业步行街	124	706	4 620.00	150.00	187.00
文三路电子信息特色街	2 500	30 000	1 100 000.00	10 500.00	2 800.00
石祥路汽车贸易街	72	8 000	4 027 293.00	45 792.00	69.00
绍兴路汽车精品文化街	120	3 000	500 000.00	19 900.00	165.00
胜利河美食街	34	459	10 813.50	626.50	176.00
大兜路美食与历史文化特色街	34	600	6 800.00	340.00	70.00
淳安千岛湖秀水街	55	320	8 000.00	300.00	400.00
青芝坞休闲旅游慢生活特色街	178	910	16 000.00	215.00	160.00
西溪天堂风情美食特色街	58	1 200	12 600.00	450.00	430.00
桐庐中杭路服装时尚特色街	300	600	11 000.00	150.00	125.00
余杭塘栖老街风情特色街	100	400	2 916.00	187.00	220.00
合　计	13 991	83 506	8 833 541.65	147 231.88	13 352.08

经营、置业、资本运作四大功能转型；整合集团旅行社资源，组建杭州西湖国际旅行社管理有限公司，完成“三路并进”的第一路工作。培育发展体育和健康医疗产业，加快解百集团融合步伐，形成商业零售、体育、健康医疗三大产业板块；培育发展金融产业，组建杭州商旅金融投资有限公司，以资管业务求生存，以股权投资求发展，开展各项金融业务。

集团深化改革作为促进体制机制创新，推进“低小散弱”企业有序退出。浙江五丰冷食有限公司启动“众创”项目，通过内部经济责任制下沉和分解，赋能授权激发全员主动性，实现销售增长7.5%、净利润增长144%。杭州五丰联合肉类有限公司建立“组团创业+项目领办”机制，扩大“联合康康”门店合伙人制，调动各利润单元积极性，净利润增长35.4%。上海迪士尼定制“联合康康”产品，销售产品有中西式40多款，其中米奇比萨，米奇、米妮包子(独家供应)，红烧肉、罗汉菌菇、广式叉烧泡芙、荠菜虾仁烧卖等产品较为畅销，首批供应58吨。杭州联华华商集团有限公司成立O2O项目组，通过鲸选拣货区的建设，实现专区、专人，准时拣货、出货等多种业务模式，完善线下各类业务的探索和发展。

集团全年实施各类大项目22个，总投资16.5亿元。完成武林广场地下商城项目主体工程施工，尚城“1157”项目9月投入运营，501城市广场项目10月开张营业，“义乌之心”项目完成主体工程施工和招商等建设。集团与财通证券股份有限公司举行战略合作签约。创新金融服务，将金融服务业打造成为集团新的经济增长点，提升集团核心竞争力。（梁 之）

【专业市场实施“互联网+”转型升级】 2016年4月27日，市政府办公厅发布《关于推动商品专业市场开展“互联网+”转型升级的实施意见》。根据意见，杭州市市场整合改造提升领导小组在杭州意法服饰城、杭州工联大厦股份有限公司、杭州第六空间大都会家居发展有限公司等多个商品专业市场开展“互联网+”转型升级的试点工作。完成改造的商品专业市场应拥有自主建设的电商网站或整体入驻第三方电商交易平台，市场经营户入驻比例50%以上。市商务委推动商品专业市场开拓国际业务，组织杭州杭派精品服装市场、杭州中纺中心服装城等14个市场商户(企业)参加7月19日欧洲买家采购对接会，12月5～15日在阿联酋迪拜和印度孟买举办的展销会。

【农贸市场标准化创建稳步推进】 2016年3月8日，市商务委印发《杭州市农贸市场标准化创建实施方案》，根据实施方案，要求市区标准化规范化管理市场不低于70%。年内，对主城区136个农贸市场进行改造提升，其中有113个农贸市场被评为杭州市标准化农贸市场。推广“网上菜场”模式，市区20个农贸市场开展网上卖菜，日均交易总量1000多单，交易额近7万元。

【农村现代流通网络建设】 2016年5月9日，市商务委制定《关于申报2015年农村现代商贸流通网络建设补助的通知》，拨付补助资金190万元，鼓励杭州余杭禹昌商贸有限公司、桐庐久友贸易有限公司等7个龙头企业到农村发展便利店(电商服务站)、商品集中配送、农产品收购等业务。至年末，44个农产品流通和农村市场体系建设项目参与中央财政补助资金申报，项目总投资9.16亿元，补助财政资金4800万元。淳安县申报2016年生态县省级农产品流通项目，获得省级财政补助139万元。组织申报省级市场体系建设试点，其中现代商贸特色镇建设试点2个、农产品市场体系公益性建设试点5个、智慧商圈2个。推荐浙江农华优质农副产品配送中心有限公司、杭州五丰联合肉类冷藏有限公司、杭州百乡缘农业开发有限公司、杭州泽大仪器有限公司、浙江统冠物流发展有限公司5个企业申报商务部标准化示范试点企业。16个企业参加浙江省农商农企对接大会和考察基地活动，21个企业和市场参加第五届“长三角”农超对接洽谈会。

【第一批28个物流标准化试点项目确定】 2016年，根据财政部、商务部、国家标准化管理委员会《关于做好2015年物流标准化试点工作的通知》，杭州市作为全国第二批物流标准化试点城市，获得5000万元中央财政专项资金支持。经过各区县(市)推荐、专家评审、新闻媒体公示等环节，6月24日，确定第一批28个物流标准化试点项目。浙江太古可口可乐饮料有限公司等申报的28个项目为杭州市第一批物流标准化试点项目，其中包括12个托盘标准化及循环共用项目，9个物流信息平台建设与改造升级项目，3个推广应用标准化技术设备项目以及4个物流标准化基础项目。

【老字号企业创新发展】 2016年1月，市政府正式批复认定第三批44个杭州老字号并举行授牌仪式。市商务委部署“振兴老字号”工作，推进杭州老字号企业创新发展，每月组织一期老字号企业进社区公益宣传活动，筹建老字号电商联盟和“老号E家”网络科技有限公司，开发“老字号”App。组织老字号企业参加第十三届中国中华老字号精品博览会及百年高峰论坛。至年末，杭州市有中华老字号39个、浙江老字号172个、杭州老字号156个。

【“最美家政服务员”评选】 2016年12月21日，市商务委和杭州文广集团主办，杭州电视台生活频道和杭州市家政服务业协会承办开展杭州市“最美家政服务员”评选活动，该活动是宣传杭州这座最具幸福感、最宜居的城市，体现杭州文明素养和生活质量，展现杭州家政服务质量水平。来自省内20多个家政服务单位40多名优秀家政服务员分别从事家庭保洁师、母婴护理师、养老护理师、医院陪护员、高级家庭服务员、管道疏通等各个岗位。活动通过举荐报名、专业比赛，把前期新闻中评价较好的家政员请到活动现场展示家政服务技能，最后通过比赛评选出十佳杭州“最美家政服务员”。

【特种行业平稳发展】 至2016年末，杭州市有成品油批发企业25个、仓储企业3个。市区成品油零售企业141个，其中加油站122个、加油点6个、配送企业8个、管理公司5个。全市销售车用汽、柴油265万吨。典当企

第三批“杭州老字号”名单

表23

序号	公司名称	注册商标
1	杭州龙井茶业集团有限公司	御
2	富阳市导岭新新湖笔厂	导岭笔庄
3	杭州思味王食品有限公司	思味王
4	杭州百味聚食品有限公司	百味聚
5	富阳康萌土特产有限公司	华韵
6	富阳春天医药连锁有限公司王振和大药房	振和大药房
7	杭州恒昌森食品有限公司	恒昌森
8	杭州余杭区塘栖镇翁长春保健食品商行	翁长春
9	杭州东仁堂医药零售连锁有限公司	东仁堂
10	杭州俞泰沣食品有限公司	俞泰丰
11	淳安千岛湖秀水渔村开发有限公司鸠坑塘联种群王茶庄	塘联、鸠坑毛尖
12	杭州桐君堂医药药材有限公司	药祖桐君
13	杭州小来大农业开发集团有限公司	王日升
14	富阳市藤欣工艺伞厂	藤欣
15	浙江省富阳百货大楼股份有限公司	富阳百大
16	金富春集团有限公司	金富春
17	富阳市龙翔豆业有限公司	龙翔
18	富阳市大竹元宣纸有限公司	大竹元
19	杭州萧山食品公司	萧然山
20	杭州宝辰鸿业商贸有限公司	信德茂
21	杭州江南春食品有限公司	江南春
22	杭州回龙阁艺术品有限公司	回龙阁
23	杭州俞同春药材有限公司	俞同春
24	杭州新贵健康之家大药房有限公司	三慎泰
25	浙江新贵医药科技有限公司	傅同春
26	杭州钢铁集团公司	古剑
27	杭州益元参号补品有限公司	益元参号
28	杭州九如堂生物科技有限公司	王氏九如堂
29	杭州太和堂健康管理有限公司	太和堂
30	浙江省新华书店集团有限公司	新华书店
31	杭州状元馆餐饮有限公司	状
32	杭州六聚馆餐饮管理有限公司	六聚馆
33	杭州孙泰和保健食品有限公司	孙太和
34	浙江英特药业有限责任公司	钱王
35	杭州放怀楼餐饮管理有限公司	放怀楼
36	杭州新月农业科技有限公司	同复泰
37	杭州天生堂医药连锁有限公司	天生堂
38	杭州萧山西门药店有限公司	西门药店
39	杭州萧山商业机械有限公司	萧山牌
40	杭州余杭区塘栖花中人王元兴酒楼	王元兴酒楼
41	杭州余杭复昌食品有限公司	复昌
42	杭州兴良米业有限公司	广泰丰
43	杭州宁禾堂保健食品有限公司	凝和堂
44	杭州老刀食品有限公司	老刀

业78个，典当金额116.76亿元，收入1.95亿元。拍卖企业117个，其中75个拍卖企业成交额108亿元，佣金收入1.3亿元。全市二手车交易量23.2万辆，回收报废汽车2.34万辆。杭州主城区经营的再生资源回收企业321个，回收总量96.46万吨，废旧设备8.95万台。（冯蔷颖）

【拍卖业规范发展】2016年，市市场监管局通过自查自纠和交叉检查相结合在全市开展拍卖备案网上检查。联合市发展中介服务业领导小组办公室举办全市拍卖企业专业人员培训，进行业务拓展和规范管理等专题辅导和交流，参培企业专业人员100多名。全年办理拍卖备案1427次，比上年增长10.9%，签订拍卖委托书3376份、委托金额119.08亿元，签订成交确认书1.23万份、成交金额84.27亿元，增长37%。（揣江宇）

批发和零售业

【市场成交额3.23万亿元】2016年，全市已登记各类市场779个，比上年增加3个。其中，实体市场746个（包含消费品市场639个、生产资料市场84个、服务市场23个），增加2个；网上交易市场33个、增加1个。全市各类市场总成交额3.23万亿元（含天猫商城、淘宝网成交额2.83万亿元），增长2.3%。实体市场成交额3836.36亿元，下降17.3%；网上交易市场成交额2.85万亿元，增长5.7%。至年末，全市122个被省政府命名为省放心农贸市场，市场数列全省首位。

【禽流感联防联控】2016年，根据省农业厅、省食药局《关于进一步做好家禽定点屠宰净膛上市工作的通知》要求，市市场监管局印发《关于做好家禽净膛杀白上市工作的通知》，对家禽净膛上市的市场准入、督导检查、协作配合等作具体要求。落实市场主体责任，告知违规后果，督促履行责任。市市场监管局、市农业局、市城管委、市卫生计生委、市政府督察室等部门，对流通环节进行集中整治，加大巡查力度，严厉查处经营、加工、使用私宰的畜禽产品、无证标或证标不齐全的畜禽产品。全年出动执法人员1385人次，督查农贸市场1056个次，小蔬菜门店1280个次，马路市场56个次，查扣活禽257只、杀白未净膛禽808只，立案12起。

【浙江省星级文明规范市场创建】2016年，市市场监管局以《浙江省星级文明规范市场认定办法》和《浙江省星级文明规范市场标准》为抓手，推进星级文明规范市场和乡村星级文明规范市场创建。经申报、核查和考核验收，全市新创和延续申报102个（不含乡村市场）三星以上文明规范市场。其中：新创五星级文明规范市场1个，延续五星级文明规范市场4个；新创四星级文明规范市场5个，延续四星级文明规范市场18个；新创三星级文明规范13个，延续三星级文明规范市场52个；新创乡村星级文明规范市场35个。

【批发市场农产品追溯体系建设】 2016年4月，市市场监管局制定"一个组织体系、一套管理制度、一份基本档案、一套销售规定和一个工作平台"为核心的追溯体系建设标准，按照监管部门出政策、属地政府负总责、市场主体抓落实的模式统筹推进各项建设工作。经考核评估，杭州蔬菜批发交易市场、杭州五和肉类批发市场、杭州新农都水产市场三大批发市场入场经营户建档率100%，索证索票率97%以上，一级批发商供证供票率99%，农产品检测覆盖率逐步提高，实现"来源可溯、质量可控、去向可追"建设目标。

【农贸市场检测室建设】 2016年，全市完成150个农贸市场免费检测室建设，40个基层食品安全快速检测室装备到位。主城区177个农贸市场建立食品快速检测室，覆盖率95%以上。全市287个农贸市场、农产品批发市场建立规范的快速检测室，覆盖率70%以上。全市农贸市场快速定性检测农产品150.96万批次，检测发现不合格农产品4646批次，合格率99.7%，销毁问题农产品68.95吨。

（揣江宇）

【解百集团公司控股悦胜公司】 2016年1月，杭州解百集团股份有限公司（简称解百集团公司）出资人民币929万元，认购杭州悦胜体育经纪有限公司69.5%的股权，成为悦胜公司控股方。悦胜公司成立于2009年，是杭州市体育发展集团出资的国有独资企业，业务包括体育彩票销售、社会SR（刮刮卡）销售以及悦胜竞技场，2014年实现营业收入370万元，净利润101万元。该集团通过转型现代服务业，挖掘高净值客户价值，推动企业多元化发展。

【举办首届台湾南投物产展】 2016年10月15～19日，由市商旅集团和台湾南投县农会主办，杭州联华华商集团有限公司、杭州灵隐休闲购物中心有限公司承办第八届"两湖论坛"系列活动之一的"首届台湾南投物产展"在世纪联华和平购物城举办。台湾南投县13个市、乡镇客商代表展出南投优质农产品。活动展区面积200平方米，展销商品100多种，包括梅精、咖啡、柳松茸、鲜菇饼、玫瑰花醋、茭白脆片、红薏仁养生粉、素肌研手工皂、沐浴乳等特色产品，以及南投八大茶区各具特色的好茶，让杭州市民在家门口选购原汁原味的台湾特产。

【杭州大厦501城市广场开业】 2016年10月28日，杭州大厦501城市广场在庆春广场盛大开业。该广场作为杭州大厦继武林商圈以外首个全面经营管理运作的商业项目，引进国际先进商业运作管理理念，集创新型商业、国际标准写字楼、精装服务公寓、高端健康医疗中心Medical Mall等优质业态于一体，打造首个开放式社群概念的"生活方式中心"，提供全方位都市精致生活服务。

【"尚城1157·利星"开业】 2016年9月22日，位于中山南路77号的"尚城1157·利星"项目正式开业。项目总体理念和定位以"潮"为特色，引入快时尚品牌、餐饮、影院、酒吧、书城、秀场、健身、口腔医疗等特色品类，集零售百货、餐饮美食、影视娱乐、文化展示、时尚发布于一体"24小时"旅游商业综合体。"尚城1157·利星"总面积6万平方米，一楼中庭60米长的巨幅投影长卷，呈现15分钟《清明上河图》的动画，曾在上海世界博览会、台北故宫等地展示，现永久落户"尚城1157·利星"。

【解百集团公司新元华商场全新亮相】 2016年1月20日，杭州解百集团公司新元华商场经过5个月改造重新营业。新元华在项目设计、陈列布置、业态组合上有创新之举，颠覆传统概念中以"购物"为导向的商业模式。新元华商场占地3万平方米，共四层。一层是以轻食、鞋类及鲜花组成时尚集市；二层是以买手店和结合店形式，集结全球潮流前沿设计师的服装品牌，为各种跨界潮流活动布区；三层和四层面对家庭消费，包括夜店、餐饮、健身、旅游及童玩世界等多个业态，其中足球俱乐部是此次新元华的一大尝试。升级后的新元华以"潮流生活方式"为核心，打造体验化、互动化、场景化的服务场所。

【杭州联华华商集团集成美妆店亮相】 2016年11月，杭州联华华商集

2016年1月20日，杭州解百集团公司新元华商场全新亮相（市商旅集团 供稿）

武林广场外景　　（市商旅集团 供稿）

团有限公司首家品牌集成美妆店——Beauty Century美妆世纪正式亮相杭州莲花店。Beauty Century美妆世纪是集合洗护、口腔、护肤、美容、清洁、纸品等洗漱、化妆用品的“店中店”品牌集成馆，其中进口商品占95%以上。Beauty Century的定位是轻松、时尚、健康、丰富，追求时尚、个性化生活品质的客户群。集成馆以韩国美妆节、三月美人季、欧美商品节、秋冬护肤季等主题活动，深化专区经营理念，增加更具人气和潮流概念的进口开架彩妆。

【武林广场地下商城项目主体完工】 2016年12月7日，由市商旅集团、市地铁集团等单位共同投资开发的武林广场地下商城项目主体完工。武林广场地下商城位于武林广场的地下空间，于2012年12月28日正式开工，总建筑面积9.4万平方米，营业面积6.4万平方米。整个地下分三层，其中地下一、二层建筑面积6.6万平方米，为商业、餐饮和公共休闲步行街；地下三层建筑面积2.8万平方米，为复式停车库。该商城与周边的杭州大厦、地铁武林广场站上盖物业等相互连接，成为年轻时尚化聚集地、城市国际化潮流地标，杭州又一新型城市商业综合体。（梁　之）

住宿和餐饮业

【住宿和餐饮服务业概况】 2016年，杭州市有星级住宿业限额以上餐饮业企业894个。其中：住宿业法人企业417个，包括旅游饭店253个、一般旅游饭店164个；餐饮业法人企业477个，包括正餐企业433个、快餐企业21个、饮料及冷饮服务企业14个。限额以上住宿企业营业收入104.81亿元，其中客房收入55.88亿元、餐饮收入37.58亿元、商品销售收入4320万元。限额以上餐饮企业营业收入145.31亿元，其中客房收入5.01亿元、餐饮收入136.14亿元、商品销售收入9091万元。

【杭州市素食餐饮行业协会成立】 2016年11月25日，市商务委为发展素食产业，打造“东南素都”，成立杭州市素食餐饮行业协会。协会与市民政局、市民宗局共同制订章程，旨在推广健康杭州理念、响应健康中国号召，整合资源，组织开发素食新美食，将素食与健康紧密结合。《寻味江南——杭州素食》编辑出版，对杭州素食文化作系统总结和整理。举办第二届素食文化节，组织素食大赛、素食论坛、素食品鉴、最聚人气素食餐厅评选等活动提升行业水平，推广素食文化。

【国内城市餐饮推介交流】 2016年6月8日，由市政府主办、市商务委承办，杭州市餐饮企业组团参与以“杭帮美食·百越飘香”为主题赴南宁开展餐饮业推广交流活动。本次活动以诸多亮点展示杭州美食的历史积淀，精湛技艺和独特创造力。美食推介会不仅把现场布置的诗情画意，期间还穿插当地特色乐器评弹，茶艺表演，杭帮菜大师表演烹饪、雕刻、勾画技艺等全方位了解杭州休闲文化。

（冯蔷颖）

【杭州美食文化国际推广交流】 2016年杭州“杭帮菜”国际化推广活动由市政府主办、市商务委承办、杭州市餐饮旅店行业协会、杭菜研究会、英国浙江联谊会、匈牙利匈中文化教育经贸促进会等协办。11月12日～22日，活动由市政府副市长谢双成带队，有来自楼外楼、知味观等餐饮企业的8名烹饪大师组成老中青三代精英厨师团队，成为杭州餐饮界“梦之队”的杭菜厨艺表演队首次出征。以“文化中国·味道杭州”为主题，参加英国伦敦和匈牙利布达佩斯两地的推广活动。“江南韵味展台”是一次杭帮菜美味创意的完美展现，在台型设计、食材搭配、烹饪手法上，展现出精英厨师团队的精湛技艺和艺术水平。不仅有杭州名菜，还有杭州的自然风景、城市气度与中华的东方意境。现场通过推介会、杭帮菜品鉴会、厨艺茶艺表演、美食美景图片展等多项活动，领略中华美食文化的博大精深。市商务委分别授予英国浙江联谊会、匈牙利匈中文化教育经贸促进会“杭帮菜海外推广中心”牌匾。

（冯蔷颖　梁　之）

【中国（杭州）美食节】 2016年10月14～16日，第十八届中国（杭州）美食节开幕式暨休闲美食主题活动在吴山广场举行。美食节以“韵味杭州·精彩美食”为主题，推出一系列活动。3天吸引近40万游客和市民参与，成交额153万元。10月31日，美食节获第十八届西博会产业发展大奖。

【第二届杭州素食文化节】 2016年11月11～25日，“素味相食味暖杭城”2016年第二届东南佛国（杭州）素食文化节、杭州素食菜肴（点心）创新大赛在香积寺广场举行。素食文化节以“素食与健康”为主题，将杭州传统素食的深厚文化底蕴和素食养生环保的科学理念相结合，努力打造“东南素都”饮食名片，使“杭州素食”成为最鲜美、最健康、最环保的杭州美食文化新亮点。首届素食餐点创新大赛是杭州首次进行素食素点的比赛，来自杭州地区30多个菜馆派出精英选手比试素菜素点手艺，参赛的70道菜肴经过现场展示、专家评审打分，选出“可可马铃薯”“红焖土人参”“庭记福袋”“芋香凤梨”“田园春笋”“同龄素鸡腿”“养生素食饼”“藕韵”等8道菜肴获得白金热菜奖，“香菇包”“素汁面”“象形马蹄”等3道点心获得白金点心奖。

【转型发展示范餐饮企业创建】 2016年2月，由市商务委主办，市餐饮旅店行业协会承办的餐饮业转型发展示范企业创建活动启动。经过25个企业申报、专家评审、网民投票、社会公示等程序，评出杭州楼外楼实业集团股份有限公司等10个企业为首批“杭州市餐饮业转型发展金桂奖示范企业”，杭州饮食服务集团有限公司杭州奎元馆等10个企业为首批“杭州市餐饮业转型发展银桂奖示范企业”。11月9日，为推进商务部优化环境促进餐饮业转型发展试点，推动餐饮企业连锁化、标准化、规范化发展，市商务委编印促进餐饮业转型发展试点工作汇编材料并作经验交流。

【“寻味杭州之杭州小食记”专题片推出】 2016年，市商务委与杭州文广集团在G20杭州峰会期间合作推出“寻味杭州之杭州小食记”十集美食系列专题片。节目通过电视、网络及移动终端投放，将杭州及杭州美食进行推广。根据尼尔森海量数据统计，“杭州小食记”的平均收视份额在10%左右，8月31日收视份额为15.7%，高于同一时段其他节目。（冯蕾颖）

【杭州饮服集团获第六届“全国饭店业优质服务白金五星奖”】 2016年9月，在第六届全国饭店业职业技能竞赛全国总决赛上，来自全国10多个省市204名选手，进行中式烹调师、中式面点师、餐厅服务员等3个项目最终比拼。经过激烈角逐，杭州饮服集团参赛选手张静、章伟霞、王光丽、肖倩获“全国十佳服务师”称号，陈何胜、谢兵兵、沈海洪获“全国十佳烹调师”称号，王支成、李仪、王淑萍荣获“全国十佳面点师”称号。杭州饮服集团被大赛组委会授予“全国饭店业优质服务白金五星奖”。

2016年10月15日，副市长谢双成（左三）一行参观中国（杭州）美食节

（市商务委　供稿）

【味庄入选“全球最棒的1000家餐厅”榜单】 2016年2月，LA LISTE“全球最棒的1000家餐厅”榜单正式发布。该榜单评选活动得到了法国旅游发展署和外交部的支持，独立评选机构根据各类美食指南、媒体刊物、在线评论等数百种资讯综合评价得出全球最佳餐厅排名。69家中国餐厅入选“全球最棒的1000家餐厅”，杭州知味观·味庄位列第219名。6月，味庄再度获得《美食与美酒》杂志“BEST 50中国最佳餐厅”称号，连续9年获此荣誉。

【“牡丹”牌面粉获“2015年度中国面粉十大品牌”排行第一】 2016年1月，由中国品牌排行网主办，新浪、网易、人民网等70多个知名网络媒体参与的“2015年度中国面粉十大品牌排行评选”揭晓，杭州东南面粉有限公司“牡丹”牌面粉以高票获得全国第一名。杭州东南面粉有限公司以雄厚的技术力量获得国家知识产权局授权的7项专利，取得4项省级科技鉴定成果，近年来产量连续居全省前列，产品被中国粮食协会授予“放心面粉”称号。

【“特色面粉新工艺”获省科学技术成果登记证书】 2016年3月，杭州东南面粉有限公司“特色面粉新工艺研究与应用”项目，经浙江省科技厅审核，获得科学技术成果登记证书。该项目引进先进的自动控制系统，由原来以等级粉为主调整到各类特色粉，利用网络平台实现生产设备的控制、监视及制造工艺参数的信息化集成，提升生产制造过程的自动化程度和信息管理水平，在全行业具有推广前景。（梁　之）

电子商务

【电子商务概况】 2016年，依托中国（杭州）跨境电子商务综合试验区的政策、创新创业环境的优化完善和龙头企业的辐射带动，全市电子商务产业保持快速发展。根据浙江省电子商务大数据公共服务平台统计，全市网络零售额3445.65亿元，占全省的33.4%，比上年增长28.6%；居民网络消费1499.98亿元，占全省的28.6%，增长34%；网络零售顺差1945.67亿元，占全省的38.5%，增长24.7%。第三方电子商务平台上网络零售网店26.57万个，占地区网络零售网店总数的36.4%。规模以上电子商务企业主营业务收入1574.33亿元，增长44.4%；利润总额767.70亿元，增长63.2%，提高43.3个百分点；企业资产总计2841.77亿元，增长37.9%，高于传统产业的企业资产平均增速。天猫商城、淘宝网、网易公司、阿里巴巴集团、杭州京东惠景贸易有限公司、浙江物产电子商务有限公司等六大企业平台实现主营业务收入1367.79亿元，占规模以上电子商务企业的86.9%，增长率88.7%。就业创业氛围良好，解决就业岗位67.53万～70.55万个，间接带动就业岗位177万～184.92万个。全市电子商务网络零售额与社会消费品零售总额之比66.6%，电子商务增加值1026.73亿元，增长45.2%，占全市GDP比重9.3%。至年末，建成中国(杭州)跨境电子商务综合试验区下沙园区、中国(杭州)跨境电子商务综合试验区下城园区、中国(杭州)跨境电子商务综合试验区空港园区等三大国家级跨境电子商务试验园区。全市跨境电子商务进口总额20.52亿美元，增长72.3%，出口总额60.60亿美元，增长166.7%，分别高于全市进出口总额64.7个百分点和160.4个百分点。杭州列中国“电商百佳城市”榜首。

（胡传明 冯蔷颖）

【《杭州市“十三五”电子商务发展规划》发布】2016年，《杭州市“十三五”电子商务发展规划》经市政府批准于12月31日正式发布。《规划》全面总结“十二五”期间杭州电子商务发展取得成果，分析“十三五”期间电子商务发展面临的机遇和挑战，明确未来五年电子商务发展的指导思想、发展定位和发展目标，提出电子商务发展建设具有全球影响力的跨境电子商务综合试验区、建设产业链生态健全的国际电子商务服务基地和建设要素集聚的国际知名电子商务创新创业高地等三大主要任务，电子商务跨国公司培育工程、跨境电子商务生态夯实工程、国际化产业链构建工程、电子商务融合深化应用工程、电子商务创新引领示范工程、电子商务人才培育引进工程、电子商务支撑优化提升工程、电子商务物流协同优化工程和国际合作平台创建工程等九大重点工程以及完善领导与组织机构建设、优化财政与金融扶持政策、创新行业监测与监管政策、推动行业标准与法律落实等四条保障措施。

【杭州市电子商务专家咨询委员会成立】2016年4月13日，杭州市电子商务专家咨询委员会(简称专委会)在浙江新世纪大酒店举行成立大会，由章剑林等28名电子商务专家顾问组成专委会，标志着杭州有一个电子商务产业“智库”。专委会开展电子商务政策和理论研究工作，研究电子商务产业的趋势和热点，并致力于产业发展、政府决策，提供具有科学性、前瞻性、透彻性的咨询服务，为全市传统企业实行电子商务转型升级提供智力支持。

【中国(杭州)国际电子商务博览会】2016年10月27～30日，由省政府指导，省商务厅、市政府主办的中国(杭州)国际电子商务博览会在杭州国际博览中心举行。借后峰会效应，博览会期间，展馆现场及官网等有6万人次参观、参会，逾200万人次线上参与，其中包括2000多位政界、学界、电商界、投资界和金融界的官员、专家学者及企业管理人员，220多位来自德国、美国、加拿大等17个国家和地区代表团成员及业界人士，国内31个省(直辖市、自治区)80多个地市级以上城市代表团。66个组团近700个知名以及成长型电子商务企业参展，展览面积1.6万平方米、850多个展位，100多个金融、投资机构参会。本届电博会以“共享机遇·融通世界”为主题，设有六大展馆和六大活动，通过会议论坛、展览展示、活动体验、对接交流四大板块，分享前瞻智慧经验，展示电子商务最新成就。

【金麦奖颁奖盛典暨中国(杭州·余杭)国际电子商务营销峰会】2016年12月14日，由省商务厅、市政府、浙江日报报业集团主办，市商务委、余杭区政府、浙报传媒股份有限公司承办2016年金麦奖颁奖盛典暨中国(杭州·余杭)国际电子商务营销峰会在杭州余杭举行。本届金麦奖以“未来·电你”为主题，收到679份案例，历经线上线下的初审、终审，来自电子商务界、广告界、学术界、传媒界、投资界评委就案例创意策略、话题制造、营销工具运用和最终实效性进行综合评断，评选出产品类、服务类、品牌类、品质类、公益类与年度特别奖六大类91个电商奖项。杭州企业推荐参评项目“百草味新品抱抱果上市推广项目”“老板电器双十一1111套‘房’投资计划”等获相关品类大奖。

2016年10月28日，“博鳌亚洲论坛——2016全球电商领袖峰会”在杭州举行（市商务委 供稿）

【电子商务示范企业和基地创建工作】 2016年，杭州市开展农村电子商务示范推荐及电子商务示范创建评定。浙江珍诚医药在线股份有限公司、阿里巴巴（中国）有限公司、杭州卷瓜网络有限公司、浙江英特药业有限责任公司、杭州熙浪信息技术股份有限公司等5个企业入围“2015～2016年度全国电子商务示范企业”；阿里巴巴（中国）有限公司等45个企业被评为“杭州电子商务示范企业”、蘑菇街等11个电商平台被评为“杭州电子商务示范平台”，杭州市西湖区文三街电子信息街等8个单位被评为“杭州电子商务示范基地”。

【电子商务与物流快递协同发展试点】 2016年3月，杭州作为国家首批电子商务与物流快递协同发展试点城市，市政府出台《杭州市开展电子商务与物流快递协同发展试点工作实施方案》，制定电子商务和物流协同发展规划，将电子商务与物流快递协同发展整体纳入杭州市的发展规划《杭州市建设国际电子商务中心三年行动计划（2015～2017年）》和《杭州市建设全国智慧物流中心三年行动计划（2015～2017年）》；建设电子商务物流快递公益性信息服务系统等5个方向对试点工作予以推进；逐步解决电子商务物流末端配送难问题，制定城市配送车辆高峰通行便利等政策，推进“E邮站”、“E邮柜”建设；组织企业参与试点项目申报，阿里巴巴集团、京东商城等电子商务以及顺丰速运、德邦物流等物流快递企业积极参与，最终确定17个企业29个项目为杭州市电子商务与物流快递协同发展试点项目，带动社会投资43亿元。

【电子商务进万村工程】 2016年，市政府按照“企业主体、政府推动、市场运作、合作共赢”的思路，推进“电子商务进万村工程”，促进“农产品进城”和“工业品下乡”双向流通。全市新增农村电子商务服务站（点）1760个，累计4026个。杭州地区“邮乐购”农村电子商务服务点实现“工业品下乡”订单7万余笔，交易额600万元；组织“农产品进城”项目8个，销售各类农特产品5万余个，销售额260万元。据2016年阿里研究院和阿里新乡村研究中心共同发布《中国淘宝村研究报告（2016）》显示，杭州市有淘宝村65个，比上年增长124%；淘宝镇11个，增长120%。65个淘宝村网店数量3000多个，主营产品主要有农产品、食品、日用品、文体用品、服装等，交易额30亿元，从业人员1.5万人，平均年龄30岁。

【全国电子商务质量管理标准化技术委员会在杭州成立】 2016年4月6日，全国电子商务质量管理标准化技术委员会在杭州成立，该机构旨在实施“标准化+”战略行动，统筹协调编制全国电子商务领域技术、服务、监管标准体系，以标准化服务支撑电子商务健康发展。至年末，该机构向国家标准化管理委员会提交7项国家标准，100%通过立项评审。

【电子商务投诉维权和网络商品质量监测（杭州）中心成立】 2016年8月，经国家工商总局批复，“电子商务‘12315’投诉维权（杭州）中心”和“网络商品质量监测（杭州）中心”在杭州成立。9月27日，“两中心”正式挂牌，机构编制、人员调配、业务部署等配套有序推进，“两中心”快速有效地处理大量网络消费纠纷，精准打击网上制假售假等违法行为，强化网络市场管理，保护网络消费者合法权益，为全市电子商务消费者提供高效的维权服务。

【全国电子商务产品质量大数据应用中心落户杭州】 2016年9月24日，在国家发改委、国家质检总局及市政府的指导支持下，“全国电子商务产品质量大数据应用中心”正式在杭州运行。该中心围绕十大类重点消费品质量状况，集合网监中心风险监测、互联网、电子商务平台等数据针对性开展数据分析和应用，形成大数据报告，启用“数据驱动监管、服务发展”的智慧履职途径。　（冯蕾颖）

【杭州跨境电子商务东洲内河国际港开港】 2016年7月14日，杭州跨境电子商务东洲内河国际港开港。东洲内河国际港位于富阳区东洲码头，于2012年1月建成营运，占地26.33公顷，岸线总长991米，是杭州地区规模最大的内陆型集装箱作业港口。2014年，东洲内河国际港开通省内首条集装箱海河联运航线，开启海河联运模式和内河港“港船车箱”一体的“散改集”业务。东洲内河国际港盘活资源，创新融合跨境电子商务和海关综合监管点，以保税仓储、口岸报关、中转集散、配载运输服务为载体，打造杭州唯一外贸通商港口，为进出口交易提供新路径。7月8日，浙江富阳口岸（东洲码头）监管场所通过海关一般型码头类监管场所验收，标志着东洲国际港外贸集装箱水运业务开通。　（丁姝婷）

粮油供应

【粮油供应概况】 2016年，杭州市各粮油专业市场累计销售粮油及副产品258.96万吨，比上年下降1.4%；交易额120.15亿元，下降4.7%。粮油批发市场交易的粳米主要来自江苏、安徽、东北三省等产粮区，分别占44%、31%、17%；面粉主要来自江苏、安徽、山东等产粮区，分别占45%、35%、10%。优质米面油销售占90%以上。至年末，全市地方储备粮73.29万吨，其中晚稻谷35.78万吨，占48.8%。杭州物流中心粮油批发交易市场获得“全国放心粮油示范工程示范批发市场”和“第六届中国百佳粮油企业”。

【市级储备粮轮换】 2016年，全市完成原粮出库17.76万吨，补库25.7万吨（含新增规模），其中市本级储备粮计划轮出原粮9.15万吨，轮入12.65万吨。落实补库粮源27.51万吨，其中当地订单粮食收购8.07万吨，当地订单外粮食收购1.18万吨，招标采购10.93万吨，省外产销合作7.32万吨。

【“订单粮食”收购】 2016年，市本级早籼稻谷（三等，下同）、中晚籼稻谷、晚粳稻谷和小麦最低收购价格分别确定为每50千克134元、139元、157元和119元；继续实行“订单粮食”价外补贴和奖励，种粮户每交售50千克分别为30元、25元、25元和30元，一般农户早籼稻谷为20元，其他均为

16元；继续对种粮户烘干费用实施政府适当补贴，用于粮食储备的稻谷收购，其粮食烘干费用按实际烘干数量每吨80元补贴；小麦收购价格按浙江省规定折价或扣量收购，市本级三等最低收购价2.38元/千克、四等最低收购价2.3元/千克、五等最低收购价2.24元/千克、小麦等外品收购价格按2元/千克。收购等级内小麦价外补贴按“订单粮食”奖励标准0.6元/千克优惠，小麦等外品不予享受。

【浙江省“星级粮库”12个】 2016年3月，省粮食局对“星级粮库”考评和复评，授予杭州市义桥中心粮库省“四星级粮库”称号，萧山国家粮食储备库、余杭区径山中心粮库和余杭区良渚中心粮库省“三星级粮库”称号。全市“星级粮库”12个，平均得分92.79分，处全省领先水平。至年末，全市绿色储粮数量32.22万吨，其中市本级18.24万吨。全市粮油仓储规范化管理优秀企业13个，其中2个为全国规范化优秀企业。

【粮食仓储设施调查完成】 杭州市以2016年6月30日为时点，对全市国有粮食收储企业和其他国有粮食企业及非国有规模以上粮食企业的仓储设施进行全面调查。调查结果显示：全市国有粮食收储企业仓容82.8万吨，其他国有粮食企业仓容4.1万吨，规模以上非国有粮食企业仓容5.4万吨；各级财政加大对粮食仓储建设设施投入，其中新建粮库投入8.19亿元，粮库维修改造投入9000万元；全市国有粮食收储企业现配有智能信息化系统，包括粮食业务管理系统8套、智能出入库(稳重联网系统)8套、立筒仓浅圆仓自动化作业系统2套、粮情检测系统18套、仓外害虫检测系统9套、智能控温系统4套、智能通风系统6套、智能气调系统4套、粮食远程监管系统2套、粮库安防监控系统22套、网络交换及安全系统7套、中心机房8个、办公自动化系统2套、其他管理系统(LED大屏、节能照明、移动App等)4套。

【“互联网+粮食”创佳绩】 2016年，根据国家实施粮食购销市场化政策后，杭州粮油发展有限公司借助杭州电商之都的金字招牌，运用“互联网+”技术探索粮油线上线下融合交易方式，拢聚天下粮商，实现中央、省、市、县四级政策性粮食交易全覆盖。至年末，累计实现粮食网上交易量566.58万吨、交易额148.22亿元，网上交易会员2.01万个。粮食网上交易量、交易额列全国粮食15个主销区国家粮食交易中心榜首。

【粮食仓储业务技术与管理培训】 2016年5月15～21日，杭州市粮食仓储业务技术与管理培训班举行。培训内容包括储粮生态体系概述、粮食干燥与通风技术、储粮害虫防治技术、储粮品质检验与分析、粮食电子商务、智能粮库管理(粮情检测、智能通风与气调)、现代信息技术(物联网、大数据及云计算)、经营管理创新与执行力提升、粮食仓储企业安全生产、粮食进出仓设备管理与使用等十个方面。来自杭州各区县(市)和大江东产业集聚区粮食行政管理部门及国有粮食收储公司中层以上仓储业务管理人员，市粮油中心检验监测站相关人员共42人参加，并取得结业证书。 (冯蔷颖)

烟草专卖

【烟草专卖概况】 2016年，全市批发销售卷烟39.18万箱，比上年下降4.3%；单箱平均销售额4.49万元，增长3.5%；销售额175.76亿元，下降1%；实现利税51.97亿元，增长4.1%。全年查获各类涉烟违法案件2589起，查获违法卷烟5233.24件，分别增长56.2%和32.2%。卷烟市场净化率保持98%以上。全年新办零售许可证3437户，注销4006户。至年末，全市有持证经营户3.8万户，减少569户。

【走私烟整治成效显著】 2016年，杭州市烟草专卖局对辖区零售户违法公开摆卖、批转走私烟行为进行整治。全年查获50万元以上实物案件16起，比上年增加60%，其中百万元以上7起，取消卷烟零售经营资格32户。依托专项行动查处非法运输、邮寄及各类网购平台经营走私烟行为，对案件信息追根溯源，摧毁跨省乃至跨国走私烟供销网络。公安部督办、余杭区烟草专卖局协办的“8·28”特大走私烟案件告破，主犯在境外被抓获归案。全年查处走私烟案件605起，占全省此类案件的三分之一。

【打假破网保持定力】 2016年，杭州市烟草专卖局整合地区稽查力量，跨区域、多部门协作，构建全方位市场监管防控体系；运用物流和互联网领域打假经验，开展“线上电子商务+线下物流快递”涉烟活动监管。全市破获国标网络案9起，其中公安部督办、临安市烟草专卖局协办的“9·27”利用微信销售假冒卷烟网络案，成为杭州地区查办的首例自媒体售假案件。

【支付宝应用试点启动】 2016年，杭州市烟草公司作为全省“腾云”支付宝项目试点单位，启动卷烟零售户与消费者环节的支付宝应用。零售户可通过卷烟终端零售系统实现支付宝收银结算、全品类商品扫码销售、卷烟销售规格及结构采集、消费者积分管理等经营提供参考，同时采集的大数据为卷烟货源投放提供重要依据。全市开通烟草支付宝结算零售客户7092户，应用支付宝购烟消费者26.14万人，消费70.83万笔，销售额(含非卷烟产品)4940.77万元，其中卷烟销售占97.5%。 (翁尚勇)

责任编辑 章月影

文化创意产业综述

【文化创意产业增加值2541.68亿元】 2016年是"十三五"规划开局之年，杭州市围绕建设全国文化创意中心和全国数字内容产业中心的目标，扎实推进各项重点工作任务。全市实现文化创意产业增加值2541.68亿元，按可比价计算，比上年（指2015年，下同）增长21.2%，高于全市GDP增幅11.7个百分点；占全市GDP的比重23.0%，比上年提高0.8个百分点，较2011年提高11个百分点。

规模以上文化创意企业主营业务收入4902.02亿元，增长26%，其中，服务业企业主营业务收入3951.65亿元，增长34.9%。规模以上非企业收入1117.19亿元，增长16.2%，增幅提高9.3个百分点。至2016年末，全市文化创意产业规模以上单位资产总计10703.35亿元，增长22.2%，其中规模以上企业资产总计7982.45亿元，增长26.6%。

以信息服务、设计服务、现代传媒、文化休闲旅游等行业为主的文化创意产业核心层实现增加值2107.52亿元，增长22.4%，增幅高于文化创意产业整体增速1.2个百分点。核心层增加值占全部文化创意产业的82.9%，占比比上年提高1个百分点，较2011年提高15.4个百分点。

从规模以上文化创意企业看，核心层文化创意企业主营业务收入4553.71亿元，增长28.1%，占文化创意产业的92.9%，占比提高1.2个百分点，其中信息服务业、设计服务业、现代传媒业分别实现主营业务收入3019.18亿元、679.69亿元和350.93亿元，增长44.5%、12.1%和12.7%。

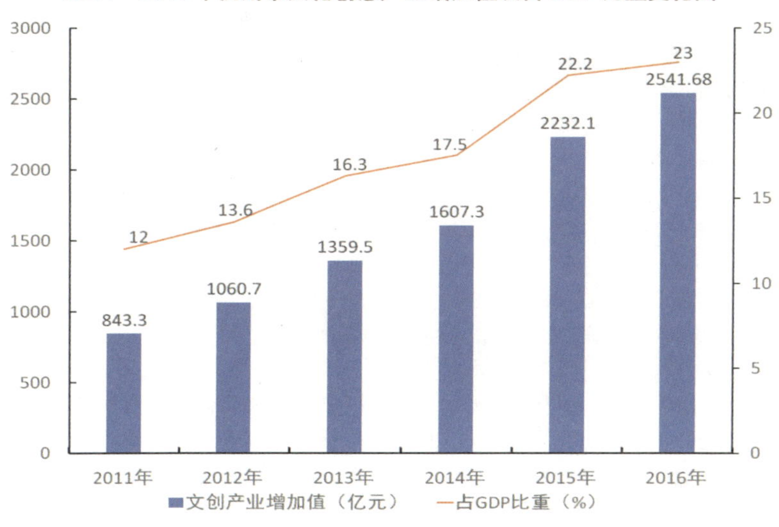

图4

【数字内容产业实现增加值1499.21亿元】 2016年，杭州市数字内容产业实现增加值1499.21亿元，比上年增长35.0%，占GDP比重13.6%。顺网移动数字娱乐云平台服务与数据安全应用等12个重点项目已完成计划投资，新认定26个项目补充进重点项目库。杭州"互联网'新闻+政务'城市服务融合云平台"等14个数字内容产业项目获得2016年中央补助文化产业发展专项资金6545万元，占全省的42.5%。

【动漫企业实现营业收入62.1亿元】 2016年，杭州动漫游戏企业实现营业收入62.1亿元，利润总额达25.2亿元，上缴税金5.89亿元。全市全年生产原创动画片近10000分钟，共完成各类漫画作品1860部，制作完成各类游戏近600款，漫画和游戏的产量与上年持平。全年有7部动画作品被列为国家新闻出版广电总局推荐的优秀国产动画片，6部动画作品获国家新闻出版广电总局少儿精品奖，连续三年居全国各大城市之首。

【杭州联合银行文化创意金融服务中心挂牌】 2016年5月26日，杭州联合银行文化创意金融服务中心开业暨文化创意产业融资服务战略合作签约活动举行。杭州联合银行文化创意金融服务中心成为继杭州银行文

2016年杭州市文化创意产业行业分层情况表

表24

项　目	增加值			规模以上企业主营业务收入		
	总量(亿元)	比上年(%)	占比(%)	总量(亿元)	比上年(%)	占比(%)
核心层	2 107.52	22.4	82.9	4 553.71	28.1	92.9
信息服务业	1 333.17	30.3	52.5	3 019.18	44.5	61.6
设计服务业	315.26	13.2	12.4	679.69	12.1	13.9
现代传媒业	151.12	7.2	5.9	350.93	12.7	7.2
艺术品业	27.40	−0.9	1.1	191.65	−22.6	3.9
教育培训业	184.25	10.3	7.2	21.39	6.5	0.4
文化休闲旅游业	72.28	14.5	2.8	123.52	3.4	2.5
文化会展业	24.03	15.1	0.9	167.34	4.6	3.4
外围层	434.16	15.4	17.1	348.31	4.2	7.1
合　计	**2 541.68**	**21.2**	**100.0**	**4 902.02**	**26.0**	**100.0**

化创意支行、建设银行文化创意专营支行之后的第三家文化创意金融专业化服务机构。至此，杭州也成为全国首个建有三家以上文化创意金融专业化服务机构的城市。杭州联合银行文化创意金融服务中心致力于服务中小微文化创意企业，开发了首期规模1000万元的“杭州文化创意产业银政保信用贷款风险补偿基金”等适合文化创意企业特点的金融产品，探索适合文化创意产业特性的金融服务模式，拓宽文化创意企业融资渠道。

【杭州市文化创意产业创业投资引导基金成立】 为进一步拓宽杭州文化创意企业直接融资渠道，2016年5月6日，《杭州市文化创意产业创业投资引导基金管理暂行办法》出台，明确了资金来源及支持方法、投资运作方式、风险控制、监督管理等内容。之后，由杭州市文化创意产业国有投融资平台——杭州文投创业投资有限公司组建成立了“杭州市文化创意产业创业投资引导基金”。引导基金主要发挥母基金的作用，以阶段参股的形式引导组建文化创意产业投资基金，对文化创意企业开展直接投资业务。首期引导基金规模4000万元，杭州银行按照1∶2的比例出资8000万元，共同对在杭州注册成立的文化创意产业投资基金进行注资，并承担同股同权的权利和义务。

10月20日，在第十届杭州文化创意产业博览会开幕式上，杭州市文化创意产业投资引导基金与浙江弘帆投资管理有限公司等投资机构合作组建9只子基金，基金规模扩大至13亿元。

【杭州市文化创意产业无形资产担保贷款风险补偿基金三期启动】 由杭州市文化创意产业办公室牵头组建，杭州银行文化创意支行负责运营的“杭州市文化创意产业无形资产担保贷款风险补偿基金”是国内首个以文化创意企业无形资产担保贷款作为风险共担对象的产品。“杭州市文化创意产业无形资产担保贷款风险补偿基金”二期规模2000万元，通过3年的运营，已经为超过120个文化创意企业提供了超过5亿元的授信支持，财政资金引导放大比率超过了15倍。2016年，为进一步发挥文化创意产业融资风险共担机制的作用，扩大文化创意企业融资信贷规模，“杭州市文化创意产业无形资产担保贷款风险补偿基金”三期启动，规模扩大到4800万元，三年内可为杭州文化创意企业发放不低于15亿元的信贷支持。

【杭州市“五个一批”文化创意示范典型认定】 为发挥先进典型的示范带头作用，进一步营造“大众创业，万众创新”的社会氛围，加快建设全国文化创意中心进程，2016年7月15日，杭州市文化创意产业办公室印发《关于开展杭州市“五个一批”文化创意示范典型认定命名工作的通知》，经广泛发动、组织推荐、专家评审、社会公示等环节程序，最后认定西溪创意产业园等10家示范文化创意园区、华数传媒网络有限公司等10个文化创意领军企业、杭州遥望网络股份有限公司等23个文化创意新锐企业、杭州银行股份有限公司文化创意金融项目等17个文化创意融合发展示范项目和赵依芳等10位文化创意示范领军人物。

【文化创意产业“四个一”招商工作机制全面实施】 2016年，为主动适应经济新常态，创新文创产业招商方式，加快打造全国文化创意中心，结合《杭州市产业招商协调工作方案》有关要求，杭州市文化创意产业办公室制定了文化创意招商组“四个一”工作机制，即“建立一个工作网络及制度、制定一个工作及活动方案、完善一个项目统筹协调推进制度、梳理一套产业政策”。工作机制全面实施后，有力推进了全市文化创意产业招商引资工作。德必产业园、中国艺尚中心等一批重大项目先后签约落地。

【杭州市首批文化创意产业“一村一品”认定】 2016年，为培育特色文化创意产业，鼓励和推进文化创意产业与区域块状经济融合发展，杭州市文化创意产业办公室牵头组织开展了文化创意产业“一村一品”认定工作。首批认定“名石之乡——国石村”“浪川芹川精品影视文化产业村”“石舍慢漫文化古村”“三江口九姓渔民村”“金竺村伞笔文化基地”“萧山电子商务村”等6个“一村一品”文化创意特色村。

【《杭州市文化创意产业发展评估分析报告(2007～2016)》发布】 2016年10月20日，在第十届杭州文化创意产业博览会开幕式暨签约活动上，《杭州市文化创意产业发展评估分析报告(2007～2016)》(简称《报告》)发布。《报告》在梳理杭州市2007～2016年文化创意产业发展的基本情况的基础上,科学划分了10年间杭州文化创意产业发展历程,高度概括了文化创意产业发展成效,准确提炼了文化创意产业发展的"杭州模式"。

【《2015年杭州文化创意产业白皮书》发布】 2016年1月26日,杭州市文化创意产业办公室、清华大学国家文化产业研究中心在杭州联合举行《2015年杭州文化创意产业白皮书》发布会。《2015年杭州文化创意产业白皮书》全文1.4万字,分为发展现状、主要措施、发展思路三个部分,客观、系统地介绍杭州市文化创意产业的发展历程、总体态势和行业情况,梳理杭州市推动文化创意产业发展的主要做法,阐明"十三五"时期开局阶段杭州市文化创意产业发展的主要思路。 (市文创办)

文化创意产业园区(基地)

【文化创意产业园区(基地)概况】 2003年,杭州市首个文化创意产业园——LOFT49建立以来,经过十余年的发展积淀,杭州市文化创意产业园区(基地)规模不断壮大,逐渐形成了特色鲜明、类型丰富的文化创意产业集群,充分发挥了产业带动作用和集聚效应。至2016年末,全市共有5家国家动画产业(教育)基地、7家国家文化产业示范基地、8家国家级文化产业园、24家市级文化创意产业园、35个市级文化创意特色楼宇、10家市级文化创意小镇培育对象。24家市级文化创意产业园区建成面积636.34万平方米,已使用面积592.59万平方米,集聚企业数5399个。其中,余杭艺尚小镇入选首批省级特色小镇。西湖艺创小镇、余杭梦栖小镇被列为第二批省级特色小镇,并与滨江创意小镇、余杭好竹意小镇、桐庐妙笔小镇一并入选杭州市首批特色小镇。

【国家级文化和科技融合示范基地】 2012年,在深圳召开的文化和科技融合座谈会上,中共中央宣传部、科技部等部委联合命名杭州为首批"国家级文化和科技融合示范基地"。为进一步加强"文化和科技融合示范基地"建设,促进文化和科技融合发展,杭州市制定《杭州"国家级文化和科技融合示范基地"建设规划》,并出台《关于促进文化和科技融合的若干政策意见》和示范园区、示范企业、示范公共服务平台认定管理办法等政策文件。至2016年末,已认定了8家杭州市文化和科技融合示范园区、38个示范企业和8个示范公共服务平台。

【两岸文化创意产业合作实验区】 2013年3月,国务院台湾事务办公室正式命名杭州为"两岸文化创意产业合作实验区",旨在通过发挥杭州在两岸文化创意交流合作中的作用,推动两岸经贸文化协调发展,实现两岸各方互利合作的共赢,发挥两岸比较优势,逐步形成"核心带动、区域拓展、协同推进"的空间格局。作为两岸文化创意产业合作实验区的核心区——杭州创意设计中心2016年全面开园,致力于打造杭州文化创意新地标。至2016年末,已有181个国内外文化创意企业签约入驻,已租赁面积占比90.8%。举办杭州—台湾"创意对话创意·致匠心"暨两岸文化创意产业交流对接会闭幕活动、杭州设计生活展、中国国际动漫节分会场活动、第二届智能硬件博览会、洛客发布盛典杭州站、杭州国际时尚周等各类文化创意活动30多项。此外,实验区与中台科技大学、台湾商业总会签订了共同培育两岸文化创意人才的协议。

【中国(浙江)影视产业国际合作实验区杭州总部】 2012年5月8日,中国(浙江)影视产业国际合作实验区正式获国家新闻出版广电总局批复,成为国内唯一以影视出口为导向的国家级产业园区。总部位于西湖区蒋村街道。中国(浙江)影视产业国际合作实验区以提升中华文化国际传播力和竞争力为目标,探索推动广播影视产品和服务走出去的新方法新途径,着力建设以出口为导向的影视作品创作生产和出口产品译制的重要平台、中华文化走出去的重要窗口、中国影视产业国际化发展的重要基地。至2016年末,已成功举办三届中国影视艺术创新峰会,连续实施四届"影视国际化高端人才培养计划",启动华策电影学院建设,引进国家新闻出版广电总局研修学院南方教学实践基地。

【杭州国家数字出版基地】 杭州国家数字出版产业基地成立于2010年4月。至2016年末,杭州国家数字出版基地已建成了中国移动手机出版园区、中国电信数字阅读园区、上城数字出版园区、杭报数字出版园区、华

中国(浙江)影视产业国际合作实验区杭州总部 (市文创办 供稿)

艺创小镇内的凤凰大厦　　（市文创办　供稿）

数数字出版园区、数字娱乐出版园区、滨江动漫出版园区和滨江数字出版核心园区八个分园区，集聚数字出版企业390多个，产值从最初的50亿元上升至2016年的100多亿元。2016年，基地获“全国新闻出版产业基地（园区）工作优秀基地”称号。

【杭州运河（国家）广告产业园】 杭州运河（国家）广告产业园位于拱墅区，2013年4月，国家工商行政管理总局正式授予杭州运河广告产业园国家级广告产业园称号。园区大力发展以互联网广告文化产业、信息软件产业、电子商务产业、互联网金融产业为核心的上下游产业链。园区拥有两大文化创意产业集聚楼宇——运河广告产业大厦和乐富智汇园。园区代表企业有：横跨广告、网络、动画三大平台的浙江博采传媒有限公司，具有全球影响力的浙江盘石信息技术股份有限公司，移动互联网直播互动服务平台杭州米络科技有限公司，手机游戏领导者蜂派科技有限公司，动漫游戏领军企业杭州美盛游戏技术开发有限公司等。2016年，园区文化创意企业实现主营业务收入58.19亿元，比上年增长26.6%，贡献税收1.07亿元，增长25.5%。

【杭州西湖（国家）广告产业园】 杭州西湖（国家）广告产业园位于西湖区，2013年4月被国家工商行政管理总局正式认定为国家级广告产业园区。园区以数字媒体和互联网广告等新型广告产业为发展重点，已建成公共拍摄平台、云计算服务平台、数字制作中心、中小广告企业孵化平台等公共服务平台。2016年，园区新引进浙江省知识产权交易平台，成功举办第十三届亚非·地中海国际当代艺术展等特色活动，实现广告经营额5.1亿元，与广告产业直接关联企业经营额22.4亿元。至2016年末，园区集聚各类广告企业225个，从业人员3000多人。

【艺创小镇】 艺创小镇位于西湖区，由中国美术学院、浙江音乐学院共同打造。2015年，艺创小镇被列入首批杭州市级特色小镇创建名单，2016年，被列入第二批省级特色小镇创建单位。至2016年末，艺创小镇集聚了国家高新技术企业5个，浙江省成长性科技型百强企业1个，浙江省科技型中小企业20个，全年实现税收2.85亿元，比上年增长115%。举办中国国际动漫节杭州峰会、中国设计智造大奖首届颁奖典礼、第二届中国设计智造大奖全球发布会、浙江·台湾合作周——艺创小镇对接会、浙江文化创意金融产业发展论坛暨中国设计智造大奖项目投融资路演，以及第三届中国室内设计艺术周暨第26届CIID杭州年会等活动。

【梦栖小镇】 梦栖小镇位于余杭区良渚新城，由中国工业设计协会、余杭区政府共同建设。小镇紧盯高端装备制造业前端的工业设计，兼顾智能设计和商业设计，重点实施“科技+人才+文化+金融”战略，致力于打造中国工业设计标杆、世界工业设计高地和全球资源聚合平台。中国工程院院士陈纯为小镇首席科学家。2016年，小镇成功举办首届世界工业设计大会、中国优秀工业设计奖颁奖典礼和中国优秀工业设计展等活动。至2016年末，累计引进企业（项目）277个，集聚各类创新、设计人才1048名，完成投资25.68亿元，实现税收收入4719万元。2015～2016年，小镇分别被列为首批杭州市级特色小镇和第二批省级特色小镇。

【艺尚小镇】 艺尚小镇位于余杭区临平新城，主攻以服装设计为主导的时尚产业，助力服装产业转型升级，致力于打造中国时尚产业的新地标。2015年，艺尚小镇入选首批省级特色小镇创建名单，先后获得中国服装行业创新示范基地、全国首批纺织服装创意设计试点园区（平台）等荣誉。至2016年末，艺尚小镇已入驻企业394个，其中纺织服装类创意设计企业141个；入驻设计师357人，其中纺织服装设计师269人。加拿大知名设计师ROZE，中国服装设计最高奖——金顶奖获得者王玉涛，中国十佳时装设计师刘思聪、肖红、张义超、陆敏超、施杰等均在小镇内开设工作室。杭州意丰歌服饰有限公司等18个品牌服装企业总部与小镇签约。“中国服装论坛·杭州峰会”永久落户此地，并成功举办了“2016中国服装论坛杭州峰会”。

【好竹意小镇】 好竹意小镇位于余杭区百丈镇，小镇依托百丈3800多公顷竹林及竹制品企业，以“竹为媒介、文化创意保航”为发展理念，致力于探索以文化创意和创业创新为主基调的城镇发展新模式，进而推动文化创意产业与区域特色经济融合发展。2015年，好竹意小镇入选首批杭州市级特色小镇名单。至2016年末，台湾工艺大师陈高明、国家林业局竹子文化创意中心以及澳大利亚柏诚集团等重点项目落户小镇。

【妙笔小镇】 妙笔小镇位于桐庐县分水镇。小镇紧紧围绕“打造以笔生产、笔交易、笔创意为主，以现代商贸服务和逸居度假文化为辅的三产联动的时尚笔业集群”的发展目标，以智慧笔业三产培育、时尚笔业制造升级、创意笔业体验休闲为重点，全面开展特色小镇建设。2015年，妙笔小镇入选首批杭州市级特色小镇名单。2016年，入选首批中国特色小镇名单。至2016年末，笔业国际博览中心产业公共服务中心建成，科创中心、维权中心、检测中心、协会等服务机构完成入驻，淘笔网完成分销平台建设，电商产业园已有17个企业签订入驻协议；规模以上企业主营业务收入15.73亿元，旅游接待总人数25万人次。小镇已成功举办三届中国笔业博览会。（市文创办）

文化品牌活动

【第十届杭州文化创意产业博览会】 2016年10月20～24日，由杭州市政府、浙江大学、中国美术学院共同主办的第十届杭州文化创意产业博览会成功举行。本届文博会以“融——智慧科技、创意生活”为主题，设立了滨江区白马湖主会场和杭州创意设计中心、滨江海创基地、西溪天堂、和平会展中心、桐庐分水笔业国际博览会中心五个分会场，呈现出“一主五副联动、二馆八区主打、商务活动协同、线上线下呼应”的整体格局。文博会围绕会展、论坛、商务、赛事、活动五大板块组织20余项、50多场次商务活动，吸引20多个国家以及中国台湾、香港、澳门和内地20余个省市的2000多个文化创意企业和机构参展，1300多位国内外业界名人、专家学者到杭参与活动，共有33.95万人次参加文博会的各项活动，完成签约项目135项，实际成交及意向成交（含项目融资）金额达67.38亿元。与往届相比，本届文博会首次重点突出VR产业发展内容，如“新科技风暴·未来街区”呈现一场免费VR体验展，并将智能家居概念引入家居生活应用中；“最设计·中国美院馆”首次突出强调“科技·艺术·媒介”三者的前沿交界与融合，再现了武林广场3D灯光秀的艺术创作过程；“智能科技发展合作论坛”探讨VR等智能科技的发展趋势。此外，首次亮相的中国国家博物馆以“博物馆+互联网”为参展主题，利用“文化创意中国”和“国博衍艺”品牌，将国宝文物之美带入大众生活。活动期间，杭州文博会拍卖会（杭州文化创意馆）联合闲鱼拍卖、西泠拍卖、东家·手艺人等网络拍卖、移动端拍卖平台共推出190个精品专场，涵盖拍品共计5000多件，成交额逾3200万元，成交率达84%。

【第十四届海峡两岸文化创意产业高校联盟论坛】 2016年10月22～23日，第十四届海峡两岸文化创意产业高校研究联盟论坛在杭州举行。本届论坛由中华全国台湾同胞联谊会、中国宋庆龄基金会指导，海峡两岸文化创意产业高校研究联盟主办，中国传媒大学经管学部文化发展研究院与杭州文化创意产业研究中心承办。论坛邀请100多位来自海峡两岸高校、科研机构、行业协会及文化创意企业的专家学者和行业人才，围绕论坛主题“设计铸城·创意兴业”，对文化创意产业未来发展、互联网时代创新创业以及创意设计助力城市发展等问题进行了研讨。中国传媒大学经管学部学部长兼文化发展研究院院长范周提出文化创意产业发展要以科技为翼，助力创意。台北101设计团队李祖原联合建筑师事务所合伙人陈哲郎从三个维度分析了文化创意产业的成长周期。浙江省网络作家协会副主席陆琪认为大数据、云计算及5G建设等科技信息的快速发展，加快推动了文化创意产业与互联网的快速融合。

【第四届两岸文化创意产业交流对接会】 2016年10月20～24日，第十届杭州文博会期间，由两岸企业家峰会文化创意产业合作推进小组主办，杭州市文化创意产业办公室、杭州市政府台湾事务办公室等单位承办的第四届两岸文化创意产业交流对接会，以“跨界融合、合作分享”为主题，围绕平台建设、项目落地、活动举办、人才培养等环节，分专题举办了“两岸文化创意小镇高峰论坛暨第四届两岸文化创意产业交流对接会开幕活动”“两岸影视产业对接会”“两岸创意民宿产业发展论坛”“两岸青年传承与创新创意对话暨两岸文化创意产业交流对接会闭幕活动”等四项活动。根据主题设置及其形式需要，各专题对接会分别在高新区（滨江）白马湖建国饭店、西溪艺术中心、白马湖会展中心和杭州创意设计中心举行。来自两岸文化创意企业、机构的代表共计200多人参加活动。

【第八届浙江·中国非物质文化遗产博览会】 2016年10月20～24日，由浙江省文化厅、杭州市政府主办的第八届浙江·中国非物质文化遗产博览会在杭州白马湖会展中心举行。博

2016年10月20～24日，第十届杭州文化创意产业博览会举行。图为博览会现场（市文创办 供稿）

览会以“继承传统、融入生活”为主题，以“先人智慧、工匠精神、生活状态”为呈现内容，以“三馆二区一论坛”为主体框架。三馆为“生活馆(巧作霓裳)、体验馆(锦绣雕印)、工艺馆(物华天工)”，二区为“演艺区(百姓非遗大舞台)和展销区(非遗淘淘乐)”，“一论坛”即“2016传统工艺振兴·杭州论坛”。博览会展馆面积约1万平方米，来自国内17个省、市、自治区147个参展项目368位代表性传承人、工艺美术大师携作品、衍生产品参展参演。此外，“非遗新传”——浙江传统服饰展评活动同期举行。

【国际纹样设计大赛系列活动】 2016年11月18～20日，由杭州市政府、中国美术学院主办的“2016国际纹样创意设计大赛”在杭州举办。大赛在“国际纹样设计联盟”的指导下，设立国际评审团，旨在从纹样和产业、纹样和品牌的设计互动中，进一步推动“本土原创”的核心价值。本次活动包括国际纹样创意设计大赛作品展、国际纹样之文化解读研讨会暨大赛颁奖典礼、“纹样创意设计”主题讲座等活动。本次大赛作品以“共生之和”为主题，探讨文化融合与个性诉求的关系，从“纹样”角度解释世界的丰富性和文化多样化的魅力，以及当下面对的冲突、融合、传承、创新等问题。大赛吸引了来自国内外26家院校的近500位设计师报名参赛。

【第十二届中国国际动漫节】 2016年4月27日至5月2日，第十二届中国国际动漫节在杭州举办。动漫节秉承“动漫盛会·人民节日”的办节宗旨，以“更国际·更动漫”为年度主题，设立1个主会场和12个分会场，围绕会展、论坛、商务、赛事、活动五大板块组织实施59项活动，吸引了80个国家和地区参与，其中南非的参展，让动漫节首次实现五大洲全覆盖。本届动漫节共有2531个中外企业机构、5300多名客商展商和专业人士参展参会；138.15万人次参加了动漫节各项活动，其中主会场35.87万人次；实际成交及达成签约交易、意向合作项目948项，涉及金额129.37亿元，动漫节消费涉及金额22.26亿元，总计151.63亿元。参与国家地区数及办展规模、参与人数、交易金额、节展效益再创历史新高，专业化、国际化、产业化、品牌化、市场化水平又有新的提升。在本届动漫节上，文化部首次推出“弘扬社会主义核心价值观动漫扶持计划”专题展览，集中展示了一批国产优秀原创动漫作品。最高人民法院首次召开“涉动漫游戏知识产权司法保护研究”课题研讨会，深入探讨动漫游戏IP在保护开发中遇到的法律问题。此外，还首次推出中国动漫产业数据专业机构发布会、中国二次元·风云榜发布会等一系列权威发布活动，进一步聚焦动漫产业发展的新形势、新热点和新课题。《人民日报》、新华社、《光明日报》、中央电视台等国家级媒体均报道了动漫节的新闻。

【动漫产业高峰论坛】 2016年4月28日，第十二届中国国际动漫节产业高峰论坛开幕，国家新闻出版广电总局首次举办年度国产动画精品发布仪式，公布2015年度国产动画发展专项资金项目评审结果。主论坛以“聚焦动漫产业生态——开放·融合·联动”为主题，就动漫内容的价值观引领、动漫产业生态的构建等问题进行交流研讨。首次引入动漫节的TED西湖2016年度大会以“上下”为主题，邀请了6位来自不同国家、不同背景和不同领域的知名人士进行演讲分享，产生跨界的创意碰撞与东西方的思想交融。中国动画电影推介暨电影项目创投会吸引院线、影视公司、少儿频道等机构的200多名专业人士参会，《昆虫总动员2》《小鸡彩虹》等5部影片现场达成创投合作意向，涉及金额近1亿元。《中国动画电影发展报告(2015)》同期发布。

【国际动漫游戏商务大会(iABC)】 2016年4月26～28日，第十二届中国国际动漫节国际动漫游戏商务大会(iABC)在杭州第一世界大酒店举办。大会以“跨界融合、互动娱乐”为主题，围绕节目交易、版权授权、内容合作、主题专场和交流展示五大板块，举办26场形式多样、主题各异的专业活动。首次提出的IP超市概念，汇集322个动漫游戏IP，供商务合作和交易；举办外包发布会，动画外包业务总量超过1200集；IP授权大会共有697个企业参会，达成合作意向254项；坚持多年的动画片交易会吸引126家买家、359家卖家，现场对接682场，境外对接108场。

【中国COSPLAY超级盛典总决赛】 2016年4月30日至5月1日，第十二届中国国际动漫节“中国COSPLAY超级盛典”总决赛在杭州白马湖动漫广场会展中心举行，本届盛典共设立了北京、上海、天津、重庆、香港、台湾25个国内分赛区和西班牙、匈牙利、美国、新加坡、荷兰、俄罗斯8个境外分赛区，8万余名参赛者参加，74支团队700余名选手进入总决赛。

【“天眼杯”中国国际少年儿童漫画大赛】 2016年4月30日，第十二届中国国际动漫节·“天眼杯”中国国际少年儿童漫画大赛颁奖典礼在杭州市青少年发展中心举行。本次“天眼杯”大赛设立马来西亚、日本、北美三个海外分赛区，共收集到来自45个国家和地区的4.27万件作品，创历史新高。大赛组委会还遴选了一批获奖作品赴德国、加拿大、韩国、新加坡、俄罗斯、匈牙利、日本、马来西亚等8个国家进行巡展交流。

【“我是动漫王”创意动漫绘画大赛】 2016年11月12日，“我是动漫王”之“约绘杭州”创意动漫绘画大赛颁奖典礼暨拜师会在杭州工艺美术博物馆举行。本次大赛共收到500多所中小学的3000多件精美绘画作品。各奖项评出后，一等奖选手以“春和秋”为题，进行无差别晋级赛，决出有资格现场冲击拜师名额的10位选手。台湾漫画大师蔡志忠、内地著名漫画家慕容引刀、杭州新生代漫画家巴布现场“面试”收徒，3位选手拜师成功。

【中国影视艺术创新峰会暨第四届中国影视产业推介会】 2016年12月19日，由中国电视艺术委员会、中国电视艺术交流协会、浙江省新闻出版广电局、中共杭州市委宣传部、西湖区政府主办的中国影视艺术创新峰会暨第四届中国影视产业推介会举行。峰会以“新内容、新价值、新力量”为主题，先后推出主题演讲、“文化自信与艺术创新”高峰论坛、“影视高质时代的变与不变”主题演讲、“产业坚守与创新”主题论坛、全球影视产业趋势解读等系列活动。峰会吸引了业内专家、导演、编剧以及企业代表等400多位嘉宾出席。开幕式上，浙江传媒学院华策电影学院成立，标志着浙江华策影视股份有限公司成为中国首个且唯一拥有自己的电影学院的影视娱乐企业，学院计划于2017年9月招生。中国影视艺术创新峰会的成功举行同时拉开了首届西湖影视艺术周系列活动的序幕，艺术周期间，中国网络影视盛典、中国西溪影人会和西湖IP大会等系列活动陆续举行。

2016年7月，“新杭线”品牌参加新西兰·中国美丽浙江文化节

（市文创办 供稿）

【“融——Hand Made in Hangzhou”品牌培育】“融”系列品牌培育集结了10多位来自不同领域的设计师，是杭州为传承、创新本土民间手工艺而开展的项目之一，由杭州品物流形产品设计有限公司执行。2013～2017年，每年将一个传统材质（竹、丝、土、铜、纸）及其手工艺解构，再融入当代设计中，从而推陈出新，赋予传统工艺新的生命力，达到传承、保护和开发的目的。2016年是“铜”材质年，设计师们开发创作出一批构思奇特、创意十足的铜手工艺作品，参加多个国际国内专业展会并获广泛赞誉。

【“新杭线”青年设计师平台推广】“新杭线”青年设计师平台由杭州文化创意产业博览会组委会办公室策划，集聚了“素生”“本来设计”“橙舍”“竹语”等几十个设计师品牌和文化创意企业，是杭州市本土设计师展览品牌。该品牌以“融——工艺·设计·生活”为理念，以设计交流、产业合作、产品推广为目的，已在多个国家举办过展览，充分展示了杭州的设计实力和创新能力。2016年，“新杭线”品牌先后参加伦敦工艺周、新西兰·中国——美丽浙江文化节、澳大利亚·中国——美丽浙江文化节、台湾海峡两岸文化创意与传统艺术展等多个专业展会。

【拍卖会杭州文化创意馆举行1028场活动】拍卖会杭州文化创意馆是依托淘宝拍卖会、闲鱼拍卖、艺是网拍、艺易拍、东家·守艺人等网络拍卖平台搭建的新型文化创意艺术品拍卖交易平台。拍卖会由西泠印社（杭州）数字传媒有限公司执行，致力于将优秀的杭州文化创意作品和产品进行线上拍卖，从而帮助文化创意企业、机构走向市场，获得更好的经济效益。2016年，拍卖会举行1028场文化创意拍卖活动，拍卖金额1.12亿元。（市文创办）

文化创意企业

【文化创意企业概况】2016年，杭州市落实《杭州市初创型文化创意企业孵化工程（展翅计划）》《杭州市成长型文化创意企业培育工程（登高计划）》《关于加快推进我市文创企业创业板上市工作的实施意见》等专项政策，积极培育龙头领军企业，着力引进大企业（集团），重点扶持中小微文创企业发展，企业整体经济效益持续向好。至年末，全市有规模以上文化创意企业2385个，实现主营业务收入4902.02亿元，比上年增长26%；实现利税1183.56亿元，增长43%，增幅提高18.1个百分点；利润1036.31亿元，增长45.7%，增幅提高22.7个百分点。全市文化创意产业中的领军企业增长态势良好，前十大企业实现主营业务收入2334.30亿元，增长48.4%，快于规模以上文化创意企业22.4个百分点，占规模以上文化创意企业收入的47.6%。主营业务收入超过1亿元的文化创意企业487个，比上年增加63个，实现主营业务收入4324.62亿元，增长31.9%，高于规模以上文化创意企业5.9个百分点，占规模以上文化创意企业收入的88.2%。上市文化创意企业25个，“新三板”挂牌文化创意企业累计76个。

【2个企业入选“全国文化企业30强”】2016年5月12日，光明日报社和经济日报社在“以新发展理念引领文化改革发展”座谈会上，联合发布了第八届全国“文化企业30强”名单。宋城演艺发展股份有限公司、浙江华策影视股份有限公司2个民营文化创意企业入选，2个企业分别为第七年和第三年入选“全国文化企业30强”。此外，华数传媒控股股份有限公司首次入选提名奖，杭州入选企业数量位居全国同类城市前列。

【“文创新势力”企业（项目）获融资9亿元】2016年8月，第二届（2016）“文创新势力”评选活动启动，经过初审、复审、公众投票等程序，26个优秀企业（项目）入围终评，项目总估值120亿元，获社会融资约9亿元。10月23日，“文创新势力”颁奖活动在杭州创意设计中心举行，东家·守艺人App、英语趣配音、MissCandy健康指彩、米趣网络、行周末、映墨科技、乐刻运动、云莱坞、正在现场、微播易成为文创新势力前十佳。

【杭州市初创型文化创意企业孵化工程(展翅计划)】 2015年12月,市文创办印发《关于大力支持小微文化企业发展的实施意见》,通过创新财政扶持方式、完善文创金融服务体系、加大天使投资规模、推进孵化载体建设、强化创业指导服务等措施,扶持营业收入不超过1000万元(含),主业清晰、以创新和创意为鲜明特征、具备健全的财务管理体系,经营状况正常、信用良好且具有良好的发展潜力的文创企业。"展翅计划"目标是3年内,孵化培育不少于200个创业前景良好、经营模式新颖、拥有自主知识产权的小微文创企业。2016年,全市首批50个在杭文化创意企业纳入"展翅计划",建立"展翅计划"企业储备信息库。

【杭州市成长型文化创意企业培育工程(登高计划)】 为贯彻落实《关于学习贯彻党的十八届三中全会精神全面深化重点领域关键环节改革的决定》等文件精神,进一步完善杭州市文化创意产业服务体系,加快成长型文化创意企业培育和发展,2015年12月,市文创办印发《杭州市成长型文化创意企业培育工程(登高计划)》。2016年,以数字内容产业、新媒体、"互联网+"等文化创意与相关产业融合的文化创意企业为重点,遴选了首批50个持续、快速、健康发展的文化创意企业纳入"登高计划",建立"登高计划"企业储备信息库,并在企业拓展市场和股改上市等关键时期加大支持力度,集聚资源重点扶持。"登高计划"目标是3年内累计培育不少于80个发展前景良好、经营业绩增长明显、具有一定业界知名度、拥有自主知识产权、信用良好的文化创意企业,形成市场前景好、业绩增长快的成长型文化创意企业群。

【华数数字电视传媒集团有限公司管理体制改革】 2014年,华数数字电视传媒集团有限公司成为市属国有控股企业后,集中力量进行管理体制调整和改革。2016年,建立公司党委,出台党委"三重一大"议事规则,形成权责明确、运行有效、规范透明的国有资产监管体系;建立完善制度体系,实施绩效考核体制,提高制度执行力,强化制度约束力,促进企业规范化管理。为顺应市场化要求,华数数字电视传媒集团有限公司在国有企业实行职业经理人制度等方面积极探索,激发企业活力,提升企业竞争力,留住优秀人才,提高企业经营绩效。2016年,华数数字电视传媒集团有限公司实现营业收入30.81亿元,比上年增长7.8%。

【杭报集团开拓多层次资本市场格局】 2016年,杭报集团抓住中央深化国有文化企业改革的政策红利和传统媒体转型"窗口期",主动对接多层次资本市场。7月15日,杭报集团旗下浙江风盛传媒股份有限公司正式获批挂牌"新三板",成为浙江省报业领域第一个"新三板"企业,杭报集团也成为全国报业第一个既有主板上市公司又有"新三板"挂牌子公司、形成多层次资本市场格局的报业集团,有利于国有资产保值增值、促进杭报集团转型升级。

杭州智慧产业创业园内的杭州顺网科技股份有限公司　(市文创办 供稿)

【杭州文化广播电视集团管理体制改革】 为理顺产权关系,2016年,杭州市调整杭州文化广播电视集团和杭州文化广播电视集团有限公司两个并行的法人主体关系。杭州文化广播电视集团有限公司的出资人由市政府变更为杭州文化广播电视集团,杭州文化广播电视集团有限公司成为杭州文化广播电视集团全资子公司,是杭州文化广播电视集团所属负责运营经营性国有资产的机构。至年末,杭州文化广播电视集团完成组织架构调整,增设编辑委员会,实行集团党委领导下的管委会、编委会负责制。

【杭州电魂网络科技股份有限公司上市】 杭州电魂网络科技股份有限公司成立于2008年,位于高新区(滨江),主要以竞技类网络游戏为特色产品,已发展成为集创意策划、美术设计、技术研发、产品开发、游戏推广、运营维护等于一体的网络游戏开发商、运营商。至2016年末,杭州电魂网络科技股份有限公司业务遍及中国、越南、新加坡、马来西亚、印度尼西亚、泰国、菲律宾、北美洲和澳大利亚等市场。2016年10月26日,杭州电魂网络科技股份有限公司在上海证券交易所挂牌上市,成为国内首个A股主板上市的游戏公司。

【杭州平治信息技术股份有限公司上市】 杭州平治信息技术股份有限公司成立于2002年11月,是国内领先的数字出版运营公司。公司主要以移动互联网、优质版权为发力点,挖掘优秀原创作品,打造尖端阅读平台,并向出版、动漫、影视、游戏文化产业延伸,全面布局"泛娱乐"战略,着力打造互动娱乐生态系统。公司与国内主要的平台运营商紧密合作,是三大阅读基地内容供应商,并利用自身长期在渠道推广上的整合优势,成为数字阅读领域的领先者。企业已与众多优秀出版机构、原创作者开展战略合作，签约众多畅销书、有声读物（听书）、动漫版权。公司旗下已拥有自主研发的移动有声阅读产品“话匣子听书”，拥有包括“超阅小说”在内的30多个精品原创小说运营团队，主打精品原创阅读。2016年12月13日，杭州平治信息技术股份有限公司正式登陆深圳创业板，成为杭州第100个上市企业、第25个上市的文化创意企业。

【32个文化创意企业在“新三板”挂牌】“新三板”作为主板市场的有效补充，满足了中小企业的融资需求，是杭州市中小文化创意企业对接资本市场的首选渠道。自“新三板”扩容以来，杭州众多文化创意企业纷纷启动上市计划。2016年，杭州时光坐标影视传媒股份有限公司、浙江合力传美文化传媒股份有限公司、杭州市城乡建设设计院股份有限公司、杭州老鹰教育科技股份有限公司等32个文化创意企业挂牌“新三板”。至2016年末，杭州已有76个文化创意企业实现“新三板”挂牌，其中包括“工业设计第一股”杭州瑞德设计股份有限公司和“文艺团体第一股”杭州新青年歌舞团股份有限公司。

【浙江展团亮相戛纳秋季电视节】2016年10月17～20日，法国戛纳电视节举行。由中国国际动漫节节展办、中南卡通股份有限公司、浙江博采传媒有限公司、杭州蒸汽工场文化创意有限公司、杭州天雷动漫有限公司、浙江华策影视股份有限公司等组成的浙江展团亮相戛纳秋季电视节，向全球展示浙江的精品影视动漫产品。展会期间，浙江代表团共接待了来自美国、法国、英国、意大利、日本、韩国、匈牙利、印度、阿根廷、埃及、越南、马来西亚、新加坡等60多个国家的电视台、新媒体、分销商和知名动画企业，共计洽谈400多场，内容涉及版权交易、联合制作、IP开发、衍生产品授权开发等。

【杭州影视组团参展第二十届香港国际影视展】2016年3月14～17日，第二十届香港国际影视展在香港举行。杭州已连续5年组织本地影视企业参展。中南卡通股份有限公司、浙江华策影视股份有限公司、杭州南派投资管理有限公司等13个影视企业参展，参展面积达330平方米。参展作品总数超过百部，涉及电影、电视剧、动漫、网络剧、综艺节目等门类。展会期间，杭州企业与美国、日本、韩国及东南亚、欧洲等国家和地区的海外公司达成数十项合作意向，涉及交易金额2726.3万美元，比上年增长两倍。除作品展陈外，杭州馆还组织国内外著名导演、编剧、制片人等业界人士参加“杭州之夜”活动。

【杭州文创组团参展第12届深圳文博会】2016年5月12～16日，第12届中国（深圳）国际文化产业博览交易会在深圳会展中心举行，杭州的宋城集团、中南卡通股份有限公司、西泠印社拍卖有限公司、思美传媒股份有限公司、杭州电魂网络科技股份有限公司、杭州顺网科技股份有限公司、浙江华策影视股份有限公司、长城影视股份有限公司、华数集团等9个全省30强企业以及滨江区、西湖区等两个全省十强县（市、区）参展，杭州展区面积达400多平方米。深圳文博会期间，杭州华数数字电视传媒集团有限公司和广东省广播电视网络股份有限公司签订战略合作协议，双方计划在网络互联互通，内容应用共建共享等业务方面开展全面合作，实现跨省互联互通，以及基础网络资源共享和充分利用。 （市文创办）

文化创意人才队伍

【文化创意人才队伍概况】2016年，杭州市继续落实《关于加快文化创意产业人才队伍建设的实施意见》《杭州青年文艺家发现计划》《杭州青年设计师发现计划》等专项政策，依托杭州师范大学文化创意学院、杭州市文化创意人才协会、杭州文化创意产业研究中心等机构，继续实施“文化创意企业家孵化工程培训班”“成长型文化创意企业家高端培训班”“杭州市工业设计师发现与培养计划”“创意力量大讲堂”等人才重点项目，为杭州文创产业的发展提供人才支持和智力支撑。至年末，全市规模以上企事业单位从业人员59.38万人，比上年增长4.5%。全年累计本土培训2300多人次，派出30位优秀文创人才出国深造，并促使5300多人与用人单位达成就业和实习意向。台湾漫画家敖幼祥工作室落户杭州。

【杭州师范大学文化创意学院文化产业管理专业招生】2016年，杭州师范大学文化创意学院明确发展文化产业管理、动画、数字媒体等3个专业及6个子方向，并实现了文化产业管理专业的首次招生，招生人数为34人。学院设立院级精品课程6项，开发11部系列教材。2015～2016学年共有118人次获64项国家级、省级学科竞赛奖项；确定10个文化创意企业为紧密型专业实习单位，培养5支创业团队进驻学校创业园；新建定格、数字录音、声音编辑3个专业工作室，成功申报文化创意研究中心，并与多个企业共建文化创意实践基地。

【杭州市文化创意人才协会成立】为进一步推进杭州文化创意产业发展，搭建杭州文化创意人才交流合作平台，杭州市文化创意协会、杭州市文化产业促进会、杭州文化创意产业研究中心共同发起成立杭州市文化创意人才协会。2016年11月4日，杭州市文化创意人才协会成立大会举行。协会以搭建交流合作平台为宗旨，重点开展理论研究、政策咨询、文化创意人才交流培训、策划组织大型活动论坛等内容，努力为地方政府发展文化创意产业、提高区域文化软实力出谋划策，推动地方文化创意人才集聚和产业提升发挥作用。协会第一届会员共111人，涵盖了全市各领域的文化创意人才。赵依芳当选为会长，钱峰、吴海燕、葛继宏、张钎、徐磊当选为副会长。

【文化创意企业家孵化工程培训班】杭州市文化创意企业家孵化工程培训班是市文创办、团市委联合主办，杭州文化创意产业研究中心、杭州大学生创业联盟、中国传媒大学文化发展研究院联合承办的公益性文化创意人才培训项目，于2011年7月启动。至2016年末，培训班已举办24

期，培训文化创意人才1150多人次。其中，2016年4期课程主要包括文化创意政策与趋势解读、商业模式、运营与管控、品牌与营销、团队修炼等五大体系内容，每期培训班10天，全年共培训学员190多人次。

【成长型文化创意企业家高端培训班】 杭州市成长型文化创意企业家高端培训班是由杭州市文化创意产业办公室、杭州市发展研究中心联合主办，杭州文化创意产业研究中心、杭州企业品牌发展促进会、中国传媒大学文化发展研究院联合承办的本土文化创意高端人才培育项目，致力于培育发展文化创意杭商品牌，推动区域、行业、企业的联动发展。培训班于2013年11月启动，已累计举办7期，培训文化创意人才350多人次。2016年举办2期，课程内容主要包括产业发展、品牌战略、团队建设、股权融资、国际课堂等，同时设置实地考察交流、现场教学等环节，每期8天，全年共培训学员100多人次。

【工艺美术大师薪火传承计划成果显现】 2012年，杭州加入联合国教科文组织全球创意城市网络，并被命名为“工艺和民间艺术之都”。为传承、保护本土民间工艺，杭州市实施“工艺美术大师薪火传承计划”。赵锡祥（萧山花边）、王文瑛（机绣）、嵇锡贵（陶瓷）、陈水琴（手绣）、朱炳仁（铜雕）等5位国家级工艺美术大师参与此计划并向社会公开招收学徒。2016年是该计划实施的第四年，24名徒弟中已产生2名市级工艺美术大师、5名工艺美术师、10名助理工艺美术师、5名区级“非遗”传承人、3名艺术硕士。

【创意力量大讲堂全年举办12期】 2010年，杭州市文化创意产业办公室搭建了一个面向在杭创意阶层“名家开讲、人人参与”的互动交流平台——“创意力量大讲堂”。至2016年末，大讲堂已累计举办70余期，直接受众达1.4万人。2016年举办12期，“开始众筹”创始人徐建军、快活人网络创始人张杨、浙江文化创意集团董事长钱峰、Uber杭州市场部杜冰、中国人大商学院教授黄卫伟等专家、学者及行业领袖为杭州本土的创意阶层传授成功做法、分享前沿资讯、解读产业趋势与政策。2016年，大讲堂的场均听众人数达到150人次，辐射人群2000多人次。

【杭州文化创意人才招聘会】 2013年11月16日，由杭州市城市品牌工作指导委员会办公室、杭州市文化创意产业办公室、杭州市就业管理服务局、浙江传媒学院主办，杭州成长型企业品牌促进会等单位承办的杭州市首场文化创意人才招聘会在浙江传媒学院启动。2016年5～12月，第五届杭州文化创意人才招聘会系列活动分别在浙江传媒学院（桐乡校区）、浙江传媒学院（下沙校区）和中国美术学院（象山校区）举办，招聘会共吸引了全国1000多家用人单位参展，提供岗位2万余个，1.25万名大学生参与应聘，5300多人与用人单位达成就业和实习意向。

【10人获“杭州市优秀青年建筑结构师”称号】 由市文创办、市城乡建委指导支持，市勘察设计行业协会组织实施的“杭州市优秀青年建筑结构师”选拔和培养工作于2015年11月启动。经过层层选拔，10名青年建筑结构设计师脱颖而出，自2016年3月起接受国内课程学习，先后赴国内其他城市进行实地考察学习，并于10月赴日本知名设计事务所进行为期9天的学习考察，最终获“杭州市优秀青年建筑结构师”称号。

【杭州市工业设计师发现与培养计划】 为贯彻落实《杭州青年设计师发现计划》，有序推进优秀青年工业设计师的选拔培养等工作，2016年，通过前期杭州市工业设计精英人物评选活动，16名优秀工业设计师脱颖而出，并于3月赴意大利米兰进行为期半个月的学习培训，学习国外先进的设计和创新理念、设计方法以及优秀的企业经营模式，传播杭州的工业设计和中国优秀传统文化。4月26日，杭州工业设计师赴米兰培训成果分享会在杭州和达创意产业园加号众创空间举办。

【杭州市优秀广告人才培养计划】 为贯彻落实《杭州青年设计师发现计划》，进一步做好杭州市优秀广告人才的选拔及培养工作，由杭州市市场监督管理局和杭州市文化创意产业办公室指导支持，杭州市广告协会举办杭州优秀广告人才培养计划。2016年11月，杭州市广告协会印发《关于做好第四期赴境外参加广告培训人员推荐工作的通知》，选拔2015“创意杭州”金水滴奖金奖、银奖获得者赴境外培训。18名优秀广告设计师脱颖而出，计划于次年3月赴澳洲进行集中培训。

【影视高端人才选拔与境外培养活动】 2016年10月8日至11月6日，由浙江省新闻出版广电局、浙江省人力资源和社会保障厅主办，杭州市文化创意产业办公室协办，浙江华策影视育才教育基金会承办的浙江省第四批影视高端人才国际制片人培训班一行20人在英国伦敦威斯敏斯特大学进行为期30天的影视国际化制片人培训。学员们学习了英国影视产业发展概况和影视创作流程。培训期间，浙江博采传媒有限公司、浙江华策影视股份有限公司负责人与英国相关机构达成初步合作意向。

（市文创办）

责任编辑　蔡建明

会展业综述

【杭州会展业国际化水平提高】2016年，G20杭州峰会成功举办，展现杭州承办大型会议活动的能力和水平，为杭州会展业跨越发展提供了重大机遇。杭州以着力打造国际会议目的地城市为主要抓手，进一步打响全球会议目的地品牌，提升展会国际化水平。全年在展览专业场馆举办展览204个，展览总面积197万平方米，展览总数及展览总面积均比上年(指2015年，下同)有所减少。单个展览平均展览面积9657平方米，增长12.3%。举办会议13103个，增加540个，增长4.3%。其中，国际会议336个，占2.6%。杭州西湖国际博览会(简称西博会)期间举办节庆活动9个，观众1097.8万人次。年内，杭州获“2015～2016年度中国会展名城”“2016年度中国十佳品牌会展城市”“2016中国年度十大活力休闲城市”等荣誉。

【会展业“十三五”规划完善】2016年，杭州市进一步完善会展业发展“十三五”规划。规划提出要把握杭州作为G20峰会、亚运会等国际重要会议、赛事举办地契机，积极发挥杭州的城市地位优势、区位优势、产业优势和政策优势，坚持以会带展、以展促会，突出会展业国际化主线，全面推进会展业专业化运营、市场化转型、品牌化提升、智慧化应用、生态化发展，推动会展业与城市定位协调、与城市品牌互动、与产业特色融合。计划通过5年左右时间，建设提升“一核五心”高品质会展设施，引进10个国际知名会展机构，打造30个知名会展品牌，培育10个会展龙头企业，培养引进50名以上会展领军人才。到2020年，杭州会展业的国际化水平得到明显提升，“智慧会展”建设卓有成效，市场化运作机制基本形成，品牌知名度进一步扩大，专业化运作能力和会展企业竞争力明显增强，努力建设全球知名的国际会议目的地、国内一流的展览中心城市、地方特色显著的节庆之都、中国会展业标准化示范城市、最具影响力的中国会展人才培养基地。

【中国城市会展发展大会】2016年10月13～15日，第八届中国城市会展发展大会在杭州雷迪森广场酒店举行。大会由中国会展经济研究会和杭州市政府主办，杭州市发展会展业协调办公室、杭州市会议展览业协会

2016年杭州市展览规模分类情况

表25

展览规模(平方米)	展览数(个)	占展览总数的比例(%)
5 000以下	97	47.55
5 000～10 000	26	12.75
10 000～20 000	58	28.43
20 000以上	23	11.27

2016年杭州市展览项目构成情况

表26

项目构成	展览数(个)	占展览总数的比例(%)
国际性展览	53	25.98
全国性展览	115	56.37
地方性展览	36	17.65

2016年杭州市举办会议情况

表27

项　目	数　量
举办会议数(个)	13 103
其中:国际性会议(个)	336
会议营业收入(亿元)	1.41
接待会议代表人数(万人次)	119
其中:境外代表人数(万人次)	4.5

和浙江大学城市学院承办，以“国际峰会，提升城市国际化”为主题，举办中国会展人西湖沙龙、全国会展中心城市对话交流会、全国会展领军企业对话交流会等活动，旨在为前沿的会展理念搭建一个发布平台，为优秀的会展项目搭建一个合作平台，为中国会展人才培养搭建一个交流平台。省委常委、市委书记赵一德到会致辞。大会围绕“抢抓G20峰会机遇，实现杭州市‘十三五’会展业跨越式发展”主题进行交流发言。国内会展中心城市、知名会展企业及各会展院校约300名代表参会。

【杭州会展人才交流会】 2016年11月12日，杭州会展人才交流会在浙江大学紫金港校区举行。交流会由市政府主办，市发展会展业协调办公室、市会议展览业协会承办，以“紧抓后G20发展劲头，加强会展人才储备培养”为主题，举办会展人才招聘会、第三季“勇往职前”现场招聘及会展企业“走进校园”宣讲等活动。会展人才招聘会吸引杭州国际博览中心、浙江米奥兰特会展有限公司、杭州嘉诺展览有限公司等30多个会展企业及浙江大学城市学院、宁波万里学院、义乌工商学院等10多所浙江省高校的500多名会展专业学生参与。第三季“勇往职前”现场求职活动吸引来自8所高校推荐的14名会展专业的优秀毕业生，其中13人现场与企业达成就业意向。交流活动为高校会展专业毕业生和市会展业相关企业提供双向交流平台。

【中国（杭州）休闲发展国际论坛】 2016年10月14～15日，中国（杭州）休闲发展国际论坛在杭州雷迪森广场酒店举行。论坛由市政府和小康杂志社主办，休闲杂志社承办，以“大健康与休闲产业”为主题，以国家现行经济政策及休闲产业发展状况为背景，设置大健康与休闲生活、移动互联网与休闲产业发展、休闲旅游投资峰会、新常态下城市休闲与产业发展、休闲活力与名城行、“共建美丽乡村”投融资峰会6场分论坛，全国300多位专家、学者到会讨论和交流。休闲发展论坛集国际性、权威性、学术性、互动性和多元化于一体，是国内最早以休闲为主题并引领产业走向的国家级大型论坛。 （陶　梁）

西湖国际博览会

【西湖国际博览会概况】 2016年10月14～31日，以“发挥后G20效应，增强西博会活力”为主题的第十八届中国杭州西湖国际博览会在杭州举行。会期内，策划举办G20杭州峰会文化主题展、浙商·财经国际论坛、中国杭州市民休闲节等33个重点会展项目，实现贸易成交额108.74亿元，引进内资276.1亿元，引进外资10.23亿美元。来自40多个国家和地区的中外嘉宾、客商、市民和游客近1200万人次参加西博会各项活动。在国内合作城市、杭州都市圈城市和“长三角”地区城市设立南浔、德清、安吉、诸暨、上虞、余姚、磐安、武义、龙泉、海宁、江山、朱家尖、嵊泗、枫泾、昆山、铁岭、徽州、黔东南州18个分会场，带动相关区域会展经济发展。

2016年10月14～31日，第十八届西博会市民休闲节在杭州举行

（范思成　供稿）

【G20杭州峰会文化主题展】 2016年10月14～16日，G20杭州峰会文化主题展在浙江世贸国际展览中心举行。展览以“G20峰会让杭州更美好”为主题，设立“峰会的现场”“杭州更美好”“峰会的用品”“峰会的志愿者”“峰会的演出”“峰会的保障”“峰会的纪念”7个板块，通过具有创意性和互动性的展陈方式为参观者营造G20杭州峰会实景氛围，利用信息技术、多媒体技术、网络技术等高科技手段，实现展品的实物陈列与数字化展示体验，并以虚实结合的艺术化手段，展现杭州各行各业与社会公众全力筹办峰会的精神财富，向市民和游客宣传展示峰会盛况及峰会带来的城市变化。省委常委、市委书记赵一德，副省长梁黎明，市委副书记、市长张鸿铭等领导在世贸君澜大饭店会见德国前总统霍斯特·科勒等参加西博会相关会议论坛的嘉宾。会见结束后，省、市领导与部分嘉宾共同为西博会启幕。

【市民休闲节】 2016年10月14～31日，第十八届西博会市民休闲节在杭州举行。休闲节以“美丽杭州，品质休闲”为主题，以西博会国际旅游节、中国（杭州）美食节为特色内容，在吴山广场主场所设区县（市）休闲荟萃、G20峰会美食、G20峰会会议用品、休闲文化、休闲海淘、休闲旅游、休闲演艺及西藏那曲展团、韩国展团九大板块。各区县（市）联动举办余杭大径山国家公园文化节、富阳永安山第十一届滑翔嘉年华、淳安千岛湖骑游大会、建德新安江九姓渔民水上婚礼等13项具有鲜明地域特色的休闲文化活动，集中展示“后峰会”杭州休闲发展新理念、新方式、新途径、新成果，营造西博会节日气氛。休闲节吸引140多万人次参与，拉动消费3000万元。

【浙商·财经国际论坛】 2016年10月14日，浙商·财经国际论坛在杭州举办。借助西博会高端平台，依托杭州优势的生态资源，论坛汇聚全球500多名各界著名人士，共同探索新时期全球和中国增长新动能，展望“新经济”对社会经济发展带来的全新变化，搭建金融行业服务实体经济的桥梁，同时也为杭州打造世界名城提供重要支撑。省委常委、市委书记赵一德，副省长梁黎明出席并致辞，德国前总统、国际货币基金组织前总裁霍斯特·科勒，国际货币基金组织前副总裁朱民，全国政协常委、经济委员会副主任、工业和信息化部原部长李毅中出席并发表主旨演讲。（陶　梁）

重要会展

【中国国际动漫节】 2016年4月27日至5月2日，第十二届中国国际动漫节在杭州举行。该届动漫节以“更国际，更动漫”为主题，设立1个主会场和12个分会场，围绕会展、论坛、商务、赛事、活动5个板块组织59项活动，吸引80个国家和地区参与，首次实现五大洲全覆盖。2531个中外企业机构、5300多名客商和专业人士参展参会；138.15万人次市民、游客参与各项活动，其中主会场35.87万人次。达成签约交易、意向合作项目948项，涉及金额129.37亿元；实现消费额22.26亿元，合计151.63亿元。

【横渡钱塘江活动】 2016年9月24日，横渡钱塘江活动在钱江新城城市阳台举行。横渡活动设置群众性横渡和公开水域游泳大奖赛两大部分，其中群众性横渡的参与者从钱塘江南岸杭州奥体中心前新建成的码头下水，游至北岸的钱江新城城市阳台，全程约1200米。公开水域游泳大奖赛设少年团体，青年男、女和成年男、女5个组别，在北岸进行绕标比赛。参与的选手均经过严格选拔，共有1975人报名参加，其中外籍人员5人。活动现场邀请知名书画艺术家，为优胜者创作书画艺术品。

2016年10月13～16日，杭州·云栖大会在云栖小镇国际会展中心举行
（市西博办 供稿）

【云栖大会】 2016年10月13～16日，杭州·云栖大会在云栖小镇国际会展中心举行。大会以“飞天·进化”为主题，议题涵盖云计算、大数据、人工智能、芯片技术、数据库、生物识别等前沿领域，集中向世界展示国内科技的创新力量。会议设置2个主论坛、102场峰会和分论坛，安排云栖夜跑、汽车拉力赛、音乐会等特色活动。设展位350个，展览总面积2万多平方米，来自58个国家和地区的1035名国际嘉宾参会，全球近400个科技公司展出前沿科技成果，微软、惠普、软银、沃达丰、日立等国际公司参与现场交流。参会人数8.46万人次，超过700万人在线观看大会直播。云栖大会成为国内云计算领域水平最高、规模最大的开发者盛会。

【工艺美术精品博览会】 2016年10月13～17日，中国（杭州）工艺美术精品博览会在杭州和平国际会展中心举行。100多位国家级、省级、市级工艺美术大师与民间手工艺人携近1万件作品参展，展示产品包括陶瓷、玻璃、首饰、水晶、雕塑、抽纱刺绣、纺织纤维、皮雕、民间工艺品、古典家具等，其中蕴含G20杭州峰会元素的工美精品成为展会亮点。创新引入“匠二代”“五大名窑”等主题展览，在推出大师精品的同时，通过展示匠物，感受手艺人的手作痕迹和匠人的传承力量，让美扎根于生活的实用之中。

【国际汽车工业展览会】 2016年10月13日，第十七届中国杭州国际汽车工业展览会在杭州国际会展中心举行。10月13～17日（第一季）车展以日韩合资品牌和国产品牌为主，10月26～30日（第二季）以欧美合资品牌、高端豪车品牌和新能源汽车为主。两季有近70个汽车品牌厂家参展，吸引13.2万人次观展，现场成交汽车7429辆，成交量比上届增长14.8%；成交金额11.4亿元，成交车辆均价15.33万元。

【新生代企业家论坛】 2016年10月14日，以“G20杭州峰会背景下的创新与增长”为主题的新生代企业家论坛在黄龙饭店举行。德国前总统、国际货币基金组织前总裁霍斯特·科勒，宏观经济学家向松祚，浙江大学全球浙商研究院院长吴晓波等出席并发表主题演讲，专家学者就G20和B20峰会打开全新机会窗口的背景下，企业如何顺应国际化发展，新生代企业家群体性如何创业创新等话题开展对话交流。论坛发布2016年杭州市新生代企业家蓝皮书——《杭州市新生代企业家发展现状调查报告：年轻一代崛起的新动力》。

【英国《金融时报》中国高峰论坛】 2016年10月14日，英国《金融时报》中国年度高峰论坛在杭州世贸君澜大饭店举行。论坛以“时局与前瞻：亚洲经济新时代”为主题，邀请专家

第十八届(2016)中国杭州西湖国际博览会会展活动项目

表28

序号	项目名称	主办、承办单位	举办时间
1	横渡钱塘江	杭州市体育局、杭州市西博办、共青团杭州市委、杭州青少年活动中心、杭州市救生打捞协会	9月24日
2	第八届中国城市会展发展大会	中国会展经济研究会、杭州市政府、杭州市会展办、杭州市会议展览业协会、浙江大学城市学院	10月13～15日
3	杭州·云栖大会	杭州市政府、阿里巴巴集团、西湖区政府、杭州市经信委、杭州市西博办、阿里云计算有限公司、云栖联盟	10月13～16日
4	中国(杭州)工艺美术精品博览会	中国轻工业联合会、杭州市政府、杭州日报报业集团	10月13～17日
5	第十七届中国杭州国际汽车工业展览会	中国机械工业集团有限公司、杭州市政府、浙江省汽车行业协会、浙江中汽会展有限公司、中国汽车工业国际合作有限公司、海外海集团	10月13～17日(第一季)、10月26～30日(第二季)
6	浙商·财经国际论坛	杭州市政府、浙商银行、浙商国际金融资产交易中心、浙江日报报业集团、《财经》杂志社、浙江在线	10月14日
7	国际大学创新与投资合作论坛	商务部投资促进事务局、杭州市政府、国际大学创新联盟、杭州市西博办、杭州市经信委、杭州市科委、杭州市商务委、杭州市经合办	10月14日
8	新生代企业家论坛	杭州市政府、杭州市委统战部、杭州市工商联、杭州市西博办、杭州市经合办	10月14日
9	英国《金融时报》中国年度高峰论坛	杭州市西博办、英国《金融时报》、FT中文网	10月14日
10	智慧能源产业创新暨储能技术应用国际论坛	中国智慧能源产业技术创新战略联盟、杭州市西博办、杜塞尔多夫展览(上海)有限公司、中关村国标节能低碳技术研究院、北京航空航天大学智慧能源产业技术研究中心	10月14日
11	中国(杭州)休闲发展国际论坛	杭州市政府、《小康》杂志社、《休闲》杂志社	10月14～15日
12	“西湖论健”国际高峰论坛	杭州市西博办、杭州经济技术开发区管委会、杭州健培科技有限公司	10月14～15日
13	G20杭州峰会文化主题展	杭州市委、杭州市政府、杭州市委宣传部、杭州市城管委、杭州市西博办、杭州市卫计委、杭州市外办、杭州市交通运输局、共青团杭州市委、杭州市商旅集团	10月14～16日
14	中国国际丝绸博览会暨中国国际女装展览会	商务部、杭州市政府、中国丝绸协会、杭州市经信委、中国纺织进出口商会	10月14～16日
15	第六届中国(杭州)大学生创意生活节	杭州市政府、浙江大学、中国美术学院、浙江大学城市学院、杭州市西博办、浙江育英职业技术学院	10月14～16日
16	第十八届西博会中国杭州市民休闲节	杭州市西湖博览会组委会、杭州市西博办、杭州市旅委、杭州西湖风景名胜区管委会、杭州市商务委、杭州市体育局、杭州市文广新闻出版局、杭州文广集团、杭州日报报业集团、各区县(市)政府	10月14～31日
17	西博会国际旅游节	杭州市西湖博览会组委会、杭州市旅委、杭州西湖风景名胜区管委会、杭州之江国家旅游度假区管委会、钱江新城管委会、杭州市西博办	10月14～31日
18	中国(杭州)美食节	杭州市政府、中国饭店协会、杭州市商务委	10月14～31日
19	第三届中国民间艺术产业示范展	中国民间文艺家协会、杭州市西博办、杭州市文联、中国民间艺术产业示范基地、上城区政府	10月15日
20	第二届世界杭商大会	杭州市委、杭州市政府	10月18～21日
21	第二届浙江国际健康产业博览会	浙江省卫计委、浙江省发改委、浙江省经信委、浙江省健康服务业促进会、浙江省医疗卫生国际合作发展中心、浙江省卫生信息学会、钱江报系有限公司	10月20～22日
22	第十届(2016)中国杭州文化创意产业博览会	杭州市政府、中国美术学院、浙江大学、杭州市委宣传部、杭州市西博办、杭州市文创办	10月20～24日
23	首届中国大运河国际高峰论坛	杭州市政府、中国新闻社、杭州市运河集团、中国新闻社浙江分社、杭州市旅委、杭州市西博办	10月21日

续表28

序号	项目名称	主办、承办单位	举办时间
24	中国大运河庙会	杭州市政府、拱墅区政府、下城区政府、余杭区政府、杭州市委宣传部、杭州市西博办、杭州市园文局(杭州市运河综保委)、杭州市旅委、杭州市文广新闻出版局、杭州市运河集团	10月21～23日
25	中国国际休闲产业博览会	杭州市政府、杭州市西博办、杭州市贸促会、杭州市旅委	10月21～24日
26	第四届(2016)中国国际棋文化博览会	中华全国新闻工作者协会、中国围棋协会、中国棋院杭州分院、浙江省新闻工作者协会	10月22日至11月14日
27	第四届西湖国际海水淡化与水再利用大会	中国海洋学会、中国海洋学会海水淡化与水再利用分会、中国工程院、国际脱盐协会	10月23～25日
28	中国(杭州)国际电子商务博览会	杭州市政府、浙江省商务厅、中国电子商务协会、杭州市商务委	10月27～30日
29	第六届国际(杭州)毅行大会	杭州市委宣传部、杭州市体育局、杭州市西博办、都市快报社、杭州力尚体育策划有限公司	10月29日
30	第十八届中国国际西湖情玫瑰婚典	浙江省青联、共青团杭州市委、杭州青年文化传播有限公司	10月30日
31	“大美杭州 品质生活”——2016年杭州“一地一品牌”活动体验季	杭州市西湖博览会组委会、杭州市西博办、各区、县市(市)政府	10月至12月
32	杭州·亚洲设计管理论坛暨亚洲生活创新展	杭州市政府、中央美术学院、杭州西博文化传播有限公司	11月3～7日
33	第十九届(2016)西湖艺术博览会	中华文化促进会、浙江省文联、钱江晚报社、浙江省文化产业协会、浙江省文化艺术发展有限公司	11月3～7日
34	中国(杭州)互联网金融博览会	浙江省电子商务促进会、新华网浙江频道、杭州微派会展有限公司	11月4～6日
35	第三届中华茶奥会	中国国际茶文化研究会、杭州市政府、中华全国供销合作总社杭州茶科院、杭州市茶文化研究会、中国茶叶博物馆、浙江经贸职业学院、杭州市茶产业协会	11月4～6日
36	中国城市学年会	杭州国际城市学研究中心、浙江省委党校、浙江省社科联	11月5～6日
37	西湖国际儿童艺术节	杭州市西博办、浙江省音乐家协会、浙江电视台、中国舞蹈家协会、浙江省教育厅艺术教育委员会	11月6～7日
38	浙江·杭州国际人才交流与项目合作大会	浙江省委、浙江省政府、浙江省委组织部、浙江省人力社保厅、杭州市委、杭州市政府	11月8～11日
39	浙江国际养老服务业博览会	浙江省老龄工作委员会、浙江省民政厅、浙江省商务厅、浙江省残联、浙江省贸促会、浙江省商贸业联合会、浙江省老年服务业协会、浙江省社会福利协会	11月11～14日
40	中国·长三角国际体育休闲博览会	浙江省体育局、上海市体育局、江苏省体育局、安徽省体育局、浙江省体育产业联合会、黄龙体育中心、杭州市西博办	11月18～20日
41	首届中国国学产业经济峰会	浙江国学研究与交流中心、浙江省中小企业协会、浙江汇茂文化传播有限公司	11月29日至12月1日

说明:2016年举办的会展活动均作为西博会的会展项目

学者和企业家与会就2016年度经济社会热点问题展开交流和探讨。论坛期间,举办“首席经济学家圆桌:中国的G20使命与未来亚洲经济”“中国风向标——金融科技在中国”和“FT创新经济对话:硅谷遇上中国”3场圆桌讨论。来自国内外企业、商会、商学院及媒体的350多名代表参会,共同探讨全球经济治理前景和G20峰会对杭州城市形象和产业结构的提升作用。

【国际大学创新与投资合作论坛】 2016年10月14日,国际大学创新与投资合作论坛在浙江世贸君澜大饭店举行。论坛以“互联网+文化创意”为主题,旨在促进国际知名高校、企业与国内大学、各类园区、创新企业间交流和合作,共同探讨文化创意与创新发展,推动创新成果产业化。昆山杜克大学常务副校长丹尼斯·西蒙、牛津大学企业家协会创业导师艾汐、日本动漫大师尾崎正善等嘉宾到会并发表主题演讲。中国、美国、英国、日本、新加坡等国家约100人出席论坛。

【“西湖论健”国际高峰论坛】 2016年

10月14～15日，“西湖论健”国际高峰论坛在杭州洲际大酒店举行。中国工程院院士、浙江省卫生厅原厅长李兰娟，中国科学院院士、第三世界科学院院士、“长江学者”特聘教授贺林，日本医学成像和信息科学协会主席藤田広志，阿里云医疗首席架构师李虹，健培科技公司CEO程国华等专家、学者，围绕“让科技回归医疗本身”主题，进行圆桌对话，重点讨论IT科技如何为肿瘤治疗、人工智能医疗、大数据医疗等提供更有效的科技支持。中国、美国、日本、印度的医学界院士、专家学者、IT界专家、医疗健康企业家、媒体代表及政府领导人800多人参会。该论坛是国内首个医疗跨界学术交流平台，通过聚集国内外医疗界、IT界、资本界等领域专家，共同探讨如何实现“医疗+IT”的创新和创业。

【国际丝绸博览会】 2016年10月14～16日，中国国际丝绸博览会暨中国国际女装展览会在杭州国际博览中心举行。博览会以“变革、产业、未来”为主题，共同探讨“传统丝绸行业如何走工业4.0之路”“丝绸产业的供给侧改革该怎么做”“丝绸创新应用”“丝绸作为国粹如何走向全球市场”等热点话题。博览会展出面积2万多平方米，设立丝绸服装、丝绸面料、丝绸礼品、丝绸家纺、智能设备、设计师与面料SHOWROOM、服务资讯8个展区，拥有标准展位550多个，展品覆盖整个丝绸产业链。来自意大利、法国、英国、美国等15个国家和地区的260多个品牌参展。其间，举办论坛、丝绸秀、产销对接会等活动20多场。接待国内16个省、市的服装企业和海外专业丝绸采购商等专业观众8778人，其中现场登记观众5642人，达成意向成交金额2.8亿元。

【世界杭商大会】 2016年10月18～21日，第二届世界杭商大会在杭州国际博览中心举行。大会组织先进杭商表彰、高峰论坛、重大项目开工、创新技术推介、创客大赛等活动，800多名海内外杭商代表参会，共同谋划杭州建设世界名城的发展之路、杭商自身发展与助力杭州发展的创新之路、世界经济从杭州再出发的开放之路。开幕式上，16个重点内资项目签署合作协议，总投资额276.1亿元，引进外地资金232亿元，项目涉及新材料、新能源、金融服务、智慧物流、航空服务、旅游休闲、装备制造、研发科技等领域。在杭州市2016年第三批重大项目暨浙商回归重大项目集中开工仪式上，有浙商回归项目17个，总投资376.7亿元。

【浙江国际健康产业博览会】 2016年10月20～22日，第二届浙江国际健康产业博览会在浙江世贸国际展览中心举行。博览会以“服务民生健康浙江”为主题，举办浙江国际健康产业高峰论坛、浙江省健康产业项目推介会、浙江省医院大会及分论坛、医养结合国际高峰论坛、健康保险和健康管理融合发展高峰论坛等16场系列活动。吸引华东医药集团、杭州思创医惠集团、中国人寿保险公司、中国移动公司、江南养生文化村、杭州东部医药港小镇等120多个单位参展，展览面积近1万平方米，博览会展出国内外健康产业的前沿产品与项目。

2016年10月14～15日，“西湖论健”国际高峰论坛在杭州洲际大酒店举行 （市西博办 供稿）

【中国杭州文化创意产业博览会】 2016年10月20～24日，第十届(2016)中国杭州文化创意产业博览会(简称文博会)在杭州举行。博览会以“融——智慧科技，创意生活”为主题，主会场设在杭州白马湖会展中心，同时在杭州创意设计中心、杭州西溪天堂、滨江海创园、杭州和平国际会展中心、杭州桐庐分水笔业国际博览中心设立5个分会场。主会场设有“创意设计馆”“文化生活馆”两大主题馆和“坐标系”“IN杭州”“两岸精品”“最设计”等八大展区，展陈面积6.5万平方米，集中展示国内外最新创意设计成果，中国国家博物馆首次参展。主会场设置“十周年回顾”展区，通过图片、视频、实物等手段，让参观者一同见证杭州文博会、杭州文创产业10年的发展历程。文博会完成签约项目135个，实现现场成交及意向成交(含项目融资)金额67.38亿元。33.95万人次参与各项活动，其中主会场观众22.6万人次，专业观众占70%以上。

【中国大运河庙会】 2016年10月21～23日，中国大运河庙会在京杭大运河杭州景区举行。该届庙会分设运河天地、运河广场、桥西历史街区、大兜路历史街区、西湖文化广场、小河直街、塘栖古镇七大会场，举办中式集体婚礼、民国风情秀、各类集市、奇妙3D街头绘画、创新手工艺等活动，集中展示运河沿线城市的地域文化和特色产品。其间，举办以“游运河·通文脉·活世遗”为主题的首届中国大运河国际高峰论坛，围绕后“申遗”时代“如何开展对中国大运河活态遗产的保护和传承”“旅游如何促进世界性遗产的活化和可持续发展”等议题开展讨论。

【中国国际休闲产业博览会】2016年10月21~24日，中国国际休闲产业博览会在杭州和平国际会展中心举行。博览会以"休闲生活"为主题，多方位展示休闲理念和休闲产业、产品，展览面积1万多平方米，展品有户外用品、旅游商品、进口食品、家具用品、工艺品及珠宝、各种酒类等。印度、波兰、斯洛伐克、德国、斯洛文尼亚、阿根廷、菲律宾、印度尼西亚、加拿大等12个国家的32个机构、企业及200多个国内企业参展。接待观众8万多人次，其中专业观众占10%。

【国际电子商务博览会】2016年10月27~30日，中国(杭州)国际电子商务博览会在杭州国际博览中心举行。博览会以"共享机遇、融通世界"为主题，举办"博鳌亚洲论坛——2016全球电商领袖峰会"等11场论坛，设立"电商名企馆""跨境电商体验馆""电商园区(城市)馆""电商杭州馆""智慧应用馆""畅销网货馆"六大展馆，展览总面积1.6万平方米、设标准展位850多个，博览会全面展现国内外电子商务发展的创新成果和发展趋势。2000多位政界、学界、电子商务界、投资界和金融界的官员、专家学者及企业高管，220多位来自德国、美国、加拿大、意大利、日本、韩国、新西兰、丹麦、西班牙、俄罗斯、荷兰等17个国家和地区的业界人士，国内31个省、区(市)的80多个城市代表团，近700个电子商务企业及100多个金融、投资机构参展参会。6万多人次专业客商在展馆现场及博览会官网参观、参会，逾200万人次客商线上参与活动。

【国际(杭州)毅行大会】2016年10月29日，第六届国际(杭州)毅行大会在钱江新城市民中心南广场举行出发仪式，1.5万人报名参与。毅行大会以"杭州与世界同行"为主题，以传播健康文化，倡导品质生活为理念，毅行线路在保留原有经典景观的基础上，涵盖更多的杭州城市新景观。毅行活动起点设在钱江新城市民中心南广场，5千米和15千米终点设在G20杭州峰会会址杭州国际博览城，30千米和50千米终点设在湘湖湖山广场，途经杭州6座钱塘江大桥和杭州"最美跑道"，部分线路途经152公顷杭州"最美花田"，把最美的杭州城市风景线凝聚于毅行全程。自7月活动新闻发布会召开后，杭州毅行开启世界环球之旅，分别在纽约、新加坡、悉尼、多伦多等15个国家20多个城市举行毅行联动活动。

【亚洲设计管理论坛】2016年11月3~7日，杭州·亚洲设计管理论坛暨亚洲生活创新展在杭州锅炉厂老厂房举行。论坛以"开放"为主题，举办15场专业论坛，李淳寅、欧阳应霁、田中一雄、陈俊良等来自日本、新加坡和中国香港、中国台湾等地的著名设计师，以及110多位国际嘉宾做演讲与现场分享。展览以"回归生活的艺术"为主题，"天猫""蘑菇街""海彼购""九口山"等300多个本地和外来创意品牌参展。其间举办150多项现场活动，并打造2万平方米梦幻体验展区，以沉浸式的观展体验，实现展示品牌与观众的充分交流，为设计创意企业展现跨界融合的全新理念。近10万人次参与各项活动，其中专业观众超过1.2万人次;350万人次通过互联网直播和微信参与活动。

【西湖艺术博览会】2016年11月3~7日，第十九届(2016)西湖艺术博览会在杭州和平国际会展中心举行。博览会设置邀请展、主题展、推荐展、机构展、外围展和艺术活动六大板块，内容涵盖国画、油画、版画、水彩、书法、雕塑、陶瓷等艺术品类。展览面积2万平方米，标准展位1000个，100多个海内外画廊和艺术机构展出原创艺术品。其间，举办西方现代艺术展、西方艺术大师原作展和东方当代艺术展3场展览。

【国际人才交流与项目合作大会】2016年11月8~11日，浙江·杭州国际人才交流与项目合作大会在杭州国际博览中心举行。来自23个国家和地区的547名海外人才、外国专家和社团组织代表，携480多个具有前瞻性和技术含量的项目参会交流、寻求合作。海外人才中博士338人、硕士136人，其中海外工作10年以上20年以下的147人、20年以上的90人。项目涉及电子信息、生物医药、新能源、新材料、环保、高端制造业、文化创意、现代农业、现代服务业领域。大会自2009以来为第八次举办，大会影响力辐射到全球范围，成为杭州乃至浙江招揽海外高层次人才的重要平台和"金名片"。（陶　梁）

会展场馆

【会展场馆概况】2016年，杭州有浙江世贸国际展览中心、杭州国际博览中心、杭州和平国际会展中心、杭州国际会展中心、杭州白马湖会展中心、杭州海外海国际会展中心等主要专业会展场馆，场馆总面积36.58万

2016年10月29日，第六届国际(杭州)毅行大会出发仪式在钱江新城市民中心南广场举行　（王　川　供稿）

2016年11月3～7日，杭州·亚洲设计管理论坛暨亚洲生活创新展在杭州锅炉厂老厂房举行 （郑祖林 供稿）

平方米，其中杭州国际博览中心新投入使用，增加展览面积9.78万平方米。全年专业场馆举办展览204场，展出总面积197万平方米。

【杭州国际博览中心】 杭州国际博览中心位于钱塘江南岸、钱江三桥以东——萧山区钱江世纪城，与奥体中心共同组成杭州奥体博览中心。隶属于杭州奥体博览中心萧山建设投资有限公司，总占地面积19.7公顷，是集会议、展览、酒店、商业、写字楼5个业态的综合体。建筑面积85万平方米，展览面积9.78万平方米，分为10个展厅，可容纳国际标准展位4500个，具有全国首个最大无柱多功能厅，多功能厅面积1万平方米。西侧设有会议中心，有会议场地61个，会议面积1.8万平方米，含2500人的多功能厅、1000人的报告厅和若干大、中、小型会议室和贵宾接待室，同时兼顾宴会功能，满足承办国际、国内大型会议的需要，为大型会议的召开提供全套服务。城市会客厅球形直径60米，包括会客厅大厅、6个附属会议室和2个贵宾休息室，可满足最高等级接待要求。作为配套活动空间的空中花园总面积6万平方米，与七甲河、钱塘江构成多层次的绿化空间体系。场馆于2016年9月投入使用，G20杭州峰会在杭州国际博览中心举行。全年举办中国国际丝绸博览会暨中国国际女装展览会、中国（杭州）国际电子商务博览会等展览16个，展览总面积30.5万平方米。

【杭州和平国际会展中心】 杭州和平国际会展中心位于杭州市东新路、绍兴路、潮王路、建国路4条城市交通干道交会的黄金地段。建筑面积6.1万平方米，室内展览面积1.68万平方米，可容纳国际标准展位1000个，由杭州和平国际会展中心有限公司经营管理。2016年，举办中国（杭州）工艺美术精品博览会、中国国际休闲产业博览会、第十九届（2016）西湖艺术博览会等展览51个，展览总面积57.6万平方米。

【浙江世贸国际展览中心】 浙江世贸国际展览中心地处黄龙商务圈，交通便捷，配套设施完善，有展览面积1.4万平方米。由浙江世贸君澜酒店承包给浙江中博展览公司经营管理，是杭州市举办大型会展的主要场馆之一。2016年，举办G20杭州峰会文化主题展、第二届浙江国际健康产业博览会等展览12个，展览总面积9万平方米。

【杭州国际会展中心】 杭州国际会展中心又称杭州汽车城，由杭州海外海集团建设，建筑面积12.7万平方米，室内展览面积6万平方米，可容纳3000个国际标准展位，室外展览面积2万平方米。2016年，第十七届中国杭州国际汽车工业展览会在该会展中心举办，展览面积16.2万平方米。

【杭州白马湖会展中心】 杭州白马湖会展中心位于滨江区白马湖生态创意城，由滨江区政府投资。会展中心内标准展示厅、大型集中展厅、多功能厅、会议厅、贵宾厅、信息中心、餐饮、医疗、停车等设施配套齐全，可满足国际国内展览会议、企业年会、商业演出等各种活动需求。会展中心建筑面积近11万平方米，分为两个独立展馆，其中A馆面积4.07万平方米，B馆面积6.81万平方米，可设置近2000个国际标准展位。2016年，举办第十届（2016）中国杭州文化创意产业博览会、第十二届中国国际动漫节、第三十七届中国浙江国际自行车电动车展览会等展览20个，展览总面积38.6万平方米。

【杭州海外海国际会展中心】 杭州海外海国际会展中心位于杭州上塘路和德胜路交叉口，隶属于杭州海外海集团。室内展览面积1.5万平方米，展厅分3层，每层均为5000平方米，能容纳700多个国际标准展位。2016年，举办健康保健产业展览会、环保家庭建筑博览会、中国老年健康产业博览会等展览24个，展览总面积8.6万平方米。

【云栖小镇国际会展中心】 云栖小镇国际会展中心位于西湖区转塘浮山地块科海路西侧。一期工程于2015年10月投入使用，建筑面积2.02万平方米，包括能容纳6000人的国际会议中心和1.2万平方米的展览空间；二期工程在建。该会展中心专为网络会议建造，从设计到施工秉承绿色环保理念。2016年，杭州·云栖大会在该会展中心举办。 （陶 梁）

责任编辑 余显幕

旅游业综述

【旅游经济运行总体良好】 2016年，杭州市接待境内外游客14059.08万人次，比上年(指2015年，下同)增长13.54%；旅游总收入2571.84亿元，增长16.87%。全市旅游休闲产业增加值808.89亿元，增长13.3%，占全市GDP比重7.3%。全市乡村旅游共接待4511.26万人次，增长24%；经营收入37.93亿元，增长0.6%。全市旅游总收入、旅游总人数、旅游外汇收入均列全国15个副省级城市前三名。

旅游部门承担了G20杭州峰会景区和宾馆保障部工作，指导28家峰会重点接待酒店、19家配套酒店、11家B20工商领袖峰会接待备用酒店以及11家媒体接待与备用酒店设施改造。策划组织"迎G20峰会杭帮菜菜品及服务技能大赛"，推选出20道峰会菜点。配合完成12组元首配偶53次个性化考察参观。峰会期间，引导组织杭州市民出游520万人次，减轻峰会期间交通压力。

【接待入境旅游者363.23万人次】 2016年，杭州市接待入境旅游者363.23万人次，比上年增长6.3%；旅游外汇收入31.49亿美元，比上年增长7.5%。入境旅游者人数和外汇收入在全国15个副省级城市均列第三位，前两位分别是深圳和广州。

到杭旅游的外国人255.62万人次，增长7.5%，占入境旅游者总数的70.4%。其中：亚洲147.34万人次，占入境旅游者总数的40.6%；欧洲46.62万人次，占入境旅游者总数的12.8%；美洲37.92万人次，占入境旅游者总数的10.4%；大洋洲9.21万人次，占入境旅游者总数的2.5%；非洲及其他地区14.53万人次，占入境旅游者总数的4.0%。

到杭旅游十大客源国分别是韩国、美国、日本、马来西亚、新加坡、泰国、德国、英国、法国和加拿大，占全年接待外国人总数的67.1%，占全年入境旅游者总数的46.4%。

【出境旅游人数159.9万人次】 2016年，杭州市旅行社组织出境旅游人数159.9万人次，比上年增长6.1%。其中：出国旅游141.35万人次，增长13.2%，占出境游人数的88.4%。出境

2016年杭州市旅游接待境内外旅游总人数和总收入情况

表29

地　区	接待人数(万人次)	比上年(%)	旅游总收入(亿元)	比上年(%)
全　市	**14 059.08**	**13.54**	**2 571.84**	**16.87**
主城区	4 682.99	16.73	1 589.23	19.34
萧山区	1 993.35	6.02	249.43	6.10
余杭区	1 592.90	15.41	169.72	15.03
富阳区	1 070.42	12.52	94.88	13.70
桐庐县	1 321.03	14.87	135.28	14.33
淳安县	1 266.53	12.89	119.83	14.25
建德市	859.49	14.44	75.30	26.32
临安市	1 272.37	12.07	138.17	15.01

说明："主城区"指上城区、下城区、江干区、拱墅区、西湖区、滨江区，下同

2016年杭州市入境旅游人数和外汇收入情况

表30

地　区	接待人数(万人次)	比上年(%)	旅游外汇收入(万美元)	比上年(%)
全　市	**363.23**	**6.34**	**314 943.67**	**7.47**
主城区	300.37	8.03	294 836.19	8.41
萧山区	40.79	3.14	12 760.69	-1.29
余杭区	14.46	-12.79	4 374.28	-13.98
富阳区	1.62	-5.26	537.07	-1.50
桐庐县	2.08	14.92	835.51	18.46
淳安县	2.19	-8.37	720.89	-14.01
建德市	0.48	0.00	288.78	-3.84
临安市	0.83	-5.68	590.26	-12.36

2016年杭州市出境游十大主要目的地及旅游人数

表31

目的地	人数(万人次)	比上年(%)
日本	35.63	6.23
韩国	29.63	33.02
泰国	22.51	-18.43
越南	22.37	143.72
新加坡	5.40	47.29
马来西亚	5.32	124.30
印度尼西亚	4.79	-5.58
菲律宾	4.04	128.59
美国	3.75	-2.80
澳大利亚	3.00	8.11

2016年杭州市入境游十大客源国及旅游人数

表32

国　别	接待人数(万人次)	比上年(%)
韩国	64.91	3.55
美国	24.32	8.28
日本	20.60	-2.25
马来西亚	10.67	6.54
新加坡	10.39	5.50
泰国	9.61	7.14
德国	8.05	8.31
英国	6.92	10.67
法国	6.40	11.97
加拿大	4.99	13.32

游到达主要目的地依次为日本、韩国、泰国、越南、新加坡、马来西亚、印度尼西亚、菲律宾、美国、澳大利亚、柬埔寨、法国、意大利、新西兰、瑞士、德国、俄罗斯等。

【接待国内旅游者13695.85万人次】 2016年，杭州市接待国内旅游者13695.85万人次，比上年增长13.8%；旅游收入2362.64亿元，增长16.98%。到杭国内游客中省外游客占63.9%，省内游客占36.1%。从省外客源结构看，到杭游客以"长三角"地区为主，上海、江苏和安徽是主要客源地，占比分别为10.5%、10.1%和6.1%，其后依次是广东(4%)、江西(3.5%)、山东(3.2%)、河南(3.2%)、北京(2.9%)、福建(2.2%)和湖北(2.2%)。

(张文照)

旅游资源

【旅游重大项目投资238亿元】 2016年，杭州市纳入国家旅游局旅游项目库251个，实际投资超过238亿元，比上年增加69亿元。13个区县(市)中年度投资超过10亿元的有9个，超过30亿元的分别是萧山区、余杭区、桐庐县。萧山区"1010"工程项目累计投入资金36亿元。湘湖三期工程开园，国际博览中心建成开业。余杭区投资涵盖遗址整治、乡村国家公园、度假综合体、旅游新型业态。桐庐县14个乡镇(街道)新(续)建旅游休闲养生类项目105个，累计完成固定资产投资36.43亿元。淳安县投资额在500万以上的在建涉及旅游的项目70个。

【A级景区建设】 2016年，杭州市新增A级以上景区16个，其中AAA级7个，AA级9个。至年末，杭州共有A级以上景区70个，其中AAAAA级3个、AAAA级34个、AAA级24个、AA级9个。

杭州公园、景区(点)共接待13139.01万人次，增长6.4%；门票收入26.05亿元，增长3.0%。其中，A级景区接待10143.48万人次，下降2.5%；门票收入22.32亿元，增长5.7%。全市纳入统计监测的公园、景区(点)营业收入31.53亿元，增长0.3%。

【《杭州市旅游国际化行动计划(2016~2020年)》发布】 2016年12月9日，中共杭州市委、杭州市政府印发《杭州市旅游国际化行动计划(2016~2020年)》。文件从着力打造具有杭州特质的国际化旅游产品、全力提升国际旅游营销品质、加快建设与国际接轨的旅游服务体系、持续推进旅游目的地功能国际化、完善旅游目的地管理国际化、大力推进旅游目的地环境国际化六大方面入手，提出实施20项行动计划，目标是基本形成以国际化为引领的观光旅游、休闲度假、文化体验、商务会展"四位一体"的全域旅游新格局。

【"旅游+特色行业"融合项目推出42个旅游产品】 2016年，杭州市重点扶持美食、茶楼、演艺、疗休养、保健、化妆、女装、运动休闲、婴童、工艺美术等十大特色潜力行业项目73个，行业产品转化为旅游休闲产品有42个。其中，下城区6个，拱墅区6个，西湖区6个，滨江区5个，余杭区5个，富阳区5个，桐庐县3个，淳安县4个，建德市2个。

(张文照)

旅游管理与服务

【星级饭店累计186家】 至2016年末，杭州共有星级饭店173家，比上年减少13家。其中：五星级24家，四星级46家，三星级59家，二星级42家，一星级2家。全市星级饭店共有客房3.07万间、床位5.18万张，平均客房出租率57.6%，比上年下降1.45个百分点。平均房价393.96元/间，提高1.0%。全市纳入统计监测的宾馆饭店营业收入145.05亿元，增长0.44%。

【旅行社增至717家】 至2016年末，杭州共有旅行社717家，比上年增加32家。其中经营出境旅游业务的旅行社86家，增加23家。全市共有星级品质旅行社103家，其中五星级15家、四星级38家、三星级42家、二星级5家、一星级3家。杭州市旅行社全年营业收入184.23亿元,比上年增长22.4%。

【《杭州市旅游条例》修订】 2016年8月23日,杭州市第十二届人民代表大会常务委员会第三十九次会议审议通过《杭州市旅游条例》。12月1日,条例经浙江省第十二届人民代表大会常务委员会第三十五次会议批准,自2017年1月1日起施行。杭州市于2005年颁布《杭州市旅游条例》。此次修订新增15条、修改22条、删除12条,修订后的条例共56条。修订修改部分的内容涉及促进旅游业发展、监管旅游安全、规范旅游经营者行为、保障旅游者权益、在旅游区设立公安派出机构等诸多方面,落实带薪休假制度、重罚导游诈骗行为等市民关注的热点也纳入条例规定。

【杭州成为首批国家全域旅游示范区创建城市】 2016年2月1日,国家旅游局公布首批创建"国家全域旅游示范区"名单,北京市昌平区等262个市县成为首批国家全域旅游示范区创建单位,杭州市位列其中,成为浙江省9个示范区之一。全域旅游是将特定区域作为完整旅游目的地进行整体规划布局、综合统筹管理、一体化营销推广,促进旅游业全区域、全要素、全产业链发展,实现旅游业全域共建、全域共融、全域共享的发展模式。杭州在全国首次提出旅游全域化战略,市政府制定创建国家全域旅游示范区实施方案,推进旅游全产业融合,提出接轨国际品质的旅游全域化发展思路和杭州"后G20"旅游发展对策建议。杭州还计划推动旅游警察、旅游巡回法庭、工商旅游机构、旅游纠纷人民调解委员会的设立。

【"96123"呼叫服务实现全域化覆盖】 2016年,"96123"旅游呼叫中心完成与"G20杭州峰会96020多语平台"对接保障服务任务及"96123一体化"项目建设。依托各区县(市)旅游咨询分中心设立"96123"呼叫分中心,通过组建VPN话务局域网,全市旅游咨询实现"一号呼入、分区受理"。杭州旅游集散中心"96123"呼叫主中心的管理经验、运营模式、服务标准等向各区县(市)"96123"呼叫分中心延伸。

2016年国内旅游人数及收入分布情况

表33

地　区	接待人数(万人次)	比上年(%)	旅游收入(亿元)	比上年(%)
全　市	**13 695.85**	**13.75**	**2 362.64**	**16.98**
主城区	4 382.21	17.36	1 393.39	19.73
萧山区	1 952.56	6.09	240.95	6.10
余杭区	1 578.44	15.75	166.82	15.52
富阳区	1 068.80	12.55	94.52	13.74
桐庐县	1 318.95	14.87	134.72	14.28
淳安县	1 264.34	12.94	119.35	14.36
建德市	859.01	14.44	75.11	26.40
临安市	1 271.54	12.09	137.77	15.08

2016年杭州市公园景区接待人数及门票收入

表34

地　区	接待人数(万人次)	比上年(%)	门票收入(万元)	比上年(%)
全　市	**6 724.11**	**2.51**	**260 457.91**	**2.99**
主城区	3 680.48	2.62	126 996.21	6.90
萧山区	530.22	-11.98	37 100.35	-4.99
余杭区	547.40	17.86	12 494.84	-9.29
富阳区	270.50	-18.52	13 295.77	-9.48
桐庐县	280.40	-10.65	12 563.83	-15.00
淳安县	956.33	20.10	38 346.44	20.89
建德市	93.54	-9.70	3 389.92	-15.93
临安市	365.24	1.34	16 270.55	1.34

【旅游市场环境秩序整治】 2016年,杭州市依法加强旅游市场监管,规范和整治旅游市场秩序,构建和谐、有序的旅游市场环境。全年出动执法人员3.32万人次,处理"野导"166人次,拘留3人,罚款2万元。收缴涉及旅游的非法广告1.2万份。强化对旅游企业监管,检查旅游企业424个次,发出责令改正通知书28份,实施行政处罚10起。通过随团暗访等形式,开展旅游团队服务质量访查64批次。加强对旅游团队出行环节的检查,现场检查旅游团队1033个,查处违规导游93人次。全年收到各类旅游投诉、求助、咨询1589件,其中有责投诉210起,规定时限内结案率、反馈率100%。现场调解51次,退款和赔偿游客55.99万元。　（张文照）

【杭州企业组团参加中国国际旅游交易会】 2016年11月11～13日,中国国际旅游交易会在上海新国际博览中心举行,市商旅集团组织下属饮服集团(杭帮菜博物馆)、仁和酒店管理公司(天元大厦、新侨饭店、仁和饭店、五洋宾馆、五洋之星连锁酒店)、杭州西溪投资发展有限公司、黄龙饭店、印象西湖公司、旅游集散中心等11个旅游板块相关企业参加。展会期间,各企业以良好的服务水平以及优质的旅游产品,获得一致好评。其中饮服集团展示了精致的杭帮菜菜模,黄龙饭店制作的顶级咖啡香飘四溢,印象西湖循环播出《最忆是杭州》节选片段,西湖国际现场推出的户外用品广受青睐。

【杭州旅游集散中心全年接待游客46.68万人次】 2016年,杭州旅游集散中心在全年双休日及法定节假日推出小型车辆换乘服务的基础上,特别在G20杭州峰会期间开展旅游换乘工作。全年换乘车辆达27.1万辆次,换乘人数达46.68万人次,与2015年基本持平,春节期间换乘量增幅较大。春节期间,杭州旅游集散中心共向社会开放黄龙体育中心和西溪天堂(紫金港)两个换乘点。各换乘点均设立旅游服务咨询点,为市民和游

2016年杭州市AAAA级以上景区(点)接待人数及门票收入

表35

景区名称	星级	接待人数(万人次)	比上年(%)	门票收入(万元)	比上年(%)
合　计	—	9 615.10	—	218 823.95	—
杭州西湖风景名胜区	AAAAA	2 833.44	3.94	29 641.88	-3.66
淳安千岛湖风景区	AAAAA	909.73	21.59	35 693.18	21.97
西溪国家湿地公园	AAAAA	497.19	7.20	8 623.96	9.76
双溪竹海漂流景区(停业施工)	AAAA	26.79	-22.83	1 481.90	-7.02
新沙岛景区(停业)	AAAA	—	—	—	—
杭州乐园	AAAA	267.82	16.39	15 455.60	7.23
浪石金滩景区	AAAA	8.72	7.44	178.87	29.09
七里扬帆景区	AAAA	7.24	-2.93	246.87	-3.92
山沟沟景区	AAAA	11.37	-13.68	656.63	-14.61
灵栖洞景区	AAAA	17.66	4.18	627.96	-2.35
临安河桥古镇	AAAA	5.18	-22.52	100.38	131.50
富春江小三峡	AAAA	21.04	-10.42	1 294.17	-2.79
垂云通天河景区	AAAA	41.51	18.60	1 499.44	16.12
桐庐江南古村落	AAAA	105.75	1.85	—	—
柳溪江景区	AAAA	10.70	8.81	390.61	-2.53
东天目山景区	AAAA	22.43	14.33	743.17	17.08
富春桃源风景区	AAAA	60.06	-7.36	1 015.71	-6.73
大慈岩景区	AAAA	18.22	-1.53	744.40	-9.25
太湖源景区	AAAA	36.12	6.38	848.61	7.50
皋亭山景区	AAAA	63.55	—	—	—
瑶琳仙境景区	AAAA	83.27	3.74	5 287.60	-7.51
杭州东方文化园	AAAA	45.27	-19.18	1 249.79	-16.46
天目山景区	AAAA	29.19	-8.84	1 357.18	-10.02
杭州极地海洋世界	AAAA	68.60	-3.41	12 995.07	-9.76
大明山景区	AAAA	59.83	-3.81	3 158.50	1.35
良渚博物院	AAAA	47.40	-5.13	—	—
浙江旅游职业学院国际教育旅游体验区	AAAA	40.31	-2.59	—	—
龙门古镇	AAAA	57.31	21.94	1 515.63	20.62
杭州野生动物世界	AAAA	134.82	3.88	9 578.19	2.29
塘栖古镇(水北街)	AAAA	240.14	-2.71	—	—
杭州浙西大峡谷	AAAA	65.49	5.63	2 916.27	-2.27
萧山湘湖景区	AAAA	334.99	-20.43	—	—
雷峰塔景区	AAAA	360.94	8.63	13 267.05	7.10
杭州余杭超山风景名胜区	AAAA	154.24	13.27	707.22	14.64
杭州宋城旅游景区	AAAA	899.64	14.89	66 968.98	15.62
杭州清河坊历史特色街区	AAAA	2 010.96	10.99	—	—
桐庐天子地生态旅游风景区	AAAA	18.18	-30.20	579.13	-47.99

说明：门票收入标示“—”的为不收费景区

客提供旅游换乘和旅游咨询服务，换乘车辆在换乘时段内均能凭票免费停放。春节期间共接待换乘车辆2.6万辆次，发送游客4.36万人次。日均接待换乘车辆3717辆次，比上年增长46.2%；日均接待人数6225人次，增长2.8%。

【旅游咨询人数增长7%】 2016年，杭州旅游集散中心努力开拓旅游业务，积极做好旅游咨询公益服务，实现营业收入932.5万元。旅游咨询中心和“96123”作为公共服务平台，认真履行为广大市民和游客提供旅游信息咨询的公益职能。G20杭州峰会期间，旅游咨询中心“96123”旅游热线班组实行24小时值班制度，做好与“96020”(G20杭州峰会小语种服务保障热线)对接，圆满完成了峰会咨询保障服务工作。旅游咨询中心全年接待中外游客44.73万人次，比上年增长7%，其中关于旅游和交通方面的咨询分别增长23%和7%。

【旅游客运班线调整】 2016年，杭州旅游集散中心加强旅游客运班线的调整，促进客运场站的发展。旅游客运站共有客运班线9条，其中省际线路2条(上海浦东机场、安徽黄山)，市际线路3条(舟山、衢州、嵊州)，城际巴士3条(桐庐、千岛湖、柯桥)，旅游直通车1条(横店)。旅游集散中心在已有长运联网售票的基础上，推出手机微信售票平台，提供多渠道的售票和取票方式；开通旅游直通车班线，延伸“短线车+景点”等旅游产品；加强与大型旅游综合平台的合作，与“同程旅游网”等网络平台签订车票线上订购协议。（梁 之）

旅游市场营销

【“国际会议目的地”品牌发布】 2016年7月11日，中国共产党杭州市第十一届委员会第十一次全体会议审议通过《中共杭州市委关于全面提升杭州城市国际化水平的若干意见》，提出“着力打造国际会议目的地城市”目标。9月，二十国集团领导人第十一次峰会在杭州召开，杭州向世界展现了独特的江南风韵，证明杭州具备国际最高规格会议的接待能力。借G20杭州峰会效应，11月9日，在北京举行的第九届中国会议产业大会上，杭州发布全新的会奖品牌——“峰会杭州”，成为全国首个发布会奖目的地品牌的城市，标志着杭州打造国际会议目的地全球营销正式启动。会奖旅游是旅游经济中常见的一个缩略组合词，包括会议、奖励旅游、国际大会以及展览，属于旅游市场中含金量很高的项目。年内，杭州获“年度最佳国内会奖旅游城市”“2016中国最具创新力国际会奖目的地”等荣誉，并首次进入全球国际会议目的地100强，在内地城市中仅次于北京、上海。

【境外媒体整合营销】 2016年，杭州市旅游部门在美国收视率最高的哥伦比亚电视台、《纽约时报》、《今日美国》、《漫旅》，英国《每日电讯》，法国《费加罗报》，德国《商报》、《国家地理旅行者》杂志等上发布系列整版及同期网络报道，总报道量达到5123.9万次。杭州入选《纽约时报》“全球最值得去的52个目的地”，首次进入《漫旅》杂志“全球推荐16个旅游目的地”权威榜单。11月，获《漫旅》国内唯一的“2016年中国首选目的地”奖项。

【欧美在线旅行商推介杭州旅游】 2016年3月23日至6月1日、8月15日至9月15日两个时段，美国最大的在线旅行商Expedia各级搜索页面投放275.64万次“杭州旅游专页”网络定向广告。Expedia美国用户在搜索韩国、日本、中国内地以及中国台湾、澳门、香港等关键词时能看到杭州旅游广告。美国市场预订金额比上年增长26%。8~10月，欧洲最大的在线旅行商Odigeo旗下的Opodo和Go-Voages英国站、法国站、德国站推出杭州旅游专页，广告总曝光量400万次，广告点击率0.53%，优于业内公布的0.2%。电子邮件推送共计28.0万封，平均阅读率为17%。3个月推广期内，英国、法国、德国三个市场预订量较前3个月增长20%以上。

【国内在线旅行商推广杭州旅游】 2016年，杭州旅游形象品牌专辑《最忆是杭州》通过“携程旅游网”首页、“攻略社区”首页、“旅游度假跟团游”首页、“携程醉美目的地”微信公众号、携程会员邮件、大众媒体等渠道进行宣传推广。策划推出高端定制游产品、大杭州乡村旅游产品、四季主题旅游产品等三大类40项杭州旅游特色产品。策划推广“携程万千微客创杭州”、携程“1+1”——带上外国朋友游杭州两项主题事件营销活动。携程旅游网预订的杭州旅游产品销售量299.57万单，比上年增长32.9%，杭州旅游产品直接订单交易额19.7亿元，到达杭州的游客466.5万人次。游客人均消费（指游客在网上预订时花费的住宿费和门票费）591.89元（其中，门票人均139.83元，住宿人均452.06元）。

【京杭大运河旅游官网上线】 京杭大运河城市旅游推广联盟于2014年6月24日在杭州成立，联盟着力于打造一条全新的国家级旅游精品路线，期望通过提升大运河城市旅游整体形象，探讨大运河城市旅游新的合作方式和途径，推动区域旅游经济发展。2016年7月14日，中国运河城市联盟枣庄峰会在台儿庄召开，“京杭大运河旅游”官网正式上线。“京杭大运河旅游”公众微信号、“今日头条”客户端、“搜狐新闻”客户端随即开通。年内，推出15条精品京杭大运河旅游线路，挖掘运河沿岸18个城市运河餐饮文化，搜集运河菜肴100多道，编纂《运河美食旅游手册》，策划设计5条运河美食旅游精品线路。

【境外市场事件营销】 2016年2月6日，杭州首度亮相美国“春晚”。在第50届超级碗前夜演唱会活动现场400个屏幕和网上互动专区宣传杭州旅游，并通过网络、电视、广播等媒体推送“超级碗·G20超级之旅”活动，海外媒体新闻曝光8775万次，国内新闻播出覆盖1.26亿人次。与英国广播公司（BBC）合作，9月1~5日，推出BBC首个城市动画音乐短片《G20游杭州》，通过BBC国际新闻台在英国、德国、法国、意大利、西班牙、瑞士、俄罗斯等44个欧洲国家播出，覆盖超过2000万人次。短片经新华社转载，两

G20杭州峰会后，钱江新城灯光秀成为城市旅游的新热点 （市旅委 供稿）

天内点击量突破50万次，9月4日中央电视台直播此部短片。聘请韩国旅游文化大使，举办“印象杭州——我眼中的G20城市”画展。邀请韩国知名青年画家到杭采风，并在韩国首尔、大邱、光州等地举办巡回画展。《韩国经济》、《联合新闻》、《世界日报》、《数码时间》、《日要新闻》、韩国新闻报刊网、NAVER搜索引擎等多家韩国舆论社官方网站、移动端媒体、门户网站进行宣传推广。（张文照）

旅游节庆活动

【中国杭州大学生旅游节】 2016年6月7日，由市旅委、团市委、市教育局、杭报集团等联合主办的中国杭州大学生旅游节在中国计量大学启动，并持续到12月。本届大学生旅游节以“韵味杭州·花Young年华”为主题，借助G20杭州峰会在杭州举办的契机，策划推出丰富多彩的活动，让更多人特别是年轻的大学生群体知晓杭州、爱上杭州。其中“韵味杭州·全球传递”活动在曾经举办过二十国集团领导人峰会的10个国家进行传递。活动除保留T恤设计大赛、明信片设计大赛、摄影大赛三大传统赛事以外，以“短视频”、“视频直播”与旅游推广相结合，借助在杭的国际留学生力量，对杭州城市形象和旅游进行代言与推荐。3万多名大学生的创意与智慧充分宣传了杭州自然人文与城市活力，体现出杭州山水相依、湖城合璧的独特韵味。

【“醉美春日”杭州户外休闲季】 2016年4月9日，“醉美春日”杭州户外休闲季正式启动。休闲季重点打造《春游去哪儿》品牌栏目，旅游部门联合杭州电视台明珠频道推出8集户外休闲季真人秀推广节目。节目以小朋友与外国人互动的视角，推出太阳公社、临安竹文化基地、杭州农夫乐园、富阳湘溪村、杭州野生动物世界以及建德的蓝莓园等春季户外休闲场所。《春游去哪儿》栏目平均收视率位列同时段杭州文广集团旗下各电视频道之首，太阳公社和杭州野生动物世界的两期创下收视高峰。

【杭州夜休闲主题推广活动】 2016年9月21～25日，“缤纷夜·乐无眠”杭州夜休闲主题推广活动举行。2016年杭州夜休闲嘉年华开幕活动与第十七届建德旅游节开幕活动合并举行。主办单位杭州市旅游委员会、建德市政府，承办单位杭州市旅游特色潜力行业发展中心、建德市旅游商务局和协办单位杭州十大特色潜力各行业协会代表、媒体代表与市民游客共同参加9月21日的开幕式。开幕式上，微电影《在一起》首映，新浪网“带着微博去建德”项目启动，第三批获得杭州市休闲旅游示范点的商户揭牌。活动分为主舞台演艺、餐饮美食区、美酒佳酿区、时尚休闲区和赞助商展区等区域，共有个86家展商参展。约5万人参加活动，商户销售总金额超过100万元。

【“爱在杭州”第五届杭州国际婚恋旅游节】 2016年10月1日，“爱在杭州”第五届杭州国际婚恋旅游节启动。首次面向全球征集100对情侣到杭州的100家精品民宿进行免费深度体验，体验内容包含品质民宿主题房、民宿独家定制的“爱的套餐”以及爱情伴手礼。体验者将活动中的感受以图片、文字、短视频等方式发布在媒体上。活动还结合市民游客的“向往指数”，评选出杭州20家“最有爱的美宿”。市民游客和民宿经营者广泛参与，500多对情侣报名参与，100家民宿参加推广，2.5万人次参与在线互动，原创网页浏览量近150万次。

【“活力暖冬”杭州休闲养生季主题推广活动】 2016年11月25～27日，“活力暖冬”杭州休闲养生季主题推广活动举行。活动期间，举行杭州休闲养生季活动新闻发布暨资源对接会活动，杭州市疗休养行业协会、杭州市旅行社协会、中国国际旅行社、途牛网等各领域有关人员约70人参与。活动期间，第四届杭州养生集市在上城区鼓楼小广场举行，近20个休闲养生企业到场展销，同时推出中医义诊、中医推拿、体质检测等免费服务项目。各大旅行社和相关企业推出4条不同主题的杭州休闲养生旅游线路产品，涉及温泉、滑雪、中医养生参观与体验等产品。

【旅游进社区三年行动计划完成】 自2014年起，杭州市实施旅游进社区三年行动计划，目标是用3年时间完成100个杭州旅游进社区布局。2016年，杭州市旅游进社区三年行动计划完成，并举办“中国旅游日”杭州旅游服务暨法治宣传进社区活动，向社区赠送3000张景区门票，90个旅游企业参加现场服务。开展浙西乡村旅游进社区、社区联络员培训、四季旅游体验行、农村文化礼堂“村社结对”、“夕阳无限好”社区老年旅游体验季、“文明旅游、维权在手”大讲堂、杭州旅游进社区图片展等活动。杭州都市圈城市（嘉兴、绍兴、湖州）参加旅游日活动，600名社区代表体验16条杭州西部旅游线路。为配合G20杭州峰会，推出5条杭州周边二日游体验线路，目的地分别为黄山、衢州、金华、湖州、绍兴。

【旅游宣传品编印】 2016年，杭州市旅游部门设计制作了《杭州一瞥》、《三十种韵味·别样精彩》、《江南韵味·世代匠心——G20后游杭州》、《杭州故事》、峰会地图等G20杭州峰会旅游宣传品以及精品青瓷音乐盒。峰会期间，向新闻中心及各人员驻地提供宣传品4000多册。全年编印《杭州旅游指南》220万册，英语版本由在杭外籍人士执笔，新增派发网点10个，实现其在杭州交通枢纽的全覆盖。

【区县（市）旅游亮点纷呈】 2016年，各区县（市）深入推进“全域旅游”战略。上城区以“从南宋走来，看韵味上城”为主题，举办全域化旅游发布暨杭州国际体验日，推出“品味南山”等多条精品线路。钱江新城灯光秀和武林广场“3D”灯光秀一经推出即成为市民游客热门休闲项目。杭州国际博览中心建成开业，完成G20杭州峰会接待任务。桐庐县倡导“旅游全域化、全域景区化、景区生态化”，打造“山水如画、人间仙境”县域景区。建德市与省旅游集团联手布局江南秘境国际旅游度假区建设。临安市以打造“中国生态养生旅游第一品牌”为目标，大力推进生态养生旅游、乡村旅游发展，完成生态养生旅游产业发展规划编制。（张文照）

责任编辑　蔡建明

西湖风景名胜区综述

【西湖风景名胜区经济社会协调发展】2016年，西湖风景名胜区财政总收入9.27亿元，比上年(指2015年，下同)增长12.7%，其中地方财政收入5.22亿元，下降9.4%(受"营改增"政策实施影响，按同口径计算增长7.5%)。景区门票收入2.96亿元，减少3.7%。公共财政一般预算支出13.93亿元，增长25.3%。西湖景区总客流量2833.44万人次，增长3.9%，其中收费景点客流量1589.88万人次，下降4.8%。农业总产值1.19亿元，农民人均年收入2.9万元，增长8.9%。"农家乐"接待游客量398.5万人次，经营总收入2.98亿元，增长16%。民宿产业接待人数110.4万人次，营业额3.09亿元。全年茶产量130.1吨，产值1.1亿元。

全年受理群众来信来访来电2485件，反馈率100%、办结率100%、满意率99.52%。通过优化投资环境、强化景点宣传促销、开发旅游商品授权经营、发展信息经济、扶持龙井茶产业等举措，区域经济实现平稳发展。农居环境提升改造，"农家乐"、群租屋等转型为集聚精品民宿、休闲经济、总部经济等多种创新活力业态。"西湖民宿智慧旅游平台"建设项目签约。

农村社会事业稳步发展，辖区小学直饮水改造提升和千兆宽带接入、西湖敬老院修缮、九溪社区服务站搬迁工程完成。完成国家农业综合开发和西湖龙井美丽茶园国家农业综合标准化示范区等国家重点项目。全面更新修缮辖区健身点器材设施。新建1个居家养老服务照料中心，为1505名老人提供智慧养老服务。

【西湖风景名胜区服务保障G20杭州峰会】2016年，杭州西湖风景名胜区管理委员会(简称杭州西湖风景名胜区管委会)为了迎接G20峰会，组织实施并按时完成景区内64个峰会建设项目，包括20个公园景点(博物馆)提升改造工程、25条道路提升工程、16个西湖夜景观亮灯提升工程和3个安保信息化工程。对北山街、南山路、杨公堤等14条主要道路进行美化彩化提升。对景区内895幢建筑(含572幢农居)及围墙实施立面整治。对景区内16家重点宾馆周边特别是出入口环境进行改造提升，设置花坛花境22处，绿化提升4000多平方米。启动文明素质提升行动，以讲解员、志愿者为载体，组建"话说杭州"讲解团，讲好杭州故事、西湖故事，开设国际礼仪、微笑服务、遗产知识、英语口语等专题培训2538场次，举办"万人承诺·万张笑脸"文明游览倡导活动、"我们的右态度"游览靠右行活动等文明倡导宣传活动21次，发放《G20峰会基础知识&常用英语口语》《做有礼杭州人》《G20待客指南》等宣传资料7000多册。启动"赛积分、比贡献"活动，开展"喜迎G20·文明旅游伴我行"文明旅游文明出行项目、花事服务、西湖故事汇等志愿服务134项，参与志愿者1300多人次，推广微笑服务。另外，杭州西湖风景名胜区管委会做好G20杭州峰会的领导人夜游西湖活动方案策划和组织实施，配合印象西湖文艺演出和楼外楼午宴等活动保障，做好景区范围内峰会安保管控和环境保障等工作。

9月4日晚，国家主席习近平偕夫人彭丽媛和二十国集团及嘉宾国领导人在杭州西湖岳湖景区观看G20杭州峰会"最忆是杭州"文艺演出。9月3~6日，俄罗斯、加拿大、澳大利亚、阿根廷、哈萨克斯坦、老挝、泰国、联合国秘书处、国际劳工组织等多国首脑、国际组织及配偶团体共15批661人次参观游览杭州西湖风景名胜区江洋畈生态公园、杭州工艺美术馆、中国茶叶博物馆等多个公园景点。

【综保工程稳步推进】杭州西湖风景名胜区管委会继续稳步推进西湖综保和南宋皇城大遗址综保两项工程。"五四宪法"历史资料陈列馆建成开放。白塔公园C区块住户搬迁完成，D区块环境综合整治开工。杭州植物园蔷薇园项目东区环境整治工程基本完成，水生植物区建设正式启动。6月30日，虎跑公园观音殿恢复及周边建筑改造提升工程完成，建筑面积165.25平方米，恢复后观音殿融入虎跑公园整体景观。韩美林艺术馆三期项目取得立项批复。阔石板、黄泥岭区块景中村整治工程完成项目设计方案。杭州西湖风景名胜区管委会委托杭州市城市规划设计研究院对南宋皇城遗址保护的核心区（馒头山地块）的综合保护进行规划设计，《南宋皇城遗址公园综合保护实施规划设计》已形成初稿。南宋博物院核心地块相关土地置换等相关工作有序推进。

【西湖景区综合整治】 2016年，杭州西湖风景名胜区管委会围绕G20杭州峰会环境保障，通过推行智慧巡查、组织交叉互检等方式，及时发现并整改景区管理问题1700多个。5月14日，杭州西湖风景名胜区管委会组织全体峰会项目建设单位开展“互看互学”大比武活动。开展游览秩序突出问题攻坚，联合整治140次，查处“野导”、无证经营、非法营运、偷钓、晨泳等案件1152起。进一步深化“机动车环保行动”，强化非现场执法管控，景区道路交通运行平稳有序。推进“三改一拆”、“无违建”创建工作，景区拆除违法建（构）筑物1043处，建筑面积2.4万平方米；整治拆除彩钢房（棚）241处，面积1.33万平方米。收购危房57户，建筑面积2520平方米。治理地质灾害隐患点11处。整改违法用地0.35公顷。开展第八轮违建摸底调查，对上年度拆除的894处违建点逐一现场复核，确保拆后土地利用到位。结合峰会道路提升工程，深化“五水共治”工作，完成11条主要道路积水整治，新建雨水管网约4千米，完成管网整改227处。建成景区污染源管理系统，完善点源记录，实现动态监管。推行园林垃圾就地处理、农贸市场生鲜垃圾专项收运等举措，深化垃圾减量和分类工作。野生动植物保护有序推进。景区森林资源保护力度加大，杭州西湖风景名胜区3800公顷山林连续29年无火灾发生。（市园文局）

风景名胜

【西湖音乐喷泉提升改造工程完工】 2016年4月30日，西湖音乐喷泉提升改造工程完工，总投资4000多万元。工程自2015年10月8日启动，是西湖景区服务保障G20杭州峰会重点建设项目之一。工程在原有基础上，新增气爆喷泉、矩阵式气动水膜喷泉、弧线型变频喷泉以及伺服二维数控喷泉等技术，拥有各式水型喷头632套、装机总功率2300千瓦，喷泉水形变化增多。灯源全部采用大功率LED水下灯，通过对每盏灯光、每个颜色单点控制，实现灯光跑动、闪烁、无极变色等效果，配合喷泉水柱跑动进行变化，达到灯光秀表演效果。5月1日，西湖音乐喷泉重新开放试运行，由于人员过度聚集，为防止发生踩踏事件、确保市民游客安全，西湖音乐喷泉在两首曲目后停止喷放。杭州西湖风景名胜区管委会完善整体安全管控方案和应急处置预案后，于5月23日起对西湖音乐喷泉恢复试喷放，并按照“先工作日后双休日，先白天后晚上”的原则逐渐过渡，7月25日起恢复常态向公众免费开放。

【西湖夜景观灯光工程】 2016年4月，西湖夜景观灯光工程竣工。工程于2015年12月开工建设，主要由湖滨景区、西湖南线、湖中三岛、苏堤、北山街及周边区域、吴山、玉皇山、南屏山、九曜山、夕照山、杨公堤、三台阁、北高峰等15个亮灯提升工程和1个智慧控制系统组成，新增各类灯具约2万套，总功率约4900千瓦。工程坚持“轮廓有韵、块面清晰、远山若显”的原则，以水墨画境、林山光绘的手法，将西湖作为一个整体设计，深化虚虚实实、高高低低、进进出出、朦朦胧胧、或明或暗的照明理念，通过“集中控制，可调可控”的思路，营造出“整合是一体画卷、分开是不同画面”的效果。

【西湖景区首个国防教育主题公园开放】 2016年4月20日至8月2日，杭州西湖风景名胜区管委会对浙江省军区政治部原机关营院进行整治，将其改造成国防教育主题公园对外开放，成为杭州西湖风景名胜区首个国防教育主题公园。整治项目是西湖

西湖夜景观灯光工程竣工后全景（胡　鉴　摄）

景区服务保障G20杭州峰会景观环境整治重点项目之一，通过改造原有建筑、新建展示小品，将占地2.3万平方米省军区政治部原机关营院改建成融军事人物展墙、军事文化长廊、红色电影放映墙、半地下军事掩体、军事文化陈列馆等元素于一体的开放式军事主题展陈空间。营院内植物景观、管网设施及南山路沿线商业建筑立面整治提升后与西湖文化景观相协调。

【太子湾公园获全国"十大最美春天"称号】 2016年7月，"寻找最美春天"有奖微摄影大赛评选结果揭晓，杭州西湖风景名胜区太子湾公园获评人民日报《民生周刊》官方微信公号推出的全国"十大最美春天"景点，是杭州唯一上榜景点。"十大最美春天"是从作者投稿的风景类作品中挑选出，由评委根据网友投票情况和照片质量，综合评定出的针对景区（景点）的奖项。评选活动自4月开始，来自全国20多个省份的近千幅景点作品参赛，通过2.5万名网友线上投票和邀请专家评委评选相结合的方式产生最终的入选名单。

【西湖龙井茶"中欧互认互保"试点】 2016年8月4日，"中欧互认互保"——西湖龙井茶（龙井茶西湖产区）地理标志产品国际化运用试点启动。"中欧互认互保"是国家质检总局与欧盟委员会共同推动的地理标志产品互认互保项目。西湖龙井茶成为中方指定的10个获准使用欧盟地理标志产品官方标志的产品之一，受欧盟成员保护。杭州西湖风景名胜区管委会采用先试点后推广的形式，首批选择杭州龙冠实业有限公司、杭州西湖龙井茶叶有限公司作为试点，成熟后向全区符合准入资格的42个企业推广。首批试点企业展示的新设计"欧盟原产地保护"标识左侧为欧盟标志，右侧二维码涵盖生产商、产品介绍、生产工艺等中英文信息。

【西湖景区获评全国"综合秩序最佳景区"】 2016年10月，国家旅游局首次发布"十一"假日旅游"红黑榜"，涵盖景区、旅行社、旅游工作人员、导游、游客五大类，"红榜"为最佳（或优秀），"黑榜"为最差（或不合格、不文明）。西湖景区登上"综合秩序最佳景区"榜单。2016年"十一"黄金周是G20杭州峰会后的第一个国庆黄金周，西湖景区客流量明显攀升。据统计，10月1～7日，西湖景区各主要景点累计接待中外游客、市民490.74万人次，同比增长31.8%。

【杭州植物园建成国家级花卉种质资源库】 2016年11月，国家林业局和中国花卉协会发文公布全国首批国家花卉种质资源库名单，来自14个省（自治区、直辖市）的37个花卉种质资源库入选，杭州植物园石蒜属种质资源库名列其中，成为全省3家入选单位之一和杭州市首个国家级花卉种质资源库。杭州植物园持续加大对石蒜属花卉的收集、引种、保育、快繁技术及栽培管理、新优品种选育和应用推广的研究力度，已保存全世界石蒜属种质资源69份。

【杭州植物园建园六十周年】 2016年12月16日是杭州植物园建园六十周年纪念日。杭州植物园一直致力于植物资源引种、珍稀濒危植物保育、古树保护等，引种保存植物6000多种。为纪念建园六十周年，杭州植物园编印2015年杭州植物园年鉴资料、《新闻植物园》、《六十年画册》、《十年（2006～2015）科研成果汇编》、《六十周年论文集》、《钱江绿都》、《杭州植物园植物名录》（2016版）、《杭州植物园木本植物图鉴》、《我心中的植物园》等，对植物标本馆、昆虫标本馆、温室和盆景园（盆栽植物展示中心）进行提升，举办"植物文化营建培训班""植物园建设发展研讨会"等学术交流活动，由中国美院设计制作的杭州植物园园史馆于11月16日正式开馆。2006～2015年，杭州植物园完成国家、省、市等各级科研项目49项，发表论文160多篇，主编或参编14本专著，获得授权专利7项。（市园文局）

保护管理

【西湖世界文化遗产预警监测系统运行】 2016年，杭州西湖世界文化遗产预警监测系统平台初步建成。开展日常监测和专项监测，对"两堤三岛""西湖十景""14处文化史迹"进行专业监测及评估，对六和塔、保俶塔结构安全进行专项监测，编制年度监测评估报告；开展游客量和特色植物监测系统建设，完成特色植物监测框架体系研究以及数据采集工作，在白堤（含断桥）等13处遗产点安装部署74台红外热感监测设备进行游客量监测；开展遗产点本体病害监测研究，委托浙江大学文物保护材料实验室对开化寺遗址、清行宫遗址等6处砖石土类遗址病害情况进行监测；开展西湖文化景观基础档案数据库建设，已完成项目招投标和软件开发。飞来峰造像数字化考古调查工程一期项目完成。

2016年7月25日起，西湖音乐喷泉提升改造后开放　（吴海平 摄）

2016年4月30日，西湖女子巡逻队首次亮相 （市园文局 供稿）

【西湖龙井春茶生产管理】 2016年4月，杭州西湖风景名胜区管委会有序推进龙井春茶生产、采摘、加工、收购和推广等工作；向产区农户发放《告茶农公开信》2000份，设立有奖监督举报，严禁春茶采摘前在茶园内施催芽剂、叶面肥及除草剂；推广绿色防控，统一采购并免费发放10万片诱虫板和4500份炒茶油，源头防控生产和加工环节使用化学农药添加剂；加强茶叶标识管理，颁发茶农标识、证明标识和地理标识，首次采用二维码查询进行防伪验证，茶农标识由茶农或合作社在自售时使用，证明标识和地理标识由获得授权的茶叶企业使用。茶叶抽检152批次，合格率100%。

【西湖景区女子巡逻队成立】 2016年4月30日，杭州西湖风景名胜区管委会为更好地服务保障G20杭州峰会，首支西湖景区女子巡逻队组建成立。女子巡逻队有21名队员，以大学应届毕业生为主，平均年龄24岁，平均身高168厘米，掌握英、日、韩等外语，基本具有本科及以上学历。5月13日，女子巡逻队临时党支部成立。女子巡逻队主要职责是维护西湖景区面上管理秩序，对不文明行为进行劝导，为游客提供咨询服务以及医疗急救服务，配合处置突发事件。女子巡逻队以柔性管理、贴心服务作为刚性执法的重要补充，对景区不文明现象的劝导成功率达100%，游客满意率达100%，有效地将西湖景区文明执法形象传递给了全世界。国（境）内外50多家媒体进行专题报道或转载。G20杭州峰会后，女子巡逻队继续在西湖景区巡逻服务，参加钱江观潮保障、国庆假期保障等任务。9月，该支女子巡逻队荣获“浙江省巾帼文明岗”称号。

【景区管理提升百日会战专项行动】 2016年5月25日，杭州西湖风景名胜区管委会“喜迎G20峰会，打造美丽西湖”景区管理提升百日会战专项行动启动。在G20杭州峰会前100天时间，杭州西湖风景名胜区管委会整合辖区职能部门和属地单位力量，围绕管理问题攻坚、项目成果保护、森林资源保护、安保维稳基础、交通行为规范、环境问题治理等六大类别，分三阶段集中开展野导、违法营运、流浪乞讨、“野泳”、偷钓、停车管理、无证经营、食品安全等26项专项整治行动，净化景区游览环境，提升景区景观面貌、环境卫生、旅游秩序和安保服务水平。

【杭州西湖风景名胜区导览标识系统译写规范推出】 2016年5月，杭州西湖风景名胜区管委会历时3年，正式推出《杭州西湖风景名胜区汉英、汉法、汉日、汉韩导览标识系统译写规范（试行）》。该规范以西湖景区的旅游标识系统为对象，为标识语的翻译提供总体性的翻译原则和方法，也对常用标识语词汇进行分类和列表，分别提供4种语言翻译范本。杭州西湖风景名胜区管委会将该规范在景区各单位推广使用，并开展西湖景区标识标牌勘误普查工作，核查外文标识标牌7870块，对2230块存在问题的标牌进行整改，方便国际游客出行。

【西湖景区“G20护路行动”】 2016年5～7月，杭州西湖风景名胜区管委会开展“G20护路行动”，加大景区路面问题管理力度，巩固道路提升改造成果。主要对完成提升的24条景区主次干道实施“全天候、零容忍”管理，巡查时间从8小时延长至24小时，频次从4小时一次全覆盖缩短到30分钟，对易拥堵路段、违停活跃区域，开展机动车、电瓶车、徒步“三合一”混合交叉巡查，严管重罚超载超限行为，涉事车辆一律纳入黑名单重点监管。其间，劝离违停车3200多辆次，处罚占道停车3700多辆次，清理僵尸车27辆，问题查处率同比提升40.3%。

【吴山景区发布《吴山文明旅游公约》】 2016年7月5日，杭州西湖风景名胜区吴山景区管理处正式发布《吴山文明旅游公约》。该公约从举止规范、摒弃陋习、文明在心、言谈有礼、形象风采、微笑示好等6个方面提出32条倡议，引导游客共同打造遵德守礼、良言善行的文明游览空间。公约制定过程中，杭州西湖风景名胜区吴山景区管理处在距离G20杭州峰会开幕100日之时，向社会各界征集《吴山文明旅游公约》意见，收到意见827条。在充分征求意见基础上，杭州西湖风景名胜区吴山景区管理处以通俗易懂的语言对文明旅游行为做出解释。

【西湖“清湖靓湖”行动】 2016年8月，杭州西湖风景名胜区管委会针对西湖“野泳”行为的“清湖靓湖”行动结束。“清湖靓湖”行动自2015年8月开始，通过简易处罚、一般程序处罚、教育劝导、签订承诺书、暂扣车辆等措施，有效遏制西湖“野泳”行为。行动期间，西湖水域管理、公安、行政执法、交警部门和环湖属地单位形成合力，通过加大巡查频次和查处力度，不定期对“野泳”行为进行集中整治。杭州西湖风景名胜区管委会通过在景区人流密集处设置督导宣传点、摆放宣传展板、发放意见征集表、发起千人联合署名活动、分发倡议书、招募“西湖水质保护员”等方式进行宣教，并邀请新闻媒体对整治行动进行全程跟踪采访录播，对屡教不改者通过报纸、电视、网络媒体予以曝光，形成社会共同宣教效应。

【《杭州西湖风景名胜区行政执法规范（试行）》出台】 2016年9月，杭州西湖风景名胜区管委会结合G20杭州峰会环境秩序保障工作实践，参考国内外先进经验，提炼出一套系统专业的规范化技术标准，经邀请专家从学术理论、现实操作和国际视角三个方面提升，形成《杭州西湖风景名胜区行政执法规范（试行）》。规范全文5万余字，分“总则、技术规程、装备和队伍建设、辅助队伍建设、信访督查考核、信息及资料收集应用”六章25节100条，并含图片100多张。此规范是城管执法服务保障大型活动标准化的有益探索。

【西湖水质提升和生态系统稳态转换项目通过第三方评估】 2016年10月14日，“十二五”时期国家重大水专项“湖荡湿地重建与生态修复技术及工程示范课题”子课题——“西湖水质提升和生态系统稳态转换项目”通过示范工程第三方评估。西湖课题的钱塘江大规模引水高效降氮、西湖水生态稳态转换和流场优化三项示范工程取得高分。

“西湖水质提升和生态系统稳态转换项目”既是“十二五”时期国家重大水专项课题，也是西湖综合保护工程重点项目。项目实施时间为2012年1月至2016年6月。杭州西湖风景名胜区管委会联合中国科学院水生生物研究所、上海交通大学、浙江省水利河口研究院等国内水环境治理科研力量，重点实施钱塘江大规模引水高效降氮示范工程、西湖水生态稳态转换和流场优化示范工程，提高西湖水质和生态环境质量。

钱塘江大规模引水高效降氮示范工程针对钱塘江大规模引水存在的高氮问题，采用上向流反硝化生物滤池高效脱氮工艺，平均降氮率在40%以上，年削减入西湖总氮量18吨，为西湖水质的全面提升创造了有利条件。

2016年7月8日，杭州市第九届中小学生陶艺大赛决赛举行

（市园文局 供稿）

西湖水生态稳态转换和流场优化工程运行达到预期目标：湖西区和小南湖示范区内形成沉水植物群落结构优化、生物多样性高的水生态系统格局，示范区沉水植物恢复面积达30%以上，漂浮的着生藻类明显减少，水体透明度提高；外湖流场优化示范区的引水和出水流量均已达到设计要求。

【西湖景区免费无线网络覆盖公共区域】 2016年10月21日，杭州西湖风景名胜区管委智慧应用“i-xihu”正式上线运行，通过设置在景区范围内的437个热点，实现西湖湖面和环湖公园景点、文博场馆、餐饮网点、主要干道等区域无线网络信号全覆盖。该应用除直接为游客提供免费无线数据服务外，还能通过平台大数据智能统计分析结果，动态监控景区客流分布、热点景区和热门游线等情况，并以此为依据对信号覆盖区域内游客发出错峰提醒警示和附近交通、食宿、活动的推荐信息，引导游客合理安排出游计划，完成对景区客流引导管控。至年末，“i-xihu”无线网络注册用户数5.44万人次。

【西湖景区上榜“中国厕所革命十大典型景区”】 2016年11月，在国家旅游局主办、人民日报社及人民网承办的“世界厕所日”宣传暨“中国厕所革命”颁奖仪式上，杭州西湖风景名胜区上榜“中国厕所革命十大典型景区”，受到国家旅游局和比尔及梅琳达·盖茨基金会的联合表彰，并作为获奖代表参加人民网圆桌论坛。杭州西湖风景名胜区在景观影响评价基础上，在约60平方千米的景区范围内通过科学选址、以商养厕和智慧化、标准化管理，形成最高密度的数量设置和最具贴心的服务体验，实现“一景一厕一风格”，为开放式景区厕所革命提供了杭州样本。

（市园文局）

特色活动

【杭州市中小学生陶艺大赛】 2016年3月16日，由市园文局和市教育局联合主办，杭州南宋官窑博物馆承办的杭州市第九届中小学生陶艺大赛启动。大赛以“China，给你不一样的体验”为主题，先后开展“2016杭州市中小学陶艺教学研讨活动”“陶瓷文化进校园”“陶艺大赛师资技能培训课”“暑期陶瓷文化训练营”等系列活动。至6月20日，大赛组委会收到来自101所学校的595件（278组）参赛作品。经学校初选、专家初评、选手复赛三个环节，最终评选出130件获奖作品。8月20日至10月8日，第九届中小学生陶艺大赛优秀作品展在杭州南宋官窑博物馆名窑传承馆展出。

【杭州茶文化博览会暨西湖龙井开茶节】 2016年3月25日至4月1日，杭州市政府与中国国际茶文化研究会、中国茶叶学会在中国茶叶博物馆龙井馆区共同举办以“喜迎峰会，茶香世界”为主题的2016年杭州茶文化博览会暨西湖龙井开茶节。本次开茶节先后举办“杭州西湖龙井茶核心产区手工炒茶技艺传承人大赛”、西湖龙井茶及世界茶品鉴体验、“我的西湖龙井茶情怀”征文及微纪录片、“狮龙云虎梅”龙井风云暨茶园定向采风、跟着“西湖龙井茶地图”寻访都市静谧茶乡、“空中茶会”香满全国、西湖龙井茶高级炒茶技师评定活动等系列主题活动，传承推广西湖龙井非物质文化遗产。本次开茶节特别邀请日本、韩国等国家驻华领事以及专业茶人全程参与，体验茶文化风情。

【“童画杭州名人”大赛】 2016年3月，由市文明办、市园文局、市教育局、杭报集团主办，杭州名人纪念馆承办的第七届“童画杭州名人”大赛启动。本届大赛以“喜迎G20，讲述杭州名人故事”为主题，收到全市38所中小学校的参赛作品991幅，绘画作品中的名人从古代的苏轼、岳飞等跨度到现代的马云、孙杨等。经过征集、初评、复评、终评，历时7个月，评选出一等奖10名、二等奖20名、三等奖30名以及优胜奖若干，并评选出10家优秀组织奖和10位优秀指导老师奖。10月16日开始，优秀作品在唐云艺术馆展出。大赛自2010年起每年举行一届。

【杭州市青少年西湖明信片设计大赛】 2016年5月，由杭州西湖风景名胜区管委会、中国国际动漫节节展办公室联合主办，西湖博物馆承办的杭州市第五届青少年西湖明信片设计大赛启动。本届大赛以“请到我的画里来”为主题，以西湖元素、杭州故事为内容，以明信片为创作载体，描绘孩子们心中的西湖美景。6月16日，150多名中小学美术老师与漫画家十九番进行交流。本届大赛吸引2万余名中小学生参加，涵盖杭州189所学校，1万余幅参赛作品入围。11月6日，在西湖博物馆进行现场决赛，经过专家评委筛选，154件作品获奖，其中特别大奖1件、一等奖20件、二等奖50件、三等奖83件，另评选出优秀奖257件。大赛优秀作品展12月15日起在西湖博物馆举办。

【“免费凉茶”服务】 2016年7月7日至10月7日，杭州西湖风景名胜区管委会继续在6个环西湖志愿服务微笑亭向市民游客提供“免费凉茶”服务。“免费凉茶”突出迎峰会主题，精心选择西湖龙井、普洱、滇红、贡眉等各地名茶，并新增茶艺展示和多语种志愿服务等环节，让游客在感受免费游览西湖的温情关爱同时，领略中国茶文化的独特魅力。“免费凉茶”服务是西湖志愿服务在每年夏季的主打品牌活动之一，自2012年7月推出以来，已有近200万名游客体验此项服务，受到游客书面留言和微博、微信点赞近2万条。新华社、《人民日报》、中央电视台等主流媒体多次报道。

2016年4月16日，“茶人之家”评选活动决赛在中国茶叶博物馆双峰馆区举行

（市园文局 供稿）

【西湖文化特使集训营】 2016年7月16～20日，第五届西湖文化特使集训营正式开营。海内外300多名优秀大学生报名，最后招募特使学员35名。西湖文化特使集训营利用暑期时间以讲座、游学、考察和采访等形式，让文化特使们了解西湖文化遗产知识。集训后，文化特使们以形象代言人身份，深入所在国家地区的中小学，开展西湖文化和遗产价值的宣传推广。9月8日，“西湖文化特使计划”在2016年浙江省青年社会组织志愿服务项目大赛中获优秀项目奖。“西湖文化特使计划”自2012年6月发起，已累计招募特使195名，人员和活动覆盖64个国家和地区。

【“无臂七子追艺寻梦”书画展】 2016年7月17～25日，中国“无臂七子追艺寻梦”书画展在杭州南山路唐云艺术馆开幕。“无臂七子”是指7名书画艺术家陈伟强、和志刚、赵靖、丁京华、石晓华、黄国富和归晓峰，分别来自滇、皖、江、浙、渝等四省一市，曾出席上海世博会、亚洲博鳌论坛、伦敦奥运会等国内外盛会。此次展出他们创作的80多幅口足创作的书画作品。“无臂七子”现场创作了一幅书画长卷，并捐赠7幅书画作品，拍卖后善款捐赠给浙江省残疾人福利基金会。

【中国茶叶博物馆国际茶友会】 2016年7月30日，中国茶叶博物馆国际茶友会启动仪式举行，同时举行的还有“百年爱恋岩茶之缘”专场品鉴会。来自哈萨克斯坦、津巴布韦、英国、韩国、印度尼西亚、俄罗斯、葡萄牙、阿根廷、美国、保加利亚等十国近30位国际友人和数十位中国留学生志愿者参观了中华茶文化展，欣赏了西湖龙井茶茶艺表演。

【中日书画插花交流艺术展】2016年9月29日至10月10日，杭州西湖风景名胜区管委会、中国美术学院、浙江省风景园林学会插花艺术研究分会、杭州市风景园林学会插花艺术分会、日本小原流研究院等单位在郭庄共同主办“三清吐秀：中日书画插花交流艺术展”。此次艺术展展示书画作品60余件，插花作品80余件。

【中国国际茶文化书画艺术大展】2016年10月12日，由中国国际茶文化研究会主办，中国国际茶文化书画院、韩国北方圈交流协议会、杭州公共外交协会、杭州博物馆共同承办的“茗溢书香——首届中国国际茶文化书画艺术大展”在杭州博物馆举行。本次展览展出91名中国书画家和41名韩国书画家创作的150多件茶文化主题作品。中、韩两国书画家以“茶文化”为主题展开对面对交流。

【“三文”系列公益讲坛】2016年10月15日，由中华社会救助基金会“锦麟乡村读书计划”公益基金、中国新闻社浙江分社、浙江金融交易中心股份有限公司、浙江省锦麟公益基金会和杭州工艺美术博物馆等共同发起的“三文”系列公益讲坛在中国刀剪剑博物馆举行首讲。“三文”系列公益讲坛关注“文明为核心、文化为表征、文教为动力”，邀请海内外名家对话“文教、文化、文明”领域热点和重点话题，倡导“根部滴灌、助人自助”的社会公益观念。此次讲坛邀请知名媒体人杨锦麟、知名学者何春晖、运河民俗画家吴理人，围绕“城市·文化·品牌——杭州人”主题展开讨论。讲坛现场，由浙江金融交易中心支持的“为平安加油”的公益活动同时上线，为舟山海岛留守儿童赠送安全小书包，推动阅读进入课堂。

【西湖群山越野赛】2016年10月16日，西湖群山越野赛暨第二届西湖山地文化节在杭州植物园举行。本次活动吸引来自全国各地近千名选手参加。赛事分为全程组、半程组、毅行组三个组别，其中全程组距离30千米，累积爬升高度达2300米，半程组和毅行组距离均为16千米，累积爬升高度为1000米。赛道涵盖北高峰、美人峰、十里琅珰、五云山、九溪十八涧、梅灵路等西湖群山主要游步道。活动期间，赛事组委会向西湖风景区慈善总会捐款，1.8万元公益基金捐赠给西湖风景区慈善总会，用于西湖风景区慈善事业。

西湖小瀛洲俯瞰　（潘劲草 摄）

【高级茶艺师培训班】2016年10月20～28日，高级茶艺师培训班在中国茶叶博物馆双峰馆区举办。来自国内广东、江苏、上海、浙江以及西班牙华裔学院的25人参加此次高级茶艺师培训班。培训班融入茶席、美学、花艺等多元文化内容，特邀花艺大师江佩丽、韩美林艺术馆副馆长、浙江农林大学茶文化学院专职茶席教师等名师名家为学员授课。

【“相约西湖”文化系列活动】2016年10月28日至11月28日，第十五届“相约西湖”文化系列活动在唐云艺术馆临湖广场举行。本届活动以“当世界遇见西湖”为主题，包括俄法韩日艺术家西湖主题艺术作品展览、市民游客重走马尔智西湖蜜月之旅、国内知名书画艺术家西湖书画雅集等系列活动，多方面展现西湖的人文之美。开幕式前，杨晓阳、洛夫、朱颖人、杜高杰、张耕源、刘祖鹏、吴声、王和平、张子翔、周逸范、韩璐、姜永安等艺术家现场创作完成《新西湖十景图》长卷，中国国家画院院长杨晓阳为长卷题写“当世界遇见西湖”，世界著名华语诗人洛夫为长卷题写“西湖天涯——人类诗意梦想的家园”。活动推出“相约西湖”十五周年宣传片，重温“相约西湖”文化系列活动走过的岁月。

【中国植物园联盟植物文化营建培训班】2016年11月28日，中国植物园联盟植物文化营建培训班在杭州植物园开班。培训班由中国植物园联盟主办，杭州植物园、杭州西湖风景名胜区培训中心承办，为期三天，来自上海辰山植物园、浙江农林大学植物园、中国科学院华南植物园、中国科学院西双版纳热带植物园、峨眉山植物园、成都市植物园等22个植物园的27位学员参加。培训课程有“万树千山总有情——试述杭州植物园文化陈设的遗产价值”“花与树的人文之旅”“走进自然的永恒——雕塑”“历史名人与植物景观”等一系列室内讲座，还包括植物园的文化属性思考、园林与艺术、苏堤植物景观的形成与演变等主题考察课程。

（市园文局）

责任编辑　蔡建明

经济合作交流综述

【浙商回归到位资金总量全省第一】 2016年，杭州市加大支持浙商创业创新工作力度，浙商回归资金保持稳定增长。全年浙商回归引进项目1288个，省外到位资金709.96亿元，比上年（指2015年，下同）增长7.5%，到位资金总量保持全省第一。其中，引进产业项目到位资金543.05亿元，资本项目到位资金166.91亿元。浙商回归引进项目三次产业资金结构比例为0.61∶12.85∶86.54，其中第三产业项目到位资金614.39亿元。全年引进金田阳光投资集团有限公司、杭州申瑞快递服务有限公司、杭州华龄集团有限公司等8个浙商回归总部经济项目。引进项目中，投资1亿元以上项目356个，到位资金498.25亿元，占项目总到位资金的70.2%；引进信息、环保、健康、旅游、时尚、金融、高端装备制造等七大产业项目259个，到位资金438.12亿元，占61.7%；引进北亚通航科技发展（杭州）有限公司等入驻特色小镇项目90个，到位资金87.5亿元，占12.3%。

【国内招商到位资金1397.07亿元】 2016年，杭州市国内招商引进项目2733个，到位资金1397.07亿元，比上年增长11.8%。其中：第一产业项目到位资金12.31亿元，占资金总额的0.9%；第二产业项目到位资金240.44亿元，占17.2%；第三产业项目到位资金1144.32亿元，占81.9%。到位资金中，信息经济项目到位资金362.87亿元，增长36.2%，占引进资金总额的26.0%。

2016年10月18～21日，第二届世界杭商大会在杭州国际博览中心举行
（市经合办 供稿）

【世界杭商大会引进资金232亿元】 2016年10月18～21日，由市委、市政府主办，市经合办承办，以"展现杭商风采、共建世界名城"为主题的第二届世界杭商大会在杭州国际博览中心举行。大会由开幕式、主论坛、系列专题论坛、创客大赛、重大项目集中开工仪式、"世界杭商走进萧山"系列活动和配套活动等组成。省委常委、市委书记赵一德，市委副书记、市长张鸿铭等市四套班子领导出席大会开幕式，会见与会杭商代表，参加大会主论坛等活动。大会评选出第二届世界杭商大会功勋杭商、杰出杭商、优秀杭商、投资杭州特别贡献奖、"十二五"纳税百强企业等杭商和企业。开幕式上，16个重点内资项目签署合作协议，总投资276.1亿元，其中引进外地资金232亿元。大会期间，举行全市第三批重大项目暨浙商回归重大项目集中开工启动仪式，吉利控股集团年产10万台新能源汽车整车项目等17个浙商回归重点项目集中开工，总投资376.7亿元。

【新设立外地驻杭办事机构104个】 2016年，杭州市新设立浙江科地影业有限公司驻杭办事处、北京快鱼电子股份有限公司驻杭办事处、上海先云网络科技有限公司驻杭办事处等外地驻杭办事机构104个。撤销大唐电信科技股份有限公司驻杭办事处、五洋建设集团股份有限公司驻杭办事处、上海开维喜阀门集团有限公司驻浙办事处等外地驻杭办事机构324个；外地驻杭办事机构减至1554个。新增杭州市邵阳商会、杭州市衢江商会、杭州市南平商会、杭州市三明商会等7个异地在杭商会，累计62个，企业会员1万多个。市经合办为164个外地到杭投资企业办理投资入户手续，核准户籍落户杭州指标224个。

【"两外"党建创新】杭州"两外"（外地在杭商会、外地在杭办事机构）党组织以"两学一做"学习教育活动为动力，加强基层服务型党组织建设，较好地发挥战斗堡垒作用。至2016年末，市经合办机关党委和"两新"党委有基层党组织77个，党员672名，其中直属党委4个、党总支2个、党支部22个。市经合办机关党委和杭州市温州商会党总支、杭州市诸暨商会党支部等8个党组织被市直机关工委评为"五星级基层党组织"。（马洪飞）

支持浙商创业创新

【杭商迎春专场音乐会】2016年1月19日，市委、市政府在杭州大剧院举办"2016杭商迎春音乐会"，市领导与到会杭商共叙乡情、共贺新春。音乐会前，市委副书记、市长张鸿铭会见正泰集团董事长南存辉等40多位知名杭商代表和在外杭州商会、异地在杭商会会长，感谢杭商对推动杭州经济社会发展所做的贡献，以及对政府工作和民生事业的支持。希望杭商一如既往地关心、支持政府工作，积极参与杭州改革发展，共同当好东道主，办好G20杭州峰会，进一步提升杭州企业品牌形象。

【全市支持浙商创业创新促进杭州发展工作领导小组会议】2016年2月22日，杭州召开全市支持浙商创业创新促进杭州发展工作领导小组会议，市委副书记杨戌标到会并讲话，副市长谢双成主持会议。会议传达全省浙商回归工作推进大会精神，总结2015年浙商回归工作，部署2016年工作任务，通报2015年度全市支持浙商创业创新工作考核、表彰情况。会议确定2016年目标引进浙商回归省外到位资金700亿元，重点推进浙商产业回归、资本回归、总部回归和人才科技回归。引进并落实总投资20亿元以上的实体经济项目5个以上。会议要求全市各级各部门创新思路，统筹资源，聚焦重点，加快形成新的浙商回归格局，为"十三五"时期浙商回归工作开好局。

【全市招商引资暨浙商回归工作推进会】2016年4月5日，杭州召开全市招商引资暨浙商回归工作推进会。市委副书记、市长张鸿铭出席会议并讲话。市委副书记杨戌标主持会议，各区县（市）政府、开发区主要负责人及经济合作（招商）部门主要负责人、市直有关单位主要负责人等参加会议。会议对2015年招商引资和浙商回归工作先进单位进行表彰。拱墅区、富阳区、市经信委、深圳市杭州商会负责人做大会发言，异地在杭商会代表宣读服务保障G20杭州峰会倡议书。

【浙商回归（北京）专题活动】2016年7月27日，以"加强京浙两地合作、拓展浙商发展空间"为主题的2016年浙商回归（北京）专题活动在北京举行。省委副书记王辉忠出席活动并致辞，省委常委、统战部部长王永康主持活动。北京、天津、河北三省（市）浙江商会会长和浙商代表、项目签约代表300人参加。活动现场，30个浙商回归重大项目集中签约，其中杭州3个，分别是中国智慧交通谷项目、建德航空小镇建设项目、基于互联网的脑科学应用项目，总投资81亿元。

【"创客·梦想·赢"创客大赛】2016年10月18日，市经合办、市科委、市文广集团会同淳安县政府举办"创客·梦想·赢"创客大赛杭商千岛湖专场。浙江浙商创业投资股份有限公司、杭州浙科投资管理有限公司、杭州海邦投资管理有限公司等30多个专业投资机构和杭商企业代表200人参加。报名参赛项目近100个，涉及信息技术、生命科学、节能环保、先进装备制造、新材料等行业。大赛产生创投项目40多个，7个决赛项目进行现场路演，杭州艾米机器人有限公司等7个企业介绍的项目现场签订股权投资意向书，签约项目计划落户淳安千岛湖。

【重大项目集中开工仪式】2016年10月19日，杭州市在大江东产业集聚区吉利大江东新能源项目现场举办第三批重大项目暨浙商回归重大项目集中开工仪式。市长张鸿铭、常务副市长马晓晖等市领导和市发改委、市经信委、市经合办等20多个部门负责人出席。此次有17个浙商回归重大项目集中开工，总投资376.7亿元，项目涉及总部经济、新能源汽车、信息技术、节能环保等行业。其中大江东新能源汽车项目开工，标志着吉利集团作为浙江企业的深度回归。该项目总投资80亿元，用地41公顷，投产后可新增年销售收入150亿元。

【杭州（重庆）支持浙商创业创新专题推介会】2016年11月1日，由市经合办会同下城区联合举办的"2016杭州（重庆）支持浙商创业创新专题推介会"在重庆召开，70多位在渝浙（杭）商参加。会上，重庆市浙江商会、重庆市杭州商会负责人分别致辞，下城区、拱墅区、桐庐县商务局分别对投资环境和重点项目进行推介。与会浙（杭）商表示，要抓住杭州创建跨境电子商务区、自主创新示范区等新的机遇，把在外创业发展的经验、资本、人脉带回去，积极参与家乡建设。

【市领导走访省外浙（杭）商】2016年11月14～17日，市政协副主席何关新带队赴重庆、安徽走访浙（杭）商企业并召开支持浙商创业创新工作座谈会。11月21～25日，市政协副主席张鸿建、赵光育带队赴青岛、烟台、威海等地开展浙商"走亲"活动。市领导在各地走访期间，参观浙（杭）商在异地投资的企业，向浙

(杭)商介绍杭州经济社会发展情况和投资环境,并发出回杭投资创业的邀约。

【杭州(沈阳)支持浙商创业创新专题推介会】 2016年12月7日,杭州(沈阳)支持浙商创业创新专题推介会在沈阳举行。会议由市政府主办,市经合办和杭州大江东产业集聚区管委会联合承办,辽宁省浙江商会协办。辽宁省浙江商会会长致辞。辽宁省浙江商会理事以上单位、在沈知名企业代表和市经合办、市民政局、市旅委、杭州大江东产业集聚区管委会、江干区、西湖区等有关单位150多人参加会议。会上,市经合办介绍杭州经济社会发展情况,杭州大江东产业集聚区管委会介绍投资环境和产业园区重点招商项目。

【12个市级总部(浙商)基地公布】 2016年10月11日,杭州市支持浙商创业创新领导小组办公室公布第一批12个市级总部(浙商)基地,分别是望江智慧产业总部(浙商)基地、新天地浙商总部基地、钱塘江金融总部(浙商)基地、浙商运河财富中心、西溪谷总部(浙商)基地、滨江物联网总部(浙商)基地、钱江世纪城总部(浙商)基地、临平生物医药总部(浙商)基地、富阳浙商总部基地、杭州东部湾总部(浙商)基地、大江东智能智造总部(浙商)基地、青山湖浙商研发总部基地。 (马洪飞)

国内招商引资

【信息经济项目到位资金大幅增长】 2016年,杭州市引进信息经济项目到位资金362.87亿元,比上年增长36.2%;信息经济项目到位资金占引进资金总额的26.0%,比例比上年提高4.65个百分点。其中软件与信息服务、互联网金融、数字内容占比居前三位,分别占38.2%、26.7%和11.7%。

【高端项目招商】 2016年,杭州市新引进市外500强企业当年投资1亿元以上项目16个,到位资金68.54亿元;引进总部企业7个;引进市跨境电子商务综合试验区办公室认定的跨境电子商务龙头企业13个;引进“千人计划”人才领衔的和省部属科研机构(大院名校)类项目9个。

【重点项目完成投资119亿元】 2016年,杭州市坚持引资和投资并重,抓好重大活动平台签约项目履约率。3月21日,市支持浙商创业创新领导小组办公室和市招商引资重大项目协调小组内资项目办公室联合印发《关于2016年全市支持浙商创业创新和国内招商引资重点项目推进工作意见》,筛选安排60个重点浙商创业创新和国内招商引资项目加快推进,重点项目涉及总投资897亿元,其中市外投资814亿元。通过进一步落实重点项目三级协调机制,建立重点项目定期走访服务机制,在杭州大江东产业集聚区举行全市第三批重大项目暨浙商回归重大项目集中开工仪式等举措,推进重点项目早落地、早开工、早投产,全年重点项目完成投资额119亿元。

2016年杭州市国内引进信息经济项目到位资金情况

表36 单位:亿元

产业类别	到位资金	占比(%)
电子商务	29.57	8.2
云计算与大数据	0.69	0.2
物联网	23.22	6.4
互联网金融	96.92	26.7
智慧物流	6.79	1.9
数字内容	42.60	11.7
软件与信息服务	138.44	38.2
电子信息产品制造	15.24	4.2
移动互联网	1.45	0.4
集成电路	2.36	0.7
信息安全	1.02	0.3
机器人	4.57	1.3
合　计	**362.87**	**100.0**

【十大产业招商组创新工作机制】 2016年,杭州市推进产业专题招商,文化创意招商组、信息产业招商组、先进装备及生物医药招商组、金融服务招商组、旅游会展招商组、健康养老招商组、体育产业招商组、电子商务招商组、基础设施招商组、总部经济招商组十大产业招商组分别建立“一个工作方案、一个工作机制及工作网络、一套产业政策、一个项目统筹协调推进制度”的“四个一”工作机制。全年十大产业招商组组织和参加各类招商活动30场,引进和推进产业项目240个,引进资金380亿元。

【杭州(深圳)投资环境推介会】 2016年4月7日,由市政府主办的“2016杭州(深圳)投资环境推介会”在深圳举行。副市长谢双成出席会议并讲话。深圳同心俱乐部主席、祥祺集团有限公司董事局主席及同心俱乐部会员企业家,深圳市杭州商会会长、富春东方(香港)有限公司董事长等在深浙(杭)商,在深高新技术企业、金融企业、外商投资企业代表等180多人参加。会上,市商务委、市经信委、市金融办分别就杭州的商务环境、信息经济和金融服务业的发展情况做了推介。在深圳期间,市领导走访深圳有关企业,杭州各城区开展“敲门招商”活动。其中,拱墅区与赛格集团、深圳子丹影视文化传媒有限公司达成初步合作意向,上城区与金地置业总部达成合作意愿,富阳区与深圳融通招商有限公司达成委托招商意向。

【杭州(南京)经济合作洽谈会】 2016年4月28日,为推动在苏浙商回归和杭宁科技人才合作,市政府在南京举办“2016杭州(南京)经济合作洽谈会”。市政府副秘书长陈玮出席会议并讲话,市经合办、市人力社保局、市

2016年杭州市各区县(市)、开发区、集聚区国内招商引资情况

表37

单　位	项目(个)	到位资金(亿元)	到位资金目标数(亿元)	完成率(%)	到位资金增幅(%)
上城区	125	94.81	93	102.0	9.7
下城区	206	165.14	161	102.6	13.0
江干区	240	161.03	160	100.6	11.5
拱墅区	595	172.27	170	101.3	12.3
西湖区	304	186.27	185	100.7	12.7
高新区(滨江)	86	85.26	85	100.3	9.4
萧山区	252	105.97	103	102.9	13.9
余杭区	108	111.21	111	100.2	22.3
富阳区	77	52.69	52	101.3	12.9
桐庐县	110	45.29	45	100.6	11.8
淳安县	147	28.17	28	100.6	11.2
建德市	201	43.96	43	102.2	9.3
临安市	126	48.62	48	101.3	13.5
杭州经济技术开发区	78	35.25	35	100.7	15.2
杭州大江东产业集聚区	78	61.13	61	100.2	10.5
杭州城西科创产业集聚区	64	42.06	42	100.1	13.9
合　计	2 733	1 397.07	1 380	101.2	11.8

说明:合计中不包括杭州城西科创产业集聚区数据

体育局、市文创办、市科委、市旅委等有关部门负责人参加。西湖区、萧山区、余杭区、临安市、杭州城西科创产业集聚区等招商部门负责人,南京市人力社保局、江苏省浙江商会,在宁高等院校、科研人才机构、文创企业及在宁浙(杭)商企业代表150多人参加。其间,杭州市有关城区走访南京论之语网络技术有限公司、晟芮科技集团有限公司等企业。

【杭州(上海)经济合作洽谈会】 2016年7月20日,“2016杭州(上海)经济合作洽谈会”在上海国际会议中心举行。洽谈会由市政府主办,市经合办承办。副市长谢双成出席会议并讲话。上海部分知名企业、中央企业、外商企业、浙(杭)商企业负责人和杭州有关区县(市)、开发区招商部门负责人等250多人参加。会上,市商务委推介杭州商务环境,市文创办、市体育局分别推介杭州文创产业和体育产业发展情况,拱墅运河财富小镇、萧山信息港小镇、余杭良渚梦栖小镇、临安颐养小镇等特色小镇进行创业平台推介。举行洽谈会旨在进一步加强杭州与在沪知名企业、浙(杭)商企业的联系与合作。　(马洪飞)

“长三角”区域合作

【“长三角”城市经济协调会第十六次市长联席会议】 2016年3月24~25日,长江三角洲城市经济协调会第十六次市长联席会议在浙江省金华市召开。会议以“‘互联网+’长三角城市合作与发展”为主题,上海、南京、合肥、杭州、宁波、温州、金华等30个城市市长出席,围绕会议主题进行讨论交流,并签署《长江三角洲地区城市合作(金华)协议》。会议审议通过《长江三角洲城市经济协调会2015年度工作报告》《长江三角洲城市经济协调会2015年度经费决算报告》。会议决定,长江三角洲城市经济协调会第十七次市长联席会议在江苏省淮安市召开。

【13个沪杭合作项目完成】 2016年,杭州市深化接轨上海工作,进一步推进与上海在重点领域的合作交流。邀请杭州都市圈城市赴上海参加国际工业博览会、中国(上海)国际会奖旅游博览会等品牌展会,加快杭州都市圈融入“长三角”步伐。组织杭州40多个高新企业观摩在上海举办的中国国际工业博览会机床、工业自动化、节能环保、信息通信、机器人和新能源等展区,达成合作意向项目30多个。引进上海和“长三角”其他城市具有先进技术和管理水平的80个施工企业、6个监理企业、28个设计单位参与杭州城市建设。举办中国杭州高校毕业生就业创业市校合作推进会,邀请14个省的26所全国重点高校到杭州参会,与南京大学、东南大学签订就业创业战略合作协议。赴南京开展就业创业推介活动,举办“梦想启航创业活动周”、杭州市大学生创业企业公益性专场招聘会。召开“第五届中国杭州大学生创业大赛”新闻发布会,邀请上海财经大学、上海交通大学等“长三角”地区大学参加。向上海市民发售公园年卡(IC卡)6800张。深化杭州与上海医疗部门的合作。杭州市第七人民医院与上海精神卫生中心合作,开展“面向长三角地区的远程专科医疗服务协同平台建设及应用示范”研究,以及“针对强迫症的长三角远程医疗合作”课题研究。杭州师范大学附属医院(杭州市第二人民医院)与上海交通大学附属新华医院结直肠癌诊治中心在临床、科研、教学等方面开展合作。桐庐县第一人民医院作为上海瑞金医院桐庐分院,为疑难疾病患

者搭建高效、便利的就诊平台。全年完成沪杭合作项目13个。

【“长三角”年度课题评审会】 2016年12月13～16日，长江三角洲城市经济协调会办公室在江苏省宿迁市召开第四十一次主任办公会议、第四十四次工作会议暨年度课题评审会议。“长三角”地区30个城市有关部门及各专业委员会、合作联盟代表参加会议。会议介绍长江三角洲城市经济协调会第十七次市长联席会议的筹备方案及提请各城市配合做好相关的工作，听取各城市对2017年“长三角”专（课）题设置、新设专业委员会的意见建议，并对2016年专（课）题进行评审。由杭州牵头实施的课题《协同发展促进区域幸福度提升——杭州都市圈信息化联动创新发展研究》通过评审。　　（马洪飞）

杭州都市圈

【杭州都市圈概况】 2016年，杭州都市圈注重国际化带动，增强四城市协同发展的共识，进一步提升融合度。都市圈经济总量持续增长，实现生产总值21763.86亿元，比上年增长8.0%，分别高于全国、全省1.3和0.5个百分点，生产总值占全省的46.8%。在全国都市圈中，增速仅次于上海、广州都市圈。杭州继续引领都市圈发展，实现生产总值11313.72亿元，增长9.6%，GDP增速快于全国全省，保持全国第10个GDP总量达到万亿元经济大市的优势。

【推进杭州都市区发展工作座谈会】 2016年6月24日，省委副书记、省长李强主持召开推进杭州都市区发展工作座谈会。会上，播放资料片《破冰·改革·融合·共享——杭州都市区协同发展回顾与展望》。杭州、绍兴、德清、海宁及省发改委、省住房城乡建设厅、省交通运输厅负责人做交流发言，对深入推进杭州都市区建设提出意见建议。李强强调，要充分认识都市区在全省发展一盘棋中的主体地位，按照“长三角”城市群发展规划，进一步集聚高端要素，发展高端产业，加快规划建设杭州城西科创大走廊和钱塘江金融港湾，推进杭州国家自主创新示范区和杭州大江东产业集聚区建设，以及综合交通体系等建设，加快县域经济向都市经济转型，增强龙头带动作用，促进全省经济转型发展。

> **▲资料：杭州都市区**
>
> 2014年，省政府工作报告提出要研究制定杭州、宁波、温州和金华—义乌都市区规划纲要。杭州都市区规划范围包括杭州市域、绍兴市域及相邻杭州的德清、安吉、海宁、桐乡4个县（市），共涉及县（市）14个，面积2.9万平方千米，第六次全国人口普查人口为1619万人。

【杭州都市圈第八次市长联席会议】 2016年7月26日，杭州都市圈第八次市长联席会议在绍兴市柯桥区召开。会议围绕“共享‘两会’‘两区’机遇，共促改革创新发展”主题，回顾总结杭州都市圈10年建设成果，深入探讨加快杭州都市圈建设的思路和举措。杭州市市长张鸿铭、湖州市市长陈伟俊、嘉兴市市长胡海峰、绍兴市市长俞志宏分别做主旨讲话。省发改委、省交通运输厅、省住房城乡建设厅、长三角城市经济协调办公室等单位负责人出席会议。会议听取杭州都市圈协调会办公室关于杭州都市圈建设推进情况的汇报、杭州都市圈环保专委会牵头部门杭州市环保局关于杭州都市圈环境共保有关情况的汇报。会议就杭州都市圈加快发展中的若干问题达成共识。

【25个杭州都市圈一体化合作项目完成】 2016年，杭州都市圈完成跨区域合作一体化项目25个，合作项目涉及交通、旅游、医保、教育、文化、金融、人才、科技、会展等领域，主要包括都市圈高速公路环线（杭州绕城高速公路西复线）、京杭运河二通道等重大交通基础设施建设，杭州市·都市圈优质农产品迎新春大联展、杭湖嘉绍新春旅游优惠月、都市圈旅游联合促销等产业合作，以及市民卡合作、边界水质保护联合行动、名师名校长论坛等民生项目。

【杭州都市圈规划体系完善】 2016年，杭州都市圈以城市总体规划实施为抓手，以市域为整体，做好杭州市域发展战略规划研究工作，完成《杭州市域健康养老服务资源调查及对策研究》。根据省发改委制定的《推进杭州都市经济圈转型升级综合改革试点三年实施计划》，推进杭州市重点改革项目先行先试。重点改革项目包括推进以建设杭州城西科创大走廊为重点的科技体制创新，形成《市委市政府关于杭州城西科创大走廊管理体制机制的意见》，编制完成《杭州城西科创大走廊规划》；推进钱塘江金融港湾建设体制创新，完成钱塘江金融港湾（杭州段）规划研究课题，出台《关于加快推进钱塘江金融港湾建设的实施意见》；推进杭州跨境电子商务综合改革试验区建设，制定出台10个方面30条第二批制度创

2016年7月26日，杭州都市圈第八次市长联席会议在绍兴市柯桥召开
（市经合办 供稿）

新清单和5个方面跨境电子商务B2B便利化举措，促进跨境电子商务自由化、便利化、规范化发展；推进国家自主创新示范区建设，编制完成《杭州国家自主创新示范区发展规划纲要（2015～2020年）》和《推进杭州国家自主创新示范区建设若干先行先试政策（送审稿）》；推进国家新型城市化和中小城市综合改革试点，制定《2016年临安市国家中小城市综合改革工作重点》等。

【杭州都市圈产业结构优化】 2016年，杭州都市圈加快动能转换，增强城市化发展潜力，经济转型升级取得实效。全年都市圈三次产业结构由上年3.7∶44.9∶51.4优化为3.6∶42.6∶53.8，第三产业占GDP比重比上年提高2.4个百分点。实现规模以上工业增加值7035亿元，增长5.5%。高端制造业快速增长。高新技术产业、装备制造业、战略性新兴产业分别实现增加值2896亿元、2376亿元和2117亿元，增长10.1%、12.2%和8.7%，均高于规模以上工业增加值增速。现代服务业领跑转型，三产增加值增速高于GDP增速2.9个百分点，高于全省增速1.5个百分点。

【区域重大交通项目建设】 2016年，杭州都市圈区域重大交通项目建设取得实质性进展。杭州绕城高速公路西复线推进顺利，千岛湖至黄山高速公路建设顺利推进，长春至深圳高速公路（G25）浙江建德至金华段杭州段部分初步设计上报交通运输部，临金高速公路临安至建德段全面开展前期专题调查、审批工作，京杭运河二通道“四改三”（原有的四级航道改造成三级航道）河段初步设计获交通运输部批复，杭宁高速公路（浙江段）改扩建工程、杭金衢至杭绍台高速公路联络线等项目前期准备稳步推进，编制完成《杭州都市圈综合交通“十三五”规划》，《杭州城西科创大走廊综合交通规划方案》获批复。

【区域市场拓展】 2016年，杭州都市圈通过主办和参加大型展会等形式，带动都市圈企业产品销售，帮助都市圈企业开拓市场。推出江南绝色·吴越经典——杭嘉湖绍新春旅游优惠月、杭州都市圈旅游联合促销、杭州都市圈优质农产品迎新春大联展等活动，扩大都市圈旅游产品和农产品影响。都市圈四城市抱团参加“2016欧亚（土耳其、波兰）中国家居品牌博览会”。杭州与湖州共同打造“美妆小镇”，总部设在杭州，生产基地建在湖州，年内签约和落地项目15个、合作意向项目5个。杭州与中国航天科技集团上海航天技术研究院（航天八院）对接，在杭注册成立海洋探索技术（浙江）有限公司，总部落户滨江区，生产基地落户桐庐县。

【“一带一路”新兴外贸市场拓展】 杭州都市圈积极拓展“一带一路”新兴外贸市场。2016年6月，市经合办协调组织都市圈企业参加第二届欧亚（土耳其）中国家居品牌博览会（简称“土耳其展”）和第五届中东欧（波兰）中国家居品牌博览会（简称“波兰展”）。其中，杭州、湖州、嘉兴、绍兴四地组织143个企业参加“土耳其展”，设展位249个，现场成交额97万美元、意向成交额980万美元，现场成交额比上届增长20%。“波兰展”有189个企业参展，设展位368个，现场成交额、意向成交额分别达239万美元、1380万美元。

【社会共享机制深化】 2016年，杭州都市圈深化社会共享机制，推进各领域全面合作。开展新安江水系浙皖交界水质保护联合行动，全年开展新安江流域浙、皖交界联合监测11次。实施“长三角”地区高校交换生计划学分互认、杭州市杰出创业人才培育计划等工作。深化都市圈特殊教育合作，开展联盟成员教育教学研讨活动。加强节点县在教育教学、科研和管理等方面交流与合作。提升“杭州通·都市圈德清卡”功能；正式发行“杭州通·都市圈诸暨卡”，标志着诸暨与杭州公共服务实现互联互通。建立都市圈消费教育战略合作机制，助力消费者异地消费纠纷处理。围绕G20杭州峰会，推出“都市圈巡礼”系列深度报道，制作完成2016年杭州都市圈宣传片。

【杭州都市圈大型联合采访活动】 2016年7月21日，“共享机遇 共促发展——2016聚焦杭州都市圈”大型联合采访活动在安吉启动。作为杭州都市圈宣传的重头戏，“‘聚焦杭州都市圈’大型联合采访”活动已持续9年。30多家中央、省市级媒体组成的采访团，深入杭州、湖州、嘉兴、绍兴四地，先后采访杭州玉皇山南基金小镇、杭州之江凤凰创意国际园区、诸暨市大唐袜业特色小镇、德清省级特色小镇地理信息产业园、生态文明建设样本海宁市黄湾镇等20多个转型升级与生态发展的村镇、企业样本。都市圈四城市党报对联合采访活动刊发报道40篇，整版20多个，杭湖嘉绍电视台播出联合采访活动新闻20多期，杭报在线等新闻网站开辟直播专题。新华社、中国新闻社，“长三角”地区省级媒体，以及《中国经济导报》等专业媒体进行立体发布、密集宣传。

【杭州都市圈理论研究】 2016年5月，第三部杭州都市圈蓝皮书——《2016杭州都市圈发展报告：信息经济和智慧城市发展》正式出版，并在7月26日召开的第八次市长联席会议上发布。当年，杭州都市圈采取季度分析办法，每季度刊发杭州都市圈主要经济指标分析，对“十二五”时期、2015年度都市圈经济社会发展情况进行全面分析，发布《“十二五”杭州都市圈发展报告》《2015年杭州都市圈经济社会发展报告》。杭湖嘉绍四城市和节点县市有关部门赴滇中城市群学习考察，完成《未来五年杭州开放型经济发展的思路、目标任务、重大举措和重大项目研究》课题区域合作内容的撰写。协助开展“协同发展促进幸福度提升研究——杭州都市圈信息化联动发展研究”“长江三角洲城市群规划背景下优化提升杭州区域合作研究”等工作。完成《杭州参与长江经济带发展思路与对策研究》《杭州市域发展战略规划研究》《区域职业教育共同体机制创新与运作》等区域课题研究。（马洪飞）

区域经济合作和外部空间拓展

【杭州企业组团参加国内大型展会】 2016年，市经合办会同市经信委、市商务委等单位，组织浙江喜得宝丝绸科技有限公司、杭州万事利丝绸文化有限公司、杭州华海木业有限公司、杭州临安神洲电器有限公司等29个企业参加第十六届成都西部博览会、第十九届重庆经济合作洽谈会、第二十届西安经济合作洽谈会、第二十二届兰州经济合作洽谈会等重大展会，实现销售额300多万元，达成合作意向金额1900多万元。

【深化经济技术合作】 2016年10月25日，河南省周口市在杭州举办“周口市市情说明会暨项目签约仪式”。浙江省委统战部副部长张润生、杭州市副市长谢双成等到会祝贺。周口市市长刘继标致辞，副市长王田业做周口市市情推介，并代表周口市政府与阿里巴巴（中国）软件有限公司中西部大区、华锐风电科技（集团）股份有限公司签订合作框架协议。11月11日、11月18日、12月26日，甘肃省银川市、山西省运城市、山西省临汾市分别在杭州举行“银川——杭州经济技术协作交流推介会”“山西名品杭城行活动”“临汾市（杭州）招商引资推介会”。

【友城交往】 2016年，杭州市友城交往取得新成果，国内友好城市达16个。云南昆明、河南开封、山东淄博和聊城、河北承德等城市党政代表团先后到杭州考察交流，洽商合作。其中，4月14日由云南省委常委、昆明市委书记程连元率领的昆明市党政代表团，在杭州期间考察杭州市城市综合管理、西湖水环境治理、特色小镇建设、跨境电子商务和旅游文化产业发展等情况。省委常委、杭州市委书记赵一德等市领导会见昆明市党政代表团，双方各自介绍经济社会发展情况和投资环境，表示要加强各方面交流合作，实现优势互补，促进共同发展。

【政府与企业间战略合作】 2016年，杭州市推进政府与企业间战略合作。主要项目有：市政府与中国中铁股份有限公司、光大证券股份有限公司按照“优势互补、共赢发展”原则，在城市开发和基础设施建设等领域进行战略合作；市政府与中国出口信用保险公司浙江分公司实施新一轮战略合作，公司支持杭州国际产能和装备制造业发展；市政府与紫光股份有限公司签署战略合作协议，进一步加强在IT、移动互联、云计算和云服务等信息产业领域的合作；余杭区政府与中国服装协会、中国服装设计师协会共同推动“杭州·艺尚小镇”建设；杭州未来科技城与中国优步签署为期3年的战略合作协议，双方在人才招引、移动出行服务、园区配套服务、大数据作业及园区旅游、会议会展等领域展开深度合作；杭州热联集团股份有限公司、杭州杭氧股份有限公司分别与河北津西钢铁股份有限公司、中国铝业有限公司西北铝加工厂合作开发有关项目。（马洪飞）

对口帮扶和山海协作

【对口帮扶】 2016年，杭州市全面推进与四川省阿坝州、重庆市涪陵区的“双对口”帮扶工作。全年落实帮扶阿坝州资金2963万元，其中市本级581万元，主要扶持该州马尔康市、红原县和若尔盖县发展经济、改善民生。年内实施新建和续建项目20个，项目涉及产业发展、基础设施、教育设施、医疗卫生等领域。落实支援涪陵区专项资金330万元，其中市本级120万元，主要用于清溪镇移民小区农贸市场建设等。市长张鸿铭、市政协副主席何关新分别带队赴阿坝州调研考察帮扶项目实施情况，并就做好下一步帮扶工作提出要求。

【“杭州教育阿坝行”活动】 2016年8月22～26日，杭州市“双对口”工作领导小组办公室（市经合办）会同市教育局，赴对口地区四川省阿坝藏族羌族自治州开展“杭州教育阿坝行”活动。由杭州第二中学、杭州第十四中学、杭州长河高级中学、杭州高新实验学校、萧山中学、富阳郁达夫中学等学校特级教师、名师组成的教育专家支教团参加该活动。支教团先后考察马尔康市、红原县和若尔盖县的教育基础设施建设和教学科研工作，与当地教育部门和有关学校进行座谈交流，从教师队伍培养、教学能力提升、校校结对帮扶等方面为当地教育发展出谋划策。

【“杭州医疗阿坝行”活动】 2016年11月6～11日，杭州市“双对口”工作领导小组办公室（市经合办）会同市卫生计生委，赴对口地区四川省阿坝藏族羌族自治州开展“杭州医疗阿坝行”活动，浙江医院、浙江省中医院、浙江新华医院、杭州市第二人民医院、江干区人民医院等医院医护专家参加“杭州医疗阿坝行”活动。医护专家分别在阿坝州马尔康市、红原县和若尔盖县开展考察访问，深入乡镇中心卫生院参与查房问诊，与一线医护人员进行业务交流。

【西部人才培训】 2016年3月、6月和10月，市经合办会同市人力社保局干部培训中心举办3期对口支持西部人才培训班，培训主题分别为“‘互联网+农产品’与农村致富带头人”“特色小镇建设与招商引资”“中小学教育师资能力与素质提升”，参加培训学员150人。其中，对口支援地区四川省阿坝州、重庆市涪陵区、贵州省黔东南州学员75人。

【“山海协作”工程到位资金居全省第一位】 2016年，杭州市以推进绿色产业发展为主要任务，深化“山海协作”工程。全年援助绿色产业发展项目（包括3年内续建项目）资金38.5亿元，“山海协作”工程到位资金居全省第一位。其中，500万元用于衢州市实施城市污水直排收尾工程。对28个“山海协作”工程项目和西部大开发项目给予财政贴息资金补助，补助金额377万元。实施“山海协作工程·百村结对促进计划”，全年落实结对项目44个，到位资金529.8万元。

【山海协作产业园建设】 2016年，杭州健全山海协作产业园合作共建机制，加快推进余杭区与绍兴柯城区、萧山区与丽水龙泉市山海协作产业园建设。两个产业园规划开发土地面积11.52平方千米。全年投入基础设施建设资金3.78亿元。举办联合招商活动2次，引进企业17个，实际到位资金21.2亿元。两个产业园实现工业生产总值11.65亿元。（马洪飞）

责任编辑 余显幕

对外贸易

【对外贸易概况】2016年，杭州市实现外贸进出口总额679.92亿美元（4486亿元），比上年（指2015年，下同）增长2.2%（8.7%）。其中出口502.59亿美元（3314亿元），增长0.5%（6.7%）。通过跨境电子商务"互联网+外贸+中国制造"推动外贸转型升级，实现出口60.6亿美元（402.52亿元），进口20.5亿美元（136.17亿元）。按不含省级公司进出口实绩统计，杭州市外贸进出口总额622.9亿美元（4110亿元），增长5.1%（11.7%）。其中：进口165.05亿美元（1091亿元），增长11.1%（18.3%）；出口457.85亿美元（3019亿元），增长3.1%（9.5%）。对"一带一路"相关国家实现出口141.59亿美元（936亿元）。

3月15日，杭州市政府办公厅印发《关于2015年度全市外贸目标责任制和服务外包综合考核结果的通报》，对2015年度全市外贸目标责任制考核结果进行通报：拱墅区政府、富阳区政府获一等奖，下城区政府、临安市政府获二等奖，西湖区政府、桐庐县政府获三等奖，建德市政府获鼓励奖。

【国际贸易摩擦应对】2016年，杭州市组织企业做好国际贸易救济调查案件的排查和组织应诉工作。全年应对各类贸易摩擦案件53起，涉案金额4.35亿美元，涉案企业272个。涉案金额1000万美元以上的案件7起，其中5000万美元以上3起、1亿美元以上1起。

【外贸风险防范】2016年，杭州市与中国出口信用保险公司浙江分公司续签第三轮全面战略合作协议，专项签署《支持杭州国际产能和装备制造合作协议》。

市商务委加强企业开拓市场培训，全年宣讲培训10多场次，受训人数3000多人次。鼓励各地开展各具特点的信保形式，防范企业特别是中小企业的出口风险。全年中国出口信用保险公司承保企业2000个，报案数566个，比上年增长20.4%；报案金额1.27亿美元，增长16.1%；直接赔付2700多万元。

【国际市场开拓】2016年，杭州市融入国家"一带一路"倡议，搭建展会平台，帮助企业开拓国际市场。把企业需求、目标市场、重点展会相结合，深挖传统市场，开拓新兴市场。全年市商务委组织境内外国际性展会30场次，其中自办展4场次，分别是中国（杭州）国际花园、户外家具及休闲用品展览会，欧亚（土耳其）中国家居品牌博览会，中东欧（波兰）中国家居品牌博览会和中国（阿联酋）贸易博览会。组织杭州交易团参加中国进出口商品交易会、中国华东进出口商品交易会、中国国际日用消费品博览会、中国义乌国际小商品博览会等。全年推荐企业参加国际性专业展会100个。

【出口品牌培育】2016年，杭州市有13个企业被认定为2016年度"浙江出口名牌"，13个2013年度"浙江出口名牌"企业通过复评。"东南"（浙江东南网架股份有限公司）等18个品牌和"娃哈哈"（杭州娃哈哈集团有限公司）等56个复评品牌被认定为2016年度"杭州出口名牌"。

【国际花园、户外家具及休闲用品展】2016年3月21～24日，由市政府、省商务厅、中国轻工工艺品进出口商会主办，市商务委、北京泰莱特展览有限责任公司承办的第九届中国（杭州）国际花园、户外家具及休闲用品展览会在杭州和平国际会展中心举行。展会有参展企业200个，展览面积超过2万平方米，吸引来自美国、英国、意大利、加拿大等13个国家及国内北京、上海、广东、江苏等23个省（市）的经销商、专业观众5000人次到会参观，其中境外采购商超过600人次、国内采购商近2000人次。展会期间，举办首届中国藤柳编技艺大赛，并为60多个境外采购商和参展商组织为期2天的"一对一"商务配对活动3场、400多轮次，同时举办产业高峰论坛等交流活动。

【杭州交易团参加春季、秋季广交会】2016年4月15日至5月5日，第119届中国进出口商品交易会（春季广交会）在广州举行。杭州交易团设展位1551个，其中品牌展位254个，参展企业655个，实现成交额8.92亿美元。主要成交国家和地区为美国、澳

2016年3月21～24日，第九届中国(杭州)国际花园、户外家具及休闲用品展览会在杭州和平国际会展中心举行。图为“创造户外休闲新生活”产业论坛现场（市商务委 供稿）

大利亚、新西兰和中东、欧盟成员地区等，主要成交商品有五金工具、机械设备、照明灯具、卫浴、汽车零配件、家具和家用纺织品等。

10月15日至11月4日，第120届中国进出口商品交易会(秋季广交会)在广州举行。杭州交易团设展位1546个，其中品牌展位250个，参展企业673个，实现成交额9.08亿美元。主要成交国家和地区为美国、日本、澳大利亚、新西兰和欧盟成员地区、中东等，主要成交商品有机械设备、五金工具、照明灯具、卫浴、汽车零配件、家具和家用纺织品等。

【欧亚(土耳其)中国家居品牌博览会】 2016年6月2～4日，由市政府主办，市商务委和米奥兰特国际会展等单位承办的2016年欧亚(土耳其)中国家居品牌博览会在土耳其伊斯坦布尔国际展览中心举行。杭州参展企业85个，展位数166个。展会吸引来自土耳其及周边国家的客商1.32万人次；展会现场成交额185万美元，意向成交额1980万美元，累计成交额2165万美元；现场贸易配对350场次。

【中东欧(波兰)中国家居品牌博览会】 2016年6月7～9日，由市政府主办，市商务委和米奥兰特国际会展等单位承办的第五届中东欧(波兰)中国家居品牌博览会在波兰首都华沙国际展览中心举行。杭州参展企业119个，展位数226个。展会吸引来自波兰、俄罗斯、白俄罗斯、乌克兰、捷克、立陶宛等周边国家的客商1.26万人次。博览会现场成交额920万美元，意向成交额3350万美元，累计成交额4270万美元，现场贸易配对299场次。

【中国(阿联酋)贸易博览会】 2016年12月5～7日，由市政府主办，市商务委和米奥兰特国际会展等单位承办的2016年中国(阿联酋)贸易博览会在阿联酋(迪拜)世贸中心举行。杭州参展企业近100个，展位200个。展会吸引来自迪拜及周边沙特阿拉伯、叙利亚、巴林、黎巴嫩、卡塔尔、伊朗、阿曼、科威特、约旦等国家的1.1万名买家到场参观，现场成交额超过7500万美元，现场贸易配对381场次。（冯蔷颖）

利用外资

【利用外资概况】 2016年，杭州市新批外商投资项目462个，实际利用外资72.09亿美元，比上年增长1.4%，连续10年保持全省首位，占全省市级到位外资总额的41%，利用外资总体规模在16个“长三角”重点城市和全国15个副省级城市中均位居前列。至年末，杭州市累计批准外商投资企业1.29万个，总投资1535.1亿美元，注册资本1046.69亿美元，合同外资929.31亿美元，实际利用外资538.64亿美元。2016年度杭州市外商投资企业实际存量3960个。

【招商引资考核激励机制完善】 2016年，杭州市对2016年度市政府综合考评中有关开放型经济外资工作的计分办法和杭州市招商引资目标责任制考核办法、激励细则和实施意见做了修改，主要突出B20杭州峰会招商工作加分，优化世界500强企业投资项目、大项目跨境电子商务外资项目分、外方股东贷款(外债)项目申报分和贯彻五大机制工作分，将淳安县纳入第四组考核单位，对招商引资获奖单位增设人员立功奖励，强化考核约谈机制，强化先进单位和个人正向激励措施。

【“招商引资十条”举措出台】 2016年，市委办公厅、市政府办公厅印发《关于进一步强化招商引资有关工作的通知》，即“招商引资十条”，从明确工作目标、突出B20杭州峰会招商、落实“一把手”责任、扩大考核范围、加大考评力度、优化权重结构、强化正向激励、发挥中介机构、商会作用、优化服务保障十方面提出具体要求和措施，深化杭州市与世界经济的交流合作、促进经济转型发展、提升城市国际化水平。

【外资招引攻坚年行动】 2016年，根据杭州市外资招引攻坚年行动方案精神，杭州市通过加强招商宣传、精准对接服务、主动出击招商、加强活动招商、加强“以企引企”、加快项目落户等六大工作举措组织实施外资招引工作。通过更新宣传片、宣传册和项目册，创建规划馆、城市阳台宣传平台，展示杭州投资环境。全年“敲门招商”世界500强企业中国总部近100个，走访在杭州的世界500强企业投资项目125个，走访在杭州的全球行业领军企业120个，新结识客商1351个，新获取项目信息594条，储备重点项目164个，签约项目75个，引进世界500强或全球行业领军企业13个。

【B20杭州峰会对接服务】 2016年，

市商务委做好B20杭州峰会对接服务工作。建立"B20峰会参会客商对接服务工作领导小组"，制订《B20峰会参会客商对接服务方案》及《对接服务工作人员配备方案》，以"会前做好准备、会中精细服务、会后跟踪推进"为主要举措，组建8个对接服务小组。建立B20杭州峰会招商引资信息库，分析并分配客商名单，有针对性地开展客商对接服务工作。B20杭州峰会期间，做好客商入住酒店服务、抵离迎送等工作。

B20杭州峰会期间，市主要领导会见国际货币基金组织总裁拉加德、百度集团董事长李彦宏等，结识苹果公司、三星电子有限公司、摩根大通集团等客商750多名，接待印度尼西亚和阿根廷总统、美国AccuWeather公司等政府团组及企业到访考察60多批次，获取黑石投资基金私募股权基金公司黑石集团、山水文园集团等初步意向信息109个，推进签约项目18个。

【境内外招商活动】 2016年，市商务委办好境内外招商活动。其中：境内牵头组织举办北京、上海、深圳等专场招商推介活动，组团参加中国浙江投资贸易洽谈会、厦门国际投资贸易洽谈会、杭州西湖国际博览会等活动，做好参会客商组织、现场对接洽谈、项目签约等工作。中国浙江投资贸易洽谈会期间，市商务委组织签约项目13个，签约金额8.6亿美元，合同外资5.7亿美元。杭州西湖国际博览会期间，组织签约项目18个，总投资10.7亿美元，合同外资10.2亿美元；境外组队到美国、日本、韩国、东南亚等国家和地区进行投资促进活动，组织专场推介会，参加2016年中西部资本对接峰会，并拜访苹果公司、印度塔塔集团、班加罗尔科技园等企业和机构。

【"外资企业服务年"活动】 2016年，杭州市举办"外商投资企业春茗联谊活动"和"中澳（杭州）智慧健康与养老投资合作论坛"大型企业服务活动，以及"韩资企业座谈会"和"在杭B20参会企业座谈会"。配合做好"第二届世界杭商大会"和"2016浙江·杭州国际人才交流与项目合作大会"等活动。

6月9日，省商务厅在中国浙江投资贸易洽谈会主题论坛上表彰12个"外商投资企业杰出贡献企业"和19名"优秀管理人"，杭州市分别有8个企业和6名人员入选。

市商务委联合杭州电视台分5个专题对全市外资企业进行报道，联合毕马威企业咨询（中国）有限公司杭州分公司评出30个重点外资项目并编印重大外资项目册。

【外资审批制度改革】 2016年9月，市商务委组织国家级开发区负责人参加省商务厅外资审批改革工作会议。10月9日，市商务委组织各区县（市）、国家级和省级开发区、产业集聚区的外资审批部门负责人及业务人员开展外商投资企业审批改备案工作会议，学习负面清单、法律条款及外商投资综合信息库的应用，并于年末组织全市300多人进行外资备案管理培训。10月，在《外商投资企业设立及变更备案管理暂行办法》正式实施后，与商务部、省商务厅及时沟通，于10月14日将备案权限下放至各区县（市）商务主管部门，实施备案属地化管理。（冯蔷颖）

对外经济合作

【对外经济合作概况】 2016年，杭州企业境外总投资额61.45亿美元，境外企业中方投资额52.18亿美元。全市实现国外经济技术合作营业额19.26亿美元，其中：完成对外承包工程营业额19.18亿美元；对外劳务人员新签劳务人员合同工资总额279万美元，劳务人员实际收入总额782万美元。完成新批境外投资项目244个，境外投资增资项目61个。完成19个境内主体变更及境外企业注销项目的初审工作。组织75个对外承包工程资格企业参加浙江省对外承包工程企业监督检查，监督检查合格率100%。

【境外投资意向调查】 2016年，市商务委结合省商务厅工作要求，对全市范围内有意向到海外投资的企业进行调查，掌握35个企业的境外投资项目意向50个，计划投资金额19.18亿美元，通过分析企业到海外意向投资的国别、金额、产业等基本信息，了解下一步境外投资发展动向。

【60多个企业参加境外投资活动】 2016年，市商务委组织60多个企业参加中国—中东欧国家投资合作洽谈会、浙江—越南商务促进交流会、中国浙江投资贸易洽谈会、印尼投资政策推介会、2016年浙江企业跨国并购发展论坛、中白工业园项目招商推介会等境外投资促进活动，帮助企业了解境外投资环境，获取境外投资项目信息。

2016年9月3～4日，二十国集团工商峰会在杭州举行　（市贸促会 供稿）

【"走出去"资金初步分配方案完成】2016年,360万元市级"走出去"资金按照2015年度境外投资中方投资额实际完成情况分配给各区县(市),用于支持企业境外投资,其中:滨江区、萧山区、江干区、下城区、余杭区各40万元;西湖区、杭州经济技术开发区、拱墅区、上城区各30万元;富阳区、建德市、临安市、桐庐县各10万元。500万元省级"走出去"资金按照2015年度对外承包工程营业额完成情况分配给各区县(市),用于支持企业对外承包工程,其中上城区36万元、下城区116万元、西湖区26万元、西湖风景名胜区30万元、江干区36万元、滨江区115万元、拱墅区1万元、杭州经济技术开发区4万元。

【杭州市政府与中国出口信用保险公司签订战略合作协议】2016年5月24日,杭州市政府与中国出口信用保险公司浙江分公司战略合作协议以及支持杭州国际产能和装备制造合作协议签约仪式在杭州举行。该协议发挥市政府组织协调、资源整合、政策推动优势和中国出口信用保险公司作为国家政策性保险机构优势,通过建立协同机制,明确工作职责,促进政保联动,支持杭州市开展国际产能和装备制造合作,提高杭州市开放型经济发展水平,推进杭州市经济结构调整和产业转型升级,打造国际产能和装备制造合作新样板。（冯蔷颖）

服务贸易

【服务贸易概况】2016年,杭州市服务贸易进出口总额1399.63亿元(211.62亿美元),比上年增长18%,占全市服务贸易和货物贸易进出口总额的23.8%。其中服务出口945.67亿元(142.98亿美元),增长19%。计算机和信息服务(国际服务外包)、旅游服务和建筑服务三大领域出口规模较大,合计占总出口额的86%;计算机和信息服务(国际服务外包)、旅游、保险、医疗、教育等领域服务出口增长速度较快。

杭州市全年承接服务外包合同签约额89.05亿美元,服务外包合同执行额80.21亿美元,其中:离岸服务外包合同签约额62.27亿美元;离岸服务外包合同执行额58.72亿美元,增长13%。至年末,杭州市有进入商务部服务外包业务管理系统备案的企业1387个,服务外包企业从业人员34万多人。

【服务贸易创新发展试点获批】2016年2月22日,国务院印发《关于同意开展服务贸易创新发展试点的批复》,同意在天津、上海、海南、深圳、杭州、武汉、广州、成都、苏州、威海等10个省、市和哈尔滨新区、江北新区、两江新区、贵安新区、西咸新区等5个国家级新区开展服务贸易创新发展试点,试点期为2年。试点任务为探索完善服务贸易管理体制、探索扩大服务业双向开放力度、探索培育服务贸易市场主体、探索创新服务贸易发展模式、探索提升服务贸易便利化水平、探索优化服务贸易支持政策、探索健全服务贸易统计体系、探索创新事中事后监管举措。试点计划立足产业发展特点和自身优势,确定一批重点发展的行业和领域,建设若干特色服务出口基地,形成可在全国复制推广的改革、开放、创新经验。

【杭州市服务贸易创新发展试点工作】2016年5月27日,市政府办公厅印发《关于成立杭州市服务贸易创新发展试点工作领导小组等议事协调机构的通知》。领导小组由市长张鸿铭任组长、分管副市长谢双成任副组长,成员包括市有关部门和各区县(市)政府、国家级开发区管委会以及相关省级部门50个单位主要负责人,对试点工作进行统一领导、统一组织、统一协调、统一实施。

8月1日,市政府办公厅印发《关于印发杭州市服务贸易创新发展试点实施方案的通知》。实施方案从杭州市服务贸易创新发展试点

2016年杭州市出口额前25位企业排序情况

表38

排序	企业名称	出口额(万美元)	比上年(%)
1	浙江一达通企业服务有限公司	541 193	126.3
2	杭州海康威视科技有限公司	123 973	27.6
3	中策橡胶集团有限公司	79 155	-13.1
4	东芝信息机器(杭州)有限公司	73 894	-12.2
5	浙江大华科技有限公司	59 145	24.2
6	杭州华三通信技术有限公司	52 611	-35.4
7	杭州巨星科技股份有限公司	48 935	0.7
8	浙江融易通进出口有限公司	31 885	172.1
9	杭州市轻工工艺纺织品进出口有限公司	29 852	-7.6
10	浙江物产国际贸易有限公司	27 869	-30.0
11	杭州热联国贸股份有限公司	26 372	62.0
12	博世电动工具(中国)有限公司	24 814	-7.5
13	奥的斯机电电梯有限公司	24 632	-5.3
14	顾家家居股份有限公司	23 151	23.5
15	浙江恒逸石化有限公司	22 710	-4.1
16	杭州杭丝时装进出口有限公司	21 344	-3.9
17	汇孚集团有限公司	19 986	-0.3
18	杭州鼎胜进出口有限公司	19 928	-9.6
19	杭州大和热磁电子有限公司	19 800	11.9
20	浙江中大技术进出口集团有限公司	19 227	1 291.8
21	杭州矢崎配件有限公司	17 949	-7.3
22	杭州默沙东制药有限公司	16 991	11.9
23	浙江杭叉进出口有限公司	16 800	5.2
24	杭州中艺实业股份有限公司	15 479	-11.1
25	杭州松下家用电器有限公司	14 224	-16.8
	合　计	1 371 919	30.3

2016年杭州市进口额前25位企业排序情况

表39

排序	企业名称	进口额(万美元)	比上年(%)
1	赛诺菲(杭州)制药有限公司	75 478	21.8
2	杭州华速实业有限公司	66 024	—
3	杭州热联集团股份有限公司	65 086	62.9
4	中策橡胶集团有限公司	61 009	15.0
5	杭州默沙东制药有限公司	51 425	-2.6
6	中航国际矿产资源有限公司	50 390	134.0
7	杭州海康威视科技有限公司	46 038	8.9
8	浙江江铜富冶和鼎铜业有限公司	41 862	19.6
9	浙江富兴电力燃料有限公司	35 791	209.1
10	浙江物产国际贸易有限公司	25 801	-22.3
11	浙江大华科技有限公司	25 124	-1.9
12	浙江物产国际贸易有限公司	24 263	—
13	杭州福斯特光伏材料股份有限公司	24 074	28.1
14	浙江明日控股集团股份有限公司	17 509	47.5
15	杭州杭钢对外经济贸易有限公司	17 151	-11.5
16	浙江庞鑫电力能源有限公司	16 729	-11.5
17	浙江物产森华集团有限公司	15 873	-1.3
18	杭州娃哈哈保健食品有限公司	15 302	12.9
19	浙江富冶集团有限公司	13 192	32.9
20	统合电子(杭州)有限公司	13 105	1.0
21	史陶比尔(杭州)精密机械电子有限公司	13 014	1.6
22	赞宇科技集团股份有限公司	12 826	38.6
23	金帝联合控股集团有限公司	12 319	—
24	康恩贝集团有限公司	11 507	26.0
25	浙江省轻纺供销有限公司	11 053	-26.2
	合　计	761 945	39.9

优势入手,提出完善管理体制、扩大服务业双向开放、培育市场主体、提升便利化水平、优化支持政策、健全统计体系、创新监管措施7项试点任务,强调大力发展信息服务、文化服务、旅游服务、跨境电子商务服务、教育服务和金融保险服务6个重点领域,提出与试点工作相配套的保障措施。

8月4日,杭州市服务贸易创新发展试点工作领导小组第一次会议召开,市长张鸿铭参加会议并讲话。

【服务外包产业发展"十三五"规划】 2016年,市商务委规划明确"十三五"时期全市服务外包发展的指导思想、战略重点、主要任务和保障措施等。规划提出到2020年,杭州市服务外包产业结构和行业价值进一步优化提升,形成产业特色鲜明、融合创新驱动显著、领军企业国际竞争力明显提升、产业集聚效应明显、发展环境优良的服务外包产业生态系统,将杭州建设成为"长三角"服务外包集群核心区、全国创新融合发展示范区、全球知名服务外包目的地,确立"最具价值和活力服务外包城市"的杭州服务外包城市品牌。

【杭州代表团参加中国(北京)国际服务贸易交易会】 2016年5月28日至6月1日,杭州代表团参加第四届中国(北京)国际服务贸易交易会。交易会期间,杭州市展示杭州服务贸易发展成就和服务贸易创新发展的重点。在浙江主题日活动上,浙江华麦网络技术有限公司引进戛纳电视节落户杭州,并举行现场签约仪式;杭州华三通信技术有限公司、杭州海康威视数字技术股份有限公司、浙大网新科技股份有限公司、大华技术股份有限公司等杭州企业获"浙江省服务外包领军企业"称号;市商务委、杭州国际服务贸易协会、浙江大华技术股份有限公司有关负责人,分别代表政府、协会和企业参加服务贸易创新发展试点城市访谈。

【杭州代表团参加巴西国际电信展览会】 2016年10月16~24日,由杭州海康威视数字技术股份有限公司、杭州新思软件有限公司、虹软(杭州)科技有限公司等8个企业组成的杭州代表团参加在巴西圣保罗国际会议中心举行的巴西国际电信展览会。杭州代表团设置"杭州·天堂硅谷"联合展区,展区面积72平方米,通过主题推介会、"一对一"洽谈、拜访客户招引项目、在线推广及广告宣传等形式,为杭州服务贸易企业提供了解国际市场现状、争取境外合作伙伴的机会,为杭州企业与境外服务发包商搭建交流推广平台。展会期间,杭州代表团接待来自巴西、日本、韩国和欧盟成员地区等40多个国家和地区的100多位专业买家,进行专业会谈50多场次,内容涉及安防综合解决方案、软件交流等,意向成交额1020万美元。

【服务外包优惠政策落实】 2016年,市商务委组织相关企业和培训机构申报中央国际服务外包和技术出口专项资金。杭州市有60个企业申报服务外包在岸或离岸业务奖励,25个企业申报技术出口奖励,25个企业申报服务外包国际资质认证资助,38个企业的4950人申报人才培训资助,7个培训机构申报人才培训资助。开展2015年度杭州市离岸服务外包业务奖励工作,全市获离岸外包奖励等服务外包资金4141.3万元、技术出口贴息资金1315.12万元,并按规定,将资金按照2015年离岸执行额比例分发至各区县(市)和开发区。

【服务外包培训】 2016年,市商务委开展重点服务外包培训机构、培训联盟和公共服务平台调研,了解各培训机构的培训计划,检查教学情况,宣传服务外包培训资助政策。全市服务外包培训机构服务外包培训开班176期,培训人员1.21万人次。加强杭州师范大学人才培训公共服务平台和达内人才实训公共服务平台建

设，发挥两个平台集聚互动作用，为杭州服务贸易中高端人才培训提供更多便利的公共服务功能。（冯蔷颖）

国际贸易促进

【国际贸易促进概况】 2016年，中国国际贸易促进委员会杭州市委员会（简称市贸促会）围绕推进城市国际化战略和开放型经济发展目标，深入开展国际交流与合作，加强贸易投资促进工作，为企业开拓国际市场和提升国际竞争力服务，促进杭州市外向型经济发展。

全年邀请、接待32个国家和地区的到访团组65批次、423人次。其中包括印度、奥地利、斯洛文尼亚、埃及、阿根廷等国家驻沪总领事馆总领事、参赞、首席代表级别官员50多人次。与德国国际经济与文化交流促进会，波兰国家总商会促进中心，哥斯达黎加出口商商会，墨西哥外贸、投资和技术委员会和古巴商会5个国际机构签订友好合作协议。

全年组织对外展会项目56个，展位数562个，服务参展企业338个次。其中10个展位以上成规模展会项目18个，包括德国法兰克福国际家用纺织品展、美国西部安防展、慕尼黑太阳能展等。

全年签发一般原产地证明书7.91万份；办理优惠原产地证1.29万份，出具商事证明书5.27万份，代办使馆认证3668份，办理单据认证885份，签发ATA单证册106份。

承办和参与第十一届中国国际休闲产业博览会、2016年杭州国际珠宝首饰展览会等5个展览项目，展位数2154个，其中国际展位276个。

【B20杭州峰会服务保障】 B20杭州峰会是G20杭州峰会重要配套活动，G20杭州峰会筹委会多次召开会议部署B20杭州峰会工作。2015年5月，G20峰会杭州市筹备工作小组成立，下设一办九部。其中国际经济合作部部长由副市长谢双成担任，市贸促会作为国际经济合作部的重要成员单位，参与整个B20杭州峰会服务保障工作。2016年6月，杭州市成立B20峰会服务保障指挥部，下设一办十七组，谢双成担任总指挥，市贸促会承担指挥部办公室、6个功能组组长和11个功能组副组长的职能，推进B20杭州峰会各项工作，确保B20杭州峰会顺利召开。

【杭州代表团参加夏季达沃斯论坛】 2016年6月26～28日，市贸促会组织浙江华策影视股份集团、浙江时空电动汽车有限公司、金诚集团、浙江中纺腾龙投资有限公司、杭州经纬天地创意投资有限公司等6个企业组成杭州代表团，参加在天津举行的第十届夏季达沃斯论坛。论坛期间，副市长谢双成会见洲际酒店集团大中华区首席执行官、美国波士顿咨询公司等企业相关负责人。

【中德产业智慧化峰会】 2016年10月21～22日，由商务部投资促进事务局、市政府主办，市贸促会和商务部中国国际投资促进中心（德国）、江干区政府联合承办的“2016中德产业智慧化峰会”在杭州举行。该峰会旨在推动中国和德国在“互联网+”和“工业4.0”优势领域开展互补性合作，加速中国和德国“技术换市场”实施进程。200多个中外企业家代表参加峰会。峰会期间，市贸促会与德国国际经济与文化交流促进会签署合作备忘录，合作成立“中德产业促进中心”。

【中国国际休闲产业博览会】 2016年10月21～24日，由市贸促会主办的第十一届中国国际休闲产业博览会在杭州和平国际会展中心举行。博览会以“休闲生活”为主题，设国际展区和休闲生活展区，总展览面积1万多平方米，展位数353个，接待观众8万人次。展会集中展示各国的旅游景点、旅游商品、户外用品等，印度、阿根廷、希腊、波兰、印度尼西亚等近20个国家和地区的32个机构和企业参展，国际展位比例28%。印度、印度尼西亚、阿根廷、波兰、希腊等国家的驻沪总领事馆领事等嘉宾观展。该展会获“第十八届西湖国际博览会最具国际化奖”和“2016年度中国十佳品牌展览会”。

【国际经贸交流】 2016年5月3日，市贸促会与波兰驻沪总领馆、波兰国家商会在杭州联合举办“波兰—杭州食品行业对接会”。16个波兰企业和30多个杭州企业进行洽谈。

5月20日，市贸促会与加拿大驻沪总领事馆商务处、加拿大—亚洲汇强集团联合举办“杭州—加拿大企业家商务洽谈会”，9个加拿大企业到杭州洽谈。华立集团股份有限公司、农夫山泉股份有限公司等20多个杭州企业参加活动。

5月26日，意大利驻华大使谢国谊率意大利商务代表团访问杭州，并举办“中意商务论坛”。副市长谢双成在会上致辞。40多个意大利企业和70多个国内企业参会。

2016年10月21～22日，“2016中德产业智慧化峰会”在杭州举行

（市贸促会 供稿）

9月13～16日，市贸促会组织25个企业的55名参展人员到日本参加2016年浙江出口商品(大阪)交易会，设展位39个。展品包括服装、手套、袜子、家用纺织品、箱包等。

11月11日，市贸促会与英中贸易协会联合举办"中英(杭州)食品行业对接会"。8个英国食品生产企业与贝因美婴童食品股份有限公司、农夫山泉股份有限公司、杭州联华华商集团、杭州千岛湖啤酒有限公司等30多个企业进行商务洽谈。

12月5日，市贸促会与英国国际贸易部、英国驻沪总领事馆、英中贸易协会、浙江省卫生计生委联合举办"英国优质医养结合整合医疗专场商务对接会"，30个英国医疗产业专业公司与杭州企业进行交流对接。

【"贸促课堂"培训】 2016年，市贸促会围绕企业需求和关注热点，与国内外专业机构合作，先后举办"外贸实战英语及展会技巧""商事认证业务培训""国际贸易风险控制及案例分析""外贸团队建设与管理""中国企业境外投资一站式服务"等培训活动7场次，680个企业、878人次参加培训。 (郑慧颖)

杭州海关

【杭州海关概况】 2016年，杭州海关围绕市委、市政府促进外贸发展、提升国际化水平的部署，坚持"主动对接、深度融入，精准施策、务实有为"工作思路，强化担当抓落实，优化服务提效能，严实作风促发展。全年全市外贸进出口总额4486亿元、比上年增长8.7%。其中，出口3314亿元、增长6.7%。在杭海关单位审核报关单19.9万份，监管进出口货运量319.59万吨、集装箱23.12万标箱，监管进出境人员442.67万人次、邮递物品4650.98万件、快件物品2058.7万件。

杭州海关现场执行预约通关制度，并为中国(杭州)跨境电子商务综合试验区企业提供"全年无休日、24小时内办结海关手续"服务。"12360"海关公益服务热线全年为全市外贸企业提供咨询服务7.3万次、解答问题6万多个(次)。在杭海关监管现场配置CT型行李物品检查系统、行李检查X光机等设备，其中杭州萧山国际机场实现进出物流"信息化、可视化、智能化"。海关行政审批"一个窗口"运行效能提升，杭州地区实现海关报关单申报、行政审批、报关单修改撤销、汇总征税、非政策性退税作业无纸化。海关进出口监测预警机制、多维度海关统计分析模式健全，国家政策和外贸运行形势研究加强，全年为市政府及有关部门提供数据服务近100次，为企业提供外贸数据咨询400多次。

【G20杭州峰会海关服务保障】 G20杭州峰会筹备开始至2016年9月5日峰会结束，杭州海关先后查获枪支44支、铅弹1.24万发；缴获海洛因、大麻等毒品900.24千克；查获违禁印刷品及音像制品1.36万件；查获"低慢小"飞行器44个。

G20杭州峰会期间，杭州海关为5357名国际贵宾、政要及其随同人员和境外记者提供通关服务，验放进境车辆28辆，国宾行李1457件、3.09吨，外交邮袋7件、275千克。

【跨境电子商务综试区海关标准化模式推广】 2016年，杭州海关在中国(杭州)跨境电子商务综合试验区形成"简化申报、清单核放、汇总统计"等10项"杭州实践"模式，被海关总署作为标准化模式在全国其他10个跨境电子商务综合试验区推广；配合市政府制定B2B出口认定标准及申报流程，对B2B出口货物通关系统自动审核放行比例上调至95%；支持浙江电子口岸功能发挥，做好数据对接，支持中国(杭州)跨境电子商务综合试验区"单一窗口"运行。全年杭州海关累计验放中国(杭州)跨境电子商务综合试验区零售出口商品4996万单、货值24.5亿元；进口商品2962万单，货值56.7亿元。

【海关产业转型升级服务完善】 2016年，杭州海关健全减免税前伸服务机制和重大技术装备进口个性化指导机制，先后为杭州市地铁集团有限责任公司、浙江长龙航空有限公司、万向A一二三系统有限公司、长安福特汽车有限公司杭州分公司等项目，审批减免税设备价值4.52亿元，减免税款5.01亿元。改进展会备案、核销及展品留购等监管流程，先后服务"欧洲油画经典——提香与鲁本斯""2016沃尔沃汽车年代展"等展会17次，减免保证金4800万元。开展税则调研，碧根果、马卡达姆坚果进口税率由24%分别下调至19%、10%，为全市坚果加工企业降税约3000万元。开展汽车零部件归类专项服务，指导长安福特汽车有限公司杭州分公司、东风裕隆汽车有限公司等企业建立进口汽车零部件商品归类资料库。

【通关服务效能提升】 2016年，杭州海关推进"通关一体化"改革，落实"一地注册、全国报关"改革，杭州地

G20杭州峰会期间，杭州萧山国际机场海关加大监管力度。图为监管现场 (王 媛 摄)

区海关单位受理狭义一体化报关单2.23万份，占杭州地区全部报关单量的11.2%。落实“三互”(口岸管理相关部门信息互换、监管互认、执法互助)推进大通关建设，完成“杭州海关大通关平台”升级改造，在杭州地区实现与口岸部门、监管场所、企业的物流和放行信息互联共享；推进关检“三个一”(海关和检验检疫部门“一次申报、一次查验、一次放行”)通关作业模式。支持空港经济圈建设，拓展“鲜活货绿色通道”，促成“杭州—洛杉矶”等11条新增航线开通；支持杭州萧山国际机场保税航油添加业务发展，添加保税航油12.1万吨，为36个境内外航空公司节省成本4000万元；支持水陆一体物流网络建设，促成杭州市首个内河外贸集装箱港口——富阳东洲内河国际港开港。

【企业减负增效服务优化】 2016年，杭州海关围绕“信用杭州”建设，全市新增海关高级认证企业17个、一般认证企业30个。停收数据处理费等4个收费项目，每年为企业节约成本1700多万元。对符合条件的加工贸易高资信企业免收风险担保金，每年为企业减轻资金压力近3000万元。实施“双随机一公开”改革，随机布控、随机查验比例分别为95.4%、100%；提升机检比率，全市出口集装箱机检率61.5%。健全海关企业协调员制度，对121个重点企业实行协调员机制，为160个重点外贸企业解决归类、通关等难题150个。

【外贸秩序规范】 2016年，杭州海关全面推广企业“主动披露”制度，引导企业守法自律、自查减责，有79个企业提交主动披露报告，对核实存在问题的15个企业予以不予行政处罚处置。强化海关知识产权保护，引导企业自主知识产权海关备案95项，比上年增长1.44倍；与阿里巴巴集团建立互联网侵权联合治理机制。围绕“平安杭州”建设，开展打击走私“国门利剑2016”专项行动，杭州地区立案走私违法案件138起、案值1.02亿元；履行海关边境保护职能，加大对涉毒、涉枪、涉爆等走私违法犯罪的打击力度，先后查获枪支33支、铅弹2828发，毒品6.08千克，违禁印刷品、音像制品1.33万件。

【跨境电子商务综试区建设部署会在杭州召开】 2016年2月15日，海关总署跨境电子商务综合试验区建设部署会在杭州召开。会议听取杭州海关关于推进中国(杭州)跨境电子商务综合试验区建设的情况汇报，就中国(杭州)跨境电子商务综合试验区可复制推广的制度措施进行讨论，并就推动宁波、天津、上海等12个城市建设跨境电子商务综合试验区进行部署。

会议肯定杭州海关在坚持改革创新、敢于先行先试、支持中国(杭州)跨境电子商务综合试验区建设发展取得的成效，提出要提高认识，根据国务院常务会议部署，发挥跨境电子商务对于推动经济稳增长、调结构、促进外贸发展的重要作用，做好跨境电子商务综合试验区复制推广工作；要统一标准，落实海关总署制订的制度措施。尽快制订出台可复制推广的制度措施，各关要认真把握好“把关与服务”的平衡点，在“管得住”的前提下促进跨境电子商务发展；要全力以赴，确保扩大试点工作顺利实施。

【“清单申报、清单统计”改革试点】 2016年3月1日起，杭州海关按照海关总署部署，在中国(杭州)跨境电子商务综合试验区启动“清单申报、清单统计”改革试点项目。试点启动前，杭州海关对跨境电子商务零售出口货物实行“清单核放、汇总申报”模式，海关按企业报送的清单进行实时核放，企业需每月将清单汇总成报关单向海关申报。试点启动后，对不涉及出口征税、出口退税、许可证件管理且金额在5000元以内的跨境电子商务零售出口货物，电子商务企业可按《中华人民共和国海关进出口税则》4位品目简化申报，每月不再需要按月汇总为报关单，海关按清单实施统计。

【富阳口岸(东洲码头)海关监管场所正式运作】 2016年5月16日，浙江富阳口岸(东洲码头)海关监管场所正式对外办理业务。该海关监管场所位于杭州市富阳区东洲街道东桥路58号。新监管场站位于东洲码头西侧，紧邻杭新景高速公路东洲出口，设办公用房、监管仓库、检验区、待检区等，并配备智能化卡口处理设备，可自动识别集装箱箱号、自动称重。监管场所引进大型集装箱检查设备，可对进出口集装箱整车进行扫描，海关关员可以在监控室内看到集装箱内的货物情况。该设备有非侵入式、无破坏的特点，最快15秒就能查验一个集装箱，大幅提高通关效率，可为外贸企业降低每个集装箱查验成本150元。

【搭载“义新欧”列车的跨境电子商务货物抵达空港园区】 2016年5月31

杭州海关工作人员在跨境电子商务保税仓库进行现场监管 (王 臻 摄)

日，全国首批搭载“义新欧”列车的跨境电子商务货物，通过二次转关抵达中国(杭州)跨境电子商务综合试验区空港园区。

“义新欧”铁路是欧亚铁路开通的7条线路之一，穿越7个国家，是世界上最长的铁路货运线路班列，每月4列去程、2列回程。首批搭乘“义新欧”班列的跨境电子商务货物是浙江跨境电子商务企业杭州有棵树科技有限公司进口的一批德国奶粉。奶粉在德国启运，经新疆阿拉山口转关到义乌再次转关到中国(杭州)跨境电子商务综合试验区空港园区，用时20天，比海运节约20多天。杭州海关创新业务模式，指定专人跟踪解决通关中的疑难问题，加强与检验检疫等其他部门沟通联系，确保转关环节无缝对接，保证货物及时到达。实行“先进区后报关”“简化报关随附单证”“卡口智能化验放”等快捷通关物流作业模式，简化报关手续，提高通关效率。

【东洲内河国际港开港】 2016年7月14日，中国(杭州)跨境电子商务东洲内河国际港开港仪式在富阳口岸(东洲码头)举行，该内河国际港是杭州唯一的外贸通商港口。

东洲港于2012年1月建成营运，占地26.33公顷，岸线总长991米，是杭州地区规模最大的内陆型集装箱作业港口。2014年，东洲内河国际港正式打通省内首条集装箱海河联运航线，杭州港开启海河联运模式，即杭州集装箱可经水运直接出海。2015年，东洲内河国际港试航。

【杭州海关与阿里巴巴集团签署知识产权保护合作备忘录】 2016年7月26日，杭州海关与阿里巴巴集团签署知识产权保护合作备忘录，双方在线索发现、信息互通、资源共享等方面展开合作，打击跨境贸易中的知识产权侵权行为。这是杭州海关与企业合作签署的首份政企合作打击跨境领域知识产权侵权行为的合作备忘录。

依据备忘录，对于杭州海关发现和查实的侵权行为，阿里巴巴集团依照平台规则采取关闭侵权客户账户、暂停或者停止侵权客户平台进出口业务、断开链接等方式进行平台治理。同时，阿里巴巴集团运用平台大数据分析手段追根溯源，查找通过互联网从事跨境销售侵权假冒货物的商户及人员信息，按照相关法律法规规定，向海关提供执法协助。双方计划不定期开展风险分析经验交流，围绕互联网跨境领域知识产权保护，向对方提供重点渠道、重点商品、侵权手法等风险信息，共同研究和推动电子商务平台在进出口环节承担知识产权状况合理审查义务及法律责任。双方计划在公众意识培养层面展开合作，包括通过各自力量面向社会公众、进出口企业展开联合宣传，不定期开展知识产权保护业务培训等，提高公众和企业的知识产权保护意识。

【1.6亿元成品油走私案告破】 2016年7月11日，杭州海关对外通报，查获1个海上成品油走私团伙，抓获犯罪嫌疑人20人，涉及走私进境的成品油2.48万吨，案值1.6亿元。

2014年6～12月，山东籍人员孔某、赵某等人共谋，由孔某入股，以赵某名义购买“金舟19”船和“祥鸿9”船，雇用汤某等舟山籍船员，通过伪造航海路线、装油地点等手段逃避海关监管，从境外海域非法偷运成品油共计2.48万吨进境，卸货至山东日照、威海等港口的沿海油罐中。2016年6月8日，舟山市中级人民法院审理后，分别判处孔某、赵某、胡某有期徒刑15年、13年、4年，各处罚金2700万元、2600万元、5万元，判处汤某等17名船员3年有期徒刑缓刑5年、3年有期徒刑缓刑4年不等。 (周敏伟)

浙江杭州出口加工区

【浙江杭州出口加工区概况】 2016年，浙江杭州出口加工区(简称出口加工区)整合区内优势资源，推动园区转型发展，做到长效管理、深挖潜力、创新活力，提升出口加工区全国影响力。全年出口加工区实际利用外资1078万美元，引进内资1.2亿元，完成浙商回归资金1.8亿元。固定资产投资0.9亿元，完成工业销售产值93.5亿元。完成进出口总额21.7亿美元，其中进口8.7亿美元、出口13亿美元。完成海关税收及代征税5.5亿元。跨境电子商务业务发展迅速，实现交易额48亿元。

【出口加工区企业服务管理】 2016年，出口加工区坚持“每月例行走访”“重点项目主要负责人联系制度”“企业负责人见面交流”等制度，领导干部深入基层开展“走社访户、进企访员”活动，对企业开展调研活动，掌握企业发展现状及实际困难，“送政策”“送服务”“送关爱”。全年走访服务区内企业178次，接待企业负责人到访66人次，梳理并落实解决企业生产所涉及的重点、难点问题31个，组织召开企业关务检务操作、强制性产品认证业务等培训会13次，企业负责人座谈会1次。

【5个“百分百”管理制度实行】 2016年，出口加工区坚持“全民助力、全局保障、全面提升”方针，实行5个“百分百”管理制度，即“百分百”守纪律、“百分百”全员出动、“百分百”隐患排查到位、“百分百”检查督促到位、“百分百”兼顾生产与民生。全年完成7.7万平方米蓝色屋面(立面)专项整治(“蓝改灰”整治)，并对出口加工区卡口、监管仓库入口处公园、16号路中央道及两侧绿化进行整治，配合河道监管中心进行21号渠清淤、河道治理工作，以点带面，提升园区环境品质。开展平安巡查151批次，检查各类场所379处。开展专项检查17次，检查企业175个次，重点排查企业配电房、危化品仓库等重点部位，落实整改一般隐患118处。完成盛康橡胶(杭州)有限公司约320吨边角料堆放点的清理，协调杭州泰谷诺石英有限公司安全处置废酸40吨；联合杭州海关对中国(杭州)跨境电子商务综合试验区下沙园区电子商务仓储企业开展消防安全专项整治。办理车辆进出区安全证1500多张。

【行政审批备案】 2016年，出口加工区根据国家关于外商投资项目管理的相关条例要求，做好各项行政审批备案工作。全年办理新设企业审批1件、合同章程变更审批4件、增资审批1件、解散审批1件、备案审批1件、工作函8件。同时，根据国家发改委和商务部要求，完成从外商投资企业行政审批向备案过渡的相关工作，完成外商企业备案3件。

【跨境电子商务综试区下沙园区实现交易额48亿元】2016年，中国（杭州）跨境电子商务综合试验区下沙园区实现交易额48亿元。全年招引“天猫国际”“苏宁易购”等电子商务平台68个，“网易考拉”“银泰网”等垂直电子商务企业111个，杭州中外运电子商务有限公司、杭州海仓科技有限公司等72个电子商务服务企业入驻园区，备案海外商家超过5000个。全年园区组织跨境电子商务企业参加国内重大展会6次，举办包括首届跨境电子商务论坛等论坛3次、政策宣讲会4次。“双十一”购物节期间，园区成交订单量214万单，成交额4.15亿元，增长4%，单笔订单金额明显提高，品类向多元化、高端化发展。至年末，园区海关累计代收税金4.12亿元，其中2016年海关代征综合税3.74亿元。

中国（杭州）跨境电子商务综合试验区下沙园区配合杭州经济技术开发区商务局做好开发区跨境电子商务B2B业务。10月，拟定完成全国首创网购保税出口模式创新方案，并报送中国（杭州）跨境电子商务综合试验区管理办公室，由中国（杭州）跨境电子商务综合试验区管理办公室牵头协调各职能部门研究方案。该模式利用海关特殊监管区域政策功能，在园区形成跨境出口网货中心，内接制造企业，外接跨境出口平台。11月29日，区内跨境电子商务专业供应链服务平台——杭州乐链网络科技有限公司实现首单B2B保税出口业务运作。

【肉类进境查验场建设启动】2016年2月19日，出口加工区获批“杭州市肉类进境查验场”。出口加工区综合管理局围绕集约资源、高效使用的建设原则，会同海关、出入境检验检疫等部门到郑州、重庆等口岸进行专题学习，并针对市场管理、业务需求、建设条件等内容做专题调研，加快启动进口肉类查验场规划设计工作。至年末，杭州市肉类进境查验场规划出口加工区内用地2.67公顷，建设方案初步拟定完成。

2016年浙江杭州出口加工区主要经济指标完成情况

表40

指标名称	计量单位	2016年	比上年(%)
招商引资			
外资项目批准数	个	2	-75.0
其中：仓储物流企业	个	2	-75.0
外资项目投资总额	万美元	3 875	159.9
其中：增资额	万美元	800	55.6
合同利用外资	万美元	3 475	172.1
其中：增资额	万美元	400	33.3
实际利用外资	万美元	937	-29.3
内资项目审批数	个	19	-76.3
其中：仓储物流企业	个	19	-76.3
内资项目注册资本数	万元	10 400	-75.2
工业经济			
工业总产值	万元	947 202	-1.9
工业产品销售产值	万元	935 675	-3.0
税收总额	万元	55 580	42.6
进口值	万美元	86 847	19.8
出口值	万美元	130 413	-5.8
基本建设			
固定资产投资	万元	9 000	-55.3
投产企业数量	个	—	—
从业人员	个	7 516	-9.1

【“两个课题”研究深化】2016年6月，根据杭州经济技术开发区党工委、管委会提出的“发展破题”工作部署，出口加工区启动“推进加工区转型”和“跨境电子商务提质增效”课题（简称“两个课题”）研究。经专题调研、企业走访、专家咨询、部门共谋，通过数轮修订，完成“两个课题”研究报告并出台实施意见，制订计划重点推进。围绕“跨境助力推动区域转型升级，创新监管举措，力破发展难题”目标，启动新一轮“两个课题”深化研究。结合跨境电子商务综合试验区业务特点，邀请包括阿里研究院、杭州海关技术处等机构就如何提升产业绩效、破解园区发展瓶颈等问题进行专题对策研究，制订产业发展规划和工作方案。

【中共跨贸园委员会成立】2016年3月23日，中共跨贸园委员会成立，下辖2个党总支、19个党支部，有党员216人。至年末，园区“两学一做”学习教育展开，“全国党员信息化系统”试点工程全面推行，党建活动室等党员活动阵地初步建立，党委党建子模块成功对接“跨境杭州”微信公众号。全年指导园区企业党组织换届选举4次、新成立联合支部2个，组织召开培训10次，帮助基层解决实际问题17个。G20杭州峰会期间，组织区内企业党员参加志愿服务573人次。

（杨　俊）

出入境检验检疫

【出入境检验检疫概况】2016年，杭州出入境检验检疫局（简称杭州检验检疫局）检验检疫出入境货物8.61万批次，货值36.23亿美元，分别比上年增长6.9%和下降0.7%。其中出境6.81万批次，货值23.05亿美元，分别增长9.1%和14.2%；入境1.8万批次，货值13.19亿美元，分别下降0.6%和19.2%。全年检出不合格货物4003批次，货值2.82亿美元。抽检不合格率和货值不合格率分别为40%和30.4%。其中，出境检验检疫不合格货物783批次、货值3720.62万美元，抽检不合格率和货值不合格率分别为18.2%和15.2%；入境检验检疫不合格货物3220批次、货值2.45亿美元，抽检不合格率和货值不合格率分别为56.5%和35.8%。

2016年，杭州检验检疫局签发货物检验检疫证书1.08万份，下降25.3%；签发检验检疫证单8.44万份，增长12.9%。签发原产地证书20.42万份，涉及金额81.67亿美元，分别增长15.7%和5.1%。其中普惠制证书7.45万份、一般原产地证书4.83万份、区域性优惠原产地证书8.14万份。全年利用原产地优惠为企业减免关税3.1亿美元。

杭州检验检疫局全年检疫出境特殊物品3047批次，入境特殊物品57批次。检疫出入境集装箱3.98万只，其中出境1.57万只、入境2.41万只，对1259只出入境集装箱实施卫生除害处理。截获进境植物疫情208批次，其中在全国首次截获长尾材小蠹。

2016年，杭州检验检疫局编制实施“十三五”规划、“七五”普法规划及五年绩效管理规划，建立推行权力清单和责任清单制度，清理确认行政权力35项。完成科研标准7项，课题和论文6项，分别获国家质检总局科技兴检三等奖和浙江检验检疫局一等奖、二等奖、三等奖及优胜奖，杭州检验检疫局获浙江检验检疫系统“科技兴检”先进集体称号。首次协办中国国际丝绸博览会，推广丝绸“无损秒测”技术。

杭州检验检疫局全年多次组织国外食品等法规业务培训，指导辖区6个出口企业通过美国食品药品管理局官方检查、1个企业通过韩国官方注册考核。

【G20杭州峰会检验检疫服务保障】 2016年3月，杭州检验检疫局成立G20杭州峰会检验检疫工作领导小组和工作组，明确职责分工。5～7月，先后出台峰会检验检疫工作总体方案、安保方案，制订应急预案、专业方案13个。投入专项经费40多万元，购置核辐射监测设备、核辐射防护服、警戒标志牌、进口食品抽样设备等装备和应急物资。参加综合应急处置演练、突发事件综合应急处置演练等综合、专项演练。开展进口食品安全、口岸疫病疫情、危化品安全、网络安全、保密工作以及内保安全6个方面大排查，消除安全隐患。筛选确定供应商7个、进口食材供应清单237项，查验、抽检直接采购货物202种、214批次。聚焦动植物疫情、口岸核生化、危险化学品等领域安全，排查进出口危险化学品企业40多个，开展应急演练3次、核与辐射监测80多次。形成大型活动进口食材保障、口岸协调、反恐及疫病防控三大机制。

【助推杭州市创建全国质量强市示范城市】 2016年，杭州检验检疫局参与杭州市创建全国质量强市示范城市工作，推动质量安全示范区建设列入区县(市)政府质量工作考核。3月和9月，分别与市市场监管局和市特种设备检测研究院签订合作协议备忘录，并与市市场监管局开展联合执法4次。联合市质监局、市发改委和市商务委等部门做好外商服务月、出口名牌审定等工作，推送质量示范企业16个。围绕质量和品牌提升、质量整治、质量宣传及群众性质量活动4个方面开展质量月活动32项，结合消费者质量安全“三进”活动与中国计量大学建立“检学合作”机制，开展5个企业“同线同标同质”活动。首次向社会发布进口消费品质量安全状况分析报告。

【跨境电子商务检验检疫服务升级】 2016年，杭州检验检疫局研究、分析、应对跨境电子商务零售(企业对消费者)进口税收影响，向国家质检总局报送《跨境电商新政对行业发展产生三大影响》《跨境电商新政实施一月三大影响凸显》《新政暂缓实施三月进口跨境电商企稳向好》等专报。出台跨境电子商务检验检疫监管2.0版便利化措施，实施跨境电子商务“互认机制、采信机制、预检机制、追溯机制”，推出简化注册登记手续、开展指定口岸建设、推行“中国强制性产品认证”免办等10多项便利化服务措施。

【检验检疫监管模式创新】 2016年，杭州检验检疫局围绕检验检疫一体化目标，对内搭建“四个一”(“一个部门、一个渠道、一个尺度、一个平台”)业务管理一体化体系，对外推进“长三角”区域口岸属地合作。按照浙江检验检疫局统一部署，于10月12日上线运行中国电子检验检疫(ECIQ)系统，初步形成以“业务管理条块结合、口岸内地区域合作”为内容，以ECIQ主干系统为支撑的一体化业务管理模式。推进出口竹木草制品、饲料产品等农产品模式改革，落实改革企业160个，覆盖率90%。在饲料和饲料添加剂检验检疫模式改革的基础上，全面推行出口水生动物检验检疫模式改革。建立认证认可联席会议制度，运用强制性产品认证、认证有效性监督、行政处罚等手段发挥认证认可“传动轴”作用。5～6月，对浙江吉利汽车研究院有限公司进口的9辆和东风裕隆汽车有限公司进口的11辆免办“中国强制性产品认证”的样车进行监督。开展诚信企业“行政合同”原产地证书预签工作，在杭丝时装进出口有限公司试点，预签空白证书7类、1408份，核销1344份。

【重点敏感产品质量安全监管】 2016年，杭州检验检疫局与市食品安全委员会联合开展食品安全隐患“三大一严”(大抽检、大排查、大整治、严打击)专项整治行动，出动执法检查人员172人次，张贴发放行动宣传通告200多张，抽检产品13种类、132批次，检查重点食用农产品种养殖基地15个，检查重点品种生产经营企业56个，排查重点风险隐患15个，查处违法行为1起，监管部门行政立案1起，受理投诉举报处置3件。执行食品、化妆品监督抽检和风险监测制度，落实进出口食品、化妆品抽检和风险监测样品1242个、项目3690个，检出1批次出口欧洲的乌龙茶中唑虫酰胺超过欧盟限量标准。妥善处置进口奔驰及甲壳虫汽车消费者投诉事件，探索进口汽车后续监管新模式，将监管对象从4S店上移到品牌公司。检出不合格进口矿产品6.4万吨、货值6554万美元。首次检出铜精矿有害元素，促成国家质量监督检验检疫总局发布警示通报。对38个跨境电子商务企业开展专项稽查，发现涉嫌违规企业4个。实施跨境电子商务产品线上、园区监控861批次，发现异常69批次。

【动植物及卫生检疫】 2016年，杭州检验检疫局多渠道收集境外疫情信息，做好寨卡病毒和黄热病疫情防控。加强卫生检疫处理，做好疫情防控应急物资储备。建立反恐最小作战单元，开展口岸核生化监测及生物突发事件应急演练。制订年度口岸动植检规范化建设工作方案，启动动植检现场实验室建设，植检初筛实验室建设初步完成。开展外来有害生物监测布控，首次发现外来恶性杂草长芒苋、法国野燕麦。强化富阳口岸有害生物、媒介生物本底调查，指导口岸功能设施配套建设，指导检疫处理熏蒸库房建设验收。实施"绿蕾行动"，查验直邮进境快件212万件。加强进口粮食储存、加工企业的检疫监督管理，5月，对进口澳大利亚大麦指定场地检疫监管违法行为做出行政处罚，这是浙江检验检疫系统查处的首例进境粮食违法案件。按照检疫隔离要求，完成赤掌柽柳猴、松树猴、条纹鬣狗、白犀牛和金刚鹦鹉等多种进境野生动物的隔离检疫及后续监管工作。

【技术性贸易措施应对】 2016年，杭州检验检疫局向浙江检验检疫局报送技术性贸易措施信息1.96万条，录用1924条，完成219个企业国外技术性贸易措施影响调查任务。牵头完成《中国技术性贸易措施国别报告(2016)》中对俄罗斯、乌克兰、吉尔吉斯斯坦、墨西哥、土耳其、哥斯达黎加和欧盟成员地区技术性贸易壁垒(TBT)报告6万多字。针对电动平衡车出口瓶颈，建立浙江检验检疫局电动平衡车技贸措施研究组，采取出口打假、检测技术支撑、二维码溯源等方式，保护"杭州智造"。服务盆景出口，杭州六通园艺有限公司出口欧盟成员地区的红枫、三角枫等槭属盆景获"免除目的地隔离期"待遇，成为国内输出欧洲盆景企业中唯一享受绿色通道的生产企业。

【口岸开发开放】 2016年，杭州检验检疫局推动中国(杭州)跨境电子商务综合试验区进口肉类指定口岸项目审批运营。2月，国家质检总局批复同意在杭州建设国家进口肉类指定口岸，并确定以"一区多园、同步建设"为原则，中国(杭州)跨境电子商务综合试验区下沙园区、中国(杭州)跨境电子商务东洲内河国际港、杭州农副产品物流中心同步开展口岸建设。

支持富阳口岸(东洲码头)开发开放，杭州检验检疫局按照"分步走"建设方式，重点保证铜矿砂、废纸等原进口商品的业务平移。5月25日，杭州检验检疫局对富阳口岸(东洲码头)口岸建设检验检疫设施进行初步验收，并要求口岸建设方对14个不符合标准的项目进行整改。8月4日，富阳口岸(东洲码头)通过浙江检验检疫局验收，进口废纸和矿产品业务启动。

2016年10月11日，国内首次出口活体澳大利亚淡水龙虾。图为杭州检验检疫局工作人员在查验现场 (杭州检验检疫局 供稿)

【原产地证"信用签证"模式实施】 2016年1月28日，杭州检验检疫局推行原产地签证新模式——信用签证。检验检疫机构签证人员先将空白原产地证签字盖章后批量交由企业保管，企业打印相关内容后即可直接使用，通过预签模式，提升企业申请原产地证的便利程度，是在原产地业务领域内对诚信守法企业推出的最高级别便利服务。根据辖区企业原产地证申领情况，杭州检验检疫局挑选签证量较大、信誉良好、管理制度完善、申领人员稳定的诚信守法企业，严格准入，并通过与企业法人代表签订"行政合同"，明确企业责任和义务，以"预签后审、过程核销、集中销毁"的签证管理模式，确保证书真实有效。

【杭州、嘉兴签署进口矿产品联合监管合作备忘录】 2016年3月21日，杭州检验检疫局和嘉兴检验检疫局在嘉兴签署《进口矿产品检验检疫监管联合执法机制合作备忘录》。备忘录明确杭州和嘉兴两地检验检疫部门在进口矿产品检验监管工作中的职责和分工，深化"口岸—属地"检验检疫在通关一体化上的融合与协作。根据备忘录，双方按照"分工协作、联合把关"原则，从优化通关模式、优化通关流程、优化通关服务三方面深入推进进口矿产品通关一体化。双方通过建立联合执法机制，加强从嘉兴港入境运抵杭州检验检疫局辖区的进口矿产品的检验监管工作，提高区域进口矿产品质量安全水平和通关效率。

【跨境电子商务B2B出口"云管理"试点】 2016年5月17日，杭州检验检疫局开展首批跨境电子商务B2B出口"云管理"试点，实现各地检验检疫机构数据共享，监管指令可以从申报地检验检疫局到生产地检验检疫局，实现异地监管。该试点利用"大数据"实现跨境电子商务产品监管全覆盖，利用"互联网+"实现通报、通检、通放，利用"云管理"促进检验检疫一体化。

【浙江达缘供应链管理有限公司通过生鲜冷链出口食品备案审核】2016年6月16日，杭州检验检疫局对浙江达缘供应链管理有限公司进行出口食品备案审核。该审核是检验检疫部门首次对跨境电子商务生鲜冷链加工企业进行备案审核，浙江达缘供应链管理有限公司成为国内首个通过检验检疫备案审核的特殊监管区内食品加工企业。

生鲜冷链出口食品备案审核主要对肉类产品的车间、冷库、生产设备、流水线以及原料物流路线等进行排查，对生鲜食品的加工和冷链物流提出行业指导和建议，并现场提出不符合项目责令企业整改，督促企业规范生产和经营。6月17日，浙江达缘供应链管理有限公司实体店在浙江杭州出口加工区试营业。

2016年8月3日，杭州检验检疫局与余杭经济技术开发区签订“浙江省杭州市特殊物品出入境集中监管平台”合作备忘录 （杭州检验检疫局 供稿）

【浙江省杭州市特殊物品出入境集中监管平台运行】2016年8月3日，杭州检验检疫局与余杭经济技术开发区管委会在浙江省生物医学谷签订关于共同建设“浙江省杭州市特殊物品出入境集中监管平台”的合作备忘录，启动全省首家特殊物品集中监管平台建设。该平台与保税仓功能相结合，有“集中查验监管”“公共服务”两大功能，可为全省生物医药企业提供优惠便利的特殊物品代理贸易、报关、报检、查验等出入境业务服务和冷链运输、温控存储等一体化、一站式全流程公共服务。平台通过功能整合，建设浙江生物制品跨境服务中心，提升浙江生物医药产业基础服务能力，促进生物医药产业向中高端转型升级。12月12日，浙江省特殊物品出入境集中监管平台建设验收会议召开，该平台完成评估验收并正式投入运行。

【跨境电子商务进口巴氏奶试单完成】2016年9月，杭州检验检疫局到澳大利亚、新西兰开展跨境电子商务“互认机制、采信机制、追溯机制、预检机制”实践，市政府、澳大利亚维多利亚州、阿里巴巴集团三方签订合作协议，首批以跨境电子商务形式进口的巴氏奶在“双十一”购物节期间试单成功。杭州检验检疫局通过采信国外有资质的检测机构的检测结果，将巴氏奶抽检环节提前至国外装运前，并由中国驻外的检验机构进行监装，确保全程冷链运输。到达国内后，即可通过电子商务平台销售，检验检疫部门同时对其进行检测，验证国外检测结果，节省国内检测时间3～7天，缩短巴氏奶销售周期，降低商家存货风险和成本。

【杭州纳入全国检验检疫通关一体化体系】2016年10月12日，顾家家居股份有限公司报检出口一批沙发至印度尼西亚，经杭州检验检疫局审单后电子放行，这是中国电子检验检疫主干系统（e-CIQ）上线后杭州检验检疫局正式受理的首批出境货物，标志着杭州市正式纳入全国检验检疫通关一体化体系。e-CIQ以大数据、大集中技术为支撑，实现全国一个标准、一个平台。该系统整合综合业务管理系统（CIQ2000）、集中审单、电子监管等18个系统的4000多个功能点，缩短系统之间数据回写时间。通过整合资源，此系统形成全国检验检疫大数据，构建全流程、全业务、全覆盖的跨区域、跨机构的一体化全新监管模式。

【跨境电子商务检验检疫产品质量安全风险国家监测中心运行】2016年10月26日，跨境电子商务检验检疫产品质量安全风险国家监测中心（简称国家监测中心）在杭州正式上线运行，并与“天猫国际”合作开展首次“入仓检”，同时启动电子商务平台质量共治活动。国家监测中心是国家质检总局在中国（杭州）跨境电子商务综合试验区设立的国家级监测中心，主要承担中国（杭州）跨境电子商务综合试验区跨境电子商务产品质量安全风险信息采集、监测、评估及预警等具体工作；参与电子商务企业信用体系构建；协助处理对跨境电子商务商品质量安全的投诉举报等工作。至年末，国家监测中心开展线上、线下抽样监测1144批次，查处异常113批次，主要涉及质量安全、生物安全、虚假宣传、涉嫌欺诈等问题。杭州检验检疫局全年监管进出口邮包3659.86万个、货值58.59亿元，分别比上年增长84.9%和93.8%。

【杭州经济技术开发区进出口生物医药产品质量安全示范区建设启动】2016年12月22日，杭州检验检疫局与杭州经济技术开发区管委会签署建立“杭州经济技术开发区进出口生物医药产品质量安全示范区”合作备忘录。该示范区是全国首个进出口生物医药产品质量安全示范区。根据备忘录，双方计划通过创新服务举措、搭建公共服务平台，建立一个集技术、标准、品牌、质量、服务有机协调发展的生物制品进出口产品质量安全示范区。 （姚玉平）

责任编辑 吴 铮

国家级开发区·产业集聚区

National Development Zones & Industrial Agglomeration Area

杭州年鉴 2017

杭州国家高新技术产业开发区

【杭州国家高新技术产业开发区概况】2016年，杭州国家高新技术产业开发区（简称杭州高新区）坚持“产业引领、创新驱动、产城融合、民生优先”原则，围绕服务保障G20杭州峰会，以“三次创业”为主线，构筑“大创新”体系，经济社会发展呈现健康发展态势。

地区生产总值901.4亿元，比上年（指2015年，下同）增长14%。其中：第二产业461.1亿元，增长12.7%；第三产业439.1亿元，增长15.4%。规模以上工业企业总产值1355.6亿元，销售产值1356.6亿元，分别增长14.5%和14.6%。财政总收入235.37亿元，其中一般公共预算收入125.37亿元，分别增长17.7%和15.6%。杭州高新区在2016年省首次县域经济30强评比中，经济竞争力、发展潜力、创新力方面均列全省首位，在国家级高新区综合评价中排名第六位，并被科技部列入全国8个创建世界一流高科技园区计划。

实现高新技术产业收入4200亿元，增长13.4%。其中：网络信息技术产业收入2250亿元；信息经济（智慧经济）产业增加值733.7亿元，增长20.3%，占开发区生产总值81.4%。在《2016年浙江省信息经济发展综合评价报告》中，杭州高新区在全省90个区（县、市）信息经济排名中位列榜首，被评为浙江省信息经济发展示范区、浙江省软件和信息服务产业发展基地。在2016年的浙江省工业强县（市、区）“两化融合”指数评价中列全省首位。中国Wi-Fi产业峰会永久落户杭州高新区，物联网小镇入选省级信息经济领域标杆小镇。

固定资产投资285.2亿元，增长26.5%。18个项目被列入市重点实施项目，6个项目被列入市重点预备项目。重点实施项目完成投资39.9亿元。政府投资项目完成投资84.8亿元，增长121.7%。实施区级G20杭州峰会整治项目58个，财政投入12.6亿元，所有项目均按期完工。完成产业投资52.5亿元，增长44.9%，其中新开工项目15个、竣工项目22个、挂牌项目10个。获国家专项建设基金18.5亿元，其中地铁建设基金8亿元。举办第十二届中国国际动漫节和第十届中国杭州文化创意产业博览会。物联网小镇、创意小镇被评为市级特色小镇。杭州高新区海归高层次人才创新创业基地被确定为全国首批园区校区为侨公共服务体系示范点。

全区研究与试验发展经费支出122亿元，增长13%，占开发区生产总值的13.5%。全年投入财政资金22.9亿元，其中区级投入17.06亿元、市级及以上产业专项资金5.84亿元。全年用于科技型人才资助1.27亿元，科技创新及研发项目资助7.73亿元，“瞪羚企业”及科技型中小微企业资助1.33亿元。国家高端软件及应用示范项目获中央财政专项资金4459万元，占全市中央财政专项资金总额的71.3%，居全市首位。

国家知识产权服务业集聚发展试验区正式获批并挂牌。新增杭州电魂网络科技股份有限公司、浙江和仁科技股份有限公司、英飞特电子（杭州）股份有限公司3个上市企业，累计上市企业37个。新增“新三板”挂牌企业37个，累计79个。杭州高新区与14个企业签订创业投资引导基金战略合作协议，合作基金签订投资协议项目77个，其中开发区内注册成立企业47个，投入资金4.8亿元。深圳证券交易所杭州路演中心完成路演78场次。有国家级孵化器6个、国家级众创空间9个，在孵企业1204个。“六和桥创新创业生态示范区”建设获批，“杭州创业大街”正式启用。“科技双创联盟”组建并试运营。

全年实际利用外资8.06亿美元，实际到位内资91.05亿元，浙商创业创新到位资金72.2亿元。自营出口额54.6亿美元。境外投资中方投资额5.04亿美元，新批外商投资企业48个，增资项目53个。投资总额1000万美元以上大项目19个，世界500强企业投资项目3个，阿里巴巴集团、网易（杭州）网络有限公司等企业及上市公司再投资项目12个。

杭州高新区获国家科技进步奖二等奖1项、省级科学技术奖13项、市级科技进步奖14项。全年申请专利1.42万件，其中发明专利5901件，总量与增幅均列全市首位，发明专利授权量1466件。杭州高新区获中国专利奖10个，占全市获奖数的76.9%，获省专利金奖4个。新增国家知识产权示范和优势企业7个，15

个企业入选2016年“浙江省高新技术百强企业”并包揽前三强。24个企业入选2016年“浙江省成长性科技型百强企业”。11个企业入选2016年“浙江省技术创新能力百强企业”，其中6个企业列前10位。华为技术有限公司的“全球计算创新中心”落户杭州高新区。全年新增省级重点企业研究院16个，省、市级研发及技术中心68个。

杭州高新区实施“5050计划”新政，鼓励人才创业创新。全年新引进人才2.53万人，其中高级人才3861人。新增海外高层次人才500人，增长29%；新增海外高层次人才创办企业186个，增长69%。新引进和培育国家“千人计划”专家11人，累计67人；浙江省“千人计划”专家18人，累计123人。三花·江虹国际创意园被评为市级大学生创业园。新增大学生创办企业403个，累计2561个。新增浙江省博士后科研工作站6个，企业博士后科研人员进站24人，培养出站10人。

杭州高新区实施“五证合一”登记制度，实现“一个窗口对外”“一条龙服务”需求。开展外商企业登记管理和内资股份有限公司登记、个体户“两证合一”登记改革，以及名称自主申报改革和全程电子化工商登记准备工作。新登记注册企业6803个，新增注册资本481.68亿元，增长54.5%。

杭州高新区加强科技金融服务中心建设。支持杭州银行科技支行设立“科技金融事业部”；支持深圳证券交易所杭州路演中心、金融服务联合会、一融科技平台等建立市场化线上资本项目信息服务平台；开发区创投引导基金阶段参股投资基金25只，带动社会资本35.5亿元。与浙江股权交易中心共建“浙江科创企业股权融资转让系统”。编制完成《杭州高新技术产业开发区（滨江）经济体制综合改革实施方案》。

【浙江华数华媒数字电视服务标准化试点项目获批】 2016年2月1日，根据国家标准委《关于下达2016年度国家级服务业标准化试点项目的通知》，由华数数字电视传媒集团承担的“浙江华数传媒数字电视服务标准化试点”项目获国家标准委批准立项。该项目是杭州高新区创建的首个国家级服务业标准化示范项目。

该项目从2016年1月1日开始至2017年12月31日结束。试点期间，计划开展收集、梳理与数字电视服务有关的标准规范相关资料，完善数字电视服务标准体系，制订数字电视服务全过程的标准和规范，扩大标准实施覆盖面，提升服务质量，总结提升经验，建立数字电视服务标准化评价体系，提高用户满意度。通过贯彻实施标准，促使华数数字电视传媒集团从技术、应用、服务规范层面提升服务品牌。

【杭州高新软件园列国家火炬计划软件产业基地综合评价第三位】 2016年3月，2015年国家火炬计划软件产业基地评价排序名单揭晓，杭州高新软件园在综合评价方面排名第三位，在产业发展水平方面排名第一位，在产业化环境方面排名第二位，在产业发展规模方面排名第四位，在创新能力方面排名第六位。

国家火炬计划软件产业基地评价排序，是根据国家火炬计划软件产业基地评价指标体系，由国家火炬中心组织专业评价机构，从综合评价、产业发展规模、产业发展水平、创新能力、成长性和产业化环境6个方面，对所有国家火炬计划软件产业基地的建设和发展情况进行评价并排序。

【中国首届跨境电子商务创业创新大赛总决赛】 2016年3月29日，由杭州高新区承办的中国首届跨境电子商务创业创新大赛总决赛在海创基地举行。大赛旨在从全国范围内征集优质的跨境电子商务及相关产业链配套项目，搭建起全国跨境电子商务创业创新交流平台。大赛收到跨境电子商务项目近100个，其中跨境电子商务产业链优质项目近50个。通过3场线下路演初选活动，来自德国、澳大利亚以及国内北京、广州、南京、杭州等地的12个项目进入总决赛，其中以“中德跨境电商包裹物流专家”为目标的欧乐国际项目获大赛金奖。杭州高新区借助大赛平台，吸纳国内知名投资机构和孵化器加入，叠加杭州市和杭州高新区内跨境电子商务扶持政策及产业引导基金，促使优秀参赛项目在杭州高新区落地。

【杭州高新区企业入选“浙江省电子信息产业百家重点企业”】 2016年6月，省经济和信息化委员会公布2016年“浙江省电子信息产业百家重点企业”名单。

全省30个入围2016年（第十六届）浙江省电子信息制造业重点企业中，杭州高新区企业6个，分别是：杭州海康威视数字技术股份有限公司、杭州华三通信技术有限公司、浙江大华技术股份有限公司、普天东方通信集团、东冠集团有限公司、浙江正泰太阳能科技有限公司。

全省10个入围2016年（第十六届）浙江省电子信息出口重点企业中，杭州高新区企业4个，分别是：杭

2016年11月30日至12月1日，第四届中国Wi-Fi产业峰会（“2017白马湖峰会”）在杭州白马湖建国饭店举行（方管骅 摄）

州海康威视数字技术股份有限公司、杭州华三通信技术有限公司、浙江大华技术股份有限公司、浙江正泰太阳能科技有限公司。

全省10个入围2016年(第十六届)浙江省软件业重点企业中,杭州高新区企业8个,分别是:淘宝(中国)软件有限公司、网易(杭州)网络有限公司、杭州海康威视数字技术股份有限公司、阿里巴巴(中国)网络技术有限公司、浙江大华技术股份有限公司、杭州华三通信技术有限公司、中控科技集团有限公司、信雅达系统工程股份有限公司。

【国家知识产权服务业集聚发展试验区揭牌】 2016年6月16日,杭州高新区国家知识产权服务业集聚发展试验区建设推进大会在浙江科技大市场召开。会上,杭州高新区国家知识产权服务业集聚发展试验区揭牌,这是浙江省首个国家知识产权服务业集聚发展试验区。杭州高新区依托辖区内浙江科技大市场、杭州市创投服务中心和杭州高新区科技金融服务中心,初步完成知识产权服务机构的物理集聚和功能集聚。区内集聚知识产权相关服务机构59个、投融资机构185个,覆盖知识产权公益性服务、代理服务、资产评估、专利运营和交易、技术转移服务等全流程。

【杭州高新区被列入全省首批服务业强县(市、区)试点】 2016年8月,全省首批服务业强县(市、区)试点地区名单发布,试点地区分为三批,共24个。其中Ⅰ类地区7个、Ⅱ类地区9个、Ⅲ类地区8个,杭州高新区被列入Ⅰ类地区试点名单。Ⅰ类地区主要指设区市主城区,重在提升发展质量,打造辐射带动功能较强的现代服务业强区。

【浙江省"火炬杯"创新创业大赛决赛】 2016年9月25日,第五届中国创新创业大赛浙江赛区暨第三届浙江省"火炬杯"创新创业大赛决赛路演在海创基地举行,大赛吸引省内1505个创业企业报名,晋级企业210个。其中海外高层次人才归国创业的企业67个。大赛决出一等奖2个、二等奖4个、三等奖8个。杭州高新区企业杭州协能科技股份有限公司获一等奖,杭州瑞杰珑科技有限公司和浙江红相科技股份有限公司获二等奖,杭州瑞德设计股份有限公司获三等奖。

【中以科技项目对接会】 2016年6月6日,创新技术在中国暨中以科技项目对接会在杭州高新区举行。对接会由浙江诚高科技有限公司、浙江省工业经济联合会、浙江省工业和信息化研究院主办,中以国际创新园等单位承办,旨在将以色列先进技术引进到国内并落地孵化,帮助中国企业学习以色列的创新技术和经验,实现双方优势互补、打造双创共赢新局面。

会上,以色列企业家代表向参会国内企业家介绍"基于视觉的先进驾驶辅助系统""智能电网管理""基于智能手机的家用胎儿健康监测"等创新项目。会后,16个国内企业与以色列企业签订意向合作协议。

【3个企业入围"中国电子信息百强企业"】 2016年7月12日,中国电子信息行业联合会发布2016年(第三十届)"中国电子信息百强企业"名单。杭州高新区3个企业入围,分别是杭州海康威视数字技术股份有限公司、浙江大华技术股份有限公司、浙大网新科技股份有限公司。其中杭州海康威视数字技术股份有限公司位列第19名,同时获评"电子百强30年创新发展领军企业"。

"电子百强30年创新发展领军企业"由中国电子信息行业联合会、中国电子报社联合发布,上榜企业从30年(1987~2016年)"电子百强企业"中评选产生,是中国电子信息行业中的领军企业。

【科创中心众创空间启用】 2016年7月28日,杭州高新区科创中心众创空间启用。众创空间位于文三路199号,建筑面积2500平方米。启用当天,"成章乃达众创空间""Zfounder中美加速器""氪空间文三社区"等众创空间运营机构签约入驻。至年末,众创空间引进项目团队(企业)63个,其中16个项目团队(企业)获天使投资6910万元。全年举办沙龙、培训、论坛等主题活动35场次。

【首届全球精准医学高峰论坛】 2016年8月16日,首届全球精准医学高峰论坛在杭州高新区举行。该高峰论坛由浙江大学精准医疗联盟和杭州高新区联合主办,省科技厅、市科委、浙江大学医学院附属第二医院、省自然科学基金委员会协办。论坛邀请来自全球的医学专家,探讨精准医学的数据采集、分析与临床应用、产业化前景等问题。论坛通过"精准医学从实验室走向临床""精准医疗的产业化前景""圆桌论坛"三大板块,与国内外在精准医疗领域前沿工作的专家进行高峰对话,为投资机构、学者、创业者、医疗业内人士等提供交流对话平台。

【浙江大华技术股份有限公司获2个全国安防奖项】 2016年1月7日,2016年全国安防界颁奖典礼在深圳举行。杭州高新区浙江大华技术股份有限公司分别获第二届"中国警用装备十大品牌"和第四届"中国安防最具影响力十大品牌"奖。同时,浙江大华技术股份有限公司的5款产品被评为"2015中国安防十大新锐产品"。

3月22日,中国房地产业协会联合中国房地产测评中心在北京发布"2016年中国房地产500强测评成果",浙江大华技术股份有限公司被评为"中国房地产500强开发商首选智能化解决方案典范企业"。

【杭州安恒信息技术有限公司入选"网络安全创新500强"榜单】 2016年2月,美国第三方调研机构发布"网络安全创新500强"榜单,杭州高新区杭州安恒信息技术有限公司榜上有名,并居国内网络安全公司榜首。从榜单上看,杭州安恒信息技术有限公司从314名上升至141名,成为排名最高的中国网络安全公司。2月29日,该公司在美国信息安全大会上公布新产品5个。

9月8日,在中国电子信息产业发展研究院主办的第十七届中国信息安全大会上,杭州安恒信息技术有限公司获"2016中国网络安全领域重大活动网络安保与应急支撑突出贡献企业""2016中国云安全领域领军企业""2016中国数据安全审计领域最具推广价值产品""2016中国数据

杭州海康威视数字技术股份有限公司展厅　（杭州高新区管委会 供稿）

库防火墙领域最佳产品”等奖项。

【杭州泰一指尚科技有限公司入选“中国互联网企业100强”榜单】 2016年7月12日，工业和信息化部信息中心、中国互联网协会在北京联合发布2016年“中国互联网企业100强”榜单，杭州泰一指尚科技有限公司入选。“中国互联网企业100强”评选已连续举办4届，是国内互联网领域最权威、最具影响力的官方评选。杭州泰一指尚科技有限公司提出“数字商业服务”，全面支撑传统企业通过互联网化逐渐实现“去产能、去库存、去杠杆、降成本、补短板”，帮助国内传统企业构建数字商业化能力。

【杭州海康威视数字技术股份有限公司居“全球安防50强”榜单首位】 2016年11月30日，国际知名工业媒体《安全&自动化》发布2016年度“全球安防50强”榜单，杭州高新区杭州海康威视数字技术股份有限公司居全球榜单首位。“全球安防50强”是全球安防产业的权威排行榜之一，每年评选一次，主要针对全球范围内纯安防领域的制造商、方案提供商（不包括安装商）上一年度销售和营利情况所做的评比，是评估安防企业在全球市场中实力和地位情况的重要参考依据。

7月，美国权威市场调研机构IHS报告显示，在视频监控领域，杭州海康威视数字技术股份有限公司全球市场份额从2014年的16.3%增长至2015年的19.5%，5年蝉联全球首位。海外市场份额从2014年的6.2%增长至2015年的9%，排名上升至海外市场首位。12月12日，2016年央视财经论坛暨中国上市公司峰会发布“2016CCTV中国十佳上市公司”榜单，杭州海康威视数字技术股份有限公司位列其中。

【吉利新能源汽车销售公司与国家电网战略合作】 2016年8月31日，杭州高新区浙江吉利控股集团有限公司下属吉利新能源汽车销售公司与国家电网签订战略合作协议，双方在新能源汽车及充电基础设施的推广及运营方面展开全面合作，构建新能源汽车出行新模式。

2015年，浙江吉利控股集团有限公司推出“蓝色吉利行动”，开启向新能源公司转型的步伐，公司依托吉利汽车研究总院、吉利欧洲研发中心（CEVT）和吉利英国研发中心三大团队，在研发和技术上不断创新。“帝豪EV”作为吉利首款新能源轿车，具有较高的安全保障、超长的续航里程、超低的使用成本等特性。浙江吉利控股集团有限公司战略投资的“互联网+”新能源出行服务平台“曹操专车”，于2016年1月正式投入运营，成为“互联网+”新能源汽车出行新模式。　（徐　宏）

杭州经济技术开发区

【杭州经济技术开发区概况】 2016年，杭州经济技术开发区（简称杭州开发区）实现地区生产总值589.5亿元，比上年增长5.3%；规模以上工业企业增加值404.2亿元，增长2.3%；服务业增加值172.8亿元，增长16.9%。财政总收入127.2亿元，其中地方一般公共预算收入63.5亿元，增长15.9%。实际利用外资3.52亿美元、实际到位内资40.5亿元、浙商回归资金29.2亿元。固定资产投资145.4亿元，其中工业投资增长13.2%、技改投资增长26.5%。社会消费品零售总额88.3亿元，增长6%；外贸出口45亿美元。经济运行呈“总体平稳、压力犹存”特点。

杭州开发区加快集聚创新要素，建成并投入使用创新平台13万平方米，在建创新平台30万平方米，新增国家级孵化器1个、众创空间1个，引入浙江大学（杭州）创新医药研究院。成建制引进中国科学院理化技术研究所团队4个，激光显示项目正式投产。新增省、市级领军型创新创业团队3个，国家“千人计划”等领军型人才13人、累计102人。新增国家高新技术企业29个，累计159个。新增国家工程研究中心2个、省级（重点）企业研究院7个。设立首期规模20亿元的产业母基金，参股子基金8个，吸引社会资金超过40亿元，财政金融对创新的支持力度加强。

杭州开发区坚持以提高经济发展质量和效益为中心，加大企业支持力度，服务业增加值持续保持两位数增长，服务业增加值占开发区生产总值的29.3%，增长3.9个百分点；战略性新兴产业增加值增长11.6%，信息经济增加值增长14.1%，高于规模以上工业产值增幅；新产品产值率31.7%，高新技术产业利润增长33.6%，高新技术产业产值占开发区生产总值的46.3%，增长4.4个百分点。顾家家居股份有限公司上市，杭州九阳小家电有限公司、浙江三彩服饰有限公司、杭州富尔顿热能设备有限公司申报杭州市政府质量奖和中国驰名商标，开发区内企业主导或参与制订国际、国家、行业标准14项。

杭州开发区推进重点平台建设。东部医药港小镇完善规划编制，引进“科惠医疗”项目，辉瑞全球生物技术中心项目开工建设。“大创小镇”由杭州开发区和高校联合创建，整合新加坡杭州科技园、高教园区、企业资源，开创特色小镇建设新模式。金沙湖中央商务区征地拆迁有序推进，湖体开挖工程一期竣工、二期开工、三期完成招标。浙江杭州出口加工区转型升级加快推进、跨境贸易绩效提升，实现全市首单B2B保税出口，进口业务量和交易额分别增长67%和88%。东部湾总部基地明确功能定位，总部大楼确定建设模式，基础配套建设加快推进。

杭州开发区城市基础配套进一步完善。杭州绕城高速公路下沙互通、下沙南互通工程竣工投用，地铁1号线延伸机场段开工，艮山东路提升改造工程、运河二通道下沙段等项目前期工作顺利推进。开通和优化公交线路10条，增加公共自行车服务点16处，建设公共停车泊位846个，公共交通"零距离"换乘更加便捷。加快"智慧城市"综合管理平台建设，实施"智慧安防""智慧环保""智慧河道"项目，获住房和城乡建设部颁发的"智慧城市"建设"金标奖"。

杭州开发区持续加大民生投入力度。坚持教育优先发展，新建投用学校2所、结顶竣工2所、改造提升18所，2所幼儿园与知名幼教集团签订合作办学协议。完善医疗设施，浙江大学医院附属邵逸夫医院下沙院区健康促进中心、浙江省中医院下沙院区急诊中心和体检中心实施改扩建，区级老年活动中心建成并投入使用，增加社区居家养老服务照料中心13个。

杭州开发区坚持创新推动社会治理。推进"四张清单一张网"建设，政务服务网平台上线试运行。推行服务清单模式，推出预约服务、午间值班举措。建设"法治下沙"，推进政务公开，规范重大行政执法行为，践行司法为民，实施《法制下沙建设实施意见》。深化"平安下沙"建设，持续加强社会治安综合防控，严格落实安全生产责任，强化对重点领域、重点行业、重点企业的安全管控，社会形势总体稳定有序。

▲资料："大创小镇"

2016年，杭州开发区在实施重点功能区建设基础上，启动建设"大创小镇"。"大创小镇"以下沙高教园区为依托，以新加坡（杭州）科技园和杭州市高科技孵化器园区为核心，东至25号大街、南至10号大街、西至文溯路、北至2号大街，总规划面积3.7平方千米。"大创"围绕"大众创业、万众创新"，以新一代信息技术为主导产业，重点发展电子信息技术研发、集成电路设计、虚拟视觉、移动互联网、服务外包、新型显示技术等领域，目标是成为"长三角"地区产学研协同创新的引领区，国际高端人才创新创业的汇聚地，全国开发区产业转型的示范区。

【杭州开发区入选长江经济带国家级转型升级示范开发区】 2016年5月25日，国家发改委发布《关于建设长江经济带国家级转型升级示范开发区的通知》，确定全国33个开发区为转型升级示范开发区。其中浙江省3个开发区入选，分别是杭州经济技术开发区、浙江海宁经济开发区、平湖经济技术开发区。长江经济带国家级转型升级示范开发区的主要任务是：承接国际产业转移，促进开放型经济发展；承接国际、沿海产业转移，带动区域协调发展；产城互动，引导产业和城市同步融合发展；低碳减排，建设绿色发展示范开发区；创新驱动，建设科技引领示范开发区；制度创新，建设投资环境示范开发区。杭州开发区围绕创建目标，主要发展装备制造、电子信息、生物医药、现代食品等产业，主导产业在全国乃至全球具有较强竞争优势，创业创新平台规模位列全省前列，成为浙江省重要的产业集聚地和杭州市城市副中心，综合竞争力位列浙江省开发区首位、国家级开发区第一方阵。

【杭州开发区列全省工业强区（开发区）首位】 2016年11月4日，浙江省工业转型升级领导小组办公室公布2015年度工业强区（开发区）综合评价结果，65个国家级经济技术开发区和省级经济开发区参评，杭州开发区列首位，宁波石化经济技术开发区、浙江乐清经济开发区分别列第二位、第三位。

【杭州开发区新增国家级高新技术企业29个】 2016年12月15日，全国高新技术企业认定管理工作领导小组办公室公布2016年国家级高新技术企业名单，杭州捷诺飞生物科技有限公司等杭州开发区企业位列其中。2016年，杭州开发区新增国家级高新技术企业29个，重新认定20个。至年末，杭州开发区累计有国家级高新技术企业159个。

【杭州开发区新增省、市级企业技术（研发）中心18个】 2016年，杭州开发区新增省级企业技术中心2个、市级企业技术中心5个、市级企业研发中心11个。至年末，杭州开发区累计有省级企业技术中心（研发中心）61个、省级工业设计中心6个、市级企业技术中心（研发中心）206个、市级工业设计中心8个。

【杭州开发区设立2只海外投资基金】 2016年10月24日和10月27日（美国时间），杭州开发区设立的海外科技投资基金和海外生物医药投资基金分别在美国旧金山湾区和波士顿成立。

海外科技投资基金——和达海外科技投资基金由杭州开发区管委会主办，和达创业投资有限公司（在美国注册）、上海武岳峰高科技创业投资管理有限公司和Wisemont Capital（硅谷一线专注于企业级项目的投资公司）联合承办，基金规模1.5亿美元，首期到位资金3000万美元。该基金用于在杭州开发区建立创新平台资源，为企业提供场地、设施、优惠政策、技术咨询、产业链配套等服务，降低企业的创业风险和创业成本；通过建立"创投+孵化"服务模式，从专业培训、创业辅导、创业活动、科技成果转化及评估等角度提供个性化增值服务，解决企业发展过程中的难题。

海外生物医药投资基金——和达海外生物医药投资基金由杭州开发区管委会和浙江赛伯乐投资管理有限公司主办，和达创业投资有限公司、赛伯乐洛杉矶基金和美中生物医药协会联合承办。同时，浙江赛伯乐投资管理有限公司设立波士顿生物医药基金，两只基金以协议联合投资方式进行统一管理，联合基金一期规模2亿元。基金通过协助和参与波士顿现有生物医药平台的科技交流活动，促进与当地产学研平台良性互动。和达海外生物医药投资基金，计划推动海外人才创新创业活动并促进海外高层次人才落户杭州，发掘和培育优质的海外创新创业项目并与国内投资和服务平台产生协同效应。

【杭州东部医药港小镇新入驻企业493个】 2016年，杭州东部医药港小镇新入驻企业493个，其中国家级高新技术企业1个，累计入驻企业740个。引进浙江大学(杭州)创新医药研究院项目、浙江清华长三角研究院产业促进中心等重点平台和世界500强企业吉利亚(杭州)医药有限公司，引入国家“千人计划”人才1人，获政府扶持补助资金2.05亿元。至年末，小镇开发建设面积0.82平方千米，建成投产(使用)面积0.05平方千米，使用建设用地42.1公顷。全年完成固定资产投资(不包括商品住宅和商业综合体项目)15.2亿元，其中特色产业投资3.2亿元。特色产业工业企业主营业务收入2.7亿元，新产品总产值2.9亿元。

▲资料：杭州东部医药港小镇

杭州东部医药港小镇位于杭州开发区西北部，东至文渊北路、北至新建河，西南至规划支路六、纬三路，海达北路、德胜路之间的合围区域，规划面积3.4平方千米。小镇以“一中枢”+“三功能区”(“研发智库中枢”+“医药智造细胞、产业服务细胞、配套生活细胞”)为基本布局，以生物技术制药、生物医学工程、重大疾病化学制药为产业方向，以生物技术制药和生物医学工程为核心，以产业服务生活为发展理念，集聚生物医药产业高端要素。杭州东部医药港小镇旨在打造成为中国领先的生物医药创新研发智库、中国重要的“智慧医疗”健康服务基地、中国先进的生物医学工程“智造”标杆。

【辉瑞全球生物技术中心开工】 2016年6月28日，辉瑞成熟药品业务集团投资的辉瑞全球生物技术中心开工。辉瑞成熟药品业务集团为世界500强企业，辉瑞全球生物技术中心是集开发与生产于一体的本土化生物药综合基地，重点生产用于肿瘤治疗的生物药物。开工的为项目一期，用地5.6公顷，总投资3.5亿美元。该项目采用世界先进的生产工艺，建造时间从常规的3年缩短到18个月，碳排放、水及其他能源的消耗量下降75%，计划2018年竣工。

【吉立亚杭州医药研发及生产基地项目签约】 2016年12月6日，吉立亚杭州医药研发及生产基地项目投资协议签约仪式在杭州开发区举行，副市长谢双成出席签约仪式并致辞，杭州开发区与美国吉立亚公司签约。美国吉立亚公司成立于1987年，在艾滋病、抗癌、肝病、心血管疾病等领域有多项专利和最新研发技术成果，2015年度营业收入排名美国药企第四位，利润排名美国药企第一位。吉立亚杭州医药研发及生产基地项目是吉立亚公司在国内唯一的本土化研发和生产基地，主要研发和生产治疗丙肝及乙肝的制剂产品。

2016年7月8日，礼来亚洲基金创新中心暨杭州奕真生物科技有限公司开业

(杭州开发区管委会 供稿)

【杭州国际人才交流大会分会场活动】 2016年11月8日，杭州开发区参加在杭州国际博览中心举行的2016年浙江·杭州国际人才交流与合作大会。现场签约优质人才项目20个，涉及生物医药、电子信息、新能源新材料等产业领域，签约金额1.65亿元。其中，现场签约代表项目3个，分别为“千里通医疗外科手术机器人”项目、“血液微核酸癌症诊断”项目和“高功率皮秒激光加工设备的研发与产业化”项目。其间，大会表彰新入选杭州市“521”计划人选代表，8名杭州开发区人才获表彰。该国际人才交流大会设人才企业展示区，杭州中科极光科技有限公司、杭州东尚光电科技有限公司和杭州捷诺飞生物科技有限公司3个杭州开发区企业参加演示。

11月10日，作为2016年浙江·杭州国际人才交流与项目合作大会分会场活动，“相约东部人才港”创新创业推介会在杭州开发区举行。开发区相关负责人在会上致辞并介绍杭州开发区创业创新环境。海外高层次人才以及企业、高校、科技园区、风投机构代表300人参会。活动现场，进行路演项目(企业)6个，分别为杭州健培科技有限公司、杭州飞像科技有限公司、杭州励飞软件技术有限公司，以及“提高肾移植患者存活率的新颖基因芯片血液检测技术”项目和“抗肿瘤新药开发”项目。

【莱默尔(浙江)自动化控制技术有限公司新建项目开业】 2016年3月14日，莱默尔(浙江)自动化控制技术有限公司新建项目举行开业典礼。该项目位于杭州开发区下沙街道长空路67号，于1月18日投产。新厂投建后公司员工数计划增加到250人，3年内产值计划增长66.7%，第三年产出设备2085台，产值2.5亿元。

德国莱默尔公司创建于1919年，总部位于德国奥古斯堡，是行业领先的纠偏导正系统制造商之一，主要产品有气动纠偏导正系统、张力控制系统、展边系统、整纬装置表面瑕疵和印刷检测系统、电控设备及有关系统等设备，涉及纺织行业、纸类薄膜加工行业、造纸行业、瓦楞纸行业、印刷业、轮胎橡胶行业等生产领域。

【礼来亚洲基金创新中心开业】2016年7月8日，礼来亚洲基金创新中心暨杭州奕真生物科技有限公司开业。杭州奕真生物科技有限公司是奕真生物科技有限公司的中国区总部，位于新加坡杭州科技园，占地2600多平方米，投资1100多万元。该公司获礼来亚洲基金和杭州开发区约1亿元的首轮战略投资和政府专项资助。奕真生物科技有限公司源于哈佛大学医学院，致力于服务亚洲人群的基因检测。该公司是由华人科学家赵奕宁、哈佛医学院基因科技专家乔治邱其、美国企业家史墨存，以及哈佛个人基因组项目的主要成员于2014年在美国波士顿创建的生物高科技公司。该公司在全球开发多款基因筛查和诊断产品，其中针对乳腺癌和卵巢癌的遗传基因筛查诊断产品获欧洲和美国批准。6月，奕真生物科技有限公司在《麻省理工科技评论》评选出的“2016年度全球50家最聪明的公司”中列第40位。

【杭州开发区与浙江大学合作项目签约】2016年9月14日，杭州开发区与浙江大学合作共建浙江大学(杭州)创新医药研究院签约仪式举行。该项目落户开发区东部医药港小镇，计划2017年6月试运行。目标是5年内，引进或组建5个以上省级新药创制公共技术服务平台；引进孵化一批生物医药类研发和服务企业；引进国家“千人计划”、国家杰出青年、青年“千人计划”、浙江大学“百人计划”等人才20名以上；建成数个市级以上院士工作站和博士后试点工作站；获发明专利授权50项以上。研究院计划建设成为国内知名、特色鲜明的生物医药技术创新和科研成果转化平台、高层次人才创新创业基地。通过该项目，杭州开发区和浙江大学计划共同推进双方在科技研究、技术成果转化、产业公共服务平台建设、人才创业的合作，打造杭州开发区生物医药产业核心优势。

2016年5月11日，中国科学院和浙江省合作的“激光显示”产业化项目专题推进会在杭州经济技术开发区举行，并宣布全LD激光电视下线

（杭州开发区管委会 供稿）

【“激光显示”产业化项目专题推进会】2016年5月11日，中国科学院和浙江省合作的“激光显示”产业化项目专题推进会在杭州开发区举行，并宣布国内首台全LD激光电视下线，进入产业化阶段。“激光显示”产业化项目由中国科学院理化技术研究所杭州分所研制。该产业化项目围绕全激光显示整机技术自主开发关键技术7项，申请专利29项，授权专利14项，并研发出世界首台超高清全激光家庭影院、高性能激光数字影院和特种显示器等新一代激光显示系列产品。项目主体杭州中科极光科技有限公司位于杭州开发区海外留学人员创业园，计划建成年产3万台的激光显示电视生产线。

【杭州九源基因工程有限公司获国家示范项目证书】2016年，杭州开发区杭州九源基因工程有限公司获由科技部火炬高技术产业开发中心颁发的2015年度“国家火炬计划产业化示范项目”证书。该公司“重组人粒细胞刺激因子提高标准的产业化研究”项目被评为国家“火炬计划”产业化示范项目。国家“火炬计划”产业化示范项目属于国家鼓励发展的重点振兴产业和战略性新兴产业领域，是对“转方式、调结构”及地方产业优化升级有带动和示范效应的高新技术项目，有自主知识产权、推动产学研结合的科技成果产业化项目。杭州九源基因工程有限公司研发的“重组人粒细胞刺激因子提高标准的产业化研究”是一项提高肿瘤化疗辅助用药质量水平的高新技术项目，新标准主要采用独创生产关键技术，优化改进质量工艺，产品质量符合欧美标准，重组人粒细胞刺激因子，产品名为“吉粒芬”(重组人粒细胞刺激因子注射液)。该产品获“浙江省著名商标”和“浙江省名牌产品”称号，在国内500多个医院进行临床应用，全年产值超过1亿元。

【杭州绕城高速下沙南互通工程通车】2016年12月31日24时，杭州绕城高速公路新建下沙南互通工程竣工通车。下沙南互通工程位于杭州开发区下沙大桥北岸至20号大街之间，新建进、出口各一个匝道，连通杭州开发区道路与杭州绕城高速公路东线。该项目总投资3.95亿元，全线设主线拼宽桥2座(长617.5米)，匝道桥7座，匝道收费站2处，收费口为“五进九出”。 （张红丹）

萧山经济技术开发区

【萧山经济技术开发区概况】2016年，萧山经济技术开发区(简称萧山开发区)规模以上工业企业增加值102.8亿元，比上年增长10%；规模以上服务业增加值34亿元，增长13.1%；规模以上服务业营业收入530亿元，增长19.7%；限额以上社会消费品零售额44.6亿元，增长10.9%；信息经济限额以上主营业务收入增长21.5%，增加值增长26.6%。全年实现财政收入49.5亿元，占全区财政总收入的18.5%；完成地方财政收入26.4亿元，增长4.5%。萧山开发区做好招商引资、“千企转型”、“两镇一园”、环境整治、G20杭州峰会安保等工作，经济运行保持总体平稳，社会各项事业扎实推进。信息港小镇、机器人小镇成为萧山开发区“两化”深度融合的主平台、科技创新驱动的新引擎、杭州互联网经济的新硅谷、大众创业的新空间。

萧山开发区全年引进外资项目28个，实际利用外资4亿美元，引进市外内资项目16个，实际到位市外内资35.42亿元。以B20杭州峰会为契机，开展“家门口”招商，以电话、电子邮件、短信、上门拜访等形式联系B20杭州峰会参会客商。采埃孚电动技术事业部电动车关键零部件项目、重汽轻卡发动机项目等一批重点项目落户萧山开发区进程加快。参加2016年海外华商杭州投资洽谈会、世界杭商大会、2016年浙江·杭州国际人才交流与项目合作大会、第八届萧山区资智合作对接会等系列招商推介活动，签约九州量子通讯产业园项目、大健康产业基地项目、中国重汽发动机增资扩建项目、锂电检测设备生产项目、国药控股现代医药产业园项目等一批重点项目。萧山科技城陆家嘴项目注册资本增至25亿元。惠灵顿双语学校开工建设。国际社区一期完成方案设计、施工图设计等前期工作。香樟路南伸（钱农东路—鸿达路）工程竣工通车，萧山科技城南大门打通。引进裕隆汽车金融项目、裕隆集团总部项目、浙江瑞茂通供应链管理公司、万沃（浙江）实业有限公司、杭州奕慧环保设备有限公司、杭州馨晨科技有限公司等。

萧山开发区以区内优势骨干企业和高新技术企业为重点服务对象，开辟企业上市服务绿色通道，推进企业股改上市和在“新三板”挂牌。浙江网盛数新软件股份有限公司、杭州凯尔达机器人科技股份有限公司、杭州洁诺清洁用品有限公司、浙江天明眼镜科技股份有限公司4个企业在“新三板”挂牌（上市），拟培育上市企业9个，完成股改企业19个。

全年开展环境整治提升专项行动27个，规范“四小行业”、流动摊贩经营秩序。开展通惠丽港、天海阳光、明江苑、中誉万豪4个老小区改造提升工程。以“路长制”为突破口，加强道路及沿线环境管理。“五水共治”工作深入推进，实施杭万河、宁东河、金一河等截污纳管工程，大治河（南沙大堤至沿塘河段）河道疏浚工程，钱江农场小区生活污水管网改造工程，先锋河、九号坝直河、大治河部分地段景观绿化工程。

【“千企转型”战略实施】 2016年，萧山开发区围绕“产业智慧化、智慧产业化”导向，深化科技创新，调优产业结构，实施“千企转型”战略。全年兑现企业财政扶持资金3.3亿元，申报“机器换人”项目87个、技术创新（新产品）项目191个、节能降耗项目46个、信息经济产业项目27个、电子商务应用企业8个、生产过程信息化改造（机联网）项目50个。淘汰落后产能项目11个，实施旧厂房改造项目5个、工业功能区改造项目2个、“腾笼换鸟”企业4个、存量厂房改造项目26个。

萧山经济技术开发区杭州湾信息港 （萧山开发区管委会 供稿）

【技术改造成效明显】 2016年，萧山开发区完成高新技术产业增加值61.9亿元，比上年增长17.7%，占工业增加值的60%。新认定国家高新企业9个，新增市级高新企业10个、省级高新技术研发中心6个、市级高新技术研发中心1个。新增凯尔达机器人研究院、浙江智能机器人研究院2个省级重点企业研究院，松源机械制造有限公司、松研科技（杭州）有限公司2个省级企业研究院。新增发明专利授权138件，增长64.3%。浙江兆丰机电股份有限公司的汽车第三代轮毂轴承单元智能装配线研发与关键技术研究被列入省级重点研发计划。杭州友佳精密机械有限公司、博雷（中国）控制系统有限公司、杭州丰衡机电有限公司等企业项目被列入省级新产品试制计划。

【机器人小镇列入省级培育名单】 2016年1月29日，萧山机器人小镇入选省级特色小镇培育名单。萧山机器人小镇总规划面积3.33平方千米，建设用地面积122公顷，水域面积12.33公顷。小镇北至塘新线、红泰六路，南到红泰四路、杭甬高速公路绿带、机场快速路绿化带及老海塘堤，西临九号坝直河、绕城高速公路绿带，东至垦辉六路、垦辉九路。产业定位为机器人、高端装备制造，主力发展工业机器人，鼓励发展服务机器人，发展机器人关键零部件，致力于打造集机器人研发设计、孵化放大、生产制造、系统集成、终端应用、展示展览、会议论坛、休闲娱乐等功能于一体的机器人全产业链特色小镇。2016年，小镇实现税收13.16亿元，完成固定资产投资22.61亿元，其中特色产业投资13.68亿元，非国有投资20.12亿元。至年末，杭州九成自动化控制项目、杭州艾浦斯智能包装项目等进入实质化运作阶段；浙江智能机器人研究院的通用移动平台、管家机器人、定位器等产品成型，教育机器人、医护机器人、环保机器人等项目加快推进。

【信息港小镇开镇】 2016年3月18日，萧山开发区第一个省级特色小镇——信息港小镇正式开镇。信息港小镇依托杭州湾信息港，以新一代信息技术为主导，以“互联网+”为特色，重点引进软件和信息服务、互联网及“互联网+”产业，采用“政府主导，企业专业化运营”发展模式，形成7个与当地传统产业相结合的“互联网+”智慧谷以及一个服务“大众创业、万众创新”联创空间。

小镇规划面积3平方千米，分“一核两带三区”6个区块。“一核”指“互联网创业创新孵化及深化应用核”，“两带”指“软件和新一代信息技术产业带”和“互联网+”产业带，“三区”指“跨境电商先行区”“大众创客集聚区”“休闲旅游商务区”。分五期规划建设：一期建成投用，投资3.6亿元，建筑面积11万平方米，其中办公区域7万平方米，商业配套等设施4万平方米；二期主体建筑建成，投资6.5亿元，建筑面积约17万平方米，预计2017年6月完工并投入使用；三期乐创城完成规划设计，于6月开工建设，建筑面积约22万平方米；四期中国(杭州)跨境电子商务综合试验区萧山园区，建筑面积1.5万平方米；五期“互联网+”时代“大众创业、万众创新”新基地，建筑面积约20万平方米，投资约9亿元。

至年末，信息港小镇完成注册企业1015个，其中内资企业976个、外资(含中外合资)企业31个；注册资金1000万美元以上项目19个、5000万美元以上项目9个；实际利用外资4.65亿美元，实际到位市外内资25.2亿元，实现税收4亿元；引进国家“千人计划”、省“千人计划”7人。全年入选杭州市“青蓝计划”“雏鹰计划”及萧山区“5213”计划扶持项目50多个。杭州数新软件技术有限公司和浙江天明眼镜科技股份有限公司在“新三板”上市。信息港小镇成为省级特色创建小镇和全省4个信息经济行业标杆小镇之一，国家级科技孵化器“魔豆工坊”和“映创空间”晋级为国家级众创空间。

萧山经济技术开发区一角　　(张祥荣 摄)

【中国(杭州)机器人西湖论坛】 2016年5月22～24日，以“机器人与创新创业”为主题的第二届中国(杭州)机器人西湖论坛在萧山开发区举行，来自国内政府部门相关负责人、专家、学者、企业家近700人就世界机器人技术最新进展和“产学研用”协同创新开展交流与合作。其间，萧山开发区相关负责人向参会人员介绍萧山机器人小镇发展规划蓝图及实施计划。论坛由中国人工智能学会、中国产学研合作促进会、浙江省机器人产业发展协会、全国智能机器人创新联盟、萧山区政府主办，萧山开发区管委会等单位承办。论坛举办“机器人创业项目与产业资本对接专场会”，10个机器人科技创业项目进行路演，包括类脑机器人、飞行机器人、水下机器人、医疗机器人、教育机器人等项目。

【跨境电子商务综试区萧山开发区产业园进出口总额7455万美元】 2016年，中国(杭州)跨境电子商务综合试验区萧山园区开发区产业园综合服务体系、B2B出口服务平台投入使用，总入驻企业97个，集聚杭州大龙网贸科技有限公司、中国制造网电子商务平台、杭州华甫达金融信息服务有限公司等企业。至年末，产业园实现出口额5927万美元、进口额1528万美元，国内贸易额13.34亿元。

【计算机直接制版机维修工实训基地落户萧山开发区】 2016年1月26日，国家工业职业技能鉴定印刷及设备器材分中心计算机直接制版机(CTP)维修工实训基地揭牌仪式在萧山开发区杭州科雷机电工业有限公司举行。基地致力于打造中国印刷企业高级的CTP实训基地，全面构建政策、管理、生产、研发、学习、鉴定、应用相结合的交流平台。基地以“标准、规范、公开、公正”为原则，以“相互交流、广交朋友、共同促进”为宗旨。至年末，基地举办CTP中级工的职业技能鉴定班4期，鉴定人数50多人，通过为期6天的职业技能培训、理论和实际操作技能鉴定考核，合格率100%。

【“萧青创投”基金成立】 2016年3月18日，萧山信息港小镇春季投融资大会暨“萧青创投”基金成立启动仪式举行。“萧青创投”基金总规模10亿元，由萧山区新生代企业家联谊会暨萧山区青年商会和萧山开发区杭州湾信息港共同发起设立，委托专业团队进行管理并担任执行事务合伙人。基金依托杭州湾信息港为产业孵化平台，优先投资区内项目，并提供行业资源对接及投资管理服务。

【信息港小镇工商绿色专窗首张营业执照发放】 2016年4月25日，萧山信息港小镇工商绿色专窗颁发第一张营业执照。该营业执照是颁发给香港新华商国际在信息港小镇设立的杭州昌昱科技有限公司,该公司总投资2亿美元,认缴注册资本1.35亿美元。萧山信息港小镇工商绿色专窗主要服务小镇企业的核名、报备、注册、变更等服务。至年末,工商绿色专窗颁发营业执照约1000个。

【杭州宏盛食品饮料营销有限公司项目启动】 2016年10月,杭州宏盛食品饮料营销有限公司项目正式启动。该项目集信息、金融、创新、研发为一体,位于市北区块明星路以东、建设四路以北、四甲河绿化带以西。项目总用地面积约1公顷,总建筑面积7.4万平方米,由主楼及裙房组成。主楼部分高152米,是综合型商务办公楼。裙房是儿童博物馆,注重"动手""探索"的教育理念,打造集展陈、互动、交流于一体的综合性儿童探索馆。项目计划2018年完成,2019年投入使用。

【中国(杭州)首届工业大数据产业高峰论坛】 2016年5月31日,中国(杭州)首届工业大数据产业高峰论坛在萧山科技城举行,500多位专家学者参加。论坛围绕"产业大数据助力转型""大数据思维与工业智造"等内容,重点阐述大数据和制造业的碰撞与融合。其间,钱塘大数据交易中心、中润普达集团、中国电信杭州分公司、浙江清华长三角研究院杭州分院、正泰集团、传化集团等27个单位共同发起成立"钱塘工业大数据产业联盟"。论坛上,中国首个"工业大数据"交易平台上线,首个工业大数据实验室挂牌。实验室由浙江省企业信息化促进会和钱塘大数据交易中心共同推进,计划在企业、行业、产业集群中开展大数据应用实践。

【世界互联网大会大数据产业生态论坛】 2016年11月18日,第三届世界互联网大会乌镇峰会"大数据项目对接会"之大数据产业生态论坛在萧山科技城举行。来自中关村大数据产业联盟、中国软件网、DT大数据产业创新研究院、清华大数据产业联合会等全国大数据领域的近160位专家共同探讨大数据产业生态发展。会上,大数据领域专家分别围绕产业生态、大数据在金融、零售、智能制造、人才等领域应用和价值发挥进行主题演讲。会议还邀请专家、学者、工程师开展大数据与行业应用的圆桌论坛。

【中共杭州湾信息港委员会成立】 2016年6月28日,中共杭州湾信息港委员会成立。作为萧山开发区第一个省级特色创建小镇,杭州湾信息港是新兴产业集聚、人才精英集聚、青年群体集聚的高地。中共杭州湾信息港委员会的成立,有利于加强萧山开发区党建工作和推进全区"两新"组织党建工作。中共杭州湾信息港委员会计划把互联网基因植入党建工作,并借鉴互联网思维探索"智慧党建",从党组织设置模式、党组织管理方式、党员教育培训、党群活动阵地等多方面切入,为信息港园区的企业和员工搭建"红色桥梁",为推动信息港加速腾飞提供"红色引擎"。

(张　琼)

杭州余杭经济技术开发区(钱江经济开发区)

【杭州余杭经济技术开发区(钱江经济开发区)概况】 2016年,杭州余杭经济技术开发区(钱江经济开发区)实现规模以上工业企业销售产值514.8亿元,工业增加值125.1亿元,财政总收入40.7亿元,经常性财政收入19.1亿元。引进市外到位内资34.5亿元,浙商回归到位资金25.6亿元。全省首个智能制造基地落户余杭开发区。余杭开发区获全省优秀国家级开发区称号。

余杭开发区针对民生配套设施建设统筹协调,完成列入政府投资的新建、续建项目44个,累计投资14.7亿元。市政设施道路推进顺利,生态环境工程建设加快,农居多层、高层项目全面推进,公共设施项目建设顺利。"三路一环"开工建设,星河路隧道等交通项目建成。

余杭开发区智能制造产业取得新突破,杭州老板电器股份有限公司获工业和信息化部智能制造试点示范项目,浙江春风动力股份有限公司、杭州西奥电梯有限公司获浙江省智能制造试点示范项目。全年认定"两化融合"示范项目8个、工厂物联网项目17个、"机器换人"项目30个。浙江贝达药业股份有限公司和杭州微光电子股份有限公司分别在深圳证券交易所创业板和中小板上市,新增"新三板"挂牌企业6个、省股权交易中心挂牌企业3个。杭州长江乘用车有限公司获国内第二张纯电动新能源乘用车生产资质。浙江铁流离合器股份有限公司获中国驰名商标。杭州西奥电梯有限公司等5个企业获"浙江智造精品"称号。浙江春风动力股份有限公司、杭州长江汽车有限公司等19个企业产品成为G20杭州峰会指定产品。

余杭开发区全年引进中以医疗健康产业园、浙江省医学科学院、航天华东先进技术创新中心、杭州特殊物品出入境集中查验平台、浙江省医疗器械检验院余杭分院等创新创业平台,新增国家"千人计划"人才1人,省"千人计划"人才3人。新增省级孵化器1个、市级孵化器2个。新增省级企业研究院2个、省级研发中心11个,新认定国家重点支持领域高新企业33个。6个项目入选2016年市重大科技创新项目。浙江贝达药业股份有限公司获国家科技进步一等奖和第四届中国工业大奖,并被评为国家知识产权优势企业。新增授权专利1000多件,省专利示范企业2个。

余杭开发区申报拆后利用和环境配套提升改造工程27个,其中15个实施项目开工,12个2017年实施项目完成招投标。出台多元化安置方案,启动未安置户的多元化安置调查摸底,完成红旗社区村级留用地(1.35公顷)、新颜路菜场(1.03公顷)两宗地块征迁"清零"任务,完成"一路一环"(东湖快速路余杭段、临平环线快速路)项目前期工作。完成5个社区、627户安置户的回迁,其中泉漳155户、孤林142户、上环桥190户、姚家埭28户、陈家木桥112户。

【杭州长江乘用车有限公司获纯电动新能源乘用车生产资质】 2016年5月17日,国家发改委核准同意杭州长江乘用车有限公司年产5万辆纯电动新能源乘用车项目,这是继北京新能源汽车股份有限公司后全国第二个获此资质的企业，也是全国首个非传统乘用车类通过新能源乘用车准入核准的企业。

4月，杭州长江乘用车有限公司发布电动汽车品牌“长江EV”，公司生产电动汽车的核心工厂正式投产。纯电动小型SUV“逸酷”作为首批投产的产品正式下线。

【国家半导体发光产品质量监督检验中心（浙江）揭牌】 2016年5月25日，由余杭开发区管委会和市质监局共同创建的“国家半导体发光产品质量监督检验中心（浙江）”在余杭开发区创业创新园揭牌。国家半导体发光产品质量监督检验中心（浙江）是浙江省唯一一家国家级半导体照明产品检验中心，中心建设面积1万平方米，固定资产投入5200万元，有专业技术人员15人（其中博士2人、硕士4人）、中级和高级职称人员12人。检验中心内部设光色电综合测试实验室、灯具光度分布测试实验室、光源寿命与持续性评估实验室等10个重点实验室。该中心为照明产品领域企业提供一站式检测服务，承担省、市质监局和工商局相关自镇流荧光灯、LED照明产品、灯具类产品、电线电缆的监督抽查，负责国家质检总局的自镇流荧光灯和LED照明产品的国家监督抽查等任务。

【浙江贝达药业股份有限公司抗癌药“凯美纳”纳入国家医保体系】 2016年5月17日，浙江贝达药业股份有限公司治疗非小细胞肺癌的靶向药物“盐酸埃克替尼”（凯美纳）通过国家药品价格谈判部际联席会议审议，成为唯一通过“国家药价谈判试点”的医保国产创新药。该药于2011年在国内上市，4年来累计有超过9万多名晚期肺癌患者使用。

【杭州中翰盛泰生物技术有限公司全自动免疫快速检测仪上市】 2016年5月，杭州中翰盛泰生物技术有限公司自主研发全自动免疫快速检测仪获国家医疗器械产品注册证正式上市。该检测仪项目是“十二五”时期国家科技支撑计划、杭州市重大科技创新项目，有19项国家专利，是集自动化、信息化、集成化为一体，具有完全自主知识产权的全自动快速免疫分析系统，在心血管疾病、感染性疾病、妊娠、传染病、栓塞等快速检测上获临床应用。该仪器具有全样本处理和批量式操作功能，避免大型自动化仪器标本前处理烦琐、流程环节多的缺点，可实现自动连续检测，缩短检测周期。

2016年4月，杭州长江乘用车有限公司生产电动汽车的核心工厂正式投产
（余杭开发区管委会 供稿）

【余杭开发区新增市级高新技术研发中心8个】 2016年7月5日，杭州海嘉布艺有限公司、杭州思创汇联科技有限公司、杭州金士顿实业有限公司、杭州泰利德纺织科技有限公司、杭州大精机械制造有限公司、浙江双子机械制造有限公司、浙江欧伦电气有限公司、倍仕得电气（杭州）有限公司8个企业研发中心被评为2016年杭州市企业高新技术研发中心。至年末，余杭开发区累计有22个企业被评为杭州市企业高新技术研发中心。

【浙江运达风电股份有限公司通过风电机组一次调频试验】 2016年7月6日，浙江运达风电股份有限公司具有一次调频功能的风电机组通过西北电网调频试验，获实际运行验证。该试验由中国电力科学研究院组织实施，在国家能源大型风电并网系统研发（实验）中心张北风电试验基地进行。浙江运达风电股份有限公司通过一次调频能力检测试验标志着国内大型并网风电机组开始具备电网一次调频的能力，在大规模风电接入电力系统技术研究方面取得突破。

【浙江大学—中翰盛泰企业博士后工作站揭牌】 2016年7月9日，杭州中翰盛泰生物技术有限公司举行“浙江大学—中翰盛泰企业博士后工作站”揭牌仪式。工作站旨在借助浙江大学尖端学术能力，共同研发前沿技术，开辟产学研结合的新路径，提高科研成果转化率。至此，余杭开发区有企业设立博士后科研工作站12个，其中杭州东华链条集团有限公司为国家级博士后科研工作站。

【余杭开发区被评为浙江省“智能制造示范基地”】 2016年9月，中国（杭州）智能制造大会主题会议在余杭区举行，省经济和信息化委员会授予余杭开发区浙江省首个“智能制造示范基地”称号。余杭开发区以“智能制造”为主攻方向，加快推进信息技术在工业领域的全方位渗透与融合发展，培育了以浙江春风动力股份有限公司、浙江铁流离合器股份有限公司、万通智控科技股份有限公司、华润雪花啤酒（杭州）有限公司、杭州老板电器股份有限公司、杭州西奥电梯

2016年10月10日，余杭经济技术开发区与浙江理工大学共建浙江理工大学余杭国际校区（杭州国际时尚学院）签约仪式举行（余杭开发区管委会 供稿）

有限公司、杭州长江汽车有限公司、杭州民生药业集团有限公司为代表的多个国家及省、市级智能制造试点示范项目。余杭开发区全年实施产业智慧化（“机器换人”）项目30个、“两化”深度融合示范项目8个、工厂物联网项目17个。

【浙江理工大学余杭国际校区签约】 2016年10月10日，余杭开发区与浙江理工大学举行共建浙江理工大学余杭国际校区（杭州国际时尚学院）签约仪式。

浙江理工大学余杭国际校区（杭州国际时尚学院）计划采用浙江理工大学时尚类专业与国际知名时尚学院“强强联合”的合作办学模式，将下沙校区内与余杭开发区支柱产业匹配度高的学科专业和国家级、省部级科技创新平台搬迁至余杭国际校区，计划将杭州国际时尚学院建设成为高层次时尚产业国际化人才和创新创业人才培养基地、高水平科学研究基地、服务开发区经济转型升级的科技成果转化基地。合作共建杭州国际时尚学院，目的是促进余杭开发区企业与高校的沟通交流，强化产学研深入融合发展，推动余杭开发区传统家纺产业转型升级。

【3个产品获“杭州市国内首台（套）重大技术装备”称号】 2016年10月，经市经济和信息化委员会组织专家评审并公示，杭州海的动力机械有限公司（高技术船艇用F9.9型汽油/LPG两用燃料舷外机）、杭州中为光电技术股份有限公司（半导体照明灯具分布式智能生产线ZWL-A1200）、杭州中翰盛泰生物技术有限公司（Jet-iStar3000免疫分析仪）3个企业产品（设备）获“杭州市国内首台（套）重大技术装备”称号。杭州市国内首台（套）重大技术装备及关键零部件产品是杭州市企业运用原始创新、集成创新或通过引进关键技术消化吸收再创新，拥有自主知识产权的核心技术和自主品牌，其重点发展领域包括国内首台（套）整机、关键部件和重点鼓励发展的装备工业基础件产品3种基本类型。入选基本条件是产品创新程度高，技术先进，质量可靠，能够替代进口产品并应用于重大工程或相关领域。

【航天华东先进技术创新中心项目签约】 2016年11月17日，余杭开发区与北京航天控制仪器研究所举行航天华东先进技术创新中心项目战略合作签约仪式。

航天华东先进技术创新中心项目以促进余杭开发区转型升级、支撑杭州创新型城市建设、打造综合实力国内领先的科技创新载体为目标，以北京航天控制仪器研究所的特色和优势技术为基础，重点开展民用高端微特电机及传感器研发制造等关键技术研究和相关成果转化，成为集先进技术研发、领军人才集聚、创业创新孵化、高新技术转化、创新人才培养“五位一体”的新型研发与产业机构。至年末，中国航天科技集团公司第九研究院第十三研究所与余杭开发区浙江春风动力股份有限公司、浙江铁流离合器股份有限公司、杭州微光电子股份有限公司等多个智能制造企业开展军民合作，计划将智能传感、平衡系统等航天技术转化应用在汽车发动机、摩托车智能安全驾驶系统等方面。

【2个产品获“浙江省装备制造业重点领域首台（套）产品”称号】 2016年11月16日，经省经济和信息化委员会评审，浙江运达风电股份有限公司、杭州中翰盛泰生物技术有限公司产品分别获“浙江省2017年装备制造业重点领域省内首台（套）产品”称号。

浙江省首台（套）产品是企业首次自主研发生产并经用户单位使用符合省装备制造业重点领域及年度扶持重点的单台产品或成套设备，包括国内首台（套）和省内首台（套）两种基本类型。（周筱纯）

富阳经济技术开发区

【富阳经济技术开发区概况】 2016年是富阳经济技术开发区（简称富阳开发区）实现“一三五”（一年形象提升、三年实力倍增、五年跨越发展）第二阶段目标的决战之年。富阳开发区以稳增长、调结构为指针，优化服务、破解难题，经济保持平稳较快增长。

富阳开发区以杭州创建国家级自主创新示范区和国家跨境电子商务综合试验区为契机，坚持发展目标不动摇、补短板，打造开发区“智慧经济”集聚地、转型升级主阵地和创新创业新高地。

富阳开发区全年完成主营业务收入1744.5亿元，比上年增长3%；规模以上工业企业总产值1085.1亿元，增长2.3%；实现税收58.5亿元，增长17.5%；完成固定资产投资282.54亿元，增长10.3%，其中基础设施投资109.38亿元。全年实际利用外资2.71亿美元，实际到位杭州以外内资29.26亿元。

富阳开发区征用土地43.87公顷，其中集体土地28.07公顷、国有土地15.8公顷。拆迁农户75户，拆迁企业10个、店面房53间。完成政策处理土地106.67公顷，完成银湖、东洲、场口三大新区53.07公顷土地利用规划的局部调整及133.4公顷的基本农田外移调整。

银湖新区全年完成征地30.53公顷，拆迁企业8个、农户和祠堂各1个，青苗补偿土地46公顷。银湖公寓完成工程量70%、银湖公寓水系景观工程全面完成。重点工程杭州银湖学校竣工交付使用，上林湖配套道路、银湖创新中心装修工程、美达路新建工程、银湖新区电力配套一期工程完成，九龙大道改造工程竣工验收，银湖区块溪道改造工程完成70%以上，留受路整治工程、银湖新区道路交通设施项目完成工程量50%。银湖新区“两路两侧”围墙建造和闲祝线整治工程两个G20杭州峰会项目按期完工。杭州富春硅谷项目一期B组团竣工备案，公司办公楼、屋顶花园施工完成，SVP（Social Venture Partners，社会创新投资伙伴）和孵化器、浙江工业大学“工创谷”众创空间正式开放。天鸿文化创意产业园项目一期总建筑面积6.98万平方米完成竣工验收，办公区块全部工程完成。浙大网新（银湖）创新研发园项目一期总建筑面积23.25万平方米竣工交付。中国智谷富阳园区项目Ⅰ标段幕墙工程完成钢龙骨安装，Ⅱ标段地下室结构工程完成工程量80%，Ⅲ标段幕墙工程完成工程量80%，Ⅴ标段地下室结构工程开始施工。杭州野生动物世界二期水上乐园项目完成土地修编及征用工作和概念性规划方案。

东洲新区全年征地2.3公顷，政策处理土地51.11公顷，拆迁企业2个、营业房7处、农户54户。京东、大华区块1号、2号、3号、4号路道路工程竣工，大华电力配套工程管道铺设竣工通电。园区污水应急工程3号泵站建设和1号、2号、3号泵站全线管道连接工程按期完成，8号渠配水二期工程竣工。高尔夫路民丰道口改造工程、东桥路维修工程以及东洲园区企业污水纳管工程完成。杭州首创奥特莱斯置业有限公司项目总建筑面积15.25万平方米，商业用房结顶，二次结构开始施工。京东电子商务产业园项目总建筑面积40.55万平方米，厂房桩基工程施工、设备用房动工建设。浙江大华智联有限公司监控设备生产基地项目总建筑面积28.91万平方米，一期食堂结顶并完成幕墙施工，地下室设备进行安装，宿舍楼基本完工，二期1号、2号、3号、4号、5号厂房结顶并完成外墙面板安装和内部施工，动力机房、化学品仓库主体工程完成并进入粉刷阶段。浙江富洲电子商务有限公司年产刀剪3000万件及研发物流展示中心、生产基地项目一期9.54万平方米仓库竣工，二期22.11万平方米的地上建筑、网货订单处理中心、地下建筑、4号楼、5号楼完工，三期电子商务品牌孵化中心结顶，内部施工完成。杭州华日家电有限公司、华鹰游艇有限公司等项目竣工投产。

场口新区全年征地4.7公顷，青苗补偿等政策处理土地17.5公顷，拆迁农户22户、店面43间、企业3个。承接基础设施项目32个，其中路网工程8个、房建工程3个、土石方工程3个、水利绿化工程6个、其他配套工程12个，竣工工程项目17个。职工宿舍楼、新汽车站等设施竣工。至年末，富春云互联网数据中心、仁创科技集团、安徽德摩新能源叉车股份有限公司新能源工具车、万科物流公司等项目入驻场口新区。鞍钢金固（杭州）金属材料有限公司年产200万吨高性能高质量钢材加工中心项目一期总建筑面积6.45万平方米，其中车间5.81万平方米、办公楼6077平方米、门卫135.6平方米以及消防泵房160平方米建设完成，二期总建筑面积11.66万平方米桩基工程完工。浙江中民筑友科技有限公司绿色建筑PC（混凝土预制构件）和整体浴室生产线项目总建筑面积13.5万平方米。其中：一期预制构件厂房7.2万平方米等设施完成；二期综合楼4453.5平方米建至第四层，锅炉房、垃圾房等配套设施工程完工；三期5.85万平方米的物流厂房工程施工图纸设计中。杭州大华塑业有限公司新建功能性膜材料研发生产基地项目总建筑面积3.73万平方米，初步设计获批复，建设用地规划许可证、土地证、建设工程规划许可证等手续办理完成，桩基工程开始施工。浙江英凯莫实业有限公司、浙江万珏幕墙科技有限公司、杭州丹通机械有限公司、浙江盛暄电力有限公司、杭州国磊装饰有限公司、杭州崇德家纺有限公司等项目竣工。

【富阳开发区列全省国家级开发区考评第五位】 2016年5月18日，省商务厅公布2015年度浙江省经济（技术）开发区综合考评报告，全省20个国家级经济技术开发区全部列入考评名单，在经济规模、发展质量、综合效益、增量增速四大类指标的综合评比中，富阳开发区总分392.3分，其中经济规模77.6分（第五名）、发展质量168.7分（第二名）、综合效益61.7分（第十六名）、增量增速84.3分（第八名），在全省20个国家级开发区中列第五位，同时获全省“优秀国家级开发区”称号。

富阳经济技术开发区硅谷小镇　　（富阳开发区管委会 供稿）

【富阳开发区引进项目77个】 2016年，富阳开发区直管区引进项目77个，其中产业项目15个，产业项目总投资135.7亿元。银湖创新中心新招引入驻办公项目62个。

富阳开发区全年依托产业基础和产业特色，围绕G20杭州峰会、B20杭州峰会招商热点，开展“国内外500强企业专题招商”“滨江专题招商”“存量空间专题招商”等活动。集中在北京、上海、广州、深圳以及贵州、成都等地开展“敲门招商”，走访重点企业160多个，引进产业项目15个。招引国内500强企业1个——杭州海康微影传感科技有限公司。20亿元以上项目2个——浙报传媒集团股份有限公司富春云互联网数据中心项目、北京仁创科技集团新材料产业园项目。10亿元以上项目1个——雄迈信息集团乐园及总部基地项目。5亿元以上项目2个——安徽德摩新能源叉车股份有限公司新能源项目、富通工业4.0项目。低效土地二次开发项目3个——浙江富阳新源交通电子有限公司、浙江中医药大学中药饮片有限公司、新际电子元件(杭州)有限公司。银湖创新中心新签约企业60多个，实际入驻运营企业总数120多个，就业人员3500多人。至年末，硅谷小镇新入驻企业246个，新集聚办公人员5000多人，实现税收1亿多元。

【富阳开发区产业项目投资123.8亿元】 2016年，富阳开发区直管区域内被列入富阳区大计划产业项目24个，其中工业项目15个、服务业项目9个。至年末，富阳开发区完成产业项目投资123.8亿元。其中鞍钢金固(杭州)金属材料有限公司新建高性能、高质量钢材加工项目一期提前完成，中民筑友科技集团主厂房完工、一期开始试生产，首创奥特莱斯楼体主体结构完成，富春硅谷一期B组团项目竣工，硅谷小镇硅谷慢生活街区“全家便利店”“肯德基”等企业入驻营业，与浙江工业大学联合打造的“工创谷”众创空间签约入驻并完成装修，浙大网新集团一期主体结构竣工验收，科技大市场开园，中国智慧体育基地众创大厦完成装修，智慧体育产业规划编制完成，海洋王国项目完成土地修编及征用工作。除产业项目外，开发区全年承担政府投资基础设项目58个(不含开发区做地及其他配套项目)，其中重点工程银湖实验学校项目推进顺利。

【跨境电子商务综试区富阳园区开园】 2016年1月26日，中国(杭州)跨境电子商务综合试验区富阳园区开园，成为中国(杭州)跨境电子商务综合试验区线下第九个园区。

1月6日，中国(杭州)跨境电子商务综合试验区领导小组办公室批复，同意富阳区设立“中国(杭州)跨境电子商务综合试验区富阳园区”。富阳区结合本地空间布局、区位优势、产业规划，确立“一园多区，多点覆盖”的发展格局，先期重点建设富阳开发区银湖新区、东洲新区两大跨境电子商务产业园，后期按发展需求再扩展园区。首期园区总规划面积11.3平方千米，其中银湖新区产业园3.8平方千米、东洲新区产业园7.5平方千米。银湖新区产业园计划打造成为“新兴业态培育型产业园”，围绕发展智慧经济“一号工程”，构筑“1+X”产业园区联动发展体系，建设以银湖创新中心为主体，富春硅谷、中国智谷及浙大网新集团等项目为依托的新型业态培育型产业园，形成银湖新区核心区块，辐射富阳区北部地区；东洲新区产业园计划打造成为“智慧物流带动型产业园”，借助东洲板块内的产业发展优势和交通区位优势，建设以东洲物流港为核心，京东电子商务产业园、运输网城产业园、浙江省自行车电动车平台产业园等项目为平台的“一核心多平台”格局。

开园仪式上，富阳开发区管委会分别与杭州犸凯奴户外用品有限公司、杭州富阳仁尚企业管理咨询有限公司签订战略合作框架协议。富阳开发区商务局与中国制造网，杭州东洲综合码头建设有限公司与浙江富阳口岸国际物流有限公司分别签订战略合作框架协议。

【3个企业入选省高端装备制造业骨干企业】 2016年8月，浙江省高端装备制造业协调推进小组办公室公布“浙江省高端装备制造业骨干企业”名单。全省认定企业100个，其中制造业企业88个、工程服务公司12个。富阳开发区内企业浙江金固股份有限公司、杭州富生电器有限公司、杭州中泰深冷股份有限公司榜上有名。被认定企业主要集中在行业龙头企业、特色企业。

【浙江科技大市场富阳分市场开业】 2016年11月11日，浙江科技大市场富阳分市场开业，该市场是杭州市首个县(市)区级科技大市场，由浙江省科技大市场建设运营。市场通过整合各类科技资源，共建集创新创业服务中心、科技成果转化中心、高校技术转移中心、知识产权服务中心、优势产业展示中心为一体的科技综合性公共服务平台，形成有利于科技成果转化的管理体制机制，为富阳开发区传统优势产业的转型升级、改造提升提供科技支撑，为科技型企业的引进培育、发展壮大提供低成本、便利化、全要素的专业服务。

【“工创谷”众创空间成立】 2016年11月26日，由富阳区政府、富春硅谷小镇与浙江工业大学合作共建的“工创谷”众创空间在富春硅谷签约成立。该众创空间以“工业4.0”为主要研究领域和创业方向，采取“高校、政府、企业”三位一体合作模式，集聚“创业学院、众创空间、孵化基地”三位一体办学功能，通过发挥政校企三方优势，推进富阳区创业创新发展。计划5年内计划引进项目100个，其中通过富阳区“5110”评审项目30个以上。浙江工业大学组建以“工业4.0”为主要研究领域和创业方向的浙工大富春创业研究院，负责人才和项目引进、筛选和推荐；富春硅谷免费提供办公和项目用房，为孵化成功的初创企业入驻提供配套设施和公共服务；政府前3年每年投入最高不超过500万元的运营经费，用于保障创业研究院的建设与运行，并建立不低于总额4000万元的创业引导基金。

【银湖创新中心创业园被评为市级科技企业孵化器】 2016年12月，经市科委资料审查、现场考察、专家评审、行政决策等程序，24个单位被评为杭州市市级科技企业孵化器。其中，位于富阳区硅谷小镇的银湖创新中心创业园位列其中。

银湖创新中心创业园是富阳开发区下属房产公司自行投资建设运营的政府示范性项目，位于银湖新区，项目总用地4.53公顷，建筑面积约14万平方米。其中：B区块为7幢办公楼，建筑面积6.5万平方米，于2012年8月交付使用；A区块为5幢办公楼，建筑面积7.7万平方米，于2016年交付使用。园区有杭州市留学人员富阳创业园、中国（杭州）跨境电子商务综合试验区富阳园区和杭州市级科技企业孵化器三大平台。至年末，新增实际入驻办公企业62个，累计入驻办公企业124个，总注册资本70.83亿元。银湖创新中心创业园全年实现税收1.71亿元。

2016年2月25日，“富春云”互联网数据中心项目签约落户富阳经济技术开发区
（富阳开发区管委会 供稿）

【“富通工业4.0”项目签约】 2016年8月18日，由杭州富通通信技术股份有限公司投资的“富通工业4.0”项目签约。该项目总投资8亿元，重点实施新征工业用地、厂房改建、生产工艺升级改造等建设，扩大富通集团有限公司光纤预制棒及光纤生产能力。项目整体竣工投产后，预计年产值10亿元，实现利润和税收1.5亿元。该项目于11月正式动工建设。

【雄迈乐园及总部基地项目落户富阳开发区】 2016年6月29日，由杭州雄迈信息技术有限公司投资的雄迈乐园及总部基地项目签约落户富阳开发区。该项目总投资10亿元，建设雄迈乐园和雄迈总部大楼。雄迈乐园计划结合杭州雄迈信息技术有限公司生产的产品设备，打造一个集室内极限运动和体验活动为一体的项目。项目建成后预计第三年年销售额15亿元，年纳税额超过5000万元。项目计划拓展杭州雄迈信息技术有限公司原有安防监控市场，促进品牌提升和产品销售。

【杭州吉众机电股份有限公司在“新三板”挂牌】 2016年11月，杭州吉众机电股份有限公司在“新三板”挂牌申请获全国中小企业股份转让系统批准。该公司是一个专业从事精密钣金件研发、生产及销售的钣金产品提供商，在模具开发上获多项国家专利，是国家级高新技术企业。

【海康微影传感芯片研发生产基地项目签约】 2016年9月，杭州海康威视数字技术股份有限公司投资的海康微影传感芯片研发生产基地项目落户富阳开发区东洲新区，项目总投资1亿元。建成后计划形成年产2万片安防芯片的制造、封装、测试能力。项目投产后，预计第四年产值2亿元、税收3000万元。

杭州海康威视数字技术股份有限公司是以视频为核心的物联网解决方案和数据运营服务提供商，面向全球提供安防、可视化管理与大数据服务。2010年5月，该公司在深圳证券交易所中小企业板上市。杭州海康威视数字技术股份有限公司在全球设5个研发中心，有视音频编解码技术、视频图像处理技术、嵌入式系统开发技术及云计算、大数据、人脸识别、深度学习、视频结构化等前瞻技术，并针对金融、公安、电讯、交通、司法、文教卫、能源、楼宇等行业提供专业细分产品，互动视觉媒体智能可视化管理解决方案和大数据服务。依托视频技术，杭州海康威视数字技术股份有限公司将业务延伸到智能家居、工业自动化和汽车电子等行业，拓展发展空间。

【“富春云”互联网数据中心项目动工】 2016年12月26日，浙报传媒“富春云”互联网数据中心项目，在富阳开发区场口新区动工建设。该项目占地5公顷，计划投资22亿元，3年后整体投入运营。运营后年产值约15亿元，年上缴税收约1亿元。项目主要涉及互联网数据中心、公共云和大数据产业等行业，计划依托数据中心，建立大数据云计算创业孵化中心，实现省内大数据产业集聚和推进大数据方向创业创新。（周根潮）

杭州大江东产业集聚区（临江高新技术产业开发区）

【杭州大江东产业集聚区（临江高新技术产业开发区）概况】 杭州大江东产业集聚区（临江高新技术产业开发区）位于萧山区东北部，规划控制总面积427平方千米，含江东、临江、前进3个功能区块，托管萧山区河庄、义蓬、新湾、临江、前进5个街道。2016年，大江东产业集聚区有常住人口15.22万人，登记在册流动人口16.48万人。全年实现地区生产总值296.38亿元，比上年增长14.3%，增速居全市各区县（市）首位。其中第一产业增加值13.85亿元、第二产业增加值246.73亿元、第三产业增加值35.8亿元，分别增长7.3%、14.8%、13.6%。工业增加值234.02亿元，增长16.6%，其中规模以上工业企业增加值222.13亿元，增长17.6%。高新技术产业销售产值338.17亿元，占规模以上工业企业销售产值29.7%。规模以上工业企业实现利税114.07亿元，增长38.6%；利润72.91亿元，增长34%。新产品产值64.29亿元，增长33.3%。实现财政总收入78.57亿元，其中地方一般公共预算收入31.46亿元，分别增长53.4%和60.7%。一般公共预算支出45.8亿元，其中用于教育、科技、医疗卫生等十项民生支出35.05亿元。固定资产投资278亿元，增长8%，其中工业技改投资53.3亿元，增长10.4%。全年实际利用外资6.37亿美元，实际到位国内资金61.13亿元，分别增长7.2%和10.1%。浙商回归到位资金52.83亿元。社会消费品零售额46.14亿元，增长15.1%。出口总额11.57亿美元，增长9.3%。

至年末，大江东产业集聚区有汽车产业基地、国家新能源高新技术产业化基地、装备制造国家新型工业化产业示范基地、生物产业国家高技术产业基地、浙江省军民融合示范基地、临江新能源运输装备省级高新园区等战略性新兴产业集聚平台和航空产业园、汽车零部件产业园等特色专业产业园区。集聚区内初步形成以新型交通装备、高端装备制造、新能源、现代物流等为主导的产业体系。

【大江东产业集聚区成为全国首批产城融合示范区】2016年9月，在国家发改委确定的全国首批58个产城融合示范区中，大江东产业集聚区作为杭州市唯一的产城融合示范区入选。12月，省发改委对大江东产业集聚区提交的产城融合总体方案正式批复同意。至年末，大江东产业集聚区完善细化规划编制，在《杭州市城市总体规划》和《大江东战略规划》等规划的基础上，细化和完善一系列大江东产业集聚区分区规划。建设载体平台，谋划特色小镇建设，启动临空产业园、航空航天产业园建设。《大江东产业集聚区土地利用总体规划中期修编方案》获批，全年核减“农转用”指标1266.67公顷。与萧山区签订《大江东区域内涉及萧山土地相关事宜备忘录》。全年实施两次集中拆迁，5个街道拆迁农户2842户、非住宅78个，10个安置房项目同步推进。加大“三改一拆”力度，全年完成“三改”167.27万平方米，拆违56.3万平方米。一批基础设施项目开展设计或得以实施，全年新建和改建供水管线11条、20.37千米。开通连接主城区的B8公交线路及14条定制公交，快速公交系统项目投入运营，新增公共自行车服务点17处。江滨公园、中央公园、轨道交通、艮山东路及过江隧道、江东火车站及铁路江东通道等新项目进入设计研究阶段。金融小镇、宝龙广场、金领公寓等项目开展工程前期工作或开工建设。

【大江东产业集聚区实际利用外资6.37亿美元】2016年，大江东产业集聚区新批外资项目16个，增资项目7个，实际利用外资6.37亿美元，比上年增长7.2%。其中总投资5000万美元以上大项目7个，总投资9000万美元以上大项目4个。

引进及结转国内招商引资项目78个，实际到位资金61.13亿元，增长10.1%。其中50亿元以上大项目3个、到位资金1亿元以上项目18个，合计到位资金56.31亿元。

引进及结转浙商回归项目46个，引进省外到位资金47.1亿元，当年到位资金1亿元以上项目13个，合计到位资金41.69亿元。

2016年4月27日，广汽杭州自主品牌整车项目签约　（孔徐冰 摄）

【广汽杭州自主品牌整车项目签约】2016年4月27日，总投资180亿元的广汽杭州自主品牌整车项目正式签约。该项目规划建设年产40万辆整车的大型生产基地，计划引进“传祺”系列产品，包括新能源汽车，其生产线由原广汽吉奥生产线改造而成。9月28日，改造项目开工，年末完成拆除工作，新项目开展基础设施施工，预计2017年10月投产下线，2018年年产整车20万辆。

【浙江大学飞机装配技术研究及高端装备制造项目签约】2016年5月，总投资3亿元的浙江大学飞机装配技术研究及高端装备制造项目落户大江东产业集聚区。项目计划申报国家级航空制造装备研究院，集聚一批国内飞机装配领域的高精尖人才，初期研发团队100人，其中博士近30人。年末，项目启动建设。

【国家特种金属结构材料监督检验中心落户大江东产业集聚区】2016年12月，大江东产业集聚区与浙江省特种设备检验研究院就国家特种金属结构材料监督检验中心项目签署战略合作协议。该项目于12月1日获国家质检总局批准建设，计划总投资5600万元，建设物相检测实验室、无损检测实验室等5个实验室，检测范围涵盖航空航天装备、核电设备、极端条件下承压类特种设备等高端装备材料领域。中心建成后，计划成为极端承压设备、航空、核电等特种材料领域的权威检测机构。

【大江东产业集聚区企业转型升级加快】2016年，大江东产业集聚区管委会出台《大江东企业亩产综合效益评价机制》，对集聚区企业开展“亩产效益”综合评价，提高土地利用效率，促进工业企业转型升级。以“三个一批”（关停淘汰一批、整治提升一批、转型升级一批）为突破口，推进去产能、优产能，巩固实体经济根基，制定《杭州大江东产业集聚区“三个一批”及培养引领一批企业名单》，确定重点关停企业（生产线）39个（条）、整治提升企业91个、转型升级企业（项目）31个、培养引领企业17个。贯彻落实“三去一降一补”（去产能、去库存、去杠杆、降成本、补短板）工作，摸清辖区内年耗能在3000吨标准煤以上的重点用能企业能源利用状况，强化能源“双控”，加快淘汰落后产能，倒逼企业转型升级，推进产业结构调整。至年末，集聚区完成旧厂房改造48.11万平方米，关停重污染、高能耗企业31个，淘汰落后生产线8条，新创建工厂物联网项目10个。

长安福特汽车有限公司杭州分公司生产车间 （沈青松 摄）

【重大项目“双重双服务”活动】2016年3月18日，大江东产业集聚区开展为重大项目、重点企业有效服务的“双重双服务”活动。建立领导领衔重大产业项目机制，活动期间，领导走访项目或企业113次，破解问题678个。

9月14日，大江东产业集聚区启动“推项目、促固投百日攻坚大会战”。建立服务专员联系项目制度，设定77名管委会工作人员为项目服务专员，对107个未开工项目进行问题梳理和进度跟踪，对项目事项协调1800多次。建立征地流转、房屋拆迁、项目方案、指标筹措、审批提速、招标加速等六大攻坚组，召开项目协调会100多次，集中破解共性问题。

全年举行重大项目开工仪式10次，74个项目开工，总投资860亿元，对开工项目回访8次。至年末，有14个项目被列入省重点项目名单，计划总投资371.95亿元；45个项目被列入市重点项目计划，计划总投资918.44亿元。

【大江东产业集聚区创新创业】2016年，大江东产业集聚区驱动创新发展，着力推进创新创业工作。全年新增重点扶持的高新技术企业19个，新认定市高新技术企业19个、省科技型企业40个。新认定省级重点企业研究院1个、省级高新技术研发中心9个、市企业高新技术研发中心14个、市级科技企业孵化器1个。完成技术交易总额630万元。

【大江东产业集聚区被评为浙江省军民融合产业示范基地】2016年，大江东产业集聚区军民融合产业发展迅速，园区内汇集长安福特汽车有限公司杭州分公司、浙江西子航空工业有限公司、浙江叁益科技股份有限公司等重点军民融合企业。军民融合产业全年销售产值420.5亿元，占大江东产业集聚区规模以上工业销售总产值的33.3%。根据《浙江省军民融合产业基地管理和评价办法》相关规定，11月14日，大江东产业集聚区被省经济和信息化委员会评为浙江省军民融合产业示范基地，成为全省军民融合首批7个示范基地之一。

【大江东产业集聚区新增市场主体2705个】2016年，大江东产业集聚区新增各类市场主体2705个，新增注册资本（金）209.32亿元。其中：新增内资企业1068个，注册资本（金）168.57亿元；新增外商投资企业20个，注册资本折合人民币26.08亿元；新增农民专业合作社5个，新增出资总额260万元；新增个体工商户1632个，注册资金2.15亿元。从行业分布来看，新增市场主体以批发和零售业为主，住宿和餐饮业、租赁和商务服务业、建筑业增长较快。至年末，大江东产业集聚区在册市场主体累计1.52万个，比上年增长14.6%；注册资本（金）总额911.04亿元，增长29.8%。

【商事制度改革惠及企业5290个】2016年，大江东产业集聚区出台《深化商事制度改革，推进工商登记注册便利化的若干意见（试行）》《深入推进商事登记制度改革的实施意见》，借助集中审批优势，进一步简化商事登记流程，首创全省外资企业设立与工商登记联审联办新模式。实行“五证合一”“两证合一”，推进工商注册便利化。推出简化住所、放宽名称登记、放宽经营范围登记、实施简易注销等举措。全年“五证合一”换照企业5290个，其中新增“五证合一”企业1271个，变更“五证合一”企业4019个，换照率92.9%。

【“小微企业三年成长计划”推出】2016年，大江东产业集聚区管委会推出“小微企业三年成长计划”，相关部门走访小微企业400多个，发放服务券300多张，帮助企业协调解决问题30多个。开展小微企业科技金融专场培训，建立1000个小微企业名录库开展对口扶持。全年完成“个转企”34个，累计完成“个转企”99个。

【大江东办事服务中心受理事项47.16万件】2016年4月12日，大江东办事服务中心新大厅启用，场地面积1.2万平方米，进驻审批服务部门15个，常设窗口70个，办理事项涵盖投资项目审批、商事登记、便民服务和招投标服务等公共服务功能900多项。新大厅增加自助取号机、自动叫号系统、信息发布系统、电子评价器等信息化设备，增设开标室和评标室，加强评标区域的封闭式管理。启动交易基础库、电子评标系统、浙江政务服务网大江东平台建设。

6月，大江东办事服务中心先后推出“审批环节合并”和“审批条线合并”2种类型、12个门类的26个综合窗口。

10月，大江东办事服务中心推行“证照网上申请、快递送达”服务模式。至年末，服务中心受理网上申请事项556件，提供快递服务1604次。

12月，大江东办事服务中心增设投资建设项目“综合进件”窗口2个，实现投资建设项目全流程事项“一窗受理”。

大江东办事服务中心全年受理事项47.16万件，办结47.13万件，办结率99.9%。

【投资建设项目审批流程优化】 2016年，大江东产业集聚区优化简化投资建设项目审批流程，落实“绿色通道”“零地技改”等制度。针对投资建设六大类型项目，梳理形成一套体系完善、内容清晰的审批流程。全年通过容缺受理、提前介入、简化材料等方式，实现项目提速248次。投资建设项目从项目备案到开工平均用时3个月，其中审批用时45个工作日。完成“零土地”技术改造备案项目69个，平均用时7个工作日，总投资56.03亿元。完成代办项目438个。

【大江东产业集聚区被评为国家级循环化改造重点园区】 2016年6月，大江东产业集聚区获批成为国家级循环化改造重点园区，并获1.1亿元专项资金用于支持循环化改造重点项目。根据《国家发展改革委办公厅、财政部办公厅关于同意冀州经济开发区等18个园区循环化改造实施方案的通知》《杭州大江东产业集聚区循环化改造实施方案》的文件精神，大江东产业集聚区计划在2016~2020年期间，实施48个循环化改造重点项目，包括24个拟申请资金项目和24个自主实施项目。预计项目总投资117.91亿元，其中拟申请资金项目总投资74.72亿元，拟自主实施项目总投资估算43.19亿元。至年末，大江东产业集聚区24个申请资金项目累计完成投资36.6亿元，中央财政到位资金5000万元，划拨企业重点项目资金2479.5万元。

【大江东产业集聚区被列入全国危险化学品重点县名录】 2016年6月，大江东产业集聚区被列入国务院安全生产委员会办公室确定的第二批危险化学品重点县名录。大江东产业集聚区内有危险化学品生产许可企业31个，危险化学品使用许可企业3个，危险化学品带储存经营企业9个，加油站16个。有重大危险源21个、27处，其中包括一级重大危险源企业7个，二级重大危险源企业1个，三级重大危险源企业9个，四级重大危险源企业4个，涉及七大类危险化学品、32个重点监管品种、12种重点监管工艺。有危险化学品运输企业7个，危险化学品运输车344辆(含半挂车)。“三场所两企业”(有限空间作业场所、涉及可燃爆粉尘作业场所、喷涂作业场所、船舶修造企业、涉氨制冷企业)单位64个，其中涉及喷涂作业企业28个，涉及有限空间作业企业22个，涉及可燃爆粉尘作业场所13个，涉氨制冷企业1个。有易制毒企业14个，易制爆企业9个。有特种设备使用单位1147个，设备总台数2.03万台，高危介质储罐58台，在役特种设备数量在杭州地区排列第五位，压力容器数量排名第二位。

【《磁导航牵引自动导引车》团体标准实施】 2016年11月，由大江东产业集聚区企业主导制订的“浙江制造”团体标准《磁导航牵引自动导引车》(T/ZZB0124—2016)由浙江省“浙江制造”品牌建设促进会正式发布实施。该项目由浙江省标准化研究院牵头组织，杭州新松机器人自动化有限公司担任第一起草单位。该标准体系按照“共性管理规范+个性产品标准”模式构建，从品质卓越、自主创新、产业协同、社会责任4个方面给出标准要求。大江东产业集聚区企业全年制(修)订国家标准7项、行业标准9项、“浙江制造”标准1项。

【大江东技术标准创新公共服务平台运行】 2016年，大江东产业集聚区与浙江省标准化研究院签署战略合作备忘录，借助其技术力量，搭建“杭州大江东产业集聚区技术标准创新公共服务平台”，并上线运行。该平台整合测试中心、实验室、研发平台等公共服务资源，实现标准与创新、检测与认证、质量与监管等信息资源整合与优化。企业通过该平台可获得国内外标准信息、市场准入与监管等信息服务。

【“1+X”人才政策体系实施】 2016年，大江东产业集聚区出台《人才政策20条操作细则》《人才安居工程》《高层次创新创业人才租赁住房配租管理办法》《大力推进大众创业万众创新加快建设科技孵化器的实施意见》《教育高层次人才引进和培养实施办法》等政策，形成以“20条人才政策”为核心，向人才安居、创业融资、科技激励延伸的“1+X”人才政策体系。全年入选国家“千人计划”专家、省“千人计划”专家和市“521”计划专家各1人；引进杭州市钱江特聘专家、首届突出贡献引进人才、“钱江人才计划”等人才4人；新增浙江省博士后工作站1个；入选杭州市“115”引智计划重点项目1个、优秀项目6个。

【大江东海外高层次人才对接会】 2016年11月10日，大江东产业集聚区举行大江东海外高层次人才对接会，并与上海星悦界投资管理公司联合举办“中美以高科技创新论坛”，近200名海外人才参加会议。以色列驻华大使马腾到会致辞，中国工程院院士汪槱生出席会议，大江东产业集聚区70多个知名企业负责人参与对接洽谈。活动现场，17个项目签约，包括航空航天遥感设备及载体软件研发与集成、地理信息数据采集处理、空间信息系统工程、空间识别定位系统工程等，签约金额4.3亿元，达成合作意向项目38个。其间，“杭州中以尖端人才交流中心”成立。(沈青松)

杭州城西科创产业集聚区

【杭州城西科创产业集聚区概况】 杭州城西科创产业集聚区(简称城西科创区)位于杭州主城区西部，是浙江省15个省级产业集聚区之一，规划面积302平方千米，辖杭州青山湖科技城和杭州未来科技城(海创园)。杭州青山湖科技城是浙江省科研机构创新基地，杭州未来科技城（海创园）是全国四大人才基地之一。城西科创区以争创“国家自主创新示范区和世界一流、国内领先的科技创新园区”为发展目标，发挥“创新、人才、服务”优势，立足大平台、大项目、大发展，把城西科创区建设成为全省乃至全国产业转型示范区、新型城市化样板区、科技人才集聚区、国际合作先行区和改革创新实验区。

城西科创区是杭州国家自主创新示范区的重要组成部分，确定以阿里巴巴集团为代表的新一代信息技术和以杭州制氧机集团有限公司、杭叉集团股份有限公司为代表的高端装备制造两大主导产业，同时确立生物医药、节能环保、科技服务业三大重点培育产业。2016年，重点规划区完成固定资产投资366.9亿元，比上年增长23.8%；服务业营业收入2152.8亿元，增长45.1%；利税总额782.8亿元，增长46.5%。

城西科创区集聚杭州师范大学、浙江农林大学、香港大学浙江科学技术研究院、中国科学院长春应用化学研究所浙江研究院、“湖畔大学”等56个高校和科研院所，建成院士、博士后科研工作站20个，有高技术企业257个。城西科创区是浙江省唯一省、市、区共建的人才特区和杭州市首批人才生态示范区，集聚海外高层次人才2600多人，其中国家“千人计划”人才120人、省“千人计划”人才165人，累计引进两院院士25人、海外院士5人。

2016年，城西科创区举办创业创新活动300多场次，参与人数8万多人次，被《人民日报》、中央电视台等媒体多次宣传报道，被省、市级媒体和自媒体宣传报道1000多篇次。G20杭州峰会期间，80多个中外媒体对梦想小镇进行采访报道。

【杭州城西科创大走廊建设动员大会】 2016年8月5日，省政府召开杭州城西科创大走廊建设动员大会，浙江省推进杭州城西科创大走廊建设联席会议成员单位及相关单位负责人、杭州市及所辖县（市、区）政府领导及相关单位负责人等500多人参会。省委副书记、省长车俊出席大会并讲话。会上，车俊为浙江知识产权交易中心授牌，省政府与浙江大学签订全面战略合作协议，市长张鸿铭代表杭州市做表态发言。其间，市政府、省科技厅、省交通运输厅发布杭州城西科创大走廊建设规划和相关政策，展示重点建设项目，浙江大学等7所高校分别与宁波、温州、台州、新昌等地政府及相关企业签订合作协议，25个入驻杭州城西科创大走廊的重点企业项目签约。会议明确建设杭州城西科创大走廊的主要任务是力争通过5年努力，集聚创新创业人才30万人、高新技术企业1000个、科技型中小微企业1万个。

杭州城西科创大走廊东起浙江大学紫金港校区，西至浙江农林大学，长约33千米，宽约6.8千米，总面积约224平方千米，定位为“一带三城多镇”空间结构。“一带”即科创走廊带。“三城”即浙大科技城、杭州未来科技城（海创园）和杭州青山湖科技城。其中：浙大科技城是国内高端科研教学平台，是大走廊科技研发的核心功能板块；杭州未来科技城（海创园）和杭州青山湖科技城是集科技研发、产业孵化、成果转化“三位一体”的主要功能板块。“多镇”即大走廊沿线的特色小镇和创新创业区块，形成不同功能、各具特色的创新平台，包括紫金众创小镇、梦想小镇、云制造小镇等15个特色小镇。

10月10日，由杭州市委、市政府主办的杭州城西科创大走廊专场推介会在深圳举行。

【城西科创区入选市首批人才生态示范区】 2016年3月，市委人才工作领导小组公布全市首批人才生态示范区名单，城西科创区名列其中。市委人才办牵头市人力社保局、市科委等有关部门，对13个区县（市）和3个人才平台市级人才生态示范区创建工作进行核查验收。经综合书面评审、专家评审和人才评分结果，并报市委人才工作领导小组同意，评定杭州高新技术产业开发区（滨江区）、余杭区、杭州经济技术开发区、西湖区、杭州城西科创产业集聚区、萧山区6个单位为首批市级人才生态示范区。

【梦想小镇创业大街建成启用】 2016年10月28日，梦想小镇创业大街建成启用。创业大街南邻余杭塘河，前身是仓前老街，3月开工建设，占地6.6公顷。创业大街集中孵化智能硬件和软件、移动医疗等科技创新领域企业。太炎众创空间、联想星云、朴器工坊、七维空间、国际创业中心、创·空间、连力麦创、百创汇等14个知名孵化器入驻创业大街，涵盖智能硬件研发、VR（虚拟现实）技术研发和应用、移动医疗、人工智能等项目。

【中电海康磁旋存储芯片研发及中试基地落户杭州青山湖科技城】 2016

2016年10月10日，由杭州市委、市政府主办的杭州城西科创大走廊专场推介会在深圳举行 （杭州城西科创产业集聚区管委会 供稿）

位于杭州城西科创产业集聚区的香港大学浙江科学技术研究院

（杭州城西科创产业集聚区管委会 供稿）

年11月3日，临安市政府与中电海康集团有限公司举行存储芯片项目签约仪式，中电海康磁旋存储芯片研发及中试基地项目落户杭州青山湖科技城。该项目位于杭州青山湖科技城核心区，由中电海康集团投资建设，总投资13亿元，占地3.33公顷，计划2017年9月投用。项目实施后填补国内在高端存储芯片领域的空白，有利于国内早日掌握电子信息领域核心自主技术和知识产权，推进国家网络安全和信息化战略。

【城西科创区首届校园联合招聘会】2016年11月29日，城西科创区首届校园联合招聘会在杭州电子科技大学下沙校区举行。招聘会由城西科创区管委会主办，浙江高校产学研联盟城西中心、杭州市人才市场、杭州电子科技大学、信息工程学院联合承办，是杭州城西科创大走廊启动建设以来举办的首场大型招聘活动。招聘会上，127个企事业单位推出岗位1900多个，涉及计算机、电子、通信、软件、电商、机械、生物医药、化学、财会等专业，其中70%为科技研发类岗位。来自省内外16所高校的2000多名毕业生参加招聘会，其中硕士研究生及以上学历近20%，现场累计面试1759人，达成初步就业意向411人。

【浙大青山湖能源清洁利用创新团队获国家科学技术进步奖】2016年12月，中共中央、国务院在北京人民大会堂举行国家科学技术奖励大会。城西科创区浙江大学青山湖能源研发基地能源清洁利用创新团队获国家科学技术进步奖，成为全国3个获此奖项的团队之一。浙江大学青山湖能源研发基地主要开展能源清洁利用、煤炭分级转化与清洁发电、大气污染控制等方面的研究，重点以国家“2011计划”（高等学校创新能力提升计划）项目“煤炭分级转化清洁发电协同创新中心”和国家“985工程”项目“可持续能源技术研发平台”为核心，汇聚浙江大学与龙头企业人才和技术优势，建成对国内能源、环境、发电等行业具有科技引领、人才支撑、产业示范作用的国家级研发基地。

【杭州未来科技城（海创园）入选国家首批“双创”示范基地】2016年5月8日，国务院办公厅印发《关于建设大众创业万众创新示范基地的实施意见》，系统部署“双创”示范基地建设工作，确定全国首批28个“双创”示范基地。在17个区域示范基地中，杭州未来科技城（海创园）是浙江省唯一入选对象。

杭州未来科技城（海创园）是浙江省、杭州市和余杭区三级重点打造的高端人才集聚区、体制改革试验区和自主创新示范区。自2011年末挂牌以来，累计引进海归人才2320多人，其中国家“千人计划”106人、省“千人计划”139人。累计培育市级高新技术企业77个、省级高新技术企业109个、领军型创新创业团队3个。2014年8月，杭州未来科技城（海创园）启动梦想小镇建设，并采用“有核心、无边界”空间布局。至2016年末，梦想小镇累计引进孵化平台35个，落户创业项目880多个，吸引创业人才近8400人，集聚金融机构570个，管理资本1280亿元。

【“湖畔大学”新校区选址城西科创区】2016年12月28日，“湖畔大学”举行第三期学员面试，并召开学校董事会，讨论实体校园建设等事宜。“湖畔大学”新校区选址城西科创区，毗邻梦想小镇，占地面积约25公顷，一期规划建设约4公顷，计划2017年开工建设，2020年建成投用。“湖畔大学”已招收两届学员，入校学生均是在各个领域具有独特性的创业者，新校区投用后，招生规模进一步扩大。城西科创区计划进一步围绕促进创新创业开展工作，搭建国际化的产业发展平台和富有活力的创新空间，与“湖畔大学”共同打造中国新一代企业家摇篮。

【杭州火车西站获国家发改委批复】2016年8月，《杭州城西科创大走廊综合交通规划方案》公布，杭州火车西站拟选址余杭区仓前北，是一座铁路、公路、航空、地铁、水运等多种交通方式无缝对接的大型综合交通枢纽，北接商合杭高速铁路，南接杭义温、杭黄铁路，东接沪杭城际铁路、沪乍杭铁路，形成温州沿海往南京、合肥等地区，以及杭州城西与上海地区衔接，实现与周边城市有效衔接的杭州城西综合交通枢纽。

12月22日，国家发改委基础产业司发布《国家发展改革委关于杭州市城市轨道交通第三期建设规划（2017~2022年）的批复》，其中明确2017年启动建设杭州火车西站。

（方瑛琦）

责任编辑 吴 铮

民营经济综述

【民营经济规模扩大】2016年末，杭州市有民营企业（含下属分支机构，下同）40.06万个，注册资本（金）26602.09亿元，比上年（指2015年，下同）分别增长19.7%和76.6%。民营企业中，第一产业企业6298个，注册资本（金）193.60亿元，分别增长5.9%和20.7%；第二产业企业6.87万个，注册资本（金）3410.46亿元，分别增长6.8%和22.4%；第三产业企业32.56万个，注册资本（金）22998.03亿元，分别增长23.1%和89.8%。个体工商户42.60万户，资金总额374.37亿元，分别增长10.3%和12.4%。全市民营企业中注册资本（金）100万元～500万元的12.12万个，增长33.0%；注册资本（金）500万元～1000万元的3.60万个，增长38.1%；注册资本（金）1000万元～1亿元的4.62万个，增长49.9%；注册资本（金）1亿元以上的3542个，增长50.9%。

2016年，全市新增民营企业7.98万个，注册资本（金）10292.79亿元，分别占全市新增内资企业的97.8%和94.4%，比上年分别增长31.9%和172.7%，增幅进一步扩大。（揣江宇）

【民营经济主要经济指标】2016年，杭州市民营商贸企业实现商品销售总额16844.63亿元，比上年增长8.9%，高于全部商品销售额0.6个百分点；占全市商品销售总额的76.8%，提高0.4个百分点。全市民营固定资产投资额3006.78亿元，增长1.0%，低于全市增速4.1个百分点；占全市固定资产投资额的51.5%，下降2.1个百分点。全市规模以上民营工业企业实现销售产值5892.12亿元，增长0.6%，低于全市规模以上工业增幅1.5个百分点；占规模以上工业企业销售产值的47.1%，下降0.6个百分点。全市规模以上民营工业企业实现新产品产值2088.51亿元，增长5.0%；占全市规模以上工业的43.9%，下降1.1个百分点。

【50个企业入围民营企业500强】2016年，全国工商联开展第18次规模以上民营企业调研和“中国民营企业500强”发布活动，调研对象为2015年营业收入总额在5亿元（含）以上的私营企业、非公有制经济成分控股的有限责任公司和股份有限公司。8月，“中国民营企业500强”榜单发布。杭州市50个企业进入“2016中国民营企业500强”，占全国上榜企业总数的10%，占浙江省的37.3%，入围企业数连续14年居全国城市首位。杭州市入围“中国民营企业500强”的企业中，第二产业企业33个，占比66.0%，比重有所降低；第三产业企业17个，占比34.0%，比上年上升6.73个百分点，产业结构进一步优化。杭州市入围企业运行总体平稳，但下行压力加大。从营业收入看，杭州市入围企业2015年营业收入总额12871.26亿元，与2014年基本持平；户均257.43亿元，比2014年增长9.4%。从资产规模看，杭州市入围企业2015年资产总额10734.7亿元，比2014年增长3.1%；户均214.69亿元，比2014年增长13.4%。杭州市入围企业2015年税后净利润总额374.28亿元，户均净利润7.49亿元，比2014年均有较大幅度下降。杭州市入围企业2015年税收贡献进一步提升，纳税总额574.23亿元，比2014年增长12.6%；户均11.48亿元，比2014年增长22.5%。其中，浙江吉利控股集团有限公司以175.63亿元纳税额列第一名。（吴　炜）

【3个民营企业研发投入占全省前三位】2016年11月，省工商局、省民营企业发展联合会根据企业年报相关数据，以企业年度销售总额（营业收入）为主要依据，参考企业净资产、纳税额、净利润等指标，联合公布“2015年度浙江省民营企业百强榜单”。榜单显示，百强企业入围门槛首次超过100亿元，达107.53亿元，其中排名前三位的浙江吉利控股集团有限公司、海亮集团有限公司、万向集团公司2015年销售收入均超过1000亿元；全省百强民营企业年销售额、净资产、纳税额、净利润比2014年分别平均增长2.8%、14.6%、15.1%、10.0%。百强民营企业中投入研发及技术改造资金平均4.2亿元，增长10.8%。杭州有3个企业居投入前三位：浙江吉利控股集团有限公司128.5亿元、万向集团公司17.9亿元、杭州德力西集团有限公司13.3亿元。2015年，浙江提出打造信息、环保、健康、旅游、时尚、金融、高端装备制造七大万亿元

2016年杭州市个体工商户登记注册情况

表41

行业分类	年末实有数		全年开业数		全年
	户数(户)	从业人员(人)	户数(户)	从业人员(人)	注销数(户)
合　计	426 028	844 532	86 539	178 894	43 068
农、林、牧、渔业	6 924	18 592	941	2 476	260
农、林、牧、渔服务业	364	935	57	134	11
采矿业	50	252	2	2	1
开采辅助活动	0	0	0	0	0
制造业	19 535	71 835	1 959	6 921	1 100
金属制品、机械和设备修理业	115	265	26	54	2
电力、热力、燃气及水生产和供应业	47	98	4	6	9
建筑业	1 374	5 002	312	1 060	67
批发和零售业	276 601	452 291	47 032	81 370	28 405
交通运输、仓储和邮政业	6 423	10 499	996	1 751	1 084
住宿和餐饮业	58 074	147 460	21 687	51 227	7 121
信息传输、软件和信息技术服务业	779	1 642	159	467	80
金融业	7	38	7	38	0
房地产业	128	205	25	35	16
租赁和商务服务业	6 447	13 611	1 934	3 865	457
科学研究和技术服务业	1 228	2 713	191	488	99
水利、环境和公共设施管理业	61	202	11	51	2
居民服务、修理和其他服务业	45 565	111 915	10 557	27 377	4 084
教　育	412	1 259	104	262	40
卫生和社会工作	532	1 323	71	197	27
文化、体育和娱乐业	1 833	5 567	546	1 299	216
其　他	8	28	1	2	0

2016年杭州市民营企业登记注册情况

表42

行业分类	年末实有数				全年开业数				全年注销数(户)
	企业数(个)	投资者人数(人)	雇工人数(人)	注册资本(金)(亿元)	企业数(个)	投资者人数(人)	雇工人数(人)	注册资本(金)(亿元)	
合　计	400 586	815 569	2 001 466	26 602.09	79 804	155 419	270 193	10 292.79	12 106
农、林、牧、渔业	6 298	12 182	24 406	193.60	528	1 062	2 189	31.50	164
农、林、牧、渔服务业	908	1 867	3 235	35.98	86	167	385	8.38	29
采矿业	163	347	2 125	15.15	8	10	32	0.24	4
开采辅助活动	4	21	8	2.15	1	0	4	0	0
制造业	49 044	95 253	360 914	2 025.71	2 433	4 244	11 187	92.71	758
金属制品、机械和设备修理业	268	490	1 095	7.92	66	116	249	1.76	3
电力、热力、燃气及水生产和供应业	523	925	2 751	43.80	79	109	327	15.25	10
建筑业	18 985	34 281	101 701	1 325.80	3 524	5 671	12 129	259.54	651
批发和零售业	137 335	249 790	652 776	3 647.96	22 350	36 560	72 180	683.23	4 568
交通运输、仓储和邮政业	5 648	11 766	24 933	208.78	985	1 556	3 745	46.36	176
住宿和餐饮业	6 762	12 247	33 436	141.94	1 501	2 512	5 301	27.45	300
信息传输、软件和信息技术服务业	33 690	73 084	146 462	1 679.54	10 945	21 845	36 523	625.23	997
金融业	5 024	16 077	24 267	1 534.37	2 110	6 492	8 080	774.01	138
房地产业	8 731	15 426	36 678	1 357.73	2 135	3 131	6 924	263.81	304
租赁和商务服务业	61 442	154 862	298 077	11 537.65	15 443	37 590	52 080	6 563.41	2 068
科学研究和技术服务业	36 839	82 419	166 907	1 871.22	10 116	20 933	32 728	580.71	1 057
水利、环境和公共设施管理业	1 325	2 394	5 278	89.65	439	682	1 673	30.58	50
居民服务、修理和其他服务业	17 249	31 977	71 809	530.88	2 958	5 093	10 690	114.08	519
教　育	1 840	3 581	7 051	39.67	630	1 183	2 052	25.67	76
卫生和社会工作	1 188	1 370	5 518	53.48	440	394	1 599	24.22	33
文化、体育和娱乐业	8 445	17 482	36 112	303.35	3 154	6 301	10 609	134.12	232
其　他	55	106	265	1.80	26	51	145	0.67	1

产业。榜单显示，杭州民营企业在做好主营产业的同时，积极转型。作为高端装备制造业的组成部分，新能源汽车产业成为杭州经济发展中的一个亮点。此次进入榜单的浙江吉利控股集团有限公司、万向集团有限公司等以新能源汽车或其零部件制造为主的企业2015年净利润增长均在20%以上。国际物流、仓储、计算机技术开发及咨询服务等新型服务行业企业在百强榜单中出现，其中租赁与商务服务业企业增加到20个，民营企业产业结构转型的成效显现。

（胡传明）

【民营企业对外贸易队伍壮大】 2016年，杭州市民营企业出口占全市出口总额比重过半。全市有进出口实绩民营企业9877个。其中：有出口实绩企业8813个，比上年增加1782个；有进口实绩企业3232个，增加603个。全年民营企业实现进出口总额400.77亿美元，增长11.0%，占全市进出口总额的64.3%。其中：出口323.18亿美元，增长10.5%，占全市出口总额的70.6%；进口77.59亿美元，增长13.2%，占全市进口总额的47.0%。

【民营企业“以民引外”项目总投资71.80亿美元】 2016年，杭州市批准设立“以民引外”项目135个，总投资71.80亿美元，利用合同外资33.35亿美元，占全市利用合同外资的39.3%；实际利用外资21.77亿美元，占全市实际利用外资的30.2%，在引进世界500强项目中，启明医疗器械项目、云造科技项目、歌礼生物科技项目为“民外合作”项目。

【民营企业对外投资增长】 2016年，杭州市民营企业对外投资保持稳步增长，企业“走出去”步伐加大。全年新增杭州锦江集团等11个“民营500强企业”对外投资项目15个，中方投资额18.20亿美元，占全年新批对外投资项目中方投资额的34.9%。

【民营企业服务外包合同执行额30.69亿美元】 2016年，杭州民营企业服务外包业务发展良好。至年末，全市进入商务部服务外包业务管理系统备案的企业1375个，其中民营企业978个。民营企业承接服务外包合同执行额30.69亿美元，占总数的38.2%，其中离岸服务外包合同执行额22.40亿美元，占总数的38.2%。

（冯蔷颖）

民营经济发展环境

【传统行业业绩下滑】 2016年，杭州市进入“2016中国民营企业500强”的50个企业中排名前10位的企业大多是传统产业中积淀深厚的领军企业，总体格局相对稳固，7个企业出现不同程度的名次下滑，其中浙江吉利控股集团有限公司自2013年以来首次跌出全国十强。传统制造业在2015年受国际大宗商品价格下跌和需求疲软的影响，行业净利润比2014年下降。需求疲软对特殊行业的影响尤其明显，有色金属冶炼和压延加工业、黑色金属冶炼和压延加工业在2015年整体亏损。业绩下滑甚至亏损的经营压力，也倒逼企业通过去库存、降杠杆等形式调整应对。

【就业形势整体平稳】 市工商联根据全国工商联2016年开展的第18次规模以上民营企业调研结果分析显示，杭州市入围“2016中国民营企业500强”的企业依然是吸纳劳动力就业的重要渠道。2015年员工人数56.54万人，户均吸纳就业人数1.13万人。由于就业面临的外部需求减弱，内部成本上升，机器换人科技升级等多重原因，吸纳就业能力有所下降，部分企业出现减员。杭州市入围企业中吸纳就业人数列前三位的企业是：广厦控股集团有限公司（10.17万人）、浙江吉利控股集团有限公司（4.57万人）、歌山建设集团有限公司（3.65万人）。吸纳就业人数前10位企业主要集中在房屋建筑业、制造业两个行业，占总吸纳就业人数的63.3%。

【规模以上民营企业转型升级加快】 市工商联根据全国工商联2016年开展的第18次规模以上民营企业调研结果分析显示，转型升级成为杭州市规模以上民营企业的共识，智能、互联技术正成为推动经济社会发展的重要力量。进入战略性新兴产业、加大技术改造、加强技术创新、调整企业发展战略和发展规划、加大人才引进力度是规模以上民营企业转型升级的主要着眼点和着力点。杭州市154个参与调研的企业中，有58.5%的企业在2015年明显加快转型升级步伐。110个企业投资战略性新兴产业，占规模以上民营企业总数的71.4%，比2014年增长6.5%。其中：投资新一代信息技术产业的企业32个，投资新材料产业的企业43个，投资高端装备制造业的企业20个，投资节能环保产业的企业54个，投资生物产业的企业10个。

【民营企业创业创新能力增强】 市工商联根据全国工商联2016年开展的第18次规模以上民营企业调研结果分析显示，杭州市民营企业创新活跃度处于较高水平，投入强度和产出水平逐步提升。其内生驱动力、创新能力和综合实力、全要素生产率、国际竞争力增强。加大资金和人力投入是提升企业科技创新能力的主要途径。在参加调研的154个规模以上民营企业中，有107个规模以上民营企业填报研发费用，合计258.24亿元，户均研发投入2.41亿元；112个规模以上民营企业填报研发人员情况，其中61个企业研发人员占员工总数的比重超过10%，信雅达系统工

2016年杭州市民营经济发展指标

表43

指　标	数额（亿元）	比上年增长（%）	占全市比重（%）	上年同期比重（%）
民营商贸企业商品销售总额	16 844.63	8.9	76.8	76.4
民营固定资产投资额	3 006.78	1.0	51.5	53.6
规模以上民营工业企业销售产值	5 892.12	0.6	47.1	47.7
规模以上民营工业企业新产品产值	2 088.51	5.0	43.9	45.0

程股份有限公司研发人员占员工总数的81%，恒生电子股份有限公司为70%，浙江大华技术股份有限公司、杭州永强金属制品有限公司均超过50%。

【“互联网+”改变传统增长方式】市工商联根据全国工商联2016年开展的第18次规模以上民营企业调研结果分析显示，参加调研的杭州企业中，有69.7%的企业与互联网融合发展。其中：41个企业进行网络化协同创新，25个企业进行产品智能化转型，37个企业进行智能化生产，28个企业进行个性化定制，30个企业进行工业企业服务化转型，8个企业建立双创服务平台。21.3%的企业通过电子商务取得的营业收入占营业收入总额的比例超过10%；38.6%的企业新产品（新服务）或采用新工艺带来的销售收入占当年主营业务收入的比重超过50%。

【规模以上民营企业对外投资合作增长】市工商联根据全国工商联2016年开展的第18次规模以上民营企业调研结果分析显示，在参加调研的154个杭州企业中，有33个企业2015年有海外投资项目，共102个，累计投资额78.78亿美元，比2014年增加18.05亿美元，增长29.7%。杭州境外投资史上的“第三大单”杭州锦江集团有限公司在印度尼西亚投资新建的氧化铝生产项目获批通过。该项目总投资13.35亿美元，杭州企业占98.7%的股份。通过对接“一带一路”倡议，着力推动国际产能合作，更多杭州企业借助先行企业的示范作用及境外工业园的集聚效应加快“走出去”步伐。华立集团泰中罗勇工业园区第三期、吉利集团白俄罗斯汽车产业园区、之江市政公司尼日利亚丹格特港原油码头等重大境外投资和工程项目加速推进建设，杭州市优势产业全球布局、跨国经营并向价值链高端跃升的进程全面提速。

【规模以上民营企业成海外并购主角】市工商联根据全国工商联2016年开展的第18次规模以上民营企业调研结果分析显示，跨国并购是中国

杭州市进入“2016中国民营企业500强”企业名单

表44

序号	企业名称	地区	营业收入总额（万元）	全国排序
1	浙江吉利控股集团有限公司	滨江区	16 530 399	12
2	广厦控股集团有限公司	西湖区	8 971 015	23
3	浙江荣盛控股集团有限公司	萧山区	8 060 568	26
4	浙江恒逸集团有限公司	萧山区	7 940 567	28
5	中天发展控股集团有限公司	江干区	6 196 609	45
6	盾安控股集团有限公司	滨江区	5 163 973	62
7	杭州锦江集团有限公司	临安市	5 010 179	67
8	杭州娃哈哈集团有限公司	上城区	4 947 365	70
9	浙江昆仑控股集团有限公司	西湖区	3 106 717	137
10	富通集团有限公司	富阳区	2 383 588	190
11	西子联合控股有限公司	江干区	2 360 427	192
12	传化集团有限公司	萧山区	2 360 208	193
13	杭州滨江房产集团股份有限公司	江干区	2 332 900	197
14	浙江新湖集团股份有限公司	西湖区	2 303 119	200
15	华东医药股份有限公司	下城区	2 172 738	214
16	浙江富冶集团有限公司	富阳区	2 170 590	215
17	海外海集团有限公司	拱墅区	1 800 875	256
18	万马联合控股集团有限公司	临安市	1 798 688	258
19	浙江中南建设集团有限公司	滨江区	1 753 968	267
20	杭州正才控股集团有限公司	拱墅区	1 736 855	271
21	浙江明日控股集团股份有限公司	上城区	1 675 024	283
22	华立集团股份有限公司	余杭区	1 593 805	301
23	泰地控股集团有限公司	下城区	1 576 889	304
24	巨星控股集团有限公司	江干区	1 563 792	309
25	浙江兴日钢控股集团有限公司	萧山区	1 495 660	326
26	兴惠化纤集团有限公司	萧山区	1 493 599	328
27	开元旅业集团有限公司	萧山区	1 472 358	334
28	浙江国泰建设集团有限公司	萧山区	1 454 204	347
29	浙江富春江通信集团有限公司	富阳区	1 425 103	353
30	绿都控股集团有限公司	萧山区	1 383 533	359
31	浙江东南网架集团有限公司	萧山区	1 381 010	361
32	浙江协和集团有限公司	萧山区	1 380 109	363
33	万事利集团有限公司	江干区	1 369 459	367
34	红楼集团有限公司	下城区	1 358 055	370
35	浙江建华集团有限公司	拱墅区	1 351 511	374
36	浙江航民实业集团有限公司	萧山区	1 286 851	387
37	歌山建设集团有限公司	滨江区	1 276 811	389
38	康恩贝集团有限公司	滨江区	1 260 193	396
39	杭州东恒石油有限公司	下城区	1 234 262	406
40	东杭控股集团有限公司	江干区	1 232 016	407
41	胜达集团有限公司	萧山区	1 218 507	412
42	高运控股集团有限公司	萧山区	1 209 491	416
43	汇宇控股集团有限公司	萧山区	1 208 750	418
44	柳桥集团有限公司	萧山区	1 176 102	429
45	浙江翔盛集团有限公司	萧山区	1 164 776	434
46	浙江康桥汽车工贸集团股份有限公司	拱墅区	1 127 851	444
47	富丽达集团控股有限公司	萧山区	1 108 683	450
48	农夫山泉股份有限公司	西湖区	1 091 104	460
49	浙江正凯集团有限公司	萧山区	1 022 215	492
50	杭州诺贝尔集团有限公司	余杭区	1 019 511	498

企业实现国际化的有效路径,是民营企业"走出去"的主要手段。杭州市规模以上民营企业通过并购、参股海外企业、战略合作等多元化投资方式,成为海外并购"主力军"。在新一轮并购潮中,并购领域更为高端化、多元化。杭州市企业跨国并购领域主要集中在汽车、机电、装备制造、医药等制造业领域,商务服务业、零售业、娱乐业等领域项目不断增多。并购地区从主要集中在美国、德国、日本、意大利、以色列等发达国家和地区,逐渐向印度尼西亚、印度等"一带一路"沿线国家延伸。

【品牌和知识产权保护意识增强】 市工商联根据全国工商联2016年开展的第18次规模以上民营企业调研结果分析显示,杭州市民营企业越来越注重企业品牌建设和知识产权保护。参加调研的154个杭州企业有国内商标的有效注册数量8595个,有国外商标的有效注册数量1803个,其中马德里国际商标注册数量253个。42.1%的企业自有商标产品在产品总收入中占100%,72.2%的企业自有商标产品在2015年产品总收入中占比超过50%。98个规模以上民营企业有国内有效专利1.76万项,其中有效发明专利3107项、有效实用新型专利1.10万项、有效外观设计3510项;有外国有效专利194项,其中有效发明专利41项、有效外观设计153项。

【规模以上民营企业依法治企】 市工商联根据全国工商联2016年开展的第18次规模以上民营企业调研结果分析显示,在参加调研的154个杭州企业中,至2015年末,有146个企业建立现代企业制度,占比94.8%,比2014年增长12.9%;有122个推进厂务公开和民主管理,在法治框架内构建和谐劳动关系,占比79.2%,比2014年增长16.8%;有126个建立健全合同审核、决策论证等相关环节法律风险控制体系和预警防范机制,占比81.8%,比2014年增长14.8%;77.9%的企业聘请常年法律顾问,45.5%的企业有法务部等专设法律机构,16.2%的企业虽然没有专门的法律机构,但有专职法律工作人员。

【民营企业履行社会责任意识增强】 市工商联根据全国工商联2016年开展的第18次规模以上民营企业调研结果分析显示,民营企业社会责任意识逐步增强,开始将社会责任纳入企业战略管理体系,融入企业战略规划与日常经营管理中,通过建立社会责任绩效指标使社会责任的实践制度化、规范化。参加调研的154个杭州企业中,35.1%的企业发布社会责任报告,比2014年上升7.8%;有140个企业参与社会捐赠,占比90.9%;86个企业参与扶贫开发,占比55.8%。

(吴　炜)

【注册登记费取消】 2016年初,国务院修改部分行政法规,决定删除《企业法人登记管理条例》第二十六条有关注册登记费缴纳的条款。杭州市市场监管局下属各级登记机关执行国务院令要求,对所有市场主体不再收取任何登记费用。自此,企业注册登记费由免征改为取消。

【助企融资取得实效】 2016年,杭州市市场监管部门持续利用股权出资、股权出质等融资政策,为1523个企业融资2253.25亿元。以实施新《动产抵押登记办法》为契机,加强对融资租赁物、自然人债权、余值抵押等抵押登记新政的指导工作,在动产抵押物范围、抵押权人范围、设押方式上取得突破。全年办理动产抵押登记1245件,抵押登记金额206.5亿元;办理反担保动产抵押登记293份,金额11.43亿元,提高企业融资能力。　(揣江宇)

【融资性担保体系建设】 为缓解民营和小微企业融资难问题,杭州加强融资性担保体系建设。至2016年末,全市核发经营许可证的融资性担保公司132个,其中国有控股、参股的担保公司18个。55个担保机构获BB以上信用评级。至年末,担保机构为5.84万个企业提供担保,新增担保额254.5亿元,期末担保责任余额284亿元。

【中小企业转贷引导基金】 至2016年末,杭州市有29个金融机构、18个中介服务机构与杭州市中小企业服务中心开展中小企业转贷引导基金合作,帮助民营和中小企业解决融资难问题。全年帮助2208个中小微企业完成转贷2557笔,转贷金额129.99亿元,节省转贷成本1.21亿元。杭州中小企业转贷引导基金由市经信委设立,与市财政局共同管理,总规模2.5亿元,每年从工业专项扶持资金中安排。转贷引导基金和社会资本按1∶3的比例出资设立转贷资金,按照"服务企业、微利经营、规范运作、严控风险"的原则,由市中小企业服务中心在各合作银行开设转贷资金专用账户,委托第三方银行监管,实行封闭式运行。服务对象为纳税地在杭州范围、符合产业导向,企业运行正常、自身转贷困难,符合银行续贷条件的民营和中小微企业,单笔金额可获得最高不超过1500万元的转贷服务。其利率为同期市场利率的1/10。

【重点企业服务专员制度】 2016年,杭州为应对中小企业和民营经济下行压力,稳定工业增长,建立全市经济和信息化系统"重点企业服务专员制度",要求服务专员和企业建立"一对一"联系,深入企业开展精准服务。及时掌握企业生产经营情况,及时了解企业困难问题,及时对企业的诉求做出反应。根据属地原则常年受理企业的困难和问题。根据"主动担当、分级履职、各负其责"的原则,建立服务企业抄告单的分办、答复、督查制度,主动为企业排忧解难。发挥市、区两级服务企业的协调作用,协调市、区其他各部门参与服务企业、解决难题。全年服务中小企业数量由上年的275个增加到1012个,解决企业问题1万多个。

【国家新兴产业创投基金落户杭州】 2016年9月27日,浙江省政府产业基金运行情况新闻发布会召开,会上公布,规模400亿元的国家新兴产业创投基金落户杭州。该基金重点支持信息、环保、健康、旅游、时尚、金融、高端装备制造七大产业发展,引导社会资本投资孵化期、初创期的企业,给创新能力强、市场前景好的中小微企业提供扶持资金。至年末,通过政府产业基金带动,有402.12亿元资金投向929个小微企业项目。基金采取市场化运作和专业化管理,引入知名投资管理机构,根据政府指导、市场运作的原则建立基金管委会—投资决策委员会—基金法人机构—基金运营机构四级组织管理架构。

【小微企业创业创新基地城市示范创业品牌活动管理办法出台】 2016年5月24日,为推进全市小微企业创业创新基地城市示范工作,加强创业品牌活动管理,根据市政府办公厅《关于发展众创空间推进大众创业万众创新的实施意见》和《杭州市小微企业创业创新基地城市示范工作专项资金管理办法》,杭州市建设国家小微企业创业创新基地城市示范工作领导小组办公室出台并印发《小微企业创业创新基地城市示范创业品牌活动管理办法(试行)》。根据该办法,创业品牌活动是指由政府部门主办、委托第三方机构承办或者由社会机构主办,以众创空间、创业者、投资人为主要参加对象,在全市乃至全省、全国具有良好口碑和广泛影响力的活动,包括创业论坛、创业教育、项目路演、融资对接、创业大赛、创业环境宣传、创业项目或创业者电视秀等,重点宣传杭州创业创新环境和政策,吸引国内外优秀创业者、投资机构向杭州集聚。创业品牌活动主办或者承办申报单位是:市有关部门、经认定的市级及以上众创空间、科技企业孵化器、小企业创业示范基地、经市级主管部门备案的创业投资机构,及其他具有举办创业创新活动能力的企事业单位,应无不良信用记录,具有组织创业活动的能力和经验。

【小微企业创业创新基地建设】 至2016年末,杭州市有市级小企业创业示范基地42个、省级示范基地27个、国家级示范基地1个。年内,华业高科技产业园获国家级小企业创业示范基地称号。全市70个示范基地场所面积约650万平方米,入驻企业8000多个,从业人数7.5万人。全年培育提升小微企业320个。

【杭州企业获"浙江好项目"大赛一等奖】 2016年12月8日,"浙江好项目·中小微企业创新创业大赛"总决赛暨"中国质造·浙江好产品"展示发布活动在杭州未来科技城梦想小镇开幕。在杭部分企业和服务机构参加。市中小企业服务中心和市中小企业公共服务平台于5月启动"浙江好项目"大赛杭州赛区活动,征集创业创新项目150多项,组织海选赛9场,入围杭州赛区决赛32项。活动吸引700多位创业者、中小微企业家、金融机构相关人员参加。经初赛、复赛、总决赛,杭州赛纶塞斯汽车零部件有限公司推出的"发动机进气系统噪音引起器"获浙江好项目·浙江省赛总决赛一等奖。杭州智感科技有限公司推出的"在线检测机器人"、杭州博拉自动化科技有限公司推出的"智能制造总体解决方案"、杭州凡闻科技有限公司推出的"凡闻资讯"等项目获总决赛三等奖 。快到网—杭州灿越网络科技有限公司、杭州沃趣科技股份有限公司、杭州鑫合汇互联网金融服务有限公司等被评为浙江省服务中小企业十佳机构 。

【中小企业服务联盟成立】 2016年4月28日,杭州中小企业服务联盟成立。根据"联盟服务机构入选标准"要求,联盟按照中小企业服务需求,梳理信息服务、投融资服务、法律服务、人才培训服务、创业服务、管理咨询服务等十大中小企业服务类别,涵盖十大服务领域,根据类别征集首批25个联盟发起单位。联盟将集聚提供创业服务的优秀中介机构,通过"网上与网下结合,线上与线下互动"等方式,为杭州各众创空间、创业园区、创业者提供创业服务支持。以缓解中小企业投融资难题为目标,开展"转贷服务""应收账款融资服务"等金融服务,通过集聚优势金融中介服务机构资源,开展投融资互动服务活动。以创业创新基地为载体,运用大数据、云计算等信息化手段打造中小企业云服务平台,为杭州众创空间、创业园区、创业者及杭州小微企业提供"找得着、用得起、有保障"的一站式综合服务。全年联盟开展各类活动151场,参加人数7286人,服务企业6000多个。

【10个民营企业被评为市级服务机构】 为推进杭州服务机构更好地服务民营和中小微企业,促进企业转型发展,浙江中小企业公共服务平台、杭州中小企业公共服务平台自2016年9月30日开始,在全市服务机构中开展杭州市十佳服务机构评选活动。经过大众投票、专家组评议,认定10个机构为"十佳服务机构",5个机构为"优秀服务机构"。

【民营企业赴澳大利亚上市】 2016年5月16日,杭州民营企业浙江森强机电制造有限公司在澳大利亚悉尼证券交易所(SSX)挂牌上市签约仪式在桐庐举行,此次是澳大利亚悉尼证券交易所与浙江企业的首次合作。12月11日,杭州喜天奇实业公司赴澳大利亚国家证券交易所(NSX)上市启动仪式新闻发布会在临安举行。自2015年6月中澳两国政府签署自由贸易协定后,澳大利亚成为中国中小企业海外股权融资的新选择。澳大利亚拟推动1000个中国中小企业赴澳上市,以此吸引来自中国的投资者。 (胡传明)

【"杭州民营企业牵手丝绸之路经济带"对接洽谈会】 2016年6月20～21日,由市公共外交协会、市贸促会等单位主办的外国朋友"走进美丽杭州"暨"杭州民营企业牵手丝绸之路经济带"对接洽谈会在杭州举行,邀请12个国家的驻华使领馆及商务机构的代表20多人参加。嘉宾参观杭州海康威视数字技术股份有限公司、阿里巴巴集团,了解杭州市高新技术和IT企业的发展状况及前景;参观中国茶叶博物馆和杭帮菜博物馆,体验茶文化和饮食文化;参加杭州民营企业牵手丝绸之路经济带对接洽谈会,向杭州市80多位企业家介绍所在国家、地区的投资环境和投资现状。

【湖畔大学第二期开学】 2016年1月29日,浙江湖畔大学创业研究基金会(简称湖畔大学)公布第二期学员录取名单,包括霍英东集团副总裁霍启文、"外婆家"创始人吴国平、"西贝"董事长贾国龙、"58同城"总裁兼CEO姚劲波、"科大讯飞"联合创始人胡郁、"Ucloud"创始人季昕华、"虎扑体育"董事长程杭等40名学员。2015

年4月，湖畔大学启动第二期招生工作，1800多人报名，湖畔大学筛选300多个企业重点走访。与首期学员相比，第二期学员所涉行业领域更加多元，文化娱乐、医疗健康、人工智能、云计算成为占比最高的行业领域。第二期40名学员平均年龄37.3岁。18名学员具有10年以上创业经历，7名具有海外留学经历；创业成果方面，8个是上市公司，12个年营业收入5亿元以上。3月27日，湖畔大学第二期开学典礼在阿里巴巴集团西溪园区举行。两期学员、校董、保荐人企业家、学界嘉宾共同出席。

▲资料：浙江湖畔大学创业研究基金会

浙江湖畔大学创业研究基金会成立于2014年12月，是由阿里巴巴集团发起的旨在传承企业家精神、支持未来中国创业者，推动新商业文明的非公募基金会。基金会的业务范围：传播企业家精神，推动新商业文明；支持创业者成长轨迹和规律的研究、成果应用、支持中国创业者成长与提升；支持非营利性组织发展及创业培训、国际交流等活动。学制3年，报名条件：创业3年以上的企业决策者，年度营业收入超过3000万元，需提供企业3年完税证明，公司规模超过30人，有3位推荐人，其中至少1位为湖畔大学指定推荐人。3月27日，湖畔大学首期开学典礼举行，学员36名。

【新生代企业家论坛】 2016年10月14日，以"G20杭州峰会背景下的创新与增长"为主题的新生代企业家论坛在杭州召开。来自政府、省内外新生代企业家、香港籍青年企业家等各界人士400多人参加论坛。论坛上，德国前总统霍斯特·克勒到会祝贺并讲话，宏观经济学家向松祚、浙江大学管理学院院长吴晓波分别发表题为"中国经济如何实现第二次历史性跨越""新常态下的动能转换"的主题演讲。党政领导、企业家、专家学者围绕在G20杭州峰会和B20峰会打开全新机会窗口的背景下，企业如何顺应国际化发展，新生代企业家群体如何创业创新，开展交流、探讨，提出许多建设性意见和建议。论坛期间，浙江大学企业成长研究中心联合乐创会发布《杭州市新生代企业家发展现状报告：年轻一代崛起的新动力》。报告指出，新生代企业家对中国经济、浙江经济长期向好的趋势充满信心，并对新生代企业家投资风格、投资领域、自身能力、家族企业传承、社会责任等方面进行解读。还原和审视新生代企业家的成长状态，了解新生代企业家在市场环境中对创业环境、自身价值、企业经营的多维度判断。（郦　晶）

2016年6月20～21日，外国朋友"走进美丽杭州"暨"杭州民营企业牵手丝绸之路经济带"对接洽谈会举行（市工商联　供稿）

协会活动

【便民利企渠道拓宽】 2016年，杭州市民营企业（个体劳动者）协会（简称民个协会）通过多种渠道为小微企业提供咨询及服务，帮助企业及时了解实时信息，完成工商注册登记、商标注册、企业年报等。全市各级协会全年帮扶企业3000多个。完善推广"杭州市民营企业协会"微信公众号，提供工商事务办理咨询、各类民营企业综合政策咨询等服务，关注用户1.07万人次。全年群发服务信息30次，编辑信息104篇，其中最高信息阅读量1.12万次。"杭州民企服务网"全年网络浏览量29.14万次，月均2.65万次，独立访客量7.22万次。

12月5日，在全国先进个体工商户表彰大会暨纪念中国个体劳动者协会成立30周年座谈会上，杭州市民个协会、余杭区民个协会被评为全国个私协会系统先进单位。两个区级协会的秘书长被评为全国个私协会系统先进工作者，3名个体工商户代表获全国先进个体工商户荣誉。

【举办5期"民企大讲堂"】 2016年，市民个协会贯彻落实"杭改十条"及"小微企业三年成长计划"，举办5期"民企大讲堂"专场培训，参与培训企业高级管理人员740人；组织300多个小微企业参加省级民营企业"双对接"专场活动。各区县（市）协会举办培训198场，参与培训的企业高级管理人员2.1万人，内容涉及电子商务、法律、财务、金融等领域。

【非公有制经济组织党建】 至2016年末，杭州市民个协会系统建立中共党组织154个，其中党委10个、党总支11个、党支部133个，有党员953名。全年举办非公有制经济组织党建工作交流培训3次，95人次参加，区县（市）协会系统党务工作者培训覆盖面100%。全市各级协会党组织举办"两学一做"专题教育活动93场，1512名党员参加，协会隶属党员全部接受培训教育。以"同一主题、不同形式、统一标识、同时行动"为主线，分别于6月25日和8月20日两次组织党员志愿者服务队开展"凝聚微动力、服务G20"现场服务活动,1515人次党员志愿者参与,发放"诚信经营、放心消费"倡议书3万多份。引导非公有制经济组织党组织和党员"亮身份、亮承诺、亮形象",争创诚信示范活动,引导47个非公有制经济组织党组织、724名党员争创诚信示范活动。10月,杭州市市场监督管理局推进非公有制经济组织党建工作领导小组成立。市委两新工委、市市场监管局党委共同印发《关于推进全市小微企业、个体工商户和专业市场党建工作的若干意见》的通知,开启全市"小个专""两站一组织"党建模式试点工作,至11月底,确立24个试点单位。（揣江宇）

【融资性担保】2016年,杭州市有132个融资性担保机构(含2个分支机构)获省经信委审核批准颁发的融资性担保机构经营许可证,其中130个担保公司(国有控股为18个、民营担保机构为112个)为法人机构。按注册资本划分:10亿元(含)以上有1个,为国有控股;1亿元(含)~10亿元有35个,其中国有控股为9个;5000万元(含)~1亿元有54个,其中国有控股为6个;5000万元以下有39个,其中国有控股为2个。杭州市融资性担保行业的从业人数共1919人,其中研究生101人、本科生813人、大专及以下1005人。全年有55个担保机构参与由市经信委组织的信用评级,其中被评为AA-级的5个,被评为A+级的6个,被评为A级的14个,被评为A-级的14个,被评为BBB+级的8个,被评为BBB级的6个,被评为BBB-级的1个,被评为BB+级的1个。据125个担保机构向浙江省融资担保行业监管信息系统上报的财务年报统计,125个担保机构全年为5.40万个企业提供融资担保339.14亿元。其中:为167个中型企业提供融资担保29.56亿元,为2240个小微企业提供融资担保108.68亿元。为中小企业融资担保总量、企业数均居全省首位。

【融资担保机构经营困难】2016年,受宏观经济和信贷政策影响,杭州市融资担保机构遇到较大困难。银行对小微客户普遍实行"紧信用"的信贷政策,对有国有资产背景的担保机构维持授信额度,对民营担保机构则压缩授信额度甚至退出合作,导致原有客户被强行压贷、收贷,担保经营风险明显加大。2015年8月印发的《国务院关于促进融资担保行业加快发展的意见》提出,政府支持融资担保行业发展,促进再担保体系,强化银担合作模式,担保行业加强监管和守住风险底线。融资担保扶持力度减弱,融资担保体系建设滞后,而融资担保代偿明显增加。据杭州市担保机构不完全统计,2016年累计担保代偿额12.24亿元,担保代偿率3.75%。担保机构在开展业务时,均会受到合作渠道方对担保机构要求有国有资产背景的要求限制,民营担保业务拓展受限性较大,降低了民营担保机构为小微企业提供融资担保服务的意愿,压缩了民营担保公司生存的空间。

【协助担保行业监管部门工作】2016年,市担保业协会协助配合担保行业政府监管部门(市经信委)做好相关政府职能工作。配合市经信委完成2016年省小微企业贷款担保业务风险补偿申报工作,完成融资性担保机构非法集资风险排查暨2016年度经营许可证年审换证工作,完成"浙江省融资性担保行业监管信息系统"的财务月报、半年报、年报的初审及上报工作,完成担保机构信用评级工作。协助配合市就业管理服务局完成创业担保贷款受托担保机构综合评定工作。配合、参与市经信委对担保行业的调查研究,到7个担保机构进行调研。帮助西湖区3个担保机构落实省风险补偿资金250万元。

【服务会员单位】2016年4月,为拓展协会平台,发挥协会为会员服务的功能,市担保业协会加入杭州市中小企业服务联盟,成为发起单位之一。协会与联盟成员协同合作,全年举办"担保公司代偿后的追偿法律实务""营改增时代对担保行业产生的影响和操作实务""如何撰写担保机构发展情况报道及编写技巧""担保法律风险管理及案例分析"4次培训,396人次参加。会同市经信委联合杭州每日传媒有限公司推出"信用杭州建设"系列采访报道,由协会推荐5个担保机构,通过记者专题采访报道,于10~11月在《每日商报》进行担保行业开展信用文化创新模式的连续报道宣传。市担保业协会还向政府建言献策,反映担保机构的呼声。协会先后召开工程担保的专题会议2次,听取担保机构的意见、建议,由市经信委企业处会同协会,向市建委市场处汇报商讨,先后写出《关于杭州市担保机构参与杭州市建设工程市场的情况报告》《关于进一步做好杭州市建设工程担保工作的意见建议》专题报告主送市建委,抄送市经信委企业处、市建委市场处。市担保业协会被浙江省信用与担保协会评为"2016年度浙江省先进担保协会"。

（陶凤蛟）

责任编辑　郦　晶

金融业综述

【金融业平稳发展】 至2016年末，杭州市有各类银证保金融机构460个。其中，分行级以上银行机构45个，农村信用合作机构8个，信托公司4个，财务公司5个，资产管理公司4个，金融租赁公司1个，消费金融公司1个，汽车金融公司1个，新型农村金融机构8个，省级以上保险机构81个，基金公司1个，证券公司5个，期货公司10个，证券营业部228个，期货营业部58个。全市金融业累计实现增加值982.02亿元，比上年(指2015年，下同)末增长5.8%，增长率降低5.5个百分点。金融业增加值占全市GDP的8.9%，降低0.5个百分点。

银行业 全市金融机构本外币各项存款余额为33386.04亿元(占全省的33.5%)，比上年末增长11.8%，增长率降低2.07个百分点。本外币各项贷款余额26169.00亿元(占全省的32.0%)，增长12.2%，增长率提高2.93个百分点。全市银行信贷不良率为1.82%，降低0.02个百分点，低于全省平均水平0.35个百分点。

证券业 全市证券经营机构累计代理交易额14.50万亿元(占全省的38.0%)，比上年末下降36.3%；手续费收入40.19亿元(占全省的32.6%)，下降55.2%。全市证券经营机构托管市值9409.78亿元，下降11.7%。证券投资者466.2万户，增长19.0%。证券机构全年实现利润16.87亿元，下降71.8%。

期货业 全市期货经营机构累计代理交易额28.21万亿元，比上年末下降66.6%；手续费收入13.80亿元，增长25.11%。期货投资者22.60万户，增长10.4%。期货机构全年实现利润12.41亿元，增长19.4%。

保险业 全市保险机构累计保费收入518.40亿元，比上年末增长38.5%，增长率提高21.7个百分点。累计赔付支出158.88亿元，增长13.8%，增长率降低3.5个百分点。全市保险机构全年亏损81.16亿元，利润下降46.26亿元。其中：财产险公司盈利14.58亿元，利润增长6.14亿元；人身险公司亏损95.75亿元，利润减少52.41亿元。

典当业 全市典当机构累计典当5.5万笔，比上年末下降8.3%。典当金额116.76亿元，下降17.9%，降幅扩大16.0个百分点。全年实现收入2.1亿元，下降10.5%。上缴税金3185万元，下降25.5%。

【境内外上市公司新增17个】 2016年，杭州市全年新增境内外上市公司17个，募集资金297.41亿元。至年末，全市上市公司总数135个，占全省比例超过1/3。其中，境内上市公司102个(包括中小板32个、创业板27个)，境外上市公司33个。28个境内上市公司定向发行股票，募集资金437.48亿元。首发上市申请获中国证监会受理的公司48个，处于辅导期内的拟上市公司50个。杭州市在全国中小企业股转系统挂牌企业新增192个，累计347个。新增省股交中心挂牌企业144个，累计926个(包括成长板37个、创新板889个)。

【债务融资发行844.40亿元】 2016年，杭州市企业在银行间市场发行债务融资844.40亿元，比上年下降18.0%。浙江富春山居集团有限公司、浙江省杭州萧山钱江世纪城开发建设有限责任公司等6个企业获批发行71亿元的企业债。6个上市公司发行63.5亿元公司债，6个企业在浙江省股交中心发行1871.54万元的私募债。

【跨境人民币结算2881.8亿元】 至2016年末，全市跨境人民币结算累计2881.8亿元，比上年下降20.7%。其中：货物贸易出口人民币结算799.2亿元，下降40.8%；货物贸易进口人民币结算1074.8亿元，下降34.9%；服务贸易及其他项目人民币结算330.2亿元，增长256.6%；跨境投融资635.0亿元，增长18.8%。

【小额贷款公司注册资金124.1亿元】 至2016年末，杭州54个小额贷款公司注册资金124.1亿元，比上年下降6.1%。年末放贷余额1.86万笔，金额132.8亿元，其中小额贷款分别占92.4%和55.3%。全年累计发放贷款3.37万笔，金额307.0亿元。其中小额贷款分别占88.8%和35.8%，平均利率和逾期率分别为15.5%和13.7%。全年业务收入和利润分别为14.5亿元和2.98亿元，分别下降27.1%和64.9%。

2016年4月24日，“中国金融论坛·2016钱塘峰会”在杭州市江干区举行

（市金融办 供稿）

【股权质押融资2252.82亿元】 2016年，杭州市在工商系统办理股权质押融资企业1519个，质押股权527.08亿元，融资2252.82亿元。其中，在市本级办理的企业299个，质押股权110.18亿元，融资403.97亿元。

【小额担保贷款发放5229.50万元】 2016年，杭州市就业局发放小额担保贷款475笔，金额5229.50万元。其中，上城、下城、拱墅、西湖、江干和滨江6个主城区发放53笔，金额980万元。杭州市大学生创业联盟等部门推动实施大学生创业企业融资“风险池”计划。至年末，有114个次大学生创业企业成功申请“风险池”基金，授信6490万元。其中已放贷103个次大学生创业企业，实际发放金额5854万元。

【小额贷款保证保险试点】 2016年，中国工商银行、中国银行、中国光大银行等银行机构联合人保财险公司、太平洋保险公司、中银保险公司等保险机构开展小额贷款保证保险试点。至年末，累计为杭州的小微企业客户提供1113笔保险业务共1.34亿元。

【金融创新服务】 至2016年末，杭州银行科技文创金融板块存款余额217.23亿元，比上年末增长28%；贷款余额168.98亿元，增长1.1%。其中，杭州银行科技支行存款余额93.57亿元，增长45.2%；贷款余额42.81亿元，增长17.4%。科技型贷款余额39.07亿，占比91.3%。累计向1103个企业发放贷款。其中科技型企业993个，占比90.0%。全市7个村镇银行年末存款余额60.40亿元，增长7%；贷款余额69.13亿元，增长7.2%。建德市大同桑盈资金互助社年末存款余额6591万元，增长14.3%；贷款余额6025万元，增长9.8%。至年末，浙江网商银行本外币存款余额442.58亿元，增长73.6%；本外币贷款余额305.21亿元，增长3.12倍。

【金融会议论坛】 2016年，杭州市举办了钱塘江金融港湾高峰论坛、全球私募基金西湖峰会、中国金融论坛·钱塘峰会、创新中国总决赛暨秋季峰会、中国（杭州）股权投资高峰论坛等高端金融会议，提升杭州知名度，营造杭州区域金融服务中心的氛围。

【支付环境优化】 2016年，杭州市根据《G20国际峰会支付服务环境建设工作方案》，落实外币卡特约商户资金补助，完善支付环境，进一步提升金融服务国际化水平。年内，全市新增小额外币兑换网点36个。至年末，全市累计小额外币兑换网点106个。全年新增创建“刷卡无障碍示范街区（景区）”1条，全市累计创建“刷卡无障碍示范街区（景区）”87条，其中国家级“刷卡无障碍示范街区（景区）”5条。延续对新增银行卡特约商户的补助政策。全市累计第三方支付机构44个。

【财富管理中心建设】 2016年，杭州市新增备案私募基金管理人263个，备案基金1158支，管理规模1323.9亿元。至年末，累计备案的私募基金管理人839个，备案基金2401支，管理规模2539.3亿元，分别占全省的59.0%、58.5%和36.4%。9月26日，浙江知识产权交易中心成立。至年末，全市共有19个知识产权交易场所。其中，杭州产权交易所全年累计交易额85.8亿元，比上年增长39.3%。杭州金融小镇发展迅猛。至年末，5个金融特色小镇集聚各类金融服务机构2000多个。其中，上城区玉皇山南基金小镇集聚各类私募机构1090个，管理资产规模5900亿元，税收10.3亿元。拱墅区运河财富小镇被列为第二批省级特色小镇。萧山区湘湖金融小镇入驻企业100多个，资产管理规模300多亿元。富阳区黄公望金融小镇注册基金和基金管理公司315个，注册规模2037亿元。

【互联网金融创新中心建设】 至2016年末，杭州市互联网金融实现增加值230.4亿元，占GDP比重2.1%，同比增长7.0%。杭州市7个拥有互联网支付业务资质的第三方支付机构（全省共7个）共处理网络支付业务3.61亿笔，金额4679亿元，分别占全省第三方支付业务的97.3%和78.4%。杭州市积极推进互联网金融平台建设。年内，西溪谷互联网金融小镇新增互联网金融相关（含互联网金融、股权投资）企业57个，累计181个，实现税收43.23亿元，其中互联网金融相关产业税收33.26亿元。浙江蚂蚁小微金融服务集团股份有限公司、网易公司、挖财网络技术有限公司、浙商银行股份有限公司4个单位当选中国互联网金融协会首届理事会理事单位。互联网金融企业——挖财网络技术有限公司设立国内互联网金融领域首家企业博士后工作站。

【金融扶持发展政策推进】2016年，杭州市推进落实"1+X"政策体系的相关金融扶持发展政策，进一步营造良好政策氛围。持续推进企业股改挂牌上市扶持政策的兑现工作，支持企业利用资本市场加快发展。对在杭金融监管部门实施考核评价，激励在杭银行机构支持杭州经济社会发展，调动在杭金融监管部门和在杭银行机构的积极性。制定出台《杭州市进一步推进小额贷款保证保险的工作意见》，加大对小额贷款保证保险业务的支持和开展，降低小微企业融资风险。市政府联合在杭金融监管部门印发《推进我市"降成本、减负担、去产能"金融保障专项工作方案》，鼓励支持金融机构为中小微企业和实体产业配备范围广、成本低、针对性强的金融服务。加强政策兑现，推进企业挂牌上市，打造上市公司"杭州板块"。对275个符合政策的企业给予上市、挂牌补助资金1.32亿元，其中市财政补助资金5148.30万元。对西溪谷互联网金融集聚区给予200万元扶持资金，鼓励招引优秀互联网金融企业落户杭州。

【金融风险防范】2016年，杭州市按照《企业资金链防范与化解机制方案》，完善"两链"(资金链、担保链)风险处置协调机制，落实监测预警、协调化解和善后处置三大专项工作机制，探索建立"两链"风险监测平台，加强对风险动态的监测和风险排摸。市级企业应急转贷基金，与银行机构帮助5108个企业转贷379亿元，为企业节省成本4.3亿元。市级相关部门会同浙江银监局加强行业管理，支持银行业金融机构加快不良资产处置，盘活存量资产，稳步降低不良率。依法严厉打击非法集资等金融违法行为，在全市范围内广泛开展处非(打击和处置非法集资)公益宣传，其中发送警示短信100万条。对互联网金融等重点领域进行全面排查，重点关注互联网金融、P2P网络借贷等领域，确保不发生区域性、系统性金融风险。年内，杭州金融仲裁院受理金融争议案356件，比上年上升16.3%；标的额12.27亿元，下降3.4%，金融仲裁的影响力和品牌效应逐渐增强。（市金融办）

银行业

【银行业概况】至2016年末，杭州市有各类银行业金融机构77个。其中，政策性银行3个，国有商业银行5个，股份制商业银行12个，邮储银行1个，金融资产管理公司4个，城市商业银行12个，民营银行1个，农村合作金融机构8个，新型农村金融机构8个，外资银行11个，非银行金融机构12个。

全市银行业金融机构总资产余额47203亿元，比上年末增加5892亿元，增长14.4%；总负债余额45965亿元，增加5745亿元，增长14.3%。各项存款余额33386亿元，增加3522亿元，增长11.8%；各项贷款余额26169亿元，增加2868亿元，增长12.2%。

【重点项目融资】2016年，全市银行业金融机构主动对接国家和浙江重大发展战略，建立重点项目融资统计监测机制，综合运用银团贷款、金融租赁、PPP项目融资、基础设施建设基金等模式，支持重点领域融资需求。年末，全市重点领域在银行的中长期贷款占比54.3%，比上年末增加2175亿元。全年新签银团贷款项目73个，金额760亿元，项目数和金额均居全省第一位。突出加强对钱塘江港湾金融要素保障，引导推动金融总部向钱塘江金融港湾集聚。至年末，钱塘江金融港湾有金融机构总部和分行50多个。创新服务模式、方式和产品，加大对科技园区和科技型、文创型、创新型企业的支持力度。全市信息传输、软件和信息技术服务业增长45.5%，租赁和商务服务业贷款余额增长16.5%。持续推进还款方式创新和信用贷款扩面，推广"年审制""无缝续贷"，降低企业转贷成本。

【区域金融改革】2016年，围绕杭州建设"区域金融中心"的目标，全市银行业金融机构积极构建多层次、广覆盖、有差异的银行业服务体系。浙商银行、杭州银行分别在港交所、上交所上市，全国首批民营银行之一的浙江网商银行发展良好，年末总资产616亿元。4月初，东风裕隆汽车金融公司开业。年内，三菱东京日联银行杭州分行获批筹建，桐庐农村合作银行、建德农村信用合作联社改制为农村商业银行。

【特色金融服务】2016年，全市银行业金融机构持续深化普惠金融。年末，全市小微企业贷款余额6685亿元，比上年末增加532亿元，增长8.7%，继续保持全省(含宁波)第一位。小微企业贷款户数和申贷获得率都高于上年同期。全市有小微企业专营支行100个、社区支行164个。探索推广"农民资产授托代管融资模式"和"村级互助担保组织合作

2016年5月17日，浙江银行业"普及金融知识万里行"活动启动仪式暨文明规范服务创建工作推进会在杭州举行（浙江银行业协会 供稿）

2016年在杭银行业金融机构情况

表45

机构分类	单位名称
政策性银行	国家开发银行浙江省分行 中国进出口银行浙江省分行 中国农业发展银行浙江省分行
国有商业银行	中国工商银行股份有限公司浙江省分行 中国农业银行股份有限公司浙江省分行 中国银行股份有限公司浙江省分行 中国建设银行股份有限公司浙江省分行 交通银行股份有限公司浙江省分行
股份制商业银行	浙商银行股份有限公司 中信银行股份有限公司杭州分行 上海浦东发展银行股份有限公司杭州分行 华夏银行股份有限公司杭州分行 招商银行股份有限公司杭州分行 广发银行股份有限公司杭州分行 平安银行股份有限公司杭州分行 中国民生银行股份有限公司杭州分行 兴业银行股份有限公司杭州分行 中国光大银行股份有限公司杭州分行 恒丰银行股份有限公司杭州分行 渤海银行股份有限公司杭州分行
邮政储蓄银行	中国邮政储蓄银行股份有限公司浙江省分行
金融资产管理公司	中国华融资产管理股份有限公司浙江省分公司 中国长城资产管理股份有限公司浙江省分公司 中国东方资产管理股份有限公司浙江省分公司 中国信达资产管理股份有限公司浙江省分公司
城市商业银行	杭州银行股份有限公司 上海银行股份有限公司杭州分行 宁波银行股份有限公司杭州分行 北京银行股份有限公司杭州分行 南京银行股份有限公司杭州分行 江苏银行股份有限公司杭州分行 浙江泰隆商业银行股份有限公司杭州分行 浙江稠州商业银行股份有限公司杭州分行 浙江民泰商业银行股份有限公司杭州分行 温州银行股份有限公司杭州分行 台州银行股份有限公司杭州分行 金华银行股份有限公司杭州分行
民营银行	浙江网商银行股份有限公司
农村合作金融机构	杭州联合农村商业银行股份有限公司 浙江萧山农村商业银行股份有限公司 浙江杭州余杭农村商业银行股份有限公司 浙江富阳农村商业银行有限公司 浙江桐庐农村商业银行股份有限公司 浙江建德农村商业银行股份有限公司 淳安县农村信用合作联社 临安市农村信用合作联社
新型农村金融机构	浙江建德湖商村镇银行股份有限公司 浙江桐庐恒丰村镇银行股份有限公司 浙江临安中信村镇银行股份有限公司 浙江淳安建信村镇银行股份有限公司 浙江余杭德商村镇银行股份有限公司 浙江萧山湖商村镇银行股份有限公司 浙江富阳恒通村镇银行股份有限公司 建德市大同镇桑盈农村资金互助社
外资银行	三井住友银行(中国)有限公司杭州分行 东亚银行(中国)有限公司杭州分行 汇丰银行(中国)有限公司杭州分行 花旗银行(中国)有限公司杭州分行 恒生银行(中国)有限公司杭州分行 渣打银行(中国)有限公司杭州分行 南洋商业银行(中国)有限公司杭州分行 星展银行(中国)有限公司杭州分行 法国兴业银行(中国)有限公司杭州分行 大华银行(中国)有限公司杭州分行 澳大利亚和新西兰银行(中国)有限公司杭州分行
信托公司	中建投信托有限责任公司 杭州工商信托股份有限公司 浙商金汇信托股份有限公司 万向信托有限公司
财务公司	万向财务有限公司 浙江省能源集团财务有限责任公司 浙江省交通投资集团财务有限责任公司 中国电力财务有限公司浙江分公司 物产中大集团财务有限公司
金融租赁公司	华融金融租赁股份有限公司
汽车金融公司	裕隆汽车金融(中国)有限公司
消费金融公司	杭银消费金融股份有限公司

模式”，最大限度盘活农村资产，不断提升“三农”金融服务覆盖面。保障性安居工程贷款保持高速增长，全年新增贷款352亿元，增长74.7%。科技金融深入推进，推动设立科技金融专营机构，完善科技信贷管理机制，创新科技信贷产品和金融服务模式，建立健全科技金融激励约束机制。运用互联网和大数据分析技术，批量化、精准化获客，借助移动互联技术，优化信贷流程，提升服务效率。推进绿色金融，支持建设“美丽杭州”“五水共治”，全年新增水利环境类贷款255亿元，增长20.7%。鼓励银行业对接绿色金融项目，完善组织架构，创新金融产品，加快绿色金融发展。

【困难企业帮扶】2016年，全市银行业金融机构坚持市场化、法治化的原则，开展困难企业帮扶，配合市、区县(市)政府强化“两链”风险识别、处置和化解工作，找准帮扶切入点。坚持分类帮扶，推进政府牵头、银监引导、协会会商、企业自救、银行帮扶的“五位一体”分类帮扶工作机制，推动建立银行业金融机构债权人委员会，围绕“困难企业分类帮扶+僵尸企业出清”两大领域，达到促帮扶和维债权的目的。总结梳理银团贷款法、授信聚拢法、延缓追偿法、外部收购法、资产重组法、增量造血法、担保熔断法、债务瘦身法等“化圈解链八法”，通过压缩退出、调整担保方式、变更担保主体等断圈解链措施，缩短担保链条，加快“化圈解链”，提升帮扶有效性。

【金融市场秩序整治】2016年，全市银行业金融机构配合金融管理部门开展P2P网络借贷风险专项整治，打击防范通信网络新型犯罪，规范与整治交易场所，加强非法集资监测预警，有效控制风险的传染扩大。加强信息披露和投资者教育，推动理财产品和代销业务专区“双录”(录音、录像)工作，加大金融消费者权益保护力度，开展金融消费情景剧、普及金融知识万里行等系列活动。深化多方合作，搭建部门对话平台，出台相关办法，开展打击逃废债专项行动。建立银行业联合惩戒逃废债工作机制，搭建联合惩戒逃废债信息平台，

编发打击逃废债宣传册，提升惩戒威慑力。（浙江银监局）

证券·期货

【**证券期货概况**】2016年，杭州新增境内上市公司14个，占全省新增总数的46.67%；新增"新三板"挂牌企业191个，占全省新增总数的38.82%，均居全省第一位。至年末，杭州有境内上市公司102个，其中中小板上市公司32个、创业板上市公司27个，"新三板"挂牌企业347个，浙江股权交易中心挂牌企业926个。全市尚有拟境内上市企业98个。35个上市公司实施再融资，募集资金506.98亿元，下降16.3%。其中，28个上市公司进行增发融资，募集资金437.48亿元，下降24.3%；6个上市公司发行公司债，募集资金63.5亿元，增长2.18倍。杭州企业参与公司债品种创新，全国首单可续期公司债、全省首单双创债相继在杭州落地，形成示范带头作用。

至年末，杭州有证券公司5个，证券公司分公司34个，证券营业部228个，证券投资咨询机构2个；全市证券投资者开户数466.17万户；证券经营机构托管市值9409.78亿元，客户交易结算资金余额442.1亿元。杭州证券经营机构全年实现代理交易额14.47万亿元，手续费收入40.19亿元，利润总额16.87亿元。杭州证券经营机构着力去通道、去杠杆，创新金融产品设计，帮助实体企业降低融资成本，服务实体企业能力进一步增强。财通证券公司推进"金融+产业"国企改革新模式，以直投子公司为载体为浙江省商旅集团提供全方位国有资产证券化服务。浙商证券公司完成行业内首单可续期公司债和绿色公司债承销。

至年末，杭州有期货公司10个，期货公司分公司5个，期货营业部58个；全市期货投资者开户数22.56万户，客户保证金余额341.18亿元。全年杭州期货经营机构实现代理交易额28.21万亿元，手续费收入13.8亿元，利润总额12.41亿元；杭州期货公司实现代理交易额38.52万亿元，营业收入30.78亿元，利润总额12.41亿元。在2016年度期货公司分类评价中，永安期货公司获评AA类，南华期货公司、中大期货公司和宝城期货公司获评A类。杭州期货公司探索利用期现结合模式服务供给侧改革，永安期货公司为瑞安、平阳等地塑料企业提供多种期现结合采购模式，浙商期货公司持续推动棉花、大豆等期货品种的"保险+期货"模式服务"三农"，大地期货公司为浙江纺织品进出口集团量身定制套期保值业务管理制度等。

2016年，杭州私募基金行业保持

2016年杭州市企业上市情况（境内）

表46

指标名称	单位	2015年年末数	2016年新增数	2016年年末数
境内上市公司	个	88	14	102
主板	个	36	7	43
中小板	个	31	1	32
创业板	个	21	6	27
募集资金	亿元	1 732.52	639.60	2 372.12
首发募资	亿元	506.58	132.62	639.20
主板	亿元	109.67	105.19	214.86
创业板	亿元	138.62	24.56	163.18
再融资	亿元	1 225.94	506.98	1 732.92
已报会企业	个	44	—	48
辅导期企业	个	39	—	50

2016年杭州市证券期货经营机构情况

表47

指标名称	单位	2015年年末数	2016年年末数
证券公司	个	5	5
证券营业部	个	186	228
证券投资咨询机构	个	2	2
基金公司	个	1	1
已登记私募基金管理人	个	995	839
已备案私募基金	只	1243	2 401
已备案私募基金管理规模	亿元	1 215.46	2 539.32
证券从业人员	人	5 133	4919
期货公司数	个	10	10
期货营业部数	个	53	58
期货从业人员	人	2 352	2 381

2016年杭州市证券期货交易情况

表48

指标名称	单位	2015年年末数	2016年年末数
证券经营机构代理交易金额	亿元	227 210.37	144 690.43
A、B股交易额	亿元	182 985.39	95 651.62
基金交易额	亿元	6 607.72	3 979.64
证券经营机构代理交易手续费收入	亿元	89.64	40.19
证券经营机构利润总额	亿元	59.73	16.87
证券经营机构托管市值	亿元	10 657.72	9 409.78
证券经营机构客户交易结算资金余额	亿元	633.53	442.10
证券投资者开户数	万户	391.66	466.17
期货经营机构代理交易金额	亿元	843 827.89	282 130.13
期货经营机构代理交易手续费收入	亿元	11.03	13.80
期货经营机构利润总额	亿元	10.39	12.41
期货经营机构客户保证金余额	亿元	302.98	341.18
期货投资者开户数	万户	20.43	22.56

快速增长，私募基金产品数量和规模不断上升。至年末，杭州有839个私募基金管理人完成登记，发行产品2401只，管理资产规模2539.32亿元。杭州私募基金集聚区建设更具规模，杭州玉皇山南基金小镇、余杭天使小镇等特色小镇的集聚效应日益显著。杭州玉皇山南基金小镇通过坚持市场化运作、产业链招商、生态圈建设的模式，快速推动私募金融集聚发展，吸引入驻金融机构累计1090个，资产管理规模5900多亿元。

【资本市场建设】2016年，浙江证监局推动IPO(首次公开募股)和增发融资取得新突破。全年完成52个拟上市公司的辅导验收工作；辖区完成首发上市企业23个，募集资金166.01亿元；增发融资1514.41亿元，比上年增长45%。研究推动债券创新品种起步，全国首单可续期公司债和首单绿色公司债均在辖区落地。全年辖区企业发行公司债162只，增长141.8%，融资金额1479.39亿元，增长111.5%。做好“小微企业三年成长计划”“三转一市”“市场主体提升”等基础性企业培育工作。至年末，辖区有拟上市公司214个、“新三板”挂牌企业767个、浙江股权交易中心挂牌企业3751个。辖区企业通过并购重组加快转型升级步伐，实现创新发展。全年辖区有150个上市公司实施并购重组326次，涉及金额1114.83亿元。

【资本市场监管】2016年，浙江证监局坚持依法监管，提升监管有效性。启动辖区“双随机”现场检查，针对检查中发现的违规和失信行为，采取有力监管措施，提升辖区中介机构规范经营水平。制定出台机构现场检查工作规程，修订证券公司融资类业务检查底稿等9份工作底稿，优化机构自查和现场检查工作机制。开展“合规风控管理提升年”专题活动，督促辖区证券期货经营机构诚信合规经营。坚持从严监管，提升监管威慑力。以风险监管为导向，加大对年报披露窗口期的监管力度和现场检查力度。全年对辖区市场主体实施问询、约见谈话监管措施170多人次，开展现场检查190多个次，出具行政监管措施39份，下发监管关注函48份，移送稽查线索5条。坚持全面监管，推进重点领域、薄弱环节的监管全覆盖。以债券承销和“新三板”挂牌业务为重点，强化对辖区证券公司投行业务的日常监管；以推动落实“八条底线”为重点，强化对私募资管业务的日常监管；以并购标的业绩真实性检查、专项核查等方式，强化对上市公司并购重组的事中事后监管；以摸底调查、专项核查、“监管第一课”等方式，强化对辖区证券、期货、基金公司非持牌业务及其控股子公司、非公众公司、私募基金、公司债券发行人等新兴市场主体的监管。

【资本市场风险防范】2016年，浙江证监局加强高风险领域风险防范。关注辖区场外配资及非法证券投资咨询活动新动向，督促辖区机构持续监测、及时清理涉嫌违规账户；建立债券违约风险监测处置机制，及时稳妥处理辖区公司债券违约兑付风险；制订《浙江省股权众筹风险专项整治工作实施方案》，督促机构边自查边整改、边检查边整改，确保风险可控可承受。加强调查研究，提高风险预研预判能力。保持监管前瞻性与敏感性，对上市公司股权质押风险、基金销售机构业务监管、网络配资平台监管、公司债券违约司法救济等热点问题开展调研，总结辖区存在的风险问题、典型经验。做好交易场所清理整顿。成立联合调查组，在督促自查的基础上，对4个交易场所进行现场检查，全面摸排合规运行情况。

【证券投资者权益保护】2016年，浙江证监局多举措保护投资者合法权益。与中证中小投资者服务中心、杭州市中级人民法院、辖区行业协会签署合作协议，构建优化以诉调对接、仲调对接、信调对接和律调对接为特色的“四位一体”调解机制。协同浙江省消保委等单位开展“正确认识私募、远离非法投资”主题活动，编发违法违规私募机构警示案例。优化信访受理、答复和司法机关来访来函等流程，妥善处理各类投诉信访举报事项。全年处理来信来电来访1193件，接收(处理)举报378件，“12386”热线转办340单。严厉打击非法证券期货活动。将原始股权和荐股软件商品类纳入淘宝网商品信息过滤系统，进行24小时监控。对辖区电视及广播媒体证券类节目进行监听监看，对涉嫌误导投资的节目，及时进行查处。加大违法违规打击力度。全年办理案件95起，比上年上升11.5%；审理案件8起，其中办结5起、下发行政处罚决定4起；完成案件罚没款催缴5件，涉案金额1221万元；完成行政送达24件，涉案金额6.63亿元。

（浙江证监局）

保险业

【保险业概况】2016年，杭州市净增省级分公司2个，中心支公司2个，支公司7个，营销服务部1个。至年末，全市保险公司有各类分支机构658个，其中总公司3个、省级分公司80个(产险公司36个、人身险公司44个)、中心支公司28个、支公司202个、营业部57个、营销服务部288个；全市有保险专业中介法人机构66个，其中代理公司42个，经纪公司15个，公估公司9个。

全市保费收入518.4亿元，比上年增长38.5%。保险深度4.7%，高于全省平均水平0.9个百分点，上升1.0个百分点；保险密度5747.4元，高出全省平均水平2539.8元，上升1596.0元。其中，财产险公司保费收入182.6亿元，占全省市场份额的25.6%，增长11.9%，增速高于全省平均水平3.4个百分点；人身险公司保费收入335.8亿元，占全省市场份额的31.7%，增长59.0%，增速高于全省平均水平18.3个百分点。

全市保险业赔付支出158.9亿元，增长13.7%，增速高于全省平均水平0.4个百分点。其中，财产险公司赔付102.6亿元，占全省财产险公司赔付总额的24.0%，增长7.3%，低于全省增速2.4个百分点；人身险公司赔付56.3亿元，占全省人身险公司赔付总额的27.3%，增长27.8%，高于全省增速6.2个百分点。

全市保险公司资产总额1620.8亿元，增长88.6%，资产规模占全省资产总额的35.6%。其中，人身险公司资产总额1501.5亿元，增长95.9%；财产险公司资产总额119.3亿元，增长28.7%。

【财产险保费增长平稳】2016年，杭州市财产险公司保费收入172.49亿元，比上年增长9.9%。其中，车险保费收入121.3亿元，增长5.1%，增速降低2.2个百分点；非车险保费收入61.3亿元，增长28.5%，增速提高0.3个百分点。

【财产险险种结构改善】2016年，杭州市财产险公司车险与非车险保费比为66.4∶33.6，车险占比下降4.4个百分点，低于全国平均水平7.4个百分点。车险保费收入增加5.9亿元，对财产险公司保费增长的贡献率为30.2%。非车险保费收入增加13.6亿元，对财产险公司保费增长的贡献率为69.7%，其中意外险、责任险、保证保险和其他险种保费收入分别增加3.7亿元、2.0亿元、2.7亿元和5.2亿元，贡献率分别为19.0%、10.3%、13.8%和26.7%。

【人身险保费增速创新高】2016年，杭州市人身险公司保费收入354.91

2016年杭州地区保险机构经营情况(财产险)

表49

公司名称	保费收入		赔付支出	
	发生值(万元)	比上年(%)	发生值(万元)	比上年(%)
中国人民财产保险股份有限公司杭州市分公司	543 703.06	6.31	322 513.52	10.36
中国大地财产保险股份有限公司杭州市中心支公司	46 285.29	14.38	25 789.08	18.77
出口信用保险股份有限公司杭州市中心支公司(虚拟)	129 126.88	12.69	75 605.44	-15.56
中华联合财产保险股份有限公司杭州市中心支公司(虚拟)	52 605.69	-6.28	32 120.27	2.48
中国太平洋财产保险股份有限公司杭州市中心支公司	165 751.55	6.40	107 233.10	2.88
中国平安财产保险股份有限公司杭州市中心支公司(虚拟)	320 939.08	18.06	146 153.67	12.87
华泰财产保险股份有限公司杭州市中心支公司	4 584.18	21.04	2 220.58	12.06
天安保险股份有限公司杭州市中心支公司	48 122.44	41.03	18 622.54	1.77
史带财产保险股份有限公司杭州市中心支公司(虚拟)	484.04	38.61	2 103.66	-47.59
华安财产保险股份有限公司杭州市中心支公司(虚拟)	7 978.91	44.36	3 741.82	-6.56
永安财产保险股份有限公司杭州市中心支公司(虚拟)	12 676.91	28.01	7 360.02	29.88
太平财产保险股份有限公司杭州市中心支公司(虚拟)	36 500.45	44.90	24 102.88	101.50
亚太财产保险有限公司杭州市中心支公司	3 954.35	-4.26	2 932.85	-33.82
美亚财产保险有限公司浙江省分公司杭州市中心支公司(虚拟)	5 483.78	40.76	2 387.40	-46.15
东京海上日动火灾保险(中国)有限公司杭州市中心支公司	1 524.35	105.44	589.44	2 971.11
中银保险有限公司杭州市中心支公司(虚拟)	10 667.10	54.09	5 069.40	-33.98
利宝互助人寿保险有限公司杭州市中心支公司(虚拟)	9 459.13	-24.95	8 094.68	-16.26
安信农业保险股份有限公司杭州市中心支公司(虚拟)	4 528.23	-34.84	4 194.02	-11.54
永诚财产保险股份有限公司杭州市中心支公司	6 538.86	-36.54	5 243.67	-28.51
安邦财产保险股份有限公司杭州市中心支公司(虚拟)	15 910.07	-10.10	10 475.82	-11.81
信达财产保险有限公司浙江省分公司杭州市中心支公司(虚拟)	10 084.03	-8.25	8 880.22	-0.68
安盛天平保险股份有限公司杭州市中心支公司(虚拟)	18 559.30	-0.58	13 425.51	1.83
阳光财产保险股份有限公司杭州市中心支公司(虚拟)	77 021.73	13.93	50 911.77	23.00
都邦保险股份有限公司杭州市中心支公司(虚拟)	7 451.66	-11.35	4 655.95	-1.20
渤海保险股份有限公司杭州市中心支公司(虚拟)	4 111.20	84.04	1 739.37	33.00
华农保险股份有限公司杭州市中心支公司(虚拟)	1 928.88	1 062.08	541.77	-55.85
国寿财产保险股份有限公司杭州市中心支公司	62 088.86	12.48	36 277.52	34.16
安诚财产保险股份有限公司杭州市中心支公司(虚拟)	20 450.66	15.65	12 129.08	23.87
长安责任保险股份有限公司杭州市中心支公司	11 734.94	-3.84	6 816.01	-20.88
爱和谊保险股份有限公司杭州市中心支公司(虚拟)	1 499.01	-7.21	428.64	51.68
国泰财产保险股份有限公司杭州市中心支公司(虚拟)	5 397.25	-12.38	4 776.95	24.22
英大财险保险股份有限公司杭州市中心支公司	25 319.48	24.57	6 974.50	-16.78
浙商财产保险股份有限公司杭州市中心支公司	30 085.32	0.76	16 296.32	4.95
紫金财产保险股份有限公司杭州市中心支公司	5 610.04	-9.20	3 247.66	-4.61
泰山财产保险股份有限公司杭州市中心支公司(虚拟)	1 749.81	-58.56	2 591.73	-40.50
众诚保险股份有限公司杭州市中心支公司(虚拟)	10 069.30	7.91	7 417.07	-3.85
泰康在线财产保险股份有限公司杭州市中心支公司(虚拟)	21 484.70	3 775 769.36	9 392.56	—
易安财产保险股份有限公司杭州市中心支公司(虚拟)	0.64	—	—	—
安心财产保险有限责任公司杭州市中心支公司(虚拟)	22.16	—	0.15	—

说明："虚拟"指没有在杭州地区设分公司或者中心支公司，但业务收入发生在杭州地区的保险机构

2016年杭州地区保险机构经营情况(人身险)

表50

公司名称	保费收入		赔付支出	
	发生值(万元)	比上年(%)	发生值(万元)	比上年(%)
中国人寿保险股份有限公司杭州市分公司	429 663.05	22.63	200 951.87	58.63
中国太平洋人寿保险股份有限公司杭州市中心支公司	175 182.97	34.67	33 596.00	30.39
中国平安人寿保险股份有限公司杭州市中心支公司	410 202.22	33.69	58 782.99	24.40
新华人寿保险股份有限公司杭州市中心支公司	127 251.43	8.36	55 956.75	31.24
泰康人寿保险股份有限公司杭州市中心支公司(虚拟)	61 993.04	33.64	17 768.88	-33.33
太平人寿保险股份有限公司杭州市中心支公司(虚拟)	114 991.21	23.00	19 703.07	90.66
中宏人寿保险有限公司杭州市中心支公司(虚拟)	23 226.70	33.12	1 042.06	9.43
建信人寿保险有限公司杭州市中心支公司	115 089.14	4 558.95	987.29	—
中德安联人寿保险有限公司杭州市中心支公司(虚拟)	14 260.37	21.22	651.57	4.15
工银安盛人寿保险有限公司杭州市中心支公司(虚拟)	118 450.35	71.62	1 984.37	119.51
信诚人寿保险有限公司杭州市中心支公司(虚拟)	11 777.77	7.76	1 662.61	-14.78
中意人寿保险有限公司杭州市中心支公司(虚拟)	1 307.67	—	0.18	—
光大永明人寿保险有限公司杭州市中心支公司	7 506.98	12.36	2 220.64	-34.79
同方全球人寿保险有限公司杭州市中心支公司	6 117.79	44.24	468.18	38.01
民生人寿保险股份有限公司杭州市中心支公司(虚拟)	22 511.01	179.29	1 764.28	75.77
招商信诺人寿保险有限公司杭州市中心支公司(虚拟)	64 213.31	47.76	3 619.41	-5.46
长生人寿保险有限公司杭州市中心支公司(虚拟)	6 833.59	38.94	806.02	-0.24
瑞泰人寿保险有限公司杭州市中心支公司(虚拟)	2 850.75	-0.85	76.38	28.69
富德生命人寿股份有限公司杭州市中心支公司	77 390.49	78.09	8 363.95	136.42
国寿存续保险股份有限公司杭州市分公司	23 752.52	-12.23	23 753.28	-33.86
平安养老保险股份有限公司杭州市中心支公司(虚拟)	20 616.76	11.67	10 491.71	3.66
合众人寿保险股份有限公司杭州市中心支公司(虚拟)	4 412.20	30.08	1 243.86	-33.18
华泰人寿保险股份有限公司杭州市中心支公司(虚拟)	9 790.59	-4.20	2 865.20	-53.75
陆家嘴国泰人寿保险有限责任公司杭州市中心支公司(虚拟)	4 106.54	21.46	953.37	32.75
太平养老保险股份有限公司杭州市中心支公司(虚拟)	14 176.99	87.05	1 322.34	250.46
中美联泰保险股份有限公司杭州市中心支公司(虚拟)	42 109.35	37.36	1 971.14	77.54
平安健康保险股份有限公司杭州市中心支公司(虚拟)	2 656.73	132.52	500.85	-9.76
人保健康保险股份有限公司杭州市中心支公司(虚拟)	39 244.73	141.68	2 658.56	-57.41
华夏人寿保险股份有限公司杭州市中心支公司(虚拟)	79 001.56	1 020.99	2 200.78	664.25
中银三星人寿保险有限公司杭州市中心支公司(虚拟)	18 618.09	—	—	—
君康人寿保险股份有限公司杭州市中心支公司(虚拟)	12 634.62	6.90	10.52	-73.97
信泰人寿保险股份有限公司杭州市中心支公司(虚拟)	14 484.05	30.53	1 754.60	-56.88
农银人寿保险股份有限公司杭州市中心支公司(虚拟)	17 935.09	-11.34	1 452.36	-17.56
昆仑健康保险股份有限公司杭州市中心支公司(虚拟)	2 057.43	143.23	77.91	322.35
和谐健康保险股份有限公司杭州市中心支公司(虚拟)	538 301.91	263.35	150.58	728.38
人民人寿保险股份有限公司杭州市中心支公司(虚拟)	125 864.38	52.37	36 563.37	-7.40
国华人寿保险股份有限公司杭州市中心支公司(虚拟)	45 574.63	234.98	3 487.66	136.61
英大人寿保险股份有限公司杭州市中心支公司(虚拟)	6 205.82	14.33	2 182.47	-26.02
泰康养老保险股份有限公司杭州市中心支公司(虚拟)	10 393.36	95.01	1 722.90	263.12
幸福人寿保险股份有限公司杭州市中心支公司(虚拟)	23 502.54	35.12	4 535.00	-34.90
阳光人寿保险股份有限公司杭州市中心支公司(虚拟)	125 967.44	57.06	12 148.82	-44.97
君龙人寿保险股份有限公司杭州市中心支公司(虚拟)	5 743.00	-9.27	478.13	41.69
百年人寿保险股份有限公司杭州市中心支公司(虚拟)	8 854.16	209.31	474.78	298.77
中邮人寿保险股份有限公司杭州市中心支公司(虚拟)	277 771.42	5.18	39 518.98	5 562.41
安邦人寿保险股份有限公司杭州市中心支公司(虚拟)	81 462.07	117.69	95.23	3.67
中韩人寿保险股份有限公司杭州市中心支公司(虚拟)	12 191.19	20.61	184.99	151.63

说明:“虚拟”指没有在杭州地区设分公司或者中心支公司,但业务收入发生在杭州地区的保险机构

亿元，比上年增长59.1%。其中，寿险保费收入230.0亿元，增长42.7%；意外险保费收入9.4亿元，增长19.1%；健康险保费收入96.4亿元，增长128.9%。

【人身险险种结构优化】 2016年，杭州市人身险公司业务结构持续优化。普通寿险产品保费占比显著提高，普通寿险保费收入127.9亿元，比上年增长86.1%，险种占比55.6%，提高13.0个百分点。

【财产险公司实现利润14.6亿元】 2016年，杭州市财产险公司实现利润14.58亿元，比上年增加6.14亿元；实现承保利润13.8亿元，增加5.8亿元。从指标来看，综合成本率、综合赔付率、综合费用率分别为91.4%、60.9%和30.5%，分别下降2.8个百分点、2.2个百分点和0.6个百分点；手续费用率9.3%，提高2.0个百分点。

【人身险公司退保风险可控】 2016年，杭州市人身险公司发生退保49.0亿元，比上年下降6.6%；退保率4.6%，处于安全区间，低于全国1.0个百分点，降低1.7个百分点。但仍有部分公司退保率高于警戒线。

【"保险+"行动计划实施】 2016年，杭州市保险业推动"保险+民生建设"发挥保障器作用。做好保险扶贫工作，加大惠农力度。推进大病保险工作，提高大病保险的统筹层次，鼓励保险公司通过一站式结算等方式改进服务质量，推动出台个人医保账户余额购买商业健康保险政策。发展老有所养的保险项目。在全国首创养老服务机构综合保险，为社区居家养老机构提供全面的风险管理服务。

推动"保险+转型升级"发挥助推器作用。发挥保险融资增信作用，助推"大众创业"。推进小额贷款保证保险，鼓励小微企业用好出口信用保险工具，发挥保险化解科技创新风险的作用，支持"万众创新"。

2016年12月8日，浙江省法律援助中心保险业法律援助工作总站在杭州成立
（浙江保监局 供稿）

推动"保险+社会治理"发挥稳定器作用。发挥各类责任险在公众安全领域的保障作用，辅助政府开展公共管理。推动火灾公众责任险、安全生产责任险实现立法突破。启动电梯安全责任保险工作，通过地方立法等形式，落实财政补助，推动项目实施。

【保险改革平稳推进】 2016年，杭州市编制辖区保险业"十三五"规划，描绘未来5年辖区保险业的发展蓝图，量化发展目标，设计实现路径，明确主要任务，提出以"保险姓保"为主旨，以"保险+"行动计划为抓手，打造杭州政保合作金名片，在建设现代保险服务业中走在全国前列。按照保监会的部署，精心设计方案，开展多轮培训，逐一开展验收，强化日常监测，稳步推进商业车险费率改革。

【保险行业风险防范】 2016年，杭州市保险业坚持"四项原则"提高监管效能。坚持问题导向原则，瞄准互联网保险、满期给付等风险突出领域，制定专项方案，全面进行整治。坚持以防为主原则，强化非现场数据监测，定期进行风险排查，建立经营异动公司窗口指导和谈话质询机制，全年约谈异动公司20多个次。坚持底线思维原则，划出不得销售非保险金融产品等监管红线，建立重大案件领导挂牌督办机制，牢牢守住不发生系统性风险的底线，全年未发生一起影响稳定的行业性风险事件。坚持协作监管原则，对内加强各处室协调配合，对外加强与人民银行、公安、司法等部门的协作，形成监管合力。

【保险消费者权益保护】 2016年，杭州市保险业联合省高级人民法院深化余杭区保险调解参与交通事故纠纷处理试点，开发以调解前置、一键理赔等功能模块为基础的网上一体化处理平台，提高纠纷的处置效率，降低行业的理赔成本。年内，这一模式在下城、西湖、滨江、临安四区（市）开展扩面试点。加强信访工作人员培训，落实公司信访主体责任，逐件核查转办信访办理结果，建立信访增量较快保险公司约谈机制。开展"诚信保险、自主消费""健康城市、保险生活"等系列公益宣传活动，开辟"保险小百科"电台宣传栏目，普及保险知识，引导公众树立正确的保险消费理念。（浙江保监局）

责任编辑 袁啸马

财 政

【财政概况】2016年，杭州市实现地区生产总值(GDP)11313.72亿元，比上年(指2015年，下同)增长9.6%。其中：第一产业增加值304.21亿元，增长1.8%；第二产业增加值4120.93亿元，增长4.5%；第三产业增加值6888.59亿元，增长13.5%。三次产业结构比为2.8∶36.0∶61.2。全市按常住人口计算的人均GDP为124286元，增长7.8%。全社会固定资产投资5842.42亿元，增长5.1%。社会消费品零售总额5176.20亿元，增长10.5%。外贸进出口总额4485.97亿元，增长8.7%。全市居民人均可支配收入46116元，增长8.1%，扣除价格因素，实际增长5.4%，其中城镇常住居民人均可支配收入52185元，增长8.0%，农村常住居民人均可支配收入27908元，增长8.5%，扣除价格因素，实际分别增长5.3%和5.8%。

全市财政总收入2558.41亿元，增长14.0%。其中，全市一般公共预算收入1402.38亿元，增长13.2%，占财政总收入比重为54.8%(一般公共预算收入中税收1289.22亿元，占比91.9%)。全市一般公共预算支出1404.31亿元，增长16.4%。

市区(不含桐庐县、淳安县、建德市、临安市，下同)财政总收入2384.42亿元，增长14.7%。其中，市区一般公共预算收入1298.81亿元，增长13.8%。市区一般公共预算支出1201.94亿元，增长17.3%。

市本级财政总收入410.02亿元，增长2.3%。其中，市本级一般公共预算收入165.59亿元，增长1.8%。市本级一般公共预算支出313.42亿元(含地方债券支出26.00亿元)，增长7.0%。

全市各级财政收支平衡，预算执行情况良好。

2016年8月30日，市委常委、常务副市长马晓晖(前右三)视察指导G20协调人和财金副手联席会议筹备情况 (刘 淮 供稿)

【财政收入平稳】2016年，杭州市积极应对“营改增”全面推行后收入形势的变化，建立财政收入联席会议工作制度，协调市国税局、市地税局、中国人民银行杭州中心支行及各区县(市)相关部门，定期召开会议分析财税形势、预判发展趋势，确保全年财政收入平稳、可持续增长。

年内，杭州市“金税三期”个人所得税扣缴系统上线并平稳运行。运用“互联网+”信息技术，全面实施大数据税收管理，累计开展风险推送5次，疑似问题企业9860个，查补入库税收10.22亿元，比上年增长15.6%。加强股权转让个人所得税管理，入库股权转让个人所得税27.75亿元。加强土地增值税清算管理，建立项目化风险管理系统方案，全年安排清算项目98个，全市土地增值税入库85.17亿元，增长54.5%。暂停征收地方水利建设基金，继续取消、停征和归并一批政府性基金、行政事业性收费，实施在杭企业临时性降低部分险种社会保险费等措施，全年减轻企业税费负担300多亿元。市本级全年完成非税收入及其他资金680.48亿元，其中国有土地使用权出让金收入626.10亿元。

【财政科技资金管理与投入】2016年，杭州市完善财政科技资金管理，创新资金投入方式，发挥政府引导作用，推进杭州国家自主创新示范区建设。完善主体培育、品牌培育、园区建设等扶持政策，推进中国(杭州)跨境电子商务综合试验区建设。制定出台专项资金、服务券、活动券等管理办法，推进小微企业创业创新基地城市示范工作。争取各级资金支持，助推高水平规划建设城西科创大走廊、城东智造大走廊、钱塘江金融港湾。落实省、市两级特色小镇创建扶持以及众创空间奖励政策，鼓励、引导社会力量参与创新载体建设。安排专项资金10亿元，推动信息经济加快发展，支持新兴产业项目230个和纺织服装、食品饮料等传统产业升级项目900个，淘汰落后产能企业230个，整治和淘汰“低小散”问题突出企业(作坊)874个。建立高新技术产业地方税收增量返还奖励政策，鼓励各区加快发展高新技术产业。新设10亿元规模工业投资基金，加快创业投资引导基金、天使基金等政府产业基金投资进度，市财政累计出资32.44亿元，合作设立各类子基金公司72个，累计撬动社会资本投入260亿元。

2016年杭州市区公共财政收支情况

表51

收入项目	2015年（万元）	2016年（万元）	为上年（%）
地方公共财政收入合计	11 360 166	12 988 095	114.3
一、税收收入	10 397 084	11 971 782	115.1
增值税(25%)	2 111 787	3 486 980	165.1
营业税	2 860 392	1 856 681	64.9
企业所得税(40%)	1 806 722	2 084 202	115.4
个人所得税(40%)	868 108	1 097 107	126.4
城市维护建设税	740 857	832 986	112.4
耕地占用税	54 272	29 747	54.8
契税	703 962	1 001 049	142.2
房产税	363 773	409 180	112.5
其他地方各税	887 211	1 173 850	132.3
二、非税收入	963 082	1 016 313	105.5
教育费附加	276 316	308 412	111.6
排污费	12 177	8 950	73.5
行政事业性收费	6 988	5 810	83.1
罚没款	128 888	135 851	105.4
国有计划亏损补贴	−188 284	−237 900	126.4
其他	726 997	795 190	109.4
公共财政支出合计	10 234 864	12 019 355	117.4
一、一般公共服务	855 121	954 778	111.7
二、国防	7 458	7 760	104.0
三、公共安全	628 286	825 028	131.3
四、教育	1 854 997	2 126 150	114.6
五、科学技术	635 515	674 862	106.2
六、文化体育与传媒	415 629	243 583	58.6
七、社会保障和就业	1 106 868	1 250 880	113.0
八、医疗卫生	602 695	790 805	131.2
九、节能环保	349 951	341 035	97.5
十、城乡社区事务	1 464 782	2 210 800	150.9
十一、农林水事务	629 529	631 235	100.3
十二、交通运输	271 235	349 852	129.0
十三、资源勘探电力信息等事务	572 841	476 779	83.2
十四、商业服务业等事务	296 142	274 004	92.5
十五、金融监管等事务	7 569	14 682	194.0
十六、援助其他地区	51 769	54 015	104.3
十七、国土资源气象等事务	33 500	41 756	124.6
十八、住房保障	67 054	170 061	253.6
十九、粮油物资储备事务	11 454	17 056	148.9
二十、其他	348 224	404 144	116.1
二十一、债务付息	20 532	157 837	768.7
二十二、债务发行费用	3 713	2 253	60.7

【财政支出结构优化】2016年，杭州市加大民生投入。全市民生支出1084.37亿元，比上年增长17.4%，民生支出占全市公共财政支出的75%，重点保障公共安全、教育科技、文化体育、社保就业、医疗卫生、城乡社区、节能环保、农林水等。重视市政府为民办实事项目，全年在水环境治理、雾霾治理、交通改善、食品安全等10件实事方面投入20.34亿元。增加扶贫投入，全年用于支持农村集体经济薄弱村、低收入农户脱贫、移民下山、联乡结村等项目投入1.5亿元。支持住房保障建设，全年在廉租房、公租房和城镇危旧房改造方面投入1.37亿元，推进公租房保障向货币补贴为主转变。支持快速路网建设，市区快速通道基本建立。支持轨道交通建设，地铁线网日渐完善。推动城市公共交通优先发展，大数据治堵初见成效。支持新能源汽车推广，用于更换新能源汽车投入12.81亿元。出台新能源汽车地方配套补助办法，全市新增新能源汽车1.18万辆，主城区所有公交车辆更新为节能、新能源车，新能源汽车推广应用走在全国前列。支持农村建设和发展，在农村建设方面投入15.78亿元。改进涉农资

金支出办法，扩大因素法分配范围，完善竞争性分配方式，推进专项资金整合，完善财政支农惠农长效机制。按照全市户籍制度改革统一部署，开展配套政策梳理和财政增支测算，确保新老政策平稳过渡和有效衔接。

【G20杭州峰会项目资金统筹】2016年，杭州市建立峰会资金统筹机制。建立跨年度、跨部门资金"大统筹"机制，通过预算安排、上级补助、政府债券、政策性融资、企业捐赠、以奖代补等方式，重点保障杭州国际博览中心、道路交通、环境改善等重点项目建设，以及安全保卫、新闻宣传、文艺活动、医疗服务等保障工作。筹措落实各类资金，重点用于六大类605个城市环境整治提升项目，完成重要场馆改造提升，完成机场高速路、东湖快速路、石祥路、紫金港路、紫之隧道等快速路网建设或提升改造，33个入城口完成整体绿化改造，以西湖、大运河、钱塘江为核心的城市夜景体系亮相杭城，地铁、停车场库建设有序推进，城市面貌全方位提升。成立G20杭州峰会财金渠道副手磋商服务保障指挥部。制定出台峰会项目政府采购、峰会专项资金管理、峰会期间主要公务支出开支等制度办法，完善政府采购流程，规范峰会资金使用，加强峰会相关资产管理，确保峰会项目资金运行安全。

【财政管理体制机制改革】2016年，杭州市加强对结转结余资金的清理盘活和使用，全年盘活存量资金31亿元。深化竞争性存放，市本级有400亿元财政性资金实行竞争性存放，资金综合收益8.50亿元；完成市本级145个单位230个账户招标工作，涉及资金333.49亿元，招标率100%。推行项目库管理机制，完善专项资金管理清单，初步建立"未经评审不纳入项目库、未纳入项目库不安排预算"的项目库管理新机制，对项目支出实行分类滚动管理，推动专项资金监管系统全覆盖。加大政府和部门预决算按功能及经济科目公开力度，细化财政转移支付和政府债务公开内容，推进部门机关运行经费、政府采购、绩效预算和国有资产公开，提升财政管理透明度。除涉密部门外，市本级部门预决算公开部门数增至95个。杭州市在全国295个地级及以上市政府财政透明度排行榜上名列第六位。加快PPP支持基金的设立和运作，首期设立100亿元规模的PPP支持基金。争取地方政府债券、国开行棚改贷款授信和国开发展基金等各类中长期低息资金。落实国家对地方政府债务实行限额和预算管理各项规定，完善政府债务管理制度，建立健全新增债券安排与风险程度挂钩机制，加大置换债券置换力度，防范债务风险。

【财政监管加强】2016年，杭州市加快财政支出执行进度。严格执行人大批准的预算，及时批复下达。推进政府投资类专项资金实行国库集中支付，全面开展财政资金安全检查。建立健全加快财政预算支出进度的约束机制，提高预算执行率，全市一般公共预算支出进度位居全省前列。推进"互联网+政府采购"。改进网上商城交易规则，优化电子批量集中采购方式，网上大卖场全年吸纳电商30个、本地线下供应商84个，实现采购全流程信息共享，杭州市连续5年获"中国政府采购年度创新奖"。严格控制行政运行经费支出。健全差旅费、公务用车等公务支出标准制度体系，从严控制"三公"经费等一般性支出，全年财政拨款"三公"经费6.24亿元，比上年减少4.1%。其中，市本级财政拨款"三公"经费1.59亿元，减少2.5%。实施预算编制质量、绩效目标、重点民生政策和重大财政专项的重点评审，市本级全年实施绩效目标评审、绩效自评、重点评价项目102个，涉及财政资金60亿元。

（刘　淮）

国家税务

【国家税务概况】2016年，市国税局全年组织税收1422.05亿元，比上年增长16.8%，占全省（不含宁波）比重为37.5%，提高0.29个百分点，高于全省平均增幅0.9个百分点，税收总量居全国省会城市第二位、副省级城市第三位。组织一般公共预算收入（不含财政返还）503.78亿元，增长41.1%，所占比重为35.9%，提高5.12个百分点。

从税种结构看，全市增值税入库789.86亿元，增长25.7%；消费税入库197.16亿元，增长5.4%；企业所得税入库399.01亿元，增长9.5%；车辆购置税入库36.03亿元，下降5.7%。

从产业结构看，全市第三产业税收入库725.61亿元，增长32.7%；以软件信息、电子商务、物联网和电子通信设备为主体的信息经济产业入库225.55亿元，增长14.8%；以汽车制造、通用设备、专用设备、生物医药等为代表的高端制造业入库税收210.82亿元，增长12.2%。

全市各级国税部门全年办理出口退（免）税291.59亿元，办理各类税

2016年5月18日，市国税局举办金融行业"营改增"税企座谈会

（金岱楠　供稿）

收减免459.6亿元。包括出口退(免)税在内,全市落实各类税收优惠751.19亿元,增长13.3%,占国税税收总额的52.8%。

【"营改增"试点范围扩大】 2016年5月1日起,建筑业、房地产业、金融业和生活服务业四大行业全面实施"营改增"试点。至年末,全市新增四大行业试点纳税人20.11万个,其中一般纳税人1.85万个、小规模纳税人18.25万个。全市新增行业"营改增"入库148.02亿元,其中上述四大行业入库129.16亿元,占新增行业税收总量的87.3%。房地产业税收比重最高,入库71.36亿元,占四大行业总量的55.3%;建筑业税收入库32.57亿元,占四大行业总量的25.2%;金融业、生活服务业分别入库14.51亿元和10.72亿元,分别占四大行业总量的11.2%和8.3%。

【税收征管体制改革】 2016年,杭州市成立推进国税、地税征管体制改革工作领导小组,制发配套文件,采取项目化、清单式管理模式,列出8项重点改革项目和20项其他改革项目清单,提出62项具体改革措施。年内,国税、地税部门联合印发《杭州市国地税合作工作规范(3.0版)》等配套文件,明确55项合作事项,建立国税、地税联席会议制度,切实解决国税、地税合作中的堵点、难点问题。强化工作督查督办,对合作事项全程督导、跟踪督导,及时掌握进展情况,发现和解决存在问题和不足。针对全面推开"营改增"试点和"金税三期"个人所得税扣缴系统上线工作中面临的问题和挑战,通过开展联合办税、共建服务网点等,实现重点改革和合作事项的全面推进。富阳区国税局入选全国百家县级国地税合作示范区。

【依法治税全面推进】 2016年,杭州市全面实行简政放权,深化行政审批制度改革。市国税局实行"三张清单一张图"的动态调整工作,不另设事项,不以事前备案、核准性备案等名义对已经取消或者下放的事项"明放暗不放"。强化税务人员对行政审批工作的理解和把握,开设行政审批专窗、公布审批目录、做好审批解答、提供办税服务指南等,营造税务机关大力取消审批事项、规范行政许可、简便纳税人、释放改革红利的良好氛围。落实行政审批"回头看"督查工作,对各类督查发现的问题及时整改。推进公职律师队伍建设,新增公职律师11人。在全市国税系统内开展法治税务示范基地建设,构建示范引领、以点带面、整体推进的税收法治建设新格局。2个基层单位入选省级法治税务示范单位,其中建德市国税局代表浙江省参加第一批全国法治税务示范基地评选。

2016年7月27日,杭州市国税系统举行"十佳党支部""十佳党支部书记""十佳党员"表彰会 (金岱楠 供稿)

【纳税服务深化拓展】 2016年,杭州市深入开展"便民办税春风行动"。立足杭州实际,解决办税"痛点""难点"问题,提高服务效率,减少征纳矛盾,减轻纳税人以及基层干部双方面压力,拓展各类便民服务项目。全市16个区县(市)、开发区、风景名胜区、产业集聚区的国税局和地税局采取共建大厅、共同进驻政府服务中心、合署办公、互设窗口等方式实行联合办税服务,纳税人"进一家门、办两家事"。联合建成498个税收征管服务网格点,有效缓解办税服务厅的压力,为小规模纳税人提供精准有效的管理,并在2016年全国税务系统满意度测评中获省会城市第一名。

年内,市国税局深化拓展"银税互动"、助力企业发展活动。联合市地税局与江苏银行杭州分行、交通银行浙江省分行、杭州联合农村商业银行股份有限公司、宁波银行杭州分行签订"税银互动"合作协议,单独与杭州银行杭州分行、建设银行浙江省分行签订合作协议。通过各种途径向纳税人宣传银税合作,"银税互动"累计签约纳税人1584个。

【税收征管与风险管理】 2016年,杭州市加强市、区县(市)两级联动,持续推进数据清理工作,分三批次清理数据41.13万条。组织培训42期、1650人次。做好人海压力测试、数据补录、业务大演练、清理造册、预约办税等工作,确保业务平稳衔接过渡。开展"税源管理强化年"活动。调整管理职责,优化资源配置,推进税源管理方式转变,加快实现"管事制"。开展全市性的行业类风险分析应对工作,对任务执行情况进行评价。借助重点税源管理系统和中小企业预警系统,开展风险管理,对风险推送任务进行统筹管理。

(金岱楠)

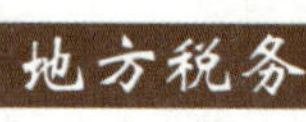

地方税务

【地方税务概况】 2016年,杭州市地税部门组织各项收入1798.9亿元,比上年增长11.6%。税收1041.6亿元,增长10.1%。其中:营业税214.6亿元,增长48.6%;企业所得税158.5亿元，增长27.8%；个人所得税288.8亿元，增长25.4%；其他各税301.4亿元，增长6.3%。其他收入665.7亿元，增长15.4%。其中，社会保险基金收入570亿元，增长16.3%。

市区（与财政的“市区”有区别，不含萧山、余杭、富阳三区，下同）地税部门组织各项收入1122.8亿元，增长21.1%。其中：税收641.5亿元，增长29.4%；其他收入481.3亿元（含社会保险基金收入425.1亿元），增长11.5%。

各县市（含萧山、余杭、富阳三区，下同）地税部门组织各项收入676亿元，增长25.5%。其中：税收400.1亿元，增长31.5%；其他收入275.9亿元（含社会保险基金收入240.5亿元），增长17.8%。

2016年5月19日，市国税局、市地税局启动“千名党员服务万企”专项活动
（金岱楠 供稿）

【地税收入呈现新特点】2016年，杭州市地方税务收入有以下特点：一是税收占位和支撑作用持续增强。税收总量1041.6亿元，首次突破1000亿元，排名全省各地市第一位。实际税收增速在全国副省级城市中名列第一位，高于全省平均增速12.5个百分点；税收总量在全国副省级城市中名列第三位，占全省税收的比重为29.6%，比上年提高3.4个百分点。二是“2+3”主体税种全面快速增长。个人所得税全年入库288.8亿元，增长25.4%，成为“营改增”后第一大主体税种；企业所得税全年入库158.5亿元，增长27.8%。两大税种合计占比54.1%（不含营业税，下同）。契税、土地增值税和城建税合计占比33.8%，分别增长38.7%、54.5%和12.3%。上述五税种全面增长推动全市税收快速稳健增长。三是去库存成就罕见地产牛市。全年全市新建商品房、二手房成交量均为历史最高，土地成交金额也创下历史纪录，是拉动税收稳健增长的最主要因素。四是大额税款持续稳健增长。“阿里系”企业及股东和网易公司、边锋公司、和金实业公司等一次性大额入库个人所得税81.3亿元，增长19.7%。五是跨年缓缴税款大量入库。全市非即期缓缴税款入库52.2亿元，占整体税收的5.0%，增加31亿元，拉动整体税收增长3.3个百分点。

【地税工作有序展开】2016年，杭州市地税部门强化组织收入规划管理，加强对重点行业、企业、税源的调研，重点关注“营改增”进程，制定应急预案。滚动开展“三年税源调查和规划”，强化税收征管的方向，合理编制和分解落实计划任务。支持杭州特色产业发展，精选415个企业，逐个制定培育方案，动态跟踪服务，累计产生地方税收103.27亿元，比上年增长14.3%。强化组织收入集中管理，定期召开全市组织收入联席会议，统筹应对“营改增”后全市各地组织收入中出现的新情况和新问题。把握月度税收入库节奏，保证实现阶段性、结构性收入目标。强化组织收入过程管理，每月编发《组织收入工作参考》，分析研判共性和难点问题。每月编发重点税源监控报表税收报表，分税种分行业分析企业税负、财务指标变动及企业排名变化；每月调查汇总全市阶段性、全年可征税源以及可控规模情况，统筹落实各阶段收入进度和节奏。

【税务政策扶持体系完善】2016年，杭州市地税部门以打造“国家自主创新示范区”和“全国首批小微企业创业创新城市示范”为契机，完善地税政策扶持体系，重点支持众创空间、城西科创大走廊等创业创新平台建设。落实减税降费政策，减轻企业负担。加强资源税改革，测算全市10个不同资源品目资源税费负担情况，调查、测算72个企业近4年税费情况，合计减负约6000万元。严格落实企业所得税、水利建设基金、社会保险费、部分行政事业性收费等税收和非税收入优惠政策。完善和升级“杭州财税直通车”服务品牌，全年组织开展直通车创投服务活动9场次，600多个创业企业和创投机构参与，为各类企业减负约90亿元，减免社保基金23亿元。实施“银税互动”守信激励工程，增加5个金融机构，累计帮助1674个中小微企业获取贷款9.84亿元，解决纳税信用良好的小微企业融资问题。

【“营改增”进展顺利】2016年，杭州市地税部门通过“四个合作、七个到位”，实现22.5万个纳税人户管、发票等信息顺利移交。5月1日起，采取“扩容、提速、疏导、分流”4项举措，确保工作量高负荷运行下“双代”业务的平稳运行。全市代开增值税发票13.71万张，代征增值税7.40亿元。

【地税征收绩效管理】2016年，杭州市地税部门全面深化地税征收绩效管理，把绩效管理作为地税工作的重点和重心，加强指标动态监控，对重点工作、重点指标进行重点督办，地税绩效年度考核列全省第一位。深入实施“国税地税合作”，建立联席会议等工作机制，推动国税、地税服务深度融合，执法适度整合，信息高度聚合。

【“金税三期”个人所得税扣缴系统上线】 2016年10月8日，杭州版“金税三期”个人所得税扣缴系统（个税新客户端）上线运行。年内，杭州市地税部门按照“抓基础、深服务、保稳定”原则，开展6批次387万条数据清理，占全省总清理量的30%，清欠入库资金3308万元。开展为期两个半月的集中全面测试，编写27.7万字的杭州版“金税三期”个人所得税扣缴系统操作手册，统一培训税务干部715名，举办纳税人培训班196场，培训纳税人近6万人，发放宣传资料13万份。

2016年5月1日，浙江省省长李强（中）到市地税局西湖分局调研“营改增”情况 （刘 淮 供稿）

【地税稽查与征管】 2016年，杭州市地税部门加强稽查与征管的配合，创新采取责成自查、行业检查、重点稽查和专案稽查相结合的方式，加大对涉税违法案件，尤其是大要案的稽查力度，推动行业税收日常征管。全年稽查与征管纳税人1597个，累计查补6.08亿元、入库5.76亿元。其中，查处大要案61起，查补金额2.04亿元，选案准确率91.5%，案件查结率105%，查补入库率94.8%，案件复查率16%。

【税收法治建设】 2016年，杭州市地税部门全面开展规范性文件清理，确定继续有效规范性文件10件，废止和失效24件，部分废止失效1件。建立税收制度建设基层联系点、行政执法公示、特邀行政执法监督员三项依法治税配套制度。专业应对行政复议诉讼，处理复议诉讼案件34件。其中，参与指导基层复议诉讼案件6件，复议维持率、诉讼胜诉率均为100%。通过政府购买服务聘请法律顾问团队，出台法律顾问工作规则，提供各类日常法律保障80多件（次），召开专题论证会26次，有效解决全过程法律实际问题，助推法治税务建设。出台贯彻落实裁量权基准文件，统一国税、地税行政处罚裁量规则和基准。探索引入日常化执法督察理念和实践应用，调研式执法督察30多个行政事业单位个人所得税申报扣缴执行情况，案头执法督察依申请信息公开案件20件、基层处罚案件40件，对税务稽查开展案中案头和实地相结合的执法督察。

【纳税服务质量提升】 2016年，杭州市地税部门开展专项服务，为54个企业解决资产重组、改组改制过程中存在的所得税重大政策问题。阿里巴巴集团政策服务小组主动上门服务3次，帮助“阿里系”企业解决非上市公司股权激励等重大税收政策疑难问题。全面推行服务清单模式，推出30项地税清单服务。开展“四张清单一张网”清理，全面取消各类税费减免审批事项。实施税务登记制度改革，全年6个主城区完成“五证合一”“一照一码”企业税务登记11.24万个。10月8日起，实施商品房契税同城通办，增设商品房契税窗口14个。建立信息点对点精准推送制度，开展税费优惠政策主动推送服务。年内，全市地税办税服务厅累计为纳税人办理涉税业务76万笔，地税干部累计面对面服务纳税人2.72万个，“12366”中心通过咨询电话为纳税人服务220万人次。全市16个纳税人实体学堂组织培训辅导418次，培训辅导纳税人7.52万人次。完善网上办税服务厅、移动办税服务平台、24小时自助办税机等现代化办税设施，设立24小时自助办税设施20个，为纳税人提供自助服务6.40万人次，纳税人办理等待时间由12分钟缩短为5分钟。

【纳税人满意度调查】 2016年，杭州市地税部门建立问题导向、持续整改、创新创优“三大机制”，多次召开全市专题工作部署会、工作推进会，开展纳税人满意度调查。汇编《纳税人满意度调查指标讲解内容》、阶段性工作提醒、系列操作指南，指导各基层单位开展迎检准备工作。全年督导所有基层单位，走访部分重点税源企业。各基层单位走访企业2.64万个，电话沟通3.53万次，培训辅导2.09万人次，发送短信25.04万条，确保重点样本全覆盖。纳税人满意度调查蝉联全国地税系统副省级城市第一名。 （刘 淮）

责任编辑 袁啸马

综合经济管理

【综合经济管理概况】 2016年，杭州市实现地区生产总值11313.72亿元，比上年(指2015年，下同)增长9.6%。其中，第一产业、第二产业和第三产业增加值分别增长1.8%、4.5%和13.5%。经济结构继续优化，三次产业比例调整为2.7∶36.4∶60.9。全市完成固定资产投资5842.42亿元，增长5.1%。其中：基础设施投资1630.53亿元，增长20.3%；工业投资883.95亿元，下降5.0%。

信息经济产业增加值2688.0亿元，增长22.8%，占全市生产总值的24.3%。电子商务、移动互联网、数字内容、软件与信息服务、云计算与大数据等产业增加值分别增长45.2%、45.1%、35.0%、28.8%和28.2%。

【重点项目建设】 2016年，杭州市重点建设项目556个，其中实施类项目451个、预备类项目105个。全年市重点项目完成投资1697亿元。杭州国际博览中心、杭州萧山国际机场公路改建、紫之隧道(紫金港路—之江路)、东湖快速路(德胜路立交南—外翁线)、聚光科技物联网产业化基地、蒋村普通高级中学、杭州市第七人民医院医疗综合楼、七格污水处理厂三期提标改造等87个重点项目建成并投入使用。城际铁路富阳线和临安线、临金高速公路建德至金华段、千黄高速公路淳安段、京杭运河浙江段三级航道整治工程杭州段、七格污水处理厂四期工程、辉瑞全球生物技术中心、格力电器智能产业园、杭州第二中学萧山分校、市老年病医院扩建等98个重点项目开工建设。

【服务业增加值6768.26亿元】 2016年，杭州市实现服务业增加值6768.26亿元，比上年增长13.0%，占全市生产总值的61.2%。服务业中重点产业保持增长，文化创意、旅游休闲、金融服务和电子商务产业增加值分别占全市生产总值的23.0%、7.3%、8.9%和9.3%。服务业招商引资成效明显，实际到位内资1144.32亿元，增长13.5%；实际利用外资56.55亿美元，增长8.7%。服务业税收收入917.2亿元，增长15.7%，占地方税收收入的71.1%。全年服务业新登记企业7.58万户，增长33.4%。

【特色小镇建设】 2016年5月26日，上城玉皇山南基金小镇、西湖云栖小镇、余杭梦想小镇被确定为省级示范特色小镇，全省共10个。全年杭州市44个省、市特色小镇创建及培育对象完成固定资产投资500亿元，其中特色产业投资300亿元、非国有资产投资近300亿元。形成信息经济、高端装备制造、金融、健康、时尚等产业集群，新引进企业8600多个，实现工业主营业务收入1400亿元、服务业营业收入1300亿元，税收172亿元。44个特色小镇建成创业创新基地80多个、众创空间50多个，用于创新孵化的建筑面积100万平方米。至年末，特色小镇累计引进国家千人计划50多人、省千人计划70多人，国家级大师10多人、省级大师10多人，新增创业人员6500多人。10月13日，中央财经领导小组办公室、国家发改委、住房和城乡建设部联合主办的全国特色小镇现场推进会在杭州召开，并公布第一批中国特色小镇名单，杭州市桐庐县分水镇入选。

【高新技术产业增加值1372.92亿元】 2016年，杭州市实现高新技术产业增加值1372.92亿元，比上年增长12.5%。全市发明专利授权量8647件，增长4.23%。规模以上工业新产品产值4755.78亿元，增长7.7%。全年研究与试验发展经费支出占全市地区生产总值的3.1%。组织申报各类高技术领域重大专项91个，总投资261.4亿元，获批中央资金2340万元，签约落实中央建设基金3.7亿元。

【综合配套改革】 2016年，杭州市出台《关于降成本、减负担、去产能 全面推进实体经济健康发展的若干意见》。至年末，淘汰落后和过剩产能企业213个(项)，整治“低小散”企业874个，为企业减负300亿元以上。5月18日，在杭州“五证合一”试点改革满一周年之际，国务院向全国推广“五证合一、一照一码”企业登记制度改革经验，降低创业准入的制度性成本。杭州市制定跨境电子商务B2B认定标准和申报流程，并发布跨境电子商务指数和白皮书。2月，杭州被列入首批国家服务贸易创新发展试点地区。杭州市出台《杭州市投资项目审批“综合进件”窗口改革试行方案》和《推广设立综合进件窗口优化政务服务试点实施方案》，基本实现市、区两级同一事项同一标准。加大投资融资体制改革力度，设立PPP支持基金，14个PPP项目完成签约，总投资195亿元，引入社会资本122亿元。户籍制度改革加快，建立一元化户籍登记制度，出台就业、住房、医疗等5项公共服务配套政策。10月9日，杭州市发布《杭州市网络预约出租汽车经营服务管理暂行办法实施细则（试行）》，从11月1日起试行，为期一年。

【社会民生保障完善】2016年，杭州市一般公共预算民生支出1084.40亿元，占一般公共预算支出的77.2%。全市新增各类福利院、敬老院25所，新增城乡社区居家养老服务照料中心641个。至年末，基本养老保险、基本医疗保险、工伤保险、生育保险、失业保险参保人数分别新增2.84万人、26.82万人、10.24万人、22.68万人和24.74万人，城乡基本医疗保险参保率99.1%。省义务教育标准化学校覆盖率93%以上，主城区（指上城区、下城区、江干区、拱墅区、西湖区、滨江区）名校集团化覆盖率81%。杭州市出台《关于支持大众创业促进就业的意见》，并于2月1日起开始实施。全年新增城镇就业人员27.13万人，城镇登记失业率1.72%。城镇居民年人均可支配收入52185元，增长8.0%；农村居民年人均可支配收入27908元，增长8.5%。全市保障性安居工程项目开工7.61万套，竣工5.87万套，推出公共租赁住房配租房源7492套，新增货币补贴保障家庭1169户。市区城乡居民最低生活保障标准调整为819元。杭州市居民消费价格指数上升2.6%。

【区域统筹发展】2016年，杭州市城市化率76.2%。1月11日，国务院正式批复同意《杭州市城市总体规划（2001～2020年）（2016年修订）》。城中村改造和小城镇综合整治加快，23个村全面完成改造任务。区县（市）协作、联乡结村累计实施协作项目1322个、到位资金20.88亿元。新增省级小城市试点3个。实施中心镇重大项目325个，完成投资481亿元。新增转型升级示范镇12个。加快萧山区、余杭区、富阳区与主城区一体化融合。

【园区循环化改造试点】2016年8月，杭州市制定并印发《杭州市2016年度园区循环化改造实施计划的通知》。6月，杭州大江东产业集聚区入选国家循环化改造重点支持园区，获中央预算内资助资金1.1亿元。大江东产业集聚区在一定的重点项目范围内，统筹使用中央财政补助资金，专项用于园区循环化改造。补助资金比例不高于项目总投资的15%，单个项目补助额度不超过2000万元。大江东产业集聚区上报的重点项目名单经过中央部委的审合和筛选后，共有24个项目入围，包括产业发展方面的19个“关键补链项目”和5个“公共服务设施建设项目”。9月，余杭经济技术开发区（钱江经济开发区）入选第四批省级循环化改造试点园区，获省级财政资助资金2060万元。

【低碳试点城市建设】2016年，杭州市实现市、县两级温室气体清单常态化，完成2015年市、县两级温室气体清单报告编制。开展372个重点企（事）业单位温室气体排放报告编制和核查工作。通过国家低碳试点城市总结评估和省“十二五”碳强度降低目标责任考核评估。6月，萧山区衙前镇、富阳区银湖智慧低碳产业园区成为省级低碳乡镇和低碳园区试点。半山钢铁基地、萧山发电厂、杭州半山发电厂燃煤机组关停，减少挥发性有机物4357吨。淘汰老车、旧车3.84万辆，累计推广新能源车3.5万辆。

【“信用杭州”建设】2016年8月28日，杭州市出台《杭州市公共信用信息管理办法》，并于10月1日起施行。11月，杭州市出台《关于对严重交通违章当事人实施失信联合惩戒的合作备忘录》。修订《杭州市信用红黑名单发布制度》，开展信用修复机制研究。信用工作成员单位增加到58个。杭州市公共信用信息平台归集和共享51个市级行政机关和事业单位的299类、2488条信用信息，形成1200多万份自然人信用记录和100多万份法人信用记录。推进“市民诚信卡”建设，在10个杭州市属医院全面推出智慧医疗信用支付服务。市发改委（信用办）加强与阿里巴巴芝麻信用管理公司合作，发布“城市信用记录”，推出“免押金信用借还”“免押金信用住”等信用产品，“信用+城市”应用的杭州模式基本形成。杭州在国家发改委对全国39个省会以上城市信用状况监测中列第三位。（郭玉虎）

【重大规划和重大课题研究】2016年，杭州市发展规划和体制改革研究院（杭州市投资项目评审中心）完成《杭州市体育发展“十三五”规划》《杭州市邮政业发展“十三五”规划》《杭州市价格管理和改革“十三五”规划》3个专项规划的编制。配合市政府研究室、市发改委完成市委十一届十一次全会文件《关于抓机遇补短板求突破全面提升城市国际化水平的若干意见》的起草。完成《杭州市城市国际化促进条例（草案）》的起草，课题成果报送市有关主管部门。为加快推进地铁建设、引入社会资本合作，市发展规划和体制改革研究院派人员参加市发改委调研组，到武汉、成都、重庆和南京调研地铁招商建设情况，学习借鉴其他城市地铁建设合作模式，并形成研究报告《关于进一步加快城市轨道交通建设的若干意见》。

在城市国际化领域，市发展规划和体制改革研究院开展“加快我市城市轨道交通建设对策建议”“杭州市打造国际赛事之城的对策建议”“分享经济时代的杭州对策”“杭州市跨境电商物流发展思路研究”“吸引外籍人才来杭的对策研究”等5个自主研究课题。至年末，5个课题全部结题，并推进成果应用。

【重大项目概算审查】2016年，市发展规划和体制改革研究院完成杭州第二中学萧山分校、杭州师范大学仓前校区二期D1区块建设工程、杭州市长河高级中学教学综合楼和体艺活动中心、市检察院及其他用房异地迁建工程等26个政府投资项目的概算审查，送审的概算投资额77.63亿元，核减4.25亿元，核减率5.5%。服务G20杭州峰会，完成《杭州九峰垃圾焚烧发电项目进场专用道路工程概算审查报告》。做好杭州市公安局警犬基地改扩建工程、杭州国际博览中心概算调整项目以及武警杭州市支队新建附属用房工程等项目的概预算审查。　　（曹玉进）

国有资产监督管理

【国有资产监督管理概况】杭州市人民政府国有资产监督管理委员会直接监管企业15个，分别为：杭州市实业投资集团有限公司、杭州市商贸旅游集团有限公司、杭州市城市建设投资集团有限公司、杭州市交通投资集团有限公司、杭州汽轮动力集团有限公司、杭州制氧机集团有限公司、西湖电子集团有限公司、杭州华东医药集团有限公司、杭州市金融投资集团有限公司、杭州市地铁集团有限公司、杭州市运河综合保护开发建设集团有限责任公司、杭州市钱江新城投资集团有限公司、杭州市千岛湖原水股份有限公司、杭州种业集团有限公司和杭州银行股份有限公司。

2016年，杭州市市属企业实现营业收入2214.68亿元，比上年增长26.0%；利润总额122.94亿元，增长13.5%；国有净利润56.39亿元，增长37.9%；上缴税费74.70亿元，增长1.3%；国有资产保值增值率113.4%。至年末，市属企业资产总额1.16万亿元，增长23.8%；国有净资产1863.29亿元，增长13.4%；所有者权益2304.90亿元，增长13.5%。杭州汽轮动力集团有限公司、中策橡胶集团有限公司入选中国企业500强名单，杭州汽轮动力集团有限公司、中策橡胶集团有限公司、杭州华东医药集团有限公司、杭州金鱼电器集团有限公司、杭州制氧机集团有限公司和杭叉集团股份有限公司6个企业入选中国制造业500强名单，杭州联华华商集团入选中国服务业500强名单。

【国有资产监管模式优化】2016年，市国资委按照“三个归位”的原则，把依法应由企业自主经营决策的事项归位于一级企业，把延伸到子企业的管理事项归位于一级企业，把配合承担的公共管理职能归位于相关政府部门。简政放权、优化职能，进一步明确监管事项、监管范围和监管措施，梳理形成包含22个审批事项、16个备案事项和18个审核后上报事项的履职清单，并进一步下放审批备案事项。

完善监事会监督机制，增强监事会工作力量。市国资委明确各市属企业下属控股子企业要建立监事会，由母公司外派监事会主席或专职监事。建立向市政府报告监事会年度监督检查情况的制度，监事会年度报告送市政府分管领导并抄送市纪委、市委组织部，促进企业重视问题整改。优化监事会主席管理模式，其身份由公务员变为市管国有企业领导人员，实行企业化管理，薪酬与绩效挂钩。市国资委面向社会公开招聘选任专业人士，专职监事趋向专业化、年轻化和职业化。

强化内审监督，推进内审全覆盖。6月，杭州市实施《开展市属二、三级企业内部审计工作三年计划（2016～2018）》，3年内完成对市属企业所属的二、三级企业内部审计全覆盖工作。2016年，市国资委开展内部审计项目1398个，其中二、三级企业审计项目52个、经济责任审计177个、财务收支审计58个、经济效益审计45个、内部控制审计117个、合同审计2个、工程审计775个、风险审计92个、其他专项审计80个，提出管理建议1211条，节约资金9.62亿元，避免损失金额2898万元。

1月，杭州市出台《关于进一步规范市属国有企业资金存放等财务事项管理的意见》，要求市属企业采取公开方式遴选战略合作金融机构，并建立集团统一运作平台，规范国有企业资金存放，防止市属国有企业在资金存放过程中发生利益冲突和利益输送。纳入竞争性存放的资金共计195.5亿元，因存款利率提高每年可增加利息收入1.5亿元，通过竞争性谈判降低贷款利率可减少利息支出2.7亿元。

11月，杭州市启动市管企业负责人薪酬制度改革工作，印发《关于深化市管企业负责人薪酬制度改革的实施意见》。按照企业类型实施分类考核，推行等级评价，实行年度考核和任期考核相结合，市委组织部考核与业绩考核相结合，发挥综合考核的协同效应。强化考核的导向作用，在企业负责人的年度考核中突出企业改革、减亏增效等重点内容。

【国有企业改革】市国资委加强国有企业改革的顶层设计。2016年12月，市国资委五年绩效规划编制启动，明确“十三五”期间改革目标及时间节点，推进新一轮国有企业改革。2016年，杭州市国资委按照“成熟一家推进一家”的原则，通过增资扩股、转让国有股权等方式引进战略投资者，推进企业混合所有制改革。中国（杭州）青春宝集团有限公司的34%国有股权及改制剥离资产划转至杭州市实业投资集团有限公司。10月，浙江安吉天子湖热电有限公司（杭州市实业投资集团有限公司所属）与杭州热电集团有限公司（杭州市城市建设投资集团有限公司所属）完成重组，实现杭州热电集团的混合所有制改革。12月，杭州制氧机集团有限公司改革方案获批准，集团经营性资产转让给杭州杭氧股份有限公司，实现集团经营性资产的整体上市。杭州港航工程公司、杭州市化工供销公司、华丰造纸厂等企业完成公司制改造。杭州宏达旅工贸总公司等企业实施歇业清算。

【国有资本运营】2016年，市国资委围绕国有资本流动和保值增值目标，推动国有资产监管方式从管资产向管资本转变，推进企业改制上市，推进国有资本证券化，增强国有资本功能，提高国有资本配置和运行效率。4月25日，新中法高分子材料股份有限公司在“新三板”挂牌。5月30日，杭州市城乡建设设计院股份有限公司在“新三板”挂牌。10月27日，杭州银行股份有限公司在上海证券交易所挂牌上市。12月27日，杭叉集团股份有限公司在上海证券交易所挂牌上市。杭州市路桥集团有限公司和杭州华塑实业股份有限公司申请在“新三板”挂牌，获受理。至年末，市国资委监管的市属国有企业资产证券化率63.9%。

【国有经济结构布局优化】2016年，市国资委加快重点产业发展，加大对金融、汽车、装备、电子信息等核心产业的投入。西湖电子集团建成西湖比亚迪新能源专用车生产基地，年设计产能3000辆，并参与5G车联网项目和杭州城市数据大脑项目，与阿里巴巴集团、中国移动通信集团浙江有限公司、华为技术有限公司等合作打造LTE-V车联网示范区。杭州市金融投资集团有限公司转型资产管理业务，通过基金化、资产证券化扩大业务规模，实现战略投资总额12.3亿元，财务投资总额402.5亿元，收回投资306.6亿元，年末受托资产管理规模551.9亿元。

推进基础设施和公共服务产业投资建设。7月，在原杭州市良种引进公司基础上组建的杭州种业集团有限公司成立，是集科研、生产、营销、服务为一体的现代农业企业集团。公司注册资本2亿元，有1个全资子公司、1个股份投资公司。杭州市地铁集团有限公司全年完成地铁建设及物业开发投资207亿元。杭州市交通投资集团有限公司全年完成主业和辅业投资85亿元。杭州市城市建设投资集团有限公司推动重大基础设施建设，全年完成38个工程，其中28个为省、市重点工程。

市国资委会同市财政局把市级行政事业单位下属的24个企业按照主业相近的原则，分别划入相应的市属企业。6月，杭州市制订市属企业压缩管理层级实现三级管控的目标和“低小散弱”企业退出工作三年目标计划（2016～2018年），要求国有资本从不符合战略导向的“低小散弱”企业退出，并要求管理链条原则不超过三级。杭州汽轮动力集团有限公司、杭州市商贸旅游集团有限公司等企业下属房地产企业完成国有股权退出。（朱静帆）

行政审批服务（公共资源交易）

【行政审批服务（公共资源交易）概况】2016年，市行政服务中心共受理各类审批事项56.26万个，办结56.19万个。市公共资源交易中心成交项目6.23万个，成交总额1407.91亿元。其中，建设工程项目1112个，成交金额341.17亿元，中标价平均下浮2.2%；土地交易项目46个，成交金额996.22亿元，土地增值67.2%；产权项目675宗，成交金额52.67亿元，平均增幅16.6%；政府采购（含“网上商城”）成交项目6.04个（次），成交金额12.51亿元，资金节约率6.7%；综合交易项目96个，成交金额5.34亿元，资金平均节约率13.3%。杭州“市民之家”办事平台日均接待市民群众5413人次，日均办结各类事项8430个，办结率和群众满意率99.9%。

市行政审批服务管理办公室履行市审改办职责，按照省、市政府总体工作部署，制定并出台《杭州市深化“放管服”改革推进政府职能转变工作要点（任务分解表）》，组织召开全市深化“放管服”改革推进政府职能转变专题会议，协调有关部门推进和实施8个方面、20项具体工作。

【权力事项下放力度加大】2016年，杭州市继续精简行政审批事项，进一步向区县（市）下放权力事项90个。4月12日，杭州大江东产业集聚区行政审批局挂牌运行，成为浙江省首个行政审批局。与过去“以批代管”的行政审批模式不同，大江东行政审批局逐步完成审批事项、审批职能、审批人员向行政审批局“三集中”，实现一个办事大厅、一支队伍服务和一个平台保障。市审管办组织项目业主、审批部门和专家三方组成评估体系，开展建设工程简政放权放管结合绩效评估，确保改革政策落到实处。

【“多测合一”制度探索】2016年3月和6月，市行政审批服务管理办公室与市规划局联合制定《杭州市建设工程项目“多测合一”试点工作方案》及《操作细则》，完善“多测合一”中介技术服务格式合同条款，倡导建立企业自主委托一个单位、分阶段完成测绘任务、测绘数据部门共享的“多测合一”新体制。10月，主城区政府投资项目进入试点程序。

【审批标准化建设推进】2016年，市行政审批服务管理办公室通过把投资项目审批权力事项与浙江政务网行政权力事项目录库进行对接，从审批事项名称、审批流程、申报材料、审批条件、审批意见5个方面开展标准化、规范化梳理，实现审批条件和申报材料“一表清”。梳理共涉及16个市级部门和主城区、杭州经济技术开发区、大江东产业集聚区共1505项具体在办事项，基本实现市、区两级“同一事项同一标准”。

【“一窗式”综合收件试行】2016年，市行政审批服务管理办公室围绕“一号申请、一窗受理、一网通办”的目标，选取江干区、余杭区、富阳区、桐庐县和大江东产业集聚区作为试点，探索设置综合进件窗口，实现“一站式服务”向“一窗式服务”转变、单一部门独立收件向跨部门综合收件转变。在试点的基础上，把综合进件窗口设置扩大至市本级及各区县（市）。10月底，全市投资项目审批领域“综合进件”窗口实现全覆盖。

【公共资源交易平台整合】市行政审批服务管理办公室和市编委办开展公共资源交易平台运行情况专题调研。2016年11月，杭州市制订并出台《杭州市整合建立统一的公共资源交易平台实施方案》，明确全市交易平台整合的目标任务、时间节点和具体要求。计划在2017年6月底前，全市形成规则统一、公开透明、服务高效、监督规范的公共资源交易平台，实现与浙江省政务服务网、浙江省和国家公共资源电子交易公共服务系统的互联互通。

12月，《杭州市公共资源交易平台规则清单》修订完善，明确将45个清单目录压缩成17个规则。市行政审批服务管理办公室对2012年以来制订的招标投标有关文件进行清理规范，共计各类文件12件，最终需保留5件、修改1件、废止6件。

【“公共资源电子交易公共服务系统”项目启动】2016年，“公共资源电子交易公共服务系统”开发建设项目启动，编制完成项目可行性研究报告、实施方案和采购文件等，并经过公开招标程序完成项目采购。至年末，第一阶段开发任务完成，初步完成全市统一、终端覆盖区县（市）的杭州市公共资源电子交易公共服务系统框架的建设。计划在2017年6月前，系统与各行业主管部门及国家、省、县（市、区）实现数据对接交换和共享。

【"四端"政务服务打造】 2016年，市行政审批服务管理办公室提出实体大厅窗口服务端、电脑端、自助服务端、手机移动端相结合的"四端"政务服务，打造政务服务的"杭州模式"。实体大厅窗口服务调整优化，新增不动产登记服务。统一"96345"接线呼叫、系统分接服务。在实体大厅开辟自助服务区，设立包含出入境申请和领证、社会保障、医疗保险、市民卡、电信业务、移动业务、银行缴费等九大类服务的19台自助终端，方便群众办事。12月，在全国省级政务服务体系建设研讨交流会上，杭州市就便民"四端"政务服务做经验介绍。

【"网上申请、在线服务、快递送达"适用范围拓展】 2016年，市行政审批服务管理办公室坚持"成熟一个推出一个"的原则，"网上申请、在线服务、快递送达"服务范围拓展至市质监局、市交通运输局、市安全监管局、市贸促会等6个市级单位和13个区县（市）及杭州经济技术开发区、大江东产业聚集区，共计120项审批服务事项。实现房屋权属证明、纳税证明、港澳通行证再次签注、行驶证补换等10个便民事项相关证照的"网上申请、在线服务、快递送达"。

【网上并联审批（监管）平台运行】 杭州市组织市、区两级行政审批服务管理办公室及相关合作单位，对投资项目并联审批（监管）平台开展技术攻关。2016年12月，市、区两级投资项目网上并联审批（监管）平台完成测试对接并上线试运行。该系统融合查询、支付、评价、督办和统计等功能，初步实现全市投资项目数据互通共享、网上联审联办、审批数据存档。

【"市民之家"手机App功能拓展】 2016年7月1日，"市民之家"手机App上线试运行。至年末，注册用户2万多人。业务主要集中在查询、预约、帮办、评价等项目。查询功能涉及六大类、396项"服务清单"项目；预约功能可提前48小时获取253项服务事项的窗口预约号；帮办功能可提供职能部门与办事群众的网上实时互动；评价功能让办事群众可在手机App上进行服务评价。该内容在上城区服务中心开展试点，指导、帮助该中心开发19个部门的174项业务服务清单查询和业务预约等功能。

（王坚武）

市场监督管理

【市场监督管理概况】 2016年，全市市场监管部门立足监管职能，持续推进改革、优化服务。做好瓶装燃气销售、快递行业、危化品企业、化妆品和药品、医疗器械、网络购物、广告、打击传销、投诉举报等相关工作，维护和谐稳定的市场环境。开展"亮剑保峰会"系列专项整治、"诚信经营树形象、放心消费迎峰会"创建活动，创建示范单位1万多个。

12月31日，《关于深化"先照后证"改革加强事中事后监管的实施意见》出台。在全市范围实行企业年报"双随机"抽查，依托杭州市企业信用信息公示系统依法公示市场主体许可、处罚、年报等信用信息821万条。5月5日，《杭州市企业信用联动监管管理暂行办法》出台，企业信用联动监管平台正式运行，覆盖市级部门39个，归集市场主体信用信息数据5775.6万条，向各部门推送"五证合一、一照一码"及"先照后证"信息36.8万条和8240条。列入信用提示企业7550个，列入信用警示企业1.54万个，列入经营异常名录企业3.94万个，列入信用限制企业1496个，拦截失信被执行人各类任职1170人次。杭州市实施"小微企业三年成长计划"，全年实现"个转企"3209个。新增小微企业6.55万个，7个小微企业被评为"成长之星"。杭州市的"小微企业专业化服务平台"和"工位注册"2个项目获省十大服务小微企业优秀项目称号。成功创建21个创业创新服务示范点。

全市市场监管部门立案查处各类案件6777起、罚没款1.44亿元，其中食品案件2710起、罚没款8866万元。完善处罚裁量基准，重大疑难案件实行专家咨询论证，加强处罚和许可案件质量评查，受理行政复议1068起。全年接收投诉、举报和咨询33.8万起，增长66.5%，为消费者挽回损失6200多万元。

5月，《杭州市食品安全金融征信体系建设试点方案》印发，开展覆盖全市食用农产品种养和食品生产经营各环节的食品安全试点工作，涉及范围包括食品生产经营者、食品相关产品生产企业以及餐饮用具集中消毒单位试点工作。

【商事制度改革深化】 2016年5月3日，杭州市出台《关于深化改革优化服务大力促进我市经济发展的若干意见》等文件，从试点名称改革、放宽住所登记、下放登记权限、探索全程电子化、推行执照"网上预约、快递送达"等多方面着手，推进杭州商事制度改革深化。全市新登记企业8.26万户，注册资本1.13万亿元，分别比上年增长31.1%和148.4%，带动就业42.56万人。

【深化商事制度改革和促进跨境电商发展试点工作实施意见出台】 2016年3月11日，市市场监管局与滨江区政府联合出台《关于深化商事制度改革和促进跨境电商发展试点工作的实施意见》，以滨江区为试点推动改革。3月16日，《贯彻落实〈工商总局关于支持中国（杭州）跨境电子商务综合试验区建设发展的若干意见〉实施方案》出台。9月，杭州市推出《推广滨江试点经验的实施意见》，围绕"深化登记制度改革，推进工商登记便利化""推进信息共享公开，建立健全跨境电子商务信用管理体系""实施知识产权战略，加强跨境电子商务品牌培育和保护""加大维权模式创新，构建跨境电子商务纠纷处置和消费争议解决机制"4个方面，推出20项创新举措。

【网络消费维权"两中心"在杭挂牌】 2016年9月27日，国家工商总局电子商务"12315"投诉维权（杭州）中心和国家工商总局网络商品质量监测（杭州）中心正式落户杭州。市市场监管局负责日常管理，主要承担5项工作职能。受国家工商总局委托，开展跨境电子商务消费维权工作；受国家工商总局委托开展跨区域消费维权执法协作，探索建立在线电子商务消费维权信息共享机制；组织开展网络商品质量监督抽查，承担国家工商总局交办的网络商品质量监测等任务；组织电子商务消费维权、网络商品质量情况数据采集，为全国网络消费维权提供大数据支持；开展电子商务消费维权宣传教育引导。

【市场主体信息公示率提升】 2016年，杭州市完成市场主体年报62.19万个，其中企业31.74万个、个体工商户30.10万个，农民专业合作社3549个，年报率分别为89.6%、84.9%和79.9%。杭州市出台对未按时年报企业实施工商变更备案登记限制的措施，对5424个长期未经营企业进行吊销清理，对1.09万个个体工商户进行依职权注销。

【"双随机、一公开"制度建立】 2016年6月30日，杭州市印发《关于建立杭州市市场监督管理局"双随机、一公开"事中事后监管工作制度的通知》。12月，公布涉及工商行政监督管理领域的企业信息公示抽查、登记事项监督管理抽查、格式合同抽查、商标代理机构监督管理、商标印制企业监督管理以及涉及食药监督管理领域的食品、药品、保健品、化妆品、餐饮监督管理等10个监督管理项目被列入"双随机"抽查事项清单，并建立"一单、两库、一细则"（"双随机"抽查事项清单，检查对象库、检查人员库以及检查细则）。完善整合市场主体登记注册、行政许可、行政处罚、日常监督管理等数据信息，结合经济户口建档、日常监管处理等功能，开发日常监督管理软件，实现协同监督管理和联合惩戒。

8～10月，在年报抽查工作中实施"双随机"抽查，随机抽取9507个企业列入抽查名单。建立由基层351名执法人员组成的检查人员库，把检查任务随机分配给抽查人员。抽查结果正常的企业8116个，占抽查总数的85.4%。在食品生产领域实施"双随机"抽查，按照市市场监管局每季度组织一次、每个区县（市）抽查企业每次不少于5个的要求，区县（市）局每月组织一次、每次抽查原则上不少于辖区企业3%的频率和比率制定年度抽查计划，抽查食品生产企业385个，发现问题877项，立案查处问题企业4个。

【注册商标总量24.13万件】 至2016年末，杭州市有驰名商标132件（新增11件），浙江省著名商标625件（新认定56件），杭州市著名商标1016件（新认定150件），注册商标总量24.13万件，比上年增长27%。

【《杭州市广告产业发展"十三五"规划》出台】 10月11日，《杭州市广告产业发展"十三五"规划》出台，主要包括规划背景、指导思想、重点任务和保障措施四大部分内容。规划提出产业规模进一步扩大、产业结构明显优化、产业融合实质性推进、互联网广告新业态快速发展、高端人才培养与集聚机制更加完善、行业社会效益进一步提升六大发展目标，并制定建立产业融合发展的工作机制、强化互联网广告项目的组织引进工作、落实财税优惠政策、强化广告行业协会功能、健全公益广告发展机制五大保障措施。

【《公益广告促进和管理暂行办法》实施】 2016年10月9日，杭州市根据《公益广告促进和管理暂行办法》的有关规定出台《关于贯彻落实〈公益广告促进和管理暂行办法〉的实施意见》。明确公益广告的界定、发布公益广告的媒介、部门职责、公益广告内容准则、公益广告发布量的标准以及提升公益广告发展的有关措施，促进公益广告发展，规范公益广告管理。

【虚假违法广告专项整治】 2016年3～10月，市市场监管局在全市范围内开展投资理财、房地产、保健食品、旅游等虚假违法广告专项整治的"利剑"行动。查处虚假违法广告案件518起，罚没款1111.6万元。5月和11月，在"杭州网"上发布2期虚假违法广告曝光公告，公布行动开展查处的20起虚假违法广告典型案例。

【"守合同重信用"公示模式实施】 2016年，杭州市实施"守合同重信用"公示制度。市场监管部门开展培训宣传，培训企业700多个次；完成全市2699个有效期内"守合同重信用"企业数据补录。全市有82个企业获国家级"守合同重信用"公示，获AAA级"守合同重信用"公示企业163个、AA级309个、A级294个。有效期内"守合同重信用"企业总数1098个。全市累计获AAA级"守合同重信用"的小微企业14个。

【"合同帮农"工作推进】 2016年，全市市场监管部门共指导2465个涉农企业与6.84万户农户签订订单农业合同7.02万份，签约金额31.3亿元，订单履约率96.9%。指导签订农村土地经营权流转合同1.26万份，土地流转面积2533.33公顷。支持农业动产抵押登记，全市共办理农业动产抵押登记98份，融资金额9亿元，缓解农业生产资金问题。

【拍卖业规范发展】 2016年，通过自查自纠和交叉检查相结合的方式，市市场监管局在全市组织开展拍卖备案网上检查。联合市中介办举办全市拍卖企业专业人员培训，围绕拍卖企业业务开拓和规范管理等专题进行辅导和交流，参加培训企业专业人员100多名。全年办理拍卖备案1427次，比上年增长10.9%；签订拍卖委托书3376份，委托金额119.08亿元；签订成交确认书1.23万份、成交额84.27亿元，增长37.0%。

【新建中介服务业发展中心2个】 2016年10月10日，杭州环球中介服务业发展中心揭牌成立。该中心位于西湖文化广场，总建筑面积10.8万平方米，入驻60多个企业，主要集聚商贸咨询、广告传媒、地产中介、金融服务、出国留学等业态的中介服务业企业。12月，杭州海蓝采智中介服务业发展中心项目完成组建。该中心位于拱墅区祥符街道方家埭社区，入驻企业30个，使用面积1.52万平方米，占可招商面积的80%。中心主要服务于移动互联网产业发展，发展互联网金融、互联网教育等"互联网+"新业态。采用"政府引导+民营资本+专业运营"的创新管理模式。至年末，全市有30个中介服务业发展中心，租赁商务总面积60.74万平方米，入驻企业1457个，年营业总额471亿元。

11月25日，市市场监管局联合市中介办出台《杭州市中介服务业"十三五"发展规划》。规划总结杭州中介服务业发展现状，阐述“十三五”时期中介服务业存在的机遇和面临的挑战，明确中介服务业发展的指导思想和主要任务、重点领域和发展方向。从完善管理体制、强化基础支撑、创新政策支持3个方面提出保障措施，构建现代中介服务业发展格局。

【“2016红盾网剑”行动】 2016年3～9月，全市市场监管部门以网络违法重点领域和重点行为为打击对象，开展“2016红盾网剑”专项执法整治行动。检查网站、网店4000多个，责令整改网站328个，查获各类网络案件477起，其中炒作商家信用案件255起。开展网上虚假宣传行为专项整治，查处“中国服装网”“挂号网”等专业类网站和民营医院网站20多个。其中，“红娘网”被罚款50.8万元。

【打击传销行动】 2016年，市市场监管局开展打击传销区域性集中清查整治6次，查处违法涉及传销的案件121起，案值341.63万元，移送公安机关立案查处17起，捣毁传销窝点142处，清查遣散涉及传销人员1100多人。杭州涉及传销的报警数量下降，有4个地区在“三色预警”中转为绿色。全市16个区县(市)全部创建成为“无传销县(市、区)”。

【网络交易市场专项行动】 2016年5～11月，全市市场监管部门开展网络交易市场专项行动，检查网站(网店)2万多个，实地检查网络交易经营者4679个，删除违法商品信息3895条，开展行政指导32次，责令整改网站414个(次)，走访平台60个，提请关闭网站23个，责令停止平台服务的网店1528个(次)，下架商品8563件(批次)。办理网络案件375起，其中结案案件罚没款945万元，移送公安机关立案查处6起。全年查处网络案件600多起，比上年增长48%；罚没款1400多万元，增长45%。

【“智慧网络交易监管”平台和“红盾云桥”平台建设】 2016年6月，市市场监管局与阿里巴巴集团签订政企数据交互实施协议和保密协议，利用“智慧网络交易监管”平台和“红盾云桥”平台，初步实现企业注册登记、投诉举报等政府数据与平台网店信息、交易信息等企业数据的互联共享。全年实现平台数据协查3579起，实现3个工作日完成平台商家经营数据调取。

2016年7月8日，市市场监管局联合市法制办召开《杭州市危害食品安全行为举报奖励办法》新闻发布会 （市市场监管局 供稿）

【食品安全责任体系完善】 2016年，杭州市把食品安全工作纳入《杭州市国民经济和社会发展第十三个五年规划纲要》，并列为市级重点专项规划。调整和完善杭州市食品安全委员会办公室体制，新增加市编委办、跨境电子商务综合试验区办公室、市规划局等7个成员单位。增加市教育局、市环保局和市民政局3个签订目标责任书的单位。5月，《杭州市乡镇(街道)食安办规范化建设实施计划》出台，全市194个乡镇(街道)中的82个完成食品安全委员会办公室的规范化建设。全年基层网络组织联合执法896次，报送问题线索1300多条。落实市本级食品监管人员经费5163万元，项目经费9425万元。

【食品安全示范城市创建】 2016年2月4日，根据《杭州市创建国家食品安全城市试点工作方案》，杭州市成立创建国家食品安全城市试点工作领导小组，并召开动员部署会。市政府与13个区县(市)政府、杭州经济开发区管委会、杭州西湖风景名胜区管委会、杭州大江东产业聚集区管委会及11个主要部门签订创建工作责任状，成立“一办八组”工作机构。杭州市组织开展浙江省食品安全治理体系现代化建设创新试点工作，提交食品安全监管克难创新措施46项。7月，杭州市通过国家食品药品监督管理总局的示范城市创建评估，市民对食品安全的总体满意度75%，比上年提高8.4个百分点。

【《杭州市危害食品安全行为举报奖励办法》出台】 2016年7月6日，《杭州市危害食品安全行为举报奖励办法》(简称《办法》)出台。《办法》中的举报奖励额度与《中华人民共和国食品安全法》比有大幅度提高，其中对有突出贡献的奖励比例比浙江省的奖励办法高出11个百分点，最高奖励金额50万元。《办法》规定举报刑事类案件一次性奖励，并提高奖励标准，强化举报人身份信息保密措施。全年发放奖励投诉举报金额19万元。

【食品安全为民办实事工程完成】 至2016年末，杭州市中小学校大宗食材统一配送或定点采购率99%，阳光厨房(透明厨房)建设率93%，中小学生食品安全知识知晓率97%。5月25日，杭州市食品安全委员会被浙江省食品安全委员会评为“千万学生饮食放心工程”先进单位。

1月7日，市市场监管局制订2016年杭州市食品安全监督抽检和风险监测计划，印发《关于进一步加强食品安全监督抽检过程中抽样工作管理的通知》《杭州市食品安全监督抽检闭合管理意见》及其操作实务。全年完成各类食品检测6.07万

2016年5月15日，市场监管部门执法人员开展食品安全检查
（市市场监管局 供稿）

批次，其中监督抽检4.86万批次，分别完成计划任务的125.5%和119.3%。监督抽检发现不合格食品1406批次，比上年增长20.5%，不合格产品核查处置率100%。风险监测各类食品1.21万批次，发现问题食品587批次，问题发现率4.9%。

全市150个农贸市场免费检测室建设任务全部完成，40个基层食品安全快速检测室装备到位。主城区有177个农贸市场建立食品快速检测室，覆盖面95%以上。全市287个农贸市场、农产品批发市场建立规范的快速检测室，覆盖率70%以上。全市农贸市场快速定性检测农产品150.96万批次，检测发现不合格农产品4646批次，合格率99.7%，销毁问题农产品68.95吨。

杭州市新增“阳光厨房”550个，向餐饮食品安全风险较高的集体用餐配送单位、连锁企业、旅游团队用餐定点单位等大型及以上餐饮单位和学校食堂、养老服务机构食堂等为重点场所推行。全市建成大型、特大型“透明厨房”822个，学校食堂“透明厨房”建成986个，全市累计建成2269个。

【食品安全责任险试点深化】 2016年，中国人寿财产保险股份有限公司、中国人民财产保险公司、浙商财产保险股份有限公司、长安责任保险股份有限公司等10多个保险机构为628个食品生产经营单位保险10.35亿元，覆盖食用农产品种养、食品生产经营、学校食堂等领域。其中，临安市设立公益金项目，即在辖区内的主要承保公司成立食品安全责任保险资金管理委员会，从保费中提取10%的资金设置公益资金项目。浙江农林大学投保学校师生食品安全责任保险。

【食品生产加工小作坊整治】 2016年，全市市场监管部门按照疏堵结合、以疏为主、综合治理的要求，通过整治实现“提升一批、规范一批、取缔一批”的食品生产加工小作坊整治规范目标。全年取缔不符合条件的小作坊715个，完成申报登记660个，另有14个小作坊改造提升为食品生产企业，整治完成率100%。

【食品安全电子追溯体系建设推进】 2016年，按照“试点先行，以点扩面”的方式，杭州市分批分类推进生产环节食品安全追溯体系建设。至年末，全市441个食品生产企业完成电子追溯体系建设，其中乳制品、婴幼儿配方乳粉生产企业全部建立食品安全电子追溯体系，大型食品生产企业和高风险食品行业的电子追溯体系建成率71%。上城区和西湖风景名胜区的食品生产企业电子追溯体系建设全部完成。

【药品互联网经营发展】 2016年，杭州市新增药品批发企业16个、药店238个，全市药品批发、零售企业总数分别为140个和3694个。取得药品B2B资质的药品经营企业12个，取得药品B2C资质的药品零售企业21个，取得药品信息服务资质的企业115个。市市场监管局完成药品经营企业飞行检查1231个，占全市药品经营企业的30%，问题整改率100%。

【医疗器械生产企业检查】 杭州市有经过国家食品药品监督管理总局、浙江省食品药品监督管理局培训的医疗器械生产质量管理规范检查员65人。2016年，检查医疗器械生产企业524个次，其中二类和三类企业检查512个次。其中，对43个国家、省重点监管企业检查77个次，检查率179%。对失信、警示的15个医疗器械生产企业跟踪检查34次，跟踪检查率227%。11月，杭州市组建医疗器械经营质量管理规范检查员队伍，成员159人，共检查医疗器械经营许可、备案企业4711个次，医院类医疗机构421个次、非医院类医疗机构3473个次，检查覆盖率分别为68%、100%和94%。

【医疗器械系列专项整治】 2016年3~6月，全市市场监管部门对义齿生产、经营企业和使用单位开展违法违规检查、规范符合性核查和义齿成品的抽验，检查相关企业695个次，责令整改84个，会同公安部门取缔黑窝点1个；监督抽检34个、49批次产品，全部合格。4月，检查生产、经营和使用透明质酸钠的单位164个，责令改正2个，行政警告2个，移送公安部门立案侦查1起。11月，开展在用医疗器械安全有效质量管理自查和检查，检查民营医院164个次。

【化妆品生产企业清理换证】 2016年，市市场监督局对全市68个原持有工业产品生产许可证和化妆品卫生许可证的企业开展清理和换证。对6个名存实亡企业、5个不再生产企业进行清理和注销；对52个企业完成新政换发，对2个企业不予许可。

【食品药品检验能力提升】 2016年9

月19日，中国国家认证认可监督管理委员会、国家食品药品监督管理总局、国家卫生和计划生育委员会、农业部联合发文公布第三批食品复检机构名录及变更部分食品复检机构信息的公告，杭州市食品药品检验研究院取得食品复检机构资质。该院复检项目范围涵盖农药残留、兽药残留、重金属、非法添加物、食品添加剂、其他有毒有害物质、生物毒素、营养成分、致病微生物等领域。10月，浙江省质量技术监督局组织资质认定扩项检查评审组，对该院申请食品12个、洁净环境11个扩项项目相关管理要素和技术要素的符合性进行检查，确认其具备按照所申报项目进行检验检测的能力。

【食品药品应急预案修订完善】2016年，根据《杭州市突发事件应急预案管理办法(试行)》规定，市市场监管局完成食品安全事件、药品(医疗器械、化妆品)安全事故应急预案修订，并编写《市场监管系统应急案例汇编》和《市场监管应急资料汇编》。建立健全应对重大食品安全突发事件应急咨询专家队伍、应急救助体系和运行机制。组织举办系统药品安全突发事件桌面应急推演和食品安全突发事件应急演练。

【食品药品安全知识宣传】2016年，全市建成市级食品药品安全宣传教育中心1个、县级科普宣传基地(中心)16个、乡镇(街道)建立科普站200多个。10～11月，市市场监管局联合《杭州日报》、“杭州网”、杭州电视台西湖明珠频道等媒体开展“寻找我身边的放心农贸市场”宣传活动。在电视、报纸等媒体播出(刊登)节目27期。制作4部公益广告片，通过公交车车载电视、地铁车载电视、杭州电视台、吴山广场广告屏、杭州市科技交流馆电子屏幕等渠道播放。开展食品安全进社区活动104场，发放宣传资料10万份。开展“专家进校园”活动35场，并向全市家长和家庭发放100万封《致家长的一封信》。组织大型食品安全科普讲座9场。在“杭州网”开设食品安全网络宣传季专题活动。

(揣江宇)

质量技术监督

【质量技术监督概况】2016年，杭州市质量技术监督部门以服务保障G20杭州峰会为圆心，以推进供给侧改革为动力，坚持“抓质量、保安全、促发展、强质检”。开展品牌强市建设、标准强市建设、产品质量监督、特种设备安全监察、合格评定管理等工作，配合市环保局等部门开展“大气污染防治”，完成全年各项工作任务。2月，杭州市通过国家质量监督检验检疫总局的考核验收，成功创建“全国质量强市示范城市”。推动企业和事业单位制(修)订国际、国家、行业和地方标准211项，开展标准化示范(试点)项目90个。全年监督抽查4061批次产品，合格3871批次，合格率95.3%。市质监局推进电子商务质量监管协作平台建设，完善监管体系。开展电子商务产品风险监测3525批次，向各地质量监管部门推送风险监测数据994批次，移交质量协查信息143批次。全市质监部门出动执法人员1.64万人次，检查生产企业6461个，立案查处质量违法行为681起，处理产品质量投诉举报(咨询)9375起，为消费者挽回直接经济损失28.74万元。

【杭州市成功创建“全国质量强市示范城市”】2016年1月27～29日，国务院考核验收组对杭州市创建“全国质量强市示范城市”工作进行考核验收。考核验收组听取关于杭州创建“全国质量强市示范城市”的工作汇报，对台账资料进行审查，实地考核验证国家电子商务产品质量风险监测中心、杭州市奥林匹克体育中心、浙江传化物流基地3个示范点的示范创建工作和质量提升情况。考核组以“五个首创”评价杭州市创建工作：首创以品质之城为核心的城市发展理念，首创电子商务产品质量监管平台，首创“96333”特种设备应急处置中心，首创“标准化+”模式的综合服务平台，首创智慧城市与品质城市相融合发展模式。杭州市通过考核验收。2月26日，国家质量监督检验检疫总局发布公告，杭州被命名为“全国质量强市示范城市”，示范期为2016年2月至2019年2月。

【品牌强市建设】2016年，市质监局实施“四换三名”工作，引导高技术、高附加值、装备制造、自主创新、现代服务业和现代农业等领域企业争创品牌。2016年，全市187种产品获“浙江名牌”称号、130种产品获“杭州名牌”称号。杭州中美华东制药有限公司、浙江圣奥家具制造有限公司和杭州西奥电梯有限公司获市政府质量奖。杭州市开展“浙江制造”品牌建设，确定183个企业为重点培育对象，其中70个为2016年重点培育企业。31项标准被列入“浙江制造”标准制订计划，包括高端装备制造业、智能安防产业、“智慧光电”、“智慧检测”等领域。杭州海康威视数字技术有限公司7种产品、浙江大华科技有限公司3种产品、杭州西奥电梯有限公司1种产品、杭州张小泉实业发展有限公司1种产品、富通集团有限公司2种产品，共5个企业、14种产品通过“浙江制造”品牌认证。

【标准强市建设】2016年6月27日至7月1日，国际标准化组织城市可持续发展技术委员会第五次全会在杭州举办，会议确定杭州为全球“城市可持续发展管理体系国际标准(ISO 37101)”试点城市。杭州市推动企业和事业单位制(修)订国际、国家、行业和地方标准211项，开展国家、省、市级农业和服务业等标准化示范(试点)项目90个。在杭企业主导和参与研制的34项标准分别获2016年中国标准创新贡献奖一等奖22个、二等奖3个、三等奖9个。组织评选130个企业(单位)、211个符合资助条件的标准化项目，市政府给予资助1308万元。

【节能减排】2016年，市质监局配合市环保局等部门开展“大气污染防治”。完成20个企业的26台锅炉余热回收利用改造、10个企业的13台热电锅炉节能改造、230个企业的235台燃煤锅炉改生物质燃烧改造。为351个企业新安装燃油、燃气锅炉385台，为112个企业(单位)的200台在用工业锅炉进行综合能效测试，对热效率低的锅炉逐台提出改进方案供企业整改。抓好工业锅炉节能远程监测中心建设，安装工业锅炉节能远程监测装置53台。

【电子商务产品质量监管体系完善】2016年4月6日，"全国电子商务质量管理标准化技术委员会"在杭州成立，技术委员会由85名来自政府组织、行业组织、高等院校、科研院所、检验检测机构、电子商务企业等标准化专家组成。秘书处设在杭州国家电子商务产品质量监测处置中心。该中心是技术委员会的常设机构，统筹电子商务质量管理标准化工作的研究、规划、执行、协调等工作。7月29日，全国首家电子商务反假联合会在杭州成立，首批会员单位103个，涉及杭州市电子商务平台企业和名优产品生产企业，以及相关行业协会、检验机构等。9月24日，"国家电子商务产品质量大数据分析应用中心"在杭州成立，主要任务是依法归集全国电子商务大数据，组织开展分析应用工作。建立电子商务产品质量信息共享网、执法打假协作网、标准共享网和检验检测网。

【产品质量监督】2016年，市质监局建立产品分类监督抽查制度，对危及健康、安全、生产许可、强制性认证和涉及国计民生、节能环保的产品加大质量监督抽查力度，公开向社会征集2016年监督抽查产品目录建议，把市民关注度高的建材、家用电器、服装、电动自行车、卫浴液体加热器、插头插座等重要消费品列入监督抽查重点，并开展"你点我检""你送我检"等活动。组织监督抽查4061批次产品，合格3871批次，合格率95.3%，比上年提高0.3%。按照《产品质量监督抽查后处理工作规程》《产品质量安全预警及重点关注整治工作规程》，通过开展重点关注、跟踪督查、整改复查的形式督促企业抓好质量管理。对于在国家、省和市(县)级监督抽查中涉及245个企业的247批次不合格产品进行后处理，立案处罚206个，后处理完成率100%。对近两年中监督抽查两次以上产品质量严重不合格的43个企业进行预警。通过4次重点关注，有40个企业解除预警。开展以消费品、认证产品、纤维制品等为重点的"蓝剑"系列执法行动和以旅游产品、电梯维修保养质量、气瓶充装、商品计量等为重点的"蓝剑保G20峰会"专项执法行动。全年出动执法人员1.64万人次，检查生产企业6461个，查处质量违法行为为883起，其中立案查处681起，罚没款上缴国库1427.59万元。

【特种设备安全监察】2016年9月12日，市质监局起草的《杭州市电梯安全管理办法》经市政府第67次常务会议审议通过，并于12月1日起施行。4月8日，杭州市开通"96333"电梯应急处置微信公众号，设置"认识我们""为您服务""安全宣传"三大板块。5月1日起，杭州市在用电梯启用新的电梯使用标志，新的标志保持原有的电梯注册代码、制造单位、使用责任单位、检验单位等基本信息，增加应急救援标志、"96333"应急电话、电梯识别编号和二维码。当电梯发生故障或困人时，通过扫描二维码即可了解该电梯的制造商、维护单位、维修保养时间、检验情况、安全乘坐等信息内容，实现更方便快捷的报修、报警。全年开展电梯应急处置8052起，解救被困人员9063人，救援人员到达现场平均用时14.1分钟。

市质监局完成1.03万个单位的2.38万台特种设备综合检查、44个石油液化充装单位的52.60万只液化气瓶的检验和1404台高风险特种设备的安全评估，发现和治理安全隐患2997个。强制报废液化气瓶11.21万只，安全处置不合格液化气瓶2.60万只，监督抽查危险化学品及其包装容器、食品相关产品等重点监管产品654批次。2016年，杭州市发生特种设备事故3起、死亡3人，分别是：浙江庆春电影大世界发生1人跌入电梯井道死亡事故；富阳区灵桥镇杭州彭盛纸业有限公司发生1人起重机械伤害死亡事故；杭州朝阳橡胶有限公司发生1人被特种设备叉车挤压死亡事故。

【民生计量器具检定】2016年，市质监局抓好民生计量器具管理，完成144个农贸市场的1.03万(台)件电子秤、954个(次)医疗机构的1.24万台(件)医疗计量器具、217个(次)加油站的3967个加油机的强制检定。农贸市场周检率98.2%、合格率98.8%，医疗计量器具周检率100%、合格率99.8%，加油机周检率100%、合格率99.3%。按照《电子停车计时收费表检定规程》要求，启动电子停车计时收费系统强制检定，对106个、923台(套)停车计时计费装置进行监督检查，强制检定手持计费计时装置715台。组织杭州市383个检验机构对检验质量进行自查自纠，重点抽查机动车安检、食品、消防等15个行业检验机构76个，督促整改发现的136个问题，对6个不符合要求的检验机构进行情况核实，上报省质监局予以注销。

【重点检测项目建设】杭州市质监局抓好重点检测项目建设。2016年4月1日，国家质量监督检验检疫总局和中国国家认证认可监督管理委员会联合发文，批准成立"国家半导体照明产品质量监督检验中心(浙江)"。12月28日，杭州市特种设备新的检测大楼正式开工。新检测大楼位于杭州市特种设备检测研究院(滨江区滨文路32号)东侧，建筑面积2.3万平方米，计划总投资1.3亿元，规划建设期30个月。

【检验检测设备开放服务】2016年，杭州市建设"智慧检测"项目44个，开放实验室1.39万次，开放实验室区域面积1.45万平方米、检验检测设备337台套。利用开放实验室试验的企业731个，开展试验的产品4893批次。市质监局举办专家专场报告28场、技术咨询服务102场、驻企业服务1282人次、联系服务对外贸易企业1826次、科研成果转化应用项目10个、标准创新和质量提升活动71个，为企业节省产品研发、检验检测、科研等成本95.51万元，为企业增加经济效益77.5万元。（严鸣涛）

物价管理

【物价管理概况】2016年，杭州市物价部门开展"稳物价惠民生保峰会"专项行动，深化重要价格改革，规范市场价格行为，发挥价格杠杆作用，履行价格监管职能，保障价格总水平稳定。杭州市居民消费价格上涨2.6%，比上年高0.8个百分点，完成年初确定的3.0%左右调控目标。

全年市本级投入使用价格调节基金12.87亿元，增长22.1%。落实物价补贴“两个联动机制”，城镇和农村低保人员、困难家庭、重点优抚对象、城镇“三无”人员、农村“三老”人员、农村“五保”对象每人发放临时价格补贴1196元，区级救助对象每人补贴902元。企业退休人员每人发放基本生活品价格浮动补贴2255元。全年市本级发放物价补贴金额12.3亿元，受益50多万人。

10月24日，《杭州市价格管理和改革“十三五”规划》编制完成并正式印发。该规划分析杭州市价格管理和改革的现实基础和背景形势，明确“十三五”时期价格管理和改革的总体思路和重点任务，并提出相关保障措施。

2016年，“12358”价格监管平台完成与“12345”热线的对接，全年收到价格咨询及投诉电话2.50万件，办结率96.8%，其中处罚55件，退还消费者5.17万元，罚款5.66万元。

【专项价格监测预警】2016年，市物价局围绕服务保障G20杭州峰会，以“吃、住、行、娱、购、游”为着眼点，在全市选取518个酒店餐饮企业和69个住宿单位列入价格监测范围，动态掌握市场价格变动情况。梳理全市79个景点、248个社会停车场、738条公交线路的收费情况以及各区县(市)的出租汽车运价、停车收费等信息，通过杭州价格网、杭州物价官方微博和微信等平台向社会发布。8月22日，市场价格每日应急监测启动，汇总分析市区26个农贸市场价格变化情况。

【重点价格监督检查】市物价局围绕“重点区域、重点行业”组织价格政策告诫会7场，集中约谈2次，价格政策指导培训6次，培训超过2500人次。加强节日期间市场价格执法，查处、责令整改和曝光违法经营单位。开展重点民生商品价格、春运期间交通票价、旅游市场价格等专项检查。2016年8月22日至9月7日，全市出动检查人员640人次，检查G20杭州峰会会场周边区域和车站、码头、机场、地铁、农贸市场、超市、餐饮、民宿、茶楼、旅游景点、商场、出租汽车等经营单位近3000个。

【居民生活类价格收费规范】2016年1月1日起，杭州市行政区域范围内执行“一户一表”居民阶梯电价的城乡居民用电用户，居民家庭户籍人口(不含迁出、注销人员)5人及以上的家庭，每月增加100千瓦小时阶梯第一档电量指标。户籍人口7人及以上的家庭，也可以选择执行居民合表电价。3月1日起，杭州市区居民生活用管道燃气服务收费核定为燃气灶表后管安装每户250元，热水器燃气管安装每户200元，地热锅炉气管安装每户500元，燃气服务费每次30元，材料费用按实计收。对已经交纳开户费的用户，免交燃气灶表后管及热水器燃气管安装服务费。

【停车换乘优惠措施】2016年8月29日，市物价局完善停车换乘公共交通优惠措施，经认定为具有换乘公共交通功能的“P+R”停车场(库)，对换乘的小型车凭换乘凭证实行停车收费优惠，具体按停车场(库)停车收费标准的50%收取。“P+R”停车换乘的优惠时段原则上与公共交通工具的运营服务时段相一致。优惠时段起止时间，按公共交通工具首班车发车时间提前半小时、末班车到点时间延后半小时设定。

【杭州萧山国际机场公路恢复收取通行费】2016年2月26日，市物价局、市交通运输局受省物价局和省公路管理局委托，召开杭州萧山国际机场公路车辆通行费收费标准听证会。经省交通运输厅、省物价局和省财政厅批复同意，杭州萧山国际机场公路5月3日起恢复收取车辆通行费。具体收费标准为：萧山机场公路主线收

2016年杭州市区主要副食品零售价格

表52

品名	规格	2016年12月价格(元/千克)	上年同期价格(元/千克)	比上年同期上升(%)
猪肉	去骨夹心新鲜肉	32.14	29.60	8.58
	无骨新鲜腿肉	32.14	30.00	7.13
	新鲜条肉	35.12	32.72	7.33
鲜蛋	新鲜完整鸡蛋	9.78	10.72	-8.77
	新鲜完整鸭蛋	15.50	15.66	-1.02
水产品	500克～1000克鲢鱼	17.24	17.32	-0.46
	1000克以上草鱼	16.38	15.80	3.67
	250克以上鳊鱼	22.84	19.08	19.71
家禽	上等开膛白条鸡	20.96	19.42	7.93
	上等开膛白条鸭	44.40	43.14	2.92
蔬菜	青菜	6.14	7.20	-14.72
	包心菜	6.08	5.04	20.63
	芹菜	11.08	10.26	7.99
	花菜	12.64	9.22	37.09
	菠菜	12.00	11.70	2.56
	番茄	9.58	8.74	9.61
	萝卜	5.18	4.42	17.19
	马铃薯	5.86	5.62	4.27
大米	标一晚籼米	5.28	5.22	1.15
	江苏大米	5.40	5.12	5.47
	东北大米(圆粒)	6.74	6.48	4.01
面粉	特一粉	5.76	5.46	5.49
食用油	桶装一级压榨花生油(5升)	133.05	128.16	3.82
	桶装一级压榨菜籽油(5升)	63.23	63.30	-0.11

费站对驶离杭州萧山国际机场方向的车辆单向收取公路通行费每车次20元(以一类车为例);杭金衢高速公路新街(互通)收费站对驶离杭金衢高速的车辆单向收取杭州萧山国际机场公路通行费每车次15元;沪杭甬高速公路萧山机场(互通)收费站对驶离沪杭甬高速的车辆单向收取杭州萧山国际机场公路通行费每车次15元;沪杭甬高速公路机场收费站对驶入沪杭甬高速的车辆单向收取杭州萧山国际机场公路通行费每车次15元。在杭州萧山国际机场公路连接坎红路匝道处新设置收费站,对驶入、驶离杭州萧山国际机场公路的车辆双向收取公路通行费每车次10元。

【收费清理规范】 2016年,市物价局降低要素价格,减轻企业用能成本。落实企业用电、用气、用水价格降低或优惠政策,进一步扩大电力直接交易试点范围,杭州市9832个企业电力用户与发电企业直接交易,降低一般工商业、大工业用电价格。降低非居民天然气销售价格、城市燃气管道输配价格,扩大煤改气用户气价优惠范围,对杭州市战略性新兴产业培育的企业执行优惠差别水价政策,全年减少企业用能成本约20.8亿元。市物价局会同有关单位规范收费管理,清理收费项目,落实收费减免政策,取消、免(停)征、降低56项行政事业性收费,对小微企业免征47项行政事业性收费,降低企业安全评价费、防雷监测费等经营服务性收费,停止收取出租汽车经营权有偿使用费,每年可为企业减轻负担约15亿元。

【住房价格监管】 2016年,杭州市建立房价备案联席会议制度,加大市区商品住房价格备案管理力度。全年市本级受理商品住房销售价格申请备案758个批次,涉及房源7.95万套,面积924.6万平方米,房价金额2750亿元。其中,214个批次通过约谈引导企业调低申报价格,涉及降价金额约27亿元。在委托评估的基础上,9月,市物价局及时向社会公布公开销售的81套经济适用住房市场评估价格,适用于2016年9月12日至2017年9月11日期间经济适用住房购房人取得完全产权需补交的土地收益等价款的计算依据。

【医疗和药品价格管理】 2016年8月,杭州市被列为国家发改委医疗服务价格改革联系示范点,市物价局上报深化医疗服务价格改革方案。市物价局完成杭州市常用中药饮片约1000种品名的进销差率测算。按照省物价局关于调整和完善医疗服务项目及价格的通知要求,市物价局指导各医疗机构做好价格调整和公示工作,调研公立医院综合改革后的补偿率等相关情况,评估分析公立医院医药价格改革情况。

【市场价格监管】 2016年,杭州市查处价格违法案件256起,经济制裁总金额758.66万元,其中退还消费者228.88万元、没收违法所得195.34万元、罚款334.05万元。市物价局组织开展旅游价格、环保电价、药品价格、中介服务机构收费、养老服务收费、物业服务收费和机动车停放收费、房地产明码标价执行情况等专项检查,查处一批价格违法案件。12月15日,市物价局向社会公布通报典型违法案例,主要涉及餐饮、停车、电子商务、物业等领域。

【价格监测预警】 市物价局执行重要商品和服务价格监测报告制度,做好各项价格监测数据的采集和审核。2016年,向国家发改委和省物价局报送20多张监测报表,累计报送数据超过4万笔。加强食盐价格监测,选择3个农贸市场和2个超市为监测点。部署开展劳动力价格监测,在全市范围内确定32个劳动力市场为价格监测单位。组织开展生猪市场调查,报送调研报告。杭州市"菜篮子"零售价格指数系统运行良好,每日按时上报数据到省指数平台和监测系统,完成指数计算和发布,撰写44期指数分析信息,通过"杭州物价"微博和微信对外发布。

【民生价格信息公开】 2016年,市物价局通过"杭州物价"微博和微信平台发布每日农副产品价格重点提示等价格信息,每周在杭州价格网上发布市区农贸市场、主要超市、主要商场家电价格信息,每月发布市区部分药店主要常用药品价格。推出"价立方"微信服务号。价格信息服务进社区活动开展,在100个社区的LED显示屏上发布每日菜价信息。

【"平价惠民周"活动】 2016年11月27日至12月3日,市物价局、市文广集团、杭州日报集团联合主办为期一周的"平价惠民周,实惠贴民心"活动,在市区12个超市农副产品平价直销区推出1元果蔬和部分特惠商品,以实惠的价格让利于民。至年末,杭州市在大型超市推出12个平价直销区,经营的平价商品实行目录管理,由市物价局编制统一编码的平价商品目录,使用统一标志、平价标价签,实行明码实价销售,并通过数字电视平台,直接显示市物价局监测的市场均价和超市定价的对比表以及平价产品的农药残留监测结果。

【农产品成本调查】 2016年,市物价局完成生猪等专项调查、成本预测,开展9项、18个品种农产品的常规调查、直报调查,开展特色农产品生产收益情况调查,完成农村调查户误工补贴发放等。新设、调整13个农产品调查点,建立起覆盖萧山区、余杭区、富阳区、桐庐县、淳安县、建德市和临安市7个区县(市)、210个调查户的农产品成本调查网络。加强农产品成本调查成果运用,提高生猪养殖成本与收益调查分析报告质量,每月发布生猪生产成本、收益数据、预测分析等内容。

【行业成本调查监审】 2016年,市物价局开展成本监审和调查项目23个,涉及供水、管道燃气、生活垃圾、教育收费、体育服务等行业,审核上报行业成本40.36亿元,核减不合理成本1.99亿元,成本核减率4.9%。完善成本监审工作机制,实施第三方审核服务,发挥专业机构作用,提高成本审核的专业性和公信力。针对国际油价下降、瓶装液化气价格较高、群众反响较大的情况,通过引入成本调查手段对经营者实施成本监管,引导瓶装液化气经营企业合理下调价格。

【价格认定服务】 2016年,杭州市推进价格认定法治建设，建立健全工作机制，提高价格认定服务的专业化、规范化和法治化水平。2016年，杭州市价格认定系统办理价格认定案件6361起，涉案金额超过19亿元，其中涉及纪检监察机关和检察机关的案件67起，涉案金额近12亿元。

（孙向光）

统　计

【统计概况】2016年，杭州市统计部门以深入开展“三提六型”活动为载体，推进统计制度方法改革，提高统计数据质量，提升统计服务能力。4月，市统计局确定42项年度重点工作、17项重点调研课题和8项绩效考核目标，实行项目化管理，制订路线图、时间表，做到任务明确，责任到人。

全市统计部门做好农业普查工作。6月，完成市、县、乡、村四级农业普查机构组建。9月，在富阳区大源镇开展普查综合试点。9月，配合省农业普查领导小组办公室做好浙江省第七届“中国统计开放日”广场宣传活动，为2017年1月1日开展入户调查奠定基础。10月，开展农业普查业务培训4期。11月，对全市2374个涉及农村（社区）划区绘图。12月，完成农业普查登记对象的清查摸底。结合国家统计局和省统计局核算调整方案，市统计局研究制订《2016年杭州市季度地区GDP核算方案》，完善全市核算数据交换平台。5月，修订完善《GDP核算业务考核办法》。加强固定资产投资统计，做好投资项目“双入库”，巩固和完善“一项目一档案”制度，掌握投资项目开工建设情况，确保项目及时入库。5~9月，对200多个房地产、建筑业企业及项目单位开展走访调研。3~7月，开展“特困企业”和“降成本减负担去产能”调查，并完成《我市规上工业“特困企业”调研报告》和《我市企业降成本减负担去产能问卷调查报告》。加强社情民意调查，先后开展市直机关及区县（市）满意度、“五水共治”、法治杭州、食品安全等方面的28个专项调查。抓好民生统计，提高粮食生产统计监测水平，加强低收入农户增收致富统计监测，做好人才资源、月度劳动力、妇女儿童监测等统计工作。

【统计制度方法创新】2016年5月，杭州市开展“三新”（新产业、新业态、新商业模式）统计试点。在执行国家统计局“三新”统计制度的基础上，做好拓展研究，制订并印发《杭州市“三新”统计国家试点工作方案》，重点推进12个改革专题。完善信息经济（“智慧经济”）统计监测，利用现代信息科技手段，优化产业数据交换与测算平台，按季度开展统计监测。结合产业发展实际，市统计局研究建立杭州市“1+6”产业统计测算体系，完成数据试测算。在建立跨境电子商务综合试验区统计监测体系的基础上，做好浙江电子口岸“单一平台”统计监测功能设计，与相关部门共同开展统计监测。

3月，根据科学技术部、财政部等5个部门对杭州市“小微企业创业创新基地示范城市”绩效评价，以及省政府对杭州市“小微企业三年成长计划”完成情况的考核要求，梳理小微企业统计监测指标，并建立小微企业统计监测体系。通过国税、地税行政记录数据和基层企业财务数据，测算小微企业营业收入指标，按季度开展监测。6月，对互联网金融不同业态的典型企业和管理部门进行调研，并立足于金融管理部门、市场监管部门、税务部门、互联网金融专业资讯平台、搜索引擎等信息来源，初步制订互联网金融统计监测方案。10月，在调研和征求相关部门意见的基础上，形成“软投入统计报表制度”，并对1.3万个企业开展摸底调查。

5~12月，开展服务贸易统计方法制度研究。根据杭州市服务贸易创新发展试点实施方案，市统计局与市商务委进行沟通，了解服务贸易的内涵和统计状况，初步建立杭州市服务贸易统计制度。5月，市政府办公厅印发《关于进一步加强农业农村统计工作的意见》。8月，制定“杭州市现代农业监测制度”。开展特色小镇统计监测，在配合省统计局做好省级特色小镇统计监测的基础上，修订市级特色小镇统计监测制度并开展监测。完成第一批省级特色小镇年报的上报和审核验收工作，收集上报第二批省级特色小镇创建、培育名单，建立特色小镇统计工作网络。

【统计调查服务优化】2016年，市统计局以“三个转变”为导向，加快建立面向社会各界和广大市民的统计服务系统。加强经济运行、有效投资以及信息经济（智慧经济）、跨境电子商务、城市国际化等方面的统计监测，提高统计分析的前瞻性和针对性。市本级撰写各类统计调查材料170多篇，市委、市政府领导批示19篇次。每月定期搜集全国大中城市和省内各市的经济社会发展信息，加强城市间的比较分析，完成“自主创新示范区视角下的比较与分析”“二胎政策对杭州人口的影响”“杭、蓉经济增长演变与启示”等课题。创新统计服务载体，改版《杭州统计月报》《杭州统计快报》《城市经济主要指标》《杭州经济主要考核指标》等统计资料手册，加大数据图表化比重，增加特色小镇、跨境电子商务、“一带一路”、“五水共治”等重点指标。丰富《统计年鉴》《数据解读》《回眸十二五》《都市圈发展报告》等系列统计资料内容。12月，“数据杭州”手机应用软件试运行。该软件主要包括统计月报、城市比较（“长三角”城市、全国副省级城市、杭州都市经济圈城市）、数据查询（季度数据、年度数据查询）三大板块。在市级主要媒体开展月度和重点时段经济形势新闻宣传。规范“杭州统计”微博、微信管理，把指标发布、数据解读和统计科普有机结合，全年发布信息2400多篇。

【统计数据质量提升】2016年，市统计局继续强化统计基础建设，加快建设“法律完备、普法深入、执法严格、惩戒有力”的统计法治体系。3~12月，开展“数据造假、以数谋私”专项治理以及省统计局关于统计执法反馈意见整改工作，加大统计违法案件的查处、通报和曝光力度。市本级全年检查企业和事业单位121个，查处统计违法案件8起。强化统计普法宣传，4~9月，开展“护航G20，统计普法在行动”主题宣传活动，以“互联网+”为平台，推送普法案例和普法视频；配合省统计局开展“12·8”《中华人民共和国统计法》颁布纪念日暨统计法宣传月启动仪式。5~6月，制定出台地区生产总值核算、农业、工业、服务业、贸易、固定资产投资、房地产、建筑业等统计数据质量管理控制办法，规范数据收集、审核和评估流程。夯实统计基层基础，继续抓好村(社区)统计规范化建设和乡镇(街道)省级示范点建设，开展统计诚信单位创建活动，并纳入“信用杭州”征信体系。建立统计法律顾问制度，坚持依法行政，加强法制培训。强化统计基本单位名录库管理，利用税务、劳动工资调查等数据渠道对23万个单位的名录库信息进行更新维护。注重单位审核申报工作，全年通过国家统计局审批的新开业(投产)单位712个，限额以下(规模以下)企业升级为限额以上(规模以上)企业1472个。

【部门统计联动机制完善】 2016年，市统计局强化部门统计管理和协作，改善统计发展内外环境。针对全市阶段性重点工作、专项工作和新兴经济业态，深化部门统计改革，完善部门统计制度，规范部门统计行为，共同推进统计改革和发展。围绕全市经济发展目标，与市发改委、市经信委、市商务委、市建委、市环保局、市农业局等部门加强沟通联系，提出相应对策措施，特别是强化与地区生产总值核算密切相关的部门统计基础数据的评估，开展匹配性、协调性、逻辑性评估，加强对基础数据的审核和修正。强化部门信息共享。12月，杭州市召开全市统计工作联席会议，推进市统计局、市市场监管局、市质监局、市发改委、市经信委、市民政局等部门间数据共享，深化“资源互补、信息共享”的部门协同机制。强化部门统计管理，做好社会经济发展统计数据库的数据报送和加载工作。加强统计数据管理，规范统计数据采集、审核、汇总、上报等业务流程，健全质量控制体系。 （周　斌）

审　计

【审计概况】 2016年，杭州市审计局围绕“四个全面”战略布局，牢固树立和落实“五大发展理念”，依法全面履行审计监督职责，揭示和查处违法违纪问题，发挥审计在“稳增长、调结构、促改革、惠民生、防风险”中的服务保障作用。全市审计部门完成审计单位320个。通过审计发现非金额计量问题1470个，查出主要问题金额242.13亿元，其中违规金额5.03亿元、损失浪费金额606万元、管理不规范金额237.04亿元。审计期间整改金额10.37亿元。审计处理处罚资金51.23亿元，其中应上缴财政4.31亿元、应减少财政拨款或补贴2.77亿元、应归还原渠道资金8776万元、应调账处理金额43.27亿元。促进整改落实有关问题金额46.71亿元，其中增收节支13.62亿元、上缴财政10.02亿元、减少财政拨款或补贴2.77亿元、归还原渠道资金8419万元、调账处理金额33.09亿元。审计后挽回(避免)损失2.82亿元。审计核减投资额2.76亿元。移送司法机关、纪检监察机关和有关部门处理案件66起，移送处理人员239人，移送金额4.72亿元。其中，移送司法机关处理10起、4人，移送纪检监察机关处理22起、14人，移送有关部门处理34起、221人。提出审计建议951条，被采纳审计建议729条；提交审计信息628篇，被各级领导批示和采用356篇。市审计局在省审计厅对地市级审计机关年度工作考核中被评为优秀。

【政府投资项目审计】 2016年，市审计局以推进建设市场规范运行为目标，以治理建设领域存在的突出问题为抓手，厘清审计机关与财政部门、建设管理部门、项目建设主体的职责关系。全市审计部门跟踪审计G20杭州峰会建设项目350个，涉及资金108.59亿元，核减工程造价近4000万元。针对跟踪审计中发现的问题，从体制机制层面加以分析研究，提出切实可行的意见和建议，并与相关建设、施工、管理单位建立整改督促机制，推动项目建设。11月，市审计局被市委、市政府授予“服务保障G20杭州峰会先进集体”称号。

【政策措施落实情况跟踪审计】 2016年，市审计局采用“1+7”的组织方式，以项目落地、资金保障、简政放权、政策落实、风险防范5个方面为重点开展政策措施落实情况跟踪审计，在促进政策措施落实、破除改革障碍、提升资金绩效和安全、推动民生改善、助力反腐倡廉等方面取得审计成效。撰写的《审计建议进一步加强我市商品房配建保障性住房项目的监管》《审计建议有效缓解学前教育资源不足矛盾》《审计建议完善我市出租车补贴政策》等专报信息被市政府情况专报采用。5～7月，完成嘉兴浙商回归专项审计调查。

【预算执行审计】 2016年3月，市审计局组织开展市本级财政预算执行及其他财政收支情况审计，重点对市本级医养护一体化签约服务情况、单一来源政府采购管理情况和财政存量资金盘活情况开展专题调查。撰写《审计建议完善制度促进医养护一体化签约服务发展》专报信息得到省领导批示，审计中发现的社区医生虚假签约骗取财政补助资金事项移送相关部门查处。结合市本级财政预算执行及其他财政收支情况审计，对市本级2015年底至2016年3月底的财政存量资金规模、管理和盘活情况开展专项审计，摸清底数，分析存量资金规模和结构变化趋势，揭示管理不到位和体制机制不完善问题。3月，开展公务支出和公款消费情况专项审计调查，审计一级预算单位30个，并延伸审计下属单位41个和宾馆饭店12个，各单位上缴财政或收回挂账资金120多万元。

【“综合问效型”绩效审计】 2016年3月，市审计局组织开展杭州市学前教育政策执行情况专项审计调查，撰写《审计建议完善幼儿园等级评定工作》等3篇信息。4月，组织开展杭州市水务控股集团有限公司资产运营情况专项审计调查，审计反映的水务集团特许经营权长期未得到解决的信息得到市领导批示，推动该问题报市长办公会议研究。开展市公立医院运营管理情况专项审计调查，撰写《审计助推公立医院改革显成效》信息。组织开展医疗废弃物处置情况专项审计调查，撰写《审计建议基层医疗废物综合处置能力亟待加强》信息。5月，《2015年全市民生审计工作综合报告》完成，包括民生资金管理、民生项目建设、民生政策制度3个方面内容，反映三大类、10个方面的问题以及审计处理和整改情况。

【**经济责任审计**】2016年，全市审计部门对115个单位的144名领导干部进行经济责任审计。市审计局会同组织部门、纪检部门对7个市直单位和国有企业的负责人进行领导干部离任经济事项交接。杭州市建立市本级和各区县(市)727名领导干部的审计档案，为干部管理提供参考。完善任前告知、年度报告、离任交接和内管干部审计等经济责任审计配套制度，实现制度监督全覆盖。探索提高经济责任审计报告的针对性，完善经济责任审计量化评价体系。市审计局探索对领导干部经济责任审计结果采取综合公告方式。

【**审计整改深化**】2016年，全市审计部门督促开展审计整改工作，通过建立审计整改销号、向同级人大或常委会报告审计整改情况、把审计整改纳入综合考评、建立审计整改联合督查机制等措施深化审计整改工作。通过审计结果公告促进被审计单位加强审计整改，2016年市本级公告审计结果13篇，有32个被审计单位分别在其门户网站上公告2015年审计发现问题的整改情况。

【**审计基础强化**】2016年9月和12月，市审计局制定并出台《“三重一大”事项集体决策制度实施办法》《杭州市审计局工作规则》，进一步规范决策行为。9月，制定《中共杭州市审计局党组廉政风险防控责任制实施办法》出台。开展干部人事档案专项审核。加强干部培训，举办政策法规培训班4期。《杭州市内部审计工作规定(修订草案)》起草完成。举办行政事业单位内部审计和投资审计业务知识培训班4期，培训人数1100多人。（戴鹏飞）

安全生产监督管理

【**安全生产监督管理概况**】杭州市强化重点领域隐患整治，提升安全保障能力，全年安全生产秩序良好。2016年，杭州市发生各类事故1176起(生产经营性火灾613起)。工矿商贸领域发生各类事故107起，道路运输发生各类事故453起，水上运输发生各类事故2起，渔业船舶发生各类事故1起。全市亿元生产总值安全事故死亡率0.051，下降27.1%。全市各类事故死亡人数558人(其中生产经营性火灾1人)，受伤182人(其中生产经营性火灾0人)。工矿商贸领域各类事故死亡107人，受伤22人；道路运输各类事故死亡448人，受伤160人；水上运输各类事故死亡2人；渔业船舶各类事故死亡1人。

杭州市整治一批重点事故隐患，安全生产秩序得到改善。完成省级挂牌督办2个工矿企业、4处道路交通事故多发点段和2个(处)火灾重点隐患整改；完成15个市级挂牌督办工矿企业、12处道路交通事故多发点段和10个(处)火灾重点隐患整改。

【**安全生产组织领导加强**】市委、市政府多次召开会议专题研究部署加强安全生产，及时协调解决安全生产工作中的突出问题。2016年11月29日，市政府办公厅印发《关于切实做好今冬明春消防和安全生产工作的紧急通知》，市政府成立由市长任组长的安全生产大检查领导小组，市长和副市长分别带队，开展各领域安全生产检查，确保安全形势稳定。全市13个区县(市)和各个开发区及相关部门的主要领导带队深入开展全行业领域安全生产检查。

【**安全生产责任制度完善**】杭州市安全生产委员会“1+X”体系建设推进，市长与所有副市长签订《2016年度杭州市人民政府副市长安全生产“一岗双责”责任书》，明确各位副市长对所分管和联系单位(行业、领域)安全生产工作领导责任，以及工作目标和要求。通过每月通报、每季履职、不定期暗访暗查等形式，强化对责任制落实情况的过程管理。2016年7月，杭州市组织5个检查组，开展安全生产责任制督查和安全保障落实情况暗访暗查，对发现隐患和问题采取跟踪拍摄、集中曝光、责任制考核预扣分等形式督促落实整改。12月，组成6个督查考核组，对13个区县(市)和25个任务书发放单位进行考核和督查，抽查乡镇街道16个、企业67个，发现并整改各类事故隐患169个(处)。

【**安全生产监管机构健全**】2016年，杭州市健全完善安全监管机构和队伍，市、区二级政府均建立安全生产监管和执法机构，加强基层执法力量。市、区两级政府有安全监管机构管理人员214人、监管执法人员182人；189个乡镇(街道)均明确安全监管机构，配备有安全监管人员1006人，其中专职558人。

【**隐患排查治理专项行动**】2016年，杭州市排查企业16.43万个次，排查整改事故隐患23.58万个(处)；全市安全生产监管部门对708起非法违法行为进行立案查处，收缴罚没款3166.49万元，比上年分别上升31.1%、59.7%。市消防部门联合派出所开展安全整治，排查出租房62.4万个，督促整改火灾隐患59.7万个(处)，办理临时查封369起，行政拘留776人，拆除违建出租房2416个(处)。市城管部门牵头，联合市质监局、市公安局、市交通运输局等部门对无证燃气钢瓶开展专项整治，取缔非法瓶装燃气站800个，查扣违法钢瓶3.02万个，拘留361人，查扣违法车辆109辆。

【**重点领域安全监管**】2016年，全市安全监管部门通过排查，确定201个危化品生产(使用)许可企业、677个带储存危化品经营企业、1376个危化品非许可使用企业作为重点管控对象，加强监管。市安全监管局、市交通运输局、市质监局、市公安消防局等部门联合召开安全生产保障工作会议，并组织开展安全培训，300多个重点危化品企业代表参加。杭州市通过购买社会化服务方式对涉及危化品的企业开展安全检查会诊，累计检查危化品企业3617个次，发现隐患7948个(处)。全市安全监管部门通过排摸确定1234个停产、限产的危化品企业，明确停产复产和正常生产经营的“双八条”安全管理措施。

【**烟花爆竹安全监管**】2016年春节期间，杭州市通过市区两级的公安、安全监管、市场监管等部门配合，查处各类非法储存、运输和销售烟花爆竹行为，开展市区禁止销售、禁止燃放烟花爆竹的“双禁”工作。市政府印发《关于对烟花爆竹安全管理采取临时性行政措施的决定》，从8月1日至9月6日，在全市所有行政区域范围内采取烟花爆竹临时性安全管理措施。全市安全监管部门累计清点、封存烟花爆竹14.2万箱，对集中入库封存的烟花爆竹仓库、现场封存的零售点进行全覆盖检查。

【职业卫生监管】 2016年3月，杭州市建立以市安全监管局、市卫生计生委、市人力社保局、市总工会、市环保局为主要成员单位的“5+X”职业病防治工作联席会议制度，以及信息通报、联合检查、重点职业病监测等机制。对100个企业开展职业卫生社会化服务，排查出隐患1108个(处)，通报督促各地落实整改。组织对职业病危害严重的行业领域以及近3年发生过职业病的企业进行专项整治，确定专项整治企业504个，其中开展整治287个、完成整治134个、关停30个。组织开展工业企业尘毒危害情况抽样调查和申报，全年完成3423个用人单位的职业病危害项目申报备案，累计完成备案7438个。

【安全生产标准化】 2016年，杭州市新增二级、三级标准化达标企业38个和359个，累计有二级、三级标准化达标企业580个和4946个，对达标企业开展期满换证工作。12月，《杭州市生产经营单位安全生产不良记录“黑名单”管理暂行办法》印发，明确企业列入市级“黑名单”的条件。62个存在安全生产不良记录的企业被列入“黑名单”，并在“信用杭州”平台、企业信用联动监管平台及媒体上公布，由市人力社保局上调企业工伤保险费率。2个拟评选为社会责任A级企业因被列入“黑名单”而“一票否决”。

【安全生产社会化服务】 2016年9月，市政府办公厅印发《关于推进安全生产社会化服务工作的意见》，把社会化服务工作纳入责任制考核内容，督促各地充分利用社会资源，发挥中介机构、安全生产专家在决策咨询、宣教培训、隐患排查、应急救援、事故调查等方面的作用。以政府购买服务方式为主导进行引导推动，逐步建立企业委托服务、行业协会自治等多种模式的服务格局。杭州市本级安排专项经费100万元，用于高危、金属冶炼行业的服务项目。全市政府购买服务签订合同747个，合同金额1842万元；企业购买服务签订合同1266个，合同金额996万元，涉及服务企业1.96万个次。

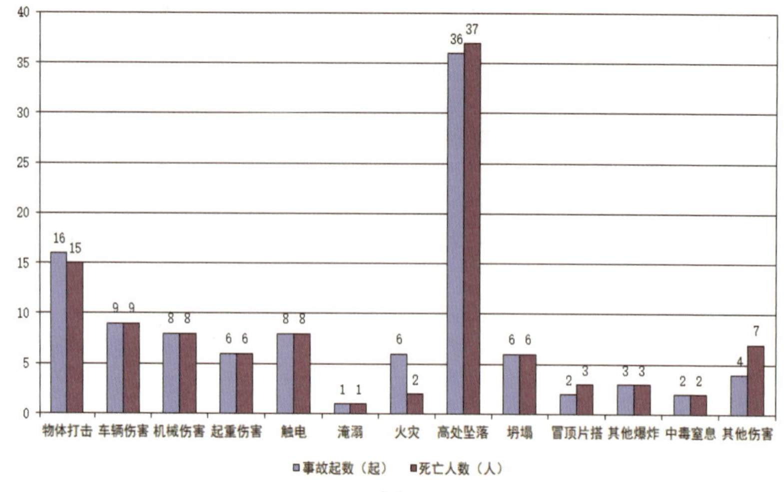

图5

【安全生产信息化】 2016年，杭州市完成企业安全生产隐患排查治理信息系统、生产经营单位应急预案备案系统、安全生产专项资金申报系统和事故统计分析系统的开发，并投入试用。建立不同等级的安全运营维护保障体系，建立网站24小时安全动态防护和监测机制。通过会议宣传、发文部署等举措推广“智慧用电”系统。上城区投入200多万元对区政府大楼、清河坊历史文化街区、吴山花鸟市场及中小学、幼儿园安装“智慧用电”系统。全市有566个企业安装4915套“智慧用电”系统。

【安全生产应急救援能力增强】 2016年，杭州市完善应急救援预案编制与备案，高危行业和规模以上企业预案编制率100%。市安全监管局鼓励危化品企业、矿山企业与专业救援队签订应急协议，指导企业开展预防性检查、制订应急措施和开展事故应急救援。危化品企业分布数据纳入全市应急指挥中心数据库。7月，浙江省暨杭州市2016年“迎峰会、保平安”危化品事故应急演练举行。

【安全生产宣传教育】 2016年，杭州市依托全媒体资源，开展安全生产点对面宣传。6月，通过电视台直播安全月广场咨询日活动。6月，在《杭州日报》刊发区县(市)负责人、企业家、安全生产专家“共话安全发展”专版。制作并通过电视台、地铁宣传屏等渠道投放安全生产公益广告。借助VR模拟技术等宣传手段开展送安全生产知识进省政府机关、市行政服务中心活动。打造安全生产监督管理自媒体，开展安全生产点对点宣传。“杭州安监”微信和微博平台关注人数超过8万人，每周阅读量近10万人次。(袁　飞　钟思思)

责任编辑　秦文蔚

环境保护综述

【生态环境保护成效明显】 2016年，杭州市抓住服务保障G20杭州峰会机遇，深化生态文明体制改革，持续推进“美丽杭州”建设和“五水共治”专项行动，环境质量进一步改善，可持续发展能力不断增强。全市化学需氧量、氨氮、二氧化硫、氮氧化物等主要污染物排放量均超额完成省下达的减排目标任务。市区空气优良天数260天，比上年（指2015年，下同）增加18天；PM2.5浓度年均值48.8微克/立方米，下降14.0%。全市85.1%的地表水水质（市控以上断面）达到或优于Ⅲ类标准，杭州夺得全省治水工作最高奖——“大禹鼎”。全市声、辐射、固体废物等环境质量总体稳定，环境安全得到有效保障。生态环境评价指数（EI）继续居于全国前列，生态省考核连续第三年获优秀等次，杭州成为全国省会城市、副省级城市中第一个通过国家生态市考核的城市，被习近平总书记誉为“生态文明之都”。

【水环境质量稳中向好】 2016年，杭州市水环境质量状况良好，各项指标稳中有升。全市47个市控以上断面，水环境功能区达标率85.1%，达到或优于Ⅲ类标准比例85.1%；各大流域氨氮和总磷浓度均有下降。钱塘江水质状况为优，水环境功能达标率为95%，干流、支流市控以上断面达到或优于Ⅲ类标准的比例为100%。苕溪水质状况为优，水环境功能达标率和达到或优于Ⅲ类标准的比例均为100%。运河及城市河道水质有所改善，运河干流断面全部消除劣Ⅴ类。西湖水质状况优，平均透明度1.6米。湖区内监测点位水质均达到Ⅲ类以上水质标准。千岛湖水质状况优，平均透明度4.4米。湖区内监测点位水质均达到Ⅰ类水质标准。

全市集中式饮用水水源地水质状况优，12个国控饮用水水源地点位水质保持稳定，达标率均为100%。

【空气质量持续改善】 2016年，根据《环境空气质量标准（GB 3095—2012）》评价，杭州市区环境空气优良率71.0%，比上年上升4.7个百分点。市区PM2.5达标天数306天，增加23天，达标率83.6%，上升6.1个百分点。市区环境空气中二氧化硫（SO_2）年均浓度为12微克/立方米，下降25.0%，符合环境空气质量二级标准。二氧化氮（NO_2）、PM10、PM2.5年均浓度分别为45微克/立方米、79微克/立方米、48.8微克/立方米，分别下降8.2%、7.1%、14.0%。降尘平均浓度为4.97吨/平方千米·月，达到省控制标准，下降2.7%。富阳区、桐庐县、淳安县、建德市、临安市环境空气质量优良天数分别为318天、332天、341天、337天、312天，优良率分别为87.4%、91.0%、94.7%、92.3%、85.2%。空气中主要污染物为细颗粒物（PM2.5）。

全市酸雨污染处于较重水平，污染程度总体比上年减轻。全市大部分地区属较重酸雨区，降水pH值范围为3.40～7.75，最低值出现在中心城区。全市降水pH年均值为4.92，略有上升；酸雨率71.6%，下降12.4个百分点。

【声环境质量保持稳定】 2016年，杭州市声环境质量状况良好，与上年基本持平，环境噪声的主要来源为交通和社会生活噪声。市区区域环境噪声为56.4分贝，质量等级为轻度污染；桐庐县质量等级为好，其他区县（市）质量等级为较好。市区道路交通噪声为68.7分贝，质量等级为较好，其他区县（市）道路交通噪声为62.5分贝～69.5分贝，除淳安县质量等级为较好外，其余均为好。

根据《声环境质量标准（GB3096—2008）》评价，杭州市区1类标准适用区昼间噪声超标1.8分贝，其余类别标准适用区昼间噪声及其他区县（市）各类标准适用区昼间噪声均达标。 （陈鸣渊）

生态建设

【生态文明体制改革】 2016年，杭州市深入推进生态文明体制改革。《杭州市生态文明建设促进条例》经省人大常委会批准通过，自5月1日起施行。修订《杭州市生态补偿专项资金使用管理办法》，将全市所有区域纳入生态补偿范围，全年生态补偿资金增加到1.55亿元。开展生态保护红线划定前期研究，编制完成《杭州市生态保护红线划定前期研究报告》。富阳区在全国率先推行乡镇（街道）生态环境质量报告制度，《人民日报》等媒体多次进行跟踪报道。

杭州市深化6项生态文明体制改革，重点推进“环境保护督察机制”落实和“重点用能企业监测和评价体系”建立两项任务。《杭州市环境保护督察方案》经市委全面深化改革领导小组第七次会议审议并通过。对各地政府环境保护责任落实情况开展7轮专项督查。完成能耗监控平台搭建，对150多个企业电力使用情况进行实时监测。出台并实施《关于加强杭州市城市特色风貌和建筑景观管理的指导意见》，深化淳安县“美丽杭州”实验区建设，全市“智慧环保”、“智慧旅游”、“智慧医疗”、食品药品“智慧监管”四大平台建设取得新的进展。

【深化生态建设】2016年，杭州市以建设“美丽中国”样本和“两美浙江”示范区为目标，深化生态建设。建立环境功能区管理机制，编制完成全市行政区域范围内的环境功能区划，并于7月由省政府批准实施。加大生态文明建设考核力度，全年市生态文明委对13个区县（市）、杭州经济技术开发区、杭州大江东产业集聚区及43个市级单位进行考核，淳安县获“美丽杭州”实验区建设优秀等次，江干、西湖、滨江、富阳、桐庐、建德6个区县（市）获考核优秀等次，纳入考核的市级单位均达良好以上等次。全市“两美浙江”示范区建设工作获全省考核优秀等次。

9月30日，环保部发布《关于授予浙江省杭州市等40个市、县、区“国家生态市、县、区”称号的公告》，杭州市被授予“国家生态市”称号，成为全国省会城市首个、副省级城市中首批命名的国家生态市。萧山区、富阳区获国家生态县（市、区）命名。至此，杭州市9个涉农县（市、区）中8个获国家生态县（市、区）命名，国家生态县（市、区）创建率达88.9%。全市建成国家级生态乡镇119个、省级生态乡镇135个。

【农村环境综合整治】2016年，杭州市完成农村环境综合整治项目592个，完成省下达任务的100%。在省内率先建立乡镇自测、区县复测、市级抽测的三级常态监测机制。借鉴省内个别地区养猪场发生环境污染事件的教训，加强畜禽养殖污染防治工作。各区县（市）确定以生猪存栏5000头以上（其他畜禽参照折算）养殖场为市级重点污染源，实施专项督查，并开展随机抽查。市、区县（市）两级完成畜禽养殖污染防治规划编制，促进畜禽养殖科学化、绿色化、无害化。

【自然生态保护】2016年，杭州市加强自然保护区、风景名胜区规范化管理，完善生态保护设施，组织对国家级自然保护区专项督查和日常监察，省有关部门组织的临安清凉峰自然保护区和天目山自然保护区规范化评估均为优秀。

全市人均水资源占有量2319.3立方米；森林覆盖率为65.5%，森林生态功能指数为0.4977。建立和健全保护发展森林资源目标责任制，有关区县（市）与乡镇（街道）签订保护发展森林资源目标责任书。建立森林资源与生态状况监测体系，市、区县（市）联动开展森林资源与生态状况年度监测。全市完成水土流失治理面积52.22平方千米。

（陈鸣渊）

环境综合整治

【峰会环境质量保障】2016年，杭州市G20峰会环保行动与场馆保障部环境质量保障组与市大气污染整治领导小组办公室合署办公，由市环保局牵头，统一协调保障工作。牵头编制杭州市、浙江省、“长三角”及周边地区三个层面的G20杭州峰会环境质量保障方案，同步编制杭州市直部门专项方案和各区县（市）子方案。开展2轮工业污染源清单排查，对全市所有排放污染源单位逐个进行污染物排放量核算。编制《G20峰会环境质量保障运行手册》，理清峰会环境质量保障任务清单，构建保障指挥网络及督查巡查网络。至峰会召开前，杭州完成五大类868项环境治理工程，与上海、南京等27个省内外重点城市就突发事件应急处置进行对接，组织开展8次综合保障和专项应急处置演练。邀请清华大学、南京大学等高校科研团队和国内知名专家开展峰会大气环境预测预警。

【主要污染物减排】2016年，杭州市制订化学需氧量、氨氮、二氧化硫、氮氧化物等主要污染物减排计划，全年实施重点减排项目217个，主要污染物排放量均超额完成省下达的目标任务。推进主要污染物排放权交易，全年组织6期排污权交易，84个次企

2016年8月31日，省委副书记、代省长车俊（右一）考察G20杭州峰会环境质量保障工作

（市环保局 供稿）

杭州市备用水源——贴沙河　　（市环保局 供稿）

业参与交易，成交金额1553.2万元。协调12个企业排污权实行抵押融资登记，获银行贷款2842万元。21个企业完成排污权回购，回购金额719万元。刷卡排污管理有序推进，全市建成市控以上重点污染源刷卡排污监控端262套，涉及企业252个。排污数据传输有效率85%以上，位于全省前列。开展重点工业企业吨排污权税收贡献排名，实行差异化总量控制激励政策。完成污染源在线更新改造设备254套。推进减排监测体系建设，对全市国控、省控和市控废水、废气污染源开展全指标的监督性监测，并督促企业建立自行监测巡检机制，提高污染源自动监控管理制度化、规范化、标准化水平。全年对160个国控企业进行监督性监测，监测结果每半月一次在市环保局门户网站公布。重点企业自行监测完成率99.9%，公布率100%。

【水环境治理】2016年，杭州市加强合格规范饮用水源保护区创建成果巩固工作，开展全市饮用水源保护区污染源排查清理，落实饮用水源保护区隔离防护措施，完成集中式饮用水水源环境状况自查评估，每季度向社会公开饮用水水源、供水厂出水和用户水龙头水质等情况。加强基础设施建设，全年新建供水管网77千米，改造供水管网42千米；完成祥符水厂一期提升改造工程，新增供水量25万立方米/日。深化水污染环境综合整治，编制《杭州市水污染防治行动计划》，明确"十三五"期间水污染防治工作的目标任务。推进城区污水"零直排区"建设，创新运用各种末端截流方式，整治完成排污口9200多个，杭州全面消灭黑河、臭河和垃圾河。实施"清水入城"工程，先后有10个工程投入运行，每日引入城区内河清水800多万立方米，内河透明度提升1米~2米。开展"小微水体"治理，建立"沟渠长"第一责任制，对7500条沟渠、7060座池塘进行排查，绘制出水系图；对重要沟渠和池塘全面整治并实施长效管理。创设"三色预警"机制，对治水整体工作进展缓慢的地区一并实施预警，年内有405条河（次）及21个（次）地区被预警。加大淘汰落后产能企业工作力度，全年万元工业增加值废水排放量比上年下降6.0%。全面建成畜禽养殖线上线下防控体系，进一步落实农村生活污水治理运维管理制度。构建"智慧河长"平台，在全省率先开发"河长制"信息管理平台及App，平台总访问量53万多人次。

【大气污染防治】2016年，杭州市以"五气共治"为抓手，围绕锅炉超低排放改造、落后产能淘汰和VOCs（挥发性有机物）专项治理等重点任务，稳步推进大气污染综合防治工作。8月4日，颁布《杭州市大气污染防治规定》，进一步完善大气污染防治地方法规体系。深化燃煤烟气治理，萧山电厂、半山电厂燃煤机组关停，实现全市燃煤火电机组"清零"。全市关停热电锅炉19台，完成超低排放治理87台；关停10蒸吨/小时以上工业企业燃煤锅炉15台，完成燃煤锅炉清洁化改造106台；全市累计完成10蒸吨/小时以下小燃煤锅（窑）炉淘汰改造4295台。全面开展工业废气治理，淘汰落后产能企业213个，整治低小散企业874个；开展VOCs基础调查与重点源筛选，完成化工、表面涂装、包装印刷、合成革等重点行业VOCs排放清单编制；对371个有VOCs企业开展整治，削减VOCs排放4000多吨。推进扬尘灰气治理，出台《杭州市建设工程文明施工管理规定》。查处违法渣土运输车辆1785辆、随意倾倒渣土事件745起；完成建设工地扬尘综合整治面积4380万平方米，实施新型建筑工业化项目面积273万平方米，安装雾炮等扬尘防控设备工地990个，工地配备标准化自动车辆冲洗设备738台，全市106个混凝土搅拌站完成绿色改造；完成市域公路扬尘治理153.4万平方米，对302条道路实施月度重点洒水和冲洗作业。招募民间"路长"300名，加强社会监督。整治无证无照小餐饮店2733个。推进露天秸秆焚烧长效管理，秸秆综合利用率91.9%。

【机动车污染防治】2016年，杭州市深入推进"黄标车"和老旧车淘汰、油气回收、机动车执法检测等工作，加强机动车尾气污染防治。实施小客车总量调控政策，控制车辆有序增长。全市机动车实施国V排放标准，主城区全部使用清洁能源和新能源公交车。全年淘汰"黄标车"和老旧车37886辆，杭州成为全省首个实现基本无黄标车的城市。加强油气回收监管，全年完成350多个加油站油气回收装置改造，查处涉嫌回收设施不正常使用、尾气超标排放等情况的加油站57个，加油站、储油库回收汽油1094吨。规范检测机构建设，组织开展环保检测人员岗位技能培训和技术比武，采取现场检查、蹲点摸底、联合"飞检"等形式，加大对检测机构的日常巡查和联合专项检查力度，全市查处检测违法行为5起，罚款82.4万元。严格机动车执法，制订《机动车百日环保执法专项行动工作方案》，环保部门会同交警、交通等部门，采取场检和路检、定期检测与随机抽检相结合的方式，从严查处超标车辆。全年开展路检、场检53次，检查车辆1925辆，发现并督促整改超标车281辆；非现场执法114次，检测车辆32.6万辆，对1295辆无绿色环保标志车辆实施处罚。制订《杭州市2016年车船尾气污染防治专项工作方案》，开展"基于大数据杭州市移动源大气污染预测评估和监控网络集成应用"课题研究，制订《2016～2018年杭州市机动车污染物排放管理信息化行动计划》。升级改造既有机动车管理信息系统，扎实做好经常性、基础性工作。

【重污染高耗能行业整治】 2016年，杭州市完成关停转迁及淘汰落后产能企业230个、清洁生产企业审核127个，实施再生铜炉窑提标改造21台，整治无机化工企业72个，完成10个水泥独立粉磨站的清洁排放技术改造和5条熟料生产线的改造。按照"培育一批示范企业、集聚一批小散企业、消减一批危重企业"的思路，开展重污染行业和区域块状经济专项整治提升，年内完成120个卫浴行业企业、5个羽粉行业企业、56个产生VOCs企业整治。

【杭州都市圈环境共保】 2016年，杭州都市圈四城市环保部门，通过环保专委会工作机制，对环境共保工作进行定期会商，相互交流。杭州市环保局主要领导带队走访周边重点城市环保局，交流大气污染整治工作。利用"长三角"地区数据，对杭州大气环境质量进行预测、预报、预警，为G20杭州峰会做好大气环境保障。淳安县与安徽省黄山市开展千岛湖交界断面水质联合监测，为千岛湖水环境保护提供依据。6月6～8日、6月14～15日，杭州市环境监察支队和淳安县环保局两次赴黄山市歙县进行联合执法检查。 （陈鸣渊）

环境管理执法

【环境法制建设】 2016年，杭州市加强环境立法，深入推进环保依法行政工作。出台《杭州市生态文明建设促进条例》，自5月1日起施行。"条例"提出生态文明建设的指导思想和基本原则，以及加强生态规划和生态经济、生态环境建设，推进生态文化建设和公众参与，强化生态文明建设制度保障等要求。出台《杭州市大气污染防治规定》，自8月4日起实施，为全市大气质量改善提供法律基础。出台《杭州市环保局重大行政执法决定法制审核制度》《杭州市环保局行政执法监督员制度》，对市环保局复议应诉工作制度、重大处罚案件集体审议制度进行修改完善。在全市环保系统开展执法案卷评查工作；全年编写《杭州环保行政执法参考》12期，指导各区县（市）开展环保行政执法工作。

【环境监察与排污收费】 2016年，杭州市以打造"环境最严监管城市"为目标，继续保持执法高压态势。全年全市立案查处行政处罚案件1972件，罚款9403.7万元，处罚案件和罚款金额比上年分别增长88.2%和90.6%。其中：向公安机关移送涉嫌环境污染犯罪案件22件，刑事拘留45人；移送适用行政拘留环境违法案件43件，行政拘留41人。开展环保"亮剑"、"百日环保执法"、环境执法大练兵、污染源日常监管"双随机"抽查等活动8次，重点检查排污单位污染排放、违法违规建设项目清理等情况和群众举报投诉的重点案件或区域。7月5日，环保部对杭州市环境监察支队严厉打击污染源自动监控弄虚作假行为的做法进行通报表扬。

全市排污费征收按照《排污费征收管理条例》的要求组织实施，确保征收全面、规范、足额。全市申报登记排污企业10931个，实际征收3198户，征收排污费1.63亿元。

【建设项目环境管理】 2016年，杭州市强化建设项目产业导向、总量控制和达标排放，依据《中华人民共和国环境影响评价法》《建设项目环境保护管理条例》，把好建设项目环保审批关，严格控制污染负荷和污染严重、与区域环境发展不相协调的建设项目。对符合审批原则，污染较轻的重点项目实施简化程序，加快办理。全年全市审批建设项目5274个（含峰会项目34个），其中报告书项目177个，报告表项目1866个，登记表项目3228个。审批项目中市本级对15个项目在经过两到三级初审后实行委托审批，环评执行率100%。验收竣工项目3001个，其中市本级对182个项目进行现场验收检查，建设项目"三同时"执行率100%。全年备案经营性用地项目45个，退役场地环境调查项目17个。完成杭州—临安、杭州—富阳城际铁路，天子岭静脉园区建筑（装修）垃圾资源化再生利用，艮山路提升改造，萧山区东片生活垃圾焚

2016年6月28日，市环保局、市公安局、市卫生计生委联合开展突发辐射环境事件应急演习

（市环保局 供稿）

2016年6月3日，杭州市长江实验小学学生在“世界环境日”主题宣传纪念活动启动仪式上宣读《助力G20环保我行动倡议书》　　（市环保局　供稿）

烧发电一期扩建配套等重点项目环评审批；杭州地铁三期规划环评获环保部批复。推进工业土地“零土地”技术改造审批方式改革，完成512个“零土地”技改项目环评备案。开展全面清理违法违规建设项目环保专项行动，全年清理“未批先建”“未验先投”项目2.08万个，完成率100%。

【危险废物安全监管】 2016年，杭州市工业固体废物产生量450.28万吨，综合利用量374.04万吨，处置量73.44万吨，无害化处置利用率99.4%。工业危险废物产生量24.74万吨，综合利用9.27万吨，处置量14.55万吨，无害化处置利用率96.3%；医疗废物产生量2.34万吨，无害化集中处置率100%。市区生活垃圾清运量365.47万吨，通过填埋、焚烧等方式处置，无害化处置率100%。健全危险废物管理制度，规范企业危险废物贮存、转移、利用处置流程，加大专项执法力度及频次，严厉打击环境违法行为。成立危险废物“存量清零”行动工作领导小组，将全市易燃、易爆、易腐蚀类危险废物产生企业作为整治重点，督促企业制定危险废物处置措施和时限，限期完成“清零”任务。推进危险废物集中处置设施建设，建立区域合作信息共享平台，提升危险废物处置能力。全年新增危险废物处置单位3个，增加危险废物处置量9.2万吨。全市有危险废物经营单位29个，年处置能力125万吨。备案市外危险废物经营单位49个。开展全市工业企业退役场地排查行动，对工业企业退役场地进行环境调查和风险评估，对存在环境风险的污染场地开展治理修复，确保工业企业退役场地安全利用。

【辐射环境管理】 2016年，杭州市有放射源单位198个、放射源1239枚、核技术利用单位869个，全市辐射环境保持安全水平。完成全市电离、辐射环境监管及监督性监测工作，市本级抽查、抽测辐射工作单位120个，各区县（市）100%完成辐射工作单位检查。加强辐射安全许可监管，全年审批验收辐射项目78个，受省环保厅委托审批颁发“辐射安全许可证”192份。督促送贮闲置、废弃放射源137枚，送贮率100%。

【环境应急管理】 2016年，杭州市加强环境应急管理制度建设，印发《杭州市突发环境事件应急预案》《杭州市突发饮用水源污染事件应急预案》，并编写两个预案的操作手册。建立完善环境安全隐患定期排查报告制度，排查环境风险源企业144个，应急预案备案率和应急演习率分别达99%和98%。全市检查风险源企业580个次，发现并整改风险隐患点261处。推进全市环境应急演练，市环保部门分别在建德、临安、富阳、余杭四地组织突发环境事件检验性演习。编制《G20杭州峰会杭州市突发环境事件应急处置工作方案》《杭州市环保系统世界互联网大会环境质量保障巡查方案》。调整充实环境应急专家库，新增相关专家23名。增设杭千高速公路桐庐收费站环境应急物资库，全市7个应急物资库运行正常。严密防范和快速处置突发环境事件，全年发生突发环境事件1起，为近5年来发生突发环境事件最少的年份，突发事件在第一时间得到妥善处置。

【环境宣传教育】 2016年，杭州市以提高全社会环境意识为重点，开展全方位、多角度、深层次的环境宣传教育。举办省、市纪念“六·五”世界环境日现场活动，开展环保文艺演出进社区等主题活动10多项，参与活动3万多人次。组织环境普法培训10多次，参加培训2000多人次。印发《中华人民共和国大气污染防治法》《浙江省大气污染防治条例》《杭州市大气污染防治规定》等法律法规和宣传折页6万多份。首次通过杭州电视台，组织全市中小学生统一观看环保公开课。全年在市级以上媒体发稿585篇，其中中央电视台《新闻联播》报道3次，新华每日电讯4篇，《人民日报》刊发9篇，《中国环境报》头版头条刊发4篇、专版6个、报道74篇；《浙江新闻联播》播出相关报道48次；杭州人民广播电台播出《环保之窗》节目240期，出刊《杭州环保》杂志6期。发布微博2190条、微信470条，《今日环保快讯》刊发424条；协调各类媒体采访70多次。广泛发动公众、民间组织参与“喜迎G20峰会，当好东道主”、助力“五水共治”等工作。全年组织各类环保公益活动518场，在全市20个街道近50个社区开展“清洁杭州，美丽家园”系列活动。组织环保志愿者对全市近50条河流进行定期巡护，助力保护水环境。组织在杭高校绿色联盟开展“助力G20绿动杭城”大学生志愿服务活动和大学生暑期社会实践活动；举办在杭高校大学生“绿色文化节”。开展主题为“一把伞，一座城”“厨房里的公益——环保酵素的制作与应用”“奔跑吧，铅笔头”等志愿服务活动，受益市民近10万人次。

【"绿色"系列创建活动】 2016年，杭州市深化"绿色"系列创建工作，全年创建省级生态文明教育基地2个、省级"绿色家庭"30户、省级"绿色学校"21所；创建市级环境教育基地5个。组织参加全国中学生环保英语征文比赛，获二等奖2项、三等奖1项、优秀奖1项。组织参加全国环境小记者项目新闻作品大赛，获一等奖3项、二等奖5项、三等奖10项。组织参加全国中学生水科技发明比赛，获特等奖1项、一等奖2项、二等奖1项、三等奖3项。

【环境问题信访提案办理】 2016年，杭州市畅通群众环保诉求渠道，印发《通过法定途径分类处理环境信访投诉请求工作的实施意见（试行）》和《通过法定途径分类处理信访投诉请求清单》，按照《杭州市环境信访调处反馈和督查规范》要求审核信访回复内容，着力提高信访办理质量，推动重点难点问题化解。全年全市受理各类环境信访2.63万件，比上年增长7%。其中省转信访302件，下降15%；市级信访2288件，下降23%；区县（市）级信访2.33万件，增长9.8%。所有信访件均及时办理并反馈。妥善处理多起集体访、重复访，没有出现严重的越级上访事件。收到涉及环保的省市人大代表建议、政协委员提案61件，全部按时办理并上网公布。

【环保信息公开】 2016年，杭州市污染源监管信息公开指数（PITI）在全国120个城市中排名第2位（仅次于北京）；环保政务信息在全国副省级城市中排名第3位。继续在市环保局门户网站上发布PM2.5等实时浓度和AQI实时数据、全市1845条乡镇级以上河道水质数据、重点监控企业主要污染物监测数据、监督性监测数据，完成杭州环境空气质量和河道水质信息手机端App发布工作。定期在《杭州日报》公布各区县（市）环境空气质量状况。根据《杭州市大气重污染应急预案（试行）》规定，市大气办通过门户网站、杭州"智慧城市"网络平台和相关微博、广播等媒体向社会发布大气重污染预警和启动应急响应信息，提醒公众采取健康防护措施。修订《杭州市大气重污染应急预案》，对预警、应急响应、分级响应措施等进行细化。全年主动公开信息2.58万条，受理答复依申请公开29件，没有发生行政复议及行政诉讼情况。（陈鸣渊）

环保科研监测

【环境信息化建设】 2016年，杭州市全面开展"智慧环保"应用建设，于6月建成杭州市环境监测监控和应急指挥中心，在G20杭州峰会期间，中心举行视频会商及协调指挥会议130多次，有效实现与部、省、市、县四级联动，为峰会环境保障工作发挥重要支撑作用。杭州市完成污染源监管信息管理与公开平台建设、"五水共治""智慧河长"信息管理系统建设、机动车排气污染管理信息系统平台建设、危险废物处置平台视频推送服务等业务应用系统建设，实现环境管理相关业务信息化平台的构建、业务流程的整合优化及再造，有效推动环境管理转型升级。

【环保科研】 2016年，杭州市开展"空气质量预报与重污染预警系统研发与应用""杭州地区空气质量状况与主要问题研究"等6项课题研究，完成"千岛湖引水工程水源地生态安全及水污染综合防治研究""杭州市重度灰霾天气污染类型解析及应对措施研究"2项重大课题验收。建立全市域范围的大气污染源排放清单，涉及污染物种类12种，为准确预报及科学评估环境空气状况提供强有力的技术支撑。"基于大数据的杭州市移动源大气污染预测评估和监控网络的集成应用""杭州市臭氧与其前体物非线性响应特征及控制策略研究"等重大课题及4个一般课题获市科委立项。完成13个一般课题验收工作。"草甘膦生产废水处理及母液资源化利用集成技术"获国家环保科技进步二等奖。"西湖水质提升和生态系统稳态转换项目"示范工程获国家水专项治理办公室组织的第三方评估最高分90分。"杭州市重度灰霾天气污染类型解析及应对措施研究"获省环境保护科学技术奖二等奖，"杭州市主要饮用水源壬基酚污染现状及黑炭在其迁移转化与控制中的作用"等4个课题获三等奖；"杭州市地表水中典型内分泌干扰物污染特征调查及健康风险评估"获市科技进步奖二等奖。

【环保科技人才培训】 2016年，市环保局加强环保学术交流和科技人才培训工作。全年组织挥发性有机物污染防治技术交流会、气相色谱技术交流会、钱塘江（杭州段）水环境预警技术研讨会、全市挥发性有机物污染治理工作现场会等活动，参加人员100多人次。组织人员参加上海新技术（环保）交流、省环保博览会、中国和日本、中国和丹麦环保技术交流等活动。根据环境监测技术特点及技术水平现状，组织系统内嗅辨监测和超低排放监测培训，参加人员430多人次；组织参加国家环境监测总站、省环境监测中心等单位组织的各种专业培训120多人次。

【环境监测】 2016年，杭州市加强环境监测能力建设。全年投入2604万元，购置PM2.5自动换膜手工采样器、滤膜滤筒自动称量仪、低浓度烟尘分析仪、在线单颗粒气溶胶飞行时间质谱仪、激光雷达组网设备及移动监测车等设备，进一步提高环境监测及环境预警能力。加强空气质量监控，掌握敏感区域空气质量，实现快速预报预警响应。杭州市环境监测中心站通过省环境检验检测机构资质认定复评审和扩项评审，检测能力增至八大类218项。中心站编制完成《G20峰会环境质量监测专项工作方案》《G20峰会空气质量预报预警会商方案》，开展水、气、声环境质量专项监测及环境空气质量预测预报。全年获取监测数据862万个，上报并发布环境空气质量日报和预报365期。编发全市饮用水源地水质、重点流域水质月度报表等60期，完成150个企业委托监测、120个省市级重点辐射监管单位的监督监测及放射源应用单位的放射源封存检测、16个市级电磁污染源的监督监测、16个单位的辐射委托监测。完成全市126条黑臭河、1845条内河数据收集、汇总、统计、审核和上报，出具大气、水、噪声、辐射等监测报告1100多份。（陈鸣渊）

责任编辑　余显幕

城市建设管理综述

【城市建设管理统筹推进】2016年，杭州城市建设以城市国际化与城乡一体化互动融合发展为牵引，坚持建管并重、统筹推进，G20杭州峰会服务保障、交通基础设施建设、水环境整治、惠民工程、村镇特色建设等取得可喜成绩，城市人居品质进一步提升。全年完成道路、河道等重大基础设施和保障性安居工程建设投资534.1亿元。市建委统筹实施峰会6大类605个城市环境整治提升项目，牵头完成85个重点项目建设和“两路两侧”、“四边三化”、彩钢房（棚）、违建出租房等专项整治，建成155千米峰会安保圈硬隔离设施，完成峰会新能源车辆充电保障、安保项目竣工验收、外宾配偶活动场所改造提升等工作。推进主城区城中村改造、小城镇环境综合整治，23个村完成全面改造。深入推进“三改一拆”和“无违建”创建，全市完成“三改”面积3298.6万平方米，拆除违法建筑面积2123.3万平方米。持续推进“五水共治”，杭州夺得全省治水工作最高奖“大禹鼎”。全年新增污水收集管网291.9千米。“交通治堵”工作全省领先，主城区“四纵五横”快速路网基本成型，新建停车泊位5.1万个。开工建设保障性住房7.61万套，竣工5.86万套。全力推进新型建筑工业化和BIM技术应用，全年完成既有居住建筑节能改造面积33万平方米、可再生能源建筑应用面积412万平方米，实施星级绿色建筑示范工程21项。加快海绵城市建设，出台《关于推进海绵城市建设的实施意见》，确定“十三五”期间重点建设项目751个，其中2016年开工25个、完工5个；开展技术前期准备135个。开发利用各类地下空间723万平方米。

改造提升后的石祥路　　（市建委 供稿）

【城市路网完善】2016年，杭州市加大快速路网、城市主次干道、人行过街设施、支小路建设及断头路整治力度，城市路网日趋完善。全年建成快速路54千米。机场快速路、东湖快速路、紫之隧道、风情大道、九堡大桥南接线及凤凰山东路（笤帚湾路—馒头山路）、丁桥东路（石祥路—华丰路）等主次干道建成通车，石祥路、紫金港路、之浦路完成提升改造，新业路、长大屋路等6条断头路打通，主城区“四纵五横”快速路基本成网。紫金港立交、文一路地下通道、望江路过江隧道、备塘路改造等项目加快推进，艮山东路快速路、望秋立交、秋石快速路半山南匝道、新业路南匝道等项目开工建设，天目山路—环城北路快速路、彩虹快速路萧山段及西延工程、临平环线快速路及上塘快速路上康立交等项目开展技术前期准备。紫之隧道汽车西站过街地道等5处人行过街设施建成，仙林桥人行过街地道开工建设。市区开工建设支小路51条，完工32条。

【城市交通拥堵治理】2016年，杭州市深入实施规划、建设、管理“三位一体”综合治堵措施，城市交通拥堵状况有所缓解。深化“公交都市”创建工作。全年主城区新增公交车194辆，除快速公交线路外，所有公交车均更新为节能、清洁新能源车；新建和改造公交候车亭1000多座，其中港湾式80座。完成公交运量最大的30条公交线路提速，全年增加公交运营里程347.96千米；升级公交站牌1600多块，站牌更换成中英文指示1.42万块。市地铁集团优化地铁运行图，日均客运量增加到73.7万人次，比上年(指2015年，下同)增长20.4%。升级公共自行车系统，提升公共交通分担率。市区公共自行车实施移动互联网租车和在线支付，西湖景区周边100处服务点实现扫码租车和双立柱锁止功能，火车东站东广场闸机式服务点引入公共自行车立体停车系统。完成11个老旧小区停车泊位改造，新增机动车停车泊位1143个。严管重点道路53条，严肃查处机动车闯红灯、机动车违停等5类违法行为。优化交通组织措施，主城区106条斑马线优化、69个点位“禁左”、89个缺口封闭和7条支路单行等举措全部实施到位。开展《杭州市“十三五”治理城市交通拥堵规划》编制和“中远期综合交通发展策略研究”“环西湖综合交通规划研究”等课题研究，推进智能交通、平安交通、畅通交通建设。

【河道整治与污水治理】2016年，杭州市以健全“河长制”为抓手，以加快基础设施建设为着力点，深入推进河道整治和污水治理工作。全市3223条河道有乡镇级以上河长2756名，其中市级河长34名、区县级河长341名，有村级河长2281名、河道警长916名，并有1418位市民担任民间河长，“河长制”管理实现全覆盖，有力促进水资源保护。开展“五水共治”专项督查，做好G20杭州峰会期间水环境质量保障巡查。统筹推进全市污水处理设施建设，全年完成污水处理厂一级A提标改造7座，建成污水处理厂4座，新增污水收集管网291.9千米。市区完成河道整治37条，其中G20杭州峰会保障项目32条；打通断头河9条，基本达到沟通断点、提升动力、改善区域水质的目标；河道新建、改建绿化74.1万平方米，建成并贯通绿道41.8千米，实现水清、路通、岸绿、景美、宜居的新格局。

【“三改一拆”行动】2016年，杭州市围绕服务保障G20峰会圆心，坚持不懈推进“三改一拆”，把建设“美丽中国的样本”实践持续推向深入。全市完成“三改”面积3298.6万平方米，拆除违法建筑面积2123.3万平方米，腾退土地面积1781.1万平方米，拆后土地利用1393.2万平方米，利用率78.2%。开展“两路两侧”“四边三化”等环境整治，完成省、市两级排出的公路和铁路沿线5861个问题点整治，建成省、市精品示范道路32条，其中S4机场高速公路萧山段、X713淳安县淳杨公路和X104富阳区江滨大道被命名为全省首批“四边三化”行动精品示范道路。开展“蓝色屋面”专项整治行动，全年拆改彩钢房(棚)20.2万处、5896.6万平方米。4月，淳安县、桐庐县被评为全省首批“基本无违建县”，富阳区、建德市、临安市、西湖风景名胜区被评为全省“无违建创建先进县(市、区)”。12月，桐庐县、淳安县申报全省首批“无违建县”，富阳区、建德市、临安市、西湖风景名胜区申报全省“基本无违建市(区)”，上城区、西湖区、滨江区、余杭区申报全省“无违建创建先进区”。

【建设保障性住房7.61万套】2016年，杭州市城镇保障性安居工程开工76161套、竣工58664套，开工、竣工数量分别完成省政府年度目标任务的109%和125%。推进主城区城中村改造攻坚行动。6月12日，市委办公厅、市政府办公厅印发《关于开展杭州市主城区城中村改造五年攻坚行动(2016～2020年)的实施意见》。年内，主城区完成馒头山地块、常青村夕照区块、云峰社区等重点区域城中村改造，23个村全面完成改造，45个村基本完成改造，9个村完成整村征迁，20个村启动整村改造，五年攻坚行动实现良好开局。全市棚户区拆迁安置房开工4.2万套、697.1万平方米，竣工4.1万套、656万平方米。加强各类房源调拨和审核工作，全年市本级完成拆迁安置房房源调拨23.5万平方米、审核3.1万平方米。

【停车场库及新能源汽车充电设施建设】2016年，杭州市通过完善政策举措，推进停车场库及新能源汽车充电设施建设。4月18日，市建委修订《杭州市鼓励社会力量投资建设公共停车场(库)资金补助办法》，进一步理顺推进停车产业化资金补助机制。5月5日，市政府办公厅印发《杭州市推进新能源电动汽车充电基础设施建设实施办法》。7月18日，市建委等4部门联合印发《杭州市新能源电动汽车自用和共用充电桩建设安装暂行规定》。全年主城区新增停车泊位51195个，其中公共泊位6578个。建成高速公路集中式充电站10个、非高速公路集中式充电站18个、

下城区红西河新貌　　(市建委 供稿)

民营资本投资建设的古新河市民公园地下停车库　（市建委 供稿）

分散充电桩（枪）2778个、集中式换电站4个。主城区交通高峰限行区域内公用充电桩达到3千米的充电服务半径，初步构建杭州市新能源汽车充电站网络框架。深化停车产业化发展，通过机制创优、项目推进、产业培育等措施，吸引社会力量参与公共停车场投资建设。滚动推进社会力量投资公共停车场建设项目33个，建设停车泊位约8000个。

【地下综合管廊建设】 2016年8月1日，杭州市出台《关于加快推进城市地下综合管廊建设的实施意见》，提出2016年开工建设地下综合管廊试点工程30千米，到2020年累计建成地下综合管廊80千米，部分新区、园区、成片开发区区域形成环网规模。年末，艮山东路综合管廊、德胜路综合管廊、大江东（江东大道、河景路、青西三路）综合管廊、沿江大道地下综合管廊、富阳区金桥北路综合管廊5个试点项目（7条地下综合管廊）均按要求开工建设。项目采用电力舱、水信舱、燃气舱或电力舱、综合舱和燃气舱三舱形式，入廊管线主要包括电力、通信、燃气、给水、污水等管线。

▲资料：地下综合管廊

地下综合管廊是指在城市地下用于集中铺设电力、通信、广播电视、给水、排水、热力、燃气等市政管线的公共隧道，包括干线型综合管廊、支线型综合管廊及缆线型综合管廊，是集约化铺设地下管线的一种方式。建设地下综合管廊，有利于消除城市“拉链路”现象，促进城市地下空间合理开发利用，推进城市基础设施高效集约发展，保证城市地下管线安全运营，提高城市综合防灾能力。

（郎淑文）

城市规划

【城市规划概况】 2016年，杭州市加大城乡区域统筹发展力度，按照高起点、高质量要求开展各层次规划编制，推进规划管理、审批、监督等工作创新，充分发挥城市规划调控作用。严格执行国务院批准的《杭州市城市总体规划（2001～2020）（2016年修订）》。市政府办公厅印发《杭州市城市总体规划实施任务分解方案》，从促进城乡区域统筹发展、加快市区空间结构优化、增强城市支撑保障能力等6个方面分解重点任务120项，逐项落实到各区县（市）政府。举办“畅想杭州2049：总规编制创新论坛”，谋划杭州新一轮城市总体规划。举办以“共绘共建共享”为主题的杭州市城市总体规划修改成果展。制定《杭州市环境提升与交通保障实施导则（试行）》《杭州市城市建筑屋面整治和管理导则》等，为G20杭州峰会环境整治提供行动依据。制定《杭州市城中村改造规划技术导则》，开展城中村改造“一区一规划”“一村一方案”编制工作。组织修订《杭州市城市建设工程规划管理技术规定（试行）》，出台《杭州市建筑工程容积率计算规则》等规定。完成《京杭运河杭州段两岸城市景观提升工程规划》《钱塘江两岸城市景观提升工程规划》编制。开展“邻里中心”、“养老中心”、急救中心急救点布局等规划研究和编制。推进亚运村选址相关工作。围绕总体城市设计修编、钱塘江两岸景观提升规划开展城市设计。全年完成规划编制项目25个，获批各类规划成果21个。完成行政许可和行政确认1844件。其中，建设项目选址意见书230件，建设用地规划许可224件、用地面积612.7万平方米，建设工程规划许可415件、建筑面积1111.56万平方米，规划核实确认252件、建筑面积1347.7万平方米。

（朱　良　肖　岚）

【《杭州市城市总体规划（2016年修订）》获国务院批准】 2016年1月11日，《杭州市城市总体规划（2001～2020）（2016年修订）》获国务院批复，修订后的总体规划成为指导杭州市“十三五”时期发展的重要依据。该次总体规划修改加强对影响杭州城市未来发展的重大战略性、宏观性、创新性、关键性问题的研究，主要聚焦民生保障、转型发展、城乡统筹、景观风貌、历史保护五个方面。其中，民生保障方面包含构建都市区1小时通勤网络、10条总长406.5千米轨道交通线路、“四纵五横三连十一延”快速路网等。　（肖　岚）

【分区规划编制】 2016年，杭州市以行政区为单位，有序开展分区规划编制工作。分区规划以修订后的杭州市总体规划为依据，以统筹各区“十三五”时期发展为目标，加强规划的系统性研究，落实总体规划关于大市政、大配套的要求。结合区级层面的发展诉求，细化总体规划对区域发展的引领要求，弥补全域规划与单元控制性规划的衔接断层。以拱墅区、大江东产业集聚区为试点，先行开展《拱墅分区规划》和《杭州大江东产业集聚区（大江东新区）分区规划》编制。　（陈玮玮　夏　洁）

【专项规划编制】 2016年，杭州市加大专项规划编制力度。全年编制完成专项规划7个。其中《杭州市地下综合管廊专项规划》根据市政管线规划、城市用地布局，以及轨道交通建设、地下空间开发等情况，确定杭州地下综合管廊建设的方向、规模和近期建设安排，并划定管廊优先发展区及连通廊道，对远景管廊主干网架进行构建。《杭州市城市综合交通规划实施评估》根据杭州城市综合交通发展面临的问题，提出杭州综合交通规划修编应围绕城市国际化和提升区域中心城市的地位，加快谋划区域交通的大枢纽和大通道；通过加快城市外围板块的融入，促进市域协调发展，推进中心城区的辐射带动；积极构建城市交通主骨架，以交通主骨架支撑和引领城市的新发展；进一步优化城市交通结构，努力缓解中心城区的交通拥堵问题。《杭州市养老设施布点规划（2010～2020年）实施评估》主要根据养老设施布点规划的环境适应性、结果符合性、实施绩效性、机制合理性，并结合杭州养老服务行业的发展趋势及养老需求展开，评估报告充分肯定该规划对养老设施建设的重要指导作用，同时针对养老机构布点与老年人口分布的空间匹配度不够、居家养老设施专业化水平有待提升、民办养老设施建设亟待规范等问题，提出加快推进养老服务设施建设、完善满足多元需求的养老服务设施空间布局等建议。在对杭州历史保护类规划实施评估中，肯定此类规划的主要特色及对推动城市历史保护和可持续发展的积极作用。

（凌　璇　张苗苗）

【《杭州城西科创大走廊空间总体规划》编制】 2016年11月16日，《杭州城西科创大走廊空间总体规划》经杭州城西科创大走廊空间规划编制工作领导小组第2次审议，分别上报省住房城乡建设厅和市政府审查。该规划以创新创业为主旨，根据创新人群特点和创新活动要求，提出优化空间布局、补齐设施短板、整合创新资源、提升环境品质的思路，推进科创大走廊现代治理。规划提出“三生”（生产、生活、生态）空间布局、综合交通体系建设、基础设施完善等规划策略和实施保障措施。（肖　岚）

【规划管理】 2016年，杭州市强化规划审查，完善规划决策体系，促进规划审批提质增效。全年市城乡规划委员会召开主任办公会议2次、规划专题会议5次，审议规划项目19个；召开专家论证会10次。推进审批改革，构建市规划局监管指导、各区规划分局审批服务的“1+X”运行机制。各城区规划分局承担的“两证一书”核发等业务占全市业务总量的四分之三。制定《杭州市城市设计导则编制规程》，加强城市设计的法规保障和刚性管控。出台关于建筑工程容积率、日照分析等技术规范，完善控制性详细规划规定、建设项目与规划许可管理规定、规划技术管理规定等技术标准，推进全市规划管理的政策统一、标准统一。（李传江）

【城市开发边界划定】 2014年7月，住房城乡建设部、国土资源部确定杭州等14个城市开展划定城市开发边界试点工作。至2016年6月，杭州基本完成全市域开发边界的划定，并编制《杭州城市开发边界实施规划》，划定工作通过住房城乡建设部、国土资源部联合组织的专家论证，划定的技术路线和方法获专家组肯定，杭州成为首个通过国务院批准城市开发边界的城市。城市开发边界是城镇集中建设区和非城镇集中建设区的分界线。集中成片的城镇建设原则上应在开发边界范围内。边界外主要为水源保护区、农田、湿地、生态公益林等生态开敞空间，以及村庄和零星的城镇建设用地。通过对城市开发边界的划定和长效管理机制的建立，有利于保护城市生态格局，提高土地利用绩效。年内，市规划局起草的《杭州市城镇开发边界条例（草案）》，经市法制办审定后，作为2017年度杭州地方性法规立法预备项目建议报送市人大审议。（宋征宇　傅德仁）

2016年杭州市政府批复同意的主要规划

表53

序号	批复项目	时　间
1	杭州市下沙大学城东单元（JS08）、大学城西单元（JS07）控制性详细规划（2015版）	2016-01-05
2	杭州市东新单元（XC06）控制性详细规划（2015版）	2016-01-29
3	杭州市轨道交通线网规划调整	2016-02-06
4	杭州之江国家旅游度假区单元（XH17）控制性详细规划（2015版）	2016-02-14
5	关于杭州奥体中心、国际博览中心单元奥体站地铁上盖物业综合体地块选址论证报告（控规局部调整）	2016-02-23
6	杭州市申花单元（GS04）控制性详细规划（2015版）	2016-04-05
7	杭州市10%留用地专项规划（上城区、下城区、西湖区、拱墅区、杭州之江国家旅游度假区、杭州经济技术开发区篇）	2016-04-05
8	关于凤凰谷单元西湖大学（筹）选址范围控制性详细规划局部调整	2016-04-12
9	杭州城市开发边界实施规划	2016-06-20
10	杭州市西兴单元（BJ13）控制性详细规划（2015版）	2016-07-25
11	杭州市城市规划公共服务设施基本配套规定（修订）	2016-07-27
12	杭州市江南单元（BJ01）控制性详细规划（2015版）	2016-07-28
13	杭州市文晖单元（XC04）控制性详细规划（2015版）	2016-07-29
14	杭州市地下空间开发近期建设规划（2016~2020年）	2016-08-08
15	杭州市三塘单元（XC05）控制性详细规划（2015版）	2016-08-15
16	杭州市固体废弃物综合处理规划	2016-09-26
17	杭州天子岭循环经济产业园（静脉产业园）空间布局规划	2016-09-26
18	钱江世纪城沿江景观带修建性详细规划	2016-09-30
19	杭州市市区河道配水详细规划（修编）	2016-10-12
20	杭州市第六批历史建筑保护规划图则	2016-11-04
21	杭州市10%留用地专项规划（江干区篇）	2016-12-12

【《杭州市区城中村改造规划技术导则》编制】根据市委办公厅、市政府办公厅制定的《关于开展杭州市主城区城中村改造五年攻坚行动(2016~2020年)的实施意见》,市规划局组织编制《杭州市区城中村改造规划技术导则》(简称《导则》),旨在加强主城区城中村改造的规划指导。《导则》于2016年11月21日由杭州市主城区城中村改造五年攻坚行动领导小组办公室印发。《导则》提出城中村改造应结合各村域区位特点和现状,注重历史文脉保护和特色营造,做到"一区一规划""一村一方案",坚持"拆要一拆到底,改要一步到位"的标准。年内,各城区(含杭州之江国家旅游度假区、杭州经济技术开发区、西湖风景名胜区)依据《导则》开展"一区一规划"和"一区一方案"的编制。杭州将在5年内基本完成各城区所辖区域内246个城中村的改造。(董巧巧)

【杭州城市国际化发展论坛】2016年4月14日,市规划局在钱江新城举办以"走向世界的创新活力之城"为主题的"2016杭州城市国际化发展论坛",邀请国务院参事仇保兴、中国科学院院士郑时龄、同济大学副校长伍江、中国城市规划设计研究院原院长李晓江等国内规划建设领域和省内产业经济领域知名专家,围绕杭州城市国际化的内涵、目标、对策和行动做学术交流。与会专家认为,随着全球化进程的加快,杭州参与国际化竞争的程度不断加深。城市国际化既是杭州发展建设的目标,也是杭州实现转型发展的科学途径。

(傅德仁　张海畅)

【基础测绘和信息化服务】2016年,杭州市本级投入基础地理信息建设资金4000万元,全市完成1:500地形图更新全覆盖,建立3100平方千米的倾斜摄影模型,更新空间框架数据2批、影像数据4批;完成大比例尺地形图更新图幅9310个,图幅面积465.5平方千米;接收各部门专题数据7批;加载地理市情数据图层522个。为G20杭州峰会编制《浙江省地图》《杭州市域地图》和《杭州城区地图》中英文版地图及《韵味杭州》配套地图,提供杭州市主城区400平方千米的城市三维模型数据、数字高程模型数据和倾斜摄影三维模型数据。市规划局与市发改委、市交通运输局、市城投集团等7个单位签订地理信息资源共建共享协议。(吴龙强)

2016年12月,市规划局组织开展"双百活动"。图为12月3日召开的"双百活动"社区座谈会（市规划局　供稿）

【市规划展览馆接待观众15.1万人次】2016年7月1日,杭州市城市规划展览馆完成提升改造后重新开放。全年接待省内外代表团和社会团体440个,接待社会各界代表及外国友人15.1万人次。服务保障大型会议和各类座谈会60场,包括G20杭州峰会环境保障部例会、城西科创大走廊规划编制工作领导小组例会、城市国际化发展论坛等。完成《杭州市海绵城市专项规划(草案)》《杭州市城市抗震防灾规划(2011~2020)》等11个规划的公示,收回各界人士和市民群众对公示及规划工作的意见建议820多条。为杭州高级中学、杭州师范大学附属中学等5所学校中学生提供社会实践服务。开展志愿讲解活动,通过志愿者通俗的讲解,让更多的人了解杭州,了解规划。

(朱海卫)

城建投资

【城建投资概况】2016年,市城投集团按照"三大主体"(重大城建项目的建设主体、城市基础设施的投融资主体、市政公用设施的运营主体)的定位,全力抓好重大项目建设、企业改革上市、G20杭州峰会服务保障等工作,全面提升城市设施建设水平和公共产品保障能力。全年完成城市建设投资153.66亿元,比上年增长57.0%。实现营业收入184.08亿元,增长18.2%。实现利润14.18亿元,其中净利润10.16亿元,均增长35.3%。上缴税收15.75亿元,增长58.5%。年末总资产突破1000亿元,达1033.99亿元;净资产429.25亿元,分别增长13.2%和13.9%。

峰会服务保障任务圆满完成。全面建成紫之隧道,完成茹家河等河道整治。更新公交候车亭1000多座,更换公交站牌1600多块,新增公交双语站牌1.42万块。投入新能源电动车1970辆、新款公共自行车1万辆。提前2个月完成杭州钢铁集团生活区7000多户居民自来水、天然气的改造转换。完成17.72千米重点路段的老旧供水管网改造和主要宾馆自来水、天然气、通讯双路供应保障。完成主城区"多箱合一"的箱体安装和白鹿鞋城的拆迁改造。

重大项目建设有序推进。全年完成重大工程项目38个,其中省、市重点工程项目28个。建成杭州祥符水厂饮用净水改造工程一期、杭州七格污水处理厂一、二期及三期提标改造。市公交集团转塘公交枢纽站、闸口公交车保养基地、下沙

2016年11月18日，中国城市公共自行车工作委员会在杭州成立

（市城投集团 供稿）

南区公交中心站等项目主体工程完工。建成天然气高压管道14.51千米、中低压管网316.82千米。七格污水处理厂四期、祥符水厂改造提升二期、九溪水厂改造提升、建筑垃圾资源化利用、第二垃圾填埋场污水处理厂提标扩建等项目实现进度要求。

企业改革上市取得新成果。市城投集团以企业上市为突破口，进一步整合优质资源，优化管理架构，提升创新发展绩效，激发企业发展活力。市城乡建设设计院有限公司获准在“新三板”挂牌，成为市城投集团第一个成功上市的企业。市水务集团获得主城区供排水特许经营权。完成5个单位经营性资产无偿划转。全行业《压缩管理层级及“低小散弱”企业退出工作三年行动规划》编制完成，7个单位机构调整到位。

公用产品保障水平进一步提升。全年完成公交客运14.14亿人次，供水6.51亿立方米，处理污水4.48亿立方米。销售天然气9.82亿立方米，比上年增长20.9%；全社会气化率100%。处置垃圾212.44万吨，其中垃圾填埋205.54万吨，垃圾处置增长20.5%。开展服务进社区、进企业活动，全年为38个街道、347个社区、5个特色小镇开展上门服务。市城投集团综合营业网点增至8个，城投部门优化服务工作进一步向城乡接合部延伸。

【市城投集团万名党团员志愿者服务总队成立】2016年3月15日，市城投集团成立由4000名党员、2110名团员和4000名入党积极分子组成的万名党团员志愿者服务总队，总队下设“孔胜东”“阿力”“正气”“绿色风行”等6支服务分队，集中开展公交文明劝导、真情服务进社区、环保“路乞”、“小红车回家”四大特色志愿服务活动。累计发动志愿者1.67万人次，组织大型文明劝导活动32次、大型“路乞”12次，为杭州市民提供燃气设施免费上门安全检查及维修服务、液化气灶具现场维修服务、用电知识咨询、社区污水管道疏通预约、内部供水设施检修预约、公交卡出售充值、老年卡年检等特色服务。志愿服务活动被省、市主流媒体报道30多次，并被评为年度“杭州精神文明建设十件大事”之一。

【紫之隧道建成通车】2016年8月10日，市城投集团投资建设的紫之隧道建成通车。该隧道为省重点工程和杭州市“四纵五横”快速路网的重要组成部分。隧道南起之浦路，北至紫金港路，由三座隧道、两座桥涵组成，全长14.4千米，主线为双向六车道，设计时速为60千米，总投资45亿元。工程开工以来，市城投集团不断攻克各类城市隧道施工难题，实现全国首例超长距离、超大截面浅埋暗挖施工的创新。（袁东洋）

【G20杭州峰会主题公交专线上线运行】2016年5月18日，杭州市公交集团推出G20杭州峰会主题公交专线。该专线原为火车东站西至杭州陶瓷品市场的20路公交线路，线路上运行的27辆公交车为蓝天白云款“比亚迪”纯电动公交车，外观以蓝色为主色调，图案为蝴蝶翩飞。新推出的G20杭州峰会主题公交车采用新的涂装，车厢涂装20个国家的文化主题。其中中国文化主题公交车8辆，包括2辆杭州文化主题公交车，其余19辆为各个参会国家文化主题公交车。

【应用支付宝乘坐公交车试点】自2016年8月16日起，杭州市公交集团在506路20辆公交车上试点应用支付宝乘坐公交车，该做法属国内首创。支付宝乘坐公交车系统由市公交集团联合浙江政务服务网、支付宝（中国）网络技术有限公司等单位合作开发。作为现金投币乘车的一种替代方式，乘客乘坐公交车只需使用手机支付宝，通过“二维码”扫码即完成支付。

【中国城市公共自行车工作委员会在杭成立】2016年11月18日，中国城市公共自行车工作委员会在杭州成立。委员会由杭州市公交集团和太原市公交集团联合提议成立。成立仪式由中国道路运输协会城市客运分会主办，杭州市公交集团、杭州市公共自行车有限公司承办，杭州金通科技股份有限公司协办。成立大会上发布低碳倡议《杭州宣言》。作为国内公共自行车行业交流合作的平台，工作委员会将致力于运用互联网、物联网技术提升公共自行车服务品质，推广绿色、低碳、健康的出行理念，建立安全、有序、便捷、开放、创新的公共自行车交通系统，着力解决公交出行“最后一公里”的问题。（郑增杰）

【寒潮低温及雨雪冰冻天气供水保障】2016年1月21日，杭州遭遇罕见的寒潮低温及雨雪冰冻天气，最低气温降至-9℃，导致全市自来水管出现大面积冰冻破裂，严重影响市民生活。市城投集团迅速组织以市水务集团为主力、系统各单位协同作战的抗冰冻队伍，全天候投入抗冰冻保供水工作，将冰冻给市民造成的影响降至最低。春节前，主城区3.94万居民求助报告反映的问题全部得到解决，累计更换水表23044只，修复户外水管4132处，完成市政道路爆管抢修8处。

【3个保供水项目竣工】 2016年5月11日，杭州苗圃给水加压泵站扩建工程并网通水。该泵站是九溪水厂向主城区供水的大型增压泵站，设计规模60万立方米/日，供水范围西至余杭，东至杭州城市中部区域，北至半山、丁桥一带，承担着杭州市主城区近一半的供水量。苗圃给水加压泵站扩建主要新建两座1.5万立方米、两座1.2万立方米的清水池及配套管线工程，总投资约5000万元。扩建后泵站总库容增加5.4万立方米，主城区供水调蓄能力大为提升。

6月14日，南星水厂至下沙输水专管全线通水，设计输水规模20万立方米/日，输水管道经之江路、钱江东路、车站南路、沿江大道至下沙南部泵站，全长22千米，建成后使南星水厂日出水能力由35万立方米提高至40万立方米，从根本上解决下沙区域供水缺口和城东供水低压区高层水压不稳的问题。

6月30日，祥符水厂饮用净水改造工程深度处理系统通水。工程总投资3.81亿元，采用"预臭氧—混凝沉淀—砂滤池—中间提升—后臭氧接触—活性炭滤池—加氯消毒"的深度水处理工艺。提标改造后，出厂水水质达到浙江省城市供水现代化水厂的标准。祥符水厂主要承担杭州城北地区及三墩、康桥、半山地区50万居民生活用水和企业工业用水。

【杭州七格污水处理厂提标改造工程投入运行】 2016年6月30日，杭州七格污水处理厂提标改造工程竣工并投入运行。提标改造后，污水中总磷、总氮和悬浮物等主要污染物浓度大幅下降，出厂水由原来的一级B提高至一级A标准，每年可减少化学需氧量排放4380吨、氨氮排放2482吨。该工程是省、市"五水共治"的重点项目之一，分为一、二期和三期两个阶段实施，主要对既有部分构筑物进行改造，工程概算总投资6.91亿元。七格污水处理厂是杭州最大的城市生活污水处理厂，承担着主城区96%以上居民的生活污水处理，日处理污水120万立方米，污水经处理后排放至钱塘江。 （王　翔）

【嘉兴天然气接收站项目合作协议签订】 2016年10月28日，杭州市燃气集团与嘉兴市燃气集团、协鑫石油天然气有限公司共同签署嘉兴天然气接收站项目三方合作框架协议。接收站位于嘉兴市独山港区，定位为中型规模的天然气应急调峰储备库，由3个8万立方米储罐、1个5万吨液化气专用配套码头组成，设计天然气周转量100万立方米/年，总投资约30亿元。接收站建成后将进一步提升杭州市清洁能源的应急保障能力，并为市燃气集团推进"全产业链"发展战略奠定基础。

【杭州天然气"十九服务厅"上线】 2016年11月28日，杭州天然气"十九服务厅"上线，用户在市燃气集团官方微信公众号和支付宝"杭州天然气"服务窗登陆"十九服务厅"，就可办理燃气新装预登记、热水器补开通、退户撤销、点火预约、燃气缴费等7项业务，并可查询燃气知识、业务办理、安全提醒、办事指南等信息。"十九服务厅"是杭州主城区18个线下服务窗口之外的又一全新燃气服务窗口。上线仪式上，市燃气集团承诺，用户工作时间的申请2小时内响应，其余时间的申请在次日上午10时前响应，并进一步缩短原承诺上门安装燃气具的时间。至年末，"十九服务厅"办理各类网上业务524笔。

（陶　毅）

【"清洁直分"手机App上线试运行】 2016年3月15日，杭州市环境集团推出的"清洁直分"手机App上线试运行。市民可通过手机App预约回收家中的固体废物，由环卫工人变身"垃圾快递员"上门回收。预约回收采用"互联网+垃圾分类回收"的新模式，前期在拱墅区和睦、小河、大关3个街道的11个社区和下城区东新街道17个社区范围内进行试点。年末，"清洁直分"手机App应用平台总下载1.62万次，注册用户3890户，接受预约回收固体废物订单1725份。

【杭州图书馆环保分馆一期向市民免费开放】 2016年6月5日，杭州图书馆环保分馆一期向市民免费开放。杭州图书馆环保分馆是国内首个设在垃圾场上的环保图书馆，由杭州图书馆和市环境集团联合打造，位于杭州市天子岭静脉小镇内。环保分馆一期设立一个主馆、一个分馆、两个漂流书亭，拥有各类环保、天文地理藏书10多万册。主馆位于小镇中国

2016年6月30日，杭州七格污水处理厂提标改造工程完工

（市城投集团　供稿）

垃圾与文化博物馆，主要为阅读、体验、活动场所。分馆位于小镇138创意空间，主要开设各类文化创意手工课，并设立生态公园绿宝亭、华家池环保教育宣传站。环保分馆于每周二至周日向广大市民免费开放，市民还可以在该馆借阅杭州图书馆的馆藏图书。年内，环保分馆二期建设启动，主要围绕“两院”（环保小剧院、绿廊文化小院）、“两基地”（环保教育基地一期、三期）、“六站”（除华家池外的六座环保教育宣传站）的布置，打造阅览、体验、活动、会议空间与传播融合的图书馆发展管理的新模式，最终实现天子岭静脉小镇的“三生”（生产、生活、生态）打通和“三业”（产业、旅游、文化）叠加。

【生活垃圾机械生物消融技术中试项目建成】2016年6月22日，市环境集团联合江苏维尔利有限公司研发的生活垃圾机械生物消融技术（EMBT）中试项目建成并投入试运行。该技术源于德国卡伦贝格垃圾处理专业协会和德国维尔利公司，结合国内的垃圾特性和处理目标，不仅能处理分类后的厨余垃圾，也能处理未分类的混合垃圾。中试项目占地面积5000平方米，设计规模为日处理50吨，直接投资3000多万元。主要由机械预处理系统、生物水解系统、湿法厌氧系统、生物干化系统、除臭系统五个系统组成，其核心技术是通过生物水解工艺，对垃圾进行生态能源的综合利用。中试项目每日可产生沼气2500立方米、燃料棒18吨，日发电量5000千瓦小时，垃圾减量化率90%以上。

【建筑垃圾资源化再生利用项目建成】2016年12月20日，杭州市建筑垃圾资源化再生利用中试项目建成并投入试运行。该项目是国内首个装修垃圾再生利用项目，设计年处理建筑垃圾10万吨，占地面积1.67万平方米，总投资3800万元。项目采用“无焚烧纯物理化处理”工艺，引进砖石分选、光电分选、机器人分选、荷兰进口轻物质分选等先进的工艺技术。项目设有建筑（装修）垃圾经分拣破碎生产线、砌块成型生产线、水稳拌合物生产线和燃料棒生产线。通过各种先进工艺技术，把建筑（装修）垃圾还原成洁净的砂石骨料、砖砂、筛分土、废铁、轻质物及其他物质，再通过生产线生产出各种再生材料，较好地实现建筑（装修）垃圾的“减量化、资源化、无害化”。

【杭州萧山餐厨生物能源利用项目开工】2016年11月28日，杭州萧山餐厨生物能源利用项目开工建设。该项目位于萧山经济技术开发区钱江农场地块内，总建设用地2公顷，总投资约2亿元。项目建设坚持“减量化、无害化、资源化”的处置原则，选用先进、可靠、高效的处置设备及技术工艺，采用“餐厨垃圾预处理+中温厌氧发酵+沼气净化发电+资源回收利用”的国内主流工艺技术。项目建成后，预计年处理餐厨垃圾7.3万吨、地沟油7300吨，提取粗油脂2000吨，产生清洁能源（沼气）480万立方米，发电量950万千瓦小时。餐厨垃圾收集车辆采用全封闭桶式车，生产车间全密闭，并设置除臭系统，把运输及处置餐厨垃圾过程中产生的环境影响降到最低。（郭建玲）

钱江新城

【钱江新城概况】2016年，钱江新城管委会和钱江新城投资集团以服务保障G20杭州峰会为圆心，统筹推进钱江（城东）新城开发建设和产业经营，着力提升新城建设水平。钱江新城二期扩容区开发前期准备基本就绪，钱江新城管委会参与投资建设的杭黄铁路（浙江段）建设进度加快。望江路过江隧道建设稳步推进。全年钱江新城完成有效投资269亿元（含社会项目投资），其中钱江新城管委会完成112亿元，钱江新城投资集团完成157亿元。

加快重大项目建设进度。杭黄铁路（浙江段）建设完成投资53.68亿元，沿线农居户拆迁和企业搬迁基本实现“清零”。钱江新城核心区高德置业、杭州来福士广场等13个重点社会项目建设进度加快，华联置业、泛海国际、中信银行等楼宇项目投入使用。中嘉市场、铁路体育馆、省钱塘江安全应急中心拆迁和胡庆余堂搬迁，以及三叉、五福社区征迁扫尾工作完成。核心区4个地块签订征地协议，钱江新城实现“零违建”。钱江苑、核心区等4个安置房项目有序推进。新城投资集团新开工安置房及配套项目8.2万平方米，续建135.5万平方米，竣工50万平方米。钱江外国语学校、江干区人民医院等项目开工建设，横店集团和稠州银行大楼等项目施工进度加快。江河汇城市综合体项目报市政府审批，彭埠入城口地区、城东新城四堡和七堡单元规划及上城区块城市设计工作取得阶段性成果。

加强城市资源经营管理。钱江新城管委会和钱江新城投资集团完成核心区、南星单元、景芳三堡单元、彭埠单元6宗土地出让，出让土地44.2公顷，实现土地出让合同金额168.8亿元。储备土地12宗、29.9公顷。完成公款存放招投标。钱江新城管委会与杭州湖畔居茶楼签订城市阳台展厅等场地租赁协议。

统筹推进综合管理。钱江新城核心区渔人码头、生态公园控制性规划调整上报，海绵城市建设评估及实施方案完成编制。杭州博奥隧道工程可行性研究、初步设计及施工图设计等15个项目建议书及可行性研究报告获批复。完成市民公园等4个项目建议书和可行性研究方案调整。杭州博奥隧道工程勘察和设计监理单位、钱江新城核心区物业管理、钱塘江管理局应急中心复建等项目完成招标，钱江新城管委会小型招标平台完成招标项目26个，景芳三堡单元地块安置房设计招标启动。

【峰会保障任务全面完成】2016年，钱江新城管委会和钱江新城投资集团按照“最高标准、最快速度、最实作风、最佳效果”的总要求，实施峰会项目领办制，层层落实责任，重点抓好项目督办，全面完成42个峰会项目整治和各项服务保障。高标准实施杭州大剧院修缮、杭州国际会议中心和市民中心会议中心及配套设施提升改造、三大场馆及周边停车系统提升。完成以彭埠入城口、德胜入城口和火车东站枢纽亮灯工程为核心的环境提升工程，实施城市道路绿化88万平方米、场地整理及临时覆绿90多万平方米。新业路（新塘路—钱江路）、钱江东路（三新路

2016年5月，城东新城钱塘白石嘉苑安置房交付使用 （朱礼胜 供稿）

—塘工局路）、城园路（解放东路—新业路）、东业路（解放东路—新业路）、秋园一路（秋涛路—城园路）、秋园二路（解放东路—新业路）6条道路建成通车，富春路污水管道建成并移交。完成核心区新塘河绿道包括配套工程和市民广场、CBD公园、主阳台等综合整治，以及核心区10个社会项目景墙设置和市民中心南广场4个项目提升改造。完成市民公园、杭州金融城地块、生态公园渔人码头拆迁平整。完成城市阳台B20茶歇场地装修和相关活动服务保障。提升峰会场馆的软硬件，推动接待场馆向国际会议接待场馆转型。接待"两会一宴"（B20两场会议一场宴会）参会参宴中央企业60多个、嘉宾1000多位。接待中央和省市有关部门领导检查考察7000多人次，宾馆酒店为19个国家、326人次外宾提供全程服务，配合市宣传部门接待境内外媒体记者446人次。峰会期间报送信息600多条。钱江新城核心区国庆期间接待游客10.65万人次。钱江新城管委会和钱江新城投资集团及所属4个单位被评为省、市峰会保障工作先进集体，89人被评为先进个人。（施旭青 朱礼胜）

【钱江新城二期扩容区开发前期准备就绪】2016年，钱江新城投资集团开展钱江新城二期扩容区开发实施纲要编制，实施纲要包括规划优化、征迁回迁、工程建设、综合管理、资金平衡五个方面的实施方案。组织专家对彭埠入城口综合交通改造和海绵城市、综合管廊、城市国际化、轨道交通线位和以公共交通为导向的开发模式、快速交通网等进行研究和优化。对钱江新城二期扩容区城中村改造工作进行专题研究，提出"规划引领、四村联动、市区协同、整体开发"的工作思路及"一年争取拆平、三年基础配套、五年基本成型"的行动计划。钱江新城投资集团与江干区政府、市发改委、市规划局、市国土资源局、市财政局加强规划、土地、资金等方面的协作。年内，钱江新城二期扩容区建设前期各项准备工作基本就绪。

▲资料：钱江新城二期扩容区

该区块位于钱塘江北岸钱江二桥下游地区，西起铁路线，东至和睦港，南临钱塘江，北接艮山西路，绵延钱塘江岸线4千米，规划总面积约6平方千米，总建筑面积约700万平方米，其中住宅约400万平方米。区域内规划有"二横十纵"组成的道路骨架路网、"一横五纵"组成的河网。

【基础设施建设力度加大】2016年，钱江新城投资集团加大基础设施建设力度。望江路过江隧道北出口工程完成主体结构施工并通过竣工验收，隧道主体工程完成管线迁改，江南工作井进场开挖。沿江大道综合管廊工程完成项目建议书和选址意见书拟定、可行性研究批复、初步设计审查、施工和监理招标，于12月20日开工建设，成为全市最早开工的综合管廊建设项目。加快交通拥堵治理工程建设。全年开工天成路（明石路—规划支路）、跨塘桥路、元宝塘巷、同德路等区域范围内道路整治项目11个，续建御四路、升华路、石桥单元一号和二号支路等交通治堵项目5个。完成驿城路（百田巷—德胜路）、百田巷、明石路、花园路、御四路等道路提升改造项目12个，以及上城区块甬江路、候潮路、婺江路等配套主次干道项目10个。加强河道、港口治理，完成白石港（天城路—源聚路）、二号港、引水河工程等河道整治项目5个，建成雨水与污水分流管道20多千米。（朱礼胜）

【杭黄铁路建设】杭黄铁路（浙江段）于2014年6月30日先行开工，工程建设有序推进。2016年，浙江段完成建设投资53.68亿元，累计完成投资150.08亿元。沿线拆迁农户签约1698户，签约率99.9%；签约农户全部按期限腾空并完成房屋拆除。浙江段涉及拆迁企业85个，全部签订拆迁协议。沿线各区县（市）累计交付建设用地354公顷，交付施工临时用地248公顷。12月8日，杭黄铁路最长隧道——天目山隧道贯通，比计划工期提前71天。隧道全长12013米，为华东地区最长的铁路隧道。

【钱江新城商业用地出让】2016年1月6日，钱江新城商业地块——钱江新城单元H-03地块在杭州市产权交易中心挂牌出让。该地块位于江干区，东面和北面至规划道路，南面至解放东路，西面至秋涛北路，出让面积8777平方米，容积率4.5，可建建筑面积3.96万平方米。由杭州新阔实业投资有限公司以5.369亿元报价竞得，出让年限40年。

【钱江新城核心区地块出让】2016年8月18日，钱江新城核心区E-04地块经过94轮竞价，由都城伟业有限公司以63.5亿元报价竞得，折合楼面价每平方米21073元。该地块东面至富春路，南面至丹桂街，西面至民心路，北面至江锦路，为商务、商业用地，出让面积30133平方米，容积率10.0，可建建筑面积30万平方米。（施旭青）

【上城区块“双清”目标实现】 2016年，钱江新城投资集团全力推进区域范围内“双清”(征地拆迁“清零”及回迁安置“清零”)工作。全年完成征迁住户130户、企业44个，重点征迁区域为城东新城、江河汇区块、钱江新城二期扩容区。回迁安置1500多户，其中，白石、草庄、黎明社区和御道区块整村回迁1400多户，上城区块回迁109户。钱江新城上城区块历时15年的征迁及安置工作结束。

(朱礼胜)

【富春路(清江路—之江东路)污水管道改造工程竣工】 2016年6月16日，富春路(清江路—之江东路)污水管道改造工程通过竣工验收。管道全长3295米，总投资7596.09万元。建设单位克服施工技术要求高、关键节点多等困难，按照分段验收、分段开通使用的原则，经过6次新老管道割接，于6月13日完成全线管道割接及新建管道开通试运行。污水经提升后的污水管向东排入运河西侧污水井，接入杭州四堡污水转输泵站，输送至杭州七格污水处理厂进行处理。

【3条道路通过竣工验收】 2016年8月15日，钱江新城核心区新业路(秋涛路—钱江路)、城园路(解放东路—新业路)道路工程通过验收。新业路(秋涛路—钱江路)全长900米，双向六车道。城园路(解放东路—新业路)全长600米，双向四车道。8月17日，钱江路延伸线(三新路—塘工局路)道路工程一、二标段(除隧道外)通过竣工验收。该工程为市重点项目和城市主干道。道路西起三新路，向东跨越京杭大运河，下穿杭长高铁、杭甬高铁、浙赣铁路、杭甬高速公路至观潮路，道路全长2308.6米，标准宽度55米，设计时速50千米~60千米，双向八车道(预留快速公交专用道)，京杭运河以东至御四路段双向四车道。3条道路竣工后，钱江新城路网进一步优化。(施旭青)

【3所学校交付使用】 随着彭埠入城口环境提升工程、火车东站亮灯工程等峰会提升整治项目完工，笕桥街道白石、草庄、黎明三大社区1000多户住户回迁，大量孩子需要上学。钱江新城投资集团对新城区域内教育配套设施建设及早规划、加快推进。2016年9月，该集团继夏衍小学、笕桥幼儿园等6所小学、幼儿园交付使用后，在江干区又将彭埠单元R22－06地块小学、彭埠单元R22－07地块幼儿园和天城单元R22－01地块幼儿园交付江干区教育局。此次交付的3所学校建筑面积2.11万平方米，开办教学班57个，并配建4个托儿班。年内，该集团投资在建配套项目13个，其中新建4个、续建9个，完工5个。

(朱礼胜)

【钱江新城3000米景墙工程完工】 2016年3月，峰会环境整治提升项目——钱江新城3000米景墙工程全面动工。6月，完成全部项目主体施工、景墙广告设置和工程细节整改。该工程按照统一设计、统一标准、统一方案的一体化设计要求，结合新城核心区围墙现状，设置景墙高度4米，立柱间距12米，采用钢结构支撑，墙面广告以蓝色调为主，内容分别为反映钱江新城风貌、喜迎G20杭州峰会及各社会项目宣传三部分。景墙工程于峰会前完工并对外开放。

【钱江新城“城·水·光·影”主题灯光秀】 2016年9月3日晚，钱江新城以“城·水·光·影”为主题的灯光秀正式上演，为B20杭州峰会参会嘉宾及市民、游客献上一场集声、光、电于一体的完美灯光盛宴。灯光秀是G20杭州峰会重要社会项目之一，钱江新城管委会借鉴重庆、南昌等城市的亮灯设计，在沿江铺设2.3千米长的光源70万点，对富春路和钱塘江之间35幢楼面进行灯光配置，灯光显色超过1600万种，通过“4G无线联动”控制。灯光秀分为“城之魂”“水之灵”“光之影”3个篇章，分别从不同角度，运用各种元素、艺术手段和现代化视觉效果，呈现杭州从西湖时代迈向钱塘江时代的独特韵味与别样精彩。

【G20杭州峰会展示墙】 2016年10月14日，钱江新城G20杭州峰会展示墙制作完成。展示墙位于钱江新城城市阳台展厅内部，以“弄潮儿向涛头立，手把红旗旗不湿”为主题，分四个部分展示峰会情况。第一部分“序篇”介绍杭州峰会的基本情况，展示杭州人民服务保障峰会的决心与热情。第二部分“峰会篇”，通过介绍习近平总书记一系列密集活动，展示峰会期间各国领导人及嘉宾的峰会记忆和杭州印象。第三部分“成果篇”，通过大量图文展示峰会带来的十大成果，以及习近平总书记和各国领导人对杭州的盛赞。第四部分“感谢篇”，展示省、市政府两封致市民的感谢信，表达对杭州人民圆满完成峰会各项服务保障工作的感谢。11月22日，G20杭州峰会展示墙与钱江新城建设成果展一起在钱江新城城市阳台展厅向市民展出。

钱江新城音乐喷泉　　(钱江新城管委会 供稿)

【杭州钱塘江博物馆城市阳台展厅落成】 杭州钱塘江博物馆为钱江新城管委会直属事业单位，于2010年11月12日经市编委办批准登记注册，规划选址于京杭运河与钱塘江交汇处的渔人码头生态公园。建成后主要作为钱塘江学研究的工作场所及钱塘江文物的展示场所和研究基地，并作为研究机构参与杭州城市学研究及其分支学科的研究，承担相关学科丛书的编纂等工作。2015年11月，因规划调整，钱塘江博物馆建设先行启动城市阳台展厅建设，地址为城市阳台中心区域，占地面积1500平方米。2016年8月18日，钱塘江博物馆城市阳台展厅落成。11月22日，城市阳台展厅试开放，并开展征集和发掘历史文物、古迹遗存、民族民俗文物等活动。

【6座漂流书亭新增"公益娘家"】 钱江新城创办于2012年的漂流书亭，先后留下莫言、麦家等名家的风采，G20峰会期间作为展示杭州文化形象的载体，被分享、信任、传播。2016年9月27日，为纪念漂流书亭创办4周年，浙江物产中大集团总部第一党支部和集团所属4个企业，以及杭州钱塘江博物馆等单位与钱江新城管委会签署漂流书亭认领合作协议书，分别认领城市阳台二号辅阳台东侧6座漂流书亭，使漂流书亭新增一批"公益娘家"。至年末，漂流书亭累计漂出图书约5万册，漂进图书约3万册。 （施旭青）

【资产经营管理扩面提质】 2016年，钱江新城投资集团进一步扩大物业租赁业务。完成火车东站西广场G层商业及西广场旅游集散中心配套商业3176.5平方米物业面积的招商，接管波浪文化城、蕙沣大厦B座、钱江苑商铺、勇进中学地下车库等商业物业和置换房产物业，在管物业总面积增至110万平方米。开展两大新城广告规划编制，完成砂之船国际生活广场、市民广场等闲置广告牌出租和核心区公交车亭经营权拍卖，广告位出租率74.5%。研发智能停车系统，该系统涵盖杭州主城区260多个停车场库、5万多个泊位（包括路内路外泊位）信息。扩大信息技术业务，完成杭州建易建设信息技术有限公司的划转接收和"建易保证金平台"的开发，做好有关区县（市）公共资源交易平台、杭州市行政服务中心智慧大厅系统平台、杭州造价网等平台的维护，加强对市公共资源交易平台及杭州地区投标保证金平台的运营管理。建立集团经营资产库，完善国有资产管理制度，包括巡查、抽检工作机制。完成停车系统无形资产商标注册。统筹市民中心资产置换工作。4月22日，钱江新城投资集团与杭州市政府机关事务管理局签署部分国有房产无偿划拨的备忘录。年内完成第一批资产置换接管，建筑面积1.7万平方米。

【杭州钱江新城金融投资有限公司成立】 2016年5月3日，杭州钱江新城金融投资有限公司成立。公司注册资本1亿元，为钱江新城投资集团的投资平台。公司业务包括集团产业转型升级服务、城市建设开发服务和资产配置增值服务等。通过开展投资融资、股权运作、产业培育、资本整合等专业化的金融服务，推进集团产业集聚和转型升级，促进国有资产保值增值。

【杭州市停车产业股份有限公司成立】 2016年12月19日，杭州市停车产业股份有限公司成立。公司注册资本5000万元，为钱江新城投资集团所属二级子公司，主要从事停车场库经营管理、投资拓展、线上平台建设、技术服务咨询等业务。年内，公司管理停车泊位5000多个，大多数泊位分布在钱江新城波浪文化城、火车东站东西广场、元宝塘公园地下车库。公司的智能停车系统接入杭州主城区260多个停车场库5万多个泊位（包括路内路外泊位）信息，可为市民提供停车泊位动态信息发布与查询、室外导航、反向寻车、在线支付等服务。

【杭州市会展旅业有限公司成立】 2016年12月28日，钱江新城投资集团成立杭州市会展旅业有限公司。该公司引进国际高端的合作伙伴，与北京钓鱼台会展有限公司实行合资经营，旨在打造自身会展品牌。年内完成公司章程制定、组织架构搭建、人员招聘、清产核资、品牌设计和项目发布等工作，并按照"轻重资产结合、线上线下兼顾、整合拓展并重"的经营原则，着手激活上下游产业链，先后与神州租车有限公司、一嗨租车有限公司、浙江中大元通融资租赁有限公司等汽车租赁企业达成初步合作意向，对罗家老宅等历史保护建筑物业的经营业态开展可行性研究。 （朱礼胜）

城市管理

【城市管理概况】 2016年，市城管委以举办G20杭州峰会为契机，综合协调，统筹兼顾，全力推进城市环境整治工作，提升城市综合管理水平，全面完成峰会服务保障各项任务。

实施环境整治提升。市城管委按照"最高标准、最快速度、最实作风、最佳效果"要求，全力抓好市政道路整治、亮化提升改造、环卫设施提升、城市景观布置、城市河道治理、"智慧城管"建设等工作，完成道路整治和街容提升项目264个，累计整合弱电箱体303只，清除整合标识标杆1.15万处，改造窨井1.5万只、卷帘门2716处，提升地下管线235条、143千米；提升公厕119座，整治沿街立面3807幢。组织开展犬类、渣土、摊点乱摆、车辆乱停、流浪乞讨、户外广告、违章建筑等整治，促进城市环境秩序改善。推进市政、环卫、绿化"三位一体"综合养护和建筑物景观照明养护市场化，完善"保序检查"考核机制，巩固城市环境整治成效。

深化治水治废行动。市城管委综合采取"引、清、截、治、管"措施，推进"五水共治"。全年完成清水入城项目7个，清理城市河道30条，改造雨污分流管道32.5千米；实施截污纳管工程244个，新增日截污量2万多立方米；42条河道水质由劣Ⅴ类提升到Ⅴ类，6条河道水质由Ⅴ类提升到Ⅳ类，2条河道水质由Ⅳ类提升到Ⅲ类，打造生态示范河道5条，河道水质监测断面五类水体的比重达81.2%。实施防汛排涝项目208个，清疏排水管网5400多千米，建设雨水管网15.4千米。治废工作坚持"三化四分"（减量化、资源化、无害化；分类投放、分

杭州城市夜景　（市城管委 供稿）

类收运、分类利用、分类处置)，市政府出台《杭州市固体废弃物综合处理规划》，制定“五废共治”(生活固废、建筑固废、污泥固废、有害固废、再生固废共治)实施方案和垃圾分类、能力建设两个三年行动计划。九峰环境能源项目建设加快推进，萧山东部焚烧厂形成日处理垃圾1800吨能力，天子岭餐厨废弃物资源利用化一期项目投入运行。深化渣土治理，严查渣土车辆持证运输情况，加强渣土运输管控和水路中转监管，加快建设渣土处置场所和转运点，以及建筑垃圾利用点和泥浆泥水分离点，有效抑制施工扬尘和道路扬尘。

推进城市管理向城市治理转变。数字城管进一步扩面，覆盖面积扩大到611.4平方千米。智慧城管综合指挥大厅建成，日常运行管理平台、公共服务与互动平台、应急指挥平台、政策研究分析平台投用，智慧城管应急指挥系统被住房城乡建设部列为科技示范工程。依托媒体、“贴心城管”App，开展“迎峰会我来爆料”活动，发动市民查找城市管理短板。建立完善“三长制”(河长、路长、楼道长)，基本建成区级、街道、民间三级路长组织体系，全市819名路长全部上岗；9180名楼道长在垃圾分类宣传服务和监督指导方面积极发挥作用。推进法治城管建设，出台和修订垃圾分类管理、公共自行车布点、“多箱合一”(移动、电信、联通、铁通、华数等通信运营商的线路整合)、“多杆合一”(电力、交警、交通、旅游、园文、体育、文化、教育、商务等10多个行业标识标牌的整合)、户外广告和店招店牌管理等地方标准和规范导则18个。全年采集交办问题192万件，及时解决率99.4%；办结各类行政执法处罚案件40多万件。

（葛晓刚　莫明跃）

【“智慧城市”管理】 2016年，杭州“智慧城市”管理着重在扩面扩容和提质增效上下功夫，全年解决城市管理问题192.33万个。突出对道路平整度、市容清洁度、街面序化度、立面美观度、绿化完好度、细节精细度的管理，监管事项总类别增至220类。利用无人机、流媒体和传感器等设施和手段，对城市实现立体化“智慧监管”。强化“贴心城管”手机客户端推广应用，为市民提供服务2200多万次。7月31日，《数字化城市管理信息系统第7部分：监管信息采集》获国家标准化委员会立项。10月15日，完成监管信息采集标准编制并送审。年内，“智慧桥隧”项目投入试运行，实现杭州市城市桥隧在线监测系统化管理。智慧停车诱导系统应用范围向社会停车场库延伸，覆盖停车场库410个、泊位11.4万个；建成“智慧收费”“智慧监管”“智慧服务”“大数据分析”四位一体的管理平台，并与市建委等部门实现数据共享。“智慧垃圾分类系统”覆盖试点小区127个。“智慧排水”项目实现数据整合，完成市级智慧排水管理信息化平台搭建，通过整合软硬件设施及数据共享等，形成全市排水设施“一张图”。

（钱立峰　竺小桢　余　锦）

【城市环境美化】 2016年，杭州市全面实施城市环境美化工作。完成上城、下城、江干、拱墅、西湖5个城区123条城市道路及沿街房屋立面整治，并组织专业技术人员230人次进行预验收，对专业技术人员提出的2378条意见建议逐条整改。编制《杭州市城市整体环境布置导则》《杭州市城市环境景观提升概念方案》及城市环境景观提升总方案，组织典型线路景观视频拍摄和剪辑。推进“垃圾不落地清洁杭州大行动”，通过志愿者文明劝导、定时定点清运、餐厨废弃物统收统运、取消重点区域果壳箱等举措，实现垃圾不落地。开展城郊接合部、城中村、农贸市场周边、工地周边等薄弱区域环境问题大排查、大清理和大整治行动，以排污达标倒逼水环境整治，实施截污纳管、平整低洼易淹片区、景观绿化等。强化培训指导，提高环卫队伍自身素质和业务能力，全年各区和保洁作业单位开展培训1200多次。组织党员带头认领80条重点道路，每人认领2～3条，按照“门前三包”责任区管理要求，加强检查督促，全年督促整改问题863个。

（李湛圆　石　舜　包　丹）

【户外广告与招牌整治】 2016年，杭州市从严查处违法设置户外广告与招牌行为，全市拆除违法设置的户外广告5846块、灯杆道旗广告9426块。对违规LED显示屏及破损店招店牌进行清理。加强小广告治理，组织更换、出新小区公共信息栏。修订完善《户外广告设置管理规范》《户外招牌设置管理规范》，推进全市户外广告、招牌标准化设置和长效管理。巡查考核路段2411条次，下发整改联系单77份，防止非法户外广告回潮。

（周　晶）

【新增污水管网269千米】 2016年，市城管部门持续推进“五水共治”。全年实施“排涝水”项目200个，完成积水治理项目100个，全市新增污水管网269千米，建设雨水管网15.4千米，改造雨污分流管网32.5千米。完成“治污水”项目244个，新增日截污量2万多立方米。各城区完成中东河沿线雨污分流项目100个。编制《主城区截污纳管工作及雨污分流工作三年行动计划（2016～2018年）》，细化各城区及有关部门职责任务。全市投入治污、节水基础设施建设资金1.67亿元，完成“一户一表”改造2.13万户、居民家庭非节水型器具改造3679套，建成屋顶雨水收集系统631处，新增节水灌溉面积1418公顷，创建省级节水型企业6个、省级节水型居民小区38个，环卫洒水自来水替代率50%。杭州市节水考核排名全省第二。

（余　锦　胡茂华）

实施亮灯工程后的钱江四桥　（施跃娟 摄）

【生活垃圾分类】2016年，杭州市推进生活垃圾“三化四分”工作。制定《生活垃圾处置服务标准》等规范性文件，加强对垃圾分类工作管理考核。推进垃圾分类示范小区建设，引导居民做好垃圾源头分类工作。全年新增垃圾分类小区91个，累计1930个，参与分类家庭115.77万户。推进机关事业单位和企业内部垃圾分类，垃圾分类单位扩大到1251个。创建垃圾分类示范小区122个，实现垃圾分类覆盖面稳步提升、垃圾分类知晓率持续提高、市容环境有效改善、垃圾增长率保持在低位态势的预期目标。市区垃圾无害化处理率100%。

（曹勐琦 邵金蔚 张　嫒）

【城市夜景亮化】2016年，市城管委在33个城市入场口、54条城区主要道路实施各类夜景亮化项目172个，对800多幢楼宇和62千米运河、钱塘江两岸景观带进行亮化提升改造，对146条道路路灯进行增亮和灯杆油漆。实施夜景亮化提升以西湖的“西子寻梦”、运河的“星河枕梦”、钱塘江的“之江追梦”和道路节点的“都市品梦”为主题，通过运用各种艺术手段和灯光效果，呈现杭州的独特韵味和别样精彩。9月10日，在济南举行的第十一届中照照明奖颁奖典礼上，杭州有6项亮化工程获得表彰，是历年参加该奖评选获奖项目最多的一次。

（李湛圆）

【公共自行车服务点设置】2016年，市城管委在主城区窗口区域、地铁站出口处、人口密集社区等地设立公共自行车服务点99处、更新公共自行车1万辆。8月18日，市质监部门发布《城市公共自行车服务点设置管理规范》，自10月1日起实施。该规范为国内首部城市公共自行车服务点设置管理地方标准，对公共自行车服务点的选点、建设、验收、检测、评价等做出具体规定。10月15日，市城管委被中国消费经济高层论坛组委会授予“长三角公共自行车推广典范城市特别奖”。9月5日，在杭州参加G20峰会的阿根廷总统马克里与夫人，骑上杭州人最熟悉的公共自行车，与随行人员游览西湖景区，马克里成为首位体验杭州公共自行车的外国元首。

（姚惠丽）

【渣土运输管理】2016年，杭州市成立工程渣土管理领导小组和办公室，建立工程渣土综合管控信息平台，完善渣土联合管控协调机制。整合行业管理部门数据资源，实现信息共享、联合管理。全年全市建成建筑垃圾临时资源化利用投运点13处，处置建筑垃圾430万吨；建成泥浆泥水分离集中投运点7处，处置泥浆330万吨。检查渣土车辆3.15万辆次，立案查处偷倒乱倒渣土案件3373件，涉及建设工地47个。各城区受理审报工程渣土准运证3743张、渣土临时消纳场地登记备案38批次，强力做好渣土规范化运输，确保全市渣土依法消纳。

（刘斌辉 王　中）

【查处违建67.4万平方米】2016年，杭州市主城区开展“两路两侧”（公路、铁路两侧）治理、“四边三化”（公路边、铁路边、河边、山边等区域的洁化、绿化、美化）为主要内容的环境整治，加大对存量违建拆除力度，推进居住小区违建拆除。全年查处违建3589处、67.4万平方米。其中：即查程序2938处、25.7万平方米；一般程序651处、41.7万平方米。注重拆后长效管理，以“零违建”为目标，加强对物业小区考核，主城区列入考核物业小区836个，制止及拆除新建违建334处，立案查处社会影响较大的违建50处。

（丁海旭）

【瓶装燃气销售管控】2016年，市城管委加强全市瓶装燃气销售管控工作，推行瓶装燃气销售实名制管理。年内，主城区既有瓶装燃气用户19.47万户，瓶装燃气实名制销售登记率100%；全市既有瓶装燃气用户127.25万户，完成实名制登记用户126.0万户，占用户总数99.0%。全市完成78.26万只钢瓶信息化标识，其中主城区24.82万只，钢瓶信息化标识实现“人、瓶、地三合一”及“谁配

送、谁使用”可查询、可追溯。（周贻洋）

【城管行政执法】2016年，杭州市主城区城管执法部门开展各类执法整治5783次，查处违法案件30.05万件，实施行政处罚29.31万件，罚款8887.76万元。受理市民群众投诉咨询18.74万件，反馈率、办结率均100%，热线综合处置满意率97.9%。受理来信来访195件，办结率100%，无越级上访。处置市“110”联动事件4550件。组织城管系统专项排查，化解问题隐患与焦点矛盾26个，督查处理重复投诉问题586个。组织“主任（局长）接待日”活动，由市、区两级城管委主任（城管执法局长）在现场接待到访市民群众，进行面对面沟通和交流，现场协调解决市民群众最为关心的问题。完成“12345”市长公开电话和“12319”“96310”城管服务热线转办件9.35万件，全部办结存档。

【城管执法队伍建设】2016年，市城管部门加强执法监督教育，健全执法人员执法制度。开展执法程序规范、执法文书制作业务培训，提高执法人员素质和能力。全年市城管委督查队督察执法人员3293人次、执法车辆721辆次、基层执法中队202个次，发现执法人员不按规定着装、在岗不履职等问题102个，均按有关规定进行处理。通过督察，执法人员着装不规范、执法程序不规范、执法车辆使用不规范等情况明显减少。（赵巧英）

【纪实图书《让杭城别样精彩》出版】2016年8月20日，市城管委组织编写的《让杭城别样精彩——杭州城管保障G20峰会纪实》由浙江科学技术出版社出版。该书由副市长项永丹作序。全书30多万字，分综述、路、街、灯、水、景、治、云、合、人10个章节，用纪实的手法全面记录杭州城管部门参与城市治理的历程和服务保障G20峰会取得的成果，为杭州留下宝贵的精神财富。G20峰会后，市城管委继续编撰出版反映全市夜景亮化成效的《恋上夜杭州——G20杭州峰会亮化成果掠影》、反映杭城容貌提升效果的《吹响环境秩序整治的集结号——打造美丽杭州服务保障G20》等书籍和影册。（金永飞）

国土资源管理

【国土资源管理概况】2016年，杭州市以推进供给侧结构性改革为主线，加强国土资源规划、土地利用计划管理、耕地保护和土地整理、土地市场建设、地质灾害防治等工作，实现“十三五”时期国土资源管理良好开局。

要素供给卓有成效。全市积极落实G20杭州峰会项目用地保障。调整完善土地利用总体规划，探索符合杭州实际的“多规融合”路径，全年新增用地空间1.63万公顷。全市三级规划调整完善工作全面报批，7个县级规划获省政府批准，98个乡镇规划获省、市政府批复。保障发展用地，全年新增建设用地指标2025.2公顷；依托省、市、县三级联动报批机制，全市农用地指标报批率96%。

国土资源严格保护。全市永久基本农田划定成果率先通过国家审查，网格化管理“田长”制由点到面推广，耕地保护补偿制度全域实施。加大土地整治力度，启动“611”耕地保护工程和垦造水田五年行动，全年垦造水田445.6公顷。开展严格执法保护资源“亮剑行动”，清理整治违法违规临时用地499宗、违法用地未依法处置问题4090个，全市违法占用耕地比例降至2.1%。

利用方式转型升级。大力实施“亩产倍增”计划，深入推进“空间换地”，存量用地在供地总量中的比重攀升。全市盘活存量土地8666.7公顷，超额完成年初确定的目标任务，盘活存量用地总量全省第一，质量效益不断提高。滨江区、萧山区成功创建全国“国土资源节约集约模范县（市、区）”；上城区亩均税收位居全省首位。土地要素市场化配置成效明显，战略性新兴产业、先进制造业、信息经济产业项目占新出让工业用地总量的89%。

土地市场活跃稳健。实施做地质量攻坚计划，主城区高标准完成土地收储78宗，具备出让条件土地面积233.6公顷。强化市区土地出让统筹工作，调整土地出让竞价规则，多措并举化解市场风险，萧山、余杭、富阳3个区与主城区土地出让协同进一步加强。全市出让经营性用地685.1公顷，土地市场呈现活跃稳健的理性发展态势。

群众权益充分维护。全市13个区县（市）均按期实现不动产登记“发新停旧”，主城区“同城通办、当场办结、自助查询”的便民登记模式受到好评。农村土地管理稳妥推进，完成无房户、危房户建房审批6145户，完成率127.0%。探索留用地指标货币化等多元安置路径，回迁安置集体农户5.6万人，其中货币化安置7895人。推进宅基地管理规范化建设，5个样板村完成创建验收并授牌，规范化管理达标村达1064个。开展地质灾害搬迁治理，使1022户4538人摆脱地灾威胁。桐庐县建成全国地质灾害防治高标准“十有县”。

【全国征地制度改革试点工作座谈会在杭召开】2016年4月15日，国土资源部征地制度改革试点工作座谈会在杭召开，国土资源部副部长王世元及11个征地制度改革试点城市国土部门、所在省级国土部门和杭州市各区县（市）国土部门相关负责人等参加，副市长项永丹到会致辞，市国土资源局负责人做大会发言。会议指出，中共十八届三中全会明确“缩小土地征收范围”“规范土地征收程序”“完善对被征地农民合理、规范、多元保障机制”“建立兼顾国家、集体、个人的土地增值收益分配机制”四项改革任务，对新时期、新常态下征地制度提出新的要求，各试点城市要加强探索，发挥引领示范作用，为全国做好征地管理工作提供样本。

【全国永久基本农田划定工作现场会在杭召开】2016年7月7～8日，国土资源部、农业部在杭州联合召开全国永久基本农田划定工作现场交流会，贯彻落实党中央、国务院关于加强耕地保护、划定永久基本农田的决策部署，总结重点城市周边永久基本农田划定工作经验，动员部署全域永久基本农田划定工作，确保永久基本农田划得准、管得住、建得好、守得牢。国土资源部党组书记、部长、国家土地总督察姜大明，农业部党组书记、部长韩长赋出席会议并讲话，浙江省委副书记、代省长车俊到会致辞，国土资源部党组成员、副部长王世元主持会议。浙江省副省长黄旭明、杭州市市长张鸿铭出席会议。会上，浙江、江苏、河南、宁夏及杭州市有关部门负责人作交流发言。会议组织与会代表观看杭州市永久基本农田划定和保护情况宣传片，现场考察杭州市城市周边永久基本农田划定区。

【市重点项目征迁安置“双清”行动】 2016年，市国土资源局通过以拆违促拆迁、申请司法强迁、行政强制腾退等方式，点面结合、上下联动，实现全年任务半年完成，全市111个省、市重点项目全面完成征迁“清零”，拆迁住宅3151户、非住宅333户，拆迁面积159万平方米；回迁安置集体农户5.6万人、国有土地上居民427户，安置房竣工58664套。

【不动产统一登记正式实施】 2016年6月1日，杭州市举行不动产权证书首发仪式，标志着主城区结束房屋、土地分别发证的历史，不动产统一登记制度正式实施。主城区设置10个不动产登记窗口，该区域内单套房屋不论处在何地，均可就近申请登记，“一站式”办理房产、地税等业务。对符合条件的单套房屋不动产登记规定在50分钟内办结，与法定30个工作日相比，大大缩短办理时限。开发不动产档案信息系统，配置自助查询一体机，办事群众凭二代身份证，即可自助完成本人不动产登记信息的查询打印，并且不收取任何费用。不动产登记发证首日，主城区颁发不动产权证书711本、不动产登记证明200份，受理不动产档案查询1400多份。

【国土资源审批和监管权限下放】 2016年9月30日，市政府办公厅印发《关于调整下放市级国土资源行政审批和管理权限的通知》。除市级政府投资建设项目、跨行政区域（流域）建设项目及杭州西湖风景名胜区等重要区块的建设项目外，对其他建设项目涉及属于市政府和市国土资源局行使的22项行政审批和管理权限予以调整下放。除萧山、余杭、富阳、大江东产业集聚区外，其他市区经营性用地出让工作仍由市国土资源局会同有关部门统一编制“三个计划”（出让计划、储备计划、做地计划）、统一委托地价评估、统一报批出让方案、统一纳入市级平台出让、统一由市财政收取出让金。

【建立全国最高标准耕地保护补偿机制】 2016年9月18日，市政府办公厅印发《关于全面建立杭州市耕地保护补偿机制的实施意见》，全面建立并实施耕地保护补偿机制，确保农村集体经济组织和农户从保护耕地和基本农田中获得长期、稳定的经济收益。耕地保护补偿的方式主要分农村集体经济组织耕地保护以奖代补和农户耕地地力保护补贴两种。其中，以奖代补的范围为永久基本农田和其他一般耕地，其对象为承担耕地保护任务和责任的农村村级集体经济组织；地力保护补贴对象为农户（承包权人）。实施意见提出的耕地保护补偿方式打破以往“省管县”“分灶吃饭”的惯例，市级财政在对萧山、余杭、富阳和各县（市）由省级财政每年每亩补助30元的基础上再补助30元；主城区永久基本农田补偿标准每年每亩600元，为全国最高。

2016年6月1日，杭州市举行不动产权证书首发仪式。图为市长张鸿铭（前右）为业主颁发不动产权证书（市国土资源局 供稿）

【耕地保护“田长制”试点】 2016年，杭州市由各区县（市）将辖区永久基本农田划分成网格，设立统一的保护标志牌，注明保护面积、责任单位、责任村组、“田长”姓名和举报电话、所在村（社区）永久基本农田分布示意图等内容，主动接受社会群众监督。按乡镇（街道）、行政村、村民小组等不同层级设置“田长”，负责及时发现、制止和报告违法行为，宣讲耕地保护政策。同时，充分发挥全市“互联网+”的技术优势，通过推进永久基本农田数据库和管理系统平台建设，实现永久基本农田可浏览、可查询、可举报。

【矿产管理】 2016年，杭州市有矿产66种，实际开采矿种从2000年初的50多种降至26种，其中普通建筑石料和石灰石开发占主导地位，占全市年矿产开采量的90%以上。全市有持证矿山154个，建成“绿色矿山”45个，应建“绿色矿山”建成率73%。深入开展“两路两侧”矿山专项整治行动，56个矿山纳入整治范围。杭州计划于5年内完成所有关停矿山治理任务。（徐驰翔）

城市轨道交通

【城市轨道交通概况】 2016年，市地铁集团围绕保障服务G20杭州峰会圆心，加强有效投资管理，地铁建设、运营、经营等工作取得新的进展。峰会服务保障任务圆满完成。地铁2号线西北段、4号线南段及5号、6号线等在建线路建设有序推进，二期建设项目进入大规模土建施工阶段。地铁三期规划获国家发改委批复。地铁线网运营总里程82千米。地铁运营以确保安全和提升服务质量为重点，最大限度地聚集客流，线网日均客运量稳步提高，全年日均客运量73.7万人次，比上年增长20.4%；线网总客运量2.69亿人次，增长20.6%。上盖物业开发能力不断提升，年内完成物业开发投资54.2亿元。全年完成地铁建设总投资152.8亿元，增长24.4%，累计完成投资710.27亿元。

【G20杭州峰会城市轨道交通服务保障】2016年，市地铁集团把服务保障G20杭州峰会作为对地铁建设和运营管理水平的一次全面检验，按照"四最"（最高标准、最快速度、最实作风、最佳效果）要求，层层落实责任，较好地完成峰会各项服务保障任务。紧盯地铁2号线西北段道路恢复时间节点，根据"一站一方案"倒排工期，统筹协调，提前6个月实现2号线西北段"洞通"，如期完成11座车站管线迁改及道路和绿化恢复工作。整修在建工地周边道路12.3万平方米，更新工地围挡1.2万延米，更换彩绘图案3万平方米，安装花箱5000延米，工地围挡美观清洁，周边道路平整舒适。推行车站服务标准化，组织1500多名车站服务人员参加英语引导专题培训。持续开展文明乘车劝导工作志愿服务12万人次、44万小时。新增车站便民服务台，完善车站导向标识，提升站容站貌车容车貌，努力营造整洁舒适的乘车环境。完善地铁配套服务，延长地铁运营服务时间，在全国地铁城市中率先开发银联"云闪付"购票和支付宝自助取票功能。完善治安保卫和应急预案体系，组织开展安保和消防安全大检查、大整治，以及应对暴恐、治安、毒气等突发事件演练。加大与外部支援力量的有效联动，成立200多人的应急抢险队伍并配备各种应急材料和设备，增派维修技术骨干、供应商骨干进驻生产现场值守。8月28日至9月7日，抽调698人对103座风亭加强值守巡查。提升安检等级，全网新投用安检机41台，增设安检岗位1135个。8月28日至9月6日期间，在"逢包必检、逢液必检、逢疑必检"基础上，实行人物同检和通道安检，安检率100%，确保在G20杭州峰会保障全过程中地铁建设运营责任范围内的万无一失。

【地铁建设加快推进】2016年，市地铁集团坚持质量和进度两手抓，加快推进地铁网络化建设，全年开建和续建地铁总里程168千米，比上年增加58.5千米，建设进度达到预期目标。2号线西北段完成11座车站主体结构施工，并基本完成轨道铺设等工程。2号线二期、4号线南段基本完成车站主体结构施工，5段区间隧道贯通，部分车站开展机电安装和装修施工。5号线完成仓前站、杭师大站、常二路站3座车站主体结构施工，其余车站开展围护结构、管线迁改等施工。6号线全线进入土建施工，年内完成土建工程量的10%。城际铁路杭临线、杭富线初步设计获得批复，杭临线站点全面开工，杭富线高架试验段墩台基本建成。全年完成土地征借133.3公顷、房屋征迁12万平方米；完成企事业单位拆迁160个、经营户搬迁450户、居民和农户征迁160户。

【地铁2号线西北段全线"洞通"】2016年6月28日，地铁2号线西北段全线"洞通"。2号线西北段全程11.84千米，设11座地下站，有24段盾构隧道区间，隧道长度18.9千米。隧道盾构工程于2014年9月10日开工。盾构施工期间，针对杭州地质状况复杂的实际情况，市地铁集团制定周密预案，科学组织施工，严格质量管控，确保工程安全、优质、高效。盾构机先后4次穿越正在运营的地铁1号线，4次穿越刚建成的地铁4号线，分别2次穿越既有铁路线和岩石，并穿越9条河流和7座桥梁，完成4次磨桩，为后续线路施工积累大量的技术参数和施工经验。

【杭州地铁三期规划获批复】2016年，市地铁集团加大推进地铁三期规划报批工作力度。12月12日，地铁三期建设规划获国家发改委批复同意。根据批复，地铁三期建设规划包括地铁1号线三期（11.5千米）、2号线三期（1.6千米）、3号线一期（52.2千米）、4号线二期（23.4千米）、5号线二期（3.2千米）、6号线二期（8.4千米）、7号线（45千米）、8号线（17.2千米）、9号线（17.8千米）、10号线（15.9千米）等10条线路，总里程196.1千米，项目总投资约1426亿元，建设年限为2017年至2022年。三期项目计划于2022年杭州亚运会前全部完成。

【非现金购票功能全新上线】2016年8月25日，市地铁集团开发的票务系统电子支付项目上线试运行。该项目包括与银联合作的"云闪付"购票和与支付宝合作的手机购票两个功能。为解决诸多城市试行电子支付过程中新业务系统与原票务系统不对接问题，市地铁集团科研部门在传统票务平台上运用"互联网+"模式，将电子支付直接纳入票务系统，并完成后台系统的搭建，较好地解决新老系统融合问题。年内，银联"云闪付"购票设备和支付宝取票设备均覆盖至杭州地铁全线网每个车站，既满足乘客乘车多元化的购票需求，又有效缓解乘客购票排队及零钱兑换问题。

【潮鸣单元两地块出让】2016年3月23日，由市地铁集团负责做地的潮鸣单元两地块出让，出让面积34415平方米，容积率2.4。经过56轮竞价，由杭州绿城房产集团以37.35亿元报价竞得，折合楼面价每平方米45368元，溢价率109%。该地块为原杭州机床厂地块，位于环城东路，规划为住宅、商业用地。

【市地铁集团发行中期票据】2016年5月12日，市地铁集团在银行间市场成功发行11.5亿元的7年期中期票据。发行利率为3.95%，较发行当日非金融企业债务融资工具定价估值（利率中枢）下降0.58%，取得发行时段内同等级、同期限中期票据中最低发行利率。经联合资信评估有限公司综合评定，市地铁集团长期信用等级和中期票据信用等级均为AAA级。该次发行中期票据是市地铁集团继发行企业债券后又一次尝试直接融资，有利于优化债务结构，降低融资成本。（黄亚洲）

城际铁路杭富线高架试验段墩台　　（市地铁集团 供稿）

运河保护

【运河保护概况】 2016年，杭州以G20峰会召开为契机，加大运河综合保护工作力度，积极养护、传承运河文化遗产根脉，高效推进运河综合整治工程。市运河集团根据“十三五”发展规划，确立“区域综保产业融合发展商”的定位和打造“大休闲产业生态圈”的目标。全年完成综合保护和开发建设项目投资26.5亿元，其中市重点开发建设项目投资6.07亿元。实现房地产销售额19.63亿元。

峰会保障平稳有序。市运河集团完成境内外媒体“京杭大运河风情”采访线路接待，向卡塔尔半岛电视台、德国广播电台、凤凰卫视、中央电视台、《人民日报》等30多个媒体展现大运河的美丽风光和文化内涵。完成土耳其总统夫人等贵宾和外交官的接待任务。提供“随车安全员”等志愿服务近4000人次。峰会期间，杭州水上巴士有限公司运送乘客2.14万人次，实现“零事故、零纠纷、运营好、安全好”的目标。

综保工程高效推进。香积寺路西延工程完成施工招标，城东粮库工程完成PPP项目招标和初步设计审批，运河水陆交通集散服务中心完成土建验收和公交中心站装修，运河路—拱康路绿化带全面完工，康桥街道文卫体活动中心及农贸市场建设进度超过年度计划，小河二期整体提升、主城区两岸运河景观亮灯改造、武林门码头升级改造、运河湾环境整治、江干运河东岸绿化带治理等项目均按期完成。征地拆迁、回迁安置进度加快。新塘区块整村拆迁签约企业27个，运河新城拆迁征收企业21个、农户102户。全年西杨区块安置拆迁农户715户。杭州炼油厂搬迁进入土地评估阶段。

经营管理成效明显。景芳三堡单元JG1201-17地块以72.91亿元出让，溢价率71.5%。完成全市首只停车场建设专项债券发行，发行规模10亿元。“天城国际”楼盘销售、“运河协安”楼盘物业销售均完成预期目标。通过业态调整、盘活存量、精推增量，湖墅大厦、坤和中心、天城国际商业中心和天城国际公寓等楼宇出租率均100%、物业出租率94.0%。

休闲旅游亮点增多。运河庙会成功举办，接待市民游客45.8万人次，参与庙会宣传报道的境内外主流媒体100多个，网络和手机客户端转发量100多万次，媒体宣传覆盖人群超过2亿人次。推进运河杭州景区AAAAA级景区创建活动，对照创建标准，开展对标贯标、自查自评和台账梳理等工作，提升景区硬件设施和软件服务水平，年内AAAAA级景区创建工作通过浙江省旅游局评审，并上报国家旅游局。景区旅游总体规划上报省旅游局审批。推出第七届运河美食节、桥西活态馆“首届汉风文化集市”、“为手艺人发声”手工艺活态馆技艺项目巡展等活动，在运河景区举办以“泊”为主题的运河城市公共艺术展，设计并创造出与运河文化相契合的近100件城市艺术作品。举办“发现中国·匠心之美”活动，通过19名工匠艺人互动展示，吸引线下日均3500人次体验和国内外130个主流媒体集中报道，网络媒体阅读量超过1000万人次。策划拍摄景区微电影《小河往事》，从人文、历史、民俗等方面解读运河景区，向全球网民展示运河文化，宣传运河旅游。

创新发展扎实推进。市运河集团按照杭州市旅游“十三五”规划的总体安排，与市旅委共同推进“三江两岸”水上黄金旅游线的前期准备。利用杭州电厂清洁廉价的能源优势和地铁4号线的交通优势，在运河新城谋划打造集水上娱乐、度假休闲、植物观光等于一体的水上娱乐度假区。丰富和提升旅游线路产品，着手开辟夜游常态化线路。经过资源整合，运河旅游人数和旅游消费均大幅增长。全年杭州运河集团文化旅游有限公司接待游客1281.2万人次，比上年增长8.3%；实现旅游收入1808万元，增长35.5%。（许金花）

【运河水环境治理】 2016年5月6日，运河市级河长、副市长张建庭主持召开京杭运河（杭州段）“河长制”专题工作会议，部署2016年运河水环境治理工作。5月12日，运河省级河长、副省长黄旭明到杭州调研运河流域省控断面水质情况，听取杭州市“河长制”治水工作汇报，肯定杭州实行运河流域水质监测全覆盖、建立月度水质状况通报等做法。9月6日，省、市G20峰会水环境保障督查组对大运河（杭州段）水环境进行督查，要求有关部门以举办G20杭州峰会为契机，保质保量完成年度水环境治理目标。根据省、市要求，市运河综保中心编制《京杭运河（杭州段）水环境治理2016年工作计划》，会同相关城区和单位加大治理工作力度。定期开展运河干支流62个断面水质监测分析，监测结果及时通报沿线各级河长和区委、区政府。全年投资7.8亿元，实施截污纳管、农业面源污染防治、运河干流及支流治理等项目71个，完成运河清淤疏浚16.4万立方米；建成杭嘉湖南排三堡排涝工程，运河三堡引配水6.85亿立方米。

【《杭州市大运河世界文化遗产保护条例》通过市人大审议】2016年，《杭州市大运河世界文化遗产保护条例》（简称《遗产保护条例》）被列入正式立法项目。市法制办、市人大先后对运河沿线文化遗产开展实地调研，召开座谈会广泛听取专家学者意见，在调研基础上形成《遗产保护条例（讨论稿）》。12月29日，《遗产保护条例》通过市第十二届人大常委会第四十一次会议审议。《遗产保护条例》共38条，内容包括总则、保护机构和分工、运河遗产保护规划、运河遗存的保护、运河水质治理、遗产监测、遗产旅游和禁止行为及违法处理等。《遗产保护条例》提出保护工作要遵循统一规划、统一管理、分级负责、统筹协调、有效保护、合理利用的原则，维护大运河遗产的真实性、完整性。

【大运河遗产保护规划编制完成】2016年，市运河综保中心委托中国建筑设计院和杭州市城市规划设计研究院，开展《杭州市大运河世界文化遗产保护管理规划》（简称《保护管理规划》）编制。12月，《保护管理规划》完成编制并向17个市级部门和城区征求意见。年内，根据反馈意见，编制单位对该规划进行修改完善，并提交市、区相关单位审核。《保护管理规划》由规划文本、规划图集、专题研究、基础资料汇编四部分组成。其中，规划文本重点对大运河（杭州段）遗产和遗产保护工作现状进行评估、分析，对遗产区和缓冲区的保护提出具体要求，对遗产的展示利用、遗产区土地的利用管理、航运功能和水利功能的开发做出明确的规划。

（张佳英）

【运河亮灯提升】2016年1月，杭州运河武林门码头、青园桥、御码头、江涨桥、富义仓、十里银湖墅、桥西历史街区迎水面7个区域63个节点亮灯提升工程完工，提升工程使用各种光源30万套。提升工程以“文化运河”为主题，对运河两岸重点区域进行夜游景观亮灯改造，增强亮化景观带的整体性、观赏性，通过亮灯提升再现“历史长河”“文化长河”的丰富内涵，并形成一批新的运河水上旅游产品。3～4月，杭州运河集团文化旅游有限公司先后推出往返于大兜路和拱宸桥之间的桥西日游线路、钱塘江夜游航线、塘栖樱桃节专线。7月16日晚，省委书记、省人大常委会主任夏宝龙带领省、市四套班子领导考察运河亮灯工程。

【武林门码头全新亮相】2016年5月1日，京杭运河杭州武林门码头经过半年多整体改造全新亮相。改造后的武林门码头入口更宽敞，主通道由3米拓宽至10多米，最宽处13米，使入口处更具引导性，标志更醒目。新增8米高的“武林门码头”雕塑与原有的景观石东西相应，雕塑以南宋船锚为原型，让游客寻找码头更加方便。武林门码头地处市中心，坐落环城北路以北、杭州大厦以东，始建于1978年，建成初期取代卖鱼桥码头成为市内新的水上客运中心，2004年起成为运河水上巴士的中心站。

【水陆换乘综合体土建完成】2016年12月，杭州首个水陆换乘综合体——杭州市运河水陆交通换乘集散中心完成土建验收和公交中心站装修。水陆换乘综合体位于拱宸桥桥西单元运河国际旅游综合体范围内，是京杭运河杭州段的交通枢纽，总建筑面积4.74万平方米，配置5条公交线路、3个游船停靠泊位、343个地下停车泊位、近600个非机动车位，年通过能力30万人次，集交通换乘、商业、旅游、文化休闲等功能于一体，建成后将方便市民通过“P+R”（停车换乘）方式出行，实现公交、游船、公共自行车等多种交通工具的“零距离”换乘。

【高家花园房产完成确权】2016年2月19日，位于杭州市拱宸桥（原杭州市长征化工厂内）的高家花园完成房产确权处置，成为杭州第一处完成确权登记的历史遗留房产。高家花园是清末民国初年运河沿岸留存下来的人文景观，原为近代民族轻纺工业的诞生地，后来改造、扩建成为私家花园，2013年12月被列为国家级文保单位，占地面积1200平方米，建筑面积521平方米。高家花园历史遗留问题复杂，档案资料缺失严重，权证办理难度较大。市运河集团按照历史遗留房的确权流程，经与市住保房管局、市国土资源局等部门沟通协调，并在补充资料的基础上完成国有房产的权证办理。根据市政府有关会议纪要，高家花园产权主体为市运河集团。

【停车场专项债券申报项目获批复】2016年5月3日，国家发改委批复同意市运河集团发行不超过10亿元的城市停车场建设专项债券，其中6亿元筹资用于停车场项目建设，4亿元用于补充营运资金。10月25日，市运河集团完成运河停车场建设专项

杭州市运河水陆交通换乘集散中心土建完成　（市运河集团 供稿）

2016年9月4日,G20杭州峰会媒体记者团采访杭州手工艺活态馆
（市运河集团 供稿）

债券发行,发行票面利率3.4%,低于AA级企业债券的最低利率。此前,为加快推进城市停车场建设,国家发改委在全国相关城市开展简化停车场专项债券发行核准程序的试点,杭州被列为首批试点城市,债券发行总规模为200亿元。

【景芳单元地块保障性住房项目通过竣工验收】 2016年5月13日,由市运河集团投资发展有限公司代建的景芳单元JG13-02-R21-06地块集中配建保障性住房项目通过竣工验收。该项目是杭州市重点民生工程之一,位于江干区景芳单元地块内,项目用地约1.05公顷,规划建筑面积1.8万平方米,于2015年10月完工。江干区质监站通过现场踏勘,一致同意通过竣工验收。年内,建设单位基本完成工程档案整理等移交手续。

【"境内外媒体看杭州"活动】 2016年9月1日,G20杭州峰会新闻中心启动首场"境内外媒体看杭州"活动。30多位中外媒体记者从武林门码头乘坐运河水上巴士到达拱宸桥,参观桥西历史街区、中国工艺美术博物馆、京杭大运河博物馆、杭州手工艺活态展示馆等展馆,一边看展览,一边听讲解,亲身感受杭州深厚的历史底蕴、丰富的人文景观和多彩的运河文化。记者们表示要用笔和镜头把杭州运河的文化内涵和旖旎风光介绍给全世界。媒体看杭州活动持续到9月4日。

【土耳其总统夫人参观杭州手工艺活态馆】 2016年9月4日,土耳其总统夫人阿米娜·埃尔多安一行到杭州手工艺活态展示馆,参观体验运河文化和中国传统手工艺。在展示馆各个展区,阿米娜·埃尔多安夫人仔细观看刺绣、竹编、泥塑等手工艺的制作过程。当了解到一幅14.5米长的名为"江南运河长卷"的杭绣,是6个杭州绣娘花3年时间才完成的情况后,阿米娜·埃尔多安夫人十分赞叹,并亲自体验了一回手工制作。离开展示馆前,阿米娜·埃尔多安夫人买下剪纸、风筝、皮具、竹编包等手工艺品,并与工作人员合影。

【第三届大运河庙会获西博会最佳创新奖】 2016年10月21～23日,第三届中国大运河庙会在京杭大运河杭州景区举行。该届庙会由杭州市政府、中国新闻社联合举办,杭州市园文局(杭州市运河综保委)、杭州市运河集团等单位共同承办。庙会以"走不完的运河、看不够的杭州"为主题,分设运河天地、运河广场、桥西历史街区、小河直街等7个会场。庙会活动遍及下城、拱墅、余杭3个城区。其间举办开幕式(大运河婚典)、大运河国际高峰论坛、民国风情秀、国际生活集市、遇见手工集市、河岸文化集市、杭州味道、民俗集市、品牌集市等9项主题活动。庙会主题鲜明、内容丰富,获第十八届中国杭州西湖国际博览会最佳创新奖。 （许金花）

【运河遗产监测】 2016年,市运河综保中心深化运河遗产监测基础性工作,提升运河遗产监测水平。根据大运河杭州段遗产保护特点,制定《大运河遗产监测预警工作制度》,建立和完善遗产监测巡查机制,定期进行遗产巡查并编制巡查报告,推进遗产监测工作常态化。4月18日,会同市文物保护管理所开展联合巡查,排查运河遗产区内文保单位的文物安全隐患。6～9月,开展以水体监测、游步道巡查为重点的"迎峰会运河水环境保障党员百日专项行动",参加专项行动240人次。与浙江古建筑设计院合作,开展拱宸桥专项监测研究,为拱宸桥保护管理提供技术和专业数据支持。

【遗产区动态视频监控系统完善】 2016年,市运河综保中心对接市港航管理局,完成遗产区河道视频设备数字化升级及视频监控信号接入,进一步扩大运河遗产视频监控的覆盖范围。G20杭州峰会期间,市大运河(杭州段)遗产监测中心制定《大运河(杭州段)遗产监测中心工作制度》《大运河(杭州段)遗产监测中心值班管理制度》《大运河(杭州段)遗产监控视频录像管理制度》,实施24小时监控管理,及时处置大运河遗产5段河道及6个遗产点的异常情况,确保大运河遗产的安全。

【富义仓遗产档案通过省文物局验收】 2016年5月,为完善大运河遗产档案,市运河综保中心委托市文物保护管理所(简称市文保所)编制富义仓遗产档案。市文保所按照遗产档案编制整体性和完整性的要求,进行资料收集、整理、分类、组卷、装订,形成富义仓遗产档案6卷12册,其中照片1册、资料11册。7月25日,富义仓遗产档案通过省文物局验收。富义仓位于杭州拱墅区湖墅街道霞湾巷社区,由浙江巡抚谭钟麟于清光绪六年(1880年)购地兴建,民国时期富义仓作为浙江省第三积谷仓加以修缮。富义仓是国务院公布的第七批全国重点文物保护单位。

【美丽运河杭州志愿者服务队建立】2016年5月，为引导公众参与保护杭州大运河世界文化遗产，市运河综保中心建立美丽运河杭州志愿者服务队。全年志愿者服务队开展“喜迎G20共护大运河”第二届杭州运河小小河长观察员、“助力G20美丽运河志愿行”、运河党员先锋队进小河社区、水环境保障等志愿服务活动9次，参与志愿者200多人次，志愿服务时数203.5个小时。6月11日，为庆祝“中国大运河”成功申遗两周年，市运河综保中心举办“助力G20：走读运河文化遗产”活动，150多人参加。志愿者代表在启动仪式上发出“文明旅游，关注世遗”倡议书，号召全体市民以“办好G20，当好东道主”的精神，关注、宣传、保护运河世界文化遗产。 （张佳英）

城区绿化

【城区绿化概况】2016年，杭州市城区绿化工作围绕保障G20峰会的圆心和契机，坚持五大发展理念，做大绿化总量，做优绿化结构，做强景观特色，进一步提升绿化建设管理水平，为打造环境舒适、景观优美、绿意盎然的现代化城市奠定坚实基础，向世界呈现美轮美奂的中国印象、杭州风采。

扩绿任务超额完成。全年城区新增绿地621.7万平方米，建成弥陀寺公园、西兴互通公园、奥体区块闻涛路沿江景观带等4000平方米以上的公园绿地65处，超额完成新增绿地450万平方米的年度目标任务。至年末，全市城区绿地面积201.5平方千米，绿地率37.2%，绿化覆盖率40.7%，人均公园绿地面积14.4平方米。

“美丽杭州”建设成效明显。按照《2016年杭州市城区绿化暨G20峰会美化彩化工作意见》《G20峰会杭州城市环境景观提升绿化彩化专项行动方案》，城区绿化以“代表中国园林最高水平”为标准，围绕重点道路（桥隧）、重点范围“两区”（杭州奥体博览中心与钱江新城核心区主会场片区、西湖风景名胜区包括湖滨地区），组织实施“美化家园”环境彩化提升项目243处，较好地解决城市绿化多、彩化少，密植多、通透少，观赏多、体验少，普通花草多、珍稀树种少等问题。通过系列美化彩化工程，杭州入城口面貌焕然一新，场馆美化精致自然，道路景观特色鲜明，节点彩化锦上添花，充分彰显颜值高、气质好、国际范的生态文明之都形象。

养护管理全面加强。制定《G20峰会杭州城区绿化养护管理保障专项工作方案》，委托专业公司补充绿化监管力量，加强对重点区域绿化养护管理保障。全年印发市级检查抄告问题1812个，整改完成及时率100%。深化“最佳最差”系列检查评比，组织开展绿地安全排查、种植土高于花坛侧石排查整改、花坛花境养护、花灌木修剪等专项检查，着力消除年初大雪和寒潮对园林绿化造成的影响，并加强夏季抗旱保绿工作，有效保障城区绿化的景观质量。

行业管理形成长效机制。城区绿化部门运用“互联网+”思维，率先推进网上市场招投标工作，统筹做好规划编制、植被选择和多样化绿化建设。加强绿化市场诚信建设，开发建设杭州市园林绿化市场诚信综合评价系统，完成第二批绿化权力事项下放。制定“双随机、一公开”监管制度，完善市场机制，健全管养制度。全年市园文局审批窗口办理建设项目审批515件，所有审批项目均在承诺期内按时办结，按时办结率和窗口满意度均100%。年内，杭州市向住房城乡建设部提出创建国家生态园林城市申请。建德梅城镇成功创建省级园林镇。城北体育公园、千桃园等10个公园被省住房城乡建设厅评为省级优质综合公园，莫干山路、环城北路等10条道路被评为省级绿化美化示范路。

【杭州市城区绿化工作会议】2016年5月3日，市政府召开杭州市城区绿化工作会议。市长张鸿铭、市人大常委会副主任吴春莲、市政协副主席董建平出席会议。会议通报表彰2015年度市城区绿化养护管理综合考评结果和绿化工作先进集体、先进个人，副市长张建庭代表市政府与上城区、滨江区政府负责人签订2016年度绿化工作目标责任书。张鸿铭要求各级各部门以服务保障G20杭州峰会为圆心和契机，有效提升城区绿化的生态质量、文化品位和科技含量，努力创造优美、清新、健康、宜居的城市空间。各城区和街道主要领导、城区绿化先进单位及护绿使者代表等近200人参加会议。

【城区绿化养护管理综合考核】2016年，杭州市推进园林养护市场化改革，重点抓好城区绿化综合养护管理考核。经过量化考核和综合评定，下城区政府和杭州西湖风景名胜区管委会被评为年度最佳管理

杭州国际博览中心屋顶绿化 （市城区绿化办 供稿）

杭州火车东站西广场上的立体花坛　　（市城区绿化办 供稿）

奖，拱墅区政府、西湖区政府（含杭州之江国家旅游度假区管委会）、余杭区政府、杭州经济技术开发区管委会、杭州高新开发区（滨江）管委会（政府）被评为优秀管理奖，江干区政府、上城区政府、杭州市市区河道监管中心、萧山区政府、富阳区政府被评为达标管理奖。

【莫干山路综合整治】 2016年，拱墅区实施莫干山路综合整治工程。莫干山路全长12千米，整治按照"一轴三带"（杭城南北交通中轴线、现代活力产业带、开放休闲景观带和工业遗存文化带）的定位，提升道路绿化15.5万平方米，其中新建10.5万平方米，改造5万平方米。抓好莫干山路（大关路—石祥路）景观改造，该重点区段道侧绿地在保留原有香樟、女贞、黄山栾树的基础上，增加部分丛生香樟、红果冬青等常绿乔木，并配置银杏、榉树、沙朴、无患子、七叶树、乌桕、黄金槐、黄山栾树等落叶乔木。沿线通过拆除老的建筑，新增10个社区文化公园及一批儿童、老人休憩区，并将沿线原张小泉剪刀厂、杭州热电厂等工业遗存巧妙地变身为主题景观小品，使莫干山路成为一条新的城市景观长廊。

【屋顶绿化】 2016年，杭州市持续推进屋顶绿化工作。全年实施华侨饭店、西城广场、北部软件园厂房等屋顶绿化项目56处，新增绿化面积14.2万平方米，屋顶绿化面积比上年增长2.5倍，其中杭州国际博览中心屋顶绿化占地6万平方米。该屋顶绿化将中式建筑风格与园林造景艺术高度融合，充分展现杭州高品质的绿化及历史与现实交汇的别样精彩，成为G20杭州峰会主场馆一道亮丽的户外风景线。

【省市领导参加义务植树】 2016年3月11日，省、市党政军领导前往杭州市运河新城宣杭铁路沿线绿化地，带头参加义务植树。省委副书记王辉忠，省委常委、市委书记赵一德等领导，与500多名省市区机关干部、解放军指战员、武警官兵及"护绿使者"代表一同种下红豆杉、浙江樟、银杏、桂花、樱花、红枫等珍贵树木和彩色叶开花树木1600多株。全年各城区开展以"花香换书香""生活像花儿一样"为主题的绿化宣传活动，推出绿地认建认养点22个、面积38万平方米，有102万人次参加各种形式的义务植树。

【城区重点区域彩化】 2016年，市城区绿化部门围绕G20杭州峰会主题，在城区道路和大型广场、重要交通枢纽等区域，设置融汇中国元素、杭州特色的绿色景观116处，其中立体花坛31处，景观小品29处，自然花境56处。各类园林作品巧妙地把雕塑造型与花卉园艺结合在一起，充分凸现杭州的本土文化。峰会期间，中外游客对"花好月圆""幸福树""欢聚""西湖印象"等优秀立体花坛留下深刻印象。中央电视台及省、市新闻媒体对其进行连续报道，其中"家园如画"生态墙被《人民日报》（海外版）刊登，较好地向世界各国人民展示杭州的绿化成果。

【植物花期调控】 2016年，市园文局通过科学计算植物开花周期和冷藏荷花种子、推迟种植、提前摘叶等调控举措，实现G20峰会期间杭州满城月季摇曳、紫薇怒放，西湖荷花依然开放的景观效果。其间，杭州引进使用姜荷花、美国紫薇、超级凤仙、完美女贞等多种新优彩化植物品种，有效弥补9月初杭州时花较少的不足，并结合环境整治，组织统一修剪紫薇3万株、月季110万株，使峰会期间杭州城区的草木花灌错落有致。

【梅城镇创建成省级园林镇】 2016年11月25日，市园文局组织园林建设和市政环卫行业专家，对申报省级园林镇的建德梅城镇进行现场考查。专家组通过观看技术报告片、听取创建情况介绍、审查基础台账资料、组织现场踏勘和座谈交流，对梅城镇园林绿化建设、生态环境保护、市政基础设施管理等方面取得的成绩予以肯定。专家组认为，梅城镇自然山水优美，人文积淀深厚，镇党委、政府以创建省级园林城镇为契机，加强园林综合管理、绿地建设管控、生态环境保护等工作，各项指标达到省级园林镇标准，同意推荐申报。12月26日，省住房城乡建设厅批复同意梅城镇为浙江省园林镇。

【参加优质综合公园和绿化美化示范路评比】 2016年7月4日，根据省住房城乡建设厅关于做好城区"优质综合公园、绿化美化示范路、街容示范街”评比的相关通知，杭州城区筛选一批优质综合公园、绿化美化示范路、街容示范街参加评比。经综合审查，下城区城北体育公园、江干区千桃园、拱墅区半山国家森林公园、滨江区滨江公园、萧山区南江公园、余杭区水景公园、杭州经济技术开发区高教西区公园、西湖风景名胜区花港公园、江洋畈生态公园、柳浪闻莺等10个公园被评为省级“优质综合公园”。上城区西湖大道、下城区环城北路、江干区新塘路、拱墅区莫干山路、西湖区省府路、滨江区江南大道、余杭区荷禹路、富阳区滨江南景观大道、杭州经济技术开发区沿江大道、西湖风景名胜区杨公堤等10条道路被评为省级“绿化美化示范路”。

【“双最”公园绿地评选】 2016年，杭州市区有81个公园(景区)、118条道路绿地和44条河道绿地、13条高架绿化参加“最佳最差”公园绿地评选活动。经评定，湖滨景区和余杭人民广场被评为年度市区“最佳公园(景区)”，全年无“最差公园(景区)”。东湖中路、沿江大道、通益路被评为“最佳道路绿地”，沿江公路、东桥路被评为“最差道路绿地”。赭山港被评为“最佳河道绿地”，北塘河被评为“最差河道绿地”。中河高架(下城段)被评为“最佳高架绿化”，市区无“最差高架绿化”。（赵　艳）

村镇建设

【村镇建设概况】 2016年，杭州市大力推进村镇建设和环境治理。启动149个小城镇环境综合整治，计划在3年内完成。加快农村生活污水、垃圾治理及村庄道路整治，160个行政村完成生活污水治理。推进“美丽乡村”建设，12个村开展杭派民居示范村创建。编制农村住房建设和危房改造计划，全市完成农房改造建设17134户、困难家庭危房改造1460户。农村城镇化和人居环境水平进一步提升。（严　建）

【村庄规划编制】 2016年，市规划局全面推进村庄规划编制，按照“多规融合”要求，开展西湖区双浦镇东江嘴村、余杭区良渚街道港南村等7个村的规划设计。编制过程中，发动村民以各种形式参与，共同推进规划实施。市建委依据县(市)域总体规划，指导、督促各区县(市)优化完善县域村庄规划布局和中心村规划，99.8%的保留村完成建设规划编制。新增132个村庄规划编制和19个美丽宜居示范村规划修编。全年市财政补助规划编制资金500万元。（郭清民　周　雯）

【农村环境综合整治】 2016年，杭州市以中心村、精品村建设为抓手，从垃圾处理、污水处理、卫生改厕、道路硬化、村庄绿化、河道整治、农房改造、庭院治理8个方面推进农村环境综合整治。坚持规划先行，明确责任单位，设立专项奖补助资金，确保整治工作扎实开展。全年投资2.26亿元，完成生态环境修复项目616个，项目涉及381个村。开展农村生活垃圾分类及减量化、资源化处理，全市55个乡镇建成生活垃圾分类处理站点306个。完成村庄整治2044个，累计创建中心村193个、精品村249个、风情小镇29个。投资1.51亿元，打造精品线路28条、精品区块14个，其中“美丽乡村”精品示范线路10条，精品线路、精品区块周边全面拆除违章建筑并完成绿化。依托山水、民俗、生态、休闲、运动、养老等资源优势，建设自杭州下沙段钱塘江至千岛湖的沿江绿道，规划总长度716千米，年内建成340多千米，沿途有驿站20个、古村落10多个。完成农村饮水安全提升工程，受益人口8.06万人。

【农村生活污水治理】 2016年，杭州市结合村庄环境整治，加快推进农村生活污水治理。全年投资2.98亿元，完成160个行政村4.21万户居民的污水处理。萧山区创建成为省级“清三河”达标区，完成农村生活污水治理工程35个，建成直径300毫米以上镇级污水收集管网31.8千米。淳安县南山、城西、坪山污水处理厂污水实现国家一级A排放，城区污水处理厂污水处理率94.6%，农村污水处理设施实现行政村全覆盖，农村治污设施出水水质检测合格率95.4%。临安市、镇、村三级污水处理项目获“中国人居环境范例奖”(治理污染专项)。

【“农家乐”接待游客3865万人次】 2016年，市农办对《杭州市农村现代民宿扶持项目竞争性分配方案》进行修订，根据《关于进一步优化服务促进农村民宿产业规范发展的指导意见》，规范农村民宿经营管理，引导各地民宿(农家乐)经营者申领证照，年内有2200家民宿(农家乐)领取证照。与市旅委共同开发“杭州民宿网”，上线民宿250多家。5月31日，首届中国(桐庐)国际民宿发展论坛在桐庐召开。全年全市民宿(农家乐)接待游客3865万人次、经营收入

美丽宜居村庄——富阳区洞桥镇文村村　　（市建委　供稿）

44.1亿元。完成民宿改造572幢、民宿示范村(点)建设58个。

【历史文化村落保护】 2016年,杭州市实施古建筑加固、修复与改造,对67个历史文化村落进行保护利用。全市列入省级重点保护村2个、一般保护村23个。启动4个市级重点村保护工作,完成投资2526万元。加快杭派民居建设,年内完成10个依托山水脉络、融入自然风光的杭派民居典范打造。区县(市)财政安排资金,对历史文化村落进行保护,主要用于公共设施配套和民生工程项目。

(严　建)

【小城市培育试点】 2016年,杭州市以全面完成小城市培育试点三年(2014~2016)行动计划为统领,加快推进小城市培育试点。实施试点镇扩权强镇工作。成立建德市行政服务中心乾潭分中心,设服务窗口24个,行使行政审批服务事项238项。推进小城市总体规划调整,不断完善小城市规划,完成萧山区党山、坎山集镇区等3个单元控制性详细规划编制。加快产业集聚平台建设,以桐庐县分水镇妙笔小镇建设为引领,抓好产业链项目落地。杭州市小城市培育试点建设取得新进展,千岛湖镇连续第三年获全省重点生态功能区考核优秀等次,塘栖镇连续第六年获全省小城市培育试点考核优秀等次。萧山区临浦镇、余杭区瓶窑镇、富阳区场口镇列入第三批省级小城市培育试点名单,全市省级小城市培育试点增至9个。

【中心镇建设】 2016年,杭州市围绕特色发展、转型发展,批复建设12个中心镇转型升级示范镇,有重点分层次地推进中心镇发展,全市形成省小城市培育试点镇——转型升级示范镇——中心镇的梯次建设格局。加快项目建设。2月,编制《杭州市中心镇"十三五"重大项目、重大工程计划》,以产业转型、基础设施建设、城乡统筹、生态环保、公共服务等五大领域为重点,计划实施项目413个,总投资940亿元。加强扶持项目管理,对通过第三方审计的中心镇扶持项目下拨扶持资金5820万元。年末,杭州市有省级小城市培育试点镇9个、市级转型升级示范镇12个、市级中心镇4个。全年中心镇完成重大项目建设投资198亿元,实现财政收入79.4亿元,财政收入比上年增长5.1%。

(陈新建)

西湖区龙坞镇上城埭村新貌　　(杭州图库 供稿)

【特色小镇培育】 2016年7月20日,住房城乡建设部等三部委印发《关于开展特色小镇培育工作的通知》,决定在全国范围内开展特色小镇培育工作。省、市建设部门等单位要求各地做好休闲旅游、商贸物流、现代制造、教育科技、传统文化、美丽宜居等特色小镇申报工作。桐庐县向省、市建设部门推荐分水镇申报全国特色小镇。经专家审核,住房城乡建设部于10月13日,在杭州召开的中国特色小(城)镇建设经验交流会上公布第一批中国特色小镇名单,分水镇名列其中。该次由国家发改委、财政部、住房城乡建设部共同认定的127个中国特色小镇中,浙江省8个镇入选。分水镇特色小镇建设获省财政专项资金补助,政府连续支持3年。

(严　建)

【农村住房改造建设】 2016年,杭州市坚持"联席会议、推进例会、进度通报、信息报送、专项考核"五项制度,加强农房改造检查指导和统筹协调。全年完成农村住房改造建设17134户。其中,实施"二合一"模式3277户、"二选一"模式1590户、"民建公助"模式12267户。改造建设面积571.44万平方米,总投资49.81亿元。

【农村住房改造示范村工程】 2016年,杭州市按照"规划设计一流、质量安全一流、风貌特色一流、生态环境一流、社区管理一流"的省示范村建设要求,实施农村住房改造示范村工程,提升村庄人居环境建设水平。全年完成19个农房改造示范村建设。杭州自2012年启动第一批示范村建设,5年间累计完成农房改造示范村建设99个。省住房城乡建设厅组织考核组,先后分6批次对杭州市农房改造示范村建设工作进行考核验收,有78个示范村工程通过验收。

【农村困难家庭危房改造】 2016年,杭州市继续推进农村困难家庭危房改造。全年完成危房改造1460户,完成年度目标的116%,改造面积21.41万平方米。危房改造中,新建694户、改建541户、修缮203户、置换22户。救助对象中五保户4户、低保户1102户、受灾困难户24户、其他困难户330户;四类受救助对象中残疾人531户。投入财政补助资金4066万元,其中中央资金1095万元、市级资金320万元、县(市)级资金1740.76万元、乡镇级资金908.64万元、村级集体资金1.6万元。

(郭清民)

责任编辑　余显幕

中国共产党杭州市委员会

【市委工作概况】 2016年，市委常委会深入学习贯彻习近平总书记系列重要讲话精神，全面贯彻中共十八大和十八届三中、四中、五中、六中全会精神，坚决贯彻落实中央和省委各项决策部署，按照“五位一体”总体布局和“四个全面”战略布局的要求，团结带领全市干部群众，践行新发展理念，坚持以“八八战略”为总纲，圆满完成G20杭州峰会服务保障任务，实现“十三五”发展精彩开局，开启建设世界名城的新征程。荣获“国家生态市”“全国双拥模范城”“中国最具幸福感城市”等称号，成为国内首个加入联合国教科文组织全球学习型城市网络的城市。

举全市之力服务保障G20杭州峰会，实现“四个满意”目标。把服务保障G20杭州峰会作为重大政治任务和一切工作的圆心，坚决贯彻习近平总书记的重要指示精神和中央筹委会及省委、省政府的决策部署，上下同欲、众志成城，圆满完成G20杭州峰会服务保障任务，为峰会办得精彩、成功贡献了杭州力量。G20杭州峰会落实了“西湖风光、江南韵味、中国气派、世界大同”的理念，向世界展示了中国方案、中国道路、中国智慧，在二十国集团发展进程中留下了深刻的中国印记，得到习近平总书记的充分肯定、高度赞扬。实施打造“美丽杭州”建设和“两美”浙江示范区行动计划，深入推进“三改一拆”，全面深化“无违建县（市、区）”创建，实施主城区城中村改造五年攻坚行动和“两路两侧”“四边三化”专项整治，打造以钱江新城、西湖、武林广场、运河“四大亮灯”工程为代表的标志性文化景观。实施文明素质提升工程，开展“服务G20，人人都是东道主”系列行动，展示“现代、文明、开放、诚信、友善”的良好形象。组织开展“保障峰会争先锋、担当有为谋新篇”主题活动和岗位建功、志愿服务、美丽家园先锋行动，开展“大比武、大督查、大考核”活动，凝聚服务保障峰会的强大合力，进一步密切党群干群关系。实施加快推进城市国际化行动纲要和旅游、医疗卫生、教育国际化行动计划，西博会、动漫节、电博会、文博会、云栖大会等国际影响力显著提升，杭州首次进入“外籍人才眼中最具吸引力的中国城市”前三名。

用足用好G20杭州峰会重大机遇，创新发展实现新突破。深入推进国家促进科技金融结合试点城市和国家小微企业创业创新基地城市示范建设，有效发明专利拥有量居全国省会城市第一、副省级城市第二，创业投资引导基金连续6年获全国最佳称号，大众创业、万众创新的氛围日益浓厚。制定实施《关于深化人才发展体制机制改革完善人才新政的若干意见》，成功创建全国首个国际人力资源产业园。深化与名院名校名企及国家“千人计划”专家联谊会战略合作，浙江工程师学院开学，浙江西湖高等研究院成立，人才高地、创新高地、产业高地加快形成。杭州国家自主创新示范区建设从杭州高新区（滨江）和萧山临江高新区向“一区十片、多园多点”全面拓展，杭州高新区（滨江）跻身全国创建世界一流高科技园区行列。推进“两化”深度融合，全面落实《中国制造2025杭州行动纲要》，大力实施工厂物联网专项行动。现代民宿、农村电商、乡村旅游、运动休闲、健康养生等农村经济新型业态发展势头良好，农业生产方式加快转变。全面实施经济体制改革“十三五”规划和全面创新改革试验方案，全面深化供给侧结构性改革，“三去一降一补”取得实效，各项改革任务取得重大进展。深化“四张清单一张网”改革并推广“服务清单”模式，“五证合一”商事制度改革全国推广。加快建设“信用杭州”，设立大数据管理局，杭州入选全国首批创建社会信用体系建设示范城市。

立足不断增强发展整体性，协调发展实现新突破。统筹市区与县（市）、品质城镇与“美丽乡村”建设，着力推进以人为核心的新型城市化，2016年城市化率达75.5%。打响城中村改造和小城镇综合整治攻坚战，21个村完成全面改造任务。实施“六大西进”行动，深化区县（市）协作、“联乡结村”和结对帮扶等工作。2016年全市落实“联乡结村”扶贫资金1.7亿元。深入开展“百村示范、千村整治”行动和“美丽乡村”创建活动。制定实施《杭州市文明行为促进条例》，持续打造“国内最清洁城市”，创建“最文明”杭州。扩大新闻宣传声势,《今日关注》栏目等舆论监督有力有效,“让网络空间清朗起来”“网上正能量杭州样本”等实践活动不断深化,“杭州发布”影响力稳居全国政务发布榜第一方阵。实施“满城书香”工程,成功举办全球学习型城市网络第一届成员大会,发布《学习型城市建设杭州宣言》,跻身全国十大数字阅读城市。实施文化民生工程,全面深入开展“十大行动进礼堂”活动,累计建成农村文化礼堂618个。实施“杭州城市记忆工程”,历史文化、历史名人研究全面深化,国家级“非遗”项目入选数量居全国同类城市第一。持续深化文化体制改革,推进杭州文广集团体制调整和华数集团股权调整,完成文化产权交易所股权结构和经营体制调整。加强国防动员和后备力量建设,获“全国人防工作先进城市”称号。

照着“绿水青山就是金山银山”路子走下去,绿色发展实现新突破。实施“美丽杭州”、生态文明先行示范区建设三年行动计划,扎实推进国家生态文明先行示范区建设,建成国家级生态乡镇119个。推进“五水共治”,初步实现城区“污水零直排”和县(市)“全域可游泳”,千岛湖配水工程顺利推进,闲林水库下闸蓄水,基本形成“一源一备”饮用水安全保障格局。推进“五气共治”,巩固主城区“无燃煤区”建设成果,完成半山钢铁基地、萧山电厂、半山电厂燃煤火电机组关停。推进交通治堵,深入实施交通治堵和畅通西部三年行动计划,深化“五位一体”公交体系建设,基本完成巡游出租车行业改革,出台网约出租车政策。推进“五废共治”,深化生活垃圾治理“三化四分”工作,主城区垃圾分类小区基本实现全覆盖和清洁直运,农村生活垃圾无害化处理率100%、农村生活污水治理覆盖率90%以上。着力推进节能减排降耗。严格空间、总量、项目“三位一体”环境准入制度,加强能耗强度和消费总量“双控”管理。严格落实生态文明建设“一岗双责”制,落实领导干部自然资源资产离任审计和生态环境损害责任终身追究制度。

培育对外开放新优势,开放发展实现新突破。中国(杭州)跨境电子商务综合试验区“六体系两平台”模式推向全国,制定全国首个跨境电子商务B2B认定标准和申报流程,制定实施第二批制度创新清单,“单一窗口”综合服务平台开发运行良好,上线经营企业6000多个。构筑跨境电商生态圈层,探索“跨境电商+产业集群”新模式,国内外龙头企业、发展要素资源集聚杭州。落实“一核一圈一带”总体布局,线下产业园区13个,入驻企业2276个。加快跨境电子商务平台和资本、市场、技术输出,带动全省产业发展,为全国中小外贸企业提供服务。创新“互联网+外贸”方式,全面构筑外贸发展新优势。入选国家服务贸易创新发展试点城市。深化招商引资体制机制改革,健全完善招商引资考核办法。成功举办第二届世界杭商大会。主动融入“长三角”,接轨上海,实施《长江三角洲城市群发展规划》,认真落实《长江三角洲地区城市合作(金华)协议》《“互联网+”长三角城市合作与发展共同宣言》。全面推进杭州都市圈建设,杭州绕城西复线、京杭运河二通道等项目前期工作顺利推进,在全省的首位度进一步提升。全面完成“山海协作”、对口支援和帮扶工作。

着力保障和改善民生,共享发展实现新突破。出台“创业就业新政27条”,提高高校毕业生、失业人员、农村居民等重点群体就业质量。深化养老保险制度改革,减轻参保人员医疗负担,全民参保信息登记率100%,基本养老、医疗保险参保率分别达95%、98%以上,基本实现“人人享有社会保障”目标。完善“四级救助”网络,推动“春风行动”向农村和外来务工人员延伸。深入实施“品质教育”七大行动,推进15年基础教育优质均衡发展,全市省义务教育标准化学校覆盖率93%以上,主城区名校集团化覆盖率超过81%。深入推进公立医院综合改革试点,市级医保参保人员门急诊和住院均次费用持续下降,县级医院下沉乡镇实现全覆盖,市妇产科医院实现市级公立医院JCI认证零的突破。加大养老服务机构建设力度,社区居家养老照料中心建设实现全覆盖,初步建成以“居家为基础、社区为依托、机构为补充、医养相结合、统筹为路径”的“9064”养老服务格局。创新“互联网+”残疾人就业创业

2016年中共杭州市委重要文件

表54

序　号	标　题
1	中共杭州市委关于制定杭州市国民经济和社会发展第十三个五年规划的建议
2	中共杭州市委关于追授莫永伟同志为杭州市优秀共产党员的决定
3	中共杭州市委关于印发《中共杭州市委常委会2016年工作要点》的通知
4	中共杭州市委关于追授余延安同志为杭州市优秀共产党员的决定
5	中共杭州市委关于认真做好区、县(市)领导班子换届工作的通知
6	中共杭州市委关于印发《中国共产党杭州市委员会巡视工作实施办法》的通知
7	中共杭州市委关于全面提升杭州城市国际化水平的若干意见
8	中共杭州市委　杭州市人民政府关于进一步构建和谐劳动关系的实施意见
9	中共杭州市委关于加强和改进新形势下党校工作的实施意见
10	中共杭州市委　杭州市人民政府关于深化人才发展体制机制改革完善人才新政的若干意见
11	中共杭州市委　杭州市人民政府关于深化改革加强科技创新加快创新活力之城建设的若干意见
12	中共杭州市委关于中国共产党杭州市第十二次代表大会代表选举工作的通知
13	中共杭州市委关于繁荣发展社会主义文艺的实施意见

模式，完善救助、医疗康复保障和福利补贴政策体系。成功举办杭州马拉松比赛、国际（杭州）毅行大会、钱塘江国际冲浪对抗赛等，杭州籍运动员在里约奥运会、残奥会上获得好成绩。健全完善社会治安防控体系，保持对严重暴力犯罪、黑恶势力犯罪和侵财类犯罪"零容忍"高压威慑态势，加大电信、金融诈骗等新型犯罪打击力度。制定《关于进一步推进户籍制度改革的实施意见》，形成"1+X"户籍制度改革政策体系。设立全国首个电子商务"12315"投诉维权和网络商品质量监测中心，强化食品生产、流通和消费环节源头治理和全过程监管，入选国家食品安全示范城市。

*贯彻全面从严治党要求，营造风清气正的政治生态实现新突破。*充分发挥领导核心作用，进一步完善"一个中心、三个党组"领导体制，定期听取市人大常委会、市政府、市政协党组工作汇报，全力支持市人大及其常委会、政府、政协和审判机关、检察机关依照宪法、法律和章程独立负责、协调一致开展工作。有效推进群团改革，进一步发挥群团组织联系群众的桥梁纽带作用，工会、共青团、妇联等群众团体事业全面发展。扎实推进市、县、乡三级领导班子换届，全面加强干部队伍建设。把好选人用人导向，坚持把政治标准放在首位，突出担当有为、工作实绩、群众公认、重视基层"四个导向"，大力选拔"狮子型"干部。落实"双基十条"，实施"整乡推进、整县提升"三年行动计划，推动基层党建全面进步、全面过硬。探索建立大党建领导体制和工作机制，认真落实党风廉政建设、意识形态、基层党建及统战工作四个主体责任，推动党建工作各项目标任务精准落实。坚持把严明政治纪律和政治规矩摆在首位，围绕服务保障G20杭州峰会圆心，加强监督检查，坚决纠正有令不行、有禁不止等问题。严格组织实施党风廉政建设责任制考核，严格执行书面报告制度，深化完善专题报告，推动全面从严治党"两个责任"落地生根。持续发扬"钉钉子"精神，不折不扣贯彻执行中央八项规定精神和省委、市委有关规定，紧盯"四风"新形式、新动向，紧盯重要节点，加大正风肃纪力度。

【市委全委会】2016年，市委共召开2次全委会。

十一届十一次全体（扩大）会议于7月11日召开，会议深入学习贯彻习近平总书记系列重要讲话精神，尤其是"七一"重要讲话和对杭州工作做出的重要指示精神，贯彻落实中央城市工作会议、省委十三届九次全会、省委城市工作会议精神，分析全市城市发展面临的新形势，审议《中共杭州市委关于全面提升杭州城市国际化水平的若干意见》，研究部署城市国际化工作，加快推进世界名城建设。省委常委、市委书记赵一德代表市委常委会向全会做报告。

十一届十二次全体会议于11月30日召开，会议审议通过《关于召开中国共产党杭州市第十二次代表大会的决议》，决定于2017年2月召开市第十二次党代会。市委常委会主持会议。

【市委常委会议】2016年，市委常委会召开会议43次。市委常委会深入学习贯彻习近平总书记系列重要讲话精神，全面贯彻中共十八大和十八届三中、四中、五中、六中全会精神，按照党委"总揽全局、协调各方"原则，议大事、把方向、掌全局、用干部，充分发挥在同级党组织中的领导核心作用，就事关杭州经济社会发展的重大问题进行研究。

【市委重要专题会议】2016年，市委召开的重要专题会议有：全市深化作风建设大会，国际峰会杭州市筹备工作专题会议，全市组织工作会议，全市扩大有效投资重点项目推进会，全市特色小镇建设现场会，杭州国家自主创新示范区建设动员大会，市委政法工作会议，全市农村工作会议，杭州市城乡社区治理和服务创新工作现场会，市食安委全体（扩大）会议暨杭州市创建国家食品安全城市动员部署大会，市委全面深化改革领导小组会议，市委财经工作领导小组会议，市委建设法治杭州工作领导小组会议，市委党建工作领导小组会议，全市党员"两学一做"学习教育动员部署会，市委加强中共新闻舆论工作座谈会，2016年全市招商引资暨浙商回归工作推进大会，市"五水共治"领导小组（扩大）会议，全市金融工作会议，市文明委全体（扩大）会议暨市民素质提升工程动员会，城区绿化工作会议，中国（杭州）跨境电子商务综合试验区建设深化推进大会，杭州市纪念中国共产党成立95周年大会，全市安全生产工作会议，杭州市G20峰会总结表彰大会，全市科技创新暨"一号工程"推进大会，全市养老服务业综合改革试点工作会议，全市党校工作会议，全市哲学社会科学工作会议，城西科创大走廊规划建设领导小组会议，2016年度杭州市综合考评动员大会，全市农业"两区一基地"建设暨"美丽农业"现场推进会，市委理论学习中心组（扩大）专题学习会等。

【市委新设立的市级议事协调机构】2016年，市委新设立的市级议事协调机构有：杭州市推进西湖大学项目建设指挥部、杭州城西科创大走廊规划建设领导小组、杭州市突发事件应急管理委员会、杭州市养老服务业综合改革试点推进领导小组、主城区城中村改造五年攻坚行动领导小组、杭州市全面创新改革试验工作领导小组、杭州市小城镇环境综合整治行动领导小组等。

【G20杭州峰会服务保障任务圆满完成】2016年9月4～5日，举世瞩目的G20杭州峰会成功举行。自峰会筹备工作启动以来，市委认真贯彻习近平总书记重要指示精神，全面落实中央筹委会的部署要求，把服务保障G20杭州峰会作为一切工作的圆心，围绕"四个满意"目标，贯彻"四个最"要求，落实"西湖风光、江南韵味、中国气派、世界大同"的理念，坚持一切行动听指挥，深入开展"办好G20，当好东道主"主题活动，喊响"杭州干部行不行，要看服务G20"，举全市之力，高水平、高标准做好场馆改造、会务服务、平安护航、环境整治、氛围营造等工作，呈现历史与现实交汇的独特韵味，展示"四个全面"战略布局在杭州的生动实践，为这场新中国成立以来中国主办的层级最高、影响最深远、成果最丰硕的多边峰会圆满成功贡献了杭州力量、杭州智慧,镌刻下了深刻的中国印记、杭州印象,得到了习近平总书记的充分肯定、高度赞扬。

【杭州加入联合国教科文组织全球学习型城市网络】 2016年1月,杭州成功加入联合国教科文组织全球学习型城市网络,成为全球首批、全国首个加入该网络的城市。11月15日,联合国教科文组织在杭州成功举办全球学习型城市网络第一届成员大会,来自德国、英国等国家和地区的代表150多人参加会议。会议发布《学习型城市建设杭州宣言》。

(杨毅贞)

【G20杭州峰会保密服务保障】 2016年,市委保密委(市保密局)积极参与G20杭州峰会保密服务保障工作,指导峰会筹备办健全保密组织机构,形成一级抓一级、层层抓落实的保密工作组织体系。加强保密制度建设,印发领导保密工作责任、涉密人员管理、涉密载体管理、网络管理、应急处置等方面规范性文件12份。深入会务安保等要害部门、通信电力等重点领域,对相关人员开展保密常识、保密意识教育培训,配备保密技术防护设施和装备,实行"驻点式"服务。充分发挥保密监管平台多维防控作用,构建G20杭州峰会保密监管中心,为峰会顺利召开保驾护航。

【保密宣传教育载体创新】 2016年,市委保密委(市保密局)按照《杭州市"七五"保密法制宣传教育规划》的要求,深入开展保密法治宣传教育。创新工作理念,编印《杭州保密情况》8期,组织各地各单位征订《保密工作》《保密科学技术》等学刊用刊,发放《机关单位保密管理实务手册》1000本,报送经验交流信息43篇。从《中华人民共和国保密法》规定的12种禁止性行为入手,拍摄15部微电影,发挥文化艺术在保密理念、培育保密意识方面的引领作用,进一步强化和提升全社会的保密意识。

【保密科技产品研发】 2016年,市委保密委(市保密局)充分发挥杭州信息产业的优势,实现与相关资质企业和高等院校、科研机构的紧密合作,开发保密检查检测与监管防护创新产品。通过科技资源的集聚,引领产业核心技术创新,加速科技成果的产业化运作。杭州市牵头研发的新型检查系统在国家保密局立项,并在全国推广。

(皮新廉)

【"保障峰会争先锋、担当有为谋新篇"主题活动】 2016年,按照市委要求,市委组织部起草《关于"保障峰会争先锋、担当有为谋新篇"主题活动的意见》。把保障G20杭州峰会作为重大政治任务和提振干部精气神的重要引领,紧抓"一个圆心、七项工作"重点,扎实推进"保障峰会争先锋、担当有为谋新篇"主题活动。深化"狮子型"团队建设和"三不"专项整治成果,搭建"比学赶超"平台,推行干部派到项目中、支部建在项目上、服务围绕项目等促进发展机制,激励各级领导干部发挥核心骨干作用。把服务保障G20杭州峰会中的表现作为领导班子和领导干部考核的重要指标,强化明责、履责、考责、追责,有效传导压力,使党建工作与中心工作同频共振。

【峰会一线干部专项考核】 2016年,按照市委要求,市委组织部完善领导班子和领导干部实绩考核办法,紧盯"一办九部"和属地责任,紧扣峰会各项任务进度,实行月度考核、跟踪评价和双月专题报告,重点考核领导班子和领导干部的大局观、执行力和工作成效。市委组织部考核组累计走访项目现场、集中办公点等60多次,列席各类工作会议30多次,与500多名干部进行考核谈话,形成的专题分析报告得到省委常委、市委书记赵一德的肯定。同步推进在"一号工程""五水共治""三改一拆""美丽杭州"建设等重点工作中考察干部,提拔重用表现突出的干部,批评教育表现不佳的干部。

【筑牢G20杭州峰会保障基层基础】 2016年,市委组织部认真落实《中共杭州市委关于进一步发挥全市基层党组织和党员在筹备G20峰会中的战斗堡垒作用与先锋模范作用的意见》。全市3.7万个基层党组织和66万多名党员积极响应,抓实"开放式网格党建、区域化网络服务",建立峰会项目临时党组织877个,推进基层治理网格、"两新"组织集聚区等党的组织和工作双覆盖。广泛开展岗位建功、志愿服务、"美丽家园"系列行动,组织机关党员参与"服务G20、机关作表率"行动,策划推出"服务G20,党徽在闪光"系列节目。全市11.6万名在职党员进社区服务,认领完成峰会服务保障任务3.7万个。开展"我为峰会增光、齐为杭州添彩"人才专项行动,优选120多名人才组建"峰会专家库",全市4680多名人才志愿者解决问题1400多个。

【完善党建责任综合绩效工作模式】 2016年,市委组织部认真落实市委要求,牢固树立"党建工作是最大政绩"理念,推动完善党建工作统筹运行机制。探索完善党建责任综合绩效工作模式,分层分类开发196种党建责任清单,全面推行"党建报表""双百分制"考核,推动"互联网+"与党建工作的深度融合;完善党建责任制"目标管理、过程管控和绩效评估"三大体系智慧管理系统,构建统一谋划、运行、考核、问责的工作格局。全国党建研究会在杭州召开"党建责任综合绩效工作模式"专题研讨会,新华社内参报道并以英语、西班牙语等向世界公开发布。中组部《组工通讯》向全国推介杭州党建引领服务保障G20杭州峰会经验。

【"两学一做"学习教育】 2016年,市委组织部按照市委要求成立学习教育协调小组,完善6个工作组架构,扎实推进"两学一做"学习教育各项工作。全市各级党组织开展专题学习讨论34.2万次,讲党课10.9万场次,其中县处级以上党员干部讲党课1.3万次。举办"两学一做"学习教育培训2.13万班次,培训党务骨干11.2万人次、党员124万人次。各级党员和领导干部主动查改自身存在问题243万个。扎实推进党员组织关系集中排查、基层党组织按期换届检查、党费收缴工作专项检查等9项重点任务整改。开展第二批"双百优秀乡村干部"评选,推选省级"千名好支书"123名、"万名好党员"810名。结合纪念中国共产党成立95周年,评选表彰

“两优一先”等身边典型300名(个)。刘云山对杭州“两学一做”学习教育工作给予肯定。

【推进领导班子换届】2016年,市委组织部按照“绘出好蓝图、选出好干部、配出好班子、换出好面貌”的目标,落实好干部“20字”标准和顾大局、守纪律、敢担当、善作为的要求抓好区县(市)领导班子换届。配强考察组力量,实施干部考察工作规程,明确18个环节要求,推行“考察十问”,把好干部考察识别、分析研判关。全市区县(市)换届新提拔市管领导干部或转任市管重要岗位干部134名,其中90名区县(市)新提拔市管副职人选中,有乡镇(街道)正职经历的占66%。扎实推进乡镇领导班子换届,选优配强乡镇党政正职,选配熟悉现代产业发展、新型城镇化等工作的干部468名,面向优秀村(社区)“两委”正职和大学生“村官”竞争性选拔乡镇副职45名。新一届乡镇党委班子成员平均年龄40.9岁,其中35岁及以下的195人,占24.9%。

【“两代表一委员”人选把关】2016年,市委组织部严格执行“六种情形人员不能推荐”标准,指导区县(市)抓好党代表人选把关,对98个乡镇选举产生的6820名党代表逐个进行复审,对涉及的1005名领导干部进行排摸。对照“10种情形”41条审查标准,严格代表委员审查、考察制度,强化联审严格把关。探索建立“四评一督”工作机制,组织25个职能部门对市本级“两代表一委员”初步人选进行严格审查,取消147名代表委员的连任资格,有效确保市本级“两代表一委员”人选质量。

【严防干部“带病提拔”】2016年,市委组织部优化完善选人用人监督办法,注重关口前移,做好全市1360名副处级以上干部个人有关事项随机抽查核实。对照信访情况、个人有关事项、干部档案、任职经历等审核把关“负面清单”,对区县(市)换届拟继续提名的342名领导干部和161名考察对象逐一查核比对。加强与纪检机关的联动配合,换届期间分5批次对580名干部征求纪检机关意见。严格落实党委书记和纪委书记“双签字”制度。深入贯彻中央“九严禁”换届纪律要求,严格落实《加强换届风气监督工作实施意见》及行动方案、工作流程图,市、县两级成立换届风气巡回督查组48个,强化换届纪律教育和换届风气督查。区县(市)换届考察期间,信访总量比上届下降80.4%。

2016年4月27日,杭州市举行“两学一做”专题党课暨学习教育部署会
(市委组织部 供稿)

【改进干部教育培训】2016年,市委组织部坚持党的理论教育和党性教育以党校为主,干部专业化能力培训以与高校合作为主,干部个人学习以网络选学为主,构筑“三位一体”干部教育培训工作体系。组织1200多名市管干部开展中共十八届六中全会精神集中轮训,举办各类培训28期,累计培训干部3389人,党的理论教育和党性教育达到总课时的74%。出台《领导干部到党校讲党课制度》,全年有12位市领导到党校讲课20次。借助复旦大学、上海交通大学等国内知名高校,举办干部专业化能力培训班6期,培训领导干部300多人。创新市管干部与企业经营管理人才混合编班模式,推出杭商学堂培训班6期,取得良好经济效益和社会效益,中组部《组工信息》刊登杭州经验。

【干部日常管理监督】2016年,市委组织部坚持防治结合、重在预防,从严干部日常管理监督。盯牢“关键少数”,认真执行巡视、经济责任审计等制度,对14名市管干部开展经济责任审计,做好5名市直单位“一把手”离任经济事项交接,对112名市管干部和615名区县(市)管干部建立审计档案。对40名提拔、转岗或“退二线”的党委(党组)书记履行选人用人职责进行离任检查。综合运用巡视、信访、个人有关事项报告等信息,对干部情况进行实时分析的基础上,对28名市管干部开展即时提醒,对91名干部进行诫勉。创新干部出国(境)管理方式,以干部出国(境)电子化“一人一档”为基础,完善证件去向动态管理制度,中组部《干部监督工作通讯》刊发杭州做法。

【干部工作专项整治】2016年,市委组织部从严从实抓好干部工作专项整治。紧扣省委巡视组反馈的4类问题、省委组织部选人用人检查组反馈的6个方面11个问题,有力有序推进整改。开展选人用人工作专项检查,在22个市直单位发现5大类113个问题,对18个国企开出160个问题清单,实行“销号式”管理。开展市属国企领导人员到企业兼职情况“回头看”工作,规范审批25名(36人次)。推进领导干部“能上能下”,对全市110名不适宜担任现职领导干部进行调整。严格干部职数管理,在全省率先完成整改消化超配干部,得到省委常委、组织部部长廖国勋批示，并在全省通报表扬。中组部《干部监督工作通讯》刊发杭州做法。

【“整乡推进、整县提升”工作】 2016年，市委组织部以“五个齐头并进”为引领，推动基层党建全面进步、全面过硬。出台《关于深入贯彻市委“双基十条”决定扎实开展基层党建“整乡推进、整县提升”工作的意见》，细化10项具体举措，以责任制、项目化推动市委“双基十条”156项任务落实。制定机关党建工作标准，指导各区县（市）分类制定楼宇社区、城市社区、撤村建居社区等党建工作标准。采取逐个建设、分片推进的方法，打造农村、社区、企业、机关、事业等各领域示范点，形成“拼图效应”。淳安县金峰乡蒋岭上村“第一书记”应满红的事迹得到刘云山、赵乐际等中央领导批示肯定。

【“网格+网络”基层党建】 2016年，市委组织部运用“党建+”系统思维，推动党组织设置与基层社会治理有效融合。构建以网格支部为基础的组织体系，全市调整设立网格党支部1.6万个、党小组3.5万个。实行机关事业单位在职党员进网格、组团式服务分队驻网格、区域性党组织接网格、工青妇组织和社会组织联网格。落实《街道工作规程》《社会组织党建工作规程》《非公企业党建工作流程化运作指引》等，提高网格党建工作规范化水平。落实“走村不漏户、户户见干部”“基层走亲”等联系服务群众机制。江干区深化“周三访谈夜”民情联系走访机制，持续走访服务群众4.2万次，得到夏宝龙、廖国勋等领导同志批示肯定，并在全省推广。

【两新党建规范提升】 2016年，市委组织部立足“全国有影响、全省要领跑”定位，不断深化两新组织党建工作。开展“双覆盖”百日攻坚，整治后两新党组织增加450个，单建党组织增加476个。出台《加强新经济新业态领域党建工作的意见》，聚焦集聚区（特色小镇）和信息科技、文化创意、金融服务三大产业，形成“区域统领、行业引领、块抓条保”的新经济新业态领域党建工作领导体制。贯彻落实《进一步加强社会组织党建工作的意见》，理顺全市卫生计生行业、教育系统两新组织党建工作管理体制。

【创新推进行业系统党建】 2016年，市委组织部统筹推进全市国企、卫计、教育等行业系统党建工作。贯彻全国国企党建工作会议等精神，会同市国资委推出“开展‘双学双比’，争创‘四强四优’”主题活动，制定国有企业党建工作标准，推动20个单位建立党建责任清单体系，深化“一企一品”党建品牌创建。会同市卫计委出台《关于全面加强全市卫生计生系统党建工作的意见》，按照“上下联动抓党建，引领卫计新发展”的总体思路，把党建工作融入卫生计生事业发展各方面、全过程。会同市委教育工委搭建“党建引领促教育、教书育人争先锋”党建载体，推动全市教育系统落实基层党建工作三级联述联评，激励各级党员干部发挥核心骨干作用。

【“党员固定活动日”制度深化】 2016年，市委组织部在“两学一做”学习教育中，深化“党员固定活动日”制度，得到中组部肯定并向全国推广。分层分类抓扩面，抓好机关事业单位和国有企业的全面覆盖、带头示范，提高村（社区）的有效覆盖、活动质量，推进两新组织分类覆盖、活动接轨，与“三会一课”无缝对接。用好党建网站、远教广场（站点）、“先锋慕课”等平台，创新党员教育内容和形式，制作《做合格党员》《先锋力量》等教育片、课件20多部。开展“三个最佳”评选活动，评选产生最佳微党课、最佳党群服务中心、最佳支部组织生活等60个。全市各级党组织全年开展“党员固定活动日”活动42.7万次。

【基层党支部主体作用强化】 2016年，市委组织部出台《关于在“两学一做”学习教育中进一步发挥基层党支部主体作用的指导意见》，突出政治属性，严格党内政治生活，强化党组织功能。坚持党支部设置与履行岗位职责相结合，分领域优化支部组织设置。调整后，全市有基层党支部3.25万个，平均每个支部20名党员左右。明确“三会一课”等13项党支部经常性工作清单和基本规范，分解到月、季、年。遴选各领域优秀党支部书记106名，建立支部书记讲师团，以“支书讲给支书听”的形式发挥示范带动效应。

【人才政策优化升级】 2016年，市委组织部（市委人才办）坚持规划先行，牵头制定并实施《人才发展“十三五”规划》，推出“566”工作举措，指导11个市直部门和13个区县（市）出台人才规划，全市形成人才规划体系。认真实施“人才新政27条”，开展新政实施绩效评估，分类认定人才1612名，引进培育省级领军型人才团队12个，给予人才创新创业资助4亿多元。研究出台人才“若干意见22条”，在引聚人才、激发人才活力等44个政策点上加大改革力度。强化配套支撑，会同市人力社保局等部门研究出台新一轮“115”国外智力引进计划、“131”中青年人才培养计划等市级人才引进扶持计划，出台国际高端紧缺人才开发目录，全市上下联动、相互衔接的人才引育政策体系基本形成。

【高层次人才平台集聚】 2016年，市委组织部（市委人才办）全面落实“两核六极多点”人才工作布局。扎实推进人才管理改革试验区建设，指导各地制定并落实人才生态示范区创建举措86项，打造特色小镇人才苗圃的案例被评为全国最佳创新案例，优化人才生态的首创经验被写入省“十三五”规划，并在全省推广。推进高端平台建设，扎实推进西湖大学筹建工作，完成施一公、饶毅等4个“一事一议”重大项目论证，各给予1亿元资助。西湖高等研究院正式成立并进入实体化运作。全市新增自主申报入选国家“千人计划”人才19名、省“千人计划”人才54名、国家“万人计划”人才13名。制定出台新一轮全球引才“521”计划，突出高精尖缺导向，遴选新一批高层次人才49名，其中国（境）外人才入选比例36.7%。

【人才工作国际化市场化】 2016年，全市紧紧抓住G20杭州峰会对人才国际化的发展机遇，加快人才市场主体培育和人才工作“走出去”步伐。在金融、信息经济、文化创意、旅游休闲、人才猎头等领域成立人才行业协会(组织),有序承接政府转移职能。支持美国硅谷人才工作站和孵化器建设,促进海外人才项目资本深度对接。研究制定并落实B20人才引进组工作方案,首次举办海外高层次人才智力项目对接会,共洽谈非华裔人才项目151个,达成合作意向81个。成功举办2016年浙江·杭州国际人才交流与项目合作大会,现场签约项目187个、金额20.5亿元,分别比上年增长5%和6%。成功举办第二届创客天下·2016年杭州市海外高层次人才创新创业大赛,新辟欧洲赛区,有参赛项目607个,增长近50%。

【人才环境优势巩固】 2016年,全市培训充实"店小二"式人才195名,为各类人才解决困难1600多个。开展第四届杰出人才和首届突出贡献引进人才评定工作,评选表彰涵盖各支人才队伍的20名优秀人才。指导杭州银行、赛伯乐基金成立杭州人才服务银行,为首批50多名人才提供10亿元的授信支持。全市日均人才活动8.9场,比上年增长一倍多,杭州创新创业热度居全国第4位,首次进入"外籍人才眼中最具吸引力的中国城市"前三名。 (程建全)

【理论学习】 2016年,市委宣传部制定实施《市委理论学习中心组2016年学习计划》,以市委中心组为龙头,指导各级中心组以多种形式开展习近平总书记系列重要讲话精神、党中央治国理政新理念新思想新战略等专题的学习。市委组织"杭州论坛"报告会、专题学习会等13次,先后邀请国防大学军事思想与军事历史教研室主任、教授、博士生导师马刚,全国台湾研究会副会长、国台办原副主任王在希,北京市原外宣办主任、原市政府新闻发言人王惠,国防大学教授、博士生导师、少将金一南等到"杭州论坛"报告会授课,获得较好反响。组织开展理论学习荐书活动等学习服务工作,向省委宣传部报送市本级和13个区县(市)党委(党组)中心组学习情况统计。

【学习型城市建设】 2016年1月12日,联合国教科文组织终身学习研究所正式批准杭州加入联合国教科文组织全球学习型城市网络,杭州成为全球首批、全国首个加入该网络的城市。4月13日,举办以"创新·共享·绿色"为主题的"2016中国数字阅读大会"。4～10月,举办以"阅读峰会,书香杭州"为主题的第十届西湖读书节。6～10月,举办以"喜迎G20,诗话西湖"为主题的西湖诗会暨第六届杭州学习节。加强悦学体验点、漂流书亭、学习地标、第二课堂等学习阵地建设,推进"咪咕阅读""天翼阅读""网易公开课""云阅读"等数字阅读平台建设,举办"终身学习周""科普宣传周""社科普及周"等一批特色学习周活动。

【"我们的价值观"主题实践活动】 2016年,市委宣传部制定实施《"我们的价值观"每月主题实践活动方案》,推动活动落实、落细、落小。组织开展"讲好价值观故事展示中国好形象"活动,深化开展"三个一"主题月活动和"三说价值观"活动,举办"我们的价值观·大型报网互动思辨论坛"12次。组织"我们的价值观"主题实践活动先进典型的宣传推广工作,有效推动活动取得更好实效、更大影响。

【"讲好中国故事,展现杭州魅力"主题宣讲】 2016年,市委宣传部制定《杭州市广泛开展"当好东道主,办好G20"主题宣传教育活动实施方案》《关于组织开展"讲好中国故事,展现杭州魅力"主题宣讲活动的通知》,组织开展学习大行动、宣讲大行动等活动。组织各级中心组学习中央和省委、市委关于G20杭州峰会的决策部署,采取集中学习、专题研讨、辅导培训等方式开展学习讨论。推出"迎峰会相关知识""社会主义核心价值观·'最美'宣讲""中国故事·杭州故事"3个专题,组织70名相关理论专家学者、"最美"人物、基层宣讲骨干、道德模范广泛开展宣讲。

【理论宣传】 2016年,市委宣传部利用"钱塘论坛""学与思""热点面对面""一理一论"等宣传阵地,推出系列理论文章、报道、节目180多篇(期)。组织参加全省中共十八届六中全会精神宣讲工作培训班,组建杭州市宣讲团开展中共十八届六中全会精神宣讲。黄小荣被评为第二届全省"十大基层优秀宣讲员"。杭州市"最美"宣讲团等3个基层宣讲先进集体、高国舫等3名基层宣讲先进个人和1个宣讲先进组织工作者被省委宣传部通报表扬。根据省委宣传部"十三五,话担当"微型党课的要求,组织微型党课宣讲活动,全市各行各业5万多名党员参与,受众50多万人次。在浙江省第七届微型党课大赛中,杭州市选手赵明霞获一等奖,杭州市委宣传部获优秀组织奖。 (李 进)

【G20杭州峰会主题宣传】 2016年,市委宣传部为迎接G20杭州峰会,全市在机场高速路、奔竞大道、市心北路、艮山西路、延安路、曙光路等14条道路上悬挂道旗2226面,为G20杭州峰会营造良好的社会氛围。在主城区主要道路、地铁站及各区县(市)等布置社会宣传广告牌1.2万块,乡镇街道悬挂峰会宣传横幅1.01万条,利用5800多块户外LED、公交车视频、机场LED及机关事业单位室内电子屏播放G20杭州峰会倒计时、宣传广告片和《杭州欢迎你》等音乐片。

【庆祝中国共产党成立95周年群众性歌咏活动】 2016年6月29日,由市委宣传部主办,杭州文广集团、杭州日报报业集团协办的"红旗飘飘——庆祝中国共产党成立95周年群众性歌咏活动"在杭州文广集团演播厅举行。歌咏活动突出G20杭州峰会主题,分"美丽中国梦""杭州欢迎你"上下篇章,并结合红军长征胜利80周年的契机,歌颂党、祖国、军队的丰功伟绩和伟大成就,歌颂美丽杭州。

【"最美杭州人"主题宣传活动】 2016年,市委宣传部在《杭州日报》、《都市快报》、"杭州网"和杭州电视台集中报道"发现最美杭州人"活动。在市属媒体开展"最美杭州人"宣传报道,报道"最美人物"118人。开展第四届"最美杭州人"评选活动,经基层推荐、市民投票、评委评选,评出第四届"最美杭州人"10名和"最美杭州人提名奖"20名,先进事迹在吴山广场"光荣墙"展示。 (陈明春)

2016年9月1日，G20杭州峰会新闻中心建成并对外运营 （徐一帆 摄）

【网络安全和信息化工作座谈会】 2016年7月7日，全市网络安全和信息化工作座谈会召开。省委常委、市委书记、市委网络安全和信息化领导小组组长赵一德出席会议并讲话。强调全市上下要认真学习贯彻中央、省网络安全和信息化工作座谈会特别是习近平总书记重要讲话精神，抢抓机遇、战胜挑战，拉高标杆、补齐短板，扎实做好各项工作，努力推动全市网络安全和信息化事业继续走在前列。市长张鸿铭主持会议，杨戌标、许勤华、翁卫军、潘方敏、马晓晖等市领导出席会议。会上，市公安局、市经信委、杭报集团、余杭区委宣传部、杭州安恒信息技术有限公司负责人先后发言，市网信办、杭州文广集团、杭州海康威视数字技术股份有限公司做书面交流。

【G20杭州峰会新闻中心建成运营】 2016年，G20杭州峰会新闻宣传部围绕“信号传输中枢、媒体中转基地、记者工作中心”三大功能定位，制定《峰会新闻中心功能设置建议方案》，引进专业团队，深度参与新闻中心的建设工作。9月1日，位于杭州国际博览中心的G20杭州峰会新闻中心建成并对外运营，为峰会期间的76个国家4800多名记者提供便捷、优质的服务。9月1～6日，G20杭州峰会新闻中心接待境内外记者1.8万人次，发放对外宣传品6.5万册（份），12位中外政要在此举办新闻发布会。新闻中心运营实现“零失误、零投诉”，得到社会各界广泛好评。

【“杭州发布”关注人数突破740万人】 2016年，“杭州发布”在权威发布、服务民生、舆情引导上的作用和影响力持续加强，微博与微信大平台关注人数突破740万人，并在“今日头条”与“城事通”手机客户端开通专门频道，在“华数电视”开设专题，总覆盖人数超过1000万人。推出21项智慧应用服务，让用户通过手机等移动客户端轻松实现“指尖办事”。精心组织G20杭州峰会宣传，获得亚运会举办权等重大信息的及时发布和全媒体宣传策划，“杭州发布”微信、微博与客户端三大平台阅读量超3.63亿人次，在“今日头条”发布的《G20峰会36位领导人，为什么站在中间的是这3位？》阅读量达到1153万人次，创下全国G20单条信息阅读量纪录，成为全国政务发布的阅读冠军。“杭州发布”获腾讯“2016政务影响力奖”、新浪“全国十大党政新闻发布微博”、今日头条“最具传播力政务头条号”、人民网“政务舆情回应优秀单位”4个大奖。

【重大主题对外和网上宣传】 2016年，市委外宣办（市网信办）围绕“精彩峰会，韵味杭州”主题，制定《“精彩峰会，韵味杭州”主题外宣活动方案》，整合各方资源，集中推出“杭州向世界问好”等30多个外宣活动。制作推出《印象杭州》等系列外宣品，拍摄杭州形象宣传片，在央视综合频道和5个外语频道高频率播出《杭州》等宣传片，在腾讯、乐视等新媒体密集推送《杭州故事》视频短片，点击率6700万人次。组织市属网络媒体和“杭州发布”网络平台开展中共十八届五中、六中全会和全国、省、市“两会”等重大主题网上宣传。开展“G20进校园”“G20万人微笑墙”峰会倒计时等系列活动，推出“韵味杭州·城市印象”G20杭州峰会系列微视频。加强网上正能量传播，组织“杭州正能量”事件推送800多次。围绕“我们的价值观”，制作“杭州暖心月历”。开展“杭州好网民”、2016年杭州“最具影响力网络公益项目”评选等活动，评选出“2016杭州好网民”10人。

【第九届杭州市民摄影节】 2016年5月10日，第九届杭州市民摄影节在运河沿线5个展区开展，共展出作品

2000多幅。该届摄影节由市委宣传部、杭报集团、杭州文广集团、市文联主办，市委外宣办、拱墅区委宣传部和都市快报社承办。以“韵味杭州——G20来我家”为主题，以“办好G20，当好东道主”为主线，借举办G20杭州峰会的契机向全世界宣传推介杭州，面向全社会发起“世界大家庭”“中国大家庭”“杭州大家庭”三大征集活动，展现G20杭州峰会背景下历史文化名城、创新活力之城和东方品质之城的独特韵味，被多家媒体称赞为“世界上最美的户外摄影展”。

【第八届杭州网络文化节】 2016年10~12月，由市委宣传部、市委外宣办(市网信办)、市网络文化协会主办的第八届杭州网络文化节举行。该网络文化节紧扣“建网络好家园、做中国好网民、讲杭州好故事”主旨，汇集属地主流网络媒体、新媒体、社会网站、互联网企业、网络公益事业从业者、市民网民等网络文化建设有生力量，开展十大网络文化活动。组织网络文化节闭幕式暨“2016杭州十佳好网民”“2016杭州十大最具影响力网络公益项目”颁奖典礼晚会，制作网络文化节总结视频片《在杭州》、宣传启幕片等原创视频30多个。在“人民网”“新华网”“新浪网”“今日头条”“浙江在线”“杭州网”等推出相关网络专题15个，吸引原创报道50多篇，150多个媒体予以转载推送。

【新闻发言人培训】 2016年，围绕G20杭州峰会筹备和举办，市新闻办组织新闻发言人队伍培训，培训三级新闻发言人274名。5月13日、10月12日举办两期新闻发言人培训班，先后邀请外交部新闻司副司长、外交部新闻发言人洪磊，新华社高级记者、新华社新闻研究所特约研究员李新民，中山大学传播与设计学院院长、教授、博士生导师张志安等专家授课。第一期培训班上，市长张鸿铭做开班动员讲话。

【网上“扫黄打非”专项行动】 2016年1月起，市网信办在全市开展网上“扫黄打非”专项行动。成立由市网信办牵头，市经信委、市公安局、市国安局、市文广新局等单位组成的全市互联网协同管理工作小组，建立违规信息联合处置机制。督促“杭州网”“19楼”等30多个属地新闻网站和商业网站成立内部专项工作小组，严格落实主体责任，开展违规信息巡查，进一步建立完善举报机制。

【打击治理电信网络新型违法犯罪】 2016年9月，全市开展“打击治理电信网络新型违法犯罪”专项整治工作。市委外宣办指导“杭州网”等全市16个新闻网站常态发布防范网络诈骗的科普文章和宣传视频。协调28个属地重点商业网站成立内部专项工作小组，对网上非法买卖个人隐私的信息开展集中清理，重点加强对网络论坛、微博、微信、视频直播等领域的监管。 (市委外宣办)

【统一战线服务G20杭州峰会主题活动】 2016年，市委统战部牵头在全市统一战线中深入开展“当好东道主、服务G20”主题活动，动员广大成员参与和支持服务保障G20杭州峰会工作，为峰会成功举办汇聚正能量。全市搭建活动载体100多项，参加人数4万人次，150多名民主党派成员和无党派人士在场馆建设、交通保障、环境整治、文艺演出等重要工作中担当重任，数千名统战成员投身生产服务、平安巡防、维稳促和、应急管理等工作一线。全市宗教活动场所圆满完成12批次69名外宾的接待任务，“侨连全球·服务G20”“争当友好大使、讲好杭州故事”等系列活动取得明显成效，115名统战成员和统战干部获服务保障G20峰会省级先进个人，市委统战部获市级服务保障G20杭州峰会先进集体。《中国统一战线》对杭州市统一战线服务保障G20杭州峰会的情况进行专版报道。

【统一战线重大决策部署专项督查】 2016年4~6月，省委在全省范围内开展贯彻落实中央和省委有关统一战线重大决策部署专项督查。市委统战部牵头对中共十八大以来全市贯彻落实统一战线重大决策部署情况开展自查，协助市委制定和落实整改措施，有力推动《中国共产党统一战线工作条例(试行)》《中国共产党浙江省委员会统一战线工作实施细则(试行)》《中共杭州市委关于贯彻落实〈中国共产党统一战线工作条例(试行)〉的实施意见》等系列决策部署的落实落地落细，杭州市统战工作得到省委督查组的充分肯定。

【市委统战工作领导小组会议】 2016年6月8日，市委统战工作领导小组第一次全体(扩大)会议召开，讨论研究《中共杭州市委统战工作领导小组成员单位责任分工》《贯彻落实市委统战工作会议精神和市委〈实施意见〉重点工作责任分解(2016~2017)》，对当前和今后一个时期贯彻落实中央和省委、市委关于统一战线系列重大决策部署做再动员、再部署、再推动。市委副书记杨戌标，市委常委、常务副市长马晓晖，市政协副主席、市委统战部部长董建平出席，市委统战工作领导小组成员单位负责人，各区县(市)党委分管领导和党委统战部部长参加。

【市各民主党派、工商联换届】 2016年，市委统战部支持市各民主党派、指导市工商联圆满完成换届工作。先后召开市各民主党派、工商联主委(主席)联席会议，市各民主党派、工商联2016年换届工作会议等，研究制定换届工作方案，对换届工作做出具体部署。9月下旬，市各民主党派、工商联相继召开换届大会，选举产生新一届领导班子，8名主委(主席)均高票当选，其中5名为新任，领导班子结构得到优化，党派活力进一步激发。市委常委、秘书长许勤华，市委常委、组织部部长张仲灿，市委常委、纪委书记陈擎苍代表市委分别出席市各民主党派、工商联代表大会开幕式并致贺词。换届工作结束后，市委召开市委领导与市各民主党派、工商联新一届领导班子座谈会，省委常委、市委书记赵一德出席并讲话，换届工作得到市委主要领导肯定。

【党外代表人士队伍建设】 2016年，市委统战部深入推进政治交接，在民主党派和无党派人士中开展坚持和发展中国特色社会主义学习实践活动，举办新一届市各民主党派、工商联领导干部和无党派人士读书班，举办爱国主义系列讲座4期、知联大讲堂2期;在非公有制经济人士中开展以"守法诚信、坚定信心"为主题的理想信念教育活动。开展市第十一届政协换届人事安排工作,制定《关于十一届市政协换届人事安排工作的意见》。加强对党外干部特别是年轻干部的教育培训,举办社会主义学院主体培训班5期、党外年轻干部履职座谈会4次。4月25日,杭州中华文化学院在市委党校正式挂牌运作。

【政党协商制度化保障】 2016年12月,市委办公厅印发《关于加强政党协商的实施意见》,明确和规范政党协商的内容、形式、程序、保障机制,并就加强对政党协商的领导提出要求,政党协商制度化、规范化、程序化水平进一步提升。全年市委召开新春座谈会、城市国际化若干意见征求意见座谈会、市委全会意见座谈会、市委常委会民主生活会征求意见座谈会等会议协商6次,市各民主党派、工商联负责人和无党派人士代表提出的意见建议得到市委主要领导肯定,并被吸收到市委全会意见、报告和各项重点工作中去。

【"海外人才助力创新创业"论坛】 2016年10月20日,市委统战部会同杭州市发展研究中心、市人力社保局举办2016年第二届世界杭商大会"海外人才助力创新创业"论坛。该次论坛着眼人才强市战略,以培育和聚集"海归派"创新创业人才队伍为出发点,围绕"海外人才在创业过程中如何更好助力杭州经济发展""海外人才如何为杭州城市国际化发挥作用""如何营造海外人才创新创业氛围推动杭州招商引资引智工作"三大议题进行深入交流研讨。市委常委、组织部部长张仲灿出席论坛并致辞。

【杭州旅港同乡会成立40周年】 2016年4月2日,杭州旅港同乡会成立40周年暨十九届理事会就职典礼在香港举行,全国政协副主席董建华,中联办副主任杨建平出席,市委副书记杨戍标,市政协副主席、市委统战部部长董建平带领杭州海外联谊会代表团赴港祝贺,与旅港乡贤、广大乡亲欢聚一堂、共叙乡情、共话发展。杨戍标在致辞中充分肯定杭州旅港同乡会40年会务发展所取得的丰硕成果,并寄语新一届理事会团结带领广大旅港乡亲为维护香港长期繁荣稳定、推动杭港两地交流合作发挥更加积极的作用。凤凰卫视咨询台、中文台和中央电视台国际频道、"人民网"等媒体予以报道。

【杭州海外联谊会代表团出访】 2016年10月18~25日,市政协副主席、市委统战部部长董建平率杭州海外联谊会代表团出访捷克、匈牙利。访问期间,代表团与在捷克和匈牙利的华人华侨,以及捷克旅捷华人联谊会、捷克中国和平统一促进会、捷克华人华侨妇女联合会、匈牙利中资企业商会等重点社团进行广泛接触交流,深入了解和掌握侨情,增进与海外侨领和各界人士的友谊,进一步拓展海外统战工作,凝聚实现中华民族伟大复兴中国梦的侨界力量。 (邓 丽)

【综合行政执法改革】 2016年,市编委办会同市城管执法局,拟订《杭州市推进综合行政执法工作的实施方案》并报市政府印发。按照"成熟一批,划转一批"的原则,有序推进全市综合行政执法改革实施工作,研究建立统一协调指挥机制,完善和强化监管职责。通过综合行政执法体制改革,减少多头执法,推动行政执法重心下移,优化执法力量配置,全面推进城乡统筹的跨部门、跨领域综合行政执法,加快建立权责统一、权威高效的行政执法体制。

【基层治理体系"四个平台"建设】 2016年,市编委办开展乡镇(街道)综治工作、市场监管、综合执法、便民服务"四个平台"建设工作。12月21日,制定出台《杭州市推进乡镇(街道)"四个平台"建设的实施意见》,指导各区县(市)分别选取一个乡镇(街道)进行重点示范规范化建设。上城、余杭、桐庐先行试点经验在全省宣传,桐庐的特色亮点做法在全省现场推进大会上得到省领导的肯定,全市基层治理体系"四个平台"建设取得初步成效。

【"四单一网"建设】 2016年,市编委办强化履职、深入探索,不断深化权责清单制度建设,着力健全完善权责体系。比对规范市县两级权责清单,严格依法确定权力清单,市直部门取消法定依据不足"权力事项"24项,新增因法律法规颁布和修订的权力事项205项。至年末,市直部门纳入权力清单事项4195项。充实完善责任清单,修订部门主要职责和具体工作事项,新增"部门年度重点工作目标(2016年度)"板块,加强社会监督,促进部门更好履职。细化公共服务事项,审核确定由部门承担的基本公共服务事项95项、由部门直接提供的公共服务事项335项。着力强化事中事后监管,稳步推进"双随机"抽查制度建设,拟订《关于转发〈浙江省政府办公厅关于全面推行"双随机"抽查监管的意见〉的通知》,推进"一单两库"监管机制建设。开展政府职能转移工作,印发实施《杭州市人民政府办公厅关于推进政府职能转移的实施意见》,将适合社会组织和其他社会力量承担的行业性、专业性、技术性及辅助性职能,按照直接和委托的方式转移,进一步理清政府与社会关系,更好发挥社会力量参与社会治理的作用。11月16日,《杭州日报》对此刊发报道。开展乡镇(街道)和功能区(园区)权责清单建设。全面完成市本级大江东产业集聚区、城西科创产业集聚区、杭州经济技术开发区、杭州西湖风景名胜区、之江国家旅游度假区及全市各乡镇(街道)权责清单建设,实现市、区县(市)、乡镇(街道)权责清单全覆盖,并纳入浙江政务服务网公开实施。拟订并提请市政府印发《杭州市政府部门权力清单管理实施办法》,明确权力清单调整程序、规范权力清单调整流程,强化权力清单规范化管理。开展以行政确认和行政备案为试点的行政审批标准化建设,统筹推进行政审批标准化试点工作。按照权力名称、权力编码、法定依据等17个要素,完成30个部门的109项行政确认事项和173项行政备案事项标准化梳理。在2015年市本级"市民之家"服务事项试点基础上,将服务清单制度扩展到各区县(市)、开发区和产业集聚区,加强工作推进的指导和审核把关,科学编制市级部门服务清单，着力细化责任清单公共服务事项，方便群众办事。探索推行行政审批服务办事窗口升级改造工作，会同市审管办印发实施《关于开展行政审批服务办事窗口升级改造试点工作的指导意见》，精心指导江干、余杭、富阳、桐庐和大江东产业集聚区探索开展“综合进件”窗口建设等6个方面的试点工作，对涉及多个部门、多个环节的审批办理事项，实行“一个窗口集中进出件、部门依职权分别办理、全流程可督可查、群众办事便捷度提升”审批服务新模式。

【事业单位分类改革】2016年，市编委办围绕事业单位分类改革主线，统筹兼顾，稳步推进。严控承担行政职能事业单位机构编制，在控编减编、收回全部空编的基础上，继续做好严控工作；做好调查摸底工作和研究，探索还政予政路径，为下一步推进改革做好准备。稳步推进生产经营类事业单位改制工作，支持市良种引进公司加快改制步伐。推进事业单位综合设置工作，对市教育局、市市场监管局、市统计局所属部分事业单位进行撤并整合。推进公益类事业单位职能转变，回归公益属性。

【政府部门机构改革和体制调整】2016年，根据市委、市政府实施大数据战略的决策，市编委办开展大数据管理体制调研，拟制市数据资源管理局设置方案，经市委、市政府决定后，报省编委审批。研究政府部门设置优化调整方案，提出整合市外办、市侨办，设立市外事侨务办公室的整体方案，并报经省编委同意后实施。草拟《之江度假区管理体制调整的实施意见》。经市委、市政府研究决定，并报经省编委同意，以市委办公厅、市政府办公厅名义印发，之江国家旅游度假区与西湖区实行“一个机构、两块牌子”，推进融合发展、优势互补。

【政务咨询投诉举报平台整合】2016年，市编委办按照国务院、省委省政府、市委市政府决策部署，大力推进统一政务咨询投诉举报平台整合建设工作。以“12345”市长公开电话为基础，对全市55条政务服务热线实施分类整合，建立全市统一的政务咨询投诉举报平台。至年末，55条政务热线全面完成整合。调整市信访局行政职责，在其内设机构上增挂杭州市统一政务咨询投诉举报平台管理办公室牌子，设立信访事务保障中心（市信访局所属事业单位）。依托信息技术手段，健全完善统一接收、按责转办、限时办结、统一督办、评价反馈的业务闭环，优化职能资源配置，再造行政管理流程，推动政府职责体系和组织体系的重新构建。

【亚运会组委会组建】2016年，市编委办主动靠前服务，研究推进2022年亚运会筹办机构设置事宜。在国务院办公厅批复设立杭州亚运会组委会后，及时跟进，明确杭州亚运会组委会机构设置。多次与省编办、省体育局等相关部门沟通协调，由省编办批复明确杭州亚运会组委会内设机构设置、领导职数和人员力量配备，有效推动亚运会组委会尽早实质性运行。

【机构编制控编减编】2016年，市编委办严格执行《杭州市2015～2017年三年用编工作方案》，通过盘活存量、有减有增的方式，加大对党委、政府中心工作和民生事业发展所需编制的保障力度，重点保障G20杭州峰会筹备期间公安、市场监管、城市管理、环保、安监等领域的人员力量。加强对区县（市）控编减编执行情况的专项督查，对6个主城区开展督查，对发现的机构编制管理违纪违规等问题，督促做好整改落实。赴13个区县（市）实地走访指导，重点了解当地“两个总量”控制存在问题等，共商解决对策。全面推行人员编制定期通报制度，每季度向市、区县（市）两级党政主要领导和分管领导报送《区、县（市）人员编制变动情况报告》，重点反映存在超编问题及人员消化情况，为领导决策提供参考。

【机构编制管理创新】2016年，市编委办推进市属公立医院机构编制规范化管理，制定出台《杭州市市属公立医院机构编制管理暂行办法》。在市属公立医院全面实行编制备案制管理，重新制定杭州市第一人民医院等10个市属公立医院机构编制方案，着力破解人员编制总量管理与公立医院改革发展亟须人员力量的供求矛盾。创新区域合作办学机构编制保障模式，通过从县级跨层级划转部分编制到市相关学校的形式开展市县合作办学，充分利用市级名校资源招聘优秀教师人才，直接服务县级合作学校，为推进教育资源均衡配置提供有力保障。推动市级机关事业单位财务人员管理创新工作，在20个试点单位探索开展财务岗位服务外包，实行“专业人管专业事”，腾挪编制用于加强部门业务工作力量。

【机构编制监督检查】2016年，市编委办进一步完善机构编制评估机制，拓展评估内容，新增“权责清单执行和部门职能履行”情况等7项评估指标，推动机构编制评估从“规范违纪违规行为”向“推进职权有效履行和规范机构编制管理并重”转变，改进评估方式，将年终核查改为日常评估、专项评估和年末评估相结合的评估方式，督促35个单位改进和规范机构编制管理工作。依托巡视工作开展机构编制督查，与市委组织部建立联合检查机制，向市委巡视办提供市总工会等19个部门及下属事业单位机构编制及人员基本情况，对市统计局等16个单位机构编制管理情况进行检查。与市审计局建立“审前共商、审中协作、审后运用”的工作配合机制，对杭州经济技术开发区管委会等单位开展机构编制审计工作。

【“五证合一”登记制度改革】2016年，市编委办按照中央编办和省编办有关工作的部署，结合杭州市创建全国社会信用体系建设示范城市的要求，率先在全省推进机关群团和事业单位“五证合一”登记制度改革。会同多部门联合印发《关于全面推进机关事业单位和编办直接管理机构编制的群众团体统一社会信用代码登记制度改革的通知》，由机构编制部门核发加载统一社会信用代码的事业单位法人证书（统一社会信用代码证书），实现各级机关、事业单位、群众团体“一证一码”全覆盖。至年末，赋码发证市级机关116个、事业单位

477个、群众团体13个。

【机关事业单位网站标识管理】 2016年，市编委办根据上级精神和部署，会同市政府办公厅、市公安局、市网信办、市经信委在全市开展党政机关、事业单位和国有企业互联网网站安全专项整治行动。机构编制部门会同同级政府办公厅(室)、网信部门负责党政机关、事业单位网站开办资格审核和资格复核工作，规范网站域名和网站名称，推进完善网站标识规范使用工作。至年末，全市党政机关、事业单位完成门户网站标识申请1300多个，成功注册政务和公益中文域名4000多个。 （姚志根）

【全市党校工作会议召开】 2016年10月27日，全市党校工作会议在市委党校召开。省委常委、市委书记赵一德出席会议并讲话。他强调要深入学习贯彻全国党校工作会议特别是习近平总书记系列重要讲话精神，贯彻落实全省哲学社会科学、党校工作会议部署要求，坚持把党校姓党作为根本遵循，把质量立校和从严治校贯穿始终，着力做强主业主课，努力开创全市党校工作新局面，为杭州推进全面从严治党、建设世界名城做出新的更大贡献。许勤华、翁卫军、马晓晖、陈擎苍、徐苏宾、张鸿建等市领导出席，市委常委、组织部部长、市委党校校长张仲灿主持会议，近500人参加会议。此前，9月27日，市委印发《关于加强和改进新形势下党校工作的实施意见》，对推动全市党校工作高起点上的新发展做出部署。10月12日下午，赵一德、许勤华、张仲灿等市领导赴市委党校调研，听取工作情况汇报。

【干部教育培训】 2016年，市委党校完成各类干部教育培训班次371期、3.4万人次。其中：计划内班次72期，学员0.55万人次；计划外其他班次299期，学员2.85万人次。做强做优干部培训主业，党的理论教育、党性教育课程分别占总课时的39%、35%。完成对1200多名市管干部的中共十八届六中全会精神集中轮训。精心组织G20培训，把G20杭州峰会、城市国际化等作为重点内容，纳入主体班次教学体系，举办全市基层平安综治领导干部保障G20峰会培训班等，培训干部和G20峰会警卫人员等3000多人次，特别是对公安部警卫局G20峰会随卫人员培训保障服务，得到G20杭州峰会安保组外宾警卫组领导的高度评价。4月25日，杭州中华文化学院挂牌成立，形成“一校三院一团”的复合型办学模式，为扩展海外归国人员培训和扩大校院对外交流创造条件。印发并实施《领导干部到市委党校讲课的实施办法》，省委常委、市委书记赵一德等12位市领导到党校讲课、与学员座谈等20次，35位区县(市)和市级部门领导开设“领导干部讲坛”54课次。邀请刘伟、罗援、韩庆祥、葛剑雄等知名专家，焦裕禄女儿焦守云、“十佳优秀母亲”徐琴等先进人物走进党校讲堂。优化课程开发机制，实施三级备课，严把质量关，教学质量综合测评分达97.93分。《汲取传统从政修养，涵养现代党性品格》课程获全国党校系统首届党性教育精品课，为获奖的4个地方党校之一；《舆情引导与危机沟通三法》获全国行政学院特色课等。

【科研咨政和理论研究成果】 2016年，市委党校围绕党中央治国理政新理念新思想新战略，大力开展理论研究，出版《党性修养的理论和实践》等著作5部，公开发表论文60篇，其中在核心及以上期刊发表论文19篇，被中国人民大学《复印报刊资料》等转载或论点摘要6篇。中标省级以上课题23项，其中国家社科基金课题3项，列副省级城市党校第一；完成省部级以上课题20项，其中国家课题1项。全年科研成果获各类奖项35项，其中省党校系统理论研讨会优秀论文一等奖4项、二等奖6项、三等奖3项。入选“复印报刊资料重要转载来源机构(2015年版)”，《中共杭州市委党校学报》被中国人民大学《复印报刊资料》全文转载10篇，继续位列同类党校前列。《党政干部问责制研究》获评全国优秀党建读物。推进新型智库建设，开展城市国际化、G20杭州峰会等重大现实问题的决策咨询研究，完成各类市情研究课题27项，《发挥G20峰会综合效应，提升杭州城市国际化水平》等16个咨政报告获市领导批示。关于加强淳安县下姜村习近平同志关于“四个人”要求的决策咨询报告，得到省委常委、市委书记赵一德肯定，研究成果纳入市委十一届十三次全会和市第十二次党代会报告。启动《五大发展理念在浙江杭州的践行》的编撰工作。党校培训学员完成调研报告13篇，获省市领导批示19人次。

【政治理论社会宣讲】 2016年，市委党校以中共十八届六中全会精神、习近平总书记系列重要讲话精神、“两学一做”学习教育和G20杭州峰会等为重点，深入基层开展理论宣讲243场次、受众3.7万人次；开设“六中全会”专题，编制发布《杭州市委党校2016年社会宣讲菜单》，收录党建、社会、经济、文化和行政5大类125个专题课。向基层编发《宣讲参考》资料5期1600多册、30万字，培训各区县(市)基层理论宣讲骨干160多名。

（方德瑞）

【中国共产党成立95周年纪念活动】 2016年，市委党史研究室组织开展中国共产党成立95周年系列纪念活动。出版《征途》纪念专刊，以市本级和区县(市)党史综述为重点，全面回顾和展示党在杭州地区的光辉历程；联合市委组织部、市直机关工委、市人力社保局，于6月18日至7月18日通过干部学习新干线，组织全体市直单位党员干部开展“学党章、知党史、守党纪”学习测试活动；会同市委组织部、市委宣传部、市委老干部局，共同组织采访杭州市解放战争时期离休干部英雄事迹，汇编整理《红色足迹——解放战争离休干部访谈录》；利用新媒体开展“纪念中国共产党成立95周年”宣传活动，7月1日，在《杭州日报》刊发《信仰，迸发磅礴力量——党史上的十大关键词》；与市委宣传部、杭州网共同制作《红船载起中国梦、沧桑巨变在杭州——庆祝建党95周年》微信专题片；利用“杭州党史”微博、微信平台，开展以“钱塘潮涌起、西湖旭日升”为主题的纪念宣传活动。

【中国工农红军长征胜利80周年纪念活动】 2016年是中国工农红军长

征胜利80周年，为大力弘扬长征精神，市委党史研究室组织开展系列纪念活动。与省委党史研究室、淳安县委联合举办中国工农红军北上抗日先遣队纪念馆开馆仪式。省委常委、市委书记赵一德宣布开馆，市委常委、秘书长许勤华致辞，市委常委、纪委书记陈擎苍参加仪式。该馆占地8公顷，是中国首座全面展示中国工农红军北上抗日先遣队奋战征程的纪念馆，分展览馆、研究中心、革命旧址3个部分。与省委党史研究室、淳安县委党史研究室共同举办"纪念中国工农红军长征胜利80周年暨历史上的红军北上抗日先遣队"学术研讨会。会议共收到论文59篇，入会28篇，方志敏之女方梅、粟裕之子粟寒生，北上抗日先遣队经过的闽浙皖赣四省各县市的党史研究室代表，以及国内研究北上抗日先遣队有关历史的专家学者等100多人参加会议。与杭州文广集团联合摄制电视专题片《长征路上第一缕红飘带——中国工农红军北上抗日先遣队》，10月22日晚在杭州电视台综合频道播出，同时制作光盘1000多张向市级各部门和区县（市）有关单位发放。

【杭州党史第三卷编写】 2016年，市委党史研究室成立《中国共产党杭州历史》第三卷编写组，明确任务分工、时间进度和编写规范，开展资料征集、专题研究和档案查阅工作。8月底完成纲目征求意见稿；10月召开纲目评审会，省指导组专家反馈审稿意见；10月和11月先后召开县、市（区）和6个主城区座谈会，征求审稿意见和各地亮点特色内容，为开展正式写作奠定基础。根据试点先行、梯次启动、整体推进、全面完成的原则，对区县（市）杭州党史三卷编纂启动工作进行指导，召开6个主城区编研工作会议，对城区经济社会发展综述（改革开放史）编写工作进行动员部署。

【第三批"杭州市党史教育基地"评选】 2016年，市委党史研究室发挥党史在以史鉴今、资政育人方面的重要作用，在各区县（市）党史部门推荐、杭州市委党史研究室评审的基础上，评选产生第三批杭州市党史教育基地11个，并以中共杭州市委的名义命名。12月12日，举行授牌仪式，市委常委、秘书长许勤华出席仪式。12月13日，在《杭州日报》推出宣传专版，以"寻踪觅迹，钱塘江畔的'红色记忆'"为主题，介绍第三批"杭州市党史教育基地"的概况。11个杭州市党史教育基地为：中国共产党杭州历史馆、郁达夫故居、浙江革命历史纪念馆、江干红色精神教育馆、萧山区义桥革命历史纪念馆、余杭抗日战争纪念馆、分水革命历史馆和南堡纪念馆、临安新四军历史纪念馆、中共建德小组纪念馆、淳安县中国工农红军北上抗日先遣队纪念馆、淳安县下姜村。

【"新中国外交风云中的杭州记忆"图片展】 2016年6月25日至9月26日，"新中国外交风云中的杭州记忆"图片展在中国共产党杭州历史馆举行。该展览按照时间脉络分三个单元，以珍贵的历史图片汇集1949～1980年间，杭州作为新中国重要的外交舞台和外事接待城市所展示的中国外交杰出成就，见证新中国外交从无到有、从有到强的光辉历程。从1952年蒙古国总理访问杭州到改革开放初的1980年底，杭州共接待34位国家元首、59位政府首脑和120多位政党领袖、议会会长，遍及世界85个国家和地区。

【"杭州红色博物馆联盟"成立】 2016年12月12日，由首批20个成员单位组成的"杭州红色博物馆联盟"成立，并通过《杭州红色博物馆联盟组织公约》。成员单位都是依法成立的各级各类红色胜迹场馆和场所，对公众免费开放，为社会发展提供学习、教育、研究、交流等公益性服务。该联盟以"研究学术、发展事业、互帮互助"为原则，团结全市红色博物馆，发挥行业指导、自律、协调作用，促进红色博物馆管理水平和学术研究水平的提高。20个成员单位为：中国共产党杭州历史馆，小营·江南红巷景区，中国社区建设展示中心，浙江省立第一师范旧址，马寅初纪念馆，夏衍旧居，浙东人民解放军金萧支队艮山门外"四·二六"十二烈士纪念室，江干红色精神教育馆，梅家坞周恩来总理纪念室，朱德纪念室，长河革命历史纪念馆，义桥革命历史纪念馆，衙前农民运动纪念馆，余杭抗日战争纪念馆，孙晓梅烈士纪念馆，《民族日报》纪念馆，赵尔春烈士纪念馆（碑），童祖恺、童润蕉烈士纪念馆，浙东人民解放军金萧支队纪念馆，中国工农红军北上抗日先遣队纪念馆。

（俞晓娴）

2016年9月23日，中国工农红军北上抗日先遣队纪念馆在淳安县中洲镇厦山村开馆 （市委党史研究室 供稿）

【老干部工作】 至2016年末，全市有离休干部2856人，比上年度减少216人。按区域划分，市直单位1761人、区县（市）1095人；按革命时期划分，红军时期3人、抗战时期470人、解放战争时期2383人；按机构性质划分，机关单位776人、事业单位808人、企业单位1272人；按现享受待遇划分，享受副省长级医疗5人、享受副省长级报销医疗费标准70人、享受地专级待遇42人、享受地专两项待遇50人、享受县处级待遇1358人、享受副处级生活待遇86人、享受正乡科级待遇124人、享受副科级生活待遇1121人。

2016年，市委老干部局深入学习中共中央办公厅、国务院办公厅印发的《关于进一步加强和改进离退休干部工作的意见》(简称《意见》)，将《意见》和全国、全省老干部局长会议精神向市委常委会、市委老干部工作领导小组汇报，研究贯彻落实意见。省委常委、市委书记赵一德撰写的《坚持理念为先、实干至上，深入抓好〈意见〉贯彻落实》理论文章，在中组部《老干部工作情况交流》(第11期)上发表。市委常委、组织部部长张仲灿《抓好四项工作推进〈意见〉落实》的专题访谈文章，刊登在4月5日的《中国老年报》头版。把抓好学习贯彻《意见》作为全年工作的首要任务进行部署，通过以会代训、集中宣讲、支部学习等形式，运用老干部工作网站、QQ群、微信群等新型学习平台，引导离退休干部自觉学习《意见》。印发《杭州老干部工作学习资料》，针对《意见》贯彻落实中遇到的新情况新问题进行深入调研，为浙江省出台实施意见提出意见参考，对91个市直单位的贯彻落实文件精神情况进行专项督查，对基层的好做法好经验进行宣传推广。

开展“助力G20，夕阳展风采”八大系列活动，组织全市200多支服务队3万多名老干部，参加500多场次服务保障G20杭州峰会的活动，累计服务15.6万小时。5月22日，在《杭州日报》头版刊登《桑榆未晚、为霞满天——杭州老干部助力G20增添正能量》的通讯报道，4月27日，在《中国老年报》头版刊登《参与、奉献、见证》的通讯报道。市委老干部局被评为杭州市服务保障G20峰会先进集体。组织老干部参观考察活动637场，3.26万人次参加；组织600多名离休干部参观杭州国际博览中心，喜看杭城新变化；组织离退休干部开展“聚焦圆心看发展”专题调研活动171场，参加座谈2236人次。《我市老干部聚焦圆心看发展，感受杭城新变化》和《全市老同志积极参加“聚焦圆心看发展”专题调研活动》2篇信息专报得到省委常委、市委书记赵一德的批示肯定。壮大“银色人才”队伍，至年末，全市有“银色人才”近2万名，志愿团队161个，品牌工作室75个，开展科技服务、慈善公益、环境保护、医疗救护、网络监督等20多个领域的志愿服务1328场次。

【离退休干部“两项建设”】2016年，市委老干部局认真抓好老干部思想政治建设和党支部建设，分层分类开展学习培训，全年举办老干部情况通报会308场，各级各类老干部理论读书会、离退休干部党支部书记培训班192个，参加“两学一做”学习教育专题培训1.21万人。会同市委组织部举办市管局级退休干部培训班，85个市直单位的120多名市管局级退休干部参加培训。全市1318个离退休干部党支部定期组织开展党内组织生活和各类组织活动，在老干部大学、活动中心、疗养院、各大医院等老干部相对集中地建立98个临时党支部，283个临时党小组，定期开展学习交流活动。在杭州市老干部“百千万”活动(百名局长处长讲党课、千名老干部结对帮扶、万名老同志宣讲红色故事)中，各级领导带头讲党课98场。全市3072名老干部与青少年结对帮扶，1.37万名老干部讲述革命经历、“最美”故事。评选出100名市级“最美离退休干部党员”“最美老支书”，开展“感动·感恩·感怀”系列文艺演出、书画摄影展、征文比赛等534场，编撰《红色足迹——杭州市解放战争入伍的离休干部访谈录》《家风故事》等书籍12本。“平凡中的感动”市级老干部先进事迹报告团赴7个区县(市)巡回宣讲，1500多人参加。7月，杭州市老干部活动中心宝石山新场地启用，新场地面积增至3000平方米，全年服务1万多人次。根据老干部的不同兴趣爱好，全市各级老干部活动中心建立活动团队87个，开展“五赛”系列主题活动，400多名老干部分别参加门球等文体交流活动。杭州老干部大学挂牌成立军休分校，招收军休干部190人，开设课程9门，以“集中学习、参观考察、志愿服务”等形式开展临时党组织活动20多次，参与人数2000多人次，并入选《韵味杭州》“最值得向G20峰会推荐的体验点”。全市老年大学规模进一步扩大，学员1.73万人。

【老干部生活待遇落实】2016年，市委老干部局加强医疗保健工作，提高解放战争时期参加革命工作离休干部的医疗待遇，顺利完成疗休养体检工作。对全市离休干部生活待遇落实情况、抗战时期参加革命工作的离休干部及遗属生活状况进行摸底调查，向市委老干部工作领导小组提交并通过抗战遗属困难补助方案。为离休干部提供“四就近”居家养老服务，完善困难补助机制，全年帮扶特困离休干部及遗属1534人次。会同市级机关事务管理局、市建委等部门，顺利完成第三批市本级企事业单位离休干部竞拍房销售工作，协助解决个别老干部九堡金雅苑住房质量信访问题。（朱文斌）

【关心下一代工作】2016年，市关工委深入学习贯彻习近平总书记对关心下一代工作重要指示，以迎接G20杭州峰会为契机，开展“学习两史(党史国史)、践行三爱(爱学习爱劳动爱祖国)、迎接G20峰会”为主题的社会主义核心价值观教育活动。3月20日，市关工委组织100多名老干部携手少年儿童书画爱好者，开展“大手拉小手、齐绘G20”现场书画活动，创作喜迎G20杭州峰会百米长卷书画作品，作品被杭州西湖博物馆收藏。全市青少年积极服务G20杭州峰会，参与志愿者活动100多万人次。全市“五老”宣讲团把讲好中国故事与浙江故事、杭州故事结合起来，深入学校、企业、社区，为青少年宣讲2630多场次，35万名青少年参加。对330多名失足、失管、失亲青少年开展结对帮扶帮教，开展“模拟法庭”“小法官断案”“现身说法”“法制图片展”等警示教育活动250多场，受教育人数50万人次。1800多名“五老”工作者参加留守儿童关爱保护工作，建立留守儿童“代理家长”制，关心关爱留守儿童8600名。开展第十六届“奋飞助学”系列活动，资助400名困难中小学生共62万元。社会各界捐助贫困学生和解决学校困难的资金3560多万元，直接资助学生2万多名。以“五

2016年3月20日，市关工委组织100多名老干部携手少年儿童书画爱好者，开展“大手拉小手、齐绘G20”现场书画活动 （市关工委 供稿）

老”、社工、在校大学生为师资力量，开办“四点半学校”“假日学校”等1397班次，参与学生1.75万人次，投入经费620多万元。

推进“党建带关建”的关工委基层组织建设。8月，市公安局成立关工委组织，全市乡镇（街道）和社区、村关工委全部纳入所在党组织统一领导下开展工作。10月，市关工委成立“杭州市关工委科技服务团”“杭州市关工委讲师团”，首次将全市关心下一代工作列入全市党建目标责任制考核内容。开展创建“五好关工委”活动，全市9个乡镇（街道）以上的单位、19名个人被评为省关心下一代工作先进集体和先进个人；53个基层关工委被授予“杭州市五好关工委”，241名“五老”工作者被评为杭州市关心下一代先进个人。 （朱丽雁）

【**机关服务保障G20杭州峰会**】2016年4月19日，市直机关工委主动对接省、市、区有关部门，在黄龙体育中心举办“服务G20、机关作表率”省、市、区（县、市）三级机关党组织联动启动仪式，省委常委、市委书记赵一德宣布活动正式启动，市四套班子领导和省四大办公厅领导出席启动仪式，党员代表500多人参加。组织全市各级机关党组织和广大党员开展“平安护航、护容护水、文明出行”三大行动，5万多名机关党员注册成为平安志愿者，参加平安巡防22万多小时；通过“贴心城管”“杭州河道水质”手机App爆料河道问题1300多个，参与护容护水1.75万人次，查找反馈问题2662个；参与“先下后上乘地铁，文明一米迎嘉宾”地铁文明引导志愿服务行动4058人次，开展文明劝导1.5万小时，展示机关党员干部良好形象。创新机关党员干部在大型赛事、会议等活动中的志愿服务模式，组织开展“服务G20、机关作表率”公交随车安全员志愿服务行动，81个市直单位和5个主城区的3500多名机关党员干部走上公交车，服务线路150条，服务时间10.4万小时，服务乘客811.5万人次，为G20杭州峰会顺利召开提供安全保障。编印《G20杭州峰会美丽风景线——公交随车安全员志愿服务行动纪实》，总结展示公交随车安全员志愿服务行动成果。会同杭州文广集团、杭州滑稽艺术剧院联合编排反映志愿服务行动的短剧《火热的心》，在全省机关“两学一做”学习教育主题晚会上参演并获得好评。

【**机关思想政治理论建设**】2016年11月14日，市直机关工委制定全市机关学习宣传贯彻中共十八届六中全会精神工作实施方案，并召开市直各单位机关党组织负责人会议，对学习贯彻十八届六中全会精神进行全面动员部署，对机关党组织和党员提出具体要求和指导意见，并在《杭州日报》刊发相关报道。充分发挥党员教育培训中心主体作用，统筹推进教育培训工作，借助焦裕禄干部学院、井冈山干部学院、上海交通大学和省委、市委党校等培训资源，突出强化党性修养、注重能力提升、关注身心素养等重点内容，对市直机关处级干部、党务干部、党员和入党积极分子等有计划、分批次开展培训教育班次17个，共计1500多人次。组织开展形式多样、生动活泼的理想信念教育，全面深化核心价值观教育实践活动，会同市委组织部、市委党史研究室、市人社局组织开展纪念中国共产党成立95周年“学党章、知党史、守党纪”学习测试活动；组织开展153个市、区县（市）机关单位党员干部436人参加主题为“党纪在我心中”的征文活动；组织市直机关处级干部400人开展“坚定理想信念，筑牢精神支柱”专题培训。

【**市直机关“两学一做”学习教育**】2016年，市直机关工委按照市委部署要求，认真履行市直机关牵头责任，周密安排部署，精心组织推动，制定下发“两学一做”学习教育实施方案，明确各级机关党组织要落实学习教育要求，聚焦市委中心工作，规范党的组织生活。组织召开市直机关“两学一做”专题党课暨学习教育部署会，深入学习贯彻习近平总书记关于“两学一做”学习教育重要指示、中央座谈会和省委、市委部署会精神；强化典型宣传，在杭州机关党建网上开设宣传专栏，宣传“两学一做”学习教育经验做法和基层先进典型。全面督查学习教育情况和成效，实时了解掌握动员部署、学习讨论、专题党课、边学边改、服务中心工作、加强作风建设等方面情况，加强检查指导，确保学习教育有序推进。

【**机关基层组织建设**】2016年，市直机关工委会同市委组织部制定下发《杭州市机关党建工作标准》，为机关党建工作树标杆、立规矩、明方向。推进党建主体责任落实，开展联述联评联考，96个市直属党组织书记通过口头或书面形式进行述职。下发年度机关党建考核细则，明确考核内容和标准，对96个市直属党组织2016年度机关党建工作进行全面考核。健全《杭州市直机关党委书记、专职副书记选拔任用暂行办法》，对机关党委书记、专职副书记的资格条件、产生方式等做出细化，进一步强化市直机关党组织带头人队伍建设；制定《杭州市直机关党内各类先进评选推荐暂行办法》,对市直机关党组织评选先进的类型、资格条件、评选原则、方法步骤等做出明确规定,切实做到阳光操作、公开透明、客观公正。加强过程管理和督促检查,狠抓好机关党组织按期换届选举组织设置调整、发展党员等工作;及时制定工作方案,明确目标任务和要求,开展党员组织关系集中排查;严格标准,规范程序,着力抓好党费收缴专项检查工作。在"七一"前和G20杭州峰会后,分别通报表彰在服务保障G20杭州峰会中涌现的市、区两级机关先进基层党组织102个和先锋党员300名,并在《杭州日报》开辟专版宣传先进典型事迹。

【机关作风建设】 2016年,市直机关工委紧扣"两学一做"学习教育、服务保障G20杭州峰会等中心工作抓实机关作风专项督查。坚持问题导向,重点对机关党员干部是否存在"不担当、不作为、不落实"问题、遵守作息时间、节假日值班、G20杭州峰会决战期应急值班值守、公交车随车安全员到岗到位履责情况等7项内容进行专项督查。加强联动督查,牵头36个市直单位机关纪检组织,组成5个督查组,通过检查督导、明察暗访、走访调研、廉政谈话、投诉查处等形式开展专项督查63次,发现问题48个,有58个单位汇报机关作风建设情况;机关纪检组织开展监督检查570次,效能问责23人。强化督查结果运用,以整改落实促长效,机关作风建设专项督查与机关文明创建相结合,通过监督检查、明察暗访等,书面抄告责成整改31个,电话告知加强教育管理39个,现场制止纠正34人次。强化执纪力度,加强对纪律制度执行情况的监督检查,市直各单位机关纪委开展监督检查543次,向党委(党组)提出意见建议360个。深入开展正反两方面教育,探索实践监督执纪"四种形态",做到抓早抓小、动辄则咎。

【核心价值和团队文化建设】 2016年,市直机关工委以"弘扬正能量,展现新风采"为主题组织开展工委系统价值观大讨论活动,采取总结提炼、主题研讨、演讲比赛等方法,形成工委系统核心价值词,进一步增强工委队伍的凝聚力、战斗力和向心力。着力加强作风建设、制度建设和效能建设,在原有内部规章制度基础上,修订完善《调研制度》《学习务虚制度》《谈心谈话制度》《日常管理制度》《文体活动制度》等。开展"让G20来到你身边"机关宣讲活动和3000多名机关党员参加的"影像中G20"电影鉴赏活动;开展公务员"护航G20普法在行动"网上法律知识学习考核活动;会同市委宣传部、杭州文广集团举办"杭州市庆祝建党95周年交响音乐会";组织1200多名干部职工开展市直机关"活力引领,助力峰会"毅行活动;开展工委系统先进典型评选表彰活动,6人分别获省、市服务保障G20峰会先进个人称号,市直机关工委获省委、省政府授予的全省服务保障G20峰会先进单位称号。

【"服务清单"模式推行】 2016年,市直机关工委在深入调研的基础上,拟定《杭州市推广服务清单模式实施方案》。组织召开动员部署会、业务培训会、现场推进会,明确目标任务、规范工作流程、细化各项要求,进一步健全完善"服务清单"智慧化平台建设等机制。加强组织协调,及时跟踪督查,总结推广经验,推进工作落实,着力在简环节、优流程、转作风、提效能、强服务等方面取得突破性进展,创建"互联网+服务清单"公共服务杭州模式,整体提升杭州公共服务水平和为民服务成效。获省委、市委领导批示21次,"央广网"、"中直党建网"、"中国机构编制网"、《杭州日报》、杭州电视台等媒体予以报道。

【结对帮扶工作】 2016年,市直机关工委在元旦春节及"七一"、高温期间先后两次开展第三轮结对帮扶活动,全市106个市直单位和13个区县(市)共2.17万名机关党员干部参加结对帮扶走访活动,上门走访城乡困难家庭6.14万户次,累计送去慰问金和实物折价总计4117.98万元。省委常委、市委书记赵一德,市委常委、秘书长许勤华,副市长戚哮虎等市领导对结对帮扶活动做出批示肯定,《杭州日报》头版报道该项活动。

【机关群团组织建设】 2016年,机关群团组织围绕中心,积极作为,主动助力G20杭州峰会。市级机关工会开展市级机关立功竞赛活动;市直机关团工委以"机关青年在一线·倾情奉献G20"为主题,开展"建功G20"主题行动和"建功G20"青春风采随手拍活动;市级机关妇工委向机关女性发出"服务G20·巾帼建新功"倡议书,号召广大机关女干部当好行业建功示范者,为G20杭州峰会凝聚合力、激发活力、注入动力。弘扬劳模精神,推荐评选市级机关服务保障G20杭州峰会劳模集体68个和立功竞赛活动先进个人;开展"建功G20"为主题的寻找"最美青工"活动,评选出24名市直机关"建功G20"最美青工;组织开展寻找"最美家庭""最美婆媳"活动,命名64户市级机关第九届"五好文明家庭"。组织近4000名机关职工、770名服务G20杭州峰会先进个人、70名一线职工、70名劳模(先进)参加疗休养;慰问困难职工、一线职工、劳务派遣人员,慰问困难群众300人,发放慰问金40万元。

(夏学敏)

【综合考评提升政府绩效】 2016年2月24~27日,市考评办组织实施2015年度区县(市)特色创新目标和市直单位创新创优项目专家评估。3月21日,向市考评委汇报2015年度综合考评结果,并提交十一届市委常委会第141次会议审议通过。3月30日,省委常委、市委书记赵一德走访调研市考评办。4月21日,市委、市政府召开2015年度综合考评总结讲评大会,市委常委、常务副市长马晓晖宣读2015年度市直单位和区县(市)综合考评结果,市委副书记、市考评委主任杨戌标对2015年度综合考评情况做总结讲评,省委常委、市委书记赵一德做重要讲话。5月12日,在《杭州日报》等媒体上对101个市直单位180项重点社会评价意见整改目标进行公示,运用媒体、市民代表(绩效信息员)多方联动工作机制,推进群众意见的整改落实。5月19日,向112个市直单位下达1088项度绩效考核目标,其中"地方一般公共预算收入""服务业增加值""外贸出口总额(不含省公司)”“PM2.5降幅”等31项指标列入挑战指标,预设“G20服务保障工作”“落实重点改革任务”“落实省经济工作责任制”“扩大有效投资”“为民办实事项目”“平安创建”等8项重点工作单项奖项目。6月8日,联合市委改革办出台《杭州市重点改革任务专项目标考核办法(试行)》,将24项年度重点改革任务分解为38项绩效考核目标下达给27个相关市直单位,通过设立单项奖、优先创新立项、实施加分和容错免责等多种形式,形成以正向激励为导向的专项目标考核。7月下旬,会同市委改革办、市委督查室、市政府督查室,组织开展2016年度市直单位绩效考核目标中期检查评估工作,实地抽查31个市直单位的75个项目,并形成市政府为民办实事项目、年度重点改革任务、经济社会发展和城市“四治”3个中期评估报告,向市委、市政府做专题汇报。11月30日,十一届市委常委会第169次会议审议通过《2016年度综合考评实施方案》。市委党建办、市考评办联合制定“双百分制”考核办法,12月6日,市委办公厅、市政府办公厅印发《关于实施2016年度综合考评的通知》,加大党建责任制考核结果的运用。12月8日,市委、市政府召开2016年度杭州市综合考评动员大会,启动2016年度市直单位和区县(市)综合考评工作。年末,向20万名手机用户发送市直单位社会评价邀请短信,征集社会评价意见建议1万多条;首次在区县(市)综合考评中试行线上、线下同步开展社会评价,向13个区县(市)的13万户居民发送区县(市)社会评价邀请短信,拓宽公众有序参与社会评价渠道。

【“公述民评”面对面问政活动】 2016年,市考评办按照“深度问政”的总体思路,明确“推进政府服务高效化、推进城市国际化、推进城市管理科学化、提升环境治理品质、提升民生保障品质”5个主题17项问政内容,建立市考评办、问政责任单位、民评代表组成的联动机制,分5个小组对各单位问政内容进行跟踪督办,着力查找问题,促进工作落实。7~8月,对5场问政主题分6期邀请问政单位负责人12名、民评代表20多名及部分专家学者,在杭州电视台《我们圆桌会》栏目进行交流探讨。9月中下旬,通过市级媒体、“杭州考评网”、“绩效杭州”微信公众号等,公开征集参加电视现场问政的民评代表及问政问题,拓展广大群众参与问政的途径。10月25~27日,第八次“公述民评”面对面电视现场问政活动在杭州文广集团演播厅举行,市长张鸿铭出席首场电视问政,并做动员讲话;市人大常委会、市政府、市政协领导分别出席有关电视问政,城区及市直单位负责人64名、市区级相关职能部门负责人236名接受问政;民评代表参与现场问政活动785人次,收集相关意见建议842条。

【依法推进政府绩效管理】 2016年是《杭州市绩效管理条例》(简称《条例》)实施第一年。年初,市考评办启动绩效管理规划编制重点课题调研,制定下发《关于做好首轮绩效管理规划编制工作的通知》。6月23日,市考评办(市绩效办)主任伍彬代表市绩效委(市考评委),在第十二届市人大常委会第38次会议上,报告2015年度杭州市绩效管理工作情况,这是自该条例施行以来,市人大常委会首次听取本级政府部门关于上年度绩效管理工作情况的汇报。10月21日,举办全市首轮绩效管理规划编制培训工作,围绕科学分解“十三五”规划相关指标、精准施策促进绩效问题整改、适度规划创新创优项目、构建本地区本部门公共服务和社会治理的标准体系等内容,对市直各单位和区县(市)做专题辅导讲解。

【首推目标考核“免检单位”】 2016年,市考评办在2015年试行“免检项目”基础上,进一步扩大免检范围,首次推出“免检单位”。对于部分佐证清晰、绩效外显的177项目标,免于进行年终目标检查;对于佐证材料较清晰、绩效不够外显的64项目标,免于台账资料检查,只组织实地检查。市卫生计生委、市财政局(市地税局)和市统计局(市调查局)3个单位免于开展年终台账资料检查,为探索“绩效奖励”提供了新思路。 (章笑丽)

杭州市人民代表大会及其常务委员会

【人大机构概况】 至2016年末,杭州有各级人民代表大会112个,其中区县(市)人民代表大会13个、乡(镇)人民代表大会98个。各级人大代表9791人(不含在杭全国人大代表9人、省人大代表99人),其中市人大代表501人、区县(市)人大代表3090人、乡镇人大代表6200人。市十二届人大常委会有组成人员45人,其中主任1人、副主任7人、秘书长1人、委员36人。市十二届人大设有法制、内务司法、财政经济、城乡建设环境保护、教育科学文化卫生、农业和农村、民族宗教华侨、外事等8个专门委员会(民族宗教华侨委员会与外事委员会合署办公),市人大常委会设有法制、内务司法、财政经济、城乡建设环境保护、教育科学文化卫生、农业和农村、民族宗教华侨、外事等8个工作委员会和办公厅、研究室、人事代表工作委员会、办公厅信访办公室等工作机构。2月3日,市编委批复同意市人大常委会办公厅设立“五四宪法”历史资料陈列馆(机构规格为相当正处级)。

【市十二届人民代表大会会议】 2016年,杭州市第十二届人民代表大会举行1次会议。市十二届人大六次会议于2月1~5日举行。市十二届人大代表名额515名,实有代表505名,出席会议代表486名。

会议高举中国特色社会主义伟大旗帜,以邓小平理论、“三个代表”重要思想、科学发展观为指导,全面贯彻落实中共十八大及十八届三中、四中、五中全会和习近平总书记系列重要讲话精神,坚持“五大发展理念”,按照“四个全面”战略布局要求,深入贯彻落实省委、市委的决策部署,充分发扬民主,严格依法办事,认真履行宪法和法律赋予的职权。会议听取和审查杭州市政府工作报告,审查、批准杭州市国民经济和社会发展第十三个五年规划纲要;审查杭州市2015年国民经济和社会发展计划执行情况与2016年国民经济和社会

2016年4月11日，市人大常委会党组书记、主任王金财(右二)带队视察虎跑路交通组织管理情况 (市人大 供稿)

发展计划草案的报告(书面)，审查、批准杭州市2015年国民经济和社会发展计划执行情况的报告与2016年国民经济和社会发展计划；审查杭州市及市本级2015年财政预算执行情况和2016年财政预算草案的报告(书面)，审查、批准杭州市及市本级2015年财政预算执行情况的报告和2016年财政预算；听取和审查杭州市人民代表大会常务委员会工作报告、市法院工作报告、市检察院工作报告；审议《杭州市立法条例(草案)》；选举；其他。

1月31日下午召开预备会议，选举产生由77名成员组成的大会主席团，选举大会秘书长，表决会议议程。

会议期间，共举行3次全体会议、5次主席团会议和1次财政经济委员会会议。

会议收到代表提出的议案、建议、批评和意见464件。其中：10人以上代表联名提出的议事原案15件；代表建议、批评和意见449件。大会主席团决定，将9件内容均为倡导开展“服务保障G20、代表作表率”活动的议事原案归并提请大会审议并做出相关决议；其他6件议事原案交由市十二届人大有关专门委员会审议，提出审议结果的报告，经市人大常委会审议通过后答复代表，并在下次市人民代表大会时印发全体代表。449件代表建议中，涉及工业、交通的96件，财政、农业、旅贸的79件，城建、城管的152件，科技、教育、文化、卫生、体育、宗教的76件，政治、法律、党群及其他方面的46件。市人大常委会将这些建议、批评和意见分别交市政府和其他有关机关、组织研究处理，并负责答复代表，同时将答复内容向市人大常委会办事机构反馈。

【市十二届人大常委会会议】2016年，杭州市第十二届人民代表大会常务委员会共举行7次会议，即市十二届人大常委会第三十五次会议至第四十一次会议。

市十二届人大常委会第三十五次会议　1月13日举行。主要议程：审议市政府关于提请审议《2015年政府重大投资项目计划执行情况和2016年政府重大投资项目计划(草案)》的议案；听取并审议关于市十二届人大六次会议筹备工作情况的汇报；审议并通过市十二届人大六次会议议程(草案)、日程(草案)和有关名单(草案)；讨论并原则通过市人大常委会工作报告(稿)，征求对杭州市国民经济和社会发展第十三个五年规划纲要(草案)、《政府工作报告(征求意见稿)》、市法院工作报告(征求意见稿)、市检察院工作报告(征求意见稿)的意见；审议并表决市人大常委会2016年工作要点(稿)；审议市人大法委关于2015年度杭州市人民代表大会常务委员会规范性文件备案审查情况的报告(书面)；审议并表决市十二届人大常委会代表资格审查委员会关于个别代表的代表资格审查报告；审议并表决市人大常委会关于接受徐祖荸辞去杭州市第十二届人民代表大会内务司法委员会主任委员职务请求的决定(草案)；审议并表决市政府人事免职议案。

市十二届人大常委会第三十六次会议　2月26日举行。主要议程：审议《杭州市禁止销售燃放烟花爆竹管理条例(草案)》；审议并表决市人大常委会主任会议关于提请补选杭州市第十二届人民代表大会常务委员会代表资格审查委员会副主任委员、委员的议案；审议并表决市政府、市检察院人事任免事项。

市十二届人大常委会第三十七次会议　4月28日举行。主要议程：审议并表决《杭州市禁止销售燃放烟花爆竹管理规定(草案)》；审议《杭州市大气污染防治规定(草案)》；审议《杭州市精神卫生条例(修订草案)》；听取并审议市政府关于杭州市治理城市交通拥堵工作情况的报告、市公安局关于道路交通安全管理工作情况的报告，审议市人大常委会内司工委、城建环保工委关于市人大常委会交通治堵专项监督情况的报告(书面)；听取并审议市政府关于杭州市终身教育体系建设情况的报告，审议市人大教科文卫委关于杭州市终身教育体系建设工作的调查报告(书面)；审议并表决市法院人事免职报告。

市十二届人大常委会第三十八次会议　6月23～24日举行。主要议程：审议并表决《杭州市大气污染防治规定(草案)》；审议并表决《杭州市精神卫生条例(修订草案)》；审议《杭州市法律援助条例(修订草案)》；审议《杭州市旅游条例(修订草案)》；听取并审议市政府关于G20杭州峰会筹备工作进展情况的报告；听取并审议市绩效委关于2015年度绩效管理工作情况的报告；听取并审议市政府关于杭州市大气污染防治和“五水共治”工作情况的报告，审议市人大常委会协助检查组关于大气污染防治执法检查和“五水共治”专项监督情况的报告(书面)；审议并表决市人大常委会主任会议、市法院人事任免事项。

市十二届人大常委会第三十九

次会议　8月22～23日举行。主要议程：审议并表决《杭州市旅游条例(修订草案)》；审议《杭州市跨境电子商务促进条例(草案)》；审议并表决市人大常委会关于成立杭州市选举工作委员会的决定(草案)；审议并表决市人大常委会关于开展第七个五年法治宣传教育的决议(草案)；审议市政府关于提请审议《2016年上半年政府重大投资项目计划执行情况和2016年第二批政府重大投资项目计划(草案)》的议案；审议市人大常委会法工委关于查找杭州市地方性法规实施中的问题活动的报告(书面)；听取并审议市人大常委会执法检查组关于《浙江省社会养老服务促进条例》执法检查情况的报告，审议市政府关于《浙江省社会养老服务促进条例》贯彻执行情况的报告(书面)；审议市政府关于杭州市本级2016年上半年国民经济和社会发展计划执行情况的报告(书面)；听取并审议市政府关于杭州市本级2015年财政决算草案和2016年上半年预算执行情况的报告；听取并审议市政府关于2015年度杭州市本级预算执行和其他财政收支的审计工作报告；听取并审议市政府关于2016年地方政府债务限额和新增政府债券预算调整的报告；听取并审议市政府关于杭州市环境状况和环境保护目标完成情况的报告；审议并表决市政府、市法院人事任免事项。

市十二届人大常委会第四十次会议　10月25～26日举行。主要议程：审议并表决《杭州市法律援助条例(修订草案)》；审议并表决《杭州市跨境电子商务促进条例(草案)》；审议《杭州大江东产业集聚区管理条例(草案)》；审议《杭州市大运河世界文化遗产保护条例(草案)》；审议并表决市人大常委会关于修改《杭州市人民代表大会常务委员会议事规则》等6项常委会工作制度的决定(草案)；听取并审议市人大常委会主任会议关于2017年市人大换届选举工作的报告；审议并表决市人大常委会关于杭州市第十三届人民代表大会代表名额分配的决定(草案)；审议市人大法委关于《杭州西溪国家湿地公园保护管理条例》的立法后评估报告(书面)；听取并审议市法院关于立案工作情况的报告及3名法官履行职责公正司法情况的报告；听取并审议市政府关于2016年杭州市本级调整收支预算和大江东产业集聚区2016年财政预算草案的报告；审议并表决市十二届人大六次会议主席团交付市人大有关专门委员会审议的代表议案审议结果的报告(书面)；听取并审议市政府关于市十二届人大六次会议代表建议、批评和意见办理情况的报告，审议市法院、市检察院关于市十二届人大六次会议代表建议、批评和意见办理情况的报告(书面)，市人大常委会人事代表工委关于市十二届人大六次会议代表建议、批评和意见处理情况的报告(书面)；审议并表决市人大常委会关于接受杨戍标辞去浙江省第十二届人民代表大会代表职务请求的决议(草案)；审议并表决市人大常委会主任会议关于提请补选冯飞为浙江省第十二届人民代表大会代表的议案；审议市十二届人大常委会代表资格审查委员会关于个别代表的代表资格终止的报告(书面)；审议并表决市政府人事免职议案。

市十二届人大常委会第四十一次会议　12月29日举行。主要议程：审议并表决《杭州大江东产业集聚区管理条例(草案)》；审议并表决《杭州市大运河世界文化遗产保护条例(草案)》；审议市人大常委会主任会议关于终止审议《杭州市老年人权益保障规定(草案)》的报告(书面)；听取并审议市人大常委会履职监督工作组关于市法院立案工作和部分法官履行职责公正司法情况的调查报告，继续审议市法院关于立案工作情况的报告及3名法官履行职责公正司法情况的报告(书面)；听取并审议市公安局关于全市公安机关规范执法公正办案工作情况的报告，审议市人大常委会内司工委关于全市公安机关规范执法公正办案情况的调研报告(书面)；听取并审议市政府关于调整2016年杭州市本级政府性基金收支预算的报告；审议市人大常委会专题调研组关于杭州市医养护一体化工作情况的调研报告(书面)；审议市人大常委会视察组关于视察杭州市农村民宿发展情况的报告(书面)、市政府关于杭州市农村民宿发展情况的报告(书面)；审议并表决市人大常委会关于接受程茂红辞去浙江省第十二届人民代表大会代表职务请求的决议(草案)；审议并表决市人大常委会主任会议关于提请补选丁世明等为浙江省第十二届人民代表大会代表的议案；审议并表决市人大常委会关于接受章燕辞去杭州市第十二届人民代表大会常务委员会委员职务请求的决定(草案)；审议市十二届人大常委会代表资格审查委员会关于个别代表的代表资格终止的报告(书面)；审议并表决市政府、市法院、市检察院人事任免事项。

【人大服务保障G20杭州峰会】2016年，市人大常委会围绕服务保障G20杭州峰会这一圆心，合力推进峰会筹备工作。制定《杭州市大气污染防治规定》《杭州市禁止销售燃放烟花爆竹管理规定》，修订《杭州市精神卫生条例》，为推进峰会筹备工作提供法制保障。精心组织120个城市环境提升重点项目跟踪督查、交通治堵专项监督、维稳安保工作落实情况督查、“保平安、保民生、迎峰会”专项督查，以及食品安全、“五水共治”、“五气共治”、“五废共治”等监督工作，并听取审议峰会筹备工作情况、峰会安保工作情况等报告，实行正确监督、有效监督，切实做到“监督不越位、帮忙不添乱”。贯彻市十二届人大六次会议做出的开展“服务G20、代表作表率”活动的决议，组织开展“服务G20、当好志愿者”“保平安、保洁化、迎峰会”等代表主题活动，动员全市各级人大代表争当服务保障峰会的宣传者、推动者、监督者、践行者、示范者，营造支持峰会、服务峰会的良好氛围。

【“五四宪法”历史资料陈列馆建成开放】杭州是新中国第一部宪法——“五四宪法”的起草地。在党中央、全国人大常委会的亲切关怀和省委、省人大常委会，市委、市政府的大力支持下，市人大常委会精心组织建筑修缮、环境整治、史料征集、展陈设计等各项筹建工作。该馆于2014年启动筹建，2015年8月中共中央办公厅秘书局复函批准建立“五四宪法”历史资料陈列馆。2016年12月4日第三个国家宪法日，“五四宪法”历史资料陈列馆正式建成开放。中共中央总书记、国家主席、中央军委主席习近平对陈列馆做出重要指示强调："宪法是国家的根本法，是治国安邦的总章程，是党和人民意志的集中体现。坚持依法治国首先要坚持依宪治国，坚持依法执政首先要坚持依宪执政。中国共产党领导人民制定了'五四宪法'。设立'五四宪法'历史资料陈列馆，对开展宪法宣传教育、增强社会主义民主法治意识、推动尊法学法守法用法具有重要意义。开展宪法宣传教育是全面依法治国的重要任务。'五四宪法'历史资料陈列馆要坚持党的领导、人民当家做主、依法治国有机统一，努力为普及宪法知识、增强宪法意识、弘扬宪法精神、推动宪法实施作出贡献。"中共中央政治局常委、全国人大常委会委员长张德江多次听取陈列馆筹建工作情况汇报，提出具体要求，指出："陈列馆的设立，填补了我国宪法纪念场馆的历史空白。"全国人大常委会副委员长兼秘书长王晨宣布开馆，并与浙江省委书记、省人大常委会主任夏宝龙共同为陈列馆揭牌。同日，2016年国家宪法日座谈会在杭州召开。人民日报社、新华社、中央电视台等中央和地方主流媒体进行了报道。"五四宪法"历史资料陈列馆位于杭州北山

2016年杭州市人大常委会重要文件

表55

文件号	发文日期	标 题
杭人大常〔2016〕1号	2016-01-04	关于提请批准《杭州市道路交通安全管理条例》的报告
杭人大常〔2016〕2号	2016-01-08	关于提请批准《杭州市人民代表大会常务委员会关于授权市人民政府调整运用〈杭州市销售燃放烟花爆竹管理条例〉有关规定的决定》的报告
杭人大常〔2016〕3号	2016-01-14	关于召开杭州市第十二届人民代表大会第六次会议的通知
杭人大常〔2016〕4号	2016-01-14	关于出席杭州市第十二届人民代表大会第六次会议的通知
杭人大常〔2016〕5号	2016-01-14	关于列席杭州市第十二届人民代表大会第六次会议的通知
杭人大常〔2016〕6号	2016-01-14	关于听会人员参加杭州市第十二届人民代表大会第六次会议的通知
杭人大常〔2016〕7号	2016-01-23	杭州市人大常委会2016年工作要点
杭人大常〔2016〕8号	2016-01-14	关于表彰2015年度杭州市人大信息工作先进集体和先进个人的通知
杭人大常〔2016〕9号	2016-01-15	杭州市人民代表大会常务委员会关于接受徐祖萼辞去杭州市第十二届人民代表大会内务司法委员会主任委员职务请求的决定
杭人大常〔2016〕10号	2016-02-16	关于提请批准《杭州市立法条例》的报告
杭人大常〔2016〕11号	2016-02-17	关于印发《杭州市人民代表大会选举产生或表决通过的国家工作人员宪法宣誓办法》《杭州市人民代表大会常务委员会任命的国家工作人员宪法宣誓办法》的通知
杭人大常〔2016〕12号	2016-02-22	关于同意杭州市政府驻地迁移的函
杭人大常〔2016〕13号	2016-03-18	杭州市人民代表大会常务委员会关于补选杭州市第十二届人民代表大会常务委员会代表资格审查委员会副主任委员、委员的决定
杭人大常〔2016〕14号	2016-06-20	关于提请批准《杭州市禁止销售燃放烟花爆竹管理规定》的报告
杭人大常〔2016〕15号	2016-06-24	关于杭州市第十三届人民代表大会常务委员会组成人员名额的请示
杭人大常〔2016〕16号	2016-06-24	关于《杭州市人民代表大会常务委员会关于同意〈杭州市行政区划调整方案〉的决议》效力的函
杭人大常〔2016〕17号	2016-06-28	关于提请批准《杭州市大气污染防治规定》的报告
杭人大常〔2016〕18号	2016-06-28	关于提请批准《杭州市精神卫生条例》的报告
杭人大常〔2016〕19号	2016-08-25	杭州市人民代表大会常务委员会关于开展第七个五年法治宣传教育的决议
杭人大常〔2016〕20号	2016-08-25	杭州市人民代表大会常务委员会关于批准杭州市本级2015年财政决算的决议
杭人大常〔2016〕21号	2016-08-25	杭州市人民代表大会常务委员会关于批准杭州市本级2016年地方政府债务限额的决议
杭人大常〔2016〕22号	2016-08-28	杭州市人民代表大会常务委员会关于成立杭州市选举工作委员会的决定
杭人大常〔2016〕23号	2016-08-28	关于提请批准《杭州市旅游条例》的报告
杭人大常〔2016〕24号	2016-10-10	关于杭州市十三届人大代表名额问题的请示
杭人大常〔2016〕25号	2016-10-31	杭州市人民代表大会常务委员会关于同意调整2016年杭州市本级收支预算的决议
杭人大常〔2016〕26号	2016-11-03	杭州市人民代表大会常务委员会关于接受杨戌标辞去浙江省第十二届人民代表大会代表职务请求的决议
杭人大常〔2016〕27号	2016-11-03	关于接受杨戌标辞去浙江省第十二届人民代表大会代表职务请求的报告
杭人大常〔2016〕28号	2016-11-03	关于补选冯飞为浙江省第十二届人民代表大会代表的报告
杭人大常〔2016〕29号	2016-11-03	杭州市人民代表大会常务委员会关于杭州市第十三届人民代表大会代表名额分配的决定
杭人大常〔2016〕30号	2016-11-14	杭州市人民代表大会常务委员会关于修改《杭州市人民代表大会常务委员会议事规则》等6项常委会工作制度的决定
杭人大常〔2016〕31号	2016-11-14	关于提请批准《杭州市跨境电子商务促进条例》的报告
杭人大常〔2016〕32号	2016-11-14	关于提请批准《杭州市法律援助条例》的报告

街84号大院30号楼，面积756平方米，主要由序厅、复原陈列和主题陈列三个部分组成。

【地方立法工作】2016年，市人大常委会紧抓事关全市改革发展的重大问题，加快立法步伐，完善立法机制，推进科学立法、民主立法，突出有效管用，提升立法效果，充分发挥立法的引领和推动作用。

引领保障改革发展。制定国内首个规范跨境电子商务的地方性法规——《杭州市跨境电子商务促进条例》，进一步推动中国（杭州）跨境电子商务综合试验区和杭州国家自主创新示范区建设。制定《杭州大江东产业集聚区管理条例》，进一步理顺大江东产业集聚区管理体制机制，促进大江东产业集聚区的建设和发展。制定《杭州市大运河世界文化遗产保护条例》，进一步规范中国大运河世界文化遗产突出价值的保存、研究与展示，为杭州保护文化遗产和建设世界名城提供法制保障。修订《杭州市旅游条例》，进一步有效保护和合理开发、利用旅游资源，推动杭州旅游全域化、国际化。修改《杭州市法律援助条例》，进一步规范法律援助工作，促进社会公平正义，维护人民群众合法权益。为适应全面深化改革和法治杭州建设需要，加快推进重点领域立法，对《杭州市城市国际化促进条例》等16个立法项目进行调研。

完善规范立法机制。认真贯彻立法法，探索完善法规选项、法规起草、意见征集、监督实施等四大机制，通过征集立法项目、公布法规草案、公开征求意见、运用立法基层联系点、立法听证、专家论证、立法协商等方式，推进依法立法、科学立法、民主立法。开展"查找不适应全面深化改革要求的法律法规条文""查找地方性法规实施中的问题"活动，对现行地方性法规进行全面梳理。对《杭州西溪国家湿地公园保护管理条例》贯彻实施情况进行立法后评估。协助全国人大常委会和省人大常委会完成多件重要法律法规草案的征求意见工作。

【人大监督工作】2016年，市人大常委会坚持问题导向、效果导向，着眼于促、立足于帮，突出监督重点，改进监督方式，进一步增强监督的针对性和实效性，推动"一府两院"依法行政、公正司法，促进经济社会健康发展，审议专项工作报告39个，开展执法检查、跟踪监督、视察、专题调研等20次，审查规范性文件73份。

加强经济工作监督。高度关注宏观经济运行和杭州市国民经济和社会发展第十三个五年规划纲要实施，听取审议国民经济和社会发展计划执行情况的报告，围绕创新型城市建设、高新产业发展、"两区"创建、产业园区建设、快递业发展、投资促进、创新驱动等开展视察、调研，推动市政府及其职能部门主动适应经济发展新常态，全力打好转型升级"组合拳"。继续把城乡区域统筹发展作为市人大常委会的监督重点，综合运用听取审议专项工作报告、视察、专题调研等方式，对"美丽乡村"建设、城乡公共文化服务体系建设、农村民宿发展等工作进行监督，推动解决"三农"问题，促进城乡一体化发展。

加强政府预决算审查监督。听取审议市政府财政决算、审计、预算执行、预算调整等报告，并对若干部门的决算进行重点审查，实现全过程监督。借助审计部门和社会机构，加强对政府预决算的重点审查监督，对2015年度杭州市本级财政预算专项资金中交通专项资金进行专题审查，对2014年杭州市政府部门决算重点审查意见整改落实情况进行跟踪监督，提高财政资金使用绩效。审查批准市本级地方政府债务限额。贯彻实施政府重大投资项目监督暂行办法，对拟新建的2亿元以上的政府固定资产投资项目进行审查，促进政府投资更加合理有效。开展三年财政规划的研究，为确保全市财政平稳运行提供参考。

加强民生领域监督。监督推进食品安全工作，对市政府贯彻落实人大常委会食品安全工作审议意见情况进行跟踪监督，对食品安全领域行政执法与刑事司法衔接工作进行专题调研，推动政府和司法机关落实"严谨标准、严格监管、严厉处罚、严肃问责"，保障人民群众"舌尖上的安全"。听取审议市政府治理城市交通拥堵、道路交通安全管理等工作情况的报告，对地铁建设与运营情况等工作进行多次视察，强调坚持综合治理，提出问题整改意见，敦促城市交通改善，方便市民群众出行。围绕终身教育、医养护一体化、社会养老服务、精神卫生等群众关注的问题开展监督，推动政府在学有所教、病有所医、老有所养上持续发力。对政府为民办实事项目、农村民宿发展、农村电子商务发展、扶贫工作、旅游市场管理、公共文化服务体系建设、侨台方面法律法规执行情况、犬类管理等开展监督。

加强生态文明建设监督。聚焦"五水共治"，听取审议市政府环境保护工作情况报告，对水环境综合整治开展视察，对19个城镇污水处理厂建设运行情况、市政府贯彻落实人大常委会农村生活污水治理工作审议意见情况等进行跟踪督查。聚焦"五气共治"，开展大气污染防治法律法规执法检查，听取审议大气污染防治情况报告，推动治气工作不断深化，空气优良天数逐年增加。聚焦"五废共治"，对生活垃圾分类及垃圾焚烧厂建设运营、前端垃圾分类减量和末端处理能力建设进行跟踪监督，助推天子岭静脉小镇建设，促进治废能力全面提升。对市政府贯彻落实全民义务植树活动决议情况、杭钢转型升级及半山、萧山电厂关停等工作开展监督。

加强司法执法监督。市、县两级人大联动开展对法院的履职监督，听取审议市法院立案工作情况报告和部分法官的依法履职公正司法情况报告，并进行满意度测评，推动法院工作和队伍建设。听取审议市公安机关规范执法公正办案工作情况报告，促进公安机关完善工作机制，规范执法行为，提升公安机关执法水平。加大对涉法涉诉和重要信访件的督办力度，做好群众来信来访的受理、分析、交办、督办和反馈工作，促进问题解决，维护社会稳定。

【人大常委会重大事项决定】2016年，市人大常委会坚持党的领导、充分发扬民主、严格依法办事有机统一，做好讨论决定重大事项和人事任免工作。依法议决重大事项。依据宪法和法律法规有关规定，以及市人大及其常委会讨论决定重大事项清单，围绕普法教育、政府债务限额管理等事项，依法履行人大及其常委会重大事项决定权，做出相关决议、决定，推进相关工作。做好人事任免工作。坚持党管干部原则与人大依法任免相统一，依法做好人事任免工作，确保市委推荐的人选通过法定程序成为地方国家机关领导人员，为杭州市改革发展提供组织保障。依法审查4名新选举产生的市人大代表的代表资格、4名市人大代表辞职，依法补选5名省人大代表、接受1名省人大代表辞职、确认2名省人大代表调离本行政区，依法任免国家机关工作人员45人次，并落实宪法宣誓制度。切实抓好换届选举。认真贯彻宪法和新修订的地方组织法、选举法、代表法，全面落实中央和省委、市委有关文件精神，成立选举工作委员会，明确政治责任和工作责任，严格换届选举纪律和规矩，强化督促检查和指导，保证市、县、乡三级人大换届选举工作依法平稳有序进行。选举产生新一届县、乡两级人大代表9290名，代表结构进一步优化，代表素质进一步提高。

【人大代表工作】2016年，市人大常委会加强和改进代表工作，完善保障机制，创新服务载体，支持和保障代表依法履职，充分发挥代表主体作用。

提高议案建议处理质量。市十二届人大六次会议主席团交付审议的6件代表议案，涉及制定、修改6件地方性法规，其中3件审议通过，3件开展立法调研。代表提出的449件建议全部办理完毕，建议所提问题得到解决、正在解决或者列入解决计划的占91.9%。通过听取办理情况报告、通报办理进度、代表小组集体评议、建议办理“回头看”等举措，加强协调督办，提高办理质量。加强常委会同代表的联系。坚持和完善主任会议成员和专职委员直接联系基层代表工作机制。列出“菜单式”工作计划，让代表自主选择参加常委会有关活动。邀请代表参与视察、调研，邀请代表列席常委会会议，扩大代表对常委会工作的参与。坚持和完善政情报告制度，召开“一府两院”工作报告会，市政府主要领导现场回答代表提问，增强会议实效。做好浙江选举产生的全国人大代表第一小组、省人大代表杭州中心组履职服务保障工作。密切代表同人民群众的联系。按照“全覆盖、制度化、常活动”要求，推进人大代表联络站规范化建设，推广网上代表联络站建设，在杭的全国、省人大代表和全体市人大代表均编组进站开展活动。坚持领导干部代表进代表联络站接待选民制度，市级领导以代表身份进代表联络站接待群众、听取民意，帮助解决群众诉求。坚持和完善代表履职登记制度，组织代表向原选举单位述职，评选代表履职积极分子和优秀议案建议，进一步激发代表履职热情。丰富代表闭会期间活动。加强对代表小组活动的指导，发挥专业代表小组作用，增强活动实效。围绕“找短板”、“五水共治”、“交通治堵”、服务保障G20杭州峰会、关爱大学生健康成长等省委、市委重点工作，组织开展系列代表主题活动。全市有7785名各级人大代表参与“找短板”主题活动，占各级代表总数的81%，找出1043条短板，经梳理论证后形成50条重点建议，为全市查补短板工作提供参考。

【人大常委会自身建设】2016年，市人大常委会认真贯彻全面从严治党要求，提高政治站位，保持政治定力，坚定政治方向，切实加强自身建设，为各项工作的顺利开展提供保障。深入学习贯彻习近平总书记系列重要讲话精神和中央及省委、市委重要会议精神，增强“四个意识”，坚定“四个自信”，同以习近平同志为核心的党中央保持高度一致。按照中央和省委、市委部署开展“两学一做”学习教育，严格执行中央八项规定精神和省委、市委有关规定，坚决执行全面从严治党各项规定，严格执行党风廉政建设责任制，支持和保障市纪委派驻市人大机关纪检组工作。结合贯彻中央和省委、市委有关文件精神，对常委会及机关工作制度进行全面梳理和修订，推进各项工作制度化、规范化。8月24日，首次召开市人大常委会组成人员履职经验交流会，加强对区县(市)人大常委会的联系指导，推动全市人大工作水平整体提升。强化人大宣传工作，利用国家宪法日等重大时间节点，以“五四宪法”历史资料陈列馆为平台，大力弘扬宪法精神，宣传宪法和人民代表大会制度，开展对外交往，加强与国外议会交流。 (钱建中)

杭州市人民政府

【市政府机构概况】2016年，杭州市有乡级以上人民政府112个。其中，杭州市人民政府1个，区县(市)人民政府13个，乡(镇)人民政府98个。县级以上政府工作部门327个，其中市级40个、县级287个。市人民政府设置工作部门40个(含特设机构1个)、派出机构9个、直属事业单位14个。 (陈晓林)

【市政府全体会议】2016年，市政府召开全体会议2次，即十二届市政府第八次全体(扩大)会议和第九次全体(扩大)会议。

第八次全体(扩大)会议 2月5日举行。常务副市长马晓晖主持，市长张鸿铭做重要讲话。会议深入学习贯彻中共十八届五中全会、中央经济工作会议和习近平总书记系列重要讲话精神，以及省委十三届八次全会、市委十一届十次全会和市十二届人大六次会议精神，按照“三严三实”要求，围绕“转作风、补短板、怎么干”的主题，克服消极思想，讲究工作方法，加强组织纪律，以奋发有为、克难攻坚的精神状态推动G20杭州峰会安全、有序、圆满举行，确保全年目标任务如期完成。

第九次全体(扩大)会议 7月29日举行。常务副市长马晓晖主持，市长张鸿铭做重要讲话。会议深入学习贯彻习近平总书记系列重要讲话精神，以及省、市重要会议和市委十一届十一次全会精神，按照“两学一做”学习教育的要求，突出“抢机补短，实干至上”的主题，重点围绕《政府工作报告》，全面回顾本届政府工作，总结上半年工作完成情况，动员部署下半年工作重点和要求，以奋发有为、决战决胜的精神状态确保G20杭州峰会安全、有序、圆满举行，确保全年目标任务如期完成。

【市政府常务会议】 2016年，市政府召开常务会议17次，即十二届市政府第五十六次常务会议至第七十二次常务会议，由市长张鸿铭主持。

第五十六次常务会议 1月8日召开。会议研究讨论2016年《政府工作报告》（送审稿）、《关于杭州市2015年国民经济和社会发展计划执行情况与2016年国民经济和社会发展计划草案的报告》（送审稿）、《关于杭州市及市本级2015年财政预算执行情况和2016年财政预算草案的报告》（送审稿），2016年政府投资项目计划、2016年政府重大投资项目计划等事项，《杭州市国民经济和社会发展第十三个五年规划纲要》。

第五十七次常务会议 1月22日召开。会议研究讨论2016年《政府工作报告》（送审稿）、《关于杭州市2015年国民经济和社会发展计划执行情况与2016年国民经济和社会发展计划草案的报告》（送审稿）、《关于杭州市及市本级2015年财政预算执行情况和2016年财政预算草案的报告》（送审稿）以及市政府行政规范性文件清理等事项，审议并原则通过《关于促进民办教育持续健康发展的实施意见》（送审稿）。

第五十八次常务会议 2月25日召开。会议研究讨论2016年市“两会”建议提案总体情况和办理工作建议、《关于开展杭州市主城区城中村改造五年攻坚行动实施意见（2016—2020年）》（送审稿），审议并原则通过《关于降成本减负担去产能全面推进实体经济健康发展的实施意见》（送审稿）、《关于进一步促进房地产市场健康稳定发展的意见》（送审稿）。

第五十九次常务会议 3月18日召开。会议研究讨论调整新能源汽车限行措施意见、对2015年度市重点项目征迁“清零”暨回迁安置“清零”专项行动中成绩优异的相关个人给予行政奖励等事项，审议并原则通过2016年市政府立法工作计划、《关于修改〈杭州市服务行业环境保护管理办法〉等2件市政府规章部分条款的决定》（草案）。

第六十次常务会议 3月30日召开。会议研究讨论《杭州市精神卫生条例》（修订草案）等。

第六十一次常务会议 5月5日召开。会议研究讨论对2015年度做地攻坚年做出突出成绩人员给予行政奖励、市政府产业基金设立及运营等事项，审议并原则通过《市政府参事工作办法》（送审稿）。会前专题学习《中华人民共和国突发事件应对法》。

第六十二次常务会议 6月3日召开。会议研究讨论《杭州市旅游条例》（修订草案）、市公安消防支队报记市政府集体二等功等事项。

第六十三次常务会议 6月20日召开。会议研究讨论杭州市部分行政区划调整事项，审议并原则通过《关于进一步推进户籍制度改革的实施意见》（送审稿）、《杭州市危害食品安全行为举报奖励办法》（草案）、《中国制造2025杭州行动纲要》（送审稿）。

第六十四次常务会议 7月5日

2016年杭州市人民政府重要文件

表56

文件号	文件日期	标　题
杭政函〔2016〕14号	2016-01-12	杭州市人民政府关于构建市民学习圈大力推进终身教育工作的若干意见
杭政函〔2016〕21号	2016-01-26	杭州市人民政府关于促进民办教育持续健康发展的实施意见（试行）
杭政函〔2016〕36号	2016-02-17	杭州市人民政府关于进一步加强精神卫生综合管理工作的实施意见
杭政函〔2016〕42号	2016-02-26	杭州市人民政府关于加快发展体育产业促进体育消费的实施意见
杭政函〔2016〕43号	2016-02-26	杭州市人民政府关于降成本、减负担、去产能 全面推进实体经济健康发展的若干意见
杭政函〔2016〕63号	2016-04-08	杭州市人民政府关于印发杭州市国民经济和社会发展第十三个五年规划纲要的通知
杭政函〔2016〕79号	2016-05-20	杭州市人民政府关于进一步加快太阳能光伏推广应用促进光伏产业创新发展的实施意见
杭政函〔2016〕82号	2016-05-31	杭州市人民政府关于印发杭州市市政府参事工作办法的通知
杭政函〔2016〕83号	2016-06-02	杭州市人民政府关于公布2016年杭州市城市低收入家庭收入认定标准的通知
杭政函〔2016〕96号	2016-06-30	杭州市人民政府关于进一步推进户籍制度改革的实施意见
杭政函〔2016〕97号	2016-06-30	杭州市人民政府关于全面落实困难残疾人生活补贴和重度残疾人护理补贴制度的实施意见
杭政函〔2016〕98号	2016-07-01	杭州市人民政府关于调整城乡居民最低生活保障标准的通知
杭政函〔2016〕99号	2016-07-05	杭州市人民政府关于印发中国制造2025杭州行动纲要的通知
杭政函〔2016〕109号	2016-07-29	杭州市人民政府关于公布杭州市区国有土地上房屋征收临时安置费和搬迁费标准的通知
杭政函〔2016〕116号	2016-08-11	杭州市人民政府关于推动政府产业基金发展促进产业转型升级的实施意见
杭政函〔2016〕127号	2016-08-19	杭州市人民政府关于加快推进残疾人全面小康进程的实施意见
杭政函〔2016〕167号	2016-11-10	杭州市人民政府关于深化财税体制改革加快建立现代财政制度的实施意见
杭政函〔2016〕188号	2016-12-19	杭州市人民政府关于加快跨境电子商务发展的实施意见
杭政函〔2016〕190号	2016-12-23	杭州市人民政府关于印发实施“标准化+”行动计划提升城市国际化水平实施方案的通知

召开。会议研究讨论对2015年度杭州市外贸目标责任制考核表现突出人员给予行政奖励事项。

第六十五次常务会议 7月29日召开。会议研究讨论《杭州市跨境电子商务促进条例》(草案)、2016年上半年政府重大投资项目计划执行情况和2016年政府重大投资项目计划(第二批)等。

第六十六次常务会议 8月16日召开。会议研究讨论《杭州市大运河世界文化遗产保护条例》(草案),审议并原则通过《杭州市公共信用信息管理办法》(草案)。

第六十七次常务会议 9月12日召开。会议研究讨论浙江西湖高等研究院两个项目"一事一议"事项,审议并原则通过《杭州市电梯安全管理办法》(草案)。

第六十八次常务会议 9月28日召开。会议研究讨论《杭州大江东产业集聚区管理条例》(草案),审议并原则通过《关于修改〈杭州市基本医疗保障违规行为处理办法〉部分条款的决定》(送审稿)。

第六十九次常务会议 10月21日召开。会议研究讨论《关于深化改革加强科技创新加快创新活力之城建设的若干意见》(送审稿),《杭州市网络预约出租汽车经营服务管理暂行办法实施细则(试行)》(送审稿)和加强巡游出租车管理以及杭州籍奥运健儿表彰奖励等事项,审议并原则通过《杭州市机关事务管理办法》(草案)、《杭州市工业投资基金管理办法》(送审稿)、《关于深化人才发展体制机制改革完善人才新政的若干意见》(送审稿)。

第七十次常务会议 11月18日召开。会议研究讨论推行新型居住证制度、进一步完善之江度假区管理体制、市大数据管理机构组建方案等事项,审议并原则通过"五废共治"实施方案等3个文件。

第七十一次常务会议 12月6日召开。会议研究讨论近期安全生产工作、落实2016年粮食安全市长责任制方案、浙江西湖高等研究院两个项目"一事一议" 等事项。

第七十二次常务会议 12月22日召开。会议研究讨论市妇女、儿童发展"十三五"规划发布及"十二五"妇女、儿童发展规划终期监测评估情况,审议并原则通过《关于加快推进钱塘江金融港湾建设的实施意见》(送审稿)。

【市长办公会议】2016年,市政府召开市长办公会议18次,即十二届市政府第七十六次市长办公会议至第九十三次市长办公会议,由市长张鸿铭主持。

第七十六次市长办公会议 1月8日召开。会议研究讨论大观山果园移交余杭管理、市政府月度工作等事项。

第七十七次市长办公会议 1月22日召开。会议研究讨论三替总部大楼项目建设等事项,审议并原则通过《关于进一步加强直管公房管理的若干意见》(送审稿)。

第七十八次市长办公会议 2月25日召开。会议研究讨论市政府月度工作。

第七十九次市长办公会议 3月18日召开。会议研究讨论市级机关、事业单位经营性资产划转事项,审议并原则通过《杭州市推进新能源汽车充电基础设施建设实施办法》(送审稿)。

第八十次市长办公会议 3月30日召开。会议研究讨论亚运会组委会成立大会和执行委员会第一次会议筹备、城市道路和街容环境提升、"2015年杭州市政府质量奖"获奖企业名单、市政府月度工作等事项。

第八十一次市长办公会议 5月5日召开。会议研究讨论继续实行新能源汽车推广应用地方配套补贴政策、市政府月度工作等事项。

第八十二次市长办公会议 6月3日召开。会议研究讨论杭州市统一政务咨询投诉举报平台建设实施方案、市政府月度工作等事项。

第八十三次市长办公会议 6月20日召开。会议研究讨论供排水特许经营权有关事项。

第八十四次市长办公会议 7月5日召开。会议研究讨论市政府月度工作。

第八十五次市长办公会议 7月29日召开。会议研究讨论市民中心整体启用第一阶段工作、市政府月度工作等事项。

第八十六次市长办公会议 8月16日召开。会议研究讨论市管国有企业负责人薪酬制度改革事项。

第八十七次市长办公会议 9月1日召开。会议研究讨论市政府月度工作。

第八十八次市长办公会议 9月12日召开。会议审议并原则通过《杭州市对口帮扶贵州省黔东南州"十三五"规划》(送审稿)、《打造"美丽杭州"建设"两美"浙江示范区项目奖励实施方案》(送审稿)、《杭州市建筑幕墙专项维修资金缴存和使用管理办法》(送审稿)。

第八十九次市长办公会议 9月28日召开。会议研究讨论市政府月度工作。

第九十次市长办公会议 10月21日召开。会议研究讨论企业搬迁补偿、改革重组等事项。

第九十一次市长办公会议 11月18日召开。会议研究讨论纳税有关事项。

第九十二次市长办公会议 12月6日召开。会议研究讨论市政府月度工作,审议并原则通过《杭州市对口支援新疆阿克苏市"十三五"规划》(送审稿)。

第九十三次市长办公会议 12月22日召开。会议研究讨论杭州市本级2016年预算执行情况及2017年预算安排建议事项。 (王　瑜)

【处理公文6008件】2016年,以市政府、市政府办公厅名义制发公文647件,其中市政府令9件、杭政67件、杭政函196件、杭政办1件、杭政办函148件、杭政办通报84件、杭府纪要92件。收到请示类公文1954件、传阅类公文3407件。请示类公文平均办文天数17.3天,办结率98.0%。

(陈晓林)

【政务督查】2016年,市政府办公厅贯彻落实市委、市政府各项决策部署和"快严实新合"督查要求,制定《杭州市政府办公厅关于进一步规范市政府领导批示件办理工作的通知》,加强和规范市政府领导批示的办理工作。围绕中心工作,全年组织市委、市政府15个督查组开展4次经济工作大督查;对G20杭州峰会涉及的101个环境整治项目进行每月督查,开展运河沿线、西溪路两侧环境整治以及主城区“僵尸车”清理整治等实地督查，编辑《峰会专刊》27期；峰会前后对主城区市场供应、入城口交通等民生工作开展实地督查，9期《督查专报》得到省委常委、市委书记赵一德和市长张鸿铭批示肯定15批次。全年办理市长张鸿铭批示件1506件，省领导批示件311件，交办和办理率均达100%。开展活禽违规交易、工业企业“零土地”技改审批方式改革、市属企业问题落实等专项督查；做好每月主要经济指标、市领导联系重点工作、重点项目、“五水共治”、“三改一拆”等重点工作展板展示。制发《2016年市政府工作报告重点工作责任分解》，指导各地各部门及时分解细化工作内容，形成《2016年杭州市政府重点工作任务书责任分解表汇编》，确保全年各项重点工作任务圆满完成；做好市政府为民办实事工作督促检查，全年实行绩效考核，年中对所有项目摸底并逐一督查，每月跟进，提前31天完成年度目标任务。（薛圣白）

【政府信息公开】2016年，杭州市全面落实《中华人民共和国政府信息公开条例》，坚持以公开为常态，不公开为例外，持续推进政府信息公开工作。根据《2016年杭州市政务公开工作要点》的要求，着力推进决策公开、执行公开、管理公开、服务公开和结果公开，细化公开工作任务，完善公开工作制度体系，全年新增主动公开政府信息46.31万条，其中政府公报发布政府信息2156条、政府网站发布政府信息21.49万条、政务微博发布政府信息14.07万条、政务微信发布政府信息5.63万条。办理政府信息公开申请8672件，其中市政府和市级部门办理3307件、区县（市）政府及其职能部门办理5365件；各申请人通过当面申请1065件，网络申请3315件，传真申请25件，信函申请4267件。申请内容主要涉及土地征迁、房屋拆迁、规划许可等相关信息。（于广益）

【建议提案办理】2016年，杭州市收到全国及省、市“两会”建议、提案995件。其中，全国政协提案1件，省“两会”建议、提案72件，市人大代表建议449件，市政协全会提案473件。市政府高度重视建议、提案办理工作，市“两会”结束后，迅速召开市政府常务会，贯彻落实“两会”精神，并对建议、提案办理工作做了研究和强调。市人大常委会、市政府和市政协联合召开建议、提案交办会议，加强组织领导，明确责任分工，落实办理责任。市政府领导带头领办市政协全会建议案和重点建议、提案16件，带领承办单位深入调研，加强沟通协调，完善政策措施，为做好办理工作做出表率。市政府办公厅强化督促办理，加强目标管理，着力提高办理质量和实效。经过市各承办单位的认真办理，全年建议提案办结率100%、面商率100%、满意99.8%。（叶勇青）

【公务接待】2016年，市接待办紧紧围绕市委、市政府中心工作，把服务保障G20杭州峰会接待工作，作为“两学一做”学习教育活动的具体实践，一线全程参与峰会筹备和运行期的各项工作。严格执行中央和省、市关于公务接待工作的各项规定，规范管理、节俭接待、优质服务，圆满完成以G20杭州峰会为圆心的各项公务接待任务，被评为省服务保障G20杭州峰会先进集体。全年接待来宾1152批次、5.06万人次。（杨海斌）

【应急管理工作】2016年，市应急办紧紧围绕办好G20杭州峰会这个圆心，超前谋划、周密部署、严密组织、科学实施G20杭州峰会应急管理和应急服务保障工作。成立市突发公共事件应急管理委员会；组建新一届市政府应急管理专家组，完善市应急办内设机构建设，增设应急服务中心；以市府大楼驻地迁移为契机，初步建成上下联动、左右协调的现代化市应急指挥中心。成功应对处置“1·14”余杭区通运路上火灾事故、“1·15”大江东沼气罐爆裂、1月下旬的寒潮及雨雪冰冻极端天气、“2·18”富阳区刑事案件、“3·25”绕城西线五常段桥面断裂、“4·3”临安市於潜镇交通事故、“4·4”萧山区交通事故、“5·1”音乐喷泉周边人流超密集、“5·7”临安市清凉峰镇山体滑坡、“5·29”建德新安江丰产村山体滑坡、兰江蓝藻暴发等突发情况。

【应急预案体系建设】2016年，市应急办启动全市应急预案体系的修订完善工作。7月，出台《杭州市突发公共事件应急预案启动实施办法》。全年组织指导各部门完成修编市级专项预案36个，修订、完善工作专项预案操作手册63个，调整市级专项应急指挥机构58个。指导各单位及时更新修订预案信息并组织演练，先后组织应急管理培训和综合演练7次。

【应急值守规范】2016年，市应急办记录《值守记录》8725项（次）；处理公安、信访、维稳、网络、环境、气象、卫生、城建城管、安全生产事故等信息3681件次；办理省、市领导批示169件（次）；落实市委、市政府各类会议106次；办理领导干部外出报告和外出审批782件、重要内外事报告241件；汇总报送《各区、县（市）主要领导干部一周工作简要情况》50次；编辑《应急值守一周综述》50期；收发处理各类传真函件1.86万件；承办《杭州值班》来文、来电呈报870件。下发《关于进一步加强G20峰会期间应急值班值守和紧急信息报送工作的通知》《关于认真做好G20峰会期间应急管理工作的通知》，做好峰会应急管理值班值守、信息报送、服务保障等工作。（肖　勇）

【无线电管理】2016年，杭州市无线电管理局受理行政许可申请870项，准予行政许可854项，其中频率行政许可224项、呼号行政许可205项、台站设置和变更行政许可425项，核发电台执照1.35万张，对4个因擅自设置使用无线电台的单位进行行政处罚。做好G20杭州峰会无线电安全保障工作，成立G20杭州峰会无线电台站管控协调机构，开展重点区域、涉外酒店台站清理整治专项活动，发放责令整改通知书310多份，签订停止使用承诺书170多份。G20杭州峰会前，查处“黑广播”8处，没收调频广播发射机7套，协助公安排查、检测“伪基站”设备20套。做好重要场馆、文艺演出场地等重点区域的电磁环境测试，峰会期间对该区域实施无线电发射设备准入制度，核发无线电台执照标签2万多个，发放《无线电发射

2016年5月12日，市无线电管理局工作人员开展无线电台站清理整治现场检查工作 （市无线电管理局 供稿）

设备识别》4700份，《无线电发射设备参考示图》500份。落实全员值班驻守及24小时电话接听制度，及时受理各类投诉、咨询，被工信部、杭州市政府评为“服务保障先进单位”。规范频率台站管理，升级改造网上办事平台，坚持首问负责制，编印《业余呼号和电台执照网上申请指南》等4个操作指南。清理盘活部分水上业务频段的闲置频率。开展台站年检自查和经纬度专项核查工作，累计核查台站数量3.82万个。加大执法宣传力度，在杭州电视台生活频道和地铁电视媒体播放公益宣传片，提高群众对无线电管理的认识。查处私装GPS信号屏蔽器干扰移动基站案件10起，现场拆除屏蔽器10多台，暂扣4台，发放责令整改通知书7份。维护电波秩序，完成重点频段监测累计1.38万小时，移动监测583小时。受理并查处公安基站、铁路调度等干扰10起，发现不明信号23件，查明22件。完成各类考试等重大活动无线电安全保障工作10次，现场查获考试作弊人员1名，作弊器材3套。完成2016年杭州国际马拉松现场无线电保障工作。 （曹宏伟）

【信访形势平稳向好】 2016年，市、区县（市）两级信访部门共受理信访74.81万件次。市本级接收信访59.38万件次，比上年上升44.8%，其中群众来信7117件、接待来访2791批次7478人次。

围绕“阳光信访”目标要求，不断拓宽和畅通群众诉求表达渠道，提高信访工作公信力和群众满意度。实现受理数据全录入、信访业务全应用、办理过程全公开，确保信访事项可查询、可跟踪、可评价。开展人民建议专题征集3次，收到意见建议2900条。市委常委会专题听取和研究信访“12345”工作3次。深化和推进领导干部定期接访下访工作，市四套班子主要领导及常委、副市长共21人带队赴各自联系点接待信访群众41批次、督办“奋战300天减存300件”信访突出问题化解攻坚活动（简称信访“双300”），市领导定点接谈约访19次。落实初信初访首办责任制，加强检查督查指导，重点考核信访事项及时受理率、按期办结率和群众满意率。全年发专报10期，通报信访事项192件。严格落实访诉分离制度，市本级170名律师参与接访743件信访事项，把涉法涉诉信访事项引导到司法渠道解决。8月，群众信访联系较多的33个市直单位、13个区县（市）及3个管委会完成“责任清单”并对外公布。开展信访公开听证，收到复查复核申请169件，出具各类文书96件，送省评审20件，会审通过率100%。

按照“六个一批”总要求，全力开展信访“双300”，领导带案督查，市区联动、部门联合，引入“两代表一委员”、律师、信访监督员、民间第三方力量等参与，有效化解信访问题的难题积案，多年累积的信访重点对象存量大幅下降。坚持分级受理原则，严格把握不受理情形，引导来访人找到更加有效的解决途径，全年引导和出具不予受理、不再受理意见书1000多件。出台《G20峰会杭州市信访分流劝返工作实施方案》，建立“一中心十站点”，会同有关单位及区县（市）组建联动队伍，在上级信访联席办统一指挥下，承担具体任务，杭州市信访人无一人到现场滋事、无一起安全事故。

【受理市长公开电话58.39万件】 2016年，杭州市“12345”市长公开电话（简称“12345”）受理群众各类诉求58.39万件，比上年增长45.3%。其中：电话54.41万件、电子邮件2.2万件、短信1.79万件；当场答复处理33.64万件，交相关部门处理24.75万件。办理省网上信访4736件，省长信箱843件。按时反馈率100%、按时办结率99.6%、综合满意率95.7%。热点问题集中在机动车管理、社区管理、村务管理、违法搭建、房产管理等方面。

增设受话座席至50席，受理量创历史新高，接通率提高至99%，办理速度加快。受理G20杭州峰会相关保障工程诉求1.77万件，及时交办督办处置，90%以上得到妥善解决。依据政府公告、部门资讯，编辑《受话提醒》35期，统一解答口径，做好纳言、顺气、化怨、解结工作，为G20杭州峰会营造稳定和谐的社会环境。会同市编委办，完成55条政务热线整合，50个领导信箱和网上信访渠道整合到浙江政务服务网，建成具有杭州特色“1+5+7”的统一政务咨询投诉举报平台，即“12345”1个平台，“12333”“12315”“12328”“12329”“12319”5个分中心，萧山、余杭、富阳、桐庐、淳安、建德、临安7个分平台。

以“两学一做”学习教育活动为抓手，开展“服务保障G20，公开电话重在行”岗位练兵活动，每月评比、表彰。针对全市综合考评84条意见、76件“96666”交办单，以及国家城调队出具《调查报告》为问题导向，逐条逐件进行剖析整改。开展培训398期，组织51个市直网络单位开展为期3天的业务培训。加强交办单审核和质检工作，实行“双向退单”制度，对诉求办理结果100%使用IP电话回访，群众评价受话满意率98.3%。赴现场协调督办201批597人次，通过市领导接访下访、信访“双300”化解疑难积案42件。完善目标考核办法，每月通报办理时效和质量，结果纳入全市综合考评。

借助媒体化解群众投诉7158次，其中省级媒体538条、《今日关注》栏目46条，向省、市新闻媒体提供要情1.58万条。《浙江日报》《钱江晚报》《杭州日报》等媒体广泛宣传“12345”工作，多篇信息被“浙江信访”微博、“杭州发布”录用。全年各类信息呈报市领导41篇，报市委、市政府“两办”信息处111篇，刊发简报46篇，发交办函88件，市领导批示39件次，获全市党委系统信息工作社情民意直报点先进单位。（陈　亮　黄　莉）

2016年6月1日，杭州市方志馆开馆，市长张鸿铭（前右三）出席开馆仪式并参观方志馆（冯跃民 摄）

【杭州市方志馆正式开馆】 2016年6月1日，新建成的杭州市方志馆正式开馆。市长张鸿铭出席开馆仪式并参观。

市长张鸿铭在开馆仪式上指出，国有史、郡有志、家有谱。建设方志馆，是开发利用地方志资料的重要途径，是保存利用地方志资源的主要方式，也是宣传杭州历史及地域文化的重要载体。在历届市委、市政府的高度重视下，在各级各部门的大力支持配合下，杭州市方志馆建设工作取得圆满成功，新场馆成为一个园林景观与文化元素相融合、杭州特色与方志特色相融合、文化品读与游览观光相融合的特色展馆，让人耳目一新。希望市方志馆深入贯彻五大发展理念，善于从历史记载和现实生活中提炼杭州元素，讲好杭州故事。要通过编纂地方志，从杭州缩影展示改革开放和现代化建设成果。要把方志馆管理好、运营好，努力成为一个为市民提供学习教育、宁静心灵的理想之地，一个普及地情知识、开展爱杭爱乡教育的活动基地，促进地方志事业发展的重要阵地，为服务好地方经济社会发展做出更大贡献。

开馆仪式上，10位杭州市“最美方志人”受到表彰，“最美方志人”代表为杭州市方志馆开馆揭牌。

杭州市方志馆位于望江路266号（汪宅）和靴儿河下6-3号，按照“横排门类、纵述史实”原则，分设概览、山水、政治、人物、文化、经济、社会、方志等8个展厅，占地面积2900平方米，其中展陈面积约1100平方米，开放时间为9:00～16:30，周一全天闭馆。（金利权）

【《杭州年鉴(2014)》获特等奖】 2016年7月15日，中国地方志指导小组通报全国地方志优秀成果（年鉴类）评奖结果，《杭州年鉴(2014)》获全国地方志优秀成果（年鉴类）特等奖。至此，《杭州年鉴》已连续三届蝉联中国地方志系统年鉴评比特等奖。省委常委、市委书记赵一德，市长张鸿铭做出批示，表示肯定和祝贺。

《萧山年鉴》《余杭年鉴》获县区级综合年鉴特等奖，《临安年鉴》《建德年鉴》分获一、二等奖。

【地方志编纂成果】 2016年6月1日，《杭州市志(1986～2005)》正式公开发行。该志编纂工作从2002年启动至2015年完成出版，历时13年；分自然、经济、政治、文化、社会、文献等6卷7册47篇，共1000多万字。该志充分结合杭州的城市定位和城市特点，确立“把握地情特点，突出时代特征，浓墨人文特色，记好发展变化”的编纂思路，以杭州深厚的人文积淀，反映杭州市20年的辉煌成就和发展经验。该志采取相对集中与分散记述相结合的方法记述改革开放，加大市场经济体制改革的记述分量以突出时代特色，特设西湖、西溪等篇以反映杭州地域特色，特设多个专记、附录以加强志书记述深度，力求全面、准确、客观反映20年来杭州市波澜壮阔的历史进程。

12月，《杭州年鉴(2016)》由方志出版社正式出版。《杭州年鉴(2016)》按分类法编辑，主体内容分为类目、分目、条目三个层次。全书设类目42个、分目264个，收入条目2635条、图照341幅、表格110张。全书在保持常规性内容基本稳定的基础上，增加年度热点和具有杭州特色的内容：围绕“两会两区”“创业创新”的主题，卷首彩页、“特辑”类目集中记载，百科类目分散记述；“国家级开发区·产业平台”增加“杭州城西科创产业集聚区”“杭州大江东产业集聚区”内容；“信息经济”增加“云计算和大数据产业”“物联网产业”“信息软件产业”“机器人产业”“信息安全产业”等分目；“法治”类目增加“法治政府建设”分目；“交通运输·邮政”增加“快递物流”的内容；“社会科学”部分增加“杭州特色研究”的内容。

年内，《杭州月志》（月刊）创刊。《杭州月志》的前身是《杭州方志通讯》和《杭州方志》。《杭州月志》以“记录发展，传承历史，资世垂鉴，服务大局”为宗旨，设“特载”“杭城新事”“杭州记忆”“武林探微”“人物春秋”“志里寻踪”“留住乡愁”“方志动态”等栏目。至年末,《杭州月志》出版12期,收录杭州重要时事456条,地情研究文章86篇,图片394幅,方志动态150条,字数72.49万字。

12月,《杭州文化年鉴(2015)》由新华出版社出版。《杭州文化年鉴》由中共杭州市委宣传部和杭州市人民政府地方志办公室联合承编,是全国省会城市首部文化年鉴,全书分为卷首、特辑、总述、正文、大事记、文选、附录七大部分,涵盖“文化体制、新闻传媒、文化产业、文化人物”等23个专题。全书主体内容以2014年为主,兼顾2007~2013年杭州市宣传思想文化工作中的大事、要事、新事、特事。设类目28个、分目149个,收入条目2062条、资料171条、彩页图照48幅、随文图照160幅、表格21张,计130万字,并附有“杭州文化地图”拉页2幅。

12月,《杭州日记2015》(创刊卷)印制完成。《杭州日记2015》以日为单位,记录杭州经济社会发展中的大事、要事和新事。全书共55万字、图照262幅,图文并茂,可读性强。《杭州日记》计划每年编纂一卷,与《杭州月志》《杭州年鉴》《杭州市志》形成一个记录杭州发展的完整的工作链,更好地发挥地方志存史、育人、资政的作用。

年内,《西湖新志》《西湖志类钞》两部旧志典籍整理出版。 (年鉴处)

【“方志杭州”微信公众号开通】 2016年1月8日,由杭州市人民政府地方志办公室主办的微信公众平台——“方志杭州”微信公众号开通运行。

“方志杭州”微信公众平台是杭州市人民政府地方志办公室创新探索“互联网+地方志”信息化工作模式的尝试,设有杭州故事、方志动态、3D方志馆三个常设栏目和工作动态、杭州掠影、杭州史话、人文风情等流动栏目。该微信公众平台以“讲述杭州故事,汲取历史智慧,存史育人资政,实现互动交流”为目标定位,每周二、五各发布一期,全年发布101期,文章283篇,阅读量3.2万人次,较好地发挥地方志服务社会、资政育人的作用,让公众逐步了解和感受地方志文化的独特魅力。 (俞胜男)

中国人民政治协商会议杭州市委员会

【市政协组织机构概况】 2016年,杭州市有各级政协组织机构14个,其中,副省级市政协1个、区县(市)政协13个。各级政协委员3362人,其中,副省级市政协委员500人,区县(市)级政协委员2862人。市政协设常务委员会,由主席、副主席、秘书长和常委组成;内设提案委员会、委员工作委员会、经济和农业农村委员会、城市建设和人口资源环境委员会、教育科技文化卫生体育委员会、社会法制和民族宗教委员会、港澳台侨和外事委员会、文史委员会8个专门委员会。第十届市政协设主席1人,副主席8人,秘书长1人;常务委员会组成人员92人,年内增补委员7人、辞去委员12人,增补常委4人,辞去常委6人。

【市政协十届五次会议】 2016年1月30日至2月3日召开。

会议期间,省委常委、市委书记赵一德,市长张鸿铭等市委、市政府领导出席会议并参加大会发言、专题会议、分组讨论,听取委员意见建议,与委员们共商全市改革发展大计。委员们以强烈的政治意识、大局意识和责任意识,紧紧围绕推进“四个全面”战略布局、“五大发展”理念在杭州的实践,针对改革发展稳定重大问题、关系群众切身利益实际问题和人民政协事业发展中重要问题,通过大会发言、专题会议、界别小组讨论、提案和社情民意等形式,深入协商议政,积极建言献策。会议听取并赞同市长张鸿铭所做的《政府工作报告》,赞同《杭州市国民经济和社会发展第十三个五年规划纲要(草案)》,赞同市中级人民法院工作报告、市人民检察院工作报告及其他报告。会议审议批准市政协主席叶明代表政协第十届杭州市委员会常务委员会所做的工作报告和副主席赵光育代表政协第十届杭州市委员会常务委员会所做的提案工作情况报告。会议充分发扬民主,广泛凝聚共识。

会议认为,2015年,市政协认真学习贯彻中共十八大和十八届三中、四中、五中全会以及习近平总书记系列重要讲话精神,坚决贯彻落实中共杭州市委决策部署,坚持团结和民主两大主题,围绕中心大局,回应群众关切,认真履行政治协商、民主监督、参政议政职能,全力聚焦改革发展和全面深化法治杭州建设、“十三五”规划编制进行资政建言、协商议政;围绕“五水共治”长效机制建设、“两路两侧”“四边三化”环境整治、全市重点工程项目推进等开展专项集体民主监督,助推市委市政府决策部署贯彻落实更有力度;持续关注和促进民生和社会事业发展,履职为民工作更有成效;健全完善协商制度体系和工作机制,政协协商民主建设更进一步;重视发挥政协团结统战功能,团结联谊和对外交往工作更加广泛;切实加强履职能力建设,政协工作创新发展更有活力,为杭州改革发展稳定做出积极贡献。

会议指出,2015年,市委、市政府团结带领全市人民,按照“五位一体”总体布局和“四个全面”战略布局的要求,主动适应发展新常态,沉着应对各种风险挑战,励精图治、奋发有为,转型升级加快推进,创新驱动持续强化,重点改革深入实施,城乡统筹发展加快,生态保护持续加强,为民惠民不断深化,社会大局稳定有序,各项事业都取得新的成就,许多工作走在全国、全省前列,为“十二五”规划发展画上圆满句号,全市经济社会发展迈上新台阶。市长张鸿铭所做的《政府工作报告》,实事求是总结2015年工作,清醒分析存在的困难问题,明确提出杭州市“十三五”经济社会发展主要目标任务和2016年政府工作安排,反映全市人民和社会各界的期望。2016年是“十三五”开局之年,是G20杭州峰会举办之年。委员们建议,要坚决贯彻中央和省、市委决策部署,紧紧依靠全市人民的智慧和力量,按照“四个全面”战略布局和“干在实处永无止境,走在前列要谋新篇”的要求,坚持创新、协调、绿色、开放、共享的发展理念,持续深化“八八战略”实践,以办好G20杭州峰会为圆心,以加强供给侧结构性改革、加快“去产能、去库存、去杠杆、降成本、补短板”为重点,坚持实干至上、行动至上，切实强化峰会服务保障、改革开放、创新转型、有效供给、统筹协调、保护治理、民生保障等工作，协调推进现代化建设各项事业，保持稳中求进、转中求好的良好态势，努力实现"十三五"发展良好开局，确保杭州继续走在全国重要城市前列、更好发挥在全省的龙头领跑示范带动作用。

会议审议通过政协全体会议建议案《紧抓G20历史机遇，打造"最文明"杭州》。会议期间，收到大会发言材料51份，14位委员做大会发言。收到以提案形式提出的意见建议569件，编印会议简报52期。

会议期间，省委常委、市委书记赵一德，省政协副主席陈小平、吴晶，市委副书记、市长张鸿铭，担任过市政协领导职务的虞荣仁、孙忠焕等应邀出席开幕会和闭幕会。

2016年3月29日，市政协主席叶明（右四）带队开展"四边三化"暗访

（市政协 供稿）

【市政协常务委员会会议】 2016年，中国人民政治协商会议第十届杭州市委员会常务委员会召开5次会议，就有关问题进行协商。

市政协十届二十一次常委会议 1月5日召开。会议传达学习市委十一届十次全体会议精神；听取市政府关于市政协十届四次会议以来建议案、提案办理工作情况的通报；审议通过有关人事事项，市政协十届五次会议议程、日程（草案），政协第十届杭州市委员会常务委员会工作报告（草案）、提案工作报告（草案），政协第十届杭州市委员会常务委员会工作报告、提案工作报告报告人名单，市政协十届五次会议秘书长、副秘书长名单，大会选举办法（草案），《政协杭州市委员会专门委员会通则》（修订稿）；审议推荐市政协十届五次会议候选建议案。会议决定，市政协十届五次会议于1月30日至2月3日在杭州召开。市政协主席叶明主持会议并讲话。市政协副主席张鸿建、何关新、赵光育、朱祖德、张必来、汪小玫出席。

市政协十届二十二次常委会议 2月2日召开。会议听取市政协各界别小组召集人关于十届五次会议各有关事项讨论情况的汇报；审议通过政协第十届杭州市委员会提案委员会关于十届五次会议提案收集和初审情况的报告（草案），政协第十届杭州市委员会第五次会议决议（草案），政协第十届杭州市委员会秘书长、常务委员候选人名单，大会选举办法（草案），总监票人、监票人名单。市政协主席叶明主持会议。市委常委、常务副市长马晓晖到会听取对《政府工作报告》和政府工作的意见建议。市政协副主席张鸿建、何关新、董建平、赵光育、朱祖德、张必来、汪小玫出席。

市政协十届二十三次常委会议 2月3日召开。会议审议通过政协第十届杭州市委员会常务委员会2016年度工作要点。市政协主席叶明主持会议并讲话。市政协副主席张鸿建、何关新、董建平、赵光育、朱祖德、张必来、汪小玫、叶鉴铭出席。

市政协十届二十四次常委会议 5月19日召开。会议围绕"发挥G20峰会综合效应，进一步提升杭州城市国际化"协商建言，表彰国际形象问卷调查中在杭外国友人"金点子"，审议有关人事事项。省委常委、市委书记赵一德到会听取意见建议并讲话。市政协主席叶明讲话。市委常委、常务副市长马晓晖，副市长陈红英，市政协副主席张鸿建、何关新、董建平、赵光育、朱祖德、张必来、汪小玫、叶鉴铭出席。

市政协十届二十五次常委会议 10月12日召开。会议围绕"发展高端制造业，加快产业结构优化升级"协商议政。市长张鸿铭到会听取意见并讲话。市政协主席叶明主持会议并讲话。市政协副主席何关新、董建平、赵光育、朱祖德、张必来、汪小玫、叶鉴铭出席。

【强化理论武装】 2016年，市政协常委会始终把加强思想理论建设、增强政治定力摆在首位。深入学习贯彻习近平总书记系列重要讲话精神和治国理政新理念新思想新战略，学习贯彻中共十八大和十八届三中、四中、五中、六中全会以及杭州市委十一届十次、十一次、十二次全会精神，牢固树立政治意识、大局意识、核心意识、看齐意识，不断提高政治站位和政治觉悟，积极引导各党派团体和各族各界人士坚定"四个自信"，自觉坚持中国共产党的领导，在思想上、政治上、行动上与以习近平同志为核心的中共中央保持高度一致，切实把思想和行动统一到中共中央和省委、市委的决策部署上来，把智慧和力量凝聚到实现中共中央和省委、市委确定的目标任务上来，不断夯实团结奋斗的共同思想政治基础。深入学习贯彻习近平总书记系列重要讲话精神，学习贯彻中央和省委、市委关于政协工作的新部署新要求，不断深化对人民政协性质、地位、作用的认识，明确政协工作前进方向，增强做好新形势下政协工作的责任感使命感。健全完善政协集体学习、委员培训和个人自学等学习制度，组织开展主题鲜明、形式多样的学习活动。

【市政协服务保障G20杭州峰会】 2016年，市政协十届五次会议集中全体委员智慧，举行"提升市民文明素质·迎接G20峰会""助力服务G20峰会·推动城市绿色发展"全会专题协商会议，提出《紧抓G20历史机遇，打造"最文明"杭州》全会建议案。组织"发挥G20峰会综合效应，进一步提升杭州城市国际化水平"重点课题调研，召开专题常委会议协商建言，提出打造国际高端会议目的地等意见建议。根据中共杭州市委统一部署，重点就余杭、富阳、桐庐、淳安、建德、临安6个区县(市)"两路两侧""四边三化"环境整治开展专项民主监督，先后组织4轮明察暗访，对449处省定问题点、536处市定问题点的整治情况进行全覆盖民主监督。成立专项民主监督小组29个，围绕"美化家园·清洁家园""迎峰会·保民生"等工作开展民主监督，助推市委、市政府决策部署的有效落实。以"当好东道主、办好G20、委员作贡献"主题活动为主线，认真组织"办好G20·委员献一计""文明督导百日行动""服务G20，五送下基层"及相关书画展、音乐会等活动，发挥广大委员议政建言、监督助推、凝心聚力和带头示范作用。

【助推"十三五"良好开局】 2016年，市政协紧扣事关杭州"十三五"科学发展的重大问题，组织发动委员"找短板、献良策"，提出意见建议460多条。围绕推进新一轮城乡统筹发展、城市绿色发展、海绵城市建设、特色小镇创建、打造健康中国杭州样本、优化政务环境等议题，举行大会发言和全会专题议政。组织"发展高端制造业，加快产业结构优化升级"重点课题调研，召开专题常委会议议政建言，向市委、市政府报送有关意见建议。开展"加快建设'网上丝绸之路'战略枢纽城市和杭州'硅谷'""构建富有杭州特色的创业创新生态系统，激发全社会创造活力""加强城市资源环境承载力研究，推进城市协调发展"等议题调研视察和主席会议协商议政。围绕推进质量强市建设、钱塘江金融港湾建设、城西科创大走廊建设以及创新扶贫开发机制、提升农业信息化水平等课题，开展专题调研、视察监督和协商议政，提出对策建议。围绕"五水共治"及"勇夺大禹鼎"、浙商杭商回归重点项目推进、打好城中村改造攻坚战等议题开展专项监督和联动监督，积极参与全市"扩大有效投资、推动重点项目落实"督查，推动市委、市政府重大决策部署的有效落实。召开全市经济社会发展及财税工作情况通报会。

【推动民生和社会事业发展】 2016年，市政协坚持履职为民，围绕居住房屋出租管理情况、"全面二孩"政策实施后教育发展、国际理解教育、居家养老服务体系建设、体育产业发展、冷鲜家禽质量安全保障等课题组织调研视察，提出对策建议。举行"优化政务环境"专题议政，就推进户籍制度改革、公共法律服务体系建设情况等开展调研视察，参与《杭州市跨境电子商务促进条例》《杭州电梯安全管理办法》等草案的立法协商讨论。着力推动文化事业发展，围绕助推良渚文化遗址申遗、加强西湖与大运河遗产保护与管理、推动钱塘江古海塘保护与申遗、打造"非遗"活态展示街区、推进艺术品市场发展等开展专题调研、视察、协商，召开佛教历史文化研讨会。

【促进社会和谐稳定】 2016年，市政协认真贯彻中央统战工作会议和全国政协的新部署、新要求，制定下发《关于进一步发挥政协团结统战功能的意见》。坚持大团结大联合，增进同各党派团体的工作联系和团结合作，促进多党合作共事。加强与社会各族各界人士的团结联谊，深入开展"浙商杭商""文化科技"政协走亲活动，做好桐庐县莪山畲族乡结对帮扶和助推"中国畲族第一乡"创建工作，坚持走访联系宗教团体、宗教界代表人士。开展港澳台侨交流和对外交往工作，举办"港澳海外委员履职周"活动、"首届杭港发展论坛"，成立澳门杭州政协之友联谊会。召开在杭台资企业代表座谈会，加强与在杭台商、台胞、台属的联系。召开市法检两院和公安工作情况通报协商会，为促进全市社会和谐稳定建言献策。支持政协社团开展联谊活动，发挥政协社团的积极作用。

【加强政协自身建设】 2016年，市政协常委会按照习近平总书记提出的"懂政协、会协商、善议政"和提高"四个能力"的要求，坚持改革创新，切实加强政协自身建设，着力夯实履职基础，提升履职能力。从严从实抓好党的建设，落实全面从严治党要求，发挥政协党组及机关党组的领导核心作用，按照中央和省委、市委统一部署，认真开展"两学一做"学习教育，不折不扣抓好专题学习研讨和问题整改。始终把政治纪律和政治规矩挺在前面，严格落实中央八项规定精神和省委、市委有关规定要求，驰而不息纠"四风"，锲而不舍树"新风"。深入推进党风廉政建设，支持市纪委驻政协机关纪检组履行监督执纪问责职责。加强和改进委员学习培训，完善机制，提高实效，创立"杭州政协·求是讲堂"，使学习与提高履职能力更好地结合。坚持政协领导走访联系委员制度，听取委员意见建议。创建委员"菜单式"履职方式，开展"委员联系界别群众"、委员"岗位建功、履职为民"等活动，调动和激励委员履职积极性，更好发挥委员主体作用。建立健全政协领导及专委会分工联系界别小组工作机制，加强对界别工作的指导。完善界别活动组织和服务保障机制，活跃界别小组工作，认真组织开展界别协商，界别特色作用进一步发挥。完善专委会工作制度，加强专委会之间工作联动协作，着力发挥专委会在调研视察、协商议政、民主监督、团结联谊和联系指导界别工作等方面的基础性作用。推进机关党的建设和思想作风建设，弘扬刻苦学习、埋头苦干、开拓创新、甘于奉献、勇于负责、团结合作"六种精神"，增强机关凝聚力战斗力。加大机关干部的培养、选拔、交流和任用力度，努力培养开口能说、提笔能写、遇事能干"三能"干部，打造忠诚、干净、担当的干部队伍。市政协机关连续多年被评为市级机关成绩显著单位。建立政协政务咨询团，构建以政务咨询团和理论研究会、文史研究会"一团两会"为基本框架的政协智库。加强对区县（市）政协工作的指导，密切联系交流，强化全市性重点工作、重大课题调研的联动配合，形成推动工作的整体合力。

（王展霞）

中共杭州市纪律检查委员会

【纪律检查和行政监察机构及工作概况】 2016年，杭州市纪委（市监察局）有内设机构16个、机关党委和下属事业单位3个，纪检监察干部113人；市纪委派驻（出）机构46个，派驻纪检监察干部170人；区县（市）纪委（监察局）13个，纪检监察干部397人；区县（市）纪委派驻（出）机构183个，纪检监察干部584人；乡镇（街道）纪委（纪工委）190个，纪检监察干部819人。

市委立场坚定、旗帜鲜明，坚定不移推进全面从严治党，以上率下、主抓直管，切实担负起管党治党政治责任。全市各级党组织和纪检监察机关深入学习贯彻习近平总书记系列重要讲话精神，按照中央、省市委和上级纪委关于党风廉政建设和反腐败斗争的新思路、新要求，保持政治定力，坚守责任担当，扎实推进廉洁杭州建设，党风廉政建设和反腐败工作取得新进展、新成效，党风政风明显改善，不敢腐的目标初步实现，不能腐的制度日益完善，不想腐的堤坝正在构筑，党内政治生活呈现新的气象。国家统计局杭州调查队的民意调查结果显示，群众对2016年杭州市党风廉政建设和反腐败工作满意率为97.8%，比上年提高6.8个百分点，高出全省4.1个百分点。

【市纪委十一届五次全体会议】 市纪委十一届五次全体会议于2月4日召开。会议回顾总结2015年纪律检查工作，研究部署2016年工作任务。省委常委、市委书记赵一德出席会议并讲话，强调要牢固树立政治意识、大局意识、核心意识、看齐意识，把思想和行动统一到习近平总书记系列重要讲话精神和上级纪委全会的部署上来，按照全面从严治党要求，坚决落实好党委主体责任，坚决把强化党内监督做深做细做实，坚决把廉洁杭州建设不断引向深入。市委常委、市纪委书记陈擎苍代表市纪委常委会做题为“全面从严治党，把纪律挺在前面，坚定不移推进党风廉政建设和反腐败斗争”的工作报告。报告指出，2016年党风廉政建设和反腐败工作要深入贯彻中共十八大和十八届三中、四中、五中全会精神，全面落实习近平总书记系列重要讲话精神，按照中央、省市委和上级纪委全会部署，坚持全面从严治党，坚决贯彻党章党规党纪，聚焦监督执纪问责，深化标本兼治，创新体制机制，健全法规制度，强化党内监督，把纪律挺在前面，持之以恒落实中央八项规定精神，着力解决群众身边的不正之风和腐败问题，坚决遏制腐败蔓延势头，建设忠诚干净担当的纪检监察队伍，深入推进廉洁杭州建设，营造政治上的绿水青山，为圆满完成G20杭州峰会服务保障任务、实现“十三五”规划精彩开局提供坚强保障。

【强化纪律保障】 2016年，市纪委（市监察局）坚持把严明政治纪律和政治规矩摆在首位，严肃执纪问责，督促各级党组织和党员干部在思想上、政治上、行动上同以习近平同志为核心的党中央保持高度一致。围绕服务保障G20杭州峰会圆心和推动市委、市政府重大决策部署的落实，加大监督检查力度，坚决纠正有令不行、有禁不止行为，确保政令畅通。全市各级纪检监察机关开展G20杭州峰会筹备工作专项督查4254次，发现问题5187个，提出建议1673条，问责90起116人，通报曝光29起87人。深入开展严肃换届纪律工作监督检查，会同有关部门开展换届风气巡回督查，确保换届工作风清气正。加强纪律教育，开展党章党规党纪知识竞赛等活动，持续推动新修订、颁布的党内法规的学习贯彻，切实增强党员干部的纪律规矩意识。充分运用“一网两微三端”（“杭州廉政网”、“廉洁杭州”微信公众号、“廉洁杭州”官方微博、“浙江新闻”客户端、“今日头条”App、“腾讯企鹅号”App）新媒体宣传平台，广泛开展纪律解读和宣传活动，营造全面从严治党浓厚氛围。

【推进“两个责任”落实】 2016年，市纪委（市监察局）牢牢抓住全面从严治党政治责任这个“牛鼻子”，进一步健全机制制度，形成主体责任报告、评议、反馈、整改、督查、追责的闭合回路。严格执行主体责任报告制度，深化专题报告，集中听取13个区县（市）和43个市直单位党委（党组）负责人履行“第一责任人”职责和个人廉洁自律情况汇报，现场点评且以意见书形式交办问题148个。层层传导压力，督促各区县（市）纪委和市纪委派驻（出）机构认真抓好“两个责任”的报告工作，形成一级抓一级的工作机制。认真落实党风廉政建设责任

2016年11月24日，杭州市党章党规党纪知识竞赛决赛在杭州文广集团演播厅举行

（王勇泽 摄）

情况抄告制度，向市委、市政府分管领导发出抄告单67份。加强监督检查，对13个区县(市)和110个市直单位落实“两个责任”情况进行全覆盖检查考核，一些地方和单位因“两个责任”落实不到位被扣分。严格实施“一案双查”，加大追责问责力度，对49名落实“两个责任”不力的领导干部进行责任追究，“点名道姓”通报曝光典型案件6起。

【深化作风建设】2016年，全市各级纪检监察机关发扬“钉钉子”精神，不折不扣贯彻执行中央八项规定精神和省委、市委有关规定，紧盯重要节点，紧盯“四风”新形式、新动向，加大正风肃纪力度，释放越往后执纪越严的强烈信号。全年累计开展正风肃纪专项行动6330次，发现问题2862个，问责处理294人；查处违反中央八项规定精神问题92起，处理党员干部133人，市纪委通报典型问题26起。深化“不担当、不作为、不落实”问题专项整治，全市查处“三不”问题206起，处理党员干部342人，对12起典型案例“点名道姓”通报曝光。加大作风效能投诉查处力度，市“96666”投诉中心受理投诉2300起，问责136人。督促推动市县两级行政事业单位实施公款竞争性存放，实现全覆盖。着力推进家风建设，挖掘整理传统家规家训文化，培育崇廉向善社会风气。

【执纪审查工作】2016年，全市各级纪检监察机关坚持纪严于法、纪在法前、纪法分开，综合运用教育提醒、谈话函询、组织处理、纪律处分等方式处理各类违纪行为，做到抓早抓小、动辄则咎。坚持无禁区、全覆盖、零容忍，持续保持惩治腐败高压态势，坚决遏制腐败蔓延势头。全年受理信访举报7461件次，处置问题线索5400件，初步核实4171件次，谈话函询1285件次，了结3235件次，立案2066件，给予纪律轻处分1171人、纪律重处分845人，其中厅局级4人、县处级66人、乡科级110人，涉嫌违法被移送司法机关处理86人。严肃查处程茂红、倪政刚、邬文虎等严重违纪案件，形成有力震慑。充分发挥反腐败协调小组作用，加强组织协调，强化协作配合，形成工作合力。进一步规范问题线索处置，完善执纪审查安全、涉案款物管理等制度，强化全过程监管，严格审查纪律。开展国际追逃追赃工作，有序推进“红通”人员追逃劝返。加强信访举报办理，扎实做好重信重访化解稳控等工作。强化执纪审理和申诉复查工作，突出对违反“六项纪律”、中央八项规定精神问题的全面审查，认真落实涉刑案件“先处后移”的政治要求。

【加强巡视工作】2016年，市委高度重视巡视工作，制定出台巡视工作实施办法，市委常委会定期研究巡视工作，市委书记专题会议和巡视工作领导小组会议听取每一轮巡视情况汇报。加强巡视力量配备，增设2个巡视组，增配25名巡视干部。全面贯彻执行中央巡视工作方针，把握政治巡视战略定位，紧紧围绕加强党的领导、维护党中央权威这个根本，重点针对党的领导弱化、党的建设缺失、全面从严治党不力等问题，加大巡视监督力度。全年开展5轮巡视，对市总工会等22个市直单位开展巡视，发现问题248个，向被巡视单位提出整改意见97条。着力抓好巡视整改落实，对杭实集团等18个市属国有企业巡视反馈意见整改落实情况开展集中督查。探索开展专项巡视，创新巡视“一托二”、汇报“二合一”工作方法。出台区县(市)党委开展巡察工作意见，13个区县(市)党委全部建立巡察工作领导小组和工作机构。

【开展基层巡察】2016年，市纪委(市监察局)在县乡两级全面推开基层巡察，形成具有杭州特色、符合基层实际的“五巡五察”工作机制。组建巡察组457个，完成对1254个单位的巡察，累计发现问题4760个，督促完成问题整改3368个，推动各级各部门完善制度540项。紧紧围绕土地流转、征地拆迁、“三资”管理、涉农资金拨付等重点领域，严肃整治侵害群众利益的不正之风和腐败问题，查处问题389起，处理党员干部534人，通报曝光典型问题67起。进一步畅通群众诉求渠道，积极发挥“民情热线”全媒体民生互动平台作用，督促解决群众反映强烈的民生问题1572个。

【纪检监察机关自身建设】2016年，市纪委(市监察局)坚持把习近平总书记系列重要讲话精神作为思想武器和行动指南，深入开展“两学一做”学习教育和“讲忠诚、补短板、解难题、促提升”活动。加强机关党建工作，促进支部活动经常化、规范化。深入挖掘、广泛宣传基层优秀纪检干部余延安同志先进事迹，激励纪检监察干部对标看齐、争当先锋。扎实推进县乡纪委换届，严格选任条件，拓宽选人视野，加大交流力度，选优配强纪委领导班子。深化完善市县两级纪委派驻机构统一管理工作，细化“一组一策”履职清单，建立廉情报告等制度，切实发挥派驻监督“探头”作用。推进乡镇(街道)纪检干部专职专用，实行单列考核。加大教育培训力度，对监督执纪审查一线干部、市县两级派驻机构干部和乡镇(街道)纪(工)委书记进行全员培训，全年培训纪检监察干部1163人次。充分发挥纪检监察干部监督机构作用，强化内部监督管理，坚决防止“灯下黑”。对21名纪检干部进行谈话函询，对3名纪检干部进行组织处理，保持纪检监察队伍的纯洁性。 (汪盛华)

责任编辑 阮关水 俞胜男

民主党派与工商联综述

【规范政党协商】2016年12月23日，中共杭州市委办公厅印发《关于加强政党协商的实施意见》，明确政党协商的行为主体、内容、形式、程序和保障，并厘清部门分工，确保政党协商实效；强调从高度重视政党协商、营造宽松和谐氛围、加强协商能力建设3个方面，加强对政党协商的领导。

年初，市委办公厅会同市委统战部根据中共杭州市委2016年工作重点，制订政党协商计划。中共杭州市委开展会议协商6次，包括6月17日城市国际化"若干意见"征求市各民主党派、工商联主要负责人和无党派人士意见座谈会，12月21日《杭州市委关于从严加强干部队伍建设打造浙江铁军排头兵的意见》意见征求会，12月21日中共杭州市委常委会"学习贯彻党的十八届六中全会精神"专题民主生活会和明年工作思路征求意见会等专题会议。

【参政议政成果】2016年，市各民主党派、工商联发挥优势，探索参政议政的新领域和新方式。3月9日，市委政研室(改革办)、市委统战部服务各民主党派、工商联协同调研联席会议在市委统战部召开第一次会议。经会议共同研究协商，确定9项年度重点调研课题，围绕城市国际化、"十三五"规划、G20杭州峰会的中心任务，推动民主党派、工商联参政议政。市各民主党派、工商联全年报送信息1389篇，各级部门录用666篇，省市领导批示51篇。

【思想政治建设】2016年，杭州市举办全市统战系统爱国主义系列讲座。3月31日，省政协副主席、民建省委会主委陈小平做习近平总书记在全国政协联组会议上讲话精神学习体会的报告。7月28日，为迎接G20杭州峰会，市委党校公共管理教研部副教授阮雯做国际基本礼仪讲座。10月26日，省委党校副校长郑仓元做习近平总书记系列重要讲话精神辅导报告。11月14～18日，市委统战部在徐州市委党校举办新一届民主党派、工商联领导干部和无党派人士读书班。读书班在孟良崮战役、台儿庄战役、淮海战役纪念馆进行现场教学，聆听"让历史照亮未来——淮海战役精神与全面从严治党"辅导报告。12月14日，省委宣讲团成员何启明做中共十八届六中全会精神辅导报告。

【市各民主党派、工商联换届】2016年1月21日，杭州市召开各民主党派、工商联主委(主席)联席会议，研究市各民主党派、工商联2016年换届有关工作，讨论《杭州市各民主党派、工商联2016年换届工作意见》，形成《杭州市各民主党派、工商联2016年换届工作主委(主席)联席会议纪要》。9月19～30日，市各民主党派、工商联分别召开代表大会，选举产生新一届领导班子。10月8日，中共杭州市委召开市委领导与市各民主党派、工商联新一届领导班子座谈会。

【社会服务活动】2016年，杭州市各民主党派、工商联发挥统一战线优势，开展多种社会服务活动。全年向社会提供培训技术人员780人次、提供就业岗位2.2万个、开展社会义诊5330人次、捐款1.22亿元、捐物折合人民币648万多元。　(滕政建)

民革杭州市委员会

【民革杭州市委员会概况】至2016年末，民革市委会下辖1个县级委员会(建德市委会)、4个区级基层委员会、6个总支部委员会和51个支部委员会。上城、江干、西湖总支部在换届的同时分别成立上城区、江干区、西湖区基层委员会，另外成立余杭、萧山、教育局总支部。全市有党员975人，其中新考察发展党员47人。

【建言献策成果】2016年1月30日至2月3日，在市政协十届五次会议上，民革市委会课题成果入选市政协全会建议案1件。民革市委会提交大会发言4篇、集体提案9件，其中被中共杭州市委领导选中领办1件、大会口头发言1件、获评2015年度优秀提案1件。民革市委会全年向市政协专题常委会提交调研文章2篇，提交市委统战部"各民主党派、工商联年度重点调研课题"1篇；民革界别委员蔡云超个人提案获评市政协2015年度优秀提案。民革市委会副主委、市人大常委会委员王慧中的建议被评为

2016年杭州市各民主党派组织成员情况

表57

党派名称	组织情况(个)					成员情况(人)		
	市委会	区县(市)委员会	基层委员会	总支	支部	总数	女成员	新成员
民革市委会	1	1	4	6	26	975	427	47
民盟市委会	1	2	8	1	44	1 811	905	88
民建市委会	1	1	8	—	32	1 972	695	100
民进市委会	1	3	8	—	52	2 018	1 086	76
农工党市委会	1	1	8	7	32	1 636	862	86
致公党市委会	1	—	4	4	4	488	241	33
九三学社市委会	1	—	10	—	33	1747	720	63
合　计	7	8	50	18	223	10 647	4 936	493

说明:表中支部数指直属支部和机关支部,不含基层委员会和总支的下属支部

2016年杭州市各民主党派、工商联参政议政情况

表58

党派名称	办理市人大议案(件)	办理市政协提案(件)	调研活动		
			次数	撰写报告(份)	领导批示(份)
民革市委会	23	27	36	4	7
民盟市委会	22	40	8	49	3
民建市委会	24	57	25	15	7
民进市委会	14	41	17	37	7
农工党市委会	34	44	10	28	7
致公党市委会	10	6	11	9	3
九三学社市委会	21	55	30	40	2
市工商联	—	40	131	22	1
合　计	148	310	268	204	37

2015年度代表优秀建议。民革市委会全年被各部门录用信息125篇(次),其中中共中央办公厅录用3篇、全国政协录用9篇、省级领导批示2篇、市级领导批示9篇。民革市委会获2015～2016年度省委会参政议政先进集体一等奖,获2015年度全市党委系统信息工作先进集体、全省民革组织信息报送工作先进集体一等奖等荣誉。

【提案入选市政协全会建议案】2016年2月,民革市委会提案《紧抓G20历史机遇,打造"最文明"杭州》成为市政协十届五次会议唯一建议案,由中共杭州市委常委、宣传部部长翁卫军任建议案办理工作领导小组组长,副市长陈红英任副组长。建议案提出的文明交通、有序排队、不乱扔垃圾、礼貌待人等建议被采纳,助推市政府出台《杭州市文明行为促进条例》,市政协出台《关于对全会建议案办理情况开展民主监督的方案》,市直机关工委出台《贯彻落实市政协十届五次会议建议案工作方案》。G20杭州峰会结束后,中共杭州市委出台《关于巩固G20峰会城市治理经验,进一步提升杭州城市治理能力的意见》,吸纳建议案中相关内容。

【集体提案被市领导选中领办】2016年3月1日,市委政研室召开市委领导领办民革集体提案有关工作座谈会,民革市委会的提案《关于加快推进村庄发展规划编制的建议》被中共杭州市委书记赵一德和市委常委、市委秘书长许勤华领办。9月26日,赵一德到富阳区就该提案进行调研,许勤华和市政协副主席、民革市委会主委叶鉴铭等参加。调研组实地考察富阳区富春山馆、场口镇东梓关村、龙门镇等地。11月7日,许勤华主持召开市委领导领办民革集体提案协商会,协商答复民革集体提案的办理工作,市相关部门领导和民革市委会相关处室负责人参加。11月18日,市政协召开媒体通报会,提案中许多建议被中共杭州市委、市政府推进城市国际化"若干意见"、城中村改造"五年攻坚行动"等重大决策部署采纳。市委政研室撰写形成《全面有效推进我市村庄规划设计工作的调研报告》,并制定《关于加强全市村庄规划设计的实施意见(初稿)》,采纳民革市委会的提案建议。

【杭台交流】2016年,民革市委会召开台海形势专题座谈会4次,对台海热点问题进行讨论、分析,组织学习中共中央最新涉台政策,报送的涉台信息被市委统战部录用2篇。完成《关于进一步推进杭台两地交流的建议》调研报告,提交为市政协十届五次会议集体提案。民革市委会接待南投县政界人士林明溱、洪荣章、曾明瑞和台湾画家李毅摩等到访者。5月27日,民革市委会联合市司法局、市台办和市台湾同胞投资企业协会联合成立杭州市台商(台胞)法律服务团,并在杭州图书馆举行成立仪式。民革市委会获民革全国祖统工作先进集体荣誉称号。

【民革杭州市第十一次代表大会】2016年，民革市委会组织换届工作，研究通过《民革杭州市委会2016年换届工作方案》，成立换届领导小组及工作机构。7月17日，召开领导班子届末述职暨换届动员大会；9月19～20日，中国国民党革命委员会杭州市第十一次代表大会召开，省政协副主席、民革省委会主委吴晶，市领导许勤华、徐苏宾、谢双成、张鸿建、董建平、赵光育等出席大会，民革省委会副主委计时华等到会祝贺。民革市委会主委叶鉴铭代表民革杭州市第十届委员会向大会做题为“团结聚力，创新有为，为杭州高水平全面建成小康社会竭智尽力”的工作报告。会议选举产生由33人组成的民革杭州市第十一届委员会，其中新任常委4人、新任委员14人。叶鉴铭为主任委员，王慧中、方方、包嘉颖、张勤为副主任委员。朱铮为秘书长。

【“迎接G20，当好东道主”环保系列活动】2016年1月14日，民革市委会在十届七次全会上，发起“迎接G20，当好东道主”环保系列活动的倡议，22个基层组织240多名党员参与环保活动。3月12日，西湖区基层委员会在北山街道开展以“喜迎G20，清洁家园有我也有你”为主题的志愿活动。4月29日，民革市委会组织江干区基层委员会、城建支部、化交支部党员在西湖景区白堤举行“迎接G20，环保我先行”活动，市政协副主席、民革市委会主委叶鉴铭参加。“传递环保理念、清洁杭城环境”活动以公益环保接力的形式开展，每个月组织党员志愿者，徒步在西湖景区周边，沿途清理地面垃圾、宣传文明礼仪，以实际行动传递环保理念、倡导文明出行。活动历时7个月。

【杭州民革成立60周年纪念活动】2016年，民革市委会开展系列活动，纪念杭州民革成立60周年。全年开展“知我民革，爱我民革”大讨论活动，动员党员学习杭州民革优良传统；《杭州民革》杂志开设“我与杭州民革”专栏，刊发多篇纪念文章。11月，召开纪念杭州民革成立60周年座谈会，回顾历史，总结经验。9月和12月，分别编印民革杭州市十届委员会纪念画册《岁月华章》和《民革杭州市委会参政议政成果汇编》。

【孙中山先生150周年诞辰纪念活动】2016年1～8月，民革市委会开展“孙中山先生在浙江”有关史料收集，《杭州民革》杂志开设纪念孙中山先生150周年诞辰专栏。10月，举行纪念孙中山先生150周年诞辰暨杭州民革成立60周年书画展，并举行专题座谈。10月，组织党员到南京交流考察，与民革南京市委会座谈，并拜谒中山陵。11月，结集出版《中山言论篆刻集》，并专题展出；召开纪念孙中山先生150周年诞辰座谈会，向孙中山先生像敬献花篮。

【民革市委会参与“两湖论坛”】2016年10月18日，由杭州市和台湾南投县共同主办的第八届“西湖—日月潭”两湖论坛开幕式在杭州举行。杭州市市长张鸿铭和南投县政界人士林明溱在开幕式上致辞。杭州市政协副主席、民革市委会主委叶鉴铭出席开幕式，民革市委会专职副主委方方应邀参加。叶鉴铭和南投县政界人士洪荣章进行座谈交流。叶鉴铭还出席“第三届两岸亲子文创作品展”并致开幕辞，杭州市领导佟桂莉、南投县政界人士林明溱等出席作品展。10月19日，叶鉴铭接待南投县政界人士林明溱、洪荣章、曾明瑞一行，民革市委会专职副主委方方、秘书长朱铮陪同。

【民革新党员培训班】2016年11月22～25日，民革市委会在市社会主义学院举办2016年新党员培训班，73名新党员参加。学员听取中共市委书记赵一德关于“中共十八届六中全会精神解读”的专题报告，及“中国民主党派的历史与发展”“民革的党史党章”“民革党员如何做好信息工作”等辅导讲座。学员还参加“观故居，走多党合作之路”活动，到绍兴实地参观民革前辈孙越崎纪念馆和邵力子故居，接受爱国主义教育。

【首期基层组织负责人培训班】2016年12月5～9日，民革市委会在市社会主义学院举办2016年民革基层组织负责人培训班。建德市委会、各基层委员会、总支和支部40多名负责人参加培训。此次培训班是民革市委会举办的首个基层组织负责人专题培训班。民革市委会专职副主委方方，民革省直文艺支部主委杨金龙，中共浙江省委党校副校长郑仓元和社会学部主任、教授李涛，《团结报》新闻部主任张德海分别授课。培训班期间，民革市委会组织学员到湖州学习考察，参观湖州革命先辈陈英士烈士园、湖州民国史馆。

【社会服务持续开展】2016年，民革市委会新增建德市洋溪街道朱池社

2016年4月29日，民革市委会举行“迎接G20，环保我先行”活动

（民革市委会 供稿）

区“同心博爱”社会服务联系点；先后组织医疗专家到建德市大慈岩镇新叶村、洋溪街道朱池社区和团结村开展义诊活动3次，组织书画家为朱池社区居民开展“迎春送福”写春联活动。继续与丽水市委会、省委会教育服务团牵手丽水老竹民族学校开展助教活动，并向景宁畲族自治县浙江智通大地希望小学捐赠体育用具。

（李志丹）

民盟杭州市委员会

【民盟杭州市委员会概况】 至2016年末，民盟市委会下辖区县（市）委员会2个、基层委员会8个、总支1个、支部91个。全市有盟员1811名。全市盟员平均年龄54.8岁。其中：大学以上文化程度1394人，高级职称982人。全年发展新盟员88名，其中本科以上87人、中高级职称以上67人。已建成盟员之家21个，上城区、余杭区和建德市等“盟员之家”成为民盟浙江省委“盟员之家”建设工作的样板。

【参政议政】 2016年2月，在市政协十届五次会议上，民盟市委会大会口头发言《关于推进杭州“海绵城市”建设的建议》和团体提案《关于推动我市民宿产业健康发展促进农民增收的建议》《互联网+背景下我市农村电子商务存在的问题和建议》引起《杭州日报》等媒体关注，并重点报道。7月和10月，提交《发挥G20峰会综合效应，进一步提升我市教育国际化水平》和《健全多层次人才培养体系，全面提升我市高端制造业水平》两篇调研报告，分别被作为市政协专题常委会大会发言。12月，召开“推进杭州教育国际化座谈会”，邀请联合国原副秘书长陈健等专家学者进行交流。民盟市委会的《以G20峰会为契机，进一步推进杭州国家自主创新示范区建设》课题，被列为市委统战部、市委政研室重点课题。

【课题成果】 2016年，民盟市委会继续开展课题招标工作，确定“服务G20，推进国际化，加快美丽杭州建设，共享幸福和谐品质生活”的主题，列出16类74项调研目录，各专委会、基层组织和盟员参加。收到申报课题107项，立项并完成49项。民盟市委会采取多项措施，提高社情民意信息的数量、质量以及盟员的参与率。全年参与社情民意信息工作的盟员270人，占全体盟员数的15.4%。收到盟员反映社情民意信息617篇，其中：上报给民盟中央、民盟省委会、市政协、中共杭州市委办公厅、市政府办公厅等单位和部门183篇，被各级各部门采用141篇。民盟市委会精选一年来政协大会发言、团体提案、优秀调研报告、重要社情民意信息等，编辑成2016年参政议政文集《静思集》。

【民盟杭州市第十三次代表大会】 2016年9月29～30日，中国民主同盟杭州市第十三次代表大会召开。民盟省委会主委成岳冲，中共市委常委、市委秘书长许勤华到会并讲话。市领导陈振濂、张建庭、何关新、董建平等出席大会。执行主席陈振濂致开幕辞并代表民盟杭州市第十二届委员会向大会做题为“打造文化民盟，凝聚盟员力量，为建设美丽杭州做出积极贡献”的工作报告。大会产生由47名委员组成的民盟杭州市第十三届委员会。在第十三届委员会第一次全体会议上，选举产生由17名常务委员组成的第十三届常务委员会和新一届领导班子，宦金元当选主任委员，张永谊、毛伟民、申屠敏、方爱龙、周常生、缪凌蓉当选副主任委员，任命章桂娣为秘书长。会议审议通过《中国民主同盟杭州市第十三次代表大会决议》。

【“大宣传格局”打造】 2016年，民盟市委会重视加强宣传导向作用，在抓好《杭州盟讯》和“杭州民盟”网站的基础上，创新微信管理，加强“杭州民盟”微信公众号宣传力度。继续开展“回眸历史·走近老盟员”活动，并把收集的部分老盟员的回忆资料汇编成册。联合民盟行知中学支部挖掘盟史资源，在陶行知纪念馆中增设陶行知与民盟的相关版面，为杭州盟员增加盟史学习新基地。联合民盟余杭区基层委员会带领杭州民盟艺术团和老年合唱团成员到余杭大安村开展文艺演出活动。为纪念杭州民盟组织建立70周年，民盟市委会跨年度举行“我与民盟”主题征文活动。同时，加强参政党理论研究工作，撰写理论文章，丰富“大宣传”格局内涵。

【社会服务多样化】 2016年，民盟市委会开展多种社会服务工作。多年来坚持对丽水市松阳县源底畲族村的帮扶工作，2016年筹集帮扶款8万元，推进源底畲族村白枇杷种植示范区开发项目。民盟市委会关注基层群众“看病难”问题。3月，携手民盟省委会在下城区打铁关社区举行医疗服务活动。4月，组织杭州市第一人民医院盟员专家到浙西山区龙游县溪口镇开展义诊活动。11月，民盟医卫委员会到淳安县威坪镇中心卫生院送医送药。民盟建德市委会获民盟中央2016年社会服务工作先进集体称号。

【“烛光行动”送教活动】 至2016年，民盟市委会连续第10年组织盟员优秀教师到淳安县安阳乡进行送教活动。注重整合资源，加强与其他部门的联动，到安阳乡开展各种活动，联合下城区基层委员会开展“城乡儿童携手六一”活动，联合中国杭州低碳科技馆开展科技夏令营活动，特邀“公羊会”救援专家开展安全教育进课堂活动。上城区基层委员会坚持10多年送教帮扶到桐庐县新合乡，用结对子的方式为当地培养年轻教师。萧山区基层委员会在闻堰一小、二小连续两年开展支教助学活动，2016年被省志愿者协会评为“优秀志愿服务项目”。在民盟建德市委会的推动下，建德市新安江中学成为民盟省委会首个“农村教育烛光行动”示范学校。

【“黄丝带”帮教基地建立】 2016年3月28日，民盟市委会、市民生公益服务中心与浙江省乔司监狱共建“杭州民盟黄丝带帮教基地”揭牌仪式在浙江省乔司监狱举行。该基地以浙江省乔司监狱作为帮教工作平台，以市民生公益服务中心为载体，定期组织专家到监狱为服刑人员开展文化补习、心理辅导、技能培训等活动。该项目得到民盟省委会红十字烛光博

2016年11月10日，民盟中央召开民盟思想宣传工作暨学习实践活动推进会，民盟市委会下属的公羊会支部和余杭区基层委员会受表彰

（民盟市委会 供稿）

爱专项基金立项，给予5万元帮扶基金。至年末，累计开展大型心理讲座10场、心理巡诊活动10多次，直接受益人员1000多人。

【公羊会支部成立】公羊会是民间公益组织，民盟市委会在其会员中发展4名新盟员，并于2016年成立公羊会支部。8月21日，民盟杭州市公羊会支部委员会成立大会在下城区长庆街道公羊队队部举行，民盟省委会、市委会，省委统战部、市委统战部，及街道党工委相关领导出席。这是全国首个在民间公益组织中成立的民主党派基层组织。11月10日，民盟中央在福建省龙岩市召开民盟思想宣传工作暨学习实践活动推进会，民盟市委会下属的两个基层组织公羊会支部和余杭区基层委员会分别获"坚持和发展中国特色社会主义学习实践活动突出贡献奖"和"坚持和发展中国特色社会主义学习实践活动先进集体"称号。（李国栋）

民建杭州市委员会

【民建杭州市委员会概况】至2016年末，民建市委会下辖1个县级委员会（建德市委会）、8个城区基层委员会、70个支部，6个专委会、3个横向组织。有会员1972人，平均年龄54.4岁，其中经济界会员1732人，占会员总数的87.8%。发展新会员100人，平均年龄37岁。

2016年，民建市委会制定《民建市委会领导班子谈心会制度》《民建市委会会员发展工作规定（试行）》，修订《民建市委会专门委员会通则》、民建市委会会议制度等7项规范性文件。民建市委会学习贯彻习近平总书记在全国政协民建、工商联委员联组会议上重要讲话精神，与市委统战部联合举办爱国主义系列讲座，与民建省委会联合开展走访、调研、服务会员企业活动。开展以"进一步加强政党协商"为主题的理论研究，形成15篇理论研究文章。全面改版"杭州民建"网站，编发《杭州民建》会刊4期，在《浙江日报》《杭州日报》《浙江联谊报》及省市电视台、电台刊发新闻稿件200多篇（次）。

民建市委会被民建中央评为民建全国社会服务先进集体；获2016年度浙江民建新闻宣传先进集体一等奖、《浙江民建》会刊先进集体一等奖、浙江民建网站先进集体二等奖、民建省委会2016年度理论研究课题优秀组织二等奖；获民建省委会2016年度参政议政先进集体奖。3位会员被民建中央评选为民建全国社会服务先进个人；杭州民建会员企业家联谊会上城分会和西湖分会、余杭区基层委员会、杭州民建艺术院被评为民建全省社会服务先进集体，24名会员被评为民建全省社会服务先进个人。

【提案调研成果】2016年，民建市委会和会员中的人大代表、政协委员提交省市"两会"大会发言、议案、提案和建议87件，其中大会发言5件、集体提案16件。1件大会口头发言获市长批示，并由市长和中共杭州市委常委领办，1件集体提案由副市长领办；2件人大建议被正式立案。完成3篇民建省委会、市委政研室立项课题。收到调研报告101篇，上报11篇；收到信息803篇，编发218期。累计132篇调研信息被中共中央办公厅（1篇）、全国政协（8篇）、中央统战部《零讯》（6篇）、民建中央以及省、市相关部门采用。4篇信息被民建中央评为2016年度优秀社情民意。11篇调研信息获市主要领导批示。召开参政议政暨信息工作会议，表彰参政议政先进集体5个、参政议政优秀成果41个、信息工作先进集体7个、信息工作先进个人31个。

【组织建设强化】2016，民建市委会完善新会员发展流程，在培养期实行"两个一"：参加一次组织活动、撰写一篇社情民意报告。举办新会员座谈会和新会员读书班。加强对城区基层委员会的财务监督检查。完善先进支部考评细则，开展先进支部评比，有42个支部申报参与，占全市基层支部的60%。经考核，18个支部获先进支部称号。

【民建杭州市第十三次代表大会】2016年，根据《中国民主建国会章程》和有关规定，民建杭州市第十二届委员会任期届满换届。7～9月，民建市委会成立换届领导小组，先后召开主委会、常委会和全会。经过全会各基层支部选举及相关工作的筹备，9月21～22日，中国民主建国会杭州市第十三次代表大会召开，231名代表出席。大会审议并通过第十二届委员会工作报告，选举产生第十三届委员会，由55名委员组成，其中：郭清晔为主任委员，洪明、刘政奇、郑冰、许玲娣、姚建明、沈燕翔为副主任委员。寿遐为秘书长。

2016年6月25日,民建市委会成立65周年纪念大会召开(民建市委会 供稿)

【杭州民建成立65周年纪念活动】2016年,民建市委会围绕杭州民建成立65周年开展系列纪念庆祝活动,制订实施方案,成立领导小组,明确活动内容和时限。制作杭州民建成立65周年宣传片,出版《杭州民建志(1950~2000年)》,召开传承民建优良传统座谈会,开展"我与民建"主题征文活动。6月25日,民建市委会召开杭州民建成立65周年纪念大会。省政协、民建省委会、市委统战部、各城区统战部,建德、临安统战部相关负责人应邀出席。会议播放纪念杭州民建成立65周年宣传片,总结回顾民建市委会成立65年来的历史,向会龄50年以上老会员代表颁发纪念奖章,表彰民建杭州市优秀会员和先进基层组织以及在"我与民建"征文活动中评选出的先进集体和个人,邀请先进基层组织代表和优秀会员代表做典型交流发言。

【2011~2015年先进集体和优秀会员评选】2016年,民建市委会开展民建杭州市2011~2015年先进集体和优秀会员推荐评选工作,制订并印发推荐评选方案,严格条件和程序,提出工作要求。各级组织按时完成推荐工作。根据推荐评选方案规定,按照公平、公正、择优原则,经评选工作组统计评选、主委会议审议通过,204位会员被授予"杭州市优秀民建会员"称号,29个基层组织被授予"杭州市民建先进集体"称号。

【民建新委员培训班】2016年10月31日至11月1日,民建市委会在市社会主义学院举办新一届市委委员培训班,系统开展搞好政治交接、继承和弘扬优良传统专题教育。民建市委会主委郭清晔做"坚决贯彻民主集中制,充分发挥领导集体作用"讲座;邀请市委统战部党派处负责人做"新时期民主党派责任担当"讲座;市委委员签订《民建杭州市委会委员履行职责承诺书》,并进行分组讨论,围绕新时期民主党派的责任担当及自身工作进行座谈交流。通过培训,新市委委员的参政党意识和履职能力得到提高。

【会员艺术联谊会和法律咨询服务中心换届更名】2016年,民建市委会开展会员艺术联谊会和法律咨询服务中心换届更名工作。召开横向组织领导班子成员工作会议,研究讨论更名、组织机构、选举流程等事宜。在十二届四十八次主委会议上,决定成立杭州民建艺术院和杭州民建会员律师联谊会。7月6日,杭州民建会员艺术联谊会换届暨杭州民建艺术院成立大会召开,原杭州民建会员艺术联谊会换届更名为杭州民建艺术院。7月9日,杭州民建法律咨询服务中心换届暨会员律师联谊会成立大会召开,原杭州民建法律咨询服务中心换届更名为杭州民建会员律师联谊会。

【"思源工程"品牌打造】2016年,民建市委会联合省民建企业家协会举办慈善爱心义拍活动,为丽水市青田县祯埠乡建"民建桥"募集善款98.5万元,其中杭州民建会员企业家捐赠拍品20件、义拍捐资10万多元。组织会员企业家随民建省委会领导慰问青田县困难群众,送去慰问物资。落实民建省委会"思源工程——困难会员暖心行动"春节慰问,为14名困难会员送去帮扶资金4.2万元。走访慰问90岁以上的老会员及原工商业者80多人,发放原工商业者补助7万元,对320名75岁以上的老会员进行生日慰问。

民建市委会全年开展捐资助学活动8次,为留守儿童、外来民工子弟、特殊儿童等学生群体解决实际困难。1月19日,为杭州杨绫子学校自闭症儿童举办慈善义卖活动,现场募集资金5万元。3月24日,到杭州杨绫子学校看望自闭症儿童,并邀请香港拔萃男书院附属小学学生交流互动。4月21日,向临江民工子弟学校送去运动服、运动鞋和学习用品。5月19日,向临江民工子弟学校送去200多套夏季校服。5月31日,向杭州紫荆花学校送去学习生活用品和医疗康复器械。6月1日,向桐庐三源小学送去文体用品。6月22日,到杭州杨绫子学校为所资助的乐高工作室揭牌。12月9日,向建德市三河小学捐赠10万元爱心款。

服务会员企业发展,推荐青年会员企业家参加民建浙江省第四期青年企业家培训班;组织会员企业参加"长三角(浙江)民营经济研究会""四省两市民建企业家培训交流活动",到东莞、珠海、中山三地考察调研,到印度尼西亚、柬埔寨参加2016年浙江企业走进"一带一路"产业对接系列活动等。(穆盈秀)

民进杭州市委员会

【民进杭州市委员会概况】至2016年末,民进市委会下辖萧山、建德、临安3个区县(市)委员会,杭州师范大学、上城区、下城区、江干区、拱墅区、西湖区、滨江区、余杭区8个基层委员会,共89个基层支部。现有会员2018名,平均年龄56岁。设有专门工作委员会、团结联谊、学习研究和社会服务四大类17个工作机构。

【参政议政工作主题年】2016年是民进中央确定的“参政议政工作主题年”。民进市委会按照民进中央部署，加强参政议政能力建设，提升履职水平。年初，民进市委会制订主题年工作方案，聚焦省、市“十三五”规划的贯彻落实与G20杭州峰会举办，向各级基层组织印发《2016～2017年民进杭州市委会参政议政调研选题推荐》。37个课题获民进市委会立项，26件调研成果在市政协十届五次会议上转化为集体提案。其中：《迎接G20提升杭州环卫保洁水平的建议》被选作大会口头发言，5篇提案被选作大会书面发言。6项课题获民进省委会立项，其中《“十三五”时期推进农村集体经济民主管理的思考与建议》被选为民进省委会委托课题。征集5年来全市参政议政优秀成果，于7月编印《参政议政五年成果汇编》。5月，民进市委会获“参政议政全国先进集体”称号，3名会员获“参政议政全国先进个人”称号，2篇调研报告被民进中央评为参政议政成果三等奖。11月，召开全市参政议政工作会议，全面总结参政议政主题年工作。

【信息工作成果】2016年，民进市委会被采纳录用信息224篇，其中：得到省、市领导批示15篇，被全国政协、民进中央和国家有关部门采用29篇，被《人民政协报》、人民网等报刊网站刊用27篇，3篇人民建议信息获杭州市人民建议纪念奖和创意奖。《关注业态新动向，促进我国家政服务业繁荣健康发展》等信息作为全国政协双周协商会材料，得到国家有关部委重视。民进市委会被省委宣传部、市委宣传部评为“全省社会舆情信息优秀直报点”和“全市社会舆情信息工作先进单位”。

【参政议政体制机制创新】2016年，民进市委会重视参政议政制度建设和机制创新，先后出台《民进杭州市委会关于进一步完善参政议政工作的意见（试行）》和《民进杭州市委会参政议政经费管理办法（试行）》两个指导性文件。建立与民进省委会、市委宣传部、市委统战部、市委政研室、市政协和在杭高校的联动合作机制，如与民进省委会共同搭建参政议政沙龙活动平台，与市委宣传部合作创立全省党派唯一的“和合谏言舆情工作室”，促进上下、内外联动互通，协同完成多篇指定调研课题。该创新工作机制，得到民进中央主席严隽琪的肯定。创新提案对接机制，与提案承办单位开展多种形式的面商交流，助推提案落地。

【民进杭州市第十三次代表大会】2016年，民进市委会成立换届工作领导小组，制订换届工作方案，做好新一届领导班子人选的民主推荐、协商调整和组织考察等工作。9月28～29日，中国民主促进会杭州市第十三次代表大会召开，代表们学习习近平主席在G20杭州峰会上发表的重要讲话精神和中共杭州市委十一届十一次全体（扩大）会议精神，审议并通过民进杭州市第十二届委员会工作报告。经民主选举，大会产生由51名委员组成的民进杭州市第十三届委员会。谢双成为主任委员，肖锋、张治芬、侯公林、谢春凤、林沛、陈金良为副主任委员。诸剑超为秘书长。

【会员思想建设】2016年，根据民进中央和民进省委会开展学习实践活动的有关部署，民进市委会印发《2016年开展坚持和发展中国特色社会主义学习实践活动工作计划》，开展学习实践活动。各级组织和会员按照年度工作计划要求，结合各自实际开展活动。12月，民进市委会挖掘学习实践活动中的先进人物事迹，举办“我身边的先进——学习实践活动先进会员事迹宣讲会”，发挥先进典型的示范和引领作用。

【民进新会员培训】2016年11月30日至12月1日，民进市委会举办第32期新会员学习班，110名新会员参加。这是近年来规模最大、内容最丰富的一次新会员学习培训。会上组织学习中共十八届六中全会精神，传达中共杭州市委书记赵一德在各民主党派和市工商联新一届领导班子座谈会上的讲话精神，开展会章会史、社情民意、“我与民进”专题讲座和先进会员事迹宣讲。

【宣传平台拓展】2016年，民进市委会加强与民进中央、民进省委会、市政协、市委统战部及有关新闻报刊、网站的沟通联系，发挥特约通讯员作用，及时反映民进市委会重要活动，宣传优秀会员事迹，全年被采用的各类报道700多篇（次）。2月，开通“杭州民进”微信公众号，制定《微信平台运行细则（试行）》，通过多种途径提高微信公众号的关注度。提高杭州民进会刊、网站质量，12月，

2016年9月28～29日，中国民主促进会杭州市第十三次代表大会召开

（民进市委会 供稿）

会刊被市文广新闻出版局评为出版规范十佳内刊。选取优秀会务工作照片，于7月编辑完成《五年撷英》工作画册，展示民进市委会5年历程和成就风采。

【社会服务实效】2016年，民进市委会继续开展"同心·彩虹行动"帮扶活动。两次到贵州省安龙县实地帮扶，捐赠《同心彩虹》幼教专用教材2000册和帮扶资金20万元，开展多场幼儿教育讲座。开展西部农村助学活动，再次对民进中央"联村联户、为民富民"行动联系村甘肃省临潭县拉布村的教育事业发展和基础设施建设进行帮扶，落实扶贫资金7万元。做好丽水市松阳县潘山村扶贫结对工作，组织专家为潘山村提供农业技术支持和医疗文化服务，帮助村民拓展致富渠道、提高经济收入，捐资助建村民服务中心、结对贫困儿童。推进定点特色基地建设，在临安市天目山镇"同心教育基地"、萧山区茶亭伤科医院"同心医疗卫生服务基地"和杭州民进书画院"筧桥·创展中心"等定点特色基地，分别开展"主题支教、师徒结对""名医下乡、送医服务""书画惠民、文化下基层"等系列服务活动，推进社会服务的品牌化和系统化建设。

【社会服务平台建设】2016年，民进市委会发挥民进开明艺术团人才优势，组织和承办"文化双进"元宵喜乐会、香港杭州同乡会成立40周年、2016年全市各界人士中秋茶话会、"筑爱西子湖"G20杭州峰会一线公安干警慰问、"与爱同行"国际护士节、建军节、"文化惠民迎新春"建德市李家镇沙墩头村送文化下乡等演出服务活动。发挥民进企业家联谊会作用，组织企业界会员参加奉献爱心、扶贫助困的各种"微公益"活动，提升企业界会员的社会责任感。

（刘志皎）

农工党杭州市委员会

【农工党杭州市委员会概况】至2016年末，农工党市委会下辖1个县级委员会(临安市委会)、8个基层委员会、7个总支、77个支部。全市有党员1636人，其中新发展党员86人。15个基层组织完成换届和调整工作，余杭区基层委员会、市儿童医院和妇产科医院支部先后成立。组织13位新任常委和委员参加农工党全省骨干培训班，选派7位党员参加市各民主党派中青年骨干培训班。

2016年，农工党市委会发挥医药卫生、人口资源和生态环境领域的优势，以纵深推进学习实践活动为载体，聚焦杭州市"十三五"规划实施，服务保障G20杭州峰会，履行参政党职能。全国人大常委会副委员长、农工党中央主席陈竺，全国政协副主席、农工党中央常务副主席刘晓峰，农工党中央副主席兼秘书长曲凤宏等多次到杭州调研并听取工作汇报，并给予肯定。农工党市委会被农工党中央授予"全国社会服务工作先进集体"称号，被省委会授予"2014~2015年度全省参政议政先进集体一等奖"及"2015年度反映社情民意信息工作先进集体""2016年度理论研究工作先进集体"等称号。

【调研模式创新】2016年，农工党市委会创新领衔调研、专业调研和专项调研相结合的调研模式，深化提案办理转化落实。全年召开7次工作委员会专题和调研会议，完成9个调研报告和集体提案，党员中的人大代表、政协委员向市级以上人大、政协提交个人提案和建议79件。其中:《关于提升东站枢纽运行管理水平，助力G20杭州峰会的建议》等5个调研报告分别获中共杭州市委书记赵一德等9位(次)省、市领导批示，1个调研报告获"农工党全省参政议政优秀成果二等奖"，1个提案在省"两会"民生论坛上被作为专题发言，1个集体提案被列为市政协大会发言，2个集体提案被列为市政协重点提案并由市领导陈擎苍、陈红英领办，集体提案《关于尽快完善民营医疗机构法规政策体系的建议》被评为市政协优秀提案和杭州市人民建议"创意奖"，3个建议被评为"2015年度杭州市人大代表优秀建议"。全年征集调研材料34篇，报送社情民意信息290多条，其中:60多条信息被农工党中央、省委会和中共党委、政府等录用，1篇信息专报得到副市长戚哮虎、谢双成批示肯定。农工党市委会还开展"我为G20峰会献一策"活动，表彰10个基层组织、工作委员会及30名党员。

【农工党杭州市第十次代表大会】2016年，农工党市委会制订换届工作方案，成立换届工作领导小组和工作小组，多次召开主委会、常委会、全会、换届动员会和部分基层组织负责人会议等。加强与中共杭州市委、统战部门等沟通协商，统筹优化领导班子结构。组织实地全流程模拟演练选举等业务培训，尝试会议材料轮流阅核制，优化后勤服务保障。9月23~24日，中国农工民主党杭州市第十次代表大会召开，会议听取并审议中国农工民主党杭州市第九届委员会工作报告，选举产生由35名委员组成的农工党杭州市第十届委员会。十届一次全会选举周智林为主任委员，裘小民、张邢炜、王建沂、倪晓娟、吴式琇为副主任委员，倪晓娟被任命为秘书长。

【弘扬国学文化活动】2016年3月，农工党市委会与萧山区文明办、区关工委、区科协、区档案馆等单位联合举办"弘扬国学文化，喜迎G20峰会"主题活动，包括"纪念中华彩陨石荣登世界吉尼斯之最三周年奇石展"和"'中华彩陨石'杯萧山第十一届网络征文大赛暨国学成语寓言故事征文比赛，其中奇石展在萧山区档案馆举行。活动历时4个月，3200多人参观奇石展，收到征文投稿502篇，其中成人组87篇、学生组415篇。经评审，132篇征文获奖，于7月8日在萧山区档案馆举行颁奖仪式。

12月10日，农工党市委会在萧山区中华赏石国学教育博物馆河上总馆设立国学文化教育实践基地。该基地成立后，面向市民、学生和农工党党员等群体，举办玉石科普和国学文化艺术等主题的参观、体验和培训活动。

【"百场主题宣讲"活动】2016年3月29日，农工党中央启动"走进基层、贴近党员，培育和践行社会主义核心价值观"百场宣讲活动。6月12日，由农工党省委会、农工党市委会和高新区(滨江)委统战部联合主办的“中国环境与健康宣传周”启动暨农工党“同心科普宣讲团”成立仪式在滨江区月明社区举行。在仪式上,农工党省委会副主委罗建红、市委会主委周智林向宣讲团授旗,并向部分宣讲团成员发放聘书。8月4日,农工党市委会举办“走进基层、贴近党员,培育和践行社会主义核心价值观”百场主题宣讲活动,农工党杭州市九届市委委员,部分基层组织负责人、党员骨干等200多人参加。

【新党员祭扫邓演达殉难地和烈士墓】 2016年11月3~5日,农工党市委会组织由92名新党员参加的培训班,学习中共十八届六中全会精神、中国特色政党制度理论及有关统战理论知识。培训班上,浙江省社会主义学院专家做题为“坚持和完善中国特色政党制度”的专题辅导,从政党体制的理论框架、中国特色政党制度的生成逻辑、结构特征、功能优势和发展策略等方面,讲解中国共产党领导的多党合作制度的形成和发展。培训班还安排到南京开展现场教学,组织新党员祭扫邓演达殉难地和烈士墓,参观爱国主义教育基地等,重温农工党发展历程,强化农工党党史、党章教育。

【个性化定点社会服务】 2016年,农工党市委会联合浙江花都美容美发培训中心开展“爱心工程进高墙”活动,到浙江省女子监狱举办美容美发技能培训班1期,有59名女服刑人员拿到结业证书。农工党市委会还联合市妇联、滨江区总支部举行捐赠活动,向浙江省女子监狱捐赠6张专业理容椅、4台精品美容车。联合滨江区总支部、市七医院支部开展爱心工程“特殊关爱伴你成长”活动,为杭州市儿童福利院2000多人次儿童进行免费理发、心理疏导等。联合滨江区总支部、杭师大附属医院支部开展“爱心名医健康直通车”活动,3次到杭州市社会福利中心为老人开展健康义诊、免费理发等服务,300多人次直接受益。联合江干区基层委员会、杭州世哲时装有限公司开展“希望工程圆梦助学”活动,结对帮扶建德市李家镇世哲希望小学30名贫困儿童,以奖励形式发放4万元结对慰问金和书包等礼物。开展“双拥联谊促融合”活动,慰问军民共建单位空军驻杭某部官兵。

【帮助丽水苏村重建家园】 2016年9月28日,丽水市遂昌县北界镇苏村发生山体滑坡灾害,造成重大人员伤亡和财产损失。9月30日,农工党市委会响应农工党省委会倡议,部署救援行动,委派党员赶赴现场救援,送去1万元救灾物资和5万元慰问金。农工党市委会、各基层组织和党员共捐款捐物价值96万多元。 (楼文丽)

2016年12月10日,农工党市委会在中华赏石国学教育博物馆河上总馆设立国学文化教育实践基地 (农工党市委会 供稿)

致公党杭州市委员会

【致公党杭州市委员会概况】 至2016年末,致公党市委会下辖4个基层委员会、4个总支和29个支部(其中4个直属支部)。全市有党员488人。全年发展党员33人,发展率7.2%,其中:留学归国人员9人,占27.3%;具有研究生学历的9人,占27.3%。

致公党市委会被致公党省委会评为社会服务工作、海外联谊工作两项先进集体,西湖区基层委员会被致公党省委会评为基层组织建设先进集体,萧山区基层委员会成为浙江省社会主义学院首个致公党基层组织现场教学基地。

【议政建言】 2016年市“两会”期间,致公党市委会提交大会口头发言1篇、集体提案6件、委员个人提案32件、人大代表建议意见10件。其中:《建议我市尽快建立生活垃圾处理生态补偿机制》被选为中共杭州市委常委领办民主党派集体提案并由市委副书记杨戌标领办,该提案促成市政府相关部门出台《杭州市环境改善专项资金使用的办法》,计划于2017年起生活垃圾输出的行政区域向集中处理的行政区域支付补偿费;《G20峰会后杭州会展业发展的思考》被市政协推选为市政府领导领办的重点提案。致公党界别小组被评为2015年度五星级界别小组。

致公党市委会全年向致公党中央和省委会、中共杭州市委、市政府、市政协、市委统战部等单位报送各类信息100多篇。其中:《关于协力推进智慧治水,同心呵护生态文明之都》得到全国政协副主席、致公党中央主席万钢的批示,报告涉及的相关内容在中央电视台新闻联播头条播出;《保持峰会后交通治理常态化的建议》《开通市区至G20主会场公交专线的建议》获副市长项永丹批示;《尽快改变海关对涉外OEM货物执法方式的建议》被致公党中央录用。

【重点课题调研】 2016年,致公党市委会携手相关专委会和基层组织,完成市政协两次专题常委会的调研课题工作。致公党市委会在市政协十届二十四次专题常委会上做题为“紧抓G20契机，力促杭州成为国际会议知名目的地”的口头发言，相关建议被中共杭州市委列入《中共杭州市委关于全面提升杭州城市国际化水平的若干意见》中。完成市委政研室合同调研课题，对“海绵城市”的建设提出思考和建议。向致公党省委会报送3份重点课题报告，内容涉及农作物病虫害的绿色防控、环境保护的第三方治理和推进“海绵城市”建设。继续开展关注宗教法制化进程的统战理论课题，完成研讨文章《关于提高宗教工作法治水平的几点思考》。8月，参加在苏州举行的致公党“长三角区域论坛”，两位环保专家代表致公党市委会分别就《共建共享智慧环保一体化，建设构建区域风险联防联控新格局》和《环境污染第三方治理现状及发展对策探究》在论坛上做交流发言。

【学习实践活动推进】 2016年，致公党市委会学习实践活动的主题是推进自身建设，结合自身实际制订开展“13234”活动的全年计划，即围绕1个圆心，做好两个换届、两个专栏、两级推荐的“32”工作，制定3个制度，办好4次培训班。

致公党市委会围绕服务保障G20杭州峰会这一圆心，动员全市致公党员，发挥各自专长，为峰会服务。峰会前，组织对机场路改建工程、工地文明施工和扬尘治理调研以及重点交通工程等分会保障项目的视察和民主监督。峰会前和峰会期间，致公党员和全体机关工作人员参与交通保障、环境整治、安保维稳、宣传引导等工作。10多名党员获省委、省政府表彰，近20名党员分别获市、区两级表彰，市一医院支部被西湖景区公安分局授予“G20峰会安保工作核心战区最佳合作团队”称号。

【民主监督深入一线】 2016年，致公党市委会党员中的省市人大代表、政协委员和机关干部多次参与有关G20杭州峰会保障项目、“五水共治”和“三改一拆”等民主监督活动。组织部分省市人大代表、市政协致公党界别委员、骨干成员及机关工作人员，会同市政协民主监督小组委员，对机场路改建工程和奥体博览城核心区（滨江块）环境建设（整治）等峰会相关工程、中国人寿大厦和智慧之门两个重点在建项目以及市建委统筹推进的道路、河道、停车场库等峰会项目建设情况进行视察，并就工程建设的质量与速度、文明施工与扬尘抑制、河道治理成效维护等市民关注的热点问题提出“进一步推广工地管理标准化，进一步推进工地管理信息化，各相关部门进一步形成监管合力，进一步发挥民主监督、社会监督作用”等意见建议，引起市建委重视。参与市政协对口专委会的民主监督和视察调研活动。动员、组织部分市政协致公党界别委员、骨干党员、机关干部参与地铁站点的文明出行宣传和劝导活动；参与市政协专项民主监督组峰会前对下城区生态环境卫生整治工作的监督视察，峰会后对湖滨商圈等民生恢复工作的集中视察活动；参与打好“城中村”改造攻坚战、助推“勇夺大禹鼎”等市政协专项民主监督活动，提出意见建议。部分党员受邀参加政府工作“公述民评”活动，通过视察、监督、面对面问政等形式，对政府工作提出意见建议。

【致公党杭州市第六次代表大会】 2016年9月26～27日，中国致公党杭州市第六次代表大会召开。代表们学习习近平总书记在庆祝中国共产党成立95周年大会上的重要讲话精神，审议并通过致公党杭州市第五届委员会工作报告。经民主选举，大会产生由20名委员组成的第六届委员会。经六届一次全会选举，胡伟为主任委员，陈凯、吴静、方军为副主任委员。钟玉腾为秘书长。

【自身建设强化】 2016年，致公党市委会以“选出好干部，配出好班子，换出好面貌”为目标，完成市、区两级换届工作。为使新一届市委会和基层组织的工作进入规范化、程序化轨道，审议通过《常委会议事规则》，编印《基层组织工作手册》，出台《基层组织财务管理规定》，实现基层组织工作精细化、台账化管理。在前期调研的基础上，对新一届专委会设置进行调整，设城建和可持续发展委员会、教科文卫体委员会、经济委员会、社会发展和法制建设委员会、社会服务工作委员会、祖统工作委员会和妇女工作委员会7个专委会。各专委会先后召开工作会议，谋划2017年工作。

【法律服务团下城服务基地成立】 2016年7月8日，致公党市委会法律服务团下城服务基地成立仪式在下城区朝晖街道举行。致公党法律服务团成员、下城区基层委员会部分党员及朝晖街道社区居民代表等40多人参加仪式。仪式后，基地开展首次

2016年7月8日，致公党市委会法律服务团下城服务基地成立

（致公党市委会 供稿）

法律咨询服务活动。朝晖街道所辖多个企业、社区居民就企业专利申请和商标申请、劳动纠纷、员工犯罪、买卖合同纠纷、企业拆迁和道路交通事故等问题进行现场咨询。法律服务团将长期为基地所属侨资企业和归侨、侨眷提供知识产权、公司运营、劳动纠纷等经常性的法律服务。

【“明志·悦读”活动】 至2016年，致公党市委会持续4年开展以捐资助学为载体的“明志·悦读”活动。5月31日，致公党市委会联合西湖区基层委员会，在浙江工业大学附属实验学校举办“喜迎G20，畅享书香校园”暨庆祝“六一”儿童节“明志·悦读”活动，举办“‘明志·悦读’致公党图书角”揭牌仪式，捐赠价值50多万元的图书1.66万册。至此，致公党市委会党员累计为该校捐赠价值60多万元的图书共2.2万册。

【精准扶贫走进西部酉阳和泸州】 2016年，根据致公党中央关于实施精准扶贫的工作部署，致公党市委会携手结对重庆市酉阳土家族苗族自治县和四川省泸州市两地的致公党组织，签订5年帮扶协议，围绕当地经济社会发展实际，为当地脱贫提供助力。11月，致公党市委会领导带领部分骨干党员和机关干部前往酉阳、泸州，在酉阳县黑水中学、泸州市叙永县麻城中学举行“牵手阅读伙伴，心系西部地区”——“明志·悦读”活动捐赠授牌仪式并设立“杭州致公图书角”。沈建国、刘小玲两名党员向两所中学捐赠价值40万元的图书。致公党市委会企业家党员和机关干部还到国家级贫困县叙永县寨和村考察，与县政府相关负责人、寨和村集体负责人和当地企业界人士座谈，企业家党员结合自身所在的行业优势和专业特长，了解分析当地农村经济发展状况，以期为后继扶贫工作的精准落实打好基础。

【联络渠道拓宽】 2016年，致公党市委会做好“引资引智”工作。10月23～24日，萧山区基层委员会参加致公党中央在萧山举办的“2016年海峡科技论坛”，与主办方一起向台湾高校、产业园区、行业协会、科技企业和台资企业代表组成的海峡代表团介绍萧山企业发展情况、产业特色，陪同考察萧山投资环境，吸引其到萧山工作和创业。余杭区总支立足未来科技城，发挥“侨”“海”优势，服务该区创业创新发展；总支成员参与各类海外高层次人才及项目接待与洽谈60多次，累计对接项目150多个，引进知名孵化服务平台30多个。

（吴煜华）

九三学社杭州市委员会

【九三学社杭州市委员会概况】 至2016年末，九三学社市委会下辖基层委员会10个、支社72个，社员1747人，高级技术职称比例为64.5%，主体界别比例为81%。全年发展新社员63人，平均年龄37岁，其中57人具有高中级职称，19人具有研究生以上学历。

九三学社市委会组织引导全市基层组织和社员开展自我学习和自我教育，深化坚持和发展中国特色社会主义学习实践活动。九三学社市委会获2016年度九三学社全国组织建设先进集体称号、2014～2015年度九三学社浙江省社会服务工作先进市级组织称号。

【团体提案成果】 2016年，在市“两会”期间，九三学社市委会提交《立足新常态，着力打造杭州会展经济新格局》等大会发言材料5篇、团体提案9件。社内政协委员递交个人提案40件，人大代表递交议案和建议16件。《关于加强我市地下综合管廊建设和管理的建议》作为政协大会发言获市长张鸿铭批示，作为团体提案被列为市政协重点提案。团体提案《进一步深化我市建设项目行政审批制度改革的几点建议》由中共杭州市委常委、宣传部部长翁卫军领办，相关意见建议在办理中得到市审管办等单位的肯定，并在建设工程审批制度专项改革工作中采纳。团体提案《关于实行外来务工人员子女积分制入学的建议》被评为市政协优秀提案，受到大会表彰。九三学社界别组连续3年被评为五星级界别小组。

【课题调研成果】 2016年，九三学社市委会组织各课题组开展调研考察、

2016年6月28日，九三学社市委会举行“展风采，秀才艺，九三社员喜迎G20”活动　（九三学社市委会 供稿）

座谈交流、评审论证等活动22次，完成调研报告和材料32篇。在5月、10月召开的两次市政协常委会议上，九三学社市委会提交的《借势G20峰会效应，进一步提升杭州国际会展业发展水平》《加快我市机器人产业发展，提升智能制造水平的若干建议》被选为大会口头发言材料，得到市主要领导肯定。《关于推进我省跨境电子商务发展的建议》作为九三学社省委会提交省政协全会的团体提案，被列为重点提案，并被九三学社省委会评为2016年度参政议政成果一等奖。参加九三学社省委会参政议政课题招投标活动，关于城市建设、科技创新的2项课题均获立项。

【民主监督】九三学社市委会根据省、市政协关于开展万名委员参与“五水共治”工作的统一部署，连续3年组织社员参加相关活动。至2016年末，累计到近70个乡镇街道、200多个村、100多段溪河、330多个企业等开展各类民主监督活动超过200次，40多名社员担任“五水共治”监督员，10多名社员担任“河长”，提出意见建议超过400条。在市政协全会、常委会上做相关大会发言3次，向中共杭州市委专报调研材料2篇并获市领导批示。此项工作成效得到全国政协副主席、九三学社中央主席韩启德的肯定和批示。

【九三学社杭州市第八次代表大会】2016年，九三学社市委会制订换届工作方案，成立换届工作领导小组和工作班子，严肃换届纪律，遵循工作规定和程序。根据《关于九三学社杭州市第八次代表大会代表产生和名额分配的意见》，经各基层组织民主推选和常委会议协商讨论，产生第八次代表大会代表名单。9月27～28日，九三学社杭州市第八次代表大会召开，选举产生新一届委员会。随后召开的八届一次全会选举罗卫红为主任委员，崔新明、何黎明、李玉美、马彦、赵喜凯为副主任委员，任命吴松杰为秘书长。

九三学社市委会以换届工作为契机，强化政治思想引领。编印2011～2016年工作画册《同心同向谱新篇》，总结回顾九三学社市委七届委员会各项工作成果，展现基层组织和社员的精神风貌；印发九三学社杭州市第八次代表大会专刊。

【队伍建设力度加大】2016年，九三学社市委会加大队伍建设和人才发展力度。完成余杭区等4个基层委员会及所属11个支社、4个直属支社的改选换届工作，对5个支社进行届中调整增补委员。换届后，印发新一届领导班子联系基层名单，重点指导各基层委员会及部分支社开展社务工作。做好各城区“九三之家”活动场所建设的标准化推进工作，出台《基层组织活动场所使用管理办法》，规范活动场所的建设、管理和维护。做好新一届市人大代表、政协委员推荐工作，为骨干社员提供履职空间。推荐葛航、蒋建圣两名社员担任社中央促进技术创新工作委员会委员。继续开展入社对象前置培训，组织新社员和入社积极分子举办交流座谈会，着重培养其政党意识和履职意识。11月23日，邀请全国政协委员、九三学社中央委员、九三学社中央宣讲团成员许进做“我对九三学社的几点认识”专题讲座，近200人参加。为纪念中国工农红军长征胜利80周年，多次组织社员到淳安县中洲镇中国工农红军北上抗日先遣队纪念馆开展现场教学活动。

【宣传工作实效提升】2016年，九三学社市委会以多种宣传载体提升宣传工作实效。门户网站改版，优化功能体验。筹备开设微信公众平台，发挥新媒体优势，提高宣传工作效率和水平。全年在《团结报》《联谊报》《杭州日报》等各级报刊网站刊登各类宣传报道100多篇。九三学社市委会报送的《加快打造“国际会展之都”》一文被九三学社省委会评为优秀新闻作品二等奖。

【世界自闭症日宣传活动】2016年4月1日，由九三学社市委会主办的杭州市第二届世界自闭症日宣传活动暨画展启动仪式在浙江赛丽美术馆露天广场举行。市政协副主席、九三学社市委会主委朱祖德等出席启动仪式并致辞。来自全市多个特教学校、自闭症康复机构与市民政福利院的教师、参展作品作者以及社会各界爱心人士、公益志愿者共350多人参加活动。九三学社杭州书画院还组织沈正宏、管庆伟、严建平3位书画家现场指导自闭症儿童创作书画作品。

【“九三科技讲堂”锦北服务基地成立】2016年7月20日，九三学社市委会在临安市锦北街道举行“九三科技讲堂”服务基地授牌仪式，九三学社市委会专职副主委杨金南、临安市委统战部部长李赛文，临安支社主委张敏及临安支社社员、锦北街道基层干部等70多人参加。授牌仪式后，全体与会人员参加由“九三科技讲堂”专家团团长曹明富主讲的“基因与健康”科普讲座。“九三科技讲堂”临安锦北街道服务基地成立后，通过“九三科技讲堂”专家团发挥九三学社的社会服务功用，扩大临安支社参与社会经济活动的影响力。（付蔚东）

杭州市工商联

【杭州市工商联概况】至2016年末，市工商联有会员3.28万个，比上年(指2015年，下同)增长6.2%。其中：企业会员2.81万个，团体会员419个，个人会员4243个。有市直属商会50个，其中行业商(协)会21个、异地商会28个、新生代企业家联谊会1个。13个区县(市)有基层商会392个。其中61个行业商会已在民政部门进行社团登记。市工商联被评为2016年度浙江省工商联综合先进单位。

【习近平总书记系列重要讲话精神学习】2016年，市工商联学习贯彻落实习近平总书记系列重要讲话精神，特别是3月4日在全国政协民建工商联界别联组会上的重要讲话。与市委统战部联合印发《学习贯彻习总书记重要讲话精神的实施意见》，召开5次座谈会，组织非公有制经济代表人士对讲话精神进行学习讨论，并在全市工商联系统开展学习习近平总书记重要讲话精神征文活动。

【杭州市工商联第十三次会员代表大会】2016年9月26～27日，根据《杭州市工商联(总商会)2016年换届工作方案》确定的人选基本条件和人选提名推荐的产生程序，杭州市工商联第十三次会员代表大会召开，选举产生新一届主席、常务副主席、副主席、秘书长30人，常委125人，执委283人。冯仁强为主席，邵根松为常务副主席，黄凯旋为秘书长。同时产生杭州市总商会会长、副会长、秘书长24人，常务理事106人，理事283人。换届后，召开新一届工商联领导班子会议，向非公有制经济代表人士介绍工商联历史，强调履行职责的有关规定，提出希望要求，完成新老领导班子交接。

【引导企业参与G20杭州峰会服务保障】2016年，市工商联落实国际经济合作部副主任单位职责，发挥商会网络优势，密切与国际友好商会组织的联系，完成中共杭州市委、市政府交办的工作任务。在G20杭州峰会召开前，通过举办"杭商大讲堂——G20峰会专题报告会"、邀请市领导与民营企业家面对面交流等方式，教育发动全市民营企业和企业家参与峰会服务保障；一大批会员企业呼应峰会主题，秉持"工匠精神"，坚持最高标准、最优质量，投身峰会的各项活动和服务保障工作，向世界展示杭州民营企业的形象，并推动自身企业的转型升级。峰会召开后，市工商联开展走访、培训工作，引导民营企业和企业家抢抓"峰会后""亚运前"机遇，用好峰会"红利"，实现企业的跨越发展、创新发展。

【为非公有制经济发展建言献策】2016年，市工商联利用杭州科技职业技术学院、民营经济发展专家库、直属商会和市政协委员的优势资源，创新调研渠道、角度，拓展调研的广度、深度，为非公有制经济发展建言献策。工商联界别提交提案42件，立案40件，立案率95.2%。集体提案《关于降低民企成本，增强杭州竞争优势的建议》由中共杭州市委常委、组织部部长张仲灿领办。3名委员被市政协评为优秀政协委员，市工商联界别被评为市政协五星级界别。完成全国工商联上规模民营企业调研工作，向中共杭州市委、市政府上报《杭州市进入"2016中国民营企业500强"企业情况分析》调研报告及信息。全市有50个企业进入"2016中国民营企业500强"行列，上榜企业数继续蝉联全国城市首位。《关于降低企业成本，增强杭州竞争优势的建议》获2015年度杭州市党政系统优秀调研成果一等奖。

【非公有制经济人士理想信念教育活动】2016年，杭州市工商联系统开展以"守法诚信，坚定信心"为重点的理想信念教育实践活动，安排企业家在执委会议上进行宣讲，用身边人身边事影响和带动非公有制经济人士。征集民营企业家书画摄影作品，在杭州市工商联第十三次会员代表大会期间展出，并印发《杭商·中国梦——杭州市民营企业家书画摄影作品》。"突出思想引领，发挥主体作用，推动理想信念教育实践活动落细落地"的做法，受到全国工商联领导批示，并被评为2016年度全国工商联系统省级、副省级工商联工作"创新中国特别奖"。

【教育培训优化】2016年，市工商联与北京大学合作，举办"品质杭商"研修班2期，103名企业家参加培训。注重培训成果向平时的延伸，通过班委会组织活动和建立微信群等形式，持续开展学习交流与合作，相继举办"品质杭商"研修班"走进富阳""走进建德""走进淳安"等活动。全年组织开展"杭商大讲堂"活动5期，围绕"G20杭州峰会""供给侧改革""互联网+"等热点问题，走进企业、走进军营、走进商会，邀请政府领导、企业家、学者宣讲政策，1135人次参加活动。完善提升"杭州市民营企业家学习新干线"，增设栏目，更新内容，全年有131万人次在线学习，比上年增长20.0%。

【民营经济宣传常态化】2016年，市工商联加强与主流媒体合作力度。《杭州日报》《中华工商时报》分别对市工商联5年工作回顾、品质杭商培训、年度团体提案落实情况等进行报道；《每日商报》的《中国梦创业梦》栏目先后刊出民营企业家人物访谈54篇。多个电视台、网站和报社对工商联会员进行采访和报道，宣传杭州民营经济发展，弘扬杭州民营企业家正能量。利用网站、杂志等自有媒体平台，开辟专栏，做好中国共产党成立95周年、长征胜利80周年、G20杭州峰会等主题宣传活动。《杭州商会》全年出刊6期，宣传89位杭商及企业。年底，《杭商故事》第三集出版发行。

【非公有制经济人士参与社会公益】2016年，市工商联引导非公有制经济人士参与扶贫帮困、"五水共治"等社会公益活动，发动民营企业以"联乡结村"为抓手，开展精准扶贫，113个民营企业参与市本级帮扶活动，比上一轮新增40个。组织民营企业到贵州省黔东南州帮扶助学，向当地学校和学生捐赠衣物和资金。发动会员企业支援遂昌山体滑坡抢险救灾，25个会员企业捐款166.2万元。会员企业通过设立公益基金、助学助医、敬老助残等不同方式支持社会公益事业，承担社会责任。

【新生代企业家培育】2016年，市工商联开展年轻一代非公有制经济人士的培育工作。以新生代企业家联谊会为平台，形成"123456"的新生代企业家培育机制。至年末，全市各级新生代企业家联谊会有会员1373名。市新生代联谊会承办的"2016新生代企业家论坛"获杭州西湖国际博览会"最佳品牌奖"，并联合市委统战部举办新生代企业家培训班。杭州新生代企业家培养工作，受到中央统战部和全国工商联的关注，中共杭州市委书记赵一德等省市领导均做出批示给予肯定。

▲资料："123456"新生代企业家培育机制

"1"即明确一个目标，把杭州市新生代企业家联谊会打造成为杭州市年轻企业家的先锋队组织。"2"即实行双重管理，由市委统战部领导、市工商联指导。"3"即抓住三个关键：选好一个会长，配强一个秘书处，建立一套工作制度。"4"即落实"四有"要求：政治上有方向，经营上有本事，文化上有内涵，责任上有担当。"5"即汇聚五支力量。"6"即搭建六大平台：宣传教育平台、素质提升平台、政企合作平台、人才储备平台、组织推荐平台和社会责任平台。

2016年4月29日，“杭商大讲堂——G20峰会专题报告会”举行

（市工商联 供稿）

【经贸交流平台搭建】2016年，市工商联引领民营企业融入“一带一路”倡议，与相关部门联合举办“中澳自由贸易协定解读研讨会”、2016年外国朋友“走进美丽杭州”暨“杭州民营企业牵手丝绸之路经济带”对接洽谈会、首届杭港发展论坛——浙江企业上市研讨会，组织企业参加浙江省—捷克皮尔森州企业交流会等活动。履行全市浙商创业创新领导小组成员单位职责，联合相关部门做好全市浙商回归督评工作；走访看望异地浙商、杭商，加强与省外浙商、杭商的工作联系，宣传政策，鼓励他们回乡发展；发挥异地商会“以商引商”作用，为“浙商回归”牵线搭桥；配合做好第二届世界杭商大会工作。全年组织企业参加第十届中国企业跨国投资研讨会暨中国（苏州）境外投资与服务高峰论坛等各项经贸活动31场次。

【转型升级平台搭建】2016年，市工商联配合全国工商联做好“激发民间资本投资活力”调研和促进民间投资政策落实第三方评估工作，为政府出台促进企业转型升级政策提供决策参考，研讨材料被市政府有关部门采纳。引导行业龙头企业、优势骨干企业做大做强，中小企业加快发展，传统产业改造升级，组织企业参与浙江省品牌故事大赛、2016年“创新浙江”助残创业创新大赛。收集、掌握民营企业项目材料，推荐申报全国和全联奖项，5名会员企业技工被评为“全国技术能手”，6个会员企业被评为全联科技进步二等奖，2个会员企业被评为全联科技进步三等奖。

【人才服务平台搭建】2016年，市工商联两次召开民营企业人才和人力资源管理服务工作交流培训会议。开展“送人才政策上门”活动，收集整理各项人才新政，走访“中国民营企业500强”企业，发放《海外人才521》等材料。组织民营企业人力资源部门负责人参加2016年中国（浙江）人力资源服务博览会，提升民营企业开展人才和人力资源工作的能力与水平。

【法律服务平台搭建】2016年，市工商联与市检察院联合出台《关于加强合作服务和促进非公有制经济健康发展的工作意见》。发挥商会仲裁院、杭州市法律服务志愿者总队杭州市总商会工作站作用，通过驻站律师坐堂值班和电话热线等方式，为38个企业提供法律服务。与市总工会等单位共同推进劳动关系协调机制建设，参加杭州市协调劳动关系“三方”例会，参与研究修订《杭州市关于进一步构建和谐劳动关系实施意见（征求意见稿）》。9月21日，杭州市劳动人事争议仲裁委员会市工商联派出庭挂牌成立。

【基层商会建设】2016年，市工商联重视统战工作向基层商会覆盖，行业商会联合党支部的“两学一做”学习教育与市工商联机关党委同时部署、同步进行；按照市“两新”工委部署，举办系统非公有制企业和社会组织党组织书记培训班；落实“两新”党建领办项目，办好新生代出资人红色激励活动。富阳区工商联名誉主席企业富通集团党委被评为“全国先进基层党组织”。杭州市总商会和15个市属行业商会完成社团年检登记。推动基层商会承接政府职能转移，组织应参评商会做好社会组织等级评估工作，22个市直属商会被评为AAA级以上社会组织。重视基层骨干能力提高，召开直属商会会长（秘书长）会议3次，举办基层商会秘书长培训班1期。

【“五优”县级工商联建设】2016年，市工商联对照省工商联“五优”县级工商联建设标准，制定并实施《杭州市工商联系统绩效评价办法》，推进县级工商联建设。继续以重要工作合作项目为抓手，市区联动、上下互动，支持基层工商联工作的开展，全年投入资金91.2万元。11个区县（市）工商联被全国工商联评为“五好”县级工商联。指导相关区县（市）工商联参加省工商联“五优”县级工商联和全国“五好”县级工商联评定。西湖区工商联和滨江区工商联被省工商联评为“五优”县级工商联。

（吴 炜）

责任编辑 郦 晶

杭州市总工会

【杭州市总工会概况】 2016年，杭州市总工会有工会会员427.5万人，基层工会2.55万个，涵盖单位11.26万个。市总工会下属13个区县（市）总工会及2个开发区总工会、1个集聚区总工会、10个产业工会和8个直属事（企）业单位。

全市工会围绕G20杭州峰会这个圆心，着力做好服务中心的大文章。开展服务G20“五好”立功竞赛，围绕“场馆建设好、环境整治好、服务保障好、活动组织好、安全保卫好”目标，组织动员268.3万名职工参与303个竞赛项目。组织开展“百万职工大行动，安全隐患大排查”活动，排查企业3.08万个，消除各类隐患2.44万起，促进企业安全生产和职工队伍稳定。广泛开展文明志愿服务、“寻找职工最美微笑”、文明口号传递、喜迎峰会知识竞答等活动，引导职工当好东道主。9月20日，市总工会被省委、省政府评为“浙江省G20杭州峰会工作先进集体”。

【表彰劳动模范和模范集体】 2016年4月29日，杭州市召开庆祝“五一”国际劳动节暨劳动模范表彰大会，大力弘扬劳模精神，表彰150个杭州市模范集体、299名杭州市劳动模范，引导和推动全市职工立足本职创一流、人人争先勇担当，为圆满完成G20杭州峰会服务保障任务、实现“十三五”规划精彩开局做贡献。在全市经济建设和服务保障G20杭州峰会的工作中，一大批贡献突出的模范集体和个人受到表彰：1个集体获“全国五一劳动奖状”，5人获“全国五一劳动奖章”；4个集体获“浙江省模范集体”称号，8人获“浙江省劳动模范”称号；6个集体获“浙江省五一劳动奖状”，16人获“浙江省五一劳动奖章”；10个集体获“杭州市模范集体”称号，20人获“杭州市劳动模范”称号；18个集体获“杭州市五一劳动奖状”，44人获“杭州市五一劳动奖章”。

【230人获得“杭州工匠”初选资格】 2016年4月，为大力弘扬和培育“工匠精神”，市总工会会同市委组织部（市人才办）、市委宣传部、市人力社保局、市经信委、市农办、市旅委、市商务局（粮食局）、市建委、市国资委、市科委10个单位，启动首届“杭州工匠”认定工作。至年末，经个人自荐、单位推荐和“杭州工匠”认定工作领导小组办公室初审，全市有230名人选符合初选资格，纳入认定评选下一步工作程序。

【高技能人才奖励范围扩大】 2016年，市总工会进一步扩大高技能人才奖励职业（工种）范围，把提升职工素质与服务保障G20杭州峰会紧密结合起来，增加项目建设、环境保护、安全保障等工种内容，奖励的职业（工种）从30个增加至36个。对个人当年职业（工种）晋级高级工的，每人奖励500元；晋级技师的，每人奖励800元；晋级高级技师的，每人奖励1000

2016年1月28日，江干区总工会举办与农民工同吃年夜饭活动，共享除夕快乐
（市总工会 供稿）

元。全年合计奖励5305人,发放奖励金额335.8万元。

【资助千名优秀外来务工人员上大学】2016年,市总工会拓展教学资源,联合浙江大学、上海交通大学、中国人民大学、华东理工大学、浙江工业大学等院校,开设专业74个,在全市范围内开展资助优秀外来务工人员上大学活动。全年报名1476人,考试合格获资助入学1281人。该活动自2012年开展以来,累计帮助5291名优秀外来务工人员圆了大学梦。

【万名外来务工人员免费健康体检】2016年4月27日起,市总工会出资310多万元,通过市红会医院、杭州爱德医院、慈铭健康体检管理集团有限公司、杭州艾博健康科技股份有限公司,为包括G20杭州峰会重点工程建设者在内的重点项目、重点领域及特殊岗位工作的9644名外来务工人员进行免费健康体检。

【职工医疗互助项目三合为一】2016年,市总工会坚持以"服务职工、互助共济"为原则,健全完善在职职工医疗互助工作,把"住院和规定病种门诊自负医疗费补助互助保障""重大疾病及住院生活补助互助保障"和"女职工特殊疾病补助互助保障"项目三合为一,统一参加对象、保障项目和支付标准。全市参加在职职工医疗互助的职工128万人,比上年(指2015年,下同)增加34万人。全年累计向2.93万名职工发放互助保障金4073万元。

【杭州市劳动关系和谐指数6年全省第一名】2016年9月13日,浙江省构建和谐劳动关系工作领导小组办公室发布全省各市2015年度劳动关系和谐指数,杭州市劳动关系和谐指数为86.52,再次获得全省第一名。自2010年以来,杭州市劳动关系和谐指数连续第6年位居全省第一名。2016年,杭州市有6.8万个企业参与和谐劳动关系创建活动,其中5.4万个企业达到创建标准。全市有5181个规模以上和谐劳动关系企业参与社会责任建设,其中3378个企业达到C级以上标准。

【"春风行动"发放救助金3.11亿元】杭州市自2000年开始,在全国率先开展以"社会各界送温暖、困难群众沐春风"为主题的"春风行动"。16年来,"春风行动"深入持久开展、不断创新发展,实现从"一阵春风"向"春风常驻"状态的跨越,被誉为破解困难群众生活就业难问题的"杭州模式"。16年来,全市共有4.21万个(次)企业、267.44万人(次)捐款献爱心,累计募集社会捐款16.89亿元,共向163.26万户(次)困难家庭发放各类救助金22.7亿元。2016年,全市募集"春风行动"社会捐款1.35亿元,发放各类救助金3.11亿元。(唐洁秋)

2016年4月16日,市总工会以"爱在杭州,喜迎峰会"为主题,举办新杭州人集体婚礼
(市总工会 供稿)

共青团杭州市委员会

【共青团杭州市委员会概况】2016年,杭州市各级团组织深入学习贯彻中共十八届五中、六中全会精神和习近平总书记系列重要讲话精神,全面贯彻落实中央和省市委党的群团工作会议精神,以"伙伴"共青团为建设理念,着力提升"五大体系"建设水平,加强思想引领、提升服务能力、夯实基层基础,团结带领全市青年为推动杭州新发展做出积极贡献。

至2016年末,全市14周岁~35周岁青年170万人,其中团员41万人、专职团干部948人。有基层团委1138个、基层团工委219个、基层团总支897个、基层团支部1.8万个。团市委不断扩大团组织的有效覆盖,全年新增非公有制企业团组织330个,新建电子商务企业团组织86个。

团市委坚持从严治团,深入开展"两学一做"学习实践教育,坚持"党团固定活动日"和"周一夜学"制度,深化"学团史团章、强团员意识、做优秀团干"活动,强化团干部团情学习和理论基础;深化"共青团大脚掌走基层"主题实践,开展机关调研月集中下基层活动,走访基层单位120多个,各级专职团干部直接联系各领域青年约3万名;落实乡镇(街道)团委书记培养人选跟踪培养机制,建立个人成长档案。团市委累计举办各类培训班23期,培训团组织骨干2000多人次,团干部培训纳入各级党委干部培训计划。

【G20杭州峰会志愿服务】2016年,团市委以G20杭州峰会为"圆心",研发峰会志愿者招募注册系统,在15所定点招募高校接受志愿者报名2.63万人。联合相关部门和高校,组织两轮面试、三轮测试(通用知识线上测试、心理测试、英语托业测试),遴选出"形象好、气质佳、外语强、素质高"的志愿者3963名,95%的志愿者国际交流英语水平在良好以上。招募来自14个国家的国际志愿者代表25名,选拔北京、上海等地优秀大学生和中学生代表性群体志愿者33名。

团中央书记处5次调研指导峰会志愿服务工作，出台《关于支持G20杭州峰会志愿者工作并加强全国赛会志愿者工作的十条举措》，在杭州市挂牌设立中国青年志愿者赛会服务研究培训基地。编制《峰会志愿者通用培训教材》，开发网络版“培训课程”，开展峰会志愿者通用知识培训142场、集中专业知识培训42场、教师领队培训14场、礼仪形象和外语口语强化训练69场，开展各类实战演练166场。

构建省市一体工作框架，协调15所高校参与峰会筹备，制定《G20杭州峰会志愿服务组指挥手册》，建立完备的应急预案和应对流程。以岗位备忘形式，明确国际博览中心、新闻中心、宾馆、机场、火车站、安检口等服务点位299个，涉及抵离迎送、礼宾接待、会议注册、现场咨询、文件发放、场地引导、交通出行、新闻处理、晚宴服务、文艺演出、安全检查、后勤保障12类服务。

实施峰会城市志愿服务七大行动，累计组织志愿者185.2万人次。推出具有“志愿者精神、西湖元素、杭州特色、江南韵味、中国气派”的志愿者“小青荷”文化形象，创作志愿者歌曲，拍摄专题宣传片，在中央电视台、《人民日报》等媒体报道220多篇次，收到中外嘉宾及代表团感谢信22封。积极推动峰会成果转化，“志愿汇”平台注册志愿者182.3万名、组织2.8万个。完成市决策咨询委员会课题《构建互联网+志愿服务指挥体系的研究与对策》。2个集体和105个志愿者被省委、省政府授予浙江省“G20峰会突出贡献集体”“G20峰会突出贡献个人”的称号。团中央以中国青年志愿者协会名义，专门表彰G20杭州峰会优秀志愿者。

【共青团工作改革】2016年，团市委扎实稳妥推进共青团改革，成立共青团深化改革调研组，通过集中座谈、实地走访、查阅资料等方式，基本掌握共青团工作的五大类难点问题，起草完成《杭州市共青团改革实施方案》。加强党建带团建，完善团干部协管机制，规范直属团组织班子配备，全年市县两级团组织班子配备率达到90%以上。严把团员入口关，按照“坚持标准、控制规模、提高质量、发挥作用”的总体要求，印发《关于做好2016年全市发展团员调控工作的通知》，印制带编号的入团志愿书，根据分配名额定向、定额、定号发放入团志愿书、团员证等团务用品。全年发展团员2.79万名。

【杭州青年运动史陈列馆(暂名)筹建】2016年5月4日，团市委牵头召开“薪火相传促改革，服务峰会比贡献”纪念五四运动97周年座谈会，市委常委佟桂莉出席会议。市委相关领导牵头多次召开协调论证会，就杭州青年运动史陈列馆筹建召集相关部门进行研讨，对选址、场馆征收等事项做好协调。团市委主动征求相关部门的意见建议，并赴北京、广州、成都等地考察学习，启动史料征集等工作。青年运动史陈列馆(暂名)建设将融入青少年常态化团日、队日活动的功能需要，集思想性、观赏性和互动性为一体，力争打造成为特色鲜明、全国前列的青年运动史主题交流展示和互动体验中心。

【青少年思想教育】2016年，团市委学习贯彻习近平总书记给大陈岛老垦荒队员后代、浙江省台州市椒江区12名小学生的回信精神，开展“中国梦·我的梦”“我为核心价值观代言”“青年好故事”“乡村好青年高校行”等主题活动，举办“最美青工”等各类评选。实施青年马克思主义者培养工程，加强西子人才学院和中学生青苗学院建设。巩固共青团新媒体矩阵建设，“青春杭州”微信公众号关注者增至18万人，阅读数和内容质量得到提升，并获评“浙江最具影响力头条号”。杭州青少年活动中心完成招生25万人次，吸引参与活动青少年49.3万人次，新建社区青少年俱乐部148家。桐庐儿童乐园建成开放，滨江区青少年宫开工，杭州(国际)青少年洞桥营地工程一期通过竣工验收。

【青少年综合服务】2016年，团市委探索“互联网+”理念的服务，成立市、县两级“青年之声”工作领导小组，多平台开设“青年之声”专栏，建立线下实体工作室，组建“五大”领域专家服务联盟，构建“听—答—办”完整的服务流程，吸纳专家成员300名，网上累计提问数3.19万次、回答数3.12万次、点赞数1.72万次。推动32个线下青少年综合服务平台(站)进入线上“青年之家”云平台，在网上和手机端实现管理运行、活动发布、活动展示、活动评价等功能。开展2016年度“百场青工技能比武”“一把手与青年面对面”“青春悦读”等活动，3247名返乡大学生和农村青年参加农村电子商务培训班，220名青年通过青工素质提升工程考试并获得劳动技能鉴定证书，173名青年参加学历提升学习并获得共计41.5万元学费免除优惠。深化“共青团与人大代表、政协委员面对面”活

2016年3月4日，团市委以“办好G20，志愿我先行”为主题，举行省市“赛积分、比贡献”活动暨“讲好杭州故事”志愿服务启动仪式　（团市委 供稿）

2016年12月9日,杭州市第20个"十八岁成人节"在杭州高级中学举行
(团市委 供稿)

动,持续实施"12355"青少年"心灵花园"体验项目和"12355助力中高考"阳光行动,全年形成青少年舆情报告4篇。举办青少年夏令营活动557场、流动少年宫活动38场。完成"青少年权益工作创新"试点工作,并在团中央总结推广会议上做典型发言。

【青年工作服务全市大局】 2016年,团市委围绕青年创业创新,组团参加"2016中国(杭州)国际电子商务博览会""2016国际创新创业博览会"等大型活动,举办"创启杭城"青年创新创业大赛,开展文创企业家孵化工程、"风险池"基金、"导师坐诊"等精品项目,全年培训青年创业者193人、授信基金940万元。深化电子商务青年培养,推进杭州返乡大学生农村电子商务创业三年行动,举办"农村青年创业创新行动暨智慧农业论坛"。举办电子商务培训班60期、电子商务创业创富大赛8场,培训返乡大学生、农村青年3247人次,余杭区"生鲜连锁超市"项目获评中国青年创新创业大赛农村电子商务组银奖。

围绕"美丽杭州"建设,团市委实施"五水共治青春建功""青年林创建"等行动,联合市环保局命名11个集体为2016年度"绿色文明号",5处监护站为"保护母亲河生态监护站",授予12名先进个人"优秀环保志愿者"称号;开展"五水共治青年突击队立功竞赛"活动,全市199支青年突击队开展活动410次;联合市城管委开展"垃圾分类嘉年华"活动。持续做好中国杭州西湖国际博览会、中国国际动漫节、云栖大会等大型活动志愿服务工作,累计参与志愿者3万余人次,服务总时数超过30万小时。发动全市3000个"青年文明号"集体参与"建功G20"系列活动,5个单位获评"全国青年文明号"。举办"杭台青年共话城市文明、两岸携手同赴杭州之约"论坛。开展"青年安全示范岗"争创活动,117个单位获得表彰;开展"西湖金奖进青年"活动,征集金点子约5000个,获金奖1个。 (黄思韵)

杭州市妇女联合会

【杭州市妇女联合会概况】 2016年,杭州市妇联有2个直属事业单位,下辖13个区县(市)妇联,5个直属妇工委。全市区县(市)、乡镇(街道)、村(社区)妇女组织3200个,团体会员及民主党派(工商联)妇委会(联谊会)18个。

实施女性素质分层分类培训。全年市本级妇联举办女性微商电商、来料加工从业人员和经纪人、维权志愿者、女大学生、家庭教育指导者、处级女干部、市妇联执委、年轻女干部、基层妇女之家负责人等各类培训班15期。启动为期两年的"重心下移、服务下沉、力量下沉"专项工作,市、区县(市)、乡镇(街道)三级293名妇联干部与291个薄弱村级妇女组织建立"妇情联系点",当好政策宣传员、工作组织员、品牌参谋员、关系协调员、权益维护员。全年带送服务项目306个,建立QQ群和微信群1803个,直接服务妇女群众20多万人。发挥党派妇委会和市政协妇联界别组的参政议政作用,健全各级妇女代表大会代表任期制,发挥各级代表在各自领域的积极作用。2016年度15个服务妇女儿童家庭项目全部完成,为全市家庭提供婚姻知识、亲子教育、法律援助、技能培训、居家关怀、礼仪学习、"两癌"筛查、文体下乡等精准化服务900多场(次),惠及16万人次。面向社会征集2017年度服务项目并立项10个。总结分析"十二五"期间杭州妇女在参与社会治理方面的成绩和问题,编撰出版《杭州妇女发展报告(2016)——女性与社会治理》一书。开展《杭州妇女发展报告(2017)——女性与健康》的研究工作,为党委政府制定相关政策提供参考。加强与国内外妇女组织的交流联系,全年接待国内外妇女组织和国际友人27批(次)。

构建大宣传新格局。做实《杭州日报》的《西子女性》专栏新闻宣传工作,在"杭州日报·政在解读"微信号上推送妇联工作成果。开展纪念中国共产党成立95周年"巾帼心向党"主题教育活动,共对接采访、专访10多次,获"人民网""网易""华东在线""今日头条"等媒体转发及宣传报道238次。抓实"西子女性"网站和微博、微信舆论引领工作,网站全年发布信息4200条、视频65个,更新数字书库3万册,微博、微信更新信息2100条。全市各级妇联14个微信公众号、8个官方微博和8个官网组成"西子女性"网络宣传矩阵。

召开杭州市加强和改进基层妇联组织建设推进会,注重新领域和区域化妇建工作,建设以兴趣爱好、服务需求、社会活动为纽带的各类基层组织建设。贯彻落实全国和省妇联《关于扩大基层妇联组织成员的意见》,指导基层开展乡镇(街道)妇联兼职副主席选任工作。余杭区、临安市已全面实施兼职副主席制度。成立杭州伊家园女性社会组织联谊会,提供培训指导、公益创投、信息交流、经验分享等服务，吸引70多个女性社会组织参与。市妇联获得“2016年度全国妇女新闻宣传阵地建设先进单位”“全国优秀巾帼志愿服务队”“浙江省G20杭州峰会志愿服务工作先进集体”“杭州市服务保障G20峰会先进集体”“杭州市综治维稳工作先进集体”等称号。市妇联于“妇女节”命名表彰市级三八红旗手(集体、标兵)146个。

【“十三五”时期妇女儿童发展规划编制】 2016年，市政府妇儿工委办以《中国妇女发展纲要(2011～2020年)》、《中国儿童发展纲要(2011～2020年)》、省《妇女儿童发展规划(2016～2020年)》和杭州市《国民经济和社会发展“十三五”规划》发展定位为依据，注重“十三五”时期妇女儿童规划指标的可持续性和科学性，适当超前，彰显特色。在调研督查、广泛听取意见、专家论证的基础上，坚持男女平等基本国策和儿童优先原则，完成“十二五”时期妇女儿童规划终期监测评估和“十三五”时期规划编制工作。该工作杭州市在全省全国处于领先水平，市政府妇儿工委办被评为浙江省实施妇女儿童规划先进集体。2016年末，市政府发布《杭州市妇女发展“十三五”规划》和《杭州市儿童发展“十三五”规划》，确定妇女规划82项重点指标和59条主要措施，以及儿童规划73项重点指标和56条主要措施，并提出妇女儿童实事项目各9个，切实推进妇女儿童事业与杭州经济社会同步统筹、协调发展。

【家庭志愿者行动】 2016年3月，市妇联创设“传承好家风·喜迎G20”杭州家庭志愿者行动，通过“以户为单位、家庭成员共同注册志愿者、累计家庭志愿服务时数”的组织方式，建立家庭志愿者注册管理系统。至年末，在平台注册家庭2.71万户、家庭成员7.59万人。围绕文明出行引导、最美阳台建设、平安社区巡防、文明礼仪宣传等主题，累计服务101.75万小时，组织宣传6600多次，发放宣传资料13万册，参与服务11万人次，形成“服务保障G20，杭城家庭齐参与”的浓厚氛围，成为平安杭州建设响亮的工作品牌。

2016年10月27日，全国妇联书记处书记杨柳(左三)到杭州调研妇女创业创新工作。图为杨柳考察市妇联女性众创空间——“伊创荟” (市妇联 供稿)

【“服务G20·巾帼建新功”活动】 2016年，市妇联在全市各行各业“巾帼文明岗”中开展“服务G20·巾帼建新功”系列活动，全市170万名“巾帼文明岗”岗员自觉佩戴岗徽上岗，亮身份、亮承诺。全国妇联单列6个“全国巾帼文明岗”和6个“全国巾帼建功标兵”荣誉称号，表彰杭州市服务G20峰会的女性先进集体和个人。按照新颁布实施的《杭州市巾帼文明岗管理办法》，市妇联加大管理督查力度，提升巾帼文明岗创建质量，拓展创建领域，重点在专业市场、旅游行业等推进争创工作。

【妇女维权】 2016年，市妇联依托性别平等咨询评估机制，开展“全面二孩政策下女性劳动权益保护状况”和“杭州市反家暴条例实施中的反家暴救助保护状况”的调研，为有关部门提供决策参考。对《浙江省女职工劳动保护办法(修订稿)》《杭州市法律援助条例》等法规文件提出评估建议17项。推广临安市农村妇女土地权益确权登记办证工作经验，维护农村妇女土地权益。联合市中级人民法院建立家事纠纷多元化解工作机制，与司法机关、律师协会专业工作者共同建立妇女权益法律专家组，开创妇女发展问题多角度协商共赢的维权工作新机制。全年接待群众信访、电话、询访961件，调解处理“110”联动平台转接的家暴案件4637件。创新普法宣传形式，以“情景剧”“圆桌会”等形式宣传《中华人民共和国反家暴法》《中华人民共和国妇女权益保障法》《中华人民共和国婚姻法》等法律法规，全年组织送法下基层活动8场。联合省妇联拍摄完成全国首部反家暴微电影《门背后的眼睛》。与联合国妇女署共同举行“消除对妇女的暴力”主题活动暨橙色亮灯仪式，把维护女性权益、促进性别平等融入杭州城市国际化建设的内涵之中。

【城乡妇女创业扶持】 2016年，市妇联运用“互联网+妇联”模式，举办首届“伊创节”，展示女性创业成果，成交约1.5万单、200多万元。“伊创荟”女性众创空间启用总额3000万元的“伊创基金”投资女创项目，成功孵化项目34个，被市科委认定为市级众创空间，被全国妇联称为“女性创业创新样板”。推进女大学生“就业助行”“创业助飞”行动，举办就业专场招聘会，帮助800多名女大学生达成就业意向；组织杭州市女大学生创业训练营项目，全年集中培训19次，500多名女大学生参加，19人成功创业。深入抓好农村来料加工业发展，努力帮助困难家庭特别是低收入农户中的妇女通过来料加工实现脱贫增收。

推动市政府出台新一轮低收入农户来料加工项目扶持政策，发挥1200万元财政资金的杠杆作用，帮助1.43万个低收入农户从事来料加工脱贫增收，人均增收7256元。组织来料加工企业、经纪人参加义乌国际小商品博览会、国际电子商务博览会进行展销，达成意向金额21万元。联手国际女性企业联盟，举办跨国公司多元化供应链业务培训，推动女企业家在供给侧结构性改革中有所作为。

【文明家庭创建活动】2016年，市妇联按照习近平总书记“注重家庭、注重家教、注重家风”要求，深化“最美家庭”寻找活动。通过典型示范、家庭自荐互荐和媒体宣传展示、微博互动、微信投票等形式，挖掘选树具有时代特色和正能量的“最美家庭”“最美贤妻”，弘扬社会新风尚。全年推荐产生第一届全国文明家庭1户、全国“最美家庭”3户、全国“五好文明家庭”3户、省级“最美家庭”40户、市级“最美家庭”“最美贤妻”各40户（位），同时将服务G20峰会杭州优秀志愿者家庭30户命名为市级“最美家庭”。成功举办第十五届“家庭·老人·孩子心连心”重阳节联欢活动。

【城区家庭垃圾分类引导】2016年，市妇联开展“清净在源头”家庭生活垃圾分类全民大行动，与《每日商报》合作，进行“我爱‘西湖蓝’”杭州家庭生活垃圾分类减量项目。依托基层“妇女之家”工作平台，深化家庭生活垃圾分类宣传，推动城区1766个生活小区的105.6万户家庭自觉成为生活垃圾分类的实践者，其中134个小区已经实行“实户制”；1.16万户家庭通过“物尽其用”微信公众号平台，处理“可回收废弃物”，减少社区可回收垃圾量约1000吨。

【“平安家庭”创建活动】2016年，市妇联将“平安家庭”创建和维护妇女合法权益、禁毒和防邪反邪教等工作有机结合，深化“平安家庭”创建工作。召开区县（市）妇联维权工作会议，推动各地落实“平安家庭”创建工作任务，扎实有效开展婚姻家庭纠纷人民调解工作、家庭暴力受害人的庇护救助政策法规、性别平等咨询评估工作等，有效提升妇联组织化解各类家庭矛盾纠纷的能力和水平。年末，通过基层妇联推荐和市妇联审核，由市平安办命名“平安家庭”创建示范单位16个。

【家庭教育指导】2016年，市妇联按照“科学发展、立德树人、家长主体、普惠公益”原则，制定并颁布《杭州市家庭教育工作“十三五”规划》，提出“十三五”时期家庭教育5项工作任务和十大行动项目。建立“凡人家教”家庭教育网上公益服务平台，突破物理空间和时间限制，让家庭教育优质资源惠及更多家长。弘扬优秀家风家训，全年联动区县（市）开展“百万家庭共成长——千场家庭教育知识进家庭”讲座1084场，举办“智慧家庭教育大讲堂”4期，组织“中国年：一封家书”大赛活动，累计吸引家长12万人次走进课堂接受培训。

【“姐妹帮扶”活动】2016年5月起，市妇联启动为期4年的新一轮“姐妹帮扶”结对行动，组织全市各级“巾帼文明岗”、来料加工女经纪人、女企业家、农村女致富带头人等，与2003名农村低收入家庭妇女和困难妇女结成帮扶对子，提供就业、培训、医疗、技能和资金帮扶。在推动第4轮“姐妹帮扶”工程中，全市妇联组织共走访结对困难家庭1.71万次，送上慰问金（慰问品）1019.5万元；组织5377个企业推出就业岗位11.92万个，达成就业意向2.46万人；举办培训班1567期，培训8.73万人；有效解决农副产品销售57.1万元，提供来料加工业务及发放加工费5922.7万元。

【妇女儿童实事工程】2016年，市妇联持续开展杭州市“美丽基金”贫困女大学生助学、“两癌”妇女救助、老年妇女关爱3项关爱行动，新援助53名女学生圆大学梦想，持续援助154名在校女大学生。“美丽基金——扬帆起航，女大学生助学行动”获得第五届浙江慈善项目奖。慰问95名老年贫困妇女干部，鼓励其生活的信心和勇气。整合部门资源，加强救治和帮扶力度，开展全市参保适龄妇女“两癌”免费筛查工作和7场“送医下乡”活动。争取市总工会支持，将“两癌”贫困妇女援助纳入市“春风行动”援助项目，163名贫困患病妇女各得到一次性医疗援助3000元。争取全国妇联“贫困母亲两癌救助”专项基金，为10名患病贫困母亲提供援助共10万元。牵头开展“同在蓝天下·我们共成长”农村留守儿童“六一”特别慰问和暑期关爱活动，并做好“六一”系列慰问、留守流动儿童安全教育等服务活动。

【市级温馨“妇女之家”】2016年，市妇女活动中心着力做大做强公益性服务项目和经营性社会项目，全年面向杭城女性、机关企事业单位及团体、社区居民等免费开放中心健身场馆583场次，接待6214人次；开设周末公益兴趣班222场次，接待2301人次。突出婚恋专业指导优势和品牌效应，全年推出“情感课堂”讲座12场，男女青年796人参加；“一缘一会”婚恋相亲网络平台已有会员700多人。西子女性大讲堂开设G20杭州峰会主题课程，全年培训34期，服务2598人次。西子艺术社团开设芭蕾舞、合唱、摄影、旗袍艺术等多元化特色课程，全年授课293次，接收学员486人次。西子女性学堂开设书法、绘画、茶道、花道等技能培训与“丽人蕙”文化沙龙，搭建杭城女性文艺爱好者互动交流的平台，全年授课214次，受益2833人次。2016年，经市旅委批准，市妇女活动中心正式纳入杭州市社会资源国际旅游访问点。

（朱　未）

责任编辑　汤　峻

外　事

【外事概况】 2016年，杭州市外事部门接待副部级以上外宾团组3批、35人次，友城交流团组20批、130人次，驻华使馆、领馆官员39批、169人次，世界500强等国际知名企业高管12批、83人次。接待境外媒体采访20批、134人次。处置各类涉外和综治维稳事务52起。

全年市领导出访11批、62人次，审批因公出国（境）团组948批、3168人次，其中党政机关及参公事业单位人员651人次。全年办理因公出国护照签证手续860批、3055人次，新颁护照2362本；办理外国人到华邀请函电确认手续2309批、3006人次；申办APEC商旅卡150批、303人次。

市外办在G20杭州峰会筹备工作中主要牵头承担会务、注册平台建设运行、国礼（配偶礼）征选、第四次协调人会议礼宾服务、多语服务平台开发运行5项工作。协助做好B20峰会筹备、境外媒体记者管理服务等工作。因任务完成出色，获"浙江省服务保障G20杭州峰会先进集体"称号，27人获省级先进个人称号，9人获市级先进个人称号，2人分获省、市"五一劳动奖章"。

【主要出访活动】 张鸿铭率团访问柬埔寨、以色列　2016年10月26日至11月3日，市委副书记、市长张鸿铭率团赴柬埔寨、以色列访问。在柬埔寨期间，柬埔寨常务副首相兼内政大臣韶肯会见代表团一行。韶肯对G20杭州峰会成功举办表示祝贺，对杭州市与暹粒省、金边市友好合作表示肯定，希望有更多杭州企业到柬埔寨投资，在基础设施、旅游开发、生态农业等领域拓展合作空间，实现共同发展。张鸿铭表示，访问暹粒省，是贯彻落实习近平主席对柬埔寨的会谈精神和访问成果，从地方层面推动两地合作，实地走访企业，促进项目对接，推进杭商在柬项目的健康持续发展，鼓励更多杭州企业和市民到柬埔寨投资兴业、旅游观光，推动两地更宽领域、更高层次的合作。代表团专程拜访中国驻柬埔寨大使熊波。在暹粒省，张鸿铭会见暹粒省议会主席努帕拉、常务副省长文塔烈。两地自2014年签署友好合作备忘录以来，在旅游、文化等领域开展交流合作，取得良好成果，计划在旅游、农业、基础设施建设和文化遗产保护等领域推动共赢发展。在金边市，代表团走访杭州之江市政建设集团柬埔寨总部，出席该集团与中柬经济特区政府项目合作签署仪式。

2016年7月9日，省委常委、市委书记赵一德（右）会见联合国秘书长潘基文
（市外办　供稿）

在以色列期间，代表团拜会中国驻以色列大使詹永新。在贝特谢梅什市，张鸿铭与该市市长摩西·阿布塔布尔就增进两市友城关系、深化交流合作等进行座谈，考察以色列高科技产业园和现代农业示范园区等。在海法市，张鸿铭考察该市发展教育和科研的先进做法，希望双方建立合作机制，促进两地研发机构和生产企

2016年杭州市部分市领导出访团组情况

表59

出访时间	代表团团长职务姓名	出访地点
5月	副市长 谢双成	法国
9月	副市长 张建庭	美国、哥斯达黎加
9月	市政协副主席 张鸿建	德国、葡萄牙
10月	市委常委 佟桂莉	美国、印度
10月	市政协副主席、市委统战部部长 董建平	捷克、匈牙利
11月	市委常委、常务副市长 马晓晖	克罗地亚、以色列
11月	副市长 谢双成	英国、西班牙
12月	副市长 陈红英	加拿大
12月	副市长 项永丹	柬埔寨、印尼

业开展合作。访问期间，张鸿铭会见佩雷斯中心创始人凯米·佩雷斯；与以色列外交部亚太司司长哈盖、海法大学校长罗宾、PIMA公司董事长约瑟夫·萨米特、RISCO公司董事长摩西·阿克莱以及魏兹曼科学研究院负责人会晤，就深化双方经贸往来、产业合作、科技成果转化等议题交流。

王金财率团访问马来西亚、印度 2016年11月5～12日，市人大常委会主任、市人民对外友好协会会长王金财率团赴马来西亚、印度访问。在马来西亚期间，沙巴州首席部长署特别事务部长拿督张志刚和亚庇市市长拿督杨文海会见代表团一行，对G20杭州峰会的成功举办表示祝贺。张志刚表示杭州与亚庇市签署两市友好合作备忘录，必将推动两地在信息技术、经贸、文化、旅游、教育等领域的交流合作和发展。王金财表示签署两市友好合作备忘录后，将进一步推动各方面合作，为下一步缔结正式友好城市合约打下坚实基础。11日，王金财与亚庇市市长拿督杨文海签署《友好合作备忘录》，沙巴州首席部长署特别事务部长拿督张志刚、首席部长署助理部长杨爱华、中国驻亚庇总领事陈佩洁等见证仪式。

在印度期间，代表团出席第五届中国印度论坛，王金财做“推动电子商务创新发展，促进中印电子商贸合作”的主旨演讲，与中国印度论坛主办方全国友协副会长林怡、印度普达集团总裁拉吉夫就有关合作深入交换意见。王金财参加杭州市在班加罗尔举办的“洞见中国未来——杭州商务投资环境推介会”并致辞，100多个印度企业与会。王金财还拜访中国驻印度大使馆并座谈，走访班加罗尔科技园和塔塔咨询服务公司。

【主要到访活动】 美国标翼航技公司总裁访问杭州 2016年1月26日，市委副书记、市长张鸿铭会见美国标翼航技公司总裁兼首席执行官沃纳一行。沃纳到杭主要为考察浙江西子航空工业有限公司大江东生产基地，并与杭州市政府探讨合作事宜。美国标翼航技公司是全球最大的航空器内饰件、航空座椅的制造商和供应商，总部位于美国迈阿密。

土耳其驻沪总领事访问杭州 2016年2月22日，省委常委、市委书记赵一德会见土耳其驻沪总领事欧兹江·沙辛。杭州和土耳其伊斯坦布尔、安塔利亚等城市有良好的合作交流基础，双方愿用好举办G20杭州峰会机遇，建立更加友好的合作交流关系，不断扩大双方在经贸、旅游、城市治理、环境保护及民生改善等多领域的合作。

马来西亚沙巴州政府拿督访问杭州 2016年3月3日，省委常委、市委书记赵一德会见马来西亚沙巴州政府拿督张志刚一行。双方愿推动两地进一步发展为友好城市关系。

美国驻华大使馆使团副团长访问杭州 2016年3月8日，省委常委、市委书记赵一德会见美国驻华大使馆使团副团长阮大为一行。双方愿以杭州举办G20峰会为契机，深化多方面的合作，推动两地政府及企业更好地对接交流，提升合作水平，实现互利共赢。

长安福特汽车公司总裁访问杭州 2016年3月18日，省委常委、市委书记赵一德会见长安福特汽车公司总裁马瑞麟一行。投资7.6亿美元(约49亿元人民币)的长安福特杭州新工厂是美国福特汽车公司在华投资建设的第4个整车厂，于2015年正式投产。

法国赛诺菲集团亚洲区高级副总裁访问杭州 2016年3月30日，市委副书记、市长张鸿铭会见法国赛诺菲集团亚洲区高级副总裁兼中国区总裁龙贤礼一行。赛诺菲集团与杭州有着良好的合作基础，近年来，赛诺菲公司在助推杭州经济发展、科技创新、扩大就业等方面做出积极贡献。

德国海德堡市市长访问杭州 2016年4月7日，市委副书记、市长张鸿铭会见德国海德堡市市长埃卡特·乌尔茨

2016年5月26日，市委副书记、市长张鸿铭(右一)会见意大利驻华大使谢国谊
(市外办 供稿)

2016年9月9日，市人大常委会主任王金财（右一）会见芬兰国会财经委员会主席蒂莫·卡利 （市外办 供稿）

一行。海德堡市被誉为德国的“浪漫之都、科技之城”，是著名历史文化名城。

土耳其伊斯坦布尔市市长访问杭州 2016年4月28日，省委常委、市委书记赵一德会见伊斯坦布尔市市长卡迪尔·托普巴什一行。伊斯坦布尔是“丝绸之路”上的重要节点城市，赵一德曾于2015年率团访问伊斯坦布尔。土方这次回访，旨在推动两市在城市规划、经济发展、旅游贸易、文化教育等多领域的交流合作。两市领导共同见证“杭州—伊斯坦布尔”友好交流合作备忘录的正式签署。在杭期间，卡迪尔·托普巴什一行还参观西湖、大运河、阿里巴巴集团、云栖小镇等地。

英国驻华大使访问杭州 2016年4月29日，省委常委、市委书记赵一德会见英国驻华大使吴百纳一行。1988年，英国利兹市与杭州市正式建立友好城市关系，是与杭州市结好的第一个西欧城市。英方表示愿与杭州加强多方面合作。

美国西雅图市市长访问杭州 2016年5月13日，市委副书记、市长张鸿铭会见美国西雅图市市长爱德华·穆雷一行，并见证两市正式签署友好合作备忘录。西雅图科技产业汇聚，集聚波音公司、微软公司、亚马逊公司等一批世界知名创新企业。会见期间，杭州跨境电商综合试验区与亚马逊中国公司达成合作协议。

意大利驻华大使访问杭州 2016年5月26日，市委副书记、市长张鸿铭会见意大利驻华大使谢国谊一行。

以色列驻沪总领事访问杭州 2016年6月6日，市委副书记、市长张鸿铭会见以色列驻沪总领事安迈凯一行。

智利驻沪总领事访问杭州 2016年6月16日，市委副书记、市长张鸿铭会见智利驻沪总领事龚谷泰一行。

南非驻沪总领事访问杭州 2016年6月17日，市委副书记、市长张鸿铭会见南非驻沪总领事陶博闻一行。外方介绍南非在杭州开设签证中心等情况。

亚奥理事会总干事访问杭州 2016年6月24日，省委常委、市委书记赵一德会见亚奥理事会总干事侯赛因·穆萨拉姆一行。赵一德说，自杭州成功申办2022年第十九届亚运会以来，各项筹办工作有序推进，希望亚奥理事会一如既往地支持杭州筹办工作。侯赛因·穆萨拉姆表示，杭州城市充满活力，亚奥理事会愿同各方一起努力，确保赛事圆满成功。

葡萄牙驻华大使访问杭州 2016年7月7日，省委常委、市委书记赵一德会见葡萄牙驻华大使若热·托雷斯·佩雷拉及驻沪总领事若奥·佩德罗·芬斯多拉戈一行。

联合国秘书长访问杭州 2016年7月9日，省委常委、市委书记赵一德，市委副书记、市长张鸿铭会见联合国秘书长潘基文一行。潘基文受邀到杭参加由杭州市政府和阿里巴巴公益基金会共同举办的首届XIN公益大会。

美国奥斯汀市市长访问杭州 2016年7月12日，市委副书记、市长张鸿铭会见美国奥斯汀市市长斯蒂芬·艾德勒一行。奥斯汀市是美国得克萨斯州首府、高新技术中心，被誉为美国“硅山”，是戴尔公司、飞思卡尔半导体公司等全球500强企业总部所在地。

吉尔吉斯斯坦奥什市议会主席访问杭州 2016年7月17日，市人大常委会主任王金财会见吉尔吉斯斯坦奥什市议会主席奥尔莫诺夫一行。吉方代表团是应外交部邀请到华，参观考察中国城市先进的市政服务机制。

日本三菱东京日联银行（中国）有限公司行长访问杭州 2016年8月8日，市委副书记、市长张鸿铭会见日本三菱东京日联银行（中国）有限公司行长堀越秀一一行。

日本驻沪总领事访问杭州 2016年8月10日，市委副书记、市长张鸿铭会见日本驻沪总领事片山和之一行。

中实（集团）公司董事局共同主席访问杭州 2016年8月18日，省委常委、市委书记赵一德会见中实（集团）公司董事局共同主席尼尔·布什一行。尼尔·布什是美国前总统老布什的第3个儿子，前总统布什的弟弟。

国际货币基金组织总裁访问杭州 2016年9月3日，省委常委、市委书记赵一德会见国际货币基金组织总裁克里斯蒂娜·拉加德一行。赵一德介绍杭州市围绕建设财富管理中心和新金融中心目标，推动金融业创新发展的有关情况，特别是在移动支付、征信领域、理财业务、投资和保险等领域已位居国内前列。双方就消除贸易和投资壁垒、经济可持续增长等话题进行交流。

芬兰国会财经委员会主席访问杭州 2016年9月9日，市人大常委会主任、市人民对外友好协会会长王金财会见芬兰国会财经委员会主席蒂莫·卡利一行，双方进行友好交流，并愿继续推动杭州与芬兰奥鲁的友好城市关系。

美国倪德伦环球娱乐公司总裁访问杭州 2016年9月23日，省委常委、市委书记赵一德会见美国倪德伦环球娱乐公司总裁罗伯特·倪德伦一行。双方愿加强在文化创意产业方面的合作交流。

马来西亚沙巴州政府拿督访问杭州 2016年9月27日，市人大常委会主任、市人民对外友好协会会长王金财会见到杭访问的马来西亚沙巴州政府拿督张志刚一行。外方到访旨在加快促进杭州市与沙巴州首府哥打基纳巴卢市缔结友好城市关系，进一步加强双边交流与合作，谋求共同发展。

印度尼西亚旅游部部长访问杭州 2016年10月12日，市委副书记、市长张鸿铭会见印度尼西亚旅游部部长阿里夫·亚赫亚一行。

美国奥的斯公司全球总裁访问杭州 2016年10月20日，省委常委、市委书记赵一德会见美国奥的斯公司全球总裁戴培杰一行。外方对在杭投资充满信心，愿与杭州企业继续深化合作，拓展合作空间，实现共同发展。

新加坡凯德集团总裁访问杭州 2016年11月2日，省委常委、市委书记赵一德会见新加坡凯德集团总裁兼首席执行官林明彦一行。

美国美高梅度假集团董事长访问杭州 2016年11月5日，省委常委、市委书记赵一德会见美国美高梅度假集团董事长兼首席执行官吉姆·穆仁一行。

智利驻华大使访问杭州 2016年11月15日，市委副书记、市长张鸿铭会见智利驻华大使贺乔治一行。

日本镰仓市市长访问杭州 2016年11月16日，市委副书记、市长张鸿铭会见日本镰仓市市长松尾崇一行。两市开展友好交流合作已久，有着深厚的历史渊源。

西班牙皇家马德里足球俱乐部副总经理访问杭州 2016年11月16日，省委常委、市委书记赵一德会见西班牙皇家马德里足球俱乐部全球副总经理布尔加南·桑斯一行。

捷克前总理访问杭州 2016年11月22日，市委副书记、市长张鸿铭会见到访的捷克前总理伊日·帕劳贝克一行。

爱尔兰科克市市长访问杭州 2016年11月24日，市委副书记、市长张鸿铭会见爱尔兰科克市市长戴斯·卡黑尔一行。会谈期间，外方接受出席2017年杭州国际友城高峰论坛的邀请。

美国斯坦福国际研究院总裁访问杭州 2016年12月13日，省委常委、市委书记赵一德会见美国斯坦福国际研究院总裁史蒂芬·史辛斯基一行。赵一德介绍杭州实施创新驱动发展战略，深化特色小镇、城西科创大走廊等创新平台建设情况。斯坦福国际研究院是国际上著名的创新技术转化和商务发展机构，双方希望加强交流合作，实现共同发展。

以色列驻沪总领事访问杭州 2016年12月14日，市委副书记、市长张鸿铭会见再次到杭访问的以色列驻沪总领事安迈凯一行。张鸿铭回顾11月对以色列访问时的情景，希望以总领事到访杭州为新的起点，在更广层面建立联系机制，全方位加强科技、产业、文化、教育、旅游等领域的交流与合作。

联合国环境署司长访问杭州 2016年12月28日，省委常委、市委书记赵一德会见联合国环境署可持续城市、生活方式与产业部司长阿拉伯·浩巴拉一行。

【G20杭州峰会服务保障】 **峰会会务工作** 2016年2月18日起，市外办全力做好领导人会议、第四次协调人会议、“金砖五国”会议、欢迎晚宴的会务、会议资料、会议用品等服务工作，并承担第四次协调人会议指挥部、市证件专班等相关职能。起草各类会务方案140多个，完成《2016年G20杭州峰会行政须知》《2016年G20杭州峰会代表手册》编写及中文翻译，共计78万字。开展专项实际演练119次，组织或参与全要素、全实景、全流程演练5次，实施现场设备测试7906次。完成会务安排任务73场、双边会谈77场，接待各会场参会代表3956名。做好62间外方工作间的会务服务，安排好17种语言、33个会议室、103个次同传间（箱）的翻译工作。各文件中心处理文件6776份，咨询台提供咨询服务1203次。申领发放各类证件8.94万张。配合做好境外注册媒体（非随团）接待工作，召集全省外事部门21名干部对8个驻点进行24小时值守，协助处理相关事件37起，涉及12个国家和地区的90多名记者，为营造峰会良好媒体氛围发挥积极作用。协助做好B20峰会筹备以及会议期间杭州市领导的外事礼宾服务。市外办各项服务为9月初召开的G20杭州峰会提供了有力保障。

峰会注册平台工作 G20杭州峰会注册中心是中筹委授权杭州市统筹G20中国年领导人会议及系列会议代表和记者注册工作的专门机构。注册平台正式上线后，市外办共为国家12个部委举办的35场峰会系列会议提供互联网注册服务，共注册参会人员8984人。完成领导人峰会注册及证件发放工作，共注册峰会参会代表6593人（中方477人、外方6116人）、媒体记者4865人，实现数据“零差错”、证件“零失误”、安全“零事故”、代表“零投诉”的目标。

峰会国礼征选工作 市外办负责G20杭州峰会国礼征选工作，先后开展3轮礼品方案征集评选，进行2轮实物样品提升工作，3次运送实物样品赴北京送审。最终择优选定14种峰会礼品，入选礼品以丝、瓷、印为主，契合国家“一带一路”倡议，展示大国风范，弘扬中国文化，突出体现浙江韵味和杭州特色。

峰会第四次协调人会议礼宾工作 G20杭州峰会筹备前期，市外办负责峰会助理联络员、翻译员的招募和培训，以及参会国和国际组织到杭先遣考察团组接待等工作；配合接待中央各部委到杭考察峰会筹备的副部级以下内宾团组。其间，接待美国、法国、加拿大等14个国家峰会先遣考察团组33批、120人；接待中央各部委到杭峰会考察团组16批次、206人。6月至9月峰会结束，配合做好第4次协调人会议参会嘉宾的抵离迎送工作，迎接参会代表223人，送离参会代表18人。

峰会多语应急服务平台工作 历届G20领导人峰会只提供英语翻译服务，杭州市首次为G20峰会与会嘉宾提供覆盖所有参会国14种语言的远程翻译服务。2016年8月10日至9月10日，G20杭州峰会多语应急服务平台正式投入使用，对外提供14个语种24小时翻译服务，累计接听呼叫5393通，提供翻译服务5.42万分钟。

【主要交流活动】“走进美丽杭州”对接洽谈会 2016年6月20~21日，外国朋友2016年“走进美丽杭州暨杭州民营企业牵手丝绸之路经济带”对接洽谈会在杭举办。活动共邀请到12个国家的驻华使领馆以及商务机构的代表20多人参加。其间，外宾考察海康威视、阿里巴巴等企业集团，参观中国茶叶博物馆和杭帮菜博物馆，并向80多位杭州民营企业家介绍各自国家和地区的投资环境和投资状况。

亚运会筹办工作汇报会 2016年6月23日，2022年亚运会筹办工作汇报会在杭召开。杭州市已把筹办亚运会列入“十三五”时期规划，组建亚运会组委会和工作机构，编制工作计划和制度，有序推进亚运场馆调研和规划建设，积极推进城市配套设施和环境提升工作。杭州坚持“绿色、智能、节俭、文明”办赛理念，加强与亚奥理事会、亚洲各单项体育联合会的沟通和联络，组织编制亚运会总体计划和各专项计划。加快推进比赛场馆、亚运村选址及相关配套基础设施的规划建设，确定比赛项目。

【友好城市交流】韩国大邱市议会代表团访问杭州 2016年1月16~17日，韩国大邱市议会副议长裴智淑访问杭州。大邱市是韩国轻工业、金融业、旅游业、医疗美容业发达的城市之一，也是韩国女装之都，与杭州市有较高相似度。市人大常委会副主任吴春莲会见代表团一行，双方就加强两市议会间合作，以及在经贸、文化、旅游产业等方面加大实质性合作进行会谈。在杭期间，代表团实地考察韩国临时政府杭州旧址纪念馆、杭州图书馆等。

杭州·广岛“和纸画”交流活动在杭举行 2016年3月9~11日，日本广岛市“虹桥会”理事长岩井梅子、事务局局长岩井艳子到访，在杭州高等院校传授交流“和纸画”。日本广岛市“虹桥会”由热衷于中日文化交流的日本友人组成，法人兼团长岩井梅子为20世纪40年代遗留在中国的日本遗孤。岩井梅子向师生们介绍“和纸画”历史，现场展示优秀“和纸画”作品和色彩斑斓的“和纸”，讲授运用“撕、搓、揉、捻，粘”等制作技巧作画，使在场师生直观了解“和纸画”这一日本民间艺术，促进民间友好交流。

市友协表彰先进理事单位 2016年2月15日，杭州市人民对外友好协会表彰2014~2015年度先进理事单位。市友协先后举办“融·杭州城市文化展”“西班牙公牛彩绘节”“杭州首届国际友好城市青少年夏令营”“中韩文化艺术周”等大型活动，取得良好的社会效益和宣传效果。为鼓励相关理事单位再接再厉做好对外交流工作，增强友协理事会的凝聚力，市友协以授牌形式表彰市委外宣办、市文广新闻出版局、市青少年活动中心、市图书馆、大韩民国临时政府杭州旧址纪念馆、浙江旅游职业学院6个单位为先进理事单位。（鲍　晟）

侨　务

【侨务概况】2016年，杭州市侨务工作紧紧围绕市委、市政府决策部署，以服务保障G20杭州峰会为圆心，按照“立足大侨务、服务大中心”总体要求，服务杭州市社会经济发展，助推城市国际化。

杭州市在美洲、欧洲、大洋洲的20个国家和地区设立21个海外招才引资联络处，架起杭州与世界各地的沟通桥梁。以G20杭州峰会为圆心，宣传推介杭州，举办“百家华文媒体聚焦美丽杭州”采访活动，美国、日本、澳大利亚、加拿大、法国、德国、俄罗斯、阿根廷、韩国等25个国家，以及中国香港地区的华文媒体等100多家知名媒体的记者参加。

全年走访调研重点侨资企业60多个，协调处理侨商经营纠纷2起，向16个国家的102名华侨华人专业人士发放杭州创新创业政策资料，分享G20杭州峰会的溢出效应。邀请海内外15名侨商参加第二届世界杭商大会，开展引才引智工作。组织“侨界喜迎G20、争做友好使者”活动，邀请海内外侨领、侨商200多人参加活动。举行海外侨领“美丽杭州行”活动，来自20多个国家和地区的华人华侨社团负责人参加。举办“2016海外杭州之友联谊大会”，邀请来自80多个国家和地区的600多名海外侨团负责人代表、海外华商、专业人士和高新技术人才参加。

全年累计慰问困难归侨侨眷、侨界人士106户，帮扶19名困难归侨和9名遭受突发困难的归侨侨眷，完成15名归国华侨回国定居审批工作。办理“三侨生”（归侨青年、归侨子女、华侨在国内的子女）身份确认101人，其中高考生44名、中考生57名。接待归侨侨眷信访166件次，其中到访158人次，办结率100%。杭州侨网及时更新网站信息，市侨办官方微博发布信息1590多条、报送820多条。

【侨界“G20杭州峰会”倡议活动】2016年1月29日，杭州市举行侨界“喜迎G20峰会、争当友好使者”倡议活动，号召全市海外侨胞、归侨侨眷架起杭州与世界各地的桥梁，做好杭州的宣传者、文化的传播者、热心的联络员、热情的东道主，200多名侨界人士参加活动。省委常委、市委书记赵一德在贺信中希望广大侨胞积极发挥自身作用，讲好杭州故事、浙江故事、中国故事，秉持念祖爱乡、重信明义的优良传统，当好杭州形象代言人。杭州侨界倡议利用各种平台，向世界各国展现杭州独特魅力，践行峰会“创新、活动、联动、包容”主题精神，报效桑梓、服务家乡。

【海外侨领“美丽杭州行”】2016年3月28~30日，来自20多个国家和地区的50多名华人华侨社团负责人参加“美丽杭州行”活动。海外侨领们参观考察未来科技城、梦想小镇、塘栖古镇、京杭大运河申遗陈列馆等。杭州深厚的历史文化、优美的人文环境及充满活力的创业创新环境，给侨领们留下美好印象。30日，代表们参加杭州城市国际化座谈会，为杭州发展建言献策。市政协主席叶明出席座谈会，希望各位侨领发挥自身优势，传播好声音，汇聚正能量，牵线搭桥，促进杭州与世界各地在经贸、科技、文化、旅游等方面合作交流，共同助力杭州城市国际化和经济社会发展。侨领们表示愿做G20杭州峰会海外宣传大使，当好杭州与世界各地交流的桥梁与纽带，讲好杭州故事，做杭州城市国际化的推动者。

【百家华文媒体采访杭州】2016年5月23~25日，“百家华文媒体聚焦美丽杭州”采访活动在杭州举行。美

2016年5月23～24日，百家华文媒体杭州行活动举行，25个国家的100多家知名媒体参加 （市侨办 供稿）

国、日本、澳大利亚、加拿大、马来西亚、法国、德国、葡萄牙等25个国家的华文媒体和中国内地、香港的100多家知名媒体记者参加。采访以“聚焦美丽杭州、感知独特韵味，讲好杭州故事、喜迎G20峰会”为主题，采访滨江区海外高层次人才创新创业基地、阿里巴巴集团、云计算产业生态小镇云栖小镇、梦想小镇、未来科技城，考察世界文化遗产西湖以及西溪国家湿地公园、钱江新城，领略杭州的历史文化和人文环境，体验杭州创业创新的活力和良好的宜居宜业环境。

5月24日，采访团记者参加“喜迎G20峰会、聚焦美丽杭州”为主题的中外媒体见面会。省委常委、宣传部长葛慧君，省委常委、市委书记赵一德等出席会议并讲话。赵一德向侨界知名人士、世界著名刑侦专家李昌钰颁发“美丽杭州海外宣传大使”聘书，希望发挥其国际影响力，更好地在海外宣传杭州。通过采访，海外华文报纸、网站先后刊登宣传文章63篇、图片238张。采访团共同发出助力G20杭州峰会倡议书，倡议全球海外华文媒体讲好杭州故事、传播杭州声音，服务G20峰会、宣传“美丽杭州”，向全世界展示杭州的独特韵味和别样精彩。

【海外华裔青少年“中国寻根之旅”夏令营】2016年7月22日，海外华裔青少年中国寻根之旅（浙江·杭州）夏令营在杭州师范大学开营，来自加拿大、英国、挪威等8个国家的35名华裔青少年参加。杭州是中国首个跨境电商综合试验区，夏令营以跨境电商为“寻根”主题，相关课程由杭州师范大学国际教育学院与阿里巴巴共建的阿里巴巴商学院授课。为期两周的夏令营期间，华裔青少年学习民乐、书法、剪纸、舞蹈、功夫等中国传统文化课程，参观体验杭州茶文化、中国木版彩印技艺、孝道文化等，学习杭州历史文化。

【海外杭州之友联谊大会暨投资洽谈会】2016年9月20～21日，杭州举办“情聚西湖、万侨创新”为主题的海外杭州之友联谊大会暨海外华商杭州投资洽谈会，来自80多个国家和地区的600多名海外浙江籍侨团负责人、海外杭州籍侨团代表、海外浙商知名人士代表、海外华商、专业人士及高新技术人才等参会并进行项目洽谈。省委常委、市委书记赵一德，市委副书记、市长张鸿铭会见全体代表。赵一德希望侨胞当好“美丽杭州”建设的生力军、杭州故事的传播者、改革开放发展的智囊团，共享后G20杭州峰会时期发展机遇。张鸿铭希望广大侨胞积极帮助杭州参与国际经济合作和文化交流，带动更多华人华侨到杭创新创业。与会代表赴江干区、拱墅区、萧山区和杭州经济技术开发区等考察投资环境，进行项目对接洽谈。

【侨务引才访问团访问墨西哥和哥伦比亚】2016年10月19～26日，市侨办组织侨务引才引智访问团访问墨西哥和哥伦比亚，拓展海外侨务资源，鼓励海外浙商积极回国投资创业。访问团与墨西哥华人华侨社团联合总会、墨西哥中国人总商会、哥伦比亚浙江工商总会、哥伦比亚华人华侨联谊会等20多个海外社团的200多位华侨华人进行座谈交流，详细解答杭州市投资环境及政策等。其间，在墨西哥城和波哥大城分别设立中国杭州市支持浙商创业创新海外工作联络处。

【侨务商务考察团访问巴西和秘鲁】2016年12月19～28日，市侨办组织商务考察团访问巴西和秘鲁。考察团一行与秘鲁中华通惠总局、巴西商会等20多个社团的侨领、侨胞们进行座谈交流，向他们推介杭州创新创业的投资环境、优惠政策和生态环境等情况。其间，在巴西圣保罗设立中国杭州市支持浙商创业创新海外工作联络处。

【“侨界十大杰出人物”揭晓】2016年9月20日，第五届杭州市“侨界十大杰出人物”评选结果揭晓。经过各区县（市）侨办及相关涉侨部门推荐申报、确定候选人及投票评选等阶段，市侨办与市委统战部、市人大民族宗教侨务委员会、市政协港澳台侨和外事委员会、市侨联、致公党杭州市委共同决定：杭州师范大学教授于彦春、泽品科技（杭州）有限公司总经理卢国文、浙江好创生物技术有限公司董事长朱一心、浙江方大智控科技有限公司董事长宋宏伟、澳洲浙江总会会长陈静、杭州天丰源股份有限公司董事长陈刚、中国美术学院艺术管理与教育学院副院长单增、纽约商务传媒集团董事长姜卫民、杭州福膜斯材料科技有限公司总经理顾方明、杭州鸿运华宁生物医药工程有限公司首席执行官景书谦10位侨界人士为第五届杭州市“侨界十大杰出人物”。

【“侨界爱心人士”表彰】2016年9月20日，经各区县（市）及有关单位推荐评选,第二届杭州市“侨界爱心人士”名单揭晓。市侨办与市慈善总会共同决定,向杭州昀辉堂健康管理有限公司董事长王京辉、杭州中庆建设有限公司董事长孔庆生、香港福慧慈善基金会董事会主席严崔常敏、杭州广利集团有限公司董事长李国林、浙江泰普森控股集团有限公司董事长杨宝庆、杭州莫里乔纳餐饮有限公司董事长吴静、浙江好安居集团公司董事长吴超英、浙江珍琦护理用品有限公司董事副总经理俞小英、杭州奥默医药股份有限公司董事长漆又毛9位侨界人士和香港萧山旅港同乡会1个团体授予杭州市“侨界爱心人士”称号。（范泳仪）

【“侨连全球·服务G20”活动】 2016年,杭州市侨联围绕G20杭州峰会圆心,联合省侨联、市文明办、市委外宣办、市公共外交协会等单位,在全市开展“侨连全球·服务G20”系列活动。杭州市在全球83个国家、110个城市,聘请侨界海外宣传大使3000多名,举办推介杭州活动150多场,建立多家海外“国际视窗”机构。通过3000多家海外中餐馆、超市、华文学校、华侨企业等海外窗口,分发“美丽杭州”宣传品20多万份;通过QQ群、微信、微博、Facebook、网站等线上渠道,推送转发“美丽杭州”视频、图片和信息100多万次。活动期间,市侨联收到海外宣传“美丽杭州”的视频30部,开展各类活动的照片500多幅,“侨连全球·服务G20”系列活动收到良好效应。

【侨界海外精英创新创业峰会】 2016年10月11日,由中国侨联、浙江省侨联、杭州市政府主办,杭州市侨联承办的“创业中华——2016年侨界精英聚焦‘后G20时代’杭州创新创业新机遇”峰会在杭州举行。峰会为侨界人士搭建相互交流、加强合作、促进发展的平台,为海外留学回国创业人员、侨商与地方政府之间架起沟通的桥梁。

峰会期间,举行“侨连全球·服务G20”表彰、杭州“城西科创大走廊”推介等活动,围绕“全球生态系统的创新与企业家精神”“绿色金融给金融业带来的新机遇”“后峰会时代钱江金融港湾核心区的机遇”等主题进行研讨。来自28个国家的100多位世界500强企业代表和世界知名金融专家,实地参观杭州未来科技城、乐富海邦园、海外留学回国创业人员社区EFC欧美金融城,听取情况介绍,感受杭州争创国际一流的创新创业生态环境。128位海外高层次人才携带项目与杭州“海归国际创业中心”“梦想小镇”等创业平台进行对接洽谈。

【“EFC新侨金融中心”成立】 2016年10月16日,杭州侨界创新创业峰会“EFC新侨金融中心”成立。该中心设在杭州未来科技城梦想小镇,旨在关注新金融、新技术、新人才的引入,加大对海归精英创新创业的扶持,激发海外高层次人才在杭州发展高新技术产业特别是战略性新兴产业中的作用和潜能,实现创新驱动、转型发展。为帮助新侨创业投资,杭州市聘请“中国侨联特聘专家委员会金融专业委员会”为“EFC新侨金融中心”指导单位。

2016年10月11日,市侨联承办的“创业中华——2016年侨界精英聚焦‘后G20时代’杭州创新创业新机遇”峰会在杭州举行（市侨联 供稿）

【“中国华侨国际文化交流基地”落户杭州】 2016年12月,杭州富阳区郁达夫故居被中国侨联确认为“中国华侨国际文化交流基地”。此前,杭州师范大学“弘一大师、丰子恺研究中心”已成为全省首个“中国华侨国际文化交流基地”。郁达夫故居成为浙江乃至全国联系海内外华侨华人的重要窗口,有利于发挥其平台作用和文化资源优势,组织归侨侨眷和海外侨胞开展丰富多彩的文化交流活动,传播中华文化,讲好杭州故事,为促进中华文化走向世界和推进杭州城市国际化做出贡献。

【挪威侨胞创作杭州故事绘本】 2016年3月,旅居挪威的杭州籍海外侨胞马列创作的绘本《杭州故事马列说》正式出版。绘本用杭州题材讲述杭州故事,围绕“伟人足迹”“珍贵资料”“人间天堂”“运河追梦”“人杰地灵”“杭州老字号”“今日杭城”“旅游胜地”等主题,较全面地呈现出杭州历史与现实交融的独特韵味。《杭州故事马列说》的大型卷轴挂画在国内外多地巡回展出,并印制成小册子,通过互联网介绍宣传“美丽杭州”。中央电视台中文国际频道《华人世界》栏目专题报道马列心系G20杭州峰会、介绍杭州的事迹,受到海内外侨胞和国际友人的广泛好评。

【“亲情中华·汉语桥”夏令营杭州营】 2016年7月19日,2016年“亲情中华·汉语桥”夏令营杭州营开营仪式在杭州师范大学举行。“亲情中华·汉语桥”夏令营是杭州拓展海外工作和新侨工作的主要载体之一。来自西班牙、奥地利、美国等9个国家的30多名华裔青少年在杭州开展为期15天的文化体验活动。他们参加汉语、剪纸、书法、水墨画、武术等具有中国传统特色艺术的文化课学习和丰富多彩的文化访问体验活动，并与杭州青少年开展交流。

【"侨界学苑"成立】 2016年2月24日，市侨联"侨界学苑"在市华侨活动中心成立。全市侨联部门干部约100人参加仪式。市侨联党组书记、主席章燕指出，市侨联成立"侨界学苑"的目的就是要培训提升侨联部门干部的素质，提高侨联服务经济中心和侨联干部服务归侨侨眷的能力。成立仪式后，第一期讲座"公文与信息写作"开讲。"侨界学苑"成立后给侨联干部提供学习思考的课堂，共同搭建"侨之家"。（谢唯宜）

港澳事务

【港澳事务概况】 2016年，杭州市领导赴港澳开展工作交流5批22人次；接收1名香港公务员到杭交流研修，选派6名公务员赴港交流培训。全年办理因公赴港澳通行证和签注手续101批、451人次，新颁通行证368本。市外办配合做好"香港青年·专业网络"杭州参观团访问杭州市相关企业等活动。

【港铁公司董事局主席访问杭州】 2016年4月19日，省委常委、市委书记赵一德会见香港铁路有限公司董事局主席马时亨一行。赵一德表示，"十三五"时期杭州将抢抓"两会""两区"等重大历史机遇，高起点谋划和建设一批重大交通项目。港铁公司是国际知名大企业，在城市铁路建设、运营和物业管理、顾问服务等领域成就瞩目。港铁公司积极参与杭州地铁建设和管理，有力促进杭州地铁发展，方便市民的生活，杭州市政府将一如既往地支持港铁公司在杭州的发展。

【香港恒隆集团董事长访问杭州】 2016年7月14日，省委常委、市委书记赵一德会见香港恒隆集团董事长陈启宗一行。赵一德介绍杭州经济社会发展情况，表示杭州正进一步推动城市国际化，着力打造具有全球影响力的"互联网+"创新创业中心、国际会议目的地城市、国际重要的旅游休闲中心、东方文化国际交流重要城市，努力把杭州建设成为"独特韵味、别样精彩"的世界名城。希望双方加强交流合作，积极参与城市建设，共享发展机遇。陈启宗表示，杭州是有文化底蕴、创新活力和发展潜力的城市，期待加强对接合作，实现发展共赢。

【香港青年"国情班"学员访问杭州】 2016年10月14日，省委常委、市委书记赵一德会见香港青年人士"国情班"学员。赵一德指出，香港青年人士"国情班"学员是香港社会各界的青年才俊，是促进香港和杭州经济社会文化交流的重要力量；期待杭州香港青年会发挥牵线搭桥作用，为杭港青年加强交流、增进友谊创造更多机会；欢迎香港各界青年才俊到杭创新创业、交流合作，共享G20杭州峰会带来的发展机遇；希望继续弘扬爱国爱港爱乡精神，坚持"一国两制"方针，为维护香港地区繁荣稳定做出贡献，为实现中华民族伟大复兴的中国梦不懈努力。（鲍　晟）

台湾事务

【台湾事务概况】 2016年，杭州市对台工作秉持"两岸一家亲"理念，以服务保障G20杭州峰会为契机，稳慎推进杭州与台湾各领域的交流合作，促进两岸经济社会融合发展，不断扩大两岸基层民众与青年的参与度和获益面，取得积极成果。

杭州市全年因公赴台团组有124批、505人次，其中公务交流团组39批、250人次。全年接待国民党首席副主席詹启贤、南投县政界人士林明溱、台湾地区政界人士许淑华、台湾知名人士张昌邦等岛内各界人士100多批、1400多人次到杭参访交流。杭州市全年接待台湾同胞到杭旅游55.29万人次，杭州市民赴台湾旅游11.45万人次。全年新增台湾投资项目39个，总投资3.37亿美元，实际到资1.51亿美元；增资项目10个，总投资6185万美元。

杭州市全年举办"浙江·台湾合作周"杭州专场、第八届"西湖—日月潭"两湖论坛、"杭台青年共话城市文明·两岸携手同赴杭州之约"论坛、"杭州·南投青少年住家交流营"、"公望富春"文化周等大型涉台活动10多场。举办各类台海形势报告会、座谈会、研讨会40多场，受众5000多人次。杭州市台办全年受理各类涉台信访件32件，办结率100%；稳妥处置涉台投诉案42件、突发事件16起。

【"浙江·台湾合作周"杭州专场】 2016年9月21日，"2016年浙江·台湾合作周"在杭州开幕。省委副书记、代省长车俊，海峡两岸关系协会会长陈德铭，中国国民党首席副主席詹启贤出席开幕式并致辞。省委副书记王辉忠，省委常委、省委统战部部长王永康，副省长梁黎明出席。杭州市委副书记、市长张鸿铭主持。30多个团组约600位两岸嘉宾出席相关活动。杭州作为主会场成功举办"跨境电商""信息经济""健康生技"等9场专场活动，全面推介"城西科创大走廊""特色小镇"等杭州创业创新平台，签订"十八坞生态文化镇""青梅产业综合开发项目""乐荣增资项目"等7个合作项目，充分展示后G20峰会时代杭州与台湾两地在经济、民生、青年等多个领域的深度合作成果，引起海峡两岸广泛关注。

【第八届"西湖—日月潭"两湖论坛】 2016年10月17～20日，以"交流、合作、惠民、共赢"为主题的第八届"西湖—日月潭"两湖论坛在杭州成功举办。杭州市与台湾南投县两地党政、行业和部分基层工会代表150多位嘉宾参会。双方就两岸青年创业就业、旅游休闲、文化教育、职工（劳工）保障、卫生保健等民生热点议题进行研讨。举办"首届南投物产展""第三届两岸亲子文创作品展""第十届（2016）杭州文化创意产业博览会南投艺术展"等专场活动。通过双方协商研讨，杭州市推出2017年与台湾南投县交流合作的8项举措，主要有继续扩大邀请南投县各领域社团、基层民众到杭参访，邀请南投籍中小学生到杭交流，邀请南投籍大学生到杭实习，举办南投县农产品展销会，持续深化两地民众文化、教育、体育等多领域交流与合作。

2016年9月21日，“2016浙江·台湾合作周”在杭州开幕。杭州作为主会场成功举办“跨境电商”“信息经济”“健康生技”等9场专场活动　（市台办　供稿）

【台湾青年到杭创业就业政策保障】 2016年1月，市台办、市人力社保局、市财政局共同出台《关于台湾大学生来杭创业就业实习比照享受杭州大学生有关政策待遇的实施细则》，为台湾大学生提供无偿资助、融资支持、房租减免、创业培训、创业服务等政策保障，为台湾青年到杭州发展提供便利条件。智新泽地·浙江互联网产业园继云栖小镇后，成为杭州市第二个由国务院台湾事务办公室命名的“海峡两岸青年创业基地”。9月25日，“海峡两岸青年创业大赛（杭州站）暨两岸创业先锋思享集会”在云栖小镇创业园区举行，50多个台湾创业项目参赛。400多名两岸创业青年齐聚云栖小镇国际会展中心，围绕云计算、智能制造、生物医药、文化创意、消费升级5个领域进行创新竞技。云栖小镇“淘富成真”项目持续整合阿里巴巴网络技术有限公司和富士康科技集团资源，成功对接5个台湾项目，帮助台湾青年实现创意价值。积极推动台湾大学生到杭实习，逐步形成“台办统筹协调+多部门合力保障”“企业优选供岗+台生自主选岗”的良好合作模式，全年约100名台湾大学生到杭州实习。

【引领台企创新发展】 2016年，中共中央台湾工作办公室、国务院台湾事务办公室主任张志军，海峡两岸关系协会会长陈德铭先后到杭州调研指导，走访阿里巴巴集团及部分台资企业。4月，台湾裕隆汽车制造股份有限公司成立大陆首家台资汽车金融公司。5月，浙江浮力森林食品股份有限公司成为浙江省第一家“新三板”挂牌的台资企业。杭州友佳精密机械有限公司、杭州顶益食品有限公司、杭州东风裕隆汽车有限公司、杭州顶正包材有限公司、杭州和昇塑料制品有限公司5个台资企业列入杭州“十二五”时期纳税百强企业榜，2名台商分别获评“杰出杭商”和“优秀杭商”。杭州市“两岸文创产业合作实验区”建设成效进一步显现，其核心区块——杭州创意设计中心引进台湾文创项目10个、两岸文创设计品牌60个。杭州市成立台商（台胞）法律服务团，为台商台胞提供更加专业的法律服务，依法公正处理有关投诉信访案件，维护台胞合法权益。全年举办系列政策法规讲习6场，帮助在杭台企转型升级。

【两岸青年体验式交流】 2016年，杭州市先后邀请200多名杭州和台湾的青少年参与两岸青少年体验式交流活动。2月，“杭州·南投青少年住家交流营”在南投县举办，30多名杭州、南投青少年共同学习生活，在游学中增进友谊；同月，“杭台青年共话城市文明·两岸携手同赴杭州之约”论坛在杭举行，国民党南投县青工会40多名青年与杭州青年代表就城市文明议题展开对话；6月，开展“携手家乡行——寻找美丽杭州”体验式主题活动，邀请20多名杭州学生与台湾同学参与“喜迎G20峰会”志愿公益活动；8月，组织第二届“童眼看两湖”活动，20多名杭州青少年赴南投开展深度文化之旅，杭州电视台少儿频道全程跟拍并播出18集系列专题片。

【涉台交流基地影响力增大】 2016年，杭州市充分发挥“连横纪念馆”和“黄公望隐居地”两个国家级涉台交流基地功能，先后举办“林智信芬芳宝岛油画展”“王侠军艺术作品展”“2016‘公望富春’文化周”等6场文化交流活动，通过吸引两地民众观摩、交流、互动，深化两岸基层民众和青少年间的文化融合。邀请“台湾民谣之父”胡德夫、台湾戏剧专家周慧玲、台湾著名电影学者焦雄屏等，到杭州两岸文化交流中心“两岸文化大讲堂”授课。

【杭台宣传媒体合作升级】 2016年，杭州市把握举办G20峰会的重要历史机遇，先后邀请台湾媒体16批、112人次到杭采访报道，并举办“台胞台属眼中的美丽杭州”摄影展等活动，从历史人文、创新活力、幸福和谐等多个视角，全方位宣传展示杭州的城市魅力和人文底蕴。中央电视台经济频道、中央电视台国际频道、新华社、《人民日报》等中央级媒体相继报道杭州市鼓励台湾青年创业就业，当好广大台商“服务员”的亮点新闻。新闻《公羊队赴台地震一线救灾》《地铁小哥救助台胞杨阿姨》等正能量报道，向台湾同胞生动呈现“最美杭州人”的情怀。5月28日，市台办指导拍摄两岸儿童公益微电视《我要保护你》在中美国际电视节获“最佳儿童微电视剧奖”。杭报集团与台湾旺报集团合作升级，旺旺中时电子报“翻爆App”全年全版刊载《杭州日报》《都市快报》《每日商报》数字版，《旺报》每月刊发两版杭州新闻，《每日商报》与《旺报》合作的栏目《两岸连线》全年刊发44期。　（许　群）

责任编辑　汤　峻

法治综述

【G20杭州峰会维稳安保圆满完成】 2016年，杭州市G20峰会维稳安保工作统筹协调小组全力履行统筹协调和面上维稳等重要职能，全面护航G20杭州峰会。其间，先后下发工作任务清单4批、108项；以专题报告形式，向省市党委、政府报告工作318件，组织召开专题会议98次，落实省市主要领导批示663件；转办涉稳信息89份，编发维稳安保工作统筹协调专刊86期、会商专报57期，处理情报信息526条；排查液化气瓶236万余只、用户167万余户；排查留宿场所70万余处、空置房40万余处，全部落实管控措施。经大排查、大化解、大整合、大整治，实现省委提出的G20杭州峰会维稳总要求。峰会期间，全市实现"零刑案""零非访""零集聚""零失控""零事故""零冒烟"的维稳目标。

【全市平安创建实现"满堂红"】 2016年，杭州市加大平安创建工作力度，在全市范围聘请35名专业平安暗访督查员，每月确定主题，不打招呼、不定时间，突击检查平安创建落实情况，查找隐患，提出整改措施，回访整改情况。全年暗访实现全覆盖，累计深入基层400多次，派出督查指导组212批次，发现问题838个，发布问题通报12期，帮助解决实际困难106个。创新推出《平安杭州月报》，从政治稳定、社会治安、安全生产、社会治理、食品药品安全、生态安全、重大涉稳问题、矛盾纠纷排查化解8个方面，实时评析、掌握动态、督促整改，全面落实平安创建工作。在全省率先开展乡镇、街道平安状况预警指数的探索工作，印发《关于开展乡镇、街道平安状况预警指数的实施意见（试行）》，对各乡镇（街道）平安状况实行"绿、黄、橙、红"4色预警。经全市共同努力，在2016年度全省平安市、县（市、区）考核评审中，杭州市及所辖13个县（市、区）全部被命名表彰为"平安市、县（市、区）"，实现平安创建"满堂红"。

2016年，杭州市围绕服务保障G20杭州峰会，推进平安巡防队伍建设。图为整装待发的平安巡防队伍（市委政法委 供稿）

【峰会安保"6项实名制"落实】 2016年，市委政法委抓住G20杭州峰会维稳安保契机，紧紧扭住"实名制"这一关键，牵头行业监管部门，全面落实属地管理责任、行业监管责任、主体使用责任。加大明察暗访和整顿力度，深化推进"6项实名制"专项行动，即涉及寄递物流、客运购票与货物运输、散装汽油销售、出租房等留宿场所、瓶装液化气销售、手机卡销售6个方面的人员，一律采用实名制，既规范各行业经营行为，又确保做到反恐防爆各要素实名登记、源头可溯、去向可查、动向可控。

【社会群防群治工作】 2016年，市委政法委紧紧围绕服务保障G20杭州峰会圆心，通过加强组织领导、建立健全机制、制定指导意见、层层落实责任等系列措施，全力推进平安巡防队伍建设。全市建立平安巡防支队21个、大队195个、中队3100个，登记在册平安巡防队员79万余人。巡防队员人人争当平安宣传员、情报信息员、隐患排查员、矛盾调解员、治安安全员、文明劝导员，提供各类线索10万余条，涌现出“武林大妈”“西湖天使”“萧山红领”等一大批平安巡防志愿者优秀团队，为峰会核心区安保工作筑起无形的防护墙。

2016年3月16日，省委常委、市委书记赵一德（前左）等领导慰问西湖区基层平安巡防队员（市委政法委 供稿）

【矛盾纠纷排查化解】 2016年，市委政法委充分发挥重大涉稳问题项目化监管机制的重要作用，加大涉稳问题协调处置工作力度。借助市4套班子主要领导督查检查和维稳安保专项督查，有效化解杭钢集团转型升级中的重点难点问题，消除一大批影响社会稳定的风险隐患，全年监管的400件涉稳问题化解383件，化解率95.8%，确保社会面的总体平稳。开展矛盾纠纷集中排查化解专项行动，重大矛盾纠纷实行省、市两级挂牌督办，明确包案领导，逐一制定化解稳控方案和化解措施。加强矛盾纠纷多元化解机制建设，积极推进物业纠纷化解、电子督促程序设立、矛盾纠纷网上调解3个省级试点项目，全年排查一般矛盾纠纷9.72万件，化解成功9.69万件，化解率99.6%。

【特殊人群服务管理】 2016年，市委政法委联合市卫生计生委、市公安局、市民政局、市财政局、市残疾人联合会等部门，印发《关于做好严重精神障碍患者监护责任以奖代补工作的通知》，年末对各地落实情况进行联合督导。重点人员中易肇事肇祸的精神障碍患者服务管理纳入网格化管理。指导拱墅区完成社会心理服务体系建设国家试点工作，推动心理咨询室进村（社区）综治中心，配合做好社会心理服务疏导和危机干预工作。预防处置精神障碍患者肇事肇祸，落实严重精神障碍患者监护责任以奖代补等工作，纳入年度全市平安综治考核。

【社会稳定风险评估】 2016年，市委政法委加强社会风险源头防范，着力推进重大政策社会稳定风险评估工作。年初，市委维稳办印发专门通知，梳理杭州市2016年重点实施项目451项，要求各地各部门根据“应评尽评”的要求，做好稳评报备工作，查找并消除风险隐患。对重大项目、重大活动、重大政策及时进行指导协调，保障全市稳评报备项目平稳有序地实施与推进。全年完成稳定风险评估项目1173件，其中同意实施1165件，暂缓7件，不予实施1件。

【执法司法监督增强】 2016年，市委政法委坚持服务与监督政法工作并重原则，开展执法司法规范化检查监督工作。联合市金融办在全市开展打击恶意逃废债专项整治行动，处理一批金融领域类恶意逃废债、恶意欠薪以及拒执类案件，收到良好的社会效果。在全市组织开展社区矫正专项执法检查，逐一落实管控和帮教措施，为G20杭州峰会期间社会稳定奠定基础。对群众反映强烈的24件重大疑难复杂信访案件组织核查，发现问题督促整改。组织政法部门对192起案件进行评查，对问题和瑕疵逐一整改，建立、完善规章制度12个，总结经验教训41件。对符合司法救助条件的191起案件当事人及家属进行救助，累计发放救助金756万元。

【司法体制改革推进】 2016年，根据中央司法体制机制改革精神和省、市委统一部署安排，市委政法委以项目化、责任制为框架，研究制定《2016年杭州市司法体制机制改革工作计划》，提出完善司法责任制等25项具体内容，并抓好落实。继续推进全市刑事速裁试点工作，指导各地各部门以远程视频办案系统建设为基础，以拓宽案件适用范围、建立健全办案机制为重点，着力构建杭州市刑事速裁案件办理新格局。全市已基本建成刑事速裁三方远程视频办案系统，实现法院、检察院、看守所之间远程办案设备互联互通，有效缓解信息应用不充分、司法资源集约化规模化不足以及“案多人少”等矛盾。试点期间，全市适用速裁程序累计审结一审刑事案件2428件、2472人。

【县级法学会实现全覆盖】 2016年，杭州市法学会新建立桐庐县法学会和下城区法学会，实现13个区县（市）法学会全覆盖。杭州市率先成为国内县级法学会全覆盖的省会城市和副省级城市，县级法学会建设经验在全国宣传推广。全市新建立旅游、监狱、环境、平安杭州建设4个法学研究会。全年有3个法学研究会完成换届任务。市法学会紧紧围绕党委政府中心工作，积极发挥“智囊团”“思想库”的作用，组织实施“法学在行动——平安护航G20”活动。

【繁荣法学研究】 2016年12月中旬，杭州市法学会承办首届浙江法学论坛，为全市400多名市管领导干部举办“百名法学家百场报告会”。组织“青年普法志愿者平安（法治）下基层报告会”50多场，参与群众5000多人，现场接受法律咨询100多人次，受到群众的好评。全年市法学会收到课题申报200项，结项100多项。编辑《杭州法学》期刊6期，发放7000多册。官方网站上传信息资料100多条，组织各类法律咨询200多次，充分发挥普法宣传作用。组织全市法学、法律工作者参加全国性、区域性、全省性的各类征文比赛10多次，市法学会获优秀组织奖2次。推荐论文300多篇，获奖论文60多篇。全市70多名法学、法律工作者获得2016年度各类表彰。　（市委政法委）

法治政府建设

【法治政府建设概况】2016年，市政府印发《杭州市2016年度依法行政工作要点》，就深化政府管理体制改革，优化依法决策机制，深入推进科学民主立法，强化行政规范性文件监管，规范行政执法行为，促进社会矛盾纠纷积极化解和依法防范，多举措增强依法行政工作监督的有效性，进一步加强法治教育和培训等9项工作提出具体要求，为全市依法行政工作明确目标任务。为G20杭州峰会提供法制保障，制定《关于加强留宿场所安全管理的决定》《关于加强危险物品安全管理的决定》等10件规章措施，审查有关涉及峰会标志保护、峰会市场开发等80多份法律文书和协议。8月16日，全市法治政府建设推进工作会议召开，2016年度法治政府（依法行政）评议考核工作有序推进，创新考评方式，实施内部评价、社会满意度测评、专业机构评估“三维”考核。在中国政法大学法治政府研究院发布的《中国法治政府评估报告（2016）》中，杭州市在参与评估的100个城市中列第三名。

【立法工作】2016年，《杭州市禁止销售燃放烟花爆竹管理条例（修订）》《杭州市精神卫生条例（修订）》《杭州市旅游条例（修订）》《杭州市跨境电子商务促进条例》《杭州市大运河世界文化遗产保护条例》《杭州市大江东产业集聚区管理条例》6件地方性法规草案，经市政府常务会议审议通过并提交市人大常委会审议；《杭州市危害食品安全行为举报奖励办法》《杭州市公共信用信息管理办法》《杭州市电梯安全管理办法》《杭州市机关事务管理办法》《杭州市医疗保障违规行为处理办法（修订）》5件政府规章提交市政府常务会议审议通过。

完善立法工作机制，增强立法工作的透明度和公众参与度。建立政府分管领导立法项目牵头负责制，对立法过程中涉及机制体制、社会影响等方面的重大、疑难问题，提交市政府领导专题协调。完善基层立法联系工作机制，将立法工作的触角伸进社区。法规规章草案征求意见的方式除了在市政府网站公开征求意见外，还在《杭州日报》上刊登信息，公开征求社会各界意见和建议，并专门听取市政府法律顾问的意见和建议。《杭州市电梯安全管理办法》《杭州市跨境电子商务促进条例》2件法规规章为年度民主协商项目。

加强立法宣传，提高立法后评估质量。在立法项目征求意见环节，就立法相关内容在主流媒体进行宣传。《杭州市危害食品安全行为举报奖励办法》公布后，与市市场监管局联合召开新闻发布会，向新闻媒体进行解读。《杭州市客运汽车交通治安管理办法》和《杭州市限制活禽交易管理办法》2个市政府规章开展立法后评估，为有关立法项目的“立、改、废”提供实践素材和参考依据。

【依法行政工作】2016年，杭州市加强行政执法规范化建设，组织指导有关单位编写行政机关重大行政决策、行政规范性文件管理、行政裁量权基准、执法全过程记录、行政执法听证、重大行政执法决定法制审核、行政执法人员管理等行政执法制度，促进行政机关依法规范文明执法。贯彻《浙江省行政执法全过程记录工作办法（试行）》《浙江省重大行政执法决定法制审核办法（试行）》的意见，对各地各部门提出具体实施要求。开展行政执法案卷评查，对全市33个市级行政执法单位和13个区县（市）行政执法单位已办结的156件行政执法案卷进行集中评查，并形成评查报告。推进行政处罚信息网上公开，以结果公开促执法规范。出台《杭州市人民政府特邀行政执法监督员工作规则》，组建特邀行政执法监督员队伍。

加强行政规范性文件管理，强化备案审查工作，共收到市级部门和区县（市）政府行政规范性文件328件，受理286件，对其中9件不予备案。探索规范性文件集中审查、统一公布的工作方式，建立集审查、培训、监督为一体的规范性文件管理监督机制。严格行政执法人员持证上岗和资格管理，开展行政执法人员证件清理工作，审查发放浙江省行政执法证1800多本。市法制办举办执法人员综合法律知识培训，提高执法人员法律素质。协同相关部门做好“四张清单一张网”改革和综合行政执法体制改革，完成13个区县（市）综合行政执法工作方案审查。

【政府法律顾问】2016年，杭州市本级、13个区县（市）、190个乡镇（街道）以及33个市级主要执法部门，实现政府法律顾问全覆盖。通过专题授课、列席有关会议参与决策研究、参与重大项目谈判的法律服务和重大行政复议诉讼案件的讨论等多种形式，充分发挥政府法律顾问在深入推进依法行政、加快建设法治政府中的作用。建立健全政府法律顾问工作情况考核评价制度，加强对政府法律顾问的服务和管理。

稳妥处理重大行政行为涉法事务。完善《杭州市应对极端天气停课安排和误工处理实施办法》，为应对极端天气提供法律支撑。对《关于进一步推进户籍制度改革的实施意见》等78件市政府行政规范性文件草案提出合法性审查意见，对《杭州市2016年新能源汽车推广应用地方配套补助办法》等24件其他政策文件出具回复意见。对18份行政机关合同提出法律审查意见。对1700多件市政府及市政府办公厅文件进行清理，经市政府常务会议审议，废止344件，宣布失效199件。会同市发改委、市财政局等部门开展招投标文件、创新优惠政策文件的专项清理工作。积极参与建设工程渣土管理、客运出租车行业管理体制改革、网约出租汽车管理办法实施细则、市地铁集团5号线一期工程PPP项目招商、户籍制度改革等事项的研究和处理，为解决相关问题提出处置意见或方案。

【行政复议应诉】2016年，市政府本级收到行政复议案件657件，比上年（指2015年，下同）上升29.1%，申请人883人次，其中收件后正式受理470件。市法制办印发《关于规范行政复议答复工作的通知》，推动行政机关及时、规范做好行政复议答复工作，强化依法答辩意识，提升复议答辩质量。推进行政复议决定公开制度，对300多件行政复议决定在政府法制网站上公开。推进复议办案信息化建设，开发建设复议应诉办案登记软件系统，实行网上实时登记、监控、统计，提高办案效率。建设集接待、阅卷、调解、听证、审理为一体的行政复议接待中心。探索行政复议体制改革，推动桐庐县政府开展集中行使行政复议权体制改革试点，促进复议专业化建设。

落实行政机关负责人出庭应诉备案通报制度，组织市直部门负责人、法制机构负责人等100多人参加法院行政案件审判的旁听活动。组织200多人参加相应的复议应诉专题学习培训，提升工作人员行政应诉能力。加强与行政监察部门的互动衔接和沟通，推动行政败诉案件分析报告制度和败诉问责制度的落实。召开市政府与市中级人民法院年度府院联席会议，研究完善合力化解行政争议的工作机制。

【法制培训宣传】2016年，杭州市通过组织政府法律专题学习会和领导干部依法行政专题培训，提高各级领导干部的依法行政能力和水平。5月，在西南政法大学举办领导干部依法行政专题培训班，进一步提升各级领导干部的依法行政意识，拓宽运用法治思维和法治方式解决问题的思路。组织召开杭州都市圈政府法制办公室主任第五次联席会议，促进政府法制协作机制的发展，扩大都市圈合作基础和影响力。加强法制宣传，利用杭州政府法制网、报纸、微博微信、简报等多种平台，加大对杭州市法治政府建设的宣传力度，营造法治建设氛围。组织编辑《杭州市政府规章汇编》《杭州市政府规章汇编（中英文译本）》等工具书。

【杭州国际仲裁院成立】2016年，杭州仲裁委员会受理案件4200件，涉案总标的42亿元。杭州市紧紧抓住"后峰会，前亚运"窗口期，全力开展国际仲裁工作。1月26日，杭州国际仲裁院成立。聘请知名人士王贵国教授担任国际仲裁院院长，致力提高杭州仲裁影响力。与省侨商会联合印发《关于在浙江省侨商领域推行仲裁法律制度的意见》，在侨商领域积极推行国际仲裁，维护侨商企业贸易投资的合法权益。（方舒婧）

公　安

【公安概况】2016年，杭州市公安机关聚焦"服务发展、防控风险"主题，紧扣"创新引领、改革驱动"主线，突出"提升能力、补齐短板"关键，全面加强和改进公安工作，为杭州经济社会发展、人民群众安居乐业创造持续良好的社会治安环境。G20杭州峰会安保工作得到中央和省市领导的充分肯定。据浙江大学社会调查研究中心民意调查显示，2016年市民安全感为98.3%，对杭州公安机关满意度为96.1%。

全年公安工作以"一圆心、二稳定、三安全、四提升"为目标，围绕G20杭州峰会圆心，将峰会安保工作作为首要政治任务来抓，确保峰会绝对安全。全力护卫政治大局、社会治安两个稳定，全年命案发案64起、侦破64起，破案率连续三年达100%；五类案件发案168起，侦破168起，破案率连续八年达100%；"两抢"、入室盗窃、盗窃电动自行车发案下降，侵财案件得到有效遏制。在大型活动、交通组织、火灾事故三个方面护守公共领域安全，圆满完成世界互联网大会、云栖大会、钱江观潮节、国际马拉松赛等大型活动安保任务，第三季度杭州市区拥堵状况由全国前10位退居第72位，火灾四项指标数继续保持下降态势。市公安局在服务中心工作、推进经济发展中，实现"护航发展、回应民生、战力优化、队伍建设"四个能力提升。年末，全市公安机关获评二等功以上荣誉的集体65个、个人143名。

【G20杭州峰会安保任务圆满完成】9月4～5日，G20杭州峰会正式举行。国家主席习近平亲自主持峰会欢迎仪式、开幕式、5个阶段会议、闭幕式等10多场活动。20个G20集团成员领导人、8个嘉宾国领导人以及联合国、世界银行等7个国际组织负责人集体出席峰会活动。在此前的8月31日至9月4日，还相继举行G20杭州峰会第四次协调人会议、财金副手磋商会议、财金副手与协调人联席会议、二十国集团工商峰会（B20）和金砖国家领导人非正式会晤等系列会议，习近平出席B20峰会开幕式和金砖国家领导人非正式会晤活动。

出席G20杭州峰会的外宾级别高，人数多，安保任务十分繁重。杭州市公安局自2015年3月中央决定G20峰会落户杭州之日起，始终紧紧抓住警卫安全核心、社会稳定基础、反恐防暴重点，部署启动G20峰会"安保工作年"，梯次推进"拼搏""冲刺""决战"系列行动，周密运作"一办十七组"安保组织架构，高效实施"日周月次"推进机制和问题、任务、请示"三张清单"制度，扎实推进峰会安保工作。2016年8月进入冲刺阶段，基地指挥部、安保（板块）联勤指挥部和分指挥部全面启动战时十大工作机制，与各军警院校、兄弟省市公安机关、解放军和武警部队增援力量紧密协作。8月20日至9月6日，西湖安保圈实行封控，累计安检99.8万人次、车辆3.9万辆次，查获违禁物品1012件，劝返1700多人次。峰会召开期间，全市公安机关完成警卫任务120多批次。在历时18个月牵头推进G20杭州峰会安保工作中，市公安局做到"无差错、零事故"，圆满完成峰会安保任务。

【杭州构筑"环城安保护城河"】2016年，为确保G20杭州峰会安全，市公安局通过对入杭299条公路和26个高速公路入口实地踏勘、技术排查、多方论证，确定建设点位和方案，对接国土、规划、交通、财政、城管等市政府部门，依托杭州绕城高速公路闭合圈，设立193个检查站点，形成涵盖绕城高速公路、地铁和水上的安保

"环城护城河"。7月15日,"环城护城河"投入运行,严密实施进杭通道安检查控,对进入杭州的人、车、物、证全面检查,对各种危险人员及时控制,对入杭客运班车实施全面管控,把各类安全隐患"拦截在圈外、消除在外围、处置在事先",提升标准化社会治安防控水平。

【社会治安全面整治】 2016年,杭州市公安机关保持对涉黄、涉赌违法犯罪的严打高压态势,尤其针对影响G20杭州峰会安保的新型黄赌违法犯罪活动,牵头开展"手术刀式"精确打击,全力净化社会治安环境。紧扣G20杭州峰会安保节点,倒计时部署推进专项行动。1~3月,在全市范围内组织"冲刺1号"行动,整治突出治安问题,形成严查、严整、严管、严控高压氛围。4~6月,开展"冲刺2号"行动,以"清底数、除隐患、固防线"为主线,全面夯实基础,整治隐患,补齐短板,巩固"圈层过滤、网格防控、条块结合、整体作战"的安保工作防线。7~9月,在全市范围推进"夏季治安大整治行动",以专题形式梯次推进各类行动,对各种可能影响峰会安全的重点治安要素彻底清理。在市公安局指挥中心启动省市合一的基地指挥部,相关部门集中入驻、联合办公,统筹推进社会治安面上整治工作。其间,全市共接警17.9万起,日均接报警情2713起,比上年同期下降20.2%。峰会期间全市刑事类警情比上年同期下降59.4%。

【网格化基础排查管控】 2016年3月21日至9月末,杭州市公安机关全面开展以"网格化"工作机制为主题的基础排查管控工作,将全市划分为1100多个基础管控网格,配备网格民警(含学警)4657名,发动组织平安志愿者79万余名,按照"楼不漏户、户不漏人、人不漏项"的要求,将"人、事、物、车、单位、场所"等管控要素纳入网格之中,并提出旅馆业"四实"登记率100%,邮寄、邮递、物流业"三个100%"等要求23项,最大限度夯实G20杭州峰会安保工作基础。其间,全市采集在册流动人口604万余人,排查管控各类重点人员7.4万人,各类重点物品4.5万件、重点部位4万余处、重点场所1.7万个。

G20杭州峰会期间,市公安局为各国领导人和贵宾执行警卫任务

(市公安局 供稿)

【严打各类环境犯罪】 2016年,杭州市公安机关贯彻落实新版《中华人民共和国环境保护法》《中华人民共和国大气防治法》,重点打击非法排放、倾倒、处置危险废物及破坏生态环境犯罪。全年办理环境类刑事、行政案件81起。开展环境整治行动,联合市、区两级环境执法人员,以"五水共治、五气共治、五废共治"为主题,实施大气整治、治水行动、百日环保执法等系列联合专项行动,累计开展涉水联合检查、执法300多次,出动警力860多人次。

【打击非法传销专项行动】 2016年,杭州市公安机关经济犯罪侦查部门在全市部署开展4次大规模集中整治行动,对非法传销活动开展不间断的打击整治,实现全市涉传报警量明显下降。全年立案侦查传销案20起,采取强制措施113人,破获以李某、陈某等人为首的"1040型"组织领导传销案、"3·12"组织领导传销案、"中国蒙商"网络传销案等6起省公安厅督办的重大团伙案件。

【道路交通"两治一整"专项行动】 2016年6~8月,市公安局交警支队在全市范围组织开展"两治一整"(治理超限超载、治理"黑车"、整治交通乱象)专项行动。发挥"市整治办"的牵头抓总作用,组织各区县(市)政府(管委会)和各成员单位紧密配合、联合执法。其间,全市交警、城管、交通等部门现场联合执法,累计组织整治力量27.72万人次,查处交通各类违法行为574.6万起,处罚1900多人。其中,扣留超载车辆、超限车辆、渣土车、非法营运车辆8300多辆,查处高架货车闯禁行1.45万起,查处班车站外组客等客运违章458起。全市交通安全事故、交通违法行为下降,群众满意度、车辆行车速度得到提升。

【交通设施提升保障】 2016年,市公安局交警支队在《道路交通标志和标线》《城市道路交通标志和标线设置规范》等文件的基础上,会同有关部门出台《杭州市道路交通指示标识英文译写规范》《杭州市城市道路杆件与标识整合设计导则(试行)》《关于进一步规范市区道路交通设施设置工作的通知》等文件。市区交通标牌提升完成4500多块,杆件涂装完成5000多套,漆画标线50万余平方米,清理不规范标志牌4350块;对市区40条公交专用道标志标线进行彩色铺装和优化提升,统一全市公交专用道标志及地面文字、图案,通过地面和空中标线标志,进一步明确交通参与者时间和空间的通行权利。

【全国首家省市合一的反欺诈中心成立】 2016年2月18日,市公安局在

2015年组建的反诈骗中心的基础上，建立起全国首家省市合一的反欺诈中心。中心开通“81234567”反诈热线电话，接受群众报警、咨询，指导防范、止损工作。该中心加强与通讯、银行等部门的协调融合，3家通讯运营商、7家银行及阿里巴巴集团入驻中心，协助开展诈骗电话号码、涉骗银行账号的查询、分析、拦截、止损等工作。中心依托打击治理电信网络新型违法犯罪工作联席会议制度，指导和协调综治、宣传等部门及三大电信运营商、各商业银行等24个联席会议成员单位，开展立体化防范宣传工作，强化行业监管，落实综合治理措施。中心牵头全市公安机关开展电信网络诈骗犯罪破案，抓好市、区县（市）两级反电信网络诈骗专业队建设，组织开展重特大系列电信网络诈骗案件专案攻坚，并为基层破案工作提供专业服务支撑。至年末，反欺诈中心共接受群众报警、举报、咨询电话4.1万件，风险控制涉骗银行账户1.4万个，冻结诈骗账户1000多个，止损8000多万元；拦截诈骗电话5000多个，关停诈骗号码570多个；劝阻被骗汇款690多起，避免损失850多万元。电信网络诈骗犯罪团伙、犯罪嫌疑人落网数分别比上年上升47.4%和109%。

【大型国事活动食品安全检验标准建设】2016年，市公安局根据G20杭州峰会安保工作需要，启动食品安全检验机制建设，制定完成6个种类齐全、内容完整、检验标准高的大型国事活动安保食品安全检验规范化标准和实战操作手册，成为该领域全国首创的标准体系，并完成方案流程制定、人员抽调培训、安全隐患排查、现场快速检验、动物实验、实验室检验等工作任务。G20杭州峰会期间，累计出动警力1300多人次，在食品总仓、住地酒店和重要宴会场所，通过抽样食品、快速检验、实验室检测、动物实验等方式，发现并排除各类食品安全隐患19处。

【摩托化反恐应急处突分队组建】2016年3月起，市公安局在全市范围内组建摩托化反恐应急队伍，利用警用摩托车机动性强、对路面要求低的特点，确保在交通拥堵或是车站、公园、学校、医院等人流密集情况下，能够第一时间抵达事发地，及时有效处置各类突发案（事）件，提高全市处警机动性。5月1日，市公安局在全市范围全面启动摩托化应急处突分队工作机制。

【科技信息助力排查隐性涉毒人员】2016年，市公安局禁毒支队研发“禁毒打防管控一体化平台”，针对隐性吸毒人员发现难的突出问题，聚焦涉毒重点部位、车辆、重特大案件3个重点，通过大数据实时计算，开展隐性涉毒人员分析研判。至年末，共查获包含“毒驾”人员、代驾公司驾驶员、出租车司机、网约车司机在内的隐性吸毒人员约400人。通过重点场所、重点部位清查，查获涉毒人员85人。对已查获涉毒人员的活动区域分布进行定位标注，直观展现杭州市毒情状况。通过“重点部位预警”模块对隐性吸毒人员活动频繁的旅馆、网吧、娱乐场所、暂住地以及通话基站位置等信息进行及时预警，为基层派出所确定清查整治重点部位和领导科学调配警力提供依据。

2016年5月27日，杭州市公安机关参加全省公安机关、武警部队G20杭州峰会安保工作誓师大会　（市公安局 供稿）

【人脸卡口测试系统在地铁环境启用】2016年6月28日起，针对近年来杭州地铁客流大幅增长、刑事治安警情渐趋复杂、反恐防暴形势严峻的情况，杭州市公安局地铁公安分局在地铁全线重点站点安装人脸抓拍专用设备，并进行人脸卡口测试系统应用。至年末，通过该系统应用共预警可疑人员6351人次，其中预警疑似逃犯3485人次，抓获各类违法犯罪人员218人。

【社会应急联动平战结合指挥调度机制】2016年8月，市公安局指挥中心（市联动中心）按照省政府办公厅《关于进一步加强社会应急联动工作的意见》和省、市联动工作要求，实施社会应急联动平战结合指挥调度工作机制，平时发挥“110”社会应急联动体系优势，利用各联动单位的人力、设备等资源，调动各级联动力量快速、有效处置各类事件，战时召集相关单位统一进驻市公安局反恐大楼，组成联动专班，实行24小时专人值守，实时处置各类应急联动事件。至年末，该中心共处置各类联动事件3.9万起，特别是在G20杭州峰会召开前后，迅速妥善处置好杭州奥体中心重点路段积水、贴沙河河水发黄、临安客运大巴车安全隐患、凤凰山上空不明飞行物等多起事件。

【公安监管场所三级医疗卫生保障体系】2016年，杭州市公安监管场所深化与属地卫生计生部门及医疗机构协作，至年末，全部建立起协作医院驻所门诊部（卫生所），在高等级医院开通绿色救治通道，构建“所内门诊部常规巡诊、监管医院住院治疗、高等级医院开通绿色救治通道”的三级医疗卫生保障体系。其中:第一层级由各监管场所门诊部(卫生所)负责,做好日常收押体检、巡诊发药、治疗评估、疾病预防等工作;第二层级由监管医院负责,做好全市监管场所患有严重疾病人员术后住院监测或患有慢性疾病被监管人员的住院治疗工作;第三层级由高等级医院负责,开辟病重或病危人员绿色通道,进行应急救治,对监所内疑难病症人员进行会诊。在市西溪医院建设专门收治除开放期肺结核以外严重传染性疾病犯罪嫌疑人的监管病房,提升监管场所医疗卫生保障能力。在2016年度公安部和红十字国际委员会监所医疗卫生研讨会上,杭州市公安局代表做经验交流发言。

2016年5月1日,杭州市启动摩托化应急处突分队工作机制。图为上城分局摩托化反恐处突分队巡逻 (市公安局 供稿)

【户籍制度改革推进】 2016年,市公安局贯彻全国公安机关加快推进户籍制度改革电视电话会议精神,制定杭州市2016年户籍制度改革工作计划。6月30日,《杭州市人民政府关于进一步推进户籍制度改革的实施意见》出台,明确改革的总体目标、原则任务及措施要求。7月14日,市政府印发《杭州市深化推进户籍制度改革实施方案》和《杭州市户籍制度改革重点任务推进计划表》。9月12日,市政府召开户籍制度改革动员部署会部署推进工作。市公安局以户口登记管理专项清理整顿为基础,以《全市户籍制度改革人口数据转换方案》《关于建立农村“三权”资源退出机制的指导意见》为依据,抓好富阳区“一元化”户口登记、滨江区居住证制度改革、临安市农村土地承包经营权确权登记颁证等试点,突破若干历史遗留问题及新型居住证制度推行难题,加快萧山区、余杭区、富阳区与主城区户籍管理的深度融合,建立“三权到户、权随人走”的农村产权制度。12月31日,杭州市全面取消农业户口与非农业户口性质区分及由此衍生的其他户口类型,统一登记为“居民户口”,建立城乡统一的“一元化”户口登记制度。

【居民身份证异地受理】 2016年,杭州市公安机关根据公安部、省公安厅的部署要求,试点并全面推行居民身份证异地受理、挂失申报和丢失招领的三项便民利民措施,制定《杭州市公安局居民身份证异地受理试点工作实施方案》,编写具体操作指南,建立全市居民身份证异地受理情况网上巡查监测机制。至年末,杭州市开通26个省(市、自治区)异地身份证受理服务,全市144个受理点覆盖杭州各区县(市),累计受理异地身份证办理14816张。

【火灾隐患排查整治】 2016年,杭州市公安消防部门先后组织夏季消防检查、夏季消防安全重点致灾因素、电动车专项整治等专项行动。全年检查单位8400多个次,发现整改火灾隐患6.67万处,办理单位临时查封1304起,实施行政处罚4499起,责令“三停”1083起,拘留处罚989起。贯彻执行市消安委和市安委会联合印发的《关于巩固深化全市重点区域火灾等安全事故防控综合治理体系建设的意见》,解决馒头山、始板桥、思鑫坊、白沙泉、九莲庄、营盘地,杨家墩等地久拖难改的消防安全问题。

【出国境证件“一证通”服务】 2016年1月起,市公安局出入境管理局在2015年7月率先全省开展出国境证件“一证通”试点的基础上,在全市出入境窗口全面推行“一证通”便民措施。省内户籍人员办理出入境证件,只要提交身份证和其他办证所需材料,免提交户口簿。全年在出入境窗口发放“申请须知”1万份,在“警察叔叔”App和“平安杭州”微信公众号上及时宣传该项政策,有效节约行政成本和群众办事时间。

【杭州市首个边防派出所成立】 2016年7月29日,杭州市首个边防派出所——临江高新技术产业开发区边防派出所揭牌成立(2017年1月1日起正式实体化运作)。该所实行边防部队和地方公安机关双重领导体制,驻守在杭州的最东端,既履行边防部队职责,又承担和地方派出所相同的职能,担负杭州地区最东部毗邻钱塘江的160平方千米陆域和79平方千米水域治安管理任务,负责沿线港岙口,码头和各类船舶、船员的边防管理任务以及钱塘江海域缉枪、缉毒、打击走私和反偷渡任务,强化杭州市出海通道控制。至此,杭州公安队伍实现“公、消、边、警”全警种建制。

【流动人口管理体制调整】 2016年6月14日,杭州市机构编制委员会印发《关于调整市流动人口服务管理领导小组办公室机构设置的通知》,将原由市政府办公厅承担的流动人口服务管理综合协调相关工作职责划归市公安局承担。杭州市流动人口服务管理委员会办公室相应调整至市公安局,增设市公安局流动人口服务

2016年杭州市交通、火灾事故情况

表60

月份	交通事故				火灾事故			
	次数(起)	死亡(人)	受伤(人)	经济损失(万元)	次数(起)	死亡(人)	受伤(人)	经济损失(万元)
1	156	59	129	30.54	482	—	—	130.35
2	116	38	106	33.06	488	—	2	231.71
3	148	45	142	28.59	463	—	1	259.17
4	156	38	152	25.29	353	1	1	131.50
5	169	55	144	30.32	350	—	—	248.00
6	149	38	145	42.15	368	—	2	135.29
7	161	57	157	35.94	426	2	1	477.26
8	98	30	97	16.88	282	—	—	694.88
9	146	46	131	19.49	198	—	—	60.41
10	204	58	190	52.99	290	1	—	96.01
11	320	66	361	91.53	319	—	—	204.13
12	493	59	636	172.69	194	1	—	224.80
合计	2 316	589	2 390	579.47	4 213	5	7	2 893.51

管理综合协调处。主要职责是贯彻执行流动人口服务管理的法律、法规、规章和政策;协调有关部门研究制定、完善流动人口服务管理的制度、政策、措施,并督促实施;协调整合流动人口信息资源,建立流动人口管理综合平台。至年末,上城区、下城区、西湖区、江干区、拱墅区、滨江区、杭州经济技术开发区、大江东产业集聚区、西湖风景名胜区9个公安分局已增挂流动人口服务管理委员会办公室牌子。

【流动人口管理服务】 2016年,市流动人口管理服务工作贯彻落实国务院和省政府推行新型居住证制度的要求,每季度开展全市流动人口基础信息测查工作。至12月31日,全市流动人口登记在册总数为656.6万人,比上年末增加163.2万人,上升33.1%。其中:男性382.2万人,占58.2%;女性274.4万人,占41.8%;性别比1.39∶1。

市流动人口办牵头起草《杭州市人民政府办公厅关于推行新型居住证制度的通知》,经市政府常务会议和市委常委会审议通过,定于2017年1月1日起在杭州市区施行。根据“全员登记、依规领证、凭证服务、量化供给”的原则,规范居住证申领和签注程序,建立积分管理系统、智能门禁系统、综合信息平台等信息系统。《杭州市居住出租房屋安全管理若干规定》出台,把流动人口和居住出租房屋基础要素纳入网格排查管控内容,发动各区县(市)流动人口专职协管员参与属地巡防工作。5月,与市教育局联合开展进城务工人员随迁子女入学宣传与预登记的信息联审,促进教育资源合理分配。全年编发《新杭州人》刊物6期、“新杭州人家园”微信平台微刊52期、政策宣传类文章400多篇、民调短信13万多条。

【市公安局指挥中心大楼启用】 4月,杭州市公安局指挥中心大楼完成主体建设。6月,投入使用。指挥中心大楼位于杭州市婺江路169号,配备指挥大厅、信息中心、对外办事大厅、反诈骗中心等部门及相应设施。

(蔡　妮)

检　察

【检察概况】 2016年,全市检察机关忠实履行宪法和法律赋予的职责,深入实施“品质检察”战略。坚持把服务保障G20杭州峰会作为全年工作的重中之重,加强风险排查化解,依法妥善办案,扎实做好检察环节维稳安保工作。开展多层次、常态化的业务培训和岗位练兵,举办19期专项业务培训班,组织侦监、信息技术、公文写作等10项业务竞赛,组织优秀侦查员评选、“公诉出庭能力提升年”等活动。加强检察理论调研,承担省、市级课题14个,其中5篇专题被评为全省检察机关优秀专题调研成果。在省级以上期刊发表论文50多篇,其中获奖20多篇,8篇被评为全省检察机关知名期刊优秀成果,占全省总数的四分之一。

落实“一岗双责”和“一案双查”制度,建立检察院党组每季度听取党风廉政建设和干警思想动态制度。开展“践行绿色司法、严明纪律规矩、打造杭检铁军”专项教育整顿活动,结合违法违纪案例,分析队伍教育管理面临的形势和存在的问题,抓好检察队伍建设。全市检察机关获得省级以上荣誉167项,45人次在“全国检察机关第四届侦查监督业务竞赛”“全省检察机关民事行政业务竞赛”

“全省检察机关案件管理业务竞赛”等省级以上岗位练兵和评比活动中获奖。杭州市检察机关获评“全国先进基层检察院”1个，获评“全省先进基层检察院”2个。

【G20杭州峰会检察保障】2016年，全市检察机关发挥检察职能，为G20杭州峰会营造安全稳定的社会环境。在坚守法律底线的前提下，把“是否有利于G20杭州峰会维稳安保”作为司法办案的重要考量因素，制定依法妥善办案、有效防控风险、服务保障G20杭州峰会的18条意见，相关做法被最高人民检察院、省检察院和市委政法委转发。开展涉检不稳定因素滚动排查29次，对重大、敏感案件和涉检信访重点人员，落实工作责任，及时化解消除隐患。与公安机关建立反恐协作机制，与相关单位共同落实电话卡实名制。对司法办案中发现寄递行业安全监管漏洞、“职业乞丐”集聚景区等影响社会稳定的问题，及时向有关部门反映，得到中央、省、市领导的批示和相关单位的落实反馈。市检察院干警陈泉创作的“最萌杭州”表情包，生动展现西湖景点、龙井茶等杭州元素，成为杭州G20网络宣传亮点，陈泉被评为“2016杭州十佳好网民”。市检察院等18个集体和65名个人分别受到省委、市委和省检察院通报表彰。

【非公经济服务保障】2016年，市检察院以保障和促进非公经济发展为重点，依法平等保护各种所有制企业合法权益，准确把握法律政策，改进办案方式方法。主动问需于企业，提供服务清单，与市工商联会签《关于加强合作服务和促进非公经济健康发展的工作意见》，开展“诚信发展·检察伴你行”“走基层、进企业、听民声”等活动，深入重点企业、特色小镇、商贸园区建立检察联络站，与电商、高新技术9企业开展战略合作，构建“亲”“清”新型政商关系。市检察院报送的《近五年来杭州地区民营企业家犯罪分析与风险防控对策》得到省检察院和市委、市政府主要领导批示肯定，《关于有效预防电商领域刑事犯罪的建议》获得市“人民建议奖”。

【批捕起诉】2016年，全市检察机关批准逮捕各类刑事犯罪嫌疑人8477人，提起公诉16092人。依法批准逮捕故意杀人、抢劫、绑架、强奸等严重暴力犯罪和盗窃、诈骗等多发性侵财型犯罪4654人，起诉6190人。深化打击骗取社保基金犯罪联动机制，开展疑难案件专题研讨，依法批准逮捕以“挂靠”“空刷套现”等手段骗取医保、社保基金案件9人，起诉70人，另有85人在后续审查起诉中。严格证据标准，坚决排除非法证据，依法对不构成犯罪或者证据不足的1052人，做出不批捕、不起诉决定。坚持宽严相济刑事司法政策，依法对没有逮捕必要、犯罪情节轻微的2606人，做出不批捕、不起诉决定。检察机关各项办案质量、效率指标均居全省前列，19件案件被评为省级办案精品或优秀案例。

【职务犯罪惩防】2016年，全市检察机关以省检察院信息化引导、精细化侦查、专业化审讯、规范化办案的“四化”，促进杭州规范型、高效型、创新型、专业型“四型”侦查方式升级，惩防职务犯罪。全年查办职务犯罪160人（贪污贿赂犯罪136人、渎职犯罪24人），其中县处级要案28人、厅级1人。开展查办涉农惠农领域职务犯罪专项工作，立案侦查贪污、挪用和滥用职权帮助他人骗取农业专项资金犯罪34件、42人。深入开展对土地出让、工程建设、征地拆迁、房地产开发领域和领导干部、基层干部以权谋利的职务犯罪专项查处，查办案件79件、89人。深化职务犯罪预防工作，结合基层组织换届，开展“百场宣讲促预防，千家万户话清廉”活动，实现预防工作向乡镇、村社“全覆盖”。市检察院撰写的《2015年度惩治和预防职务犯罪综合年度报告》获评全国“百优”和全省“十佳”预防报告。建成市检察院职务犯罪警示教育基地并对外开放。举办“城管局长·检察长”两长论坛，剖析城管领域职务犯罪新情况新问题，研讨解决问题的方法举措。“两长论坛”机制被评为浙江省“六五”普法创新项目一等奖。

【诉讼监督】2016年，全市检察机关深入开展破坏环境资源和危害食品药品安全犯罪专项立案监督活动，加强检察机关内部协作、行政执法和刑事司法衔接，主动挖掘线索，共建议行政执法机关移送和监督公安机关立案61件，比上年增加59件。加强审判活动监督，依法提出刑事抗诉案件21件，改判9件。依法提出或提请民事行政抗诉29件，改判3件。受理虚假诉讼线索25件，移送公安16件，10人被追究刑事责任，纠正2起错误裁判。加强刑罚执行监督，开展社区矫正脱管漏管、混关混押、刑罚交付执行等专项检察活动，发现问题及时提出纠正意见或检察建议。审查监

2016年7月26日，市检察院与阿里巴巴（中国）有限公司签署战略合作协议

（市检察院 供稿）

2016年9月21日，市政协社会法制和民族宗教委员会、市检察院考察大洋镇三河小学的“卫蓝”未成年人检察工作室 （市检察院 供稿）

管场所呈报减刑、假释、暂予监外执行案件2640件，提出的160件纠正意见均被采纳。

【司法人文关怀】 2016年，全市检察机关深化未成年人犯罪预防，联合市教育局、市普法办组织检察官法制教育宣讲团，进校园举办法制讲座80多场；通过设立检察官工作室、组织“小候鸟”法治夏令营、开展心理咨询、展播相关题材微电影等载体和形式，引导未成年人加强自我保护，远离犯罪。认真落实未成年人刑事案件诉讼程序规定和检察机关加强未成年人司法保护措施。市检察院对涉罪未成年人开展社会化帮教的实施意见被省检察院转发，市检察院、上城区检察院和3名干警分别受到最高人民检察院、省检察院表彰。1名干警入选“法治进校园”全国巡讲团和中央电视台《检察官说案》节目主讲人。

全年受理群众信访2314件，均依法处理。开展刑事被害人救助工作，维护被害人合法权益。对54人适用刑事和解程序，促进矛盾化解。对232件正确的民事和行政裁判进行释法说理，促进息诉服判。深化基层检察室建设，开展职务犯罪预防、信访处理工作，引导群众理性表达诉求、依法维护权益。

【检务工作标准化建设】 2016年，市检察院坚持问题导向，认真查补短板，推动规范司法常态化，确保检察权依法正确行使。扎实开展“文明办案”和“保障律师会见权”两个专项整改活动，针对律师普遍反映的“会见难、阅卷难、调查取证难”等问题，制定保障律师执业权利、推进规范文明办案的23条意见，推行检察环节律师参与诉讼活动全程留痕制度，建立保障和规范律师会见看守所在押人员工作机制，提供电子光盘刻录等多元化阅卷方式。在全省率先探索检察委员会委员集体听取律师意见工作，开发程序性信息推送告知平台，形成保障律师执业权利立体化工作格局。着力构建新型检律关系“杭州模式”，《检察日报》头版头条报道杭州做法。制定精细化初查指引、反贪文书格式模板等规范，推行职务犯罪初查模块化运作，进一步规范法律文书，推进侦查方式转型升级。修订《办案工作区和看守所讯（询）问工作规范》，明确讯问规范、安全防范、权利保障、用语文明和工作纪律。建成全市统一的指定居所监视居住场所，坚持制度建设和规范管理并重，建立起一套符合规范司法要求的管理使用模式。

【检务公开】 2016年，全市检察机关深化检务公开，加强检察服务大厅建设，提供控告举报、案件信息查询“一站式”服务。依托案件信息公开系统，及时发布案件信息，公开生效法律文书。拓展检察宣传的深度和广度，市检察院连续第7年获评全国检察宣传先进单位，“杭州检察”微信公众号获得全国检察系统微信20强、新媒体作品20强、自媒体20强和新媒体年度贡献奖4个奖项。图文漫画作品《萌版雷锋》获评全国检察系统十大经典案例。

运用多种载体，自觉接受人大、政协监督。以举报宣传周、检察开放日为载体，邀请代表委员、人民监督员、非公企业代表、律师代表等参观宣传图片展、预防职务犯罪警示教育基地。邀请市政协民主监督小组对未成年人刑事检察工作进行监督。推出杭州检察App，集检察宣传、信息发布、律师预约、行贿犯罪档案查询、听取意见建议等功能于一体，方便社会各界监督检察工作。及时办理并反馈市人大代表建议、市政协委员提案4件。对拟撤案或不起诉的25件职务犯罪案件，全部进入人民监督员监督程序。

【检察信息化建设】 2016年，全市检察机关深化检察信息化建设“杭州思路”，推进信息技术与检察工作的深度融合。发挥法医、文件检验、电子数据恢复的作用，为客观性证据审查提供技术支持。深入实施“科技强检”战略，建设远程视频办案系统，开发“智慧办案”信息化平台，开展智能语音识别系统试点，提高工作效率。智能语音识别系统应用被最高人民检察院向全国推广。

【检察改革】 2016年，全市检察机关坚持改革创新，破解发展难题。推进司法体制改革，在萧山区检察院试点的基础上，开展检察人员分类管理改革，制定实施办法，组织考试考核，全市共遴选437名业务水平高、司法经验丰富的检察官在一线办案。配合国家监察体制改革，引导干警理解改革、支持改革、参与改革。推进以审判为中心的诉讼制度改革，通过业务骨干授课、参加公安机关重大案件讨论、与市公安局禁毒和预审部门互派人员交流学习等方式，及时把检察机关的证据标准和证明要求传导到侦查机关。深化案件繁简分流，开展刑事案件速裁程序改革和认罪认罚从宽制度试点工作，建成案件远程提

审、开庭、送达网络，依法保障人权，提高办案效率。（冯顺英）

法 院

【法院概况】 2016年，全市法院坚持司法为民、公正司法的主线，忠实履行宪法法律赋予的职责，各项工作取得新进展。

全市法院把护航G20杭州峰会作为工作圆心，加大刑事犯罪惩处力度，全力以赴加强纠纷化解、信访维稳、安全保卫等工作，筑起护航G20杭州峰会的强大司法防线。

全市法院全年受理各类案件25.39万件、审结23.83万件，分别比上年上升3.2%和8.8%，居全省第一。其中市中级人民法院受理案件1.63万件（不含减刑假释）、审结1.58万件，分别上升6.5%和11.6%。全市一线法官人均办案293件，超全省平均数33件；二审改判发回率、生效裁判息诉率等主要办案质量、效率、效果指标继续保持全省前列。

认真落实党风廉政建设的主体责任和监督责任，强化制度刚性约束，严格执行随机滚动分案、回避制度、裁决权实施权分离、执行款物管理、差错案责任追究等审判管理制度。开展各种专项治理，对立案窗口进行现场检查，强化司法礼仪；对庭审活动进行监控抽查，规范庭审行为；对公务用车进行定位督查，巩固车改成果。坚持有案必查、有腐必惩，最大限度预防和减少违纪违法案件发生，提升司法公信形象。

主动接受人大、政协及各界监督，坚持重大部署、重点工作、重要事项向人大报告、向政协通报制度，针对人大代表评议法院工作意见，专题研究并落实整改。坚持接受监督务求实效原则，办理人大代表建议、政协委员提案9件，满意率100%。坚持“经常、主动、深入”的联络原则，全市法院共邀请人大代表、政协委员参加意见征询会、旁听庭审、参与执行等1247人次。认真执行检察长列席审判委员会会议制度，全年列席会议16次，讨论案件30件。

【刑事犯罪惩处】 2016年，全市法院新收刑事一审案件11706件，审结11916件，判处罪犯14562人。依法严惩危害国家安全犯罪，妥善审理多起颠覆国家政权、间谍、利用邪教组织破坏法律实施犯罪等案件，切实维护国家政治安全、政权安全。深入实施《中华人民共和国反恐怖主义法》，严惩恐怖主义、极端主义犯罪，对涉枪涉爆、制作和传播暴恐音视频等行为坚持打早打小，惩处从重从快，确保公共安全和政权巩固。严厉打击暴力刑事犯罪，审结杀人、绑架、抢劫、放火等重大刑事案件4625件、5639人。9月，G20杭州峰会期间重大刑事案件收案比上年同期下降31%。严惩贪污贿赂犯罪，审结贪污、贿赂、渎职等职务犯罪172件、219人。强化没收违法所得和追赃追逃工作，确保人赃俱获、除恶必尽，最大程度挽回国家和人民的经济损失。依法惩处经济领域犯罪，审结非法集资、非法传销等涉众型经济犯罪案件76件、193人。重点加大对电信网络诈骗犯罪的打击力度。

【商事案件审判】 2016年，全市法院审结一审商事案件9.54万件，比上年上升10.9%。依法平等保护中小微企业、民营企业的合法权益。正确把握民间借贷案件中企业之间借贷、刑民交叉、P2P网贷平台责任承担等方面的司法政策界限，全年审结金融纠纷案件1.93万件、民间借贷案件3.07万件。针对证券期货市场活跃期证券欺诈、违规信息披露、内幕交易等纠纷大幅上升的现状，市中级人民法院与证券监管部门共同探索建立证券期货纠纷诉讼与调解衔接机制，快速化解纠纷，及时保护金融消费者合法权益，被最高人民法院确定为全国试点。大力推进涉及银行不良资产的司法处置，打击不法企业逃废金融债务行为。妥善审结外商投资、涉外贸易纠纷等案件506件，涉及美国、日本等18个国家，有力保障开放型经济发展。首次发布涉外商事审判工作白皮书和十大案例，帮助规范对外投资经营行为。

【民事案件审判】 2016年，全市法院严惩在食品中添加罂粟壳等危害群众健康行为，审结生产、销售有毒有害食品药品犯罪案件69件，判处102人，保障群众“舌尖上的安全”。审结建设工程合同、商品房买卖等涉房地产案件4584件，依法维护房地产市场健康发展。畅通劳动者维权绿色通道，严惩恶意欠薪，审结拖欠农民工工资等劳动争议案件5291件。与市旅委共同建立旅游纠纷多元化解机制，保障旅游市场健康发展。努力破解家事纠纷中的“情利交织”困境，“和”字为本推进家事审判改革，共审结婚姻家庭、继承、赡养、抚养、抚育等案件1.82万件。

2016年11月18日，出席第三届世界互联网大会“智慧法院暨网络法治论坛”的外宾考察市法院审判法庭和诉讼服务中心（市法院 供稿）

【行政案件审判】2016年，全市法院行政案件收案数2302件，审结2437件，其中涉及城建、拆迁案件716件，审理难度高，维稳压力大。市中级人民法院以府院联席会议形式加强与政府的协调沟通，并连续十年发布行政审判白皮书，努力从源头上预防行政争议的产生。充分发挥司法协调功能，促进行政争议实质性化解，经协调促成和解撤诉的占21.7%。全面履行司法监督职能，行政机关判决败诉率为10%，比上年下降3.3个百分点，反映出杭州市依法行政水平持续上升。

【解决"判决执行难"举措】2016年，按照最高人民法院"两到三年基本解决执行难"工作部署，全市法院全年共执结案件7.38万件，执行到位标的117亿元。各级法院强化工作力度，对失信被执行人一律纳入黑名单、限制高消费、限制出境或禁办护照，对超出15平方米必需用房面积的房屋一律腾退，情节严重的一律实施司法拘留。出台禁止失信被执行人通过旅行社外出旅游，禁止其子女就读高收费民办学校等一系列新举措，继续限制挤压"老赖"生存空间。集中开展打击拒执、逃废债、虚假诉讼等专项行动，以涉嫌拒执罪等移送公安部门72件、93人，采取刑事强制措施20件、35人。严格规范执行行为，专门制定5个文件规定，建立交叉、指定或提级执行的常态化机制。开通执行专线，24小时接受监督举报。开展涉执行暂存款集中清理专项行动，有效缩短执行款发放时间，防范廉政风险。

【诉讼审理改革】2016年，市法院严格落实立案登记制，加强立案指导，有效规制滥诉行为，确保有案必立、有诉必理。按照省高级人民法院"大立案、大服务、大调解"三大机制建设部署，全市法院积极推进新型诉讼服务中心建设。全年接待服务各类当事人4万多人次，"12368"司法服务热线接听、处理当事人来电1.94万件，居全省首位。强化"智慧法院"建设，积极开展网上咨询、网上预约立案、网上调解工作，为当事人节省时间和费用。全市法院研发推广庭审语音智能识别系统，适用远程视频庭审系统开庭审理案件2709件次。第三次世界互联网大会期间，来自世界10多个国家的首席大法官和法院高级官员专程参访市中级人民法院的"智慧法院"建设成果。

【涉诉涉稳信访风险排查】2016年，围绕G20杭州峰会工作圆心，全市法院共开展9次矛盾风险大排查，对排查出的1475件涉稳风险案件实行定人包案、一案一策，严格落实稳控措施，实现峰会期间"零集聚""零失控""零事故"维稳目标。完善法院内部信访案件运行机制，将涉诉信访纳入法治化轨道，申诉信访渠道得到进一步畅通。加大信访终结工作力度，依法对信访案件立案终结139件，完成终结及甄别移交83件，分别比上年上升2.97倍和48.2%。加大对违法行为的制裁力度，全年判刑9人。

【电子商务网上法庭试点】2016年，杭州市法院率先在全国开展电子商务网上法庭试点，共处理纠纷1.65万件，形成有效的网上法庭审理机制和较为成熟的网络纠纷多元化解机制。年末，全省先后有11个法院入驻网上法庭平台。杭州网上法庭审理的两起典型案例被最高人民法院收录于《民事审判指导与参考》，为全国涉网审判提供借鉴。在中央、省、市的重视支持下，杭州法院已着手争取设立全国首家涉互联网案件专门审判机构，集中破解涉网诉讼难题，充分实现"网上纠纷网上解决"目标，满足"互联网+"背景下群众司法新需求。

【参与社会综合治理】2016年，全市法院创新运用"枫桥经验"，不断健全矛盾纠纷多元化解机制，以驻院律师、人民调解员、退休法官专职调解为常态，积极开展诉前、庭前调解工作，妥善化解各类纠纷1.96万件。在涉未成年人犯罪案件的审判中强化柔性司法、人性帮扶和理性启迪，涉未成年人犯罪人数比上年下降49.5%。严格落实减刑假释案件社会公示和开庭审理程序，严格把握减刑假释条件。积极参与社区矫正、回访帮教、特殊人群帮扶等工作，有效预防和减少犯罪。

【企业破产事务处置机制】2016年，市法院围绕促进供给侧结构性改革工作，在市委、市政府的大力支持下，建立破产事务综合处置机制。召开府院联席会议，落实企业破产保障专项资金，有效解决无产可破情况下管理人报酬和履职费用的支付问题，推进破产工作顺利进行。指导成立全省规模最大的破产管理人协会，促进行业发展规范化、市场化。加强破产

2016年11月2～3日，最高人民法院司法改革办公室到市法院调研"杭州网络法院"的设立情况

（市法院 供稿）

审判专业化建设，成立专门破产审判庭，让法院成为“生病企业的医院”，对一时陷入困境的企业尽可能重整救治，对无法救治或救治无望的“僵尸企业”依法进行破产清算，及时淘汰落后产能。

【知识产权司法保护】2016年，市法院注重加强对驰名商标、自主品牌、关键技术和基础前沿领域知识产权的司法保护，全年共审结专利技术、著作权和商标权等知识产权案件5157件。坚持创新为要，以法治手段优化创新生态，成功调处社会关注度较高的“嘀嘀打车”商标权纠纷案、全省首例涉“滴滴出行”软件运输合同纠纷案，对“网约车”平台及司机的行为予以法律上的规范，促进网约车平台健康发展。连续第五年发布杭州地区知识产权十大典型案例，并制作《知识产权与企业》宣传手册，帮助企业提升知识产权管理和运用水平。

【生态环境司法保障】2016年，全市法院注重运用司法手段补齐杭州市生态环境保护短板，加大对各种污染水、大气、土壤等行为的打击力度。对污染环境的犯罪行为，严格限制适用缓刑，提高刑事惩治强度。全年审结涉及“五水共治”等破坏生态的犯罪案件49件、133人，实刑率50.4%。依法支持环保行政执法，审结环保部门申请强制执行污染环境案件108件，准予执行率96.3%。依法严惩盗伐、滥伐林木、破坏野生动植物资源等犯罪行为，为维护当地生态平衡提供司法支持。

【法院司法公开】2016年，全市法院继续深入推进审判流程、庭审活动、裁判文书、执行信息四大公开平台建设，对依法应当公开的司法信息全部主动公开。坚持“公开网拍优先”原则，全市涉讼资产全部通过网络公开拍卖，总成交额90亿余元，成交率95.8%，为当事人节省佣金约2亿元。加大案件公开审理透明度，全市法院共开展网络视频庭审直播203件（次），召开新闻发布会16场（次），法院组织“公众开放日”接待民众5000多人次。（胡育萍）

司法行政

【司法行政概况】2016年，全市司法行政机关深入实践“干在实处、走在前列、勇立潮头”新要求，围绕G20杭州峰会一个“圆心”，确保监管和队伍“两个安全”，坚持队伍建设正规化、专业化、职业化“三化”方向，强化政治意识、大局意识、核心意识、看齐意识“四种意识”，践行创新、协调、绿色、开放、共享“五大理念”，推动全市司法行政工作在高起点上的新发展。省委书记夏宝龙专程调研杭州市司法工作，省委常委、市委书记赵一德7次对市司法行政工作给予批示肯定。市司法局牵头成立的G20杭州峰会法律服务志愿团当选为“2016年度中国十大法治人物”，杭州市被中宣部、司法部评为“全国法治宣传教育先进城市”，市司法局被评为“浙江省服务保障G20峰会工作先进集体”。

【监所监管】2016年，杭州市属监狱部门牢固树立“首位意识、大局意识、忧患意识、规范意识”，严格落实各项监管安全措施，提高执法能力，提升教育改造质量，提高智能化水平，连续19年实现监管安全和安全生产目标。西郊监狱在确保安全的前提下，改扩建工程推进迅速，50%建筑单体结顶，武警营房顺利搬迁。南郊监狱获得全省司法行政系统G20杭州峰会维稳安保危机处置实战演练二等奖，监管安全稳步提升，改扩建土地难题得到破解。东郊监狱深化“三共八联”机制，被省司法厅、省武警总队联合表彰为贯彻落实“湖北会议”精神先进单位。北郊监狱实现正式押犯，劳教制度改革在杭州全部完成。市司法局被评为“2016年度杭州市重点项目建设先进集体”。杭州市富春强制隔离戒毒所落实《戒毒工作纲要》，医疗戒毒、教育矫正、心理矫治、体能康复水平进一步提高。聘任10位社会知名人士为戒毒公益大使。

【社区矫正安置帮教】2016年，市司法局建立健全综合领导、信息互通、网格共管、监地协作、帮扶救助、视频会商6项工作机制，形成内外联动、立体管控、多方响应的矫正安帮维稳安保大格局。部署开展“大排查、大走访、大检查”专项活动，对全市社区服刑人员和刑释人员，做到信息核查全覆盖。开展专项执法检查，严格落实社区服刑人员请销假制度和“两个8小时”管理。加大教育帮扶工作力度，落实社会低保164人，帮助就业3691人，技能培训4380人，困难救助676人，提供心理咨询5516人次。全年无脱漏管和失控情况，社区服刑人员无重新犯罪。

【人民调解工作】2016年，市司法局制定《关于加强G20峰会期间矛盾纠纷预防与化解工作的意见》，开展“护航G20人民调解百日攻坚”专项活动。全市司法机关有效调解纠纷9.98万件，成功率99%，稳控化解3年内疑难积案357件。举办第四届“十大金牌和事佬”评选活动。扎实推进省级“星级规范化司法所”创建工作，全市三星级以上规范化司法所有104个，创建率54%。13个区县（市）、188个乡镇（街道）、2650个村（社区）实现公共法律服务网点全覆盖。加强人民调解委员会规范化建设，医疗、交通、保险、物业、婚姻家庭纠纷等人民调解委员会规范发展。

【法律服务】2016年，市司法局积极引导律师、公证员、司法鉴定工作者为“一号工程”“三改一拆”“五水共治”、大气治理、基础建设、城乡统筹等600个政府重点项目提供专业法律服务，促进全市经济社会平稳健康发展。杭州律师入选“一带一路战略建设项目跨境律师人才库”，参与撰写《一带一路国家和地区投资法律实务指南》，为国家电力投资集团公司在土耳其收购项目、“海康威视欧元债券发行”项目等重大事宜提供专业法律服务。市律师协会牵头成立“杭州市破产管理人协会”，34个律师事务所成为会员单位，为“僵尸企业”有序退市提供平台。联合市发改委等部门举办赴美投资与贸易法律制度讲座。成立市台商法律服务团，为全市500多个台资企业和广大台胞提供法律服务。“名所名品名律师”培育工程扎实推进，确定

2016年12月4日，杭州市举办"12·4"国家宪法日暨第四届"十大金牌和事佬"颁奖晚会 （市司法局 供稿）

重点培育名单和发展方向，创新系列举措。出台《杭州市规范化律师事务所创建办法》，首批56个律所被授予"杭州市规范化律师事务所"称号。杭州律师"十大影响力案件"和"社会责任报告"发布，反响良好。市律师协会党委持续推进"项目党建"，服务中小企业，获得省、市"两新"党工委和服务企业的好评。

制定《杭州市星级公证处考评办法（试行）》《杭州市星级公证处考评细则》，提升公证管理水平和服务能力。开展"服务G20，公证促安宁"主题活动，高质量完成水电社区整治征迁等峰会项目公证。服务改革发展，为全市"一号工程"、"五水共治"、"三改一拆"、企业并购、出租车改革等提供优质公证服务。司法鉴定坚持"规模、品牌、特色"导向，推进机构转型升级，全市司法鉴定机构参加81项能力项目验证，通过率98%。司法机构3个中心通过国家级资质认定，微量物证实验室填补省内空白。落实鉴定人出庭作证制度，全年出庭作证67人次。

【公共法律服务体系建设】 2016年，市司法局编制《杭州市公共法律服务体系"十三五"规划》，并纳入市"十三五"总体规划。12月30日，杭州市公共法律服务中心正式运行。该中心整合法律咨询、法律援助、公证服务、司法考试、人民调解、律师管理、法治宣传等司法行政主要服务职能，是市级层面的公共法律服务综合体。"杭州市公共法律服务网"和"杭州公共法律服务"手机App让法律服务更加智慧高效。深化"律师进社区（村）"工作，扎实开展第三届"法治惠民服务月"活动，实现"公共法律服务在您身边"目标。全国法治媒体浙江行记者团对杭州市"互联网+公共法律服务"工作进行专题采访报道。

【法治宣传】 2016年，杭州市"六五"普法工作取得丰硕成果，时隔20年再次被评为"全国普法先进城市"，在全省"六五"普法创新项目评选中，市司法局《开心学法》节目获一等奖。组织"护航G20普法在行动"专项活动，推出"法眼看峰会"、《杭州市文明行为促进条例》宣传等十大举措。高标准启动"七五"普法，市委市政府出台《关于在全市公民中开展法治宣传教育的第七个五年规划（2016～2020年）》，市人大常委会出台《关于开展第七个五年法治宣传教育的决议》。部署"宪法宣讲浙江行"活动，精心组织"12·4"国家宪法日系列活动。配合市人大完成"五四"宪法历史资料陈列馆开馆筹建工作，将陈列馆申报、命名为省、市法治宣传教育基地。成立杭州市重点工作普法宣讲团，落实各区县（市）"一地一品"项目和市直单位"九大活动"。启动第3轮项目化普法建设，打造"法润春芽"青少年普法等24个重点普法项目。推出公交移动电视普法栏目《阿普说法》，覆盖全市6000多辆公交车。利用地铁电视窗口，继续办好《开心学法》节目。创建省级"民主法治村（社区）"35个、省级法治文化建设示范点4个。

【依法行政】 2016年，市司法局制定出台《2016年度杭州市司法行政系统法治政府建设考评标准》《杭州市司法局重大行政执法决定法制审核办法》。完成市司法局权力清单编制，在浙江政务服务网统一对外公布。推进人民监督员制度改革，健全管理登记制度。呈报"减、假、保"案件1433件，无一退案。加强执法监督，对三年来的126起"三类"罪犯减刑、假释、暂予监外执行案件进行评查。贯彻落实省司法厅《关于加强社区矫正执法监督工作的指导意见》，促进社区矫正规范执法。全面开展不规范执业突出问题专项教育整治，建立和实行律师诚信档案、不良执业记录披露制度和违法违规行为定期通报制度。组织实施2016年杭州考区国家司法考试，8555人报名参加司法考试。

【法律援助】 2016年12月23日，省人大常委会批准实施《杭州市法律援助条例》，全市法律援助覆盖面进一步扩大。落实《杭州市法律援助服务标准》，做好司法部案件质量管理体系建设试点工作，开发"案件质量控制系统"，率先在市级和江干区的法律援助中心试运行。出台《杭州市法律援助工作站联络点管理办法》，进一步规范站点建设。协调市委政法委建立由公、检、法、司参加的法律援助联席会议制度，联合印发《关于加强和规范刑事法律援助工作的意见》，完善协调机制。全市办理法律援助案件1.48万件，解答法律咨询9.42万人次，挽回经济损失1.8亿元，法律援助案件回访满意率95%。市法律援助中心获评"第五届全国法律援助工作先进集体""全国老年法律维权工作先进集体"称号。 （侯德力）

案 例

【之江花园特大入室抢劫杀人案】2003年8月15日凌晨，杭州市滨江区之江花园一座别墅内发生杀人案，别墅内3人被杀，分别是36岁的保姆、78岁的外婆及其4岁的外孙女，案犯作案后逃离现场。13年中，杭州市公安机关一直未放松对该案件的侦破，依托大数据信息资源和前沿技术手段，不断拓展侦案新途径、新思路。2016年6月8日，市公安局刑侦支队在DNA数据比对中，发现浙江绍兴一起斗殴案嫌疑人员俞某的DNA数据与滨江特大杀人案现场DNA数据吻合，迅即启动重大案件线索核查机制，组成专案组对俞某展开缉查。6月9日凌晨，专案组在浙江绍兴诸暨次坞镇溪埭村将犯罪嫌疑人俞某(男，40岁，浙江诸暨人)抓获并押解回杭。犯罪嫌疑人俞某交代，2003年8月15日凌晨，其潜入之江花园一座别墅盗窃，因被事主发现，持刀杀害别墅内3人后逃离现场。

【"2·18"特大杀人案】2016年2月18日晚22时许，富阳区永昌镇吉雅鞋业有限公司4楼宿舍内发生命案，侯某(男，49岁，河南虞城县人)、侯妻及其孙女、孙子4人被害。案发后，杭州市公安局迅速成立由市、区两级公安机关组成的专案组，第一时间赶赴现场开展侦查。现场勘查发现犯罪嫌疑人血鞋印1枚，经连夜调查访问和数据分析，确定嫌疑对象卢某(男，47岁，河南虞城县人)。2月19日，专案组在浙江嘉善抓获犯罪嫌疑人卢某，又组织警力对嫌疑人案发后逃跑路线涉及的多个重点区域展开地毯式搜索。2月25日，侦查人员在距离案发现场5千米处的松溪堤坝附近找到嫌疑人抛弃焚烧处理的作案物品，并检出被害人及嫌疑人DNA。4月12日，犯罪嫌疑人卢某对因感情纠纷故意杀害侯某祖孙4人的犯罪事实供认不讳。

【公交车肇事致多人伤亡案】2016年3月2日9时4分许，袁某(男，42岁)驾驶307路公交车在杭州沈半路由北向南行驶，向右变道进张家园公交车站时，导致在其右侧车道行驶的由徐某(男，49岁)驾驶的轻型货车因避让驶入的公交车，与正从站台走入停靠区准备上公交车的6名乘客相撞，事故导致1人经抢救无效死亡，5人受伤。事故发生后，市公安局交警支队立即调集力量赶赴现场实施伤员抢救、现场勘查等工作，委托具有资质的鉴定机构对车辆安全技术状况及车速等进行鉴定，并邀请省、市交通事故专家参与事故调查。经查，两车驾驶人不存在毒驾、酒驾的违法行为。公交车驾驶人袁某存在变更车道时影响其他车辆正常行驶的违法行为，负事故主要责任；轻型货车驾驶人徐某存在违反禁令标志通行(走禁行线)、超载的违法行为，负事故次要责任。3日，袁某被依法执行刑事拘留；17日，由市检察院批准逮捕。22日，徐某被依法行政处罚。 (蔡 妮)

【滨江区征地拆迁滥用职权、受贿案】2012～2015年，任滨江区长河街道征迁管理中心副主任兼征迁组负责人的蒋某，在街道征地拆迁中，违反法律法规，徇私情私利，滥用职权帮助被拆迁个人及企业多获取拆迁补偿款，造成国家经济损失540多万元。2009～2015年，蒋某利用职务便利，在街道征地拆迁中为被拆迁企业主谋取利益，并非法收受被拆迁企业主赠送的钱物等。该案经滨江区人民法院判决：蒋某犯滥用职权罪，判处有期徒刑3年6个月；犯受贿罪，判处有期徒刑4年3个月，并处罚金60万元；数罪并罚，决定执行有期徒刑6年3个月，并处罚金60万元。

滨江区人民察院以该案为突破口，共查办长河街道征地拆迁领域渎职犯罪案3件、4人。 (冯顺英)

【"嘀嘀"商标侵权纠纷调解】杭州妙影微电子有限公司、宁波市科技园区妙影电子有限公司因认为北京小桔科技有限公司侵犯其"嘀嘀"注册商标专用权，遂向杭州市中级人民法院提起诉讼。该案诉讼标的高达8020万元，是截至受理时市法院标的额最高的商标侵权纠纷案。因案涉"互联网+"时代新型商业模式，案情较为复杂，且小桔公司"滴滴出行"软件作为"手机打车神器"，其2015年的订单数超过10亿次，社会影响力大，备受关注。

2015年4月，市中级人民法院通过官方微博视频直播案件庭审过程，开创省内法院系统微博视频直播庭审的先例。审理过程中，市法院始终立足于化解矛盾，尽可能促使双方当事人从矛盾对抗走向和解共赢。2015年6月，双方一度达成调解意向，但杭州妙影微电子有限公司要求增加补偿金额，致调解失败。对此，市法院承办法官以维护当事人合法权益为目标，辨法析理，反复与双方沟通，终于在2016年5月促成双方当事人达成一揽子商标转让协议，杭州妙影微电子有限公司撤回对该案及拱墅区法院正在审理的另一相关案件的起诉。该案的调解结案，成功构建双赢局面，实现社会效果与法律效果的统一。

【浙江远洋运输股份有限公司破产裁定】2016年7月20日，浙江省交通集团投资有限公司以浙江远洋运输股份有限公司(简称远洋公司)不能清偿到期债务，资产不足以清偿全部债务且明显缺乏清偿能力为由，向杭州市中级人民法院申请对该公司进行破产清算。市法院于7月28日裁定受理，并于9月23日召开第一次债权人会议，完成各项议程。10月18日，远洋公司破产管理人以远洋公司资不抵债且不能清偿到期债务，也无重整、和解或其他清偿债务的可能性为由，向市法院申请裁定宣告远洋公司破产。

经审理查明，截至远洋公司第一次债权人会议召开之前，共有14家债权人向管理人申报债权，总额为109.77亿元，均为普通债权；另有职工债权人290人，管理人对其债权金额处在审查确定中。浙江中孜会计师事务所有限公司于10月18日出具的审计报告显示，截至7月28日破产受理日，远洋公司的资产总额为51.46亿余元，负债总额为84.45亿余元，所有者权益为-32.99亿余元。市中级人民法院认为，远洋公司不能清偿到期债务，且其资产明显不足以清偿全部债务，遂于2016年10月25日依法裁定宣告其破产。 (胡育萍)

责任编辑 汤 峻

杭州警备区

【杭州警备区概况】 2016年，杭州警备区围绕峰会圆心，聚焦主责主业，狠抓工作落实，各项建设有序推进。开展"坚决服从改革大局、忠实履行职能使命"专题教育和改革强军主题教育，组织纪念中国共产党建立95周年和长征胜利80周年系列活动，开展"学史明志、知职尽责、护航峰会"知识竞赛。全力护航G20杭州峰会，完成驻杭部队营院治安基础排查，解决安保任务部队官兵"吃住行"问题。组织民兵完成山体警戒守护，参加"环杭护城河"检查站安检查控，负责铁路和高速公路重要路段防护，动员征集医疗担架工和礼仪驾驶员参加峰会保障。紧贴区位特点和使命任务，持之以恒备战练兵，着力提升应急应战能力。持续抓好各项战备制度的常态落实，修订完善行动预案，不定期地组织拉动检验和演练。把杭州市公羊队等7支民间救援队伍纳入民兵重点应急力量建设。出台《杭州市军民融合"十三五"规划》，组织市、县两级军民融合学习培训。针对干部转业暂缓配备的实际，认真抓好民主集中制的贯彻落实，在干部任用、兵员征集、工程建设、经费开支等重大问题上，坚持标准、走实程序、落实要求。推进重点领域清查整治，停止有偿服务第一批15个可控托底项目，完成省军区赋予的民兵预备役人员附加养老及意外伤害保险试点任务。

【杭州获"全国双拥模范城"称号】 2016年7月29日，全国双拥模范城（县）命名暨双拥模范单位和个人表彰大会在北京举行。省委常委、市委书记赵一德，杭州警备区政委雷林代表杭州市出席大会，并领取"全国双拥模范城"牌匾。杭州已连续7次获"全国双拥模范城"称号。

【市委议军会召开】 2016年12月23日，杭州市召开市委议军会，学习贯彻习近平系列重要讲话精神，强化党管武装工作，高水平推进国防动员和后备力量建设，推动军民融合深度发展。省委常委、市委书记、杭州警备区党委第一书记赵一德主持会议并讲话。市委常委，杭州警备区党委常委，各区县（市）委书记、人武部主官，市相关局（办）领导共80多人参加会议。会议听取杭州市军民融合深度发展等工作情况汇报。会上，杭州警备区司令员潘方敏宣读任职命令，赵一德为新任各区县（市）人武部党委第一书记颁发任命状，上城区和淳安县人武部党委第一书记分别做表态发言。杭州警备区政委雷林主持军事讲座，军事科学院教授杜文龙授课。

【杭州市军民融合深度发展"十三五"规划】 2016年，杭州警备区联合市发改委起草制定《杭州市军民融合深度发展"十三五"规划》（简称《规划》）。《规划》经多次征求市经信委、市交通运输局、市财政局等有关单位和各区县（市）意见后，先后3次召开评审会，由市委议军会专题研究通过。《规划》回顾"十二五"时期军民融合成果，着眼适应军民融合发展新形势、开创新征程，重点围绕"十三五"期间创新示范、产业集群、重大平台、共建共享、人才建设、组织领导、工作机制等方面，明确八大任务18项重点项目责任清单，涵盖全市信息网络、装备制造、生物医药、航空航天等七大产业，全面系统推进杭州军民融合深度发展。

【党管武装工作量化考评】 2016年11月23至12月2日，杭州警备区对13个区县（市）党管武装工作进行量化考评。考评组听取近两年来党管武装工作开展情况，查阅2016年度各区县（市）党管武装工作相关资料、图片、实物等，随机抽查部分乡镇武装部开展工作情况，通过以考促管、以考促建、以考破难、以考兴武，推动党管武装工作落实。

【首长机关指挥技能集训】 2016年4月12～15日，杭州警备区在萧山民兵训练基地组织师团两级首长机关指挥技能集中训练。杭州警备区机关干部和各团单位80多人参加。集训安排安保知识学习、指挥技能专项训练、轻武器应用射击、体能测试和20千米战斗体能拉练5项内容。市委警卫局和市公安局反恐支队分别介绍G20杭州峰会安保法规知识和反恐形势。

【随军家属就业安置】 2016年，杭州警备区会同市人力社保局、市教育局，推进随军家属就业安置工作，维护军人合法权益。市政府多次召开协调会，研究安置落实的对策措施，先后听取市编委办、市财政局、市民政局、市教育局、市国资委等单位意见建议。11月7日，由省人力社保厅、省军区政治部和市人力社保局、杭州警备区政治部共同举办的随军家属就业安置专场招聘会在陆军杭州疗养院举行，130多名随军家属参加就业咨询和招聘。年内，全市共安置随军家属382人。

【慰问军属大走访】2016年春节前夕，杭州警备区开展走访慰问杭州籍现役干部家庭活动。杭州籍师职领导干部家庭由杭州警备区负责走访慰问，师职团职干部家庭由区县（市）人武部负责走访慰问，营以下干部家庭由乡镇（街道）武装部负责走访慰问。杭州警备区本级负责走访慰问157名杭州籍现役师职以上领导干部家庭，其中父母在杭州的行政干部67名。对父母不在杭州的干部，将牌匾和慰问信寄（送）给本人或转交给其指定的亲属。

【市县两级征兵工作领导小组调整】2016年5月24日，杭州市调整完善市、县两级征兵工作领导小组和征兵办公室，市征兵工作领导小组由市委常委、常务副市长马晓晖任组长，市委常委、杭州警备区司令员潘方敏，杭州警备区政委雷林，市政府副秘书长、办公厅主任高国飞任副组长，杭州警备区、市交通运输局、市文广新闻出版局、市教育局、市人力社保局、市民政局、市财政局、市卫生计生委、市总工会、团市委、市妇联相关领导任组员。各区县（市）相应调整完善征兵工作领导小组和征兵办公室。

【国防动员潜力数据调查】2016年9月21日，根据国防动员部统一部署，杭州警备区召开市、县两级国防动员潜力数据调查任务部署暨培训会议，200多人参加。杭州警备区全年组织两次全市数据会审，协调本级各办公室并指导各单位抓好潜力统计工作，核准全市国防动员潜力底数，完善综合动员、人民武装动员、政治动员、人民防空、国民经济动员、交通战备、信息动员7个领域数万条数据。

【科技动员工作会议】2016年12月12日，杭州市、县两级国防动员委员会（简称国动委）科技动员工作会议在淳安县举办，市、县两级科技动员办公室主任、专职副主任，6支专业保障队伍和企业代表50多人参加。会议着眼服务国防建设，突出按纲抓建，学习国防动员基本概念、历史发展和《军队基层建设纲要》等。会上，各区县（市）科技动员办公室做年度工作书面交流，红外热成像仪装备维修分队代表做工作汇报，市国动委科技动员办公室主任、市科委主任阳作军对2016年度杭州市科技动员工作做总结讲评，并对下一步工作提出具体要求。

2016年9月12日，杭州市应征入伍的新兵参加欢送仪式

（杭州图库 供稿）

【高校征兵工作站成立】2016年5月31日，浙江省（杭州市）大学生征兵工作启动暨高校征兵工作站授牌仪式在浙江科技学院举行。浙江省军区副司令员周少锋、副参谋长刘忠诚，杭州警备区司令员潘方敏及省市教育厅（局）、浙江科技学院有关领导出席仪式，为在杭42所高校授牌，各高校武装部部长及学生代表300多人参加。在杭42所高校征兵工作领导小组于7月底全部成立。

【兵员（士官）征招】2016年6～9月，杭州市征兵工作坚持科学统筹、合力推进，强化责任担当，精心筹划准备，深入宣传发动，严把质量关口，完善配套政策，圆满完成新兵征集任务。征集的兵员中，大学生占67.9%，其中重点本科生占15.9%、一般本科生占36.5%，各项指标均创历年新高。其间，杭州警备区组织士官直接招生工作，对网上报名人员按计划组织专业审定、体检、政治考核和集体定兵，招收8名士官，所学专业涵盖计算机、机械制造、水上运输等。

【24个非公企业武装部设立】2016年，杭州警备区采取自下而上、逐一考察、逐级审核的形式，对全市24个（下城区3个、江干区2个、拱墅区1个、西湖区2个、滨江区4个、萧山区7个、余杭区2个、富阳区1个、建德市2个）非公有制企业设立武装部情况进行考察，所有非公有制企业武装部均符合设立条件。12月29日，24个非公有制企业设立武装部的申请报市委、市政府审批。

【后备力量基层规范化建设】2016年9月22日，杭州警备区在西湖区人武部召开全市武装工作基层规范化暨“四队”兼备后备力量建设现场会，省军区副参谋长刘忠诚、常务副市长马晓晖、杭州警备区司令员潘方敏出席会议并讲话。全市各区县（市）人民政府分管领导、办公室主任，市政府相关职能部门负责人，各人武部、预备役高炮团主官和部分基层专武部长代表140多人参加。与会人员现场观摩西湖区人武部和应急连规范化建设，古荡街道应急联动一体化指挥平台实兵演练、库室自动化管理系统演示，公羊会民兵综合救援队装备展示，浙江科技学院“一室一库一站”硬件设施建设，黄龙国际商务中心武装工作开展情况。听取西湖区人武部、黄龙国际商务中心、浙江科技学院、公羊会民兵综合救援队有关代表的主要做法，并观看古荡街道武装工作纪事片。会议部署武装工作基层规范化建设任务。

2016年9月2日，杭州民兵巡防分队整装待发　（贾敏政　供稿）

【G20杭州峰会警备安保】 2016年7月11日，杭州警备区召开G20杭州峰会安保暨安全工作任务部署会。15个团单位主官及军事科参谋、本级机关全体干部参加会议。会议采取“互学互看”大比武形式组织，集体看亮点找短板，逐单位反思总结前期准备情况，逐条学习上级任务部署会精神和前期检查发现问题，对安保任务区分为2个层次6个方面15个具体项目，采取任务清单形式，细分责任人、工作标准、完成时限，拉单列表、挂账销号、责任到人。

【应急力量建设现场会】 2016年6月8日，在浙江省“四队”（战斗队、工作队、宣传队、专业队）兼备应急力量建设现场会上，杭州警备区民兵应急救援装备轻型高机动技术救援车、多功能应急救援叉装车、抢险救援水陆两栖船、多功能小型应急救援装载机、全地形UTV消防车等逐一亮相。这些装备功能齐全、操作便捷、使用简单、作用力强，有利于更好地完成应急救援、安保稳维、抢险救灾等任务。

【7支民间救援力量纳入民兵应急救援队】 2016年初，杭州警备区按“基本+特色”思路抓好民兵应急连建设，将浙江公羊公益救援促进会、桐庐阳光应急救援服务中心、建德矿山救援分队、咸亨国际救援队、临安无线电通信救援小分队、西湖715研究所海上支援保障队等7支民间专业救援力量纳入民兵应急队伍，加强G20杭州峰会期间的应急处突力量，形成履行有效监控、要点外围协防、水上巡逻封控、目标受袭救援、协助城市管制5项任务能力。

【民兵和预备役人员附加养老及意外伤害保险试点】 2016年，杭州警备区在滨江人武部开展可行性论证，与国寿股份杭州分公司、平安人寿杭州中心支公司、华夏人寿杭州中心支公司等公司洽谈养老保险险种、意外伤害险类别及费率等情况，组织全区应急连民兵进行问卷调查，掌握一线民兵役备役人员的职业类别、年龄层次、保险需求、参训情况等。9月，由浙江省军区招标办通过招标竞价方式，确定国寿股份杭州分公司为承保单位。杭州警备区筹措经费259.2万元，为应急队民兵和预备役人员购买附加养老及意外伤害保险。12月30日，杭州警备区组织保险业务培训和保险政策宣讲，确保浙江省军区和杭州警备区对民兵预备役人员的关心落到实处。

【“学史明志、知职尽责、护航峰会”知识竞赛】 2016年6～7月，杭州警备区组织“学史明志、知职尽责、护航峰会”知识竞赛。各团单位和警备区机关公勤队精心选员、积极备战、严肃参考，以良好的精神风貌参加竞赛活动。最终淳安县人武部获一等奖，预备役高炮团、下城区人武部获二等奖，上城区人武部、拱墅区人武部、萧山区人武部获三等奖。

【“坚决服从改革大局、忠实履行使命职能”教育】 2016年1月18日至2月4日，杭州警备区组织“坚决服从改革大局，忠实履行使命职能”教育活动。全体官兵认真学习习近平关于改革强军重要论述、中央军委国防动员部电视电话会议精神，学习中央军委国防动员部《关于切实做好省军区（警备区）划归中央军委国防动员部领导管理后有关工作的通知》精神，撰写心得体会，围绕“明职责、敢担当、有作为，做新一代国防动员人”主题，组织学习讨论，进一步统一思想、凝聚意志。结合工作实际，开展“强军我有责、改革作贡献”实践活动，在比态度、比行动、比奉献、比守纪中争当改革的坚定拥护者、模范践行者、积极推动者。（贾敏政）

武警杭州市支队

【武警杭州市支队概况】 中国人民武装警察部队浙江省总队杭州市支队（简称武警杭州市支队），主要担负警卫安保、看守看押、守卫守护、武装巡逻、两规陪护五类固定勤务和处突反恐、抢险救灾等任务。2016年，武警杭州市支队以强军目标为统领，适应全军和武警部队建设新形势，坚持“强能、提质、保稳、创优”，圆满完成G20杭州峰会、第三届世界互联网大会、杭州国际马拉松等重大活动的安全保卫任务，部队建设呈现稳中提质、全面发展的良好态势。

坚持用党的创新理论武装头脑，推进“两学一做”学习教育活动。围绕纪念长征胜利80周年活动，用伟大的长征精神贯注部队。举办纪念蔡永祥烈士牺牲50周年和三中队被授予荣誉称号20周年活动。在G20杭州峰会安保任务中，要人住地警卫勤务政治工作试点和政治考核试点成果在浙江省总队推广。按照“多能一体、有效维稳”战略要求，强化任务牵引，坚持练兵备战，全力做好强能力保中心工作。推进“两看”目标AB门建设，解决监门哨建设、联防措施、隐患治理等难题，连续29年实现执勤安全无事故。年内，处置执勤事例35起，“两规”陪护出动118人次、担负11批次，押解犯人690批次，押运货币77批次，重大警卫任务6批次。落实编制要求，撤编城区大队部、组建第二十三中队，对4个中队任务性质做相应调整。开展党组织“学理论、理程序、强个体、促全面”自建强能培训活动，建强“一线战斗堡垒”。3个连续5年未创先进的中队跨入先进行列。坚持把党风廉政建设作为第一职责，在工程建设、副食品配送、集中采购等方面进行全程监督。抓好基层风气和干部教育整顿，公开通报处理违规违纪党员干部。

【武警年度勤训轮换】2016年3月15日至4月29日，武警杭州市支队分4批次组织2640人次勤训轮换。通过勤训轮换，解决执勤分队训练人员难集中、场地难保障、课目难完成、质量难保证等问题，提高重难点课目的训练质量。

【武警“魔鬼周”训练】2016年3月15日和6月17日，武警杭州市支队分两批组织420名应急班战斗队员进行“魔鬼周”训练。每批利用7天时间组织实施，对紧急集合、武装奔袭、山地越野、夜间伪装侦查、急行军、体能极限、野外生存、恶劣环境就餐、野外宿营、反劫持战斗等15个科目进行训练，提高应急班战斗队员的反恐能力。

【公安武警巡逻勤务联席会议】2016年5月16日，武警杭州市支队会同市公安局特警支队专题召开巡逻勤务联席会议。双方结合G20杭州峰会安保任务和杭州市区重点目标防暴恐形势，从组织指挥、职责任务、兵力部署、组勤模式、各类保障等方面进行讨论研究，交换意见。

【“寻根之旅·追随之行”主题党日活动】2016年6月30日，武警杭州市支队组织40名优秀党员，到淳安县开展“寻根之旅·追随之行”主题党日活动，深化“两学一做”学习教育成果。活动中，全体党员重温入党誓词，参观中国工农红军北上抗日先遣队纪念馆、茶山会议旧址和方志敏、粟裕居住地，向埋葬77名中国工农红军北上抗日先遣队队员的红兵坟敬献花圈。在四任省委书记（张德江、习近平、赵洪祝、夏宝龙）基层联系点下姜村，全体人员了解下姜村的建设故事。

2016年10月9日，武警杭州市支队在杭州市革命烈士纪念馆前举行纪念“一心为公的共产主义战士”蔡永祥牺牲50周年活动　　（董伟华 供稿）

【“卫士-16·西湖”实兵演练】2016年7月29～31日，武警杭州市支队分3个方向参与武警部队“卫士-16·西湖”导演部统一组织的实兵对抗演练。通过演练，检验并提高武警部队首长机关组织指挥、谋划决策、统筹协调和部队整体行动能力。

【云居山革命烈士公祭日礼宾】2016年9月30日，武警杭州市支队出动180名兵力担负云居山公祭日礼宾任务，向浙江省革命烈士纪念碑敬献花篮，深切悼念为民族独立、人民解放、国家富强、人民幸福英勇献身的革命先烈。

【武警部队行业风气整顿】2016年9月21～30日，武警杭州市支队组织为期10天的行业风气清理整顿。围绕政治自觉、使命意识、法纪素养、组织观念、担当精神5个方面，查找思想层面的共性问题；围绕工程建设、财经管理、选人用人、医德医风、物资采购、资源配置6个行业领域，查找倾向性问题。通过开展“四查四看”活动，梳理出涉及后勤方面的五大类20个问题。

【蔡永祥牺牲50周年纪念活动】2016年10月9日，武警杭州市支队在杭州市革命烈士纪念馆前举行纪念“一心为公的共产主义战士”蔡永祥牺牲50周年活动。武警浙江省总队参谋长周俊东，武警杭州市支队党委常委、三中队历任主官、蔡永祥生前战友及部分官兵代表127人参加纪念活动。

【世界互联网大会武警安保】2016年11月16～18日，武警杭州市支队出动280名兵力，担负第三届世界互联网大会乌镇核心主会场警卫、杭州萧山国际机场专机警卫、杭州市社会面武装巡逻和反恐备勤任务。其间，武警官兵坚持严之又严、细之又细、实

之又实的工作作风，始终保持昂扬的精神和斗志，全力筑牢互联网大会维稳安保的“铜墙铁壁”。（董伟华）

杭州边防检查站

【杭州边防检查站概况】 中华人民共和国杭州边防检查站（简称杭州边防检查站）组建于1979年5月，隶属于中国人民武警警察部队浙江省边防总队（浙江省公安边防总队），是国家设立在杭州空港口岸的出入境边防检查机关，主要任务是依据国家法律法规对出入杭州空港口岸的人员及行李物品、交通运输工具及载运的货物实施边防检查，对出入境交通工具进行监护，对口岸限定区域进行警戒，维护出入境秩序，执行主管机关赋予的其他法律、行政法规规定的任务。

2016年，杭州边防检查站以口岸反恐防“回流”为重点，以部队内部安全为基础，发挥政治工作服务保证作用，圆满完成G20杭州峰会等重大安保任务。全年检查出入境人员444万余人次，再创历史新高。G20杭州峰会期间，验放专机包机134架次、人员3961人次、机组1959人次、给予部长级以上要客代表团通关礼遇26批次495人次，给予普通参会代表通关便利1259人次。妥善处置G20杭州峰会期间发生的多次突发情况，被G20杭州峰会安保组表彰为安保工作成绩突出单位，被省委省政府表彰为先进集体，被公安部记集体二等功。边检勤务队和执勤业务二科被公安部记集体一等功。证件研究室赵颖被公安部表彰为“猎狐2015”专项行动成绩突出个人。杭州边防检查站被表彰为2015年度口岸贡献奖。

【“信得过”航空公司、旅行社暨社会监督员座谈会】 2016年1月13日，杭州边防检查站召开2015年度“信得过”航空公司、旅行社暨社会监督员座谈会。驻杭州萧山国际机场的28个航空公司、29个旅行社、10名社会执法监督员参加会议。会议介绍2015年以来边防检查业务工作开展情况并对下一步加强工作协作提出意见，表彰中国国际航空股份有限公司浙江分公司等11个“信得过”航空公司、浙江光大旅行社等12个“信得过”旅行社。

2016年9月1日，公安部工作组到杭州萧山国际机场专机楼检查边检执勤工作（王植文 供稿）

【春节出入境与往来人员11.24万人次】 2016年2月7～13日（春节假期），杭州边防检查站检查出入境人员11.24万人次，同比增长5.25%。检查出入境航班709架次，其中往返带广、塞班、新加坡、福冈、宿务、科伦坡、函馆、曼谷、普吉岛、清迈、岘港、芽庄、巴厘岛、卡里波、暹粒、沙巴、柬埔寨等地和中国澳门、台北、高雄等地的临时加班机180多架次，同比增长5.35%。平均日检查出入境人员1.6万人次、航班100多架次。2月10日、13日分别迎来口岸出入境高峰，出入境人员和航班架次最高1.93万人次和114架次，是平时的2.4倍，出入境人员和航班架次均创历年新高。

【“边防非常论”活动】 2016年7月13日，由中国边防警察报社主办、浙江边防总队政治部、杭州边防检查站承办的第十期“边防非常论”活动在杭州边防检查站举行。中国边防警察报社、浙江边防总队、广东边防总队和公安边防总医院等单位领导及现场观众80多人参加。活动设“一家之言”“观点交锋”“答疑释惑”3个环节，以G20杭州峰会为背景，围绕“更暖的阳光更美的形象”主题展开热烈讨论。

【G20杭州峰会跨区域安保合作】 2016年8月3日，杭州边防检查站与南京、合肥、黄山等地边防检查站分别签订G20杭州峰会安保合作协议。各方表示在长期互助的基础上，根据安保协议相关条款，在备降航班管理、证件研究援助、情报信息共享、口岸管控合作等方面加强协调配合，落实各项协作机制，发挥各自业务领域优势，坚持平等互助、信息共享、联动协作，完成峰会安保任务。

【新式警官证办理试点】 2016年10月13日，作为武警浙江省边防总队支队级新式警官证办理试点单位，杭州边防检查站139名干部领到2016式警官证。新式警官证对每名干部赋予唯一的身份编号，通过技术手段和信息化处理，在防伪度、通适性、数字化等方面做了大幅度改进提高，办证干部个人基础信息全部经过网上认证，并自动生成个人信息二维码。

【口岸自助通道查验系统启用】 2016年10月18日，杭州边防检查站在杭州萧山国际机场T2航站楼入境执勤现场举行全省首个口岸自助通道查验系统启用仪式。杭州萧山国际机场股份有限公司，中国国际航空股份有限公司、港龙航空有限公司、全日本空输株式会社、韩亚航空公司等驻场境内外航空公司及机场公司二级机构相关领导出席仪式。至年末，该站建设投入使用自助查验通道3条，通过公安部检查验收。

【边防检查员等级考试】2016年11月14日，武警浙江省边防总队2016年度一、二级边防检查员等级考试（杭州片）在杭州边防检查站举行，全省各边防检查站53名干部参加考试。考试按照空港一级、海港一级、空港二级、海港二级四类，分边防检查业务、法律法规、英语笔试、证件资料录入和伪假证件识别、计算机操作5个科目，对考生的边防检查综合素质能力进行全面考核。（王植文）

武警杭州市消防支队

【武警杭州市消防支队概况】2016年，中国人民武装警察部队浙江省消防总队杭州市消防支队（市公安消防局）坚持固本强基，坚持问题导向，强执行促落实、强基础谋发展，完成既定的目标。按照最不利的情况逐一制定完善灭火救援、反恐处突预案，集全警之智、举全警之力，全身心地投入消防安保工作，完成G20杭州峰会、省市"两会"、各类演唱会、中超足球联赛、国际马拉松比赛等安全保卫任务110多项。全市有3个消防单位立集体一等功，3个消防单位获公安部、全国妇联、公安部消防局表彰。

全年接警1.61万次，其中火警4213次，抢险救援1.19万次。出动消防官兵16.67万人次，出动车辆2.64万辆次，抢救被困人员2166人，疏散被困人员2114人，抢救财产价值1.01亿元。组织舆情实战5次、演练4次。

【火灾扑救】2016年1月14日19时，位于余杭区通运路钱家社5组的一辆装有煤气瓶的汽车发生爆炸，且引燃两侧的建筑，起火建筑为2幢4层砖混结构厂房，分别为新天地机械有限公司和荣丰机械有限公司。市公安消防局指挥中心接到报警后，先后调派祥符、大关、康桥、特勤、复兴、蒋村、良渚、半山、西湖、湖滨、七堡11个消防中队32辆消防车、160名消防官兵到现场扑救。21时35分，火势基本得到控制。次日6时01分，火场清理完毕。爆炸火灾事故造成1人死亡，过火面积约3000平方米，保住库房5000多平方米，疏散群众60多名，抢救财产价值3000多万元。

5月25日15时58分，杭州市沈半路灯具市场发生火灾。市公安消防局指挥中心调派12个中队35辆消防车、160多名官兵到现场扑救。19时19分火势得到控制，23时10分基本扑灭。火灾过火面积约1000平方米，疏散群众40多名。灯具市场B区、C区、新区和杭州长运轮胎翻修厂近10万平方米的厂房得到保护。火灾未造成人员伤亡。

11月27日17时51分，位于江干区艮山西路68号的仓库发生火灾，市公安消防局指挥中心调派艮山、景芳、特勤一中队等24个中队49辆消防车、310名官兵到场扑救。浙江省公安厅消防局指挥中心调派绍兴、嘉兴公安消防局30辆消防车、160名官兵跨区域增援。23时30分，大火得到控制。次日1时29分，大火被扑灭。火灾总过火面积2750平方米，未造成人员伤亡。

12月12日18时10分，位于下沙1号路23号的杭州朝阳橡胶有限公司发生火灾。市公安消防局指挥中心调派20个中队47辆消防车、267名官兵到场扑救。21时33分，火势得到控制。23时38分，大火被扑灭。火灾过火面积约700平方米，未造成人员伤亡。

2016年5月25日，杭州市沈半路灯具市场发生火灾。武警杭州市消防支队指挥中心迅速调派12个中队35辆消防车赶赴现场扑救（陈夷平 供稿）

【G20杭州峰会消防安保】2016年，市公安消防局建立3个前沿指挥部、3个安保团队和21个指挥所，将全市划分为135个安保网格，依托全市45个消防中队，按照"力量提前布防、警力靠前驻点"的原则，在3个安保圈投入51辆消防车，在全市投入175辆车，开展巡逻执勤。G20杭州峰会前后，连续15天落实64辆消防车，实施24小时驻点巡逻机制。

【消防兵员队伍管理】2016年，市公安消防局加强对参加峰会安全保卫消防兵员政审工作。围绕兵员个人情况、家庭情况、社交情况三方面19项内容，完成全市部队现役战士、合同制队员、外聘保安人员的政治初审、延审。对公安消防部队士官学校增援学员、省内增援官兵，组织增援警力集训，第一时间完成增援官兵运输、分配工作。完成全市消防部队夏秋、冬季两次士兵选退工作，对全市消防部队506名士官进行年度评定，对119名初级士官选取、晋升对象进行集中考核。全年征招合同制消防员164名。

【消防350兆数字集群系统启用】2016年，市公安消防局根据浙江省公安厅关于全省公安机关350兆无线数字集群通信系统（PDT）建设的相关要求，与市公安局科技信息化局对接沟通，按照"一中心，分平台管理"的原则，通过扩容载波的方式加入市公安局PDT系统，协调增加"杭州消防1""杭州消防2""杭州消防3"3个专用组号，实现全市171个基站资源共享。购买500只手持对讲机和50套基地台,启用350兆数字集群系统。

【火灾隐患排查整治】2016年,市公安消防局组织夏季消防检查、电动车充电专项整治等21个专项行动,做到天天有整治、月月有行动。全年市公安消防机构检查单位8.4万个次,发现整改火灾隐患6.67万处,办理临时查封1304起,实施行政处罚4499起,罚款2841.21万元,责令“三停”(停止施工、停止使用、停产停业)1083起,拘留989起。

【消防行政许可服务】2016年,市公安消防局推行“容缺受理”“工业项目承诺制零审批”,将建设工程消防审核、验收审批时限压缩至14个工作日,“小微项目”审批时限压缩至7个工作日。推进消防行政审批制度改革,进行消防设计审核技术审查与行政审批分离制度试点,完成“形式审查”试点项目137个,审批时限缩短至8个工作日。全年办理建筑工程审核项目1371个、验收项目945个、设计抽查项目2220个、验收抽查项目1752个,投入使用营业前安全检查3587个。

【基层消防安全网格化管理】2016年,市公安消防局结合基层社会治理“一张网”建设,调整网格划分,整合网格员力量,完善“以奖代补”等工作机制,对所有基层网格员开展业务培训,加强基层消防力量。修订完善《消防检查评估表》,明确火灾隐患三级督改,推动基层使用“浙江省消防安全网格化管理系统”。年内,全市基层网格人员检查单位25.7万个次,督促整改隐患6.1万处,开展宣传教育15.2万次。

【微型消防站建设】2016年,全市建成重点单位微型消防站5548个、社区微型消防站911个,配备队员4.1万名、消防器材9.68万件。市公安消防局落实微型消防站业务训练,开展比武竞赛,提升微型消防站战斗能力。微型消防站全部纳入消防指挥中心统一调度,确保第一时间调度指挥、第一时间应急响应。年内,全市微型消防站成功处置潜在警情200多起。

【“智慧消防”技术防范管控】2016年,市财政出资建设消防安全远程联网监控系统,全市完成消防安全远程联网监控系统建设重点单位350个,其中G20杭州峰会涉会场馆60个;安装电气安全管理监测系统单位450个,其中G20杭州峰会涉会场馆39个;安装厨房自动灭火装置的G20杭州峰会涉会场馆44个。全市居住出租房、合用场所、社会福利机构等小场所安装独立式感烟报警器72万余个。该项工作在公安部消防局组织的全国社会消防管理现场会上做经验交流。

【“119”消防宣传月活动】2016年11月6日,由浙江省广播电视集团、浙江音乐学院联合主办的“浙江广电青年走基层暨杭州市‘119’消防宣传月启动仪式”在浙江音乐学院举行。省委常委、市委书记赵一德等人出席启动仪式。活动以“消除火灾隐患、共建平安社区”为主题。启动仪式上,10名消防部队英模分别为10名社区安全消防员颁发“安全消防大使”证书。

【宗教界消防运动会】2016年4月15日,市公安消防局在灵隐寺举办消防运动会,比赛项目包括一人两盘水带连接个人技能项目、利用室外消火栓快速出水灭火操小组项目、水带打瓶子综合接力趣味项目以及消防综合知识竞赛集体项目。全市佛教、道教界派出11支代表队55名运动员参加,省市佛教、道教等教派的信众、佛学院学生及现场游客等1000多人观摩比赛。 (陈勇平)

人民防空

【人民防空概况】2016年,市人防(民防)部门以服务保障G20杭州峰会为圆心,以增强信息化条件下人防军事斗争准备能力和推进人防与经济社会深度融合发展为重点,深化改革创新,狠抓工作落实,提升履行战时防空、平时服务、应急支援职能使命的能力,各项工作取得显著成绩。杭州市获“全国人民防空先进城市”称号,市人防办获“全国人民防空先进单位”称号。

以第七次全国人防会议精神为指导,统一思想,深化认识,理清思路,明确全市人防(民防)新一轮发展方向。组织“5·12”防空防灾试鸣暨市民应急疏散演练活动,35个街道(人防重点镇)、139所学校和57个社区12.7万名市民参加演练。按时完成涉及G20杭州峰会保障的6个工程项目(袁富路东段、俞家桥路、之浦路、笕华路、九恒路、红普路)。开展人防工程“三清三查三确保”活动,对20个有人员居住、16个存放易燃易爆物品、241个存在堆放杂物的人防工程进行整改和关停使用。对警报设施设备实施管控,使用门禁隔绝、电源隔断、铁壳加固、加装保笼等防护手段。滨江区在重点管控区域专门成立人防警报护卫队。

以地下空间开发和防空防灾宣传为载体,推进人防与经济社会发展深度融合。全力打造人防和城市地下空间平战统筹“杭州样本”,在全国人防重点城市建设专题研究班上做介绍。落实国家人防办、住房和城乡建设部关于地下空间平时战时功能分类试点,开展“地铁站点人防与地下空间开发利用规划研究”课题研究。利用“西湖之声”电台、华数新媒体的户外LED屏、楼宇电视、地下车库投影仪等载体,开展民防知识及防灾技能宣传。市人民防空展览馆全年接待参观者约800人。

人防组织指挥和信息化建设长足发展,应急应战能力不断提升。举办全国人防大数据建设集训,杭州市作为全国省会城市唯一代表做交流发言。参加全省人防跨区域机动指挥通信演练,运动中通信、卫星(北斗)导航定位、无线单兵图传、短波夜训等科目在演练中展示。组织跨区域指挥通信应急演练,运用新装军用短波电台开展训练。

人防工程及设施设备的建设、管理和使用水平不断提升。开展指挥工程多媒体沙盘、总控室和大屏幕混合矩阵等建设,完成全市军用短波电台改造。市本级开展人民防空方案修订,启动重要经济目标人防指挥及远程监控系统建设。开展重要目标防护、伪装防护、网电防护等课题研究。萧山区、余杭区各组建一支合成人防专业队。

【全国人防大数据建设集训在杭举行】2016年12月6~8日，全国人防大数据建设集训在杭州举行。各省（自治区、直辖市）人防办和中央直属机关、国家机关人防办主任和指挥通信处处长，各省会城市、计划单列市人防办主任和指挥通信处（科）负责人，以及有关教学科研单位代表200人参加集训。集训采取理论辅导、实地考察观摩和经验交流等形式，邀请阿里巴巴集团技术委员会主席王坚等军地知名专家学者进行辅导授课。参训人员实地考察西湖区云栖小镇的云计算成果和“城市数据大脑”展厅的大数据建设示范点、滨江区物联网小镇的智慧e谷和杭州海康威视数字技术股份有限公司的互联网建设示范点。

2016年12月6~8日，全国人防大数据建设集训在杭州举行。图为参会代表在杭州云栖小镇考察云计算、城市“数据大脑”等大数据建设成果（骆翡樱 供稿）

【浙江省人防改革发展专题研修班在杭举办】2016年11月4日，浙江省人民防空改革发展专题研修班在杭州举办。中央军委国防动员部人防局局长、国家人防办主任殷勇，浙江省人防办主任李杭、副主任吴家曦以及全省各市人防办班子成员60多人参加。会议深入学习贯彻第七次全国人民防空会议精神，深入贯彻落实浙江省“八八战略”总纲，放大G20杭州峰会效应，加快推进全省人防改革发展。其间，参会代表考察杭州奥体博览中心地下人防工程，听取杭州奥体博览中心人防工程建设的介绍。

【杭州市人防工作会议】2016年3月14日，杭州市人防工作会议召开。副市长项永丹、杭州警备区政委雷林出席会议并讲话。项永丹充分肯定“十二五”期间全市人防工作取得的成绩，提出要正确认识杭州市人防建设面临的新形势，重点把握好提升人防实战能力、加强人防常态化建设、深化平战结合工作3个方面内容。雷林围绕推进杭州市人防军事斗争准备，从认清形势、推进“转型升级”、务实工作作风3个方面提出意见。市人防办在会上做工作报告，全面总结“十二五”期间杭州市人防（民防）工作，部署2016年及“十三五”期间全市人防（民防）工作任务。

【网电防护和伪装防护课题专家咨询会】2016年5月5~6日，省人防办组织对杭州市网电防护和伪装防护两个课题研究成果专家咨询会。咨询会邀请军地院校、科研院所和军政有关部门的专家。会上，专家听取课题组对成果的介绍，审阅课题研究报告，一致认为，杭州市网电防护和伪装防护两个课题研究论据充分、条理清晰、观点明确、体系完备，具有指导性、开拓性、前瞻性和创新性，对城市和重要经济目标防护工作的开展具有实践指导意义。

【参加全省人防跨区域机动指挥通信演练】2016年6月13~17日，杭州市参加全省人防跨区域机动指挥通信演练。该次演练跨越浙江、上海、江苏三省（市）五市，行程近1000千米，开展运动中通信、卫星（北斗）导航定位、无线单兵图传、短波夜训等科目演练。

【跨区域指挥通信应急演练】2016年11月22日，杭州市与安徽省、河南省、陕西省部分城市实施跨区域指挥通信应急演练（代号：杭州金盾-2016）。全市13辆机动指挥车、17个单位携带40多套装备参加演练。该演练从杭州出发，经过六安市、南阳市、商洛市至宝鸡市，全程近1600千米。主要运用新装军用短波电台组织开展训练。

【自建人防工程动态管理系统启用】2016年8月10日，由市人防办和市公管中心共同研发的杭州市自建人防工程动态管理系统正式启用。该软件是为规范市级平战结合人防工程的开发利用，加强使用管理，促进人防国有资产的保值增值而开发的。通过该系统可直观地反映开发利用情况，实时掌握动态数据，便于查询与统计，为实现人防资产的信息化管理奠定基础，提高工作效率。

（骆翡樱）

责任编辑 袁啸马

文化综述

【纪念中国共产党成立95周年和红军长征胜利80周年主题文化活动】 2016年，为纪念中国共产党成立95周年和红军长征胜利80周年，市委宣传部先后举办“红旗飘飘——庆祝中国共产党成立95周年群众性歌咏活动”和纪念中国共产党成立95周年交响音乐会，歌颂党的光辉历程和丰功伟绩，展现杭州经济社会文化建设新成绩。大力推动主题文艺作品创作，杭产革命历史题材电视剧《海棠依旧》作为中共中央宣传部、国家新闻出版广电总局确定的纪念中国共产党成立95周年重点作品，于“七一”期间在中央电视台综合频道播出。开展“红色记忆——杭州市纪念红军长征胜利80周年美术书法作品展”、纪念红军长征胜利80周年长征诗词书法邀请展等活动，在全社会营造传承弘扬长征精神的浓厚氛围。

【“当好东道主、办好G20”文化宣传活动】 2016年，杭州市举全市之力服务保障G20杭州峰会，组织“喜迎峰会、品戏杭州”——2016年“西湖之春”艺术节、第三届“新春欢乐颂”、“杭州之恋·G20杭州峰会倒计时100天”直播晚会、“喜迎G20·丙申西泠印社春季雅集”等文艺活动。创作推出G20主题歌曲《杭州欢迎你》《杭州之恋》《九月杭州桂花香》，并通过编创排舞、拍摄音乐短片等方式在全市广为传播。邀请茅盾文学奖得主麦家创作纪实文学《最美是杭州》，在《人民日报》整版刊发，向中外嘉宾介绍杭州的人文之美；邀请中国作协副主席、著名报告文学作家何建明创作记录G20筹备历程的报告文学《最美是杭州》，出版《杭州简史》《杭州人手册》《杭州画册》等书籍，在全社会掀起“办好G20、当好东道主”的文化宣传高潮。

2016年5月27日，杭州市举行“G20杭州峰会倒计时100天”文艺演出

（杭州文广集团 供稿）

【杭产文艺精品亮相国际国内舞台】 2016年，杭州市发挥政府主导作用，引导、扶持文化企事业单位开展主旋律文艺精品创作生产。舞剧《遇见大运河》、话剧《生命密码》等4个项目入选文化部国家艺术基金资助项目，位居全国同类城市前列；电视剧《人民检察官》等21部作品入围2016年度浙江省“文化精品工程”，入围数量连续多届位居全省第一。纪录片《话说钱塘江》、电视剧《人民检察官》分别在中央电视台综合频道播出。杭州杂技总团参加法国第17届国际马戏节，作品《头顶圈》获评委会特别荣誉奖。杭州歌剧舞剧院创排的《遇见大运河》在全国20个城市巡演90多场。杭州话剧艺术中心话剧《生命密码》全国42个城市巡演100多场。杭州越剧传习院先后在美国和希腊演出。杭州爱乐乐团举办五次国外巡演。杭州滑稽艺术剧院参加2017年中央电视能春节晚会节目选拔。

【杭州深入贯彻落实文艺工作座谈会精神】 2016年，杭州市深入学习贯彻习近平总书记在文艺工作座谈会上的重要讲话精神，认真贯彻《中共中央关于繁荣发展社会主义文艺的意见》精神，高度重视文艺事业发展和文艺队伍建设，通过举办培训班、研修班、学习班等形式，分类别、分层次、分艺术门类对全市文艺工作者进行培训。4月，中共杭州市委召开文艺工作者座谈会，与文艺家进行座谈交流，省委常委、市委书记赵一德出席并发表重要讲话。5月25～27日，杭州市文学艺术界联合会第八次代表大会召开，来自全市400名文艺工作者代表和近90名嘉宾参加大会。会议选举产生市文联新一届领导机构。王冬龄、印青、刘恒、吴山明、余华、陈祖芬、麦家、蔡志忠、安得烈·布里奥克9位中外著名文艺家被聘为杭州市文联名誉主席。（李 阳）

【“最忆是杭州”峰会文艺演出】 2016年9月4日晚，“最忆是杭州”大型水上情景交响音乐会在西湖景区启幕，为G20杭州峰会全体与会国家领导人、贵宾政要及各界人士呈现一台体现“杭州特色、西湖元素、江南韵味、中国气派、世界大同”的精彩演出。演出形态为户外“大型水上情景表演交响音乐会”，由张艺谋担任总导演，以音乐为主要载体，由大型交响乐团、合唱团等进行现场表演，大量运用水中舞台、全息影像、LED灯光等新技术，以超越国界的艺术语言展示中华文化深厚底蕴和当代中国创新活力，向世界传递人类共通的情感力量，传达融合共处的美好愿景。中央电视台向全世界全程直播，习近平总书记赞扬“文艺演出精彩纷呈”，“向世界展示了美轮美奂的中国印象、中国风采”。

【峰会文艺演出公益复演】 2016年10月1日至11月10日，“最忆是杭州”峰会文艺演出在西湖景区岳湖公益复演50场，吸引6万余名市民和中外游客观赏。整场演出保留G20杭州峰会演出的全部9个节目，表演内容不做任何改变。在演员阵容上，《难忘茉莉花》的演唱者换成杭州籍青年歌唱家吕薇，其余参演演员均为来自浙江歌舞剧院、浙江音乐学院、杭州歌舞团、杭州越剧院的艺术家，团体演员有杭州爱乐乐团、杭州师范大学闻音合唱团、杭州青少年合唱团、浙江省职业艺术学院、杭州新青年歌舞团、印象西湖艺术团、北京舞蹈学院、辽宁省芭蕾舞团、吉林市歌舞团、塔沟武校等团队，参演人数900多人。新华社浙江分社、《浙江日报》、中央电视台等多家媒体进行了现场采访和报道。

【G20峰会杭州国际摄影大赛】 由市文广新闻出版局、阿里巴巴影业集团共同主办的“最美记忆——与峰会同行”G20峰会杭州国际摄影大赛于2016年7月28日启动，至9月5日，共收到海内外来稿10153幅（组）。投稿者中有国内外摄影师、新闻媒体从业人员以及摄影爱好者。参评作品全程记录了峰会从筹办到正式举行期间的精彩画面，包括峰会时刻、城市面貌、文化活动、服务保障和志愿服务等多个方面，真实反映了杭州及浙江人民“围绕圆心、服务中心”的良好风貌，大赛最终评选出《魅力新城》等优秀作品150幅，并于10月9～20日在杭州图书馆展览艺术中心展出。

【杭州市纪念红军长征胜利80周年美术书法创作活动】 2016年，“红色记忆”杭州市纪念红军长征胜利80周年美术书法创作活动由市文广新闻出版局、市文学艺术界联合会联合主办，共征集到美术书法作品340幅。经组委会专家组评审，上城区文化馆黄建华的国画作品、西湖区韩枫的雕塑作品、江干区文化馆朱大焱的书法作品等134幅作品入选。10月21～27日，“红色记忆”杭州市纪念红军长征胜利80周年书画美术作品展活动在杭州图书馆举行。

【社区（村）公共文化场地免费无线网络覆盖】 社区（村）公共文化场地免费无线网络（Wi-Fi）覆盖是2016年杭州市为民办实事项目，市文广新闻出版局组织力量对全市社区（村）公共文化场地无线覆盖情况进行调研，结合区县（市）需求确定公共文化场地实施名单，采取维护原无线网络覆盖点和新建覆盖点的做法，方便当地居民就近免费使用无线网络，便捷、快速地享受数字文化资源。至年末，杭州市已有1500个社区（村）公共文化场地实现免费Wi-Fi覆盖。杭州市计划用3年时间，实现全市社区（村）公共文化场地免费Wi-Fi全覆盖。

【杭州智慧文化服务平台上线】 2016年12月20日，杭州智慧文化服务平台（“文澜在线”App）经试运行后正式上线。平台整合图书馆、文化馆、非物质文化遗产保护中心、乡镇综合文化站、农家书屋等公共文化服务资源，建立统一高效、方便快捷、共建共享的一站式服务平台。市民可通过手机、电脑等终端获取文娱资讯、图书借阅、活动报名、在线学习、咨询解

2016年10月9～20日，“最美记忆——与峰会同行”G20峰会杭州国际摄影大赛获奖作品在杭州图书馆展览艺术中心展出　（市文广新闻出版局 供稿）

答等多元文化服务。

【杭州美术节】2016年12月1～31日，由市委宣传部、中国美术学院、市文创办、市文广新闻出版局、中共杭州市上城区委员会、上城区政府联合主办的杭州美术节在上城区举办。美术节以“江南韵味·艺术杭州”为主题，举办G20杭州峰会美术呈现成果展、文创艺术集市、杭州全城艺术精品联展、美术节艺术品线上线下拍卖会、网络美术节、首届杭州酒店艺术博览会等近50场艺术展览活动，30余家艺术机构（画廊）参加美术节活动。

【杭州市新剧（节）目会演】2016年4月14～28日，“西湖之春”艺术节暨杭州市新剧（节）目会演在各大剧场举行。会演秉持“新剧、新人、新招”理念，推出市、区（县）两级国有及民营艺术院团自2015年以来创演的11台优秀剧目，涵盖越剧、话剧、杭剧、杂技魔幻剧等多种艺术门类，吸引近2万名市民走进剧场，上座率在85%以上。本次会演突破往届在主城区集中演出的惯例，首次将5台优秀剧目送到萧山区、富阳区和桐庐县等地，以定向赠票的形式向百余个社区的基层文化工作者送出2500张公益票。

【婺剧《天下第一疏》赴京会演】2016年7月5日至8月3日，由中共中央宣传部、文化部主办的全国基层院团戏曲会演在北京举行，由杭州市艺术创研中心、建德市婺剧团联合创排的婺剧《天下第一疏》于7月12～13日连续两晚在梅兰芳大剧院上演。该剧以清官海瑞冒死进谏的故事为核心，曾获中国戏剧奖剧目奖等多项荣誉，从全省12台申报剧目中脱颖而出，作为浙江省唯一入选剧目赴京参演。

2016年杭州市重点对外及涉港澳台文化交流活动

表61

时　间	活动内容
1月	杭州艺术学校实验艺术团第八次赴新加坡“欢乐春节”访问演出；杭州歌剧舞剧院携舞蹈剧场《遇见大运河》赴新加坡演出
2月	参与中宣部“感知中国蒙古行”及文化部“欢乐春节泰国行”、“中卡（塔尔）文化年”活动；参加在法国巴黎举办的“黄金时代·巴黎新春”中国艺术节；世界面具展在余杭举办
3月	苏黎世音乐学院三重奏音乐会、德国国家大剧院童声合唱团专场、德国VIT时光之声爵士合唱团音乐会在杭举办
4月	杭州爱乐乐团赴新加坡交流
5月	西泠印社出版社有限公司赴日本开展中国金石篆刻艺术海外推广活动；“琥珀极光——中国波兰文化艺术交流中国行”落地杭州；首次引进提香、鲁本斯、达利、夏加尔、奈良美智等艺术家版画作品展
6月	杭州书画艺术家参加韩国首尔国际艺术交流展；全山石艺术中心举办“温故经典——西方绘画作品展”
7月	市文创办组织“融·再设计”文创设计展赴澳大利亚参与“美丽浙江文化节”
8月	杭州越剧传习院据《李尔王》改编的《忠言》赴希腊演出；“邂逅相遇”——韩国美术大学师生作品展举办
9月	西泠印社文化艺术有限公司赴美国举办“绘意中国——百年西泠当代名家海外巡展”；杭州杂技总团演艺有限公司携《头顶环》赴法国参加第17届瓦兹河谷国际马戏节；日本“扶桑六誓会书法篆刻作品展”在中国印学博物馆举行
10月	杭州越剧传习院赴香港商业演出《红楼花海》；杭州恒庐美术馆举办加拿大画家乔安·戈婕作品展；杭州—南投两湖论坛“阅读养成与心灵塑造”分论坛举办
11月	西泠印社举办“百年西泠中国印”科伦坡特展；杭州爱乐乐团赴欧洲捷克、意大利、奥地利、德国四国巡演；“莲莲吉庆”西泠印社社长饶宗颐先生荷花书画作品巡展举办
12月	俄罗斯国家芭蕾舞团携《天鹅湖》《胡桃夹子》献演杭城；维也纳春之声交响乐团新年音乐会、乌克兰国家交响乐团杭州新年音乐会上演

【杭州青年剧团、青年合唱团成立】杭州青年剧团、青年合唱团为杭州市文化馆直属的公益性团队，分别成立于2016年5月和6月，共计招募团员126人。杭州青年剧团发起人为杭州本土青年导演、演员朱颖、刘薇，著名话剧导演孟京辉担任艺术顾问，中央戏剧学院副教授李奕男担任学术顾问。8月，杭州青年剧团创编排演的第一部肢体剧《奥赛罗》受邀参加北京青年话剧节和乌镇戏剧节，并在浙江传媒学院等高校巡演。

【第四届杭州国际街头摄影节】第四届杭州国际街头摄影节于2016年4月上旬启动，至10月8日，共吸引1.1万人次参与，收到投稿图片近2万幅，来自美国、新加坡、泰国、土耳其、日本、孟加拉国等20多个国家和地区的摄影爱好者参与。大赛设相机和手机拍摄两大类，分杭州和国内外两个组别。杭州组以“G20，我的杭州我的家”为主题，反映杭州特色的街头文化、人文风情；国内外组主要反映除杭州以外地区、国家的街头文化。最终评选出相机组金奖1幅、银奖2幅、铜奖6幅，作品《最浪漫的事》获特别大奖；手机组街拍大奖1幅，佳作奖10幅。

【重要文化交流活动】2016年，经文化部门归口报批、承办和跨部门、跨地区组织实施的各类文化交流项目共209个、2148人次，各类重大文化合作项目29项。全年杭州文化服务贸易出口额达2.09亿元，占浙江省的14.2%。先后选派文化精品项目及专业艺术院团参与中共中央宣传部“感知中国蒙古行”，文化部“欢乐春节泰国行”“中卡（塔尔）文化年”等“一带一路”沿线国家文化交流活动。首次引进提香、鲁本斯、达利、夏加尔等大师级作品展。

【文化类民办非企业单位发展】杭州市鼓励社会力量和民间资本兴办民办非企业单位。2016年,新审批成立文化类民办非企业单位7家,注销3家。至年末,有市本级文化类民办非企业单位96家,业务范围涵盖音乐美术研究、文化交流、展览培训、文艺演出、艺术鉴赏、文物收藏等门类。

(孙立波)

公共文化

【基层文化阵地建设】2016年,杭州市加强城乡公共文化服务,强化基层文化阵地建设。市本级及12个区县(市)文化馆均达到国家一级馆标准,综合文化站上等级率100%,其中特级和一级综合文化站146个,数量居全省首位。开展特色创建和文化帮扶工作,余杭区"乡镇综合文化站服务效能提升工程"以东部地区第一的成绩获评第二批国家公共文化服务体系示范项目,梦想小镇入选全省首批特色小镇文化建设示范点,江干区、下城区公共文化服务创新项目在全市特色创新目标绩效考核中获好评。全市创建特色文化单位17个,帮扶文化村25个。

【"暖冬行动"走进文化礼堂】2016年11月至年末,文化部门组织开展"暖冬行动",以市、县两级文化馆业务骨干为主力,深入全市618家农村文化礼堂,开展新春文化走亲、特色文化培育、乡村文化传承等系列活动,参与群众逾万人,农村文化礼堂"文化地标、精神家园"的作用得到强化。组织"与民间美术同行"杭州书画剪纸美术作品年末巡展,深入建德、临安、淳安等地,展出民间美术、书法、剪纸作品160多幅,并开辟网上展厅。开展"送戏下乡"和新春祈福礼、送拍全家福、新年送春联服务,举行文化礼堂专场演出191场。开辟文化礼堂远程教学平台,制作上传广场舞教学、文化讲座等视频资源857个。西湖、临安、建德、淳安等地均组织优秀团队开展"文化走亲礼堂行"专题活动。

【重点文化惠民工程】2016年,市文广新闻出版局组织实施"我送你秀"百家社区文化行、数字图书资源覆盖中小学校、广电惠民等重点文化惠民工程,市本级为基层送出公益演出、阅读讲座、艺术培训530场,戏票、交响音乐会票4100张,图书1.5万册,为7000多名市民提供免费文艺培训,为247.7万名城乡中小学生提供网上数字阅读服务。市县两级广播电视台开办对农节目53个;为农村群众放映公益电影2.7万场,观众达到410万人次;为4.7万户低保困难家庭减免有线电视开户费和收视维护费用,减免费用1247.5万元;为5.4万名老年人提供优惠观影服务;农村有线电视入户率达98.1%。

【公益艺术培训】2016年,市文化馆总校及分校共开设春季、秋季两期公益艺术培训班332个,培训学员7198人次,在下城区、拱墅区、西湖区等分校推出G20杭州峰会市民文明素质和文明意识公益培训班4期,累计培训1200多人次。组织开展春季免费培训教学成果汇报展演,其中静态类展出国画、素描、书法、毛衣编织等七大类作品422件;动态类演出推出民间舞、拉丁舞、钢琴、古筝等节目77个。组织举办杭州市村级宣传文化员培训班8期,培训学员2560人次;举办全市文化馆业务干部、基层文艺骨干暨文化礼堂骨干培训班,培训学员200多人。

【第八届杭州市"风雅颂"民间艺术展演】2016年11月10日,第八届杭州市"风雅颂"民间艺术展示在下城区城北体育公园举行,活动由市文广新闻出版局主办,杭州市文化馆、下城区文广新闻出版局承办。各区县(市)选送14个原创非遗舞蹈参赛,最终《木偶魁星》(富阳区)、《拱猪》(桐庐县)、《蚕乡锦韵》(临安市)3个作品获得金奖,《算盘先生》(下城区)、《半山泥猫》(拱墅区)、《笕桥忆》(江干区)3个作品获得银奖,《西兴祝福》(滨江区)、《枇杷鼓》(余杭区)、《小脚媳妇赶十八》(淳安县)、《湘湖情韵》(萧山区)4个作品获得铜奖。

【"欢乐农家·美丽乡村"文艺会演】2016年12月9日,由市文广新闻出版局主办,杭州市文化馆承办的"欢乐农家·美丽乡村"乡镇(街道)文艺会演在富阳区东洲街道木桥头村文化礼堂举行。经初选、复赛、专场选拔赛,从600多支业余文艺团队中选拔出的60多件优秀作品参与,舞蹈《蚕乡锦韵》、情景剧《农村淘宝进万家》等4件作品获金奖,舞蹈《水乡新娘》等6件作品获银奖。

【杭州民间美术系列展览】2016年10月27日至11月2日,"草根的风雅"杭州民间书画剪纸展在杭州交流科技馆举办,展出160余幅民间美术、书法、剪纸作品。11月23日,"与民间美术同行"——杭州书画剪纸艺术文化礼堂巡回展开展,展览深入淳安县、建德市等地的农村文化礼堂。展览结束后,作品集结成册,出版了《草根的风雅——杭州民间书画剪纸优秀作品集》。

(孙立波)

专业文艺

【"千场演出迎峰会"活动】为迎接G20杭州峰会,从2016年1月起,杭州文广集团策划"千场演出迎峰会"活动,推出"新春欢乐颂"、"盛夏西湖情"、"我为G20一线工作人员送欢笑"巡演、"杭州欢迎您——喜迎峰会"综艺专场、"杭州之恋·G20杭州峰会倒计时100天"直播晚会等一系列文艺演出。"千场演出迎峰会"活动现场观众超过30万人次,近500万人次观看了电视直播,在全市形成人人参与、全民动员"喜迎峰会"的浓厚氛围。

9月,杭州文广集团所属杭州歌剧舞剧院、杭州爱乐乐团、杭州越剧院等院团演职人员参与G20杭州峰会《最忆是杭州》文艺晚会演出中《春江花月夜》《采茶舞曲》《难忘茉莉花》《欢乐颂》等节目演出。

【三部作品入选国家艺术基金资助项目】2016年7月,国家艺术基金管理中心正式公示2016年度资助项目名单,杭州文广集团申报的话剧《聆听弘一》入选大型舞台剧和作品创作资助项目,话剧《生命密码》、舞蹈剧场《遇见大运河》入选传播交流推广资助项目。

话剧《聆听弘一》聘请著名导演田沁鑫担任艺术顾问，自2013年开始创作，是杭州市唯一入选国家艺术基金大型舞台剧和作品创作资助项目。话剧《生命密码》由话剧“金狮奖”得主、国家一级导演王延松执导，作家夏强担任主编，2015年起在全国巡演。舞剧《遇见大运河》用舞蹈的形式讲述京杭大运河的历史变迁，于2014年5月首演，2016年6月应邀登上国家大剧院的舞台。

话剧《聆听弘一》剧照　（谢　宇　摄）

【四部作品在国家大剧院演出】 2016年，杭州文广集团所属四家市级院团受国家大剧院邀请赴京演出。5月，越剧《玲珑女》在国家大剧院演出；6月，舞剧《遇见大运河》进国家大剧院演出；7月，话剧《生命密码》在国家大剧院完成全国巡演100场收官演出；10月，杭州爱乐乐团应第十八届北京国际音乐节和国家大剧院的邀请，在国家大剧院音乐厅举办专场音乐会。

【杂技《头顶圈》获国际马戏节大奖】 2016年10月，第17届国际马戏节在法国瓦兹河谷举行，杭州杂技总团《头顶圈》获评委会特别荣誉奖与最具独创奖，成为唯一获国际马戏节2个奖项的节目。瓦兹河谷国际马戏节是经法国政府批准的三个设有政府奖项的国际马戏节之一。本届国际马戏节共有中国、意大利、西班牙、匈牙利、俄罗斯等20多个国家派出代表性节目参赛。《头顶圈》由男女两名演员完成，男演员头顶着近100千克的钢圈，女演员在旋转的钢圈上凌空做出各种高难度的技术动作，其创意和难度属世界顶级水平。杭州杂技总团团长、国家一级演员李洁应组委会邀请担任国际评委。

【杭州当代戏剧节】 2016年9月20～30日，由中共杭州市委宣传部、杭州文广集团、国家话剧院主办，杭州话剧艺术中心有限公司、杭州蜂巢戏剧文化有限公司承办的“2016杭州当代戏剧节”在杭州举行。戏剧节期间，共有11部来自五大国际顶尖戏剧节的作品在杭州6个剧场演出20场。其中包括法国“阿维尼翁戏剧节”的《一个人的身体，一个人的骨头》和《四肢、头脑和一首幻想曲》、英国“爱丁堡戏剧节”的《无声麦克白》、日本“东京国际剧场艺术节”的《女孩X》、中国“乌镇戏剧节”的《孤儿2.0》、澳洲“阿德莱德艺术节”的《进攻舞蹈》等作品。

此外，“走进戏剧”系列开设演后谈、名家讲座及戏剧工作坊等艺术家和观众互动活动。著名导演孟京辉在《我爱XXX》演后分享会上与观众交流观剧感受和先锋戏剧体验，中国实验戏剧先驱牟森做“释放痛”叙事工程讲座。

【杭州开办国内第二个“蜂巢剧场”】 2016年11月，杭州杂技总团与杭州蜂巢戏剧文化有限公司签订合作协议，共同打造除北京之外的第二个“蜂巢剧场”。“蜂巢剧场”创办人——杭州文艺顾问、国家话剧院导演孟京辉认为戏剧工作者要像蜜蜂一样辛勤工作，同时希望在城市中找到一种戏剧最原生态、最质朴的状态，“蜂巢剧场”由此得名。杭州的“蜂巢剧场”位于沈塘桥路18号的杭州杂技总团大院内，有400多个座位，由孟京辉率领的团队打造。

【杭州越剧院建院六十周年】 2016年12月20日，“甲子辉煌”——杭州越剧院建院六十周年演唱会在杭州剧院举行。青年演员流派联唱拉开演唱会序幕。《金山战鼓》《西厢记》《狸猫换太子》等13曲名家名段接连上演，展示传统越剧的经典魅力。

杭州越剧院成立于1956年，60年来创作演出《梨花情》《流花溪》《寒号鸟》《红楼梦》等100多部优秀剧目，获中共中央宣传部“五个一工程奖”、文化部“文华优秀剧目奖”、中国戏剧节“优秀剧目奖”等荣誉，培养了大批优秀演员。

【杭州文化走出去步伐加快】 2016年，杭州文广集团所属各院团积极推动文化走出去战略。1月15～22日，杭州歌剧舞剧院舞蹈剧场《遇见大运河》参加新加坡第23届“春城洋溢华夏情”文化艺术、旅游展活动；2月5～15日，杭州歌剧舞剧院随文化部赴泰国参加中泰双方联合举办的第12届“欢乐春节”活动；8月25～31日，杭州越剧院根据莎士比亚著名悲剧《李尔王》改编的越剧《忠言》赴希腊参加“埃莱夫西纳文化节”演出；11月11～23日，杭州爱乐乐团赴捷克、意大利、奥地利、德国进行国际巡演。

（邹　争）

文化市场

【文化市场发展】 2016年，杭州市办理文化行政许可审批件1564件（其中市本级233件）、备案事项共计64件（市本级8件），受理出版物印刷事前备案3485个。在杭州市行政区域内经依法许可或备案的文化市场经营户数量为10972家，其中互联网上网服务营业场所1837家，游艺娱乐场所220家，歌舞娱乐场所758家，印刷企业2385家，出版物经营单位3697家，广播电视节目制作单位592家，电影放映单位170家，美术品经营单位186家，文艺表演团体163家，演出经纪机构238家，演出场所94家，互联网文化经营单位632家。市本级有演艺业、书刊发行业、娱乐业、网吧业、艺术品业、印刷业等文化市场行业协会7个。

【文化市场诚信信息平台】2016年5月16日，中共中央宣传部、中央文明办在浙江义乌召开"建设核心价值构建诚信社会"现场交流会，市文广新闻出版局局长钮俊就"杭州搭建信息平台助力文化市场诚信建设"的做法做经验交流。杭州市文化市场诚信信息平台规划为"一库一网一系统"。"一库"即文化市场信用信息数据库，采集文化市场企业信用信息，涵盖演艺业、网吧业等15个行业门类，形成较为齐全的文化企业信息数据库，已收录杭州文化市场企业信用信息1.7万条；"一网"即文化市场管理诚信网，为国内最早投入运行的地区性文化市场诚信专题网站，设有违规曝光台、信用红黑名单、信用信息查询等栏目，公众可以实时查询全市文化企业的信用信息；"一系统"即文化市场诚信信息管理系统，具备数据统计、形势分析、预警设置等功能，便于行政部门开展分类监管。

【文化市场信用承诺制度】2016年4月26日和5月13日，杭州市文化娱乐行业"迎峰会，保安全"动员大会举行，文化娱乐、网吧和出版物发行行业协会发起"迎峰会"诚信经营文明服务倡议书，480多名参会企业代表签订诚信经营承诺书。从6月起，实施新审批文化市场主体信用承诺制度，全市2000多个重点文化企业签订诚信承诺书，承诺守法、文明、热情、安全经营。出台《杭州市文化市场黑名单管理办法实施方案》，全年在文化市场行政管理中使用信用记录501次。

【第九届杭州艺术博览会】2016年5月13～16日，第九届杭州艺术博览会在浙江世贸国际展览中心举行，展区面积12000平方米，来自俄罗斯、法国、波兰等国家和地区以及北京、上海、广州等地的50多家艺术机构，1300多件当代艺术作品参展，3万余人参观，成交额达到1200万元。

【浙江省暨杭州市G20峰会"环浙护城河"文化安保工程】2016年4月21日，浙江省暨杭州市G20峰会"环浙护城河"文化安保工程启动仪式和非法出版物集中销毁活动举行。活动现场销毁各类非法侵权盗版图书报刊、音像制品、电子出版物和计算机软件8.4万件，全省销毁总量达94万件。全年全市出动执法力量3.4万人次，检查场所4.9万家次，整治黑网吧343家，监测并参与取缔黑广播20个。

位于沈塘桥路18号的杭州"蜂巢剧场"外景　　（杭州文广集团 供稿）

【杭州市主办案件入选全国打击侵权盗版十大案件】2016年4月20日，国家版权局公布2015年度全国打击侵权盗版十大案件，集中展示版权执法相关部门查处侵权盗版案件的工作成果。杭州市版权局联合公安部门办理的郑某等人复制并通过网络销售盗版图书和软件案入选。按照国务院关于开展打击侵犯知识产权和制售假冒伪劣商品工作的有关部署以及"剑网"专项行动的要求，杭州市版权执法部门加强案件查办工作，全年开展检查7000多次。

【全国首批演出市场以案施训活动在杭启动】2016年6月13日，由文化部文化市场司组织的全国第一批演出市场以案施训活动在杭州启动。活动由杭州市文化市场行政执法总队牵头承办，为期4天。来自上海、广东、江苏、安徽、湖南、湖北、福建和浙江10多个省市的40多名文化市场执法人员参加。活动通过案情研讨、远程取证、现场检查、分组讨论、工作交流形式，推进文化市场监管，强化执法办案，探索业务培训工作创新。

【文化娱乐行业转型升级试点】2016年9月18日，文化部印发《关于推动文化娱乐行业转型升级的意见》。10月20日，浙江省文化厅转发文化部文件，要求杭州市申报文化娱乐行业转型升级重点城市，推行文化娱乐行业转型升级试点工作。市文广新闻出版局拟定《杭州市文化娱乐行业转型升级实施方案》，从加强文化娱乐行业内容建设、鼓励娱乐场所丰富经营业态、鼓励娱乐场所发展连锁经营、支持以游戏游艺竞技赛事带动行业发展、鼓励参与公共文化服务、对娱乐场所开展环境服务分级评定、严格行业自律7个方面开展试点工作。4家娱乐场所被推选为转型升级示范单位。至年末，"银乐迪""唛浪""玛莱仕""神采飞扬游艺"等60多家娱乐场所已实施转型升级。

【高校及其周边复印店专项治理行动】2016年，杭州市以春秋季开学前后为重点阶段，开展高校及其周边复印店专项整治。市文化市场行政执法总队确定西湖区、拱墅区、滨江区、余杭区、杭州经济技术开发区、临安市等6区（市）作为此次专项治理的重点区域，依法查处盗版复印，坚决打击非法复印宗教类、有害出版物行为，整治利用电脑或云盘中的教材电子文档进行盗版复印活动，整治盗印、复印教材业务网站，取缔无营业执照、无许可证的复印店。全市出动执法人员600人次，检查高校及其周边复印店580家，立案8件，发放宣传资料（册）1.2万份。

【文化市场专项整治行动】 2016年3~11月，杭州市开展“扫黄打非·净网”专项整治，对网络主播平台、网络出版物平台进行专项整治，依法对杭州边锋网络技术有限公司、阿里巴巴（杭州）文化创意有限公司等4个企业给予行政处罚。加强网络购物平台管理，全年处理淘宝网店铺6000多家、商品1.8万件。

3~11月，市“扫黄打非”领导小组组织开展“扫黄打非·清源”专项整治，联合市邮政管理局开展报刊亭督查，联合市公安局、市市场监管局、市邮政管理局、杭报集团等部门开展打击政治性非法出版物专项行动，联合市公安局、市市场监管局对印刷企业进行集中暗访检查。行动期间，全市出动执法力量2.26万人次，行政立案查处47件，罚款16.3万元，收缴非法出版物1.8万件。

6~11月，市“扫黄打非”领导小组开展“扫黄打非·秋风”专项整治，严厉打击新闻敲诈、假新闻、假媒体、假记者站、假记者及侵权盗版活动。加强对繁华街区、旅游景点、车站等报刊销售摊点以及重点街道（乡镇）印刷复制企业的集中清查。全年检查出版物（音像）销售单位3857个（次）、印刷复制企业3637个（次），立案处罚118件，收缴非法印刷品5420份，没收非法出版物1.3万份。

3~10月，市“扫黄打非”领导小组组织开展“扫黄打非·护苗”专项整治，整治校园周边文化市场，立案68件。“护苗2016”集中宣传进学校、进社区，开展“法治课堂”“远离网瘾、从我做起”校园巡回展等系列活动，引导中小学生远离非法出版物等不良信息源；在社区、广场、图书馆等人员密集场所开展“绿书签”行动。

（孙立波）

公共图书馆

【公共阅读空间拓展】 2016年，市文广新闻出版局加强社会化协作，拓展公共阅读新空间，杭州图书馆科技分馆（滨江图书馆）、环保分馆、东洲国际港分馆正式开馆，城市学分馆、诗歌分馆建设有序推进。至年末，全市已累计有主题分馆12个，24小时城市书房1个，漂流书亭120多个，初步形成“中心馆+主题馆+24小时图书馆+漂流书亭”网格化布局的阅读空间。临安市获中国图书馆学会评选的“书香城市（区县级）”称号，江干区“钱塘书房”、西湖区“筑梦书吧”、桐庐县“你阅读我买单”、淳安县农家书屋图书流通箱、滨江区民间阅读组织联盟等项目扎实推进，“书香杭城”氛围更浓。

【“悦读·你借书、我买单”服务】 2016年1月1日起，杭州图书馆先后联合新华书店庆春路购书中心、解放路购书中心开展“悦读”服务，推动图书采购方式从图书馆单方掌握到读者和图书馆一起参与转变，为市民提供智慧阅读新体验。市民凭市民卡、身份证或杭州地区公共图书馆借书证，现场下载“悦读服务”App了解相关借阅规则后，在购书中心服务专柜办理借阅手续，将新书借回家。9月24日，“悦读”服务合作方拓展至西西弗书店、大涵书店2家具有较高知名度的民营书店。全年累计有4.9万人次从书店直接借走18.65万册图书，二次借阅率达到自行采购文献的2倍~3倍。

【“悦借·线上借书、快递到家”服务】 2016年12月1日，“悦借·线上借书、快递到家”服务正式上线。项目利用互联网与物联网技术，让市民在线完成图书借阅，杭州图书馆通过与邮政部门合作，提供图书快递上门服务。至年末，网上借书量达1.3万册。杭州图书馆将“悦读”和“悦借”服务相结合，读者可以在“悦借”服务平台上借到图书馆的藏书，也可以借到新华书店的新书。

【24小时“城市书房”】 2016年5月28日，杭州图书馆推出全市首家24小时图书馆“城市书房”。“城市书房”位于生活主题分馆一楼，面积130平方米，座位80多个，无线网络全覆盖，配有中外文学、健康养生、投资理财、旅游摄影、烹饪手工、服饰美容、儿童文学等各个门类的书籍，总数超过1万册，

2016年1月1日起，杭州图书馆推出“悦读·你借书，我买单”服务。图为市民在购书中心排队借书

（丁以婕 摄）

其中报纸、期刊90余种，可以在杭州地区公共图书馆通借通还。

【杭州社区大学杭州图书馆分院挂牌】2016年6月7日，杭州图书馆、杭州社区大学合作签约暨“杭州社区大学杭州图书馆分院”揭牌仪式在杭州图书馆举行，共同打造“符合时代发展、遍布城乡、全民共享，需求导向、重点突出，开放共融、社会参与”的特色市民终身学习项目。至年末，已引进社区大学约3万分钟的课程视频，与杭州智慧文化服务平台对接后，市民可实现在线学习。

【澳大利亚友谊图书角】2016年，澳大利亚驻上海领事馆与杭州图书馆达成合作，在馆内设立澳大利亚友谊图书角。8月30日，澳大利亚驻上海领事馆总领事梅耕瑞为图书角揭幕。从2012年起，澳大利亚开始向杭州图书馆赠送澳大利亚最受欢迎的期刊和报纸，涉及经济、政治、旅游、时尚、建筑、生活、美食等多个方面，包括经典著作和获奖图书。澳大利亚友谊图书角成为中澳文化交流的重要窗口。

【“寻常·杭州”世界巡展】2016年7月4日，由杭州图书馆和国际友好城市图书馆联合策划“寻常·杭州”世界巡展首站在葡萄牙波尔图图书馆拉开帷幕。“寻常·杭州”世界巡展先后在澳大利亚、美国、新加坡、日本、意大利、德国等12个国家和地区的13家图书馆举办。展览收到摄影作品2000多幅，以杭州普通市民日常生活中的吃、穿、住、行为切入点，多角度展现杭州城市风貌和特色风土人情，向世界展示真实的中国城市生活。

【公共图书馆数字资源覆盖中小学校项目】2016年，公共图书馆数字资源覆盖中小学校项目新增“中文在线”“乐于学”“软件通”3个数字资源库，新增期刊论文389篇、中小学教辅图书1000部、教学音视频3.5万套、科普影片与动画6000小时、试题6800多套。举办“课后也精彩”阅读推广活动、“我心中的G20”征文、绘画大赛、“喜迎G20”在线竞答等活动，首次在安吉路实验学校将平台使用纳入学校信息课程，全年提供少儿数字阅读服务247.7万人(次)，比上年(指2015年，下同)增长21%。项目获评2016年“杭州最具影响力网络公益项目”和第二届全国公共图书馆未成年人服务案例二等奖。

【全国少年儿童故事大赛】2016年4～9月，由中国图书馆学会、国家图书馆和杭州市西湖读书节组委会联合主办，中国图书馆学会未成年人图书馆服务专业委员会、市文广新闻出版局承办的“童声里的红色记忆”——全国少年儿童故事大赛举行，12个省(市)36家公共图书馆参与，开展分会场活动340场，2.3万人次参赛。该项目获“2016全国少年儿童阅读年”系列活动优秀组织奖。

【“悦读快车”项目】2016年11月28日，杭州少儿图书馆、芬兰通力百年基金会、浙江锦麟公益基金会共同实施的“悦读快车——孩子们的流动图书馆”项目试运行。装满少儿图书的集装箱车驶入偏远学校和民工子弟学校，带给孩子们全新的阅读体验。至年末，“悦读快车”项目在袁浦小学、丁荷小学和江心岛小学试运行三周，共配给图书5290册，参与学生6504人次，外借图书3851册。开展“荐书侠”阅读活动1场，630个家庭参与，捐赠绘本500册。（孙立波）

档案事业

【档案事业概况】2016年，杭州市各级档案部门围绕市委、市政府中心工作，全力做好G20杭州峰会档案服务保障。至年末，全市14个综合档案馆和市城建档案馆，总馆藏档案413.49万卷、207.76万件，资料18.17万册。市档案馆馆藏档案222.06万卷、48.98万件，照片档案8.81万张、实物档案4.92万件；馆藏资料2.2万册。

市城市档案中心建设项目按照“集中存储、自行管理、资源共享、行政监管”的原则有序推进，年内完成建筑设计招投标及整体设计方案，通过了项目建设用地预审意见审批，提交环评报告并获批复，年底向市发改委提交可行性研究报告。上城区档案馆新馆结顶。滨江区档案馆新馆基本建成，完成档案整体搬迁。淳安县档案馆新馆完成主体工程。江干区档案馆完成馆库整体搬迁。

【重大活动档案管理】2016年，市档案局(馆)做好G20杭州峰会档案工作。6月17日，印发《G20杭州峰会文件材料归档要求》，全面具体地明确了归档时间、归档格式、前处理要求、移交手续等方面的归档要求。选派15名业务骨干深入峰会一线指导档案工作，组建了百余人的专兼职档案员队伍，实现峰会档案工作网络的全面覆盖和高效运转。年内，收集到峰会各门类档案近5万件，峰会相关新闻报道5000多条、音视频资料905G、宣传书籍200多册。上城区档案局(馆)安排专职摄影师对区峰会筹备重点工作进行拍照留档，累计拍摄照片2500多张。

全面推广“五水共治”档案督查制度。市档案局定期对治水责任单位进行业务监督指导，并对涉水部门档案管理情况进行重点抽查。6月7日，完成德胜坝翻水站重建工程等多个项目档案专项验收和市区河道监管中心档案管理市级目标认定。

配合“五四宪法”历史资料陈列馆的筹建，市档案局(馆)征集到有关照片、音视频数据库、报刊图书文稿、档案(包括原始、复制、复印)、杂件共五大类1200多件珍贵文献史料。12月4日，五四宪法历史资料陈列馆开馆。

【依法治档和检查指导】2016年6月，市档案局、市发改委联合发布《杭州市档案事业发展“十三五”规划》，规划明确了“十三五”时期全市档案事业发展指导思想和总体目标、主要任务、实施项目、保障措施。根据市编委办等部门的工作布置，市档案局深化调整权力清单、责任清单，基本实现行政处罚事项的网上运行。加快法律顾问制度建设，7月12日，市档案局举行常年法律顾问签约仪式，聘请北京炜衡(杭州)律师事务所律师吴海燕担任常年法律顾问。8月，开展全市各级部门档案安全大检查，重点抽查市中级人民法院等25家单位，全力护航峰会期间全市档案安全。11月，编印杭州市档案行政执法制度规范汇编和行政执法人员行为规范手册,保障规范执法。

3月,完成全市544家单位档案事业统计年报,深入掌握全市档案工作状况。推进企业档案指导,5月,完成市运河集团文件材料归档范围和档案保管期限表的修改、审核工作。11月,对华数集团等企业进行重点指导服务。规范和扶持档案服务业发展,举办全市档案服务业依法规范创新发展研讨培训班,对杭州远大档案技术有限公司、杭州安圣阁档案管理有限公司等多个档案中介服务企业进行现场指导,规范中介服务企业管理。

建德市档案局(馆)以三都镇新和村为农村家庭档案示范点,为全村429户农户建立"一户一档"。余杭区档案局(馆)选择闲林街道开展镇级档案馆建设试点工作,将街道、村(社区)的各类档案全部整合进馆,实现"村档镇管"。

【档案资源建设与开放利用】2016年,市档案馆接收档案15060卷、50351件,完成进馆档案数字化成果质检3.9万条、14.4万页,纸质档案鉴定1.1万卷,影像页鉴定7.6万页。组织开展全市馆藏新中国成立前档案和抗战档案的信息普查工作,对全市九区四县(市)新中国成立前档案和抗战档案进行基础数据汇总。向省档案局报送10万条民国档案文件级条目数据。加大海外档案征集力度,征集到美国国会图书馆16~18世纪有关杭州、浙江及浙江沿海舆图31件,亚洲联合董事会关于之江大学的档案等多个珍贵档案。启动《杭州知青名录》档案征集工作,征集有关1965~1978年杭州知青的相关档案和文物,分别于8月、10月举办两届杭州知青书画征集笔会,征集到知名知青书画家的书画作品150多幅。举办第十届"杭州印象"纪实摄影大赛,收到参赛作品9000多件。

市档案局(馆)全年共接待档案资料利用查询6995人次,利用1.69万卷次,复制2.67万页。受理转递政府信息公开17件,异地查档6件,"12345"市长公开电话回复5件,完成对内、对外调卷2.86万卷(件),查档满意率在96%以上。

西湖区档案局(馆)推动基层低保与临时救助档案的规范化建设,在全区11个镇(街道)180个行政村(社区)全面开展此项工作,年内完成归档整理工作。滨江区档案局(馆)采用无线射频技术进行档案定位管理,运用图形化虚拟库房监测库内档案,将档案安全贯穿于收集、保管、利用的各个环节。临安市档案局(馆)完成馆藏100多张新中国成立前老照片和於潜县旧政权档案抢救和数字化工作。桐庐县档案局(馆)设立"智慧档案"体验窗口,开发内容包括民国档案、宗谱县志、珍贵照片、馆藏书籍等共300G档案资料的体验终端系统,方便市民查阅。淳安县档案局(馆)开展"档案史料征集"活动,征集到图书资料169册、明朝圣旨3幅等。市城建档案馆开通市检察院远程查档利用服务系统,协助市检察院建立"智慧侦查"平台,以信息化手段推进职务犯罪案件侦查工作。

全市全年利用档案7.65万人次、1.77万件次、30.69万卷次;利用现行文件558人次、536件次;利用资料947人次、2879册次。

【档案信息化】2016年,市档案局(馆)有序推进国家数字档案馆创建工作。5月,成立国家级数字档案馆创建工作领导小组,印发创建国家级数字档案馆的实施方案;同时,加强对所属区县(市)和专业档案馆的指导力度,对拱墅区、余杭区和市城建档案馆进行实地预测试和评估。7月,杭州市决策分析支持系统档案局App项目建成并投入使用。杭州市电子文件管理系统升级改造,与10家机关单位的办公自动化系统进行对接,全年接收2.86万件电子文件,累计接收电子文件近8万件,接收电子文件正确率96%以上。12月,启动电子文件中心(2016)项目,完成项目可行性研究报告、实施方案及招投标工作。启动馆藏档案案卷级、文件级电子目录清查、完善工作,基本完成馆藏所有全宗纸质档案与电子数据的对应清点,共计清点案卷32.81万卷,文件127.23万件。完善馆藏档案位置指示管理,在各库房、档案排架统一编号的基础上,完成馆藏档案资料存址排查和定位工作。推动档案利用数字化建设,30家单位获评浙江省"示范数字档案室",67家单位获评浙江省"规范化数字档案室"。10月,由市档案局承担的国家档案局科技项目"电子档案真实性、完整性、可用性及安全性成熟度模型研究"课题获国家档案局优秀科技成果三等奖。

下城区档案局(馆)更新数字化加工场所及档案馆库房的监控设备,监控数据达到备份6个月的要求。拱墅区档案局(馆)对已有数字档案馆管理平台进行全面升级改造,建成覆盖局域网、政务网、互联网"三网",包括资源总库、资源管理库、政务网利用库、互联网利用库"四库"的综合档案管理和利用平台。滨江区档案局(馆)完成《数字档案馆建设方案》初稿。萧山区档案局(馆)年内实现馆藏永久档案100%数字化。12月11~13日,国家档案局委托浙江省档案局组织专家组对拱墅区及余杭区数字档案馆系统进行测试,两家单位通过国家级规范数字档案馆测评。

【档案编研与展览】2016年10月,市档案局(馆)编辑出版《西湖风情画》,此书收录南宋以来尤其是晚清、民国时期有关西湖的绘图作品297幅(套),展示不同历史时期的西湖风貌。12月,《杭州记忆》出版,以杭州历史上发生的重大事件为线索,精选数百幅老照片,采用文字和图片、历史和现实相结合的形式讲述杭州故事,被列为浙江省百项档案编研精品。同月,《杭州历史上的外国人》出版发行。

9月9~30日,市档案局(馆)同时举办"外国人与老杭州""出席G20杭州峰会领导人画像"展览,共展出档案图片和实物300多件(份),其中多数为首次向外展出。展览日均人流量在200人次以上,总参观人数约5000人次。11月,"改变——G20峰会与杭州"纪实影像展举行。12月,举办"杭州与海上丝绸之路"展览。

年内,上城区档案局(馆)编辑出版《印证杭州话》。拱墅区档案局(馆)编辑完成《运河南端忆盛业(续编)》。余杭区档案局(馆)编写出版《余杭历史文化名镇》。富阳区档案局(馆)以"历史记录、发展见证——富阳区档案史料展"为主题进行新馆展厅布展。临安市档案局(馆)编辑完成《2015年档案利用实例选编》。桐庐县档案局(馆)编印完成《桐庐古旧地图册》。

杭州市档案部门全年编写公开出版资料7种、171.7万字,内部参考资料4种、64.1万字;举办展览18个,参观展览6.8万人次。

【档案宣传与教育】 2016年,市档案局(馆)借助“6·9”国际档案日、G20杭州峰会等大型活动,在《杭州日报》等主流媒体和《中国档案报》《中国档案》《浙江档案》等专业媒体开展宣传工作。6月,举行为期一个月的“档案见证美丽杭州”巡展。11月,启动“G20杭州峰会档案专题纪实片”拍摄工作。

市档案局(馆)组织参与“两美浙江”档案摄影大赛,“档案与民生”“档案安全体系建设”等各级征文比赛。做好档案专业初、中级职称考试和高级职称评审相关工作,全市190人获初级、中级职称,18人获得副高级以上职称。全年举办杭州市档案人员岗位培训班和档案继续教育培训班各2期,市属企业档案管理领导干部培训班1期,培训学员528人。 (乜登科)

博物馆

【博物馆概况】 根据浙江省文物局公布的通过博物馆年检的博物馆名录,至2016年末,杭州市有公共博物馆68个,其中:国家级、省级博物馆5个,市级博物馆49个,区县市博物馆14个。按类型分,综合性博物馆5个,专题性博物馆、陈列馆63个。民办博物馆25个。

年内,白塔公园铁路博物馆(知青博物馆)完成方案设计,江干区明清钱塘江海塘遗址博物馆建设继续推进。富阳博物馆、临安博物馆、淳安千岛湖博物馆完成土建工程。韩美林艺术馆三期扩建工程前期工作继续推进。民办毛源昌眼镜博物馆成立。杭州博物馆入选第三批国家一级博物馆。

G20杭州峰会期间,各大博物馆接待各国国家元首夫人团、联合国官员、峰会媒体场外采访团等外宾。全市各大博物馆共举办300多场临时展览,参观游览的市民游客人数突破2800万人次。杭州博物馆的“最忆是杭州——杭州通史陈列”获全国博物馆十大陈列展览精品推介优胜奖。在第十届全省博物馆陈列展览精品评选中,中国茶叶博物馆和西湖博物馆获精品奖,杭州工艺美术博物馆和萧山区博物馆获优秀奖。萧山区中小学生可移动文物个性化邮票设计比赛项目被评为全省首届(2015年度)博物馆优秀青少年教育项目。

杭州名人讲堂、西湖艺术史论坛等系列讲座按期举行。“文化遗产月”活动丰富多彩。开展杭州市讲解员职业技能竞赛及讲解员星级评定工作。杭州文博讲堂开讲。《杭州文博》《湖畔寻古》《马尔智蜜月日记》等出版。开展海塘、画像砖、官窑、茶文化等10余项课题。

【“杭州通史陈列”获全国博物馆十大陈列展览精品优胜奖】 2015年10月,杭州博物馆完成提升工程,南馆“最忆是杭州——杭州通史陈列”全新亮相。杭州博物馆南馆以“最忆是杭州”为主题,以城为主体,以史为脉络,以人为线索,以“感受杭州”为核心,展示杭州的整体个性,演绎杭州的故事百态,展现杭州八千年的文明史和五千年的建城史。在内容结构上,展览不拘泥于面面俱到地表现杭州的历史文化,而是撷取杭州历史文化长河中的闪光点,来突出“最忆”的主题。整个展览以时间为轴线,分为“天赐佳渚,钱唐故址(史前至六朝)”“邑屋繁会,东南乐土(隋唐五代)”“天阙皇城,百年行都(两宋)”“江南名城,人文渊薮(元明清)”“湖山依旧,再续文脉(民国)”等五个部分。

2016年5月18日,由中国博物馆协会、中国文物报社主办的第十三届(2015年度)全国博物馆十大陈列展览精品评选终评在呼和浩特揭晓,“最忆是杭州——杭州通史陈列”获优胜奖。

【首届“两宋论坛”暨“两宋名窑瓷器展”】 2016年11月5日,首届“两宋论坛”在杭州南宋官窑博物馆开幕,论

2016年6月14日,纪念章太炎逝世80周年暨章太炎故居保护开放30周年系列活动之一——章太炎先生生平及思想学术讨论会举行 (市园文局 供稿)

坛配套展览“含英咀华——两宋名窑瓷器展”在杭州南宋官窑博物馆开展。首届“两宋论坛”由杭州国际城市学研究中心与中原发展研究院共同举办。来自浙江杭州、河南开封两地的领导与全国各地的宋史学者、文化界代表共百余位嘉宾出席。

“两宋名窑瓷器展”由南宋官窑博物馆承办，为期两个月。此次展览选取了北方的汝窑、钧窑、定窑、磁州窑、耀州窑和南方的南宋官窑、越窑、龙泉窑、景德镇窑、建窑、吉州窑等宋代瓷器72件，再现了宋代瓷业官民互动、南北碰撞、互相交流、百花齐放的格局。

【杭州文博讲堂】杭州文博讲堂是杭州文博系统的业务交流平台，于2015年底由市园文局牵头成立，全市各文博单位为成员单位，旨在加强文博系统内部业务交流，提升业务水平，培养业务骨干。讲堂内容涵盖藏品研究、展陈设计、宣教研究、文保工程、考古发掘、文物执法、遗产保护、人文历史等文博工作业务各个方面。2016年，先后举办盘点2015年考古成果、西湖摩崖石刻造像、茶与生活、生活中的插花、洞霄宫遗址和小横山画像砖墓调查研究、上林湖窑址调研等10余次活动。

【西湖艺术史论坛】2016年，西湖艺术史论坛包括：3月9日、6月17日，韩美林艺术馆副研究馆员、副馆长陈云飞主讲的“穿旗袍的西湖——解读百年旗袍审美文化”“夏至未至——灵峰茶会暨‘茶与生活’”；4月23日，由中国美术学院美术史博士周高宇主讲的“宋画翎毛考”；12月24日，由浙江省历届职业插花员竞赛评委、浙江省风景园林学会插花艺术研究分会副秘书长、国家一级花卉园艺师蔡俊主讲的“插花艺术”。

【杭州名人讲堂】2016年，杭州名人讲堂围绕“寻找杭州城市文脉”主题，共举办七场讲座，包括：3月26日，由

2016年杭州市主要博物馆特色临时展览

表62

单　位	临时展览名称
杭州博物馆	“丝绸之路上的神秘王国——西夏精品文物展”“喜迎G20·西泠印社文化艺术系列活动”“世界生肖邮票精品展”“南北辉映礼乐至上——两周时期河南青铜器与浙江原始瓷联展”
西湖博物馆	“珍藏西湖——杭州西湖博物馆历年征集文物精品展”“湖畔寻古——讲述西湖考古的故事”“锦里西湖胜画图——馆藏民国西湖织锦精品展”“根深叶茂——天一阁馆藏珍品展”
杭州南宋官窑博物馆	“临安人的一天——杭州民间收藏的南宋器物展”“神秘的契丹——辽代文物精华展”“第九届陶艺大赛优秀作品展”“含英咀华——两宋名窑瓷器展”
杭州名人纪念馆	“篆字之美——章太炎先生的书法艺术展”“魏晋风骨——纪念章太炎先生逝世80周年展”
杭州工艺美术博物馆	“大匠之风系列展：雕刻人生——郑胜宁黄杨木雕艺术展”“锦绣岭南——四大名绣粤绣艺术展”“美丽的西湖之花——西湖绸伞精品特展”“非物质文化遗产——浙窑传统陶瓷柴烧作品展”“影·戏——大连现代博物馆藏辽南皮影艺术展”“瓷上乾坤——‘灵猴献瑞金鸡起舞’浙窑名家瓷上作品展”
韩美林艺术馆	“金猴闹春——农历新年猴主题年历画展”“美术史谭·隋唐·山水动物画”“美术史谭·五代宋初·荆关董巨(上)”“美术史谭·五代宋初·荆关董巨(下)”“美术史谭·北宋·李成·范宽”
杭州京杭大运河博物馆	“重访隋唐大运河摄影展”“豪情喜迎G20·妙手丹青歌盛世——残疾人书画摄影展”“喜迎峰会真情颂运河——中国大运河申遗成功二周年书画展”“刘世昭骑行大运河摄影展”
中国湿地博物馆	“糕中滋味·印里人生——西溪糕版艺术展”“2016‘温暖旧时光’湿地主题少儿画展”“‘逐梦自然’生态摄影展”“生命奥秘·脊椎王国——动物标本展”“‘同书西溪赋，共抒西溪情’全国书法邀请展”
余杭章太炎故居纪念馆	“革命先锋学术宗师——纪念章太炎逝世80周年特展”
良渚博物院	“王国气象——纪念良渚遗址发现80周年特展”“丝绸之路——现代玉石作品展”
萧山博物馆	“锦里西湖胜画图——民国西湖织锦展”“佛峙天姥——新昌大佛1500年纪念特展”“灵猴献瑞——猴年生肖展”“岁月留痕——萧山古建筑摄影优秀作品展”“一片匠心——萧然阁藏品展”“萧山区中小学生可移动文物个性化邮票设计比赛优秀作品展”
余杭博物馆(中国江南水乡文化博物馆)	“乡间拾翠——谢水火画展”“片羽吉光——余杭区全国第一次可移动文物普查成果展”“光荣与梦想——余杭区首届书法美术提名展”“考古余杭系列展——隋唐五代宋”“品·匠心——余杭区传统手工艺展”“海纳百川余杭博物馆馆藏‘海派’‘浙派’书画名家作品特展”“‘华墨盈春’——余杭区青少年书法实验教育汇报展”“‘余杭与海外华裔青少年同画美丽余杭’画展”“我从远古走来——世界文化遗产周口店北京人遗址文物特展”“庆祝余杭政协成立60周年书画展”“春分——余杭区首届西画展”“余杭区不可移动文物保护利用成果·让文化遗产活起来”
桐庐博物馆	“韫玉良缘——良渚文化玉器精品展”“注春啜香——中国茶文化展”“中国流动科技馆浙江省桐庐站巡展”“芙蓉出水——清代康雍时期外销青花瓷精品展”“钱江怒潮——抗日战争在浙江图片巡回展”“世界文化遗产图片展”

说明：杭州茶叶博物馆因临时展厅改造未推出临时展览

2016年4月底，杭州工艺美术博物馆工艺美术大师非遗活态陈列完成提升改造。图为“非遗民俗工艺区” （市园文局 供稿）

浙江大学历史系副教授陈志坚主讲的“建城故事”；6月11日，由浙江大学历史系教授、博士生导师计翔翔主讲的“行在风云”；9月17日，由浙江大学历史系教授、博士生导师卢向前主讲的“丝路之光”；10月29日，由浙江大学历史系副教授楼毅生主讲的“中西之桥”；11月19日，由中国人民大学教授、博士生导师、中国宋史学会会长包伟民主讲的“临安梦寻”；12月3日，由浙江大学历史系副教授吴铮强主讲的“杭州志怪”；12月17日，由浙江大学历史系副教授鲍永军主讲的“名幕良吏清代政坛上著名的‘绍兴师爷’汪辉祖”。

【纪念章太炎逝世80周年暨章太炎故居保护开放30周年活动】2016年是近代著名民主革命家、思想家、国学大师章太炎先生逝世80周年。章太炎（1869—1936）是浙江省余杭县（今杭州市余杭区）人。余杭区举办“太炎文化周”活动：6月13日，纪念章太炎逝世80周年暨章太炎故居保护开放30周年特展开幕；6月13～15日，举办章太炎先生生平及思想学术讨论会；6月17日，举办“诗咏太炎”——颂名人诗歌、讲名人故事、传名人精神大型广播推广活动阶段性汇报和“诗歌里的名人——章太炎与汤国梨”诗友会。

此外，杭州名人纪念馆推出“篆字之美——章太炎先生的书法艺术展”和“魏晋风骨——纪念章太炎先生逝世80周年展”。

【西湖风景图双耳瓶入藏杭州西湖博物馆】2016年6月，杭州西湖博物馆征集到一件清粉彩西湖风景图双耳瓶。瓶高61厘米，腹径27厘米，颈部饰一对描金贯耳，通体满施青白釉为底色，器身绘二十多处西湖景观。清中后期将西湖景色作为瓷器装饰较为罕见，全器构图丰满，是一件难得清粉彩佳作，也为研究清中后期西湖景观提供了具体的形象资料。

【阮元陈列室完成布展】2016年4～7月，杭州西湖风景名胜区湖滨管理处对西湖阮公墩环境与建筑实施全面整治，将岛上建筑开辟为阮元主题文化陈列室，介绍清代名臣阮元的生平事迹，主要用“三朝元老，九省疆臣”“一代名儒，振兴文教”“名人评价室”3个主题单元，展出14件阮元手稿和道光皇帝御赐碑等珍贵资料复制品，展现阮元的政治生涯以及对浙江、杭州乃至西湖的文化贡献。阮元陈列室利用声光电等全息影像技术，提升观众互动性和体验性。

【杭州工艺美术博物馆提升工艺美术大师非遗活态陈列】2016年4月底，杭州市工艺美术博物馆对工艺美术大师非遗活态陈列完成提升改造，改造后分为三大展示区块，即“传统工艺美术区”“非遗民俗工艺区”“综合工艺区”，展示包括机绣、手绣、木雕等18种手工艺。手工艺活态展示馆作为中国刀剪剑博物馆、中国扇博物馆、中国伞博物馆分馆，是对三大博物馆基本陈列静态展示的活态补充。

【中国古陶瓷学会年会暨印纹硬陶学术研讨会】2016年11月27日至12月1日，中国古陶瓷学会2016年年会暨印纹硬陶学术研讨会在萧山举行。来自故宫博物院、中国科学院大学、广东省文物保护与考古研究所等数十家国内外文博科研机构的近160位专家学者参加会议。会议编辑出版《印纹硬陶与原始瓷研究》论文集和《陶瓷之间》图录，“陶瓷之间——印纹硬陶与早期青瓷器特展”同期举行。

【淳安县博物馆完成概念性展陈设计方案】淳安千岛湖博物馆工程位于千岛湖镇珍珠半岛，总建筑面积5700平方米，展厅面积2778平方米，其他区域面积2922平方米。土建工程已于2015年12月底基本完成。2016年，概念性展陈设计方案完成。博物馆由一层大厅及临展厅、二层淳安通史陈列展厅、三层移民纪念陈列展厅及非物质文化遗产陈列展厅、四层办公区域及临展厅等共四层组成。基本陈列以淳安历史为叙述主体，讲述淳安与江为伴的千年积淀和由江到湖的沧桑巨变。

【临安文物亮相日本大和文华馆】2016年10月8日至11月13日，“吴越国——西湖孕育的文化精粹”文物特展在日本奈良县大和文华馆举行。展览为期35天，9000多人次参观。临安34件（套）馆藏文物与浙江省博物馆35件（套）文物联合参展。临安参展的文物出土自水丘氏墓、康陵等墓，文物类型有青瓷、白瓷、玉器、金银器、铜器等。 （市园文局）

考古与文物保护

【考古与文物保护概况】2016年，杭州市完成考古项目44项，其中发掘项目17项、勘探项目26项、调查项目1项。发掘总面积9500平方米，勘探面积160

万平方米，调查面积5平方千米，发掘墓葬65座，出土文物近550件(套)。

第一次全国可移动文物普查工作有序推进，普查报告编制完成。《余杭遗珍——余杭区第一次全国可移动文物普查成果集萃》和《杭州市萧山区第一次全国可移动文物普查成果》(陶瓷卷、书画卷、绘画卷、杂件、金属卷)出版。申报推荐第七批省级文物保护单位。第七批全国重点文保单位、第六批省级文保单位的用地保护规划由省政府正式公布。

实施20余项文保工程，闸口白塔抢救性保护加固工程、弥陀寺石刻、永安桥、郁达夫旧居、浙江理工大学教学楼等保护工程竣工。西湖南山造像、宝成寺麻曷葛剌造像、石佛院造像、飞来峰造像三期保护工程有序实施。南屏山、丁家山、大麦岭等27处摩崖石刻研究项目完成。余杭区开展大径山区域文物保护利用工作。郊坛下和老虎洞窑址保护规划初步编制完成。农村历史建筑保护工程安排专项资金1500万元。

“浙江杭州南宋临安城址”项目入围2015年度“全国十大考古新发现”终评。“杭州南宋临安城供水系统遗存”和“杭州古海塘遗址”两个考古项目被评为“2015年度浙江重要考古新发现”。

《杭州市大运河世界文化遗产保护条例》经市十二届人大常委会第四十次会议审议通过。《大运河(杭州段)世界文化遗产保护管理规划》完成送审稿。良渚古城遗址被列为2019年申遗目标，各项申遗筹备工作有序推进。

修缮后的石观音阁　　（市园文局 供稿）

【第一次全国可移动文物普查】 2016年，杭州市普查办完成文物信息审核上报工作，共计登录文物数量9.47万套、16.55万件。全市第一次可移动文物普查工作报告编制完成。第一次全国可移动文物普查涉及杭州市19个行业、8207家国有单位，71家单位的441名普查人员用4年时间，共计投入经费1200多万元。普查显示，杭州市行政区划内国有可移动文物收藏量为36.69万件(套)。

【闸口白塔抢救性保护加固工程】 2016年，西湖风景名胜区凤凰山管理处开展闸口白塔抢救性保护工程概算审批、招投标和施工等工作。经公开招标，保护工程于3月开工，7月竣工。设计单位为南京博物院，施工单位为浙江大陆建筑特种设备有限公司，监理单位为杭州天恒投资建设管理有限公司。此次保护工程主要实施内容为塔身结构缺失构件补强加固、裂隙灌浆加固、掉落构件粘接及外加不锈钢抱箍安装等措施。

【石观音阁修缮工程】 石观音阁位于吴山景区，为杭州市级文物保护单位，存在因屋面渗漏引起木作霉烂、墙体粉刷剥落的情况。2016年1月20日至5月20日，西湖风景名胜区吴山景区管理处对其进行修缮。经公开招投标，由江西昌厦建设工程集团公司实施，中标价147.09万元，主要对屋面维修和外立面粉刷。设计单位为杭州园林设计院股份有限公司，监理单位为浙江江南工程管理股份有限公司。

【石屋洞石质文物保护工程】 石屋洞位于杭州南高峰石屋岭下，为“烟霞三洞”之一，也是西湖新十景之一“满陇桂雨”所在地。西湖风景名胜区钱江管理处于2016年实施石屋洞石质文物保护工程。工程于2016年6月18日开工，7月18日竣工，总计工时30天，工程投资额9.6万元。设计单位和施工单位均为浙江华东建设工程有限公司。保护工程在造像龛顶主要渗水点布置导水孔、在龛眉处设置隐蔽导水槽。

【石佛院保护工程】 2016年，西湖风景名胜区吴山景区管理处委托南京博物院在前期水文地质勘查的基础上完成石佛院造像保护方案的调整。12月1日，石佛院保护工程正式开工。工程历时50天，由广州白云文物保护工程有限公司施工、浙江江南工程管理股份有限公司监理。工程包括造像顶部防水毯铺设、造像本体及周边危岩锚杆加固、裂隙灌浆等内容。

【江干区常青区块古海塘遗址考古发掘】 2016年8～11月，杭州市文物考古研究所对江干区常青区块古海塘遗址进行了考古发掘。发掘区位于秋涛路以西、碑亭路两侧，探沟发现古海塘遗存，形制结构为石塘，迎水面石条(板)砌筑，背水面以夯土堤为戗，大致呈西南—东北走向，横截面呈梯形，上小底大。迎水面石塘分为三组：第一组石条打磨平整，纵横错置平砌，紧凑致密，石条间以银相衔接，使用鱼鳞大石塘的砌法，年代应为清代；第二组石条略显粗糙，纵向错缝平砌，局部竖砌，年代应为宋元时期；第三组石条仍显粗糙，纵向错缝平砌，年代应为宋元时期。发掘过程中采集到青花瓷碗、盘、黑釉瓷盏、铜钱等标本12件，另采集石塘体铁铆钉、石条(石板)等建筑构件9件。

【大运河游步道修缮工程】 2016年5月11日，拱墅段游步道通过竣工验收，维修范围为运河西岸青园桥至大塘新村段、乾隆舫—霞湾桥段和运河东岸青莎公园段、江涨桥南侧段、御码头—霞湾桥段，总长度854米。6月6日，下城段游步道竣工验收，维修范围为运河西岸潮王桥至叶青兜路段，运河东岸的青园桥至海事桥段，总长度580米。

【西塘河块状公园项目考古发掘】 2016年3～9月，杭州市文物考古研究所对拱墅区西塘河块状公园地块内的3处文物埋藏点进行了配合性考古发掘。本次发掘面积总计700平方米，共发现良渚文化时期灰坑6个、沟2条，出土玉器、石器、陶器、木器等十余件完整器，大量良渚文化陶片，少量动物骨骼，以及树皮、苇草、酸枣核等植物遗存。另外还清理了宋元时期灰坑1个、沟1条。根据出土器物特征判断，西塘河块状公园地块内的新石器时代遗址属良渚文化晚期，对研究良渚文化的时空分布提供了新的实物资料。

【黄沟山墓地考古发掘】 黄沟山位于拱墅区半山街道，虎山路与上塘河附近。2015年末至2016年初，杭州市文物考古研究所对该地块进行抢救性考古清理，共发现古代墓葬27座，墓葬类型有土坑墓、砖椁墓和砖室墓。出土有陶罐、陶壶、青瓷粉盒等陶瓷器以及铁剑、铜带钩等金属器，墓葬年代跨越汉至宋代。其中汉代土坑墓4座、砖椁墓1座，六朝时期砖室墓16座，五代时期长方形土坑墓1座，宋代砖室墓2座。另有3座墓葬因破坏严重无法辨别年代。

【萧山湘湖丁家庄墓群考古发掘】 丁家庄墓群位于杭州市萧山区闻堰街道湘湖旅游度假区丁家庄古窑停车场北侧山坡，南临越王路，北靠百亩顶山。为配合湘湖金融小镇建设，2016年9月10～25日，杭州市文物考古研究所联合萧山博物馆对该地块进行考古发掘，此次发掘工作共清理13座墓，其中竖穴土坑墓6座、砖椁墓2座、砖室墓5座，出土文物158件（组），另有2方墓志、1方买地券。13座墓中汉墓9座，六朝墓2座，明墓2座。汉墓随葬品共25件，包括釉陶盘口壶、盆、罐、硬陶罍、铜壶、铜盆、铜镜、铜钱、铁刀和料珠。明墓M12右室后壁壁龛，内置买地券，一面朱书买地券券文，一面用朱砂绘制一幅八卦图。左室后壁壁龛内竖置一块长方砖，其上朱书三字。丁家庄墓群汉墓中M7中发现的大量贝壳为杭州地区首次发现，明墓M12中买地券、八卦图为杭州地区首次发现。上述发现为研究杭州地区汉至明代的丧葬习俗提供了全新的研究资料。

【萧山湘湖罗家坞墓群考古发掘】 罗家坞墓群位于杭州市萧山区闻堰街道湘湖旅游度假区湖山村罗家坞山坡，2016年4～7月，杭州市文物考古研究所联合萧山区博物馆对其进行了抢救性考古发掘，共发掘墓葬9座，总发掘面积约1000平方米，出土文物17件。9座墓中六朝墓2座、明代墓6座、清代墓1座，其中南朝墓M7和明墓M1为大型墓。M7由封门、甬道、前厅、过道和墓室以及砖室前的排水道几部分组成。砖室通长8.17米，通宽2.9米。随葬品共6件，有青瓷水盂、匙、滑石猪握、铜钱、青瓷钵、酱釉瓷小碗。M1为大型明代家族合葬墓，整体由地表茔园、神道和墓室组成，占地面积约850平方米。地表茔园自后向前分别是围墙与环道、封土堆、墓室、拜坛、斜坡路、第二级台地、第三级台地、墙基、坟坛、斜坡路、曲尺形道路和神道。墓室共5个，其中正中两室为石盖板砖室墓，右边两座为券顶砖室墓，左边一座为券顶砖室墓，未见随葬品。据墓葬形制判断其为明代墓，根据县志记载该墓可能为明鸿胪寺序班曹钜嘉父子墓。

【极地海洋公园二期墓葬群考古发掘】 极地海洋公园二期建设项目位于杭州市萧山区湘湖路777号极地海洋公园西南侧。为配合施工，杭州市文物考古研究所于2016年5～7月进行现场勘探，共探明墓葬48座，并于9月开展发掘工作，清理墓葬32座，主要为六朝及明清时期，均为砖室结构。墓葬多数已经遭破坏或盗掘，墓室内所存遗物较少。本次发掘共发现明代墓志铭两组，分属于M14、M15。其中M15经考证为明代萧山进士田惟祐及其夫人张氏合葬墓。田惟祐（一作田惟祜），字裕夫，正德三年进士，官至浔州知府（今广西桂平），著有《东源读史录》。

【余杭区第一次全国可移动文物普查成果展】 2016年11月22日至12月22日，“片羽吉光——余杭区第一次全国可移动文物普查成果展”在余杭博物馆举办。展览由杭州市余杭区政府主办，余杭区文广新闻出版局承办。展览由摸家底、知家底、赏家底三部分组成，共展出23个类别的文物110多件（套）。同时，出版《余杭遗珍

江干区常青古海塘遗址石塘体迎水面　　（市园文局 供稿）

——余杭区第一次全国可移动文物普查成果集萃》。

【富阳区春建乡坟湾里宋墓考古发掘】 坟湾里宋墓位于杭州市富阳区春建乡春建村上高自然村坟湾里东侧山坡顶部，2016年5月，杭州市文物考古研究所联合富阳区文物馆对其进行了抢救性发掘。此墓为长方形竖穴双室石盖顶砖室墓。东西长3.15米，宽约3米，深1.5米。北室墓底中部发现黑色棺木朽痕，保存较好，长约220厘米，宽约80厘米，残厚约8厘米。棺木朽痕上发现大量铁钉和八个铁环。随葬品有龙泉窑青瓷碗、青瓷盘、景德镇窑青白瓷小罐、酱釉瓷瓶、酱釉瓷碟和铜钱。墓葬的发现为研究南宋时期杭州地区的丧葬习俗提供了重要的实物资料。

【城堂岗遗址考古调查勘探】 城堂岗遗址是桐庐县第三次全国不可移动文物普查新发现的新石器时代遗址，也是浙江省已经发现的海拔最高的新石器时代遗址。2016年6~12月，浙江省文物考古研究所和桐庐博物馆联合对遗址进行了全面的勘探调查，揭露面积780平方米，其中探沟发掘面积92.5平方米。发现灰坑11个(其中解剖清理5个)、柱坑3个、柱洞4个，出土陶、石器等文物210余件。从发现的文化层堆积、居住生活遗迹，结合出土的陶、石器等遗物，判断城堂岗遗址是一处比较单纯的新石器时代晚期钱山漾文化时期小型聚落遗址。城堂岗遗址是桐庐县首次发现的钱山漾文化遗址，为探索或全面了解桐庐县新石器时代先民的社会发展轨迹提供了重要资料，也为钱山漾文化的综合研究提供了珍贵的材料。

【淳安王阜古墓葬考古发掘】 2016年2月23日至6月24日，杭州市文物考古研究所会同淳安县文物保护管理所对王阜乡马山村东南的王阜古墓葬进行了抢救性考古发掘，出土银饰品、木梳、尺、毛笔、铁剪刀等随葬品27件。古墓葬坐西南面东北，中轴线上依次分布着封土、墓室、平台、排水沟、拜坛和地坪。左、右两侧以排水渠环绕，使整个墓地平面呈椭圆形。古墓总长32.2米、宽18米，面积约580平方米。墓碑文字记载，墓主王珏，字士文，墓地最初建成于明英宗朱祁镇天顺四年(1460)。此墓为研究浙江地区明代的丧葬习俗提供了非常重要的实物资料。

【临安龙岗章氏家族墓考古发掘】 2016年4月14~24日，杭州市文物考古研究所联合临安市文物馆对位于临安市龙岗镇龙井村的一组清代八室并列相连的砖券家族墓地进行了抢救性清理，出土一副眼镜、一组32块的骨牌、铜簪、玛瑙珠等。其他墓室发现时已被扰动，未发现随葬品。

【《临安洪起畏夫妇合葬墓》出版】 2016年6月，杭州市文物考古研究所、临安市文物馆共同编著的《临安洪起畏夫妇合葬墓》由文物出版社出版。该书根据杭州市文物考古研究所与临安市文物馆2013~2014年西坟山遗址、墓群考古工地的发掘资料整理而成。洪起畏夫妇合葬墓为当地宋元时期的墓葬研究提供了非常重要的实物资料，所出土的墓志记述内容极为丰富，对于研究南宋后期的历史具有重要的证史和补史作用。

【《湖畔寻古》出版发行】 2016年8月16日，杭州市文物考古研究所编著的公共考古读物《湖畔寻古》由浙江人民美术出版社出版发行。《湖畔寻古》是集趣味性、可读性、知识性于一体的科普书籍，主要以西湖文化遗产区域内的考古发现为基础，从考古的角度和眼光出发讲述西湖考古的故事。本书共分"龙盘虎踞帝王家""黄卷青灯锁寂寥""山外青山楼外楼""独留青冢向黄昏"四部分。

【《古窑寻踪——桐庐民窑调查》出版】 2016年9月，《古窑寻踪——桐庐民窑调查》由西泠印社出版社出版。此书由桐庐博物馆编著，书中介绍了磨凸上窑址、阳山头窑址、望水岭窑址、寺堂山窑址等9处在桐庐县第三次全国不可移动文物普查中新发现的19处窑址中调查成果较明显窑址民间古窑，烧制年代从新石器时代至明清时期。　(市园文局)

良渚遗址

【良渚遗址概况】 良渚古城自2007年以来，经过十年连续不断的考古工作，确认由宫殿区、内城、外郭城组成的面积约8平方千米的核心区，以及外围水利系统和城外聚落组成的面积达100平方千米的城郊体系构成。2009年以来，重点对古城核心区进行了勘探和解剖发掘。至2016年末，基本探清外郭城以及城内宫殿区、贵族墓地的基本布局。

良渚古城莫角山宫殿区位于城内正中心，由古尚顶土台和其上的大莫角山、小莫角山、乌龟山三座宫殿基址组成。古尚顶平台的发掘确定了宫殿区中部大型沙土广场的分布范围，面积约7万平方米，推测是莫角山宫殿区内举行重要仪式的场所。在沙土广场南部和东部还发现东西成排、南北成列的9座房屋台基，面积在200平方米~500平方米，可能是宫殿区内的贵族居所。

姜家山位于莫角山西部、反山南部，考古发掘墓葬14座，大致呈三排分布，共出土文物425件(组)，以单件计644件。根据出土文物判断，其年代与反山墓地接近，等级相当于反山墓葬的第三到第四等级。姜家山墓地的发掘显示莫角山宫殿区以西王陵及贵族墓地区域的存在，这一区域从北到南分别由反山、姜家山、桑树头王陵及贵族墓地等组成。莫角山宫殿区、王陵及贵族墓地、皇坟山台地等构成了良渚古城的核心区域。

良渚古城河网密布，位于城内宫殿区以东的钟家港古河道，是城内的南北主干道。通过考古发掘，显示在钟家港南段西岸的李家山台地和东岸的钟家村台地分别存在漆木器和玉石器作坊，这是城内首次发现手工业作坊区。

2015~2016年，完成良渚古城以东约175万平方米的勘探工作，发现良渚文化时期遗迹现象104处，证实良渚古城以东良渚文化台地分布密集，超过之前的认识。良渚古城范围内已发现各类遗址230多处，其中郊区聚落150多处。

2016年6月，良渚博物院维修改造工程完成后重新开馆。G20杭州峰会期间，“良渚博物院—良渚文化村”线入选G20杭州峰会官方确认的媒体参观线路，接待来自美国、法国、新加坡、韩国、墨西哥以及国内38家新闻单位的数十名媒体记者参加体验。

【良渚遗址申遗项目全面推进】2016年，良渚古城遗址申遗工作全面推进。试验片区工程、土地流转及清表工程、莫角山东坡、西坡古河道疏浚工程、大莫角山围沟历史地貌恢复工程、古城核心区地表清理整治工程、“两美浙江”祥彭线整治工程、祥彭线弱电上改下工程、反山及西城墙、北城墙景观维修改造工程、主入口辅助道路工程、拆迁区域建筑垃圾清理工程、长连线道路工程、云窑线上改下工程、水利泵站工程等完成。主入口工程、瑶山综合整治工程、申遗区苗木迁移工程、遗产区数字展示工程、遗产区服务点工程、道路桥梁工程、申遗区域土地整理工程等顺利开展，所涉597家搬迁农户已签约589户，涉及的59个搬迁企业签约57个。良渚遗址申遗工作累计融资25亿元。

【良渚古城遗址保护展示方案省级论证会】2016年11月30日，浙江省文物局在余杭召开良渚古城遗址保护展示方案省级论证会。北京国文信文物保护有限公司总经理王立平、中国建筑设计研究院建筑历史研究所所长陈同滨、复旦大学文物与博物馆学系教授高蒙河、浙江省文物考古研究所所长刘斌、浙江省文物考古研究所研究员王宁远、杭州市园林文物局副局长卓军等专家到会。会议听取良渚古城遗址莫角山、反山、瑶山保护展示方案，以及环境整治方案、综合管理用房、考古与保护中心等情况介绍。会议认为，良渚古城遗址莫角山、反山、瑶山保护展示方案及综合管理用房方案，设计定位、设计依据和设计原则基本正确，设计内容和思路基本可行。12月，调整完善后的方案正式上报国家文物局。

【杭州良渚遗址管理区工作机制完善】2016年12月21日，为全面落实中共中央总书记习近平重要批示精神和中央、省、市委做出的重大战略决策，加强良渚遗址有效保护，加快良渚遗址申报世界文化遗产和建设良渚文化国家公园步伐，余杭区委、区政府印发《关于完善杭州良渚遗址管理区工作机制的方案》，对完善良渚遗址管理区工作机制方案的指导思想、工作目标、工作架构、实施方案、工作考核等内容进行了明确。按照“融合+叠加”的运作模式，余杭区委、区政府建立“领导小组+指挥部”工作机制，与良渚遗址管委会合署办公，实行实体化运作。

【良渚古城外围水利系统专家咨询会召开】2016年3月12～13日，浙江省文物考古研究所组织召开良渚古城外围水利系统专家咨询会，来自全国19家科研单位的考古学、水利学专家听取了良渚古城及其外围水利系统的考古成果汇报，围绕发掘出的良渚古城外围水利工程遗址展开深入探讨，并考察了莫角山遗址、北城墙和西城墙遗址及塘山、石坞堤坝遗址及老虎岭、鲤鱼山发掘现场。专家们认为，良渚古城的外围水利系统是良渚文化时期人工堆筑的大型工程，在考古地层、碳十四测年、填筑工艺等方面均已获得了系列证据。在5000年前的古遗址中发现这样技术先进的大型水利工程体现了良渚先民高超的规划、组织和管理能力，开启了史前水利考古研究的新领域，为中华文明的进程研究提供了新资料。

【良渚古城外围水利系统调查和发掘获考古大奖】2016年5月13～14日，中国考古学会在北京举行田野考古奖评选会，浙江省文物考古研究所主持的“余杭区瓶窑镇良渚古城遗址外围水利系统考古调查与发掘”在全国37个田野考古发掘项目(2011～2015年度)中获田野考古一等奖。

5月16日，中国考古学会、中国文物报社联合公布2015年度全国十大考古新发现入围终评项目结果。由杭州良渚遗址管委会、浙江省文物考古研究所、山东大学、南京大学联合开展的“浙江余杭良渚古城外围水利工程的调查和发掘”被评为2015年度全国十大考古新发现。

【浙江省考古遗产展示园项目签约】2016年5月13日，浙江省文物局和余杭区政府举行浙江省考古遗产展示园项目签约仪式，省文物局局长柳河与余杭区区长朱华分别代表双方签字。常务副区长祝振伟，副区长许玲娣，良渚遗址管理区党工委副书记、管委会副主任陈寿田，以及省文物局、省文物考古研究所、余杭区有关部门负责人参加签约仪式。展示园初步设想分为公共展示区、文物库房、保护研究区及办公区四大区块，拟规划用地13.33公顷，其中建筑用地3.5公顷，总投资3亿～4亿元。项目主要功能是集中展示浙江省各个历史时期的出土文物，促进公众考古推广和考古遗产保存、展示、研究、开发、利用，满足社会公众文化需求。

【“良渚系列丛书”获公共考古金镈奖(提名奖)】2016年5月8日，经过中国考古学会公共考古专业指导委员会公共考古奖(金镈奖)评选活动办公室组织专家投票选举，良渚博物院主编的“良渚系列丛书”(陈杰《良渚文化的古环境》、丁金龙《良渚文化的水井》、方向明《神人兽面的真像》、蒋卫东《玉器的故事》、梁丽君《纹饰的秘密》、刘斌《神巫的世界》、王宁远《从村居到王城》、俞为洁《良渚人的衣食》、赵大川和施时英《良渚文化发现人施昕更》、赵晔《良渚文明的圣地》)获公共考古金镈奖(提名奖)。

【“数字遗产中国行——良渚站”活动】2016年6月18日，“数字遗产中国行——良渚站”活动在良渚举行，拉开了良渚文化发现80周年系列纪念活动的序幕。来自北京、陕西、河南、江西和浙江等地文物主管部门负责人，国内数十家新闻媒体记者参加活动，参观良渚博物院、良渚古城遗址和良渚古城外围水利系统。北京大学文博院原院长赵辉、南京大学地球科学系教授徐士进、清华大学清城睿现数字科技研究院院长贺艳、浙江省考古研究所研究员王宁远等专家，分别从宗教信仰、气候变化、营城技术、阐释展示理念等不同侧面，讲述了良渚文明在世界文明进步中的地位、良渚遗址的重大价值。杭州良渚遗址管理区党工委副书记、管委会副主任陈寿田从六个方面介绍了大遗址保护的良渚实践，浙江省文物局局长柳河参加开幕式。

【"良渚王国"数字遗产主题展亮相文化遗产保护与数字化国际论坛】 2016年8月8日，由国际古迹遗址理事会记录科学委员会(CIPA)、中国古迹遗址保护协会、清华大学主办，清华大学建筑学院、美术学院、清城睿现数字科技研究院共同承办的第四届文化遗产保护与数字化国际论坛在清华大学举行。论坛期间，"良渚王国"数字遗产主题展引人注目，良渚古城外围水利工程获得首届"数字遗产最佳实践案例竞赛"入围奖。全国人大环境与资源保护委员会副主任委员袁驷、奥地利驻华公使雷吉娜·菲格尔、国家文物局世界遗产司副司长陆琼、CIPA主席安德烈亚斯·耶奥戈普洛斯在开幕式上先后致辞。良渚遗址管理区党工委副书记、管委会副主任陈寿田在跨界对话环节就遗产价值、保护成果做了30分钟演讲。

【杭州良渚遗址管委会与伦敦大学学院建立友好合作关系】 2016年10月27日，杭州良渚遗址管委会与伦敦大学学院建立友好合作关系签字仪式在英国伦敦大学学院举行。浙江省文化厅党组副书记、副厅长陈瑶出席仪式，杭州良渚遗址管理区党工委副书记、管委会副主任陈寿田和伦敦大学学院(UCL)考古学院院长Sue·Hamilton代表双方签字。伦敦大学学院Tim·Williams(中国丝绸之路申遗国际专家组组长)、伦敦大学学院社会与历史部教授Mary·Fulbrook和高级讲师庄奕杰以及浙江省考古研究所研究员傅峥嵘出席签字仪式。

【"鼎盛中华展"与"丝绸之路——现代玉石作品展"开幕】 2016年7月19日至10月8日，由良渚博物院、河南博物院、上海诺一海派文化艺术馆合作推出的"鼎盛中华展"与"丝绸之路——现代玉石作品展"，在良渚博物院临时展厅免费向公众开放。"鼎盛中华展"共展出80件(组)文物，主要分"鼎之初现、华夏定鼎、钟鸣鼎食、问鼎中原、革故鼎新、鼎盛中华"六个部分。"丝绸之路——现代玉石作品展"展示了由近百位工艺大师耗时五年打造的多件玉雕作品，从侧面揭示出中华民族的历史、文化、社会发展和疆域变迁。

2016年8月19日至9月14日，首届杭州市非遗摄影大赛获奖作品巡回展出（市非遗中心 供稿）

【纪念良渚遗址发现80周年特展】 2016年11月26日，由良渚博物院、浙江省文物考古研究所、中国江南水乡文化博物馆共同举办的"王国气象——纪念良渚遗址发现80周年特展"良渚博物院开幕。展览从都城、村落、民生、礼俗和追迹五个单元，向公众展示了良渚遗址的最新考古与研究成果和良渚先民的社会文明水平。陈列方式打破展线的单调，依据考古资料做出模拟村落场景，为展览营造了一个视觉中心；成组器物和以单元按原始位置布置器物也是一大亮点。展览时间持续到2017年2月28日。（李力行）

非物质文化遗产

【非物质文化遗产概况】 杭州历史悠久、人文荟萃，非物质文化遗产资源丰富。至2016年末，杭州市有人类非物质文化遗产代表作名录4项，分别是"中国篆刻"、作为"中国蚕桑丝织技艺"子项目的"余杭清水丝绵制作技艺"和"杭罗织造技艺"、作为"古琴艺术"子项目的"浙派古琴艺术"、"二十四节气"之半山立夏习俗；国家级非物质文化遗产代表性项目44项，居全国同类城市第一；省级非物质文化遗产代表性项目185项，居全省榜首；市级非物质文化遗产代表性项目368项。（陈睿睿）

【非物质文化遗产保护载体建设】 2016年，王星记扇业有限公司等13家单位入选第二批浙江省非遗生产性保护基地，入选数居全省首位。余杭区、拱墅区拱宸桥街道、萧山区河上镇等九地入选浙江省民间文化艺术之乡。16个濒危项目实施抢救性保护，完成37个国家级非遗代表性项目的视音频制作保存工作。开展非遗宣传展示活动，推出主城区首个非遗展示中心——下城区非遗展示中心，举办非遗志愿者形象与服务成果会演、"木版水印"高校巡回体验展等活动，让传统文化融入当代生活。

【"喜迎峰会·非遗荟萃"展示展演活动】 2016年第11个"文化遗产日"期间，市文广新闻出版局围绕"喜迎峰会·非遗荟萃"主题，联动各区、县(市)相关部门策划了百余场非物质文化遗产项目展示展演和系列宣传活动，包括杭州市首届非遗摄影大赛、拱墅区"让世界看见、听见、遇见"系列活动、江干区"喜迎G20·江干非遗荟萃大展示"活动、杭州经济技术开发区"喜迎G20，做非物质文化遗产的主人"展演、下城区"美丽非遗、光影铭记"体验外拍、"三美"临安篆刻名家邀请展、临安市"巧匠心·好家风”非遗现场活动、淳安县“淳安文化·睦州记忆”摄影展、杭州滑稽艺术剧院非遗进校园等。展示展演活动自6月6日启动，部分活动持续至10月底，近10万名市民参与。

【“迎峰会”首届非遗摄影大赛】 2016年，首届杭州市非遗摄影大赛由市文广新闻出版局、市文学艺术界联合会主办，市摄影家协会、市非物质文化遗产保护中心承办，于5月初启动作品征集工作。至7月底，共收到近2000幅摄影作品，评出一等奖1名、二等奖3名、三等奖6名、优秀奖100名。8月19日至9月14日，获奖作品在杭州市科技交流馆和上城区“匠·无界”展厅展出。入展作品聚焦中国篆刻、浙派古琴艺术等具有东方文化魅力的非物质文化遗产项目，以推动传统文化的保护传承，彰显城市人文之美。

【浙江·中国非物质文化遗产博览会】 2016年10月20～24日，由浙江省文化厅、杭州市政府主办的第八届浙江·中国非物质文化遗产博览会在白马湖国际会展中心举行。本届博览会以“继承传统，融入生活”为主题，以“先人智慧，工匠精神，生活状态”为呈现内容，以“三馆二区一论坛”为主体框架组织举办。“三馆”为生活馆、体验馆、工艺馆，“二区”为演艺区和展销区，“一论坛”即“大匠至心·杭州论坛”。博览会展出面积约1万平方米，王星记扇子、都锦生丝织、振兴祥中式服装等十大国家级、省级非遗项目参展，与全国17个省、市、自治区的147个大型非遗项目一同精彩亮相。其中，“大匠至心·杭州论坛”邀请国内传统工艺、非遗传承人、设计师以及品牌企业、互联网运营等领域代表130多人，探讨推动国内非遗和传统工艺资源对接、让传统工艺重返当代日常生活的途径和方法。

(孙立波)

【浙江省“美丽非遗”走进桐庐旧县文化礼堂】 为推进“美丽非遗”与农村文化礼堂融合发展，弘扬传承优秀的非物质文化遗产，丰富乡村百姓的精神文化生活，2016年5月3～4日，由浙江省非物质文化遗产保护中心主办，桐庐县文广新局、桐庐县旧县街道办事处承办的“浙江省美丽非遗走进旧县文化礼堂”活动在桐庐县旧县街道举行。来自杭州、金华、丽水、衢州、绍兴、台州等地16个区县(市)的30多名非遗代表性传承人、工艺美术大师参加非遗展示展演和展销活动。内容涉及全省28个国家级、省级、市级非遗名录项目。特色非遗资源融入农村文化礼堂建设，有助于丰富文化礼堂内涵。

【“小巷三寻”手工织布技艺参加中国非物质文化遗产博览会】 2016年9月21～25日，由文化部和山东省政府共同主办的第四届中国非物质文化遗产博览会在山东济南举行。博览会以“构建中华优秀传统文化传承体系，加强文化遗产保护，振兴传统工艺”为宗旨，以“非遗走进现代生活”为主题，通过展陈、演示、比赛、体验等形式，全面展示近年来非物质文化遗产保护传承的新进展和新成果。杭州市下城区的“小巷三寻”传统手工织布技艺受邀参加博览会，让观众在近距离欣赏传统手工织布精湛技艺，体会非遗融入大众生活的理念。展会期间，“小巷三寻”品牌创始人郑芬兰应文化部之邀参加传统工艺振兴论坛并在会上分享传统工艺振兴的经验。

【非遗项目亮相中国(杭州)工艺美术精品博览会】 2016年10月13～17日，中国(杭州)工艺美术精品博览会在杭州和平国际会展中心举行。展览展出了全市近百位工艺美术师的作品，涵盖刺绣、花边、扇艺、剪纸等多个非遗项目。其中国家级非遗项目铜雕、王星记扇、鸡血石雕、越窑青瓷烧制技艺，省级非遗项目萧山花边、杭州刺绣等参展。嵇锡贵、王文瑛、陈水琴、赵锡祥、朱炳仁、钱高潮、金国荣等多位非遗代表性传承人的作品在“物华天宝、文明荟萃”大师精品邀请展上展出。杭绣代表性传承人陈水琴的双面三异绣《远眺》、铜雕大师朱炳仁的两幅高2米的铜画等非遗作品广受瞩目。

【下城区举办非遗项目互动体验展】 2016年5月4日，下城区文广新闻出版局在西湖文化广场新远木马剧场举办“显工匠精神、展传统魅力”——下城区非遗项目互动体验展，以期围绕服务保障G20杭州峰会核心工作，弘扬下城传统文化魅力，活跃青少年文化生活。

下城区国家级非遗项目制扇技艺(王星记扇)、木版水印技艺，省级非遗项目手工织布纺织技艺，市级非遗项目杭州黄杨木雕，区级非遗项目手工泼染、剪纸，街道级非遗项目浙派古琴、盘扣技艺，以及杭州市民族民间艺术家许恩真线塑参加互动体验。通过实物展示和传承人的现场技艺展演，让青少年零距离地感受到下城非遗的浓郁生动文化魅力。

【杭州市非遗场馆建设和实物征集】 2016年，市非物质文化遗产保护中心配合完成“文化两中心”(即杭州市非物质文化遗产保护中心、杭州市群众文化活动中心)装饰装修工程项目可行性研究报告的编制；8月底，装饰装修可行性研究报告获审批通过，概算经费得到落实；9月，配合设计单位完成杭州市非物质文化遗产展示馆装饰装修工程项目的深化设计；年底前，基本完成杭州市非物质文化遗产展示馆装饰装修工程施工图设计和展品展项的深化设计。

市非物质文化遗产保护中心开展征集走访工作，全年走访12个项目，以手工技艺类项目为主，涉及余杭、淳安、萧山、临安、下城等6个区县(市)。征集到的非遗实物和老物件涉及非遗项目9项，共计156件(套)，包括南宋官窑烧制技艺、张小泉剪刀锻制技艺、木船制造工具、南宋官窑瓷烧制技艺、古琴斫制技艺、中泰竹笛制作技艺、昌化鸡血石雕、里商仁灯、贺城拉狮等。收到捐赠共计13件(套)，有十八般武艺模型、西湖风景剪纸、临安鸟笼等。

【《名品——杭州非物质文化遗产》出版】 为展示杭州市非物质文化遗产保护成果，普及宣传非物质文化遗产保护理论知识，市非物质文化遗产保护中心编纂了《名品——杭州非物质文化遗产》，并于2016年4月出版。此书在杭州市人类非物质文化遗产代表作名录的基础上，集中介绍杭州市世界级、国家级、省级、市级4级名录项目，内容涵盖民间文学、传统音乐、传统舞蹈、传统戏剧、传统体育游艺与杂技、传统美术、传统医药、民俗等十大门类。此书系统梳理、全方位展示了杭州非物质文化遗产项目，也是对杭州非遗保护工作十年历程的整体检阅。

【国家级非遗项目“小热昏”走进小学课堂】 2016年初，作为国家级非遗项目“杭州小热昏”的责任保护单位杭州滑稽艺术剧院有限公司，推荐小热昏传人金一戈向杭州大学路小学的学生教授小热昏。杭州大学路小学的“小热昏精品俱乐部”兴趣班有20多名学生，来自小学各个年级。金一戈编教材、印资料，从杭州方言教起，把“小热昏”的曲调编成简谱，从唱腔、表演、小锣和三巧板的演奏方法入手，传播小热昏的历史、演出流程，培养孩子们对杭州传统曲艺的兴趣，让小学生感受杭州乡土历史、关注家乡文化，增强文化遗产保护意识。

（陈睿睿）

西泠印社

2016年6月20日，西泠印社孤山社址修缮工程竣工。图为修缮后的柏堂

（西泠印社社委会 供稿）

【西泠印社概况】 西泠印社创立于清光绪三十年（1904年），由浙派篆刻家丁仁、王禔、吴隐、叶铭等召集同人发起创建，是中国成立最早的金石篆刻专业学术团体。1913年，近代艺坛巨擘吴昌硕出任首任社长。西泠印社于2004年经民政部批准注册登记。“金石篆刻（西泠印社）”为首批国家级非物质文化遗产，西泠印社领衔申报的“中国篆刻艺术”入选联合国教科文组织“人类非物质文化遗产代表作”。西泠印社秉承“保存金石、研究印学，兼及书画”之宗旨，在国际印学界享有崇高地位。至2016年末，西泠印社共有在册社员480人、名誉社员53人，分布于中国大陆26个省、自治区、直辖市和香港、澳门特别行政区、台湾地区，以及日本、韩国、新加坡、马来西亚、法国、瑞典等国家。2016年，西泠印社社团吸收新社员10名（含外籍名誉社员2名），其中海选入社5名、论文评奖入社3名、特邀入社2名。

西泠印社全年围绕服务保障G20杭州峰会的圆心，参与G20杭州峰会会标、会议办公用品、参会嘉宾礼品的创意设计以及《韵味杭州》图书的联合设计。开展西泠印社知识产权体系建设，依法加强品牌保护和管理，推动社团自身建设。全年提交商标异议20件，其中异议商标“西泠风”经国家商标局裁定不予注册。策划的“西泠印社社藏印章原拓海外展”项目获得2016年度国家艺术基金传播交流推广项目资助。举办G20杭州峰会专题系列艺术活动、丙申春季秋季雅集、中国金石篆刻艺术海外推广系列活动、中国印海外特展等。孤山社址修缮工程竣工。《西泠艺丛》社刊全年出版发行十二期。中国西泠网承办了第十届杭州文博会的“网上文博会”与“文博会拍卖会（杭州文创馆）”项目。

【献礼G20杭州峰会专题系列艺术活动】 2016年，西泠印社以喜迎G20杭州峰会为主题，举办系列艺术活动，主要有：“当好东道主，展示西湖美”迎峰会笔会、“喜迎G20·丙申春季雅集”、“喜迎G20·西泠印社文化艺术系列活动”、“迎G20峰会书法篆刻主题创作”、“喜迎G20·点赞杭州”杭州市中小学生主题篆刻创作大赛、“二十国国名、二十国元首姓名与肖像印篆刻作品创作”、“西泠撷影·杭城情愫”喜迎G20西泠印社历史摄影文献征集、摄影与征文市民文化互动活动等。在北京、杭州两地举办“喜迎G20·西泠印社文化艺术系列活动”是系列活动中规模、影响最大的一次文化盛事，包含“杭州有约·喜迎G20西泠印社当代名家精品展”“杭州有约·喜迎G20西泠印社早期社员作品展”“感悟经典·喜迎G20中国当代名家手札书法邀请展”“感悟经典·喜迎G20中国历代文人名家手札文牍作品展”四大展览。

【丙申春季、秋季雅集活动】 2016年4月13日，西泠印社在杭及周边地区社员、社友等百余人齐聚杭州西溪湿地，举行西泠印社丙申春季雅集。雅集包括雅集座谈会、创作笔会、社员雅集题名及合影等内容，并举行了拜祭印学先贤仪式。

11月，西泠印社举办以“百年西泠·湖山流韵”为主题的西泠印社丙申秋季雅集，包括“百年西泠·湖山流韵”西泠印社诗书画印大型选拔活动和展览、“篆物铭形——图形与非汉字系统印章国际学术研讨会”、西泠印社九届四次理事会等子项目，涵盖创作选拔、艺术展览、学术研讨、社务交流等内容。其中，“百年西泠·雅韵流芳”西泠印社诗书画印大展涵盖诗、书、画、印四大门类，共计收到来稿3600余件，遴选出53名兼擅诸艺的优秀选手到杭州，参加现场艺术创作和文化素质综合测试，前5名经社长会议审议通过后吸收入社。“篆物铭形——图形与非汉字系统印章国际学术研讨会”采取定向邀约和公开征稿两种形式，共收到国内外论文100余篇，总计230余万字，其中3名优秀奖论文作者由评委会推荐至西泠印社社长会议，经审议通过后吸收入社。

【“西泠印社·中国金石篆刻艺术海外推广”系列活动】 2016年5月，西泠印社赴日本东京、大阪举办国家艺术基金项目“西泠印社·中国金石篆刻艺术海外推广”系列活动。系列活动包括“西泠印社社长（现任）作品展”“西泠印社知名社员（部分）篆刻书法作品联展”“西泠印社社员海外雅集”“西泠印社名家海外演讲会”以及同期展出的“李刚田书法篆刻展”，创下了西泠印社海外活动参展艺术家、作品数量、活动时长多个之“最”，受到了日本政界、书道篆刻界以及艺术爱好者群体的普遍欢迎与好评。

“西泠印社——中国金石篆刻艺术海外推广暨绘意中国西泠印社名家作品美国展”作为美国旧金山第三届“跨越太平洋——中国艺术节”的核心内容暨开幕大展，于9月在美国旧金山举办，展出百余件西泠印社当代名家精品。

【“百年西泠·中国印”西泠印社海外特展】 当地时间2016年11月18日，“百年西泠·中国印”西泠印社科伦坡特展开幕式以及艺术创作交流活动在斯里兰卡举行。此次特展由西泠印社、斯里兰卡国家和平共处对话及官方语言部主办，荷比兰集团承办，展出西泠印社“人文奥运”近百方印章原石和西泠印社社员创作的书法、国画艺术精品100幅。此次“百年西泠·中国印”西泠印社科伦坡特展，是西泠印社拓展对外文化交流、弘扬金石篆刻艺术、信守申遗承诺、展示中国传统艺术的一项重要举措，为促进中、斯两国文化沟通和了解、增进两国人民友好关系发挥了积极作用。

【孤山社址修缮工程和保护利用】 西泠印社孤山社址修缮工程于2016年3月20日开工，6月20日竣工，工期92天，修缮内容包括柏堂、竹阁、印人书廊、印廊、山川雨露图书室、仰贤亭、宝印山房、四照阁、凉堂、观乐楼、还朴精舍、遁庵、题襟馆、鹤庐等14个主要文物建筑、连廊木结构部分以及所有楹联。对裸露土层进行整治修补，局部破损严重地面，进行修旧如旧的地面铺装。有倾倒趋向的古树得到加固。还朴精舍、遁庵、题襟馆、鹤庐进行屋面清理、翻瓦。华严经塔基座驳坎加固，观乐楼东侧倾斜围墙加固。10月1日，孤山社址重新开放。

【文物征集和展览】 2016年，西泠印社完成可移动类文物普查6686件、古籍普查150部，接受七位中外社员捐赠书法、印章、印谱、信札等总计近200件。全年举办四场大型公益性文物藏品展览，包括首次举办的以展示西泠印社四位创始人艺术成就的“西泠四君子”展，从澳门移师杭州再度展出的“吴让之、赵之谦书画印特展”，在全国博物馆博览会期间于成都永陵博物馆举办的“金石留韵——西泠印社摩崖石刻拓片展”，以及在浙江省博物馆举办的“徐三庚篆刻精品展”等，充分发挥了库藏文物展示教育功能。

【西泠印社集团实现营业收入2.73亿元】 西泠印社集团是经杭州市政府授权，统一管理运作西泠印社经营性国有资产和“西泠印社”、“西泠”注册商标、版权等无形资产的市属国企。2014年，西泠印社集团与西泠印社社委会进行职能、机构、人员的三分离。2016年，中共杭州市委决定单独建立西泠印社集团党委、纪委。西泠印社集团（西泠印社拍卖有限公司并表口径）全年完成营业收入2.73亿元，比上年增长11.9%，实现净利润2991.05万元，净资产收益率10.0%。

作为全市首批文化体制改革试点单位，改革促使西泠印社产业焕发生机。同时，第一轮改革由于政策不配套、不连续也带来一些遗留问题，如原事业单位身份职工改制转为企业身份退休后出现待遇差问题，首轮改制中组建的国有控股小微企业面临着主业技术含量低、经营模式落后、活力不足等问题。2016年，西泠印社集团通过面向市场引入战略投资者、调整股权结构等方式逐步实现杭州书画社等小微企业改革脱困。

【西泠拍卖成交总额近20亿元】 2016年，西泠拍卖线下、线上成交总额近20亿元。邓石如书法、贝多芬手稿、汉白玉石狮、“曼生壶”等中外艺术品创下十余项拍卖纪录。推出“中国首届国画画稿专场”“张充和与昆曲暨中国首届戏曲艺术专场”“中国首届长言联书法作品专场”。至年末，西泠拍卖创下的“中国首届”创新专场已经达到十六个。

西泠拍卖网络拍卖平台依托西泠拍卖线下精耕市场十余年积累的文化资源，以“互联网+文化”的创新模式，首场网拍成交总额逾1500万元，总成交率90%，首拍溢价倍数创国内网拍首拍纪录。首拍涌现大量高溢价拍品，最高溢价达起拍价20倍。

【《书法练习指导》被21个省选为书法教材】 2016年，西泠印社出版社凭借中小学书法教材出版契机实现量级突破，全年累计营业收入6815.87万元，比上年增长54%。至2016年秋，全国有21个省使用西泠印社出版社出版的《书法练习指导》，其中小学三至六年级教材累计征订567万册，码洋3263万元；中学七至九年级，累计征订215万册，码洋1315万元。西泠印社出版社在全国各地进行了45场教材的培训活动。教材的推广使用，为西泠印社出版社积累了大量的读者，开发碑帖类主题图书及相关衍生品是未来发展方向。

【《中华大典·历史地理典》进入收尾阶段】 《中华大典》是国家重大文化出版工程，在继承、弘扬中国类书优良传统的基础上，参照现代科学的图书分类法，以古文献汇编的形式，对上自先秦、下迄辛亥革命的历代优秀文化典籍，进行梳理汇编，提供准确的古籍分类资料。西泠印社出版社作为浙江省唯一参与《中华大典》的出版社，承接了其中《历史地理典》的编纂工作。

2016年12月，《中华大典·历史地理典·政区分典》受到评审专家的高度评价，基本达到大典编纂出版的统一要求。《中华大典·历史地理典》

共有三个分典。其中,《总论分典》562万字,已于2012年4月出版。《政区分典》是三个分典中最重要的部分,约1430万字,拟分7册印刷出版。此外,《山川分典》约410万字的样稿已于2016年12月29日送中华大典办公室审查。

【播芳六合系列艺术活动】由西泠印社集团策划打造,西泠印社文化艺术发展有限公司策划和实施的“播芳六合系列艺术活动”逐步确立和形成规模。2016年1月、3月、7月、8月、11月分别在浙江杭州、福建泉州、山东临沂、山东淄博、江苏宜兴举办“播芳六合——西泠印社中国书画名家精品展”的系列活动。通过在全国各地展览活动的举办,逐步确立了西泠印社文化艺术发展有限公司在艺术品一级市场(画廊业)的地位。

在展览的基础上,由文博专家周永良担任主编,策划出版“播芳六合”系列丛书,已经发行了《播芳六合——西泠印社中国书画名家精品展作品集》第一辑和第二辑。

(孔丹莹 肖 潇)

2016年5月25~27日,杭州市文学艺术界联合会第八次代表大会召开

(市委宣传部 供稿)

文联与协会

【文联与协会概况】杭州市文学艺术界联合会(简称市文联)是由杭州市级文学艺术家协会,区县(市)文联,行业(企业)文联以及其他市级文艺类组织组成的专业性人民团体。市文联实行团体会员制,有杭州市作家协会、杭州市美术家协会、杭州市书法家协会、杭州市戏剧家协会、杭州市摄影家协会、杭州市音乐家协会、杭州市舞蹈家协会、杭州市民间文艺家协会、杭州市曲艺杂技家协会、杭州市电影电视家协会、杭州市文艺评论家协会、杭州市网络作家协会等12个直属文艺家协会,拥有会员8000多人。团体会员还有萧山、余杭、富阳、桐庐、淳安、建德、临安等7个区县(市)文联,以及市文联公安分会、市文联检察官分会、市文联公交分会等3个行业(企业)文联。

中共杭州市委召开文艺工作者座谈会,印发《关于繁荣发展社会主义文艺的实施意见》,市委常委会专题听取市文联工作汇报,市委巡视组对市文联党组开展巡视工作。杭州市文学艺术界联合会第八次代表大会召开。市文联注重人才培养,助推文艺精品创作,精心组织文艺活动,大力推进文化惠民工程,为杭州文艺繁荣发展和杭州经济社会发展做出新贡献。全年杭州文艺界获省级以上奖项368项。

【杭州市文学艺术界联合会第八次代表大会】2016年5月25~27日,杭州市文学艺术界联合会第八次代表大会召开,全市400名文艺工作者代表和近90名嘉宾参加大会。会议听取市文联第七届委员会工作报告,修改了文联章程,总结杭州市文学艺术界联合会第七次代表大会以来的成果和经验,共商“十三五”时期杭州文艺事业的繁荣发展大计。市四套班子主要领导出席大会开幕式,省委常委、市委书记赵一德发表重要讲话,市委副书记、市长张鸿铭为与会代表做经济社会发展形势报告。开幕式上,王冬龄、印青、刘恒、吴山明、余华、陈祖芬、麦家、蔡志忠、安得烈·布里奥克等9位中外著名文艺家被聘为杭州市文联名誉主席。会议选举产生了市文联新的领导机构。

【文艺精品创作】2016年,市文联以“最美是杭州”为主题,推动文艺精品创作。组织6名作家参与《独特韵味·别样精彩》创作编纂,真实、生动地记录了G20杭州峰会筹备工作,省委书记夏宝龙作序。8月,“最美是杭州”丛书首发,省委常委、市委书记赵一德为丛书作序,新华网、中新网、凤凰资讯、网易新闻、《浙江日报》、《钱江晚报》、《浙江青年报》、杭州网等众多媒体专题报道。加大精品创作项目扶持力度,全年签约40项重点扶持项目,其中22项入选省、市精品工程。举办网络小说《网络英雄传I:艾尔斯巨岩之约》研讨会,报告文学《平凡的坚守——忠诚卫士余延安》研讨会及首发式,睦剧剧本《海夫人》论证会,晓风、萧耳、卢文丽小说及青年作家孔亚雷、祁媛、池上、徐奕琳作品系列研讨会暨青年小说家丛书首发式,为多位新出版书籍的作家举办读书分享交流会。全年杭州文艺界获省级以上奖项368项。吴山明获法国鲁拉德骑勋章,王冬龄在北京太庙艺术馆成功举办“道象·王冬龄书法艺术展”,麦家新作《最美是杭州》广受好评,崔巍导演的舞蹈剧场《遇见大运河》在首都大剧院演出。吴山明等创作的《大泽聚义》,潘鸿海、王文斌等创作的《良渚文化》,尉晓榕等创作的《沈括与〈梦溪笔谈〉》,成功入选中华美术史诗大展。

【文艺人才培养】2016年,杭州市继续实施“青年文艺人才发现计划”,完成第六批21名青年文艺人才选拔工作,推荐优秀文艺人才加入省级、国家级文艺家协会。推荐174人加入省级各文艺家协会,推荐56人加入国家级各文艺家协会。一批有修为、有作为、有担当的中青年才俊充实到市文联全委会和主席团。文艺界深入学习贯彻习近平总书记关于文艺工作的重要讲话精神,市文联举办9期深入学习贯彻习近平总书记文艺工作重要讲话精神专题研讨班,参加研讨的学员达1120名。组织近千名国家级文艺家协会会员参加中国文联各文艺家协会举办的学习研讨班。传达学习中国文学艺术界联合会第十次全国代表大会、中国作家协会第九次全国代表大会精神,把习近平总书记重要讲话精神纳入研讨班重点学习内容。

【文艺志愿服务】2016年,市文联以“到人民中去,向人民学习”为品牌,持续开展文化惠民、文艺志愿服务,并与创作采风、对口支援、“文艺助力全面小康”有机结合起来,全年组织4批创作采风活动。春节前后,直属各文艺家协会组织文艺工作者深入乡村、社区、部队和企事业单位,开展送春联、送福字、送欢乐等活动。5月23日,市文联在淳安县梓桐镇举办杭州文艺志愿者“到人民中去、向人民学习”文化惠民服务活动启动仪式,直属各文艺家协会与15个新设立的文化惠民服务点签订服务协议,50多名文艺志愿者为村民们创作书画、剪纸、摄影并献上文艺演出。10月15~19日,市文联组织百余名文艺志愿者到市公安局、杭州公交集团、杭州联华华商集团等3家服务保障G20峰会功臣单位,举办“到人民中去、向功臣致敬”专场文艺慰问演出。12月,市文联组织文艺志愿者深入丁兰街道和市城管委,开展“送欢乐、进孝乡”“送欢乐、进城管”专场慰问演出。年内,组织80名艺术家赴新疆阿克苏、贵州黔东南州、四川省阿坝州等杭州对口支援地区和革命圣地延安开展文化交流、志愿服务和创作采风。全年市文联开展文艺志愿服务929场次,参与服务的文艺家和文艺志愿者1550多人次,受惠群众7万多人。

【“西湖六月中·最美是杭州”系列文艺活动】“西湖六月中”是市文联打造的一项促进本土原创艺术的文艺活动品牌。2016年,第九届“西湖六月中”系列活动以“喜迎G20,展示最美杭州形象”为主题,充分展示杭州的人文底蕴、最美形象和独特韵味。活动包括“喜迎G20”美术作品展、首届杭州书法艺术大展、全国副省级城市书法名家邀请展“最美是杭州”丛书首发式暨喜迎G20“美哉·杭州”摄影作品展、杭州首届摄影艺术作品展、首届中国浙江千岛湖国际摄影(杭州站)作品展、“喜迎G20”杭州民间工艺精品展等20多项重大文艺活动。

【纪念中国共产党成立95周年系列活动】2016年,为纪念中国共产党成立95周年,市文联联合各文艺家协会组织开展系列主题文艺活动,主要包括“纪念中国共产党成立95周年经典影片展映”、“永远的旗帜——纪念建党95周年”浙江各市舞蹈交流展演活动、“庆七一·喜迎G20杭州地方戏专场演出”、“第五届在杭高校大学生戏曲演唱大赛颁奖晚会暨庆七一·喜迎G20戏剧惠民成果展演”等。

【文化交流】2016年,市文联以G20杭州峰会为契机,响应杭州打造国际化城市和东方文化交流重要城市的号召,推动国际国内文化交流与合作,主要活动有“宁锦绣杯”世界舞蹈超级巨星亚洲巡回赛(中国杭州站)暨第三届中国少年舞蹈公开赛、第17届中日兰亭书法交流杭州展、杭州浦东南京中国画联展、杭州中国画作品宁波交流展等。其中,“宁锦绣杯”世界舞蹈超级巨星亚洲巡回赛(中国杭州站)暨第三届中国少年舞蹈公开赛由世界舞蹈总会授权,杭州市文学艺术界联合会与亚洲舞蹈总会联合主办。来自美国、德国、俄罗斯、意大利、英国、韩国、加拿大、中国等39个国家和地区的88支代表队于3月5日在杭州进行150多个组别的角逐。第17届中日兰亭书法交流杭州展是日本兰亭会继在日本东京以及中国内地10个省市和台湾、香港等地举办巡回展后,第二次到浙江,共有248件作品参展,其中日本125件,中国杭州70件、台湾21件、香港作品26件。

【区县(市)文联和行业文联】2016年,萧山区文联创作出版《萧山故事》《宁围故事》《圆梦湘湖》《荣耀与梦想》等多部作品,举办“喜迎峰会·萧山之春”诗歌朗诵会等10多项主题文艺活动,对185件优秀文艺作品实施再奖励。余杭区文联创作了一批反映余杭区综合环境专项整治行动的文学、摄影作品,文学作品《良渚丛书》、舞蹈《荷风嬉语》、故事《业余碰瓷》等优秀作品在国家和省市大赛中获奖。富阳区文联举办“服务G20文化大行动”、“三送一展”进文化礼堂、“对话富春江”等主题文艺活动,建成公望美术馆,举办“公望富春——名画回故乡特展”、第四届郁达夫小说奖颁奖典礼暨纪念郁达夫诞辰120周年活动,创客中心投入使用。桐庐县文联整合“一馆三故居”资源,组织第五届“百幅书画进入百姓家”书画赠送、“中国书法之乡”授牌仪式、“陆维钊奖”第七届浙江中青年书法篆刻展、全国散文诗歌大赛等活动。淳安县文联通过“淳安文艺”微信公众号展示艺术成果,讲好淳安故事,成为宣传淳安风土人情的重要平台。建德市文联开展“文艺下基层”“文艺轻骑兵”志愿者活动,文艺工作者深入13个文艺创作基地举办文艺沙龙。临安市文联创作《护航G20感谢有你》、《天目劲松——“老乡镇”朱中华》、《临安历代好家风故事》、《天目文丛》(第三辑)等一批好作品,10个协会与26个村(点)结对。市文联公安分会立足讲好警察故事、发出公安声音,全年举办各类文艺活动17项。市文联检察官分会组织开展“中国梦想、美丽杭州”主题系列活动,大力宣传各类先进典型。市文联公交分会组织“迎G20当好东道主,展现公交最美形象”劳动竞赛活动,举办第三届职工文化节。浙江大学城市学院文联召开成立大会,举办师生迎新年美术作品展。 (黄 勇)

责任编辑 蔡建明

新闻出版综述

【主流舆论凝聚正能量】 2016年,杭州市宣传部门围绕中心、服务大局,坚持正确舆论导向,弘扬主旋律,传播正能量,努力做好重大主题报道,积极引导社会舆论,为杭州加快城市国际化、建设独特韵味别样精彩世界名城提供舆论支持。深入学习宣传习近平总书记的重要讲话,组织全市媒体利用各种载体,及时刊播讲话精神内涵和理论阐述。加强对采编人员的培训教育,切实在思想和行动上与讲话精神保持一致。

精心组织重大主题宣传,深入开展G20杭州峰会等重大主题宣传,持续做好"美丽杭州"建设、经济转型升级、城市治理难题破解、民生改善等中心工作宣传,不断提升"我们的价值观""最美杭州人"等宣传品牌,全年中央和省级主流媒体对杭州正面宣传报道3.2万篇(条)。

深入开展中共十八届六中全会主题宣传,开设《学习贯彻十八届六中全会精神》专栏,及时转载中央主流媒体的重要稿件,全方位、多角度宣传解读全会精神,报道各级宣讲团宣讲全会精神的情况及反响,集中报道杭州市各级党员干部学习贯彻全会精神的生动实践。

组织纪念中国共产党建党95周年和纪念长征胜利80周年新闻宣传。市属媒体利用专栏、专版、评论、理论文章"四位一体"的报道方式,对两大主题进行全方位宣传。杭报集团各媒体开设纪念中国共产党建党95周年专版专栏12个,杭州网在首页推出"红船载起中国梦,庆祝建党95周年"大型专题,刊发稿件350多篇。杭州电视台推出纪念长征胜利80周年影视剧展播季,弘扬长征精神。

深化社会主义核心价值观宣传,持续报道礼让斑马线、文明过马路、排队守秩序、礼仪待宾客和文明出行等方面的精神风貌和社会风尚,挖掘典型事例,点赞文明现象,抨击不文明行为。做深做强"最美杭州人"系列报道,对杭州市"道德模范""最美基层干部""最美党员"等先进模范群体进行典型报道。

【G20杭州峰会全过程宣传】 2016年,杭州市宣传部门认真抓好G20杭州峰会全过程宣传,精心制定峰会宣传系列方案。峰会筹备阶段,坚持以团结稳定鼓劲、正面宣传为主,完善舆情研判、信息发布、应急响应等机制,切实做好峰会筹备期间的热点民生问题舆论引导,设置《办好G20当好东道主》等大量专栏,全面报道峰会筹备工作和全市人民的积极响应,为社会和谐稳定发挥积极作用;峰会期间,设置议题,全媒联动,杭报集团和杭州文广集团推出报道2000多篇、特别报道专版200多个,全方位展示杭州经济社会的发展情况和各方面积极评价,全力讲好"杭州故事";"后峰会"时期,统筹安排、精心组织《巩固峰会成果发挥峰会效应》等专栏,宣传贯彻中共中央总书记习近平对G20杭州峰会总结表彰的重要指示精神,大力报道杭州市牢牢把握峰会机遇,当好全省"干在实处、走在前列、勇立潮头"排头兵的实际行动。

【媒体融合新发展】 2016年,杭州市宣传部门积极推动媒体融合发展,特别是在G20杭州峰会等重大主题报道中,鼓励市属媒体充分运用新技术、新应用,创新媒体传播方式,形成传播合力,占据传播制高点,掌握舆论话语权。杭报集团报纸、网站、微博、微信、App五大终端协同联动,构建立体传播格局,集团新媒体矩阵用户数超过1.16亿户,比上年(指2015年,下同)增长14.9%,传播力、影响力居全国党报集团前列。杭州文广集团以网络、广播、电视为主平台,整合葫芦网、杭州电视台App、杭州之家App和微信公众号,以及所辖各媒体"两微一端"资源,已形成24小时不间断的信息服务融媒体传播体系。

(傅怡南)

报刊网络

【杭报集团概况】 2016年,是G20杭州峰会举办之年。杭州日报报业集团(以下简称"杭报集团")贯彻落实中共十八届五中、六中全会精神和习近平总书记系列重要讲话精神,牢牢把握服务G20杭州峰会这一"圆心",坚持正确政治方向,把握正确舆论导向,遵循"团结稳定鼓劲、正面宣传为主"的基本方针,弘扬主旋律,传播正能量,占领主阵地,掌握主动权,推进

G20杭州峰会报道、重大主题报道、舆论引导、媒体融合、品牌建设、产业布局、队伍建设等重点领域的改革创新，为杭州实现“十三五”规划的精彩开局营造良好舆论氛围。

2016年，杭报集团及所属媒体获得省市领导、省市宣传部门领导批示表扬及省宣传主管部门专题阅评104次，再创好成绩。在2015年度浙江省新闻奖评选中，集团有31件作品获奖，其中一等奖7个、二等奖10个、三等奖14个，位居全省前列。杭报集团先后获得“影响中国品牌50强”“全国报刊出版集团经济效益十强”“中国（行业）十大领军品牌”“2015中国网站移动传播百强榜”等荣誉称号，连续第3年入选世界媒体500强。在中国报协发布的《中国报业新媒体影响力排行榜》中，集团所属媒体《杭州日报》名列全国副省级及地市级城市党报第二位，《都市快报》名列全国都市报第二位，《萧山日报》名列全国县市级报第一位。在第五届浙江报业创业创新项目评选中，杭报集团获奖项目达20个，列全省第一名。

2016年，杭报集团全年营业收入一举扭转三年徘徊局面，重新实现两位数增长。集团非报业收入占总收入比重超过60%，多元化发展战略成效明显。

【G20杭州峰会舆论保障】 2016年，杭报集团围绕G20杭州峰会积极营造氛围，先后开辟《当好东道主 办好G20》《平安护航G20》等专栏，推出《牵手G20·一把手高端访谈》等系列报道，组织开展“峰会与我”摄影作品有奖征集等活动，推出“历史和现实交汇的独特韵味”和“站上新起点、谱写新篇章”等系列评论。G20杭州峰会期间，集团所属媒体共开设相关专栏100多个，刊发峰会稿件1.1万篇。《改变——G20系列报道》获评浙江省G20杭州峰会优秀新闻作品，评论《奋力书写杭州美好华章——写在G20峰会倒计时100天》获市创新重大主题报道优秀作品一等奖。

创新峰会宣传，启用集团总编辑任总指挥、全媒体联动、前后方协同的“全媒体中央厨房”运作模式，推出《杭州日报》英文版，发布新媒体产品《杭州日报G20号外》，尝试原创视频直播大型会议报道，点击量突破2300万次以上。参与峰会丛书编纂，10多万字、数千张图片翔实记录工作全过程。杭州网承办的G20峰会官网发布中文稿件450篇、英文稿件819篇，总访问量2.24亿次，抵御各类网络攻击300万次。

杭报集团抽调117名党员骨干直接参与服务保障G20杭州峰会工作，其中36人工作团队进驻宾馆，圆满完成30多家媒体约300名新闻记者的接待任务。峰会期间，杭报集团完成新闻宣传、官网运维、志愿服务、图书编撰、安全防控五大任务。

2016年9月1日，中宣部常务副部长黄坤明（左一）视察杭报集团新闻直播间　（王　川　摄）

【杭报集团“十三五”规划编制】 2016年，杭报集团通过外聘专家团队、内部座谈、课题调研等形式，扎实做好“十三五”规划编制工作。在综合分析和整合内外两个方面研究成果的基础上，形成杭报集团“十三五”时期发展规划初稿。其核心内容是：实施“124”战略，以建设现代传播能力为1个中心，搭建智能传播和上市公司2个平台，发挥人才、资本、产业、技术4个优势。构建“33”转型框架，即分为短期、中期和长期三个发展阶段，以及传统媒体、新兴产业和融媒体、基于移动互联的智媒体三种业务，在短期内应实现传统业务的优化和提升，为中期和长期业务提供资金支持；在中期内要建立起新的产业支柱；在长期内要建立起实力强劲的智媒体，彻底实现智能传播和现代文化产业两方面的互联网转型。

【重大主题宣传】 2016年，杭报集团将宣传习近平总书记系列重要讲话精神作为重点，突出“创新、绿色、协调、开放、共享”五大发展理念、“四个全面”战略布局和“五位一体”发展战略，坚持政治性与新闻性并重，常年开设《治国理政新思想新实践》《“两山”理论浙江经验系列报道》《生态浙江的探索与实践》《美丽杭州生态举措》等专栏，充分反映各地各部门的生动实践，实现新思想、新观点、新论断阐释与典型案例宣传的有机统一。

突出抓好中共十八届五中、六中全会，省委十三届九次、十次全会和市委十一届十次、十一次全会精神宣传。围绕市委中心工作，推出“展望十三五”特别报道，开辟《贯彻市委全会精神围绕圆心精彩开局》《点亮开局季奔向十三五》等专栏，准确解读杭州“十三五”时期经济社会发展的指导思想、奋斗目标、发展思路，报道各地各部门贯彻落实全会精神的新思路、新举措；开设《贯彻市委全会精神全面开启建设世界名城新征程》专栏，系统展示推进城市国际化的具体举措和实际成效；组织“解放思想找短板，齐心协力补短板”“全面深化改革，共享改革红利”等系列报道，营造浓厚的舆论氛围。

【“美丽杭州”宣传深化】 2016年，杭报集团持续推进"五水共治""五气共治""五废共治""三改一拆""四边三化""交通治堵""垃圾分类""美丽乡村"等主题报道，不断丰富拓展"美丽杭州"宣传的内涵与外延，以《见证城长》《360°看杭州》《打造国内最清洁城市》《最美湘湖》《余杭与你一起起航》《寻找富阳最美水景》《全球摄影师美丽杭州行》等专栏专题和系列报道，全面展示建设美丽中国杭州样本的实践成果。

【"最美精神"弘扬报道】 2016年，杭报集团高频度、常态化推出《我们的价值观·大型报网互动论坛》《发现最美杭州人》等栏目，聚焦"小美"，放大"微美"，大力弘扬"最美"精神，不断挖掘报道深度，提升报道质量。通过《寻访杭州文明使者》《优秀公务员风采》《最美劳动者》《暖心警花》《治水先锋》等10多个栏目，全年挖掘宣传各类先进典型、道德模范250多个。集团所属媒体积极组织"礼让斑马线""日行一善""先下后上乘地铁、文明一米迎嘉宾""文明乘公交、有序上下车"等报道和活动，构建提升市民文明素养的新渠道、新平台。

【舆情正面引导】 2016年，杭报集团各媒体高度重视评论工作，继续打造《吴山时评》《西湖评论》《热点热评》《可圈可点》《城周评论》《说三道市》《晨报时评》等理论评论专栏专版，着力提升"吴山平"署名的重大主题述评文章质量。《杭州日报》及时聚焦舆论热点，加强对热点敏感问题和突发事件的正面引导，不断提升复杂舆论环境下热点问题的引导水平。在秋水山庄门楣修缮涂色引发网民热议、G20峰会项目建设影响交通出行、绕城高速公路塌陷、电梯安全事故等事关民生的敏感热点和突发事件中，及时发声，解疑释惑、理性引导，发挥主流舆论的"定音锤"作用。参与全省、全市网络舆情引导工作，全年共参与网络舆论舆情引导工作70多次，报送各类网上舆论引导素材2000多篇，成为全市网上舆情正面引导的骨干力量。

【深度报道凸显特色品牌】 2016年，杭报集团各媒体将深度报道作为提

2016年11月8日，杭报集团召开第17个中国记者节暨服务保障G20总结表彰大会
（杭报集团 供稿）

升媒体影响力的重要途径，《杭州日报》推出《深读》专版，做深、做透城市建设、社会民生、生态文明、财经政策、文化教育等方面的热点报道，创作出一批质量高、有深度的好新闻。《都市快报》推出8个版的《深8度》专栏，其中精心策划的《疯狂学而思》深度调查短期阅读量超过35万人次，受到中央媒体关注，引发全国反响。

【舆论监督途径拓展】 2016年，杭报集团围绕城市发展、市民关注的热点问题，不断拓展舆论监督的深度和广度。《小小道路观察员》《环境整治专项行动曝光台》《交通治堵进行时》《市民观察团》等栏目和"杭网议事厅""网络问政""公述民评"等网络专题，及时发现和集纳城市建设、城市管理、民生服务中存在的问题，搭建市民与政府沟通的桥梁纽带，促进有关问题解决。杭报集团各媒体全年向市委、市政府报送内参26篇，反映存在问题，传递社情民意。

【媒体融合顶层设计加强】 2016年，杭报集团初步构筑涵盖新媒体建设、投入、运营、管理等各方面的保障机制。制定《媒体融合重点项目激励扶持办法（试行）》，对具有先进性、导向性、成长性的新闻传播类媒体平台和技术项目，给予资金扶持；出台《新媒体拔尖人才特殊扶持管理办法（试行）》，建立新媒体拔尖人才名录，给予每人每月2000元的专项补助；出台《关于新媒体差错扣罚办法（试行）》，明确新媒体差错的责任追究和扣罚标准；出台《新媒体数据监测统计办法（试行）》，对26个重点新闻类网站、微博、微信公众号和移动客户端的用户数、阅读量等重要数据进行统计分析。杭州日报社、都市快报社等分别制定出台媒体融合考核办法，进一步提升微博、微信公众号和移动客户端的发布质量和影响力。

增强主流舆论的权威性、公信力、引导力，严格执行新闻稿件审签制度，规范新媒体转载引用流程，对新闻内容、广告内容、报纸版式、文字语法等进行全面监督审读。构建涵盖流程监控、内容审读、差错扣罚、数据监测于一体的"大审读"格局。全年出版《杭报集团新媒体审读通报》47期，发现和纠正各类差错1200多个，提出改进意见100多条。

【杭报集团构建多媒体联合传播格局】 2016年，杭报集团着力打造报纸、网站、App、微信、微博五大终端协同联动的立体传播格局，推动新媒体在内容、渠道、平台等方面的深度融合。至年末，杭报集团有各类网站15个、官方微博14个、微信公众号106个、App客户端10个、手机报6个、数字报6份。《杭州日报》《都市快报》官方微信在全国主要综合性报纸微信公众号排行榜中稳居前五位；杭州日报社"全媒体中央厨房"一期建成投入使用，初步实现新闻信息一次采集、新闻产品多样呈现；"城事通"着力打造杭州首席新闻客户端，用户数

2016年7月30日，《杭州日报》《每日商报》联合创办的杭商大学开学典礼暨首期精英董事长班开班仪式在黄龙饭店举行　　（法　鑫　摄）

突破30万户；都市快报社“快直播”上线6个月直播60多场，吸引1800万人次观看；杭州网在中央网信办全国城市网站传播力排行榜中连续多次排名前五位，官方微信“粉丝”数从年初30万人增长到年末68万人；华媒传播“启视通”云视频平台应用上线，进入试商用阶段。

【“风盛传媒”挂牌“新三板”】 2016年7月19日，杭报集团浙江华媒控股股份有限公司旗下风盛传媒股份有限公司（简称风盛传媒，股票代码：838071）挂牌“新三板”。

“风盛传媒”成立于2004年，是华媒控股股份有限公司户外广告重点企业，拥有“杭州地铁媒体全覆盖”“大杭州社区道路阅报栏媒体全覆盖”“城市主干道大型户外媒体区域化布局”三大核心业务板块。挂牌“新三板”为“风盛传媒”提供直接进入资本市场的融资平台，有利于吸收优质资源，提升市场竞争力，实现健康可持续发展。

【杭报集团布局资本市场】 2016年是杭报集团浙江华媒控股股份有限公司独立运营的第2年，也是3年业绩承诺的最后一年。集团全力冲刺上市公司利润2.15亿元的承诺指标，并着眼未来，充分利用上市公司资本运作平台，主动对接多层次资本市场。“华媒控股”以5.22亿元收购中教未来国际教育科技（北京）有限公司60%股权，进军教育培训领域；成立全资控股的资本运作平台“华媒投资”，与多个金融机构、产业资本达成战略合作；“华媒泽商基金”对TMT、移动互联网等行业的20多个企业进行调查，已有2个公司通过基金投委会程序，进入实质性投资程序；增资杭州市文化产权交易所，成为第一大股东，线上电子交易业务获省市金融监管部门批准，成为国内少数拥有正规艺术品金融交易牌照的文化产权交易所之一；建立投后管理委员会和投后管理体系，规范管理，预控风险。“华媒控股”的经营战略、市场定位及发展方向得到资本市场的认可，获“2016中国上市公司品牌100强”“中国自主品牌创新贡献奖”“中国（长三角）最具投资价值上市公司”“最佳新媒体运营奖”等荣誉。

【一站式印刷平台整体上线】 2016年，杭报集团盛元印务有限公司积极完善云平台、移动终端App的建设，加快向大数据、云印刷转型，非报纸印制收入在总收入比重中已超过65%。一站式印刷平台（ERP）系统整体上线，极大地简化了印刷流程，并可对产品进行细分及标准化，让客户“一站式”完成从产品报价、客户资产管理、物料采购、订单管理、供应商管理、物流等所有工作。新一站式印刷平台（ERP）同时提供网页版在线平台和移动端App，帮助客户随时随地实现追踪订单。该公司在夯实报纸印刷的基础上，稳固“元祖”“欧莱雅”“美宝莲”等大品牌包装印制订单，全年新增“娃哈哈”“利丰雅高”“中华商务”等21家客户的包装印刷业务。

【“第七空间”通过国家级众创空间备案】 2016年，杭报集团创投孵化平台“第七空间”获国家级众创空间备案。该创投孵化平台汇聚“世界专利数据库”“来嗨科技”“竹开科技”“中韩德蔓特科技”等极富潜力的项目，涵盖安全支付、互联网金融、大数据平台、智慧医疗、智慧农业、智慧旅游、健康科技、文化创意、智能穿戴等多个领域，为企业提供投资资源、数据平台、培训评估、社会传播等全方位支持。

【“杭商大学”建设初具规模】 2016年，杭报集团创办《天下杭商》杂志和“杭商大学”，通过打造“开放式公益学习平台”“开放式公益交流平台”“精英杭商推进计划”三大平台，服务杭商群体，传承杭商文化，推动杭商思维建构与变革创新。“杭商大学”由娃哈哈集团公司董事长宗庆后担任校长，14位杭州商界优秀企业家出任校董。首期精英董事长班吸纳80位杭商学员，已完成4个月的课时，每月开设包括创业培训、校董互动等课程，并不定时地举行“杭商雅集”等主题活动。　　（祝　源）

广播电视

【文广集团创新发展】 2016年，杭州文化广播电视集团（简称杭州文广集团）围绕G20杭州峰会工作圆心，真抓实干，各项工作呈现稳中向好的良好态势。

G20杭州峰会召开前后的19个月中，集团先后抽调1500多人（次）参与峰会新闻宣传、文艺活动、技术保障、接待服务等工作，累计推出新闻报道约5000篇（次），各类活动1000多场（次），形成声势大、跨度长、范围广、影响深的宣传效应。杭州城市官方宣传片《韵味杭州》在BBC等10多个海外频道同步播出，传播杭州国际新形象。杭州歌剧舞剧院、杭州越剧团、杭州爱乐乐团全程参与峰会《最忆是杭州》文艺演出。

实施体制机制调整和管理制度改革，建立健全集团编委会，制定实施《编委会工作条例》。强化新闻立台，围绕全国和省市“两会”、纪念中国共产党建党95周年、“两学一做”等重大主题，策划推出系列新闻报道，营造舆论氛围。杭州电视台全年在央视《新闻联播》发稿45条，创历史纪录；以《今日关注》栏目为龙头，整合《民情观察室》《我们圆桌会》等10档广播电视栏目，加大舆论监督力度。完善“总监评论员”机制，形成“时评、快评、短评、微评”等多样态评论体系。加大节目栏目创优力度，电视综合频道《直击“双十一”特别直播》和影视频道《纸的力量》获得中国广播影视大奖，电台“FM89杭州之声”《连线快评》获国家新闻出版广电总局“2015年度广播电视创新优秀节目”。加快推进媒体融合，以网络广播电视为主平台，整合葫芦网、杭州电视台App、杭州之家App及各媒体“两微一端”资源，打造全天候信息服务融媒体传播体系，电台“交通91.8”新媒体建设入选广电总局“2015广电媒体融合发展创新项目”。集团投资5000多万元的高清融媒体演播室建设完成并投入运行。

杭州文广集团把“十三五”规划的五大项目务实开局。“全媒体项目”组建华智传媒有限公司，打造集团新媒体产品孵化平台；电台“交通91.8”合作研发“开吧”App，全国下载用户量85万户，30多个城市交通电台加盟；集团与市审管办、市民之家合作推出电子政务平台“杭州之家”App，为杭州市民提供700多项查询和400多项预约服务。“文广演艺项目”成功开播电视杭州文化频道，落实《最忆是杭州》室内版驻场文艺演出筹备工作，杭州文化中心改造工程顺利启动。“文广影业项目”积极推进电影公司等股权调整，抓紧筹建互联网影视公共服务平台，积极参与浙江传媒电影项目。“艺术品经营项目”牵头成立中国民族书画院杭州分院和浙江省文化艺术品投资行业协会。“文广置业项目”负责的杭州国际创意中心顺利开园，太平洋文化中心建设等工程基本完成，下沙“媒体新视界项目”完成立项。

杭州文广集团2016年实现营业收入12.06亿元，比上年增长5.2%；实现利润8000万元。

【G20杭州峰会广电报道】 2016年3月，杭州文广集团策划推出“一心做好主题报道、十大栏目联动、百名记者下基层、千场演出和活动、万张笑脸迎峰会”的活动，整合集团广播、电视、周报、新媒体等资源参与，形成强大宣传声势。至8月，累计推出G20杭州峰会相关新闻报道约5000篇（次），组织各类活动（含新闻行动）1000多场（次），派出记者蹲点1300多人次，发回现场新闻报道2000多条。集团各频道频率开设新闻专栏50多个，播发新闻约5000条。

集团充分发挥“广电+文化”的资源优势，策划“杭州之恋·G20杭州峰会倒计时100天”直播文艺晚会、“盛夏西湖情”等演出活动，观看者超过30万人次，电视直播约500万人次收看。集团各媒体制作峰会主题的公益宣传片约200个，累计播放2.5万次。摄制推出G20官网宣传片《杭州》、峰会LOGO宣传片、峰会倒计时宣传片，以及在北美、欧洲和亚太地区播出的《韵味杭州》宣传片。制作《走遍杭州》《单词听杭州》《爱德华在杭州》等对外宣传节目，其中《走遍杭州》在美国国际卫视、中国黄河电视台、江苏电视台国际频道等平台播出，扩大杭州的国际影响力。

8月31日至9月6日峰会举办期间，杭州文广集团500多人参与宣传保障，其中进入峰会新闻中心的注册记者48人。集团各频道频率推出峰会相关新闻报道1500多条，转播中央电视台会议开幕式等重要活动5场，推出特别报道6场（含直播3场），9月3日的峰会特别直播收视率高达10.3%。集团通过构建新媒体传播矩阵，实现广播、电视、新媒体多屏联动、同频共振，及时发布峰会权威信息。

【“杭州好故事”三上中央电视台《新闻联播》】 2016年1月3～5日，由杭州电视台摄制选送的“临安好家风”“杭州加强村级财务审计制度”“杭州文化送戏下乡实现点单制”3个“杭州好故事”的报道，连续3天在中央电视台《新闻联播》播出，作为好经验向全国推广。

【《G20杭州峰会东道主文明公约》发布】 2016年8月9日，由市文明办、杭州文广集团主办，电台“FM89杭州之声”策划承办的“全城同写《G20杭州峰会东道主文明公约》”活动落下帷幕。活动历经5个多月，参与者超过100万人次，征集到文明公约作品约1万件。作品体裁多样，汇聚民间智慧，表达杭州市民对城市文明提升的殷切期盼。最终确定的《G20杭州峰会东道主文明公约》内容为：见面微

2016年5月27日，杭州文广集团举办“杭州之恋”G20杭州峰会倒计时100天直播晚会

（杭州文广集团 供稿）

2016年6月29日，为庆祝中国共产党成立95周年，杭州文广集团举办大型群众性歌咏演唱会　　（杭州文广集团　供稿）

笑喜相逢，言行自信又从容，礼仪衣着尚体统，敬老爱幼人情浓，宽人律己人自重，车行有序礼让恭，文明娱乐勿扰众，爱护生态责任重。

【“海外杭州·乘峰而上”新闻行动】 2016年12月，杭州电视台综合频道与市商务委共同推出“海外杭州·乘峰而上”大型新闻行动。综合频道派出多路记者，赶赴法国、英国、美国、阿联酋、埃塞俄比亚等国家进行拍摄报道，围绕G20杭州峰会提出的“创新、活力、联动、包容”的世界经济发展主题，体现杭州市积极推进中国“一带一路”战略，深耕西亚、北非、中东欧大市场，展现杭州企业在世界经济舞台上的风采。

【文化演艺产业出成果】 2016年，杭州文广集团各院团全年创排文艺作品76部，舞剧《遇见大运河》、话剧《聆听弘一》、话剧《生命密码》3部作品获国家艺术基金项目扶持资金550万元；越剧《玲珑女》、舞剧《遇见大运河》、话剧《生命密码》、杭州爱乐乐团先后进入国家大剧院演出；杭州杂技团《头顶圈》节目获法国第十七届国际马戏节比赛“特别荣誉奖”和“最具独创奖”；舞剧《遇见大运河》、越剧《忠言》、越剧《花海红楼》分别赴新加坡、希腊、香港演出；杭州歌剧舞剧院赴美国演出获得高度评价，杭州爱乐乐团赴捷克、意大利等国巡演扩大影响力，杭州演出有限公司引进美国等国外艺术团体到浙江演出受到广泛好评；杭州滑稽艺术剧院的小品《阿峰其人》成功登陆中央电视台春节晚会。杭州话剧团聘请名导演田沁鑫担任艺术顾问，成立田沁鑫杭州戏剧工作室，合作创排话剧《聆听弘一》，实现国家级院团与地方院团的合作。杭州杂技团与孟京辉合作打造全国第2家“蜂巢剧场”，拓展品牌效应。杭州大剧院与美国百老汇倪德伦集团开展合作交流。西泠书画院成功主办“浙江艺术家‘一带一路’艺术交流展”。

【“愿闻其声”经典朗诵会】 2016年7月7日，由杭州市西湖读书节组委会、杭州市文化广电新闻出版局、杭州文广集团主办的“愿闻其声”首届经典朗诵会暨杭州之声朗诵团揭牌仪式举行。74岁高龄的著名朗诵艺术家、中央人民广播电台播音指导雅坤受邀成为杭州之声朗诵团艺术指导。著名诗人、影视剧作家黄亚洲的新作《太阳啊，太阳》在朗诵会上首次公开演绎。著名朗诵艺术家、杭州电视台原主持人刘忠虎朗诵《我骄傲，我是中国人》，用声音传递经典。朗诵会由中国诗歌学会朗诵演唱专业委员会、北京语言学会朗诵艺术研究会担任艺术指导，电台“FM89杭州之声”全程承办，并在“网易浙江”“杭州之家”“葫芦网”等平台进行视频直播。

【杭州之声《连线快评》节目获奖】 2016年3月，杭州人民广播电台“FM89杭州之声”品牌评论节目——《连线快评》，获评国家新闻出版广电总局“2015年度广播电视创新优秀节目”，成为唯一获奖的城市台节目。该节目创立于2010年，针对最新热点事件，在第一时间组成“新闻事实+评论”的传播单元，对热点新闻事件进行反思和解读，针砭时弊、激浊扬清。节目组建评论员专家智库，通过电话连线，第一时间发出相应评论，引导听众。《连线快评》节目还与本地平面媒体的有关评论专栏进行合作，与新媒体展开深度融合。以电话连线为主，电视、网络、移动终端等技术运用为辅，实现各类媒体的深度融合，成功打造多渠道、多终端、多功能的立体化平台。

【首部本土动漫儿童舞台剧发布】 2016年4月28日，第十二届中国国际动漫节举办期间，杭州第一部本土动漫儿童舞台剧《动漫城奇遇》新闻发布会暨启动仪式在动漫节主会场举行，这是杭州西湖之声传媒公司联手北京创新国韵文化公司推出“动漫儿童剧”复兴计划中的一个项目。该计划以杭州中国国际动漫节为依托，以“回归舞台、打造儿童自己的动漫王国”为主题，从2016年起每年推出一部动漫儿童剧，持续打造“原创儿童动漫剧系列”，并在全国各大城市巡演。其中《动漫城奇遇》在2016年暑假首演。

【纪念中国工农红军长征胜利80周年影视剧展播】 2016年是中国工农红军长征胜利80周年。10～11月，为弘扬革命传统，电视影视频道推出一批纪念长征胜利80周年的优秀电影、电视剧进行集中展播。影视频道开设《红色剧场》栏目，播放反映红军长征的《突破乌江》《暴风中的雄鹰》等20世纪五六十年代拍摄的经典黑白电影。在电视剧、电影展播的基础上，制作推出144分钟的以长征题材为主的影视鉴赏类专题节目，节目中主持人与嘉宾深入互动，通过讲述真切感人的长征故事，让观众们更好地继承和弘扬长征精神，不忘初心，牢记使命与担当。

【公交电视普法栏目开播】2016年3月10日，由市委法治办、市普法办、市司法局、杭州公交移动电视联合推出的普法栏目——《阿普说法》正式播出。《阿普说法》以"宣传全市法治、普法建设成果，培养全社会法治精神"为宗旨，宣传全市重大法治、普法活动，解读社会关注的法律政策，分析典型案例，展示普法先进人物，邀请法治人物访谈等。节目在上下班高峰期间的公交车上播出，每期播出5分钟，内容短小精悍，集中讲述一个普法知识点，让乘客在上下班途中轻松愉快地接受普法教育。

【文创产业与互联网金融企业签约】2016年4月15日，杭州文广集团携手浙江大学"友创领投招财猫理财"、恒生电子股份有限公司旗下上市公司杭州融都科技有限公司完成三方合作签约，正式入股"招财猫理财"，并联合推出"艺术品金融"标的专区，标志着"互联网+艺术品+金融"的艺术品创新交易模式正式确立。杭州文广集团是一家集广播电视、文化演艺相关产业和其他服务于一身的综合性现代文化传媒集团。杭州融都科技有限公司成立于2012年6月，是国内提供互联网金融系统开发服务的"新三板"挂牌上市企业，致力于服务上市公司以及证券、基金、银行等金融机构，提供互联网金融系统解决方案。"招财猫理财"成立于2014年8月，是专业互联网金融信息中介服务平台，超过100万名的用户在该平台投资理财。三方强强合作，助力杭州文广集团文创产业新发展。

（邹　争）

出版发行

2016年10月18日，杭州文广集团举办"回眸G20诗话西湖"征集大赛颁奖朗诵会
（杭州文广集团 供稿）

【新闻出版行业管理】2016年，杭州市文化广电新闻出版局（简称市文广新闻出版局）对全市连续性内部资料出版物和公开报刊进行年度核验。至年末，全市共有公开报纸10种、公开期刊18种、报型内部资料250种、刊型内部资料84种。与浙江省印刷产品质量检验站合作，对全市64种（389册）刊型内部资料进行质量评估，召开内刊质量评估通报会，编印《杭州市内刊评估报告》。组织"十佳内刊"和"编校质量十佳""印刷质量十佳""出版规范十佳"的评选工作。指导杭州市企业报研究会开展企业报"好新闻"评选，参评作品160多篇，评选出一等奖、二等奖、三等奖作品共54篇，推荐参评市政府奖作品8篇，获奖5篇。评选出杭州市"十佳"企业报10种、优秀企业报20种、优秀办报者28人、优秀通讯员21人。

【全国版权示范城市联盟杭州年会】2016年10月19～21日，全国版权示范城市联盟在杭州召开第2次年会。该联盟于2015年4月29日在青岛成立，成员有杭州、成都、青岛、苏州、昆山、广州、厦门、张家港、东莞、即墨10个城市。杭州年会以"加强版权示范城市建设，助推城市经济快速发展"为主题，全国10个版权示范城市全部派代表参加，版权专业人士代表150多人参加会议。会议期间，召开全国版权示范城市联盟座谈会，组织"版权价值及其实现"论坛，编印《全国版权示范城市建设情况汇编》，杭州市就版权宣传的多样性、版权管理的规范性、打击网络侵权坚决性、版权服务精准性、软件正版化工作全面性等议题进行经验交流。

【第十届西湖读书节】2016年4月22日，以"阅读峰会，书香杭州"为主题的第十届西湖读书节在杭州图书馆报告厅开幕。启动仪式上，杭州市5户入选全国"书香之家"的家庭受到表彰。读书节持续至11月15日，通过政府引领、顶层设计、全民共推、全城参与、区县联动的方式，完善市、区县（市）公共图书馆、城市漂流书亭、农家书屋、书店（书院）4个阅读服务平台和民间阅读联盟组织、书刊发行业协会、媒体阅读推广群等队伍建设。读书节以"听、写、阅、感、行"为主线，开展"书香十年，阅见未来"主题阅读秀、"杭州好声音"经典朗诵会、大学生国学知识竞赛、"书香杭州"摄影大赛、"我心中的G20"征文等活动400多场，参与人数达100万人次。

【11个数字出版企业参加中国（深圳）国际文博会】2016年5月12～16日，为期5天的第十二届中国（深圳）国际文化产业博览交易会在深圳会展中心开幕。杭州国家数字出版产业基地以"乘G20东风，展数字阅读之都形象"为主题，组织杭州市11个优秀数字出版企业参加第十二届中国（深圳）国际文化产业博览交易会。中共中央政治局委员、中央书记处书记、中宣部部长刘奇葆莅临杭州市展区视察。杭州市展区获评会展"优秀展示奖"。

【"掌上农家书屋"项目试点】2016

年，市文广新闻出版局以临安市、富阳区、桐庐县为试点，在杭州市农家书屋官方数字平台推出“掌上农家书屋”项目，将选书权交给乡村读者。读者随时随地通过手机下单借阅书目，由图书馆查阅后通过调剂、购买等方式实现借阅。148名乡村读者参与，借阅图书200多本。

【数字出版产业发展】 至2016年末，杭州市数字出版产业基地拥有园区8个，集聚数字出版企业390多个，产值由初创时期的50亿元上升至115亿元。该基地与建设银行浙江省分行杭州营业部签署杭州市数字出版“助保贷”合作意向协议，为杭州数字出版企业投融资提供帮助。基地建立杭州市数字出版项目库，累计入库项目25个。基地全年吸引数字出版企业风险投资资金1亿元。

【8个企业入选中国印刷百强榜】 2016年，杭州市有8个印刷企业入选中国印刷企业百强榜，分别是杭州顶正包材有限公司(第25名)、浙江美浓世纪集团有限公司(第31名)、浙江印刷集团有限公司(第34名)、浙江日报报业集团印务有限公司(第55名)、杭州秉信纸业有限公司(第68名)、杭州中粮制罐有限公司(第71名)、杭州日报报业集团盛元印务有限公司(第87名)、杭州中粮美特容器有限公司(第100名)。中国印刷企业百强排行榜由《印刷经理人》杂志设立，评选排名以年度销售收入为主要指标，辅以工业增加值、实现利税、利润总额、资产总额等数据，记录大型印刷企业成长的轨迹。

【全国印刷行业职业技能大赛7人获奖】 2016年9月6日，第五届全国印刷行业职业技能大赛全国决赛在武汉市启动，在之后的2个多月时间里，来自全国的约500位印刷技能选手分别在湖北、天津、山东、上海四地，就平版制版员、凹版印刷员和印品整饰员的3个专业工种、6个组别开展竞赛。杭州日报报业集团盛元印务有限公司王卫生、揭喜贵，浙江美浓世纪集团有限公司洪和兵、郑海品、程国辉，杭州市顶正包材有限公司陈浩，松裕印刷包装有限公司吴义升7人获优秀选手荣誉。

【6个企业获国家印刷示范企业称号】 2016年，国家印刷示范企业由国家新闻出版广电总局设立评选，从规模效益、技术装备、创新研发、管理体系、绿色环保、人才队伍6个方面对印刷企业进行综合考评。经评选，杭州日报报业集团盛元印务有限公司、浙江印刷集团有限公司、浙江美浓世纪集团有限公司、浙江日报报业集团印务有限公司、杭州中粮包装有限公司、杭州顶正包材有限公司6个企业获得“国家印刷示范企业”称号。

2016年8月5日，市记协负责人陪同日本记者团访问杭州互联网金融聚集区

（市记协 供稿）

【30个印刷企业获中国环境标志产品认证证书】 2016年末，根据新闻出版总署、环境保护部《关于实施绿色印刷的公告》要求，按照国家环境保护部《环境标志产品技术要求·印刷》中的平版印刷、商业票据印刷标准，经过第三方认证，杭报集团盛元印务有限公司、浙江新华数码印务有限公司、杭州长命印刷有限公司等30个印刷企业获31张中国环境标志产品认证证书。 (孙立波)

新闻出版团体

【市新闻工作者协会】 2016年，杭州市新闻工作者协会(简称市记协)以马克思主义新闻观为指导，持续开展新闻界“走转改”活动，加强新闻队伍思想作风建设，发挥记协作为党和政府联系新闻界的桥梁纽带作用，全力宣传G20杭州峰会，各项工作取得新的成效和进展。

11月8日是中国记者节，杭州市委宣传部和市记协联合开展2016年度创新重大主题报道评选表彰活动，共同庆祝第17个中国记者节。活动评选出2016年度创新重大主题报道优秀新闻工作者15名、优秀新闻作品51篇、优秀策划10件，展示出杭州市属媒体重大主题报道的策划和创新能力，为巩固壮大主流思想舆论阵地做出贡献。

2016年，市记协完成中国记协和省记协交办的各项任务，接待外交部和中国记协组织的各类新闻代表团到杭参观考察：接待刚果(布)新闻代表团一行6人，采访杭州滨江社区工作和居民的生活情况；陪同日本媒体《每日新闻》评论员福本容子为团长的日本记者团一行20人，访问杭州互联网金融集聚区；全程接待法国网络名人代表团一行，分别考察杭州B20会场、杭州19楼网络传媒有限公司、梦想小镇和阿里巴巴集团杭州总部；陪同俄罗斯媒体代表团一行6人，参观杭州G20会场、玉皇山南基金小镇等，并与省报同行媒体进行互动。

2016年9月21日，市记协接待法国网络名人代表团到杭州梦想小镇参观
（陈逢吉 摄）

【围绕G20峰会讲好"杭州故事"】 2016年，市记协联系全市新闻工作者，积极发挥新闻媒体"喉舌"作用，把G20杭州峰会报道作为检验全市新闻重大主题报道成果的重要"标尺"，精心组织重大主题报道，为G20杭州峰会营造良好氛围。

市记协配合市委宣传部协调杭州两大媒体集团，推动传统媒体和新兴媒体协同传播。在省委宣传部和浙江省记协开展的G20杭州峰会"好新闻"评选中，市委宣传部和市记协共推荐20篇优秀新闻作品送参评，13篇获得"浙江省G20杭州峰会优秀新闻作品"。8月，市记协举行全市新闻界"好记者讲好故事"演讲比赛，来自各新闻单位推荐的参赛者围绕习近平总书记在党的新闻舆论工作座谈会上的重要讲话精神，结合新闻宣传重点工作，讲述个人在新闻实践中亲历、亲见、亲闻、亲为的新闻采访故事，谈采访过程，说内心感受，讲好杭州故事、浙江故事、中国故事，弘扬"最美精神"。最后经评委评定4人获奖，其中《都市快报》记者张姝和萧山广播电视台的祝春获推荐参加全省新闻界"好记者讲好故事"演讲比赛，张姝获得金奖。

【G20杭州峰会丛书编撰】 2016年5月，为完成"独特韵味·别样精彩——G20杭州峰会工作纪实"丛书，记录浙江省及杭州市组织承办G20峰会工作全过程，市记协秘书长徐晓杭带领杭报集团6位记者组成的团队，在3个多月时间里，完成采访、写作、编辑、拍摄任务，形成文字10多万字，图片数千张，翔实记录浙江省及杭州市为G20峰会做出的贡献。副秘书长卢文丽参与市文联"最美是杭州"丛书编纂，承担《诗词卷·淡妆浓抹总相宜》的写作，精选145首赞美杭州、赞美西湖的经典诗词，辅以简洁的赏析点评，全方位展示杭州形象和浙江形象。该书于8月由浙江文艺出版社出版。

【马克思主义新闻观教育培训】 2016年5月，市记协组织杭报集团、杭州文广集团把马克思主义新闻观教育作为"塑魂"工程，以习近平总书记重要讲话精神为基本教材，结合实际开展分类培训。邀请《中国广播电视学刊》副总编周然毅为杭州文广集团、杭报集团和各区县（市）新闻单位采编人员，举办"学术研究的意义与方法——兼谈广电及新媒体论文写作"专题讲座，培训重点讲述学术论文的写作、论文投稿。各新闻单位70名一线采编人员参加培训。5月25日，省记协主席李丹"坚持新闻理想、肩负职责使命"宣讲团报告会开讲，市记协组织90多名新闻工作者参加学习。6月下旬，为进一步增强新闻主持人的政治素养、导向意识、责任意识，提高播音主持的业务水平，组织杭州文广集团2人和区县（市）广播电视台1人，参加省记协与浙江传媒学院合作举办的全省电视节目主持人"引领导向、坚守责任"专题研讨班。

【新闻作品评奖评优】 2016年，市记协完成2015年度杭州新闻奖评选工作，共评出件获奖新闻作品295件，其中报纸一等奖18件、二等奖33件、三等奖43件，广电类一等奖26件、二等奖37件、三等奖36件，另有网络、副刊、摄影、漫画、版面、标题、新闻论文、内参报道获奖作品共102件。市记协组织专家学者对获奖新闻作品作分析点评，进行业务梳理和理论总结，并在《传媒纵横》杂志上刊发，扩大新闻评奖工作的影响力和激励效应。

在杭州市选送参评2015年度浙江新闻奖的作品中，获评2015年度浙江新闻奖一等奖6件、二等奖14件、三等奖16件，另有副刊、网络、论文、版面、摄影等7件作品获奖。杭州日报《发现最美杭州人》栏目和杭州电视台综合频道的《我们圆桌会》栏目，获得2015年度浙江新闻奖新闻名专栏奖。在第二十六届中国新闻奖评选中，杭州日报的漫画《谁说问责不狠》获得中国新闻奖漫画作品三等奖。

【市记协文体赛事】 2016年5月20~21日，市记协主办首届省市新闻界桥牌邀请赛，杭州市记协队获得第三名。11月12~13日，由中国记协和中国棋院主办，浙江省记协和中国棋院杭州分院承办的第四届"商旅杯"全国新闻界围棋锦标赛在杭州举行。中央和各地新闻单位等共派出36支队伍、126人参赛。经过两天的紧张角逐，决出平面媒体组、广播电视组和新媒体组的团体与个人奖项，杭报集团队获得平面媒体组比赛第二名。（卢文丽）

责任编辑 汤 峻

科学技术综述

【科技创新引领经济发展】2016年，杭州市科技工作以建设杭州国家自主创新示范区、国家小微企业创业创新基地城市示范为动力，深入实施创新驱动战略，补齐科技创新短板，推进体制机制改革，改善科技创新环境。

2016年，全市用于研究与试验发展的经费支出占GDP比重超过3%；实现高新技术产业增加值1372.9亿元，比上年（指2015年，下同）增长12.5%，占规模以上工业企业增加值的46%；规模以上工业企业新产品产值4755.78亿元，增长7.7%，新产品产值率35.9%。有效发明专利拥有量3.66万件，居全国省会城市第一位、副省级城市第二位。国家级孵化器数量30个，居全国省会城市和副省级城市第一位。实现技术交易总额152亿元。有国家重点扶持高新技术企业2411个，省科技型中小企业7550个。杭州市首次入选2015年“魅力中国——外籍人才眼中最具吸引力的中国城市”前三位。

4月22日，省委、省政府召开杭州国家自主创新示范区建设动员大会，出台《关于加快杭州国家自主创新示范区建设的若干意见》。杭州市编制完善示范区发展规划纲要和空间布局规划，提出示范区建设的行动指南和“一区十片，多园多点”的空间布局，实施“创新创业新天堂”行动计划。探索示范区政策的先行先试，出台《关于深化改革加强科技创新加快创新活力之城建设的若干意见》，从企业培育、成果转化、人才培育、科技金融、知识产权等方面提出37条意见，发挥科技创新的引领作用。

推进小微企业“两创示范”工作，出台国家小微企业创业创新基地城市示范的政策体系，建立“小微企业统计监测制度”，完善小微企业管理服务体系。编制杭州市“十三五”时期高新技术产业发展规划，新认定国家重点扶持的高新技术企业515个、市级高新技术企业717个，分别累计2411个和4761个。实施初创型科技企业培育工程，新认定“雏鹰企业”366个、“青蓝企业”35个，分别累计1679个和518个。提升企业研发能力，支持信息技术、新材料、智能制造、生物技术、大数据、云计算等领域高新技术企业建设省级（重点）企业研究院，推动规模以上工业企业研发机构、科技活动全覆盖，全市有省级重点企业研究院、省级企业研究院、省级企业高新技术研发中心85个、188个和662个。组织杭州市企业和事业单位申报国家、省、市科技进步奖。其中：杭州市中医院参与完成的“IgA肾病中西医结合证治规律与诊疗关键技术的创研及应用”获2016年度国家科学技术进步奖一等奖；“高安全成套专用控制装置及系统”等5个项目获得国家科学技术进步奖二等奖。

发挥国家级高新区示范作用，杭州高新区2016年用于研究与试验发展的经费支出占GDP比重为13.5%，信息经济和高新产业规模均居全省第一位，在国家级高新区综合排名中名列第六位。临江高新区用于研究与试验发展的经费支出占GDP比重为3.9%，“智慧谷”“智造谷”“科创谷”建设加快推进，区域创新创业氛围明显提升。加快重大创新平台建设，城西科创大走廊成为引领全省创新发展的主引擎，杭州未来科技城和阿里巴巴集团成为全国首批“双创示范基地”。未来科技城累计引进各类海外高层次人才2200名，培育科技型中小微企业3000余个；青山湖科技城累计引进院所46个，区内规模以上企业高新技术销售产值占比76.9%。发展众创空间和孵化器，全市有众创空间100个；有孵化器152个，其中国家级35个、省级42个、市级75个。全市累计有科技型企业孵化器105个，其中国家级30个、省级51个。以梦想小镇、云栖小镇、玉皇山南基金小镇为代表的创新特色小镇成为杭州经济工作的“金名片”。梦想小镇累计引进孵化平台35个，落户创业项目880多个，集聚金融机构570多个。

3月，杭州被确定为全省4个全面创新改革试验区之一，制定《杭州市全面创新改革试验实施方案》，确定促进科技成果转化等9项重点突破的专项改革试点；完善科技项目管理制度，实施重大科技专项，印发《杭州市重大科技创新项目资金管理办法》《科技计划项目验收管理办法（试行）》等；推进科技金融结合试点城市建设，全市创业投资引导基金、蒲公英天使投资引导基金累计批复合作单位81个，基金总规模86.86亿元，投资项目477个，投资金额37.27亿元。

创投引导基金连续6年获全国最佳政府引导基金称号，全年为230个(次)企业担保融资9.6亿元，为185个(次)企业提供周转资金15亿元。

制订《关于鼓励在杭高校及其师生在杭创新创业的若干意见》，全面落实对高校院所3%和科技中介机构1%的技术交易额补助政策，与产学研项目补贴联合构成科技成果转移转化全链条扶持的政策体系。整合中国浙江网上技术市场、杭州知识市场等科技资源，成立杭州市科技大市场。试行创新券补贴拨付办法，依托省级、市级科技创新公共服务平台拨付1000万元创新券补助金，直接惠及企业5000多个(次)。加强与浙江大学等高校院所的产学研合作，加快建设浙大“紫金众创小镇”，积极筹建西湖大学。

贯彻落实“杭州人才新政27条”和“就业创业新政27条”政策，建立高层次人才服务平台。印发《杭州市领军型创新创业团队引进培育计划实施细则》，累计培育认定17个浙江省领军型创新创业团队。（曾维启）

【杭州国家自主创新示范区建设】 2016年初，杭州市编制完成《杭州国家自主创新示范区发展规划纲要(2015～2020年)》，经省政府审核上报科技部审议。3月，根据科技部反馈的意见，进一步修订该规划纲要。4月22日，科技部、浙江省政府在杭州联合召开杭州国家自主创新示范区建设动员大会，全国政协副主席、科技部部长万钢，省委副书记、省长李强共同为杭州示范区授牌。科技部副部长阴和俊宣读国务院批复文件。4月下旬，市科委会同市国税局、市财政局、市委人才办等部门，提出杭州示范区部分先行先试政策建议稿，经省政府审核后报科技部。8月，市科委完成国家自主创新示范区试点政策落实情况自查评估工作，向科技部及中国科技发展战略研究院提交自查报告。6～10月，省委全面深化改革领导小组确定杭州创建浙江省(级)全面创新改革试验区。市委、市政府确定以建设国家自主创新示范区为载体，开展创建杭州全面创新改革试验区工作。市科委牵头编制《杭州市全面创新改革试验实施方案》，提出杭州市重点突破的专项改革清单。11月，省政协组织驻浙全国政协委员视察杭州国家自主创新示范区建设工作，现场考察杭州高新区科技企业、城西科创大走廊的梦想小镇等创新创业基地。（徐长明）

【国家小微企业创业创新基地城市示范建设】 2016年，市科委完成2015年和2016年“两创示范”竞争性资金分配工作，包括数据和创新举措征集、汇总审核和测算。3月29日和12月13日，分两次拨付竞争性分配资金。10月27日，组织区县(市)两创示范创新举措陈述，各区县(市)科技局、财政局、市场监管局等部门负责人参加陈述并接受评审。实施“活动券”制度，经专家评审纳入活动券支持服务机构178个，审核通过活动896场，累计发放活动券4.01万张，其中有效签到1.79万张，日最高发放526张，日最高有效签到355张。出台《杭州市小微企业统计监测制度(试行)》《杭州市小微企业创业创新基地城市示范创业品牌活动管理办法》，探索编制《杭州市小微企业创业创新基地建设指导意见》。组织开展政府主办创业品牌活动的评审和认定，认定2015年和2016年品牌活动6项。（施勇峰）

【杭州入选“魅力中国”城市第三名】 2016年4月，中国国际人才交流与开发研究会和《国际人才交流》杂志联合举办的2015年“魅力中国——外籍人才眼中最具吸引力的中国城市”揭晓，上海、北京、杭州、深圳、天津、青岛、苏州、广州、厦门、济南10个城市入选。在评选中，杭州的排名超过在历届榜单中排名第三名的深圳和天津，首次进入榜单的前三名。杭州市在2013年的评选中列第九名，2014年列第六名，2015年首次列第三名。

【全国首批“双创示范基地”名单揭晓】 2016年5月8日，国务院办公厅发布《关于建设大众创业万众创新示范基地的实施意见》，公示首批28个“双创示范”基地名单，包括17个区域示范基地、4个高校和科研院所、7个企业示范基地。杭州的未来科技城和阿里巴巴集团入选该名单，其中阿里巴巴集团作为唯一的互联网公司入选。

【城西科创大走廊规划】 2016年4月，中共浙江省委第十三届九次全会明确提出要加快杭州城西科创大走廊建设，省政府召开杭州城西科创大走廊建设动员大会，发布《杭州城西科创大走廊规划》《关于推进杭州城西科创大走廊建设的若干意见》等政策文件。根据规划，杭州城西科创大走廊东起西湖区的浙江大学紫金港校区，西至临安市的浙江农林大学，全长约33千米，平均宽约6.9千米，规

位于杭州城西科创产业集聚区的浙江海外高层次人才创新园
（杭州城西科创产业集聚区管委会 供稿）

划总面积约224平方千米。其空间结构呈现为“一带、三城、多镇”。其中：“一带”为东西向联结主要科创节点的科技创新带、快速交通带、科创产业带、品质生活带和绿色生态带；“三城”为浙大科技城、未来科技城、青山湖科技城；“多镇”即为大走廊沿线分布具备不同功能的特色小镇和创新区块，如梦想小镇、云制造小镇、西溪谷互联网金融小镇等。依托“一带、三城、多镇”的走廊空间，围绕产业链强化创新链，围绕创新链部署资金链，推动技术与资本结合，打造“一廊三链”的科创大走廊创新创业生态圈。

【钱塘江金融港湾规划】 2016年12月26日，浙江省召开钱塘江金融港湾建设推进大会，发布《钱塘江金融港湾规划》。根据规划，钱塘江金融港湾的定位是围绕“做强做大金融产业，支持经济转型升级”的主线，构建金融机构总部、金融要素市场、私募基金、互联网金融、金融大数据产业协同发展的财富管理产业链和新金融生态圈，将打造成有国际影响力和国内优势地位，有强大资本吸纳能力、人才集聚能力、创新转化能力、服务辐射能力的财富管理和新金融创新中心。规划区域包括大钱塘江金融港湾、主规划区和核心区、金融特色小镇(集聚区)3个层面。(曾维启)

科技计划

【科技发展计划概况】 2016年，全市征集市级科技计划项目23个专项，共2739个项目，实现网上统一申报和受理。组织专家网上在线评审1个专项、34个项目。市重大科技创新项目立项45个，培育科技型初创企业401个，科技创新服务平台55个(创新公开平台1个、科技企业孵化器24个、众创空间30个)，科技创新团队3个。网上技术成果交易61项资助金额903万元，农业和社会发展科研攻关立项505个。

【科技计划管理改革】 2016年，市科委落实国务院《关于深化中央财政科技计划(专项、基金等)管理改革的方案》，加快科技计划改革步伐，调整科技专项计划，规范科技专项资金使用。印发《杭州市科技计划项目验收管理办法》《杭州市重大科技创新项目资金管理办法》《杭州市天使投资引导基金管理办法》等规章和政策，进一步规范科技专项资金使用。发挥市场配置资源作用，通过引导基金、科技担保、贷款贴息等方式，变直接补助为间接扶持。全年用于间接扶持的资金1.28亿元，其中贷款贴息2622.56万元，撬动银行贷款61.53亿元。引导基金(含天使基金)合作单位81个，总规模86.86亿元。科技担保业务9.6亿元，担保企业230个次。科技型中小企业周转资金累计为800个次企业提供融资周转资金约50亿元。修改相关管理办法，通过因素法将科技专项资金分配至区县(市)，由区县(市)根据企业发展情况，采用“后补助”等形式将资金拨付至企业。2016年度下达因素法资金1.13亿元，其中用于科技型初创企业培育7000万元、农业和社会发展竞争性分配3100万元、创新券1000万元、专利资助200万元。(姚寿坤)

【科技预算投入与支出】 2016年杭州市科技发展专项资金预算6亿元。其中：安排城西科创区创新发展专项资金2亿元，重点支持集聚区及“双城”创新发展建设，青山湖科技城、未来科技城各1亿元；用于科技金融和因素分配资金2.41亿元；其余1.58亿元用于重大科技创新项目、科技创新团队引进培育、科技创新平台建设、科技企业孵化器建设、农业和社会发展科研攻关、网上技术市场成果转化和知识产权保护等领域。(钟　桦)

【重大科技创新专项】 2016年，市科委重新修订《杭州市重大科技创新项目资金管理办法》。新办法对市重大创新项目由旧的事前资助方式改为后补助方式，进一步鼓励企业加大研发投入；提高市级专项资金的扶持力度，最高资助额可达300万元；在组织程序和征集方式上做改进，增设区县(市)和投资机构市重大选题项目推荐和市科委领导专题调研、考察等环节，紧密围绕市重点鼓励发展产业和高新技术领域，对新一代信息技术、新能源汽车、先进装备制造、新材料、生物医药与医疗器械、节能环保等重点领域方向进行课题设计，编制项目申报指南，并公开征集。全年受理市重大项目申报127个，杭州宏杉科技有限公司的“基于存储虚拟化技术的大数据存储系统研发”等45个项目获立项资助，研发投入总预算9.26亿元，预期实现销售收入80亿元。按管理办法和合同书要求，项目在验收合格后，以实际研发投入的比例给予补助。(胡小庭)

【杭州获国家和省科技计划项目170个】 2016年，杭州市共推荐申请省重大科技创新项目159个，立项90个(其中竞争性项目61个，省级重点企业研究院项目29个)。获省重大科技创新招标项目12个。推荐省级公益技术应用研究计划项目45个，立项13个，另获省级公益技术应用研究实验动物计划项目8个。全市获国家科技计划立项80个，获国家经费支持5400万元，获省级科技经费支持3.48亿元。

【科研院所专项计划】 2016年，市科委根据相关政策及市科技部门预算有关科技专项资金的管理要求，共征集杭州市科研院所技术开发研究专项申报项目15个，立项13个，合计资助经费221.5万元。为增强杭州市科研院所的研发实力和持续创新能力，促进科技成果转化起到积极的作用。(杨小兵)

【农业科研项目立项31个】 2016年，市科委根据《杭州市农业科研项目资金管理办法》，开展杭州市农业科研自主申报项目征集工作，突出现代种业、“智慧农业”、生态农业、农产品精深加工等重点支持领域。全年征集农业科研自主申报项目51个。经专家评审，立项31个，资助经费497万元。

【社会发展科研项目】 2016年，市科委根据《杭州市社会发展科研项目资金管理办法》，组织实施“Egr-1参与姜黄素抑制肝癌细胞增殖作用机制分析”等99个社会发展科研自主申报项目，资助经费699万元，重点支持资源环境、节能减排、城建交通、公共安全、医疗卫生等社会发展领域的科研攻关。(李庆海)

【科技软科学研究】2016年，市科委依据《杭州市科技计划软科学研究项目管理办法（试行）》，完成2016年度市科技计划软科学研究选题征集、承担单位评审确定、计划发布、经费下达、合同签订等工作。完成2015年度30多个项目的验收结题工作。根据年度经费预算调整要求，提前开展2017年度市科技计划软科学研究选题征集，承担单位评审确定和计划编制、经费预算工作。根据省科技厅下达的专项通知，及时完成2017年度省科技计划软科学研究申报的组织、审核和推荐工作。（徐长明）

位于玉皇山南的基金小镇 （杭州图库 供稿）

科技创新体系建设

【科技政策法规建设】2016年，由市科委牵头起草，省委、省政府印发《关于加快杭州国家自主创新示范区建设的若干意见》等"1+X"配套政策，提出示范区先行先试政策，落实国家示范区试点政策自查评估。牵头制定《关于深化改革加强科技创新加快创新活力之城建设的若干意见》等政策文件。会同市委人才办、市财政局修订《杭州市领军型创新创业团队引进培育计划实施细则》，制定《杭州市提升全民科学素质专项社会征集项目补助资金管理办法》《杭州市专利试点、示范企业认定和管理办法》《杭州市重大科技创新项目资金管理办法》《杭州市科技计划项目验收管理办法》《杭州市天使投资引导基金管理办法》《杭州市专利专项资金管理办法实施细则》等科技政策。协同市委人才办制定《关于深化人才发展体制机制改革完善人才的若干意见》，协同城西科创产业集聚区管委会制定《关于推进杭州城西科创大走廊建设的实施意见》等重要科技创新政策。市科委会同各区县（市）科技局，组织多场科技创新政策宣讲活动；会同市国税局、市地税局完善有异议企业技术开发项目鉴定程序，把过去集中一次鉴定改为企业税务清缴前、后两次鉴定，增加企业审查资料准备时间，并指导市科技创新服务中心为有异议企业的1800个技术开发项目提供鉴定服务。

【科技进步和人才目标责任制】2016年1～5月，市科技创新工作领导小组办公室（设在市科委）开展2015年度区县（市）创新发展专项考评。考评结果报市考评办和市政府领导审定，确定高新区（滨江）、余杭区、江干区为2015年度杭州市区县（市）创新发展专项考核优秀等次，确定西湖区、杭州经济技术开发区、上城区、萧山区、下城区为优胜等次。7月，按市创新发展考评结果，推荐2015年省科技进步目标责任制考评优秀单位。12月，省委、省政府发文通报，杭州市及高新区（滨江）、余杭区、江干区为2015年度省科技进步目标考核优秀单位。杭州市连续9年保持浙江"党政领导科技进步目标责任制"考核优秀单位。（徐长明）

【科技企业孵化器建设】2016年，杭州市探索孵化器发展的新模式，提高孵化器服务质量和管理水平，提升孵化器对各种创新创业资源的集成能力。围绕科技孵化、产业对接、高新技术企业培育等重点方向，推进"众创空间+孵化器+特色园区"的创业产业链建设。推行"认定+定期考核"的动态考评制度；组织从业人员参加专业培训和交流学习；促进孵化器、众创空间、在杭高校之间的合作与交流。全年杭州市新认定市级科技企业孵化器24个，新增省级孵化器12个、国家级6个，全市累计市级科技型企业孵化器105个、省级51个、国家级30个，其中国家级科技企业孵化器数量居副省级城市第一位。全市孵化器总面积289万平方米，累计孵化企业1.09万个。2016年新增在孵企业1536个，累计6326个，新毕业企业395个。孵化企业就业人数7.38万人，在孵企业注册资金96亿元，实现营业收入150亿元。（潘学冬）

【杭州美国硅谷孵化器建设】杭州美国硅谷孵化器成立于2014年下半年，是杭州市为扩大对外开放，更好地引进海外高层次人才，服务经济转型升级而设立的位于美国硅谷核心地区的孵化器。至2016年末，杭州美国硅谷孵化器"天使投资"孵化项目27个，总投资额350万美元，并联动社会创投机构对孵化项目投资金额超过1亿美元。杭州美国硅谷孵化器母基金完成硅谷为代表的9个北美优秀创投基金公司的投资，协议投资550万美元，参股基金总规模超过6.7亿美元，放大倍数达到100倍以上。杭州美国硅谷孵化器对接服务海外优秀高科技创业企业约200个，服务高层次人才约200人次，成功推动48个高质量的海外优秀高科技企业落户杭州或形成落户意向，其中杭州才云科技有限公司、生捷科技（杭州）有限公司、斯坦福大学精准医疗项目等13个高科技企业分别在杭州高新区（滨江）、杭州经济技术开发区、未来科技城等区域注册公司，或正式申报评审海归人才创业扶持计划。（林 旦）

【众创空间建设】2016年，杭州市逐步融合众创空间的“资金、人才、项目、服务”创业要素。至年末，全市有纳入统计的众创空间有100个，有纳入国家孵化器管理体系35个、省级42个、市级75个。国家级众创空间占全省总数43.8%，省级优秀众创空间12个，占全省总数的52.2%。众创空间呈现建设主体多元化、投融资链条化、创业活动常态化、创业理念国际化的特点。杭州市众创空间在科技金融融合、创新创业等方面成效显著，累计入驻企业（团队）2387个，注册企业2069个，吸纳社会就业人数1.31万人；全年举办创业活动3287场，共有11.82万人次参与；设立或整合的风投基金181个，资金总规模76亿元。739个项目共获得41.1亿元的投资。在2016年中国创新创业大赛中，杭州市企业在6个行业总决赛上获得一等奖3个、二等奖2个、三等奖2个，占浙江全部获奖企业总数的87.5%，占全国全部获奖企业总数的19%。 （潘学冬）

【企业研发机构增加较快】2016年，市科委推进企业研发基础和能力建设，打造企业技术研发中心和研究院。做好企业组织申报、审核推荐、实地考察等工作，开展市级高新技术企业研发中心认定工作，全年新增市级高新技术企业研发中心182个，累计1103个。根据省科技厅对省级重点企业研究院、企业研究院、工程技术研究中心、高新技术企业研发中心的申报通知要求，做好组织申报、审核推荐工作，全年新增省级研发中心145个、省级企业研究院51个、省重点企业研究院29个，累计分别达到662个、188个和85个。 （姚广稀）

【可持续发展实验区创建】2016年6月30日，科技部副部长徐南平一行到杭州市上城区调研国家可持续发展实验区建设情况。在望江智慧产业园，徐南平体验“智慧云社区”“智慧办公”“智慧旅游”等项目，指出在新形势下，要依靠创新驱动，把创新摆在核心位置，并贯彻到可持续发展的各个环节。市科委大力推进杭州市可持续发展实验区创建工作，全市已建立2个国家可持续发展实验区（上城区、下城区）、7个省级可持续发展实验区（西湖区、富阳区、桐庐县、淳安县、建德市、余杭区黄湖镇、临安市太湖源镇）。各地结合实际，积极探索各具特色的实验区建设模式。

【首批国家级农业“星创天地”创建】2016年，省科技厅出台《关于建设“星创天地”的实施意见》，加快推动浙江省农业农村“大众创业、万众创新”进程，打造适应于农业农村创新创业需要的众创空间。文件要求到2020年，重点建设省级“星创天地”30个以上。市科委组织桐庐县和萧山区进行申报，并随同省科技厅领导考察调研建设情况。年末，桐庐屏峰樱桃专业合作社的“桐庐农业星创天地创新创业服务平台建设”项目、杭州传化科技服务有限公司的“绿科秀”项目被科技部授予第一批国家级“星创天地”称号。

【农业科技企业认定】2016年，市科委根据《杭州市农业科技企业认定与管理办法》《浙江省农业科技企业认定工作的实施意见》的认定程序，经组织申报、区县（市）推荐、市科委办公会议审议，认定杭州富阳长奇生物科技有限公司等22个企业为“2016年度杭州市农业科技企业”，认定杭州蓝郡农业科技有限公司等12个企业为“2016年度浙江省农业科技企业”。农业科技企业是杭州市发展现代农业的中坚力量，对促进全市现代农业的发展具有重大意义。（李庆海）

科技金融扶持体系

【科技型中小企业融资周转资金】2016年，杭州市科技型中小企业融资周转资金累计到位资金1亿元，全年为185个（次）科技型中小企业提供融资周转15.04亿元，财政资金放大倍数为15倍，户均812万元，平均周转天数10天。自设立周转资金4年来，累计为800个（次）企业提供融资周转50亿元，支持的企业中95%以上为科技型中小企业，为企业直接节省融资成本超过2亿元。

【科技型中小企业融资担保】2016年，杭州市融资担保业务总量9.6亿元，融资企业230个（次），85%以上为小微科技企业。担保业务开展10年来，累计为杭州地区中小微科技企业提供融资担保金额超过70亿元，累计担保企业约2000个（次），为企业节约成本2亿元。杭州市持续推广联合天使担保风险池业务，加强对大学生创业企业、“雏鹰企业”、高新技术企业等科技型企业的培育和融资支持。2016年开展联合担保风险池业务4.5亿元，支持企业103个；开展高新技术企业担保业务4.9亿元，支持企业103个；开展知识产权质押业务1.6亿元，支持企业22个；为38个“雏鹰企业”提供1.7亿元融资担保。

【风险投资引导基金】2016年，创业投资引导基金合作创投47个，基金总规模66.11亿元。合作创投累计投资项目293个，投资金额32.74亿元，并带动社会资本联合投资23.13亿元，引导基金实际放大倍数约8倍。所投资的项目中，杭州项目数量194个，占总数66%，金额21.4亿元，占总数65%；初创期项目139个，占总数71%，金额14.05亿元，占总数65%。天使投资引导基金合作创投34家，基金规模20.75亿元。合作创投累计投资项目184个，投资金额4.53亿元，带动社会联合投资金额4.45亿元。其中杭州投资项目120个，占总数65%；杭州项目投资金额3.2亿元，占总数71%。杭州项目中，初创期个数109个，占总数90%；金额2.8亿元，占总数90%。2016年，杭州市创投引导基金第七次被“中国有限合伙人联盟”评为“全国十佳政府引导基金”，获“投中2015年度中国最佳政府引导基金TOP10”称号。基金管理机构杭州市高科技投资管理公司被列入投中集团“投中2016中国最活跃中资有限人TOP5”榜单。 （林　旦）

【科技型初创企业培育工程】2016年，杭州市综合运用财税政策、科技金融、创新科技服务等方式，破解企业创业初期“缺资金、缺人才、缺技术”的难题，通过创业无偿资助、贷款贴息、投保贷周转联动机制等多种方式培育扶持科技型初创企业。全年市本级财政共拨付补助经费8547万

2016年5月14～21日，杭州市举办"创新引领、共享发展"主题科技活动周
（市科委 供稿）

元，其中直接拨付培育资金7000万元，贷款贴息1547万元。做好绩效考核工作，对2010～2015年认定的杭州市科技型初创企业培育工程立项并在库的1313个"雏鹰企业"和480个"青蓝企业"进行绩效考核，淘汰"雏鹰企业"16个、"青蓝企业"10个。做好认定工作，全年新认定科技型初创企业培育工程"雏鹰企业"366个、"青蓝企业"35个。组织科技型初创企业参加为期一年的"杭商学堂"培训。至年末，有在库初创型科技企业2185个，其中"雏鹰企业"1677个、"青蓝企业"508个，绩效考核数据表明初创企业存活率90.4%。（姚广稀）

【科技"联乡结村"帮扶】 根据市委、市政府《关于深化"联乡结村"活动加快城乡区域统筹发展的意见》精神，市科委作为市第二十五帮扶集团牵头单位，与建德市乡镇共同排出2016年集团帮扶项目。市科委帮扶资金从农业科研专项中安排，定向因素分配给建德市40万元。牵头做好对口帮扶乡镇年度帮扶资金的督查工作，帮扶集团计划安排帮扶资金245万元，支持建德市茶园观光配套设施建设、果蔬乐园建设等帮扶项目9个。5年来，帮扶集团共落实项目57个，到位帮扶资金1192.5万元，带动项目总投资1.4亿元，其中55个项目实施完成，并产生良好的经济、社会、生态效益。（李庆海）

科技成果与科技人才

【科技成果奖励】 2016年，市科委完成全市科技成果登记519项，其中应用技术类494项、软科学类14项、基础理论类11项。1月20日，市科委启动2016年度杭州市科学技术进步奖项目评选活动，向社会公开征集，共受理申报奖励项目221个。项目经网上公示、专家评审、答辩、市评委会审定、市政府批准等程序，最终评出80个科技成果为市科学技术进步奖，其中一等奖项目5个、二等奖项目15个、三等奖项目60个。

（钟　桦　钱种明）

【科技人才工作】 2016年，市科委切实抓好科技人才工作，做好2016年浙江省"千人计划"人选申报工作，共审核16人的申报材料，其中申报创新人才长期项目11人、"海鸥计划"5人。支持规模企业设立企业研究院开展自主创新，新增市级企业研发中心182个、省级企业研究院51个；杭州美国硅谷孵化器在海外深度对接服务海外优秀高科技创业企业80个（次）。

【科技特派员工作】 2016年，市科委与派出单位及入驻乡镇进行沟通，并充分发挥区县（市）科技局的作用，共同做好科技特派员工作。市科委深入各乡镇开展科技特派员调研工作，了解特派员在工作中的经验、成效和困难，研究探索新形势下科技特派员工作的思路和措施。召开年度科技特派员项目中期交流会，加强科技特派员之间的交流，推进项目实施，促进科技与乡镇经济的结合。（李菲菲）

【科技活动周】 2016年5月14～21日，杭州市科技活动周期间，全市围绕"创新引领共享发展"主题，共举办科技成果展示、科技论坛、科技展览、科技讲堂、科技进企业（社区、学校、机关）、科技下乡等各类科技普及和宣传活动500多项，发放科技科普资料23万份（册），科技咨询人数11万人次，举办科技培训讲座320场，展出科普宣传展板3118块，公众参与68万多人次。（刘海琳）

科技交流与合作

【国内科技合作】 2016年5月13日，围绕杭州都市圈合作事宜，杭州市组织召开2016年杭州都市圈科技局长联席会议，交流各市"十二五"时期科技工作和"十三五"时期科技规划，研讨都市圈科技合作工作机制，形成发展理念、信息交流、资源共享、联合服务、平台建设的共识，原则通过邀请杭州周边节点县（市）科技局领导和相关业务处室参会的决定，为深化都市圈科技合作指明努力方向、积累合作基础。

5月，杭州市属科研院所组团到长兴县科技园考察对接，召开杭州科研院所所长协会年会，商讨院园合作事项。

市科委力促科技型企业加强科技交流与合作，邀请20个在杭科技型台资企业参加"2016海峡科技论坛"，支持两岸科技企业与科研人员联合开展研发活动。组织20个科技型或文化创意类企业参加"2016国际大学创新与投资合作论坛"，推动大学或文化创意机构的科技创新或创意成果向企业转移。组织30个风险投资机构和20个众创空间参加"2016浙江·杭州国际人才交流与项目合作大

会”,推动海外高层次人才项目在杭州众创空间实施。组织5个企业参加“2016中国浙江军民融合科技合作促进大会”展览。

【国际科技合作与交流】 2016年,为推进杭州国际化建设,补齐科技人才国际化短板,市科委按照杭州市国际化建设方向,有针对性地增强国际合作交流,开展考察、参展和培训。1~9月,先后派人参加到美国、韩国海外引才团,到德国、奥地利、英国海外引才团,到美国、韩国交流团,到意大利、西班牙洽谈团,到美国、加拿大创客决赛推介团等组团,完成对外交流的相关目标任务。6月,组团参加“第四届中国—南亚博览会第二届技术转移与创新合作大会”,与南亚各国科技代表团交流,进一步拓展国际合作视野。(许　平)

【网上技术市场】 中国浙江网上技术市场杭州市场自2002年启动以来,已成为企业与全国各高等院校、科研院所进行科技合作的重要平台。至2016年末,浙江网上技术市场共发布技术难题7070项,拟提供资金50.36亿元;网上合同项目备案4857项,成交技术金额52.36亿元;发布技术成果3618项、动态信息1.63万条、政策法规2367条。其中杭州分市场共发布技术难题455项,拟提供资金4.12亿元;网上合同项目备案789项,成交技术金额10.27亿元;发布技术成果125项、动态信息1294条、政策法规信息355条。2016年,网上技术交易成果转化项目从一年征集1次改为2次,从验收审计改为立项审计,从事中补助改为事后补贴,全年立项62个项目,资助资金900多万元。(曾小明)

【网上技术市场成果拍卖】 2016年4月,杭州市12个企业参加浙江科技大市场春季科技成果拍卖活动,现场成功竞拍签约10项成果,涉及技术交易金额1265万元。11月,杭州选送23个项目参拍浙江省秋季科技成果竞价(拍卖),主要涉及信息、装备制造、节能环保、大健康、新材料等多个技术领域,杭州市参拍科技成果起拍总价3773万元,最终成交金额5719万元,溢价率51.6%。(许　平)

科技服务

【科技服务业】 2016年,市科委推动科技服务业新政落地工作,加强《关于加快科技服务业发展的实施意见》政策协调,明确和规范科技服务业统计口径。7月,高校、科研院所、科技中介机构向杭州市企业转化科技成果的补助申报工作启动,全面落实对高校院所3%和科技中介1%的技术交易额补助政策。试行创新券补贴拨付办法。实质推进从优惠券向创新券过渡,从线下运行向线上运作,从企业平台双补贴向省市平台双轨并行转变。采用创新券因素分配法,拨付1000万元创新券补助金。

1月,召开全市科技服务业统计培训会,270多个规模以上科技服务业单位300多人参训。7月,组织全市科技服务业业务培训,全面宣讲杭州市科技服务业新政和相关项目的申报事项,深化政策解读和信息交流,在杭高校技术转移机构、科技中介机构、市、区县(市)科技分管领导100多人参加。10月与11月,分两次组织技术经纪人专业培训,提高科技中介和技术转移从业人员的专业素质与能力,160多名相关人员参训。

【科技创新服务平台】 2016年,杭州市创新服务平台日趋完善。新建“智慧农业”(种植业)平台,审核一期建设的汽车零部件平台,验收三期建设的新型化纤与纺织材料和花卉产业平台,累计建成创新服务平台25个(尚在建3个),有10个平台已经建设成为省级科技创新平台。有科研场地面积13.21万平方米,仪器设备价值13.3亿元。建设人员1767人,其中高级职称技术人员1006人、专职管理人员549人。为5000多个企业通过创新券提供科技服务,举办技术交流2816场次,培训人员6.35万人次,检测服务3.87万次。11月2日,召开全市28个科技创新服务平台工作会议,强化管理、建设、服务意识,加快推广创新券使用,促进企业科技创新工作。(许　平)

【科技创新服务中心】 2016年,市科委依托全市科技创新三级服务体系,集聚社会创新要素,开展服务“蒲公英计划”企业创新创业“五个一”行动,通过科技创新大讲堂、科技服务小分队、科技创新示范服务站等形式,深入乡镇、园区和企业,开展创新创业辅导、创业诊所活动、创新创业人才培训、科技政策宣讲、知识产权培训、企业技术需求调研、发明专利挖掘等形式的服务活动。深化与在杭高校的创新合作,组织浙江大学教授级专业技术服务团队走访企业开展技术对接服务;组织高校优秀科研成果在未来科技城等园区和县(市)开展成果展示与推广;开放浙江大学

中国杭州低碳科技馆夜景 (冯跃民　摄)

等高校和科研院所的大型实验仪器设备，服务全市中小微企业的技术创新。（汪　亮）

【网上技术市场技术中介服务联盟】2016年，由杭州市生产力促进中心在省科技厅支持下建立的中国浙江网上技术市场技术中介服务联盟，已发展成为覆盖上海、江苏、山东等18个省市的技术中介服务协作组织，成员单位205个，其中技术中介服务机构57个、高校技术转移中心75个、研究院所86个（中科院系统61个）。浙江省成员单位53个，其中技术中介服务机构25个、高校技术转移中心10个、研究院所18个。2016年联盟成员单位与浙江省合作的企业有3135个，其中杭州市有2122个，合作项目4649个，总金额14.21亿元。联盟成员单位与在杭企业开展产学研合作，推进杭州市高新技术的引进和发展。

【杭州知识市场】2016年，杭州知识市场顺应网络时代大众创业、万众创新的新趋势，抓住加快发展众创空间等创业服务平台的新机遇，通过杭州知识市场平台促进知识与经济的结合，推动在杭高校知识成果的商品化和产业化，助力大众创业及高校成果转化。经过数年运营，累计注册会员9万多人，发布各类点子、专利、成果2.8万个。杭州知识市场以“专利超市”为平台，线上展示在杭高校专利，线下促成高校专利交易。至2016年末，“专利超市”共线上展示在杭高校专利成果5681项。（曾小明）

知识产权与发明专利

【知识产权区域试点示范】2016年，市科委（市知识产权局）起草杭州市知识产权“十三五”时期规划，出台《杭州市加快建设知识产权强市的实施意见分解目标》《杭州市专利专项资金管理办法实施细则》《杭州市试点示范企业管理办法》，启动《杭州市专利管理条例》的修订工作。制定《2016年杭州市知识产权示范城市工作计划》。下城区通过国家知识产权强县工程试点区验收，西湖区、富阳区通过浙江省知识产权示范区的复核。

【专利申请与授权】2016年，杭州市专利申请量7.35万件，授权量4.11万件，其中发明专利申请量、授权量分别为2.5万件和8647件。全市有效发明专利拥有量3.66万件。杭州市专利申请量与授权量连续12年居全国省会城市第一位、副省级城市第二位。

【企业知识产权工作】2016年，市科委（市知识产权局）开展国家、省市专利试点示范企业的推荐及审核工作，其中杭州华三通信技术有限公司等4个公司获批国家知识产权示范企业，浙江大华技术股份有限公司等14个公司获批国家知识产权优势企业，杭州中艺生态环境工程有限公司等60个企业通过2016年浙江省专利示范企业的认定与复核，征集市级试点示范申报企业192个。经过3年规模以上工业企业“专利清零”行动，全市企业专利创造能力明显提升，“清零”企业1901个，拥有专利的规模以上工业企业个数比2012年增长1倍。杭州华三通信技术有限公司等13个公司的专利获得中国专利优秀奖及中国外观设计优秀奖。杭州市推荐7项专利参选，其中获金奖4项、优秀奖3项。

【知识产权保护】2016年，市科委（市知识产权局）开展知识产权执法维权“护航”专项行动，联合市市场监督管理局、市版权局及区县（市）知识产权局，在建德市大润发超市、富阳区晋安家电市场、淳安县联华超市、桐庐县分水制笔园区开展4次知识产权执法检查，现场检查商品1000多件。开展展会执法工作，以2016年杭州国际动漫节产业博览会、杭州文化创意产业博览会为重点，进驻现场执法。服务“平安浙江”创建和G20杭州峰会保障工作，根据省知识产权局的统一部署，赴下城区、江干区、桐庐县等地开展为期一个月的专利打假专项活动，检查各类商品10万余件。中国杭州（制笔）快速维权中心在全国考核评比中排名第一位。杭州市全年专利案件立案1218件，其中假冒专利172件、侵权纠纷1046件，结案率99%。维权援助中心接听各类投诉、咨询电话500多个，受理相关维权案件716件，移交立案501件。

【知识产权宣传培训】2016年，杭州市科委（市知识产权局）编发《2015年杭州市知识产权保护状况》白皮书，在“4·26”世界知识产权日期间，制作执法维权专题宣传品，组织志愿者在繁华街道、大型商场发放；制作知识产权知识小视频，在微信、微博等新媒体上播放宣传；在《杭州日报》《钱江晚报》和地铁2号线部分站台广告位上发布专利相关知识和政策。全年举办企业专利侵权救济培训、《杭州市专利专项资金管理办法》宣讲、知识产权助推双创培训、“互联网+知识产权”企业创新能力提升培训、工业机器人专利预警培训等11场，培训人员2000人次。开展专利服务人员专业技术职称评定工作，将他们纳入自然研究系列，并开展培训。与中国计量学院和杭州师范大学签订志愿者合作协议，各成立一支50人的志愿者队伍，进驻园区、孵化器、社区、校园等处，开展专利宣传和培训。

【“市长杯”创意杭州工业设计大赛】2016年的“市长杯”创意杭州工业设计大赛设立以企业为主体的分赛场，引导高校、设计机构等围绕企业需求开展设计。大赛共征集参赛产（作）品4800多件，吸引国内外90所高校的师生和省内外130个企业参与。大赛新增专利2000件以上。举行产品资本对接路演活动，约800个企业和个人的1300多件创意作品参加活动，13个作品进行现场展示。（王晓燕）

防震减灾

【地震监测】2016年，市地震局严格按照《杭州市地震监测台（站）工作职责》，规范台站工作内容和管理要求，提高台网管理水平。按国家、省地震局要求，完成建德市、淳安县等3个新增地震烈度速报与预警工程台站勘选工作。加强对地震台站管理人员业务指导，及时做好台站设备维护维修工作，保障台网正常运行。在2016年度全省地震观测资料评比中，杭州市有多个台站测项获奖。其中萧山区楼塔地震台获地方台站测震资料质量第三名，桐庐县分水地震台获无人值守台站强震动观测资料质量第三名。

【震害防御】 2016年，市地震局开展《浙江省防震减灾条例》和新一代《中国地震动区划图》的学习贯彻工作，并将新的设防标准纳入编制的《杭州市抗震防灾规划》。开展防震减灾知识宣传，组织参加全市"5·12"防灾减灾日大型广场宣传主题活动。开展防震减灾科普教育基地建设，发挥全市国家和省级科普教育基地示范作用，指导帮助各区县（市）建设科普教育基地，富阳区万市中学被认定省级防震减灾科普教育基地。组织开展第三届"平安中国"防灾宣传系列活动，组织"地震科普"进校园和防震减灾知识巡展，并在全市多个中小学开展地震应急疏散演练活动。

【地震应急】 2016年，根据浙江省地震局《关于全面做好G20杭州峰会地震安保准备工作的通知》精神，杭州市科委（市地震局）成立地震应急准备工作领导小组。完善《杭州市地震应急预案操作手册》，更新有关数据信息。编制完成《杭州市地震局地震应急预案》。组织全市地震部门人员参加华东地震应急联动协作区应急支援演练，组织各区县（市）开展地震应急桌面推演工作。与浙江省"公羊会"公益救援促进会合作成立"公羊队·杭州市地震救援队"。全年"公羊队"先后参与厄瓜多尔、台湾地区高雄地震等国内外地震灾害救援。G20杭州峰会前后，市地震局昼夜24小时值班，通过应急电话、手机应用、微信、短信等各种方式，密切保持与省地震局和市政府应急部门及各区县（市）的联系，完成峰会期间地震安保任务。（杨俊和）

科技团体

【科技团体概况】 2016年，杭州市科学技术协会（简称市科协）动员和组织全市科技工作者，学习全国科技创新大会、两院院士大会、中国科协第九次全国代表大会和习近平总书记系列重要讲话精神，坚持"四服务"的职责定位，服务保障G20杭州峰会，助力创新驱动发展。市科协积极发挥"科技工作者秘书处"的作用，促成市政府印发《2016～2020年公民科学素质建设任务书》；编制《杭州市科学技术普及和全民科学素质提升行动实施方案（2016～2020年）》；推进《杭州市科学技术普及条例》实施，制定《杭州市科普社会责任评估办法(试行)》；继续推进基层科学素质工作先进乡镇（街道）创建，杭州市科普教育基地联合会和上城区望江街道办事处工作人员胡兰珍分别入选中国科协等九部委联合评选的"十二五"时期《全民科学素质行动计划纲要》实施工作先进集体和先进个人。

市科协深化实施"创新驱动助力工程三年行动计划"，实现区县（市）学会协同创新基地和科技服务站建设全覆盖。新建和继续建设学会协同创新基地14个、学会科技服务站28个，落实科技服务项目30个，组建专家团队30个，组织活动44次，向园区和企业推荐高科技项目30个。新成立3家业务主管的市级学会，市级学会总数86家。加强基层科协组织建设，新建浙江大学城市学院科协组织，实现市属高校科协组织全覆盖。发展园区科协，滨江区在天和高科技产业园成立科协，西湖区吸收新型科技社团、科技组织加入科协。

加强科技工作者服务平台建设，利用杭州市科技工作者服务中心展厅建成青年科技工作者创新社区"青科汇"。首次认定"杭州十大青年科技英才"，举办事迹报告会，在《杭州科协》杂志等渠道宣传全市优秀科技工作者19人，利用《青年时报》专栏对青年科技英才进行宣传。实施杭州市青年科技人才培育工程，资助出国（境）学术交流和出版科技专著共14个项目。推荐隋永枫等5人为浙江省优秀科技工作者，推荐张治芬获评第七届全国优秀科技工作者，推荐范渊获杭州市第四届杰出人才奖。完成对杭州市高层次人才（D类人才）7人的网上审核认定工作。市科协推荐的李继承等3位教授被市政府聘任为"杭州会议大使"。

【市科协服务G20杭州峰会】 2016年，市科协利用电视、广播、报纸、网站、微信等多个平台，深入开展G20杭州峰会专题科普。创作"院士眼中的G20"科普宣传视频资料，进地铁、公交、楼宇和全国知名媒体播放宣传逾1.5亿次。杭州科普网推出"G20科普知识专题平台"，制作分发G20科普知识挂图5.4万张。8月22日，中国杭州低碳科技馆承办G20杭州峰会"碳中和"项目启动仪式。中国茶叶博物馆、杭州植物园等50多个青少年科普教育基地，以及余杭科技馆、清凉峰科技馆等60多个基层科普

2016年6月20日，杭州市举办第二届中欧生命科学论坛暨海智项目杭州对接活动（市科协 供稿）

馆，切实提高服务质量和展品完好率，策划组织各类主题活动。

【院士专家工作站建设】 2016年10月，杭州市有6家院士工作站入选全国110家"示范院士工作站"，杭州市成为全国获评数量最多的副省级城市。全年杭州新建18家院士工作站、5家专家工作站。严格院士专家工作站管理考核，确定1家院士工作站首次考核不合格，1家连续两年考核不合格被取消院士工作站称号。在中国工程院医药卫生部、省市科协、余杭区政府联合主办的"2016中国药物创新及产业化院士论坛"上，全国12位两院院士和300多位专家与会，会议提出《关于促进我国自主创新药物发展的建议》。

2016年9月21日，中国科学院老科学家深入学校课堂做科普报告，并现场解答小学生的提问 （市科协 供稿）

【海外智力工作】 2016年，市科协连续11年举办海外英才杭州项目对接会，60多名海外高层次人才携带70个高质量项目参加对接。全年组织出国（境）考察团组2个，与德国同济校友会等8个海外社团签订合作协议。6月，由中国科协"海智办"、全欧华人专业协会联合会联合主办的第二届中欧生命科学论坛暨海外智力项目杭州对接活动，以"中欧生命科学创新、实践与合作"为主题，精选的21个项目受到杭州企业和园区欢迎。市科协在桐庐迎春商务区管委会新设立中国科协海外智力为国服务行动计划浙江杭州基地工作站。

【科协学术交流】 2016年，市科协举办多场高水平、高规格学术会议，承办第十三届"长三角"地区科技论坛暨浙江杭州科协年会，20多位院士出席。支持杭州市自动化学会举办"中国杭州机器人西湖论坛"，支持杭州能源学会举办"第七届国际制氧会议"。开通学会在线服务平台，支持各学会开展高端学术交流，创新交流方式，注重吸引基层和一线科技工作者参与学术活动。全年资助中国科协立项的重点学术项目148个，其中重大课题6个、调研课题16个。注重学术研究成果的转化，及时向市委、市政府及有关部门提出决策咨询。市政协科协界别组积极参政议政，提交提案18个。科技工作者建议《趁G20东风，把杭州整治得更加美好》一文，获市委主要领导批示肯定。

【主题科普活动】 市科协办好2016年全国科普日和杭州市第三十届科普宣传周主题活动，组织科普主题活动500多个。举办杭州市第三十一届青少年科技创新大赛，选送参加全国、省级青少年科技创新大赛的作品获全国奖项21个、省级奖项77个，市科协再次获评"全国青少年科技创新大赛优秀组织单位"。市科协与有关部门联合创作的宣传科学文艺节目获得全国比赛一等奖，是全国唯一获此荣誉的市级协会。全年组织科学大讲堂12讲，科普讲师团举办讲座527场，听众3.6万人。

【科普能力建设】 2016年，市科协会同市文广新闻出版局、市农办等部门，针对"十二五"时期末杭州市公民科学素质调查中发现的问题，实施"科普惠农兴村计划"，深入开展"科普文化进万家"活动。举办首批"百名科普专家"培训班、涉农地区青少年科技辅导员科技创新培训班，指导涉农区县（市）以农村、农民为重点开展科普活动。"互联网+科普"工程深入推进，逐步实现多渠道全媒体科学传播，并对全市60多家科普场馆展品进行二维码软件管理。中国杭州低碳科技馆强化"杭州窗口"功能，办好"第二课堂"，全年接待参观84万人次。 （范义娜）

责任编辑 汤 峻

社会科学综述

【社会科学服务经济社会】 2016年，杭州市社会科学界联合会（简称市社科联）、杭州市社会科学院（简称市社科院）以“实施五个一百，推进五大工程”为突破口，在社会科学理论研究、成果转化、学术交流、人才培养、普及宣传、社团管理等方面工作成效明显。市社科联所属3个团体会员社团被评为“全国先进社科组织”。

市社科联首次组织编撰《杭州学人文库》《杭州研究文库》《创意城市文库》，全年4部研究专著立项。推进具有杭州特色的历史文化等研究，创新研究机制和方法，产生一批研究成果。“南宋及南宋都城临安研究系列丛书”“杭州历史文化系列研究丛书”等10多部专著出版，特别是省社科重点研究基地“南宋史研究中心”组织编撰的《南宋全史》（精装版）由上海古籍出版社出版，该书获全国首届“两宋论坛”优秀成果二等奖。做好《杭州蓝皮书》经济、社会和文化三卷本以及《杭州都市圈蓝皮书》的编撰出版。其中，《杭州都市圈蓝皮书》以杭州都市圈特色产业“信息经济与智慧城市发展”为研究方向，在杭州都市圈第八次市长联席会议上首发。全年编发《成果要报》12期，其中被市委书记赵一德批示3期、市长张鸿铭批示1期、其他市领导批示2期。

市社科联举办市社科界第二届学术年会。加强省、市级两级重点研究基地建设，强化市级重点研究基地日常管理和指导，发挥各基地在学术研究、人才培养和成果转化等方面的优势和作用，提升杭州市社会科学优势学科研究品牌效应。加强与杭州国际城市学研究中心、杭州师范大学等研究机构和院校合作，探索社会科学城市学协同创新平台建设。

以年度市社科联课题申报为主要载体，扶持学会、协会开展学术研究、学术活动、学术评奖。2016年度市社科联立项课题50项，其中资助经费课题25项、自筹经费课题25项。评出第十一届社科优秀成果一等奖5项、二等奖15项、三等奖30项。

【课题规划与管理】 2016年，市哲学社会科学规划办公室做好规划课题的课题征集、指南发布、组织申报、结题管理、应用转化等工作。全年立项规划课题434项。编制7个系列课题指南，组织申报评审立项常规性课题200项。首次与市决策咨询委员会、市委统战部开展合作招标课题，“决策咨询研究”和“统战理论研究”课题立项21项。“杭州中外交流历史文化研究”“政协文史研究”“女性与健康”等专项课题立项34项，学术年会课题30项，2016年《杭州都市圈蓝皮书》课题19项，2016年基地课题50项，第一期人才培育课题40项，“三大文库”（“杭州学人文库”“杭州研究文库”“创意城市文库”）课题4项，院级课题和市决策咨询委员会确认课题36项。受理课题结题申请320项，分3

南宋史研究中心组织编撰、上海古籍出版社出版的《南宋全史》（精装版）书影 （蔡建明 摄）

批对238项成果进行等级评审，发放结题证书288件。

【专题调查研究】2016年，市社科联完成省社科联委托的“富阳区权力清单改革试点”“淳安县重点生态功能区改革试点”“桐庐县基层社会治理创新改革试点”3项“浙江省县域综合改革试点”专项调研课题。首次与市政府法制办合作开展杭州市法治政府建设专业评估项目，制订实施方案，组织开展评估。与市文明办合作开展2016年杭州市民公共文明指数专项调查，《2016年杭州市民公共文明指数调查分析报告》被“浙江在线”、《杭州日报》等新闻媒体转载。

【社会科学人才培养】2016年，杭州市组织实施市社科优秀青年人才培育计划，在实地调研宁波市、绍兴市社科联基础上，制订《杭州市社科优秀青年人才培育计划实施办法》，通过推荐申报和专家评审，确定首批培育人选40名，年龄集中在30周岁～36周岁，大部分具有博士学位，主要分布在杭州师范大学、浙江大学城市学院等高校以及其他市直研究单位。完成培育协议签订、3年培育计划制订和重点课题确定，立项培育课题40项，拨付前期培育经费40万元。

对全市评审专家库全面调整，组建由218名专家组成的、涵盖25个学科的“十三五”时期市哲社学科组评审专家库。各学科组专家主要承担全市社科规划课题立项与结项评审、优秀社会科学成果和社会科学界学术年会论文评选等工作，推进杭州市社会科学理论研究与成果转化，为市委、市政府决策和全市经济社会发展提供智力支持。

【13个社团被评为五星级社团】2016年，市社科院开展2016年度星级社团评定工作，共收到53个社团参评材料，其中13个社团被评为五星级社团、21个社团被评为四星级社团、8个社团被评为三星级社团、达标社团11个。

被评为五星级的社团有杭州万向职业技术学院社科联、杭州城市学研究会、杭州文史研究会、杭州科技职业技术学院社科联、杭州市财政会计学会、杭州职业技术学院社科联、杭州市老年学学会、杭州市人力资源和社会保障学会、浙江大学城市学院社科联、杭州市律师协会、杭州市检察学会、杭州学习生活促进会、杭州钱镠研究会。

【杭州市民公共文明指数发布】2016年3月4日，市委宣传部、市文明办、市社科院联合发布，2015年度杭州市民公共文明指数为84.062，比2014年度的83.63提高0.432。调查结果显示，杭州市民公共行为文明素养巩固和发展2011年全国文明城市创建以来的良好水平并呈稳中上升趋势，市民文明自觉意识进一步增强，“他人眼中的杭州市民公共文明素养”明显提升。

该调查由市委宣传部、市文明办委托市社科院进行，从2015年9月至2016年2月，历时近半年。调查中，市社科院研究人员和150多名在杭高校师生，对杭州市上城区、下城区、江干区、拱墅区、西湖区、滨江区、萧山区、余杭区、富阳区的3500多名杭州市民（包括城区居民、城郊农民、外来务工人员）及在杭州市区生活半年以上的500多名外籍人士进行入户调查访问。在各城区市民出入频繁的公共场所设置135个现场观测点，对125万人次、39万辆机动车、近13万辆非机动车、20条公交线路和地铁线路进行累计7000多小时的实地现场观测。在获取大量数据的基础上，辅以个案访谈、座谈会和专家咨询会等方式，最终形成2015年度杭州市民公共文明指数调查报告。

【全市哲学社会科学工作会议】2016年11月11日，全市哲学社会科学工作会议召开。会议指出，全市哲学社会科学工作者要认真学习贯彻习近平总书记系列重要讲话精神，深刻认识哲学社会科学的重要地位和独特作用，切实增强繁荣发展哲学社会科学的思想自觉、行动自觉，立时代之潮头、通古今之变化、发思想之先声，以高度的责任感、使命感、紧迫感做好杭州市哲学社会科学各项工作，开创事业发展的新局面。会议强调，繁荣发展杭州哲学社会科学事业，必须高举旗帜，始终坚持马克思主义的指导地位，确保哲学社会科学始终朝着正确方向、沿着正确轨道向前发展；繁荣发展杭州哲学社会科学事业，必须聚焦中心，更好地立足杭州、研究杭州、服务杭州。全市广大哲学社会科学工作者要勇于肩负历史赋予的使命，做先进思想的倡导者、学术研究的开拓者、社会风尚的引领者、中国共产党执政的坚定支持者。各级党委要进一步加强和改善对哲学社会科学工作的领导，健全体制机制，加大投入力度，强化队伍建设，为繁荣发展杭州市的哲学社会科学事业提供根本保证。其间，市社科联（市社科院）、杭州师范大学、浙江大学城市学院传播与杭州文化创新研究中心、萧山区社科联有关负责人做交流发言。

【“中国当代社会民间信仰状况研究”获国家社科基金资助】2016年6月17日，全国哲学社会科学规划办公室公布2016年度国家社会科学基金年度项目和青年项目立项结果，市社科院社会学研究所副所长、研究员张祝平申报的“中国当代社会民间信仰状况研究”项目获宗教学学科重点项目立项资助。张祝平长期关注中国传统民间信仰和宗教传播问题，课题旨在理清中国当代民间信仰现状和历史渊源，揭示存在的问题并提出建议。2016年度国家社会科学年度项目立项总数2857项，其中重点项目282项、宗教学学科重点项目7项。全国各级社科院立项130项，副省级城市社科院立项3项，其中重点项目立项1项。（陆文荣）

2016年“杭州学人文库”“杭州研究文库”“创意城市文库”立项项目

表63

项目名称	负责人	单　位
比兴美学	张节末	浙江大学
《唐宋八大家文钞》与明末赓续本考录	付　琼	浙江财经大学
现代汉语话语指称性研究	钟小勇	杭州师范大学
媒介眼中的“她者”图景与性别话语生产	范红霞	浙江大学城市学院

2016年南宋研究中心基地课题

表64

成果名称	负责人	单 位	课题类别	成果形式
南宋写本《仙源类谱》《宗藩庆系录》整理与研究	何兆泉	中国计量大学	规划一般课题	专著
哀荣与饰终:宋代官员身后待遇研究	肖红兵	信阳师范学院	规划一般课题	专著
南宋宰辅政务决策机制研究	田志光	河南大学	规划一般课题	专著
资源博弈与秩序调控:宋元四川盐业社会研究	裴一璞	山东聊城大学	规划一般课题	专著
吕祖谦史学研究:以《大事记》为中心	汤元宋	北京大学	规划一般课题	论文
南宋画院人物画研究	李慧国	甘肃河西学院	规划一般课题	论文
宋代武官研究	史泠歌	贵州铜仁学院	规划一般课题	专著

2016年杭州市社科规划“政协文史研究”和“杭州中外交流历史文化研究”专项立项课题

表65

专项类别	课题名称	负责人	单 位	课题类别
政协文史研究	国外海塘管理与保护的实践研究	项文惠	浙江工业大学	重点课题
	中央杭州飞机制造厂史料研究	渠长根	浙江理工大学	重点课题
	中央杭州飞机制造厂研究的四重维度	贺俊杰	浙江理工大学	重点课题
	中央杭州飞机制造厂的历史	赖继年	浙江理工大学	重点课题
	中央杭州飞机制造厂史料研究	陈 麟	浙江大学城市学院	重点课题
杭州中外交流历史文化	想象“天堂”:20世纪前西方人对杭州城的描绘——以19世纪意大利人的“杭州”绘画为切入点	周东华	杭州师范大学	重点课题
	从中东到杭州:宋元时期杭州穆斯林移民研究	马 娟	浙江大学	重点课题
	西方古代地理著作中的杭州	马 琼	浙江工商大学	重点课题
	《虚堂智愚禅师语录》在日本的流传与影响	江 静	浙江工商大学	重点课题
	海上丝路与杭州漆器文化的对外传播	何振纪	中国美术学院	重点课题
	日本入宋僧成寻在杭州的佛教交流活动	王海燕	浙江大学	一般课题
	16世纪~18世纪中欧文化交汇之杭州角色及其影响	徐海松	杭州师范大学	一般课题

【中国职业技术教育学会“现代学徒制研究中心”成立】 2016年4月8日,由杭州职业技术学院等全国19所高等职业教育院校发起的中国职业技术教育学会“现代学徒制研究中心”在杭州成立,秘书处设在杭州职业技术学院。

现代学徒制研究中心是群众性职业技术教育学术团体,是中国职业技术教育学会教学工作委员会分会,由单位会员、个人会员自愿组成,是非营利性社会组织,旨在通过开展现代学徒制研究活动,探讨现代学徒制的理论和实践问题,实施现代学徒制人才培养模式改革,提升人才培养质量,促进职业技术教育的改革与发展。中心计划搭建校企合作、校校合作的平台,进一步完善校企合作育人机制,创新技术技能人才培养模式。通过开展现代学徒制研究活动,各成员单位通过论坛、会议、考察等方式进行资源共享和交流;由各成员学校每年轮流召开1次~2次学术研讨会,针对现代学徒制探索中的重要问题开展讨论,组织课题研究,共享研究成果。各会员单位在招生、学生培养、师资交流、学生实习就业等方面开展深入合作交流。通过联合开展教育培训、生产研发,共享设备设施、人力资源等,实现资源共享。

(王晓华)

杭州特色研究

【杭州文史研究】 2016年,市政协以杭州城市史和宗教历史文化研究为重点,组织开展系列学术活动和研究课题。举办“钱塘江海塘研究与申遗”研讨会暨2016年杭州文史论坛。承办中国、日本、韩国共同编写东亚近代史(第三阶段)第二次编委会(杭州)会议。推出“中央杭州飞机制造厂史料研究”和“杭州中外交流历史文化研究”社科规划课题。致力于学术交流与普及工作,举办杭州文史小讲堂,定期组织小型学术研讨活动和普及讲座。编辑出版《天城遗珍:杭州对外文化交流史概述》《杭州茶趣》《杭州记忆》《杭州旅游开发》《中国城市史研究论文集》等文史研究和“三亲”史料(历史当事人,见证人和知情人“亲历、亲见、亲闻”的第一手资料)书籍5部,出版文史研究刊物《杭州文史》4期。

(赵鸿涛)

【城市学研究】 2016年,杭州国际城市学研究中心以申报浙江省首批重点智库为契机,制订申报首批首级智库工作方案,明确专业智库建设的理念思路、定位载体、方法路径、体制机制。

杭州国际城市学研究中心围绕七大平台建设与“钱学森城市学金奖”“西湖城市学金奖”征集评选活动,通过资源共享、优势互补、互惠互利,与浙江大学共建“杭州—浙江大学城市研究中心”,与中国浦东干部学院共建“中国浦东干部学院杭州教学研究基地”,与人民出版社共建“人民出版社杭州分社”,与市社科院、杭州师范大学共建“城市学协同创新中心”,致力于打造多领域合作、多学科融合、多团队协作、“政、产、学、研、

2016年杭州市社科规划"人才培育计划"专项立项课题

表66

课题名称	负责人	单　位	成果形式
《汉三老讳字忌日记》版本知见及序跋汇录	蔡渊迪	浙江大学城市学院	专著
HUL范式下城市历史风貌与文脉延续管控机制研究	马智慧	杭州国际城市学研究中心	论文
彼得·布鲁克的剧场美学研究	何明燕	杭州师范大学	论文
传统工艺资源再生活化研究	潘昌初	杭州市非物质文化遗产保护中心	论文
村民自治的有效实现：地方实践、基本条件与制度完善	侣传振	浙江大学城市学院	论文
大数据视角下的职业教育变革研究	朱晓峰	杭州万向职业技术学院	论文、研究报告
国共比较视野下的革命史研究：以浙江为例	王才友	杭州师范大学	论文
杭产动画中本土文化传统的转化与再生策略研究	邵　杨	浙江大学城市学院	论文
杭州市创建"标准国际化创新型城市"的对策建议	刘淑春	杭州万向职业技术学院	论文、研究报告
杭州市高新技术产业集群与人力资本协同发展研究	吴　爽	杭州市社会科学院	论文、研究报告
杭州西湖旅游者摄影的空间模式及其形成机制研究	陈　岗	杭州师范大学	论文
杭州信息产业就业效应研究	陈明鑫	杭州市社会科学院	论文、研究报告
后G20时代杭州加快推动"国际化"进程中的会展业发展对策研究	徐丽莎	浙江大学城市学院	研究报告
后申遗时代大运河杭州段文化产业环境治理式保护方法研究	张　佳	浙江大学城市学院	论文
"互联网+"时代下移动应用(App)界面用户体验设计研究	杨　焕	杭州师范大学	论文
基于计划行为理论的亲子旅游行为意向形成机制研究	徐　璐	杭州师范大学	论文
基于论证结构的论辩系统：面向法律论证	应　腾	浙江大学城市学院	论文
基于语料库的语篇生成及二语写作心理认知研究	吴忠华	浙江大学城市学院	论文
交替传译中的译员决策研究	沈明霞	浙江大学城市学院	论文
教育生态学视阈下的高职院校创业教育支持体系研究	程君青	杭州职业技术学院	论文
跨界学习视角下"教师教科研"研究	陈思颖	杭州师范大学	论文
累惯犯生活史研究	许疏影	浙江育英职业技术学院	论文
农地制度变迁视域下农村土地产权认知结构嬗变及其内在规律探究	黄鹏进	杭州市委党校	论文
区域经营中的"管委会-公司"模式及其改革路径研究	周鲁耀	浙江大学城市学院	论文
全球电子商务环境下数据跨境流动规则研究	孙益武	杭州师范大学	论文
社会工作视角下流动家庭的社区融入需求及服务体系建构研究	邱幼云	杭州师范大学	论文、研究报告
十八大以来习近平社会主义意识形态建设思想研究	刘　钊	杭州市委党校	论文
通过户外活动课程促进幼儿身心发展的实践与理论探索	陈　丹	杭州科技职业技术学院	论文、专著
新产业革命背景下服务业创新的理论演进——兼论与制造业创新的关系	汪欢欢	杭州市社会科学院	论文
刑法解释中的以刑制罪问题研究	邓毅丞	杭州师范大学	论文
学前儿童的亲属关系认知	肖二平	杭州师范大学	论文
浙江省农村电子商务集群创业机制、传导模式与政策研究	叶　铮	浙江大学城市学院	论文
浙江下三府区域方言语法比较研究	张　薇	杭州师范大学	论文
浙派古琴文化传承的教育人类学研究	邓晴南	杭州师范大学	论文
浙商的家风传承与构建研究	杨　云	杭州职业技术学院	论文
智慧教室的设计与评价研究	杨俊锋	杭州师范大学	论文
中古律部佛经情绪类心理动词研究	姜黎黎	杭州师范大学	论文
中国经济服务化发展悖论的动态测度、演化机理和政策选择研究	樊文静	杭州师范大学	论文、研究报告
中外户籍制度比较研究	接栋正	杭州国际城市学研究中心	论文
中小学校园欺凌行为及其治理研究：以杭州市为例	高振宇	杭州师范大学	论文

用”一体化的开放式、复合型学术综合体和协同创新基地。

杭州国际城市学研究中心从城市发展与治理理论研究、“城市病”形成机理与综合治理研究、城市历史文脉与文化遗产保护研究等方面开展深入研究，将省哲学社会科学重点研究基地“浙江省城市治理研究中心”打造成以集成创新为特色的城市治理研究综合平台。实施科研成果奖励。编纂《中国城市治理蓝皮书（2015~2016）》。杭州国际城市学研究中心（省城市治理研究中心）《成果要报》刊载的《推进杭州市社会养老服务体系建设的对策建议》《后申遗时代大运河整体性保护的对策建议》文章获省、市领导肯定性批示，相关课题研究成果被省民政厅、市人大和市民政局采纳。基地围绕建设城市治理政策咨询大智库、城市治理学术研究大平台、城市治理人才培养大高地、城市治理干部培训大学堂目标稳步发展。

杭州国际城市学研究中心印发《关于进一步完善杭州学分支学科院长例会制度的实施意见》《关于进一步完善杭州学分支学科工作机制的实施意见》，根据“定时间、定人员、定地点、定目标、定要求”原则，实行分支学科院长例会制度、联络员例会制度等保障机制，全年举行院长例会4次。杭州学分支机构支持和承办“中国城市学年会·2016”钱江新城分会场、“中国（杭州）人工智能产业发展论坛暨中国（杭州）人工智能博览会”。

杭州国际城市学研究中心坚持“一流环境吸引一流人才，一流人才创办一流智库”原则，形成包含硕士生、博士生、博士后等在内的城市学研究人才链。加强与浙江大学亚太休闲教育研究中心的战略合作，推进杭州国际城市学研究中心浙江大学城市学博士后研究基地建设，根据基地建设发展需要和人才培养的新情况、新需求，及时修改完善博士后管理办法，推进基地制度建设。召开2016年城市学博士面试会，新录取3名博士后进站研究；召开第二届城市学硕士研究生学位论文答辩会，3名城市学硕士生通过答辩。（刘达开）

【淳安县“三认”联系服务群众机制研究】 2016年1月25日，杭州社科《成果要报》第一期刊载杭州市社科院党建研究所研究员肖剑忠的《党员干部如何深入基层联系服务群众——杭州市淳安县“三认”联系服务群众机制的探索与启示》文章。文章指出，淳安县“三认”联系服务群众机制的主要特征：党员干部所联系服务的群众具有广泛性；党员干部所提供的服务资源具有多样性；党员干部联系服务群众具有主动性；四是党员干部联系服务群众的形式具有直接性。“三认”联系服务群众机制主要实践成效是：懂政策的乡镇干部经常进村访户，推动各级党委政府惠民政策的落实；年轻的“三门”干部经常直面群众、直面困难，促使其群众工作能力得到提高；乡镇党员干部与群众交朋友、为群众谋福祉，使党群干群关系进一步密切；乡镇党员干部经常为农村建设和发展出主意、做贡献，促进农村经济发展和社会稳定。文章提出“三认”联系服务群众机制的主要启示是：为了让中国共产党执政基础更巩固，必须要求党员干部下沉到基层；为了让党员干部更好地深入群众，必须要求党员干部直接联系服务群众；为了让党员干部更积极地联系服务群众，必须发挥考核机制和情感机制两种动力机制的作用；为了让党员干部服务群众的效果更佳，必须准确把握人民群众的实际需求。

【杭州市工业治水的现实挑战及应对策略研究】 2016年5月20日，杭州社科《成果要报》第三期刊载浙江树人大学教授尹晓敏的《杭州市工业治水的现实挑战及应对策略》文章。文章通过审视杭州工业治水的真实状况，评估面临的主要挑战，借鉴发达国家和优秀企业工业治水的经验，提出削减杭州工业对水环境的源头性污染的应对策略。文章指出杭州市工业治水存在的主要问题：工业废水排放稳中有减，但总量依然较大；工业废水处理设施大幅增加，但水平依然不高；主要污染物排放不断下降，但降幅依然不大；工业废水回用率波动提高，但开发区比率依然偏低。杭州工业治水面临的挑战：工业企业数量大，工业治水管理不易；企业入园率不高，废水治理规模化效应难以显现；工业产业层次还不够高，高污染产业依然偏多；工业废水成分复杂，工业治污难度较大；依法治水力度过小，治水资金投入不足。杭州工业治水的基本路径是：进一步加快调整优化产业结构；加快淘汰落后产能，进一步推进水污染重点行业的全面整治；深入推进工业治水的技改创新，强化治水技术与装备支撑；坚持标准，抓好节水型清洁生产企业；推动“两化融合”在工业治水领域的示范应用；培育发展治水产业，全方位强化工业治水保障工作。

【杭州临终关怀事业的现状及发展对策研究】 2016年7月8日，杭州社科《成果要报》第四期刊载浙江省社科院研究员吴晶的《杭州临终关怀事业的现状及发展对策》文章。文章指出杭州临终关怀事业发展现状及存在问题是：临终关怀供需矛盾日益突出并尖锐化，临终关怀社会意识逐渐增强但未纳入制度性建设层面，临终关怀服务标准化建设滞后，临终关怀人力资源严重缺乏，临终关怀教育普及度不够，临终关怀研究滞后于事业发展。文章提出杭州发展临终关怀事业的对策建议：根据人口比例和社会意愿调查在“十三五”时期专项规划中进行战略布局；通过政府自办和购买服务建立公办、民办同质同价多模式临终关怀保障体系；整合多元社会资源，以社区为基础建立居家临终关怀服务体系；建立临终关怀心理咨询和社会教育服务体系；完善临终关怀服务标准化管理体系；发展临终关怀专业技术教育培训事业；建立临终关怀社会资助机制与设立临终关怀基金；开展临终关怀学及其实践问题研究；发展临终关怀相关产业和事业；加快临终关怀事业的制度化建设与立法。

【杭州专利发展现状及对策研究】 2016年7月22日，杭州社科《成果要报》第五期刊载浙江旅游职业学院副研究馆员先卫红的《杭州专利发展现状及对策研究》文章。文章从政策环境、专利活力、专利潜力、专利实力与专利影响力五大方面对杭州专利发展情况进行深入分析，提出杭州创建专利强市的对策建议。文章提出杭州建设专利强市的对策建议：营造更为优越的政策环境，包括明确杭州创建专利强市的发展定位、以专利地方法规修订为契机健全政策体系、加强知识产权保护体系与机制建设；持续增强专利发展活力，包括在专项资金使用上向专利研发和运用倾斜、在专利资助上应适当照顾非职务个人和小微企业、探索专利发展领域的“互联网+”应用、加大对外观设计授权专利的引导与支持；激发专利发展潜力，包括扩大技术创新研发与专利申请队伍、开展多元化的专利宣传培训、加快专利领域人才培养；提高专利发展实力，包括引导企业建立技术领先的实验室或研发机构，加快科技服务业发展、壮大专利全链条产业群，探索专利行政管理与公共服务分离机制；扩大专利影响力，包括建立多元化专利运用机制促进专利转移生产、建立协同运营机制扩大国际影响力。

【杭州地下空间资源开发利用研究】2016年9月23日，杭州社科《成果要报》第六期刊载市社科院研究员周旭霞的《杭州地下空间资源开发利用研究》文章，该文章是市发改委课题“杭州市‘十三五’时期‘沉睡资源’的激活与利用”研究成果。文章指出杭州地下空间开发存在的问题主要是空间分布不均、开发深度不够、开发功能单一、开发效益不高、缺乏统一平台。文章提出促进杭州地下空间开发利用的对策建议：合理规划，构建城市地下空间开发规划体系；界定产权，确定城市地下空间的国有化属性；统一管理，建立城市地下空间统筹协调机构；调整思路，提升城市地下空间开发利用效益；智能共享，建立城市地下空间开发信息平台；政策激励，减免城市地下空间开发各项税费。

【加快推进杭州文化国际化研究】2016年9月30日，杭州社科《成果要报》第七期刊载市社科院研究员肖剑忠的《用好G20峰会红利，加快推进杭州文化国际化》文章。文章就G20杭州峰会之后杭州如何利用峰会红利，加快推进文化国际化，提出七大建议：梳理编辑习近平总书记赞美杭州文化的讲话，编辑出版“中国名人与杭州”“外国名人与杭州”等系列图书，建设杭州特色文化体验馆，充实杭州大型商业设施的文化内涵，增加杭州招收外国留学生和访问学者的名额，配置和出版杭州更多外文报刊，加强杭州市民的国际礼仪培训。

【杭州提升跨境电商出口竞争力研究】2016年10月24日，杭州社科《成果要报》第八期刊载浙江外国语学院副教授宋树理的《杭州提升跨境电商出口竞争力研究》文章，该文章是市社科院“杭商研究中心”基地课题研究成果。文章通过对中国（杭州）跨境贸易电子商务产业园下城园区、下沙园区、空港园区，跨贸小镇、创新创业产业园、阿里巴巴集团等跨境电子商务发展平台进行抽样调查，分析杭州跨境电子商务出口竞争力的8种能力。文章提出对策建议：提升出口商品技术含量，推进国际品牌建设；推动出口企业模式创新，着力降低交易成本；加快跨境电子商务企业集聚发展，推进产业深度融合；加强政府公共服务职能，创新优化制度环境。

【杭州市“蓝领成才”工程促进建议】2016年10月31日，杭州社科《成果要报》第九期刊载杭州蓝皮书课题组的《杭州市“蓝领成才”工程促进建议》文章。杭州蓝皮书课题组对杭州市

2016年市决策咨询委员会、市哲学社会科学规划办公室“决策咨询研究”专项立项课题

表67

课题名称	负责人	工作单位
供给侧改革背景下杭州推进实体经济发展体制创新的重点方向和政策建议	游和远	浙江财经大学
杭州打造“国际消费中心”的体制机制和政策创新研究	赵申生	杭州市经济信息研究院
跨境电商发展中的国际物流服务平台和海外仓建设研究	袁江军	浙江经济职业技术学院
作为“长三角南翼中心城市”杭州构建“南、西南、西、西北”四个方向经济腹地的对策研究	丁　炜	杭州智库经济信息咨询事务所
杭州市加快建立招商引资跨区域协作共享模式和机制创新研究	杨逢银	浙江工业大学
杭州城市西部区域构建“国际慢城”生活体验区对策研究	张建春	杭州师范大学
杭州市未来5年～10年城市人口变化趋势的前瞻性研究分析	程开明	浙江工商大学
构建公众参与城市建设管理的平台和机制研究	洪宇翔	杭州电子科技大学
未来十年杭州体育产业发展的战略思路与规划	凌　平	杭州师范大学
杭州市地方投融资平台转型创新的对策研究	陈宇峰	浙江工商大学
杭州市科技创新人才激励机制的矛盾问题分析和政策建议	程　华	浙江理工大学
加快杭州行政区划调整的可行性研究和具体建议	班茂盛	浙江大学
加快提高杭州市农民人均收入的对策研究	胡剑锋	浙江理工大学
杭州构建与上海“世界科技创新中心”的协作联动机制研究	王德培	上海福卡经济预测研究所有限公司
推进“两廊两带”建设协同管理体制机制创新研究	黄宝连	杭州师范大学
杭州城乡全域一体化的社会保障战略研究	孙胜梅	浙江省人才开发协会
“十三五”时期义务教育均等化的体制机制创新研究	舒瑶芝	浙江工商大学
推动西部五县（市、区）“绿色崛起”政策机制研究	何　俊	杭州师范大学
杭州创新农村居民住房产权流转的政策研究	侯银萍	浙江工业大学

"蓝领成才"工程实施情况进行实证调查,分析促进"蓝领成才"工程需要重视的若干问题,并提出相关政策建议。文章指出杭州"蓝领成才"工程推进中主要存在以下问题:产业工人参与度低,产业工人受益面窄、参与难,产业工人对培训效果的满意度不高。文章提出提升"蓝领工程"社会效果的途径:将"蓝领成才"纳入学习型城市发展战略,推进政校企合作与产学结合,突出一线产业工人这个重点,加强"蓝领成才"项目的推广传播,增强产业工人的参与度和社会影响力。

【杭州创建"全国标准国际化创新型城市"研究】2016年11月21日,杭州社科《成果要报》第十期刊载杭州万向职业技术学院副教授刘淑春的《杭州创建"全国标准国际化创新型城市"研究》文章,该文章是"杭州市社科优秀青年人才计划"专项课题研究成果。文章提出杭州创建"全国标准国际化创新型城市"的对策建议:实施"杭州标准国际化引领计划",力争"弯道超车";"四位一体"推进标准研制、实施、推广、更新,构建更加开放的标准化生态圈;瞄准国际一流,联动推进"杭州标准+""杭州品牌+""杭州标识+";争抢国际标准话语权,探索实施国际电工委员会(IEC)、国际标准化组织(ISO)、国际电信联盟(ITU)等国际标准组织合作行动计划;先行先试建立标准示范区,构建与现代政府治理相匹配的标准管理机制。

【城市国际化背景下杭州历史建筑保护利用的创新路径研究】2016年12月9日,杭州社科《成果要报》2016年第十一期刊载杭州国际城市学研究中心副研究员马智慧的《城市国际化背景下杭州历史建筑保护利用的创新路径研究》文章,该文章是杭州市社科规划课题研究成果。文章指出当前杭州历史建筑保护利用存在的主要问题是:保护与规划的冲突问题;产权人保护责任落实难;主城区(上城区、下城区、江干区、拱墅区、西湖区、滨江区)外的历史建筑保护统筹不足;历史建筑合理利用有待探索;历史建筑保护行政执法力量薄弱;历史建筑的抗震、消防等级难以达到国家标准。文章提出杭州历史建筑保护利用的创新路径是:引入HUL(历史性城镇景观)理念,将历史建筑保护纳入城市规划和发展框架;落实责权,协调推进历史建筑保护工作;统筹区县(市)历史建筑保护利用工作,解决"四有"问题;探索活化利用新路径,推动历史建筑焕发生机;提高执法层级,强化执法力度;坚持技术引领,提高历史建筑的保护修缮能力。

【桐庐县基层社会治理创新改革试点研究】2016年12月20日,杭州社科《成果要报》第十二期刊载杭州市社会科学院副研究员尹晓宁的《桐庐县基层社会治理创新改革试点研究》文章,该文章是浙江省哲社规划"浙江省县域综合改革试点"专项课题研究成果。文章系统总结桐庐县社会治理的经验:搭建"智慧治理"新平台;"大整合""大联动""大治理"三力合推;"智慧治理"与"智慧服务"相结合。桐庐县基层社会治理创新改革试点的特点与成效主要是:打破部门垄断、条块分割,集中治理资源,提高治理效率;社会治理"三张网",重要信息全掌握;解决基层社会原子化问题,增强社会自我调节和矛盾化解能力;政府、社会共同参与,解决政府资源和社会资源离散化问题;大数据,大产出,前景无限。文章提出推广"桐庐模式"应关注的几个问题:理顺新治理体系与原有行政体系之间的关系,"大数据"时代的数据管理问题,政府的掌控力将经受考验,"桐庐模式"如何纵横衔接。

(陆文荣 汪欢欢)

社会科学成果

【市委调研成果】2016年,市委围绕放大G20杭州峰会效应,委托上海市社科院、复旦大学等开展G20杭州峰会效应相关课题研究,形成《G20峰会与杭州未来五年建设世界名城的思路研究》《G20峰会举办城市峰会遗产开发利用主要做法和启示》等调研报告;开展"G20峰会与杭州国际城市建设"专家咨询会、"后G20:五大发展理念与杭州发展"上海高端专家咨询会、"G20峰会后杭州再出发"高端论坛等系列活动,开展放大峰会效应相关系列调研。

围绕中国共产党杭州市第十二届代表大会筹备,开展20项市委、市政府领导主持的重大课题和9项市直有关部门牵头的重大课题调研,形成《杭州市第十二次党代会重点调研课题汇编》。借助高校和智库专家力量,研究未来5年杭州发展的目标思路和重大问题,形成《未来五年杭州基础设施空间布局思路研究》《长三角城市群发展战略下杭州接轨上海思路研究》等课题成果。到上海、贵阳等地开展党代会前期专题调研,强化对"兄弟"城市特别是副省级以上城市的党代会报告思路研究,专题期刊《八面来风》刊发"聚焦国内先进城市"系列专题10期;围绕杭州发展重大思路、重大项目、重大政策和重要突破点同有关部门座谈交流,听取意见建议。起草《市委十一届常委会工作总结》。

围绕加快推进城市国际化,根据"围绕'圆心'作贡献、服务峰会当先锋"主题实践活动要求,落实好由每位副秘书长牵头的走访实践相关活动成果提炼、转化工作,形成《创新项目课题汇编》等成果;以《决策参考》《八面来风》等刊物为载体,收集整理国内外城市在城市国际化方面的先进做法和经验资料。采取委托调研和自行调研相结合的方式,形成《加快"国际会展之都"建设的思路与对策》《加快"国际赛事之城"建设的思路与对策》《关于推进杭州城市国际化的建议》《杭州影视文化产业国际化研究》等研究报告。

牵头制订或参与起草《关于对查补短板重点工作进行责任分解和督促检查的通知》《关于繁荣发展社会主义文艺的实施意见》《关于加强人民政协协商民主建设实施意见》《杭州市群团改革总体方案》《关于群团组织开展网上建设的实施意见》《关于全面提升杭州市社区建设国际化水平的实施意见》《杭州市全面创新改革试验实施方案》等系列政策文件。

聚焦关系未来发展的重大问题,开展"打造杭州特色国际化城市的建议""杭州新一轮城市规划修编背景下城市综合承载能力与空间布局研究”“核心基础产业发展”等系列调研；聚焦杭州市经济发展的重大问题，开展“杭州工业投资现状调查和对策建议”“大江东产业集聚区建设中存在的问题及对策”“城西科创产业集聚区体制机制”“钱江金融城建设存在的问题与对策”等系列调研；聚焦社会关注的现实问题，开展“城中村改造推进机制”“完善杭州周边大气污染区域联防联治”“基层社会治理服务信息化平台”等系列调研。

围绕市委中心工作开展决策咨询研究和论证工作，组织“加快推进城市国际化”“跨境电商与综试区改革”等专题专项咨询，举办“城市户籍制度改革”“G20杭州峰会筹备与市民参与”等专家论证和公开讨论活动，形成《杭州应加强下姜村习总书记关于“四个人”要求“首提地”品牌建设和推广》《关于峰会环境整治提升工程中若干问题的对策建议》等系列调研报告。编发《八面来风》专题期刊46期，上报各类决策咨询成果69件。

做好市委、市政府领导重点调研课题的跟踪服务和收集汇总工作，整理编印《杭州市委市政府领导重点调研课题（2015年度）》。开展2015年度全市党政系统优秀调研成果的评选和表彰工作，从146篇参评文章中评选出优秀成果34篇，形成《2015年度全市党政系统优秀调研成果汇编》。编印《2015年度委托课题成果汇编》。梳理完成2015年度民主党派工商联协同调研课题成果和区县（市）联动调研课题成果，将杭州市知识分子联谊会纳入协同调研范围。编发《决策参考》41期，公开出版《小镇大未来》等书籍。

委托相关院校和研究机构开展“一号工程”推进情况、招商引资体制机制、“信用杭州”诚信体系建设、富阳区与主城区一体化发展等绩效评估。制定《关于进一步建立完善工作机制推进改革举措落地见效的实施办法》《重点改革任务专项目标考核办法（试行）》等制度。深化与杭报集团的战略合作，办好“改革论坛”专栏，以“十三五看杭州如何改革攻坚”“国家自主创新示范区主攻突破”“供给侧结构性改革的杭州行动”“五年且看杭州城中村如何蜕变”等为主题刊发改革专题15期。公开出版《2015年度杭州重大改革实录》，编辑刊发《杭州改革》25期。

聚焦经济运行中存在的突出矛盾和问题，开展系列财经调研，形成《关于尽早谋划“后峰会”时期杭州会展业转型发展的对策建议》《贵阳加快大数据产业发展的经验与启示》《高铁发展与杭州都市区建设研究》《关于增加我市农民财产性收入的思考与建议》等调研报告，梳理提出《关于优化完善招商引资体制机制及考核方案的意见建议》《关于加快我市集成电路产业发展的对策建议》等建设性意见。（许　玲）

【市人大常委会调研成果】 2016年，市人大常委会形成调研报告42篇，编辑出版《杭州人大》杂志6期，编发《杭州人大信息》68期，其中调查研究专刊23期。开展市委有关人大工作文件落实情况督查，以听取汇报、问卷调查相结合的方式，对区县（市）贯彻落实《关于进一步加强和改进乡镇人大工作的意见》《关于进一步加强人大工作充分发挥人大作用的意见》《关于加强和规范街道人大工作的意见》《关于印发〈杭州市人大及其常委会讨论决定重大事项清单〉的通知》等文件的情况进行督查，形成督查报告。参与市委重要文件起草工作。征集人大代表对《关于抓机遇补短板求突破全面提升城市国际化水平的若干意见（稿）》意见建议，汇总形成30条修改意见供市委参考。参与市委《关于加强党领导立法工作的实施意见》代拟工作。总结市十二届人大常委会工作，回顾总结市人大及其常委会在坚持、完善和发展人民代表大会制度，推进立法、监督、代表工作和制度建设等方面的经验和做法。实施重点课题调研，坚持常委会重点课题调研制度，围绕人大工作和人大建设的重要方面，以及常委会年度重点工作，确定主任会议成员及机关各部门调研课题10个，形成调研报告10篇。对市人大及其常委会43项工作制度、市人大机关40项工作制度进行全面修订，汇编成册，推进人大工作制度化、规范化。发挥人大工作研究会作用，市人大工作研究会对《杭州市工会劳动法律监督条例》实施情况进行调查研究，形成调研报告，对进一步完善法规提出意见、建议。组织人大调研成果参加全市党政系统优秀调研成果评选，获二等奖1项。（方永红）

【市政府调研成果】 2016年，市政府研究室（市政府参事室）围绕市委、市政府中心工作，做好全市政府系统调查研究协调指导工作，加强自主调研，主动谋划对策，着力服务市委、市政府决策，形成各类调研成果72项。全年编发《政府决策参考》63期、《调查研究》50期，编印《政府决策参考2015年度汇编》《调查研究2015年度汇编》。

坚持战略导向，开展重大问题前瞻研究。会同市发改委等单位，开展城市国际化战略专题调研，起草形成《中共杭州市委关于全面提升杭州城市国际化水平的若干意见》。形成《杭州下个1万亿元GDP的增长点和支撑点在哪里》《杭州建设“国际网络贸易中心城市”的思考与建议》《杭州建设世界名城的文化景观发展策略研究》等报告。承担市政府主要领导年度重点调研课题——杭州再造民营经济新优势的对策研究。开展国家自主创新示范区、城西科创大走廊建设、“四沿”经济带规划等重大问题研究，形成《杭州创新大走廊建设若干战略问题对策研究》《杭州沿河高端商务带规划建设研究》等成果。围绕产业转型升级和虚拟现实、人工智能等未来产业布局，形成《“十三五”时期杭州产业高端化研究》《杭州加快发展虚拟现实产业的对策建议》等调研报告。

坚持问题导向，开展发展难点问题对策研究。开展杭州市商品房“去库存”现状及政策措施研究和土地资源要素配置、居住证制度、科技体制、社区治理体系、公办养老机构等重点领域改革的研究。围绕城市建设与治理开展调研，形成《关于加快推进杭州市地下综合管廊建设的建议》《特大城市安全风险防范的国内外经验借鉴》等报告。围绕群众关心关注的热点问题，形成《杭州推进“五气共治”的对策研究》《杭州市既有住宅增设电梯现状及对策建议》等成果。

坚持基层导向，做好社会热点分析。开展舆情分析研究，完成月度舆情专项调研分析报告。借助在杭高校、研究机构等开展课题调研，全年完成政校合作基地课题18项、对外委托课题20项。（杨渭蔚）

【市政协调研成果】2016年，市政协就社会主义协商民主和人民政协发展中的重大理论和实践问题，深入开展研究。对全国政协理论研究会关于“改进人民政协民主监督工作研究”和“人民政协界别设置研究”两个课题进行研究，其中《社会主义协商民主视野下的政协民主监督研究》研究成果被《中国政协·理论研究》杂志刊用；开展以“创新政协协商民主制度机制”为主题的征文活动，收到优秀论文成果20多篇，其中12篇文章被推荐参加省政协理论研究会第八次理论研讨会，获一等奖2项、二等奖4项、三等奖2项；收录整理重要研究成果，编辑出版《政协理论与实践》（第八辑）。（赵鸿涛）

【市委党校科研成果】2016年，市委党校完成各类市情研究课题27项。其中杭州市规划课题11项、杭州市哲学社会科学重点研究基地课题2项、市软科学课题1项。承担杭州市党建研究中心课题2项，杭州市社会建设和社会管理创新研究中心课题4项，其他部门委托课题7项。全年有16项决策咨询报告被省部级领导及杭州市委、市政府领导批转。

中标省级以上课题23项。其中国家社科基金项目3项、全国党校系统调研课题2项、浙江省社科规划课题4项、浙江省社科联课题2项、浙江省党校系统第十八批规划课题9项、浙江省党校系统重点课题1项、浙江省党校系统中国特色社会主义理论体系研究中心“六个一”课题1项、浙江省社会主义学院课题1项。

主持完成省级以上课题20项。其中国家社科基金课题1项、全国党校系统调研课题2项、全国行政学院科研合作基金课题2项、全国社会主义学院系统科研项目1项、浙江省哲学社会科学规划课题5项、浙江省自科基金课题1项、浙江省社科联课题1项、浙江省党校系统中国特色社会主义理论体系研究中心第十七批课题4项、浙江省委党校重点课题1项、浙江省社会主义学院课题1项、浙江省民政政策理论研究重点课题1项。

出版著作5部，发表论文68篇。其中公开发表论文60篇（副省级及以上）、核心以上刊物（含核心）19篇、省级刊物16篇、副省级刊物25篇、内刊2篇。被人大报刊复印资料全文转载4篇，《中国社会科学》论点摘要1篇，中国人民大学《复印报刊资料》论点摘要1篇。

获各类优秀成果奖35项。其中2012～2014年度全国优秀党建读物1项，第三届（2014年度）全国新闻传播学优秀论文1项，2016年民政部政策理论研究优秀论文一等奖1项，浙江省民政政策理论研讨会研究优秀成果二等奖1项，浙江省纪念中国共产党成立95周年理论研讨会三等奖1项，浙江省党校系统理论研讨会优秀论文一等奖4项、二等奖6项、三等奖3项，浙江省党校系统青年学者理论研讨会优秀论文一等奖1项、二等奖4项、三等奖1项，杭州市社科联第十届社科优秀成果奖一等奖1项、二等奖2项、三等奖4项，2015年杭州市党政系统优秀调研成果二等奖1项，杭州市社科联第二届学术年会优秀论文一等奖1项、二等奖1项、三等奖1项。（高史丰）

【杭州青年专修学院（市团校）科研成果】2016年，杭州青年专修学院（市团校）承接全国、省、市多类课题，其中校外课题立项10项、校内课题立项51项。立项课题包括全国学校共青团与省青年研究会立项课题“中学走班制改革背景下的团建工作”，市决策咨询委员会立项课题“大型赛会志愿服务指挥体系研究”，2017年市哲学社会科学规划办公室立项课题“志愿服务提升大型赛会品质的路径研究——以杭州G20为例”“杭州市农村电商集聚区团建实践研究”，2016年市社科联立项课题“农村留守儿童的成长困境及关爱服务体系建设研究——以浙江省淳安为例”，团省委（省青年研究会）重点立项课题“高中走班制改革背景下的共青团功能定位”，2017年省社科联立项课题“信仰系统和生态哲学的建构”。

至年末，“关于完善杭州筹备国际论坛、赛事志愿者服务培训工作的建议”“互联网+背景下的‘青年之声’舆情收集路径研究——以杭州市属高校为例”“大型赛会志愿服务指挥体系研究”“农村留守儿童的成长困境及关爱服务体系建设研究——以浙江省淳安为例”等课题结题。

全年出版《青春与伙伴同行——志愿服务的杭州实践》《志愿服务与青少年社会主义核心价值观培育》《杭州共青团史稿（1922~2016）》书籍，完成《2015年杭州青年专修学院社科联校本课题汇编》。学校教师公开发表论文3篇，各类成果在全国学校共青团、中国青少年发展论坛、全国青年院校学报研究会等多个层次获奖26项。

杭州青年专修学院（市团校）教师申报市社科普及基层理论宣讲点课程，其中“青春与伙伴同行”“青年创新意识培养”“‘奋斗的青春最美丽’——青年创业指导”“中国梦与当代青年的使命”“我和志愿者有个约会——如何成为注册志愿者”被列入宣讲点课程计划。

全年完成内刊《杭州青年专修学院学报》4期。完成杭州青年舆情调查4期，其中前3期围绕“G20与杭州青年”主题进行系列追踪调查，完成舆情报告3期，第四期调查主题为“杭州青年对政务发布的基本态度”。（张　艳）

【杭州国际城市学研究中心科研成果】2016年，杭州国际城市学研究中心获立项国家社科基金青年项目“城市化后加速期英国‘城市病’治理与小城镇发展研究”、国家自科基金项目“大TOD模式导向的城市群可持续发展对策研究”、中国国际经济交流中心基金项目“基于大TOD模式的京津冀城市群可持续发展对策研究”等重大课题。年内，应中国国际经济交流中心邀请，杭州国际城市学研究中心参与“一带一路”相关城市研究课题。

在杭州国际城市学研究中心研究人员的支持和参与下，杭州城市学研究会发挥自身优势，整合经济社会发展规划、土地利用规划、基础设施建设规划和环境保护规划，为省内外20多座城市提供“五规合一”概念性规划、城市总体规划等决策咨询60多次。横向课题涉及四川省、湖北省、安徽省、江西省、福建省以及温州市等，重点开展“合肥市包河区生态新城概念性规划”“温州市东部新区发展战略研究”“泸州市大都市区发展战略规划”“泸州空港产业园区总体发展概念规划”“万向创新聚能城概念性规划”“富阳融合杭州主城规划战略研究”“义乌森山健康小镇概念规划”等重要课题研究。杭州国际城市学研究中心关于“杭温高铁”线位课题的研究成果获省委、省政府、国家铁路总公司肯定。

杭州国际城市学研究中心坚持“全书”“丛书”“文献集成”“研究报告”“通史”“辞典”相结合，以“全书”为统领，形成“1+5”研究体系，及时转化“杭州学”及其他分支学科研究成果，做好《城市学文库》编纂出版工作。2016年，《杭州全书》出版6批、34册，《国朝杭郡诗辑》《国朝杭郡诗续辑》《国朝杭郡诗三辑》完成三校，《杭州通史》完成初稿及第一轮评审。《城市学研究》期刊与“钱学森城市学金奖”“西湖城市学金奖”征集评选相结合，全年编辑出版4期。11月，《与城市领导话城市》由人民出版社出版。（刘达开）

【杭州师范大学科研成果】2016年，杭州师范大学获国家社会科学基金立项15项(后期资助项目1项)，其中艺术学“当代中国美育话语体系构建研究”获国家社科重大项目。年度项目13项，其中重点项目1项、一般项目7项、青年项目5项。

全年全校承担省部级项目54项，教育部社会科学项目6项，其中规划项目和青年项目5项、专项项目1项。教育部中国语言资源保护工程项目省内立项18项，杭州师范大学获立项5项，排名居全省首位。省哲学社会科学规划项目24项，其中重点项目1项，立项总数居全省高校第三位。浙江省高校重大人文社科项目立项3项，其中重点项目2项、青年重点项目1项，重点项目立项总数居省内高校第二位。其他省部级项目16项。7位青年教师入选第三期浙江省“之江青年社科学者”，入选总数列省内高校第二位。

2016年，杭州师范大学获市厅级项目103项，其中杭州市哲学社会科学规划常规性立项课题18项。

《农村教师的发展状况和保障机制研究》获第五届全国教育科学研究优秀成果奖三等奖。全年发表论文592篇，其中权威文章59篇、一级报纸13篇、一级文章99篇，在一级期刊以上发表论文数占论文总数的28.9%。出版著作(含译注和教材等)129部。

杭州师范大学杭州城市国际化研究院与市发改委合作共建，与杭州市政策研究室共建“新兴产业与城市治理研究中心”，与省教育厅合作建立智库“教育现代化研究与评估中心”。（徐　辉）

【杭州科技职业技术学院科研成果】2016年，杭州科技职业技术学院立项各级各类科研项目91项。其中浙江省哲学社会科学规划办公室项目等省部级项目2项、浙江省社会科学界联合会项目等厅局级项目24项、杭州市社会科学界联合会项目等其他纵向研究项目8项、校级项目34项、横向科研项目23项。

全年立项各级各类教改项目28项，其中省级教育教学改革课题2项、省级课堂教学改革课题8项、校级教育教学改革课题10项、校级课堂教学改革课题8项。新建校内实训基地2个，与企业联合共建校外实习实训基地272个。设置创业课程1门，在校生创业项目40个，在校生获国家级创新创业大赛奖项三等奖1项，省级创新创业大赛奖项二等奖3项、三等奖3项。

全年出版学术著作5部，获授权专利37件。在各类学术期刊发表学术论文176篇。其中中文核心期刊23篇、中国人民大学《复印报刊资料》全文转载2篇、美国《科学引文索引》(SCI)收录5篇、美国《工程索引》(EI)收录7篇、《科技会议录索引》(CPCI)收录2篇。

科研成果获各类奖项13项，其中杭州市社科联第十一届社科优秀成果三等奖2项，2016年度浙江省职业教育与成人教育优秀教科研成果三等奖1项，浙江省现代远程教育学会“互联网时代哲学社会科学研究发展趋势与发展路径”征文奖一等奖1项，杭州市社会科学界第二届学术年会优秀论文一等奖1项，中国职业技术教育学会“纪念职业教育法公布实施20周年暨中国近现代职业教育发轫150周年”征文三等奖1项，中国陶行知研究会“首届全国‘创造杯’论文”评选一等奖1项，高等教育教学成果奖二等奖2项，浙江省高等职业教育研究会“2016年年会学术交流论文”一等奖1项、二等奖1项、三等奖1项，2016年度浙江省高校科研管理研究会高职分会优秀学术论文二等奖1项。（肖　芳）

【浙江大学城市学院科研成果】2016年，浙江大学城市学院在建“十三五”时期浙江省一流学科3个、市重中之重学科1个、市级重点学科4个、市重中之重实验室2个、市级重点实验室3个、市哲学社会科学重点研究基地2个。

学院教师承担各级各类科研项目316项，其中：纵向项目123项，含国家级项目12项、省部级项目43项；企事业单位合作课题193项，含人文社科类国家级项目2项、省部级项目18项。

全年全院获省部级科研成果奖励4项；获国家专利180件，其中授权发明专利29件、实用新型专利133件；获计算机软件著作权47项。发表学术论文327篇，其中TOP期刊12篇、一级期刊24篇、核心期刊28篇、被六大检索机构收录65篇。出版著作6册(部)。

全年主办或承办第十二届创业与家族企业国际研讨会等学术交流活动40多次。组织30多名师生参加浙江省、杭州市、拱墅区科学普及周广场咨询活动，发放宣传材料400多份，为600多名市民提供咨询服务。（胡小波）

【杭州职业技术学院科研成果】2016年，杭州职业技术学院组织教师申报各级各类纵向课题238项，获立项的市厅级以上课题58项。其中：省部级以上科研项目4项，分别是全国教育技术规划课题1项、国家信访局课题1项、浙江省科技厅科研项目2项；市厅级科研项目54项，分别是浙江省社科联研究课题3项、浙江省教育厅科研项目9项、浙江省教育科学规划课题5项、浙江省教育技术规划课题3

项、浙江省总工会项目1项、浙江省人力资源和劳动社会保障研究课题6项、浙江省统计科研项目1项、杭州市科技项目4项、杭州市哲学社会科学规划课题6项、杭州市社科研究基地课题6项、杭州市社科联课题7项、其他研究课题3项;校级科研课题立项41项,专项课题立项26项。

全年教职工开展应用性科研,与企业联合进行横向课题研究,签订合同35项,合同金额465.22万元。全校教职工在公开发行的国内外期刊发表论文193篇,其中一级期刊6篇、核心期刊26篇、一般期刊154篇、国际检索机构收录7篇。出版学术专著5部。获国家知识产权专利62件,其中发明专利2件、实用新型专利45件、外观设计专利6件、软件著作权9件。

全年市厅级以上科研项目及横向课题结题61项,获各级各类教科研成果奖10项,其中浙江省教学成果奖4项,杭州市社科联第十一届优秀成果一等奖1项、二等奖1项,杭州市社会科学界第二届学术年会优秀论文三等奖1项,中国职业技术教育学会人文素质教育优秀论文一等奖1项、二等奖2项。评出校级科研成果奖15项。 (王晓华)

【杭州万向职业技术学院科研成果】 2016年,杭州万向职业技术学院组织申报各级各类课题160多项,获立项76项。其中:国家级课题1项,副教授刘淑春申报的课题“跨太平洋伙伴关系协定背景下的中国制造标准国际化路径研究”获2016年国家社科基金青年项目立项,成为2016年度浙江省高职院校唯一立项项目;省级课题11项,包括浙江省软科学项目1项、中国职业教育学会项目2项、浙江省教育教学改革项目2项、浙江省课堂教学改革项目5项;厅局级课题30项,包括浙江省教育科学规划课题3项、杭州市社科规划常规性课题4项、浙江省教育厅一般科研项目5项;其他课题34项。《“双创交融、五位贯通”的高职服装专业课程体系构建与实践》获浙江省第七届优秀教学成果奖(省级)一等奖。

在公开发行的国内外期刊发表论文143篇,其中浙江大学核心期刊3篇、北京大学中文核心期刊14篇。《西溪原住民记影》出版。获专利74件,其中发明专利1件、实用新型3件、外观专利70件。

邀请省内外专家开展社科类讲座2场次。参加“杭州市2016社会科学普及周”活动,开展“乘坐电梯安全防范意识”“亲水、爱水、护水”“食品营养与安全”等宣传活动7场次,发放社会科学知识普及资料近600份。

(朱晓峰)

【杭州市教育科学研究所科研成果】 2016年,杭州市教育科学研究所围绕“立德树人、课程改革、新型智库建设”展开研究活动。全年在全市教育科研立项原有基础上,新增专项研究课题(教育国际化专项和课程建设专项)和专项研究基地课题。采用大众评委及专家评审相结合,评出年度规划课题147项、教师小课题485项、教育国际化专项课题20项、课程建设专项课题77项、专项研究基地课题13项,设专项研究基地69个。推荐优秀市级立项课题方案119项参加浙江省2017年规划课题立项评审,其中获省规划立项65项、重点课题17项、体卫艺课题8项。全年完成对省、市课题结题审核工作,其中省规划课题57项、市规划课题123项、“智慧教育”专项课题50项、“美丽学校”建设专项课题45项、教师小课题476项。开展杭州市第十届教育科研先进集体与个人评审,评出先进集体35个、先进个人68人。

评出年度优秀科研成果一等奖24项、二等奖72项、三等奖106项,教师小课题一等奖49项、二等奖121项、三等奖146项。在浙江省2015年教育科研优秀成果评审中,杭州市课题获一等奖9项、二等奖9项、三等奖2项。杭州市天长小学的《选择和交往:差异教育的操作路径设计及实践》获第五届全国教育科研优秀成果评审三等奖。

2016年,杭州市教育科学研究所以“创科研本位新型智库”为目标,完成“十三五”时期杭州教育事业发展规划的调研和撰写任务。参与全国教育治理现代化指数监测评价工作研究。依托上海市教育科学研究院,开展市区初中学生课业负担和满意度监测评价与发布。组队参加省班主任基本功大赛,获省一等奖3人、二等奖1人、三等奖2人。4月12~13日,完成杭州经济技术开发区教育科研工作调研,并形成调研报告。3月28日,正式签约大江东产业聚集区教育科研结对活动,完成大江东科研骨干人员培训,起草大江东教育事业发展“十三五”时期规划。开展对区县(市)教育现代化监测及比较研究的数据采集、统计,编撰完成《杭州市区(县、市)教育现代化水平监测评价报告》。整合市教科所及各区县(市)科研人员调研报告,出版《2015杭州教育科研年度报告》。出版《杭州市属高校产学对接的体制机制突破和实践创新》《走向多元——深化义务教育课程改革的杭州样本》《杭州市教育科学研究所简史(1985~2014)》。开展课程研究,以“区域视角:推进学校课程多样化建设的行动范式”课题研究为主线,开展系列活动,该课题成果参加省基础教学成果评比获一等奖。 (徐 蓁)

【萧山区社科联科研成果】 2016年,萧山区社会科学界联合会(简称萧山区社科联)围绕“转型升级”“新型城市化”“生态文明”三大主线,开展专题调研、理论研究、学术交流、社会科学普及出版。

萧山区社科联举办“学习习近平总书记关于学哲学重要论述座谈会”“树立文化自信,建设美丽萧山”“创新发展、勇立潮头——助力民企从传统制造走向智能制造”等主题研讨会。新认定传化集团农科示范园“绿科秀”、杭州萧山南宋官窑艺术馆等10个单位为第二批社会科学普及基地,累计创建社会科学普及基地20个;新推荐16人为萧山区第二批社会科学人才,人才库成员84人。

萧山区社科联出台《杭州市萧山区哲学社会科学课题管理办法》,加强和完善对全区哲学社会科学课题的管理。着重围绕“五水共治”“三改一拆”“转型升级”“三生融合”“三化联动”等重点工作,倾向对应用型对策的研究,对“供给侧改革下的萧山经济转型升级研究”等10个重点课题和“萧山区与杭州主城区现代服务业深度融合研究”等22个一般课题进行立项资助,资助经费18.8万元。

萧山区休闲文化研究会黄建明创作的《西施冤沉湘湖中》获“湘湖故事”全国创作大赛三等奖，金阿根创作的《萧绍运河——曾经的辉煌》获全国首届“运河散文金帆奖”优秀奖，陈于晓创作的《翠竹漾画村》获农业部“我和美丽乡村”安吉杯第二届全国征文大赛三等奖、《这绿岛像一只船》获第六届“岱山杯”全国海洋文学大赛优秀奖、《那些卑微的身影》获第七届银鹰杯“中国梦·劳动美”全国职工诗歌大赛三等奖、《老寺深深深几许》获“美丽武汉幸福汉阳”全国诗歌（词）大赛银奖。萧山区群众文化学会蔡海滨的《浅谈如何挖掘优秀的小品题材》获浙江省群众文化学会、浙江省文化馆主办的全省戏剧论坛第一名，其小品《追爱》获“华东六省一市”戏剧大赛银奖，朱华丽创作的《春韵桃源》获2016浙江省文化馆主办的乡村诗歌大赛一等奖。跨湖桥遗址博物馆编辑出版《跨湖桥文化国际学术研讨会论文集》《遥远的对话——大地湾考古成果赴跨湖桥特展》《豪尚生灵——邹俊豪花鸟画选》等作品集。（高亿庚）

社会科学活动

【杭州市社科普及周暨杭州市社科界第二届学术年会】2016年10月28日，杭州市2016年社会科学普及周活动启动仪式暨杭州市社会科学界第二届学术年会举行。

杭州市社会科学界第二届学术年会以“城市国际化与创新发展”为主题，邀请国家发改委、北京大学、中国人民大学专家做名家演讲。年会采取“以文入会”的方式，收到学术论文120多篇，经评审30篇论文分别获一等奖、二等奖、三等奖，获奖作者分别在“创新创业与经济转型”“共享发展与社会治理”“美丽杭州与文化生态”3场学术交流中发言。各区县（市）委宣传部有关负责人，萧山区、市委党校和市属高校社科联负责人，市社科联所属各社团负责人和秘书长，市社会科学重点研究基地首席专家、第一期“市社科优秀青年人才培育计划”培育对象，获奖论文作者等近200人参加会议。

社会科学普及周期间，举行“社科知识进社区”活动，41个市社科联会员单位为采荷街道芙蓉社区、小营巷街道小营巷社区、东新街道东新园社区、古荡街道莲花商圈楼宇社区开展社会科学知识咨询服务。各会员单位就医疗、养老、食品安全、法律、家庭教育等37项民生问题进行详细解答，咨询活动吸引社区及附近居民1000多人次，发放资料1万多份，赠送水培植物2000多株，并以“杭州物联网”公众号为载体，进行社会科学资源宣传。

【社科基地开放日活动】2016年11月8日，2016年社科基地开放日活动暨“钱塘江时代与杭州历史文化”主题论坛在萧山跨湖桥遗址博物馆举行。该活动由市社科联主办，钱塘论坛工作室承办，萧山区社科联、跨湖桥遗址博物馆协办。来自13个区县（市）委宣传部、55个市社科普及基地和萧山区社科联会员社团150人参加活动。跨湖桥考古勘测队队长、考古学家蒋乐平，市社科院《杭州学刊》常务副主编、研究员方晨光，跨湖桥博物馆馆长、国画家吴健作为特邀嘉宾分别就跨湖桥遗址的勘测开发、跨湖桥人的文化特征以及跨湖桥与浙江的关系做了交流发言。（李欢欢）

【萧山区社科普及周】2016年10月10日，萧山区第二届社会科学普及周组织举办“广场日”大型义务咨询、“悦读节”悦读巡讲活动、“G20国家文化”巡回宣传、社会科学普及示范基地“亲子游”、“助力成长”档案文化进校园、跨湖桥文化节学术研讨会、杭州社科基地开放日启动仪式等10项主题活动，市民600人次参加活动。其间，由萧山区群众文化学会创办的半年刊杂志《萧山文艺》首发。（高亿庚）

【“钱学森城市学金奖”“西湖城市学金奖”征集评选活动】2016年1月1日至6月15日，杭州国际城市学研究中心围绕“城市流动人口、城市交通、城市教育、城市医疗卫生、城市土地（住房）、城市文化遗产保护、城市环境”七大城市问题，开展第六届“钱学森城市学金奖”“西湖城市学金奖”（简称“两奖”）征集评选活动。活动收到专业作品1996篇（部）、民间点子9666个，作品体现城市学研究“多学科、综合性”特点。经评审，产生“钱学森城市学金奖”7个、提名奖70个，“西湖城市学金奖”1个、提名奖20个。

【中国城市学年会】2016年11月6日，由杭州国际城市学研究中心主办的“中国城市学年会·2016”在杭州举行，年会以“中央城市工作会议背景下的新型城镇化”为主题，由住房和城乡建设部、中国科学院、中国工程院、中国社科院、中国国际经济交流中心等单位指导，来自全国的800多名专家学者、城市管理者就如何坚持五大发展理念、把握五大统筹原则、加快推进以人为核心的新型城镇化建言献策。其间，举行“钱学森城市学金奖”“西湖城市学金奖”颁奖仪式。

【中国（杭州）人工智能产业发展论坛】2016年11月5～6日，杭州国际城市学研究中心与江干区政府、中国棋院杭州分院等联合举办“中国（杭州）人工智能产业发展论坛暨中国（杭州）人工智能博览会”。论坛旨在贯彻落实习近平总书记9月3日在出席B20杭州峰会时有关加快发展人工智能产业的重要讲话精神，由中国人工智能学会指导，以“后围棋人机大战时代的人工智能产业发展”为切入点，吸引社会各界关注、参与人工智能技术与产业的互融发展。

【首届两宋论坛】2016年11月5～6日，由杭州国际城市学研究中心与河南大学联合主办的首届两宋论坛暨两宋文物展在杭州举行。论坛旨在传承和弘扬两宋优秀文化，提升杭州市、开封市国际影响力，经浙江省、河南省及杭州市、开封市有关部门协商，杭州市和开封市轮流每年举办一届“两宋论坛”。论坛以“两宋与‘一带一路’战略和长江经济带战略”为主题，其间举行两宋学术研讨会、两宋文物展、两宋美食周、两宋文艺展演等活动。

【“发现城市之美”主题论坛】2016年7月，为发现各地推进绿色新型城镇化的创新做法，研究和探索绿色新型城镇化发展规律，总结和弘扬绿色新型城镇化的先进经验，由杭州城市学研究理事会与生态文明国际论坛秘书处、人民网主办，杭州国际城市学研究中心与贵州省住房和城乡建设厅承办的“发现城市之美”主题论坛在贵阳举行。杭州国际城市学研究中心把握“美丽中国”与“新型城镇化”战略背景，开展中国特色“美丽城市”背景、内涵、评价标准体系研究，论坛发布《建设中国特色“美丽城市”贵阳标准》，“六个美”（坚持生态自然美、人文特色美、经济活力美、社会和谐美、政治清明美、生活幸福美）标准。（刘达开）

【教科研学术周】 2016年5月17日，杭州市教育科学研究所、杭州市教育学会在之江饭店举办以“学生核心素养”为主题的杭州市中小学2016年教科研学术周开幕式，220多名教师参加。开幕式后，中国教育学会副会长、国家督学张绪培做题为“我所理解的核心素养”主题报告，报告从社会背景、国家政策、教育实践等层面解读“核心素养”的由来和内涵。开幕式当天举行以“学校使命与核心素养培养”为主题的校长论坛，120多位校长参加论坛。学术周延续到6月初，其间以论坛、教学观摩、课程研讨、“送教下乡”等多种方式，挖掘与深化“学生核心素养”的内涵和实践。（徐　蓁）

【杭州市哲学学会首次学术研讨会】 2016年1月16日，杭州哲学学会在浙江传媒学院举办2016年首次学术研讨会，会议以“《华严经金狮子章》中的佛教哲学思想解读”为主题，来自浙江工商大学的博士丁建华做专题报告，浙江工商大学博士卢盈华对专题报告进行点评。杭州传媒学院、中国计量大学、市委党校、杭州师范大学、浙江理工大学、浙江工商大学以及中国人民大学杭州校友会的中青年学者及学术爱好者参加会议，并在会议自由发言阶段对华严宗佛教哲学及其历史影响等问题进行讨论。（李欢欢）

社会科学刊物

【《杭州学刊》】 2016年，《杭州研究》更名为《杭州学刊》。《杭州学刊》是市社科联、市社科院主办，指导杭州市社会科学的理论刊物，创刊于1986年，2011年由内刊改为公开出版，2014年由大16开改为小16开，并加入“中国集刊”智库，2015年加入中国邮政发行。至2016年末，累计出刊142期。《杭州学刊》由社会科学文献出版社出版，2016年出刊4期，刊载理论文章88篇、120万字，在刊发基础理论、高级别纵向课题、焦点热点问题的成果数有新突破，刊发文章被“中国知网”“中国集刊网”“中国集刊数据库”收入。

【《市委党校学报》】《市委党校学报》由市委党校、杭州行政学院主办的政治类综合性学术期刊，是一本紧密结合改革实践、鼓励和提倡对现实问题和理论问题进行探索的双月刊杂志，是中国人文社会科学期刊综合评价指标体系（AMI）扩展期刊，《中国学术期刊影响因子年报》统计源期刊。2016年出刊6期，刊发文章84篇，总字数约100万字。人大报刊复印资料全文转载12篇。

【《杭州师范大学学报》（社科版）】《杭州师范大学学报》（社科版）是杭州师范大学主办的人文社会科学类学术理论刊物。1979年8月创刊，1983年起向国内外公开发行，为双月刊，大16开，120页。学报以创高水平学术期刊为目标，关注中国社会变革、理论前沿与学术自身增长。刊物学术优势为文化、哲学、历史、学术史、语言学、传播学、社会学、经济学等学科。先后设立《21世纪儒学研究》《哲学前沿》《中西文化交流与会通》《长三角研究》《文艺新论》《教育与教学研究》《20世纪学术回眸》《国学研究》《影视艺术研究》《媒介与大众传播研究》《休闲学论坛》《杭州研究》《文学研究》《城市学研究》等专栏，推出特邀主持人制度，邀请著名学者主持重点专栏，约请国内外著名专家撰写论文，形成特色栏目。2016年出版正刊6期，每期136页，刊发文章102篇。

【《美育学刊》】《美育学刊》由杭州师范大学主办，于2010年11月创刊，是国内唯一的美育研究专业期刊，为国内的美育以及艺术教育研究提供学术交流平台。学刊由国内美育与美学研究领域的著名专家叶朗、张法、徐岱、曾繁仁担任顾问，设《美育理论》《美育史论》《美育实践》《艺术教育理论与实践（含实验）》《艺术与审美文化》等专栏，在追求学术性、理论性的同时，兼具普及性与实践性，为学界提供一份严谨而又不乏审美意趣的学术刊物。2016年出版4期，刊发文章114篇。《美育学刊》入选2016年度“中国最美期刊”。

【《现代城市》】《现代城市》由浙江省教育厅主管，是浙江大学城市学院主办的综合性技术期刊。浙江省城市科学研究会及杭州市相关企事业单位等为刊物理事会主要成员单位。《现代城市》杂志为季刊，主要刊登中国城市建设学科领域中最新的科技成果和工作经验，主要阅读对象为城市和村镇建设和管理部门工作人员、教育和科研及相关企（事）业单位工作人员、科技人员等。设《城市规划》《城市建设》《城乡之间》等10多个栏目，2016年刊发文章50多篇。该杂志被“中国学术期刊网络出版总库”“中文科技期刊数据库”全文收录。（陆文荣）

【《杭州职业技术学院学报》】《杭州职业技术学院学报》为内部期刊，2016年出版4期，以《现代学徒制》《技术与应用》《教学改革》等栏目为主线，全年刊发校内外教师论文72篇。学报每期与外界交流300多册，校内发放200多册。学报刊登一批有理论深度和实践参考价值的高职论文，其中具有副高级以上职称和博士作者的稿件比例在60%以上。（王晓华）

责任编辑　吴　铮

教育综述

【省教育现代化县(市、区)创建】 2016年1月27日,西湖区、滨江区被列入浙江省第二批基本实现教育现代化县(市、区)名单。市教育局对萧山区、余杭区、富阳区及4个县(市)进行实地调研和指导,就提升教育现代化县(市、区)创建工作质量提出具体要求,明确创建时间目标,并建立市区(县、市)联动机制。10月,萧山区、富阳区和桐庐县通过省第三批基本实现教育现代化县(市、区)评估。10~11月,省政府教育督导委员会组织督查组对杭州市第一批、第二批教育基本现代化县(市、区)进行实地复核。拱墅区、下城区、上城区、西湖区、江干区、滨江区通过复核。11月,余杭区、临安市、建德市和淳安县向省政府教育督导委员会办公室申报第四批基本实现教育现代化县(市、区)。至年末,杭州市全部区县(市)完成申报工作。

【《杭州市教育改革和发展"十三五"规划》出台】 2016年12月,《杭州市教育改革和发展"十三五"规划》发布。2015年4月,市教育局启动《杭州市教育改革和发展"十三五"规划》调研编制工作,对杭州教育新一轮五年发展的目标体系进行设计,系统谋划重点领域和关键环节的改革举措。规划文本征求各区县(市)政府和教育行政部门、市各有关部门和市民意见,并经过教育专家论证鉴定。规划回顾杭州教育"十二五"时期在基础教育、职业教育、高等教育、继续教育、改革创新等5个方面取得的成绩,明确"以教育现代化为主线,以优质均衡发展为主题,以深化教育治理体系及服务能力建设为核心,坚持立德树人,全面提升杭州教育品质"的指导思想,提出"到2020年,建成高水平、优质均衡的杭州现代教育体系,率先实现教育现代化,率先进入人力资源强市行列"的总体目标,确定各级各类教育事业发展的七大任务和重点深化的7个教育综合改革举措,并就规划实施提出5个方面的保障措施。

【民办教育新政出台】 2016年1月26日,市政府印发《关于促进民办教育持续健康发展的实施意见》(简称《意见》),明确杭州市在民办学校分类管理、教师待遇、教育收费、税收用地、财政扶持和法人治理、风险防范、校园安全等方面的政策举措。为加快《意见》的实施,市教育局、市财政局经过调研,联合印发《杭州市市级民办教育发展专项资金管理暂行办法》《杭州市市管民办学校生均经费补助核评细则》《杭州市对区、县(市)民办教育专项资金补助核评细则》等行政规范性文件。

【学校章程管理】 2016年11月,市教育局完成杭州高级中学、杭州第二中学、浙江大学附属中学、杭州学军中学4所直属学校的章程核准备案。根据《杭州市中小学校章程管理办法》的规定,全市735所公办中小学均制定章程并上网公布接受社会监督。全市基本建立学校规章制度"废、改、立"工作机制和中小学法律顾问制度。

【教育管理、办学、评价分离综合改革试点】 2016年,杭州市推进教育管理、办学、评价分离改革。市教育局推进中小学章程建设,引入第三方机构对主城区(指上城区、下城区、江干区、拱墅区、西湖区、滨江区)初中学生学业负担、家长满意度进行年度监测,利用市直单位综合考评社会评价意见改进教育教学管理。9月,市教育局向省教育体制改革领导小组办公室申报"杭州市教育管办评分离改革试点"。计划通过法治化管理、清单式管理、大数据管理探索现代教育管理新机制,通过完善校长负责制、落实章程践行机制、健全治理结构探索现代学校品质办学新常态,通过指数化监测、第三方评价、新机构培育探索区域教育发展评估新杠杆,并明确组织领导、试点遴选、理论研究、氛围营造等方面的保障机制。改革试点分成申报试点、制定方案、试点实施、全面推进4个阶段。

【教育对口支援】 2016年3月15日至5月15日,杭州市安排阿克苏市12名骨干教师分组到杭州师范大学附属中学、采荷实验学校、文三教育集团进修培训;4月22日至6月22日,安排阿克苏市26名教育系统后备干部分组到萧山区第三高级中学、杭州市源清中学、杭州市行知中学、杭州采荷中学、杭州大成实验学校、杭州师范大学第一附属小学培训学习。开展"杭派教育"展示活动,组织6批、51名杭州市教师和校长到阿克苏市开展讲学、讲座、示范课、研讨交流等帮扶送教活动。4月,受阿克苏市教育局委托,杭州市教育技术中心完成阿克苏市城乡远程教育项目设备采购。9月21日,杭州师范大学党委成员到阿克苏市看望慰问援疆教师,向阿克苏市高级中学捐赠10万元,用于建设教学实验室。

6月22日,市教育局组织7名特级教师到四川阿坝州支教。11月22~25日,杭州市10位小学名师名校长到贵州黔东南州凯里市开展"讲学送教"活动。11月21日至12月9日,市教育局举办1期黔东南州高中骨干教师培训班,黔东南州40名骨干教师到杭州参加培训。市教育局援建黔东南州振华民族中学项目启动,在该校建设1个"微格教室"。

2016年,市财政局落实财政专项教育帮扶资金220万元,补助淳安县义务教育标准化学校建设、薄弱学校改造、乡镇幼儿园建设和中等职业学校就业培训基地建设。西湖区安排淳安县29名校长参加区内校长高级研修班,派出骨干教师到千岛湖初中进行为期1年~3年的定点支教,并设立16个名师工作室,每学期为淳安培训骨干教师60名。

【"杭州教育发布"平台建设】2016年,市教育局加强"杭州教育发布"官方信息发布平台建设,建立和完善信息供稿机制,深化内容建设,确保重大政策举措、热点问题回应等重要发布事项及时在平台发布。"杭州教育发布"官方微信号全年发布1400多条图文信息,官方微博号发布2700多条信息。至年末,"杭州教育发布"微信公众号的关注人数增加到48万人,比上年(指2015年,下同)增长167%。

【教育基础信息平台(一期)建设完成】2016年,杭州市教育基础信息平台(一期)建设完成,并与省教育数据中心的中小学学生、教师和机构3个基础数据库对接。信息平台涵盖杭州地区学生数据83.7万条、教师数据5.5万条、机构数据869条,基本形成数据标准、数据核对、数据交换、数据呈现的信息化体系。教育视频公共服务平台和教育微课平台建设完成,更新2016年国内出版的2000多种教育教学类期刊、报纸。杭州市完成"中小学云学堂""名师网上工作室"等学习和管理平台建设,推进"普通高中走班选课排课系统""普通高中新高考过程性评价系统"开发建设。多部门协同推进"名师公开课"项目,至年末,累计摄制、录播课堂教学719节。组织参与教育部"一师一优课一课一名师"活动,报名教师1.41万人,上传授课视频的教师7760人,上传课数量8100节。

2016年杭州市各类中小学、幼儿园情况

表68

学校类别		学校数(所)	毕业生数(人)	招生数(人)	在校生(在园幼儿)数	
					2016年(人)	为上年(%)
普通高中	全 市	77	36 022	37 506	110 431	100.41
	主城区	29	11 448	14 134	39 345	106.45
	市 属	14	8 244	10 504	28 757	107.53
职业高中	全 市	30	21 153	20 362	60 261	97.05
	主城区	12	6 262	6 864	20 001	101.72
	市 属	8	4 749	5 347	15 577	102.79
中等专业学校	全 市	7	982	1 524	4 402	110.94
技工学校	全 市	18	5 665	8 410	27 272	110.31
初中	全 市	249	69 674	76 129	215 756	102.10
	主城区	95	25 971	27 891	80 333	102.30
小学	全 市	447	77 726	99 783	543 038	103.53
	主城区	151	27 367	43 486	222 970	107.75
幼儿园	全 市	930	97 296	105 663	325 495	103.86
	主城区	359	42 212	50 077	144 476	105.27
盲聋哑学校	全 市	2	84	71	457	97.65
智障儿童学校	全 市	12	175	181	1 138	102.15
工读学校	全 市	1	159	113	288	86.23

【中小学创新实验室和学科教室建设】2016年,杭州市中小学申报创新实验室建设项目(省级财政资助)70个,其中义务教育段项目51个、普通高中项目19个,落实省资助经费510.1万元、市级配套经费80.7万元。市直属学校申报创新实验室项目9个,市级财政预算资金396万元。开展浙江省普通高中学科教室项目建设,申报建设项目77个,经差额评审确定省资助建设项目72个,落实资助经费18万元。至年末,全市有159所学校自主探索创建各类创新实验室,比上年增长19%。其中高中39所、初中55所、小学84所。创新实验室总数(包括在建项目)258个。

【加强中小学德育工作实施意见出台】2016年5月,市委办公厅、市政府办公厅出台《关于全面加强中小学德育工作的实施意见》(简称《意见》),在育人内容、育人路径、保障机制3个方面提出30条实施意见。在育人内容方面,强调要着力培育和践行社会主义核心价值观,培养学生的家国情怀,提升学生法治素养和道德修养;在育人路径方面,强调要着力改进育人模式,促进学生综合素质提升,推进课程育人、文化育人、实践育人、管理育人;在保障机制方面,提出要加强组织领导和队伍建设,完善工作网络,建立多部门联动机制。《意见》要求,各级教育行政部门及学校要围绕"四个全面"的战略布局和"立德树人"的任务,贯彻落实全省中小学育人工作座谈会精神,推进杭州市中小学德育工作。

【社会主义核心价值观培育行动】2016年,杭州市继续实施《培育和践行社会主义核心价值观实施方案》,树立未成年人身边的道德典型。1~4月,全市评选出杭州市"三好学生"1743名、先进班集体425个。4~11

2016年7月5日，2015学年杭州市"市长杯"青少年校园足球联赛表彰活动在杭州市保俶塔实验学校举行 （市教育局 供稿）

月，市文明办、市教育局等单位联合开展杭州市第十二届"美德少年"推选活动，经过初评、复评，推选出杭州市"美德少年"10名，提名奖10名。实施中华优秀传统文化弘扬"1+6"行动，开展"品味书香、诵读经典"读书征文活动、"约绘美丽杭州"青少年中国画征集活动、"用最美的诗歌欢迎你"中华经典诵读大赛、"跟着诗词游杭州"诗词文化旅游线路征集活动、"China，不一样的体验"陶瓷文化进校园活动、"名家进校园"活动6项传统文化弘扬主题活动。全市700多所中小学校、30多万人次参加各级各类活动和比赛。

【教育国际化】 2016年，杭州市中小学结对的境外学校总数超过700对，有海外结对学校的中小学校比例39.9%。全市中小学有803名教师、5272名学生到海外交流访问。推进"教师海外培训"计划，在德国柏林新增市级海外教师培训基地1个，基地总数累计6个。市教育局组织6个、共150人的中小学学科骨干教师海外研修交流团，分别到美国、英国、加拿大、德国、西班牙和澳大利亚开展学科专项研修交流活动。市本级落实直属学校2016年度专职外籍教师补贴630万元。推进中小学教育国际化示范校创建工作。1月，市教育局公布杭州市首批教育国际化示范校创建学校30所和杭州市首批国际理解教育特色品牌立项项目40个；12月，面向全市开展"第二批杭州市教育国际化示范校创建"网络展示与投票活动。

杭州市有各级各类中外合作办学项目74个。7所普通高中的中外合作办学项目招生531人，在校生总数1446人。9月，教育部批准浙江大学城市学院与新西兰怀卡托大学合作设立"浙江大学城市学院怀卡托大学联合学院"。

【外籍人员子女学校招生298人】 2016年，杭州国际学校、杭州日本人学校、杭州汉基外籍人员子女学校、杭州世外外籍人员子女学校、杭州娃哈哈外籍人员子女学校5所外籍人员子女学校招生298人，在校生833人。全市所有中小学、幼儿园面向境外学生开放。2016年，有900多名外籍学生在普通中小学、幼儿园随班就读中国课程。杭州市实施"留学杭州"计划，在杭高校留学生1.76万人。"杭州市政府来华留学生奖学金"项目奖励4个类别、112名市属高校在读留学生，涉及奖学金80.1万元。

【"美丽学校"建设行动】 2016年3月，市教育局组织"美丽学校"建设行动专项课题负责人培训，交流课题进展和阶段性成果。10月，市教育局组织专家对50个"美丽学校"专项课题进行评审，评出2016年杭州市"美丽学校"建设优秀项目20个。11月，开展首批"美丽学校"重点培育学校和重点培育项目认定工作。经过中小学校申报、专家评审和市教育局"美丽学校"建设领导小组审定，发布首批"美丽学校"和"美丽学校"重点项目名单。杭州市建兰中学等49所学校获"美丽学校"认定，杭州新世纪外国语学校"创设最具国际元素的亲情校园"等18个项目获"美丽校园"项目认定，杭州市饮马井巷小学"小骏马之歌"等14个项目获"美丽班级"项目认定，杭州市时代小学"意义学习效能课堂"等24个项目获"美丽课堂"项目认定，杭州第十中学"援疆之美"等15个项目获"美丽教师"项目认定，杭州市上城区教育学院附属小学"做最美的自己"等26个项目获"美丽学生"项目认定。

【青少年校园足球运动发展】 2016年4月，市教育局、市文明办、市发改委、市财政局、市体育局、团市委等8个部门联合印发《关于加快发展青少年校园足球的实施意见》，明确由市教育局牵头成立市青少年校园足球领导小组，负责全市青少年校园足球整体规划、统筹协调、综合管理。市校园足球办公室归口市教育局管理，原工作职责由市体育局移交市教育局。7月，市教育局、市体育局公布2015学年杭州市"市长杯"青少年校园足球联赛获奖名单：富阳区春江中心小学、杭州市学军小学求智巷校区、桐庐县春江小学分别获小学男子甲组、小学男子乙组、小学女子组第一名；杭州市建兰中学、杭州市景芳中学分别获初中男子组、初中女子组第一名；杭州师范大学附属中学、杭州第九中学分别获高中男子组、高中女子组第一名。足球联赛于2015年10月启动、2016年5月结束，全市有130所学校组队参赛，组织比赛420场，参与学生1700人。2016年，全市19所中小学校被评为全国青少年校园足球特色学校，上城区、江干区、拱墅区成为省级青少年校园足球试点区（县、市）。

【教师队伍建设】 2016年，杭州市中小学、幼儿园（含特殊教育学校、工读学校，不含技工学校、成人中专）有专任教师9.03万名，市属普通高校有专任教师3922名。幼儿园、小学、初中教师具有高一层次学历比例分别为95.9%、98.8%和96.2%。全市中小学高级、中级职称比例分别为17.8%和52.9%。2016年,杭州市评选出省杰出教师1名、省有突出贡献中青年专家1名、省中小学师德楷模14名、省农村教师突出贡献奖获得者19名、省春蚕奖获得者45名。

【教师专业发展培训】2016年,5年一周期的教师专业发展培训各项目标任务完成。全市在浙江省教师培训管理平台注册教师8.28万人,教师人均完成培训90.99学时,90学时集中培训人均完成率23.2%,教师人均自主选课57.89学时,自主选课后实际参训率98.6%。2016年,完成"省培计划"239人、完成"国培计划"110人,完成率100%。市本级拨付教师培训经费1300.78万元。杭州市教师专业发展培训实施学分制管理。杭州市出台《新锐教师培养工程实施意见》,并启动第三轮名师培养工程——新锐教师培养工程,计划用3年时间,为入职10年左右、年龄在35岁左右的优秀青年教师定制培养计划。开展教师教育科研工作,全年完成187个教师教育课题的结题审核,评出一等奖13个、二等奖29个、三等奖47个,确定2016年度立项课题161个。

【地方教育经费总投入316.49亿元】2016年,杭州市地方教育经费总投入316.49亿元,其中国家财政性教育经费投入265.11亿元(包括地方公共财政预算安排的教育经费262.95亿元、政府性基金预算安排的教育经费1.99亿元)。市本级地方教育经费总投入61.81亿元,其中国家财政性教育经费投入45.59亿元(包括地方公共财政预算安排的教育经费45.41亿元、政府性基金预算安排的教育经费500万元)。全市普通小学生人均教育经费支出1.92万元,普通初中生人均教育经费支出2.98万元,普通高中生人均教育经费支出3.82万元,职业高中生人均教育经费支出3.71万元。

【中小学(幼儿园)建设】2016年,杭州市新建中小学22所、幼儿园35所,新增学校用地面积109.74万平方米、建筑面积93.23万平方米,完成投资45.25亿元。全市中小学、幼儿园基本建设项目335个,竣工校舍建筑面积109.37万平方米,在建面积328.33万平方米,完成投资73.99亿元。新增省义务教育标准化学校30所,累计650所,覆盖率93.4%;新增标准化建设达标幼儿园122所,覆盖率95.3%。《杭州市区高中学校布局规划》修改完善。杭州学军中学紫金港校区新建、临安中学迁址建设项目竣工。杭州学军中学紫金港校区建设用地9.81万平方米,建筑面积9.68万平方米,完成总投资4.2亿元,并启动招生。杭州学军中学海创园分校、杭州第二中学萧山分校、新安江职业学校一期3个项目开工建设。杭州学军中学海创园分校建设用地14.15万平方米,建筑面积11.15万平方米,总投资4.3亿元,计划于2018年交付使用;杭二中萧山分校建设用地8.66万平方米,建筑面积9.41万平方米,总投资4.2亿元,计划于2019年交付使用。

【学生资助体系完善】杭州市构建覆盖学前教育、义务教育、高中教育及高等教育的学生资助体系。2016年,全市"奖、助、贷、免、补"各类资助金额7.5亿元,资助学生346.43万人次。全市义务教育段72.23万名学生免杂费、课本费及作业本费4.02亿元,12.26万人次农村寄宿制学生享受免住宿费2900万元,2.26万人次享受营养改善计划资助金1300万元;14.58万人次中等职业教育段学生享受免学费1.57亿元;通过教育资助券、国家助学金等形式资助(奖励)学生17.4万人次、1.74亿元。

学前教育

【学前教育概况】2016年,全市幼儿园930所,在园幼儿(含符合条件的进城务工人员随迁子女)32.55万人,教职工4.08万人。其中学前三年在园幼儿(含符合条件的进城务工人员随迁子女)31.80万人,比上年增加1.38万人。全市3周岁~5周岁杭州市户籍幼儿入园率98.8%。

【学前教育第二轮三年行动计划出台】2016年10月,市政府办公厅印发《杭州市第二轮学前教育三年行动计划(2016~2018)》(简称《计划》)。总体目标是坚持"政府主导、社会参与、公办民办协调发展"的思路,遵循教育规律和幼儿身心发展规律,力争经过三年努力,优化和完善以政府为主导的学前教育公共服务体系,基本建成覆盖城乡、布局合理的学前教育公共服务网络,各级各类幼儿园的教师队伍素质和办园水平大幅提升,较好地满足杭州户籍适龄幼儿和符合条件的进城务工人员随迁子女就近(相对就近)享受有质量的学前教育需求。《计划》从"加快幼儿园建设,不断扩大学前教育资源""健全制度机制,提升保教队伍素质""深化学前教育改革,大力提升保教质量""完善幼儿园评估奖励机制,提升幼儿园办园水平""继续加大投入,健全学前教育经费财政保障机制"5个方面制定发展措施。计划到2018年,全市学前三年户籍幼儿入园率99%以上,幼儿园

2016年杭州市中小学校、幼儿园教职工情况

表69

学校类别		教职工总数(人)	其中:专任教师数(人)		达到规定学历的专任教师比例(%)	
			初中	高中	初中	高中
普通中学	全市	34 158	19 469	10 016	99.95	99.81
	主城区	13 052	7 588	3 623	100.00	99.86
	市属	3 351	212	2 659	100.00	99.89
职业高中	全市	5 086	4 452		98.05	
	主城区	1 774	1 458		99.31	
小学	全市	33 873	32 549		100.00	
	主城区	13 955	13 291		100.00	
幼儿园	全市	40 833	22 955		100.00	
	主城区	18 916	10 587		100.00	

教师持有资格证比率97%以上，园长持有上岗证比率100%，省等级幼儿园覆盖率保持在95%以上。

【优质学前教育覆盖率提升】 2016年，市区新评定行知幼儿园婺江园区等甲级幼儿园（园区）27个，累计261个。杭州市娃哈哈幼儿园新城园区等50所幼儿园（园区）被认定为浙江省二级幼儿园；杭州市陶子幼儿园水澄园区等13所幼儿园（园区）被认定为浙江省一级幼儿园。全市省等级幼儿园在园幼儿覆盖率98.5%，其中省一级、省二级幼儿园在园幼儿覆盖率75%。

义务教育

【义务教育概况】 2016年，全市有小学（含九年一贯制、十二年一贯制学校小学部）447所，在校学生54.30万人；初中（含九年一贯制学校）249所，在校学生21.58万人；特殊教育学校14所，在校学生1595人。其中，民办小学15所、民办初中50所（含九年一贯制学校），在校学生11.13万人。全市新创建省义务教育标准化学校30所，累计650所，标准化学校覆盖率93.4%。全市义务教育阶段接纳进城务工人员随迁子女27.77万人，占在读学生人数的36.6%。其中，全市新招收一年级进城务工人员随迁子女3.8万人。

【义务教育课程改革深化】 杭州市推进义务教育阶段学校深化义务教育课程改革。2016年2月，市教育局发文公布杭州市小班化教育实验学校复核名单，认定小班化教育实验学校88所。组织课改专项巡查，对上城区、萧山区的7所学校进行实地巡查，13个区县（市）教育局（社会发展局）提交自查报告和典型案例。6月，全市中小学"轻负高质"联系学校暨"课程改革"第十次现场交流会在上城区举行。12月，全市义务教育课程改革学习培训活动在滨江区、富阳区举行。全市开展校长、教师课程改革交流讨论8场，业务培训500多人次。市教育局联合杭报集团、杭州电视台少儿频道、浙江教育在线网站等媒体开展课程改革系列宣传，对6个城区的教育局局长进行专题采访，刊发学校课程改革专题报道10期。

【教育满意度第三方监测】 2016年，市教育局继续委托上海教科院组织开展市区初中学校学生课业负担监测和家长满意度调查，对学生课业负担、学生及其家长对学校教育环境满意度、家长对学生在校学习过程满意度、家长对学生素质发展满意度等内容开展问卷调查。调查采取网络调查方式，全市回收有效问卷1.87万份，其中男生占53.0%、女生占47.0%；涉及公办学校73所，占学生总数的79.6%；民办学校24所，占学生总数的20.4%。监测结果显示，杭州市区初中学生家长对学生在校学习过程和学校办学总体满意度均处于"较满意"与"满意"之间，初中学生对学校学习生活的喜欢程度处于"比较喜欢"和"喜欢"之间。

【义务教育配套学校建设】 2016年3月，由杭州市政府教育督导委员会牵头，市发改委、市教育局、市财政局、市建委、市规划局等部门组成联合督查组，分两组对上城区、下城区、西湖区、江干区、拱墅区、滨江区6个区政府和杭州经济技术开发区管委会，以及市城投集团、市交投集团、市钱投集团3个建设集团，就2015~2017年杭州市城区义务教育规划配套学校实施项目建设计划的落实情况进行专项督查，确保配套学校（幼儿园）与住宅小区"三同步"（同步规划、同步建设、同步交付）原则落实。至年末，计划内城区义务教育规划配套的小学、初中竣工18所，在建39所。

【义务教育段教师校长交流工程】 杭州市探索义务教育公办学校教师交流保障和激励机制，对交流教师给予补贴，对教师人事编制、岗位设置进行统筹，在职称评审中加大交流或支教经历的权重。2016学年，全市实际交流教师和校长1950人，其中普通教师1314人、骨干教师429人、校长207人。实际参与交流的骨干教师占符合交流条件骨干教师的19.3%。

【中小学生体育和艺术活动】 杭州市举办市区高中学生阳光体育运动会、中学生三大球（足球、排球、篮球）比赛、中学生健美操比赛、中学生定向运动比赛等活动。10月，教育部对杭州市拱墅区和淳安县6所中小学校学生的体能素质检测数据完成复核。2016年12月，在各区县（市）教育局和直属学校完成2016年学生体质健康检测工作的基础上，市教育局在全市范围内组织实地抽测，共抽测86所学校（校区）4171名学生，并公布结果。4～10月，杭州市举办以"迎峰会展风采——阳光下成长"为主题的杭

2016年4月21日，第十五届学生社团文化节开幕式在杭州第十四中学举行（市教育局 供稿）

州市第十届中小学生文化艺术节，组织声乐、舞蹈、器乐、戏剧曲艺、绘画、书法、篆刻、工艺、摄影等46场专项比赛，全市8000多名中小学生参与现场比赛。杭州市组队参加省中小学生艺术节合唱、合奏和美术比赛，获各组别一等奖41个。完善义务教育阶段学校学生艺术素养监测制度，抽取杭州经济技术开发区、杭州大江东产业集聚区和桐庐县9所中小学的363名学生开展音乐、美术艺术素养测试，并对成绩进行分析和公布。

普通高中教育

【普通高中教育概况】 2016年，杭州市普通高中(含完全中学、十二年一贯制学校)77所，在校生11.04万人，专任教师1万人。全市初中毕业生升入各类高中比例99.7%，高中段优质教育覆盖率86.4%，普通高中和职业高中招生比为52:48。以“走班选课”为特征的深化普通高中课程改革推进，各校基本建成具有学校自身特色、满足学生多样化选择的课程体系，健全和完善与课程改革相适应的选课指导、学分认定、必修走班等教育教学管理制度，建立符合学生个性发展的生涯规划教育体系和多元学生评价体系。

【富阳区与主城区普通高中双向定额招生】 2016年，富阳区纳入与主城区双向定额招生。参与双向招生的主城区学校(校区)包括杭州高级中学钱江校区、杭州第二中学滨江校区、杭州第四中学下沙校区、杭州第十四中学康桥校区、杭州学军中学紫金港校区、杭州长河高级中学6所学校(校区)。萧山、余杭、富阳3个区的学校包括萧山中学、萧山区第五高级中学、余杭高级中学、余杭区第二高级中学、富阳中学、富阳区第二中学。双向定额招生学生576人。

【省普通高中特色示范学校创建】 2016年3月，市教育局组织推荐萧山区第五高级中学、余杭高级中学、余杭中学、桐庐中学和严州中学5所学校申报省一级普通高中特色示范学校。经过省教育评估院现场考察、现场评估等程序，萧山区第五高级中学、余杭高级中学、桐庐中学和严州中学4所学校通过省一级普通高中特色示范学校认定。萧山区第九高级中学等15所学校申报省二级普通高中特色示范学校。5～12月，市教育局受省教育厅委托对申报学校进行材料审核、现场考察、现场评估，萧山区第九高级中学、塘栖中学、余杭实验中学、桐庐富春高级中学、淳安中学、建德市新安江中学、临安市昌化中学等12所学校通过省二级普通高中特色示范学校评估。全市有省一级普通高中特色示范学校20所(含杭州外国语学校)，省二级普通高中特色示范学校30所。

中等职业技术教育

【中等职业技术教育概况】 2016年，全市独立设置中等职业学校43所(不含技工学校)，其中职业高中30所、普通中专7所、成人中专6所。在校生6.97万人(不含技工学校及成人中专非全日制学生)。专任教师5061人(不含技工学校)，其中“双师型”教师比例84.3%。

中等职业技术“五年一贯制”和“3+2”教育班提前自主招生比率50%，招生1184人；主城区中等职业学校招生1.22万人。全市有国家改革发展示范学校4所，省级改革发展示范学校14所，市级及以上示范专业72个(其中国家级3个、省级46个)，市级及以上实训基地62个(其中国家级5个、省级39个)。3月，经省教育厅和省财政厅考核，杭州市获“2015年度职业教育发展优秀单位”称号。

【现代学徒制试点】 2016年，杭州市推进现代学徒制试点，各中等职业学校探索与行业、企业联合培养学徒的一体化人才培养模式，提升技术技能型人才培养质量。市教育局联合市发改委、市经信委、市人力社保局、市财政局、市国资委5个部门，印发《关于开展现代学徒制试点工作的实施意见》。全市中等职业学校开展试点的专业77个，占全部专业的41.2%，参与试点的学生占在校生比例22.4%，参与试点的企业388个。开展省级试点申报，桐庐县入选试点县，杭州职业技术学院、杭州科技职业技术学院入选试点高等职业院校，杭州市中策职业学校、杭州市交通职业高级中学、杭州市西湖职业高级中学等6所学校入选试点中等职业学校，杭州西奥电梯有限公司入选试点企业。

【中等职业教育选择性课程改革】 2016年，杭州市以6所省级中等职业教育课程改革试点学校为示范，推动职业学校实施和完善中等职业教育选择性课程改革方案。各中等职业学校开发选修课程1491门，编撰校本教材262本。开展优秀专业课程改革方案和校本教材评比活动，评选出示范级专业课程方案8个、优秀级专业课程方案18个、课改优秀校本教材66个。开展中等职业教育选择性课程改革创新论坛和教学展示活动，从优秀教师团队建设、专业课堂教学改革、智慧实训室建设、校企合作双师共育、特色课程开发与教学实施以及信息化教学及资源建设等6个视角全方位展示选择性课改。

【中等职业学校师生技能竞赛】 2016年8月，在全国职业院校中职学生技能大赛上，杭州市获金牌9枚、银牌18枚、铜牌11枚，杭州西湖职业高中在烹饪赛项上连续7次获冠军，杭州市电子信息职业学校在“网络搭建与应用”赛项上连续3次获冠军。在省中等职业学校职业能力大赛暨“面向人人”技能大赛中，杭州市获金牌30枚、银牌41枚、铜牌26枚。在全国“创新杯”中等职业学校教师信息化教学设计与说课大赛上，杭州市获特等奖4个、一等奖31个、二等奖4个。在省中等职业学校第八届学生创新创业大赛和第五届教师创新创业大赛中，杭州市获一等奖13个、二等奖22个、三等奖28个。在省中等职业学校专业教师技能大赛上，杭州市获一等奖8个、二等奖3个、三等奖3个，3位教师获“浙江省技术能手”称号。

高等教育

【高等教育概况】 2016年，在杭全日制普通高校39所，在校生(含研究生)48.1万人。其中，部、省属高校33所，在校生(含研究生)40.69万人；市属高校6所，在校生(含研究生)7.41万人。全市高等教育毛入学率62.2%。

市属高校人才队伍建设6项计划完成，引进"西湖学者"14人、"西湖鲁班"2人；扶持杭州市属高校中青年学术带头人20人；培养杭州市属高校中青年教学名师20人；扶持优秀创新团队5个；资助优秀中青年教师海外研修30人。市属高校师资队伍结构进一步优化。

【市属高校重点项目建设】 2016年，杭州市推进市属高校重点项目建设，继续扶持建设市级重点学科15个、重中之重学科5个、重点实验室10个、重中之重实验室5个、重点专业10个、特色专业10个。重点扶持25门马克思主义教育类课程和人文社科类通识课程作为市级精品课程，每门课程给予扶持经费2万元。杭州师范大学8个学科入选省一流学科(A类)建设，6个学科入选省一流学科(B类)建设，浙江大学城市学院3个学科入选省一流学科(B类)建设。杭州职业技术学院7个专业、杭州科技职业技术学院2个专业、杭州万向职业技术学院1个专业和浙江育英职业技术学院1个专业入选省高校"十三五"优势专业建设项目。

【市属高校产学对接推进】 2016年，杭州市推进市属高校产学对接重点工程建设，继续扶持建设15个特需专业、5个中等和高等职业衔接示范专业、5个中等和高等职业衔接培育专业、30个技能名师工作室、20个校企共建校内实训基地、70名优秀中青年教师进企业服务。第三批30名优秀中青年教师进企业服务1年，每人给予扶持经费3万元。10个示范性职工培训中心建设完成。

【浙江西湖高等研究院设立】 2016年12月10日，浙江西湖高等研究院在杭州成立，施一公任院长。研究院位于西湖区云栖小镇石龙山街18号，总建筑面积10万平方米，设立生物学、前沿技术、理学、基础医学4个研究所，施一公、陈十一、潘建伟、饶毅分别担任4个研究所的所长。浙江西湖高等研究院是一所新型非营利高端科研机构，以探索与国际一流科研机构接轨的现代科研体制和创新人才培养模式为使命，致力于前沿基础科学研究和博士研究生培养。

2016年杭州市普通高校本专科学生基本情况

表70　　　　单位：人

学校名称	毕业生数	招生数	在校学生数
合　计	**114 737**	**121 614**	**427 978**
浙江大学	5 517	5 972	24 133
杭州电子科技大学	4 026	3 955	16 172
浙江工业大学	4 746	4 531	20 091
浙江理工大学	4 363	4 422	17 657
浙江农林大学	3 577	3 721	14 419
浙江中医药大学	1 433	2 008	7 210
浙江工商大学	3 797	4 068	15 283
中国美术学院	2 208	1 630	7 382
中国计量大学	3 471	3 846	15 116
浙江科技学院	3 588	4 204	16 631
浙江水利水电学院	2 404	2 722	9 108
浙江财经大学	3 656	3 555	13 262
浙江警察学院	858	1 031	4 091
浙江传媒学院	3 294	3 438	13 683
浙江树人学院	3 898	4 114	15 419
浙江交通职业技术学院	2 875	2 875	8 724
浙江电力职业技术学院	—	—	—
浙江同济科技职业学院	1 837	2 035	5 976
浙江机电职业技术学院	2 806	3 844	10 423
浙江建设职业技术学院	2 636	2 720	8 006
浙江艺术职业学院	1 150	784	2 588
浙江经贸职业技术学院	2 895	3 185	9 206
浙江商业职业技术学院	3 424	3 698	10 566
浙江经济职业技术学院	2 733	2 949	8 552
浙江旅游职业学院	3 527	4 170	11 177
浙江警官职业学院	1 343	978	3 141
浙江金融职业学院	2 846	3 250	9 532
杭州医学院	1 835	1 815	5 401
浙江长征职业技术学院	3 728	3 707	11 037
杭州电子科技大学信息工程学院	2 061	2 049	8 299
浙江理工大学科技与艺术学院	1 505	1 355	5 690
浙江中医药大学滨江学院	1 003	1 213	4 749
浙江工商大学杭州商学院	1 898	1 896	7 528
中国计量大学现代科技学院	1 649	1 411	5 800
浙江体育职业技术学院	266	274	740
浙江外国语学院	1 570	2 280	7 939
浙江特殊教育职业学院	221	380	926
浙江音乐学院	—	550	550
杭州师范大学	4 008	4 205	17 679
浙江大学城市学院	3 136	3 343	13 154
杭州师范大学钱江学院	2 107	2 195	8 905
杭州职业技术学院	3 140	3 423	9 905
杭州科技职业技术学院	3 166	3 264	9 127
杭州万向职业技术学院	2 196	2 137	6 320
浙江育英职业技术学院	2 340	2 412	6 681

【浙江工程师学院成立】 2016年9月12日，浙江工程师学院(浙江大学工程师学院)揭牌成立，首届291名非全

日制研究生报到入学。该学院于2015年7月启动筹建，主要开展研究生层次工程师培养和企业工程师培训。学院位于浙江大学城市学院北校区，占地9.83公顷，与浙江大学城市学院共享办学资源。至年末，组建3个硕士教育中心，开设课程46门、教学班56个。初步建成电气技术与装备、机器人与智能制造、信息与微电子工程、高效清洁低碳能源等4个公共实训平台。浙江工程师学院与法国巴黎综合理工学院、巴黎高科国立高等电信学院、荷兰埃因霍温理工大学等院校签署合作协议，开展联合培养学生项目。

（高 宁 黄海燕 吴嘉佳 梁树波）

【浙江音乐学院成立】 2016年5月8日，浙江音乐学院正式成立。浙江音乐学院位于西湖区之江板块，为公办全日制普通本科高校，于2012年7月份启动筹建，按全日制在校生5000人规模规划设计，占地面积40.13公顷，校舍建筑面积35万平方米，总投资20.38亿元。学院有283名专任教师，副高级以上职称占33.9%。有音乐与舞蹈学、戏剧与影视学、艺术学理论3个一级学科，首批设立作曲与作曲技术理论、音乐学、音乐表演、舞蹈学、舞蹈表演5个专业，计划到2020年专业数拓展到14个。 （马文翰）

【浙江大学加快发展】 浙江大学有紫金港、玉泉、西溪、华家池、之江、舟山等7个校区，占地面积426.57公顷，校舍总建筑面积257.60万平方米。图书馆总藏书量693.5万册。学校设有7个学部、36个专业学院（系）、1个工程师学院、2个中外合作办学学院、7家附属医院。一级学科国家重点学科14个，二级学科国家重点学科21个。

至2016年末，浙江大学有全日制在校学生4.88万人，其中硕士研究生1.51万人、博士研究生9537人、本科生2.41万人。在校留学生（含非学历留学生）6237人，其中攻读学位的留学生3498人。有教职工8423人，其中专任教师3502人。教师中有中国科学院院士19人、中国工程院院士19人、文科资深教授9人、国家“千人计划”学者81人、“973计划”和重大科学研究计划等首席科学家41人、“长江学者”特聘（讲座）教授121人、国家杰出青年科学基金获得者129人、国家级教学名师10人。2016届毕业生初次就业率97.2%，本科毕业生海内外深造率60.9%。

浙江大学完成全国第四轮学科评估、学位授权点自我评估，实施高峰学科建设支持计划、一流骨干基础学科建设支持计划。根据基本科学指标数据库（ESI）公布的数据，学校有18个学科进入世界学术机构前1%，7个学科进入世界前100位；6个学科进入世界学术机构前1‰，4个学科进入世界前50位。启动学术大师汇聚工程和“博士后千人队伍三年建设计划”，实施“高层次人才培育支持计划”和“高水平团队培育支持计划”，推进“百人计划”。设立“仲英青年学者”项目。

浙江大学完善本科生管理模式，开展深度型实习、探究性实验与过程型实践相结合的实践教学。修订研究生培养方案，制定研究生素养与能力培养型课程体系建设的实施意见，优化研究生课程体系。出台《浙江大学关于推进学科交叉融合共享的指导意见》，制定“多学科交叉人才培养卓越中心”博士研究生培养的实施细则。完善素质拓展体系，创新第一课堂、第二课堂、第三课堂、第四课堂融通机制。浙江大学在第三届全国高校青年教师教学竞赛中获工科组一等奖，共有45门课程入选首批国家精品资源共享课。浙江大学学生在国际和国内比赛中获特等奖5个，一等奖67个。在“创青春”（挑战杯）全国大学生创业大赛、中国“互联网+”大学生创新创业大赛和中国青年互联网创业大赛等比赛中获全国金奖11个，并获首批“全国高校创新创业50强”和“全国首批深化创新创业教育改革示范高校”称号。

全年科研经费35.18亿元。获批国家自然科学基金项目769个，资助总金额5.58亿元，其中获批国家自然科学基金杰出青年基金项目9个、国家自然科学基金优秀青年基金项目17个、重点项目22个、重大科研仪器研制项目3个。浙江大学牵头国家重点研发计划24个，总经费9.34亿元。获批国家社会科学基金各类项目36个、教育部重大课题攻关项目2个。新增国家自然科学基金创新群体4个。新增1个国家工程实验室、1个国家地方联合工程实验室、4个科技部国际科技合作基地等国家级科研平台和1个“111计划”高等学校学科创新引智基地。浙江大学作为第一完成单位获2015年度国家科学技术奖励4个，其中国家科技进步奖（创新团队）1个、国家科技进步奖二等奖2个、国家自然科学奖二等奖1个。“脑机融合的混合智能理论与方法研究”和“肝癌肝移植新型分子分层体系研究”2个自然科学成果入选2016年度“中国高等学校十大科技进展”，2个人文社会科学成果入选2016年度国家哲学社会科学成果文库。12月，“超重力离心模拟与试验装置”项目被列为国家重大科技基础设施建设“十三五”规划的10个优先项目之一。

浙江大学与牛津大学、麻省理工学院、斯坦福大学等国际知名学校开展人才培养、科学研究和产业化合作。全年接待海外访问团组1218人次，新签和续签校际合作协议及学生交换协议41个。全校师生海外学习交流总数8884人次，其中本科生到海外学习交流2650人次，比上年增长15%；选送2209名研究生公派出国（境），增长19.1%，研究生参加高水平国际学术会议人数增长24.7%，博士研究生海外交流率超过70%。在校攻读学位的外国留学生数3498人，增长14%。

【第三次教育教学大讨论】 2016年7月，浙江大学第三次教育教学大讨论完成。活动于2015年5月启动，经历发动、调研、研讨和总结4个阶段。全校师生围绕“为谁培养人”“培养什么人”“怎样培养人”等课题，研讨包括招生、教学模式、科教协同、实践训练、国际交流、创新创业等涵盖人才培养全过程的一系列问题，形成培养“时代高才”的目标共识，明确“知识传授、能力培养、素质提升、人格塑造”四位一体的人才培养体系。

【“空气洗手装置”获日内瓦国际发明展金奖】 2016年4月13日，第44届日内瓦国际发明展举行，来自40多个国家和地区的1000多项新发明参展。浙江大学参展的"空气洗手装置"项目获展会金奖和特别大奖。项目由浙江大学能源工程学院的团队完成。该装置通过二次雾化原理,依靠自身重力驱动,能在保证洗净程度的同时,节约用水91%,实现无额外能量消耗,达到节水、节能的目的。

【浙江大学两个国际联合学院设立】 2016年2月1日,教育部批复同意设立浙江大学爱丁堡大学联合学院和浙江大学伊利诺伊大学厄巴纳香槟校区联合学院两家非法人中外合作办学机构。9月11日,浙江大学伊利诺伊大学厄巴纳香槟校区联合学院开学,在浙江大学海宁国际校区开展电气工程及自动化、电子与计算机工程、机械工程和土木工程等4个本科学位教育。毕业生由浙江大学和伊利诺伊大学厄巴纳香槟校区共同授予学位证书。首届本科新生30人。9月11日,浙江大学爱丁堡大学联合学院开学,在浙江大学海宁国际校区联合培养生物医学领域国际型创新人才。毕业生由浙江大学和爱丁堡大学共同授予学位证书。首届本科新生22人。

【邢华斌实验室研究成果在《科学》杂志发表】 2016年5月19日,《科学》(*Science*)杂志在线发表浙江大学化学工程与生物工程学院教授邢华斌实验室与利莫瑞克大学、德克萨斯大学圣安东尼奥分校等单位合作的研究成果 *Pore chemistry and size control in hybrid porous materials for acetylene capture from ethylene*(《杂化多孔材料孔化学和尺寸控制实现乙炔乙烯分离》)。该研究成果首次提出离子杂化多孔材料吸附分离乙炔和乙烯的方法,为乙炔和乙烯的高效分离与过程的节能降耗提供解决方法,也为其他重要气体的分离提供新思路。《科学》杂志的3位审稿专家认为文章报道的吸附分离性能令人惊讶,在乙炔分离领域设立新标杆。浙江大学为论文第一完成单位。

【浙江大学智库建设】 浙江大学确立体系完善、分类完整、布局合理、与学科形成良好互动的"1+X+Y"智库建设体系,即集中力量打造一个国家级实体性智库、重点建设若干个专业智库基地、精心培育一批特色智库人才和研究团队。2016年7月,省委宣传部把浙江大学列入浙江省高端智库建设试点单位。全年浙江大学有1篇决策咨询报告刊发于国家社会科学基金《成果要报》、2篇刊发于《教育部简报(高校智库专刊)》。浙江大学"一带一路"合作与发展协同创新中心增加中国社会科学院考古研究所、中国社会科学院中国边疆研究所两个协同单位。4月,该中心被列入第4批浙江省"2011协同创新中心"。浙江大学"一带一路"合作与发展协同创新中心、浙江大学非传统安全与和平发展研究中心、浙江大学公共政策研究中心、浙江大学民营经济研究中心、浙江大学中国农村发展研究院、浙江大学中国西部发展研究院6个智库入选中国智库索引首批来源智库。

【浙江大学泰然互联网金融教育基金设立】 2016年1月8日,浙江大学泰然互联网金融教育基金设立仪式举行。泰然金融集团向浙大教育基金会捐资1亿元设立该教育基金,用于促进互联网金融学科与人才队伍建设。基金设立以后,浙江大学整合经济学院、管理学院、计算机学院、数学学院、光华法学院等相关学科师资,打造互联网金融学科。教育基金计划整合全国高校互联网金融学科的优秀人才,编写一批国家级高水平的互联网金融系列教材,并举办全国互联网金融高峰论坛,加快互联网金融学科的国际化进程。浙江大学与泰然金融集团联合全球教育培训机构开展教研活动,与国内外行业专家学者、政府机构与企业代表沟通实践,推动互联网金融人才培养,促进国内互联网金融行业健康发展。

(陈　浩　张　黎)

【中国美院稳步发展】 中国美术学院(简称中国美院)校园占地面积66.67公顷,建筑面积近30万平方米,有杭州南山、象山和上海张江三大校区,设有18个直属院系(部)及1所附属中等美术学校。在校本科生6776人,研究生1238人,专科生606人,继续教育生448人,留学生(包含短期生)719人。教职工986人,其中正高级职称106人、副高级职称243人。2016年,毕业生就业率90.3%。建有14个研究中心、7个研究所、5个研究院、2个协同创新中心。有国家动画教学研究基地和艺术造型国家重点实验教学示范中心。有美术学、艺术学理论、设计学、戏剧与影视学和建筑学5个一级学科。4月8日,中国美院新校训"行健、居敬、会通、履远"发布。2016年10月23日,中国艺术教育研究院挂牌成立,设在中国美院。

2016年,中国美院3人次入选国家级人才项目。新增正高级职称4

2016年9月5～22日,"美学江南——中国人的生活艺术"特展在中国美术学院南山校区美术馆举行
(中国美术学院 供稿)

人、副高级职称12人;"柔性引进"高层次人才31人。选送参加国家留学基金管理委员会资助海外研修计划2人,选送青年教师出国研修或赴国外攻读博士学位7人。新招收博士后科研流动站人员2人。

中国美院完成全国第四轮学科评估。2016年,招录新生2193人,其中本科生1680人、研究生513人。新设跨媒体艺术专业,获批11个"十三五"优势专业。《中国美术学院教师教学工作业绩考核奖励办法(试行)》出台。推进"拔尖创新人才培养计划",采用双导师制模式、课题化(项目制)方式进行培养。中国美院与香港科技大学联合招收培养双学位硕士研究生试点开展。《重大科研创作成果奖励办法》制定。56个厅局级以上研发创新项目立项,其中国家级10个、省部级20个。6个国家级创作项目、30个课题获准结题。

1月,艺创小镇获批成为第二批省级特色小镇。9月,在"浙江—台湾合作周"举办期间,召开艺创小镇合作对接会。中国美院与西湖区政府、"两岸经营者俱乐部"签订三方战略合作框架协议,推进艺创小镇的象山艺术公社建设。中国美院与安徽省巢湖市签署战略合作协议。

文创设计制造业协同创新中心完成国家科技支撑计划项目"创意设计综合公共服务平台及应用示范"和国家科技支撑计划课题"创意设计共性关键技术集成研发"。视觉中国协同创新中心"视觉国学"首届博士研究生方向招生,并建立国内外游学网络。美术馆启动中德设计史交流项目和《包豪斯研究年刊》编辑出版项目。黎冰鸿捐赠项目入选文化部"2016年国家美术作品收藏和捐赠奖励项目"。

中国美院加入美国加拿大独立艺术设计学院联合会(AICAD);与英国伯明翰城市大学等4所院校签署校际合作协议;新增跨媒体学院艺术与科技跨界双学位硕士培养等试点项目。接待境外人员来访86批次约600人次。试点建设"CHC国际设计工作站",接待境外文教专家讲学80多人次,派遣92名学生到境外交流学习,其中36名获优秀境外学习项目资助。6名师生入围"国家留学基金委公派出国项目"艺术类人才培养项目。

【"大学望境"特展】 2016年4月9日至5月9日,由中国美术学院主办的"大学望境——中国美术学院建设世界一流大学十周年"特展在南山校区美术馆举行。展览分"大学望境""哲匠精神""人民之心""美美与共"4个部分,设"天地绘心、水印千年、吾书非书、雕塑东方、本土营造"等15个主题,展出绘画、书法、雕塑、文化创意设计等作品,以及图片、视频等文献资料,展现中国美院在人才培养、研究创作、社会服务等方面的实践。

【"美学江南——中国人的生活艺术"特展】 2016年9月5～22日,"美学江南——中国人的生活艺术"特展在中国美院南山校区美术馆举行。9月5日,中国国家主席习近平的夫人彭丽媛邀请出席G20杭州峰会外方代表团团长夫人参观特展。特展分为"雨过天青""水印千年""意象中国""丝路霓裳""和衷共济"5个展览单元。"雨过天青"中国青瓷艺术展展出南宋青瓷文物和中国美院陶艺系师生的青瓷作品,以及2480片青釉标本;"水印千年"中国传统木刻版画展以"湖山胜概"为题,展示中国传统版画和中国美院师生创作的西湖主题的水印版画册页;"意象中国"书画展展出黄宾虹、潘天寿、沙孟海等人的绘画和书法作品;"丝路霓裳"丝绸服饰展展出丝绸服饰文物和当代设计师服饰作品;"和衷共济"特展展示中国美院吴山明、卓鹤君、闵学林、王冬龄4位艺术家的作品及合作作品《西湖秋胜图》。

【中国艺术教育论坛】 2016年10月23日,由教育部高等教育司、浙江省教育厅主办,中国美院承办的艺术学晋升学科门类5周年学术研讨会暨首届"中国艺术教育论坛"在象山校区举行。18位国内艺术院校的校长及30位国内艺术学科的重要专家参加论坛。论坛以"梳理艺术学科建设成就,推进艺术教育转型创新"为宗旨,总结艺术学晋升学科门类五年来的成就和经验,梳理艺术学科的发展现状和存在的问题,共同谋划艺术学科的发展。论坛形成中国艺术学科建设"杭州共识"。

【中华文明历史题材美术创作工程作品完成】 2016年11月2日,中国美术家协会发布中华文明历史题材美术创作工程竣工成果通告,146幅(件)美术作品全部完成,并在中国国家博物馆展出。中国美院艺术家创作的

中国美术学院完成中华文明历史题材美术创作工程作品情况

表71

作品名称	类 型	作 者
甲骨刻文	版画	韩黎坤、王超、曹兴军
雕版印刷	版画	邬继德、方利民、应金飞
宋应星《天工开物》	版画	陈海燕、曹晓阳、佟彪、张晓峰
中国四大传统节日	版画	赵宗藻、蔡枫、孔国桥、于洪、周崇涨、鲁利锋
《四库全书》与南北七阁	版画	张敏杰
戚继光抗倭	雕塑	杨奇瑞、翟小石、施海
马可·波罗像	雕塑	龙翔
大禹治水	油画	章仁缘
王充著《论衡》	油画	章晓明
满江红	油画	何红舟、黄发祥、尹骅
明末清初三大思想家	油画	杨参军、卢家华、郑泓
文王兴周	油画	陈宜明、郭健濂
文天祥过零丁洋	油画	许江、邬大勇、孙景刚
大泽聚义	中国画	吴山明、董文运、李桐
鉴真东渡	中国画	林海钟、郑宇、王素柳、虞仲伟、宋德澄
宋词风采	中国画	吴宪生、吴冠华
沈括与《梦溪笔谈》	中国画	尉晓榕、卢志强
河姆渡文化	中国画	王赞、王雄飞、卞文学、王昶、王丽旻

18件作品名列其中。中华文明历史题材美术创作工程经中宣部批准，由财政部、中国文学艺术界联合会和文化部联合举办，中国美术家协会承办。该工程历时5年，旨在用绘画、雕塑等视觉艺术形式来呈现中国5000年的历史文明，表现一批重大历史事件、塑造一批杰出历史人物、展示中华科技文化成果、描绘历代社会风情图卷。工程于2011年底正式启动，2012年5月发布申报实施办法，2012年12月进行首轮草图评审，2013年5月进行第二轮草图评审，按程序确定入选美术家名单。

【“中国美术学院哲匠奖”设立】 2016年11月，“中国美术学院哲匠奖”设立，制定评选办法，并启动评选。该奖项旨在表彰师德高尚、教风优良、业务精湛、成果突出的一线工作人员，评选范围为全校在职且工作满5年的专任教师和其他专业技术人员。“哲匠奖”分教学类和科研类，每年评选一次。教学类和科研类隔年进行，分别给予金奖50万元、银奖30万元、铜奖20万元的一次性奖励。初评机构为中国美术学院学术委员会，复评为学校组建的校外专家评审小组。12月，“中国美术学院哲匠奖”评选产生首届教学类哲匠奖。

【“设计东方·中国设计国美之路”展】 2016年11月19日至12月6日，由中国美术学院主办的“设计东方·中国设计国美之路”展在南山校区美术馆举行。展览分为“匠心文脉”“道生悟成”“践行会通”“东方设计”4个板块，梳理中国美术学院设计学科的发展历史，凸显中国现代设计思想、设计教育的主线。展览采用年表的形式，以数据图表和图片、视频、历史实物、设计案例，表现1928年以来中国美院设计学科的主要历史发展期和重要事件，涵盖1928～1949年的图案时期、1949～1976年的工艺美术时期、1979年以来的现代设计时期。展览期间，设计学科研究成果《匠心文脉》《道生悟成》《践行会通》《东方设计》4册图文集出版。中国美术学院设计学科前身为1928年创办的国立艺术院图案系。 （徐国强　王良贵）

【杭州师范大学加快发展】 2016年，杭州师范大学（简称杭师大）有仓前、下沙、玉皇山、古荡湾等校区，占地面积203.40万平方米，校舍面积96.66万平方米，教学科研仪器设备总值6.87亿元，图书馆藏书257.23万册。杭师大设18个学院、1个基础教学部、1个国有民办独立学院（钱江学院）和1个直属附属医院（杭州市第二人民医院）。全日制在校生1.90万人（不含钱江学院本科生8905人），其中博士生13人、硕士生2114人、本科生1.64万人、留学生176人。有教师1706人，其中专任教师1532人、国家级和省级人才59人。专任教师中具有副高级以上专业技术职务的829人、具有博士学位的794人。本科生就业率97.0%、签约率85.8%；研究生就业率98.2%、签约率80.2%。有服务国家特殊需求博士人才培养项目1个、一级学科硕士点20个、二级学科硕士点（不含一级学科覆盖点）4个、专业硕士点6个和中外合作培养教育领导学硕士项目1个。有省一流学科A类8个、B类6个。有本科专业69个，其中国家级特色专业5个、省级重点专业15个、省级优势专业11个、省级新兴特色专业7个。杭师大获省高校“十三五”优势专业建设项目9个、省教学改革项目25个、国家级精品视频公开课1门、省级精品在线开放课程4门。有国家级实验教学示范中心1个、国家级虚拟仿真实验教学中心1个、省级实验教学示范中心8个。有教育部工程中心等省部级重点实验室14个、省部级创新团队8个。

杭师大编制实施“十三五”时期总体规划1个、专项规划6个和学院（单位）规划21个。3月，“十三五”时期事业发展规划论证会召开。4月，《杭州师范大学“十三五”事业发展规划》和《杭州师范大学“十三五”事业发展规划实施监测办法》发布。5月，杭师大“十三五”时期规划审核会召开，《杭州师范大学“十三五”学科专业建设》等6个专项规划发布。12月，《杭州师范大学“十三五”规划监测实施细则》发布。

1月12日，杭师大召开教师发展学校建设研讨会，并举行教师发展学校签约仪式。187所中小学、幼儿园签约成为教师发展学校。10月20日，杭师大获批成为全国来华留学质

杭州师范大学仓前校区　　（杭州师范大学　供稿）

量认证首批27个试点院校之一。

杭师大仓前校区2016年所有区块项目全部开工。临床医学教学综合楼、玉皇山校区整治提升工程开工建设。6月，杭师大仓前校区中心区交付使用。9月，仓前校区行政楼、师生活动中心等完成搬迁进驻。12月，杭师大科技园和新校史馆建设完成。仓前校区图书馆新馆启用，形成校院文献资源和数据库共建共享机制。推进人力资源管理系统等9个业务系统项目建设。提高后勤服务质量和效益，师生平均满意率比上年增长5.0%。

【人才培养质量提高】 2016年，杭师大获省级教学成果奖12个，其中一等奖7个。1月，2个创新创业学院和5个专业群被列入省首批应用型建设示范点。杭师大获国家级学科竞赛奖78个，获省大学生艺术节一等奖5个和组织奖1个。教育部卓越教师培养计划项目（小学卓越全科教师培养模式创新与实践）和4个省重点建设教师培养基地项目（幼儿园教师、小学教师、中学教师、特殊教育教师）建设推进。面向所有师范实习生开展岗位教学技能培训，实现基本技能全员达标。获第四届全国师范生教学技能竞赛一等奖5个、二等奖1个。开展研究生培养方案修订工作。全面考核学校734名硕士研究生导师，聘请51名校外行业专家为实践导师。新立项研究生核心课程建设项目27个。新增联合培养工作站2个，与杭州学军中学合作的联合培养工作站被评为全国教育硕士专业学位研究生联合培养示范基地。获全国全日制教育硕士学科教学（英语）专业研究生授课技能大赛一等奖2个、二等奖2个。

【浙江省"互联网+"大学生创新创业大赛】 2016年7月2～3日，第二届浙江省"互联网+"大学生创新创业大赛暨第二届中国"互联网+"大学生创新创业大赛选拔赛在杭州师范大学举行。大赛共收到97所高校的2033个项目。经过筛选120个项目进入决赛。项目涉及"互联网+"、现代农业、制造业、商务服务、公益创业等领域。大赛期间，9个金融机构和创投机构与大学生创业者进行面对面沟通。最终，浙江大学的"绿之源节流计划——空气洗手"、宁波大学的"伊穆家园"、杭州师范大学的"基于柔性供应链的电商平台母婴服务商"、杭师大钱江学院的"赢加TV——手机创投平台"获得入驻创业孵化园"梦想小镇"的资格，并获风险投资，正式启动商业运营。

2016年7月2～3日，第二届省"互联网+"大学生创新创业大赛在杭州师范大学举行
（杭州师范大学 供稿）

9月29日，教育部举行2016年度全国创新创业典型经验高校座谈会，杭师大获2016年度"全国创新创业典型经验高校"称号（全国50所）。10月，杭师大获第二届中国"互联网+"大学生创新创业大赛银奖3个。获批和结题的国家级创新创业训练计划项目62个、省新苗人才计划项目85个，获资助经费近200万元。学生发表论文659篇，获批授权发明专利29个，注册公司33个，创业项目年销售额超过1亿元。

【发展型学生工作体系健全】 2016年，杭师大实施新生始业教育"起航计划"、家庭经济困难学生"帮扶计划"和就业困难学生"助跑计划"。组织"寻找身边榜样"优秀典型评选活动，杭师大学生获"中国大学生自强之星"等称号。学生事务管理标准化推进，拓展"一站式"事务服务内容，提供国家助学贷款申请、勤工助学岗位申请、成绩单打印和交通服务等60多项服务。加强文明寝室日常检查。推进新辅导员成长导师制，完善15个辅导员工作室的运行机制。8月，仓前校区心理健康教育与咨询中心建成。中心场地超过3000平方米，包括咨询室、心理书吧、心理瑜伽室等30多间功能用房，有心理学教授、精神科主任医生和心理健康教育专职教师20人。2016年，中心接待个别咨询学生892人次，开展团体心理辅导153场，邀请精神科医生来学校坐诊21次，开展心理健康教育与宣传活动130多场次。

【学科实力增强】 2016年12月，杭师大编制一流学科建设任务书，对学校省一流学科未来五年在师资队伍、人才培养、科学研究与社会服务、学科影响力和国际合作交流等方面做出规划，并提出具体建设目标。做好"申博学科"查补短板工作，成立博士学位授予单位申报工作领导小组，出台《"申博"工作行动计划》。杭师大加强服务国家特殊需求博士人才培养项目建设，成立治未病与健康管理服务国家特殊需求博士人才培养项目实施工作领导小组，出台《扎实推进服务国家特殊需求博士人才培养项目建设行动计划》。杭师大19个一级学科参加全国第四轮学科评估，并组织教育硕士参加全国专业学位水平评估。

【科研成果培育】 2016年，杭师大科研总经费1.56亿元。获国家自然科学基金项目44个，其中优秀青年科学基金重大项目和国际合作与交流重大项目各1个；国家人文社会科学基金项目15个，其中重大项目1个；省、部级自然科学基金项目40个；省、部级人文社会科学基金项目54个。574篇发表的论文被《科学引文索引》收录。在人文社会科学类一级期刊发表论文171篇。获发明专利93个。获何梁何利科学与技术创新奖、省科技进步一等奖、中国石油和化学工业科技进步一等奖各1个。2月，氟硅精细化学品与材料制造协同创新中心被认定为第四批省“2011协同创新中心”。5月，《“三个五”重点培育工程实施办法》出台。12月，修订《横向科研项目经费管理办法》。

【产学研合作推进】2016年5月，杭师大出台《服务对接杭州城西科创大走廊方案》，实施服务城西科创大走廊“3131”工程。11月27日，第十届中国产学研合作创新大会在浙江省人民大会堂举行。杭师大的“喹诺酮系列产品关键技术的研发及产业化”成果获2016年度中国产学研合作创新成果奖一等奖。12月，杭师大科技园获批国家级科技企业孵化器。省教育现代化研究与评价中心、城市国际化研究院等9个新型智库立项建设。杭师大与余杭区、桐庐县政府签订全面战略合作协议。3月，杭师大与菜鸟网络科技有限公司合作推出校园智慧物流平台“菜鸟驿站”。学校为“菜鸟驿站”提供免费场地支持，菜鸟网络科技有限公司作为服务提供方，为校园驿站免费提供产品系统、服务培训、品牌装修和创业资源扶持。

【师资队伍结构优化】2016年，杭师大新增引进和培育国家级人才5人、省级人才8人、海内外优秀博士38人，师资队伍结构进一步优化。4月，杭师大召开人才工作会议，出台《关于改进和加强人才工作的若干意见》。完善卓越人才计划实施办法，新增“杰才”“英才”“俊才”32人。实施青年教师博士化工程，出台《青年教师“博士化工程”实施办法》。继续实施“师从名师”“师从能师”“师从良师”计划和青年教师“进企入园”工程。杭师大成立高层次人才服务中心和青年博士联合会，完善校领导联系高层次人才制度。

【国际化办学推进】2016年4月，杭师大召开教育国际化工作会议，出台《关于加快推进教育国际化的若干意见》。2016年，杭师大与国(境)外高校签订各类合作协议32份。聘请长期和短期外国专家、教授116人。新增出国(境)交换、交流学生321人，其中学习一学期以上的157人。加强全英文课程建设，全英文课程数67个。5月10日，杭州师范大学—美国中田纳西州大学共建孔子学院2016年理事会会议召开。

【谢恬获何梁何利基金奖】2016年10月21日，何梁何利基金2016年度颁奖大会在北京举行，杭师大教授谢恬获2016年度何梁何利基金科学与技术创新奖。谢恬主要从事中西医结合、中药学科教研工作，围绕“浙八味”(白术、白芍、浙贝母、杭白菊、延胡索、玄参、笕麦冬、温郁金8味中药材)研发成功榄香烯酯质体系列抗癌新药，并研究铁皮石斛人工栽培技术和铁皮枫斗系列中药制剂。何梁何利基金是香港爱国金融家何善衡、梁銶琚、何添、利国伟捐资4亿港元于1994年注册成立的社会公益性慈善基金。该基金每年评奖一次，分设“科学与技术成就奖”“科学与技术进步奖”“科学与技术创新奖”。

（罗来庚 吴家浩）

【浙江大学城市学院】浙江大学城市学院设立9个学院、40个本科专业，设有1个与新西兰怀卡托大学合作举办的中外合作办学机构、1个中外合作办学项目和8个课程合作项目。有专任教师693人，在校全日制普通本科生1.32万人。2016届毕业生初次就业率96.2%，总体就业率97.7%。药学、工商管理、土木工程3个学科列入省一流学科(B类)建设名单。2016年，浙江大学城市学院科研经费6069.1万元。在研国家自然科学和社会科学项目26个。学院作为主持单位获浙江省科技进步二等奖1个、三等奖1个，杭州市科技进步一等奖1个，三等奖1个。

9月6日，教育部正式批准浙江大学城市学院设立“浙江大学城市学院怀卡托大学联合学院”(简称新西兰UW学院)。新西兰UW学院开设金融学、工业设计、会展经济与管理3个本科专业，纳入国家普通高等学校招生计划。浙江大学城市学院新增海外合作院校2所，学生到海外学习交流率20.9%，具有3个月以上海外研修经历的教师比例35.7%。2016届毕业生到海外深造率9%。

10月26日，省教育厅、省财政厅发文确认浙江大学城市学院通过浙江省独立学院规范设置省级验收。学院作为第一完成单位获省教学成果奖一等奖1个、二等奖1个。与浙江工程师学院(浙江大学工程师学院)、浙江大学微电子学院合作开办创新实验班，选拔首批70名学员。UbiTechmaker创客空间和魏绍相创客中心建成，启动创客项目16个。学院与杭州市创意设计中心、浙江春风动力股份有限公司等单位共建产学对接基地。12月16日，教育部公布2016年第一批产学合作协同育人项目立项名单，学院有10个项目入选。新增立项国家级大学生创新创业计划项目25个、省新苗人才计划项目15个。

【杭州科技职业技术学院(杭州广播电视大学)】杭州科技职业技术学院(杭州广播电视大学)开设七大类、31个专业，高等职业教育全日制在校生9127人。在编教职工530人，副高级以上职称144人，专任教师290人。2016年，招收高等职业教育学生3415人。

6月，学院“十三五”时期教育事业发展规划纲要和专项规划发布；首部学校章程经省教育厅批准正式发布。推进校、院两级管理，制定出台社会服务收入管理办法等规定。12月，学院被中国青年报社、国际创新创业博览会组委会授予“高等职业教育院校创新创业示范校”称号。5月和12月，承办浙江省“北京精雕杯”第十三届大学生机械设计竞赛和2016年全国移动商务技能竞赛。两项教学成果获2016年浙江省教学成果二等奖，“模具设计与制造”和“应用电子技术”两个专业获省"十三五"优势专业建设立项。与新西兰理工大学合作办学的首次招生任务完成,共招生50人。

学院落实与大江东产业集聚区管委会战略合作协议内容,启动建设大江东"智能制造"开放性公共技能实训基地。10月,学院与新疆大学科学技术学院阿克苏校区、阿克苏地区中等职业技术学校签订校际战略合作框架协议。11月,杭州科技职业技术学院与杭州国际博览中心共同组建成立杭州国际博览学院,双方按照现代学徒制模式培养人才,合作共建教学实践基地。至年末,入驻杭州科技职业技术学院创业园的企业40个(其中科技孵化企业26个),入驻企业产值4.15亿元。学院履行社区大学"五项职能",统筹全市社区教育资源。6月,与杭州图书馆共同成立"杭州社区大学杭州图书馆分院",通过资源共享、智力互助、平台共建等方式,打造市民终身学习项目。与国家开放大学签署国家开放大学非学历教育合作协议书,成为国家开放大学非学历教育试点单位。

【杭州职业技术学院】 杭州职业技术学院有在校生9905人,教职工687人。2016届毕业生就业率97.9%。2016年,学院成为国家优秀骨干高等职业教育院校,获"全国高职院校服务贡献50强""全国高职院校创新创业教育(示范校)50强""全国纺织行业技能人才培育突出贡献奖"等荣誉。

全年开展各类社会培训2万多人次,培训收入2100万元。4月,学院与杭州安恒信息技术有限公司合作成立安恒信息安全学院,探索"专企融合"的三级学院管理模式。与大江东产业集聚区管委会签订战略合作协议,研究筹建"大江东新松机器人智能制造学院"。

2016年,学院获浙江省教学成果一等奖和二等奖各2个。学院申报的7个专业获省"十三五"优势专业立项,5个专业获省"十三五"特色专业立项。与中国计量大学合作申报的数控技术专业入围全省四年制高等职业教育人才培养试点专业,并开始招生。"传统手工业(非遗)技艺传习与产业再造教学资源库"成为教育部2016年度职业教育专业教学资源库立项建设项目。学院有数字校园学习平台、服装设计专业教学资源库、传统手工业(非遗)技艺传习与产业再造教学资源库3个国家级专业教学资源库。

学院成为全国职业素养和创新创业教育研究中心副主任单位、全国非物质文化遗产职业教育专委会常务理事单位、全国高等职业教育国际化专业委员会常务理事。获省级以上技能大赛奖项72个,其中一等奖10个。6月30日,学院与澳大利亚博士山学院签署合作协议,就共同设立中外合作办学机构达成初步合作意向。10月,杭州职业技术学院成为教育部"中德诺浩高技能汽车人才培养助推计划"第二批合作院校之一。

【浙江育英职业技术学院】 浙江育英职业技术学院开设专业24个,在校师生7000多人。全院学生参加校外各项赛事67个,获奖451人次。2016年7月,学院组织第五批教师48人到台湾学习交流,在台湾圣约翰科技大学和龙华科技大学完成培训任务。10月,成建制老挝留学生班开班。15名老挝留学生在旅行社经营管理专业学习3年,通过规定课程考试和毕业论文答辩后,由学院颁发专科(高等职业教育)毕业证书。11月25日,由吉祥航空公司与学院联合承办的2016年浙江省高等职业教育和高等专科学校"吉祥杯"航空服务技能大赛举行。省内4所高等职业教育和高等专科学校32名选手在空乘职业风尚、民航知识问答、机上安全演示、模拟情景展示等环节进行比赛,学院获一等奖2个、二等奖4个、三等奖2个。12月,杭州市全面提升市属高校教育国际化水平推进会暨第八届"高职论坛"在浙江育英职业技术学院举行,会议围绕"把握G20杭州峰会后的重大战略机遇,全面提升后G20时代杭州市属高校教育国际化水平"主题进行研讨交流。

学院完成新疆阿拉尔市和淳安县的"农家乐"旅游电子商务服务,培训学员100人。在杭州经济技术开发区开设"职业女性学堂",130人参加培训。对服刑人员开展餐厅服务员、客房服务员和计算机操作员职业技能培训和鉴定。12月,开展退役士兵培训,80名杭州地区退役士兵参加。

【杭州万向职业技术学院】 杭州万向职业技术学院开展产学对接工程,有校企共建的校内实训基地3个、技能名师工作室4个、中高职衔接示范(培育)专业2个、特需专业1个、示范性职工培训中心1个、优秀中青年教师11人进企业服务,获杭州市财政支持经费629万元。《"双创交融、五位贯通"的高职服装专业课程体系构建与实践》课题获2016年度浙江省教学成果奖一等奖。获浙江省优势专业立项1个、浙江省特色专业立项3个。学院教师获"省优秀教师""杭州市优秀教师""杭州市优秀教育工作者"称号各1人。学院实施"全人发展计划",学生参与市级以上各类技能大赛获奖85个。其中,国家级一等奖1个、二等级1个、三等奖1个,省级特等奖2个、一等奖2个。2016届毕业生中有142人升入本科。

学院连续5年开展"十万美国学生访问中国"项目。2016年,接待美国芝加哥大学、美国西北大学等9个团队共259位师生。学院选派3批次、31名学生到英国、美国等国家和地区的高校开展游学和实习。接待新加坡工艺教育学院4名学生到学院学习。推进"万向教育基金"项目,全额资助3批次、55名学生到境外参加青年国际交流项目和2批次、43名学生参与国内人文素质提升项目。20名学生获专科升入本科奖学金,每人2.4万元;1人获25万元的海外奖学金。扶持学生创业团队14个,分别给予1万元~3万元资金,共18万元。2016年评出学院"杰出贡献奖"11个、"专项优秀奖"61个,奖励在提升办学内涵、促进学院长期良性发展等方面做出贡献的优秀教职员工,奖励金额67.7万元。

成人教育

【成人教育概况】 2016年,杭州市有全国社区教育示范区6个、全国社区教育实验区2个、省社区教育示范区1个、省社区教育实验区1个。上城区、萧山区、下城区成功创建为省级学习型城市,富阳区新登镇成人文化技术学校等9所成人文化技术学校成功创建为省现代化成人学校，余杭区瓶窑镇成人文化技术学校“竹产业培训”等9个项目成功创建为省成人教育品牌项目。全市有文化类民办培训学校475所。1月，杭州市成功加入联合国全球学习型城市网络。市教育局整合社区学院网上学习资源和杭州图书馆平台资源，推进市民数字化学习服务平台建设，平台课程内容涵盖文化涵养、职场发展、家庭教育、投资理财、养生保健等十大类别，共709门。杭州市继续开展“双证制”教育培训，重新认定39个成人双证制教育培训定点培训机构，全市参加“双证制”教育培训学员2557人。2016年度杭州市扫除文盲4.28万人。

【市民学习圈构建】 2016年1月，杭州市政府出台《关于构建市民学习圈大力推进终身教育工作的意见》，文件明确要统筹全市社区教育资源构建市民学习圈，到2020年完成市、区县（市）、街道（乡镇）、社区（村）四级市民学习圈的构建，建成市级示范性“街道（乡镇）30分钟市民学习圈”50个。8月，市教育局印发《关于做好杭州市街道（乡镇）30分钟市民学习圈评估认定工作的通知》，制订“市级示范性街道（乡镇）市民学习圈”的认定标准和评估办法，指导各区县（市）做好“市级示范性街道（乡镇）市民学习圈”的创建工作。计划在2018～2020年，分3批认定50个杭州市示范性“街道（乡镇）30分钟市民学习圈”。

【全民终身学习活动周】 2016年11月4日，以“推进全民继续教育，建设学习型社会”为主题的杭州市暨余杭区全民终身学习活动周启动仪式在余杭区社区学院举行。活动周由市委宣传部、市教育局、市人力社保局、市文广新闻出版局、市总工会、团市委、市妇联、市社科联联合举办。省、市教育行政部门和业务指导部门的有关负责人，各区县（市）教育局、社区学院、社区学校的负责人及市民代表近500人参加。活动表彰2016年杭州市和余杭区的“百姓学习之星”和“终身学习品牌项目”。活动周期间，全市区县（市）推出教育培训和学习活动141个，参与市民10万人次。

【“百姓学习之星”和“终身学习品牌”评选】 2016年，杭州市组织参加由中国成人教育协会开展的全国“百姓学习之星”和“终身学习品牌”评选。许建茹被评选为2016年事迹特别感人的“百姓学习之星”（全国十强）；“杭州市民大学堂”被评选为特别受百姓欢迎的“终身学习品牌项目”（全国十二强）。张桂英等15人被认定为2016年“杭州市百姓学习之星”，“西湖·留下市民品质生活大学堂”等9个项目被认定为“杭州市终身学习品牌”。

【社区教育开放日活动】 从2016年开始，每年11月的第三个星期五被定为杭州市公办中小学、幼儿园（含普惠性民办幼儿园）社区教育开放日。全市所有公办中小学、幼儿园在11月18日开放日前后一周内向社区居民开放教育学习资源，组织开展形式多样、丰富多彩的教育活动，举办家庭教育讲座、“家校（园）共育”亲子互动活动，以及文化礼仪、养生保健、非物质文化遗产传承、艺术欣赏等公益性讲座。杭州市公办中小学和幼儿园组织居（村）民参观学校校园、校史馆、科技馆，提供招生政策咨询、学生升学咨询等服务。有49万名社区居民参与社区开放日活动。

特殊教育

【特殊教育概况】 2016年，杭州市建有培智学校12所、聋人学校1所、省属盲人学校1所、工读学校1所。352所普通学校开展特殊儿童随班就读。建成资源教室256个。其中，12个资源教室通过评估验收，被认定为杭州市首批示范性资源教室。杭州聋人学校、上城区杨绫子学校、江干区艮山路学校、萧山区特殊教育学校进行“在普通学校的卫星班”试点。杭州市按照“轻度残疾随班就读、中度残疾在特殊学校就读、重度残疾安排送教上门”的安置原则，完善“以特殊教育学校为骨干、以随班就读为主体、以送教上门和卫星班为补充”的特殊教育发展新格局，视力残疾、听力语言残疾和智力残疾3类残疾儿童少年义务教育入学率99.6%。

【特殊教育提升计划出台】 2016年9月30日，市政府办公厅印发《杭州市特殊教育提升计划（2016～2020年）》，明确杭州市特殊教育新一轮五年发展的总体目标，围绕加强特殊教育体系建设、加大特殊教育经费投入、加强特殊教育教师队伍建设、深化特殊教育教学改革4个方面制订措施，并设立特殊教育学校标准化建设、特殊教育学校仪器设备配置标准化建设、特殊教育示范性资源教室建设、特殊教育学校卫星班试点、特殊教育名师和学科带头人培养、特殊教育学校职业教育实训基地建设、特殊教育医教结合实验、杭州市特殊教育数字资源应用平台建设、“教医训三位一体”复合型特殊教育教师培养模式改革9个重点项目。

【特殊教育指导中心成立】 2016年11月23日，杭州市特殊教育指导中心成立。该中心集特殊教育指导、研究、培训、服务于一体，作为跨学科、多功能的特殊教育研究与服务专业机构，负责统筹杭州市随班就读、医教结合、送教服务、卫星班建设等工作；建立特殊教育工作联席会议，研究与协调解决特殊教育工作中的重大问题；合理配置特殊教育和康复资源，切实解决制约特殊教育事业发展的瓶颈问题，缩小和消除特殊教育与其他社会事业发展的差距。指导中心不具有独立法人资格，挂靠杭州聋人学校，日常管理工作由杭州聋人学校负责，接受市教育局指导。

（高　宁 黄海燕 吴嘉佳 梁树波）

责任编辑　秦文蔚

卫生综述

【杭州卫生事业发展】 2016年末，杭州市有卫生机构数（含村卫生室）4691个，其中含市直属23个、省直属38个，比上年（指2015年，下同）净增263个，卫生机构中医院277个（含市直属13个、省直属20个），社区卫生服务中心（站）1275个（含社区卫生服务中心134个），卫生院88个，门诊部518个，诊所（含卫生所、医务室）1515个，妇幼保健院（所）9个，疾病预防控制中心（卫生防疫站）15个，卫生监督机构16个。实有医疗床位6.95万张，其中医院床位6.4万张，社区卫生服务中心床位2709张。卫生技术人员10.12万人，其中执业（助理）医师3.82万人，注册护士4.2万人，医护比例1:1.10。平均每1000人拥有医疗床位9.44张，医院床位8.69张；拥有卫技人员13.75人，执业（助理）医师5.19人，注册护士5.71人（含省级在杭卫生资源）。

杭州市医疗机构诊疗总数1.22亿人次（其中市直属1097.03万人次，省直属2365.59万人次），增长3.7%；门（急）诊总数1.18亿人次（其中市直属1091.36万人次，省直属2365.11万人次），增长3.3%。全市医疗机构住院人数205.91万人（其中市直属31.93万人，省直属89.02万人）。全市居民到医疗机构就诊的门（急）诊诊疗年人均次数16.09次。每十万孕产妇死亡率1.34人，婴儿死亡率2.10‰，5岁以下儿童死亡率2.99‰。全市无甲类传染病及传染性非典型肺炎病例报告，每十万人甲乙类传染病发病率224.79人，下降8.13%。2016年杭州市户籍人口期望寿命82.08岁。

全年杭州市卫生部门引进高层次D类人才1名、业务骨干2名、博士28人、硕士165人、副高级职称以上卫技人才48人。市卫生计生委直属事业单位有副高级职称以上人员1948人。将人才工作纳入党建责任百分制考核，出台《高层次和紧缺人才引进政策补充口径》，"柔性引进"钱江特聘专家3人，入选浙江省卫生领军人才培养对象1人、浙江省"151"人才工程第二层次培养人选3人、浙江省卫生创新人才培养对象1人；获第四届杭州市杰出人才称号1人、首届突出贡献引进人才1人、入选浙江省有突出贡献中青年专家1人、市政府特殊津贴人才1人。选派援疆医生2人、援藏医生1人。完成第9批援疆干部人才17人的选派工作。第8批援疆的3名医生在2016年度浙江省"组团式"援疆人才竞赛中取得工作室组第一等奖、导师组二等奖、徒弟组二等奖的成绩。

【G20杭州峰会医疗卫生保障】 2016年，在杭州市举办G20峰会期间，杭州市卫生部门按照国家、省、市统一部署，建立起"一盘棋"的医疗卫生保障筹备和指挥机制。市卫生计生委牵头编制医疗卫生保障总体方案、19个子方案和90个应急预案，设置医疗保障点（组）155个，组建7600多人的医疗卫生保障队伍，各医疗点（组）及定点和后备医院累计接诊病人4809人次，实现峰会医疗保障全救治和"零死亡"。强化传染病和突发公共卫生事件防控，G20杭州峰会期间全市传染病疫情平稳，涉会场馆室内空气及生活饮用水卫生投诉"零发生"，蚊媒导致的不良事件报告率为"零"，严重精神障碍患者应收尽收，无肇事肇祸事件发生。

【卫生计生重点项目推进】 至2016年末，市卫生计生委4个市重点项目建设进展顺利。其中杭州市第七人民医院医疗综合楼正式启用，精神科病房楼项目完成初步设计批复。市中医院丁桥分院项目主体施工结顶，地下室、病房楼通过中间结构验收，安装工程完成52%，幕墙工程钢龙骨安装完成，部分建筑铝龙骨安装完成80%。市儿童医院医疗综合楼项目桩基工程全部完成，连续导墙浇筑完成420米，地下连续墙完成24幅。市老年病医院迁扩建工程项目开工建设。

【卫生行业"最美现象"宣传】 2016年，市卫生计生委结合学习教育，积极培育、挖掘和传播"最美现象"，开展"最美人物""道德模范""身边好人"等推选活动，着力弘扬"救死扶伤、为医精诚"的职业精神。年度"最美现象"有：杭州市第一人民医院副院长王平主动为病人献血，康复科护士杨湘英以发明创造满足患者需求与尊严，余杭区第一人民医院3名医生为救病人连续12.5小时手术累倒在地等。举办"立足岗位做贡献，青春立功G20”优秀青年先进事迹报告会，32名医护人员的先进事迹得到挖掘和宣传，其中8名医护人员的先进事迹分别在杭州主城区和7个区县(市)进行巡讲。杭州市第一人民医院护士杨湘英被评为“最美杭州人”，建德市计生服务员汪洁球获评全国“最美在基层——十佳计生工作者”。

（薛　亮）

卫生应急

【卫生应急能力建设】 2016年，市卫生计生委以G20杭州峰会应急保障为契机，扎实推进国家卫生应急示范区创建，健全公共卫生保障工作体系和机制，完善卫生应急平台建设。围绕峰会保障目标制定技术预案和工作方案，构建跨系统、跨部门、多维度的联防联控工作机制，先后组织G20杭州峰会公共卫生保障誓师大会暨杭州市传染病疫情应急处置演练、全市病媒生物控制应急拉练、输入性疟疾处置演练、病原微生物实验室生物安全事件应急处置演练、精神卫生突发事件应急演练等比武活动10多次。

【禽流感等疫情防控】 2016年，市卫生计生委针对发现的H7N9确诊病例，认真落实市委、市政府领导的重要指示精神，履行联防联控牵头部门职责，做好与省防控办、各区县(市)、各部门之间的沟通协调工作，组织成员单位开展督导检查和暗访，及时恢复H7N9联防联控专报制度，对杭州市不同时期的疫情形势和防控中的薄弱环节提出针对性控制措施和要求，并及时组织防控督导工作。全市全年无“埃博拉”“登革热”“中东呼吸综合征”等病例发生。

【食品安全风险监测】 2016年，全市卫生计生部门技术机构完成食品污染以及食品中的有害因素实验室检测9378件，检测项目3.86万项次，在全省排名第一位；食源性疾病监测哨点医院覆盖所有二级及以上医疗机构，上报食源性疾病病例、检测数均居全省前列。同期，完成食品安全企业标准备案606件，备案数约占全省四分之一，并做到企业“零投诉”。（薛　亮）

预防保健

【重大疾病防控】 2016年，杭州市扎实推进第3轮全国艾滋病综合防治示范区工作，积极探索综合干预模式，扩大监测筛查与抗病毒治疗覆盖面，加大对重点人群宣传教育力度，艾滋病防治工作持续走在全省前列。加强美沙酮门诊规范化管理。不断完善结核病疾控机构规划管理、医疗机构转诊、定点医院收治、社区管理的服务体系和工作机制，认真落实结核病患者健康管理工作。加强肠道传染病、呼吸道传染病、自然疫源性疾病、聚集性疫情监测，血吸虫病防治、碘缺乏病防治和消除疟疾的防控工作。

【慢性疾病综合防控】 2016年，杭州市开展国家级和省级慢性病综合防控示范区创建情况总结“回头看”，启动慢性病自我管理推广项目，加大慢性病防治宣传力度。9月27日，致公党中央医药卫生委员会和省相关部门对杭州市慢性病综合防控工作进行调研，给予充分肯定和高度评价。继续开展国家心血管高危人群早期筛查与干预项目和脑卒中高危人群筛查干预项目，惠及3万多人。

【免疫预防接种】 2016年，市卫生计生委妥善处理山东疫苗等事件对杭州的影响，及时回应社会关切，规范做好免疫预防接种工作。完成星级预防接种门诊省级复核，全市申报的10家五星级门诊和1家三星级门诊均通过省级专家组验收合格。

【精神卫生管理】 2016年，杭州市以国家精神卫生综合管理试点城市创建为契机，印发《杭州市人民政府关于进一步加强精神卫生综合管理工作的实施意见》，组织实施《杭州市精神卫生条例》的修订，并通过省、市人大常委会审议，于12月1日正式实施。落实建立部门联席会议制度和联合督导机制，通过全市开展重性精神障碍患者全面排查、诊断复核和分类精准管理，加强发病报告与信息管理，有效提高患者的社区管理率、治疗率和个案管理率。市政府批复同意在建德市建设杭州市第七人民医院浙西院区。

【公共卫生服务】 2016年，市卫生计生委按照《杭州市县级以上医疗机构公共卫生任务书》要求，推进医防整合联动，落实医疗机构公共卫生职能，完善临床、医技、防保等多领域专家联合督导机制。全市建立规范化电子健康档案77.6万份，建档率91.9%；高血压、糖尿病、重性精神病人管理人数分别为76.5万人、19.3万人和3.45万人，规范管理率分别64.8%、64.8%和84.8%。全面开展适

2016年6月22日，市长张鸿铭(前右)调研杭州市妇产科医院

（市卫生计生委 供稿）

2016年8月10日，杭州市第七人民医院与建德市签署合作协议，建设市七医院浙西院区（市卫生计生委 供稿）

龄学生口腔窝沟封闭防龋项目，“健康宝贝秀”活动成为新品牌项目。

【妇幼健康服务】2016年，市卫生计生委强化高危孕产妇管理，扎实做好孕前保健、产前筛查和产前诊断等防治出生缺陷等关键举措，提高出生人口质量；加强新生儿疾病筛查和高危儿、营养性疾病管理工作，全面提升妇幼健康服务能力。孕产妇和3岁以下儿童系统管理率分别为96.9%和98.1%，产前筛查率和新生儿疾病筛查率分别为91%和99.7%。继续做好农村孕产妇住院分娩补助、叶酸补助、免费国家孕前优生检测，完成率分别为134.9%、152.2%、88.3%。（薛 亮）

基层卫生

【医养护一体化全科医生签约服务】2016年，杭州市继续推进医养护一体化全科医生签约服务，已实现签约服务政策全市城乡全覆盖，全市签约人数已达170多万人次，其中主城区签约71.6万人。根据10月下旬启动的第三方签约服务工作考核，有效签约66.5万人，合格签约61.68万人，签约服务合格率86.6%。市属医院提前两周内固定向转诊平台开放专家号源比例提高至31.7%，进一步畅通病人上转、下转通道。分级诊疗成效日益明显，主城区签约居民社区卫生服务中心就诊率64.7%，转诊率控制在12%。全年提供家庭病床服务1770多人次。

【城乡优质医疗资源共享】2016年，杭州市继续深入开展市级医院与主城区社区卫生服务中心的区域医联体工作。市一医院、市二医院、市三医院、市红会医院、市中医院分别与主城区的51个社区卫生服务中心签约，组建5个紧密合作的医联体，有效促进市级医院与主城区基层医疗机构之间形成业务联动、优势互补、疾病诊治连续化管理的合作机制，逐步构建“基层首诊、双向转诊、急慢分治、上下联动”的分级诊疗体系。扎实推进医疗资源“双下沉、两提升”工程。6个市属医院托管19个县级医院，覆盖所有县域，32个县级医院通过医联体模式或一体化管理的模式，与145个乡镇卫生院和社区卫生服务中心建立紧密型合作办医模式。全年县级医院住院人次增幅超过市级医院增幅。

【国家医养结合试点工作】2016年，杭州市印发《杭州市医养结合试点工作实施方案》《关于进一步推进我市医养结合工作的通知》等政策文件，确定上城区健康颐养园等8个单位为全国医养结合试点的示范项目，重点加强对60岁以上老年人的全科医生签约服务。要以社区卫生服务中心为平台，加强对养老机构、社区托养机构医疗卫生服务的指导和支撑，逐步建立社区卫生服务中心与区域内养老机构、社区托养机构的签约合作关系。在全市范围内组织开展“健康养老、情暖杭州”敬老公益义诊慰问关怀活动。

【基层卫生队伍建设】2016年，市卫生计生委以提高岗位胜任力为核心，加强基层卫技人员的培养培训工作；组织完成全科医生继续医学教育、基层复合型公共卫生人才培养、城乡社区公共卫生人员培训、社区护士岗位培训、初级卫生技术人员继续教育以及基层医疗机构放射、心电、B超和检验等医技岗位的培养培训工作。继续开展定向免费培养农村社区医生，根据各地需求确定定向委培生的招录计划，共组织完成78名临床医学、中医、口腔等专业本科层次和45名专科层次临床医学专业学员的招录工作。

【基层医疗机构争创满意单位】2016年，杭州市开展群众满意的乡镇卫生院创建活动，全年有8个乡镇卫生院（临安区4个、建德市2个、淳安县2个）创建成功；开展国家优秀社区卫生服务中心创建，全年有4个社区卫生服务中心通过国家评估考核。通过创建活动，杭州市社区卫生服务中心、乡镇卫生院、村卫生室硬件设施和服务水平得到明显改善，群众就医环境和就医需求得到进一步优化和满足。（薛 亮）

医院管理

【“智慧医疗”深化应用】2016年，市卫生计生委深化“智慧医疗”应用，联合市发改委、杭州市民卡公司在市属医院全面推行“医信付”，实施“先诊疗，后还款”服务，推动社会诚信建设在医疗健康领域的创新应用。在“支付宝”的城市服务中，开通杭州“智慧医疗”功能，手机App累计注册用户95.56万人次，提供网上预约查询服务265万人次。市属医院全面推行24小时自助挂号和自助机“支付宝”扫码充值服务，物联网“智慧护理”项目在市属医院50%以上的病区覆盖应用。市属医院持市民卡人群诊间结算使用率77.8%、自助机挂号使用率91.2%、诊间结算病人医技检查诊间预约率58.2%、出院病人床边(或病区)结算率94.8%。全市累计有3560万名患者享受到"智慧医疗"的便利。

【公立医院改革稳步推进】2016年,杭州市创新公立医院编制员额管理,出台《杭州市市属公立医院机构编制管理暂行办法》。进一步完善区域卫生信息平台,促进市级医院之间的检验检查结果共享和互认,实施信息化全处方点评,全年处方点评率保持100%,处方总体合格率99%。促进公立医院优先使用基本药物,加强抗菌药物管理,从7月起,杭州市三级医院(除儿童医院和儿科)全面停止门诊患者静脉输注抗菌药物。严格控制医疗费用的不合理增长,市属医院市级参保病人门诊和住院均次费用在连续2年下降的基础上,比上年再分别下降0.5个和3.53个百分点。

【医疗国际化和社会办医】2016年,杭州市继续选派医疗骨干医生到境外研修学习和学术交流。市属医院全部完成双语门户网站建设和双语标识改造提升工程,全面开设老年人和外宾专窗。市妇产科医院成为杭州市首家通过JCI认证的市级公立医院。市一医院国际医疗中心新改扩建工程全面启动,市中医院以中医为特色的国际医疗中心投入使用,提升市二医院、市红会医院等市属医院国际医疗中心的服务内涵和规范性。年末,全市社会资本举办医疗机构床位占全市总床位的32.6%。

【医疗质量管理】2016年,市卫生计生委定期组织开展医疗质量专项检查、专项通报,加强医疗服务过程中重点环节、重点区域、重点人员管理。开展医疗服务阳光用药,建立完善临床用药监控系统,定期开展全处方点评。发挥"一站式"诉求中心和医疗纠纷调解委员会的作用,完善投诉沟通渠道,增强医疗争议事件处理的主动性。印发《关于进一步推进临床路径管理工作的意见》,提高临床路径管理病例入径率和诊疗行为透明度,市属医院对101个专业、302个病种开展临床路径管理。开展市级医院物联网"智慧护理"系统建设,深化优质护理服务工程。继续开展卫生系统商业贿赂专项治理行动。

【卫生许可管理】2016年,市卫生计生委加强医疗机构审批管理,把好准入关,完成医疗机构设置审批和备案390个,注销2个,变更登记29个次,校验26个次。完成执业(助理执业)医师注册(变更注册)1236人次、医师多点执业注册82人次、外籍医师临时执业注册78人次、港澳台医师短期行医执业注册10人次、护士注册(延续、变更)1.34万人次。

【惠民医疗服务】2016年,市惠民医院诊治病人8921人次(其中爱心门诊211人次,惠民病床住院33人次),减免医疗费用42.67万元。积极开展星级卫生间和星级营养食堂创建,星级卫生间覆盖率98%,市一医院、市三医院、市七医院、市五云山疗养院被评为首批星级营养食堂创建示范单位。全面推进医务人员值班室改造,努力为医务人员提供更好的值班环境。(薛　亮)

中医中药

【基层中医药服务能力建设】2016年,市卫生计生委组织开展基层中医药服务能力提升工程总结督导,全市129个社区卫生服务中心、65个乡镇卫生院全部建立中医药综合服务区。897个社区卫生服务站能运用中药饮片等4种以上中医药技术方法开展常见病基本医疗和预防保健服务,515个村卫生室能运用4项以上中医药技术方法。巩固"全国基层中医药工作先进单位"创建成果,上城区、江干区通过省中医药管理局组织的"国家基层中医药工作先进单位"复审。

【中医药适宜技术推广应用】2016年5月5日,市卫生计生委 联合团市委

2016年12月16日,杭州市妇产科医院通过国际医疗卫生机构认证联合委员会(JCI)认证　(市卫生计生委 供稿)

2016年7月15日，杭州市第六批名中医命名大会在杭州市中医院召开，新命名29名市级名中医。副市长陈红英（前中）和省市相关部门领导及部分省级名中医出席仪式　（市卫生计生委 供稿）

举办“喜迎G20、提升服务能力我先行”——杭州市首届基层中医药适宜技术推广应用标兵评比活动。举办中医药适宜技术在妇幼保健服务中推广应用培训班、中医护理适宜技术（耳穴贴压、穴位贴敷）临床推广应用培训班。充分发挥中医药适宜技术示范基地的作用，大力推广中医药新技术、新疗法。在中医药适宜技术推广应用标兵评比活动中，4位医务人员获得“杭州市杰出青年岗位能手”称号，15位医务人员获得“杭州市优秀青年岗位能手”称号。

【中医药质量控制管理】2016年，市卫生计生委以市中医临床、中医护理、中药药事、中医治未病、中医适宜技术推广应用5个质量控制中心为平台，组织全市开展各项中医药质控工作。各质控中心通过制定检查标准、开展质控检查、组织宣讲培训等多种形式，开展中医药质控管理工作，规范中医诊疗行为及中药管理。受省中医药管理局委托，市卫生计生委组织开展二级中医医院持续改进检查评估。检查评估结果显示，9个二级中医（中西医结合）医院评估得分均在80分以上。

【中医药人才队伍建设】2016年，市卫生计生委 联合市人力社保局共同组织开展市第六批名中医评选。经前期推荐、材料审查以及实地核实，市名中医专家组评审、市名中医评选委员会审查及社会公示，经市政府批准，评选产生第六批市级名中医29名。联合市人力社保局开展市第二批基层名中医评选，通过市基层名中医候选人临床经验考核及专家综合考核，最终产生30名市级基层名中医。继续做好淳安县中医院严有林、桐庐县中医院许子春两个全国基层名老中医传承工作室建设，开展日常人才培养，定期开展巡诊带教活动及学习交流。组织第13期医务人员“西学中”培训班，全市400多名学员参加。

【中医药文化传承建设】2016年，市卫生计生委做好传统医学师承管理，组织人员参加师承考核，全市共有15人通过传统医学师承考核，1人通过确有专长考核。组织市中医传承项目申报非物质文化遗产，市中医院“何氏女科”名列第6批杭州市非物质文化遗产项目名录。结合国家中医药管理局中医“治未病”（指未病先防和既病防变）服务建设项目，在市红会医院举办中医“治未病”高层论坛，进一步推动中医“治未病”健康工程顺利实施。联合市旅委举办杭州养生集市主题活动，开展中医体质辨识、常见“治未病”知识宣传推广，宣传展示杭州中医养生文化。

（薛　亮）

医教科研

【医学科研创新成果】2016年，杭州市获得各级各类医学科技计划项目625个，其中国家自然基金7个、省部级33个、市厅级342个，获得资助资金计2253.3万元。获得各级各类医学科技成果奖项115个。其中，省科学技术进步奖二等奖1个、三等奖8个，省医药卫生科技创新奖二等奖2个、三等奖14个，杭州市科技进步奖二等奖4个、三等奖18个。市中医院肾病科王永钧团队参与的“IgA肾病中西医结合证治规律与诊疗关键技术的创研及应用”项目获得国家科技进步奖一等奖。全市医疗卫生单位共发表论文2535篇，其中SCI期刊215篇、Ⅰ级期刊629篇；出版专著3本，主编书籍4册。

【医学重点学科建设】2016年，市卫生计生委组织省、市医学重点学科的申报与周期验收，协同省卫生计生委组织完成第2批5个省市共建重点学科的终期验收工作，其中2个项目获得优秀等次、3个项目获得良好等次，完成2014～2016年建设周期杭州市110个医学重点学科的验收。根据省卫生计生委统一部署，遴选推荐县级6个学科分别申报省第5批县级医学龙头学科和第4批非公立医疗机构临床特色学科，有3个学科获得县级龙头学科立项。启动市级医学重点学科2017～2019年建设周期的申报工作。

【住院医师规范化培训】2016年，市卫生计生委以国家级培训基地的管理和能力建设为重点，加快推进住院医师规范化培训制度建设。组织开展市一医院和市二医院两家国家级培训基地的考核，突出联合体和各培训基地的自身管理和师资建设，进一步促进国家级培训基地的自身管理和联合体内的紧密协作。做好对杭州市新申报培训基地、新增培训学科的评审，抓好现有培训基地的复评和新申报培训学科评审。组织711名住院医师规范化培训的理论考试，对630名培训学员开展结业技能考核。

【继续医学教育】2016年，杭州市国家级继续医学教育项目立项49个、省级继续医学教育项目立项29个。开展中高级卫技人员继续教育学分周期审验，受理中高级卫技人员学分周期审验和年度审核2951人次。开展远程继续医学教育的报名和组织Ⅰ类学分集中考试。组织开展省继续医学教育管理新系统分期培训。与浙大外国语学院联合举办第8期中青年英语口语高级研修班，招录市级和区县（市）医疗卫生机构2个班共58名学员。（薛　亮）

卫生监督

【卫生计生行政审批改革】 2016年，市卫生计生委以“四张清单一张网”建设为推动力，推进简政放权。全面落实国务院《关于整合调整餐饮服务场所的公共场所卫生许可证和食品经营许可证的决定》，组织各区县（市）停止对饭馆、咖啡馆、酒吧、茶座4类场所核发公共场所卫生许可证，按时完成4类场所公共场所卫生许可证的注销、变更调整整合。做好简政放权、放管结合绩效评估，对区县（市）承接实施杭州市下放事项工作进行培训指导、考核评定，实现“放管服”相结合。全年市卫生计生委受理并办结市本级行政审批1673件，承接实施并办结省级下放的事项11个，受理并办结办件1.38万件。

【卫生行政执法责任制落实】 2016年，市卫生计生委制定《杭州市卫生计生委行政执法责任制实施方案》，进一步明确机关及有关处室的执法职责。制定《关于进一步加强行政规范性文件制定和备案管理工作的通知》《杭州市卫生计生委行政规范性文件工作手册》，加强规范性文件的管理和报备工作。组织开展行政行为审查、备案和行政执法案卷评查，规范行政执法行为。全年新受理3起涉及医疗机构设置审批的行政复议案，经审理均按期办结。

【规范医疗服务市场秩序】 2016年，市卫生计生委为G20杭州峰会提供医疗卫生保障，对市区内27个保障医院进行“依法执业促规范，严查严纠护峰会”专项督查和病原微生物实验室生物安全专项检查，严防死守，全面部署，确保不发生传染病疫情。深入开展打击非法行医，全市共查处无证行医窝点1318个次，行政处罚394户，没收违法所得37.56万元，罚款53.5万元，移送非法行医案件34起。开展“服务保障G20，打击非法医疗美容”专项行动和二类疫苗接种管理的专项监督检查。有序推进医疗机构医疗废物远程在线监控系统安装调试工作。

【食品安全专项监督监测】 2016年，杭州市卫生监督机构开展餐饮具集中消毒服务单位食品安全专项监督监测工作，抽检指标包括感官指标、细菌指标、理化指标，单位覆盖率100%。抽检消毒餐饮具849批次、4753件，其中市本级抽检352批次、2344件，抽检合格347批次、2309件。重点排查无证非法从事餐饮具集中消毒生产行为，严厉打击未经卫生计生部门核发卫生监督合格证而从事餐饮具集中消毒经营服务的行为。

【公共场所卫生监管】 2016年，杭州市组织全市公共场所控烟专项执法检查2次，共出动卫生监督员1.69万人次，检查各类场所1.41万个，整改1074个。推进公共场所饮用水卫生监督量化分级管理工作，全市住宿场所、游泳场所、公共浴室、大型商场（超市）和集中式供水单位全部实现量化分级，美容美发店97.4%实现量化分级。推进公共场所健康体检和信息公示，883个公共场所开展二维码信息公示。全市261个住宿场所开展“五常法”管理试点，优良率92%。开展杭州市住宿场所杯饮具消毒间在线管理试点，49个单位参与。创新民宿卫生监管试点，开展住宿场所室内空气质量污染指数监测，40个场所参与。开展饮用水卫生监督监测和水龙头水质公示，监测龙头水样本2759件，合格率97.5%。

【职业与放射卫生监管】 2016年，市卫生计生委强化职业与放射卫生监督执法，召开全市放射卫生监督信息二维码公示推广工作现场会，共推广医疗机构172个。组织开展职业健康检查机构信誉等级市级评定和职业病诊断机构年度考核。抓好医疗机构放射卫生防护检测和建设项目职业病危害评价信息上报，持续开展区域职业病防治信息分析。

【学校卫生监管】 2016年，市卫生计生委强化学校卫生监管工作，全年监督检查学校1031个。开展中小学校教学环境卫生监督监测322个，二次供水和分散式供水学校饮用水监督抽检36个，卫生监督综合评价学校154个，累计公示学校卫生监督信息249件。（薛　亮）

爱国卫生

【爱国卫生概况】 2016年，杭州市爱国卫生和建设健康城市工作围绕G20杭州峰会圆心，以服务保障峰会病媒生物防制工作为重点，大力开展城乡环境卫生整洁行动，巩固发展国

2016年11月21日，市长张鸿铭出席在上海举行的第九届全球健康促进大会·国际健康城市市长论坛（市爱卫办 供稿）

家卫生城市成果，深化健康城市建设内涵，推进各级卫生乡镇创建、农村改水改厕工作，促进"美丽杭州"生态文明建设，为加快建设独特韵味、别样精彩的杭州夯实健康政策基础。

经全市各级政府、爱卫会的共同努力，全年创建国家卫生乡镇8个、省卫生街道1个，市卫生乡镇3个、街道1个；创建世界卫生组织（WHO）健康单位10个、省健康单位10个；农村自来水普及率累计99.9%，农村无害化卫生厕所普及率累计98.2%。杭州市获全省11个地市巩固国家卫生城市成效暗访检查第一名。市爱卫办被省委省政府评为服务保障G20杭州峰会突出贡献集体，市健康城市建设指导中心被市政府评为G20杭州峰会爱国卫生保障工作先进集体。

2016年8月8日，全国爱卫办专家组一行在下城区调研潮鸣街道东河社区病媒生物防制保障工作 （市爱卫办 供稿）

【健康单位建设】 2016年，杭州爱卫会全面完成2015年度市级健康单位、无烟单位的考核验收工作，命名杭州市健康单位19个、无烟单位84个、健康促进银奖学校14个。

1月19日，2015年度"世界卫生组织（WHO）健康城市合作网络会议暨健康场所命名仪式"在杭州举行，杭州市有10个单位被命名为WHO健康单位，8个学校被命名为省健康促进金奖学校，2个医院被命名为省健康促进医院。余杭区被中国健康教育中心列入国家第2批健康促进示范区建设名单。

【G20杭州峰会病媒生物防制保障】 2016年，按照G20杭州峰会保障的总体要求，市爱卫会以病媒生物防制保障的最高标准，在5个月内将"四害"密度降至控制标准范围内。坚持全民动员、部门联动、综合防制，落实场馆主体责任和属地管理责任，深入最脏乱处，逐个清理、逐点督查、逐家推进，扎实开展各项工作。制定经国家、省市专家论证的方案和工作文件100多个，组建管理、应急、监测、消杀、技术等队伍208支；开展应急演练46场、技术培训270场、宣传活动4644场；发放宣传资料76.81万份，刊登户外广告1.97万处；开展病媒监测641点（次），产生监测记录1.33万条；开展督查3.09万人次，整改问题3万多个；开展消杀作业2.08万人次，消杀面积1.85亿平方米。实现主要场馆病媒生物控制关键指标优于国家最高标准，峰会期间未发生病媒生物侵害、病媒生物性传染病、病媒生物侵扰投诉、媒体不良信息传播等事件，完成G20杭州峰会病媒生物防制保障任务。

【爱国卫生专项行动】 2016年3月1日起，市爱卫会按照国家、省爱卫会的统一部署，开展为期8个月"清洁家园除四害，安全健康保峰会"的爱国卫生专项行动。向全市发出倡议书，在小营巷社区举办"清洁家园除四害、安全健康保峰会"百日大行动启动仪式；与省爱卫办、市教育局、团市委、杭州电视台、杭州日报社联合开展宣传活动，在市主流媒体刊发报道104篇。通过发放病媒生物防制宣传折页，张贴宣传海报，设置地铁灯箱广告、电子屏、灯箱墙绘等方式，营造爱国卫生的浓厚氛围。4月，结合全国第28个爱国卫生月，大力开展城乡环境卫生综合整治。7月，G20杭州峰会保障工作进入关键时刻，市委、市政府印发《杭州市"人人动手，清洁家园"爱国卫生月活动实施方案》，全市各级、各区（管委会）均成立由主要领导任组长的爱国卫生月活动推进组，全面实施一场历时31天覆盖全市的群众性爱国卫生运动。全市共开展环境卫生整治3.64万次，参与人数78.94万人次，清理卫生死角垃圾杂物23.76万吨，清除"四害"孳生地16.08万处，为G20杭州峰会环境提升做出重要贡献。

【卫生城镇创建】 2016年，经全市各级政府、爱卫会的努力工作，2014～2016年申报创建的余杭区鸬鸟镇，富阳区洞桥镇，桐庐县分水镇、江南镇、合村乡，淳安县姜家镇，建德市乾潭镇，临安市於潜镇8个乡镇均成功创建并被命名为"国家卫生乡镇"。其中富阳、桐庐、建德、临安、淳安等地的建制乡镇创建"国家卫生乡镇"工作均为首次。建德市新安江街道创建为浙江省卫生街道；富阳区场口镇、新桐乡，建德市航头镇，杭州经济开发区白杨街道创建为杭州市卫生乡镇（街道）。全市新创建省级卫生单位22个，市级卫生先进单位29个、社区12个、村17个。建德市、桐庐县和萧山区宁围街道、益农镇紧密结合G20杭州峰会工作要求，加强环境综合整治和病媒生物防制，顺利通过国家卫生城市（县城、镇）复审，被重新命名确认。全市10个省级卫生乡镇、6个省级卫生街道和21个市级卫生乡镇、街道通过复审；348个省级卫生单位、13个省级卫生村通过复审。5月17～18日，市爱卫办在桐庐县举办全市国家卫生镇创建工作培训班，各级爱卫办和乡镇分管领导参加培训，正在创建国家卫生镇的桐庐县分水镇和淳安县姜家镇做创建工作经验交流，与会代表赴桐庐县合村乡、分水镇实地参观学习。12月8~9日，市爱卫办组织爱国卫生专家库成员，进行国家卫生镇创建标准和技术指导能力培训，为各地创建工作提供技术支撑。

【"无烟峰会"宣传】 2016年3月1日，在《杭州市公共场所控制吸烟条例》实施7周年之际，市爱卫会在《杭州日报》发布"无烟峰会，健康杭州"控烟倡议，并向在杭机关企事业单位发放倡议书1万多份，发放中英双语国际认证控烟标识6万多份、宣传折页3万多份。3月2日，《杭州日报》专题刊发《不让烟霾飘向峰会》的评论员文章。5月31日，省、市、区卫生部门联合开展以"无烟峰会"为主题的"世界无烟日"宣传活动，在主会场杭州火车东站及各区县（市）分会场，展示"无烟杭州，笑容绽放"主题笑脸作品7000多个，主城区100多个社区的大型户外电子屏上同步展示，表达杭城市民拒绝烟草危害、享受无烟生活的期盼。组织"无烟春节"倡导活动，开展大学生控烟干预试点。组织餐饮服务人员、控烟志愿者参加"劝烟36计"的控烟技巧培训。全年新命名"无烟单位"96个。

【健康教育】 2016年，杭州市组织开展健康讲座、咨询、义诊等各类健康教育活动4.05万场次，受益人数53.34万人次。其中健康讲座5211场次，宣传日活动1242场次，咨询1025场次，义诊590场次，媒体报道3748次；短信微博信息2.39万条、网站信息3443条；印发控烟、"登革热"防控、"四害"防控、高血压防治等海报和折页10种共12.2万份，编辑《健康专递》12期，印发12.36万份，刊发科普文章180多篇。

【健康城市建设对外交流】 2016年11月6日，全国健康城市健康村镇建设座谈会暨健康城市试点启动会在杭州召开，杭州市再次成为新一轮全国健康城市建设试点城市之一，副市长陈红英做交流发言。11月21日，市长张鸿铭作为健康城市市长代表，应邀出席第九届全球健康促进大会2016年国际健康城市市长论坛，向与会1180多位中外嘉宾和专家学者介绍杭州在健康城市建设领域取得的成果，案例"杭州市健康城市建设实践与探索"入选全球健康促进大会优秀案例。9月28日，副市长陈红英应邀出席中国健康城市建设高层论坛暨健康城市蓝皮书《中国健康城市建设研究报告（2016）》发布会，做题为"七个人人享有，让全民更健康"的主旨演讲，"杭州市健康楼宇试点项目现状"作为健康城市建设的优秀案例，被选入健康城市蓝皮书。9月21~22日，杭州市受邀参加第九届中国健康教育与健康促进大会，"杭州市健康城市建设实践与探索"案例在大会上获得国家卫生计生委等部门领导和专家的高度评价，并入围全国20个健康促进优秀案例，论文《杭州市建设健康城市运行机制评价》被大会授予一等奖。全年，杭州市接待西安、包头、银川等健康城市考察团15批，交流健康城市建设模式和经验。

【打造"健康中国示范区"】 2016年，杭州市把"建设惠及城乡居民的健康杭州"和"将健康融入所有政策"的理念写入《杭州市国民经济和社会发展第十三个五年规划纲要》，明确提出打造"健康中国示范区"。全市认真贯彻落实全国和全省卫生与健康大会精神以及《"健康中国2030"规划纲要》《"健康浙江2030"行动规划》有关要求，起草《"健康杭州2030"规划纲要》，印发《杭州市建设健康城市"十三五"规划》《健康杭州考核办法》《健康杭州考核指标体系》《关于加强健康杭州"6+1"平台建设建立大健康共建体系的指导意见》等文件，启动"健康杭州"基线调查项目，全面了解全市健康需求和问题，为科学推进"健康杭州"建设、打造"健康浙江新标杆"和"健康中国示范区"做好规划引领、机制保障和科学支撑。

【农村改水改厕】 2016年，市爱卫办结合"五水共治""美丽杭州"（生态文明建设）等工作要求，以提升农村饮用水水质和规范农村改厕技术为重点，完成市财政补助农村饮用水工程设施提升改造项目21个，共铺设管网26.62万米，新建拦水坝3座，提升消毒设施6套（台），新增（更新）过滤/净水设施6套，新建储水池11座，新建或加固厂房、泵房6座，新增水质检测设备1台，提升智能IC卡水表623只，受益人口7.7万人。农村自来水累计普及率99.9%。继续开展丰水期、枯水期农村饮用水水质卫生监测。新增无害化卫生厕所1.5万座，累计普及率98.2%。经对2015年度农村改厕项目粪便无害化处理效果监测，总合格率87.1%。组织举办全市农村改水改厕培训，各地累计开展培训66期，参加培训人员2771人次，印发改厕宣传资料7万多份。

【除"四害"活动】 2016年，市爱卫办结合G20杭州峰会病媒生物防制保障要求，组织开展科学除害防病宣传活动。印发除"四害"宣传折页20.25万份，宣传海报4.5万份，刊登社区、地铁灯箱广告220只，公交车播放视频5000辆（次），通过杭州网向40多万微信用户推送除"四害"宣传知识。以除"四害"为主题，与杭州电视台合作录制"我们圆桌会"节目，宣传报道全民除"四害"成果。各区县（市）深入街道、社区宣传，开展讲座1542场，普及除害防病知识，提升市民卫生习惯。举办除"四害"管理业务知识培训，提高各级管理者工作能力。统一开展春秋季灭鼠、夏秋季灭蚊灭蝇灭蟑螂活动，有效控制"四害"密度。临安市病媒生物控制水平国家C级标准通过省级评估认可。

（王莲花）

责任编辑 汤　峻

体育综述

【体育强市新进展】 2016年，杭州市体育部门以服务保障G20杭州峰会为圆心，以筹备2018年世界短池游泳锦标赛和2022年杭州亚运会(简称“两大赛事”)为导向，开展“迎峰会、迎亚运——环境大整治、安全大排查、作风大提升”专项活动，全面推进体育事业发展，群众体育、竞技体育、体育产业、体育国际化等都取得新发展。

深入贯彻落实国务院《全民健身条例》，制订《杭州市全民健身实施计划(2016～2020)》，努力构建覆盖城乡、具有杭州特色的亲民、便民、惠民的公共体育服务体系。市国民体质监测中心为民测试服务3.76万人次，并提供科学健身建议。全年举办杭州马拉松赛事、国际(杭州)毅行大会、全国排舞总决赛、横渡钱塘江、“安利纽崔莱”健康跑等全国性或国际性大型群众性体育赛事活动10多场，各级体育社团组织各类全民健身活动100多场，街道(乡镇)及以上级别组织群众性体育活动793场，吸引200多万人参与。成功举办杭州市第二届体育大会，全市16支代表队、2000多名运动员参加25个大项、181个小项的比赛。积极参加省第二届体育社团运动会、省第二届女子体育节等各类全民健身赛事(活动)。体育服务组织不断健全，新增“杭州市艺术体操运动协会”等5个市级体育社团，全市体育社团累计54个；新增国家二级社会体育指导员1355名，全市累计2.36万名；新建体育健身中心、健身广场、健身公园等城乡公共体育设施30处；全市已有体育场地面积1658.22万平方米，按常住人口920万人计算，人均1.8平方米。

成立市体育局城市体育国际化建设工作领导小组，推进杭州城市体育国际化，谋划研究市体育局城市体育国际化建设方案，对市属公共体育场馆国际标识全面改造，新增市本级体育场馆中英文标识700多块。积极打造国际体育品牌赛事活动，将杭州城市特色与体育赛事活动相结合，成功举办国际(杭州)毅行大会、国际钱塘江冲浪对抗赛等国际赛事(活动)，吸引约50个国家(地区)、1000多人次的国际友人参与，进一步提升杭州城市知名度和影响力。在巴西里约奥运会上，杭州籍奥运会参赛运动员取得1枚金牌、1枚银牌、1枚铜牌、2个第四名、2个第八名的好成绩。

【体育部门服务G20杭州峰会】 2016年，按照市委、市政府“最高标准、最快速度、最实作风、最佳效果”迎峰会的要求，体育部门全力以赴服务保障G20杭州峰会，按照“纵向到底、横向到边，不漏盲区、不留死角”的要求进行全面排查，查找涉及环境、安全、作风等方面问题128个，并落实整改。确保峰会期间各项工作安全、平稳、有序。对重要体育场所实施绿化美化；对全市22家射击竞技体育运动单

2016年11月6日，“2016杭州马拉松”在黄龙体育中心开跑

(市体育局 供稿)

2016年杭州籍运动员参加国际、洲际比赛成绩情况

表72

项目	比赛名称	月份	地点	姓名	性别	比赛项目	名次
游泳	第三十一届夏季奥运会	8	巴西里约热内卢	孙杨	男	200米自由泳	1
游泳	第三十一届夏季奥运会	8	巴西里约热内卢	孙杨	男	400米自由泳	2
游泳	第三十一届夏季奥运会	8	巴西里约热内卢	傅园慧	女	100米仰泳	3
游泳	第十届亚洲游泳锦标赛	11	日本东京	傅园慧	女	100米仰泳	1
游泳	第十届亚洲游泳锦标赛	11	日本东京	傅园慧	女	50米仰泳	1
游泳	第十届亚洲游泳锦标赛	11	日本东京	傅园慧	女	4×100米混合泳接力	2
游泳	第十届亚洲游泳锦标赛	11	日本东京	朱梦惠	女	100米自由泳	1
游泳	第十届亚洲游泳锦标赛	11	日本东京	朱梦惠	女	50米自由泳	2
游泳	第十届亚洲游泳锦标赛	11	日本东京	朱梦惠	女	4×100米自由泳接力	1
游泳	第十届亚洲游泳锦标赛	11	日本东京	朱梦惠	女	4×100米混合泳接力	2
游泳	第十届亚洲游泳锦标赛	11	日本东京	毛飞廉	男	200米蛙泳	2
游泳	第十届亚洲游泳锦标赛	11	日本东京	毛飞廉	男	400米混合泳	3
游泳	世界短池游泳系列赛	9	中国北京	朱梦惠	女	50米自由泳	1
游泳	世界短池游泳系列赛	9	中国北京	朱梦惠	女	4×50米自由泳接力	1
游泳	世界短池游泳系列赛	9	中国北京	朱梦惠	女	100米自由泳	2
游泳	世界短池游泳系列赛	9	俄罗斯	邵依雯	女	400米自由泳	2
游泳	世界短池游泳系列赛	8	法国	邵依雯	女	400米自由泳	2
游泳	世界短池游泳系列赛	8	德国	邵依雯	女	400米自由泳	2
艺术体操	亚洲艺术体操锦标赛	5	乌兹别克斯坦	张玲 鲍语晴	女	集体全能	2
艺术体操	亚洲艺术体操锦标赛	5	乌兹别克斯坦	张玲 鲍语晴	女	集体5带	1
艺术体操	亚洲艺术体操锦标赛	5	乌兹别克斯坦	张玲 鲍语晴	女	集体3圈2棒	2
羽毛球	亚洲羽毛球团体锦标赛	2	印度	陈雨菲	女	女子团体	1
羽毛球	世界青年羽毛球锦标赛	11	西班牙	陈雨菲	女	女单、混合团体	1
羽毛球	亚洲羽毛球锦标赛	6	泰国	陈雨菲	女	女单、混合团体	1
羽毛球	黄金大奖赛澳门公开赛	12	中国澳门	陈雨菲	女	女子单打	1
羽毛球	新西兰黄金大奖赛	3	新西兰	黄宇翔	男	男子单打	1
网球	第二十七届国际(一级)青少年网球锦标赛	3	马来西亚	吴易昺	男	男子单打	1
网球	中国网球公开赛(青年组)	9	中国北京	吴易昺	男	男子单打	1
网球	国际青少年巡回赛	10	韩国	吴易昺	男	男子单打	1
沙滩排球	奥运会亚洲大区赛	7	澳大利亚凯恩斯	包健	男	沙滩排球	2
武术	第一届世界杯武术套路比赛	11	中国福建	王地	男	南拳	1
武术	第六届世界青少年武术锦标赛	10	保加利亚	郑梦轩	女	A组剑术	1
射击	国际射联世界杯射击比赛	5	德国慕尼黑	钱学超	男	男子10米气步枪(破世界成年、青年纪录)	1

2016年10月29日，“2016国际（杭州）毅行大会”在钱江新城市民中心南广场举行 （市体育局 供稿）

位和425家对外经营性游泳场馆进行全面检查；完善和制定各类安全应急预案并实施演练，更换和增配安全设施、设备200多件；对全市体育竞技458支运动枪支、100多万发小口径子弹、82件“低慢小”飞行器全部集中封存；对全市2573名信鸽会员进行全面排查，实施信鸽禁飞措施。

【杭州亚运会组委会成立】 2016年3月18日，国务院办公厅批复同意成立2022年第十九届亚运会组委会（以下简称组委会）及其组成机构。组委会主席由体育总局局长刘鹏和时任浙江省省长李强担任。组委会内设机构由组委会根据工作需要自行确定。在市委组织部牵头负责下，市体育局积极与省体育局沟通协调，就第十九届亚运会组委会增加杭州市和省体育局领导、内设机构、组委会人员编制和力量配备等形成初步意见。4月9日，2022年杭州亚运会组委会成立大会及第一次执委会会议在省人民大会堂召开，标志着杭州亚运会的筹办工作全面启动。省、市体育局对杭州及周边市的71个体育场馆进行调研，形成以杭州奥体博览中心为核心的杭州亚运会竞赛场馆布局初步方案，拟定需要选址新建和改扩建的场馆项目，研究提出杭州亚运会项目设置的初步建议。6月22～24日，亚奥理事会总干事侯赛因一行到杭考察杭州亚运会的筹办工作，给予高度评价。

【世界短池游泳锦标赛筹备】 2016年，杭州市积极筹备2018年世界短池游泳锦标赛，按照该赛事主办城市协议要求，制定《组委会各部门工作职责》和《组委会工作规程》。举办杭州市第二届“市长杯”少年儿童游泳比赛和游泳达人挑战赛，通过报刊、网络等新闻媒体，广泛开展赛事宣传，努力营造迎接2018年世界短池游泳锦标赛的氛围。参加加拿大温莎世界短池游泳锦标赛和世界游泳大会，利用城市展览、出席承办城市会旗交接仪式等契机，积极宣传杭州城市和杭州筹办2018年世界短池游泳锦标赛工作进展，进一步提升杭州城市国际关注度。广泛开展2018年国际泳联第十四届世界短池游泳锦标赛会徽、吉祥物及主题口号的征集工作，已严格按照有关程序和评审要求完成征集评选。加强沟通联系，就推广

2016年杭州市部分大型体育赛事活动情况

表73

赛事（活动）名称	举办时间	主办单位	承办单位	规 模	地 点
2016年钱塘江国际冲浪对抗赛暨冲浪嘉年华	9月29日至10月1日	杭州市体育局	杭州新石巨体育经纪有限公司	56人	钱江新城城市阳台水域
2016年舞动中国·全国排舞联赛总决赛	10月13～16日	国家体育总局体操运动管理中心、杭州市体育局、滨江区政府	全国排舞运动推广中心	1500人	滨江区江南体育中心
2016年第六届国际（杭州）毅行大会	10月29日	杭州市体育局、中国国际动漫节节展办公室、杭州市西湖博览会组织委员会办公室、杭州市政协教育科技文化卫生体育委员会	杭州市体育发展集团、都市快报社、杭州电视台明珠频道	1.5万人	杭州市民中心南广场至湘湖
2016年杭州国际马拉松	11月6日	中国田径协会、浙江省体育局、杭州市政府	浙江省体育竞赛中心、黄龙体育中心、杭州市体育局、浙江省路跑协会	3.2万人	杭州黄龙体育中心
2016年杭州市安利纽崔莱健康跑	11月26日	杭州市体育局	杭州市体育发展集团	1万人	杭州黄龙体育中心
无限极2016年世界行走日（杭州站）	12月10日	中国体育报业总社、杭州市体育局	杭州市体育发展集团	2000人	江干区体育中心

开发项目、交通、住宿、票务广告等事项与相关方达成初步意见，赛事筹备工作得到国际泳联的高度赞扬。

（冯芳华）

竞技体育

【体育“强基育苗”工程】 2016年，杭州市体育继续实施“十年强基育苗”战略，以创建国家级、省级体育后备人才基地和杭州市“市队联办”体育后备人才基地为导向，以“体教结合、市队联办”的培养模式，推进竞技体育稳步发展。扎实推进青少年体育后备人才培养，重新调整并命名新周期的39所杭州市“市队联办”体育后备人才基地，成功创建国家高水平体育后备人才基地4所、浙江省体育后备人才基地8所。依托中小学校、业余体校和各级体育训练基地，业余训练网络体系进一步得到健全。以赛事提升竞技水平，全年共组队参加游泳、羽毛球等省级及以上青少年比赛60项次，组织举办中小学生阳光体育比赛39项次。加强体育科研投入和服务，全年实施运动员体育科研跟踪1000多例。

【杭州籍运动员奥运会上创佳绩】 在2016年第三十一届巴西里约奥运会上，杭州籍运动员有9人代表国家队分别参加游泳、艺术体操、帆船、足球4个大项、13个小项的比赛。孙杨获得男子200米自由泳金牌和男子400米自由泳银牌；傅园慧获得女子100米仰泳铜牌和女子4×100米混合泳接力赛第四名；叶诗文获得女子200米个人混合泳第八名；朱梦惠获得女子4×100米混合泳接力赛第四名；吴海燕获得女子足球第八名；毛飞廉获得男子200米蛙泳第九名；张玲、鲍语晴获得艺术体操集体全能第十一名，徐臧军获得男子双人470级帆船第十八名。在游泳项目上，中国游泳队共获得6枚奖牌，有5枚奖牌是浙江游泳队取得的，其中，杭州籍运动员获得3枚。特别是孙杨获得的男子200米自由泳金牌是中国游泳队在该届奥运会上获得的唯一一枚金牌。市委、市政府领导充分肯定杭州运动员的奥运会成绩，要求体育部门加快城市体育国际化步伐，为2018年世界短池游泳锦标赛和2022年杭州亚运会的举办打下坚实基础。

【“亚运争光”保障计划】 2016年11月，市体育局在充分调研和征求意见的基础上，印发《2022年杭州“亚运争光”保障计划》，目的是为全面备战2022年的第十九届亚运会。计划包含10项主要措施：调整项目总体布局、加强后备人才培养、促进科学训练管理、加强教练队伍建设、加强训练管理、发挥竞赛杠杆作用、加强国际体育交流、加强竞技体育保障、加大竞技奖励力度、成立亚运会备战工作领导小组和专家智囊团。该计划顺应亚运会举办地竞技体育发展趋势和规律，适应杭州打造国际化城市，对杭州竞技体育在2022年杭州亚运会周期内6年中的发展目标、规模、重点、质量和措施，实施全方位、多层次、全过程的系统管理与控制，推动杭州竞技体育快速、健康发展，争取更大的成绩和荣誉，全面提升城市国际化水平。

【体育竞赛工作推进】 2016年，市体育局完成全市运动员注册工作，其中在省注册人数5000多人。全年组队参加游泳、羽毛球、乒乓球、网球、田径、篮球、排球、足球、射击、水上运动、自行车、重竞技项目等30多项省比赛，参加排球、射击、射箭等全国青少年比赛。组队参加“浙超足球联赛”以及2016年省体育特色学校的田径、游泳、排球、射击、武术套路等10多项比赛，鼓励学校特别是体育传统（特色）项目学校积极承办赛事，加大对学校体育和业余训练的支持力度。联合市教育局完成杭州市中小学生田径、射箭、篮球、网球、短网、马术、健美操、举重等35项市中小学生“阳光体育”竞赛。

【体育人才培养】 2016年，杭州市深入推进“体教结合、市队联办”工作，调整并命名新周期的39所杭州市“市队联办”体育后备人才基地。加强对各级各类体育后备人才基地的管理，开展高水平体育后备人才基地建设，申报国家高水平体育后备人才基地4所、省体育后备人才基地8所。依托中小学校、业余体校和各级体育训练基地形成的业余训练网络体系进一步健全。提高教练员和裁判员的业务水平，举办培训班6期，其中浙江省业余训练教练员和体育教师培训班1期、射箭教练员1期、裁判员培训班4期。建立在训运动员尤其是重点运动员的生理生化数据库，完成生化测试1333人次，加强运动员的身体状况监控，为教练员安排运动员训练负荷提供参考依据。

【陈经纶体育学校60周年校庆】 2016年12月18日，杭州市陈经纶体育学校在市体育馆举行校庆60周年活动。国家体育总局、省体育局、省

2016年10月29日，杭州市残障人士积极参与国际（杭州）毅行大会，展现自强不息的精神面貌

（市体育局 供稿）

运动技术学院、陈经纶亲属代表等140多名嘉宾及1400多名师生员工参加活动。杭州市陈经纶体育学校是改革开放后杭州市第一所由港商捐资合建的综合性体育运动学校，前身是创建于1956年的杭州市少年儿童业余体育学校。学校开设有田径、游泳、体操、艺术体操、蹦技、篮球、排球、沙排、网球、羽毛球、乒乓球、举重、摔跤、柔道、武术、散手、跆拳道、拳击18个体育运动项目，是国家重点中等职业学校，国家高水平体育后备人才基地。该校创办以来，秉承"创一流体校、成冠军摇篮"的目标，紧紧抓住"奥运争光"战略和"体育强市"战略的重大历史机遇，大力实施"十年强基育苗工程"，先后为国家培养和输送楼云、罗雪娟、孙杨、叶诗文、陈招娣、张亚东、陆善真等大批优秀体育人才，累计产生奥运冠军4人、8次，世界冠军22人、60次，亚洲冠军45人、101次，为杭州"世界名城"建设添彩，为中国体育事业做出贡献。

（冯芳华）

2016年9月24日，杭州市举办"2016横渡钱塘江活动"，邀请知名书画家现场泼墨挥毫，为优胜者颁奖

（市体育局 供稿）

群众体育

【市体育总会第六届代表大会】 2016年4月13日，杭州市体育总会第六届代表大会在杭州之江饭店召开。省体育局、市委、市人大、市政府、市政协领导，各区县（市）体育局和体育总会、市属体育社团代表共计100多人参加会议。会议全面回顾市体育总会过去6年的工作情况，审议通过《杭州市体育总会章程》，明确市体育总会以后5年的主要工作重点，选举产生杭州市体育总会第六届委员会名单和新一届领导班子。徐祖尊当选为新一届体育总会主席，金承龙当选为常务副主席。

【杭州市第二届体育大会】 2016年5～11月，市体育局主办杭州市第二届体育大会，各区县（市）体育局及市级体育协会承办，共设有25个大项、180个小项。项目设置基本以全民健身项目为主，共有13个区、县（市）和杭州经济技术开发区、西湖风景名胜区、大江东产业集聚区的16支代表队参加。各项赛事组织周密，执法公正，秩序良好，没有出现一例抗议、申诉和违反赛风赛纪的事件。

【杭州市组队参加省第二届女子体育节】 2016年5～10月，省体育局、省总工会、省体育总会等联合举办浙江省第二届女子体育节，杭州市积极组队，参加省第二届女子体育节趣味足球、桥牌、台球、羽毛球、滚铁环、气排球、游泳等19个项目的比赛，经过努力拼搏，取得47枚金牌、45枚银牌、22枚铜牌的好成绩。

【国际（杭州）毅行大会】 2016年10月29日，2016年国际（杭州）毅行大会在钱江新城市民中心南广场举行，共有1.5万人参与。自7月活动新闻发布会后，"杭州毅行"分别在美国纽约、新加坡、新西兰基督岛、澳大利亚悉尼、加拿大多伦多等15个国家20多个城市举行毅行联动活动。2016年国际（杭州）毅行大会以"杭州与世界同行"为主题，提升体育健身科学理念，积极推进杭州城市国际化，创下五大亮点：与G20杭州峰会元素相融合，将5千米和15千米的终点设置在G20杭州峰会主会场国际博览中心；与国际城市相融合，沿途设置异国风情驿站作为打卡点，并现场播放其他城市的毅行活动视频，使来自美国、英国、加拿大、日本、韩国等国家的国际友人方阵的选手们感受国际化氛围；与互联网相融合，首次推出城市毅行App，为毅行爱好者提供线上平台；与动漫相融合，现场组建cosplay方阵成为全场焦点，在主会场和终点有来自俄罗斯、乌克兰、加拿大、意大利等国家的街头艺人、小丑、魔术师、舞蹈家及中国人气漫画家与选手亲密互动；与绿色生态相融合，毅行路线沿江而行，且横跨两座钱塘江大桥。

【大宋108国际越野赛暨亚洲山地马拉松（杭州站）】 2016年11月19日，杭州市首届大宋108国际越野赛暨亚洲山地马拉松（杭州站）在杭州之江国家旅游度假区宋城景区举行。赛事由市体育总会主办，市长跑运动协会、浙大企业家校友户外协会等承办。赛程全长108千米，分设108千米、50千米、25千米、8千米四个组别，以宋城为起点，沿途经过杭州多处名胜古迹。赛事吸引1000多名越野爱好者参与，其中包括UTWT世界巡回赛总冠军安东尼在内的10多名国际户外运动员和6名国内100千米越野赛冠军运动员。

【横渡钱塘江活动】 2016年9月24日，由市体育局（市体育总会）主办的杭州大型群众性体育活动——2016年横渡钱塘江在钱江新城城市阳台江面举行。横渡活动报名经严格筛选后，确认1975人（其中外籍人员5人）参加横渡。根据G20杭州峰会后相关要求，市体育局筹备横渡活动时

2016年9月24日，杭州市横渡钱塘江活动在钱江新城城市阳台江面举行
（市体育局 供稿）

主要抓好3方面工作：邀请市“五水共治”领导小组办公室为指导单位，积极宣传钱塘江水质已率先全线达到三类河标准，使参与市民能亲身检验杭州城市的水质治理成果；严格执行后峰会时期各项安保要求，专门制定反恐预案，救生设施有快艇10条、水上摩托艇6～8条、皮划艇15条，新增救生桨板10块，增强参与群众安全感；为丰富横渡活动内容，安排空中动力伞和飞艇表演，并邀请知名书画艺术家现场泼墨挥毫，为优胜者赠送书画艺术品。（冯芳华）

体育产业

【体育产业概况】 2016年，杭州市体育部门积极推动体育产业与旅游、休闲、会展、健康、信息等产业相融合，初步形成以健身娱乐、竞赛表演、体育用品制造、运动休闲为主体的体育产业体系，体育产业发展进入转型发展机遇期。通过多种方式引导社会力量参与体育产业发展，涌现一批创新型体育企业。体育产业发展环境进一步提升，出台《杭州市人民政府关于加快发展体育产业促进体育消费的实施意见》，加强体育产业与卫生、养老、旅游等各业态的融合。体育产业招商引资取得成效，市体育发展集团与社会资本合资成立浙江昆仑体育发展有限公司；举办市第四届体育产业发展论坛暨体育产业招商引资签约活动，签约项目总金额2.6亿元。鼓励和支持杭州体育企业积极申报各类扶持项目和专项资金，全市9个项目获得省体育产业发展扶持资金。不断繁荣体育赛事表演业，打造区县（市）品牌赛事，实现一区（县、市）一品牌。成功举办钱塘江国际冲浪对抗赛、“舞动中国”全国排舞联赛总决赛等10多项国际、国内大型品牌体育赛事活动。积极推荐省运动休闲优秀项目和服务业企业，使杭州入围省级运动休闲基地、线路、项目达到8个。其中：杭州富阳永安山滑翔基地等2个基地为浙江省运动休闲旅游示范基地；大明山万松岭滑雪场（高山滑雪）—龙门峡谷（登山）—悬空栈道（徒步）等2条线路为浙江省运动休闲旅游精品线路；智慧登山（杭州皋亭山）等4个项目为浙江省运动休闲旅游优秀项目。此外，浙江舒适堡健身美容有限公司等7个单位被认定为“浙江省体育服务业示范企业”。

【体育产业招商引资】 2016年，市体育局组建体育招商引资专项工作组，制定《杭州市体育局体育产业招商引资工作方案》，建立体育产业招商工作机制，强化招商工作指导。11月16日，杭州市体育产业招商引资签约仪式上，市体育部门签约“杭州昆仑体育发展有限公司”“乐刻运动”“浙江乐视体育发展有限公司”“航空小镇赛车公园”“彩虹鱼康复治疗中心”5个项目，总投资2.6亿元，涉及体育互联网、体育传媒、运动康复、户外运动、综合体育运营企业五大业态，进一步推动杭州市体育产业可持续发展。通过持续招商，杭州市积极调整体育产业结构，加大培育力度，体育产业门类逐渐增多，总体规模快速壮大。

【体育产业人才培育】 2016年，市体育局重视对体育产业管理干部、体育健身服务业企业负责人的培训，组织学习体育产业相关政策，部署“十三五”时期全市产业工作要求。来自各区（县市）体育产业管理的领导和业务干部30多人参加培训。加大体育职业专业人员培训的工作力度，投入专项经费，规范体育职业培训机构，有计划地开展体育产业从业人员培训，全年培训初级体育场地工98名、救生员887名、社会体育指导员750名。市体育局、市总工会、市人力资源和社会保障局共同主办2016年杭州市社会体育指导员健身教练、游泳、跆拳道职业技能竞赛，140多人报名参与，通过理论知识考试、操作技能考核竞赛，3人获得高级职业资格证书，58人获得中级职业资格证书。

【体育产业社会资本合作】 2016年，市体育发展集团积极寻求社会资本力量，与国内知名企业合作成立市场化运作体育经营公司2个。3月，与杭州市商贸旅游集团有限公司、杭州市安保服务集团有限公司合作增资扩股，成立新的杭州悦胜体育经纪公司，主营体育彩票、体育活动策划、体育信息咨询等体育服务业务。10月20日，与上海恒昆体育发展有限公司合作成立浙江昆仑体育发展有限公司，旨在打造体育全产业链，业务范围涉及赛事运营、场馆运营及物管、运动专业培训、彩票经营、运动康复医院、体育并购基金、体育场馆投资建设及运营、俱乐部投资及运营、2022年杭州亚运会9个业务板块。两个新公司的成立标志着市体育发展集团在体育产业市场化上迈出坚实的一步。

【体育彩票发行】 2016年，杭州体育彩票发行部门以服务保障G20杭州峰会为契机，全面提升体育彩票销售环境和服务水平，年度销量完成25.78亿元，比上年增长14.4%。占全省体育彩票销量的20.7%，总销量居全国城市第六位，省会城市第三位，继续保持全省第一，全国领先。（冯芳华）

责任编辑 汤 峻

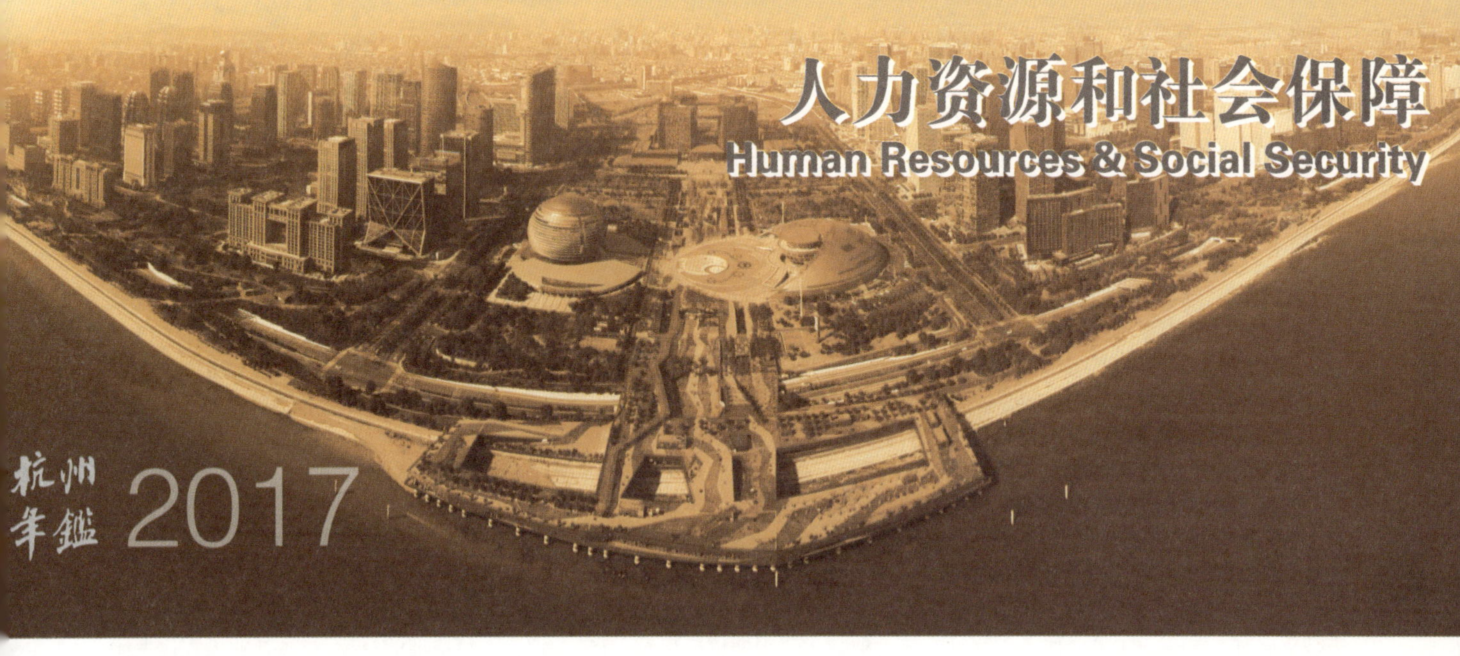

人力资源和社会保障综述

【人力社保事业科学发展】 2016年，杭州市人力资源和社会保障部门(简称市人力社保部门)以服务保障G20杭州峰会为圆心，促进就业创业，完善社会保障，强化人才支撑，推进人事制度改革，发展和谐劳动关系，有效发挥保障民生和服务发展职能。全年举办中国(浙江)人力资源服务博览会、浙江·杭州国际人才交流与项目合作大会、国外高层次人才智力项目合作对接会、创客天下·杭州市海外高层次人才创新创业大赛等重大活动。杭州市6年入选“外籍人才眼中最具吸引力十大城市”，并首超深圳，进入前三强。杭州市医保支付制度改革的经验在全国卫生与健康大会上做交流，劳动关系和谐指数连续第6年居全省第一位。

【人力社保政策体系升级完善】 2016年，杭州市全面实施“杭州就业创业新政27条”，出台《杭州市大学生见习训练实施办法》《市区城镇就业困难人员和高校毕业生灵活就业补助和社保补贴办法》《市区创业场地扶持办法》等12个配套政策，推动就业创业政策体系升级完善。出台《关于深化人才发展体制机制改革完善人才新政的若干意见》(杭州“人才若干意见22条”)，加大市场化改革和创新创业支持力度。修订《杭州市基本医疗保障违规行为处理办法》，建立定点医药机构日常巡查制度。出台《关于进一步构建和谐劳动关系的实施意见》，强化全市和谐劳动关系创建。

【人力社保制度改革稳步推进】 2016年，杭州市机关事业单位养老保险制度改革、收入分配制度改革、县以下机关公务员职务与职级并行制度改革、人民警察职务序列改革试点、市区社保一体化改革等重大改革有序推进。出台《关于深化市管国有企业负责人薪酬制度改革的实施意见》，市管国有企业负责人薪酬制度改革正式启动。萧山、余杭、富阳三区就业社保纳入市本级统筹工作积极推进，余杭区基础数据成功导入全市一体化信息库，四地互认定点医药机构2191个。完成外教资源统筹管理使用改革，更好发挥外籍教师作用。

【“互联网+人社”模式探索】 2016年，杭州市探索人力社保“互联网+”服务模式，努力让“数据多跑路、群众少跑腿”。推进杭州市萧山、余杭、富阳就业社保一体化信息系统整体改造项目建设，上线运行萧山、余杭、富阳三区与主城区社保权益互查互认信息系统，优化社保转移接续流程，全年四地社保缴费记录互认5.3万人次、基本信息互查518万人次。开通支付宝和微信社保查询功能，75万个绑定用户查询2800多万次。推进浙江政务服务网和行政审批系统向各区延伸，106项社保服务事项实现网上运行，网上办事单位用户12.6万个，网上办事约350万件。开发完成“干部学习新干线”移动平台，满足全市公务员多样化学习需求。

【公共服务提升优化】 2016年，市人力社保部门着力提升优化公共服务。推出电子专用章，参保人员在市人力资源和社会保障网下载打印参保证明150多万件。继续打响“文化养老”品牌，推进老年居民“乐活”“雅活”，合并成立杭州退休干部(职工)大学，建成启用新校区，开办退休人员各类培训班190个，在校学员7600多人次；举办企业退休人员文娱活动957场，37万余人次参加。组织市区企业退休人员第六轮健康体检，42.6万名企业退休人员完成健康体检，体检标准每人300元。组织各项人事考试，考试总人数约20万人。窗口服务质量提高，“12333”专线全年来电总量331万个，综合接通率82.3%。市医保局、拱墅区劳动人事争议仲裁院获“全国人社系统2014~2016年度优质服务窗口”称号。

人事管理

【公务员管理】 2016年，杭州市坚持公开、公平、公正的原则，优化公务员考试录用工作，组织全市各级机关单位公务员考试录用，首次面向残疾人群体招录公务员1名。试行公务员面试全天封闭管理并完善抽签办法。年内，全市招录公务员(含参照公务员法管理人员)1400多人。梳理确定适合开展“公务员聘任制”试点的高端紧缺专业综合性岗位。公务员平时考核制度基本实现全市各级机关全覆盖，建立与年度考核相结合的平时考核信息网络管理模式，实现公务员管理工作网络化。加强评比表彰活动监管力度，出台《关于进一步加强评比达标表彰活动管理的通知》，建立管控机制，评选表彰市直单位、基层站所2个层面“十佳公务员”各10人。

【公务员培训】 2016年，杭州市发挥“干部学习新干线”平台优势，加强公务员培训。全市90多个市直机关和13个区县（市）全部实行学分制管理，“干部学习新干线”实名注册学员4.7万余人，全年在线学习总时长约410万小时。开发完成“干部学习新干线”Android系统移动平台，400多门课程可供学习，进一步满足公务员移动式、碎片化的学习需求。开展公务员四类培训。其中，举办市直单位公务员任职培训班2期，培训新任处级领导干部159人；举办处级公务员能力建设培训班2期，培训处级领导干部89人；举办新录用公务员初任培训班，培训初任公务员187人；举办全市年度考核基本称职及以下公务员基本素质培训班，培训公务员156人。组织“公务员知识大讲堂”4期。在“干部学习新干线”平台开设网上学习专栏，全年参加各类专题学习和竞赛12万人次。

【事业单位公开招聘】 2016年，杭州市规范事业单位公开招聘程序，实施科学分类灵活招聘，实行高层次人才引进备案制，对特别优秀又不符人才认定条件的高层次人才实行一事一议。全年招聘引进事业单位工作人员1274人，其中实行备案制引进高层次人才7人；组织市属事业单位统一招聘考试2次，推出168个事业单位347个招聘岗位、422个招聘计划；开展面向村（社区）干部公开招聘乡镇（街道）事业单位工作人员34人。

【事业单位岗位管理】 2016年，杭州市科学设置事业单位岗位，核准68个市属事业单位调整岗位设置方案，核定各事业单位岗位结构比例。实时办理708个次事业单位5343名工作人员岗位聘用变动认定。申报确定专业技术二级岗位拟聘人选16人，评审甄选专业技术三级岗位人员14人、工勤技能一级岗位人员3人。通过上门授课、召开座谈会等形式，全市开展事业单位人事管理培训约200个次。开展事业单位工作人员提前退休政策、事业单位创新创业高层次人才保留人事关系等专题研究，推进事业单位人事管理科学化。分类推进事业单位转企改制工作，加强事业单位人事管理信息化建设，10个事业单位试点运行事业单位人事管理信息化工作。

【机关事业单位工资福利】 2016年，杭州市机关事业单位收入分配制度改革平稳有序。首次调整机关事业单位工作人员基本工资标准，兑现县以下公务员职务职级并行实施后的工资待遇。深化事业单位绩效工资改革，上调事业单位部门绩效工资调控额。萧山区完成工资套改和兑现试点。推进法官、检察官和司法辅助人员工资制度改革，研究出台兼职仲裁员办案补贴标准。开展部分事业单位创收激励试点，配合卫生部门推进公立医院薪酬制度改革。开展全市公务员津贴补贴监督检查，对15个财政适当补助和经费自理事业单位开展绩效工资调研核查。

【军转人员安置】 2016年，杭州市接收军转干部470人，其中计划安置350人、自主择业120人，完成裁军元年的军队转业干部安置任务，计划安置基本实现当年接收、当年安置、当年培训的目标，自主择业人数比上年（指2015年，下同）增长约10倍。组织自主择业军转干部退役金年审及调整、医疗保健、培训学习等，开通2015年度自主择业军转干部门诊及住院就医系统，实现军地无缝对接。妥善安置随军家属382人，其中公务员（含参照公务员法管理人员）11人、事业单位在编人员40人、市场就业安置50人、一次性货币安置281名。

人才服务

【人力资源服务业加快发展】 2016年，杭州市加快发展人力资源服务业，打造国际化人力资源产业园品牌。成功创建全国首家国际人力资源产业园，引进荷兰任仕达等14个外国专家组织和猎头机构，开拓国际人才猎头业务，主动参与国际人才竞争。举办杭州国外高层次人才智力项目合作对接会，12个国家18个国

2016年3月16日，“服务G20·人力社保在行动”启动仪式在杭州吴山广场举行　（市人力社保局 供稿）

2016年6月12日，杭州国外高层次人才智力项目合作对接会在中国杭州人力资源产业园举行 （市人力社保局 供稿）

际知名专家组织带来170个机电类、医药类、化工类人才名录和38个技术项目，吸引全市148个企业和机构参加，81个项目达成初步合作意向。邀请德科、任仕达、万宝盛华、中智、外企德科等国内外顶尖人力资源机构负责人参加B20峰会。承办中国（浙江）人力资源服务博览会，130个企业报名参展。成立人才猎头专业委员会，加快猎头行业的集聚与发展。加强人力资源服务业领军人才培养，组织“创新能力和综合素质提升”培训班，培训人力资源领军企业负责人和青年企业家40人。

【人才创新创业环境建设】2016年，杭州市出台《关于深化人才发展体制机制改革完善人才新政的若干意见》（杭州“人才若干意见22条”），通过设立500万元人力资源服务业发展资金和150亿元政府产业基金，开办人才服务银行，允许科技成果转化收益全额留单位处置、重要贡献人员和团队收益比例不低于70%，向新引进到杭州工作的应届全日制硕士研究生以上学历的人员和归国留学人员发放一次性生活补贴等，加大市场化改革和创新创业支持力度。开展高层次人才分类认定工作，至年末全市认定高层次人才1364人。

【跨境电商产业紧缺人才需求目录发布】2016年12月23日，杭州市发布《2016~2017年度跨境电商产业紧缺人才需求目录》，推进跨境电商企业紧缺人才引进和跨境电子商务综合试验区建设。通过对跨境电子商务应用企业、跨境电子商务交易平台、跨境电子商务服务企业三类单位人才需求状况的调研，将跨境电商紧缺人才岗位分为通用类、商务类、跨境类三类，从专业要求、学历要求、外语能力要求、计算机能力要求、岗位职责、任职能力要求和年薪7个维度进行详细描述，增强人才引进、培养的针对性和有效性，积极服务杭州产业发展。

【海外引才引智】2016年，杭州市出台实施《杭州市“115”引进国（境）外智力计划实施意见（2016～2020）》，全年立项资助国外智力项目226个，其中5个项目列入国家外国专家局引进境外技术管理人才项目计划。在北美、欧洲两大赛区举办“创客天下·2016杭州市海外高层次人才创新创业大赛”，遴选引进世界各地创新创业人才项目，12个项目正式落地，注册资金8300万元。4月，组团参加第十四届中国国际人才交流大会。征集450多个海外人才和项目需求，组织20多个引才单位到美国、欧洲等地，开展海外高层次人才洽谈活动，达成合作意向100多个。同月，组织60多个引才单位、产业园区和投融资机构，参加省“2016海外项目视频路演对接会”，通过“互联网+海外人才”新模式，实现国内需求与国外项目的实时接洽。11月，举办“2016浙江·杭州国际人才交流与项目合作大会”，首次新增高端外国专家组织及人才中介项目，搭建引进国外高层次人才平台，大会现场签约项目187个，签约金额20.5亿元，比上年增长6.2%。加强外国专家服务管理，全年办理“外国专家来华工作许可”320件，核发外国专家证1118本，首次签发外国专家来华邀请函。

2016年杭州人才市场人才招聘岗位需求前15位排行榜

表74　　单位：人

序号	岗位类别	总需求数	学历要求			
			研究生及以上	本科	专科	其他
1	销售人员类	46 987	5	1 371	19 940	25 671
2	销售管理类	14 003	6	1 643	7 111	5 243
3	互联网/电子商务/网游类	10 651	21	1 464	5 214	3 952
4	金融/证券/期货/投资类	9 265	57	512	1 697	6 999
5	市场/营销类	8 359	9	722	3 649	3 979
6	建筑装潢/市政建设类	8 174	7	867	3 533	3 767
7	客服及技术支持类	7 211	0	329	3 203	3 679
8	工程/机械/能源类	6 986	68	1 478	3 157	2 283
9	计算机软件类	6 565	37	1 991	3 420	1 117
10	行政/文秘/后勤类	6 452	1	517	3 436	2 498
11	餐饮/娱乐类	5 480	0	30	338	5 112
12	房地产类	5 295	0	114	1 673	3 508
13	技工类	5 269	0	13	469	4 787
14	销售行政及商务类	5 089	1	250	2 320	2 518
15	电子/电器/仪器仪表类	4 653	23	1 464	1 991	1 175

【人才项目选拔】2016年，杭州市实施全球引才“521”计划，组织开展新一轮“521”计划第一批人才遴选工作，49人入选，其中7名外国人才首次入选市“521”全球引才计划。实施海外高层次人才引进计划，16人入选“国家千人计划”，其中1人入选“国家外专千人计划”；54人入选“省千人计划”，其中3人入选“省外专千人计划”、2人获省政府“西湖友谊奖”、1人获省政府“西湖友谊杰出贡献奖”。开展国家、省、市三级项目资助，3个项目入选“2015年中国留学人员回国创业启动支持计划”，获资助90万元；10个项目入选“2016年度留学人员科技活动项目择优资助”，获资助47万元；11个项目入选2016年度省“钱江人才计划”6D类项目择优资助，获资助55万元。评审资助52个留学人员在杭创新创业项目865万元。

【专业技术人才培养】2016年，杭州市出台《“131”中青年人才培养计划（2016~2020）》，选拔第一层次培养人选50人、第二层次培养人选150人、第三层次培养人选509人，选派17人到德国参加“制造业信息化与工业4.0”短期培训，选拔享受市政府特殊津贴人员50人，结合杭州市重点发展的十大产业领域选聘钱江特聘专家30人。设立浙江省杭州科技创新发展院，作为高层次人才服务保障的新平台。开展省“151”人才工程培养人选选拔，其中重点资助人选2人、第一层次培养人选5人、第二层次培养人选13人。年内，新增省级博士后工作站24个，引进博士后研究人员72人。加强职称管理服务，全年通过考试取得中级职称8237人、副高级职称2666人、正高级职称487人、职业资格9478人。推动“专业技术人员学习新干线”平台建设，修订《杭州市专业技术人员继续教育学分制管理办法》，建立全市专业技术人员实名信息库，平台注册单位1万余个、学员约65万人，资助市级专业技术人才知识更新工程培训项目36个、资金50万元。

【高技能人才培养】2016年，杭州市实施“杭州工匠”培育计划，出台《培育“杭州工匠”行动计划（2016~2020）》《杭州市职业培训补贴补贴（资助）实施办法》。全年培养高技能人才3.57万人。其中，市级以上技能大师工作室领衔人、技师工作站领衔人、首席技师、技术能手等领军层级高端技能人才127名，面向“1+6”产业集群的骨干层级技师、高级技师和部分紧缺工种高级工2590人。2002人享受高技能人才培训补助计划补贴，34名“金蓝领”被派到美国、德国、新加坡、意大利等国家和中国台湾、香港等地区参加培训。做好高层次人才分类认定工作，44名技能人才被认定为C、D、E类高层次人才。深化企业技能人才自主评价，新增技能人才自主评价企业2909个，累计8205个。深化产学对接教研活动，全年有15所技工院校与500多个企业建立产学对接合作关系。组织参加第44届世界技能大赛、全国全省技能竞赛，汽车喷漆、汽车技术、美发、餐厅服务4个世界技能大赛中国集训基地落户杭州，在5所技工院校建立12个世界技能大赛市级集训基地，15名选手入选国家集训队、占全省总数的36%，6人被人力资源社会保障部评为“全国技术能手”。组织“技能服务G20·杭州工匠展风采”技能竞赛系列活动，举办各类市区级竞赛149场，87人获“杭州市技术能手”称号，带动岗位练兵16.8万人次。新增省级高技能人才公共实训基地1个、省级技能大师工作室7个，新认定市级技能大师工作室35个，首次认定杭州市技师工作站5个，建成“1+15”公共实训基地体系，全年完成实训50.1万人次。在市属高校建成电子商务、信息技术、养老服务、文化创意、工程建设等10个示范性职工培训中心，为技能劳动者参加职业培训提供新平台。

【人才资源市场化配置】2016年，杭州市发挥政府所属人才服务机构的职能作用和人才资源市场化配置主渠道作用，依托杭州人才市场和“杭州人才网”平台，推进人才招聘、高端人才服务、人才派遣等服务，为加快经济转型升级和推进创新型城市建设提供人才支撑。开发改版“杭州人才网”及相关招聘管理系统，推进“线上”和“线下”联动招聘活动，实现网

2016年11月8～11日，浙江·杭州国际人才交流和项目合作大会在杭州国际博览中心举行　（市人力社保局 供稿）

络招聘、日常集市、专场招聘、大型招聘、外出招聘等多种形式互补，满足企事业单位的引才需求。联合大江东产业集聚区、城西科创产业集聚区、临安青山湖科技城以及区县(市)人才中心等单位举办专场招聘会以及西湖博览会人才交流大会、春季人才交流大会等大型人才招聘活动；联合“赶集网”“服装人才网”“酒店人才网”等单位举办服装、酒店、旅游专场招聘会；联合市留学人员服务中心、市残联、在杭高校、全国重点高校、市总工会等单位举办专场招聘会；联合浙江工业大学、浙江商业职业技术学院、杭州电子科技大学分别在小和山、滨江、下沙三大高教园区内组织开展3场校园招聘活动。组团到北京大学、清华大学、浙江大学等“九校联盟”高校招聘高学历人才，组团参加省人力社保厅组织的到香港、北京、上海等地的高层次人才招聘会。

年内，杭州人才市场举办各类招聘专场和赴外招聘活动201场，进场招聘企事业单位1.5万个次，推出需求岗位33.4万个，吸引各类求职者19万余人次，达成选人择业意向4.6万人次。杭州人才网人才库信息总量增至139.5万条，首页年访问量4800万人次，全年网上招聘单位5807个，推出网络招聘岗位13.3万个，52.2万人次在线应聘。提升猎头服务，与27个次企业签订猎头合作协议，面试筛选1427人，组织单位面试178人，推荐成功35人。

【流动人员人事档案公共服务】 2016年，杭州市提升流动人员档案管理基本公共服务，在杭州人才市场建立一站式排队叫号公共服务窗口，集中提供流动人员人事档案管理、集体户籍挂靠、人事档案委托管理人员职称申报受理、毕业生就业协议鉴证、毕业生就业改派、毕业生就业报到、流动党员管理服务等窗口服务。试运行“杭州市人才服务公共网”和“杭州市人事档案和毕业生就业公共服务管理系统”，提升高校毕业生人事档案接收和流动人员人事档案管理信息化水平。继续实施人事档案数字化加工项目，做好人事档案公共服务影像信息化建设，为实现“以影像档案为主，纸质档案为辅”的新型人事档案管理模式奠定基础。至年末，杭州人才市场受委托代管流动人员人事档案24万份，集体户籍总数2.5万人。

2016年5月22日，“技能服务G20·杭州工匠展风采”技能竞赛系列活动之杭州市茶艺师职业技能竞赛举行 （市人力社保局 供稿）

就业创业

【就业形势持续稳定】 2016年，杭州市实施更加积极的就业政策，推进大众创业、万众创新，就业形势总体保持稳定。全年全市城镇新增就业27.13万人，接收高校毕业生7.57万人，帮助城镇失业人员实现再就业11.48万人，其中就业困难人员再就业4.81万人，失业保险参保净增24.74万人。年末，城镇登记失业率控制在1.72%的较低水平。

【就业长效机制完善】 2016年，杭州市全面实施“杭州就业创业新政27条”，出台《关于对杭州市区员工制家政服务企业实行社会保险补贴有关问题的通知》《杭州市大学生见习训练实施办法》《市区城镇就业困难人员和高校毕业生灵活就业补助和社保补贴办法》《市区“三类岗位”开发管理办法》《市区促进就业创业补助和社保补贴办法》《市区创业场地扶持办法》《杭州市职业培训补贴（资助）实施办法》《关于开展市区企业实体享受吸纳就业税收优惠政策认定工作的通知》《关于促进农村电子商务创业就业的通知》《关于印发创业担保贷款管理办法的通知》等配套政策，完善形成杭州市4.0版就业创业政策体系。《杭州市就业创业指数评价体系（试行）》出台，运用立体评价体系，引导各区县（市）支持创业，提高就业质量。

【城乡统筹就业】 2016年，杭州市完善城乡失业人员就业帮扶政策，创新“三类岗位”管理模式，促进帮扶资金使用科学安全，在拱墅区、滨江区试点引入社会力量参与公益性岗位开发管理，全年帮扶城镇就业困难人员实现就业4.81万人。发挥失业保险基金促就业、防失业的作用，发放4991个企业稳岗补贴4.03亿元，惠及职工62.75万人。年内，1.85万人次享受就业困难人员用工补助和社保补贴1.42亿元，1070人次享受自主创业社保补贴409.34万元，8.45万人次享受灵活就业补助和社保补贴2.81亿元。落实农村劳动力用工补助和社保补贴，运用政策杠杆鼓励农村就业困难人员转移就业。年内，主城区开发农村公益性服务岗位973个，年末在岗884人，352个单位申报农村用工补助和社保补贴，涉及农村就业困难人员642人。

【就业创业平台建设】 2016年，杭州市大力推动创新创业，鼓励和引导全民创业带动就业。失业人员创业园全面调整升级为小微创业园，认定小微创业园9个。转型升级“网尚空间”，搭建全新孵化平台，引入第三方创业服务机构，开发“网尚空间”服务潜能，累计免费孵化网络创业企业60多个。推进网络创业，累计建立2219个村级电商服务站。举办大学生网络创业大赛（旅游休闲专场），征集评审推出创业项目39个，组织各类创业项目展示会11场，累计参展项目110个。举办“奇思妙想浙江行”创业大赛杭州选拔赛，2个项目获省总决赛二等奖和三等奖。举办创业指导师技能大赛、“两创杯”杭州创业马拉松、创业活动周，组织创业者参加第二届“中国创翼”青年创业创新大赛等。认定杭州“众创十佳”，通过先进示范推动全社会创业创新。做强“师友计划”系列活动品牌，推出“小鹏助飞”“有何高见”“创享课堂”“创想研究室”等8个大学生就业创业服务项目，组织“感知企业·名企体验行”“感悟职场·导师面对面”等活动，开展导师校园巡回演讲53场。

【高校毕业生就业服务】2016年，杭州市推进高校毕业生就业引领工程，促进高校毕业生就业，全市接收高校毕业生7.57万名，其中硕士及以上高学历人才8221名。发布《2015年度杭州市接收高校毕业生就业情况报告书》，反映杭州市接收应届高校毕业生的总体趋势，分析应届高校毕业生在杭就业状况，为高校、人才及用人单位提供科学依据和参考。全方位启动校地合作计划，与中国科学技术大学、西安电子科技大学等30个市外重点高校建立全面战略合作关系，共同推进大学生企业实训、大学生创业大赛、校园就业招聘会等高校毕业生就业服务工作。搭建高校毕业生供需交流平台，举办毕业生公益性招聘会12场，提供毕业生就业岗位1.9万个。组织1193个次在杭企事业单位赴香港、北京、西安、青岛等16个城市举办36场“九校联盟”高校高学历（高层次）人才招聘会，提供就业岗位2.9万个。全年通过现场招聘、网络招聘、校园招聘等渠道，提供毕业生就业岗位11.03万个。强化毕业生就业指导服务，新聘任第四批杭州市大学生就业创业专家指导团导师28人，专家指导团导师人数104人，全年举办就业创业导师团讲座70场。深入推进大学生企业实训工作，新认定实训基地57个，实训大学生1.05万人，实训后留杭率75%以上。通过“杭州人才网”为在杭高校毕业生提供简历入库、企业查询、岗位推荐等助推就业服务，全年助推服务4174人。

【大学生创业三年行动计划】2016年，杭州市打好“杭州市大学生创业三年行动计划（2014～2016）”收官战，打造大学生创业的杭州品牌。新建三花·江虹国际创意园、淳安县大学生创业园两个市级大学生创业园，市级大学生创业园实现区县（市）全覆盖。全年开展大学生创业项目无偿资助4批，资助大学生创业项目271个、资助资金1640万元。全市新增大学生创业企业1289个，创业大学生3069人，带动就业6022人，大学生创业态势保持稳定增长。

【大学生创业服务】2016年，杭州市开展“梦想启航——杭州市大学生创业服务周”活动，集中时间、资源统一为创业大学生提供创业培训、人才招聘、资本对接等一系列服务。筹备第五届中国杭州大学生创业大赛，内地31个省市、港澳台地区及海外405所高校的2835个项目团队报名，参赛项目数量创新高。杭州大学生创业学院全年完成精英班、强鹰班、雏鹰班培训共4期180人，面向在杭高校学生创业团队和有意愿创业的大学生开展“创业即行动”训练营活动，与杭州市跨境电商综试办合作举办跨境电商主题班。深化推进杭州市杰出创业人才培育计划，组织第四、五批杭州市杰出创业人才培育计划培育对象选拔，开展第一、二、三期“杭州市科技创业班”学员企业的落地服务。推动“万名大学生创业实训工程”，开展服务外包人才实训、信息化人才实训、文创产业人才实训等实训项目，全年创业实训4.47万人。

【公共就业服务】2016年，杭州市加强就业供需信息对接，开展就业援助月、春风行动、“333”就业服务月、民营企业招聘周等专项公共就业服务活动，召开残疾人专场招聘会和省内人力资源余缺调剂系列招聘会，全年举办招聘会1169场，推出岗位41.37万个，“杭州就业网”发布用工信息单位7.2万个次、用工岗位84.5万个，促进了劳动力供需双方对接和就业。与黔东南州建立扶贫劳务对接服务机制，开展劳务协作对接。推进职业指导，举办第二届职业指导人员技能竞赛，全市职业指导师持证人员700多名。升级改造失业预警预测系统，预警预测数据范围拓展至大杭州地区，新增公共就业服务、政府宏观决策、积极就业政策等方面的创新应用。针对全市751个失业动态监测企业，开展“失业动态监测企业精准服务月”活动，创新监测企业服务新模式。

【人力资源信息网络平台建设】2016年，杭州市智慧就业工作持续深化，市、区县（市）、街道（乡镇）、社区（行政村）四级联网的人力资源信息网进一步提高使用绩效，发挥网络人力资源市场促进就业的作用。开发“杭州就业网”自动评分系统和“杭州就业网”短信平台，完善运营“杭州就业网”、“杭州就业”App、“杭州就业”微信公众号、人力资源市场、短信平台、各级公共就业服务平台等六位一体的智慧化就业服务平台。“杭州就业网”发布新增会员单位1.2万个，通过“杭州就业网”和“杭州就业”App自助注册成功的用人单位1109个。

【外国人和台港澳人员就业管理】2016年，杭州市加大许可前检查力度，开展外国人和台港澳人员就业企业预审工作，全年检查核实相关企业信息约1000个次，受理事项5271件，其中年内新增外国人就业许可事项747件、台港澳人员就业许可事项519件。至年末，在杭就业的外国人2341人、台港澳人员938人。年内，短期就业的外国人和台港澳人员630人次。

劳动关系

【和谐劳动关系建设】2016年，杭州市出台《关于进一步构建和谐劳动关系的实施意见》，强化和谐劳动关系创建工作机制。以新一轮“双爱”活动为载体，开展“双爱”活动摄影展，全市规模以上企业“双爱”活动参与率100%。发挥协调劳动关系三方机制在构建和谐劳动关系建设中的重

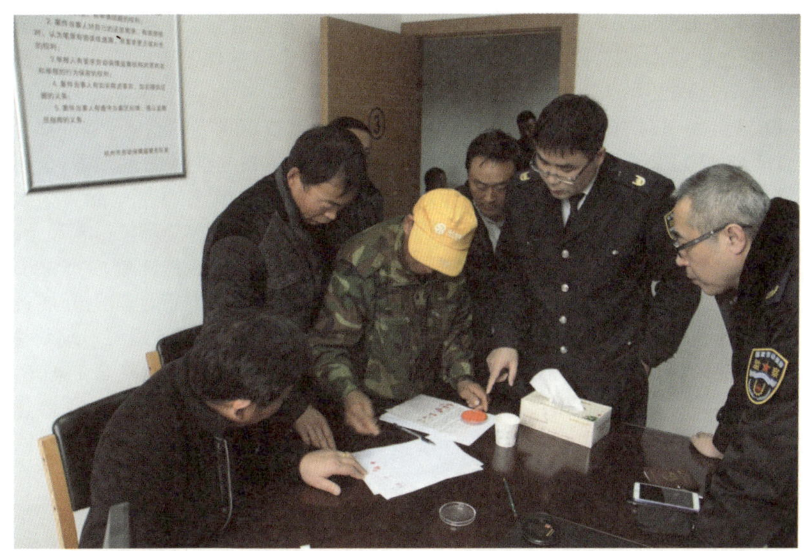

2016年,杭州市劳动保障监察机构依法查处各类劳动保障违法案件。图为市劳动保障监察支队监察员为欠薪案件农民工制作笔录（市人力社保局 供稿）

要作用,召开4次市协调劳动关系三方会议,妥善协调处置劳动关系矛盾。完成杭钢集团等企业在转型升级和去产能过程中的职工安置、社保审核、档案移交等工作。杭州市劳动关系和谐指数列全省第一位。

【劳动关系领域依法行政】 2016年,杭州市加强劳动关系领域依法行政工作,严格特殊工时制行政审批、劳务派遣单位行政许可,全市审批特殊工时单位2371个,涉及职工49.1万人,劳务派遣行政许可企业444个,涉及派遣劳动者21.8万人、用工单位6521个,进一步服务指导劳务派遣依法用工、规范管理。

【企业工资收入分配完善】 2016年,杭州市开展“工资集体协商集中要约行动”,定期召开全市工资集体协商推进交流会。至年末,全市签订工资专项集体合同2.16万份,涵盖企业7.9万个,覆盖职工442.34万人。督促规范劳动合同签订,主城区企业普遍与职工签订劳动合同,全市企业劳动合同签订率98.4%,单独建会企业集体合同签订率96.4%。市管国有企业负责人薪酬制度改革正式启动,出台《关于深化市管国有企业负责人薪酬制度改革的实施意见》,组织部署市直部门所属和区县(市)国有企业负责人薪酬制度改革。市区全社会平均工资提高到55908元。

【企业薪酬调查】 2016年,杭州市开展企业薪酬试行调查,对全市3045个企业人工成本和33.7万名在岗职工工资水平情况进行数据统计,形成人工成本分析报告,发布2016年度杭州市区全社会在岗职工平均工资,编印《2016年杭州市劳动力市场工资指导价位》,为各地企业开展工资集体协商、合理确定职工工资收入、构建和谐劳动关系发挥作用。扩大全市养老机构薪酬调查企业样本数量,开展养老机构护理员人工成本分析和制定工资指导价位,为全市养老机构在开展工资集体协商,确定不同岗位职工工资水平提供依据。

【劳动保障监察】 2016年,杭州市各级劳动保障监察机构监察检查用人单位27.08万个,立案查处各类劳动保障违法案件7289件,行政处罚116件。组织实施防范处置企业拖欠工资、清理整顿人力资源市场秩序、残疾人按比例就业、外国人就业、用人单位遵守劳动法律法规等专项检查5次,严厉打击拖欠工资、非法职业中介、非法使用童工等违法犯罪行为,进一步规范劳动用工秩序。修订《杭州市劳动保障监察群体性突发事件处置预案》,完善突发事件处置工作。进企业、走社区开展上门送法活动,全年印发普法宣传资料3万余份,增强用人单位和劳动者的法律意识。进一步加强劳动保障监察网格建设,落实“定岗、定人、定责”工作要求,在完善预警排查机制的基础上,加强对企业生产经营状况的分析研判,提升精细化监察管理。

【企业防欠薪】 2016年,杭州市加强和完善防欠薪“一办五组”工作机制、防欠薪“110”社会应急联动工作机制和基层网格欠薪预警监控机制,做实预警排查工作,重点掌握用人单位的工资支付情况和欠薪隐患,及时处置欠薪隐患。在元旦、春节期间,市人力社保局、市委政法委、市建委、市商务委、市公安局、市市场监管局等部门联合办公,推进欠薪案件快速反应、有效处置和及时办结。全年处置欠薪案件7071件,向公安机关移送涉嫌拒不支付劳动报酬案件76件,为3.35万名劳动者追发工资待遇等4.38亿元,筹集工资支付保证金6.94亿元,筹集欠薪应急周转金1.05亿元。

【劳动争议调处机制创新】 2016年,杭州市制定构建和谐劳动关系综合试验区工作方案,上线运行调解、仲裁、监察“三位一体”一站式基层劳动关系综合协调服务平台试点,综合市人力社保局、市综治办、市司法局、市公安局、市总工会、市工商联、市建委等协调力量,推进劳动纠纷化解重心下移,逐步成型“3+X”多元化解矛盾纠纷的工作平台。建立综合协调服务平台信息系统,提升劳动纠纷化解科学管理水平。加强仲裁庭规范化建设,规范办案流程,建立以市人力社保局劳动争议仲裁部门为主,市总工会派出庭、市工商联派出庭为辅的劳动争议仲裁联动办案三方机制。年内,市劳动人事争议仲裁委员会受理争议调解仲裁案件8755件,仲裁结案率92.4%。

社会保障

【社会保障政策体系完善】 2016年,杭州市有序推进机关事业单位养老保险制度改革,全市18.51万人纳入参保范围。完善特殊药品大病保险政策,将“思而赞”“科望”“利鲁唑”等3种罕见病特殊用药纳入杭州市特殊药品大病保险支付范围,特殊药品总量有18种。全市各统筹地全部出台大病医疗保险政策，大病保险统筹层次逐步提高。完善医疗救助制度，实现基本医保与医疗救助的无缝对接，持证困难人员在享受医疗救助的基础上还可按规定享受市民政局、市总工会等部门实施的临时医疗困难救助和“春风行动”应急救助，实际救助金额在90%以上。出台医保个人账户扩大使用办法，进一步拓展基本医疗保险个人账户功能。制定长期护理保险制度实施方案，启动桐庐县长期护理保险试点、建德市医保按人头支付方式改革试点。对企业缴纳的职工基本医疗保险费实行临时性减征1个月，临时性下调企业缴纳生育保险费率0.2个百分点、工伤保险基准费率0.2个百分点、失业保险费率0.5个百分点，全市企业减负23亿余元。

【社会保障城乡统筹】2016年，杭州市推进萧山、余杭、富阳三区就业社保纳入市本级统筹，明确255项政策业务差异的处理办法，余杭区基础数据成功导入全市一体化信息库，上线运行萧山区、余杭区、富阳区与主城区社保权益互查互认信息系统，优化社保转移接续流程，全年萧山区、余杭区、富阳区与主城区社保缴费记录互认5.3万人次、基本信息互查518万人次，定点医药机构互认2191个，实现参保人员在市区医药机构直接刷卡结算。出台医药机构同城互认实施方案，省、市医药机构实现互认2348个，市区医药机构实现互认3331个。

【社会保险覆盖面扩大】2016年，杭州市推进全民参保登记，全市参保登记调查112.05万人，全民参保登记率100%。社会保险覆盖面继续扩大，至年末，全市职工基本养老保险、职工基本医疗保险、工伤保险、生育保险、失业保险参保人数分别为532.51万人、529.32万人、428.41万人、349.33万人、374.16万人，比上年末分别增加27.11万人、29.11万人、10.24万人、22.68万人和24.74万人，全市基本养老保险、基本医疗保险参保率分别在95%、98%以上，基本实现“人人享有社会保障”。

【社会保险待遇提高】2016年，根据国家、省统一部署，杭州市首次同步调整机关事业单位和企业退休人员养老金。其中全市117.37万名企业退休人员月人均增加基本养老金165.76元，调整后主城区企业退休人员养老金月人均2779.2元。城乡居民养老保险基础养老金待遇标准调整，自10月1日起，主城区城乡居民基本养老保险基础养老金标准由每人每月170元调整为每人每月190元，萧山区、余杭区、富阳区与主城区同步调整，其他统筹地按不低于每人每月150元的标准调整。完善特殊药品大病保险政策待遇，全年报销特殊药品大病保险4552人次、9662.88万元。实施医疗救助，市本级救助112.01万人，困难基金支付1.98亿元。至年末，城乡居民医保参保人员政策范围内住院报销比例为75%。社会保险待遇按时足额发放，全市审核发放职工基本养老保险待遇1461.71万人次、381.36亿元，审核发放城乡居民基本养老保险待遇592.11万人次、16.25亿元，审核发放工伤待遇2.97万人、7.79亿元，审核发放生育保险待遇23.73万人次、13.16亿元，审核发放失业保险金、农民合同制职工一次性生活补助等各项失业保险待遇21.4亿元。

【社保基金管理】2016年，杭州市加强社保基金监管，开展基金监督培训，提高全市社保基金监督人员业务水平和监督能力。组织全市养老保险退休审核审批专项检查，坚持社会保险实地稽核与业务内审并重，全年实地稽核用人单位221个、38万余人次，追缴各类社保基金178.48万元，对城区社保经办机构年度内审3067人次。通过第三方审计部门开展社会保险审计用人单位53个，整改调整5836人，追缴社会保障基金1541.67万元。修订《杭州市基本医疗保障违规行为处理办法》，建立骗取社会医疗保险基金刑事案件移送衔接工作机制。加强计算机医保智能审核，细化审核规则，建立全市智能审核疑难问题研讨机制，打击骗取医保基金违规行为。落实总额预算管理措施和第三方医疗费用审计制度，对845个结算单位进行年度考核。开展医保定点机构稽查，全年稽查定点医药机构2190个，追回医保基金2058.58万元。

【医保“两定”机构监管】2016年，杭州市取消医保“两定”机构（定点医疗机构和定点零售药店）资格行政审查，出台医保定点医药协议管理办理办法，实现医保定点机构由定点管理向协议管理转变。全年市本级新增协议定点医药机构214个。建立定点医药机构日常巡查制度，实施稽查工作前移，改进医保违规行为查处方式。开展特定中成药专项审核和重点稽查行动，审核剔除不规范、不合理使用的费用6951.80万元，核减医疗费用5954.92万元，医药机构暂停协议33个，医药机构解除协议5个，追回医保基金147.51万元。

（骆椿美）

责任编辑　袁啸马

社会救助

【自然灾害救助】 2016年，杭州市共发生雪灾、洪涝、台风、山体滑坡等6次自然灾害。据民政部门统计，全市累计受灾人口20.11万人，紧急转移安置人口5632人，因灾死亡6人，因灾失踪1人，农作物受灾面积42559公顷，倒塌需恢复居民住房133户、288间，因灾造成直接经济损失6.82亿元。特别是"5·28"建德突发性山体滑坡、"5·8"临安泥石流灾害，给建德、临安等地带来较大经济损失。1月，杭州出现多年来罕见的强寒潮天气，遭受持续严重的雨雪冰冻影响，全市紧急启用避灾点63个，紧急转移安置840人。针对雪灾、洪涝、台风等自然灾害，市减灾委及时发出预警响应、启动应急预案，做好抗灾协调和灾情会商工作，全市安排救灾资金533.85万元支援各地恢复重建。

【防灾减灾综合能力提升】 2016年，杭州市根据《杭州市应急避灾疏散场所建设管理实施方案》要求，新建（改扩建）避灾场所511个，清理不符合条件的避灾场所101个，全市避灾场所总数达到2415个。乡镇（街道）级避灾中心实现全覆盖，村级避灾点建设覆盖率均达到74%以上，可容纳灾民总人数达65.3万人。全市基本建立起布局合理、安全实用、管理规范、功能完善的应急避灾疏散网络体系。开展社区灾害风险管理和综合减灾示范社区创建活动，推动综合减灾示范社区示范引领作用，37个社区（村）被国家和省减灾委评为"综合减灾示范社区"。新任村（社区）级灾害信息员参加培训，村（社区）劳动保障员、帮扶救助员和灾害信息员"三员合一"，建立起相对稳定和职业化的灾害信息员队伍。全市共举办14期培训班、完成400名新任灾害信息员的培训和鉴定。初步建立起市、县、乡、村四级灾害信息工作网络，确保各地灾情报送迅捷、准确、规范，城乡基层综合减灾能力大大增强。

【第十六次"春风行动"】 2016年春节前，杭州市开展第十六次"春风行动"，帮扶困难群众12478户，其中低保家庭9249户、困难家庭1024户、残保对象2148户、其他困难家庭57户，发放一次性救助金3664.87万元。发放标准为1人户2200元、2人户3100元、3人户3700元、4人及4人以上户4300元、其他困难家庭户2000元。

【低保救助标准提高】 2016年，杭州主城区（指上城区、下城区、江干区、拱墅区、西湖区、滨江区）和萧山区、余杭区低保标准从每人每月744元提高到每人每月819元。富阳区和四县

2016年杭州市城乡居民最低生活保障标准

表75

地区	城镇月保障标准（元/人）	农村月保障标准（元/人）	执行时间
上城区	819	—	2016年7月1日起执行
下城区	819	—	
江干区	819	819	
拱墅区	819	—	
西湖区	819	819	
滨江区	819	—	
杭州经济技术开发区	819	—	
杭州西湖风景名胜区	819	819	
萧山区	819	819	
余杭区	819	819	
富阳区	680	612	2016年4月1日起执行
桐庐县	674	607	2016年9月1日起执行
淳安县	660	594	2016年12月1日起执行
建德市	674	607	2016年12月1日起执行
临安市	709	639	2016年12月1日起执行

(市)城镇低保标准调整为每人每月660元～709元,均比上年(指2015年,下同)增长10%以上;农村低保标准达到每人每月594元～639元,均超过城镇低保标准的90%,提前完成市政府为民办实事项目,低保救助水平居全省首位。至年末,全市有低保户数82475户,人数12.14万人,低保人口占户籍人口比例从上年的1.2%提高到1.68%,全年发放低保金5.97亿元。

【支出型贫困家庭救助】2016年1月9日,杭州率先在全国实施支出型贫困家庭基本生活救助。至年末,全市救助支出型贫困家庭5001户11268人,分别占低保总户数、人数的6.1%、9.3%。发放救助金414.42万元,有效保障了支出型贫困家庭的基本生活。其中,因病致贫困难家庭4689户10548人,因学致贫178户457人,因灾等其他原因致贫134户263人。

【残疾人基本生活保障工程】2016年,为切实保障和改善困难残疾人基本生活,杭州市对准予单独享受残疾人基本生活保障待遇的879名残疾人,由区县(市)民政部门核发残疾人基本生活保障证。杭州市全年累计发放残疾人基本生活保障金和残疾人补贴69.82万元。

【困难残疾人"两项补贴"制度】2016年,按照国务院和省政府关于建立残疾人"两项补贴"(困难残疾人生活补贴、重度残疾人护理补贴)制度要求,杭州市本级、各区县(市)均出台相应的实施政策。全市两项补贴发放总人数12.94万人,发放总金额3.57亿元,其中困难残疾人生活补贴发放人数6.30万人,发放金额1.54亿元;重度残疾人护理补贴发放人数6.64万人,发放金额2.03亿元。

【城乡居民临时救助】2016年,杭州市贯彻落实临时救助制度,全面开展"救急难"工作。地方筹资4111.23万元,比上年增加733.41万元,增幅21.71%;发放临时救助资金4930.1万元,惠及困难群众20063户次、29816人次,次均救助额1653.51元,增长8.5%。通过落实临时社会救助制度,及时有效解决了群众突发性、临时性的基本生活困难。

【困难群众物价补贴】为减轻物价上涨对困难群众带来的生活压力,2016年,杭州市向低保、困难家庭和残疾人基本生活保障对象发放物价补贴7586万元,惠及困难群众24.73万人,其中市区16.7万人,发放补贴6573.77万元。杭州市区的市级困难家庭(包括低保对象、残疾人基本生活保障人员、城镇"三无"人员、农村"五保"对象、市级困难家庭成员、农村"三老"人员、重点优抚对象)累计每人1196元,区级困难家庭累计每人902元。

【市区征地"农转非"劳动年龄段以上人员生活补贴】2016年,市区征地"农转非"劳动年龄段以上人员生活补贴标准为每人每月220元。杭州市同时向市区参加城乡居民社会养老保险并享受养老金待遇后,因集体土地被征用或撤村建居的"农转非"人员发放生活补贴。至年末,杭州市向1094名补贴对象发放补贴298.1万元。　(李利明)

优抚·双拥·安置

【杭州市第七次获全国双拥模范城荣誉】2016年4月,杭州市接受全国双拥办督导组对杭州市双拥模范城创建工作的调研督导。7月29日,全国双拥模范城(县)命名暨双拥模范单位和个人表彰大会在北京召开,杭州市连续第七次被授予"全国双拥模范城"称号。各区、县(市)均建立双拥共建示范点。

【走访慰问部队官兵】2016年春节前,赵一德、张鸿铭、王金财、叶明、杨戌标等市四套班子领导带队走访慰问驻杭师级以上部队、第一集团军和海军"杭州舰"。"八一"建军节前夕,走访慰问省军区、省武警总队、第一集团军、73021部队海训官兵、94936部队外训分队和驻杭部队医院、疗养院,向官兵致以节日的问候和崇高的敬意,赠送慰问金(慰问品)共计660万元。

【支持部队建设】2016年,杭州市投入600万元支持73021部队大数据云平台建设。给予94936部队师史馆建设经费补助600万元。为帮助驻杭部队解决战备训练和官兵生活方面的实际困难,向61191部队、94637部队、武警浙江省总队直属支队、杭州预备役高炮团等部队拨专款100万元。市双拥办会同市科委确定96936部队"飞行安全应用系统"、武警杭州市支队"消防装备动态管理"等4个科技拥军项目,并给予补助经费50万元。杭州军供站迁建工程(杭州市城东市级应急避灾疏散基地)全面开工建设。

【随军家属安置与奖励扶助】2016年,杭州市通过公务员计划安置、事业单位考核招聘安置、社工安置、市场就业安置、一次性货币安置等方式,结合专场招聘会、组织就业前培训、提供职业指导、给予社会保险补助等形式,加强随军家属政策安置、就业援助和保障。全年向驻杭部队随军未就业家属发放生活和社保补助400多万元,补助标准为每人每月1070元。落实军人子女教育优待政策,给予小学、初中入学照顾200多人,享受中考加分优惠政策79人。

市双拥办和市慈善总会联合启动"慈善拥军情"活动,设立专项资

2016年度杭州市区义务兵家庭优待金标准

表76

优抚对象		标准(元/年)
义务兵家庭		25 341.00
在西藏服役的义务兵家庭		63 352.50
义务兵立功增发优待金	获中央军事委员会授予荣誉称号	50 682.00
	获军队大军区或军兵种授予荣誉称号	25 341.00
	立一等功	20 272.80
	立二等功	12 670.50
	立三等功	5 068.20
	获优秀士兵称号	1 267.05

金，对符合条件的驻杭部队军人军属及时给予3000元～20000元不等的慈善救助。

【优抚政策落实】 至2016年末，杭州市有优抚对象约19万人，其中享受定期抚恤补助的重点优抚对象1.33万人。

根据省民政厅、省财政厅要求，从2016年10月1日起，全市提高在国家机关、社会团体、企事业单位工作和享受离休、退休待遇的残疾军人，以及伤残人民警察、伤残国家机关工作人员、伤残民兵民工的残疾抚恤金标准；提高享受定期生活补助金的参战参试军队退役人员补助标准，每人每月700元。调整重点优抚对象抚恤补助标准，同时对未享受定期抚恤金的烈士、因公牺牲军人、病故军人的父母（抚养人）、配偶，年收入低于抚恤补助标准的，其差额予以补足。国家机关、社会团体、企业事业单位的在职和离退休残疾军人，其年收入与年残疾抚恤金之和低于同等级无工作单位残疾军人残疾抚恤金标准的，其差额予以补足。

全市享受定期抚恤的“三属”504人，其中烈士遗属220人，发放定期抚恤金589万元；因公牺牲军人遗属96人，发放定期抚恤金276万元；病故军人遗属188人，发放定期抚恤金519万元。享受残疾抚恤金的伤残人员4524人，发放抚恤金、护理费8416万元。享受定期生活补助的在乡复员军人2009人，发放生活补助金6790万元。享受定期生活补助的参战参试军队退役人员3282人，发放生活补助金2152万元。享受定期生活补助的带病回乡退伍军人2803人，发放定期补助金3780万元。主城区（不含萧山、余杭、富阳）发放军人一次性抚恤金2760万元。全市调整了义务兵家庭年优待金标准。

残疾军人、伤残人民警察、伤残国家机关工作人员、伤残民兵民工残疾抚恤金标准表

表77　　（从2016年10月1日起执行）

残疾等级	残疾性质	抚恤金标准（元/年）
一级	因战	66 230
	因公	64 140
	因病	62 040
二级	因战	59 940
	因公	56 780
	因病	54 660
三级	因战	52 590
	因公	49 420
	因病	46 290
四级	因战	43 100
	因公	38 910
	因病	35 750
五级	因战	33 670
	因公	29 440
	因病	27 340
六级	因战	26 310
	因公	24 890
	因病	21 030
七级	因战	19 990
	因公	17 890
八级	因战	12 620
	因公	11 550
九级	因战	10 480
	因公	8 420
十级	因战	7 360
	因公	6 300

2016年杭州市区部分优抚对象抚恤（补助）标准

表78　　单位：元

属别		月抚恤（补助）标准	年抚恤（补助）标准
烈士遗属		4 155	49 860
因公牺牲军人遗属		3 809	45 708
病故军人遗属		3 462	41 544
在乡复员军人	参加抗日战争	2 597	31 164
	参加解放战争	2 424	29 088
	中华人民共和国成立后	2 251	27 012
带病回乡退伍军人		2 078	24 936

【退役士兵安置】 2016年，杭州市做好退役士兵安置工作。10年以下退役士兵自主就业率达到100%。市本级符合政府安排工作条件的退役士兵实行考试、考核办法，通过理论考试以及在部队档案中立功奖励等内容加分择优录用。市安置办与市编委办安排市级事业单位编制数21个，占应安排工作人数的35%。安置进省部属企事业单位、市属国有企业和社区公益类岗位30人，约占应安排工作人数的50%。自愿选择自主就业（货币化安置）的9人，约占应安排工作人数的15%。

全市退役士兵自主就业经济补助金标准进一步提高，其中城乡退役士兵以服役满2年为基数按当年基础标准的200%核减退役金后发放，每多服役满1年增发10%；符合政府安排工作条件的退役士兵，退役时在部队选择自主就业，以服役满2年为基数按当年基础标准的200%核减退役金后发放，每多服役满1年增发30%；符合政府安排工作的转业士官以服役满10年为基数按当年基础标准的800%发放自主就业（货币化安置）补助金，每多服役满1年增发10%。2015年秋、冬季市区退役士兵基础标准为23667元，2年退役士兵自主就

2016年杭州市区伤残人员护理费标准

表79

残疾等级	残疾性质	月护理费标准(元)	年护理费标准(元)
一级	因战	3 243	38 916
	因公	3 243	38 916
	因病	1 946	23 352
二级	因战	3 243	38 916
	因公	3 243	38 916
	因病	1 946	23 352
三级	因战	2 594	31 128
	因公	2 594	31 128
	因病	1 946	23 352
四级	因战	2 594	31 128
	因公	2 594	31 128
	因病	1 946	23 352

2016年杭州市区无工作单位残疾军人残疾抚恤金标准

表80

残疾等级	残疾性质	月抚恤金标准(元)	年抚恤金标准(元)
一级	因战	7 134	85 608
	因公	6 809	81 708
	因病	6 485	77 820
二级	因战	6 485	77 820
	因公	6 161	73 932
	因病	5 837	70 044
三级	因战	5 837	70 044
	因公	5 512	66 144
	因病	5 188	62 256
四级	因战	5 188	62 256
	因公	4 864	58 368
	因病	4 540	54 480
五级	因战	4 540	54 480
	因公	4 216	50 592
	因病	3 891	46 692
六级	因战	3 891	46 692
	因公	3 567	42 804
	因病	3 243	38 916
七级	因战	3 243	38 916
	因公	2 919	35 028
八级	因战	2 919	35 028
	因公	2 594	31 128
九级	因战	2 594	31 128
	因公	2 270	27 240
十级	因战	2 270	27 240
	因公	1 946	23 352

业经济补助金标准核减部队发放的退役金后为38334元,12年退役士兵为227203.2元。在部队立功受奖的退役士兵,按应发自主就业经济补助金的一定比例增发一次性奖励金。奖励按最高项计算,不重复累计。其中,荣立三等功的按应发自主就业经济补助金的10%增发,荣立二等功的按应发自主就业经济补助金的20%增发,依此类推。全市共发放自主就业经济补助和待安置生活补助8874万元。

全市推荐职业技能教育培训承训学校(机构)27家,提供教育培训项目60余个,财政投入经费1650万元。自愿报名参加职业技能教育培训人数866人,培训合格率95%。11月下旬,2016年度杭州市退役士兵就业专场招聘会在杭州科技职业技术学院举行,60余个企业提供招聘岗位1000余个,最终达成就业意向130余人。 (冯晓飞)

【军队离休退休干部安置与服务】 2016年,杭州市接收安置军队退休干部(士官)76名,其中市本级74人、富阳区1人、桐庐县1人。9月,印发《杭州市军队离退休干部服务管理工作实施细则(试行)》,全面落实军休干部政治、生活两项待遇。全年组织1645名军休干部参加疗休养体检,组织12名市级退休军休干部参加避暑疗养及体检,举办各类市级文体竞赛活动12次。5月20日,杭州老干部大学军休分校正式挂牌成立,设16个教学班。10月30日,杭州军休代表浙江省参加全国军休干部纪念红军长征胜利80周年歌咏比赛并获二等奖。杭州市军休干部志愿者服务队成立。 (蔡柏军)

城乡基层组织

【城乡基层组织概况】 至2016年末,杭州市共有社区1072个。其中,上城区54个,下城区74个,江干区140个,拱墅区108个,西湖区153个,高新区(滨江)59个,杭州经济技术开发区38个,西湖风景名胜区6个,大江东产业集聚区8个,萧山区168个,余杭区163个,富阳区28个,桐庐县18个,淳安县12个,建德市27个,临安市16个。

全市社区工作者11755人,平均年龄38.06岁。其中,中共党员7620人,占64.82%;女性6640人,占56.49%;文化程度大专以上的10313人,占87.73%,其中研究生以上学历101人,占0.86%;取得社会工作师资格的2100人,占17.86%,取得助理社会工作师资格的2813人,占23.93%。

全市有村委会2043个,其中:江干区4个、西湖区36个、西湖风景名胜区9个、大江东产业集聚区59个、萧山区352个、余杭区183个、富阳区276个、桐庐县183个、淳安县425个、

2016年7月14日，来自多个国家的海外志愿者走进西湖区北山街道社区学院学习体验书法、太极拳等中国传统文化 （杭州图库 供稿）

建德市229个、临安市287个。

【城乡社区治理和服务创新】 2016年1月29日，民政部以参阅文件形式转发《杭州市推进城乡社区治理和服务创新工作实施方案》，对杭州市做法给予充分肯定并向全国推广。5月6日，杭州市召开城乡社区治理和服务创新工作现场会，明确部门职责，区县（市）联动实施。11月8日，第一期“杭州市城乡社区治理创新论坛”在杭州中国社区建设展示中心举办，围绕老旧型社区管理困境和发展机遇进行探讨交流。12月5日，市委办公厅、市政府办公厅印发了《关于进一步深化和创新城乡社区协商共治机制的实施意见》，以“四会制度”为重点，提出协商共治机制、协商共治程序、协商共治实践三项主要任务。

【社区服务保障工作】 至2016年末，杭州市建立起以社工为主体，辖区民警、居民骨干、平安巡防志愿者、社会组织工作者共同参与的网格信息员队伍，做到社区社情不漏户、不漏人、不漏物。6月2日，印发《杭州市城乡社区“服务保障G20，文明三美在行动”活动实施方案》，在全市城乡社区开展“讲文明说美言、讲文明扬美行、讲文明做美民”活动，全市共发布各类宣传信息约37万条，开展活动2.4万场，参与人数达56万人次。编制《杭州市突发公共事件社区总体应急预案操作手册》，开展实地演练，提高紧急处理能力。

【国际化社区建设】 2016年，杭州市在开展国际化社区创新研究和服务需求研究的基础上，提出建构具有杭州特色国际化社区的主要思路和创新点。11月11日，市委办公厅、市政府办公厅出台《关于全面提升杭州市社区建设国际化水平的实施意见》，民政部以参阅件形式全文转发，在全国推广杭州市做法。12月5日，市和谐社区建设领导小组印发《杭州市国际化社区评价指标体系（试行）》和《杭州市国际化社区服务指标体系（试行）》，率先推出全国首个社区建设国际化的政策指标体系。12月26日，确认上城区紫阳街道春江社区、江干区四季青街道钱塘社区、江干区四季青街道城星社区、西湖区三墩镇文鼎苑社区、滨江区浦沿街道东信社区、余杭区南苑街道水景社区、杭州经济技术开发区白杨街道朗琴社区等7个社区为全市首批国际化示范社区。

【社区（村）减负工作】 2016年，杭州市设立134个社区（村）减负工作监测点，全面动态掌握社区减负工作情况。根据监测点反馈，社区负担问题呈逐步下降趋势，2～4月40个，5～6月16个，7～8月4个，9～10月11个，11～12月未发现问题，社区减负工作取得明显成效。

【第七届社区工作者节】 2016年10月20日，杭州市第七届社区工作者节在杭州文广集团举行开幕式。本次活动以“筑梦路上”为主题，以公益晚会形式多角度呈现社区治理和服务创新的工作成果，集中展现和弘扬“敬业、奉献、担当、专业、创新”的新时期社工精神，塑造新时代社区工作者的良好形象。开幕式现场表彰了30名2016年杭州市“最美社工”。

【社区服务业发展】 2016年，杭州市拨付社区服务业专项资金1000万元，其中社区服务业扶持项目321个，扶持资金500万元；公益创投项目36个，项目资金500万元。项目涵盖社区治理、公益慈善、青少年服务、社区融合等内容，实施周期为一年。市民政局、市财政局联合印发《杭州市社区服务业发展专项资金使用管理办法》，规范资金使用程序，明确资金资助范围，加大项目化运作力度。

【“智慧社区”建设】 2016年3月，“智慧社区”平台完成初步开发建设工作，并在拱墅区试点试运行。6月，系统正式投入使用。至年末，平台收入社区居民信息526万条，社工信息近1万条，社区概况信息1047条，民情记录信息60万余条，为社区的工作提供坚实的数据支持。

【社区工作者队伍建设】 2016年9月26日，市委组织部、市财政局、市民政局、市人力社保局等四部门联合印发《关于优化杭州市区社区专职工作人员工资福利待遇的通知》，进一步优化社区专职工作人员工资福利待遇，提出实施社工绩效工资改革，明确社区专职工作人员平均工资增长水平不低于杭州市非私营单位就业人员平均工资增长水平。

11月24日，举办2016年度全市社会工作案例评审暨社工人才技能大赛。前期共征集社区工作者个案2989个，15个优秀案例脱颖而出。通过优秀个案撰写人现场演讲、评审专家现场打分等环节，最终评选出特等奖1个、一等奖2个、二等奖6个、三等奖6个。

【杭州市第十三届邻居节】2016年11月25日，杭州市第十三届邻居节在西湖区翠苑街道翠苑二区拉开帷幕，开幕式上表彰45名杭州市“好邻居”，其中2名在杭外籍人士，这是首次有外国友人获评杭州“好邻居”。邻居节以“国际都市、最美邻里”为主题，中外好邻居在现场齐诵《邻居公约》，发布邻里互助地图，开展志愿服务；组织开展“敲门日、健康日、互助日、欢聚日”，“寻找老邻居、夸夸好邻居”，邻里圆桌会，美食百家宴等一系列活动。

【社会工作】2016年11月，民政部第二批全国社会工作服务示范地区、社区和单位名单，杭州市拱墅区、西湖区被评为综合示范地区，拱墅区半山街道夏意社区、上城区小营巷社区和上羊市街社区、下城区东新街道东新园社区被评为示范社区，杭州市儿童福利院、杭州市社会福利中心、杭州市第一社会福利院、杭州市第三社会福利院被评为示范单位。杭州市继续加强社会工作专业人才队伍建设，实施“525”社工人才培养工程，确认首批社区工作领军人才，其中省级17名，数量居全省首位，市级61名。1529人通过全国社会工作师职业资格考试，全市社会工作师（含助理社会工作师）累计8307人，位居全省第一。

【农村“田园社区”建设】2016年12月6日，市委办公厅、市政府办公厅出台《关于进一步推进农村社区建设的实施意见》，提出以“田园社区”建设为目标，打造生产发展、生态环保、生活幸福新农村。

6月16日，市民政局、市财政局印发《杭州市福彩公益金资助农村社区建设项目资金使用管理办法》，安排1000万元市级福彩公益金资助农村社区服务项目。至年末，全市建制村村务公开和民主管理达标率达到96%以上。

【城乡社区对口见学活动】为更好地发挥杭州市社区建设整体优势、推进城乡社区一体化发展，2016年4月26日，市民政局印发《2016年杭州市城乡社区对口见学系列活动实施方案》，启动城乡社区对口见学活动。至2016年末，对口见学活动已覆盖2043个村和1072个社区，完成比例达100%。（何利强）

社会福利事业

【养老机构建设】2016年，杭州市新增养老机构床位5380张。至年末，全市共有各类养老机构333家。其中：民办养老机构179家（含公建民营37家），公办养老机构154家，合计养老机构总床位67293张（其中护理型床位33972张，占总床位数的50.5%）。按户籍人口统计，每百名老年人拥有床位数4.24张。

【居家养老服务】2016年，杭州市被民政部、财政部确定为中央财政支持开展居家和社区养老服务改革试点地区。杭州市全年新增社区居家养老服务照料中心641家。

至年末，全市共建成社区居家养老服务照料中心2970家，其中城市社区居家养老服务照料中心1066家，农村社区居家养老服务照料中心1904家，居家养老服务照料中心功能实现全覆盖，城市社区步行15分钟、农村社区步行20分钟的养老服务圈不断巩固。全市享受政府购买居家养老服务老年人约10.5万人（约占全市户籍老年人口数的6.6%）。

【“智慧养老”体系建设】2016年，杭州市继续为14.7万老年人提供“智慧养老”终端服务。制订“智慧养老”服务转型提升方案，招标产生市级服务商资格库，各区县（市）从服务商资格库中选取“智慧养老”服务提供商。搭建市级“智慧养老”监管平台，开通“96345100”市级“智慧养老”服务呼号，委托第三方对“智慧养老”服务进行全程绩效评价，启动全市新一轮“智慧养老”服务。

【养老服务队伍建设】至2016年末，杭州市共有养老护理人员8684人，获得职业资格证书8405人。拥有养老服务志愿者队伍2746支，服务老年人17.15万人次。养老护理员培训基地33家。举办第七届养老护理员职业技能竞赛，3人获得技师职称，57人获得高级职业资格证书。开展“最美养老护理员”评选活动。659名养老护理员获得发放一次性持证奖励，10名护理员获得入职奖励。

【养老服务业综合改革】2016年6月，成功申报全国首批医养结合试点。6月16日，出台《杭州市福利彩票公益金资助为老服务创新项目管理办法》，落实500万元专项资金资助33个为老服务公益创投项目。7月，成立由省委常委、市委书记赵一德担任组长的养老服务业综合改革试点工作推进领导小组。7月14日，市民政局、市发改委、市财政局联合印发《关于深化我市公办养老机构改革的意见》。9月3日，成立长期照护保障、医养结合、养老服务产业、智慧养老和社区养老5个专项攻坚小组。9月29日，印发《杭州市养老服务业综合改革试点方案》，明确工作目标。10月26日，召开全市养老服务业综合改革试点工作动员大会。12月30日，出台《关于进一步提升我市居家养老服务照料中心建设和服务水平的指导意见》。（常利洁）

【福利彩票发行】2016年，杭州市福利彩票销量首次突破26亿元，达到26.31亿元，比上年增加1.4亿元，增幅5.6%；筹集公益金7.49亿元，继续领跑全省彩票市场。市民政局发布《杭州市福利彩票社会责任报告》，开展“福彩暖万家”专项资助活动6场，资助困难群众1430人次，发放资助金195万元。（杨　兵）

【杭州产生浙江省首个慈善信托备案】2016年9月26日，万向信托有限公司向市民政局递交了“万向信托—乐淳家族慈善信托”备案材料，并成功备案，成为浙江省首个备案的慈善信托。

“万向信托—乐淳家族慈善信托”初始信托金额为2000万元，主要支持发展教育、科技、文化、艺术、体育、医疗卫生、环境及其他社会公益事业，扶贫、济困、扶老、救孤、恤病、助残、优抚、救助灾害事件及其他公益活动。（胡景行）

民政事务管理

【地名设标工作】至2016年末，完成首批全国地名地址库试点软件开发任务。全市共设楼门牌255万余块，市区(含萧山、余杭、富阳)共命名道路212条，桥梁84个，隧道6条，建筑物80个，住宅区110个，地名更名4个。及时做好无标准名称道路的命名、门牌更新数量的测算、制作和安装工作。在全市完成乡镇地名标志设置工作的基础上，建立健全农村地名标志的长效管理机制。

【地名普查和地名文化】2016年，杭州市共普查各类地名61257条，采编属性信息720余万字。全市13个区(萧山区为试点)、县(市)全部通过省级成果验收。

至年末，全市有5个千年古镇、16个千年古村落通过省民政厅审核论证，市本级和13个区、县(市)全部建立第一批地名文化遗产保护名录，切实加强地名文化保护工作。(朱文军)

【收养登记】2016年，杭州市办理收养登记238件，被收养人238人。其中：上城区2件，下城区2件，江干区3件，拱墅区1件，西湖区11件，滨江区4件，萧山区20件，余杭区60件，富阳区55件，桐庐县8件，淳安县18件，建德市32件，临安市22件。办理解除收养关系6件，其中萧山区3件、余杭区2件、上城区1件。(潘琼翼)

【殡葬管理】2016年，杭州市火化遗体45585具，火化率100%，其中杭州殡仪馆火化遗体12152具。全市21家经营性公墓(陵园)新建墓穴11432穴。新建生态墓地33个，生态墓地总数达3354个，覆盖99.1%的行政村。治理“三沿五区”坟墓8044穴，其中治理“四边三化”、“两路两侧”坟墓5187穴。

13个区县(市)全部实施基本殡葬费用减免政策，减免金额2582万元，平均每户节省开支626元。萧山区殡葬管理所被民政部评为全国殡葬工作先进集体。在第23次骨灰撒江活动中，107位先人的骨灰撒入钱塘江，累计已有1573人的骨灰撒入钱塘江。

【婚姻登记】2016年，全市办理内地居民结婚登记63013件，比上年下降6.5%，其中复婚4644件、补办1310件。办理内地居民离婚登记20967件，上升10.2%。办理涉及外国人、华侨、出国人员及港澳台居民结婚登记247件，下降15.1%，其中涉及外国人176件，涉及华侨、出国人员5件，涉及香港居民11件，涉及澳门居民3件，涉及台湾居民52件。办理涉及外国人、华侨、出国人员及港澳台居民离婚登记66件，其中涉及外国人39件。全市办理补发婚姻登记17267件，上升9.7%。

婚姻登记机关继续开展婚姻家庭辅导工作，服务当事人16755人次，其中接受婚前辅导服务的1903人次，接受婚姻家庭问题咨询服务的3126人次，接受离婚劝导和调解服务的10954人次，接受法律咨询服务的772人次，群众满意率达100%。

【流浪乞讨人员救助管理】2016年，杭州市8个救助管理站共救助流浪乞讨人员10638人次，比上年下降14.3%。受助人员中有乞讨行为的855人次，无乞讨行为的9783人次；主动求助的5325人次，被引导护送入站受助的5310人次，被有关机构或群众丢弃站外的3人次。其中，杭州市救助管理站救助流浪乞讨人员7351人次。

以G20杭州峰会服务保障为重点，开展“护航G20、送暖回家”“寒冬送温暖”和“夏季送清凉”流浪乞讨人员专项救助行动。扩大救助范围，实施“阳光关爱”“午夜关爱”“归零行动”“补丁行动”等全市性集中救助行动。设置临时集中救助点12处，开展市、区集中救助行动90余次，劝导、救助流浪乞讨及露宿人员1.3万人次，其中返乡7500多人次，峰会期间市区重点救助管理区域内未发现流浪乞讨现象、未产生受助人员投诉事件、未发生受助人员意外伤亡事故。

(许东良)

【社会组织】至2016年末，杭州市有社会组织22924家，其中注册登记的6918家(社会团体2943家，民办非企业单位3946家，基金会29家)，备案16006家。市本级社会组织1032家(社会团体743家，民办非企业单位275家，基金会14家)。开展2015年度社会组织年检工作，市本级955家社会组织参加年检，其中合格877家、基本合格38家、不合格40家，分别占社会组织总数的91.83%、3.98%、4.19%，年检合格率为95.81%。继续开展社会组织等级评估，全市参评的社会组织173家，其中社团52家、民办非企业单位121家。其中获得AAAAA级的社会组织有17家、AAAA级49家、AAA级65家。至年末，全市获得3A以上等级的社会组织累计达到1056家。市本级资助135个公益创投项目，资助资金1485.8万元。

【社会组织登记改革】至2016年末，杭州市完成社会组织统一社会信用代码转换工作，将法人登记证、组织机构代码证和税务登记证整合为民政部门核发的加载有统一社会信用代码的登记证书，实现“三证合一”。完成首批复合型社会组织认定工作。探索社会组织管理新模式，赋予杭州市第一批认定的7家复合型社会组织承担部分业务主管单位职责。实施异地商会登记改革，异地商会可依法直接登记。9月1日起，正式启动慈善组织登记认定相关工作。

【社会组织参与社会治理创新】2016年11月27日，以“公益与你我同行·慈善与生活同心”为主题的“2016年杭州市暨西湖区社会组织公益嘉年华”活动举行，包括社会组织公益宣传、公益服务、公益体验、公益创投项目金点子征集活动，为参会的民间公益组织搭建与政府、基金会、企业及公众之间最为便捷的信息交流沟通桥梁。现场开展“爱的后备箱”“公益义卖”等慈善义卖义拍活动，筹得善款11.29万元。首次邀请杭州都市圈嘉兴、湖州、绍兴三城市部分社会组织参加。继续开展社会组织品牌认定工作，认定杭州市品牌社会组织16家(其中示范性8家、成长型8家)和社会组织品牌项目10个。至年末，全市共有品牌社会组织56家、品牌项目10个。

36家市本级社会组织进入2016年度市本级社会组织承接政府转移

职能和购买服务推荐性目录，实现统一标准、分级分类、动态管理、公开公正，推动政府向社会组织转移职能和购买服务。《杭州市公益创投项目精选案例集》编撰完成，汇集杭州市公益创投优秀案例69个。（刘秋芳）

【水库移民扶持】杭州市是全省水库移民第一大市，有大中型水库移民后期扶持人口34.62万人，分布在8个区县（市）151个乡镇（街道），其中直补移民人数19.37万人，项目扶持人口15.27万人。萧山区、余杭区、富阳区、淳安县、桐庐县、建德市、临安市是大中型水库移民安置区，主城区大部分是三峡水库移民和少部分因婚嫁等原因迁入的水库移民。全市小型水库移民2.3万人，涉及100个乡镇。

至2016年末，承担移民后扶任务的7个区县（市）均出台了具体实施办法或细则，历年结存资金已由2015年末的44529.85万元下降到7934.64万元，消化了82.2%，各区县（市）同口径的资金结存量均在3000万元以下。桐庐县出台《移民创业“流星雨”扶助计划》，向进城创业就业移民发放养老保险、场地装修等补贴；桐庐、淳安、临安等地对困难移民实施临时救助；富阳、建德等地在开展项目扶持时，鼓励项目单位产生效益后主动捐赠款项到慈善机构，实施对困难移民定向救助。

【水库移民创业就业】2016年，杭州市农村移民人均可支配收入为22945元，达到当地农村居民人均收入的91%。全市发放移民直补资金1.16亿元，投入移民创业致富项目专项资金1.97亿元，占2016年度项目安排资金总量的59.4%。全年新建扩建百万产值以上的移民创业致富产业基地35个，比上年度增加21个。通过全面实施水库移民后期扶持政策，探索移民创业致富发展模式，形成现代农业、物业经济、来料加工、创业园区、融资服务等特色创业模式。

各地结合实际情况及产业发展特点，采取集中培训和分散培训相结合的方式，组织移民开展各种实用技术难题和帮助移民进行各种从业资格的培训，促进移民就业创业，共培训移民劳动人口30770人，占全市移民适龄人口的15.7%。（包宏武）

【儿童福利工作】2016年，杭州市有5633名孤儿（困境儿童）纳入儿童福利保障范围。福利机构养育孤儿月度基本生活费从1530元调整到1825元；社会散居孤儿月度基本生活费从920元调整到1278元。从7月1日起，实际无人抚养儿童，贫困家庭重残、患重病和罕见病儿童，低保家庭儿童，困难家庭儿童生活补贴标准分别进行调整。

实施“明天计划”和“添翼计划”，开展机构养育残疾儿童手术康复和贫困家庭儿童康复训练。杭州市儿童福利信息系统启用。儿童福利工作领导小组成立。市儿童福利院增挂市儿童福利指导中心牌子。11月6日，《杭州市人民政府办公厅关于加强农村留守儿童关爱保护工作的实施意见》印发。至年末，全市共有农村留守儿童8755名。（潘琼翼）

民　族

【民族概况】至2016年末，杭州有常住少数民族人口13.46万人，其中八城区（含萧山区、余杭区）少数民族人口8.03万人，富阳区和四县（市）有5.42万人。少数民族人口总量虽不多，但常住的少数民族就有54个（无门巴族）。流动的外来创业务工少数民族人口30.65万人，万人以上的少数民族有苗族、土家族、侗族、壮族、布依族、彝族、回族。全市有1个少数民族乡（桐庐县莪山畲族乡），19个少数民族村（桐庐县莪山村、中门村、新丰村、龙峰村、湾下村、大庄村、金塘坞村；建德市胡村源村、双泉村、高桥村、小溪源村、团结村；临安市铜山村、逸逸村、众社村、浪山村、枫树岭村；富阳市双江村；淳安县富泽村）。民族乡村人口共5914人，占全市畲族人口（约1.38万人）的42.9%。

【杭州畲族馆开馆】2016年4月9日（农历“三月三”），杭州畲族馆在京杭大运河畔（近北新关）落成，开启了杭州市民族文化传承弘扬的新篇章。畲族馆是一个长年向社会公众免费开放的公益场馆，也是畲族文化从农村走进城市，形成城乡互动的平台。依托杭州畲族馆，成立杭州民族文化弘扬基地，成为贯彻落实杭州市民族工作会议精神、发挥民族文化优势、整合社会资源、促进民族经济社会发展的一次全新的有益尝试。

【清真屠宰点正式揭牌】2016年7月28日，杭州富阳区九鲜肉牛定点屠宰场、大江东百乡缘农业开发有限公司两个清真屠宰点正式揭牌成立。定点清真屠宰点产品由杭州市伊斯兰教协会监制，严格遵守《中华人民共和国食品安全法》和畜禽防疫条件管理办法，严格按照清真食品要求和国

2016年11月15日，杭州市民族宗教系统运动会在杭州西湖区体育馆成功举行（市民族宗教局 供稿）

2016年9月5日，加拿大总理夫人及女儿参访灵隐寺（市民族宗教局 供稿）

家标准实施屠宰。杭州是少数民族散杂居地区，现有常住及流动具有清真饮食习惯的少数民族群众约2万人。清真屠宰点的建立，满足了全市穆斯林优质、安全、放心的清真肉品需求。

【穆斯林欢度开斋节、古尔邦节】 2016年7月6日、9月12日分别是伊斯兰教的开斋节和古尔邦节，十个信奉伊斯兰教的少数民族共同欢庆重大节日。两大节日中，凤凰寺均聚集了杭城各地的中外穆斯林约5000人参加庆祝活动。省、市统战和民族宗教等有关单位领导给广大穆斯林群众送去节日的问候和诚挚的祝福。两大节日分别在G20杭州峰会举办前后，伊斯兰教志愿者充分发挥自我管理功能，确保开斋节和古尔邦节的喜庆、吉祥、安全、有序。

【两个民族村获评中国少数民族特色村】 2016年10月，桐庐县莪山畲族乡新丰民族村、建德市大慈岩镇双泉民族村被列入第二批中国少数民族特色村寨名录。少数民族特色村寨是指少数民族人口相对聚居且比例较高，生产生活功能较为完备，少数民族文化特征及其聚落特征明显的自然村或行政村。少数民族特色村寨是传承民族文化的有效载体，是发展特色经济的宝贵资源。国家民族事务委员会组织申报中国少数民族特色村寨命名挂牌工作，旨在整合资金、精准帮扶，扩大少数民族特色村寨的影响力和辐射面，加强示范引领作用。获得命名的特色村寨将得到国家民族事务委员会在工作指导、宣传推广、资金安排等方面的大力支持。

【杭州市民族宗教系统运动会】 2016年11月15日，2016年杭州市民族宗教系统运动会在杭州西湖区体育馆成功举办。来自全市各城区民族宗教局、各市属宗教团体以及杭州基督教青年会、女青年会的17支代表队，350余人参加。运动会增强了广大民族宗教界人士的健康意识，促进健身运动的普及，集中展示了民族宗教界“和睦相处、和衷共济、和谐发展”的良好局面。

【莪山畲族乡创建成为全国民族团结示范单位】 桐庐县莪山畲族乡是全省18个少数民族乡镇之一，也是杭州市唯一的少数民族乡。近年来，莪山畲族乡围绕建设“中国畲族第一乡”的奋斗目标，经济社会民族各项事业继续保持健康稳步发展。2016年12月20日，国家民族事务委员会国命名莪山乡为第四批全国民族团结进步创建活动示范单位。此前，下城区东新街道新颜苑社区、浙宝电气（杭州）集团有限公司已分别被列为第二批、第三批“全国民族团结进步创建活动示范单位”。（洪　亮）

宗　教

【宗教概况】 至2016年末，杭州市有佛教、道教、伊斯兰教、天主教、基督教五大宗教，各级宗教团体共35个，另有2个带有基督教性质的社会团体（杭州基督教青年会、杭州基督教女青年会）。全市经登记开放的宗教活动场所有840处（其中佛教277处、道教36处、伊斯兰教1处、天主教12处、基督教514处）。经认定备案的教职人员1124人（其中佛教702人、道教57人、伊斯兰教4人、天主教15人、基督教346人），可统计信众约有30万人。纳入登记编号的民间信仰活动场所801处。

【G20杭州峰会服务保障】 2016年，为贯彻落实G20杭州峰会的重大决策部署，市民族宗教局以“五整治一提升”专项行动为核心，在全市民族宗教界开展“爱国爱教、民族团结、共谋新篇”专项工作，组织全市各级民族宗教部门、少数民族人士、宗教界人士投身于迎G20杭州峰会服务保障行动中，重点实施宗教活动场所内的旅游秩序整治、餐饮安全整治、环境提升整治、基建工程管理整治、消防安全整治，全面提升外事接待工作能力。实施灵隐寺天王殿和大雄宝殿整修、净慈寺及南屏山亮灯工程、玉皇山福星观拆改建整治、抱朴道院修复建等8个与G20杭州峰会相关的基建项目。举办全市宗教界服务G20杭州峰会专题业务培训班，做好主会场和新闻中心礼拜室、静思室的管理服务工作。累计完成近4000人的峰会志愿者及涉会宾馆服务人员伊斯兰教相关知识培训工作。参加峰会食材总仓设置，确保清真食品监制及供应。开通G20伊斯兰教服务热线，协助各单位为到杭世界各地穆斯林提供服务与帮助。G20杭州峰会期间，市属佛教、伊斯兰教、天主教场所先后接待土耳其总统夫人阿米娜·埃尔多安、韩国副总理柳一镐、阿根廷总统夫人朱莉安娜阿瓦达、联合国秘书长潘基文夫人柳淳泽、世界贸易组织总干事夫人阿泽维多、泰国总理夫人娜拉蓬和加拿大总理夫人苏菲·葛瑞格利·特鲁多等参会国政要、配偶参观团等重要客人11批次。

【杭州佛教界举行乙未年腊八节系列活动】 2016年1月17日（农历腊月

初八)是释迦牟尼佛成道日,灵隐寺等杭州各大寺院分别举行乙未年腊八节讲经传供法会,号召信众秉承佛教慈悲、感恩精神去服务社会,践行人间佛教精神。活动期间,全市佛教界先后到医院、敬老院、福利院、志愿服务队、环卫所等单位和基层探望慰问一线人员,奉上腊八粥,表达吉祥祝福。

【"东南佛国·杭州"托钵行脚慈善活动】 2016年5月14日(农历四月初八),杭州市佛教协会暨市属各大寺院、佛学院隆重举行"东南佛国·杭州"托钵行脚佛教慈善活动。300余位法师自上天竺法喜讲寺出发,经中天竺法净寺、下天竺法镜寺,行至灵隐寺,沿途接受十方信众的供养。此次活动共收到约50万元捐款,全部用于杭州市"春风行动"。

【全市宗教工作会议】 2016年8月4日,杭州市召开全市宗教工作会议,省委常委、市委书记赵一德出席会议并讲话。会议以视频形式召开,市长张鸿铭主持会议,市领导王金财、叶明、杨戌标、许勤华、张建庭、董建平等出席。市四套班子全体成员,市委市政府各单位主要负责人在主会场参加会议,各区县(市)设分会场。市公安局、上城区、萧山区有关负责人作交流发言。赵一德在讲话中强调,要认真学习贯彻全国、全省宗教工作会议特别是习近平总书记重要讲话精神,全面贯彻党的宗教工作基本方针,加强和改进新形势下宗教工作,努力开创宗教工作新局面。会议全面客观地分析梳理了杭州市宗教工作新特点和宗教领域新问题新矛盾,强调要有针对性地做好重点工作。

【"文明敬香"三年行动计划完成】 2016年10月25日,杭州市文明敬香工作现场观摩会暨经验交流总结大会在灵隐寺召开。副市长张建庭出席会议并讲话。市文明敬香工作领导小组相关成员单位,各区县(市)民族宗教局,大江东产业集聚区和杭州经济技术开发区民族宗教工作部门,市属佛、道教团体以及市属佛、道教活动场所负责人参加会议。2014年1月起,杭州市正式开展"文明敬香"工作后,按照"文明、安全、环保、秩序"的总要求,全市309处佛、道教活动场所至2016年8月底全部实现"三炷清香礼佛敬神",不烧超规格大香高香,不烧元宝蜡烛的既定目标,宗教活动场所环境明显改善。

【民间信仰活动场所常态化管理】 根据《浙江省人民政府办公厅关于加强民间信仰事务管理的意见》和《浙江省民间信仰活动场所登记编号管理办法》等文件精神,进一步推进规范民间信仰活动场所管理工作。2016年,全市民族宗教部门开展"回头看"工作,对已纳入登记编号场所根据检查情况逐一发牌发证。2016年度新纳入登记编号场所450处,民间信仰活动场所基本纳入常态化管理框架。

【第六届"长三角地区道教论坛"】 2016年12月5日,由中国道教协会指导,浙江省道教协会主办,上海市道教协会、江苏省道教协会协办,杭州市道教协会承办的第六届"长三角地区道教论坛"开幕。本次论坛的主题是"道教教义体系的现代建构——道教文化的传承与弘扬"。中国道教协会副会长、上海市道教协会会长吉宏忠道长等16名道教界和学术界代表先后做主题发言,共同为道教文化的传承与弘扬、创新与转型建言献策。"长三角地区道教论坛"始于2007年,每两年一届,由浙江、江苏、上海两省一市轮流举办。 (洪 亮)

城乡居民生活

【城镇居民收入平稳增长】 据抽样调查,2016年城镇常住居民人均可支配收入52185元,首次突破5万元,比上年增长8.0%,扣除物价上涨因素实际

2013~2016年杭州市城镇常住居民人均可支配收入增长情况

表81

年份	人均收入(元)	增长率(%)
2013	40 925	10.1
2014	44 632	9.1
2015	48 316	8.3
2016	52 185	8.0

说明:2013~2016年为城乡一体化改革后新口径数据

2016年杭州市城镇常住居民人均可支配收入构成情况

表82

项 目	人均收入(元)	比上年(%)	占总收入比重(%)
可支配收入	52 185	8.0	100.0
1.工资性收入	30 090	4.2	57.7
2.经营净收入	4 607	2.3	8.8
3.财产净收入	7 906	15.4	15.1
4.转移净收入	9 582	18.7	18.4

2016年杭州市城镇常住居民消费支出结构

表83

项 目	人均支出(元)	比上年(%)	占消费支出比重(%)
消费支出	35 686	5.5	100.0
1.食品烟酒	9 945	8.4	27.9
2.衣着	2 302	6.7	6.5
3.居住	9 685	6.3	27.1
4.生活用品及服务	1 841	13.5	5.2
5.交通通信	5 050	-11.5	14.2
6.教育文化娱乐	3 815	21.5	10.7
7.医疗保健	2 143	7.0	6.0
8.其他用品及服务	905	-0.2	2.4

增长5.3%。

从收入来源看，2016年杭州市城镇常住居民人均工资性收入和经营净收入增速相对较低，财产净收入和转移净收入实现两位数增长。其中：人均工资性收入30090元，增长4.2%，拉动可支配收入增长2.5个百分点；人均经营净收入4607元，增长2.3%，拉动可支配收入增长0.2个百分点；人均财产净收入7906元，增长15.4%，拉动可支配收入增长2.2个百分点；人均转移净收入9582元，增长18.7%，拉动可支配收入增长3.1个百分点。

【城镇居民八大类消费支出六升二降】2016年，杭州市城镇常住居民人均消费支出35686元，比上年增长5.5%，扣除物价上涨因素实际增长2.8%，八大类消费呈六升二降格局。

一是食品烟酒、教育文化娱乐、生活用品及服务三大类消费快速增长。其中：人均食品烟酒支出9945元，增长8.4%，拉动消费支出增长2.3个百分点，成为消费支出增长的首要动力；人均教育文化娱乐支出3815元，增长21.5%，拉动消费支出增长2个百分点；人均生活用品及服务支出1841元，增长13.5%，拉动消费支出增长0.6个百分点。二是医疗保健、衣着和居住三大类消费平稳增长。其中人均医疗保健支出2143元，增长7.0%，拉动消费支出增长0.4个百分点；人均衣着支出2302元，增长6.7%，拉动消费支出增长0.4个百分点；人均居住支出9685元，增长6.3%，拉动消费支出增长1.7个百分点。三是交通通信、其他用品及服务两大类消费下降。其中：人均交通通信支出5050元，下降11.5%，拉动消费支出回落1.9个百分点；人均其他用品及服务支出905元，下降0.2%。

2016年末，全市城镇居民人均住房建筑面积35.8平方米，每百户家庭拥有家用汽车52.3辆、空调226.6台、移动电话242.1部、家用电脑112.0台、淋浴热水器101.4台。

【农村居民收入增长相对较快】2016年，杭州市农村常住居民人均可支配收入27908元，比上年增长8.5%，扣除物价上涨因素实际增长5.8%，增速比城镇居民高0.5个百分点。

农村居民四大类收入中，工资性收入和经营性净收入平稳增长，转移净收入和财产净收入较快增长。其中：人均工资性收入17059元，增长7.6%，拉动可支配收入增长4.6个百分点，仍是农村居民可支配收入增长的首要动力；人均经营净收入7108元，增长7.2%，拉动可支配收入增长1.9个百分点；人均转移净收入2604元，增长15.8%，拉动可支配收入增长1.4个百分点；人均财产净收入1137元，增长15.8%，拉动可支配收入增长0.6个百分点。

【农村居民生活继续改善】2016年，杭州市农村常住居民人均消费支出

2013～2016年农村常住居民人均可支配收入增长情况

表84

年份	人均收入(元)	增长率(%)
2013	21 208	11.2
2014	23 555	11.1
2015	25 719	9.2
2016	27 908	8.5

说明：2013～2016年为城乡一体化改革后新口径数据

2016年杭州市农村常住居民人均可支配收入构成情况

表85

项　目	人均收入(元)	比上年(%)	占总收入比重(%)
可支配收入	27 908	8.5	100.0
1.工资性收入	17 059	7.6	61.1
2.经营净收入	7 108	7.2	25.5
3.财产净收入	1 137	15.8	4.1
4.转移净收入	2 604	15.8	9.3

2016年杭州市农村常住居民消费支出结构

表86

项　目	人均支出(元)	比上年(%)	占消费支出比重(%)
消费支出	20 563	6.4	100.0
1.食品烟酒	5 957	11.2	29.0
2.衣着	1 228	6.1	6.0
3.居住	5 297	6.2	25.8
4.生活用品及服务	1 062	5.4	5.2
5.交通通信	3 735	-4.3	18.2
6.教育文化娱乐	1 762	16.9	8.6
7.医疗保健	1 163	10.2	5.6
8.其他用品及服务	359	1.1	1.6

2016年杭州市八大类商品及服务项目价格指数

表87

类　别	同比指数(上年=100)
居民消费价格总水平	102.6
1.食品烟酒	106.0
2.衣着	100.3
3.居住	102.2
4.生活用品及服务	99.6
5.交通和通信	99.0
6.教育文化和娱乐	103.7
7.医疗保健	100.8
8.其他用品和服务	102.7

20563元，首次突破2万元，比上年增长6.4%，扣除物价上涨因素实际增长3.7%，八大类消费"七升一降"。

一是教育文化娱乐等三大类消费支出呈两位数增长。其中：人均教育文化娱乐消费支出1762元，增长16.9%，拉动总消费增长1.3个百分点；人均食品烟酒消费支出5957元，增长11.2%，拉动总消费增长3.1个百分点，是总消费增长的首要推动力；人均医疗保健消费支出1163元，增长10.2%，拉动总消费增长0.6个百分点。二是居住等三大类消费支出呈个位数增长。其中：人均居住消费支出5297元，增长6.2%，拉动总消费增长1.6个百分点；人均衣着消费支出1228元，增长6.1%，拉动总消费支出增长0.4个百分点；人均生活用品及服务消费支出1062元，增长5.4%，拉动总消费增长0.3个百分点。三是其他用品及服务、交通通信消费支出小幅增长或下降。其中：人均其他用品及服务消费支出359元，增长1.1%；人均交通通信消费支出3735元，下降4.3%。

2016年末，全市每百户农村居民家庭拥有家用汽车42.4辆、空调器168.2台、移动电话265.2部、家用电脑75.0台、淋浴热水器103.2台、洗衣机92.5台、电冰箱109.0台。

【房地产市场成交量创新高】 2016年前三季度，一线和部分二线城市房地产市场量价齐升，杭州房地产市场成交量屡创新高，价格上涨明显。四季度受房地产调控影响，价格涨幅回落，成交量也较前期稍有回落，但全年成交仍创历史新高。

2016年杭州市区成交新建商品住宅14.7万套，成交面积1652.1万平方米，金额2907.53亿元，分别比上年增长41.3%、42.4%和54%；签约二手住宅10.7万套，签约面积1058.92万平方米，金额1740.41亿元，分别增长80%、87.7%和99%。

价格快速上涨后开始回稳。从新建商品住宅价格看，到2016年12月末价格同比连续上涨17个月，涨幅在2016年10月达到最高点（上涨31.5%），之后稍有回落，11月份上涨30.1%，12月份上涨28.6%。价格环比连续上涨19个月，涨幅在2016年9月份达到5.5%，创历史新高，10月份在房价调控政策引导下涨幅开始回落，上涨3.2%，11月份下降0.4%，12月份持平。

从二手住宅价格看，2016年1～10月价格同比涨幅逐月扩大，11月、12月涨幅缩小；价格环比前6月基本稳定，7月后上涨明显加快，9月份上涨4.5%，10月开始回落（上涨2.5%），11月持平，12月下降0.1%。

中小户型房源价格更加坚挺。分面积类型看，90平方米以下和90平方米～144平方米的新建商品住宅、二手住宅同比、环比涨幅均高于大户型144平方米以上的住宅，表明144平方米以下中小户型房源价格更加坚挺。

高价住宅成交占比明显上升。随着价格的上涨，部分高端项目热销，2016年主城区单价在3万元/平方米以上的房源成交占比达21%，比上年提高8个百分点；总价超过350万元的房源占比也比上年提高8个百分点。

主城区二手住宅签约量首超新建商品住宅。2016年杭州市区二手住宅签约10.7万套，增长80%，其中主城区签约6.8万套，超过新建商品住宅1.5万套，主城区已经进入"存量房"时期。

【居民消费价格总体平稳】 2016年，杭州市居民消费价格总水平平均上涨2.6%，涨幅较上年扩大0.8个百分点。

食品烟酒类价格上涨6.0%，影响居民消费价格总水平上升1.61个百分点。其中，猪肉价格上涨18.4%，鲜菜价格上涨17.1%。

衣着类价格上涨0.3%。其中，衣着加工服务费价格上涨7.0%，服装材料价格上涨4.3%，服装价格上涨0.8%。

居住类价格上涨2.2%。其中，住房保养维修及管理价格上涨3.0%，自有住房价格上涨2.2%，租赁房房租价格上涨1.9%，水电燃料价格上涨1.5%。

生活用品及服务类价格下降0.4%。其中，家用纺织品价格下降4.7%，家用器具价格下降1.6%，家具及室内装饰品价格下降0.2%，家庭日用杂品价格下降0.2%，个人护理用品价格上涨1.6%，家庭服务价格上涨3.9%。

交通和通信类价格下降1.0%。其中，汽、柴油价格分别下降4.5%和1.2%，通信工具价格下降12.2%，车辆修理与保养价格上涨2.2%。

教育文化和娱乐价格上涨3.7%。其中，教育服务价格上涨7.1%，旅游价格上涨1.8%。

医疗保健类价格上涨0.8%。其中，滋补保健品价格上涨5.6%，中药价格上涨4.9%。

其他用品和服务类价格上涨2.7%。其中，首饰手表价格上涨9.8%，旅馆住宿价格上涨4.3%，中介服务价格上涨1.8%。（万　明）

人口和计划生育

【人口和计划生育概况】 2016年，杭州市出生93529人，比上年增加33362人，增幅为55.45%。受"全面两孩"政策影响，各地一孩率下降二孩率上升。全市一孩率为53.25%，下降7.42个百分点，二孩率为45.85%，上升7.08个百分点，多孩率为0.90%，上升0.34个百分点。全市计划外出生1278人，计划生育率为98.63%。多孩违法生育发生率为0.28%。全市户籍人口出生性别比为108.55。全市女性初婚41763人，减少2159人，减幅4.9%。已婚育龄妇女领取独生子女父母光荣证46.06万人，领证率为33.49%，下降2.65个百分点。

【"全面两孩"政策稳步实施】 2016年，杭州市依托新闻媒体、计生宣传栏、微信公众号等平台，对相关政策条款执行若干问题和生育登记服务相关问题进行宣传和解读，使"全面两孩"政策深入人心，营造了良好的舆论氛围。全面做好生育登记服务工作，从1月4日起，在全市范围内全面受理办理生育登记服务工作，认真贯彻落实新《浙江省人口与计划生育条例》中有关再生育审批的规定，坚持依法审批，便民办事，简化程序，继续推行婚育情况承诺制、容缺受理制、代办制等做法，做到应批尽批，全年无信访无投诉。西湖区创新开展"全区通办"服务，突破全区各镇（街道）之间的地域界限，符合全面两孩政策的夫妻只要一方具有西湖区户籍，便可在区内任一镇(街道)或村(社区)办理生育登记，此创新做法被《中国人口报》首版刊登报道。

【基层计生机构和队伍建设】 2016年，根据杭州市计划生育目标管理责任制考核评估工作意见，加快乡级卫生计生机构融合，明确要求健全乡镇(街道)计划生育管理机构，设立卫生计生科(办)，确保乡镇(街道)卫生和计生工作“双加强”。至年末，全市有超过三分之一的乡镇(街道)设立卫生计生科(办)。提升计划生育干部队伍能力素质，组织区县(市)卫生计生局(社发局)分管计生副局长、基层指导科、家庭发展科及流动人口管理服务工作负责人参加多期培训。

【出生人口性别比治理】 2016年，杭州市将出生性别比治理纳入各级人口和计划生育目标管理责任制考核，强化目标责任管理。加大出生性别比治理宣传力度，开展“国际家庭日”等主题宣传，在流动人口集聚地设立“关爱女孩”、严打“两非”(非医学需要的胎儿性别鉴定、非医学需要的人工终止妊娠)的大型公益宣传广告牌，提高群众男女平等意识。加强生育全过程的管理，进一步完善新婚、怀孕和产后随访，孕期检查实名登记，孕情追踪管理和消失倒查，中期以上终止妊娠报告登记，出生死亡报告和有奖举报等制度。保持打击“两非”工作高压态势，严格查处案件，杭州市全年开展打击“两非”行动70次，处置“两非”案件共计14起。

【创建幸福家庭活动】 2015年11月，杭州市被国家卫生计生委列为首批全国创建幸福家庭活动示范市。2016年，杭州市全面实施家庭文明倡导、优生优育、健康促进、致富发展、特别扶助等“五大行动”。开展首届“幸福家庭”推选表彰活动，萧山区戴村镇的方钟琴家庭成为浙江省杭州市的全国“幸福家庭”代表。开展计划生育家庭养老照护国家试点，指导各地因地制宜制定计划生育特殊家庭的大病治疗、养老保障、精神慰藉等帮扶机制。开展家庭优生优育行动，组织承办国家卫生计生委干部培训中心主办的“如何说孩子才会听”专题培训班，全面启动面向0～3岁抚养人的免费人口早期发展教育巡回讲座100多场。

【计划生育利益导向】 2016年，杭州市构筑帮扶“失独家庭”的社会力量体系，通过社会力量关心失独家庭人员的身心健康，组织杭州市计划生育特殊家庭心理关爱培训班。根据省卫生计生委等部门《关于进一步完善计划生育特殊家庭扶助关怀政策的意见》文件精神，指导各地制定出台特别扶助制度操作细则。开展计划生育奖励扶助政策落实情况专项互查，规范计划生育奖励扶助政策落实的各项制度。全市农村计划生育奖励扶助实际资助73803人，发放金额6874万元；特助扶助金实际发放8867人，金额6996万元；农村计划生育养老保险补贴发放人数221363人，发放金额8810万元。全年全市总计发放奖助金、特扶金、公益金等共2.4亿元。 (薛 亮)

老龄工作

【老龄工作概况】 2016年，杭州市老年人口持续快速增长，人口高龄化日益显著。按户籍人口统计，至年末，全市60岁以上老年人159.13万人，占总人口数的21.55%，比上年增加8.23万人，增长5.45%。因户籍改革等因素影响，全市城镇老年人口比例大幅上升，农村老年人口有所减少，城镇老年人口106.88万人，比上年增加9.79万人，农村老年人口52.25万人，比上年减少1.56万人。全市80岁以上高龄老人27.18万人，占老年人口的17.08%；失能和半失能老年人9.07万人，纯老年人口家庭的老年人28.5万人，分别占老年人口的5.7%、17.91%。全市老龄化程度排在前三位的分别是杭州西湖风景名胜区、上城区、下城区，老年人口占总人口比例分别达31.82%、30.2%和26.11%。全市百岁老人(1916年12月31日前出生)有430人，萧山区有95位，居全市之首，其次是下城区64人、西湖区44人。百岁老人按城乡分组，城镇341人、农村89人；按性别分组，男性119人，女性311人。

至年末，全市各级老龄工作机构241个，编制数392人，年末实有人员543人。按编制性质分，行政编制304人，事业编制153人，其他编制86人；按人员构成分，专职人员244人，兼职人员276人，其他人员23人；按年龄构成分，35岁以下的127人，36岁至55岁的326人，56岁至60岁的88人，60岁以上的2人。从文化程度来看，具有大学专科以上学历的495人，占总人数的91.16%。4月19～22日，全市乡镇(街道)老龄工作干部培训班在市委党校举办，180多人参加培训。

至年末，全市1036个社区建立老龄工作小组，占社区总数的98.2%；建立老年协会1048个，占社区总数99.3%，1031个老年协会达到规范化建设标准，占社区老年协会总数98.38%。全市2016个行政村建立老

2016年9月29日，杭州市“老年节”庆祝大会举行 (市老龄工办 供稿)

年协会，实现行政村全覆盖。1980个村级老年人协会符合规范化建设标准，占老年协会数的98.21%。至年末，全市社区（行政村）老年协会纳入民政部门依法登记或备案管理的2566个，占老年协会数83.75%。2324个老年协会积极开展“银龄互助”活动，占老年协会总数75.85%。

2016年，杭州老年电视大学市级分校全面开展实体化办学，教学基地开展春秋两季招生宣传工作，与杭州市老年学学会等单位联合举办智能手机及软件运用科普教学讲座，为基层教学点送课。至年末，全市建有老年电视大学16所，教学点2991个，在校学员26.26万人，年均老年人入学率10.9%，继续保持全省前列，累计毕（结）业学员148.32万（人次）。全市有区县（市）级以上老年大学18所，在校老年大学学员2.9万人，累计毕（结）业学员11.76万人。老年学校194所，在校学员3.07万人，累计毕（结）业6.89万人。全市有老年文艺团队3636个，参加人数11.09万人；老年体育协会2278个，参加人数36.7万人；老年体育团队3338个，参加人数11.71万人；其他老年社团组织159个，参加人数0.36万人。

至年末，全市建有各类老年活动中心（室）3721个，比上年增加95个。新建、改扩建老年活动中心（室）154个，新增建筑面积6.2万平方米，全年建设投资总额4860.8万元。全市累计命名“星级老年活动中心（室）”2717个，其中“四星级”17个、“三星级”178个、“二星级”2249个。

【老年人意外伤害保险】2016年5月30日，市老龄工办印发《关于做好2016年度老年人意外伤害保险相关工作的通知》，对老年人意外伤害保险投保工作做出具体部署。富阳区率先开发“即时赔”理赔系统，简化理赔手续，压缩理赔时间，实现主动理赔、即赔即付。至2016年末，全市老年意外险投保117.92万人（其中政府型84.58万人，分散型33.34万人），理赔10419起，赔付金额3025.59万元。

【“敬老文明号”创建工作】2016年，市老龄工办与市公安局、市卫生计生委、市城投集团、市公安消防局等单位联合开展“敬老文明号”行业联创工作，在主城区开展8场以“喜迎国际峰会、乐享美丽杭州”为主题的“敬老文明号”服务进社区，关爱在身边系列活动，各联创单位派出服务人员约700人，服务项目达到200个。市老龄工办和市质监局制订《“敬老文明号”创建管理规范》地方标准，成为国内首个“敬老文明号”创建工作地方标准。全市有400余家单位参与创建第二届“敬老文明号”活动，经第三方考核，获得市级“敬老文明号”称号175家，推荐省级“敬老文明号”20家，全国“敬老文明号”8家。

【“敬老月”庆祝活动】2016年10月，在全国第7个“敬老月”和第4个“老年节”期间，杭州市以“敬老爱老，全民行动”为活动主题，把“送温暖，献爱心”走访慰问作为重要行动内容，为老年人办实事、做好事、解难事。市政府向153位新满100周岁的老人赠送“期颐之贺”印章，向648位百岁老人（含虚岁）每人送上慰问金1000元。市老龄基金会对1450名困难失能老人实施“老年希望工程”救助，赠送护理床和护理垫。市卫生计生委联合市红十字会举办“健康养老、情暖杭州”敬老公益义诊关怀活动。市老龄工办、市司法局等单位举办“法治阳光、温暖老龄”老年维权活动。市老龄工办、市体育局等单位举办“快乐健身、健康养老”中老年人太极导引功展示活动。市老龄工办、市科学技术协会、市老龄基金会等单位联合举办杭州市老年书画摄影比赛暨巡回展览。

【杭州市老年文化艺术节】2016年3月起，杭州市开始筹备2016年老年文化艺术节，全年开展五项主体活动。一是9月29日，举办“老年节”庆祝大会，市领导向“优秀公益老人和为老公益组织”“最美养老护理员”“十佳孝亲敬老之星”和“敬老文明号”联创单位授牌。二是7～10月，举办“喜迎国际峰会、乐享美丽杭州”文艺会演（包括戏曲大家唱、老年旗袍模特选拔赛、器乐大赛、老年舞蹈等4个专场），共约800名演职人员参加演出；举办第三届中国老年服装（旗袍）设计大赛，收到来自全国各地院校稿件126件，老年服装款式效果图468套，服装、成衣785件。三是举办第四届杭州市老年健康文化博览会，展出面积1万余平方米，展位350多个，参展商82家，包括养老与健康会展、“健康养老与老龄事业”高峰论坛、现场义诊、“爱你有我”相亲大会、老年排舞（广场舞）展演、“孝”进杭城大型敬老活动等六大主题活动，设有养老服务、健康生活、护理康复、地产旅游、家庭护理、相亲服务、书画摄影等七大展区，为老年人提供咨询和服务。四是举办中国杭州“健康养老、老龄事业”高峰论坛暨杭州市老年学学会学术年会。中国老龄科学研究中心副主任党俊武做“全民行动，共同应对人口老龄化的重大挑战”主题报告，浙江外国语学院社会福利研究所所长董红亚做“杭州市养老服务的历史新机遇”的主题报告。五是在拱墅区运河广场举办杭州市首届老年春节联欢晚会启动仪式，300多支老年文艺团队报名，最后精选22组节目进行晚会录制，展示了杭州老年人朝气蓬勃的精神风貌。（郭清芳）

残疾人事业

【残疾人事业概况】至2016年末，杭州市有残疾人47.78万人，占全市总人口的6.36%。18.93万名残疾人申领了第二代残疾人证，其中视力残疾23863人，占12.61%；听力和言语残疾22808人，占12.05%；肢体残疾95034人，占50.21%；智力残疾18896人，占9.98%；精神残疾23502人，占12.42%；多重残疾5154人，占2.72%。

【“残疾人两项补贴”制度实施】2016年6月30日，《杭州市人民政府关于全面落实困难残疾人生活补贴和重度残疾人护理补贴制度的实施意见》印发，明确了残疾人“两项补贴”的补贴对象和标准：困难残疾人生活补贴按照当地低保标准30%比例计发，其中城区重度残疾人上浮至每人每月400元；重度残疾人护理补贴按照生活完全不能自理、基本不能自理、部分不能自理分为3档，分别为每人每月500元、250元和125元，对家庭不具备照料条件，经当地民政部门、残联组织批准由机构托养照料服务的重度残疾人,补贴标准在上述基础上上浮50%,其中家庭人均收入在低保标准150%以内的重度残疾人上浮至每人每月1250元。2016年度,困难残疾人生活补贴62994人,重度残疾人护理补贴66406人,累计发放补贴3.57亿元。

【残疾人康复】至2016年末,杭州市共有“仁爱家园”工疗站130家、残疾人托养中心68家、托养(庇护)机构175家,全市残疾人集中托养人数为2369名。全面完成4827例年度康复服务任务。根据《关于全面实施杭州市残疾儿童基本康复服务与补贴制度的通知》,对残疾儿童康复救助对象年龄段从0~6周岁扩展到0~8周岁,康复训练补助标准由原先的每人每年最高1.2万元提高到每人每年最高2.4万元。杭州市全年计为348名残疾儿童开展抢救性康复救助,为77915名残疾人提供康复服务。

【杭州实施智精残疾人护理服务规范国家标准化试点】国家级智精残疾人托养服务标准化试点项目的具体内容是,构建服务标准化体系、完善服务相关的实施标准、组织实施品牌服务标准化活动、探索建立医疗保健服务体系、加强标准化培训及内部工作培训、引领实现良好的社会效应。自2015年9月启动以来,试点工作按步骤有条不紊地推进。至2016年末,项目中期验收工作结束,基本达到“有岗位就有工作标准、有服务就有技术标准、有事项就有管理标准”的目标,领跑全省残疾人托养工作。标准化建设工作列入市人民政府关于实施“标准化+”行动计划提升城市国际化水平的实施方案。

【残疾人就业】2016年,杭州市坚持政府主导、市场推动,从能力、平台和政府三方面入手,积极打造“互联网+”残疾人就业创业模式,开辟残疾人就业创业新渠道,全市有1135名残疾人实现“互联网+”就业创业。全市残疾人按比例就业人数达到20891人,其中当年新增520人。全市就业年龄段有劳动能力和就业愿望的残疾人就业率达92.8%。

11月,市残联、市发改委、市物价局、市商务委、市人力社保局、市民政局、市财政局、市国土局、市国税局、市地税局、中国人民银行杭州中心支行联合出台《关于促进残疾人电子商务文化创意及辅助就业创业的实施意见》。意见旨在推动残疾人电子商务、文化创意及辅助性就业创业工作,加快推进残疾人全面小康进程。到2020年,力争实现:全市扶持1000名残疾人从事电商创业,帮助2000名残疾人在电商企业就业,培训5000名残疾人参与电商活动,每个区县(市)都有1个具有孵化功能的残疾人电商创业孵化园(基地);全市培训500名残疾人工匠,培育一批行业知名工匠,扶持一批残疾人文化创意创业者,帮助一批残疾人在文创企业就业;人口在1万人以上的乡镇(街道)至少建有一所规范的残疾人辅助性就业机构,全市辅助性就业残疾人达到1万人,基本满足具有一定劳动能力的智力、精神和重度肢体残疾人的庇护性就业需求。

2016年10月13日,杭州市第七届残疾人职业技能竞赛开幕式举行

(市残联 供稿)

【残疾人权益保护】2016年,杭州市残联畅通信访诉求渠道,切实保障残疾群众合法权益,确保G20杭州峰会及全年残疾群体社会和谐稳定。市本级完成接(受、信)访44件次,“12345”市长热线156件次,受理率100%,答复率100%,满意率98%;提供法律援助12人次;为380户残疾人家庭实施无障碍改造。依据《浙江省经济和信息化委员会关于发布残疾人机动轮椅车公告的函》,较好地解决下肢残疾人出行困难问题,主城区1945辆老旧残疾车更新带棚残疾车,其中1885辆车统一安装车棚,发放补贴1350多万元。至年末,余杭区完成残疾车更新置换工作,共更新置换残疾车209辆。

【残疾人文化体育】2016年,12名杭籍运动员参加里约残疾人奥林匹克运动会游泳、田径、自行车、坐式排球、盲人门球、皮划艇项目比赛,获得了4枚金牌、6枚银牌、5枚铜牌,4次打破世界纪录,1次打破残疾人奥林匹克运动会纪录。举办杭州市第七届特奥运动会、杭州市残疾人柔力球比赛和杭州市聋人太极扇比赛等三个市级赛事。市残联与市文化广电新闻出版局、市教育局共同主办“唱响自强唱美杭州”杭州市残疾人歌咏大赛,12月2日在浙大永谦剧场举办了汇报演出。大赛从筹备到决赛历时9个月,选拔节目116个,参与演员500余名,活跃了基层残疾人文化生活。

【残疾人职业技能竞赛】2016年10月,以“大众创业、万众创新”为主题,举办市第七届残疾人职业技能竞赛,西湖区、余杭区、萧山区等6家单位进入团体总分前三位。12月,首届“创新浙江”助残帮扶创业创新大赛揭晓,杭州市代表队有4个项目获评“十佳项目”,2个项目获评“优秀项目”,其中弯湾托管中心和乐漫土项目分获全省第一、第二名。2016年浙江省残疾人工匠大赛,杭州市获团体总分第一名。

【“最美残疾人”和“最美助残志愿者”评选】 2016年3月，为弘扬自强不息精神，表彰成绩显著、热心公益事业的残疾人和助残志愿者，市委宣传部、市残联、团市委共同主办的杭州市首届“最美杭州人——十佳残疾人”和第二届“最美助残志愿者”评选活动正式启动。5月13日，杭州市首届“最美杭州人——十佳残疾人”和第二届“最美助残志愿者”颁奖仪式举行。市委常委佟桂莉参加活动并致辞，副市长戚哮虎以及主办单位领导为获奖者颁奖。“双十佳”的事迹激励人心，形成最美风尚的正能量，在全市营造了良好的扶残助残氛围。

（冯　丽）

杭州市红十字会

【杭州市红十字会概况】 至2016年末，杭州市红十字会组织累计1474个，团体会员单位1157家，会员87627名（其中青少年会员56782名），志愿者12799名。

全市红十字会系统以开展“服务G20·红十字在行动”主题活动为主线，用实际行动积极投入G20杭州峰会服务保障工作。全年培训红十字救护员3.5万名，普及培训21.9万人次，分别占户籍人口比例0.48%和3.02%。世界红十字日期间，在全市开展了较大规模的“服务G20·红十字在行动”博爱周宣传活动，为机场、地铁和出租车公司、公安以及饭店、宾馆从业人员进行应急救护培训。江干区启动“交警红十字流动急救点”公益项目，为辖区每辆城管执法车、警用摩托车、交警巡逻车配备“便携式红十字急救包”，为交警开展急救知识技能的培训。滨江区在区行政服务中心和白马湖建国饭店等人流密集场所安装AED心脏除颤仪。杭州行知中学体育老师吴迪、江干区笕桥派出所副所长杨志焕运用学到的急救技能，成功抢救心脏呼吸骤停病人。市红十字会启动全省首个中国红十字会生命健康安全教育项目建设。该项目由总会出资100万元，市红十字会专门成立项目工作领导小组，制定项目实施方案，并在市财政局支持下落实配套资金100万元。临安市筹资300多万元建成全市首个综合性生命安全体验馆。

【博爱帮困系列活动】 2016年，杭州市红十字会系统共募集救灾救助款物1645.49万元，发放款物1618.89万元，救助困难群众39107人。全市各级红十字会广泛开展“红十字博爱送万家”大型慰问救助活动，重点慰问因病、失独的困难家庭以及遭受自然灾害和突发事件生活遇到困难的群众家庭。第一时间慰问建德新安江街道丰产村山体滑坡受灾群众。市红十字会与市卫生计生委继续实施“红十字失独家庭救助项目”品牌项目，共慰问100户困难家庭，发放救助金20万元。开展新一轮支援贵州省黔东南州工作，援建2个农村饮用水工程。向黔东南州和阿克苏市发送价值169.39万元救助物资。富阳区创新人道救助模式，建立“红十字圆梦行动”“同在蓝天下”等品牌项目，全年募集资金549.36万元，使用资金479.43万元。临安市红十字会联合卫生部门设立关爱智慧医疗项目，由临安市农村信用合作联社以现金形式分三年捐赠700余万元。

【应急救援】 2016年，杭州市红十字会系统强化应急备灾，加强应急救援队伍建设，积极参与省内外重大自然灾害和突发事故应急救援。建德市红十字水上救援队在全省社会组织应急救援比武演练大会上，获得“无人机空投水上救生”单项冠军。萧山区、富阳区、桐庐县、建德市红十字会闻灾而动，派遣红十字专业救援队，转运被困群众，积极开展抗风救灾工作。

【生命关爱工程】 2016年，杭州市登记造血干细胞入库志愿者1714名，实现捐献18人，成为捐献最多的一年。完成器官捐献29例，遗体（角膜）捐献58例，创历史新高。全市各级红十字会通过开展大型宣传活动、公益广告等多种形式广泛宣传人体器官和造血干细胞捐献知识，积极招募捐献志愿者。组织策划造血干细胞捐献突破100例宣传纪念活动，制作专刊、拍摄视频，邀请省市主流媒体现场采访报道。继续联合市总工会春风行动办公室对人体器官捐献者家庭进行慰问。余杭区组建由全区全体捐献者组成的“有缘相‘髓’”志愿服务队，引领、服务造血干细胞志愿捐献工作。

【红十字组织建设】 2016年，根据市委、市政府决策部署，杭州市全面推进红十字事业发展。12个区县（市）出台贯彻市委、市政府决策的实施意见，优化红十字事业发展环境。13个区县（市）均设立人道救助专项资金并建立备灾救灾仓库。以省“红十字工作示范县（市、区）”创建考评为契机，推动县级红十字会自身建设，余杭区、临安市、下城区获评省级“红十字工作示范县（市、区）”。西湖区开展“社区（村）红十字示范站”创建活动，共创建示范站11个。　（肖彩霞）

责任编辑　蔡建明

新任市领导

徐立毅　男，1964年8月出生于浙江余姚，1983年8月参加工作，1986年5月加入中国共产党，杭州大学地理系地理专业大学毕业，理学学士。历任余姚县(市)农经委干部、经营管理科科长，余姚市政府办公室秘书，余姚市四明山镇党委书记，余姚市马渚镇党委书记、镇人大主席，余姚市副市长，宁波市水利局局长、党委书记，中共宁波市鄞州区委副书记、代区长、区长，中共杭州市江干区委书记、区人大常委会主任，中共杭州市余杭区委书记，中共杭州市委常委、余杭区委书记，中共杭州市委常委、副市长，中共温州市委副书记、代市长，中共温州市委书记。2017年2月起任中共杭州市委副书记，市政府党组书记、副市长、代市长。2017年4月起任杭州市政府市长。

于跃敏　女，1958年4月出生于浙江绍兴，1974年9月参加工作，1975年12月加入中国共产党，中央党校世界经济专业研究生。历任江苏省宿迁县晓店公社插队知青、大队团支部书记，江苏省宿迁县晓店公社峰山大队党支部副书记，公社党委委员、革委会副主任，江苏省宿迁县委工作队驻新庄工作组副组长，浙江省绍兴市柯桥中学教师、校团委副书记，浙江省绍兴县团委书记，中共绍兴市越城区委常委、宣传部部长，中共杭州市上城区委宣传部副部长、部长，杭州市上城区教育局党委书记，中共杭州市上城区委常委、宣传部部长，中共杭州市委宣传部副部长，中共杭州市下城区委书记、区人大常委会主任，中共杭州市委常委、宣传部部长，中共杭州市委常委、组织部部长，中共浙江省委组织部副部长(保留正厅长级)，中共浙江省委组织部常务副部长，兼机关党委书记。2017年2月起任杭州市人大常委会党组书记。2017年4月起任杭州市人大常委会主任。

潘家玮　男，1958年12月出生于浙江松阳，1975年11月参加工作，1983年6月加入中国共产党，中央党校政治学专业研究生。历任诸暨县医药公司中药配方员，诸暨县商业局办公室秘书股办事员，诸暨县供销社秘书股文书，诸暨县政府办公室秘书，绍兴市委办公室副科长、科长，嵊县富润镇整党联络员，绍兴市委办公室科长、办公会议成员、副主任，中共浙江省委办公厅调研写作处副处长、处长、经济综合处处长，中共浙江省委办公厅副主任，中共浙江省委副秘书长、省委政研室(省经济发展中心)主任、办公厅主任。2017年2月起任杭州市政协党组书记。2017年4月起任杭州市政协主席。

马晓晖　男，1966年1月出生于浙江慈溪，1984年2月参加工作，1988年9月加入中国共产党，省委党校党政领导与管理专业研究生，厦门大学高级管理人员工商管理硕士。历任慈溪县浒山镇工商所干部，慈溪县工商局副科长、团支部书记，慈溪市横河区天东乡副乡长，慈溪市浒山镇党委委员，奉化市大桥镇镇长助理，慈溪市政府办公室秘书，慈溪市团委书记，宁波市团委副书记、团委书记，中共宁海县委副书记、政法委书记(副厅级)，宁海县代县长、县长(副厅级)，中共台州市路桥区委书记(副厅级)，中共台州市委常委、组织部部长，中共台州市委常委、组织部部长(正市级待遇)，中共温州市委副书记(正市级待遇)，中共杭州市委常委，市政府党组副书记、副市长，市委政法委副书记，杭州行政学院院长。2017年2月起任中共杭州市委副书记、政法委书记，杭州市法学会会长。

戚哮虎　男，1963年9月出生于浙江杭州，1985年8月参加工作，1984年5月加入中国共产党，杭州师范大学与澳大利亚堪培拉大学教育领导学硕士研究生。历任富阳县松溪乡政府干部，富阳县新登区团委书记，富阳县新登区工业办公室主任，富阳县(市)新登镇副镇长，富阳市新登镇党委副书记、镇长，中共富阳市委常委、组织部部长，中共富阳市委常委、副市长，中共富阳市委副书记、代市长、市长，中共桐庐县委书记、县人大常委会主任，杭州市政府副秘书长，杭州市政府党组成员、副市长。2017年2月起任中共杭州市委常委、宣传部部长。

盛阅春　男，1968年3月出生于浙江杭州，1990年8月参加工作，1990年6月加入中国共产党，浙江农业大学环境保护系环境保护专业大学毕业，清华大学公共管理硕士。历任杭州市江干区环保站干部，杭州市江干区环保站副站长，杭州市环保局江干环保处副处长，杭州市环保局滨江环保处党支部书记、处长，杭州市环保局副局长，杭州市环保局党组成员、副局长，中共杭州市下城区委常委、副区长，中共杭州市西湖区委副书记、代区长、区长，杭州之江国家旅游度假区党工委副书记、管委会主任，杭州西溪湿地公园管理委员会第一副主任，中共杭州市萧山区委副书记、代区长、区长，中共杭州市江干区委书记，中共杭州市萧山区委书记。2017年2月起任中共杭州市委常委、萧山区委书记。

许　明　男，1963年7月出生于浙江杭州，1981年12月参加工作，1988年8月加入中国共产党，中央党校经济管理专业研究生。历任杭州花家山宾馆保卫科干事，杭州市西湖区农工部干事，杭州市西湖区农委、农经委干部，杭州市西湖区土管局办公室副主任、办公室主任，中共杭州市西湖区委组织部干事、副主任干事、副局级组织员，杭州市西湖区南山街道党工委副书记，杭州市西湖区北山街道党工委副书记、办事处主任、党工委书记，杭州市西湖区区长助理（副区级）（援藏任中共那曲县委书记），杭州市西湖区副区长，中共杭州市余杭区委常委、组织部部长，中共杭州市余杭区委副书记，中共杭州市拱墅区委副书记、代区长、区长，中共杭州市拱墅区委书记，中共杭州市委副秘书长。2017年2月起任中共杭州市委常委、秘书长、保密委员会主任。

戴建平　男，1962年9月出生于浙江兰溪，1979年11月参加工作，1987年6月加入中国共产党，浙江省委党校经济学专业研究生。历任兰溪纺织机械厂工作人员、团委书记，兰溪市团委常委、副书记、书记，兰溪市兰江镇党委副书记、镇长、党委书记，兰溪市副市长，中共浦江县委常委、宣传部部长，中共浦江县委常委、县政府党组副书记、副县长，中共浦江县委副书记、纪委书记、政法委书记，浦江县代县长、县长，中共浦江县委书记，中共建德市委书记，中共杭州市余杭区委书记。2017年2月起任中共杭州市委常委，杭州市政府党组副书记，中共杭州市委政法委副书记，杭州行政学院院长。2017年4月起任杭州市政府副市长。

毛溪浩　男，1964年5月出生于浙江宁波，1982年7月参加工作，1986年5月加入中国共产党，中央党校经济学专业研究生。历任奉化市溪口镇中学教师、副教导主任，奉化市武岭中学教师、教工团支部书记，共青团奉化市委常委，奉化市政府办公室秘书、经济科副科长、科长、党组成员，奉化市溪口镇党委委员、溪口风景区管委会党工委委员、管委会主任助理、管委会副主任，奉化市尚田镇党委书记、人大主席，中共宁波市江北区委常委、组织部部长，中共宁波市江北区委常委、副区长，中共宁波市江北区委副书记，中共余姚市委副书记、代市长、市长，中共桐庐县委书记，中共杭州市委副秘书长。2017年2月起任中共杭州市委常委、余杭区委书记。

姚　峰　男，1960年11月出生于湖南长沙，1983年8月参加工作，1986年7月加入中国共产党，湖北财经学院计划统计系国民经济计划专业大学毕业，中南财经大学经济学硕士。历任财政部综合计划司统计研究处科员，财政部综合司副主任科员，财政部综合司预算外资金管理二处主任科员、副处长，中国经济开发信托投资公司部门副经理（副处长级）、企业管理部总经理，香港中旅（集团）有限公司财务部、证券部副总经理，香港中旅金融投资有限公司副总经理，中国证券监督管理委员会机构监管部证券公司审核处干部、证券公司检查一处处长，中国证券监督管理委员会广州证管办党委委员、副主任，中国证券监督管理委员会广东监管局党委委员、副局长，中国证券监督管理委员会证券公司风险处置办公室副主任。2008年6月起任中国证券监督管理委员会会计部巡视员兼副主任，中国证券监督管理委员会上海证券监管专员办事处专员（正厅局级），中国上市公司协会党委书记、执行副会长（法定代表人）、副会长。2017年4月挂职任中共杭州市委常委、市政府党组成员、副市长。

刘国洪　男，1966年4月出生于江苏江阴，1992年7月参加工作，1985年5月加入中国共产党，南京大学城市与资源学系地图学与地理信息系统专业博士研究生。历任中国土地勘测规划院干部，中国地产咨询评估中心评估部干部、研究信息部副主任兼中国地产市场研究所副所长，《中国地产市场》杂志社副社长、副主编，国家土地管理局土地利用规划司副处级干部，国土资源部规划司土地规划处副处长、调研员、处长，国土资源部规划司土地计划处处长，国土资源部规划司副司长。2014年10月起任国土资源部耕地保护司司长。2017年7月起挂职任中共杭州市委常委，市政府党组成员、副市长。

刘德生　男，1961年6月出生于吉林白山，1983年8月参加工作，1985年8月加入中国共产党，吉林大学东北亚研究院世界经济专业硕士研究生。历任吉林省长春市委研究室工业处干事、副处级研究员、正处级研究员，长春市委研究室政教科技处处长，长春市委研究室（市委政策研究室）副主任，长春市委政策研究室主任，长春市二道区委书记。2011年5月起任长春市委统战部部长、长春市政协副主席、长春市委常委。2017年8月起挂职任中共杭州市委常委，市政府党组成员、副市长。

罗卫红　女，1965年4月出生于浙江临海，1987年6月参加工作，九三学社，浙江大学能源工程系热物理专业博士研究生。历任浙江省农业厅省沼气太阳能研究所工作人员，浙江省农业厅省农村能源办公室工作人员，浙江省农业厅省农村能源办公室推广科科长，浙江省农村能源技术推广站站长，浙江省洁净煤技术研究开发中心副主任、主任，浙江省煤炭开发公司总工程师兼省洁净煤技术研究开发中心主任，浙江省科技厅副厅长、九三学社浙江省委会副主委，衢州市副市长，浙江省政协常委，浙江省民政厅副厅长，九三学社杭州市委会主委。2017年4月起任杭州市人大常委会副主任。

陈新华 男，1964年2月出生于浙江临安，1984年8月参加工作，1986年12月加入中国共产党，浙江林学院经济林系经济林专业大学毕业，农学学士。历任淳安县林业局青溪林业站工作人员，淳安县农经委办公室工作人员，淳安县政府办公室秘书、综合科科长，淳安县政府办公室副主任，淳安县政府办公室主任、党组书记，中共桐庐县委常委、组织部部长，中共淳安县委副书记，淳安县代县长、县长，中共淳安县委书记、县人大常委会主任，杭州市人事局党组副书记、副局长，中共杭州市委组织部副部长，中共杭州市委人才工作领导小组办公室副主任，杭州市人事局党组书记、局长，杭州市机构编制委员会办公室主任，杭州市政府秘书长、党组成员、市政府办公厅党组书记，中共杭州市委保密委员会副主任，杭州大江东产业集聚区管理委员会主任，杭州师范大学党委书记，杭州市政府党组成员。2017年4月起任杭州市政府副市长。

缪承潮 男，1961年10月出生于浙江临安，1978年12月参加工作，1983年7月加入中国共产党，浙江省委党校行政管理专业研究生。历任临安县财税局干部、团总支书记，共青团临安县委副书记，临安县文化局党组成员，杭州市林水局干部，杭州市江干区农经局党委委员、办公室主任，杭州市江干区乡企局副局长，杭州市江干区计经委党委委员、副主任、党委副书记，杭州市江干区丁桥镇党委副书记、镇长、党委书记，杭州市江干区彭埠镇党委书记、人大主席，杭州市西湖区副区长，中共杭州市西湖区委常委、副区长，中共杭州市西湖区委常委、副区长(正区级，援疆任中共和田地委委员、和田市委书记、和田市人武部党委第一书记)，杭州市发展和改革委员会党委委员、副主任，杭州市信息化办公室党组书记、主任，中共杭州市上城区委副书记、代区长、区长，中共杭州市上城区委书记，中共杭州市委副秘书长，杭州市政府党组成员。2017年4月起任杭州市政府副市长。

王　宏 男，1961年5月出生于浙江杭州，1980年11月参加工作，1985年7月加入中国共产党，中央党校函授学院经济管理专业大学毕业。历任杭州手表厂动件车间工人，杭州市司法局人事科干部、团委副书记、团委书记、基层工作管理处副处长、办公室副主任、办公室主任、政治处主任，杭州市司法局党委委员、政治处主任、政治部主任，中共临安市委常委、组织部部长，中共临安市委副书记，临安市代市长、市长，中共杭州市纪律检查委员会副书记、常务副书记、市监察局局长，杭州市政府党组成员、秘书长、市政府办公厅党组书记，中共杭州市委保密委员会副主任。2017年4月起任杭州市政府副市长。

陈国妹 女，1963年2月出生于浙江杭州，1982年11月参加工作，1987年7月加入中国共产党，浙江省委党校马克思主义哲学专业研究生。历任杭州市西湖区周浦乡政府干部，杭州市西湖区团委干部、副书记，杭州市西湖区区级机关党委干事，杭州市西湖区南山街道党工委副书记，中共杭州市西湖区委宣传部副部长，杭州市西湖区文化体育局局长、党组书记，中共杭州市滨江区委常委、宣传部长、副区长，杭州市计划生育委员会主任、党组书记，杭州市人口和计划生育委员会主任、党组书记，中共桐庐县委副书记、代县长、县长(副厅级)，杭州市人力资源和社会保障局党委书记、局长，中共杭州市委组织部常务副部长，中共杭州市委人才工作领导小组办公室主任，杭州市政府党组成员。2017年8月起任杭州市政府副市长。

陈永良 男，1958年12月出生于浙江杭州，1976年12月参加工作，1979年7月加入中国共产党，中央党校经济学专业研究生。历任解放军83230部队战士，杭州市总工会生活部干事、生活女工部和办公室干事，法律顾问处副处长、处长、法律工作部部长、组织部部长，杭州市总工会常委、组织部部长，杭州市总工会党组成员、副主席、纪检组组长、党组副书记、党组书记、主席，中共杭州市委组织部常务副部长，中共杭州市委人才工作领导小组办公室主任，杭州市政府党组成员，杭州城西科创产业集聚区党工委副书记、管委会主任，杭州市政协党组成员。2017年4月起任杭州市政协副主席。

王立华 女，1960年6月出生于上海市，1981年9月参加工作，1985年10月加入中国共产党，浙江省委党校马克思主义基本原理专业研究生。历任杭州市西湖区西溪街道团委副书记，杭州市西湖区西溪街道办事处副主任，中共杭州市西湖区委办公室干部，杭州市西湖区西溪街道干部、党委委员、办事处副主任、党工委副书记、纪工委书记、监察组长，杭州市西湖区北山街道党工委副书记、纪工委书记、监察组长，中共杭州市西湖区委组织部副部长、正局级组织员，中共杭州市西湖区委常委、组织部部长，中共杭州市西湖区委副书记，杭州市西湖区代区长、区长，杭州之江国家旅游度假区党工委副书记、管委会主任，中共杭州市西湖区委书记、区人大常委会主任，杭州之江国家旅游度假区党工委书记，中共杭州市委副秘书长，杭州市政协党组成员。2017年4月起任杭州市政协副主席、杭州市归国华侨联合会主席。

周智林 男，1962年12月出生于浙江乐清，1984年8月参加工作，农工党，浙江医科大学医学系医学专业大学毕业，医学学士。历任桐庐县第二人民医院内科医师，杭州市第三人民医院内科医师、副主任、主任，杭州市第三人民医院急诊科主任(兼)，杭州市第三人民医院副院长、农工党市委会副主任委员(兼)，杭州市红十字会医院副院长，杭州市卫生局副局长、农工党市委会副主任委员、兼市科学技术协会副主席，农工党市委会主任委员，杭州市卫生和计划生育委员会副主任。2017年4月起任杭州市政协副主席。

胡　伟 男，1969年11月出生于浙江杭州，1991年7月参加工作，致公党，浙江省委党校政治经济学专业研究生，华东师范大学软件工程领域工程硕士。历任浙江省轻纺开发咨询公司职员，浙江省康达汽车工贸公司业务员，浙江机械投资开发股份有限公司（天乙集团）轿车经营部经理，杭州市下城区物资总公司副总经理，杭州市下城区长庆街道办事处副主任、主任，杭州市下城区政府副区长，杭州市监察局副局长，杭州市环境保护局局长，致公党杭州市委会副主委（兼），致公党杭州市委会主委。2017年4月起任杭州市政协副主席。

冯仁强 男，1966年7月出生于安徽南陵，1984年7月参加工作，无党派，清华大学法学院民商法学专业博士研究生。历任安徽省南陵县仙坊乡中学教师、许镇高级职业中学教师，上海万国证券公司海南万国发展总公司法律顾问，海南万国热带生物技术有限公司副总经理、总经理，海南弘纲律师事务所注册律师，上海市高级人民法院民事审判第四庭干部，杭州市人民检察院副检察长、巡视员，杭州市工商业联合会主席。2017年4月起任杭州市政协副主席。

（市委组织部）

先进模范人物

秦曙光 男，1957年2月出生，中共党员，杭州汽轮机股份有限公司总装车间叶装二班班长，2016年全国五一劳动奖章获得者。

秦曙光爱岗敬业，任劳任怨。20世纪70年代末，杭州汽轮机股份有限公司从德国引进西门子工业汽轮机制造技术，他一直工作在生产一线，解决装配中碰到的难题。为保证产品质量和减轻工人劳动强度，他创立操作简单的"叶片辐射线调整"先进操作法，并获国家新型专利证书。

游红英 女，1978年7月出生，中共党员，杭州茶厂有限公司常务副总经理，2016年全国五一劳动奖章获得者。

游红英创新企业发展理念，大力发展电子商务，推动传统企业线上线下业务融合发展，挖掘大众消费，有效避免宏观政策对行业的冲突。2015年企业营业总收入超过6000万元，是改制初期营业总收入的5倍。全年电子商务销售占销售总收入的比重超过50%。

方　淳 男，1972年11月出生，中共党员，浙江省杭州第十四中学教科处副主任，2016年全国五一劳动奖章获得者，曾获全国优秀教师、杭州市"十佳"教师等荣誉。

方淳是省基础教育课程改革专业指导委员会成员、省普通高中生物学科基地学校具体负责人、省名师网络工作室负责人，他带领生物组老师开发校本选修课程、建设创新实验室、改革教学方法。3门课程被评为省精品课程，创新实验室2次被推荐参加全国展演，先后40多次在省内外介绍新课改经验。

徐福平 男，1965年5月出生，中共党员，杭州临安自来水有限公司抢修队长，2016年全国五一劳动奖章获得者，曾获杭州市劳动模范等荣誉。

徐福平1994年参加工作，一直从事城市供水抢修工作。他凭借自己多年工作经验结合现代科技原理，创立"源相"精准查漏技术。他担任公司抢修队长3年来实施抢修抢险3132次，便民出勤1.4万次。

郦越宁 男，1960年3月出生，中共党员，杭州民生陶瓷有限公司高级工艺美术师，2016年全国五一劳动奖章获得者，曾获杭州市劳动模范等荣誉。

郦越宁从事陶瓷造型设计工作36年，从一个不懂陶瓷工艺的门外汉到掌握陶瓷创作的全部工艺，并被评为高级工艺美术大师，设计创作的作品多次在国内大型展示活动中获奖，被多家博物馆收藏。他坚持工作在生产一线，带头创作研究，拓展市场，取得较好成果和效益。

施天贵 男，1961年10月出生，中共党员，杭州市萧山钱江世纪城管委会主任，2016年全国五一劳动奖章获得者。

施天贵面对G20杭州峰会筹备工作时间紧、任务重、要求高、变化多的实际，作为峰会主场馆和环境提升的前线总指挥，他以最快速度确保筹备工作全部就绪。总建筑面积85万方的主场馆在一年不到的时间内完成设计、改造、精装、验收、运行等各项工作。12平方千米范围内的环境提升40个峰会项目、120个工程标段也在一年内全面完成。

殷　诚 男，1973年3月出生，中共党员，杭州市公安局交通警察支队机动大队中队长，2016年全国五一劳动奖章获得者。

殷诚顾全大局，全力以赴投入G20杭州峰会筹备工作。他忙于峰会演练、大队勤务安排，经常工作到深夜。8月30日至G20杭州峰会结束，他始终在岗位坚守，与120多路开导车保持联系，每天平均睡眠仅3个小时，制作600多份警卫任务工作单无一差错。

王晓斓 女，1983年1月出生，中共党员，杭州市西湖游船有限公司服务员，2016年全国五一劳动奖章获得者。

王晓斓是杭州市西湖游船有限公司画舫船队、G20杭州峰会"宝石舫"服务员。2016年1月，她参加G20杭州峰会公司全员培训。4月，船队开展"青年文明号在行动"活动。考虑到服务员英语水平参差不齐，王晓斓建立英语学习互助队，利用微信平台开展学习。她积极参与船只演练8次，并带领服务团队以细致、周到、热情的服务完成G20杭州峰会接待服务任务。

付卫林 男，1982年3月出生，中共党员，浙江省杭州市急救中心城东站站长，2016年全国五一劳动奖章获得者。

付卫林是杭州市急救中心的急救医生。从G20杭州峰会的医疗保障工作筹备开始，他就参与方案制定、人员培训、流程图编写，救护手册制定、保障路线绘制等各项工作。在峰会筹备期间，他共编写22个医疗保障方案，绘制20多张保障流程图、起草近30个应急演练方案。他组织保障医务人员培训45场次、1135人次，编写近3万字的培训教材和各个医疗点保障人员工作手册。

孔水高 男，1958年5月出生，中共党员，杭州市上城区小营环卫所班长，2016年全国五一劳动奖章获得者。

孔水高从事环卫工作26年，在岗位上任劳任怨、默默奉献，曾获2015年度浙江省十佳城市美容师。“群众之急无小事”是孔水高的工作座右铭。为服务保障G20杭州峰会，孔水高自加工作量，每天工作12个小时，连续2个月放弃休息，保障在环卫作业第一线。为提高峰会保洁水平，他结合多年的实践经验，总结出一套“上下分工、轮换作业”的快速清理方法，提高工作效率。（叶方魏）

陈龙宁 男，1983年4月出生，中共党员，山东济宁人，现任共青团杭州市委常委、组织部部长，被评为2016年度“全国优秀共青团干部”。

陈龙宁在共青团工作岗位上工作6年多，能够以严格的团干部标准要求自己，不断加强政治理论学习，提高自身政治素质。他立足岗位、尽职尽责，推进团的组织建设取得新成效；开拓创新、攻坚克难，认真研究团的基层组织建设中出现的问题，努力找到破解难题的实用办法。他结合杭州实际情况，起草杭州市共青团改革方案。他主动带头开展直接联系服务青年工作，力所能及帮助所联系的青年解决实际困难。（黄思韵）

朱春凤 女，1965年2月出生，杭州下城区石桥街道妇联主席、城市管理和综合治理服务中心主任。2015年，获杭州市十佳服务型基层妇女干部荣誉称号。2016年，被评为全国妇联系统先进工作者。

2007年，朱春凤开始担任石桥街道妇联主席，始终着眼于妇女儿童的切身利益和实际需求开展工作。在走访中，她发现许多留守儿童暑假到杭州和父母团聚，但父母因为工作繁忙无暇照顾，于是她创办“石桥街道小候鸟暑期班”。该暑期班一直开办至今。2015年，在她积极奔走下街道投入10万元完善“新市民子女快乐驿站”教育基地，面向外来务工子女提供放学接管、家庭作业辅导、第二课堂等服务。2016年，朱春凤把“小候鸟暑期班”与服务保障G20杭州峰会工作结合起来，开展普法教育、文明劝导、“五水共治”宣传等活动。

朱春凤在工业园区等流动人口聚集地建立妇工委、妇女小组，拓宽妇联工作渠道。在杭州市妇联开展的“一下移二下沉”专项工作中，她主动联系妇联力量薄弱的华丰社区，建立妇女小组长制度，设立编外的兼职妇联副主席。G20杭州峰会期间，她发动652户家庭、1886人组成一支家庭志愿者服务团，开展文明宣传、交通劝导、纠纷调解等活动196次。

朱春凤秉持终身学习的理念，50岁时通过全国三级婚姻咨询师考试。朱春凤开设“石桥悦学堂”，每月一课，围绕女性人文修养、服饰搭配、礼仪着装、家庭教育、家风家训等主题开展授课交流、现场演练和体验展示，提升辖区妇女文明素养。

朱春凤创新妇联工作理念，使妇联工作紧跟时代步伐。她使用微博、微信等新媒体，开设“姐妹包打听QQ群”帮助106名流动妇女成功就业。她办起石桥街道“守望幸福工作室”，致力于辖区内婚姻家庭咨询、矛盾调解。她搭建平台，定期举办“牵手你我，共创未来”相亲联谊活动。

鲁立清 男，1963年7月出生于中国杂技之乡——河北吴桥，传统民间文化传承者，杭州清河坊街区民间艺人协会会长。1995年获联合国教科文组织颁发“中国民间工艺美术家”称号。2016年，鲁立清一家获第一届全国文明家庭荣誉称号。

鲁立清自幼喜欢民间艺术，早年曾向“糖塑大师”杨宝坤拜师求艺。鲁立清可以吹塑各种生动活泼的小动物，还可以吹塑“仙鹤延年”“龙凤呈祥”“吉祥如意”等传统精品。除了吹糖人，鲁立清还精通面塑、剪纸等多种民间工艺。他的妻子王玉枝也是一位民间艺术家。为了让丈夫能够潜心研究民间艺术，王玉枝不仅包揽所有家务活，还帮助收集各类民间艺术的资料。在妻子的协助下，鲁立清创新彩色剪纸技艺，把民间艺术带出国门，使其走向国际舞台。他先后到10多个国家进行交流。1997年，鲁立清出访文莱。鲁立清的儿子鲁兵受到“杂技之乡”氛围的熏陶，立志成为一名杂技演员。鲁立清夫妇给予儿子充分的肯定和支持，教育他不放弃、要钻研。

按照“孜孜矻矻，精铸匠心，用心守护民间艺术的精彩”的家训，鲁立清一家不断追求民间艺术作品的挖掘、传承和弘扬。2014年10月，鲁立清一家在小营街道梅花碑社区成立巧手工作室，把民间工艺传播给更多人。（王佶伶）

烈 士

戚 森 男，江苏盐城人，1910年出生。1942年3月，戚森任国民党军事委员会别动军忠义救国军教导第三团第三营中校营长时，率部在吴县车坊、同里等地抗击日军，与敌人战斗3个昼夜，因弹尽援绝被围，所部伤亡殆尽，无法脱困。戚森战斗至最后，壮烈牺牲。2016年8月19日，戚森被浙江省人民政府追认为烈士。

俞国桥 男，浙江萧山浦阳江西俞村人，1915年出生。1937年奔赴武昌抗日报国，考入黄埔军校第十四期，编入第一总队炮科。1938年11月升入尉官班第四期。1939年7月毕业，分配在浙江保安部队服役，先后在浙江金华、龙游、遂昌、临海等地驻防。1942年，被调派到军委会忠义救国军二纵队二营（总队）任少校副营长（副总队长）。1944年12月28日，俞国桥率部在南浔千金、石濑阻击日伪军，战斗中他身中7弹，壮烈牺牲，年仅29岁。2016年12月26日，俞国桥被浙江省人民政府追认为烈士。

（庄 健）

责任编辑 秦文蔚

上城区

【上城区概况】 上城区辖6个街道，有54个社区。户籍人口32.69万人，人口自然增长率4.56‰。2016年，全区生产总值928.35亿元，比上年(指2015年，下同)增长6.2%。其中：第二产业增加值371.25亿元，增长1.6%；第三产业增加值557.03亿元，增长9.4%。

工业总产值718.97亿元，下降2.6%。工业销售产值749.04亿元，增长4.5%。规模以上工业企业产值715.85亿元、销售产值745.92亿元，分别下降2.5%和增长4.6%。规模以上工业企业(不含市电力局)产品销售收入388.63亿元，增长5.1%；利税280.48亿元，增长5.7%，其中利润36.86亿元，下降2.4%。规模以上工业企业产品产销率104.2%。万元工业增加值综合能耗下降11.4%。

上城区金融服务、文化创意、信息技术、商贸旅游、健康服务五大主导产业实现税收78.89亿元，增长12.9%。玉皇山南基金小镇累计引进企业1090个，资金管理规模5900亿元，实现税收10.77亿元，增长151.6%。11月，馒头山文化街区入选省级文化创意街区试点名单。全区文化创意产业实现主营业务收入256.50亿元，增长24%。信息经济全年增加值增长28.5%。望江智慧产业园入驻信息经济类企业3500个，实现税收11.2亿元；思科(中国)总部实现营业额16亿元，税收1.38亿元。科技工业基地的工业企业实现一般公共预算收入1.94亿元，增长14.5%。10月21日，南宋皇城小镇开镇。9月，25个“韵味杭州”市民体验点开放。南宋御街·清河坊、湖滨路、南山路三大特色街区接待游客3200万人次，增长15.9%；实现营业收入95.82亿元，增长6.6%。健康服务产业实现税收6.97亿元，增长23.8%。

全区社会消费品零售总额379.47亿元，增长11%。其中：限额以上批发零售业实现零售额233.88亿元，增长13.8%；限额以上住宿餐饮业实现零售额30.46亿元，增长8.4%；限额以下批发零售业实现零售额98.96亿元，增长6.3%；限额以下住宿餐饮业实现零售额16.18亿元，增长7.5%。

外贸进出口总额21.90亿美元，增长9.0%。其中：进口总额8.95亿美元，增长8.0%；出口总额12.96亿美元，增长9.7%。全年批准外商直接投资项目24个，合同利用外资1.12亿美元，实际利用外资2.36亿美元。引进认缴制企业2310个，认缴金额1180.63亿元，其中新引进项目2258个，认缴金额1079.35亿元。到位市外500万元以上项目129个，实际到位资金120.1亿元。对外贸易加快发展，自营出口总额12.96亿美元，服务外包合同执行额3.43亿美元。楼宇经济实现税收64.87亿元。其中，纳税1亿元以上的楼宇17幢，纳税1000万元以上的楼宇54幢。全区有亿元市场8个，成交额105.2亿元，下降0.6%。

财政收入128.34亿元，增长19.8%。其中，地方一般公共预算收入72.39亿元，增长8.9%。固定资产投资108.08亿元，增长23.1%。其中：工业投资0.79亿元，增长31.0%；房地产开发投资69.16亿元，增长6.4%。商品房销售面积17.42万平方米，增长0.1%。2016年，上城区完成征地拆迁3577户，完成地铁南星桥站等9个市级征迁项目，完成安家塘等19个区级征迁项目。

全区有省级以上高新技术企业68个，新增9个；市级高新技术企业81个，新增16个；区级高新技术企业92个，新增3个。获省、市科技进步奖6个。新认定市级以上高新技术研发中心9个、市级以上科技型企业23个、省级企业研究院1个，新入选省高新技术百强企业1个。2人入选省“千人计划”，2人入选市“521”计划。7月24日，杭州市金融人才管理改革试验区挂牌。

全区有小学17所，在校学生2.12万人；特殊教育学校1所，在校学生225人；初中12所(其中九年一贯制学校5所)，在校学生8198人；职业高级中学1所，在校学生579人。各类医疗卫生机构199个，床位1.34万张。各类专业卫生技术人员1.99万人，其中执业(助理)医师7403人、注册护士9085人。计划生育率98.4%。

全年办理“两会”议案、建议和提案244件，人大议案、建议办理满意率100%，政协提案办理满意率100%。

【G20杭州峰会服务保障】 2016年,上城区通过各项举措完成G20杭州峰会各项服务保障工作。完成94个峰会整治项目,实施西湖大道、解放路等10个重点街容提升工程,完成62条城市道路改造平整。馒头山地区拆除违章建筑3.19万平方米,立面整治26.6万平方米,惠及居民1000多户、2700多人。中河、秋石高架道路两侧整治房屋立面189幢,涉及居民8500多户。望江门外直街和大马弄露天市场等问题得到解决。直饮马井巷、大河下直路完成改造提升工程。10月,“恋上南山路”艺术休闲特色街区开街。

上城区开展峰会维稳“十大专项行动”,成立“公民警校”,动员3万名平安巡防志愿者,构建“平安上城”安保网络。严格落实安全生产责任制,重点加强危险化学品、特种设备等领域的安全隐患执法查处。上城区提升G20杭州峰会驻点宾馆的软件和硬件,推动旅游接待宾馆向国际会议接待宾馆转型。加强市场供应和业态引导,实现峰会期间市场平稳、群众生活正常有序。

【玉皇山南基金小镇党群人才服务中心启用】 2016年7月24日,玉皇山南基金小镇党群人才服务中心启用。中心位于白塔岭社区对面,总面积2000平方米,由党群人才服务中心、路演中心、创客咖啡吧3个区域组成。

党群人才服务中心一层230平方米,二层166平方米,路演中心总面积1100平方米,其中路演活动厅600平方米。党群人才服务中心一层分展示区、服务区、休闲区3个区块。展示区配备LED屏、电子白板、触屏一体机等多媒体设备,运用固定展板、动漫短片、交互演示等方式,展示小镇党群人才工作。服务区采取专人服务、自助查询相结合的方式,面向党组织和党员提供党群服务,面向小镇金融人才提供政策咨询、人才申报等服务。休闲区为党员、职工提供阅读、交流洽谈、微型沙龙等服务。二层分多功能厅、露天平台等区块,为小镇各级组织和企业开展理论研讨、座谈、集中培训、项目路演和党群联谊活动服务。

【玉皇山南基金小镇资金管理规模5900亿元】 玉皇山南基金小镇坐落于南宋皇城遗址核心区,规划总占地面积5平方千米,核心区域3平方千米,用于办公的建筑面积70万平方米。2016年7月13日,上城区政府与浙江财经大学签订战略合作协议,并成立中国金融研究院上城分院。通过公开招聘、购买服务等方式,打造一支市场化、专业化的招商团队。至年末,国新国际投资有限公司、中金启元国家新兴产业创业投资引导基金管理有限公司等公司落户小镇,永安期货股份有限公司、财通证券有限责任公司等在小镇成立资金管理机构。交通银行成立山南对冲基金支行,专门服务小镇企业。小镇打造金融人才管理改革试验区,累计吸引国内外高端金融人才2000多人,其中海归人才200多人、国内领军人才30多人。至年末,小镇入驻企业1090个,其中股权类企业705个、证券类企业354个、期货类企业31个。资金管理规模5900亿元,投向实体经济项目805个、共1800亿元,扶持85个公司上市,受益企业600多个,实现税收10.77亿元。

【南宋皇城小镇开镇】 2016年10月20日,南宋皇城小镇在清河坊开镇。南宋皇城小镇规划范围北面到西湖大道,南面到宋城路,西面到南山路,东面到建国南路,以南宋皇城遗址和清河坊AAAA级景区为核心,总规划面积3.1平方千米。小镇有南宋皇宫遗址、三省六部、太庙等南宋宫廷古迹10多处,保留二十三坊、大井巷等原生态市井生活场景,有清河坊、南宋御街等特色街区,以及南宋遗址陈列馆、紫阳书院、胡雪岩故居等40多个文化旅游体验点和近50项各级各类非物质文化遗产项目。小镇以南宋150年的文化为核心,以“城市旅游”为主线,打造南宋皇城文化体验线路和“皇家文化、南宋风情、古都商业、宋学经典、宫廷养生”五大旅游产业,同时推进南宋皇城大遗址综合保护工程。

至年末,小镇出台旅游、文化创意、非物质文化遗产等产业扶持政策8项。完成固定资产投资25.4亿元,新增产业发展空间17.8万平方米;接待游客人数超过3200万人。40多个中央和各省、市媒体专题报道小镇。12月,南宋皇城小镇被评为浙江省特色小镇文化建设示范点。

【馒头山地区综合整治工程完成】 2016年6月,位于南宋皇城遗址保护区的馒头山地区综合整治工程完成。上城区委、区政府于2015年11月启动馒头山地区综合整治工程。坚持保护和开发相结合,按照违章建筑全面拆除、危房彻底整治、违章建筑群租全面清退、民生工程统筹推进的原则综合实施馒头山地区整治。

2016年8月8日,上城区南落马营体育文化公园揭牌仪式举行

(上城区志办 供稿)

上城区成立由区主要分管领导任组长，街道和相关部门主要负责人组成的领导小组，对涉及的街道、消防部门、公安部门、城管部门、安全监管部门、市场监管部门等8个主要单位的分管领导和工作人员实行集中入驻办公，形成组织协调机制。在整治工作中把馒头山整治任务按地域划分成网格，形成任务片，以一周为单位对每个片区任务倒排进度，形成"周网格"。每个"周网格"任务采取领导挂包机制，组建7个工作小组。完成违章建筑拆除、道路交通、危房改造、群租清退、立面整治、绿化提升、消防设施提升等近20个类别600多处项目(标段)的统筹整治。拆除违章建筑3.19万平方米，立面整治26.6万平方米，惠及居民1000多户、2700多人。

【思鑫坊地块综合整治工程】 2016年6月，思鑫坊地块综合整治工程完成。思鑫坊地块是民国风格石库门建筑群，由思鑫坊、承德里、萱寿里3个街坊和7幢独立式别墅以及部分后期搭建、改建的建筑组成，有9处历史保护点和2处文物保护点。思鑫坊地块存在着房屋破旧、配套公建陈旧、业态布局杂乱、街区环境无序等问题。2015年11月，上城区启动思鑫坊地块综合整治和环境提升改造工程，并同步做好思鑫坊的历史文化挖掘和文物保护等工作。按照"关停无证，严管有证，理房理人，拆违修破，调整业态，修缮美化"思路，湖滨街道成立工程建设、群众工作、环境整治等8个工作组。整治工程共拆除违法建筑1800平方米，取缔无证餐饮点18个，拆除破旧雨棚等130多处。湖滨街道开展思鑫坊文化脉络梳理行动，推出《百年思鑫坊》系列读本。4月7日，"百年思鑫坊历史文化陈列馆"开展。陈列馆位于孝女路1号，有12个展厅，每个展厅代表了曾经生活在思鑫坊的一位名人。

【《杭州市上城区志》出版】 2016年8月12日，上城区举行《杭州市上城区志》发布仪式。《杭州市上城区志》由上城区地方志编纂委员会编纂，方志出版社出版，是上城区的第一部区志。全书共76万字，设建制、党派政务、商业、工业、财税金融、经济管理、城建城管、教育科技、文化卫生体育、民政社会、政法军事、文物古迹、人物13个篇章，记载事物发端到1992年的上城区历史。

【南落马营体育文化公园开园】 2016年8月8日，南落马营体育文化公园揭牌仪式举行。南落马营体育文化公园项目是由政府、民营企业和行业协会联手打造的体育产业品牌项目。11月，园区正式开放。园区的体育产业服务平台占地面积3.1万平方米，规划五大功能区域，涵盖体育传媒、体育影视、体育经纪、体育培训、全民健身场馆、体育品牌馆和体育俱乐部等内容。全民健身区域的所有项目都在工作日白天免费向市民开放。杭州市体育产业研究智库中心、杭州师范大学体育与健康学院实训基地、杭州师范大学钱江学院实训基地、上城区青少年足球训练基地等有关单位入驻园区。

【"尚城1157·利星"商业综合体开业】 2016年9月22日，位于南宋皇城遗址的"尚城1157·利星"商业综合体开业。商业综合体以宋文化为主题。至年末，项目招商工作完成，共引进知名品牌80多个。一楼是国际名品、时尚餐饮类的相关店铺；二楼是潮流服饰店和生活馆；三楼有"最天使"文化创意书城、美食娱乐场所和童趣玩乐店铺；四楼有6D影院——保利国际影城，还有健身、美食等品牌店。 (许红霞)

下城区

【下城区概况】 下城区辖8个街道，有74个社区。户籍人口40.27万人，人口自然增长率7.34‰。2016年，全区生产总值830.72亿元，比上年增长7.4%。其中，第二产业增加值35.55亿元，增长2.0%；第三产业增加值795.17亿元，增长8.5%。现代服务业增加值占服务业增加值比重71.0%。三次产业结构比例0:4.28:95.72。

工业总产值62.75亿元，销售产值60.88亿元。其中：规模以上工业企业总产值51.37亿元，销售产值49.50亿元；新产品产值14.25亿元。建筑业总产值142.61亿元，增长25.2%；竣工产值115.92亿元，增长76.9%。

社会消费品零售总额1009.23亿元，增长10.1%，占全市零售额的19.5%。其中：批发零售业零售额938.84亿元，增长10.5%；住宿餐饮业零售额70.39亿元，增长5.4%。商品交易市场56个，实现成交额270.07亿元。

引进国内到位资金165.14亿元，增长13.0%；实际利用外资4.10亿元，增长28.3%。浙商回归到位资金74.05亿元。引进浙江壳牌燃油有限公司和摩根士丹利二期人民币股权投资基金。自营进出口总额28.98亿美元，其中出口总额20.80亿美元。完成中方对外投资额6675.50万美元，服务外包总合同执行额5.39亿美元。

财政总收入135.85亿元，其中地方一般公共预算收入79.41亿元，增长1.1%。一般公共预算支出32.53亿元，下降2.0%。全年统筹区级资金25.25亿元用于民生事业发展，占区级一般公共预算支出的84.0%。

固定资产投资147.94亿元，增长29.3%。从投资方向看，第二产业投资0.39亿元，第三产业投资147.55亿元。房地产开发投资91.80亿元，增长67.8%。房屋施工面积265.69万平方米，下降15.7%；竣工面积33.64万平方米，增长5.6%。商品房销售面积35.66万平方米，增长11.7%。跨贸小镇被列入省级、市级特色小镇创建名单。全年引进跨境电子商务产业链相关企业263个，中国(杭州)跨境贸易电子商务产业园下城园区实现清关出口4929.57万件，金额23.78亿元。

全年完成旧住宅、旧厂区、城中村改造面积44.58万平方米，拆除违法建筑20.09万平方米。5月12日，杭氧杭锅地块土地征收实现全面"清零"。完成7个河道综合整治项目，实行河道长效化清淤模式，完成10条河道清淤疏浚，清理淤泥量17万立方米。完善"智慧水圈"系统，实现857.6千米排水管线数据化，有效整合全区4998路监控视频，数字城管及时解决率99%，成为市"智慧街面"管理控制试点区。创建垃圾分类示范小区13个，创建节水型小区6个。编制海绵城市建设重点区域实施方案，开展新建项目审批11个。启用公共停车泊位838个。12个加油站均配备分散式油气回收设施,汽车维修行业挥发性有机物治理完成。10个污染企业关停搬迁或转型。新增绿地面积4.2万平方米,绿地率16.7%。

全区有各类教育机构72个(含民办、部门办、街道办幼儿园及民办培训机构),其中幼儿园39所、小学17所、中学14所、特殊教育学校1所、直属单位6个。幼儿园在校学生1.68万人,小学在校学生2.58万人,普通中学在校学生1.12万人。教职工人数4961人。全区等级幼儿园覆盖率100%。推进教师交流工作,交流教师59人。10月,下城区通过浙江省首批基本实现教育现代化区复评。

全区申请专利量5106件,专利授权量2634件。累计培育科技型中小企业390个,规模以上工业企业新产品产值率27.8%。新增国家级众创空间1个,孵化面积1.5万平方米,累计入驻创客企业160多个。全区共有众创空间13个。

全年新增就业人数2.13万人,实现失业人员再就业1.08万人,其中就业困难人员安置4098人。安排促进就业资金3400万元。新增大学生创业企业44个。企业退休人员个人档案规范化整理工作启动。全区有社会组织2626个,落实社会组织扶持资金276.02万元。建成社区居家养老服务照料中心76个、社区老年食堂41个。全区养老床位数4294张,每百位老人拥有床位数4.2张。全区2.41万名高龄老人享受意外伤害保险,1.3万户80周岁以上老年人享受家用电器保修服务。全年发放各类救助资金2161.63万元。全区卫生机构221个,有床位4144张,卫生技术人员4507人。医养护一体化签约人数12.9万人。全区计划生育率98.3%,国家免费孕前优生健康检查人群覆盖率88.3%。

全区各类调解组织调解纠纷3045件,成功率99.8%。打造以“武林大妈”为代表的特色平安巡防工作品牌,全年刑事发案率下降30.9%。3月,下城区连续第十一次被评为省级平安区。开展安全生产十大专项整治,累计出动检查人员9.93万人次,检查企业、单位及各类场所8.36万个次,发现事故隐患3.69万个(处),责令企业、单位整改9032个(处)。取缔无证无照小餐饮及小食杂店935个,建立社区过期药品回收点27个。

2016年3月1日,下城区跨贸小镇开镇 (倪雁强 摄)

全年办理人大代表意见、建议135件,政协委员提案93件,满意和基本满意率100%。受理群众来信588件、来访964人次、来电1.20万次,按期办结率100%。

【下城区服务业增加值786.93亿元】 2016年,下城区服务业增加值786.93亿元,占全区生产总值的95.3%,位列全省各区县(市)首位,其中现代服务业增加值占比71.0%。全区商贸业增加值164.36亿元,比上年增长2.9%,占全区生产总值的19.9%。10月,武林商圈被省商务厅、省财政厅评为省级“智慧商圈”试点,成为全省6个试点之一。金融业增加值223.26亿元,占全市金融产业增加值的22.4%,增长10.8%。文化创意产业增加值156.14亿元,增长10.6%。全区有市级文化创意园区4个、市级文化创意楼宇6个、区级文化创意园区7个、区级文化创意楼宇13个。健康产业增加值54.95亿元,增长14.6%。信息经济增加值76.86亿元,增长13.5%。

【跨贸小镇开镇】 2016年3月1日,作为中国(杭州)跨境电子商务综合实验区的重点项目——跨贸小镇开镇。小镇位于下城区北部,总体规划面积2.9平方千米,打造完整的跨境电子商务产业生态链,以支撑跨境电子商务产业和相关配套企业发展。小镇以中国(杭州)跨境电子商务产业园下城园区、杭州新天地两个区块为核心。跨贸小镇有全省大数据通关服务平台——浙江电子口岸,为进出口企业提供政务申报、信息查询、口岸业务代办等综合服务的数据共享申报,突破跨境电子商务通关的信息壁垒。6月2日,跨贸小镇·新天地“海彼购”O2O国际街区开业。街区总面积7000平方米,汇集大洋洲、欧洲、北美洲等地区的24个国家体验生活馆,商品包括化妆品、保健品、食品、母婴用品、家电等,采用“线上体验+线下下单”相结合的购物模式。12月23日,位于跨贸小镇的“西狗茂”跨境商品直购中心试营业。直购中心面积5万平方米,以“跨境生活”为主题,业态比例为零售业55%、休闲娱乐业25%、餐饮业20%,其中零售商品均为进口。

【下城区产业园建设】 2016年,下城区推进创新中国产业园、健康产业园建设,重新修订扶持政策,给予入驻企业适度补助;提升园区运营主体的专业水平,推动园区由传统简单型向资源集聚型、功能复合型发展。11月9日,中国杭州国际人力资源产业园开园，并设立人力资源产业引导基金，6个海外人力资源服务机构入驻产业园。至年末，创新中国产业园入驻各类企业280多个，税收1.04亿元，比上年增长104.7%；中国杭州人力资源服务产业园税收7951.87万元；维健健康产业园、英特健康产业园及艾博健康产业园共创造税收3000多万元。

【启正实验学校项目开工】2016年7月22日，国际化九年一贯制民办学校启正实验学校项目开工。该校位于三塘单元，占地6.85公顷，总建筑面积11.6万平方米，计划投资13.4亿元。学校定位为一所54个班的九年制民办学校，其中小学24个班、初中30个班，预计于2019年建成并投入使用。下城区加快教育基础设施项目建设，推进“8+7+7”校（园）项目，至年末建成8所校园、开工7所校园、储备7个项目。

【公共文化服务绩效动态排名提升】2016年，下城区在全省公共文化服务绩效动态排名中，从第68位上升到第4位。下城区发布公共文化服务3个新标准，完善《下城区基本公共文化服务标准》，打造“1+N”标准体系，在全省和全国范围内开展群众需求征集与评价反馈机制的探索实践。5月和6月，发布县区级《社区公共文化服务绩效白皮书》和《公共文化服务满意度蓝皮书》，服务绩效好坏由第三方机构和老百姓评议。

【武林广场恢复开放】2016年7月6日，武林广场重新对外开放，新“八少女”音乐喷泉和“天堂杭州”裸眼3D灯光秀向市民游客展示。新“八少女”雕塑和音乐喷泉基座的位置、大小等没有变化，水池和雕塑比原来抬高1米，形成“跌水”效果。雕塑材质由白水泥变成不锈钢氟碳涂白漆。新音乐喷泉喷头增加到791只，水下变色灯441盏，水型10种。音乐喷泉增加景观细雾设备，制造出云遮雾绕的效果。“天堂杭州”裸眼3D灯光秀投放在浙江展览馆南侧外墙上，面积3400平方米，时长10分50秒。灯光秀内容展现西湖的秀丽、运河的古老、钱塘江的澎湃和西溪湿地的风情，讲述历史与现实交融、精致与开放统一的“杭州故事”。至年末，现场观看“天堂杭州”裸眼3D灯光秀的市民游客累计超过190万人次，网上视频点击量超过200万次。

【“母子健康手册”手机App推出】2016年1月，作为全国首批国家“母子健康手册”试点区的下城区推出“母子健康手册”手机App。孕妇在手机App中输入信息，医生可以在后台实时查看；孕妇和儿童家长可以在手机App中查看产检和化验结果。市妇幼保健院的医生输入孕妇身份证号码，可以查看孕妇的产检档案、个人健康档案、高危评分、高危预警等内容。同时，基于市妇幼保健院建立的，以物联网为基础的妇幼保健“健康云”，成为“母子健康手册”手机App和社区医生平台信息互联互通中转站，实现孕产妇、区妇幼保健医生和市妇幼保健院信息共享。至年末，母子健康手册手机App下载超过4万人、绑定使用2.04万人。（黄　菲）

江干区

【江干区概况】江干区辖10个街道、4个行政村、178个社区（其中，下沙、白杨两个街道委托杭州经济技术开发区管理）。户籍人口42.1万人，人口自然增长率11.95‰。2016年，全区生产总值558.85亿元，比上年增长10.3%。其中：第一产业增加值5638万元，下降13.7%；第二产业增加值121.91亿元，下降2.0%；第三产业增加值436.47亿元，增长14.6%。按户籍人口计算，人均生产总值135812元，增长5.9%。三次产业结构为0.1∶21.5∶78.4。

工业总产值175.6亿元，下降15.4%。工业增加值55.3亿元，下降8.4%。规模以上工业企业实现总产值146.5亿元，销售产值146.6亿元，分别下降16.2%和15.4%。新产品产值57.5亿元，下降19.8%，新产品产值率38.3%；实现利税29.4亿元，下降15.1%；实现利润23.8亿元，下降5.7%。规模以上工业企业万元增加值能耗增长5.1%。新增上市（挂牌）企业14个、上市公司股权分置改革企业18个、“小升规”企业48个，入选全国民营企业500强6个。

社会消费品零售总额431.5亿元，增长11.0%。其中：批发零售业实现零售额392.6亿元，增长11.1%；住宿餐饮业实现零售额38.9亿元，增长10.1%。至年末，有专业市场50个（其中年成交额亿元以上的23个），成交额415.5亿元，下降3.3%。举办钱塘购物节、首届电子商务进社区消费节、跨年消费节等主题活动4场。

新引进项目193个，实际到位资金282.96亿元。其中：新引进市外项目159个，实际到位资金201.73亿元；引进浙商（省外）项目120个，实际到位资金88.39亿元。全年批准外商直接投资项目42个，实际利用外资3.43亿美元，合同利用外资5.87亿美元。引进浙江华宇国信政民资产管理有限公司、杭州鲁能城置地有限公司等亿元级重大项目24个。引进世界500强企业投资项目1个。丁兰智慧小镇与杭钢集团签约打造大健康产业综合体。跨境宠物食品行业集聚区建设取得突破，杭州检验检疫驻江干办事处获批，海关一般贸易公共保税仓完成建设，物产天地跨境电子商务基地正式运营。

财政总收入142.7亿元，增长24.0%，其中地方财政收入87.5亿元，增长28.1%。财政总支出47.8亿元，增长29.1%。其中：城乡社区事务支出2.9亿元，增长7.9%；社会保障和就业支出3.8亿元，增长14.5%；教育支出8.4亿元，增长12.8%；公共安全支出3.4亿元，增长28.7%；一般公共服务支出1.8亿元，增长22.5%。

固定资产投资590亿元，增长1.3%，其中：浙江省和杭州市在江干区实施的重大项目投资额6.1亿元，下降85.3%；江干区本级实施项目投资额111.87亿元，下降29.2%（其中工业投资3.7亿元，增长118.2%）。房地产开发投资472亿元，增长4.0%。江干区完成七大类、149个峰会保障项目。推进47个重点项目建设，三花国际大厦等4个项目开工建设，西子国际等14个项目竣工开业，绿谷·杭州项目启动招商。鲁能集团、越秀集团分别开发钱江新城、艮北新城核心区项目，计划总投资超过330亿元。完成常青夕照区块、云峰社区整村征迁和笕桥历史街区居民征迁。实施“双清零”专项行动，全区共征收住户1108户、企业153个，建筑面积87万平方米，“清零”项目76个。开工黎明、新塘等安置房项目31万平方米，竣工水墩、同协等项目77万平方米，完成白石、御道等区块回迁安置1359户、7309套。加快建设同协路、凤起东路等道路70条、完工20条，完成三里家园等6个公共停车楼项目，新增公共停车泊位1383个。完成道路建设与管理衔接27条。加快推进雨污分流，完工秋涛路方渠截污等项目46个。实施“河长固定活动日”，打造丁兰综合治水示范区，成功创建全省“清三河”达标区。开展高铁、高速公路和城市主(次)干道两侧视觉污染专项整治，拆除大型违法广告2008处、彩钢棚2792处24万平方米。

全区专利申请量2606件，发明专利申请量895件，分别增长14.3%和30.9%。新建企业研发(技术)中心80个。启动新一轮“百人计划”，建设浙江国际人才信息交流中心，新增国家级众创空间3个、国家级孵化器1个。全区有各级各类学校(幼儿园)119所，其中小学26所、初级中学9所、九年一贯制学校6所、十二年一贯制学校1所、普通高中1所、职业高中1所、特殊教育学校1所、幼儿园74所。全区在校学生(含幼儿)8.94万人，其中义务教育段中小学生5.28万人、高中生2112人、在园幼儿3.44万人、特殊教育学生47人。全区在编教职工4586人。10月11日，浙江师范大学笕桥教育集团成立。深化教育国际交流合作，筹建钱江贝赛思国际学校。全区有各类群众性艺术表演团体395个，文化馆1个，公共图书馆9个，博物馆、纪念馆9个，全国(省、市级)重点文物保护单位6处。文化团队标准化建设课题列入全省现代公共文化服务体系示范项目。各类专业卫生技术人员5290人，其中执业(助理)医师1615人、注册护士2579人。计划生育率99.2%。全省分级诊疗信息化建设试点任务完成。启动新生儿耳聋基因检测项目试点。

新增城镇就业岗位3.20万个，实现失业人员再就业1.69万人，帮扶就业困难人员就业4093人，被征地“农转非”人员再就业3118人。全区参加基本养老保险27.37万人，净增2.93万人。全区有各类福利院、敬老院15所，床位4028张。新建社区居家养老服务照料中心27个，新增养老床位333张。政府购买居家养老服务惠及老人7467名。江干区打造“颐和·乐龄”惠老服务特色街区。创建省级示范残疾人社区康复站2个。发放“春风行动”等帮扶救助款4036.67万元。

沪杭甬高速公路彭埠入口 (江干区志办 供稿)

全年办理人大代表意见、建议86件，政协委员提案84件，满意和基本满意率100%。受理群众来信837件、来访3184人次、来电1.38万次，按期办结率100%。

【江干区“智慧治理”平台运行】 2016年3月24日，江干区“智慧治理”平台正式运行，基本实现“数据资源整合共享、业务运行融合归并、公共服务综合集成”。建立区、街道两级综合治理指挥平台，加快推进全区“智慧治理”信息平台建设。平台建设以“打通链路、一网覆盖”为基本思路，规范信息采集标准，统一数据存储、身份认证。设计开发“i江干”手机App，有网格问题信息采集、网格问题流转、身份证扫描以及社区事务处理等功能。建立综合治理视联网平台，为视频监控资源共享和应急指挥提供基础信息，该平台集成地图、问题流转、指挥调度、数据采集、分析研判等各类应用100多个。

【“教育新共同体”办学模式】 2016年，江干区创新“教育新共同体”办学模式，形成5种典型模式，即“教师研训共同体”“院校合作共同体”“名校新校共同体”“托管体制共同体”“区域联盟共同体”。全区优质教育覆盖率93.7%。拓展“教育新共同体”优质教育资源注入渠道，整合配置高等院校、科研院所、传统名校资源，共建成集团化中小学、幼儿园19个，形成“采荷”“濮家”“天杭”“东城”“夏衍”等区域教育品牌。

【常青夕照区块征收完成】 江干区常青夕照区块紧邻钱江新城核心区和四季青服装特色街，面积11.13公顷，涉及农户366幢514户、居民66户、企业6个、经营户642个、外来人口出租房4631间1.4万人。2016年3月12日，江干区召开区块征收动员大会，启动征收工作。4月18日，区块内建筑启动拆除。5月18日，完成全部拆除。该项目的实施有利于完善常青夕照区块基础配套设施建设，提升辖区居住环境和生活品质。

【“钱塘之星”创新创业大赛】 2016年11月5～6日，由江干区政府、市科委、腾讯科技(深圳)有限公司联合主办的“钱塘之星”2016年(首届)创新创业大赛总决赛在浙江广电集团演播厅举行。大赛于5月5日启动，11月6日结束，历时6个月，重点在中国北京、上海、杭州、深圳以及美国、欧洲六个区域进行赛事推广和项目征集。经过10场路演，21个项目进入总决赛。11月5日，初创项目组决赛举行。11月6日，领军人才组决赛举行。两个组别均采取“4+6”的路演赛制，即4分钟做项目陈述、6分钟为评委提问。两个组别的实时赛况在腾讯大浙网、浙江在线网、趣看网等媒体上进行全程网络直播。初创项目与领军人才组冠军分别被清华大学和剑桥大学创业团队获得。

【“医养护”一体化惠老服务街区开街】 2016年10月10日，“颐和·乐龄”惠老服务街区开街。该街区位于江干区采荷街道的观音塘路，全长2500米，总面积2万平方米，整合医院、社会组织、志愿者等资源，家庭和医院互融式设计，医养护一体化配置。颐养苑为失能和失智老人提供短期入住照护。健康管理培训中心为高龄自理老人开展医疗保健“二次预防”。颐乐坊、颐阅馆、颐礼屋、颐童园、花房、越剧舞台等场馆为老人提供培训学习、阅读上网、亲子活动、认养植物等主题活动。整条街区按照老年人的不同需求，引进“智慧养老”信息化平台，把无偿服务和低偿服务结合，推出多种多元化、专业化、智能化的综合性为老服务项目。

【18个“城管驿站”建成】 2016年7月13日，“江干城管驿站·新塘路点”启用。该驿站面积74平方米，分为用餐区、洗漱区、休息区、宣传区、应急物资储备区等，有用餐桌椅、书报架、空调、电冰箱、微波炉、饮水机、急救药箱、无线网络等设施。驿站面向江干区环卫工人、市政绿化河道亮灯一线养护人员、城管执法队员、停车收费员、交通警察、管线施工及路面作业的工人等城市管理作业人员开放，解决他们饮水难、热饭难、休息难等问题。至年末，江干区建成“城管驿站”18个。（李定楹）

拱墅区

【拱墅区概况】 拱墅区辖10个街道，有108个社区。户籍人口34.56万人，人口出生率13.15‰，人口自然增长率7.28‰。2016年，全区生产总值472.70亿元，比上年增长8.1%。其中：第二产业实现增加值87.41亿元，增长0.5%；第三产业实现增加值385.29亿元，增长10.0%。第三产业比重提高3.87个百分点。

规模以上工业企业88个，工业产值、销售产值分别为174.83亿元和175.53亿元，下降2.8%和0.3%。工业增加值61.19亿元，增长5%；规模以上工业企业利税总额39.03亿元，增长17.7%。规模以上高新技术企业实现工业增加值44.01亿元，增长5.2%；销售产值108.25亿元，增长5.4%；利税总额30.93亿元，增长15.1%。建筑业总产值309.10亿元，下降7.9%。新增省级科技型中小企业59个，新认定国家重点扶持领域高新技术企业24个、市级高新技术企业28个、省级研发中心2个、市级研发中心4个，新建省级院士工作站1个、市级院士工作站1个。

“6+2”产业主营业务收入1287.42亿元，增长5.3%。其中：信息经济主营业务收入159.18亿元，增长22.7%；商贸旅游产业主营业务收入686.75亿元，增长10.3%；金融服务业增加值62.06亿元，增长8.6%；文化创意产业主营业务收入133.23亿元，增长8.7%；商务服务产业主营业务收入137.31亿元，增长2.7%；体育健康产业主营业务收入155.48亿元，增长9.2%；智能制造产业主营业务收入112.69亿元，增长3.1%；建筑规划产业主营业务收入310.99亿元，下降2.3%。楼宇经济实现税收43.10亿元，增长39.9%。9月13日，中国（杭州）跨境电子商务综合试验区拱墅园区开园。

培育“旭日计划”企业35个。新增市“雏鹰计划”企业13个。新增市级众创空间3个、市级孵化器1个、省级孵化器1个。加快推进企业上市，杭州中亚机械股份有限公司在创业板上市，金诚集团在香港交易所借壳上市。杭州杭开新能源科技股份有限公司、杭州风雪户外用品股份有限公司等13个企业在“新三板”挂牌上市。海外海集团、杭州正才控股集团有限公司、浙江建华集团、浙江康汽集团4个企业入围“2016中国民营企业500强”；其中，前3个企业入围“中国民企服务业100强”。新增省著名商标4个、市著名商标8个。

社会消费品零售总额508.01亿元，增长10.0%。其中：批发零售业零售额481.23亿元，增长10.2%；住宿餐饮业零售额26.78亿元，增长6.2%。商品交易市场27个（其中年成交额1亿元以上的商品交易市场19个），实现成交额552.53亿元，下降11.7%。

进出口总额21.7亿美元，增长7.4%。其中，外贸出口18.11亿美元，增长7.9%。实际利用外资3.81亿美元，下降17%。全年实际到位市外资金217.13亿元，增长4.2%。浙商创业创新到位资金166.49亿元，增长56.1%。新引进1亿元以上项目33个。总投资25亿元的金诚集团总部大厦项目和注册资金3亿元的世界500强企业中国电建集团环保产业功

拱墅区虎山公园内的问津亭　　（拱墅区府办 供稿）

能性总部落户拱墅区。

财政收入130.98亿元,增长18%。一般公共预算收入79.66亿元,增长14.8%。一般公共预算支出32.19亿元。其中:城乡社区事务支出4.71亿元,增长21.9%;社会保障和就业支出3.74亿元,下降8.5%;教育支出7.23亿元,增长14.9%;医疗卫生与计划生育支出1.66亿元,增长12.1%;公共安全支出3.52亿元,增长35.6%;一般公共服务支出2.93亿元,增长26.6%。

固定资产投资446.71亿元,下降2.2%。其中,房地产投资329.61亿元,下降11.2%。商品房施工面积882.42万平方米,增长0.5%;竣工面积188.5万平方米,增长50.9%;销售面积149.62万平方米,增长5.5%;销售额391.10亿元,增长15.4%。

全年拆迁1620户,"清零"项目74个。出让经营性地块8宗、28.16公顷,土地出让总金额183.33亿元,开工安置房25万平方米,竣工23.36万平方米,安置回迁户2044户。全面提升道路通行能力,实施"六纵七横"13条主、次干道建设,完成石祥路提升工程和育英路、茶汤路、化工路、东文教路、俞家桥路等道路建设。地铁2号线和5号线的7个站点开工。竣工停车场库1820个,完工泊位1256个,新开工和续建泊位3061个。新增绿地33万平方米,完成屋顶绿化1万平方米。12月,半山国家森林公园主峰上的望宸阁建成。

实施城市道路和街容环境提升工程162个。拆除违法建筑1598处,面积181.48万平方米。实施截污纳管项目20个,公建单位截污改造24个;整治河道13条(段),完工11条(段),消除劣V类河道11条,河道清淤3条(段);生态廊道建设30千米,生态治理河道18条(段)。2月28日,拱墅区被授予2015年度浙江省"五水共治"工作优秀县(市、区)"大禹鼎"。实施垃圾分类的机关事业单位111个、生活小区232个、家庭14.70万户。持续推进半山北大桥地区"清零"行动,关停杭州油漆厂。

专利申请量3020件,专利授权量1783件。发明专利申请量645件,增长36.1%;发明专利授权量237件,增长8.7%。省级专利示范企业3个,市级专利试点(示范)企业12个。全区有中学17所,在校学生1.52万名;小学30所,在校学生2.94万名;幼儿园63所,在园幼儿1.94万名。全区在职在编教师3228人。新增市甲级幼儿园5所,等级幼儿园覆盖率100%。义务教育段标准化学校比例95.4%。7月,锦绣育才教育集团党委被中共中央授予"全国先进基层党组织"称号。10月,浙江省非物质文化遗产文献馆(拱墅非物质文化遗产图书馆)开工建设。举办大运河摄影展、集邮展、书画展和大运河文化节。新建、更新全民健身苑点15处。各类医疗卫生机构235个,拥有床位6962张。各类专业卫生技术人员7759人,其中执业(助理)医师2790人、注册护士3463人。计划生育率98.9%。5月,浙江省中医药建设产业基地建立。全年新增就业人数2.31万人,引导和帮助城镇失业人员实现再就业1.26万人。新建、改建、扩建社区居家养老服务照料中心101个,托老床位620张。全区5587名老人享受政府购买服务。

全年办理人大代表意见、建议和政协委员提案288件,办结率100%。受理群众来信、来电1.3万件,结案率100%。

【运河财富小镇开镇】2016年5月30日,运河财富小镇举行启动仪式暨招商推介会。小镇东至上塘路,南沿胜利河,西接湖墅路和小河路,北临湖州街,总面积3.3平方千米,核心区1平方千米,规划产业用房100万平方米,计划总投资205亿元,其中2015~2017年投资50亿元。小镇打造文化创意产业基金集聚中心、新型资产交易中心、大众理财服务示范中心三大核心平台,重点发展文化创意投资融资、理财服务、互联网金融三大业态。小镇的城市化发展中心和PPP项目交易平台投入运营,业务涵盖浙江、江苏、安徽、重庆等省市,意向签约额1500亿元。引进浙江省创业风险投资行业协会、绿地全球企业服务平台,打造小镇人才服务站,为人才提供从创业到融资、商业洽谈的全方位服务。至年末,小镇累计完成投资22.89亿元,入驻企业500多个,其中金融类企业92个。

【中国(杭州)跨境电子商务综合试验区拱墅园区开园】2016年9月13日,中国(杭州)跨境电子商务综合试验区拱墅园区开园。园区先期打造的运河(国际)跨境电子商务园重点构建跨境电子商务服务业链条,为跨境电子商务企业提供服务。至年末,运河(国际)跨境电子商务园主楼汇集杭州唛客网络科技有限公司、杭州翔天实业有限公司、杭州碧橙网络技术有限公司等跨境电子商务及相关企业。园区孵化器入驻企业20多个,入驻办公团队10多个。园区配有跨境电子商务展示厅,重点引进"阿里云"实时数据共享、跨境电子商务模拟体验互动等内容。

【运河沿线(拱墅段)建筑亮灯景观工程完工】2016年8月,运河沿线(拱墅段)建筑亮灯景观工程完工。工程全长8千米,于2月开工建设,分两期实施。亮灯轨迹依照古运河脉络,由南往北依次为武林门码头—朝晖桥—潮王桥—德胜桥—大关桥—登云桥—轻纺桥—北星桥。该工程涉及运河沿岸(拱墅段)住宅小区29个,公共建筑6个,共152幢建筑。主要实施内容为屋顶天际线照明及立面投光照明。通过点亮建筑,串联运河各个景观亮灯节点。每周星期二、星期五、星期六及重要节假日亮灯。

【投资项目审批服务指数发布制度推出】2016年11月,拱墅区推出投资项目审批服务指数发布制度。服务指数按季度发布,年终形成蓝皮书,以追踪投资项目前期审批时效和服务质量。按照行政审批服务效能指数、联络员队伍测评、项目业主满意度调查3项权重指标对11个审批职能部门的服务质量进行量化评估,形成全区首份审批服务指数。根据第三、四季度投资项目审批服务情况发布年终报告书。投资项目审批中心全年办理审批3527件,办件提速率43%,立项169个。全年取得工程规划许可证数91个,开工70个,竣工56个,竣工面积373.28万平方米。

【拱墅区入选省软件和信息服务产业特色基地】2016年,拱墅区被评为浙江省软件和信息服务产业特色基地。全区信息经济产业增加值44.49亿元，比上年增长18.9%，占全区生产总值9.5%，增速列杭州市主城区第三位。信息经济产业主营业务收入159.18亿元，增长22.7%，增加14.5个百分点。基地集聚智慧信息产业主导企业1466个，其中包含浙江托普云农科技股份有限公司、京东金融集团、杭州贝腾科技有限公司等40多个骨干企业。从培育成效看，基地企业拥有各类专利929件，其中发明专利93件、实用新型636件、外观专利200件。

（顾煜俊）

西湖区

【西湖区概况】西湖区辖9个街道、2个镇，有150个社区、36个行政村。户籍人口65.88万人，人口自然增长率11.1‰。2016年，全区生产总值976.99亿元，比上年增长10.3%。其中：第一产业增加值3.96亿元，下降9.5%；第二产业增加值99.58亿元，下降5.4%；第三产业增加值873.46亿元，增长12.6%。三次产业结构0.4∶10.2∶89.4。

农林牧渔业总产值6.30亿元，下降2.6%。其中，种植业产值2.99亿元，畜牧业产值0.04亿元，渔业产值3.11亿元。农作物播种面积3423公顷。龙井茶、无公害蔬菜、水产养殖及花卉苗木等优势产业产值5.75亿元，占农林牧渔业总产值的91.4%。

工业总产值255.45亿元。规模以上工业企业销售产值211.01亿元，增长2.1%。规模以上工业企业增加值53.54亿，增长5.0%。规模以上信息经济企业（单位）282个，信息经济产业增加值310.87亿元，占全区生产总值的31%；规模以上文化创意企业（单位）578个，文化创意产业增加值351.96亿元，占全区生产总值的35%。西湖区集聚上市、“新三板”挂牌企业59个，全年实现高新技术产业销售产值129.63亿元，占规模以上工业企业销售产值的61.4%。建筑业产值863.40亿元，下降4.1%。金融类企业税收收入46.5亿元。

社会消费品零售总额567.62亿元，增长10.5%。其中：批发业零售额54.08亿元，增长30.6%；零售业零售额462.38亿元，增长8.7%；住宿业零售额5.78亿元，下降3.9%；餐饮业零售额45.38亿元，增长10.2%。年成交额1亿元以上的商品交易市场12个，成交额32.01亿元。

旅游总收入251.07亿元，增长12.4%；接待游客1351.4万人次，增长12.2%。全区休闲农业营业收入2.81亿元，增长18.7%；接待游客255万人次，增长22.0%。楼宇经济继续发展，税收1亿元以上的楼宇17幢、1000万元以上的楼宇74幢。全区76幢重点楼宇实现税收97.34亿元。

市外到位资金212亿元，实际利用外资5.89亿美元。引进1亿元以上内资项目43个、1000万美元以上外资项目14个。外贸进出口总额35.09亿美元，其中出口总额25.39亿美元。对外投资6.26亿美元，服务贸易总额28.5亿美元。

财政总收入221.39亿元，增长19.5%。其中，一般公共预算收入123.11亿元，增长20.5%。一般公共预算支出69.59亿元，增长10.5%。其中，教育支出14.60亿元，下降0.01%；社会保障和就业支出8.89亿元，增长15.7%；城乡社区事务支出15.54亿元，增长65.9%。

固定资产投资405.87亿元，其中工业投资17.73亿元。房地产开发投资198.92亿元。房屋新开工面积155万平方米，竣工面积174万平方米，销售面积176万平方米。

专利申请量1.09万件，专利授权量5809件。全区有幼儿园70所，在园幼儿3.07万人；小学26所，在校学生5.58万人；中学19所，在校学生1.78万人；特殊教育学校1所，在校学生81人；职业高中1所，在校学生1784人。在职在编教职员工5827人。全年新开办幼儿园3所。学前儿童入园率99.9%，小学生入学率、初中生入学率均为100%。5月12日，西湖区入选第六批全国社区教育实验区名单。公共图书馆1个，文化馆1个，市级以上文物保护单位36处（点）。各类医疗卫生机构480个，医疗床位7540张。各类专业卫生技术人员1.28万人，其中执业（助理）医师5187人、注册护士5095人。全区新增养老机构床位335张，四星级以上照料中心24个。成功创建全国社区教育实验区、全省体育现代化区。“城乡一体的社区网络化治理体系”入选全国社区治理十大创新成果。

全年办理人大代表议案、建议110件，政协委员提案165件，满意和基本满意率100%。受理群众来信、来访、来电1.98万件，办结率98%。

【杭州之江国家旅游度假区管理体制调整】2016年12月，为实现西湖区与杭州之江国家旅游度假区（简称之江度假区）共享资源设施、统筹规划发展、统一建设管理，市委办公厅印发《杭州之江国家旅游度假区管理体制调整实施意见》，对西湖区和之江度假区管理体制进行调整。杭州市委、市政府批准的之江度假区面积和边界不变，享受的有关政策不变。之江度假区党工委、管委会作为杭州市委、市政府的派出机构，与西湖区委、区政府实行“一个机构、两块牌子”。西湖区委、区政府（之江度假区党工委、管委会）在整个西湖区行政区域（含之江度假区）统一履行经济、社会、文化、生态文明建设等各项管理职能。

【中国设计智造大奖落户艺创小镇】2016年1月8日，首届中国设计智造大奖（Design Intelligence Award）在中国美术学院象山校区举行新闻发布会暨“环球发现之旅——寻访好设计”全球启动仪式，标志着中国设计智造大奖正式落户西湖区艺创小镇。大奖由中国美术学院主办、中国工业设计协会协办。评审标准主要围绕价值的文化、技术、制造、商业等跨学科、跨领域的拓展，以“文化与善意，技术与美学，制造与智慧，商业与推广，综合与生态”5个方面作为参评准则。经过3个月的集中提名推荐与评审，5月8日，“首届中国设计智造大奖提名展”暨颁奖典礼在中国美院的民族艺术馆举行。“可以喝的书”和“水槽洗碗机”两件作品获最高奖项——金智奖。

【互联网金融企业博士后工作站落户西湖区】2016年3月，互联网金融企业博士后工作站落户杭州挖财互联网金融服务有限公司。该公司于2009年11月成立，有员工600多人，主要提供互联网金融服务。11月16

2016年9月29日,中国(杭州)跨境电子商务综合试验区西湖园区开园

(西湖区府办 供稿)

日,挖财研究院博士后工作站授牌仪式及首位博士后进站开题答辩在杭州举行。博士后工作站的建立有助于该公司和西湖区持续引进高层次人才,形成新的“智库”和“创新源”。

【云栖小镇“5G车联网”指挥中心项目开工】 2016年5月,云栖小镇“5G车联网”指挥中心项目开始进场施工。中心总面积1000多平方米,建成后具有“5G车联网”指挥调度、会议办公及成果展示等功能。“5G”是指第五代移动通信技术,浙江省是全国首个开展“5G车联网”应用示范的省份。作为全省项目示范试点,西湖区围绕网络建设、大数据平台以及基于YunOS平台的车联网应用,在云栖小镇建立一个集宽带移动互联网、智能汽车、“智慧交通”于一体的试验示范区。

【西溪湿地景色入选《美丽中国》邮票】 2016年5月12日,中国邮政集团公司发行《美丽中国》普通邮票第二组,西溪湿地凭借独特的湿地景色入选。西溪湿地普通邮票是中国邮政集团公司第一次发行包含杭州元素的普通邮票。《美丽中国》普通邮票一套4枚,除了西溪湿地外,另外三枚分别为牡丹江雪乡、兴义万峰林、石嘴山沙湖,规格均为40毫米×30毫米,西溪湿地是其中邮资最高的一枚(4.2元)。2013年中国邮政集团公司首次发行《美丽中国》普通邮票第一组,把国家特有风貌作为题材,集结成套展现。2015年,中国邮政集团公司开始筹备《美丽中国》普通邮票第二组,在全国范围广泛征集具有标志性的人文景观和自然风光。

【西湖区创新项目入选“中国社区治理十大创新成果”】 2016年6月24日,民政部公布“2015年度中国社区治理十大创新成果”,西湖区“构建城乡一体的社区网络化治理体系”项目入选。该项目以构建社区治理的四张网(服务网、自治网、协作网、信息网)为主体,推动城乡一体、协同共治、共享服务的社区治理新格局,在推动城乡社区治理体制改革、培育内生性社会组织、引导居民参与社区协商、优化社区公共服务供给机制、破解社区治理结构科层化,社区治理智慧化转型等方面开展实践,增强社区治理和服务创新能力。

【杭州城市“数据大脑”运营中心落成】 2016年7月15日,杭州城市“数据大脑”运营中心落成仪式在云栖小镇举行。该中心采用“阿里云”ET人工智能技术,包括超大规模计算平台、数据采集系统、数据交换中心、开放算法平台和数据应用平台五大系统。超大规模计算平台采用阿里云计算有限公司自主研发的飞天(Apsara)超大规模通用计算操作系统,把服务器连成一台超级计算机,提供源源不断的计算能力。数据采集系统负责输送数据。数据交换中心实现政府数据、互联网和社会数据的全面融合。开放算法平台通过各类算法和模型的搭建进行决策。数据应用平台把决策输出到城市管理和城市服务的各个场景。通过交通、能源、供水等基础设施的数据化,连接城市各个单元的数据资源,对整个城市进行全局实时分析,及时调配公共资源。

【中国(杭州)跨境电子商务综合试验区西湖园区开园】 2016年9月29日,中国(杭州)跨境电子商务综合试验区西湖园区开园,园区规划总面积1平方千米,楼宇面积25万平方米,包括蒋村跨境电子商务产业园、中宙·信天翁跨境电子商务众创空间和杭州电子商务产业网络园区3个区块。园区以出口业务为主,帮助国内企业去除中间环节,推动自主品牌商品出口。园区有多功能会议室、路演厅、展示厅、精装工位、物流仓储等硬件设施,并设有展示中心、招商中心、服务中心和跨境电子商务公共服务平台,为入园企业提供咨询、人才培训、卖家沙龙、数据挖掘分析、运营服务、供应链IT支持、海外仓库建设等“一站式”公共服务。

【西湖区政府和社会资本合作项目签约】 2016年11月,西湖区保亭安置房PPP项目正式完成签约。该项目为西湖区首个成功落地的PPP项目,总投资6亿元,浙江三建建设集团作为社会资本方参与合作。合作采用BTO(建设—移交—运营)模式,由政府方与社会资本方合作组建项目公司,承担项目融资、建设和停车场及物业的特许经营,合作期限10年,其中建设期3年、运营期7年。

【白沙泉并购金融街区对外招商】 2016年12月13日,在浙江省上市公司并购重组推进会上,西湖区白沙泉并购金融街区正式对外招商。街区位于宝石山下,毗邻西湖景区及黄龙国际商务区,占地面积8.67公顷,有排屋182幢,总建筑面积4万平方米。由西湖区政府主导、中国并购公会浙江分会牵头运营的白沙泉并购金融街区旨在营造一个集聚各类并购金融要素与并购金融机构的生态系统，进而推动区域产业的转型升级及城区面貌的有机更新。白沙泉并购金融街区有运营中心、路演中心、并购金融博物馆、人才交流中心、物业服务中心、行政服务中心等硬件设施。12月，西湖区出台《关于促进白沙泉并购金融街区发展的政策意见（试行）》，从落户补贴、政府基金支持、项目资助、房租补贴、交易补贴、人才引进奖励等各方面支持入驻的企业机构。

【中国影视艺术创新峰会开幕】 2016年12月19日，2016年中国影视艺术创新峰会暨第四届中国影视产业推介会在西湖区开幕。峰会以“新内容、新价值、新力量”为主题，立足内容创新，寻找影视产业健康生长的动力。有200多个企业、50多个媒体、400多位影视工作者参加。其间，举行“文化自信与艺术创新”高峰论坛、“影视高质时代的变与不变”主题演讲、“产业坚守与创新”主题论坛、全球影视产业趋势解读、“影视内容的价值创新”主题论坛、“新观众、新内容、新创作”主题演讲、“影视华流产业化出海”主题沙龙等系列活动。

（马文翰）

【紫金众创小镇建设】 紫金众创小镇位于西湖区三墩镇浙大科技城内，由浙江大学与西湖区政府共同打造。其核心区面积0.91平方千米，主规划面积3.96平方千米。西湖区政府成立领导小组，由区委书记任组长，区长任副组长。浙江大学成立浙江大学紫金众创小镇管理委员会，管委会办公室设在浙大工业技术转化研究院。该小镇由西湖区免费提供2万平方米场地，用于建设小镇总部区；1亿元紫金小镇天使投资基金设立，杭州市蒲公英天使投资引导基金出资3000万元予以参股支持；西湖区政府每年设立500万元大学生创业专项经费。西湖区政府出台《关于加快推进紫金众创小镇建设的政策意见》。浙江大学先后制定《关于实施创新驱动促进成果转化的若干意见》《浙江大学关于加快推进紫金众创小镇建设发展的若干意见》（征求意见稿）。

2016年，小镇引进浙江大学国际创新研究院。研究院牵头在美国硅谷、波士顿建立硅谷创新中心和波士顿创新中心，与日本亚洲技术交流协会签署技术转移方面的合作框架协议，与奥克兰大学中国创新研究院达成关于技术转移转化的合作意向。浙江知识产权交易中心、浙江浙大紫金小镇建设投资有限公司、浙大网新—浙江大学人工智能联合研究中心在小镇挂牌成立。浙江省微波毫米波射频集成电路产业联盟、上海斯丹赛生物技术有限公司、普华健洲医疗孵化器等单位落户小镇。小镇与中国建设银行股份有限公司、浙商银行股份有限公司等金融机构签订战略合作协议，设立紫金小镇天使投资基金（紫新天使投资基金）。

至年末，小镇固定资产投资（不包括商品住宅和商业综合体项目）14.18亿元，实现工业企业主营业务收入59.66亿元、服务业营业收入64.69亿元、税收收入12.84亿元。小镇有国家及省级“千人计划”人才5人，国家高新技术企业51个、市级高新技术企业58个、省级研发中心13个、市级研发中心16个、浙江省院士专家工作站6个、浙江省博士后科研工作站4个、省级技术中心4个、市级技术中心4个。小镇有创业创新基地10万平方米，其中众创空间3000平方米，国家级孵化器1个、国家级众创空间1个、省级孵化器1个。

（陈　浩　张　黎）

滨江区

【滨江区概况】 滨江区辖3个街道，有59个社区。户籍人口22.11万人，常住人口33.56万，人口自然增长率19.0‰。2016年，全区生产总值958.6亿元，比上年增长14.9%，增幅居全市第一。其中：工业增加值488.8亿元，增长10.9%；服务业增加值451.8亿元，增长20.0%。在浙江省县域经济30强评比中，滨江区经济竞争力、发展潜力、创新力均列第一位。

规模以上工业企业总产值1372.9亿元，销售产值1374.0亿元，分别增长15.8%和15.7%。规模以上工业企业营业收入1473.3亿元，增长12.4%；利税255.7亿元，其中利润195.1亿元。建筑业增加值16.6亿元。

规模以上服务业企业实现营业收入1295.1亿元，增长19.1%。其中：信息软件企业实现营业收入921.5亿元，增长27.9%，占规模以上服务业总量71.2%；前30个重点服务业企业实现营业收入854.5亿元，占规模以上服务企业的68.0%，增长29.3%。滨江区被列入全省首批24个现代服务业强区（县、市）试点名单。阿里巴巴集团成为国家首批双创示范基地（企业示范基地）。11月，经浙江省政府推荐，白马湖生态创意城被列入“国家级文化产业示范园区”创建计划。4月27日至5月2日，第十二届中国国际动漫节在杭州（滨江区）举行。10月20～24日，第十届（2016）杭州文化创意产业博览会在高新区（滨江）白马湖国际会展中心举行。博览会设置两个展馆、8个展区和多项产业活动。有33.95万人次参与文博会展会及各项活动，其中位于滨江区的主会场观众人数22.6万人次。

社会消费品零售总额118.1亿元，增长10.7%。17个汽车4S店实现零售总额73.6亿元，增长3.9%。宝龙城市广场正式营业，中赢康康谷综合体部分开业。永辉超市、浙江世纪百诚电器连锁有限公司等新入区企业完成零售额17.7亿元，占全区零售总额的15.0%。网络销售实现零售额14.3亿元，占全区的12.1%，增长82.9%。

财政总收入235.37亿元，其中地方一般公共预算收入125.37亿元，分别增长17.7%和18.6%。全区高新技术产业收入4399.9亿元，增长18.8%。其中：网络信息技术产业实现收入2266.5亿元；信息经济（智慧经济）增加值增长20.3%，占全区生产总值的81.4%。中国Wi-Fi产业峰会永久落户滨江区，物联网小镇入选省级信息经济领域标杆小镇。11月，省经信委评选确定信息经济类、时尚产业类、高端装备制造类、历史经典产业类共4类、13个特色小镇为经济信息领域省级行业标杆小镇，滨江区物联网小镇列入信息经济类特色小镇。

全年引进各类人才2.53万人,其中高级人才3861人。新增海外高层次人才500人,新增海外高层次人才创办企业186个。新引进培育国家“千人计划”专家11人,累计67人;新引进培育浙江省“千人计划”专家18人,累计123人。新增大学生创办企业403个,累计2561个。新增浙江省博士后科研工作站6个,企业博士后科研人员进站24名,培养出站10名。固定资产投资285.2亿元。全年新建、续建道路61条,完工21条。完成滨康路、闻涛路、滨和路等11条道路路面整治工程。完成风情河、汤家河、四季河3条河道综合保护工程。建成公共停车场17座,新增停车泊位3141个。新建公共自行车服务点25个。奥体博览城主体育场完成亮灯工程及40%的精装修工程。奥体博览城滨江区块98万平方米的环境整治类工程完工。物联网产业园完成环境整治100公顷。互联网经济产业园完成江一公园、江二公园等环境整治项目和核心区全部地块覆盖绿化。完成闻涛路(东信大道—时代大道)沿江景观改造工程,打造10.8千米沿江慢行的跑道。标准堤塘西兴段(钱江龙—七甲河)完成路面提升工程,并铺设彩色沥青路面。西兴互通立交绿化及环境整治工程竣工。钱塘江南岸、时代高架、江南大道和西兴立交等4个重点区域的夜景亮灯工程完成并投入使用。

全区共拆除各类违章建筑1.04万处、203.4万平方米。旧住宅区改造54.8万平方米,旧厂区改造25万平方米,城中村改造63万平方米。全年办理建设项目供地64宗,总面积114.1万平方米。工业用地挂牌5宗,总面积9.81公顷。地铁奥体站的上盖地块挂牌出让,出让面积16.65万平方米。十甲河、解放河、风情河、建设河、官河、西兴后河生态治理、长二河铁路箱涵完成。20条道路、43千米雨水管网清淤完成,共清除淤泥6600立方米。华家排灌站工程建成并投入使用,浦沿排灌站扩建完成箱涵工程和主体工程结顶,江边排灌站环境综合整治项目完工并通过验收。

全年实际利用外资8.06亿美元,实际到位内资91.05亿元,浙商创业创新到位资金72.2亿元,完成自营出口额54.4亿美元。境外投资中方投资额5.04亿美元。新批外商投资企业48个。投资总额1000万美元以上的外资项目19个,世界500强企业投资项目3个,阿里巴巴集团、网易公司等企业再投资项目12个。

全区研究与试验发展经费支出120.4亿元,增长16.8%,占生产总值的13.4%。全年专利申请量1.42万件,其中发明专利申请量5901件。发明专利授权量1466件。获国家科技进步奖二等奖1个,省级科学技术奖13个。15个企业入围2016年浙江省高新技术百强企业,24个企业入围2016年浙江省成长性科技型百强企业。华为技术有限公司的“全球计算创新中心”落户滨江区。新增省级重点企业研究院16个和省、市级研发及技术中心68个。新增杭州电魂网络科技股份有限公司、浙江和仁科技股份有限公司、英飞特电子(杭州)股份有限公司3个上市企业,累计37个。“新三板”挂牌企业37个,累计79个。滨江区与14个企业新签订创业投资引导基金战略合作协议,合作基金签订投资协议项目77个,其中47个在区内注册成立,投资资金4.8亿元。深圳证券交易所(杭州)路演中心完成路演78场。国家级孵化器6个、国家级众创空间9个,在孵企业1204个。六和桥创新创业生态示范区、杭州创业大街批准建设并启用。积极推进区“科技双创联盟”组建及试运营工作。国家知识产权服务业集聚发展试验区挂牌。

社会保险企业累计新开户7202个,养老保险、生育保险和工伤保险参保人数分别增加3.67万人、3.74万人和3.95万人。《滨江区养老服务业资金补助实施细则》出台,投入补助及购买服务资金1388万元。“阳光家园”试营业,建成社区日间照料中心53个,享受居家养老服务的老人2863人。新增就业岗位1.62万个,帮助失业人员实现再就业3314人。培养高技能人才3468人,城镇登记失业率1.84%。

全区新增幼儿园2所,共31所,在园幼儿1.55万人;小学16所,在校生1.94万人;初中11所,在校生7139人。在职在编教职工3107人,其中初中教师731人、小学教师1178人、幼儿园教师1198人。公共图书馆1个,文化馆1个。区图书馆开馆运行,符合条件的26个社区图书室开通图书“一证通”。“智慧社区”建设推进,全区55个社区完成平台建设。新创建省一级幼儿园2所、市甲级幼儿园8所。新引进教师252名。9月,丹枫实验小学和官河锦庭幼儿园启用。浦沿中学、东冠小学扩建工程基本完工。推进外来人口积分入学试点工作,448名外来人口子女符合积分入学条件。滨江区成功创建“全国社区教育示范区”和“浙江省基本实现教育现代化区”。

全区有卫生服务中心3个,社区卫生服务站33个,社区照料中心59个,医院6个,医疗床位305张。各类专业卫生技术人员2054人,其中执业(助理)医师815人,注册护士635人。新增医疗机构20个。加强辖区社区卫生服务中心与杭州市第三人民医院、浙江大学医学院附属第二医院、浙江大学医学院附属儿童医院等三级甲等医院的区域医疗联合体建设。

全年办理区人大代表建议62件,办结率100%、满意率87%和基本满意率13%。办理区政协委员提案91件,办理答复率100%,提案办理满意率96.7%。受理群众信访件1.09万件(次),按时交办率100%、反馈率99.2%、办结率99.5%。

【新一轮“5050”计划实施】2016年1月17日,高新区(滨江)举行新一轮“5050计划”新政发布会。计划五年内新建人才众创空间50个,人才创投基金50个,新引进各类人才10万名,其中硕士及以上高层次人才1.5万名、“千人计划”“万人计划”专家150名。新政相比于旧版“5050计划”,不再对人才是否有海外学历背景做出限制,国内取得博士学位者纳入资助范围,“海归”人才的学历标准放宽至本科及以上。新政更关注人才的学习、工作、创业经历和能力,国内外知名高校、科研院所专家学者、有国内外知名企业工作经历或创业经历的人才通过人才认定,可以给予最高100万元的创业启动资助、最高500万元银行贷款贴息、最高1000万元的研发创新补助等创业资助。对企业获得创业投资机构投资的，给予最高不超过500万元的创业发展资助。对"5050计划"引进人才新入选国家"千人计划"或"万人计划"、浙江省"千人计划"或杭州市"521计划"的，分别给予企业500万元、200万元、100万元的创业发展资助。对企业参加具有国际、国内影响力的创新创业大赛获奖的，给予最高500万元的创业发展资助。根据企业实际需要，提供区产业投资引导基金、区属担保公司融资、担保等政府融资服务。区内企业自主培育的"千人计划"入选者，给予每人100万元人才奖励。对"5050计划"引进人才，提供"一站式"免费代办服务，优先安排入住人才公寓，对符合条件的人才在滨江区购房的，给予最高60万元安家补贴，妥善解决人才子女入学、就医看病、居留落户等问题。

【中国车联网大会】 2016年4月10日，中国车联网应用产业大会在滨江区开幕。大会以"车联网应用与产业发展"为主题，关注车联网产业大生态圈的共建、共享、共创、共赢，与会专家探讨车联网产业化技术应用如何提升社会总体效益。大会期间，中国互联网协会车联网工作委员会成立暨中国车联网产业联盟筹建启动仪式举行。工作委员会旨在搭建信息技术企业与汽车制造企业合作的开放平台，并通过联盟中的政府部门以及相关机构、信息技术企业、汽车厂商共同促进未来车联网应用产业发展。

【杭州创业大街项目启动】 2016年6月15日，由滨江区联合浙江聚光科技有限公司、杭州跨星投资管理有限公司共同发起的杭州创业大街项目启动，首届大街创业周系列活动同步开启。杭州创业大街位于滨江区物联网小镇阡陌路459号聚光中心内，总面积约2万平方米。杭州创业大街内设有大型路演中心、多功能会议厅、多媒体展厅、创业媒体及创投机构办公室等设施。至年末，200多个机构组织入驻创业大街。

【浙江省新能源汽车产业联盟在滨江区成立】 2016年4月15日，浙江省新能源汽车产业联盟成立暨技术对接活动在白马湖举行。该联盟由浙江吉利控股集团、万向集团公司等20多个企业发起，浙江省内重点新能源汽车企业、研究机构、大学、地方政府、投资融资机构、海内外高层次人才等72个会员单位和个人组成。新能源汽车是使用燃料电池、太阳能、混合动力、氢能源为主的绿色能源且排放量小的新型汽车，能够减少使用汽油、柴油等不可再生资源。按照全省新能源汽车产业发展实际情况，浙江省新能源汽车产业联盟重点开展电池、电机、电子控制、车联网、轻量化及安全技术、智能化车载电子等核心部件关键技术，及新能源汽车整车技术开发和产业化落地，探索一条"运营共享化、人才集聚化、创新协同化、成果产业化、产业资本化"的新能源汽车产业发展的新模式。

2016年6月15日，杭州创业大街项目在滨江区启动　（滨江区志办 供稿）

【滨江区图书馆开馆】 2016年5月15日，滨江区举行"喜迎G20书香科技城"全民阅读行动计划启动及区图书馆暨杭州图书馆科技分馆开馆仪式。滨江区图书馆位于区文化中心6楼～8楼，面积7100平方米，是以科技和阅读体验为主的专业主题分馆，为读者提供多元化的公共文化和专业的天文、环保、科技信息咨询等服务。有馆藏图书近18万册，开放50万册杭州图书馆电子图书。图书馆6楼设有少儿借阅区（内设玩具图书馆）、天文展示区、3D打印区、多功能活动区和期刊阅览区。7楼是成人外借和自修区，设有智能书架、电子沙盘等设备，向成人读者提供图书借阅、自修、电子阅览等服务。8楼为科技文献专题阅览区、多功能沙龙区、电子阅览区和绿色浙江自然学校特色区域等。

【"舞动中国——排舞联赛"总决赛在滨江区举行】 2016年10月13日，由国家体育总局体操运动管理中心、杭州市体育局、滨江区人民政府主办，全国排舞运动推广中心承办的2016年"舞动中国——排舞联赛"总决赛在滨江区射潮广场举行。来自全国14个省、42个市的94支队伍，共计1226名舞者参加比赛。在为期3天的比赛中，角逐出幼儿组、中小学组、高校组、青年组、中年组、常青组、公开组等多个组别的单人、双人、集体等项目奖项。湖南省醴陵市文化馆五彩艺术团、四川外国语学院、北京体育大学排舞队等11个代表队分获各组别团体总分第一。

【白马湖生态创意城被列入国家级创建计划】 2016年11月，经由省政府推荐，白马湖生态创意城被列入"国家级文化产业示范园区"创建计划。国家级文化产业示范园区创建工作由文化部主导，从2016年开始分3批开展，每批每省（区、市）申报名额不超过1个，创建周期3年，期满验收合格的获正式命名。获得命名的园区在申报中央财政文化产业发展专项资金、政府和社会资本合作(PPP)示范项目、国家专项建设资金等方面给予政策倾斜,并优先纳入国家文化产业项目服务平台及相关项目库支持和服务范围。

白马湖生态创意城累计投入建设资金40亿元,集聚文化创意企业(团队)315个,总注册资金13亿元,其中主板上市企业1个,“新三板”挂牌企业2个,获国家级高新技术认定企业4个。2016年,入驻企业总营业收入超过30亿元。由中国传媒大学和杭州市联合共建的杭州文化创意产业研究中心挂牌成立。清华大学继续教育学院与杭州市合办的“杭商学堂”落户创意城。12月,白马湖生态创意城入选2015~2016年度20个浙江省重点文化产业园区。

【华数数字电视产业园投入使用】 2016年12月16日,位于白马湖生态创意城的华数数字电视产业园投入使用,产业园规划总用地面积近6万平方米,建筑面积16万平方米,有7座楼宇和1个国家新闻出版广电总局数字电视开放实验室。华数数字电视产业园于2011年10月8日启动建设。投入使用后的产业园,设立数字运行区、华数集团区、产业发展区、园区配套区四大功能区域,打造全市数字电视播控中心、全国新媒体播控中心、全国最大的数字节目内容媒体资源库、全国节目内容分发和运行中心、数字节目内容制作中心、信息数据中心、下一代广播电视网枢纽中心、国家数字电视开放实验室八大中心。

【香港—杭州创新创业中心落户滨江区】 2016年12月17日,中国香港(地区)商会在杭州举行香港—杭州创新创业服务中心揭牌仪式。该服务中心落户杭州高新区(滨江)海外高层次人才创新创业基地,是继中关村之后,全国第2个香港青年“创新创业服务中心”。2016年,滨江区以“逐梦之旅”为主题,接待香港创业青年、香港青年访问团、香港“未来之星”同学会等考察团、访问团360多人次,帮助香港青年及大中学生了解杭州经济社会发展建设情况。 (徐 宏)

萧山区

【萧山区概况】 萧山区辖12个镇,14个街道,有411个行政村、176个社区。户籍人口(含杭州大江东产业集聚区)127.59万人,人口自然增长率6.44‰。流动人口138.81万人。2016年,萧山区(含杭州大江东产业集聚区)生产总值1954.17亿元,比上年增长8.2%。其中,第一产业增加值67.63亿元、第二产业增加值927.92亿元、第三产业增加值958.62亿元,分别增长1.8%、5.8%和11.3%。按户籍人口计算,人均生产总值153919元。三次产业结构3.5:47.2:49.3。

农林牧渔业增加值55.59亿元,增长2.0%。其中:农业增加值38.76亿元,增长1.9%;林业增加值0.79亿元,增长10.4%;畜牧业增加值8.92亿元,下降2.4%;渔业增加值5.79亿元,增长7.2%。

工业(含杭州大江东产业集聚区)增加值859.62亿元,增长6.6%,其中规模以上工业企业增加值722.63亿元,增长3.1%。战略性新兴产业增加值126.94亿元,装备制造业增加值267.27亿元,高新技术产业增加值218.61亿元,分别增长1.5%、24.5%和3.5%。新产品产值率38.1%。工业产品产销率97.8%。规模以上工业企业主营业务收入2602.24亿元,下降1.9%;利税总额234.92亿元,增长5.4%,其中利润总额159.73亿元,增长8.3%;亏损面13.3%。工业销售利润率6.3%,提高0.7个百分点。信息经济增加值110.70亿元,增长16.0%,占全区生产总值6.8%。信息经济限额以上企业主营业务收入333.14亿元,增长15.8%。其中,物联网产业、数字内容产业和集成电路产业主营业务收入分别增长51.1%、42.7%和28.2%,智慧物流产业、机器人产业和电子信息产品制造产业主营业务收入分别增长24.6%、19.0%和14.8%。8月,萧山区有万向集团公司、浙江荣盛控股集团、浙江恒逸集团3个企业入选“2016中国企业500强”。

规模以上工业单位增加值能耗下降1.4%。化学需氧量、氨氮、二氧化硫、氮氧化物等主要污染物指标分别下降5%、5%、20%和10%。淘汰落后产能项目230个,关停“低小散”行业企业422个,整治提升950个。关停萧山电厂燃煤机组。拆除各类违法建筑622万平方米,完成河湖库塘清淤487万立方米,建成镇级污水管网31.8千米,饮用水源达标率保持100%。市容改造全面深化,崇化路、高桥马路市场等彻底关闭,东片垃圾焚烧发电厂一期扩建配套项目竣工。整改各类环境问题2.51万个。拆除、整治彩钢房(棚)2277万平方米,拆除阳光房14.32万平方米、户外广告7.92万平方米。完成宁安、荣庄社区城中村整治。实施机动车“错峰限行”交通管理措施。

社会消费品零售总额588.91亿元,增长10.3%。其中:批发零售额512.67亿元,增长10.4%;住宿餐饮业76.24亿元,增长9.7%。批发和零售业增加值155.74亿元,增长2.2%。全年网络零售额464.10亿元,增长30.3%。商品市场成交额1112.60亿元,增长15.6%。全年居民消费价格上涨1.9%。全年共接待游客1993.35万人次,旅游总收入249.43亿元。

外贸进出口总额96.48亿美元,下降5.2%。其中:进口总额18.33亿美元,下降11.7%;出口总额78.14亿美元,下降3.6%。新批外商直接投资项目93个,实际利用外资10.17亿美元,增长12.4%。其中,新批总投资3000万美元以上项目18个,总投资12.15亿美元,占新批外商项目总投资的68.0%。

财政总收入(含杭州大江东产业集聚区)345.99亿元,增长19.3%,其中一般公共预算收入195.16亿元,增长21.9%。一般公共预算支出204.55亿元,增长27.1%。至年末,萧山区(含杭州大江东产业集聚区)金融机构34个,金融机构本外币存款余额3534.57亿元,贷款余额3013.19亿元。全年实现金融业增加值130.35亿元,下降0.3%。

固定资产投资(含杭州大江东产业集聚区)1078.32亿元,增长12.0%。房地产开发投资391.83亿元,增长18.7%。公路通车里程2420千米。其中,高速公路125千米,一级、二级公路730千米。内河航道里程797千米。社会机动车辆拥有量

49.64万辆。公交线路181条，公交汽车1318辆，全年公交汽车客运总量1.52亿人次。快递业务收入37.32亿元，增长73.2%；业务量4.33万件，增长70.5%。年末，有固定电话用户43.5万户，移动电话用户308.99万户，登记注册的宽带用户数60.77万户。全社会用电量166.47亿千瓦小时，增长3.5%。其中，城乡居民生活用电15.89亿千瓦小时，增长20.3%。全年供水量3.24亿立方米。建成区面积90.68平方千米，人均公园绿地面积31.87平方米，建成区绿化覆盖率37.3%。

发明专利申请量1236件，发明专利授权量456件，分别增长43.7%和20.0%。至年末，有著(驰)名商标316个，其中国家级60个。新增科创园面积40.54万平方米，科技型企业960个。新认定国家重点扶持高新技术企业40个、国家技术创新示范企业1个、省级重点企业研究院4个。全区有小学73所，在校学生9.42万人；初中38所，在校学生3.91万人；普通高中10所，在校学生1.90万人。各类卫生医疗机构718个，床位9173张。各类专业卫生技术人员1.22万人。其中职业(助理)医师4298人、注册护士4890人。文化创意产业增加值125.70亿元，增长8.9%。图书馆藏书291.29万册。4月，萧山区第二轮文物保护修缮计划启动。全年新增等级运动员11人，参加各类全国级比赛获奖牌数33枚，其中金牌14枚。

城镇常住居民人均可支配收入55712元，增长8.2%；人均生活消费支出37654元，增长2.4%。农村常住居民人均可支配收入31849元，增长8.5%；人均生活消费支出26879元，增长3.5%。城镇居民人均住房建筑面积48平方米，农村居民人均住房建筑面积70平方米。

【G20杭州峰会保障任务完成】 萧山区作为G20杭州峰会主会场所在地，做好主场馆建设、环境提升、媒体接待、安全维稳、后勤保障等服务工作。主会场杭州国际博览中心总占地面积19.7公顷，建筑面积85万平方米。萧山区完成峰会核心区71万平方米道路绿化景观提升及7千米河道整治，峰会期间引Ⅲ类以上水近1亿立方米，建成4千米沿江景观带。全区开展以28个专项行动、88条道路和主要宾馆周边为重点的环境整治和提升工作。完成宁安、荣庄社区城中村整治。机场高架路通车，机场城市大道竣工通车。开展各项环境质量保障监测工作，确保水、气、声环境质量安全。G20杭州峰会期间，萧山7家酒店承担境内外媒体的接待工作，共接待国内外媒体记者及随行人员5000多人，涉及57个国家和地区。严格执行安保任务，科学布防主会场核心区防线，完成新闻中心、主会场周边、机场外围、机场高速、媒体记者住地酒店等重点区域的管控。

2016年11月，湘湖金融小镇一期交付使用，二期西、中区块建筑和景观完成 (柳田兴 摄)

【杭州萧山国际机场公路通车】 2016年5月3日，杭州萧山国际机场公路高架主线正式通车；8月22日，机场城市大道(机场公路地面道路)正式通车。萧山机场公路改建项目于2014年4月15日进入封闭施工。改建工程采用高速公路与地面城市道路相结合的建设方案。项目起点在西兴大桥南引桥，走向与原机场公路一致，经过滨江西兴和萧山宁围、新街、瓜沥等镇和街道，终点为萧山国际机场西大门，全长19.55千米。高架路部分设计车速100千米/小时，起点至杭金衢互通为双向六车道(其中起点至西兴互通为双向六车道城市快速路)，杭金衢互通至终点段为双向八车道。地面道路起点在滨江一路，沿高架路下方布设，全长13.47千米。地面道路按城市主干路标准设计，设计车速50千米/小时。

【中国(杭州)工业大数据产业发展高峰论坛召开】 2016年5月31日，由杭州市萧山区政府、中国互联网协会、浙江省经济和信息化委员会共同主办的首届中国(杭州)工业大数据产业发展高峰论坛召开。会上，钱塘大数据交易中心、中润普达集团、杭州电信公司、浙江清华长三角研究院杭州分院、正泰集团股份有限公司、传化集团有限公司等27个单位共同发起成立"钱塘工业大数据产业联盟"，并启动工业大数据应用和交易平台——钱塘大数据交易中心。交易中心以工业大数据交易为核心，为工业产业链上的政府单位、工业企业及个人提供工业数据估值、数据预处理、算法模型、数据应用产品等多种服务。

【湘湖三期项目开园】 2016年10月1日，湘湖三期项目正式开园。该项目涉及闻堰镇、义桥镇和蜀山街道，实际开发建设面积6.6平方千米，即东至风情大道，南至亚太路，西至三江口，北与湘湖二期相连。建设征收各类土地700万公顷，恢复湖面面积2.9平方千米，开挖土方520万立方米，蓄水960万立方米，新建水闸6座、环湖交通道路12千米、慢行道和游步道25千米、各类桥梁40座、景观绿化100万平方米、配套服务设施建筑3万平方米。

工程分为南线、北线、金融小镇、湖东休闲区块、花田等9个项目。

【湘湖国际铁人三项邀请赛】 2016年10月7日，湘湖国际铁人三项邀请赛在萧山湘湖国家旅游度假区举行。参赛对象主要是业余铁人三项运动协会成员、铁人三项俱乐部成员及业余爱好者，来自29个国家和地区的558人报名参加比赛。比赛设有奥林匹克全程距离个人组(1.5千米游泳，40千米骑车，10千米跑步)，奥林匹克半程距离个人组(750米游泳，20千米骑车，5千米跑步)和奥林匹克全程距离接力3个组别。起点和换项区位于湖山广场，经过湘湖二期和三期，最终抵达湘湖三期定山广场。

【钱江世纪城城市化进程加快】 G20杭州峰会主会场位于萧山区钱江世纪城。钱江世纪城抓住历史机遇，发挥区位优势，加快城市化进程。2016年4月28日，地铁2号线东南段钱江世纪城站开站运营。9月，钱江世纪城的杭州崇文实验学校世纪城校区和杭州学军中学附属文渊中学开建。杭州第二中学萧山分校建设项目进入招标阶段。2016年，钱江世纪城实际利用外资1.65亿美元、到位内资20.13亿元人民币，完成核心区12平方千米范围内的拆迁交地工作，新建市政道路32千米、改建4.5千米。至年末，钱江世纪城辖区内注册企业1500多个，入驻楼宇企业约1000个。

【萧山区推进“五水共治”】 2016年12月，萧山区创建成为省级“清三河”达标区。全年完成河湖库塘清淤487万立方米，设立河道淤泥集中消纳场地。35个村农村生活污水治理工程完工。建成300毫米以上镇级污水管网31.8千米，饮用水源达标率保持100%。19.7千米浦阳江综合治理一期工程建设完成，二期工程开始前期征迁。四工段排涝闸获全国水利工程优质(大禹)奖。

【微医全科中心(杭州)平台启用】 2016年12月17日，中美“互联网+家庭医学”学术论坛暨微医全科中心(杭州)平台启用仪式在萧山举行。微医全科中心是移动互联网医疗健康服务平台微医旗下的实体医疗机构，由中美医疗团队按照国际医院标准(JCI)建立，是微医在线诊疗、远程会诊、线下医疗闭环运营的重要组成部分。微医全科中心设全科、妇产科、儿科、牙科、中医科、皮肤科、心理科、检验科和医学影像科等科室，通过定制化的评估为家庭成员建立个人专属健康档案，依托信息化平台和移动医疗技术，提供包括疾病诊治、健康干预、慢病随访、康复管理等线上线下相结合的家庭健康医疗服务。

【湘湖金融小镇引进机构130个】 2016年11月，湘湖金融小镇一期交付使用，二期西、中区块建筑和景观完成。湘湖金融小镇是杭州市级特色小镇，规划面积3.31平方千米，总建筑面积30万平方米。8月，湘湖金融小镇启动招商管理工作。至年末，引进资产管理、股权投资、互联网金融等各类机构130个，其中有鼎晖投资基金管理公司、浙江浙银资本管理有限公司、老鹰基金等金融类企业，总管理资本规模超过300亿元。

(王　鸣)

余杭区

【余杭区概况】 余杭区辖14个街道、6个镇，有建制村183个、社区163个。全区户籍人口98.46万人。人口自然增长率9.53‰。2016年，全区生产总值1447.84亿元，比上年增长14.4%。按户籍人口计算，人均生产总值149612元，增长11.7%。

农林牧渔业总产值78.51亿元，增长5.8%。其中：林业产值8.24亿元，增长10.0%；牧业产值5.73亿元，下降0.4%；渔业产值15.0亿元，增长2.7%；农林牧渔服务业产值4.46亿元，增长6.2%。全区蔬菜播种面积2.29万公顷，增长2.2%；全年产量68.44万吨，增长3.3%。花卉苗木产值10.3亿元，增长3.4%。粮食作物播种面积1.59万公顷，粮食总产量11.24万吨，增长2.3%。水产品总产量5.83万吨，下降2.3%。生猪存栏4.09万头，下降21%；出栏12.19万头，增长8.7%。羊存栏4.35万只，下降22.7%；出栏7.5万只，增长22.4%。家禽存栏94.87万羽，下降24.2%；出栏508.29万羽，增长7.2%。

工业增加值437.92亿元，增长4.6%。至年末，规模以上工业企业1193个，总产值1468.97亿元，增长0.3%；增加值329.27亿元，增长5.0%。装备制造业、高新技术产业、战略性新兴产业增加值占规模以上工业企业增加值比重分别为49.0%、53.4%和23.9%。工业企业主营业务收入1449.78亿元，增长1.2%；利润总额95.28亿元，增长8.9%。企业成本费用利润率6.9%。

财政总收入400.03亿元，增长31.0%。其中地方财政收入244.29亿元，增长30.2%。财政预算支出221.50亿元，增长31.8%；预算内用于民生支出165.06亿元，占全区财政预算支出的74.5%，增长42.5%。在支出结构中，城乡社区、节能环保、医疗卫生、科学技术、保障就业、教育分别增长90.8%、56.3%、43.0%、36.1%、22.4%和17.1%。

固定资产投资1040.32亿元，增长13.1%。从投资产业结构看，第二产业完成投资100.21亿元，下降28.3%。其中，工业投资100.14亿元，下降28.3%。第三产业完成投资940.11亿元，增长20.5%。全年进出口总额(含一达通外贸综合服务平台)53.22亿美元，下降2.2%。进口4.28亿美元，增长12.8%；出口48.95亿美元，下降3.2%。

社会消费品零售额433.16亿元，增长10.7%。其中：批发零售业395.16亿元，增长11.0%；住宿餐饮业38.0亿元，增长7.9%。全区接待国内外旅游者1592.9万人次，旅游总收入169.72亿元，均增长15.0%。全区有A级景区11个，其中AAAA级以上景区6个。旅游饭店19家，其中4星级以上旅游饭店4家，特色文化主题饭店1家；星级旅行社5家。浙江省旅游经济强镇4个，浙江省旅游特色村9个。全区有民用汽车30.96万辆，增长6.4%，其中载客汽车25.65万辆，增长5.2%。全年公路客运量1.37亿人次，内河港口货物吞吐量1222万吨，水运货运量1414.23万吨。1月，余杭区被环保部授予“国家生态区”称号。

专利申请量1.20万件，授权量6687件，其中发明专利授权量607件。企业专利和职务发明专利授权

2016年8月，余杭区文化馆被评为全国优秀文化馆　（余杭区志办 供稿）

量分别为6334和6450件，各占总量的94.7%和96.5%。全年认定国家重点支持领域高新技术企业173个，其中新增高新技术企业102个（含新增市级高新技术企业64个）。新增省级重点企业研究院4个，省级企业研究院8个，市级高新技术企业研发中心41个。新增“雏鹰计划”企业74个，“青蓝计划”企业3个，省级科技型中小企业208个。认定区专利示范企业27个，推荐并被认定的省级专利示范企业6个。全区有幼儿园114所，在园幼儿5.54万人，3周岁～5周岁幼儿入园率99.8%。小学48所，在校学生9.17万人；初中34所，在校学生3.41万人；普通高中11所，在校学生1.34万人，毕业生4338人。小学适龄儿童入学率100%，初中毕业生升学率100%。

全区有文化经营单位1533个，其中网络文化单位40个、演出经营机构13个、文化娱乐业场所180个、网吧225个、电影发行放映单位26个、印刷经营单位687个、出版物经营单位254个、体育经营场所79个、广播电视经营单位29个。全区公共图书馆藏书总量203.44万册。《余杭晨报》日发行量2.7万份。有各类医疗卫生机构490个，其中区属医院7个、社区卫生服务中心20个。全区各医疗机构医疗床位4765张，其中区属医院2570张。医院、社区卫生服务中心共有卫生技术人员7158人，其中执业医师2628人、注册护士2557人，分别增长8.9%、7.7%和2.6%。

全区基本养老保险参保68.11万人，基本医疗保险参保61.58万人，工伤保险参保53.93万人，失业保险参保42.98万人，生育保险参保42.04万人，分别增加0.4万人、0.56万人、0.11万人、3.07万人和3.16万人。拥有各类养老服务机构18个，床位8349张。全年发放各类救助资金1.66亿元，其中低保资金7519.33万元；最低生活保障对象8653户、1.37万人。区慈善总会全年募集善款2507.59万元，发放善款3601.33万元，救助弱势群体3.17万人次。

城乡常住居民人均可支配收入分别为53215元、31608元，增长8.0%和8.4%。城镇常住居民人均生活消费性支出36823元，增长4.0%；农村常住居民人均生活消费支出为26555元，增长7.6%。

【《余杭年鉴（2014）》获全国特等奖】 2016年7月15日，中国地方志指导小组在山西太原召开第一次全国年鉴工作会议。会上，通报了全国地方志优秀成果（年鉴类）评奖结果，《余杭年鉴（2014）》获县区级综合年鉴特等奖。全国有14部县区级年鉴被评为特等奖，其中浙江省3部。《余杭年鉴》由余杭区委、余杭区政府主办，余杭区地方志编纂委员会办公室承编。《余杭年鉴》于1991年创刊，每年出版1卷。《余杭年鉴（2014）》由方志出版社出版，为大16开本。设栏目33个、分目200多个、条目1700多条，105万字，全彩印刷，印数2000册，定价200元。

【余杭区文化馆被评为全国优秀文化馆】 2016年8月，由文化部指导，中国文化馆协会、银川市人民政府主办的“2016年中国文化馆年会”在银川市举办。会议公布2016年全国优秀文化馆名单，全国有16个文化馆入选，余杭区文化馆作为浙江省的唯一代表入选。余杭区文化馆位于临平街道，馆舍于1993年建成，建筑面积3080平方米。馆内设办公室、文艺室、社会文化指导室、培训部、活动部等职能机构。有排练厅、多功能厅、小剧场、多媒体教室、非物质文化遗产陈列室、书画室、琴房、会议室等公共文化活动场地。2016年，文化馆承办了第九届中国曲艺牡丹奖全国曲艺大赛（浙江余杭赛区）、第六届余杭艺术节、“醉美余杭”名家书画作品邀请展等活动。

【屋顶光伏发电项目并网发电】 2016年3月，杭州长江汽车有限公司的屋顶光伏发电项目并入余杭区电网发电。该项目依托20万平方米的厂房屋顶，总装机量8.68兆瓦，采用自发自用、余电上网的模式，年均发电量800多万千瓦小时。项目于2015年10月投入建设，总投资8000万元。

【长江汽车投产下线】 2016年4月17日，杭州长江汽车投产下线仪式暨2016年长江EV品牌全球发布会在余杭经济技术开发区长江核心制造工厂举行。发布会现场，长江汽车年产10万辆纯电动客车和纯电动乘用车生产线启动，长江牌纯电动中巴车“弈阁”、纯电动商务车“弈胜”、纯电动公交车“益众”和纯电动小型SUV“逸酷”4个产品的代表车型驶下生产线。长江品牌电动汽车所有车型均为全新正向自主研发，公司有动力电池组、轮边电机直驱系统、整车控制器、智能终端等全部核心零部件的知识产权，全系列、全车型采用多元轻量化技术,搭载“车联网”技术服务,智能终端和车载信息服务系统。汽车产品采用新技术、新材料、新工艺,有特色的系统创新点20多处,局部细节创新专利100多个。

【德国卡尔斯庄园落户余杭区】 2016年11月10日,德国卡尔斯庄园中泰旅游项目签约仪式暨新闻发布会在临平举行,德国卡尔斯总部、浙江卡尔斯旅游开发公司和余杭旅游集团三方签约。余杭卡尔斯庄园亲子主题公园项目总用地面积10.7公顷,建筑面积2万平方米,总投资概算资金3.5亿元,预计2018年10月开业。项目主要分为四大板块,分别为卡尔斯农庄、卡尔斯乐园、卡尔斯商城和卡尔斯水上乐园,内容主要包括生态种植、儿童牧场、室外乐园、室内游乐购物中心、手工制作工坊、美食工厂、卡尔斯购物村等。

【余杭区上市挂牌企业联合会成立】 2016年5月30日,余杭区上市挂牌企业联合会成立。会议通过《联合会章程》《选举办法》等,选举产生会长、副会长,并通过聘请名誉会长、秘书长等理事会决议。联合会旨在加强上市挂牌公司内部控制制度建设,提高上市挂牌公司治理水平,促进资本市场稳定健康发展。至年末,余杭区有上市企业11个,在“新三板”挂牌企业54个,上市培育企业44个,“新三板”备案企业40个。在浙江股权交易中心挂牌企业125个,上海股权交易中心挂牌企业4个。 (李景苏)

富阳区

【富阳区概况】 富阳区辖6个乡、13个镇、5个街道,有28个社区、276个行政村。户籍人口67.2万人,人口自然增长率5.1‰。2016年,全区生产总值712.65亿元,比上年增长8.6%。

农林牧渔业总产值64.3亿元,增长7.5%。粮食播种面积1.79万公顷,下降1.0%;粮食总产量12.0万吨,增长1.0%。肉类产量4.39万吨,禽蛋产量1.17万吨,蚕茧产量1537吨。121个农业龙头企业实现销售收入65亿元。有名牌农产品72种,其中杭州市级以上31种。全年投入水利建设资金7.0亿元,有各类水库151座。拥有农机总动力37.7万千瓦,耕地有效灌溉面积2.25万公顷。全年投入“富春山居美丽乡村”建设资金1.8亿元,建成“富春山居美丽乡村”精品村20个。12月,住房和城乡建设部公布第二批田园建筑优秀实例名单,洞桥镇文村村“浙派民居”、场口镇东梓关村“杭派民居”的建筑设计方案分别被评为一等和二等优秀实例。

规模以上工业企业增加值199.9亿元,增长3.0%。规模以上工业企业销售产值1272.2亿元,下降1.4%。全区有工业产值超过1亿元的企业222个,其中10亿元~20亿元的企业8个、20亿元~50亿元的企业9个、50亿元~100亿元的企业1个、超过100亿元的企业1个。634个规模以上工业企业实现主营业务收入1236.8亿元,下降0.7%;实现利税106.7亿元,增长20.4%。全区规模以上企业实现信息经济主营业务收入434.6亿元,增长32.6%。建筑业增加值29.1亿元,增长13.0%。

社会消费品零售额222.5亿元,增长12.3%。其中,批发零售业零售额202.1亿元,增长13.5%;住宿餐饮业零售额20.4亿元,增长2. 3%。全区有商品交易市场40个,其中年成交额超过1亿元的市场15个。

新批外商投资项目12个,实际利用外资2.91亿美元,增长3.3%。中国(杭州)跨境电子商务综合试验区富阳园区开园。全年完成跨境电子商务进出口总额1.52亿美元,完成自营出口14.0亿美元。全年完成境外投资项目6个,总投资3422万美元。主要旅游景点接待游客407万人次,下降11.2%;旅游景点门票收入1.33亿元,下降9.5%。全年实现乡村旅游收入5.67亿元。

财政总收入97.2亿元,增长6.1%。其中,一般公共预算财政收入57.6亿元,增长6.3%。一般公共预算财政支出66.2亿元,下降4.1%。至年末,金融机构各类存款余额933.58亿元,增长6.3%;各项贷款余额1065.69亿元,增长10.0%。全区累计14个企业实现挂牌上市,其中“新三板”挂牌企业11个。全年保险费收入7.08亿元,增长4.2%。保险费理赔支付4.03亿元,增长3.0%。

8月,23省道改建扩建工程完成。7月14日,杭州跨境电子商务东洲内河国际港启用。全区公路通车里程1947.3千米,其中高速公路37.3千米。全年货物运输量1039万吨,下降2.0%;公路旅客运输量1038万人次,下降36.7%。全年邮电业务收入9.78亿元,下降1.2%。固定电话用户11.2万户,移动电话用户84.8万户,电话普及率每百人142.9部。固定互联网宽带接入用户29.7万户,移动互联网用户65.5万户。全社会用电量75.2亿千瓦小时,增长8.5%,其中城乡居民生活用电7.3亿千瓦小时,增长19.9%。全年城区供水总量3617万立方米,管道煤气用户11.8万户。主城区建成区面积26.3平方千米,市区道路长度189千米,有营运公交车539辆、出租车294辆,客运总量4880万人次。主要水系监测断面Ⅲ类以上比例100%。生活垃圾收集、无害化处理率100%。建成国家级生态乡镇(街道)18个、省级生态乡镇(街道)2个、杭州市级生态乡镇(街道)4个。富春江水质连续2年考核保持优秀。2月,富阳区获省“五水共治”工作优秀县(市、区)大禹鼎奖。

全年组织实施各类科技计划项目779个,其中省级662个;专利申请量3126件,授权量1959件;技术合同交易(吸纳)251个,总金额1.35亿元。全区高新技术企业224个,其中国家级131个。有各类专业技术人员5.96万人,比上年增长7.9%。其中具有中高级职称1.52万人,增长6.7%。全区有幼儿园82所,在园幼儿2.40万人;小学45所,在校学生4.44万人;普通中学24所,在校学生3.22万人;中等职业学校2所,在校学生7121人。民办学校在校学生6488人。学龄儿童入学率和初中入学率均为100%,初中升高中段比例99.9%。23个乡(镇)街道成为浙江省和杭州市教育强乡镇。银湖实验学校建成使用。有线电视用户21.55万户,数字电视用户21.50万户。《富阳日报》全年出版304期,每日发行2.6万份。区图书馆藏书46.9万册(件)。9月23日,富春山馆公望美术馆开馆并举办“山水宣言”展览。10月,青少年活动中心建成并投入使用。举办第五届“公望文化周”、第四届郁达夫小说奖颁奖、首届富阳区最美古建筑摄影大赛等活动。全区有各类医疗机构497个，医疗床位2995张，医疗卫生各类专业技术人员4410人。全年完成无偿献血1.30万人次，献血量259.4万毫升。城乡居民基本医疗保险参保40.33万人，参保率100%。全年举办各类群众性体育比赛105场，参赛运动员5.7万人次。新建健身点22个、篮球场13个、乒乓球室20个，农村健身设施覆盖率100%。全年获杭州市级以上各类奖牌197枚，其中金牌63枚。

城镇常住居民人均可支配收入47339元，增长8.8%；农村常住居民人均可支配收入27236元，增长8.9%。全区私人汽车拥有量10.28万辆，增长5.3%；全区每百户家庭拥有私人汽车53辆。

【公望艺术园开园】 2016年1月1日，富阳公望艺术园开园。由富阳区政府、中国美术学院联合主办的“望山·乐水”艺术文化周活动在公望艺术园开幕。公望艺术园位于富阳东洲街道民丰村环赤路31号，占地面积4公顷、建筑面积约2万平方米，由富春江集团与中国美术学院大学科技园有限公司联合打造，是富春山居创意广场的核心项目之一。创意园区依托中国美术学院的艺术文化资源优势，以“艺术改变生活，科技定义未来”为理念，打造一个以“艺术之旅·创意生活”为宗旨的第四代创意产业园标杆、城郊厂区产业转型的示范及浙江省文化产业示范基地。园区以驻留艺术家为主体，展现艺术家们不同的艺术形式、艺术趣味，首批入驻的26位艺术家主要来自中国美术学院。

【城际铁路富阳线工程开工】 2016年2月19日，杭州市城际铁路富阳线工程举行开工仪式。城际铁路富阳线工程总长23.15千米，其中高架线12.55千米、地下线9.18千米，总投资81亿元。线路起于中国美术学院象山站，止于富春街道桂花路站。计划于2019年与地铁6号线同步建成通车并衔接运营。市委和市政府主要领导、各区县（市）政府主要负责人、相关部门负责人等近400人参加开工仪式。

2016年9月23日，富春山馆中的公望美术馆开馆 （富阳区志办 供稿）

【“富春云”项目落户富阳】 2016年2月25日，浙江日报报业集团与富阳区政府举行签约仪式，正式签署深化全面战略合作协议。根据协议，浙报集团旗下的浙报传媒集团股份有限公司计划在富阳经济技术开发区建设“富春云”互联网数据中心项目。项目落户场口新区百丈畈，总投资21.97亿元，计划用地5公顷，总建筑面积6万平方米，形成6000个机柜、近10万台服务器的服务能力，并提供云基础设施服务、大数据交易配套服务等数据服务。整个数据中心可以支撑1000个以上创客企业或50个以上中型互联网公司的需求。

【东梓关论坛举行】 2016年6月29日，以“设计，让乡村更美好”为主题的杭州富阳东梓关论坛开幕，50多名设计师共同探讨“乡村设计”和新农村建设。富阳区区长黄海峰宣读《乡村设计东梓关共识》。浙江绿城设计院和南方设计院代表进行案例分享，相关专家做交流发言。东梓关村位于场口镇。该村积极开展美丽乡村建设，在传承当地文脉和保存原有村落的文化遗存、风俗习惯的基础上，开展“杭派民居”建设试点。12月，住房和城乡建设部公布第二批田园建筑优秀实例名单，场口镇东梓关村“杭派民居”的建筑设计方案被评为二等优秀实例。

【华融黄公望金融小镇揭牌】 2016年8月5日，华融黄公望金融小镇举行揭牌仪式。同日，华融公望基金管理有限公司开业。小镇东至黄公望风情小镇，西至高尔夫路，南至北支江南岸规划道路，北至黄公望森林公园山体线。其核心产业定位为私募金融业，重点发展股权投资基金、产业基金、并购基金、证券投资基金等，致力于打造金融、文化创意、艺术、运动休闲、高端房产“五业”共兴的生态休闲型金融小镇。至年末，小镇注册企业159个、总注册规模435.6亿元。8月4日，在省政府与中国华融资产管理股份有限公司的签约仪式上，富阳区政府与华融汇通资产管理有限公司、中国华融资产管理股份有限公司浙江分公司签订战略合作协议，共同合作打造华融黄公望金融小镇。

【公望美术馆开馆】 2016年9月23日，富春山馆中的公望美术馆开馆。开馆活动包括“公望富春”名画回故乡特展和当代艺术家的“山水宣言”展。富春山馆是一座集美术馆、博物馆、档案馆为一体的建筑，由中国美术学院建筑艺术学院院长王澍设计。富春山馆位于富阳区鹿山街道、占地面积4.58万平方米、建筑面积3.78万平方米，项目概算投资5亿元。美术馆内部分展厅和临展厅。至年末，该馆接待参观者6万人次。

【“智慧山水城、都市新蓝海”主题峰会】 2016年9月18～19日，由富阳区政府、杭州日报报业集团联合举办的2016年杭州（富阳）“智慧山水城、都市新蓝海”主题峰会暨“春江论剑”圆桌会举行。活动分为1场主题峰会和3场“春江论剑”圆桌会。15位参会嘉宾围绕“智慧山水城、都市新蓝海”主题,探讨“后峰会时代富阳如何抢抓创新发展机遇”“在供给侧改革背景下如何推动智能制造的创新发展”等议题。主讲嘉宾与600多名富阳企业家开展互动交流,推动信息(智慧)经济发展。主题峰会上,2016年富阳“互联网+新生活”十大经典案例评选活动颁奖仪式举行。 (陈炜祥)

桐庐县

【桐庐县概况】桐庐县辖4个街道、6个镇、4个乡,有18个社区、183个行政村。户籍人口41.14万人,人口自然增长率4.25‰。2016年,全县生产总值373.40亿元,比上年增长8.8%。其中:第一产业增加值24.48亿元,增长2.7%;第二产业增加值196.82亿元,增长6.9%,其中工业增加值181.3亿元,增长7.5%;第三产业增加值152.63亿元,增长12.6%。三次产业结构6.5∶52.6∶40.9。按户籍人口计算,人均生产总值90982元,增长8.4%。

农林牧渔业总产值36.50亿元,增长7.4%。粮食总产量5.45万吨,禽蛋产量0.48万吨,肉类产量1.42万吨,水产品总产量0.89万吨,水果产量8.65万吨。新增粮食功能区333.53公顷,提升标准农田1800公顷,改造中低产田398.13公顷,建成省级农林综合区、示范区和精品园15个,新认证无公害农产品企业15个,新建无公害建设基地240公顷。“桐庐雪水云绿茶”获中国驰名商标。全县新增“农民之家”29个,总量74个,培育示范社40个。新培育农民专业合作社1个,总量13个。新筹建土地股份制合作制(组织)14个,167.6公顷土地折价入股合作社。勤优农产品专业合作社联合社累计发放互助金64笔、778万元,吸收互助金289.8万元。全年新培育市级农业龙头企业2个,市级农民专业合作社示范社2个,国家级农民专业合作社示范社1个。

工业总产值823.57亿元,下降2.3%。规模以上工业企业397个,增加20个。其中,产值1亿元以上的企业109个,产值356.73亿元,占规模以上工业企业总产值的72.9%。全县规模以上高新技术企业销售产值161.80亿元,增长29.7%,占规模以上工业企业总产值的33.9%。全年规模以上工业企业新产品产值194.02亿元,增长10.8%,新产品产值率39.7%,提高4.84个百分点。规模以上工业企业主营业务收入444.97亿元,下降5.1%;利税总额40.06亿元,下降13.6%;利润总额25.18亿元,下降8.4%;产品产销率98.6%,下降0.9%。建筑业增加值71.89亿元,增长24.7%。

固定资产投资总额253.5亿元,增长2.5%。按三次产业分,第一产业投资8.44亿元;第二产业投资82.80亿元,下降9.8%,其中工业投资82.51亿元,下降10.0%;第三产业投资162.27亿元,增长11.0%。全年固定资产施工项目601个,计划总投资534.99亿元,下降4.5%;新开工项目514个,计划总投资223.16亿元,增长14.9%。房地产开发投资34.0亿元,增长2.2%。房屋施工面积333.82万平方米,下降12.0%;竣工面积42.09万平方米,下降34.8%。商品房销售面积63.85万平方米,增长45.5%。其中,住宅销售59.5万平方米,增长49%。商品销售额48.38亿元,增长62.9%。其中,住宅销售额44.21亿元,增长61.5%。

社会消费品零售总额147.84亿元,增长11.7%。其中:批发业零售额10.68亿元,增长18.9%;餐饮业零售额20.26亿元,增长11.6%;零售业零售额115.90亿元,增长11.1%;住宿业零售额0.99亿元,增长15.4%。桐庐县被评为“2015年全国电子商务百佳县”。至年末,海陆电子商务产业园累计入驻企业102个,其中新入驻37个。建设微商创客街,入驻微商10个。新增“单一窗口”上线企业51个、跨境电子商务实绩企业120多个。7月5日,桐君街道电子商务众创孵化园正式开园,入驻企业25个。12月,横村镇跨境电子商务众创智慧园建成,入驻企业23个。建成创客孵化点4个,入驻200人,孵化项目10个。全年电子商务销售额50亿元。

外贸进出口总额13.03亿美元,增长4.0%。其中:进口总额0.64亿美元,增长13.2%;出口总额12.4亿美元,增长3.6%。按贸易方式分,一般贸易出口11.65亿美元,增长4.0%;加工贸易出口0.75亿美元,下降1.8%;其他贸易出口20万美元,下降65.6%。出口国别和地区中,对欧盟出口2.82亿美元,增长3.6%;对日本出口0.38亿美元,增长1.4%;对美国出口3.36亿美元,增长3.2%。

交通建设投资8.78亿元。完成“美丽公路”创建109千米,新建农村联网公路34千米,完成农村公路提升改造139千米。至年末,全县有公交线路27条,营运公交车115辆,完成城区旅客运输2510万人次,更新公交车10辆。新开通牛山坞至金西湾里公交线路1条。城区公交及城乡公交刷卡系统建成启用,统一实行刷卡付费优惠政策,实现桐庐市民卡与杭州市民卡互联互通。

全县接待国内外游客1321万人次,增长14.8%,旅游业总收入135.28亿元,增长14.4%。乡村旅游稳定增长,全年接待游客799.2万人次,收入4.75亿元,分别增长22.0%和27.5%。9月,桐庐富春江创建国家AAAAA级景区工作领导小组桐庐富春江旅游区管委会成立。10月,《桐庐富春江旅游区总体规划》和《桐庐富春江旅游区创建国家5A级景区提升方案》编制完成。新增AAAA级景区1个、旅行社3个。

财政总收入43.04亿元。其中,地方财政一般公共预算收入26.17亿元,增长0.4%。税收收入22.60亿元,下降2.0%。财政支出40.94亿元,增长1.4%。其中:社会保障和就业支出5.84亿元,增长20.0%;文化体育与传媒支出1.04亿元,增长15.5%;科学技术支出1.68亿元,增长10.8%;农林水事务支出6.50亿元,增长2.9%;医疗卫生与计划生育支出4.21亿元,增长2.7%;教育支出9.82亿元,增长2.4%。全县金融机构本外币各项存款余额407.69亿元,比年初增加39.46亿元,增长10.7%。全县金融机构本外币各项贷款余额332.23亿元,比年初增加30.84亿元,增长10.2%。其中,短期贷款余额为144.00亿元,比年初减少4.93亿元;中长期贷款余额185.85亿元,比年初增加35.84亿元。其中非金融企业及机关团体本币贷款增长较快,新增11.93亿元。

全年组织实施县级科技项目114个,其中工业创新类51个。市农业科研竞争性分配资金170万元,立项市农业科研项目10个,市社会发展科研竞争性分配资金100万元,立项市社会发展科研项目10个。县知识产权快速维权援助中心被国家知识产权局评定为全国专利行政执法绩效优秀单位。全县新增国家重点支持高新技术企业8个、市级高新技术企业24个、省科技型企业52个;培育推荐市级以上企业研发中心10个,其中省级2个。有省重点企业研究院和省企业研究院各1个,新培育认定县级首批众创空间3个。桐庐县被中国科协命名为"首批2016~2020年度全国科普示范县",建成"海外智力为国服务行动计划浙江杭州基地桐庐工作站"和"中国茶叶学会桐庐协同创新基地"。桐君街道东门社区被中国科学技术协会命名为"全国科普示范社区"。

全县有幼儿园49所,在园幼儿1.31万人;全日制小学27所,在校学生2.37万人;普通中学17所,在校学生1.50万人;中等职业技术学校2所,在校学生2879人。小学入学率100%,初中巩固率100%,高中入学率99.7%。乡镇成人学校、社区学校覆盖率100%。全年成人学校和社区教育学校培训学员7.05万人次。3月起,全县实行义务阶段免费基本午餐政策,惠及学生3.29万人,累计减免金额3620万元。全县有杭州市现代化标志性教育强镇3个,浙江省教育强镇、街道13个。

投入210万元完成文化主题演出《春江花月夜》二期改造项目,投入250万元完成叶浅予艺术馆提升改造主体工程。开展"百村千场"文体惠民工程,开展第四季"欢乐大舞台·幸福桐庐人"群众文化活动89场、篮球联赛和百村乒乓球赛100场,免费送电影2405场、送文化下乡200场,完成各类展览展示52场、桐江人文讲堂10场、各类培训200次。文艺作品获国家级奖项42个、省级112个、市级114个。各类图书馆藏书57万册。桐庐籍运动员参加全国、省、市比赛获金牌70枚、银牌58枚、铜牌52枚。承办中国足球协会女子足球甲级联赛、全国跳绳联赛等赛事。全县新建健身点25个、篮球场20个和乒乓球室20个。桐庐电视台平均每周播出120个小时,其中自办节目36小时。桐庐人民广播电台每天播音24小时,其中自办节目15小时。有线电视终端23.5万个,电视综合覆盖率100%,广播综合覆盖率100%。

各类医疗卫生机构319个,其中公立医疗卫生机构210个、私营各类医疗机构109个。新增和变更5个门诊部(诊所)。各类医疗床位1653张。卫生技术人员3500人,其中执业医师1086人、助理执业医师229人、注册护士1289人。基本医疗保险参保40.27万人,工伤保险参保12.39万人,生育保险参保8.75万人,失业保险参保6.33万人。被征地农民基本生活保障参保9394人,农村养老保险参保7.51万人。

城镇常住居民人均可支配收入42496元,增长8.0%。其中,人均工资性收入26328元,增长6.3%;人均生活消费性支出23289元,增长5.3%。全县农村常住居民人均可支配收入24619元,增长9.4%。其中工资性收入13728元,增长8.4%;人均生活消费性支出15172元,增长8.5%。全县城镇居民人均住房建筑面积37.55平方米,农村居民人均居住面积82.30平方米。年末,城乡居民储蓄存款余额194.55亿元。

【全国全域旅游创建工作现场会在桐庐举行】2016年5月26日,全国全域旅游创建工作现场会暨创建工作培训班在桐庐县举行。广西、宁夏、河北、贵州、浙江等省(自治区)政府分管领导及杭州市政府主要领导,国家有关部委负责人、各省区市和新疆建设兵团旅游部门主要负责人,首批262个国家全域旅游示范区创建单位及旅游部门主要负责人参加会议。会前,会议代表现场考察学习桐庐县全域旅游发展情况。会上,浙江省杭州市桐庐县介绍全域旅游创建工作情况,江苏省南京市江宁区、湖北省宜昌市远安县等10个首批全域旅游创建示范单位做交流发言。

【中国(桐庐)国际民宿发展论坛】2016年5月30~31日,由杭州市农业和农村工作办公室、杭州市旅游委员会、中国新闻社浙江分社、桐庐县政府共同主办的首届中国(桐庐)国际民宿发展论坛在桐庐举行。论坛旨在通过探讨民宿产业经营、监管及发展走向,为中国民宿经济的转型升级和可持续发展提供思路。来自中国、美国、法国、意大利、日本等国家的嘉宾参加开幕式。在开幕式上,进行签约和授牌仪式。中国桐庐环溪村、芦茨村分别与意大利、法国村庄签约缔结为"姐妹村"。国际民宿研究院落户及授牌仪式、中国乡村旅游产业引导基金及孵化器发起仪式、两岸民宿发展合作示范区揭牌、桐庐县民宿经济发展顾问聘任仪式等活动举行。中国农村发展研究院授予桐庐县"中国乡村民宿发展研究基地"称号。

【全程电子化工商登记】2016年7月,桐庐县推出PC端和移动端全程电子化智慧登记平台。在国家工商总局的指导下,桐庐县对平台进行完善升级,并于9月18日正式推出。依托移动互联网、电子签名和人脸识别等技术,桐庐县全程电子化工商登记平台集网上名称查询、网上申请、网上受理、网上审核、网上发照、网上公示和网上自动存档等功能于一体,成为"全类型覆盖、全业务覆盖、全办理途径覆盖"的市场主体注册登记服务平台,实现企业"无费用、无介质、跨地域和全自助"的登记注册服务。

【"智慧治理信息中心"建成启用】桐庐县作为全省基层社会治理机制创新试点县,2015年6月开始筹建"智慧治理信息中心",2016年5月投入运行。信息中心通过信息采集、对比、交互以及"大数据"运用,实现全县信息资源的动态管理、互联互通和共建共享,提升服务效能和城市管理的精细化程度,初步形成"互联网+社会治理"的模式。信息中心整合县公安、交通、城管等20个部门视频物联网感知体系;以县长公开电话"12345"和热线"967000"为主,整合除"110""119""120"以外的42条部门信访和服务热线;以整合后的热线为中心,使用"桐庐县智慧治理大联动平台"集中统一受理各类投诉举报和咨询救助服务,实现"统一入口、一门受理、一站分流"。联合上海陆家嘴智慧社区发展中心,设计"智慧治理"百姓体验馆,整合服务企业52个、社会组织20个,每

2016年6月1日,桐庐县青少年宫(儿童公园)启用　(桐庐县志办 供稿)

年进行2期~3期的个性化主题展示,涵盖"智慧快递"、智慧医疗、"智慧客厅"、"智慧安防"等内容,并为群众提供公共管理服务、自助式终端设备、视频数据分析、智能机器人、远程诊疗等互动式智慧体验。至年末,体验馆访客量7万多人次。

【桐庐县行政复议局成立】 2016年8月12日,位于城南街道下杭社区的桐庐县行政复议局成立。从挂牌之日起,除法律规定涉及海关、金融、国税、外汇管理等实行垂直领导的行政机关和国家安全机关的行政复议案件外,桐庐县政府部门、直属机构及其派出机构、各乡镇人民政府、街道办事处做出的具体行政行为引发的行政复议案件,由桐庐县行政复议局统一受理,可不再向做出具体行政行为的行政机关的上一级行政主管部门申请行政复议。行政复议体制改革遵循便利、利民的原则,实现由县行政复议局统一受理、审查、决定的"三个统一",体现对行政复议案件的集中管辖。

【中国(杭州)美丽城乡教育培训基地开班】 中央农村工作领导小组办公室、住房和城乡建设部发文,同意在桐庐县筹建中国(杭州)美丽城乡教育培训中心(基地)。2016年9月27日,中国(杭州)美丽城乡教育培训中心(基地)举行开学典礼以及省部共建"美丽中国示范区"签约仪式。参加活动的有来自北京、河北、四川、福建、云南等省市的首批培训班学员。活动中,中国浦东干部学院代表致贺词,河北省秦皇岛市干部培训班学员代表发言。开学典礼之后,举行"两山"理论桐庐模式成果发布会,与会人员实地考察美丽城乡教育培训中心。培训中心(基地)围绕桐庐美丽城乡及生态文明建设实践,以现场教学、案例教学和互动教学为主,面向全国基层干部,突出"特色性、实践性、可复制性",引导广大干部坚定"绿水青山就是金山银山"的绿色发展理念,提升生态环境保护与美丽城乡建设的能力。

【分水镇入选中国特色小镇】 2016年10月13日,在杭州召开的中国特色小(城)镇建设经验交流会上,住房和城乡建设部公布第一批中国特色小镇名单,桐庐县分水镇入选。7月20日,国家发改委、财政部以及住房和城乡建设部共同发布《关于开展特色小镇培育工作的通知》,决定在全国范围开展特色小镇培育工作,计划到2020年,培育1000个各具特色、富有活力的休闲旅游、商贸物流、现代制造、教育科技、传统文化、美丽宜居等特色小镇,引领带动全国小城镇建设。经专家复核,国家发改委、财政部以及住房和城乡建设部共同认定127个中国特色小镇,浙江8个镇入选,桐庐分水镇为其中之一。分水镇特色小城镇建设获省财政专项资金补助,连续支持3年。

【桐庐县中医院新院区启用】 2016年1月17日,桐庐县中医院新院区启用。县中医院新院区占地面积1.47公顷,总建筑面积5.5万平方米,核定床位500张,地下停车场有175个车位。桐庐县中医院是二级甲等综合性中医医院,是桐庐县中医医疗、教学、科研中心。门诊启用诊疗卡,实现病人就诊信息的流转和储存,简化就诊流程,提高诊疗速度,缓解门诊拥挤问题。新院区采用水源热泵中央空调系统自动控温,有太阳能供应热水系统。门诊楼和住院楼里分布着30多个服务咨询台。医院运用轨道物流系统,方便医院内部各种日常医用物品的自动化快速传送。

【桐庐县青少年宫(儿童公园)启用】 2016年6月1日,桐庐县青少年宫启用暨第六届童玩节开幕仪式举行。青少年宫位于县城白云源路,占地面积2.67公顷,分为儿童乐园区、青少年科普馆、兴趣培训活动场所和青少年人防教育基地等区域。在儿童乐园区有摩天轮、云霄飞车、旋转木马、"逍遥水母"、海盗船、大火车等15项游乐设施。科普馆有"空中翻书"、手摇发电机、全息投影等20个项目。在兴趣培训活动场所,有智能机器人、海陆空模型制作、少儿武术等33个培训项目。青少年宫集青少年思想教育、文化创意、科技创新、体育健身、休闲娱乐、劳动和社会实践等功能于一体。　(张　红)

淳安县

【淳安县概况】 淳安县辖11个镇、12个乡,有425个行政村、11个社区、1个居民区。户籍人口46.07万人。人口自然增长率2.02‰。2016年,全县生产总值235.65亿元,比上年增长10.7%。其中:第一产业增加值34.29亿元,第二产业增加值81.08亿元,第三产业增加值120.28亿元,分别增长4.1%、6.1%和16.4%。按户籍人口计算,人均生产总值51224元,增长10.3%。

农林牧渔业总产值48.77亿元,增长7.1%。其中:农业产值32.22亿元，增长6.1%；林业产值6.62亿元，增长10.0%；牧业产值6.67亿元，增长8.0%；渔业产值2.51亿元，增长7.0%。全年粮食种植面积1.67万公顷，粮食总产量7.34万吨。茶叶产值6.68亿元，下降0.8%；蚕茧产量2649吨，下降28.8%；肉类1.82万吨，增长0.9%；禽蛋5702吨，增长2.3%。第二轮区县协作第一次联席会议举行，落实区县(镇街)协作专项资金1亿元。12月，下姜村成功创建AAA级景区。桃源凌家村兰纳观光园、双溪村方盛庄园等农业园区建成开放。3月，“千岛湖茶”茶叶区域公用品牌启用。全县有省著名商标10个和市著名商标29个；有省名牌产品8个和市名牌产品6个。有无公害农产品140种、绿色食品6种，无公害产品种植面积867公顷。

工业增加值66.42亿元，增长8.5%。工业销售产值330.13亿元，增长5.8%，其中规模以上工业企业销售产值262.95亿元，增长4.8%。规模以上工业企业实现新产品产值61.42亿元，增长7.1%；新产品产值率23.1%，增长6.5%。纺织业、酒饮料和精制茶制造业、电气机械和器材制造业为全县三大支柱行业。

社会消费品零售总额80.9亿元，增长12.1%。城镇居民消费价格上涨3.1%，其中食品烟酒类消费上涨8.6%、衣着类消费下降1.6%、医疗保健消费上涨0.1%、交通和通讯类消费下降1.8%、娱乐教育文化类消费上涨2.1%、居住类消费上涨2.1%、生活用品及服务类增长1.0%、其他用品和服务类增长2.3%。全年实现网络销售额29亿元，增长31%。纳入县电子商务统计监测平台的商户1215个，增加505个。

全年接待中外游客1266.53万人次，增长12.9%；旅游经济收入119.83亿元，增长14.3%。其中乡村旅游接待游客486.9万人次，增长18.8%；实现收入5.33亿元，增长17.9%。城中湖水上娱乐、千岛湖鱼头广场、民福酒店等项目完工。12月，千岛湖旅游大数据分析等平台取得国家版权局5件软件著作权。完成千岛湖大峡谷等7条乡村绿道支线建设，累计建成绿道300多千米。制定环湖驿站等级评定标准，并对25个等级驿站授牌。全年接待骑行游客超过100万人次。千岛湖云里雾里客栈、青田村美客爰途、鳌山村淳乡居等7个精品民宿建成开业。497个大众民宿通过验收，385个取得合法证照。1月，千岛湖镇被住房和城乡建设部命名为“国家园林县城”。2月，淳安县被环境保护部授予“国家生态县”称号。

全年实际到位资金(含外资)71.09亿元，增长7.0%。其中：服务业到位资金46.02亿元，增长21.1%；工业到位资金19.40亿元，下降10.9%；实际利用外资1374万美元。实现自营进出口总额18377万美元，下降12.2%。其中：自营出口16514万美元，下降8.7%；进口1863万美元，下降34.5%。

财政总收入27.29亿元，增长8.7%，其中地方财政收入17.36亿元，增长8.6%。全年地方财政支出60.07亿元，增长18.7%。其中：社会保障和就业支出7.17亿元，增长57.1%；城乡社区支出6.08亿元，增长56.9%；交通运输支出5.04亿元，增长22.5%。全县金融机构本外币各项存款余额286.36亿元，增长6.1%，其中人民币存款余额284.86亿元，增长6.7%。金融机构本外币各项贷款余额186.68亿元，下降8.9%，其中人民币贷款余额186.60亿元，下降9.0%。

固定资产投资160.36亿元，增长6.0%。其中：第一产业投资5.20亿元，下降2.9%；第二产业投资32.92亿元，增长28.3%；第三产业投资122.24亿元，增长1.7%。完成基础设施投资44.55亿元，增长4.0%。房地产开发投资39.65亿元，下降10.3%，占固定资产投资完成额的24.7%。房屋施工面积299.43万平方米，下降7.2%；竣工面积19.48万平方米，下降64.1%。全年商品房销售面积43.14万平方米，增长47.2%；实现商品房销售额36.59亿元，增长72.3%。

《千岛湖城市风貌规划导则》《千岛湖镇城市设计整合》等编制工作完成。科学开发和利用城市地下空间10万平方米。加强生活垃圾分类处置，城区生活垃圾分类覆盖率75%，垃圾密闭清运率100%，城区生活垃圾和粪便无害化处理率100%。完成排水管网清淤20千米，雨污分流管网改造11千米，改造积水点5处。新建城市道路3条共6.06千米，建成停车位2790个。至年末，全县建成区绿地率39.5%，建成区绿化覆盖率42.3%，城市人均公园绿地面积14.12平方米。

全县公路总里程2707千米，其中高速公路13千米、省道57千米、县道790千米、乡道245千米、村道1602千米；有公路桥梁664座，其中农村公路桥梁635座、特大桥梁7座；有公路隧道78座，其中农村公路隧道56座。完成县乡公路大中修105千米、村道大中修140千米、联网公路30千米、农村公路安保工程60千米、病危桥改造16座、隧道维修加固11座及照明增设2座、边坡治理18处。农村客运乘车减免政策实施，对60～69周岁老人实行半票，对70周岁及以上老人实行免票政策。

南山、城西、坪山污水处理厂实现国家一级A排放标准，完成47个企业排污口整治。城区污水处理厂污水处理率94.6%，运行负荷率84.6%，监督性监测合格率100%。7月，启动大墅污水处理厂建设。农村污水处理设施实现行政村全覆盖，农村治污设施出水水质检测合格率95.4%，正常运行率100%。5月，“智慧环保”平台投入使用。全年千岛湖水质整体优良，全湖水质符合地表水Ⅰ类水标准，出境断面始终保持Ⅰ类水质，全湖平均透明度为438厘米，符合地表水Ⅱ类水标准，营养状况为中营养。全年千岛湖整体大气环境质量优良，空气优良天数341天，空气优良率94.7%，PM2.5年均值为30微克/标立方米。

新认定国家高新技术企业6个，培育省科技型企业8个。12月，县级企业研究院——千岛湖啤酒研究院成立。浙江谷神能源科技股份有限公司、杭州瑞声海洋仪器有限公司等3个企业创建市级企业技术研发中心。高新技术产业实现销售产值60.14亿元，增长15.1%。全年专利申请538件，增长34.2%，其中发明专利152件、实用新型专利270件、外观设计专利116件。授权专利291件，增长4.3%，其中发明专利19件、实用新型专利226件、外观设计专利46件。

普通高中5所，在校学生6031人；初中17所，在校学生9071人；小

2016年9月23日,淳安县中国工农红军北上抗日先遣队纪念馆正式开馆
(淳安县志办 供稿)

学58所,在校学生1.57万人;幼儿园36所,在园幼儿7753人;职业高中2所,在校学生3403人;特殊教育1所,在校学生33人。投入6000万元完成100个中小学校校舍维修及师生生活改善工程。全县小学和初中入学率和巩固率均100%,初中升高中比率99.5%。

文化馆(站)24个,公共图书馆19个(含乡镇分馆),艺术馆1个,农家书屋437个,电影院2个。全县公共图书馆拥有藏书41万册。完成年度49处村级文化设施建设、6处村级文化设施整合提升和第七轮、第八轮20处农村历史建筑修缮工程;建成30个农村文化礼堂和1个社区文化礼堂。威坪镇汪川村创建为浙江省文化示范村。乡村两级开展各类群众文化活动2000多场次。淳安县被命名为2016年浙江省民间文化艺术之乡(淳安三角戏)。《心愿》获全国小戏小品展演银奖。9月23日,淳安县中国工农红军北上抗日先遣队纪念馆正式开馆。

各类医疗机构316个,卫生技术人员2332人。全县有各级各类名医27人,其中国家级基层名中医1人、杭州市基层名中医6人,县级百名拔尖人才28人。淳安县第一人民医院通过省级龙头学科和市级重点学科周期验收评估各1个。

37千米(精品线路7千米)的安阳国家登山健身步道建成。千岛湖镇景秀区块综合球场、"芳菲影珠"阳光体育公园网球场综合改造及汾口、威坪两个综合球场等项目建设完成。举行中国·杭州环千岛湖国际公路自行车赛、千岛湖国际铁人三项赛、千岛湖马拉松大赛、国际泳联10千米马拉松游泳世界杯赛、全国10千米马拉松游泳冠军赛、第12届中国大学生健康活力大赛等重大赛事。组队参加市级以上赛事,获金牌292枚、银牌185枚、铜牌143枚。

城镇常住居民人均可支配收入36708元,增长9.8%;人均生活消费支出20831元,增长9.0%。农村常住居民人均可支配收入16110元,增长10.1%;人均生活消费支出11056元,增长9.6%。有福利院、乡镇敬老院、民办养老机构等福利机构31个,机构养老床位3252张,供养老人997人。全县有1.89万人享受低保待遇。

【水下古城7D影院项目开工】2016年2月26日,水下古城7D影院娱乐项目开工。水下古城娱乐项目占地面积2.27公顷,采用政府与社会资本合作开发模式。建设单位向千岛湖旅游集团租用土地并负责投资建设经营,总投资1亿元。水下古城7D馆把狮城、贺城居民为建造新安江水库做出贡献的背景作为主要线索,通过建筑的立面来表现7D馆内的影视作品,重现水下古城的历史样貌,利用高科技手段,让观众更加真实地了解淳安深厚的历史文化底蕴。

【千岛湖水上应急搜救中心成立】2016年3月8日,淳安县千岛湖水上应急搜救中心成立。千岛湖作为浙江省三大安全重点监管水域,湖区水域面积大、航道复杂,局部水域船舶密集且流量大,加上旅游人数增加等因素,对水上应急搜救工作提出了更高要求。水上应急搜救中心整合具有水上搜救能力的单位和社会力量,组织一支"统一指挥、快速反应、协调有序、运转高效"的水上应急救援队伍,具体实施全县境内水域的水上搜寻救助及相关工作,进一步规范水上应急搜救工作,加强对水上应急搜救工作的组织协调,保障人民生命财产安全和水上生态环境。

【万豪国际酒店开工建设】2016年3月17日,华联千岛湖进贤湾国际度假区万豪国际酒店举行开工仪式。万豪国际酒店位于进贤湾中心位置,项目总建筑面积7.06万平方米,总投资10亿元。酒店主要由8层、255个五星级客房以及中餐厅、西餐厅、游泳池、健身中心、宴会厅、会议厅等设施组成。酒店建筑采用德国GMP建筑师事务所的U形体和退台式楼层现代极简主义风格设计,把建筑隐于山水之间,与湖光山色融为一体。项目计划2018年完工。

【"千岛湖茶"茶叶区域公用品牌启用】2016年3月18日,"千岛湖茶"茶叶区域公用品牌启用,标志着淳安传统茶产业开始迈向品牌化发展之路。淳安是中国茶树十大良种之一"鸠坑种"的原产地。淳安县有茶园1.27万公顷,茶农8万户。2016年,生产"千岛湖茶"4531吨,产值6.74亿元。统一品牌之后,千岛湖龙井茶、千岛湖银针茶、千岛湖毛尖茶和千岛湖红茶等4类符合《千岛湖茶生产技术规程》的茶叶可以使用"千岛湖茶"商标。

【"乡村旅游年"活动】2016年3月26日,淳安县"乡村旅游年"活动启动仪式在临岐镇千亩油菜花海举行。淳安县坚持"秀水富民"发展战略,推进全域景区化建设。活动期间,全县进一步加强湖区与乡村联动,推广绿道骑行、民居民宿、果园采摘、农事体验、红色旅游等线路产品，策划“霸王嗨游”、花海骑行、登山露营、年货抢购等主题活动。各乡镇充分发挥资源优势，挖掘本地特色，举办赏花节、采摘节、纳凉节、狮城庙会等近30个乡村旅游节庆活动，推动乡村旅游向品牌化、市场化和精品化发展。

【汾口客运中心站投入运行】2016年6月7日，汾口客运中心站投入运行。中心站位于汾口啤酒厂边侧、淳开公路旁，占地面积3.04万平方米，总建筑面积5237平方米，投资3000万元，由站前广场、停车场、站务用房、生产辅助设施、生产服务设施及商业用房组成。设计发车位13个，售票窗口10个，客车停车位98个，日平均旅客发送量约7000人次。中心站按二级客运站设计建造，集长途客运、城市公交、出租车、旅游集散等综合功能于一体。

【淳安县首个博士后科研工作站成立】2016年9月20日，淳安县首个博士后科研工作站在杭州千岛湖鲟龙科技股份有限公司挂牌成立。淳安县加快高层次人才引进，对博士后科研工作站给予10万元的建站资助，并对引进的博士生给予相应的安家补助和生活补助，使高层次人才更好的服务企业发展，推动企业转型升级。

【淳安县发出高层次人才“绿卡”】2016年10月，千岛湖佳蔚日用品有限公司技术顾问张树林博士获得淳安县首张高层次人才“绿卡”。为创新人才引进工作机制，减少工作流程，缩短办理时限，营造引才、用才的良好环境，淳安县实施引进人才“绿卡”制度。人才“绿卡”的发放对象主要是县属企事业单位引进的在职在聘且属于国家级、省级、市级领军人才和各类高级人才，持卡者可在配偶就业、子女入学、医疗卫生、户籍证件办理、人事建档、车辆上牌等方面享受政策优惠，获得便利服务。获得首张人才“绿卡”的张树林是国家“千人计划”人才，毕业于美国北德克萨斯大学化学专业，在宝洁公司任高级科学家及主管经理，从事化学科研和日用品研发30多年，有40多件国际授权专利。他受聘担任千岛湖佳蔚日用品有限公司技术顾问，主要从事日化产品和化妆品的研究，帮助企业转型升级。

【千岛湖文化艺术园项目签约】2016年11月1日，千岛湖文化艺术园项目正式签约。该项目计划投资32亿元，选址千岛湖梦姑塘文化公园及周边地域，打造以文化艺术为主要功能，集休闲、体验、展示于一体的大型文化旅游综合体。计划开发建设千岛湖艺术馆、五百罗汉园、千佛院、圣贤道和侏罗纪公园及其他配套服务设施。其中，千岛湖艺术馆汇集历代名人的书法绘画，五百罗汉园摆放五百尊用阴沉木雕刻的罗汉像，千佛院展出各朝各代的玉佛、金佛、木佛、瓷佛。圣贤道是计划用阴沉木雕刻来展示全世界对人类有贡献的圣贤。

【千黄高速公路淳安段工程征迁动员大会】2016年12月16日，千黄高速公路淳安段工程举行全线征迁动员大会暨配套工程开工仪式。千黄高速公路淳安段全长51.47千米，起点衔接拟建的溧阳至宁德国家高速公路安徽段。沿线主要经过威坪镇、宋村乡、金峰乡、左口乡、青溪新城等6处重点村镇，终点连接杭新景高速公路千岛湖支线，是溧阳至宁德高速公路的组成部分，采用双向四车道高速公路标准建设。全线设收费站6处、在金峰乡设停车区1处。工程总投资96.13亿元。　　（刘东山）

建德市

【建德市概况】建德市辖3个街道、12个镇、1个乡，有229个村、27个社区、15个居民区。户籍人口50.96万人，人口自然增长率3.56‰，常住人口44.70万人。2016年，全市生产总值350.43亿元，比上年增长8.4%。其中：第一产业增加值32.75亿元，增长2.9%；第二产业增加值176.0亿元，增长7.6%；第三产业增加值141.67亿元，增长11.0%。三次产业结构为9.4∶50.2∶40.4。

农林牧渔业总产值52.42亿元，增长7.5%。粮食播种面积1.49万公顷，增长7.6%。粮食总产量8.88万吨，增长3.2%。肉类总产量2.67万吨，下降10.1%，其中禽肉产量0.73万吨，下降30.1%。禽蛋产量6.8万吨，下降13.4%。生猪存栏7.58万头，下降28.2%；禽类存栏375.60万羽，下降14.7%。全年水产品产量1.07万吨，下降4.9%。新建粮食生产功能区15个，面积405.3公顷，累计建成粮食生产功能区152个，总面积5108.3公顷。全市累计建成现代农业园区6个，其中现代农业综合区2个、主导产业示范区1个、特色农业精品园3个。各类农民专业合作社904个，农业骨干企业95个。投入水利建设资金2.95亿元。完成5个省级、10个杭州市级农村生活垃圾减量化资源化试点，建成垃圾资源化处理站17个。造林更新面积933公顷。实施省级历史文化村落保护利用重点村2个。“建德果蔬乐园”采摘基地19个。

工业总产值648.55亿元。规模以上工业企业销售产值423.91亿元，增长2.7%。其中，新产品产值144.14亿元，增长9.1%，新产品产值率33.8%，提高2.1个百分点。规模以上工业企业实现利润24.92亿元，增长4.2%。全年信息经济产业增加值13.27亿元，增长12.1%。规模以上（限额以上）信息经济企业34个，限额以上信息经济企业主营业务收入17.57亿元，增长17.9%。

社会消费品零售总额115.26亿元，增长10.3%。其中，批发零售业零售额93.59亿元，增长9.5%；住宿餐饮业零售额21.67亿元，增长14.1%。网络零售额21.89亿元，增长37.1%。全年货物进出口总额10.56亿美元，增长4.6%。其中：出口总额9.97亿美元，增长5.3%；进口总额5913万美元，下降5.4%。新批外商投资项目15个。实际利用外资1.48亿美元，增长4.9%。

有AAAA级景区3个，农家乐休闲旅游村（点）203个。接待国内外游客859.50万人次，增长14.4%；旅游总收入75.30亿元，增长26.3%。乡村旅游人数245.16万人次，乡村旅游收入2.24亿元。1月，建德市被省农业厅、省旅游局授予“浙江省休闲农业与乡村旅游示范县”称号。

财政总收入38.87亿元，增长6.0%，其中地方财政收入22.71亿元，增长6.1%。财政预算支出41.19亿元,增长0.1%,其中民生类支出33.36亿元,占全市财政预算支出的81.0%。至年末,全市金融系统各项存款余额(本外币)351.93亿元,增长13.1%,其中个人存款221.55亿元,增长12.3%。保险公司保险保费收入2.95亿元,增长13.5%,支付各类赔款及给付1.53亿元。参加基本养老保险人数34.22万人,其中参加企业职工基本养老保险15.87万人,参加城乡居民基本养老保险11.57万人。参加基本医疗保险45.04万人,其中参加城乡居民基本医疗保险32.21万人。基本医疗保险参保率为99.7%。

固定资产投资205.32亿元,增长16.7%。其中,第一产业投资5.73亿元,增长37.2%;第二产业投资82.56亿元,增长16.7%;第三产业投资117.02亿元,增长15.9%。三级资质以上的建筑业企业总产值32.38亿元,增长10.4%。房地产开发投资24.52亿元,增长1.7%,其中住宅投资14.85亿元,下降7.8%。商品房销售面积33.89万平方米,增长6.3%。其中:住宅销售29.97万平方米,增长3.1%;商品房销售额31.02亿元,增长17.7%。新设立市场主体5201户。其中:新设立企业1310户,增长75.1%;个体工商户3847户,增长29.7%。至年末,在册市场主体3.35万户,增长12.1%,其中企业8802户,增长18.5%。公路通车里程1961千米,其中高速公路117千米。货物运输总量1660.6万吨,增长2.5%。货物周转量22.87亿吨千米,增长2.7%。公路旅客运输总量1130万人次,下降8.0%。公路旅客运输周转量6亿人千米,下降8.0%。全市民用汽车拥有量4.92万辆,增长11.0%,其中私人汽车3.78万辆,增长12.5%。邮电业务量5.60亿元,增长4.3%。

全市实施各类科技计划331个,其中省级科技计划8个。有高新技术企业114个,其中国家级高新技术企业29个。杭州市级以上高新技术企业研发中心74个,其中省级以上25个。专利申请量1365件,增长9.5%;授权量692件。其中,发明专利申请量95件,授权量56件。

全市有幼儿园40所,在园幼儿1.23万人;小学28所,在校学生2.07万人;初中17所,在校学生1.01万人;普通高中(含民办)6所,在校学生8177人;职业高中2所,在校学生1737人。全市专任教师4110人。全市学龄儿童入学率100%,初中升高中段比例99.7%,高等教育入学率65.3%。全市总藏书66.2万册(件)。县级及以上文物保护单位91处(群),其中国家级文物保护单位3处(群)。全市举办各类群众性体育比赛159场,参赛运动员4.1万人次。全年新建健身苑点18个,累计638个。体育设施达到省级标准的行政村229个。全年获杭州市级以上各类奖牌总数931枚,其中金牌449枚。医疗卫生机构160个,床位2551张,其中医院9个、床位1937张。卫生技术人员3354人,其中执业(助理)医师1160人。敬老院34个,供养老人1486人。福利院1个,收养婴幼儿童8人、老人107人。供养五保对象444人。全市社区服务中心256个。

市区建成区面积10.60平方千米,绿化覆盖率38.5%。市区园林绿地面积377.5公顷,公共绿地面积172公顷,人均公共绿地面积12.75平方米。至年末,市区管道煤气用户2.54万户。全市累计建成省级生态乡镇14个、国家级生态乡镇12个。森林覆盖率76%。12月23日,建德市通过省级森林城市创建验收。全年空气优良天数338天,空气优良率92.3%。全社会用电量28.91亿千瓦小时,增长5.2%。其中,城乡居民生活用电3.11亿千瓦小时,工业用电量22.84亿千瓦小时,增长1.6%。规模以上工业企业能源消费下降3.3%,单位工业增加值能耗下降9.7%。

城镇新增就业人数6144人。帮扶2794名城镇失业人员实现再就业,其中1299名就业困难人员实现就业。城镇登记失业人数5028人,城镇登记失业率2.6%。享受最低生活保障人数1.38万人,城乡低保标准分别为每人每月674元和607元,分别增长10.1%和23.9%。市慈善总会募集捐款1150万元,发放各类救助金1527万元。

城镇常住居民人均可支配收入41531元,增长9.0%;人均生活消费性支出32359元,增长6.5%。农村常住居民人均可支配收入21896元,增长9.2%;人均生活消费性支出13625元,增长7.8%。

【乌龙山抽水蓄能电站项目启动】2016年1月24日,建德市与协鑫(集团)控股有限公司、华东勘测设计研究院签订乌龙山抽水蓄能电站项目战略合作协议。三方在新能源、电力、旅游等领域开展合作。乌龙山位于新安江、兰江、富春江三江交汇处,最高处海拔916.6米。乌龙山抽水蓄能电站项目由华东勘测设计研究院于1992年在对华东三省抽水蓄能电站项目进行资源普查时发现。该项目地形地质好、站址天然成库条件好、自然落差大、投资成本低。2015年,建德市委、市政府专门成立乌龙山抽水蓄能电站项目推进工作小组,具体负责该项目的整体推进工作。2016年10月27日,乌龙山抽水蓄能电站上山道路开工,起点位于乾潭镇万龙村,终点位于规划建设的乌龙山抽水蓄能电站上水库。道路全长15.59千米,范围涉及乾潭、杨村桥、梅城3个乡镇,按三级公路标准建设,设计时速30千米/小时。

【低空旅游专线开通】2016年11月18日,第十七届中国·17度浙江建德新安江旅游节闭幕式暨低空旅游专线开通仪式在建德寿昌镇航空小镇举行。建德市新安旅游投资有限公司、千岛湖通用机场有限公司分别与浙江白领氏通航有限公司、浙江东华通航有限公司签订《开展低空旅游项目合作协议书》,标志低空旅游专线正式开通。到建德观光的游客可乘坐飞机游览“富春江—新安江—千岛湖”国家级风景名胜区和大慈岩、灵栖洞等AAAA级旅游景区以及新叶古村等中国历史文化古村落。该航线起落机场为寿昌镇千岛湖通用机场。机场取得民用机场经营许可证,并且是具有经营性载人资格的A类通用机场,建有可停放10架以上航空器的停机坪和15架航空器机库。机场有能基本覆盖主要风景区的4500平方千米、高度1200米的飞行报告空域。

【府前路区块征迁完成】新安江街道府前路区块属于建德老城区中心地

2016年11月18日，低空旅游专线在建德市寿昌镇航空小镇开通
（建德市志办 供稿）

带，建设于20世纪五六十年代，主要居住户为新安江水电站建设时期从淳安迁到建德的移民，存在着房屋结构老化、破旧危房较多、配套设施不完善、消防安全隐患较多等问题。区块占地面积3.94万平方米，房屋建筑面积5.42万平方米，涉及被征收户453户，其中住宅399户、非住宅54户。2015年5月，建德市委、市政府组建府前路区块旧城改造指挥部。2015年6月24日，府前路旧城改造项目启动。指挥部妥善处理政策要求与群众诉求、个人利益与集体利益、发展经济与改善民生之间的矛盾，坚持惠民征收、阳光征收、和谐征收。至2016年12月25日，府前路旧城改造项目麻园区块全部214户签约完成，该区块全部拆除；麻岭巷地块国有土地上被征收户239户，签约238户，其中216户私人住宅签约率100%、腾空率100%。

【浙西国际心脏中心落户建德】 2016年10月19日，建德市“浙西国际心脏中心”等15个项目集中开工。项目位于洋溪街道，总用地面积13.5公顷，其中一期工程用地6.9公顷，建筑总面积7.6万平方米，计划总投资7.04亿元，拟设床位500张。建设资金采取政府与社会资本合作（PPP）方式，投资方和建设方为中国建筑国际投资（中国）有限公司和深圳中海建筑有限公司，计划2018年末投入使用，首期开放床位300张。“浙西国际心脏中心”又名浙江大学医学院附属第二医院浙西心血管病医院，性质为公立非营利性医疗机构，定位为三级甲等心血管专科医院。浙江大学医学院附属第二医院出资5000万元负责设备购置并提供规划设计方案，建德市负责项目建设，项目建成后交付浙江大学医学院附属第二医院，由其独立行使运营管理权。

【建德市妇幼保健院新址启用】 2016年6月27日，建德市妇幼保健院新址启用暨与浙江大学医学院附属妇产科医院协作签约仪式举行，“浙江大学医学院附属妇产科医院协作医院”揭牌。市妇幼保健院新址占地面积2.3公顷，总建筑面积2.2万平方米，按照二级甲等专科医院标准建设，有床位200张，总投资1.5亿元。医院与浙江大学医学院附属妇产科医院在妇产科领域的学科建设、技术指导、院际会诊、双向转诊、人员培训、学术交流等方面开展协作。

【杭新景高速公路延伸段通车】 2016年11月28日，杭新景高速公路延伸段通车。延伸段东起建德市寿昌镇八亩丘互通，西止于开化县银岭关浙赣两省分界处，与江西省境内的景婺黄高速公路相连接。延伸段路线全长128.51千米，其中建德段23.45千米，设计时速100千米/小时。杭新景高速公路是一条连接浙江与江西、安徽的高速公路。2005年12月26日，从起点至建德市寿昌镇建成通车。

【铁路新安江南货场开通运营】 2016年4月8日，铁路新安江南货场开通运营。同时，铁路金千（金华至千岛湖）线上的更楼、寿昌、新安江3个货运站撤销。货场坐落在寿昌镇陈家村05省道旁，位于金千线K57处附件，隶属上海铁路局金华货运中心管辖。货场于2013年5月开工建设，2016年3月竣工，总投资4.27亿元，占地面积23.3公顷，设计年运输能力300万吨。货场设到发线5股、货物线3股、专用线2股，可承运成件怕湿货物、集装箱和笨重货物、散堆装货物和危险化学品货物，并能同时办理批量零散货物快运、整车、集装箱等到发业务。货场主要客户有农夫山泉股份有限公司、红狮控股集团有限公司建德分公司、建德矿业有限公司等，向全国发运饮用水、熟料、石料等货物。

【大慈岩景区开放30周年庆典】 2016年11月15日，大慈岩景区举行开放30周年庆典和新游客中心揭牌仪式，大慈岩—大新叶景区提升规划工作同时启动。大慈岩景区位于建德市大慈岩镇境内，1986年4月开放。景区以悬岩高位洞穴建筑、长谷溪流、天然立佛等景观以及佛教文化为特色，建有地藏王殿、梦樵亭、悬崖阁、洞穴茶室、杏香斋、石香亭、天栈云渡、玉华湖大坝、木雕牌楼、玉华湖悬索桥、双面弥勒大佛、天香悬廊等景点，景区森林覆盖率90%以上。景区30年累计接待游客460多万人次。新游客接待中心及停车场项目总用地面积1.83公顷，建筑面积2339.67平方米，主要建设内容有游客接待中心、餐厅及停车场等，新增停车位400多个。

【农夫山泉股份有限公司四期项目开工】 2016年8月19日，农夫山泉股份有限公司四期项目在新安江街道梅坪村奠基开工。项目占地面积28公顷，总投资超过10亿元，先期新建2条饮用天然水生产线及2条无菌饮料罐装生产线。整个项目建成后，可形成年新增110.5万吨各类饮料和饮用天然水的生产能力，实现年销售收入

11亿元。计划2018年9月建成并投入生产。（杨忠平）

临安市

【临安市概况】临安市辖5个街道、13个镇,有11个社区、287个行政村、14个居民区。户籍人口53.15万人,比上年末增加2089人。人口自然增长率3.8‰。2016年,全市生产总值518.76亿元,比上年增长8.5%。其中,第一产业增加值42.24亿元、第二产业增加值260.58亿元、第三产业增加值215.94亿元,分别增长2.9%、6.6%和12.3%。按户籍人口计算,人均生产总值97789元,增长8.4%。三次产业占比为8.2∶50.2∶41.6。电子商务、云计算大数据、物联网、互联网金融、"智慧物流"、数字内容("智慧文化创意")、软件与信息服务、电子信息产品制造、移动互联网、集成电路、信息安全和机器人等信息经济产业实现增加值70.74亿元,增长14.9%,占全市生产总值的14.0%。

农林牧渔业总产值61.66亿元,增长6.7%。其中:种植业(含坚果类)产值29.86亿元,增长8.8%;林业(不含坚果类)产值18.36亿元,增长1.5%;牧业产值11.63亿元,增长10.0%;渔业产值0.82亿元,增长7.0%;农业服务业产值0.99亿元,增长9.0%。八大主导产业总产值48.09亿元,占农业总产值的78.0%。其中,竹笋产值11.78亿元,增长7.3%;山核桃产值8.12亿元,增长15.4%;畜牧业产值11.26亿元,增长13.8%;蔬菜产值6.10亿元,增长15.2%;花卉园艺产值3.88亿元,增长6.5%;水果产值3.23亿元,增长4.1%;茶叶产值3.21亿元,下降5.9%;蚕桑产值0.50亿元,下降45%。粮食作物总产量5.45万吨,增长3.7%。新认定粮食生产功能区733.33公顷,新建现代农业产业提升示范园区4个。建成"菜篮子"基地16个,新建和提升"菜篮子"基地面积145.33公顷。完成杭州市中低产田改造项目10个、面积359.33公顷,新增补贴农机具4723台(套),建成设施农业133.33公顷。

规模以上工业企业602个,总产值693.16亿元,增长2.0%;销售产值683.01亿元,增长1.3%;利税总额69.96亿元,增长11.9%,其中利润总额43.49亿元,增长14.4%。规模以上工业企业新产品产值241.10亿元,下降3.2%,新产品产值率34.8%。规模以上高新技术产业销售产值407.34亿元,增长2.5%,占规模以上工业企业销售产值的59.6%。规模以上工业企业产销率98.5%。

固定资产投资265.97亿元,增长15.0%。其中:第一产业投资16.80亿元,增长150.3%;第二产业投资69.39亿元,增长18.9%;第三产业投资179.77亿元,增长8.2%。房地产开发投资75.69亿元,增长4.7%。房屋施工面积447.44万平方米,下降6.7%,其中年度新开工面积107.7万平方米,增长22.9%。竣工面积46.63万平方米,下降66.1%。全年商品房销售面积127.14万平方米,增长124.3%;商品房销售额106.36亿元,增长151.2%。全市有总承包和专业承包资格的建筑企业56个,产值86.60亿元,增长4.7%。全年建筑业增加值19.76亿元,增长4.1%。

社会消费品零售总额174.08亿元,增长10.1%。其中:城镇消费品零售额99.15亿元,增长9.9%;乡村消费品零售额74.93亿元,增长10.2%。分行业看,批发零售业零售额150.61亿元,增长9.4%;住宿餐饮业零售额23.47亿元,增长14.5%。

全市进出口总额22.30亿美元,增长6.1%,其中出口18.53亿美元,增长5.5%。节能灯出口4.22亿美元,增长4.7%;电线电缆出口3.03亿美元,下降2.2%;医药化工产品出口2.85亿美元,增长48.4%;装饰纸出口1.06亿美元,增长8.2%;无纺清洁产品出口0.95亿美元,下降0.5%;竹木制品出口0.20亿美元;其他产品出口2.27亿美元,增长7.9%。全年实际利用外资2.07亿美元,增长11.3%。实际到位内资77.50亿元,增长10.1%。

财政总收入64.79亿元,增长7.5%。其中地方一般公共预算收入37.34亿元,增长14.7%。一般公共预算支出60.17亿元,增长20.0%,其中用于民生支出42.09亿元,增长11.9%,占一般公共预算支出的72.2%。住房保障、城乡社区、科学技术支出分别增长52.9%、39.4%和20.5%。全市金融机构本外币存款余额568.36亿元,增长17.6%。本币存款余额556.34亿元,增长16.8%,其中居民储蓄267.12亿元,增长13.6%。本外币贷款余额436.94亿元,增长16.0%;本币贷款余额436.23亿元,增长16.5%。

旅游接待总人数1272.37万人次,旅游综合收入138.17亿元。旅游景点接待游客475.32万人次,增长5.7%,门票收入1.63亿元,下降1.2%。"农家乐"共接待游客275.07万人次,增长29.2%。经营总收入2.89亿元,增长18.1%,其中住宿收入1.95亿元,增长30.9%。

完成"三改"面积193万平方米。拆除各类违章建筑302处,共5.5万平方米。6条精品街共23千米改造完成,提升改造人行道22千米。完成强弱电"上改下"近60千米。新建"口袋公园"9个,启用港湾式公交停靠站。新建污水管网40千米,完成全市排水管网清淤工程110千米。打通六园街断头路,新增停车泊位2295个,投放公共自行车1000辆。青山湖科技城的狮山公园投入使用,城东新城钱锦大道、青山湖环湖绿道工程一期开放,锦南新城杭州医学院项目主体结顶,天目医药港完成规划编制。

全市用电量31.09亿千瓦小时,增长5.1%,其中城乡居民生活用电5.26亿千瓦小时,增长17.1%。市区自来水日供水能力10万立方米,供水量2851.9万立方米,其中居民家庭用水量1022.15万立方米。城区市政路面修复4.7万平方米,人行道修复3.4万平方米;道口改造34个,管道疏通71千米,清理窨井7608只,处理积水点21处;安装雨水井防护网1210只,更换窨井167套、井盖610块;养护桥梁22座。

4个出境断面水质达标率保持100%。市、镇、村三级污水处理项目获"中国人居环境范例奖"(治理污染专项)。淘汰落后产能企业37个,全市规模以上工业能源累计消费总量46.16万吨标准煤,下降17.3%。1000吨标准煤以上的重点用能企业减少到136个。八大高耗能行业万元增加值能耗下降8.6%。完成高污染燃料小锅炉淘汰或清洁能源替代674台。全年环境空气质量指数70.8,指数值下降13.3。空气优良天数312天,增加21天，优良率85.2%。

公路完成客运量539万人次，公路旅客周转量2.78亿人千米；公路货运量523万吨，公路货物周转量7.23亿吨千米。年末，高速公路里程104千米。固定电话用户11.25万户、移动电话用户83.89万户、互联网用户24.78万户。

新增国家重点支持高新技术企业15个，累计92个；新增杭州市高新技术企业22个、浙江省科技型企业90个；临安奥星电子股份有限公司等9个科技型企业在“新三板”上市，累计上市企业18个。新增省级重点企业研究院2个、一般企业研究院4个，新增浙江省级高新技术企业研发中心5个、杭州市级高新技术企业研发中心10个。盘活和建成孵化器面积40多万平方米，新增浙江省级科技企业孵化器1个，杭州市级科技企业孵化器1个，杭州市级众创空间1个。全年发明专利申请635件，增长43.3%；发明专利授权量197件，专利授权量下降7.1%。研究与开发经费占全市生产总值的2.3%。

全市有幼儿园76所，在园幼儿1.77万人；小学39所，在校学生2.97万人；初中18所，在校学生1.31万人；普通高中5所，在校学生0.72万人；职业高中2所（教育系统），在校学生0.36万人；特殊教育学校1所，在校学生90人。浙江农林大学在校学生2.22万人，毕业生7414人，教职员工1601人。

举办“2016钱王故里”新年音乐会、临安市“好家风”家庭褒奖礼暨“三美”临安村歌大赛、第八届临安市群众文艺调演等公益文化活动。开展“三进礼堂”文化下乡演出。组织送戏下乡等活动300多场，送电影下乡3351场，送书下乡3万多册。

全市拥有各类卫生医疗机构450个（其中市属医院7个），拥有床位2657张，卫生技术人员3824人，其中执业医师和执业助理医师1531人。人口计划生育率98.8%，免费婚前医学检查率92.8%，免费孕前优生检测率98%。

新增城镇就业岗位9851个，就业安置1783人，城镇登记失业率2.4%。全市城镇职工基本养老、基本医疗、工伤、失业、生育保险参保人数分别为22.30万人、19.04万人、15.86万人、10.34万人、9.56万人。

新增城乡社区居家养老服务照料中心58个，累计建成314个，实现全市行政村全覆盖。新增养老床位336张，政府购买居家养老服务受益老年人6968人。

城镇常住居民人均可支配收入44858元，增长8.8%；人均消费支出32068元，增长5.5%。农村常住居民人均可支配收入25849元，增长8.9%；人均消费支出18556元，增长3.5%。

【G20杭州峰会参会领导人肖像印入选峰会礼品】2016年9月，G20杭州峰会召开。由临安市国家级非物质文化遗产“鸡血石雕”传承人——钱高潮创作的G20杭州峰会各国政要肖像印作为国礼赠送给各参会领导人。该系列肖像印选材为昌化石，图案为各参会国家政要的肖像。印纽为狮子造型，采用圆雕、镂雕、浮雕、薄意等雕刻技艺创作神态不同的36头狮子雕像；基座采用玉琮形式，并在1厘米内雕刻20根线条，象征参会的20个成员。2015年11月，G20杭州国际峰会艺术指导委员会发出G20杭州峰会礼品纪念品征集函。钱高潮结合G20杭州峰会主题，选取昌化石雕刻各国政要肖像印章。经过半年的设计、修改及专家评审，钱高潮的方案被录用。2016年8月20日，钱高潮完成G20杭州峰会各国政要肖像印创作。

【G20杭州峰会碳中和项目落户临安】2016年8月22日，G20杭州峰会碳中和项目启动仪式在杭州低碳科技馆举行。该项目由中国绿色碳汇基金会、浙江省林业厅和杭州市政府共同组织实施，老牛基金会和万马联合控股集团有限公司共同捐资150万元。项目在临安市太湖源镇植树造林22.27公顷，计划用20年时间中和峰会期间交通、餐饮、住宿等活动所产生的碳排放。项目计划在2017年3～4月实施，种植红豆杉、银杏、光皮桦、浙江楠等树种。造林完成后，临安市负责后期抚育管理工作，保证造林质量和成活率，并树立永久性纪念碑。该项目入选中国绿色碳汇十大事件。

【G20杭州峰会蔬菜保障供应】2016年4月19日，临安市接到承担G20杭州峰会蔬菜保障供应的任务。市林业局（农业局）成立蔬菜技术小组，制订基地建设制度和产品“一品一方案”，选择省、市农科院的“小椒”“杭茄2010”“碧翠19号”“钱塘旭日”等8类、11个蔬菜品种。选定临安市浪源高山蔬菜专业合作社、临安市上溪慧琴蔬菜专业合作社、临安市照亮蔬菜专业合作社、临安市清凉峰绿源蔬菜专业合作社、临安市金梓家庭农场作为保障供应生产基地，总面积17.59公顷。G20杭州峰会召开期间，各基地配送峰会茄子、樱桃番茄、大番茄、小尖椒、水果黄瓜、普通黄瓜、黄金南瓜、黄秋葵8个品种，共37批次、17.45吨。临安市浪源高山蔬菜专业合作社、临安市清凉峰绿源蔬菜专业合作社、临安上溪慧琴蔬菜专业合作社、临安市照亮蔬菜专业合作社、临安金梓家庭农场被国际峰会杭州市筹备工作领导小组评为“G20杭州峰会食材供应企业”。

【中电海康磁旋存储芯片研发项目签约】2016年11月3日，临安市政府与中电海康集团有限公司举行存储芯片项目签约仪式，标志着中电海康磁旋存储芯片研发及中试基地项目落户青山湖科技城。该项目位于青山湖科技城核心区，由中电海康集团有限公司投资13亿元，占地面积3.33公顷，计划2017年9月投入使用。磁旋存储芯片（MRAM）是一种新型高端存储器，具有纳秒级读写速度、极高重写次数、掉电数据不丢失、能耗低及抗辐射、抗恶劣环境能力强等特点。磁旋存储技术在物联网、医疗卫生、工业自动化控制与车载电子、存储器和服务器及核心路由器、移动终端等领域有广泛的市场和发展前景。

【华立城西智能硬件制造基地奠基仪式】2016年10月18日，华立城西智能硬件制造基地奠基仪式在青山湖科技城横畈工业区举行。2015年，华立集团股份有限公司启动智能制造重点项目。2016年9月，该公司与西

浙江赛诺生态农业有限公司湖羊规模化养殖场　(临安市志办 供稿)

门子(中国)有限公司达成智能制造战略合作协议。华立城西智能硬件制造基地是华立集团智能制造首个落地工程,也是工业与信息化部首批智能制造专项项目。该基地占地面积3.3公顷,总投资13亿元。基地以70%的软件和30%的硬件打造智能制造体系,延伸出独立的代工生产业务模式和原始设计商业务模式,满足杭州城西科创大走廊中"轻资产、无生产线"运作的高新技术企业智能硬件需求,实现智能体系的可扩张、可复制、可持续。

【浙江赛诺生态农业公司入选国家肉羊核心育种场】 2016年12月22日,农业部公布第一批国家肉羊核心育种场名单,共6个企业入选,浙江赛诺生态农业有限公司成为其中之一。评审活动由全国肉羊遗传改良计划工作领导小组办公室组织,旨在加强区域内国家肉羊核心育种场的监管和指导,发挥肉羊核心育种场的示范带动作用,健全肉羊育种体系,提升肉羊良种化水平。浙江赛诺生态农业有限公司创建于2011年,以建设湖羊良种繁育及保种为目标。公司农场位于於潜镇逸逸村,占地面积33.33公顷,有湖羊4000多头,年出栏1000多头。

【东方园林项目签约】 2016年8月9日,东方园林产业集团与临安市政府签署"临安市全域旅游及体育投资运营"合作框架协议,启动60亿元战略合作。根据协议,双方在"全域旅游投资运营""城市文化及品牌宣传推广""景区投资建设运营""体育项目投资建设运营""重大体育赛事组织""产业招商运作"等方面开展合作。首批项目重点打造临安清凉峰国家山地公园项目,以山地旅游公路串联沿途景区,让游客感受峡谷、瀑布、天池等自然风光,体验浙西民居、昌化鸡血石等人文风情,参与骑行、攀岩、漂流等休闲运动。

【杭州电子科技大学信息工程学院青山湖校区开学】 2016年10月8日,杭州电子科技大学信息工程学院青山湖校区(简称"杭电信工学院")开学,首批4000多名学生入驻,分别就读电子信息、经济管理、艺术设计等5大类、26个专业。10月10日,杭电信工学院青山湖校区举行开学典礼。杭州电子科技大学信息工程学院是由杭州电子科技大学举办并经教育部确认的独立学院。2012年,该学院青山湖校区项目签约,一期工程建设用地33.33公顷,总建筑面积17万平方米,总投资8亿元。2013年,青山湖校区举行奠基仪式。青山湖校区以电子信息和经济管理类等专业为主,增设机械制造、自动设计、软件工程等与青山湖科技城发展相匹配的学科和专业。

【浙江省"好家风"建设推进会在临安举行】 2016年6月13~14日,浙江省"好家风"建设推进会在临安市举行。会议交流总结近年来全省"好家风"建设的经验做法,部署下一阶段全省"好家风"建设工作,推动社会主义核心价值观建设。13日,与会人员参观衣锦小学家风德育馆、2016年中国临安第八届"百笋宴"大赛获奖作品展、锦北街道泥川村家训文化长廊、太湖源镇指南村家风馆等。14日,临安市、天台县等6个地区的代表在会上做"好家风"建设经验交流发言。临安市"好家风"建设的内容被选入中共中央宣传部《宣传工作创新百例》和中共中央宣传部新闻局组织的深化"基层工作加强年"工作经验集中宣传。中央电视台《新闻联播》《焦点访谈》节目和《人民日报》等媒体进行专题报道。　(许锦光)

责任编辑　秦文蔚

统计表

杭州市土地面积、年末户数和人口变动情况（2016年）

表88

指标名称	计量单位	全　市	为上年(%)	市　区	为上年(%)
一、土地面积	平方千米	16 596	100	4 876	100
二、年末总户数(户籍)	万户	229.57	101.7	164.22	102.3
三、年末总人口数(户籍)	万人	736.00	101.7	544.68	102.2
按性别分					
男性	万人	366.47	101.6	270.31	102.1
女性	万人	369.53	101.8	274.37	102.3
按城镇、乡村分					
城镇人口	万人	469.36	—	408.20	—
乡村人口	万人	266.64	—	136.48	—
四、人口密度(按户籍)	人/平方千米	443	101.6	1117	102.2
五、人口自然变动情况					
自然增长人口	人	55 282	182.5	47 883	166.4
本年出生人数	人	90 896	128.7	71 427	129.2
本年死亡人数	人	35 614	88.3	23 544	88.9
自然增长率					
本年	‰	7.58	—	8.89	—
上年	‰	4.21	—	5.44	—
六、人口机械变动情况					
(一)本年迁入人口	人	99 631	111.7	92 400	114.6
省内	人	37 077	112.6	34 862	116.1
省外	人	62 554	111.2	57 538	113.7
(二)本年迁出人口	人	29 542	76.9	21 400	71.8
省内	人	13 053	75.6	7 132	64.5
省外	人	16 489	78.1	14 268	76
(三)本年净迁入人口	人	70 089	138.0	71 000	139.7
七、年末常住人口	万人	918.8	101.9	737.99	102.3

杭州市国民经济主要指标(一)

表89

指标名称	计量单位	2011年	2012年	2013年	2014年	2015年	2016年
年末总人口(户籍)	万人	695.71	700.52	706.18	715.76	723.55	736.00
城镇人口(户籍)	万人	376.03	384.09	393.88	404.27	447.24	469.36
人口自然增长率	‰	4.64	3.95	4.73	6.94	4.21	7.58
市区	‰	5.74	5.56	5.97	8.13	5.44	8.89
年末从业人数	万人	637.77	644.43	650.51	654.92	663.03	676.95
地区生产总值(当年价格)	亿元	7 019.06	7 802.01	8 343.52	9 206.16	10 050.21	11 313.72
第一产业	亿元	236.77	255.11	265.42	274.35	287.95	304.21
第二产业	亿元	3 323.79	3 572.63	3 661.98	3 845.58	3 909.01	4 120.93
第三产业	亿元	3 458.50	3 974.27	4 416.12	5 086.24	5 853.25	6 885.59
地区生产总值指数(以1978年为100)	—	7 004.31	7 634.70	8 245.48	8 921.61	9 831.61	10 775.40
人均生产总值(按户籍)	元	101 370	111 758	118 589	12 9448	139 653	155 030
人均生产总值指数(以1978年为100)	—	5 081.80	5 493.43	5 883.46	6 295.30	6 852.82	7 407.90
规模以上工业企业利税总额	亿元	1 330.48	1 339.94	1 450.55	1 538.07	1 559.68	1 655.64
全社会交通运输客运量	万人次	34 778	35 819	36 409	24 070	23 942	20 541
全社会交通运输货运量	万吨	28 831	30 089	30 734	29 335	29 384	30 170
固定资产投资	亿元	3 100.02	3 722.75	4 263.87	4 952.70	5 556.32	5 842.42
社会消费品零售总额	亿元	2 548.36	2 944.63	3 531.17	4 201.46	4 697.23	5 176.20
接待境外旅游者人数	万人次	306.31	331.12	316.01	326.13	341.56	363.23
实际利用外资(外商直接投资)	万美元	472 230	496 061	527 633	633 460	711 253	720 915

说明:2015年前城镇人口口径为非农业人口,2016年研究与开发支出计入地区生产总值

杭州市国民经济主要指标(二)

表90

指标名称	计量单位	2011年	2012年	2013年	2014年	2015年	2016年
财政总收入	亿元	1 488.92	1 627.89	1 734.98	1 920.11	2 238.75	2 558.41
一般公共预算收入	亿元	747.50	786.28	855.74	1 027.32	1 233.88	1 402.38
金融机构年末存款余额	亿元	18 396.57	20 148.77	22 174.71	24 450.51	29 863.83	33 386.04
金融机构年末贷款余额	亿元	16 573.74	18 090.9	19 350.46	21 316.83	23 327.95	26 169.00
住户存款	亿元	5 547.48	6 089.98	6 408.59	6 767.2	7 617.75	8 493.27
全市非私营单位从业人员工资总额	亿元	1 122.28	1 483.9	1 758.23	1 982.27	2 152.40	2 417.60
全市非私营单位从业人员平均工资	元	54 408	56 417	63 664	69 209	76 073	85 022
市区居民消费价格指数(以1978年为100)	—	734.99	753.36	772.19	787.63	801.82	822.67
市区商品零售价格指数(以1978年为100)	—	549.94	560.39	568.80	573.35	574.50	583.12
全市城镇常住居民年人均可支配收入	元	34 065	37 511	39 310	44 632	48 316	52 185
农村居民年人均可支配收入	元	15 245	17 017	18 923	23 555	25 719	27 908
高等学校在校学生数	人	446 721	459 181	471 820	474 652	475 558	480 953
中等专业学校在校学生数	人	4 100	3 909	3 656	3 974	3 968	4 402
普通中学在校学生数	人	340 634	331 353	327 346	324 414	321 306	326 187
小学在校学生数	人	465 289	472 613	483 489	502 688	524 513	543 038
年末卫生机构数	个	2 958	3 017	4 139	4 198	4 428	4 691
医院	个	167	198	208	218	244	277
年末卫生技术人员	人	65 869	71 618	78 340	85 614	93 036	101 194
执业(助理)医师	人	25 773	27 369	29 686	31 977	34 832	38 172
年末床位数	张	45 291	49 471	52 056	55 779	63 632	69 452
医院床位	张	39 363	44 019	46 636	50 805	58 400	63 994

说明:2015年前住户存款口径为城乡居民储蓄余额

杭州市历年生产总值及发展指数

表91

年份	地区生产总值(万元)				地区生产总值发展指数(%)			
	合　计	第一产业	第二产业	第三产业	合　计	第一产业	第二产业	第三产业
1978	284 046	63 372	169 344	51 330	100	100	100	100
1992	2 900 690	349 033	1 487 838	1 063 819	540.48	161.61	637.53	814.80
1995	7 620 055	692 510	4 100 008	2 827 537	1 064.82	198.15	1 434.56	1 445.06
1996	9 066 133	839 985	4 776 225	3 449 923	1 203.25	208.85	1 644.01	1 621.36
1997	10 363 299	913 611	5 415 017	4 034 671	1 360.88	223.05	1 852.80	1 861.32
1998	11 348 899	960 558	5 879 589	4 508 752	1 513.30	244.02	2 071.43	2 060.48
1999	12 252 795	975 821	6 307 510	4 969 464	1 667.66	257.44	2 280.64	2 287.13
2000	13 825 616	1 039 641	7 093 233	5 692 742	1 867.78	272.11	2 565.72	2 563.87
2001	15 680 138	1 114 569	7 935 809	6 629 760	2 095.65	292.25	2 891.60	2 884.40
2002	17 818 302	1 146 388	9 018 225	7 653 689	2 372.28	304.23	3 276.18	3 308.41
2003	20 997 744	1 265 890	10 757 812	8 974 042	2 732.87	322.48	3 885.55	3 725.27
2004	25 431 796	1 322 341	13 182 254	10 927 201	3 142.80	338.93	4 534.44	4 257.98
2005	29 438 430	1 482 145	14 943 581	13 012 704	3 551.36	350.45	5 037.76	4 956.29
2006	34 434 972	1 548 594	17 283 905	15 602 473	4 059.54	364.71	5 672.80	5 820.31
2007	41 040 117	1 634 719	20 458 811	18 946 588	4 651.74	372.78	6 483.45	6 761.14
2008	47 889 748	1 798 300	23 725 807	22 365 641	5 165.17	386.73	7 062.80	7 705.13
2009	50 875 529	1 905 093	23 871 200	25 099 237	5 680.15	398.74	7 521.81	8 799.61
2010	59 491 687	2 084 144	28 440 693	28 966 850	6 361.77	408.71	8 462.04	9 881.96
2011	70 190 579	2 367 708	33 237 887	34 584 984	7 004.31	418.93	9 291.32	10 968.98
2012	78 020 058	2 551 127	35 726 276	39 742 655	7 634.70	429.4	9 978.88	12 164.60
2013	83 435 193	2 654 154	36 619 817	44 161 222	8 245.48	435.84	10 717.32	13 259.41
2014	92 061 634	2 743 492	38 455 759	50 862 382	8 921.61	443.25	11 220.43	14 777.07
2015	100 502 079	2 879 492	39 090 099	58 532 488	9 831.61	450.79	11 837.55	16 934.52
2016	113 137 223	3 042 063	41 209 307	68 885 853	10 775.44	458.90	12 370.24	19 220.68

说明:地区生产总值发展指数以1978年为100,按可比价格计算;地区生产总值按当年价格计算

杭州市区和各区县(市)土地、人口情况及主要经济指标
(2016年)

表92

指标名称	计量单位	全市合计	市　区	萧山区	余杭区	富阳区	桐庐县	淳安县	建德市	临安市
土地面积	平方千米	16 596	4 876	1 163	1 222	1 808	1 780	4 452	2 364	3 124
年末总户数(户籍)	万户	229.6	164.22	37.6	27.4	21.5	14.8	14.7	17.2	18.7
年末总人口(户籍)	万人	736.0	544.68	127.6	98.5	67.2	41.1	46.1	51.0	53.2
人口自然增长率	‰	7.58	8.89	7.27	10.63	5.11	4.24	3.98	3.56	3.80
粮食总产量	万吨	63.60	36.48	12.79	11.24	11.96	5.45	7.34	8.88	5.45
地区生产总值	亿元	11 313.72	9 835.48	1 954.18	1 447.84	712.65	373.40	235.65	350.43	518.76
固定资产投资	亿元	5 842.42	4 957.27	1 078.32	1 040.32	404.39	253.50	160.36	205.32	265.97
社会消费品零售总额	亿元	5 176.20	4 658.12	635.04	433.16	222.45	147.84	80.90	115.26	174.08
财政总收入	亿元	2 558.41	2 384.42	345.99	400.03	97.17	43.04	27.29	38.87	64.79
一般公共预算支出	亿元	1 404.31	1 201.94	204.55	221.50	66.16	40.94	60.07	41.19	60.17
非私营单位就业人员工资总额	亿元	2 417.60	2 261.73	336.42	235.36	82.29	34.33	29.06	31.66	60.82
非私营单位就业人员平均工资	元	85 022	85 767	68 039	95 860	70 274	75 802	80 686	74 814	73 448

杭州市规模以上工业企业单位数、总产值
（2016年）

表93

类　别	全　市		市　区	
	单位数(个)	工业总产值(亿元)	单位数(个)	工业总产值(亿元)
规模以上工业企业合计	**5 684**	**12 421**	**4 235**	**10 569**
一、按轻重工业分				
轻工业企业	2 743	4 694	2 743	3 933
重工业企业	2 941	7 727	2 941	6 636
二、按经济类型分				
国有企业	15	553	11	506
集体企业	4	1.23	2	0.66
股份合作企业	7	5.12	7	5.12
联营企业	1	0.49	1	0.49
私营企业	3 554	3 603	2 492	2 661
有限责任公司	937	3 780	722	3 379
股份有限公司	219	1 194	169	917
外商及中国港澳台投资企业	946	3 283	831	3 100
其他企业	1	0.42	1	0.42
三、按企业规模分				
大型企业	128	3 651	115	3 357
中型企业	641	3 502	556	3 005
小微企业	4 885	4 911	3 557	3 867

说明：规模以上工业企业口径为企业年主营业务收入2000万元及以上

杭州市规模以上工业企业主要经济指标
（2016年）

表94

项　目	总　计	国有企业	集体企业	股份合作制企业	有限责任公司	股份有限公司	私营企业	外商及中国港澳台投资企业
企业数(个)	5 684	15	4	7	937	219	3 554	946
亏损企业数(个)	831	0	0	1	144	30	465	191
工业总产值(万元)	124 209 589	5 534 102	12 292	46 853	37 802 068	11 944 766	36 032 209	32 828 231
主营业务收入(万元)	123 675 449	5 543 915	12 280	51 169	37 455 031	12 581 516	35 373 341	32 649 228
主营业务税金及附加(万元)	2 834 976	14 749	207	275	2 351 142	73 092	191 382	204 106
销售费用(万元)	6 003 286	1 843	369	774	1 412 661	849 575	1 015 362	2 722 611
管理费用(万元)	7 570 830	61 026	488	4 557	1 953 103	1 129 037	1 879 465	2 542 902
财务费用(万元)	1 240 878	6 637	121	1 599	372 824	111 388	527 484	220 756
利润总额(万元)	9 460 607	132 423	731	2 151	2 704 327	1 319 431	1 824 197	3 477 063
利税总额(万元)	16 556 419	288 998	1 202	4 246	6 352 771	1 832 773	3 061 576	5 014 370
流动资产合计(万元)	85 029 167	174 366	12 287	64 339	24 685 528	13 386 117	22 522 599	24 181 051
固定资产合计(万元)	30 412 722	2 724 159	933	6 562	9 504 365	3 256 185	7 395 739	7 523 748
累计折旧(万元)	24 018 492	29 46 537	2 430	8 445	6 743 656	2 392 387	5 412 193	6 512 192

杭州市主要工业产品生产量
（2016年）

表95

产品名称	计量单位	实　绩	为上年（%）
发电量	亿千瓦小时	179.10	97.7
罐头	万吨	59 596.80	91.7
乳制品	吨	153 345.91	104.4
啤酒	千升	932 732.72	95.9
软饮料	万吨	735.48	112.7
精制茶	吨	29 348.04	91.9
卷烟	亿支	583.12	96.8
方便面	吨	283 011.96	107.4
化学纤维	吨	6 231 481.60	99.4
合成纤维	吨	6 109 893.63	99.8
纱	万吨	61.40	94.3
布	万米	381 004.07	97.0
印染布	万米	628 520.03	106.2
蚕丝及交织机织物（含蚕丝≥50%）	万米	1 913.42	85.1
服装	万件	35 363.68	94.8
皮革鞋靴	万双	1 256.76	85.1
家具	万件	3 307.55	95.0
塑料制品	吨	1 372 698.33	101.9
机制纸及纸板	万吨	636.02	102.9
盐酸（含量31%以上）	吨	134 972.00	122.4
氢氧化钠（烧碱）（折100%）	吨	194 072.00	103.9
碳酸钠（纯碱）	吨	307 085.00	104.7
初级形态的塑料（塑料树脂及共聚物）	吨	340 416.16	119.9
合成氨	吨	210 097.00	102.8
农用氮、磷、钾化学肥料总计（折纯）	吨	95 728.00	104.1
化学农药原药（折有效成分100%）	吨	105 453.87	100.9
涂料（油漆）	吨	162 095.53	83.6
合成洗涤剂	吨	134 489.00	93.6
化学药品原药（化学原料药）	吨	11 122.07	101.7
中成药	吨	17 774.86	107.9
橡胶轮胎外胎	万条	5 602.45	116.9
水泥	万吨	1 609.45	89.5
铁合金	万吨	4.70	92.8
钢材	万吨	442.48	100.7
精炼铜（电解铜）	吨	253 084.73	106.4
工业锅炉	蒸发量吨	7 969.53	102.1
金属切削机床	台	37 680.00	89.6
金属成形机床（锻压设备）	台	5 892.00	71.8
泵	万台	89.87	111.6
滚动轴承	万套	13 028.58	102.4
汽车	辆	91 127.00	64.6
叉车	台	71 742.00	117.8
两轮自行车	万辆	170.75	82.4
交流电动机	万千瓦	119.30	123.5
钢绞线	吨	71 764.69	136.7
通信及电子网络用电缆	万对千米	471.16	98.2
光缆（光纤通信电缆）	万芯千米	3 913.63	112.0
家用电冰箱	万台	111.20	106.5
家用洗衣机	万台	298.49	95.8
吸排油烟机	万台	303.49	112.1
移动通信手持机	万部	714.55	132.2
电工仪器仪表	万台	3 126.38	111.8
工业自动调节仪表与控制系统	万台	165.68	106.0
电光源（灯泡）	亿只	7.35	102.9
彩色电视机	万台	0.55	8.8
微型计算机设备	万台	132.44	99.4

杭州市农林牧渔业总产值
（2016年）

表96

指　标	2016年（亿元）	2015年（亿元）	为上年（%）
农林牧渔业总产值	**467.30**	**440.41**	**106.1**
农业产值	271.53	252.42	107.6
林业产值	53.19	49.81	106.8
牧业产值	85.74	80.70	106.2
渔业产值	43.52	45.23	96.2

说明：农林牧渔业总产值包括农林牧渔业服务业产值

杭州市主要农产品产量
（2016年）

表97

指标名称	2016年（吨）	2015年（吨）	为上年（%）
粮食	635 975	633 820	100.3
谷物	514 767	517 941	99.4
豆类	60 748	57 830	105.0
薯类	60 460	58 050	104.2
油料	69 706	78 264	89.1
油菜籽	57 515	66 227	86.8
棉花（皮棉）	599	705	85.0
麻类	15	21	71.4
蔬菜	3 353 377	3 188 439	105.2
蚕茧	8 146	10 426	78.1
茶叶	28 150	28 139	100.0
水果	764 081	789 563	96.8
柑橘	154 580	197 791	78.2
梨	63 766	60 751	105.0
桃	73 171	70 037	104.5
葡萄	25 374	22 799	111.3
肉类	262 696	278 409	94.4
猪肉	211 752	223 743	94.6
禽蛋	103 768	113 996	91.0
鲜牛奶	28 648	34 176	83.8
淡水产品	173 447	178 880	97.0

杭州市外商直接投资情况
(2016年)

表98

指　标	计量单位	实　绩	为上年(%)
项目个数	个	462	97.3
总投资额	万美元	1 503 411	91.1
合同外资	万美元	847 841	81.7
实际利用外资	万美元	720 915	101.4

杭州市进出口情况
(2016年)

表99

指　标	2016年(亿美元)	2015年(亿美元)	为上年(%)
全市进出口总值(海关口径)	**679.92**	**665.66**	**102.1**
一、出口总额	502.59	500.67	100.4
1.国有企业	64.30	76.23	84.3
2.三资企业	108.27	124.78	86.8
(1)中外合作企业	0.63	0.61	103.3
(2)中外合资企业	51.25	59.77	85.7
(3)外商独资企业	56.39	64.40	87.6
3.集体企业	16.53	18.49	89.4
4.私营企业	312.17	280.75	111.2
二、进口总额	177.34	165.00	107.5

杭州市环境保护情况
(2016年)

表100

指标名称	全　市	市　区
工业废水排放量(万立方米)	28 382.00	25 237.46
工业废水中化学需氧量排放量(吨)	17 571.02	15 648.60
工业废水中氨氮排放量(吨)	764.61	666.74
工业二氧化硫产生量(吨)	114 893.96	99 281.72
工业二氧化硫排放量(吨)	39 499.12	28 697.30
工业氮氧化物排放量(吨)	42 211.25	27 508.74
工业烟(粉)尘产生量(吨)	3 987 001	1 740 396
工业烟(粉)尘排放量(吨)	20 234.98	11 638.49
一般工业固体废物综合利用率(%)	85.12	86.08
城市污水集中处理率(%)	94.5	95.1
城市生活垃圾无害化处理率(%)	100	100
空气质量达标(AQI<100)天数(天)	—	260
集中式饮用水源地水质达标率(%)	100	—
化学需氧量削减率(%)	35.75	18.98
氨氮削减率(%)	20.53	9.90
二氧化硫削减率(%)	37.48	39.78
氮氧化物削减率(不含机动车)(%)	24.51	29.07

杭州市区城市公用事业情况
（2016年）

表101

指　标	计量单位	数　值	指　标	计量单位	数　值
一、城市公共交通			四、城市供气		
年末公交运营线路条数	条	916	城市液化气供气总量	万吨	13.14
年末公交运营线路总长度	千米	13 866	家庭用气总量	万吨	5.90
年末运营公共汽(电)车	辆	9 534	天然气		
公交客运总量	万人次	141 441	家庭用气总量	万立方米	21 878
年末轨道交通运营长度	千米	81.5	家庭用气户数	万户	139.03
轨道交通客运总量	万人次	26 877	全社会气化率	%	100
二、城市供电			五、园林绿化		
全年用电总量	亿千瓦小时	679.29	园林绿地面积	公顷	20 118
工业用电	亿千瓦小时	401.55	公共绿地	公顷	8 118
生活用电	亿千瓦小时	107.30	建成区绿化覆盖率	%	40.7
三、城市自来水供应			公园景点个数	个	222
总售水量	万立方米	55 566	公园景点面积	公顷	2 754
平均日供水	万立方米	178	六、市政建设		
供水能力	万立方米/日	384	年末实有道路面积	万平方米	6 932
供水总量	万立方米	65 087	年末实有道路长度	千米	3 075
生产用水	万立方米	14 161	年末实有桥梁数	座	1 353
生活用水	万立方米	25 078	年末排水管道长度	千米	5 944
用水普及率	%	100	城市污水排放量	万立方米	57 916

杭州市固定资产投资
（2016年）

表102

项目	2016年（亿元）	2015年（亿元）	为上年（%）
固定资产投资	5 842.42	5 556.32	105.1
第一产业	39.36	31.47	125.1
第二产业	886.90	931.78	95.2
第三产业	4 916.16	4 593.07	107.0

杭州市金融机构年末本外币存贷款余额
（2016年）

表103

指标	全市		市区			
	绝对值(万元)	为上年(%)	小计(万元)	萧山区	余杭区	富阳区
一、各项存款	333 860 429	111.79	317 723 682	35 345 696	23 110 968	9 335 808
(一)境内存款	332 544 482	111.66	316 425 746	35 276 763	23 092 559	9 332 266
1.住户存款	84 932 733	111.49	76 306 727	14 507 660	9 953 559	4 119 760
(1)活期存款	37 034 570	120.79	33 438 529	5 159 856	3 486 606	1 732 573
(2)定期及其他存款	47 898 163	105.23	42 868 198	9 347 804	6 466 953	2 387 187
2.非金融企业存款	144 762 855	110.33	140 072 010	14 561 297	7 719 586	3 940 425
(1)活期存款	50 053 129	120.71	47 465 055	5 576 394	3 491 664	1 495 313
(2)定期及其他存款	94 709 726	105.54	92 606 955	8 984 903	4 227 922	2 445 112
3.广义政府存款	57 904 505	123.40	55 165 862	5 761 806	5 380 837	1 194 537
(1)财政性存款	5 171 743	85.64	5 051 350	458 838	985 623	81 285
(2)机关团体存款	52 732 762	128.97	50 114 513	5 302 968	4 395 214	1 113 252
4.非银行业金融机构存款	44 944 388	103.29	44 881 146	446 000	38 577	77 543
(二)境外存款	1 315 947	161.73	1 297 936	68 933	18 409	3 542
二、各项贷款	261 689 982	112.18	249 684 325	30 131 901	15 490 552	10 656 871
(一)境内贷款	259 440 758	112.25	247 435 277	30 128 246	15 489 020	10 656 871
1.住户贷款	78 007 685	133.13	72 289 068	7 481 841	5 689 438	3 295 446
(1)短期贷款	19 993 614	106.63	17 985 236	2 349 333	1 527 805	1 163 771
(2)中长期贷款	58 014 071	145.60	54 303 831	5 132 508	4 161 633	2 131 675
2.非金融企业及机关团体贷款	181 249 670	105.12	174 962 807	22 646 405	9 799 582	7 361 426
(1)短期贷款	73 976 328	100.84	70 755 162	14 968 239	4 494 878	4 927 614
(2)中长期贷款	82 192 307	104.24	79 285 213	6 596 748	4 385 447	2 078 956
(3)票据融资	16 789 851	128.04	16 638 382	1 000 222	896 046	316 418
(4)融资租赁	7 833 919	118.06	7 833 919	—	—	—
(5)各项垫款	457 266	99.48	450 132	81 197	23 211	38 437
3.非银行业金融机构贷款	183 403	147.49	183 403	—	—	—
(二)境外贷款	2 249 224	105.00	2 249 047	3 655	1 531	—

杭州市城镇常住居民家庭调查情况

表104

项　目	计量单位	2010年	2011年	2012年	2013年	2014年	2015年	2016年
调查户数	户	600	600	600	1 920	1 920	1 920	1 920
平均每户人口	人	2.7	2.71	2.69	2.79	2.79	2.79	2.80
平均每户就业人数	人	1.25	1.32	1.31	1.51	1.53	1.48	1.49
年人均可支配收入	元	30 035	34 065	37 511	40 925	44 632	48 316	52 185
年人均消费性支出	元	20 219	22 642	22 800	30 659	32 165	33 818	35 686
人均住房建筑面积	平方米	30.9	33.7	34.4	34.9	35.1	35.5	35.8

说明:2010～2012年为包括萧山区和余杭区在内的市区数据;2013～2016年为所有区县(市)城乡一体化改革后新口径数据

杭州市区城镇居民家庭每百户平均耐用消费品拥有量

表105

项　目	计量单位	2010年	2011年	2012年	2013年	2014年	2015年	2016年
摩托车	辆	4.51	4.12	4.02	3.48	6.8	5.4	5.0
助力电动车	辆	42.37	45.95	48.17	50.87	—	—	—
家用汽车	辆	22.83	31.24	34.31	42.14	45.4	48.7	52.3
微波炉	台	78.76	73.53	74.09	64.07	—	—	—
固定电话	部	89.62	84.71	83.62	54.03	54.2	50.7	47.3
移动电话	部	193.59	211	213.08	212.30	227.9	229.9	242.1
淋浴热水器	台	99.43	103.44	105.36	93.86	93.7	95.5	101.4
洗衣机	台	96.23	96.26	96.59	85.87	86.8	86.9	92.6
电冰箱	台	102.28	102.5	102.49	89.47	92.3	92.2	97.6
计算机	台	99.02	109.7	112.2	112.04	110.6	110.1	112.0
彩色电视机	台	179.19	176.88	178.42	161.93	174.0	174.1	183.1
组合音响	套	30	25.48	25.91	15.20	—	—	—
摄像机	架	11.09	11.59	12.35	12.01	10.5	10.5	10.3
照相机	架	54.76	62.07	63.48	57.71	54.4	51.5	48.4
空调器	台	214.61	212.03	214.71	195.79	201.5	207.3	226.6

说明:2010～2012年为包括萧山区和余杭区在内的市区数据;2013～2016年为所有区县(市)城乡一体化改革后新口径数据

杭州市城镇常住居民家庭人均消费支出

表106 单位:元

项　目	2015年	2016年
人均消费支出	**33 818**	**35 686**
食品烟酒	9 171	9 945
衣着	2 157	2 302
生活用品及服务	1 622	1 841
医疗保健	2 002	2 143
交通通信	5 707	5 050
教育文化娱乐	3 141	3 815
居住	9 111	9 685
其他用品和服务	907	905

杭州市农村常住居民家庭调查情况

表107

项　目	计量单位	2010年	2011年	2012年	2013年	2014年	2015年	2016年
调查户数	户	1 100	1 100	1 100	1 280	1 280	1280	1 280
平均每户人口	人	3.58	3.46	3.45	3.38	3.35	3.36	3.38
平均每户劳动力	人	2.59	2.49	2.5	2.03	2.05	2.02	2.03
年人均可支配收入	元	13 186	15 245	17 017	21 208	23 555	25 719	27 908
年人均消费支出	元	10 267	12 125	13 612	16 021	17 816	19 334	20 563
人均住房建筑面积	平方米	71.22	72.5	71.0	66.9	67.9	68.8	69.9

说明:2012年及以前的收入为纯收入,2013年以后为城乡一体化改革后新口径数据

杭州市农村常住居民家庭人均消费支出

表108 单位:元

项　目	2015年	2016年
人均消费支出	**19 334**	**20 563**
食品烟酒	5 358	5 957
衣着	1 157	1 228
生活用品及服务	1 008	1 062
医疗保健	1 055	1 163
交通通信	3 904	3 735
教育文化娱乐	1 507	1 762
居住	4 990	5 297
其他用品和服务	355	359

杭州市区居民消费价格指数
（2016年）

表109

项　目	指　数	项　目	指　数
居民消费价格总指数	102.6	5.鞋类	97.8
一、食品烟酒	106.0	三、居住	102.2
1.食品	106.2	1.租赁房房租	101.9
（1）粮食	100.5	2.住房保养维修及管理	103.0
（2）薯类	103.8	3.水电燃料	101.5
（3）豆类	98.9	4.自有住房	102.2
（4）食用油	98.9	四、生活用品及服务	99.6
（5）菜	115.4	1.家具及室内装饰品	99.8
（6）畜肉类	113.5	2.家用器具	98.4
（7）禽肉类	103.5	3.家用纺织品	95.3
（8）水产品	105.4	4.家庭日用杂品	99.8
（9）蛋类	97.4	5.个人护理用品	101.6
（10）奶类	100.3	6.家庭服务	103.9
（11）干鲜瓜果类	100.9	五、交通和通信	99.0
（12）糖果糕点类	103.2	1.交通	99.6
（13）调味品	104.3	2.通信	97.7
（14）其他食品类	100.6	六、教育文化和娱乐	103.7
2.茶及饮料	101.0	1.教育	106.9
3.烟酒	103.2	2.文化娱乐	100.0
4.在外餐饮	106.9	七、医疗保健	100.8
二、衣着	100.3	1.药品及医疗器具	102.1
1.服装	100.8	2.医疗服务	100.0
2.服装材料	104.3	八、其他用品和服务	102.7
3.其他衣着及配件	99.7	1.其他用品类	106.1
4.衣着加工服务费	107.0	2.其他服务类	100.5

说明：价格指数以上年为100

杭州市社会保障情况
（2016年）

表110 单位：人

地　区	职工基本养老保险参保人数	职工基本医疗保险参保人数	工伤保险参保人数	生育保险参保人数	失业保险参保人数
全市	5 759 791	5 293 163	4 284 143	3 493 291	3 741 601
市区	5 069 152	4 728 878	3 829 159	3 190 115	3 443 279
萧山区	933 292	763 712	483 811	476 822	482 114
余杭区	721 590	615 763	539 315	420 402	429 830
富阳区	399 701	284 081	278 449	173 577	192 040
桐庐县	168 732	148 221	123 885	87 542	68 839
淳安县	97 163	97 313	88 375	46 242	48 835
建德市	180 295	128 315	84 122	73 756	76 824
临安市	244 449	190 436	158 602	95 636	103 824

杭州市主要经济指标在全国15个副省级城市中的位次
（2016年）

表111

城　市	地区生产总值（亿元）	工业增加值（亿元）	固定资产投资（亿元）	社会消费品零售总额（亿元）	出口总额（亿元）	城镇常住居民年人均可支配收入（元）
杭　州	11 314	3 726	5 842	5 176	3 314	52 185
沈　阳	6 782	—	1 632	3 986	283	39 135
大　连	8 234	—	1 436	3 410	3 397	38 220
长　春	5 929	2 470	4 659	2 650	127	31 069
哈尔滨	6 102	1 285	5 040	3 744	112	33 190
南　京	10 503	3 582	5 534	5 088	1 952	49 997
宁　波	8 541	3 767	4 961	3 668	4 359	51 560
厦　门	3 784	1 318	2 160	1 283	3 094	46 254
济　南	6 536	—	3 974	3 765	408	43 052
青　岛	10 011	3 653	7 455	4 105	2 822	43 598
武　汉	11 913	4 239	7 093	5 611	906	39 737
广　州	19 611	5 369	5 704	8 706	5 187	50 941
深　圳	19 493	7 191	4 078	5 513	15 680	48 695
成　都	12 170	4 509	8 371	5 647	1 451	35 902
西　安	6 257	1 397	5 191	3 731	947	35 630
杭州位次	5	8	4	5	5	1

杭州市主要经济指标占浙江省的比重
（2016年）

表112

指　标	计量单位	浙江省	杭州市	杭州市占全省比重(%)
地区生产总值	亿元	46 485	11 314	24.3
第三产业增加值	亿元	24 001	6 886	28.7
规模以上工业企业利税总额	亿元	7 344	1 656	22.5
固定资产投资	亿元	29 571	5 842	19.8
社会消费品零售总额	亿元	21 971	5 176	23.6
出口总额	亿元	17 667	3 314	18.8
实际利用外资	亿美元	175.77	72.09	41.0

杭州市主要经济指标在“长三角”16个城市中的位次
（2016年）

表113

城 市	地区生产总值(亿元)	一般公共预算收入(亿元)	固定资产投资(亿元)	社会消费品零售总额(亿元)	出口总额(亿元)	城镇常住居民年人均可支配收入(元)
杭 州	11 314	1 402	5 842	5 176	3 314	52 185
上 海	27 466	6 406	6 756	10 947	12 105	57 692
南 京	10 503	1 143	5 534	5 088	1 952	49 997
无 锡	9 210	875	4 795	3 120	2 832	48 628
常 州	5 774	480	3 605	2 203	1 375	46 058
苏 州	14 575	1 730	5 648	4 937	10 812	54 341
南 通	6 768	590	4 812	2 633	1 517	39 247
扬 州	4 449	345	3 289	1 359	—	35 659
镇 江	3 834	293	2 873	1 237	458	41 794
泰 州	4 102	328	3 164	1 118	440	36 828
宁 波	8 541	1 115	4 961	3 668	4 359	51 560
嘉 兴	3 760	388	2 790	1 638	1 550	48 926
湖 州	2 243	211	1 592	1 069	594	45 794
绍 兴	4 710	390	2 883	1 783	1 686	50 305
舟 山	1 229	120	1 311	457	414	48 423
台 州	3 843	343	2 273	2 013	1 169	47 162
杭州位次	3	3	2	2	4	3

责任编辑 余显幕

先进名录

【2016年度市综合考评结果】

综合考评的单位共63个。

优胜单位(满意单位)：

市公安局、市人力社保局、市财政局(市地税局)、市民政局(市老龄工办)、市卫生计生委、杭州西湖风景名胜区管委会(市园文局、市运河综保委)、市委宣传部(市文明办)、市委组织部(市委人才办)、市建委、杭州市公安消防支队。

先进单位(含创新进档单位)：

市交通运输局、市国土资源局、市教育局、市城管委(市城管执法局)、市发改委、市经信委、市环保局、市科委(市知识产权局、市地震局)、杭州大江东产业集聚区管委会、市总工会、市文广新闻出版局(市版权局)、市农办、市规划局(市测绘与地理信息局)、杭报集团(杭州日报社)、市委党校(市行政学院、市社会主义学院)、市农业局(市水产局)。

非综合考评的单位共49个。

成绩显著单位：市委办公厅(市委政研室、市委改革办)、市纪委(市监察局)机关、市检察院、市政府办公厅(市政府研究室)、市人大常委会机关、市政协机关、市法院。

工作先进单位：市城投集团、市统计局(市调查局)、市金融投资集团、民革市委会、市审计局、市国安局、市钱江新城管委会。

【2016年度区县(市)综合考评结果】

12个区县(市)(淳安县除外)综合考评总体得分较高，最高为96.401分，最低为92.251分，平均得分为93.763分。按照2016年度区县(市)综合考评最终得分都在优良达标线85分以上，且均无“一票否决”，因此均确定为优良等次。

根据市委、市政府有关文件精神，淳安县作为“美丽杭州”实验区，在区县(市)综合考评中单列考评，最终得分为94.691分，确定为优良等次。

【综合考评单项奖结果】

“落实省经济工作责任制”先进单位：市财政局(市地税局)、市商务委(市粮食局、跨境综试办)、滨江区、余杭区、萧山区。

“落实重点改革任务”先进单位：市经信委、市公安局、市委组织部(市人才办)、市商务委(市粮食局、跨境综试办)、市发改委、市国土资源局。

“信息经济智慧应用(一号工程)”先进单位：市经信委、市委宣传部(市文明办)、市公安局、市人力社保局、市质监局、市财政局(市地税局)、余杭区、西湖区、滨江区。

“市政府为民办实事项目”先进单位：市公安局、市城管委(市城管执法局)、市人力社保局。

“五水共治”先进单位：市建委、市城管委(市城管执法局)、市环保局、市林水局、市农业局(市水产局)、市农办、建德市、淳安县、上城区、临安市。

“治理交通拥堵”先进单位：市建委、市公安局、市交通运输局、市财政局(市地税局)、淳安县、建德市、桐庐县。

“治废工作”先进单位：市建委、市城管委(市城管执法局)、市规划局(市测绘与地理信息局)、杭州西湖风景名胜区管委会(市园文局、市运河综保委)、建德市。

“平安创建”先进单位：桐庐县、建德市、富阳区。

“扩大有效投资”先进单位：下城区、杭州高新开发区(滨江)、萧山区、建德市、上城区、余杭区、临安市。

“进位显著奖”单位共9个：综合考评参评单位6个，分别为市市场监管局(市工商局、市食品药品监管局)、市质监局、市编委办、市金融办、市信访局(“12345”市长公开电话受理中心)、市国资委；综合考评非参评单位3个，即市商旅集团、市交投集团、市政府驻上海办事处。

“创新奖”项目共13个：市直单位10个，分别为市委办公厅(市委政研室)、市发改委、市建委、市人力社保局、市民政局的“以国际峰会为契机，加快推进城市国际化”；市人大常委会机关的“建好用好中国首家宪法纪念场馆打造宪法宣传教育新基地新平台”；市公安局的“G20峰会安保的杭州经验”；市质监局的“创新电子商务产品质量监管体系”；市城投集团的“运用互联网+思维提升杭州公共自行车服务水平”；市委宣传部(市文明办)的“以G20为契机，打响‘韵味杭州’外宣品牌”；市经信委的“基于宽带移动互联网的智能汽车、智慧交通应用示范项目建设”；市委组织部（市委人才办）的“打造党建责任综合绩效管理模式”；市交通运输局的“创建国家物流公共信息平台，打造杭州物流国际化互联共享体系”；市财政局（市地税局）、市科委的“财税科技助力小微企业创新创业的杭州实践”。区县（市）3个，分别为上城区的“老城区转型发展的探索与实践——上城区以玉皇山南基金小镇为载体打造高端金融产业生态圈”；西湖区的“坚持特色发展、构建全新产业生态、打造云上创业创新第一镇”；下城区的“需求导向、标准支撑、精彩服务、绩效评估，打造全国城市社区现代公共文化服务新样本”。

“意见整改成效显著奖”单位共5个：市公安局、市委组织部（市委人才办）、市卫生计生委、市交通运输局、市建委。（市考评办）

科技进步奖名录

【2016年杭州市获国家科学技术进步一等奖项目】

IgA肾病中西医结合证治规律与诊疗关键技术的创研及应用

中国人民解放军总医院、江苏苏中药业集团股份有限公司、杭州市中医院、上海中医药大学附属龙华医院、香港中文大学、中南大学湘雅二医院、大连医科大学附属第二医院

【2016年杭州市获国家科学技术进步二等奖项目】

金枪鱼质量保真与精深加工关键技术及产业化

浙江海洋学院、浙江省海洋开发研究院、浙江大洋世家股份有限公司、浙江兴业集团有限公司、海力生集团有限公司

钎料无害化与高效钎焊技术及应用

郑州机械研究所、哈尔滨工业大学、江苏科技大学、南京航空航天大学、杭州华光焊接新材料股份有限公司、浙江亚通焊材有限公司、常熟市华银焊料有限公司

大功率船用齿轮箱传动与推进系统关键技术研究及应用

浙江大学、杭州前进齿轮箱集团股份有限公司、重庆齿轮箱有限责任公司、中国船舶科学研究中心（中国船舶重工集团公司第七〇二研究所）、无锡东方长风船用推进器有限公司

用于集成系统和功率管理的多层次系统芯片低功耗设计技术

西安电子科技大学、杭州士兰微电子股份有限公司、成都启臣微电子有限公司、深圳国微技术有限公司

高安全成套专用控制装置及系统

浙江大学、上海电气集团股份有限公司、上海三菱电梯有限公司、杭州优稳自动化系统有限公司、上海大学

【2016年杭州市获省科学技术进步一等奖项目】

万吨级膜法海水淡化单机设计与系统集成技术

杭州水处理技术研究开发中心有限公司、杭州（火炬）西斗门膜工业有限公司

基于H3C虚拟融合架构的云网融合系统

杭州华三通信技术有限公司

固态存储关键技术研究和产业化

杭州华澜微电子股份有限公司、杭州电子科技大学、中国电子科技集团公司第五十二研究所

喹诺酮关键中间体和系列原料药合成工艺的开发及产业化

杭州师范大学、浙江本立科技股份有限公司、浙江大学、浙江京新药业股份有限公司、浙江国邦药业有限公司、浙江朗华制药有限公司、浙江东亚药业股份有限公司、上虞京新药业有限公司

大举力密度高效率叉车机电液集成设计技术及应用

浙江大学、杭叉集团股份有限公司

LED照明若干关键技术及产业化

浙江大学、中国计量学院、杭州士兰明芯科技有限公司、横店集团得邦照明股份有限公司、杭州远方光电信息股份有限公司、宁波升谱光电股份有限公司

精密型高性能铝板翅式热交换器关键制造技术及钎料的开发和应用

浙江大学、杭州杭氧股份有限公司、浙江树人大学

海岛饮用水水质水量安全保障关键技术及其应用

浙江大学、杭州绿洁水务科技股份有限公司、杭州永洁达净化科技有限公司、舟山市水务集团有限公司

基于神经网络设计和膜控微丸制备新技术的集成研究及产业化

浙江大学、杭州康恩贝制药有限公司、浙江康恩贝制药股份有限公司、浙江金华康恩贝生物制药有限公司

铁皮石斛品种选育与高效栽培

浙江农林大学、浙江森宇实业有限公司、浙江森宇药业有限公司、杭州震亨生物科技有限公司、浙江佳诚生物工程有限公司

燃煤机组超低排放关键技术研发及产业化

浙江省能源集团有限公司、浙江大学、浙江天地环保工程有限公司、浙江浙能技术研究院有限公司

缺血性中风气阴两虚，瘀血阻络证的建立与养阴益气活血新方药应用

浙江中医药大学、浙江大学、浙江大学城市学院

【2016年杭州市获省科学技术进步二等奖项目】

太阳能光伏电池用聚偏氟乙烯薄膜的开发和产业化项目

杭州福膜新材料科技有限公司

高浓度含氮（焦化等）化工工业废水综合利用处理技术及装备

浙江汉蓝环境科技有限公司

汽化过氧化氢空间灭菌技术研究与成套装备产业化

浙江泰林生物技术股份有限公司

水性无溶剂高固含量发泡聚氨酯

杭州传化精细化工有限公司、浙江传化股份有限公司

汽车驻车集成式制动系统关键技术研发及产业化

浙江亚太机电股份有限公司

轻量化低VOC汽车内饰顶用聚氨酯复合板及其循环再利用技术

浙江华江科技股份有限公司、巨化集团技术中心

基于竹纤维生物载体的污染河水综合治理技术研发与应用

温州大学、浙江农林大学、湖州师范学院、杭州银江环保科技有限公司

烟气脱硝系统氨逃逸监测及控制关键技术研究

国网浙江省电力公司电力科学研究院、杭州意能电力技术有限公司

城市交通海量数据分析处理技术及协同控制平台

银江股份有限公司、浙江工业大学

钱塘江涌潮多模式融合检测与实时递归预报系统

杭州电子科技大学、杭州市水文水资源监测总站

低成本、高性能的白光LED驱动芯片架构研究及系列产品研制

杭州电子科技大学、杭州士兰微电子股份有限公司

新型软土路堤桩成套关键技术开发与应用研究

浙江大学城市学院、安徽省交通建设有限责任公司

高效小孢子技术创新及油菜新品种浙大619选育应用

浙江大学、杭州市良种引进公司、诸暨市农业技术推广中心、浙江理工大学

基于新型标志物的慢性肾脏病精准诊疗体系的构建与推广

浙江省人民医院、浙江大学医学院附属第一医院、浙江大学医学院附属儿童医院、杭州市中医院

特大型输电线路关键技术及工程应用

国网浙江省电力公司、中国能源建设集团浙江省电力设计院有限公司、中国电力科学研究院、浙江大学、浙江省送变电工程公司、浙江盛达铁塔有限公司

二次设备智能运维体系关键技术及工程应用

国网浙江省电力公司、国网浙江省电力公司杭州供电公司、国网浙江省电力公司嘉兴供电公司、武汉凯默电气有限公司、许继电气股份有限公司、长园深瑞继保自动化有限公司、北京四方继保自动化股份有限公司、成都天进科技有限公司

超级稻机械精量穴直播高产高效技术研发及应用

中国水稻研究所、华南农业大学、杭州市余杭区农业技术推广中心、海盐县土肥植保站、浙江省农业技术推广中心

复杂铸件近净成形铁型覆砂铸造关键技术与装备

浙江省机电设计研究院有限公司、湖州南丰机械制造有限公司、湖州鼎盛机械制造有限公司、十堰市泰祥实业有限公司、梅州五指石科技有限公司

温化蠲痹方治疗类风湿关节炎的基础研究及临床应用

杭州市红十字会医院

芒针对急性脊髓损伤后Cyt-C为核心内源性凋亡途径和TNF-α为核心

杭州市萧山区中医院

【2016年杭州市科学技术进步一等奖项目】

万吨级膜法海水淡化单机设计与系统集成技术

杭州水处理技术研究开发中心有限公司、杭州(火炬)西斗门膜工业有限公司

基于H3C虚拟融合架构的云网融合系统

杭州华三通信技术有限公司

水性无溶剂高固含量发泡聚氨酯

杭州传化精细化工有限公司

新型软土路堤桩成套关键技术开发与应用研究

浙江大学城市学院、安徽省交通建设有限责任公司

发酵法高产天然虾青素产业化开发

浙江皇冠科技有限公司、杭州皇冠农业生物工程技术研究中心、浙江省松阳县良种繁育场　　(曾维启)

责任编辑　章月影

钱塘江两岸新貌　　(吴海平　摄)

说　明：

一、本类目设主题索引、图照索引和表格索引3个分目。

二、主题索引中文标目按汉语拼音顺序排列，同音字按笔画数从少到多排列。第一字相同，按第二字音序排列，依次类推。数字开头的标目则按数字0～9顺序排列。

标目后的阿拉伯数字表示内容所在页码。数字后的英文字母a、b、c分别表示从左到右第一、二、三栏。标目后有多个页码的，则表示相关信息在这些页码中均出现。副标目或说明语缩进两个汉字放在主标目下面。

本年鉴的"特载""大事记""统计资料""附录"均未做主题索引。

三、图照索引仅标注所在页码，不标注分栏。表格索引按序号排列，仅标注所在页码，不标注分栏。

主题索引

G

N

O

P

Q

R

S

Y

Z

图照索引

T

W

X

Y

Z

表格索引